제4판 # 현대 외교정책론

김계동 · 김태환 · 김태효 · 김 현 · 마상윤
서정건 · 신범식 · 유진석 · 윤진표 · 이기범
이상환 · 이태동 · 인남식 · 전재성 · 조양현
차창훈 · 최진우 · 홍현익 지음

명인문화사

현대외교정책론, 제4판

제1쇄 펴낸 날 2022년 8월 26일
제2쇄 펴낸 날 2023년 8월 30일

지은이 김계동, 김태환, 김태효, 김　현, 마상윤, 서정건, 신범식, 유진석, 윤진표,
　　　　이기범, 이상환, 이태동, 인남식, 전재성, 조양현, 차창훈, 최진우, 홍현익
펴낸이 박선영
주　간 김계동
디자인 전수연
교　정 김유원

펴낸곳 명인문화사
등　록 제2005-77호(2005.11.10)
주　소 서울시 송파구 백제고분로 36가길 15 미주빌딩 202호
이메일 myunginbooks@hanmail.net
전　화 02)416-3059
팩　스 02)417-3095

I S B N 979-11-6193-058-9
가　격 31,000원

ⓒ 명인문화사

간략목차

제1부	외교정책의 이론과 분석틀	
1장	외교정책분석의 역사와 발전 / 전재성	3
2장	외교정책결정의 구조와 과정 / 김현	26
3장	국내정치와 외교정책 / 유진석, 서정건	60
4장	국제법과 외교정책 / 이기범	90

제2부	외교정책의 주요 영역	
5장	군사안보외교 / 김태효	127
6장	통상외교 / 이상환	156
7장	공공외교 / 김태환	186
8장	환경외교 / 이태동	217

제3부	국가 및 지역별 외교정책	
9장	한국의 외교정책 / 홍현익	243
10장	북한의 외교정책 / 김계동	279
11장	미국의 외교정책 / 마상윤	313
12장	일본의 외교정책 / 조양현	351
13장	중국의 외교정책 / 차창훈	384
14장	러시아의 외교정책 / 신범식	421
15장	EU의 외교정책 / 최진우	457
16장	ASEAN의 외교정책 / 윤진표	488
17장	중동의 외교정책 / 인남식	522

세부목차

서문 _ xv

제1부 ┃ 외교정책의 이론과 분석틀

1장 외교정책분석의 역사와 발전 _ 3
1. 서론 _ 3
2. 냉전기 외교정책 연구의 시작 _ 6
3. 냉전기 외교정책 연구의 발전 _ 8
4. 탈냉전기와 21세기 외교정책 연구의 변화 _ 12
　　1) 냉전의 종식과 외교정책 연구의 변화　12
　　2) 21세기 민주화, 정보화의 진행과 외교정책 연구의 변화　14
　　3) 양면게임으로서 외교정책분석　17
　　4) 폴리휴리스틱 모델의 외교정책분석　19
　　5) 21세기 외교의 출현과 외교정책의 미래　20
5. 결론 _ 22
　　토의주제　24 / 참고문헌　24

2장 외교정책결정의 구조와 과정 _ 26
1. 서론 _ 26
2. 외교정책결정의 구조 _ 27
　　1) 외교정책결정구조의 다양성　27
　　2) 최종결정단위 접근법　29
3. 외교정책결정의 과정 _ 31
　　1) 외교정책결정과정의 단계　31
　　2) 최종결정단위와 외교정책결정과정　33
4. 외교정책결정이론 _ 34
　　1) 합리적 행위자 모델　35

　　　2) 정책결정자 개인수준의 이론　38
　　　3) 정책결정 집단수준의 이론　45
　　5. 결론 _ 55
　　토의주제　58 / 참고문헌　58

3장　국내정치와 외교정책 _ 60
　　1. 서론 _ 60
　　2. 외교정책 연구에서 국내정치 요인에 관한 역사적 조망 _ 61
　　　1) 현실주의 패러다임에서의 국내정치　62
　　　2) 외교정책론의 등장과 국내정치 요인　64
　　3. 정치체제와 외교정책 _ 66
　　　1) 민주주의 국가와 권위주의 국가　66
　　　2) 의회-대통령 관계　69
　　4. 정치과정과 외교정책 _ 72
　　　1) 정당과 선거　72
　　　2) 정당 시스템과 외교정책 경쟁　74
　　5. 사회세력과 외교정책 _ 76
　　　1) 여론과 미디어　76
　　　2) 이익단체와 싱크탱크　83
　　6. 결론 _ 85
　　토의주제　87 / 참고문헌　88

4장　국제법과 외교정책 _ 90
　　1. 서론 _ 90
　　2. 국제법의 연원: 국제관습법과 조약 _ 91
　　　1) 국제사법재판소규정 제38조 제1항　91
　　　2) 국제관습법　93
　　　3) 조약　94
　　3. 외교정책 수립 시 국제법의 역할 및 중요성 _ 96
　　4. 국제법과 국가 간 충돌 _ 97
　　　1) 한일 청구권협정에 대한 다른 해석　97
　　　2) 우크라이나 사태　101
　　5. 국제법과 국제분쟁의 해결 _ 103
　　　1) 남중국해 사건　104
　　　2) 인도네시아-말레이시아 영유권 분쟁 사건　109
　　　3) 영국-프랑스 암초 영유권분쟁 사건　110

3) 일본의 환경외교정책   233
4) 중국의 환경외교정책   234
5) 한국의 환경외교   235

6. 결론 _ 236
토의주제   237 / 참고문헌   238

제3부 ┃ 국가 및 지역별 외교정책

9장 한국의 외교정책 _ 243

1. 서론 _ 243

2. 한국외교정책의 환경 _ 244
1) 강대국들로 둘러싸인 한반도   244
2) 무한경쟁의 국제질서   245
3) 미국의 동북아 및 한반도전략   246
4) 긴장과 대립이 잠재된 동북아 안보정세   248
5) 남북관계   255

3. 한국외교정책의 목표, 과제와 전개 _ 256
1) 한국외교정책의 목표   256
2) 한국외교정책의 과제와 전개   258

4. 한국의 외교정책결정구조 _ 267

5. 한국외교정책의 현안과 동북아관계 _ 270

6. 결론 _ 273
토의주제   277 / 참고문헌   277

10장 북한의 외교정책 _ 279

1. 서론 _ 279

2. 북한외교의 환경과 정책결정 및 집행체계 _ 280
1) 북한외교의 환경   281
2) 외교정책결정 및 집행체계   285

3. 북한외교정책의 목표와 성격 _ 288
1) 북한외교정책의 이념과 기조   288
2) 북한외교정책의 이중성   289

4. 북한외교정책의 방향 _ 291
1) 냉전시대의 외교정책: 진영외교, 자주외교, 다변외교   291
2) 탈냉전 이후 생존을 위한 외교활로 모색: 개방과 핵외교   293

5. 북한외교정책의 현안과 남북한관계 _ 300
    1) 김정은의 외교정책: 핵·미사일 수단 강화와 비핵화 협상   300
    2) 북한에 대한 국제사회의 제재   303
    3) 남북한관계의 변화와 교착   306

6. 결론 _ 308
    토의주제   310 / 참고문헌   311

11장 미국의 외교정책 _ 313

1. 서론 _ 313

2. 미국외교정책의 환경 _ 314
    1) 대통령   315
    2) 관료기구   317
    3) 의회의 견제와 도전   319
    4) 이익집단과 여론   323

3. 미국외교정책의 목표와 방향 _ 327
    1) 미국 예외주의   328
    2) 현실주의와 이상주의   329
    3) 고립주의와 국제주의   332

4. 미국외교정책의 현안과 대한반도관계 _ 336
    1) 중국의 부상과 인도·태평양전략   336
    2) 지정학의 귀환과 지경학의 부상   339
    3) 미국의 대한반도 현안   342

5. 결론 _ 345
    토의주제   347 / 참고문헌   348

12장 일본의 외교정책 _ 351

1. 서론 _ 351

2. 일본외교정책의 환경 _ 352
    1) 국내외적 환경   352
    2) 외교정책결정의 주요 행위자   354
    3) 외교정책결정과정   357

3. 일본외교정책의 목표와 방향 _ 358
    1) 일본외교정책의 목표, 수단 및 대상   358
    2) 일본외교정책의 방향   359

4. 일본외교정책의 현안과 대한반도관계 _ 361
    1) 냉전기 경제중심주의와 일본외교   361

2) 탈냉전 이후 보통국가화와 일본외교   365
3) 대한반도관계   372

5. 결론 _ 376
토의주제   378 / 참고문헌   379

13장 중국의 외교정책 _ 384

1. 서론 _ 384

2. 중국외교정책의 환경 _ 386
1) 국내적 환경   386
2) 국제적 환경   392

3. 중국외교정책의 목표와 방향 _ 400
1) 외교정책결정구조와 과정   400
2) 중국외교정책의 전략과 목표   404
3) 세계화와 중국외교정책의 과제   406

4. 중국외교정책의 현안과 대한반도관계 _ 408
1) 미중경쟁구조의 심화   408
2) 한반도-중국관계의 역사구조적 기원   410
3) 중국의 대한반도관계   412

5. 결론 _ 416
토의주제   417 / 참고문헌   417

14장 러시아의 외교정책 _ 421

1. 서론 _ 421

2. 러시아외교의 국내적 및 대외적 환경 _ 423
1) 정체성 논쟁과 외교지향성 각축   423
2) 유라시아 지정학적 단층대의 활성화와 러시아의 대응   427

3. 러시아외교정책의 지전략적 목표와 대안들 _ 429
1) 지전략적 대안들   429
2) 러시아외교의 지전략적 중심 이동   436

4. 러시아외교정책의 글로벌한 전개와 대한반도관계 _ 439
1) 러시아외교의 시기별 전개   439
2) 러시아의 신동방정책과 한반도   446

5. 결론 _ 451
토의주제   453 / 참고문헌   453

서문

국내외 국제정치 학자들과 전문가들은 '급변하는 세계'라는 말을 자주 쓴다. 그런데 정말로 세계는 급변하고 있을까? 분명 냉전이 종식되던 1990년 전후로 세계가 급변한 것은 사실이다. 그러나 냉전 종식이 되었지만, 깊게 들여다보면 동유럽의 민주화, 소련의 해체 이외에 큰 변화는 거의 없었다. 냉전 때문에 만들어졌던 국가 간의 동맹들도 소련-동유럽의 바르샤바조약기구가 해체된 것 이외에 별로 해체된 동맹도 없다. 명목상 냉전은 종식되었지만, 냉전 당시 이루어진 냉전질서와 체제는 성격을 조금 달리하면서 그대로 유지되어 오고 있다.

특히 최근 들어서는 세계가 급변한다기보다는 냉전 이후의 새로운 질서형성이 중단되고 과거로 회귀하는 경향도 보이는 것이 사실이다. 동유럽을 지나 러시아의 국경까지 진격하던 나토의 확대도 우크라이나전쟁을 야기하면서 동진을 멈추게 되었다. 1970년대 적대감 해소와 관계개선을 했지만, 경쟁과 마찰이 잠재하던 미중관계는 중국의 빠른 발전과 부상에 따라 명시적인 적대국의 관계로 나아가고 있다. 한반도를 중심으로 한 국제관계는 기본틀이 그대로 유지되면서 우크라이나전쟁과 미중갈등의 영향을 받아 북중러 3각 체제의 복귀 가능성이 예상된다.

이러한 복합적이고 예측이 어려운 국제정세의 변화를 맞이하여 국가들은 어떠한 노선을 정하여 외교정책을 구사할지 어려운 선택을 해야 할 기로에 놓여 있다. 이 책은 이와 같은 대외적 환경에서 국가이익 수호와 국가주권 행사의 가장 중요한 수단이면서, 국가의 생존과 번영에 가장 밀접한 관련성을 가지고 있는 외교정책을 포괄적이고 다양한 측면에서 다루고 있다. 국가는 다른 국가와의 관계에 있어서 우호적인 관계를 맺을 수도 있고, 적대적인 관계를 맺을 수도 있다. 이러한 관계는 그 국가 자신의 이익과 목표에 따라 성격을 달리할 수 있지만, 자국의 의도와 관련 없이 상대국가의 이익과 정책에 따라 좋고 나쁜 관계가 불가피하게 이루어지기도 한다. 또한, 국제질서의 흐름에 따라 자국의 이익에 반대되지만 그렇게 해야만 하는 경우도 있다.

이와 같이 자국의 이익을 극대화하고, 변화하는 국제관계에 적응과 도전을 반복하면서 자국의 대외적 지평을 넓혀 가는 것이 외교정책이라 할 수 있다. 평화 시 각 국가는 우호국들과의 관계를 더욱 증진시키면서 국가의 발전을 도모한다. 외부로부터 위협을 받게 되면 국가는 위협을 가하는 상대에 대하여 무력을 사용하여 맞대응하기 이전에 외교적인 협상을 통하여 평화적인 해결을 모색한다. 위협을 독자적 힘으로 이겨내기 어려울 경우 힘 있는 우호국들과 동맹을 체결하여 안보를 지키는 외교를 모색한다. 제3자적 위치에 있는 국가를 자기편으로 만들기 위한 외교적 노력도 한다.

이러한 점에서 국가에 있어서 외교정책이나 외교활동이 다른 분야의 정책이나 활동보다 중요성을 가지게 된다. 국제관계가 국가들이 집단적으로 추동하는 관계 또는 국가들의 의도와는 별개로 이루어지는 국가 간의 관계라 한다면, 이러한 관계 속에서 국가의 외교정책은 자국에 유리한 외교환경을 조성하기 위하여 보다 적극적인 대외활동을 모색하게 된다. 이러한 중요성 때문에 대체로 모든 국가의 집행부에서 외교정책에 관련된 부서가 최상위 서열에 위치하고 있다.

이러한 외교정책의 중요성 때문에, 학문적인 측면에서도 외교정책 분야는 다양한 수준과 범위의 연구를 요구하고 있다. 보다 일관되고 통합적인 외교정책을 수립할 수 있도록 이론적인 연구가 요구되는가 하면, 실질적인 외교정책을 수립하는 데 있어서 국가기능의 다원적인 분야를 아우르는 종합적인 시각도 필요하다. 그리고 외교정책은 다른 나라의 외교정책과 조우(遭遇)하여 맞물리는 역동성을 가지기 때문에 다른 나라의 외교도 면밀히 분석할 필요가 있다. 이 책은 이러한 관점에서 '외교정책의 이론과 분석틀', '외교정책의 주요 영역', '국가 및 지역별 외교정책'의 세 가지 틀을 바탕으로 공동 저술되었다.

이번에 출판되는 4판은 2016년에 출간된 3판에 비해 많은 면에서 바뀌었다. 3판까지는 업데이트하는 수준의 개정이었으나, 이번 4판은 전면 개정이라 할 수 있다. 일부 몇 개의 장이 삭제되거나 집필진이 변경되었고, 새로운 장들이 추가되었다. "2장 외교정책결정의 구조와 과정", "4장 국제법과 외교정책", "7장 공공외교", "8장 환경외교"가 이번 4판 개정판에 새롭게 추가되었다. 제2부 외교정책의 주요 영역에 포함되는 4개 장은 각각의 주제들이 외교정책과 외교활동에 초점을 맞추도록 그 내용을 전면 수정 보완했다. 제3부 국가 및 지역별 외교정책은 6년 동안의 변경된 많은 내용이 업데이트되었다. 한국, 미국, 일본 등 그간 바뀌었던 정권별 대외관계가 업데이트되었고, 북한의 경우 김정은-트럼프-문재인 정상회담을 비롯해 비핵화 이슈가 업데이트되었으며, EU의 경우 브렉시트 내용이 추가되었으며, 러시아의 경우 2022년 현재 가장 논란이 되고 있는 러시아-우크라이나전쟁을 비중 있게 다루었다.

제1부 외교정책의 이론과 분석틀은 4개 장으로 구성되었다. 이번 4판에는 "국제정치와 외교정책"장 대신에 "국제법과 외교정책"이 추가되었다. 제1장은 서울대의 전재성 교수가 "외교정책분석의 역사와 발전"이라는 제목으로 외교정책분석 연구의 흐름을 조망하고 있다. 제2장 경희대의 김현 교수가 "외교정책결정의 구조와 과정"이라는 제목으로 외교정책결정체계, 정책결정구조와 과정을 설명하고 있다. 제3장은 숙명여대의 유진석 교수와 경희대의 서정건 교수가 공동으로 "국내정치와 외교정책"을 가장 최근의 내용까지 포함하였고, 제4장은 연세대 법학전문대학원의 이기범 교수가 "국제법과 외교정책"이라는 주제로 외교정책에 있어 중요한 국제법을 분쟁 및 논란이 되는 사례를 들어 설명하고 있다.

제2부 외교정책의 주요 영역은 4개의 장으로 구성되어 있다. 성균관대의 김태효 교수는 제5장에서 "군사안보외교"의 제목으로 외교와 안보의 밀접성과 더불어 외교정책을 수립하고 추진하는 데 있어서 안보가 얼마나 중요한지를 군사안보적인 측면에서 설명하고 있다. 제6장은 한국외국어대의 이상환 교수가 "통상외교"라는 내용으로 국가번영을 위한 외부와의 경제관계의 중요성에 대하여 논하였다. 제7장은 국립외교원의 김태환 교수가 "공공외교"를 다루었다. 소프트파워 정책의 일환으로 다양화하고 있는 공공외교를 이론과 실제 사례를 들어 설명하고 있다. 제8장은 연세대 이태동 교수가 "환경외교"라는 주제로 다루고 있다. 미세먼지를 비롯해 기후변화에 대한 각국의 외교정책이 어떻게 변화하는지 상세히 소개하고 있다.

제3부 국가 및 지역별 외교정책은 9개(6개국, 3개 지역)의 장으로 구성되어 있다. 전 세계 어느 지역, 어느 나라 하나도 중요하지 않은 곳이 없지만, 지면의 한계로 인하여 일단 한반도를 중심으로 6개국을 선정하였다. 9장 "한국의 외교정책"과 10장 "북한의 외교정책"은 국립외교원 홍현익 원장과 건국대 김계동 교수가 비교적 객관적인 시각에서 작성하였다. 11장부터 14장까지는 동북아의 4강으로 지칭되고 있는 미국, 일본, 중국, 러시아의 외교정책을 가톨릭 대학의 마상윤 교수, 국립외교원의 조양현 교수, 부산대의 차창훈 교수, 서울대의 신범식 교수가 맡아서 작성하였다. 이 네 분 모두가 그 지역 전문가로서 각 나라의 외교정책뿐만 아니라 국내정치와의 연계에 대하여도 심층적으로 다루었다. 국가는 아니지만, 지역 차원에서 통합체 또는 공동체를 구축하여 공동외교 및 안보정책을 펼치고 있는 EU와 ASEAN, 중동의 외교정책을 제15장과 16장, 17장에서 다루었고, 이 장들은 한양대의 최진우 교수, 성신여대의 윤진표 교수, 국립외교원의 인남식 교수가 각각 집

필했다.

    국내적으로 외교정책을 포괄적이고 통찰력 있게 설명하는 학술서가 거의 없는 상황에서 국제정치와 외교정책의 연구와 교육에 조금이라도 기여할 수 있다는 공감대를 가지고 15명의 전문학자가 참여하여 공동저술을 시작하여 2007년에 초판을 출판하였고, 이번에 18명의 전문학자가 참여하여 제4판을 내게 되었다. 이번 4판은 전면 개정을 하여 장 절 조정이 이루어졌고, 각 장마다 새로운 자료와 정보를 추가하여 내용을 보다 충실하게 구성하였다. 이 책은 완전히 학문적으로만 채워져 있다고 할 수는 없다. 외교와 관련된 정책을 수립하거나 집행하는 관료나 전문인사들이 정책적인 오류를 피하기 위한 지식을 함양하는데 이 책은 많은 기여를 할 것으로 생각된다. 또한, '외교'라는 것은 정부나 단체만 하는 것이 아니라 일반인들도 관심을 가져야 하는 분야이기 때문에 이 책은 누구든지 두루 읽을 수 있는 내용을 포함하고 있다.

    '현대외교정책론' 출판에 참여해 주신 국내 최고의 전문성을 보유한 집필진들께 무한한 감사를 드리고 싶다. 국내 학계에서 분야별 최고 전문성을 보유한 학자로서 여러 가지 바쁜 일이 많은데도 불구하고 성의를 갖고 집필을 하고 다시 몇 번의 수정작업까지 하여 내용과 형식 면에서 통일을 기할 수 있게 해 준 데 대해서도 감사한 마음을 전하고 싶다. 마지막으로 전문학자들의 개성 있는 학문적 방향을 형식상으로나마 통일을 기하기 위하여 인내심을 가지고 노력하여 훌륭한 책을 만들어 준 명인문화사의 박선영 사장과 전수연 편집디자이너 등 담당 직원들의 노고도 집필진 이상의 치하를 받아도 지나치지 않는다고 생각된다.

2022년 8월 8일
집필진 대표 김계동

제1부

외교정책의 이론과 분석틀

1장   외교정책분석의 역사와 발전 _ 전재성 · 3

2장   외교정책결정의 구조와 과정 _ 김현 · 26

3장   국내정치와 외교정책 _ 유진석, 서정건 · 60

4장   국제법과 외교정책 _ 이기범 · 90

외교정책분석의 역사와 발전 1장

전재성(서울대 정치외교학부)

1. 서론	3
2. 냉전기 외교정책 연구의 시작	6
3. 냉전기 외교정책 연구의 발전	8
4. 탈냉전기와 21세기 외교정책 연구의 변화	12
5. 결론	22

1. 서론

국제정치에 대한 연구는 오늘날과 같은 형태를 띠는 유럽 근대주권국가체제가 성립되기 이전부터 유럽을 비롯한 세계 각 지역의 철학자, 역사가들이 고대를 포함한 정치집단 간의 관계를 연구한 것에서 그 효시를 찾을 수 있다. 국제정치가 현대적 의미의 학문 분과로 성립하게 된 것은 제1차 세계대전 종식 직후이며, 영국에서 국제정치학이라는 학문의 연구와 교육이 시작된 것으로 보고 있다. 국제정치학이 20세기 초반에 본격적으로 발전하기 시작한 학문이라면, 외교정책 연구가 발전하게 된 것은 제2차 세계대전 이후의 일이라고 본다. 20세기 전반기에도 카(E. H. Carr), 모겐소(Hans Morgenthau) 등 국제정치이론가들에 의해 외교정책의 성격, 종류, 결정과정 등이 다루어지기는 했지만, 본격적으로 외교정책이 학문적으로 분석되기 시작한 것은 제2차 세계대전 이후의 일이다. 미국의 국제정치학계는 새롭게 등장한 패권국가인 미국의 정책적 필요를 반영하여 세계의 다양한 국가들의 외교정책을 체계적으로 이해해야 하는 필요 속에서 다양한 외교정책 연구를 발전시켜왔다.

넓은 의미의 외교정책분석(Foreign Policy Analysis)은 정책입안부터 실행에 이르는 전체 정치적 과정을 분석하여 비단 행정부뿐 아니라 입법부, 사법부 등 정부 전체의 역할을 분석하고, 이 과정에 영향을 미치는 여론, 이익집단 등 사회적 차원의 행위자, 그리고 국가를 넘는 국제체제의 역할도 함께 분석한다. 좁은 의미의 외교정책분석은 개인과 집단이 국가의 대외관계에 영향을 미치는 정책을 결정하는 미시적 과정, 흔히 블랙박스(black box)라고 부르는 결정과정에 초점을 맞추어 분석한다. 다시 말하자면, 넓은 의미의 외교정책분석은 외교정책에 영향을 미치는 투입요소들, 즉, 개인, 역할, 정부, 사회, 국제체제의 요소들에 대한 분석과 이론화, 이들 투입요소들이 정부의 결정 주체들에 의해 결정되는 구체적 과정, 그리고 이러한 결정들이 상대국 정부 혹은 국제기구, 상대국 국민에 정책결과물의 형태로 전해지고, 반응을 이끌어내며, 협상과 타협, 혹은 강제적 적용을 통해 영향을 미치는 과정 모두를 분석한다. 반면 좁은 의미의 외교정책분석은 결정과정 자체에 집중하여, 과연 어떠한 개인들과 집단, 조직들이 어떠한 과정을 통해 정책을 결정하는지의 과정에 초점을 맞추어 분석한다.

외교정책분석은 엄밀한 의미에서 국제정치이론과 분석수준에서 차이를 가진다. 국제정치이론은 국가들 간, 그리고 국가들과 비국가 행위자들이 상호작용하여 국제정치라는 장을 형성, 변화시키는 과정을 이론화하고, 이러한 구조적 변수들이 개별국가들에게 제약을 가하고, 개별국가들의 특성을 구성하는 전체적 과정을 주요 분석대상으로 삼는다. 즉, 국제정치 전체를 분석대상으로 삼는다.

반면 외교정책분석은 한 국가의 차원에서 보다 미시적으로 외교정책이 결정되고 실행되는 과정에 초점을 맞춘다. 국제정치구조를 변화시키기도 하는 단위 차원의 행동에 분석의 주안점을 둔 이론이라고 할 수 있다. 다양하고 특수한 행위자들의 정책결정과정을 일반화하는 이론, 즉 행위자 일반이론(actor-general theory)이 보편적으로 적용 가능한 외교정책분석이라면 특정 행위자의 정책결정과정을 특수한 맥락에 비추어 분석하는 행위자특수이론(actor-specific theory)을 구별할 수 있다. 외교정책분석이 다양한 행위자들에 보편적으로 적용되는 일반이론은 사실 만들기가 쉬운 것은 아니다. 그런 의미에서 외교정책분석이 일반이론이 될 수 있는가는 여전히 논쟁의 대상이 될 수 있다.

외교정책분석은 발전해가면서 다양한 국제정치이론과 영향을 주고받게 된다. 현실주의 국제정치이론의 대가인 월츠(Kenneth Waltz)는 국제정치이론과 외교정책분석을 엄격히 구분했다. 국제정치라는 장이 특수한 논리를 가지고 있으므로 국제정치 자체를 분석하는 것은 국제정치이론의 몫이고 외교정책분석은 개별국가들의 행동을 분석하는 것이라는 설명이다. 개별국가의 외교정책에 국제정치가 영향을 미치지만 그렇다고 국제정치이론이 개별국가들의 행동을 설명할 수는 없다고 본다. 같은 국제정치의 장에 속해 있지만 다른 행동을 보이는 국가들의 편차를 설명하는 것이 외교정책분석의 몫인 셈이다.

외교정책분석은 제2차 세계대전 이후 현재에 이르기까지 국제정치의 변화, 더 크게는 인간 역사의 변화에 따라 중요한 변수들과 주안점이 달라졌다. 냉전기에는 미국과 소련의 대립구도 및 양대 진영 논리, 핵전쟁을 염려하는 상황에서 안보정책 등이 중요한 초점이었다. 냉전이 종식되고 20세기 후반, 민주화, 세계화, 정보화의 조류가 가속화되면서 외교정책 연구도 급속한 변화를 겪게 된다. 구미 중심의 연구에서 제3세계 국가들에 대한 연구로 연구범위가 확대된 것은 물론, 외교정책의 환경이 다변화됨에 따라 민주주의 정치환경, 문화 및 규범, 종교의 영향도 중요한 연구주제가 되었다. 국제정치구조 자체도 변화되어 기존의 미소 양극체제와 같은 단순한 체제변수로는 분석이 어렵게 되자 다양한 국제정치이론을 외교정책 연구와 결합할 필요가 발생했다.

많은 연구자들이 제3세계 국가들의 외교정책 분석에도 집중하게 되는데, 한국의 경우도 외교정책이 결정되는 과정은 많은 변화를 거쳤다. 한국의 경우, 국력이 증대되면서 일방적인 국제체제의 영향을 받는 정도는 줄어들고, 오히려 국제체제에 영향을 미치고 이를 형성하는 능력이 증대되어 왔다. 또한, 정부형태의 관점에서 민주화가 진행되면서 사회적 차원의 변수들이 더욱 중요해지게 되었다. 즉 권위주의 정권이 집권하고 있을 때에는 대통령 개인과 주요 부서들의 영향력이 절대적으로 중요하였다. 반면 민주화가 진행되면서 시민사회의 영향력이 압도적으로 증가하고 있다. 각 사안별로 이해관계가 얽혀있는 이익집단, NGO들, 국가의 외교정책결정과정을 감시하는 언론, 전문가집단, 그리고 개인들에 이르기까지 이들 단위들은 외교정책에 많은 영향력을 행사하고 있는 실정이다. 정부 역시 민주적으로 선출되는 과정을 거치기 때문에, 외교정책에 대한 국민들의 지지를 확보하기 위하여 여론에 민감하게 반응하고, 지지받을 수 있는 정책을 산출하기 위하여 많은 노력을 기울인다.

20세기 후반부터 가속화된 정보화 혁명 역시 외교정책결정과정에 많은 변화를 가져왔다. 과거 외교정책은 전문가들이 비밀 정보를 기초로 하여 결정하는 매우 전문적인 분야로 여겨져 왔다. 각 정부는 외교관과 정보원을 통해 상대국의 정보를 습득하고, 이를 전문적 과정을 통해 분석한 후, 정책을 결정하는 것이 상례였다. 그러나 정보화가 진행되면서 다양한 매체를 통한 정보가 양산되었고, 정부만이 외교정책 관련 정보를 독점하는 것이 불가능해졌다. 이제는 모든 국민들이 외교 사안과 관련한 상당한 수준의 정보를 습득할 수 있게 되었고, 외교정책을 보는 시각 역시 많은 발전을 보이고 있다. 따라서 외교정책결정과정에 대한 이론적 이해 역시 근본적인 변화를 겪고 있다.

외교정책을 결정할 때에 상대 정부에 대한 정보 및 계획뿐 아니라, 상대국 국민, 세계여론, 국제제도 등에 대한 고려도 필수적이 되었다. 상대국 국민의 여론에 영향을 줄 수 있는 외교정책은 결국 상대국 정부에 영향을 미쳐 원하는 목적을 달성하는 데 많은 효과를 거둘 수 있기 때문이다. '국제적 공공외교(international public diplomacy)'가 중요해지는 시점이다. 따라서 전면적이고 다차원적인 외교정책이 추진되고 있으며, 이를 이론적으로 분석하려는 노력 또한 21세기 초 세계화, 민주화, 정보화의 시대에 많은 변화를 겪을 수밖에 없을 것이다.

이 장에서는 국제정치 현실의 변화와 함께 외교정책 연구가 어떻게 변화되어 왔는지를 설명하고, 변화하는 시대에 새롭게 등장하는 외교정책을 이해하기 위한 분석의 변화과정을 설명하기로 한다. 첫째, 국제정치이론이 국가를 단일한 행위자로 보고 국가들 간의 관계와 구조를 이론화하는 데 초점을 맞춘 것이라면, 외교정책 연구는 국가를 다양한 행위자들의 조합으로 보고 국가이익 개념이 형성되고 외교정책이 만들어지는 과정에 초점을 맞추게 되었다. 앞서 논의한 바와 같이 외교정책 연구는 현실의 필요를 반영하고 국제정치이론과 교류하면서 제2차 세계대전 이후 발전하기 시작했다. 구미학계를 중심으로 냉전기에 외교정책결정에 영향을 미치는 다양한 변수들을 밝혀내고, 여러 국가들의 외교정책결정과정을 비교하여 일반화하며, 외교정책결정의 환경을 다층적으로 조망하는 이론적 노력들이 결실을 이루게 되었다. 방법론적으로도 외교정책 연구의 자료를 수집하고, 행태주의, 통계학, 모델링 등 다양한 방법론도 발전해왔음을 알 수 있다.

둘째, 냉전이 종식되고 기존의 미국과 소련이라는 양극체제가 붕괴되면서 국가들의 외교정책은 실로 다양해졌다. 더욱이 20세기 후반부터 국가는 세계화, 정보화, 민주화 등의 거대조류가 활성화되면서 외교정책 연구는 기존의 냉전기 연구로는 현저히 부족한 상황에 직면하게 된다. 국제정치구조의 변화에 따라 국가들 간의 세력배분구조가 급속한 변화를 겪게 되고, 외교정책에 영향을 미치는 투입요소, 정책결정과정, 실행과정 등도 급격한 변화를 겪게 되었다. 세계화의 진전으로 국가를 넘어서는 다차원적인 정치활동이 벌어지고 있으며, 외교정책의 대상도 상대국의 범위를 넘는 지역 및 세계로 변화되어 가고 있다. 민주화의 진전으로 상대국의 정부뿐만 아니라, 의회, 정당, 이익집단, 여론을 고려한 외교정책의 추진이 불가피해졌다. 정보화의 진전으로 소위 '외교혁명(Revolution in Diplomatic Affairs)'이 일어나고 있으며, 이로 인해 비국가 행위자들

이 외교정책에 관련한 많은 정보와 지식을 습득하고 있다. 구미 국가 이외의 제3세계 국가들의 문화적, 정치적 배경이 또한 중요한 변수로 떠오르면서 국제정치에 대한 새로운 이론들이 외교정책 연구에 영향을 미치게 되었다. 이러한 상황에서 외교정책을 이론적으로 파악하기 위해 국제정치이론의 영향을 받아 발전하고 있는 외교정책결정이론의 변화를 분석해 보고, 새로운 환경에서 실시되고 있는 외교정책을 양면이론 및 외교의 변환, 글로벌 거버넌스, 그리고 공공외교의 측면에서 살펴보고자 한다.

2. 냉전기 외교정책 연구의 시작

국제정치이론이 국가들 간의 관계를 전체적이고 일반적 관점에서 이론화하는 데 비해, 외교정책분석은 국가 내부에서 일어나는 다양한 현상들을 함께 고려하여 국제정치의 세밀한 부분까지 다루고 분석한다. 국제정치이론은 국가를 단일하고 통일된 행위자로 다루는 경향이 강하지만 외교정책분석은 국가를 다양한 행위자들의 집합으로 본다. 사실 국가는 그 자체가 물리적 실체도 아니고, 그렇다고 한 명, 혹은 소수의 사람들이 국가를 대표하는 것도 아니다. 국가는 사람들의 인식 속에서 구성되는 실체이기 때문에 국가가 행위한다기보다는 국가를 구성하는 개인들이 국가를 하나의 단위로 상정하고 이를 위해 행동하는 것으로 보아야 한다. 국제정치이론에서 국가는 단일하고 합리적이며 통합된 이익을 추구하는 실체로 이론화되지만, 외교정책분석에서 결국 정책을 결정하고 실행하는 것은 구체적인 사람들이기 때문

에, 정책결정에 관여하는 개인과 집단들을 직접 분석하는 것이 중요한 과제가 된다.

외교정책분석은 국가 내 다양한 행위자들을 상정하고, 국가이익 역시 단일한 이익이 애초부터 있는 것이 아니라 이들 행위자들이 조정과 타협, 갈등 속에서 만들어내는 역동적 개념으로 파악한다. 또한, 외교정책의 연구자들은 의사결정자들이 반드시 합리적이라고 상정하지도 않는다. 주어진 환경 속에서 최선을 다하지만 인간인 이상 합리성에 한계도 있고 개인적, 혹은 집단적으로 소유하고 있는 편향된 견해도 있을 수 있다. 따라서 합리적 의사결정이론으로만 외교정책의 과정을 파악할 수 없고, 다양한 사회과학의 분야들, 즉, 심리학, 경제학, 사회학, 인류학, 지리학 등 여러 분야의 논의들을 참고하여 외교정책이 어떻게 결정되고 실행되는지를 탐구하여왔다.

이와 같이 정책이 결정되는 국가 내의 과정, 즉, 블랙박스 안을 들여다보는 것은 국제정치를 연구하는 데 큰 도움이 된다. 행위자수준에 초점을 맞추어 연구하는 외교정책분석은 행위자를 일반적 차원에서 추상화한 국제정치이론을 보완해 줄 수 있는 유용하고 구체적인 시각이다. 국제정치를 이론화하려는 시각은 아마도 국가가 출현한 이후부터 현재까지 계속 존재해왔다. 그러나 외교정책분석은 제2차 세계대전 이전까지는 명확한 학문 소분과의 형태로 존재하지 않았다.

외교정책분석은 추상적인 이론화의 분야라기보다는 매우 구체적인 자료와 현실을 바탕으로 구성되는 한편, 이를 일반화하여 외교정책결정과정에 대한 시각을 제시하고, 여러 나라의 외교정책결정과정을 비교연구하여 결론을 이끌어낸다. 제2차 세계대전이 종식되고 주로 미국의 학자들

은 여러 나라들의 외교정책결정과정을 구체적 자료에 근거하여 분석하고 비교하여 일반화된 결론을 이끌어내고자 노력했다.

외교정책 연구를 이끈 선구적인 연구로서 1954년 스나이더(Richard C. Snyder), 브룩(H. W. Bruck), 사핀(Burton Sapin) 등이 함께 연구한 『국제정치 연구방법으로서 정책결정(Decision-Making as an Approach to the Study of International Politics)』이라는 소책자가 있고 이는 1963년 단행본으로 출간되었다. 또한, 1956년 스프라우트(Harold Sprout)와 스프라우트(Margaret Sprout)가 "국제정치 맥락에서 개인-환경 관계 가설들(Man-Milieu Relationship Hypotheses in the Context of International Politics)"을 출판하고, 1965년 『국제정치의 관점에서 본 인간사에 대한 생태적 접근(The Ecological Perspective on Human Affairs with Special Reference to International Politics)』이라는 책을 출간했다. 다른 하나의 기념비적 논문은 많이 인용되었듯이 로즈나우(James N. Rosenau)가 1966년에 출간한 "외교정책의 예비 이론 및 이론(Pre-theories and Theories of Foreign Policy)"이라는 논문이다.[1] 로즈나우는 이 논문에서 외교정책이 국가 외부의 요소들뿐 아니라, 내부의 요소들에 의해서 어떻게 결정되고, 양자가 어떠한 방식으로 조합되며, 서로의 비중이 어떻게 결정되는지를 연구하고자 하였다고 설명하고 있다. 외교정책에 대한 연구가 개별국가에 대한 연구들의 나열이 아니라, 일

---

1) James N. Rosenau, "Pre-theories and Theories of Foreign Policy," in James N. Rosenau, *The Scientific Study of Foreign Policy* (New York: The Free Press, 1971)

반화될 수 있는 이론이 되려면 명확한 요인들에 근거한 비교와 추상의 이론이 되어야 한다는 주장이다. 그러나 로즈나우가 모든 국가들을 통괄할 수 있는 일반이론을 추구한 것은 아니고 국제정치에 대한 일반적 이론과 미시적인 관찰 사이를 매개할 수 있는 중범위 차원의 이론을 추구했다고 보는 편이 적절하다. 다차원적이고 다원인론적인 시각을 강조하면서 다양한 차원의 요인들을 중범위 차원에서 종합하고자 한 것이다.

외교정책분석의 세 축을 이루는 이들 작업은 1) 외교정책결정론, 2) 외교정책환경론, 3) 비교외교정책론으로 구분할 수 있다.[2] 외교정책결정론이 외교정책의 국내외 과정들이 수렴되는 정책결정과정을 분석하는 것이라면, 외교정책환경론은 외교정책에 영향을 주는 개인적, 심리적 차원은 물론 국가와 국제수준의 변수들을 분석한다. 비교외교정책론은 여러 국가들 간의 외교정책을 비교하거나, 시기적으로 다르게 나타난 외교정책들을 비교해서 분석하는 접근법이다.

스나이더와 공저자들은 로즈나우처럼 중범위 차원의 다양한 요인들을 결합하여 외교정책결정과정을 이해하고자 했다. 단지 외교정책의 결과물에만 초점을 맞추는 것이 아니라 실제로 외교정책이 어떻게 결정되는지에 집중하고 어떤 국가가 "왜" 그러한 결정을 내렸는지를 심층적으로 이해하고자 했다. 각 행위자들은 자신이 속한 조직적 이해를 대변하면서 이들 간에 정보가 어떻게 교환되고, 정책결정의 동기들이 어떻게 형성되는지에 관심을 기울였다.

스프라우트는 정책결정이 이루어지는 맥락을 중요한 변수로 간주했다. 정책결정을 하는 개인들과 조직은 일정한 임무를 부여받고 정책결정을 수행하는 것이기 때문에 개인과 조직의 심리적 맥락이 매우 중요하다는 것이다. 이는 정책결정의 주관적 측면을 강조한 논의로써 단지 주어진 객관적 조건을 분석하는 데 그쳐서는 안 되고 이러한 객관적 조건이 행위자들에 의해 어떻게 인식되는지가 중요하다는 것이다.

이상과 같은 초기의 외교정책 연구자들은 이후의 연구에 많은 시사점을 주었다. 외교정책을 결정하는 행위자들의 독특한 측면에 초점을 맞추는 것이 중요하다는 점, 이를 알아내기 위해서는 거시적 차원의 맥락과 더불어 중범위적 맥락을 함께 알아야 한다는 점, 이를 위해서는 개인의 차원에서 국제체제의 차원까지 미시에서 거시를 아우르는 다차원적 분석을 시도해야 한다는 점, 사회과학의 여러 분야 연구성과를 통합하여 외교정책분석에 활용해야 한다는 점, 그리고 외교정책결정과정의 연구가 정책결과물에 대한 연구만큼이나 중요하다는 점 등이다.

이러한 강조점들이 이후 외교정책분석 연구에 핵심으로 자리 잡게 된다. 1세대 연구자들이라고 할 수 있는 냉전 초기의 저자들은 한편으로는 외교정책분석의 개념 틀을 설정하는 한편, 실제 연구에 활용될 수 있는 자료 수집과 다양한 방법론을 적용할 수 있는 실험 방법 등을 개발하고자 노력했다.

3. 냉전기 외교정책 연구의 발전

냉전기 외교정책 연구는 이전의 문제의식을 발전

---

2) 김현, "외교정책분석론의 국내 연구 성과와 동향," 『정치정보연구』 제8집 1호 (2005), pp. 246-247.

시키면서 지속적으로 변화해왔다. 우선 로즈나우의 문제의식은 엄밀한 비교외교정책분석 수립의 시도로 이어졌다. 1950년대와 1960년대를 통해 행태주의가 중요한 방법론으로 채용되었는데 외교정책을 하나의 '사건(event)'으로 간주함으로써 여타의 행태주의 정치학에서처럼 외교정책을 연구하고자 했다. 행태주의는 외면적으로 나타난 개인과 집단의 행동을 연구하여 그 동기와 내면을 일반화하려는 방법론적 시도로서 심리학에서 시작되어 대부분의 사회과학 분과학문에서 풍미했던 사조였다. 외교정책을 사건으로 파악함으로써 외교정책의 행태적 측면을 과학적으로 분석하려고 시도하였고, 전쟁, 조약, 외교 등을 종속변수로 사건화하여 자료축적에서 분석까지 일관된 분석틀을 이룩하고자 했다.

비교외교정책분석 연구자들은 독립변수들이 어떠한 패턴으로 연결되어 외교정책 사건의 종속변수에 영향을 미치는지 일반화하려고 시도했고, 다양한 국가들과 다양한 시대를 아우르는 일반화된 이론을 시도하고자 한 연구자들도 있었다. 통계학을 방법으로 사용하여 일반화를 추구한 연구도 활성화되었다. 변수들 간의 연관성을 광범위하게 축적된 자료를 바탕으로 통계적 기법으로 분석한 연구들도 다수 출현했다.

외교정책의 '사건 자료(event data)'는 미국정부에 의해 조직적으로 만들어졌다. 미국의 국방선진연구단(Defense Advanced Research Projects Agency)과 국가과학재단(National Science Foundation)은 500만 달러의 연구기금을 조성하여 1967년부터 1981년에 해당하는 외교정책의 사례들을 자료화하기도 하였다. 각종 뉴스, 연대기, 정부문서들로부터 주요 외교사건들을 추출하여 이를 각종 독립변수와 함께 자료화한 것으로 이후 세계사건/상호작용조사(WEIS: World Event/Interaction Survey), 분쟁과 평화 데이터 은행(COPDAB: Conflict and Peace Data Bank), 국가사건 비교연구(CREON: Comparative Research on the Events of Nations) 등의 데이터들이 만들어지기도 하였다.

스나이더가 추구했던 외교정책결정론, 즉 정책결정과정에 대한 연구도 이후 많은 연구성과를 내면서 이어져 왔다. 외교정책을 결정하는 행위자들은 개인으로서, 혹은 소규모의 조직 일원으로서 정책결정에 참여하므로 소집단의 기제들이 중요하게 대두되었다. 가장 많은 공헌을 한 연구는 잘 알려진 재니스(Irving Janis)의 1972년 책 『집단사고의 희생자(*Victims of Group Think*)』이다. 이 연구에서 재니스는 자신이 속한 소규모 집단의 합의와 일관성을 유지하는 과정에서 정책결정과정의 건전성이 악화되는 과정을 연구하였다.[3] 그 내용을 살펴보면 첫째, 집단에 참가하고 있는 정책결정자들의 사고와 가치관, 규범, 출신배경, 경험체계, 신념체계 등이 연구대상으로 설정되었다. 구성원들간의 응집력이 높아져 집단사고의 오류가 발생할 확률이 높기 때문이다. 둘째, 집단을 이끄는 지도자의 신념이 강하고, 자신의 의지를 관철하려는 노력이 강할수록 집단사고의 오류가 발생할 가능성이 높다는 점이 지적되었다. 지도자의 의지에 반해 다양한 의견을 내놓고 토론하기가 어렵기 때문이다. 셋째, 참가인원의 범위가 넓고 다양하면 하나의 의견에 수렴되는 현상을 막을 수 있지만, 참가의 수가 적고 정

---

3) 집단사고와 관련해서는 이 책의 2장 외교정책결정의 구조와 과정에서 보다 자세히 설명하고 있다.

상적이었으면 참가했어야 할 인원들이 사안에 따라 소외될 경우 집단사고에 빠지기가 더욱 쉽다는 가설도 설정되었다.

이러한 집단사고의 위험을 피하기 위해서는 우선, 정책을 결정하는 최고정책결정자가 자신의 의도와 선호를 너무 명확히 전제하고, 강력한 의지를 표명하지 말아야 한다. 둘째, 정책결정과정이 중앙집권화되어 의견 개진과 토론이 어려울 경우 집단사고가 발생한다. 따라서 정책결정과정을 분산시키는 것이 중요하다. 셋째, 하나의 집단이 결정한 내용을 독립적이고 객관적인 정책 평가그룹에게 검증받는 것이 필요하다. 이를 위해서는 전문가집단, 혹은 인식공동체(epistemic community)와 같은 외부 그룹의 도움이 중요하다. 넷째, 의도적으로 집단이 공유하고 있는 과정을 비판하는 비판자를 상정하여 상황을 검증받는 것도 필요하다. 모든 구성원들이 당연히 옳다고 있는 전제들을 알아내어 비판의 강도를 높이면, 집단사고를 피할 수 있기 때문이다.[4]

이후에도 사회심리학 등의 연구성과에 힘입어 많은 연구들이 다수 출간되었다. 일례로 허만(Charles Hermann)은 집단들을 규모, 지도자의 역할, 정책결정의 규칙들, 참여자들의 자율성 등으로 변수화하여 정책결정결과를 예측하는 이론틀을 만들어 제시하기도 하였다.

정책결정과정 연구 중에 가장 잘 알려진 연구 중의 하나는 조직의 표준행동과 관료정치 과정을 포함시킨 연구들이다. 대표적인 연구는 1971년에 출간되어 고전이 된 앨리슨(Graham Allison)의 『결정의 에센스(*Essence of Decision*)』이다. 1962년 쿠바미사일사건 당시 미국의 정책결정과정을 조직행동과 관료정치 모델을 통해 비판적으로 연구한 앨리슨은 합리적 단일행위자로 국가를 상정하여 외교정책결정과정을 연구하는 방식의 허점을 보여주었다.[5] 이밖에도 다양한 연구들이 출간된 바 있다. 할퍼린(Morton Halperin)의 1974년 작 『관료정치와 외교정책(*Bureaucratic Politics and Foreign Policy*)』 역시 관료적 행동을 매우 세부적으로 연구하여 미국의 외교정책이 아이젠하워, 케네디, 존슨 행정부 시절에 관료집단의 행태로부터 어떻게 영향을 받았는지를 제시하였다. 이후 베트남전쟁을 거치면서 미국의 정책결정과정과 관료정치의 연계성에 대한 연구가 각광을 받기도 하였다. 이들 연구들은 나라의 운명을 결정하는 중요한 외교정책이 국가이익을 위한 합리적 과정이 아니라 관료들의 표준화된 조직행동이나 각 조직의 정치적 이해관계에 따라 어떻게 좌우되는지를 보여주었다는 점에서 상당한 규범적 함의도 가지고 있었다.

외교정책이 결정되는 보다 구체적인 환경과 맥락에 초점을 맞추었던 스프라우트의 노력은 이후 보다 구체적인 요소들, 예를 들어 문화, 역사, 지리, 경제, 정치제도, 이데올로기, 인구구조 등 여러 가지 요소들을 둘러싸고 심도 있는 연구로 발전했다. 우선 정책결정자 개인의 심리적, 환경적 맥락에 대한 연구가 지속적으로 이루어졌다. 외교정책이 최고결정자 개인에 의해 전적으로 좌

---

4) Irving L. Janis, *Victims of Groupthink: A Psychological Study of Foreign-Policy Decisions and Fiascoes* (Boston: Houghton Mifflin, 1972) 참조.

5) Graham Allison and Philip Zelikow, *Essence of Decision: Explaining the Cuban Missile Crisis*, 김태현 역, 『결정의 엣센스: 쿠바 미사일 사태와 세계핵전쟁의 위기』 (서울: 모음북스, 2005), pp. 472-473 참조.

우되는 것은 아니지만 특정한 경우에서는 절대적인 중요성을 가지게 되는 것이 사실이다.

노벨 경제학상 수상자인 사이먼(Herbert Simon)의 제한된 합리성(bounded rationlity) 개념은 합리적 행위자 모델을 재검토하는 데 중대한 영향을 주었다. 정책결정자가 제한된 정보와 한정된 에너지 속에서 어느 정도 '만족할 만한 수준(satisficing)'에서 차선의 결정을 선택한다는 분석을 제시하였다. 스타인부르너(John Steinbruner)가 제시한 외교정책의 사이버네틱스 모델 역시 정보이론, 행동심리학, 수학 등을 함께 고려하여 인간의 불완전한 인지과정에 초점을 맞추어 합리적 행위자 이론에 대안으로 제시하였다.

리베라(Joseph de Rivera)가 1968년에 제시한 연구, 『외교정책의 심리적 차원(The Psychological Dimension of Foreign Policy)』은 심리학과 사회심리학이론을 외교정책분석에 적용한 선구적 연구이다. 레이츠(Nathan Leites)의 1951년 연구는 심리학의 개념을 원용하여 정책결정자의 '운영코드(operational code)' 개념을 외교정책 결정과정에 적용한 연구이다. 조지(Alexander George) 역시 정책결정자의 신념체계가 외교정책에 미칠 수 있는 영향을 심도 있게 연구했다. 이후 허만(Margaret Hermann)은 리더의 신념, 동기, 결정 스타일, 대인관계의 스타일 등이 국제정치 사안에서 결정을 내리는 데 어떠한 영향을 미치는지를 연구했다. 이후 정책결정자들이 상황을 어떻게 파악하고 인지하는지는 지속적인 외교정책분석의 연구경향이 되었다. 저비스(Robert Jervis)의 『국제정치에서 인식과 오인(Perception and Misperception in International Politics)』(1979), 코탐(Richard Cottam)의 『외교정책 동기: 하나의 일

반이론과 사례연구(Foreign Policy Motivation: A General Theory and a Case Study)』 등은 리더의 오인이 얼마나 중요하게 작용하는지를 밝힌 연구들이다. 1970년대와 1980년대에는 정책결정자들의 인지적, 심리적 요인이 외교정책에 미치는 영향을 광범위하게 연구하는 많은 연구성과들이 발표된 바 있다. 정책결정자들의 동기를 연구하거나, 인지지도, 도식 등을 연구하기도 하고, 일생의 경험을 연구하거나 인지 스타일을 연구하는 등 연구가 다양화되었다. 1970년대 말 카너먼(Daniel Kahneman)과 트버스키(Amos Tversky)가 제시한 전망이론(prospect theory) 역시 외교정책분석에 도입되었다. 전통적인 기대효용이론과는 다른 차원에서, 행위자가 손실과 이익을 기대할 때 정책결정이 어떻게 달라지는지 분석틀을 제시하였다. 이들에 따르면 손실 영역에 있는 행위자가 위험감수적 행동을 하는 경향이 강하다는 것이다.

개인의 정책결정 맥락뿐 아니라 국가적, 사회적 맥락도 함께 연구대상이 되었다. 국가의 크기, 부, 정치적 신뢰성, 경제체제 등과 같은 국가의 특징이 외교정책에 어떠한 영향을 미치는지가 중요한 연구과제가 되었다. 특히 전쟁과 관련된 국가의 특성은 많은 연구의 대상이 되었는데, 국가의 크기, 부의 정도, 민주주의 국가인가의 여부 등이 전쟁결정의 독립변수로 검토되었다. 그러나 민주주의 국가들은 상호 간에 전쟁을 하지 않는다는 소위 민주평화론을 제외하고는 법칙과 같은 외교정책의 경향을 발견하기는 쉬운 일은 아니었다.

그 밖의 요소들로 정책엘리트와 여론의 방향, 특히 여론이 얼마나 일관성과 합리성을 가지는지는 외교정책결정의 맥락을 연구하는 데 중요한 주

제가 되었다. 카스패리(Caspary)와 아첸(Achen)은 베트남전쟁기에 수집한 자료를 중심으로 1970년대에 미국의 여론이 전쟁결정과 수행에 어떠한 영향을 미치는지를 집중적으로 탐구하였다. 그밖에 뮤엘러(Mueller), 홀스티/로즈나우(Holsti/Rosenau), 만델바움/쉬나이더(Mandelbaum/Schneider) 등도 여론의 영향에 대한 다양한 연구를 시도하였다.

보다 조직화된 사회적 요소로서 사회조직, 이익집단이 외교정책에 미치는 영향도 중요한 연구대상이 되었다. 달(Robert Dahl)의 연구인 『정권과 반대(Regimes and oppositions)』(1973)는 사회적 요인에 집중한 연구였다. 문화적 요소들도 관심의 대상이 되어, 국민성, 정책문화 등이 연구대상으로 설정된 바 있다. 홀스티(Kalevi Holsti)는 국민의 역할에 대한 개념(national role conception)이라는 개념을 설정하여 한 민족이 자신의 역할을 어떻게 설정하는가가 외교정책에 영향을 미치며, 이는 그 민족의 사회화 과정과 연결된다는 점을 보이고자 했다.

4. 탈냉전기와 21세기 외교정책 연구의 변화

1) 냉전의 종식과 외교정책 연구의 변화

냉전이 종식되었다는 것은 미국과 소련의 양극체제가 붕괴되고, 세계의 모든 국가들을 제약했던 국제정치구조가 근본적으로 변화되었다는 것이다. 탈냉전기의 세력배분구조는 미국의 패권체제, 단극체제, 군사적 의미에서 미국의 단극체제

와 경제적 의미에서 다극체제의 결합인 단다극체제, 혹은 다극체제 등으로 다양한 변화에 직면했다. 또한, 세계의 지역에 따라 지구적 세력배분구조가 미치는 영향도 다르게 나타났다. 이에 따라 외교정책결정과정에 영향을 미치는 중요한 변수인 국제정치구조의 이론화가 더욱 중요해지게 되었고, 따라서 국제정치이론과 외교정책분석이 밀접한 관계를 가지게 되었다.

냉전의 후반기에 해당하는 1979년 미국의 월츠는 그의 저작 『국제정치이론(Theory of International Politics)』을 통해 신현실주의 국제정치이론을 만들었다. 국가들 간의 세력배분구조라는 체제변수가 국제정치를 분석하는 데 매우 중요하다는 이론으로 이후 현실주의 국제정치이론의 발전에 많은 영향을 미쳤다. 월츠는 국제정치이론과 외교정책분석을 구분하면서 자신의 신현실주의이론이 국제정치이론이지 외교정책분석은 아니라고 주장하지만, 국가들의 외교정책을 규정하고 제약하는 체제변수는 외교정책 연구에 중요한 변수가 된다. 국제정치구조를 가장 강조하는 신현실주의가 구조 자체의 변화를 예측하지 못했다는 점에서 현실주의는 큰 타격을 받게 되었고, 냉전의 종식이 주는 이론적 함의는 개별국가 단위의 변화를 고려하지 않고는 구조의 변화를 설명할 수 없다는 것이다. 냉전의 종식 경우에는 고르바초프 서기장의 생각과 개인적 특성, 구소련 내 경제, 사회적 상황 등 외교정책분석의 변수가 국제정치구조의 변화에 결정적인 영향을 미쳤다는 결론이다.

세력배분구조라는 체제변수만으로 국가들의 외교정책의 다양성을 설명하기는 어렵기 때문에 국가 내부의 변수들과 적절히 결합되어야 했고,

이 과정에서 신고전현실주의의 외교정책분석이 만들어졌다. 신고전현실주의자들은 체제 이외의 변수들을 매개 변수로 포함시켜 외교정책결정과정을 보다 풍부하게 설명하고자 한다. 이들은 국제적 차원에서 외부의 체제변수가 국가구조라는 매개변수를 통해 어떻게 영향을 미치는지를 강조하는데, 신현실주의에서는 블랙박스로 여겨진 국가가 외교정책을 결정하는 과정을 본격적으로 탐구한다. 즉, 엘리트와 사회 모두를 포함하여 정책결정자는 국가에 대한 위협을 정의하고 국가이익의 내용을 결정하며 정책의 방향을 제시하기 때문에, 국가 이하 행위자의 중요성을 간과할 수 없다고 본다. 여기서 중요한 질문이 되는 것은 국가 안의 각 행위자들이 외부의 위협이 어떻게 인식하는지, 국가와 사회의 정책 자원을 어떻게 마련하고 추출하여 정책을 실행하는지 등이다. 과연 국가, 혹은 정책결정자들은 어떠한 기준으로 외부의 위협을 정의하는가? 이 과정에서 서로 다른 행위자들의 조정과 일치는 어떻게 이루어지는가? 외교정책을 주로 결정하는 주체는 누구이며 국가와 사회의 행위자들은 각각 어떠한 역할을 담당하는가? 정책을 실행하기 위해 국가의 자원을 동원하는 주체는 누구이며 이를 가로막는 행위자들은 존재하는가? 이러한 질문들이 신고전현실주의 외교정책분석의 중요한 연구과제가 된다.

대표적인 신고전현실주의자로 스웰러(Randall L. Schweller)를 들 수 있는데 그는 국가들이 외부의 위협에 대해 균형정책을 취할 때 외부의 위협뿐 아니라 국내의 다양한 행위자들과 인식이 중요하다고 주장했다.[6] 스웰러는 균형정책을 네 가지로 나누어 고찰한다. 즉, 적절한 수준의 균형, 과대균형, 비균형, 과소균형의 분류이다. 적절한 수준의 균형은 신현실주의가 고찰하는 바대로 외부 위협의 크기에 상응하는 정확한 균형정책이다. 과대균형은 상대방의 공격의도를 사실보다 과대하게 인식하여 나타나는 현상이다. 비균형은 사실상 균형정책 대신 다른 정책을 사용하는 경우로 책임전가, 편승, 유화, 관여, 거리두기, 회피전략 등이 포함된다. 특히 약소국들은 국내 자원을 동원하여 균형정책을 취하는 것이 많은 부담이 되기 때문에 적절한 균형을 택하기 어려운 경향이 있는 것이 사실이다. 과소균형은 적절한 수준의 균형에 못 미치는 비효율적 균형에 그침으로써 막을 수 있었던 전쟁을 치르게 되거나 많은 비용을 치르고 전쟁에 임하게 된다. 스웰러는 적절한 균형이 아닌 다른 모든 정책의 원인이 체제 차원 변수로는 설명되지 않는다고 본다. 국내정치 요소를 필연적으로 고려하지 않을 수 없다는 것이다. 이 과정에서 정책결정자들 간의 합의, 정부와 정권의 취약성, 사회적 응집력, 정책결정자들 간의 응집력 등이 중요한 국내적인 설명의 변수가 된다. 위협에 대한 인식과 대응방법에 정책결정자들이 합의를 볼수록, 정부와 정권이 내부 사회세력의 지지를 받아 덜 취약할수록, 사회와 엘리트 차원의 응집력이 강해 내부 분열을 일으키지 않을수록 적절한 균형에 접근할 것이라는 이론을 제시한다. 이러한 신고전현실주의의 이론은 탈냉전기 급변하는 국제정치환경 속에서 어떻게 국제체제변수와 국내변수를 결합할 것인지를 잘 나타내주는 연구라고 할 수 있다.

6) Randall L. Schweller, "Bandwagoning for Profit: Bringing the Revisionist State Back In," *International Security* 19-1 (Summer 1994), pp. 72-107.

2) 21세기 민주화, 정보화의 진행과 외교정책 연구의 변화

냉전의 논리와는 별개로 21세기는 다양한 변화가 일어나고 있는 시기이다. 이미 20세기 말부터 세계화와 같은 전면적 변화가 일어나 세계가 하나의 시간과 공간으로 묶여가고 있다. 통신과 교통의 발달은 국가 단위의 정치보다 지역 혹은 지구 단위의 정치가 더욱 중요해지고 있음을 보여주고 있다. 민주화 역시 전세계 모든 국가들에게 공통적으로 나타나는 현상으로 외교정책결정환경에 영향을 많이 미치는 변수이다. 민주화가 진행될수록 시민사회의 각 주체들의 영향력이 확대되는 것은 당연한 일이다. 정보화 역시 중요한 변화이다. 이제 인터넷에서 중요한 정책 관련 정보들을 얼마든지 구할 수 있으며 정부가 정보를 독점함으로써 외교정책에서 특권을 가지던 시대는 지나갔다고 볼 수 있다. 2001년 발생한 9·11테러는 전 세계로 그 영향력이 확산되어 지구적 반테러전을 불러왔다. 2008년 미국에서 발생한 경제위기 역시 순식간에 세계화되어 모든 국가의 경제에 영향을 미쳤다. 2019년 12월 발생한 코로나 사태 역시 국경을 넘는 인간과 사물의 이동이 세계화된 상황에서 전 세계로 확산되어 오늘에 이르고 있다.

따라서 21세기 정책환경의 변화를 고려하여 실제 정책결정과정의 변화를 보아야 할 것이다. 우선, 행위자의 변화를 들 수 있다. 시민사회를 포함한 비국가 행위자들의 성장과 외교정책에 대한 영향력 증가는 민주주의 사회, 그리고 정보화 사회의 외교정책과정의 주된 특징이다. 시민사회를 이루는 다양한 행위자들, 즉 이익집단, 옹호집단, 전문가집단, 언론, 개인, 기업 등 경제행위자들은 정부의 영향력 밖에서 자유롭게 자신의 이익과 의사를 형성하고, 이를 다양한 의사소통 체계를 통하여 표출하고 실현을 도모한다. 이는 정치적 자유가 보장되고, 정책 관련 정보들이 정부에 의해 독점되는 상황이 약화됨에 따라 가능해진 변화들이다. 비국가 국내행위자들의 등장뿐 아니라, 국외 행위자들의 증가와 영향력 확대 또한 주된 현상으로 들 수 있다. 선거를 통한 정치적 영향력 행사 이외에도 다양한 정치커뮤니케이션의 통로가 확보된 민주주의 사회에서는 국내에서 활동하는 외국기업뿐 아니라, 해외 외교집단, 해외 언론, 국제기구 등이 다양한 통로를 통하여 국내의 정책결정과정에 영향을 행사하고 있다. 따라서 정부의 입장에서는 정책과정에 투입요소가 기하급수적으로 증가한 정책환경에 처하게 되고, 실행된 정책에 관한 피드백과 평가과정에서도 이들 다양한 집단들의 의견을 수렴하지 않을 수 없게 된다.

더구나 이러한 행위자들이 정보화의 영향으로 외교정책에 중요한 다양한 정보와 지식을 획득함에 따라 단순한 정치세력에 그칠 뿐 아니라, 정확한 정책내용을 알 수 있는 집단으로 등장하였다. 외교정책의 변화를 사안별로 분석하고, 정부의 정책을 감시, 비판하는 다양한 외교 관련 시민사회집단의 등장은 정부에게 중요한 고려요소가 되고 있다.

예를 들어, 한국의 경우도 외교정책에 관심을 기울이고 있는 이익집단과 비정부기구(NGO)가 엄청나게 증가하고 있다. 외교안보사안, 독도 문제, 한미자유무역협정(FTA) 체결과 관련된 문제, 한중관계 등 다양한 외교정책 관련 이익집단,

연구집단, 옹호집단들이 생겨나고 있다. 이들은 관심 있는 주제들을 지속적으로 연구하고, 정책 대안을 제시하며, 정부를 비판하여 정부의 정책 결정자들에게 많은 영향을 미치고 있다. 정부 역시 이러한 시민사회집단의 목소리에 귀를 기울이고, 대안을 수용하고자 노력하는 모습을 보인다.

이와 같이 사적 부문의 이익이 대외관계에 의해 좌우되는 비중이 높아짐에 따라, 각 행위자들의 외교정책 관심 정도가 기하급수적으로 팽창하고, 외교정책의 결정과정에 투입요소로서 작용하려는 의지와 필요성 또한 증가한다. 기존에는 정부의 전문영역으로 취급되어 왔던 외교정책의 사안들이 그 성격에 따라 서로 다른 행위자들의 주된 관심사로 등장하며, 이는 국내·국외 행위자들을 막론하고 공통된 현상이다.

둘째, 민주화된 사회에서는 선거에 의한 주기적 정책평가와 정권교체가 외교정책을 결정할 때 중요한 요소로 작동한다. 정치소비자인 유권자는 다양한 이슈들을 종합적으로 평가하여 주기적인 정부 단위들에 대한 권한을 행사하므로, 정부는 재집권을 위해 효과적이고 책임성 있는 정책을 추진할 수밖에 없게 된다. 따라서 국민의 의사를 대변하는 새로운 정당이 등장할 뿐 아니라, 기존의 정당 균열구조를 근본적으로 변화시키는 새로운 이슈들이 주된 현안으로 등장한다. 권위주의 사회에서는 정치 현안과 균열구조를 패권적 혹은 일당주도적 정당체제 속에서 여당이 독점하다시피 하는 것이 가능하였으나, 민주화 과정에서는 정당체제가 근본적인 변화를 겪으며 정치 현안 선택과 균열구조 성립 과정이 근본적인 변화를 겪는 것이다.

이 과정에서 외교정책 또한 주된 현안과 정당 간 정책대결의 대상으로 등장한다. 안보, 국방 현안에 있어서는 안보정책을 둘러싼 대외인식, 대외전략, 이념 등 기존에 볼 수 없었던 대립구조를 표출하고 있으며, 경제 현안인 경우, 사적 부문의 이익을 직접적으로 반영한 다양한 대립구조가 조성된다. 유권자들은 정부가 어떤 부문의 이익을 대표하는가, 어떠한 이념을 실현하는가에 따라 다르게 반응하므로 정부는 주기적 선거에서 정파적 이익을 극대화하기 위한 노력을 기울인다.

셋째, 정보화된 사회에서는 국가의 정보독점력이 약화된다. 권위주의 사회에서는 정부가 국내외 정보유통을 관리함으로써, 정보의 생산과 유통, 소비를 독점할 수 있는 특권을 누렸다. 그러나 민주화와 더불어 정부의 정보가 청문회, 감사 등의 의회활동, 법적문제를 야기하는 부분에 있어서는 사법부의 사법활동, 언론의 자유를 획득한 다양한 언론의 보도활동, 전문가 집단의 연구활동 등을 통해 공유되고, 알려짐에 따라 이러한 정보독점은 더 이상 불가능해지게 되었다. 또한, 해외에서 유입되는 다양한 정보들도 여과 없이 국내에 알려지게 됨에 따라, 정부가 통제할 수 있는 정보 영역이 사실상 매우 축소되었다. 정보의 생산에 있어서도 기존 정보기관의 정보생산 및 축적활동이 보다 많은 감시와 통제의 대상이 됨에 따라 기능적으로 필요한 비밀성 이상이 보존되기가 어렵게 된 것이 사실이다.

이러한 경향은 정보화의 발전, 소위 전자민주주의의 확대와 더불어 더욱 심화되었다. 빠른 시간 내에 전 세계의 정보를 취득하고, 쌍방향적 의사소통을 할 수 있는 정보화시대의 정보환경 속에서 사적 부문의 행위자들은 전문성의 훈련을 축적한 경우, 정부 부문보다 더욱 많은 정보를 보다 효과적으로 축적하고, 이를 분석하여 지식을 생산하는 것이 사실상 가능하게 되었다. 따라서 정책과정에서 정부가 누렸던 민주화 이전 시대의 특권이 더 이상 불가능하게 된 것이 사실이다.

외교정책 부문에 있어서도 이러한 정보환경은 명확한 변화를 불러일으켰다. 사실 외교정책 부문이야말로 정부의 정보독점이 가장 두드러진 영역으로, 기존의 권위주의 정부는 해외정보, 비밀정보, 전문화된 정책정보를 독점함으로써, 정책과정의 투입요소를 관리하고, 정책평가 과정을 제한할 수 있는 여지를 누렸다. 그러나 정보를 통제할 수 있는 정치적, 기술적 자산이 소진된 민주주의 사회에서는 사적 부문의 행위자들이 안보·국방·경제·사회문화 부문의 해외정보 및 외교정책 관련 국내 정보를 자유롭게 취득하고, 이를 바탕으로 자신의 이익과 의사를 형성할 수 있는 상황에 처하게 되었다. 이러한 변화는 비단 국내 행위자에게만 국한되는 것은 아니다. 민주주의 사회의 정부는 주기적으로 외교 관련 정보를 공식화하여 공유하게 되는데, 이 과정에서 외국 정부나 해외 행위자들도 민주주의 정부에 대한 다양한 정보를 수집할 수 있게 되었다. 따라서 외교관 및 정보원들의 해외정보 취득 및 수합과 같은 정보활동이 질적인 변화를 겪게 되었다. 이와 같은 다양한 변화로 인하여 외교정책과정에서 정부가 차지할 수 있는 자의적 영역이 현저하게 줄어든 것이 사실이다.

넷째, 외교정책과정에 근본적인 성격 변화가 일어나고 있다. 외교정책과정은 국내 행위자들은 물론, 국외 행위자들을 직접적으로 상대하므로 기존에는 보다 비밀스러운 환경에서 장기적으로 효과 있는 정책을 추진하는 과정으로 알려

져 왔다. 이는 외교정책의 실행 효과가 외국 정부와 같이 명확한 상대에 의해 실현되기까지 상당한 시간이 필요한 것이고, 그 과정에서 외국 정부와의 효과적 경쟁을 위해 정책내용에 대한 비밀이 필요하기 때문이다. 또한, 외교정책은 고도의 전문성과 독특한 도덕성을 요구하는 영역이므로, 국제정치분야의 전문적 지식을 획득하지 못한 사적 부문의 행위자들이 외교정책 작동원리를 충분히 이해하기 어렵다는 판단에 따른 것이기도 하였다. 무엇보다 국제정치는 소위 도덕과 무관한(amoral) 영역으로 국내정치를 이루고 있는 도덕주의적, 법제주의적 인식으로는 이해가 어렵다는 국제정치 전문가들, 특히 현실주의 국제정치학자들의 판단이 작용하여 온 것이 사실이다.

그러나 민주화 이후에는 이러한 외교정책과정의 비밀성과 전문성, 장기지향성 등이 더 이상 유지되기 어렵게 되었다. 모든 외교정책은 정책 수립과정에서부터 상당 부분 공개될 수밖에 없으며, 그 정보는 국내 행위자는 물론, 해외 행위자들에게 알려질 수밖에 없다. 또한, 선거 등 국내 정치에 민감할 수밖에 없는 정부와 정당의 상황에서 전문성을 주된 정책수립 근거로 사용할 수 없으며, 일반 여론의 정치적 지지를 받을 수 있는 외교정책을 수립하는 데 주력하게 된다. 이로써 전문성과 여론의 지지를 동시에 확보해야 하는 어려움을 겪게 되는 것이다. 더구나 경우에 따라서는 상호 간에 모순되는 다수의 정책을 추진해야 하는 경우도 있는데, 여론이 일관된 정책추진을 요구할 경우, 장기적 고려에 바탕을 둔 전술적 모순성은 쉽게 해결될 수 없는 문제이다.

정책효과 면에서도 외교정책의 효과는 장기적으로 나타나는 것이 다수이므로, 단기적 국내정

치이익을 도모할 수 없는 정책사안들은 정부 및 정당의 입장에서 그리 매력적인 것은 아니다. 물론 정치행위자들이 정치적 이익만을 쫓는 행위자(office-seekers)는 아니며, 정책의 실현을 추구하는 행위자(policy-seekers)이기도 한 것은 사실이지만, 민주주의 이전의 시대보다 정치적 이익을 동시에 고려해야 할 필요성이 증가한 것은 어쩔 수 없는 일이다. 정책의 실행부문에 있어서도, 신속한 정책결정과 실행과정이 민주적 승인의 절차를 거치면서 지연되어 애초의 정책효과를 달성하기 어렵거나, 사후 의회 및 여론의 승인 획득과정에서 무효화되어 애로를 겪게 되는 경우도 다수 발생하기 마련이다.

결국, 민주화와 정보화의 정책환경 속에서 이

해설 1.1

민주화, 정보화시대의 외교혁명

근대 외교는 주권국가가 출현하면서, 정부 간 교섭행위로 이미 15세기 이탈리아반도에서 시작되었다. 그러나 20세기를 거치면서 각 국가들이 민주화를 겪게 됨에 따라 외교정책결정과정에 대한 시민사회의 영향력이 커지게 되었다. 또한, 인터넷 등 정보화의 발전으로 전문가 및 정책결정자들의 고유영역으로 여겨졌던 외교의 영역이 일반 국민들에게 개방되었다. 그 결과 외교의 주체, 대상, 실행방식이 혁명적으로 변화하게 되었고, 이를 외교혁명이라 부를 수 있다. 상대국 정부뿐 아니라, 국제기구와 일반 국민들에 대한 국제적 공공외교(international/global public diplomacy)가 중요한 과제로 떠오르게 되었다.

루어지는 외교정책은 근대 국제체제에서 권위주의 정부들이 누려왔던 효율성을 대의적 책임성과 조화시켜야 하는 새로운 과제를 안게 되었으며, 이에 얼마나 능동적으로 대처하는가가 정책의 성패를 좌우하는 환경에 처하게 되었다고 하겠다.

3) 양면게임으로서 외교정책분석

세계화, 민주화, 정보화의 경향이 결합되면서 나타나는 외교정책결정과정 및 결정요인들의 변화는 외교정책결정과정에 직접적인 영향을 주게 된다. 이러한 변수들을 이론화하면서 양면게임 분석틀이 만들어졌다. 한 국가가 외교정책을 결정하고 추진할 때, 이는 상대국 정부에만 영향을 미치는 것이 아니라 자국의 국민들에게도 영향을 미치고, 상대국의 국민들에게도 영향을 미치게 된다. 따라서 상대국 정부의 반응만을 의식한 외교정책을 입안하는 것이 아니라, 자국의 국민과 상대국의 국민을 모두 의식한 상태에서 외교정책을 수립한다는 가설을 생각할 수 있다. 이는 외교정책이 입안, 추진, 실행, 추인되는 과정을 양면게임으로 보아야 한다는 이론으로 귀결된다. 퍼트남(Robert Putnam)은 이러한 사실에 주목하여 양면게임을 구체화했다.

좀 더 자세히 살펴보면, 외교정책이 추진되고 실행되면 1단계에서 상대국 정부의 협상담당자와 교섭하게 된다. 그리고 민주화된 정부에서 의회와 국민의 비준을 받아야 하므로, 2단계의 국면이 생겨나게 된다. 한 국가의 외교정책 추진자는 상대국 정부관계자뿐 아니라, 상대국 의회와 국민 여론의 동향을 살펴야만 사후 추인을 받을 수 있는 효과적인 외교정책을 추진할 수 있다. 만

<table>
<tr><td>개념</td><td>양면게임</td></tr>
</table>

외교 사안에 대한 시민사회의 중요성이 증가하면서, 정부의 대표자들이 외교정책을 입안하고, 협상할 때, 시민사회와의 관계를 중요시하게 되었다. 각 정부대표들은 협상의 결과를 사후에 의회와 시민사회에 의해 승인받아야 하므로, 정부 간 교섭과정에 임할 때부터, 이를 의식하게 되는 것이다. 정부 간 협상의 차원과, 자국 및 상대국의 시민사회와의 관계의 차원을 함께 고려하는 협상형태가 출현하면서, 이를 양면게임(two-level game)이라고 지칭하게 되었다.

약 상대국 의회와 정부의 추인을 받지 못하는 외교정책을 공들여 추진한다면 이는 국력의 낭비일 수밖에 없기 때문이다.

마찬가지로 외교정책 추진자는 자신이 추진한 정책이 후에 자국민은 물론, 의회의 추인과 승인을 받아야 효과를 발휘할 것이라는 것을 잘 알고 있다. 만약 상대국 정부와의 협상에서 동의를 얻었으나, 자국민과 의회의 지지를 받지 못한다면 이는 아무 소용없는 외교정책이 되고 말기 때문이다.

보통 자국민과 의회의 찬성과 비준을 얻을 수 있는 외교정책 혹은 협상의 내용을 윈셋(winset)이라고 부른다. 자국민과 의회의 찬성과 비준을 얻을 가능성이 많은 사안의 경우, 보다 넓은 윈셋을 가지고 타국 정부와 협상을 할 수 있다. 타국 정부 역시 자신의 의회 및 국민들의 동의를 얻을 수 있는 외교정책의 내용, 즉 윈셋을 가지고 협상에 임한다. 양국의 윈셋이 서로 겹쳐져서 합의를 볼 수 있는 영역, 즉, 잠재적 합의 영역(ZOPA: Zone of Potential Agreement)이 넓어지면 그만큼 외교정책의 성공 가능성이 높은 것이라 할 수 있다.

이러한 상황에서 외교정책의 입안자들은 자국의 윈셋 범위를 줄이면서, 타국의 윈셋 범위는 넓히려는 노력을 기울인다. 왜냐하면, 타국의 윈셋이 넓어 많은 양보를 끌어낼 수 있다면 자국의 외교정책목표를 그만큼 용이하게 관철시킬 수 있기 때문이다. 만약 타국민에게 영향을 미쳐 타국의 윈셋을 넓히는 한편, 자국민의 승인범위를 좁혀 자국의 윈셋을 줄일 수 있다면 외교정책에서의 성공률은 높을 것이다. 이를 외교정책에서 자국의 윈셋 축소전략 및 상대방의 윈셋 확대전략이라고 부를 수 있다. 그리고 전자의 경우 대상은 국내이익집단 및 여론, 정당이 될 것이고, 후자의 경우 대상은 상대국 국민, 이익집단, 정당으로, 초국가적 외교 및 로비, 국제적 공공외교가 중요한 수단이 될 것이다.

이렇게 볼 때, 외교정책결정자는 타국 정부, 자국 국민, 타국 국민에 대한 특정한 성격의 노력을 기울이게 되고, 또한 자국 국민이 타국 국민에 대해 실행하는 작업에 의해 도움을 받기도 한다. 구체적인 방법들을 나열해 보자면, 타국 정부와의 담합, 자국 국민에 대해서는 발목 잡히기, 사안의 재정의, 특정 집단의 활성화, 타국 국민에 대해서도 특정 집단의 활성화, 혹은 초국적 로비를 시도할 수 있고, 자국 국민이 타국 국민에 대해 시도하는 초국적 제휴에 의해서도 상당한 도움을 받을 수 있다.[7]

---

7) 김태현, 유석진, 정진영 편, 『외교와 정치』 (서울: 오름, 1995) 참조.

한국과 미국이 체결한 자유무역협정은 이러한 양면게임의 양상을 잘 보여주고 있다. 한국은 미국과의 자유무역협정 체결을 중요한 대미 외교정책의 과제로 삼은 이후, 미국과의 협상에 많은 힘을 기울였다. 그러나 외교정책 추진과정에서 비단 미국의 협상상대자만을 상대하는 것이 아니라, 체결된 협정이 미국의회에서 비준될 것인지, 그리고 미국의 이해당사자들, 특히 기업들과 여론이 한미 자유무역협정을 지지하고 승인할 것인지도 함께 고려해야 했다. 미국 역시 한국의 기업들, 농민들, 노동자 집단, 그리고 여론이 한미자유무역협정을 지지할지에 많은 관심을 기울일 수밖에 없었다. 만약 체결된 협정문이 양국의 의회에 의해 승인되지 않으면, 힘들여 한 협상 자체의 의미가 삭감되고 비준이 어려워지기 때문이다.

또한, 한미 양국의 협상 대표들은 자국의 윈셋을 줄이기 위하여 자국민들의 요구를 적극적으로 반영하여 최대한 양보를 하지 않으려고 노력한다. 자국의 입장을 고수하면서 상대방의 양보를 이끌어내려면, 자국민의 엄격하고 어려운 요구사항을 지속적으로 주지시켜 상대국으로 하여금 먼저 양보하게 해야 하기 때문이다. 이는 소위 발목 잡히기 전술이라고 할 수 있다. 또한, 상대국의 이익집단과 개인에게 영향을 미쳐, 좀 더 유화적인 입장을 가질 수 있도록 노력하기도 한다. 협상 과정 중에 언론에 대해 자국의 입장을 밝히고 자유무역협정이 상대국에게 어떻게 도움이 되는지를 지속적으로 홍보하는 한편, 정확한 분석자료를 제공하면 상대국의 양보를 이끌어내기가 쉬워지기 때문이다. 이는 초국가적 공공외교 및 영향 미치기의 전술이라고 볼 수 있다. 이상의 양면게임이론을 살펴볼 때, 외교정책의 차원과 대상이 보다 다양해지고 있으며, 보다 전략적인 관점에서 행해지고 있는 외교정책을 이론적으로 파악하는 과제가 더욱 어려워짐을 알 수 있다.

4) 폴리휴리스틱 모델의 외교정책분석

민주화된 국가에서 국내정치와 국제정치의 결합은 양면게임의 외교정책분석에서 보았듯, 국내정치 과정의 중요성을 강조한다. 외교정책결정자가 정책을 결정할 때 국내정치적 고려를 반드시 함께 할 수밖에 없다는 점은 민츠(Alex Mintz)가 제시한 폴리휴리스틱 모델(Polyheuristic model)에 의해 체계화된 바 있다. 민츠는 외교정책의 결정이 두 단계로 이루어진다고 본다.

첫 번째 단계는 정책결정자가 국내정치를 고려할 때 수용가능한 선택지의 범위를 결정하는 단계이다. 정책결정자의 국내정치적 입지를 현격하게 약화시키는 선택지를 선택할 수 없는 국내정치상황에서 비보상적(non-compensatory) 대안은 제외될 수밖에 없다. 비보상적이라 함은 하나의 대안이 가지는 약점을 다른 대안으로 보상하거나 보완할 수 없다는 점을 의미한다. 국내정치 상황을 고려할 때 행위자는 자신의 국내정치 입지를 고려할 수밖에 없으므로 국내적 입지를 유지하거나 강화하는 대안들을 우선 선택지의 집합으로 설정할 수밖에 없다. 이 과정은 명확한 합리적 행동이라기보다는 경험적으로 설정된 국내정치에 대한 접근방식, 즉 어림짐작에 기반한 발견법이라고 할 수 있다. 국내정치의 선거과정, 정치집단 간 경쟁관계, 정당 내 갈등구조, 정치연합구조 등 정치지도자들이 경험에서 유추한 선택의 기준이 인지적으로 중요하게 작용하는 단계이다.

두 번째 단계는 첫 번째 단계를 통과한 선택지들을 합리적 선택에 의해 고려하는 과정이다. 이 과정은 보상적 대안의 고려 단계이며 정책목적과 국익을 극대화할 수 있는 대안들을 선택하는 과정이다. 앞의 인지적 과정과는 달리 합리적 선택의 과정으로 외교정책 자체의 목적을 고려하는 과정이다.

폴리휴리스틱 모델은 국내정치의 중요성과 외교정책의 결정과정을 결합한 모델이며, 이론적으로는 정책결정자의 상황적, 맥락적 인지과정과 객관적으로 합리적인 선택과정을 결합한 모델이라고 할 수 있다.

5) 21세기 외교의 출현과 외교정책의 미래

세계화, 민주화, 정보화의 시대에 외교정책의 분석수준이 다양해짐에 따라 일면적인 외교정책결정과정이 한계를 가지게 되고, 양면게임에 의한 분석이 필요함을 살펴보았다. 그러나 실제의 외교정책결정과정과 실행 대상은 더욱 다면적인 게임으로 복합화되고 있다. 국제체제의 세력균형은 물론, 각종 국제제도의 힘이 강화되어 국가 차원의 외교정책에 영향력을 발휘하고 있다. 유럽연합과 같은 지역 차원의 기구도 개별국가의 외교정책에 영향을 미치고 있고, 지역화, 다자주의화의 경향이 강화되면서, 향후 지역 차원의 투입요소는 더욱 중요해질 전망이다. 민주화의 흐름과 함께 국가 이하의 차원, 즉 시민사회와 이익집단, NGO들의 영향력이 놀라운 속도로 증가되고 있음은 앞에서 살펴본 바와 같다. 따라서 한 국가의 외교정책은 로즈나우가 상정했던 국가의 크기, 발전정도, 제도의 성격과 거의 무관하게 다차원적인 영향을 상시적으로 받고 있음을 알 수 있다.

이러한 국제정치 전반의 성격변화는 소위 글로벌 거버넌스(global governance)라는 용어를 통해 잘 드러나고 있다. 국가가 외교정책을 전담하는 시대가 지나가고, 국가는 물론 국가 이외의 행위자들이 촘촘한 네트워크를 통해 자생적 질서를 만들어간다는 것이다. 세계화로 인하여 국가의 영역 내에 갇혀있던 모든 행위자들이 정부를 우회하여 타국가의 행위자들과 직접 관계를 맺고, 민주화로 인하여 국가 이외의 모든 행위자들이 권능을 가지게 되었으며, 정보화의 발전으로 극적으로 감소된 거래비용을 바탕으로 즉각적, 다면적 의사소통을 하게 된 것이다. 국가가 외교를 전담하던 시대는 지나가고, 모든 행위자들이 다차원적으로 복잡한 상호관계를 맺어가는 것이다. 이러한 상황

> **개념   글로벌 거버넌스**
>
> 근대의 국제관계에서 주요 행위자는 민족국가였다. 그러나 세계화, 정보화, 민주화 등의 거대 조류에 힘입어 국가 이상, 국가 이하의 행위자들의 중요도가 급속도로 증가하였다. 국제기구, 지역협력체, 시민사회, 이익집단, 기업, 미디어, 개인 등의 복합적인 활동으로 지구적 주요 사안들이 결정되는 상황에 이른 것이다. 국제정치의 현안 역시 국가 간 관계를 넘어서는 지역, 지구적 차원의 문제들로 확대되면서, 국가 간 외교가 아닌, 다차원 행위자들간의 복합적 상호작용으로 문제가 협의되고 해결되는 양상을 보이게 되었다. 이러한 현상을 글로벌 거버넌스(global governance)라는 용어로 지칭하고 있다.

에서 국가 역시 이러한 국제정치의 변화에 적응할 필요를 느끼게 되었고, 이는 외교정책의 결정과 실행과정에 직접적으로 반영된다. 국익을 추진하기 위해서는 이미 상대국의 정부만을 상대해서는 안 되고, 국제체제에서 개인에 이르기까지 다양한 정책대상을 고려해야 하게 된 것이다.

우선 정보화로 인한 정책환경의 변화는 기존의 전통적 외교정책의 자원과 실행수단을 극적으로 변화시켰다. 이전에는 외교정책의 정부 내 전문가들이 외교정책을 결정하고, 군사력, 경제력과 같은 소위 경성권력(hard power)을 바탕으로 외교정책을 실행하던 때와는 달리, 외교정책결정과정에서 다양한 행위자들의 의견과 견해가 적극적으로 반영되고, 정책의 상대국들을 지식, 문화, 이념 등 소위 연성권력(soft power)에 의해 설득시키는 새로운 외교정책의 형태가 출현하게 되었다. 더욱이 실제 세계에서의 외교정책뿐 아니라, 온라인에서의 정보제공, 지식제공 활동 등을 통해 외교정책의 목적을 달성하게 됨에 따라, 정보화시대 새로운 외교정책의 형태가 출현하게 되었다. 이와 같이 전반적인 외교 양상의 변화를 외교혁명이라 부를 수 있다. 소위 디지털외교(digital diplomacy), 원거리외교(telediplomacy), 버추얼외교(virtual diplomacy), 사이버외교(cyber diplomacy), 네트워크외교(network diplomacy), 촉매외교(catalytic diplomacy), 탈근대외교(postmodern diplomacy) 등으로 변화된 외교의 모습들이다.[8]

정보화로 인한 변화 못지않게 중요한 것은 모든 국가들의 민주화로 인한 변화이다. 양면게임에서 외교정책의 목적을 달성하기 위해 초국가적

로비가 필요해짐은 살펴본 바와 같다. 그러나 더 넓은 의미에서 상대국의 국민, 혹은 지역 및 세계 여론에 영향을 미치는 외교정책이 중요해지게 되었다. 이를 소위 공공외교(public diplomacy)라고 부르며, 전 세계를 대상으로 한 외교정책이라는 의미에서 국제적 공공외교라고 부를 수 있다. 공공외교란 선전(propaganda) 혹은 광고(public relations)와는 다른 개념이다. 선전이 특정 관점과 이익을 반영하는 원칙이나 기조, 혹은 정보, 혹은 이를 옹호하는 집단의 이익을 체계적으로 알리는 행위이고, 광고가 개인이나, 기업 혹은 기구에 관해 대중이 우호적인 의견을 갖도록 하는 사업인 데 반하여, 공공외교는 한 국가가 정보, 문화, 교육 프로그램에 관하여 전략적으로 기획하고 실행하여 목표국의 여론 환경에 영향을 미쳐 정치지도자가 자국의 외교정책 목적에 부합하는 결정을 내리도록 하는 행위라고 정의할 수 있다.[9] 여기서 공공외교는 정보와 교육을 주요 매개로 삼는다는 점에서 정보와 문화, 그리고 지식외교의 측면을 강조하고 있고, 상대국의 여론과 더 나아가 정책결정자의 인식과 정체성에 영향을 미친다는 점에서 지식의 구성적 차원을 강조하는 것이 공공외교가 여타 선전 및 광고행위와 다른 점이라는 것을 알 수 있다.

일례를 들어보자면, 미국은 21세기 부시 행정부 들어 이와 같은 외교의 변화, 외교혁명, 공공외교의 중요성 등을 고려하여 소위 '변환외교(transformational diplomacy)'를 강조하고 있다. 이는 외교정책이 상대국의 정부를 상대로 해서는 한계

---

8) 김상배, "지식/네트워크의 국가전략: 외교분야를 중심으로," 『국가전략』 제10집 1호 (2004) 참조.

9) Michael McClellan, *Public Diplomacy in the Context of Traditional Diplomacy*, US Embassy, Dublin (14 October 2004).

가 있다는 인식에서 비롯되었다. 특히 이라크전쟁을 수행하면서 여전히 반미감정이 중동지역에 확산되어 대테러전쟁의 목적달성에 많은 한계가 있는 점을 인식하고, 최대한 지역 혹은 지구적 차원에서 지지를 이끌어내기 위해 노력하고 있다. 이는 소위 민주평화론을 이론적 기반으로 하여, 자유의 확산전략 혹은 민주주의 확산전략으로 나타나고 있다. 상대국과 세계시민의 마음에 영향을 미쳐 미국의 외교정책을 지지하도록 유도한다는 정책이다. 이와 같이 국제적 공공외교를 증진하여 외교정책 목적을 달성하려는 노력은 비단 미국뿐 아니라, 다른 나라들에서도 점차 적극적으로 나타나고 있다.

오바마 행정부는 부시 행정부의 보수주의적 외교정책 이념으로부터 벗어나고자 했다. 그러나 지구 시민사회를 대상으로 한 공공외교의 필요성은 더욱 절실히 느끼게 되었다. 일례로 2010년 미국 국무부는 사상 최초로 QDDR(Quadrennial Diplomacy and Development Review)로 불리는 '4개년 외교, 개발 검토보고서'를 출간했다. 이를 통해 미국은 정부 대 정부 외교를 추진하는 동시에 미국의 민간 주체를 통해 상대국의 정부와 시민사회에 다양한 영향을 미치는 외교방식을 제시하였다. 직접적으로 국익을 추구하는 것이 아니라 상대국의 발전에 공헌함으로써 미국의 지도력을 향상시키는 공공 성격의 외교를 강화하고자 한 것이다.

바이든 행정부 역시 2021년 등장 이후 세계적 차원의 패권재건전략(Build Back Better World)을 내세우고 있다. 미국의 국력이 약화되는 가운데 미국이 추진하는 자유주의 규칙기반 질서의 중요성을 강조하고 지구적 차원에서 다양한 다자주의 틀을 강화하는 전략이다. 트럼프 행정부 시대에 약화되었던 미국의 국제기구 내 역할을 다시 강화하고 기존의 양자동맹은 물론 아시아의 4개국 협의체, 소위 쿼드(Quad)를 강화하는가 하면, 영국, 호주와 함께 3자 안보파트너십, 즉, 오커스(AUKUS)를 결성하기도 하였다. 2021년 12월 100개 이상의 국가들과 함께 민주주의 정상회의를 열어 권위주의 정권의 외교정책에 대한 비판, 부패 방지, 인권 증진과 같은 주요 사안을 전 세계 국제사회를 대상으로 강조하기도 하였다. 이러한 미국의 외교정책은 세계화된 시대에 소프트파워를 기반으로 한 국제공공외교의 성격을 가진다고 볼 수 있다.

21세기 외교정책은 좁은 의미의 외교정책분석으로 분석되기 어려운, 많은 새로운 정책환경의 변화에 직면해 있다. 외교정책에 영향을 미치는 투입요소가 다변화되고 있고, 외교정책결정자들은 단순한 합리성, 조직행동, 정부정치를 넘어선 민주화 시대에 걸맞은 요인들을 유념하면서 정책을 결정하고 있다. 보다 넓은 의미에서 외교정책의 대상과 정책자원, 정책의 실행방법도 급격한 변화를 겪고 있다. 이들을 분석하기 위해서는 세계화, 민주화, 정보화와 같은 변화를 고려하고, 양면게임 및 글로벌 거버넌스, 공공외교의 강화와 같은 새로운 현상을 유념한 외교정책분석이 필요하다는 것을 알 수 있다.

5. 결론

이 장에서는 국제정치 현실과 국제정치이론의 변화와 함께 외교정책분석이 발전해온 과정을 살펴보았다. 제2차 세계대전 이후 구미국가들, 특히 미국을 중심으로 발전해온 외교정책분석은 냉전기 연구의 초석이 놓여지고 이후 다양한 이론과 방법론, 자료분석을 통해 발전해 왔다. 그러던 것이 냉전이 종식되면서 국제정치체제의 변화와 함께 외교정책분석도 다양화되고, 특히 21세기 민주화, 정보화, 세계화의 경향과 함께 냉전기와는 매우 다른 외교정책 연구 경향을 보이게 되었

다. 구미국가들뿐 아니라 제3세계 국가들의 중요성이 증가하고 이들 국가들의 다양성을 반영하기 위한 노력도 증가하였다. 향후 외교정책의 이론적 분석을 위해서는 기존의 이론뿐만 아니라 국제정치이론은 물론, 국제정치 전반의 변화를 함께 고려하여 이론적 분석의 자원을 발견해야 할 것이다. 지금까지의 내용을 그림으로 정리해 보면 도표 1.1과 같다.

도표 1.1 외교정책결정과정의 종합적 이해

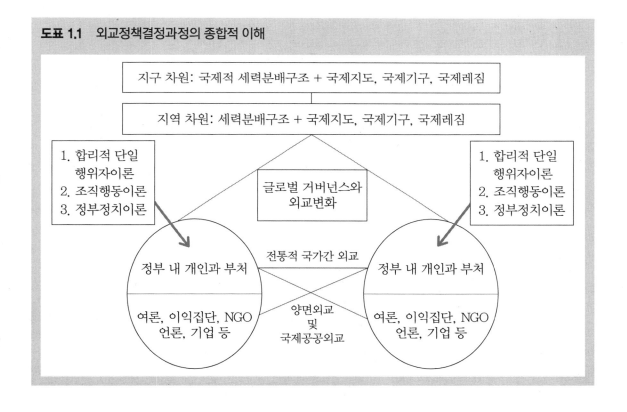

토의주제

1. 1) 외교정책결정론, 2) 외교정책환경론, 3) 비교외교정책론은 어떠한 구분을 가지고 발전했는가?

2. 냉전이라는 국제정치 환경과 미국의 정책적 필요는 외교정책 연구의 주제를 어떻게 설정하게 되었는가?

3. 외교정책 연구에 영향을 미친 행태주의 방법론, 통계적 방법론 등 실증적 방법론의 의의와 한계는 무엇인가?

4. 외교정책결정에 참가하는 정책행위자들을 단일한 행위자로 보지 않고 다양한 이해를 가진 행위자들의 집합으로 보는 견해는 어떻게 연구되어 왔는가?

5. 외교정책에 영향을 미치는 국제체제변수와 국내변수는 어떻게 이론적으로 결합될 수 있는가?

6. 세계화 시대에 들어서서 외교정책의 목표와 결정과정, 대상은 어떻게 바뀌었는가?

7. 세계의 모든 국가들이 민주화의 영향을 받으면서 외교정책결정자들은 어떠한 새로운 요소들을 고려하게 되었는가?

8. 정보화로 인한 정보통신혁명은 외교정책의 결정과정과 실행과정에 어떠한 변화를 초래하고 있는가?

9. 외교정책을 결정하고 추진하는 과정에 있어 자국과 상대국의 여론에 영향을 미쳐, 목적을 달성하고자 하는 노력을 사례를 들어 생각해 보자.

10. 21세기 국제관계가 세계화, 민주화, 정보화로 인해 급격한 변화를 겪고 있는 상황에서, 한국의 외교가 나아갈 방향을 생각해 보자.

참고문헌

1. 한글문헌

김상배. "정보화시대의 지식구조: 수잔 스트레인지의 개념화를 넘어서."『한국정치학회보』제38집 3호 (2004).
_____. "지식/네트워크의 국가전략: 외교분야를 중심으로."『국가전략』제10집 1호 (2004).
김태현, 유석진, 정진영 편.『외교와 정치』. 서울: 오름, 1995.
김현. "외교정책분석론의 국내 연구 성과와 동향."『정치정보연구』8-1 (2005).

2. 영어문헌

Allison, Graham, and Philip Zelikow. *Essence of Decision: Explaining the Cuban Missile Crisis*. 김태현 역.『결정의 엣센스: 쿠바 미사일 사태와 세계핵전쟁의 위기』. 서울: 모음북스, 2005.
Carlsnaes, Walter. "The Agency-Structure Problem in Foreign Policy Analysis." *International Studies Quarterly* 36 (September 1992).
Dizard, Wilson Jr. *Digital Diplomacy: US Foreign Policy in the Information Age*. Westport, Conn.: Praeger, 2003.
_____. *Inventing Public Diplomacy: The Story of the U.S. Information Agency*. Boulder, Co.: Lynne Rienner Publisher, 2004.
Habeeb, William. M. *Power and tactics in international negotiation*. Baltimore: Johns Hopkins University Press, 1988.
Hermann, Charles F. "How Decision Units Shape Foreign Policy." *International Studies Review* 3-2 (May 2003).

Hudson, Valerie M. "Foreign Policy Analysis: Actor-Specific Theory and the Ground of International Relations." *Foreign Policy Analysis* 1–1 (2005).

Hudson, Valerie M., and Benjamin S. Day. *Foreign Policy Analysis: Classic and Contemporary Theory.* Lanham: Rowman & Littlefield, 2019

Janis, Irving L. *Victims of Groupthink: A Psychological Study of Foreign-Policy Decisions and Fiascoes.* Boston: Houghton Mifflin, 1972.

Jervis, Robert. *Perception and Misperception in International Politics.* Princeton, N.J.: Princeton University Press, 1976.

McClellan, Michael. *Public Diplomacy in the Context of Traditional Diplomacy.* US Embassy, Dublin (14 October 2004).

Mintz, Alex (eds.). *Integrating Cognitive and Rational Theories of Foreign Policy Decision Making.* New York, NY: Palgrave Macmillan, 2002.

Mintz, Alex. "How Do Leaders Make Decisions?: A Poliheuristic Perspective." *The Journal of Conflict Resolution* 48–1 (2004).

Nye, Joseph S. *Soft Power: The Means to Success in World Politics.* New York: Public Affairs, 2004.

Putnam, Robert. "Diplomacy and Domestic Politics: The Logic of Two-Level Games." *International Organization* 42 (1988).

Rosenau, James N. "Pre-theories and Theories of Foreign Policy." in James N. Rosenau. *The Scientific Study of Foreign Policy.* New York: The Free Press, 1971.

_____. *The Scientific Study of Foreign Policy.* New York: The Free Press, 1971.

Schweller, Randall L. "Bandwagoning for Profit: Bringing the Revisionist State Back In." *International Security* 19–1 (Summer, 1994).

Simon, Herbert A. *Models of Man.* New York: John Wiley & Sons, 1957.

Snyder, Richard C., H. W. Bruck, and Burton Sapin. *Decision-Making as an Approach to the Study of International Politics.* Princeton: Princeton University Press, 1954.

Sprout, Harold H. *Man-Milieu Relationship Hypotheses in the Context of International Politics.* Princeton: Princeton University, 1956.

Waltz, Kenneth. *Theory of International Politics.* Boston, Mass.: McGraw-Hill, 1979.

2장

외교정책결정의 구조와 과정

김현(경희대 정치외교학과)

1. 서론	26
2. 외교정책결정의 구조	27
3. 외교정책결정의 과정	31
4. 외교정책결정이론	34
5. 결론	55

1. 서론

한 국가의 외교정책은 그 국가가 처한 대외적 환경에서 발생한 문제(들)에 대처하기 위해 정부 내 권한을 가진 정책결정자들이 내린 결정(들)과 그에 따른 행동으로 정의할 수 있다. 따라서 외교정책을 적절히 파악하고 이해하기 위해서는 그러한 결정(들)이 어떻게, 그리고 왜 이루어지고 이행되는지를 분석하는 것이 필요하다. 즉 외교정책결정 과정에 대한 분석이 요구된다.

외교정책결정과정을 분석하고 이해하는 것은 또 다른 측면에서 필요하다. 첫째, 한 국가의 외교정책에 잠재적으로 영향을 주는 대내외적 요인들은 외교정책결정과정에서 정책결정자들에 의해 인식되고 해석되는 경우에만 실질적으로 영향을 미친다. 즉, 국가의 외교정책은 대내외적 환경에 존재하는 객관적인 요인들에 의해 직접적으로 결정되는 것이 아니라 정책결정자들이 결정과정에서 이러한 요인들을 어떻게 인식하고 해석하는가에 기초해서 결정된다. 둘째, 정책결정자들이 결정과정을 통해서 문제를 해석하고 이를 해결하기 위한 정책 옵션들을 검토하며 최종 선택하는 일련의 행동은 외교정책에 영향을 주는 서로 관련이 없었던 대내외적 요인들을 상호 연계시켜주는 역할

26

을 한다. 따라서 정책결정과정을 분석하는 것은 어느 요인들이 어떻게 연계되어 외교정책결정에 영향을 주는지를 파악하는 것을 가능하게 한다.

외교정책결정과정에 영향을 주는 주요 요인 중 하나는 결정의 구조이다. 외교정책결정의 구조는 정부가 외교정책을 결정하고 이행하기 위해 정부의 조직들을 구성한 제도적 틀을 의미한다. 결정의 구조는 결정과정에 중대한 영향을 미치고 결정의 결과인 외교정책의 내용에도 영향을 준다. 제2장에서 다루는 내용은 첫째, 외교정책결정의 구조가 어떠한 요인들에 의해 다양한 형태를 갖는지 검토한다. 둘째, 외교정책결정의 구조를 세 가지 유형으로 일반화하여 설명하는 최종결정단위 접근법을 소개하고 유형별로 어떠한 특징들이 있는지를 파악한다. 셋째, 외교정책결정의 과정은 어떠한 단계들로 구성되어 있고 어떠한 특징이 있는지를 살펴본다. 그리고 결정의 구조로서 검토한 세 유형의 최종결정단위가 결정과정에 어떠한 영향을 미치고 어떠한 결정결과를 낳는지 설명한다. 넷째, 외교정책결정과정을 설명하는 주요 이론들을 정책결정자 개인수준과 결정집단수준으로 구분하여 검토한다. 여기서는 이론들의 핵심 주장과 명제들을 소개하고 각 이론을 적용하여 실제 외교정책 사례를 설명하여 이론의 타당성과 유용성을 이해한다.

2. 외교정책결정의 구조

1) 외교정책결정구조의 다양성

외교정책결정의 구조는 "정부가 정책결정과정을 조직하는 방식을 의미하는데 제도적인 틀, 결정 절차, 내부적인 논의과정의 역동성(dynamics)을 포함한다."[1] 이러한 구조에 의해 어느 기관이나 개인이 어떠한 방식으로 결정과정에 참여하는지와 어떠한 규칙과 절차를 통해 최종결정이 이루어지는지가 정해진다. 외교정책결정의 구조는 통상적으로 헌법이나 관련 법령을 통해 정해지고 정부의 행정 부처로 구성된다. 그러나 다른 요인들도 외교정책결정구조를 형성하는 데 작용한다. 첫째, 정치체제의 유형에 따라 구조가 결정된다. 예컨대 대통령제 국가와 의원내각제 국가가 다를 수 있고, 민주주의 국가와 독재주의 국가 혹은 공산주의 국가에 따라서 상이할 수 있다. 예컨대 대통령제 국가인 한국과 미국에서는 주요 외교정책결정이 대통령 직속의 국가안전보장회의(National Security Council)를 중심으로 이루어지는 데 비해서 영국, 일본과 같은 의원내각제 국가에서는 수상이 주재하는 내각에서 결정된다. 반면에 공산주의 국가인 북한은 외교정책이 노동당에서 결정되는데 노동당 중앙위원회, 정치국, 정무국을 중심으로 이루어진다. 중국의 경우는 공산당에서 외교정책이 결정되고 공산당 중앙정치국과 산하의 상무위원회가 핵심적 조직이다.

둘째, 결정구조는 정책문제의 유형에 따라 다른 형태로 나타날 수 있다. 예컨대 안보외교정책을 결정하는 구조와 경제외교정책을 결정하는 구조가 다를 수 있다. 한국의 경우에는 안보외교정책이 대통령 직속의 국가안전보장회의 중심으로 결정이 이루어지고, 경제외교정책은 기획재정부

---

1) Jonathan Renshon and Stanley Renshon, "The Theory and Practice of Foreign Policy Decision Making," *Political Psychology* 29-4 (July 2008), p. 518.

산하의 대외경제장관회의에서 주요 결정이 협의되고 이루어진다.[2] 미국의 경우에는 안보외교정책이 국가안전보장회의를 중심으로 국무부, 국방부, 국가정보국 등이 관여하여 주요 결정이 내려지고 경제외교정책결정은 1993년에 신설된 대통령실 산하의 국가경제회의(National Economic Council) 중심으로 무역대표부, 재무부, 상무부 등이 관여하여 이루어진다.[3]

셋째, 상황에 따라 결정구조가 상이할 수 있다. 예컨대 일상적 외교정책과 위기 시의 외교정책을 결정하는 구조가 서로 다른 경향이 있다. 국제 위기는 다음 세 가지 요소를 포함한 상황으로 정의된다. (1) 예상치 못한 급작스러운 사건, (2) 국가의 최우선 목표에 대한 위협, (3) 대응에 필요한 시간의 제한이다.[4] 신속한 판단과 결정이 요구되는 위기 시의 정책결정에서는 결정집단의 규모와 인원이 축소되는 경향이 있다. 또한, 국가의 최우선 목표에 위협을 주는 중대한 상황이어서 최고지도자(대통령, 수상)의 주도하에 소수의 고위 보좌관들 중심으로 한 정책결정구조가 형성된다. 반면에 위기 시가 아닌 일상적인 정책문제의 경우에는 최고지도자의 관여가 줄어들고 주로 문제영역 관련 관료조직(들)이 주도하는 구조에서 결정이 이루어진다.[5]

넷째, 최고지도자의 관리 스타일에 따라 외교정책결정구조가 달라질 수 있다. 예를 들어, 한국의 경우에 김대중, 노무현 대통령은 주요 외교·안보 정책결정기구로서 국가안전보장회의의 역할을 중시한 데 비해서 이명박 대통령은 국가안전보장회의의 기능과 조직을 대폭 축소하는 대신에 청와대에 외교안보정책조정회의를 신설하여 주요 외교·안보정책의 협의와 조정의 역할을 부여하였다.[6] 그리고 대통령이 주재하는 외교안보장관회의를 운영하여 긴급한 주요 외교안보정책결정을 내렸다. 박근혜정부에서는 초기에 청와대 내 국가안보실이 신설되었으나 외교안보장관회의를 통해 주요 현안에 대한 협의와 결정이 이루어졌다. 그러나 2013년말에 국가안전보장회의를 상설화하여 주요 외교안보정책결정 시에 활용하였다.[7] 문재인정부에서는 청와대 국가안보실 조직이 확대·강화되었고,[8] 외교안보 주요 사안이 있을 때마다 국가안전보장회의(NSC)가 개최되어 정책 협의 및 결정이 이루어졌다. 이같이 외교정책결정의 구조는 여러 요인에 따라 국가별로 정책문제별로 매우 다양하게 구성된다. 따라서 이러한 구조를 모든 국가 유형이나 쟁점 영역 등에 걸쳐 유형화하여 설명하기가 매우 어렵다.

---

2) 대통령령 제28211호, "대외경제장관회의 규정," 법제처 국가법령정보센터, 2017. 7. 26. 시행

3) Steven Hook 지음, 이상현 옮김, 『미국 외교정책: 강대국의 패러독스』 (서울: 명인문화사, 2014), pp. 147–179 참조.

4) Charles Hermann, *Crises in Foreign Policy: A Simulation Analysis* (Indianapolis: Bobs Merrill, 1969), p. 29.

5) Jerel Rosati, "Developing a Systematic Decision-Making Framework: Bureaucratic Politics in Perspective," *World Politics* 33–2 (Jan. 1981), pp. 245–251.

6) 대통령훈령 제245호, "외교안보정책 조정회의 운영규정" 법제처 국가법령정보센터, 2009. 4. 3. 시행

7) 청와대, "박 대통령, NSC 상임위·사무처 설치 재가: 국가 외교안보정책 상설 컨트롤타워 역할," 대한민국 정책브리핑, 2013.12.20. https://www.korea.kr/news/policyNewsView.do?newsId=148771520

8) 윤태영, 『위기관리 리더십: 국가안전보장회의(NSC) 운영국가 사례연구』 (서울: 진영사, 2019), pp. 103–104 참조.

2) 최종결정단위 접근법

허만(Margaret Hermann)과 동료 학자들은 외교정책결정의 구조를 여러 국가 유형과 쟁점 영역에 일반화하여 설명할 수 있는 이론적 분석틀로서 '최종결정단위(ultimate decision-units)' 접근법을 제시한다.[9] 이들은 외교정책결정을 통합적으로 이해하는데 최종 정책결정단위의 기본 유형을 구분하고 유형별로 어떠한 특징이 있으며 그에 따르는 정책결정과정에서 정책결정자 간에 어떠한 역동성이 작용하는지를 파악하는 것이 필요하다고 주장한다. 또한, 최종결정단위와 그에 따르는 과정이 어떻게 외교정책 행동의 내용을 결정하는지 다수의 사례연구를 통해 설명한다. 여기서 '최종결정단위'란 (1) 대외문제에 정부의 자원을 동원할 능력과 (2) 외교정책문제에 직면했을 때 쉽게 뒤집을 수 없는 결정을 내리는 권한을 가진 정책결정자들의 집합을 의미한다.[10]

이 접근법에서는 외교정책결정이 이루어지는 구조를 최종결정단위의 세 가지 기본 유형으로 분류한다. 즉, (1) 압도적 지도자(predominant leader) 유형, (2) 단일집단(single group) 유형, (3) 독자적 행위자들의 연합(coalition of autonomous actors) 유형이다. 첫째, 압도적 지도자 유형에서는 최고지도자 1인이 필요한 경우에 단독으로 외교정책문제에 대해서 어떻게 대응할 것인지를 결정할 수 있는 권한을 갖는 동시에 모든 반대 입장을 억제할 수 있는 능력이 있는 경우에 이 지도자가 최종결정단위이다. 이러한 결정단위의 사례는 독재주의나 권위주의 정권, 공산주의 정권의 최고지도자에서 찾아볼 수 있다. 예컨대 시리아의 알아사드 대통령, 카자흐스탄의 나자르바예프 전 대통령, 북한의 김정은 국무위원장이 압도적 지도자 유형이다. 중동의 사우디아라비아, 요르단, 쿠웨이트 같은 왕정국가의 국왕도 이에 해당한다. 또한, 민주주의 정권에서도 외교정책결정의 구조가 최고지도자 1인을 정점으로 위계적으로 조직되어 있는 경우에도 압도적 지도자 유형일 수 있다. 예컨대 대통령제 국가에서 대통령은 통상적으로 헌법이나 법령에 의해 외교정책결정의 최종 권한을 갖는데 이러한 권한을 적극적으로 행사하려는 강력한 지도자의 경우에 이 유형에 해당될 수 있다. 최고지도자가 압도적 지도자로 정책결정을 하게 되는 조건들은 (1) 외교·안보문제에 대해 높은 관심을 보이며 적극적으로 관여하는 경우, (2) 정책문제를 위기로 인식하는 경우, (3) 최고위급 외교나 의전이 포함된 상황(정상 회담, 국빈 방문 등), (4) 다루는 쟁점이 최고지도자에게 특별한 관심이 있는 경우 등이다.[11]

둘째, 단일집단 유형은 하나의 결정집단에 복수의 정책결정자들이 소속되어 서로 협의하고 상호작용을 통해 공동으로 결정을 내리는 최종결정

9) Margaret Hermann and Charles Hermann, "Who Makes Foreign Policy Decisions and How: An Empirical Inquiry," *International Studies Quarterly* 33-4 (Dec. 1989), pp. 361-387; Margaret Hermann, "How Decision Units Shape Foreign Policy: A Theoretical Framework," *International Studies Review* 3-2 (Summer 2001), pp. 47-81; Ryan Beasley, J. Kaarbo, M. Hermann, and C. Hermann, "People and Processes in Foreign Policymaking: Insights from Comparative Case Studies," *International Studies Review* 3-2 (Summer 2001), pp. 217-250.

10) Hermann (2001), p. 48.

11) Margaret Hermann, Thomas Preston, Baghat Korany and Thimothy Shaw, "Who Leads Matters: The Effects of Powerful Individuals," *International Studies Review* 3-2 (Summer 2001), p. 85.

단위이다. 이러한 결정집단은 공식적인 정부 조직이나 위원회, 의회, 비공식적이고 임시방편의 조직의 형태를 띨 수 있다. 규모는 적게는 2~3인에서 다수로 구성된 집단까지 다양할 수 있다. 단일집단 유형의 예로서 한국, 미국의 국가안전보장회의(NSC), 영국, 프랑스, 일본 등의 내각, 중국의 공산당 중앙정치국 상무위원회 등이 있다. 그런데 단일집단 유형과 압도적 지도자 유형의 구분이 모호한 경우가 있을 수 있다. 이를테면 강력한 최고지도자가 일단의 정책 참모들과 더불어 정책결정을 하는 경우 어떤 유형인지 판단하기가 어려울 수 있다. 이 경우에 최고지도자만이 정부의 자원을 동원할 권한이 있고 공식적으로나 암묵적으로 결정 권한을 정책 참모들에게 위임하지 않는다면 압도적 지도자 유형이다.[12]

셋째, 독자적 행위자들의 연합 유형은 몇 가지 특징을 갖는다. 즉, (1) 정책결정자들은 정부 제도들의 구성원이나 집단, 혹은 대표자로서 독자적 권한을 갖고 일부 또는 전원이 합의하면 정부를 위해 결정하고 행동할 수 있다. 그러나 (2) 어느 정책결정자도 독자적으로 결정하고 여타 정책결정자들에게 결정에 따르도록 강요하는 능력은 없다. (3) 모든 독자적 정책결정자를 구성원으로 포괄하는 권위를 가진 조직이 없다.[13] 이 유형의 대표적인 사례는 의원내각제 국가에서 복수의 정당 간 연립정부가 구성되는 경우이다. 연립정부는 통상적으로 어느 정당도 의회에서 과반수의 의석을 확보하지 못해서 내각과 국내외 정책에 대해 독자적인 통제력이 없는 경우이다. 예컨대 2021년 말에 출범한 독일의 3개 정당 연립정부, 2021년에 출범한 이스라엘의 8개 정당 연립정부, 2013년 이래 집권하고 있는 호주의 자유당·국민당 연립정부, 2018년에 출범한 이탈리아의 5개 정당 연립정부 등이 있다. 대통령제 국가의 경우는 행정부가 외교정책결정 시에 의회의 승인을 반드시 얻어야 하는 경우나 여소야대의 경우, 즉 집권당과 의회 다수당이 다른 경우에도 독자적 행위자들의 연합 유형이 최종결정단위가 될 수 있다. 또한, 권위주의 정권의 경우에 정부의 권한이 복수의 정부조직이나 파벌에 분산된 경우, 예컨대 집권당, 관료조직, 군부 등에 분산된 경우에도 최종결정단위가 독자적 행위자들의 연합 유형일 수 있다.[14]

최종결정단위 접근법을 간단히 도식화하면 도표 2.1과 같다. 이를 설명하면 우선 투입 요소로서 외교정책문제가 있다. 한 국가의 대외적 환경에서 상대국이나 국제행위자가 어떤 행동(들)을 취하거나 어떤 사태가 발생했을 때 해당 정부는 자국이 추구하는 국가이익이나 목표에 위협을 주거나 혹은 이를 달성할 기회로 인식하게 되면 외교정책문제로 간주하게 된다. 예컨대 북한이 지하 핵무기 실험을 한 경우 한국정부는 이러한 군사 행동이 자국의 안보 목표(남북한 군사적 긴장완화, 한반도 평화유지 등)에 위협을 주는 것으로 인식하게 되면 외교정책문제로 간주하게 된

---

12) Charles Hermann, Janice Stein, Bnegt Sundelius, and Stephen Walker, "Resolve, Accept, or Avoid: Effects of Group Conflict on Foreign Policy Decisions," *International Studies Review* 3-2 (Summer 2001), pp. 133-134.

13) Hermann (2001), p. 57.

14) Joe Hagan, Philip Everts, Haruhiro Fukui and John Stempel, "Foreign Policy by Coalition: Deadlock, Compromise, and Anarchy," *International Studies Review* 3-2 (Summer 2001), pp. 171-172.

도표 2.1 최종결정단위 분석틀

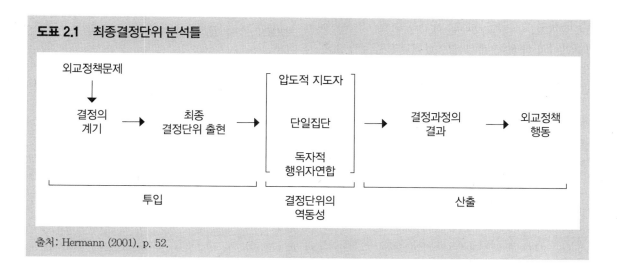

출처: Hermann (2001), p. 52.

다. 또 다른 예로서 북한이 비핵화를 논의하기 위한 북미 협상에 참여하겠다는 결정을 공식적으로 선언하는 경우 한국정부는 이러한 외교적 행동을 자국의 안보 목표를 달성할 기회로 인식하여 외교정책문제로 간주하게 된다. 이러한 문제에 직면해서 한국정부의 정책결정자들은 우선 대응할지를 결정하고 대응한다면 어떠한 정책옵션(들)을 선택할지를 논의하게 된다. 이는 투입 요소로서 결정의 계기가 조성됨을 의미한다. 결정의 계기가 조성되면 정부는 어떠한 최종결정단위를 통해서 해당 외교정책문제들에 대해 검토하고 대응하는 정책을 결정할지 정하게 된다.

북한문제의 사례에서 한국정부의 경우에 통상적으로 대통령이 단독으로 결정할 수 있는 압도적 지도자의 지위에 있지 않고 북한 핵실험이나 비핵화 협상결정이 외교안보정책문제이기 때문에 이를 다루는 핵심적 지위에 국가안전보장회의(NSC)라는 조직이 있다. 따라서 한국정부는 국가안전보장회의를 개최하여 북한 핵실험문제나 비핵화 협상문제 대한 대응책을 논의하고 결정

하게 된다. 즉 국가안전보장회의가 단일집단 유형의 최종결정단위가 되는 것이다. 이러한 세 종류의 기본적인 최종결정단위 중 하나가 정해지면 결정단위별로 다른 요인들이 작용하여 산출요소로서 정책결정과정에서 여러 결과를 낳는다. 이러한 상이한 과정의 결과들이 최종적으로 외교정책행동의 내용을 결정한다.

3. 외교정책결정의 과정

1) 외교정책결정과정의 단계

통상적으로 외교정책결정과정은 다음과 같은 단계들로 구성이 된다. 즉, (1) 문제의 인식과 해석, (2) 정책목표의 설정, (3) 정책옵션의 창출과 평가, (4) 최종옵션의 선택, (5) 결정의 이행 단계, (5) 정책평가 단계이다.[15] 도표 2.2는 정책결정과

15) Jean-Frédéric Morin and Jonathan Paquin, *Foreign Policy Analysis: A Toolbox* (London: Palgrave Macmillan, 2018), pp. 40–45; Thomas Knecht

정 단계의 순환을 나타낸 것이다. 첫째, 정책문제의 인식과 해석 단계에서는 정책결정자들이 대외적 환경에서 발생하는 다른 국가나 국제적 행위자의 행동이나 사건이 유발하는 상황을 인식하고 자국의 국가이익이나 목표에 비추어 위협이나 기회의 시각에서 상황이 제기하는 문제를 파악하고 해석한다. 또한, 해석한 문제에 대해 대응할지의 여부를 결정한다. 이 단계에서는 이러한 상황의 정의가 중요한데 누가 혹은 어느 조직이 정책결정에 참여할 것인지, 정책결정자들의 관점은 무엇이고, 어떠한 과정을 통해 최종결정을 할 것인지 등에 영향을 주기 때문이다. 둘째, 정책목표의 설정 단계에서는 정책문제에 대처하거나 해결하기 위한 정책옵션을 모색하는데 어떠한 정책목표(들)를 달성할 것인지를 파악한다. 여기서 설정하는 정책목표들은 국가이익에서 비롯되는데 여타 관련 국가나 행위자와의 관계를 고려해서 구체적으로 파악하여 설정한다.

셋째, 정책옵션의 창출과 평가단계에서는 정책문제를 해결하기 위해 이용 가능한 정책옵션들을 구상하고 각 옵션을 정책목표(들)에 비추어 평가한다. 여기서는 각 옵션을 선택했을 때 어떠한 결과들을 가져올지 예상하고 이러한 결과들이 정책목표(들)를 달성하는 데 어떠한 이득과 손실이 있을지를 평가한다. 또한, 각 옵션을 이행하는 데 얼마나 비용이 들지를 기준으로 옵션의 실현 가능성을 판단한다. 넷째, 최종옵션의 선택 단계에

and M. Weatherford, "Public Opinion and Foreign Policy: The Stages of Presidential Decision Making," *International Studies Quarterly* 50-3 (Sept. 2006), pp. 711-712; Zeev Maoz, *National Choices and International Processes* (New York: Cambridge University Press, 1990), pp. 39-41 참조.

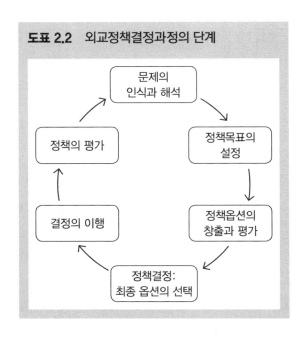

도표 2.2 외교정책결정과정의 단계

문제의 인식과 해석 → 정책목표의 설정 → 정책옵션의 창출과 평가 → 정책결정: 최종 옵션의 선택 → 결정의 이행 → 정책의 평가 → 문제의 인식과 해석

서는 옵션들에 대한 평가 결과를 토대로 정책문제를 적절히 해결할 옵션을 최종 정책으로 선택한다. 다섯째, 결정의 이행 단계에서는 최종 선택된 옵션을 적절한 인적, 물적 자원을 동원하여 담당 관료조직을 통해 대외적인 성명, 외교적, 경제적, 군사적 행위 등의 형태로 집행한다. 여섯째, 정책의 평가단계에서는 이행된 정책의 결과를 평가해서 기존 외교정책을 계속 추진할지, 일부 변경할지 혹은 포기할지를 선택한다. 정책을 변경하거나 재수립하는 것으로 결정하는 경우 정책결정자들은 또 하나의 정책결정과정을 통해 문제를 재해석하거나 정책옵션들을 재평가해서 새로운 결정을 내리는 작업을 다시 진행하게 된다.

이러한 결정과정은 몇 가지 특징을 갖는다. 첫째, 결정과정에서 정책결정자들이 수행하는 과제를 중심으로 단계들이 구분되지만, 단계들이 상호 연계되어 정책결정이 진행된다. 둘째, 단계들이 반드시 순차적으로 진행이 되지 않을 수 있는

데 국내외 상황이 변하거나 새로운 정보가 유입되는 경우 전 단계로 되돌아가서 과제의 내용이 수정될 수도 있다. 예컨대 새로운 정보가 수집되면 정책결정자들은 정책옵션들을 수정하고 옵션에 대한 재평가를 수행한다. 셋째, 상이한 단계들이 중첩되어 진행될 수도 있다. 실제로는 정책옵션을 검토하는 단계가 정책문제를 해석하는 단계에서 동시에 진행되는 경우가 종종 발생한다. 혹은 문제를 해석하는 단계에서 정책목표들을 수정하는 단계가 같이 진행될 수 있다. 넷째, 어느 문제를 해결하기 위해 정책결정이 내려지고 이행된 이후에도 문제가 해결되지 못하거나 부분적으로 해결될 때 같은 문제가 다시 발생하는 경우가 다반사다. 북한 핵문제, 이스라엘과 팔레스타인분쟁, 미국과 중국 간 무역 갈등, 기후변화문제 등이 그러한 경우이다. 정책문제가 재발하는 경우 이러한 결정과정 단계를 통해 새로운 대응정책이 마련된다. 즉, 정책결정과정 단계의 재순환이 진행되는 것이다.[16]

2) 최종결정단위와 외교정책결정과정

허만과 동료들은 앞서 다루었던 세 가지 유형의 최종결정단위가 각각 다른 요인이 작용하여 정책결정과정의 성격과 결과를 산출한다고 분석한다. 즉, 외교정책결정의 구조가 결정과정의 역동성에 영향을 주고 결과적으로 최종결정의 특징과 내용을 결정한다는 것이다.[17] 첫째, 압도적 지도자 유형에서는 최고지도자가 대내외적 환경에 얼마나 민감하게 반응하는지가 결정과정에서 주요 요

인이다. 둘째, 단일집단 유형에서는 결정집단 내 구성원 간 의견이나 입장의 불일치와 갈등을 어떻게 관리하는지가 주요 요인이다. 갈등을 관리하는 방식은 세 가지로 구분되는데 (1) 의견일치(concurrence)를 촉진함으로써 갈등을 최소화하는 방식, (2) 논쟁과 타협을 통해 갈등을 해결하려는 방식, (3) 다수결과 같은 결정규칙을 정하여 갈등을 해결하는 방식이다. 셋째, 독자적 행위자들의 연합 유형에서는 정책결정자 간 상호작용을 관리하는 결정의 규칙과 절차가 정해져 있는지, 있다면 어떠한 규칙과 절차인지가 주요 요인이다.

각 결정단위 유형별로 이러한 요인들이 결정과정에 영향을 준 결과로서 6가지의 최종결정 형태가 가능하다. 즉, (1) 우세한 입장의 옵션 선택, (2) 의견일치, (3) 상호 합의된 절충안, (4) 편향된 절충안, (5) 교착상태, (6) 분열된 상징적 행동이다. 첫째 형태는 결정과정에서 일단의 정책결정자들이 선호하는 우세한 정책옵션이 최종 선택되는 것이다. 둘째, 의견일치는 결정단위의 지도자나 구성원 대부분이 선호하는 유력한 옵션에 전원 동의하는 형태이다. 다음 절에서 다루는 집단사고(groupthink) 현상이 이 경우에 해당한다. 셋째, 상호 합의된 절충안은 구성원들이 자신의 입장 일부를 양보하고 타협하여 상호 절충된 정책옵션을 최종 선택하는 경우이다. 넷째, 편향된 절충안은 최종결정이 일단의 정책결정자가 선호하는 옵션이 주로 반영되고 여타 구성원의 선호가 아주 일부만 반영된 형태의 결정이다. 이 두 가지 절충안 형태는 다음 절에서 다룰 관료정치(bureaucratic politics)의 결과로서 나타나는 경향이 있다. 다섯째, 교착상태는 정책결정자들이 최종옵션 선택에 합의하지 못한 경우이다. 여섯째 형태인 분열된

---

16) Morin and Paquin (2018), pp. 43-44.
17) Hermann (2001), pp. 64-73 참조.

상징적 행동은 일종의 교착상태인데 합의에 이르지 못한 정책결정자들이 각자 독자적으로 상징적 행동(구두 성명이나 선언)만 취하려는 경우로서 정부 내 입장조율이 이루어지지 않아 일관성이 없고 실질적 이행이 거의 불가능하다.

허만과 동료들은 이러한 6가지 최종결정의 형태가 각각 결정의 결과인 외교정책 행태의 내용을 결정한다고 가정하고 25개국 5,000개의 정책결정에 대한 계량적 사례연구를 통해 그 특징들을 파악한다.[18] 이들은 결정의 결과인 외교정책 행태의 특징들은 다음과 같은 네 가지 차원으로 구분한다. 첫째, 정부자원을 정책 행동에 투입하는 정도인데 최소한의 투입은 상징적인 성명이나 선언과 같이 구두 행동에 그치는 것이고, 반면에 높은 수준의 투입은 군사적 개입이나 통상협정의 체결처럼 정부자원이 실질적으로 투입되어 번복할 수 없는 행동이 취해지는 경우이다. 둘째, 선택한 행동에 수반되는 감정(affect)의 강도로서 이러한 감정에는 상대 정부에 대해 갖는 긍정적 감정(친근감, 지지 표명 등), 부정적 감정(적대감, 대결 의식 등), 중립적 감정이 있다. 셋째는 선제적 행동인지 아니면 다른 정부 행동에 대응하는 행동인지의 차원이다. 넷째, 외교정책 수단으로서 외교적, 경제적, 군사적 수단으로 구분이 된다. 표 2.1은 6가지 최종결정의 형태별로 어떤 외교정책의 특징들이 산출되는지 보여준다.

이해를 돕기 위해 내용을 일부 설명해보자. 결정과정의 결과로서 의견일치 유형의 경우에 외교정책행태의 특징이 첫째, 해당 정부가 정책수단을 상당한 수준으로 동원하여 결정을 이행하는 경향이 있다. 둘째, 상대국가에 대한 감정의 강도가 강한데 정책결정자들이 주로 강한 반감이나 적대적 이미지를 갖는 경향이 있다. 셋째, 해당 정부는 정책문제를 해결하기 위해 선제적으로 외교정책 행동을 취할 가능성이 크다. 넷째, 외교정책 수단으로서 군사적 행동이나 경제적 수단을 동원하는 경향이 있다. 이와 다르게 최종결정이 정책결정자들의 선호옵션들이 균형 있게 반영된 합의된 절충안의 경우에는 첫째, 정부자원 투입의 정도가 보통의 수준이고, 둘째, 상대국가에 대한 감정의 강도가 낮은 경향이 있다. 셋째, 선제적 행동을 취하는 경향이 높거나 보통 수준이다. 마지막으로 최종결정이 외교적 수단을 통해 이행되는 경향이 있다.

4. 외교정책결정이론

외교정책결정은 정책문제를 해결하기 위해 복수의 정책옵션 중에서 정책목표(들)를 적절히 달성하기 위한 옵션(들)을 선택하는 과정을 의미한다. 외교정책결정이론들은 이러한 결정과정에 초점을 맞추어 정책결정이 어떻게, 왜 이루어지는지를 설명하려는 모델, 접근법, 분석틀을 포함한다. 다음에 검토하는 주요 외교정책결정이론들은 최종결정단위 접근법에서 제시하는 세 가지 유형, 즉 압도적 지도자 유형, 단일집단 유형, 독자적 행위자들의 연합 유형을 분석의 수준으로 간주하여 수준별로 외교정책결정이 어떻게 이루어지고 왜 그러한 결정이 내려졌는지를 서술하고 설명하는 이론들이다.

---

18) Hermann (2001), pp. 74–76.

표 2.1 결정과정의 결과와 결정내용의 특징

결정과정의 결과	외교정책 행태 특징			
	정부 자원 투입	감정의 강도	선제적 행동의 자발성	정책수단
의견일치	높음	강함	높음	군사적 또는 경제적
우세한 입장의 옵션 선택	높음/보통	보통	높음/보통	군사적 또는 경제적
편향된 절충안	높음/보통	보통 또는 낮음	높음/보통	외교적 + 군사적/경제적
상호 합의된 절충안	보통	낮음	보통	외교적
분열된 상징적 행동	최소	강함	개별적 행위자의 선제적 행동	외교적
교착상태	최소	중립	대응적	외교적 대응

출처: Hermann (2001), p. 74.

1) 합리적 행위자 모델

합리적 행위자 모델에서는 외교정책을 결정하는 행위자로서 국가를 단일체적 행위자(unitary actor)로 가정한다.[19] 이 모델은 분석의 단위가 국가 정부인데 정부는 집합적 조직으로서 권한을 가진 정책결정자 집단을 의미하고 단일체적 행위자로 여겨진다. 단일체적 행위자란 정부의 정책결정자 집단이 마치 하나의 행위자처럼 국가이익에서 비롯된 정책목표(들)를 달성하기 위해 정책옵션들에 대한 일관된 평가에 기초하여 결정을 내리는 행위자이다. 또한, 이 모델에서는 정부의 정책결정자 집단이 합리적으로 결정한다고 가정한다. '합리적 결정'이란 대외적으로 당면한 문제를 해결하기 위해서 실행 가능한 정책옵션 중에서 공유하는 정책목표들을 최대한 달성할 수 있는 최적의 옵션을 선택하는 것을 의미한다. 그런데 이

모델에서는 정책결정자가 상대국가의 능력과 의도, 정책옵션들의 결과 등에 대해 완전한 정보를 갖고 합리적 결정을 한다고 가정하지는 않는다. 오히려 주어진 상황 속에서 이용 가능한 제한된 정보에 기초해서 실행 가능한 정책옵션 중에서 정책목표(들)를 최대한 달성할 수 있는 옵션을 선택한다고 가정한다.[20]

합리적 행위자 모델에서 가정하는 합리성은 절차적 합리성(procedural rationality)을 포함한다. 즉, 정책목표를 최대한 달성할 수 있는 최적의 정책옵션을 선택하도록 보장하는 단계들을 거치는 과정으로서의 합리성이다. 캐쉬먼(Greg Cashman)에 따르면 절차적 합리성에 부합하는 결정과정은 다음과 같은 단계들로 구성된다고 한다.[21] 즉, (1) 문제의 인식과 해석, (2) 정책목표들

---

19) 합리적 행위자 모델에 관해서는 Graham Allison and Philip Zelikow 공저, 김태현 역, 『결정의 엣센스: 쿠바 미사일 사태와 세계 핵전쟁의 위기』 (서울: 모음북스, 2005), pp. 57-68 참조.

20) Allison and Zelikow (2005), pp. 58-60.

21) Greg Cashman, *What Causes War? An Introduction to Theories of International Conflict*, 2nd ed. (Landham, MD: Rowman & Little Field, 2013), pp. 77-78.

의 파악과 우선순위 매기기, (3) 모든 접근 가능한 관련 정보의 수집, (4) 이용 가능한 정책옵션들의 파악, (5) 각 정책옵션의 이득과 비용의 계산과 성공 가능성에 기초한 평가, (6) 정책목표들을 최대한 달성할 수 있는 최적의 정책옵션(들) 선택, (7) 결정의 이행, (8) 결정의 이행 평가에 기초해서 정책의 지속, 폐기 또는 변경의 추진 등이다. 이러한 합리적 정책결정과정의 결과는 최소의 비용으로 정책목표들을 최대한 달성할 것이 예상되는 외교정책 행동(들)을 선택하는 것이다.

한편, 마오즈(Zeev Maoz)는 집단적 결정 수준에서 합리성을 세 가지로 구분한다.[22] 첫째는 절차적 합리성으로서 결정과정이 다음과 같은 일정한 절차에 따라서 이루어지는 것을 의미한다. 즉, 상황에 대한 다각적인 해석, 다수의 정책옵션의 탐색, 공개적인 정보 교환과 논의과정, 다수의 정책옵션의 평가, 개별적 선호안들을 총체적으로 반영하는 선택 등이다. 이러한 합리성은 합리적 행위자 모델에서 가정하는 정부 수준의 절차적 합리성 단계들과 부합하는 것이다. 둘째는 결과 합리성(outcome rationality)인데 결정이 이행되어 의도한 대로 정책목표를 최대한 달성하는 결과를 가져왔는지가 합리적 결정의 기준이다. 세 번째는 선호 합리성(preference rationality)으로서 정책결정이 결정집단 구성원들이 선호하는 정책옵션들을 충실히 반영하는지가 합리적 결정의 기준이다. 그런데 절차적 합리성에 부합하는 결정은 결과 합리성, 즉 의도된 성공적 결과를 낳을 가능성이 크다. 그러나 절차적 합리성은 결과 합리성을 항상 보장하지는 않는다.[23] 즉, 절차적으로 합리적 과정을 통한 결정이 가끔 의도한 것과는 다른 결과를 낳을 수 있다. 왜냐하면 결정과정에서 상대국가의 대응과 정책옵션의 성공 가능성에 대한 불완전한 정보와 지식 때문에 결과적으로 실패한 정책이 될 수 있다. 또한, 최종결정이 이행되는 과정에서 담당 관료조직의 의지와 능력이 부족하거나 관료조직 간 다른 입장으로 인해 제대로 이행되지 않거나 정책결정자들의 의도대로 이행되지 않아서 정책목표들을 달성하지 못하는 경우가 발생할 수도 있다.

이러한 정책실패의 사례로서 1967년 5월에 이집트의 나세르(Gamal Nassar) 대통령이 이스라엘을 상대로 내린 결정들로 인해 '6일전쟁'이 초래된 경우를 들 수 있다. 나세르는 아랍지역에서 이집트의 리더십을 회복하고 이스라엘과의 전쟁은 피한다는 정책목표들을 달성하기 위해 이집트 군대의 시나이반도 진출, 유엔 평화유지군의 시나이반도 철수 명령, 티란(Tiran) 해협에 대한 봉쇄, 요르단과 방위조약의 체결 등 일련의 결정을 내렸다. 그러나 이스라엘이 6월 5일에 기습 선제공격을 감행하여 전쟁이 발발하였고 6일간 전쟁의 결과로서 이집트 주도의 연합군이 패배하고 이스라엘이 시나이반도, 가자지구, 요르단강 서안지구, 시리아의 골란고원을 점령하게 되었다. 이집트정부의 결정들은 의도했던 정책목표들을 전혀 달성하지 못하는 정책실패로 귀결되었다. 합리적 행위자 모델을 통해 이 사례를 분석한 모어(Ben Mor)의 연구에 따르면 나세르의 일련의 결정이 절차적

---

22) Zeev Maoz, "Framing the National Interest: The Manipulation of Foreign Policy Decisions in Group Settings," *World Politics* 4-3 (Oct. 1990), p. 82.

23) Derek Beach and Rasmus Pedersen, *Analyzing Foreign Policy*, 2nd ed. (Red Globe Press: London, 2020), p. 145.

합리성에 부합되었으나 결과 합리성을 충족시키지 못한 실패한 정책이었다고 설명한다.[24]

합리적 행위자 모델의 시각에서 한국의 정책결정 사례를 설명해보자. 2003년 10월에 노무현정부는 이라크 추가파병을 결정하였다. 이후 12월에 3,000명 규모의 전투병과 비전투병의 혼성부대를 이라크 재건과 치안 유지의 임무를 위해 최종 파병하기로 확정하였다. 서보혁의 연구에서는 이러한 이라크 추가파병 결정은 전반적으로 합리적 정책결정으로 해석한다.[25] 당시 한국정부의 우선적인 정책목표는 미국의 전투병파병 요청에 부응하여 추가파병을 함으로써 한미동맹을 공고히 하여 북한 핵문제를 평화적으로 해결하기 위한 미국의 적극적 협조를 얻어내는 것이었다. 또한, 이라크 전후 재건에 한국 기업이 참여함으로써 얻게 될 경제적 이익, 이라크전쟁과 추가파병에 대한 부정적인 국내 여론에 비추어 파병의 정당한 명분을 확보하는 것, 파병군의 안전 확보 등도 의도했던 정책목표였다.

이러한 정책목표들을 달성하기 위해 고려한 정책옵션들은 (1) 대규모 전투병 파병, (2) 소규모 비전투병 파병, (3) 전투병과 비전투병으로 구성된 혼성부대 파병, (4) 파병하지 않는 것 등이었다. 노무현정부는 미국과의 협상, 국내 여론, 이라크 치안 상황 등 변화하는 국내외 상황을 면밀하게 주시하며 이러한 옵션들을 정책목표의 달성 가능성에 비추어 평가하였다. 최종적으로 한국정부는 3,000명 이내의 전투병과 비전투병의 혼성부대를 추가 파병해 독자적으로 일정 지역을 담당하며 이라크 평화재건과 치안유지를 지원하는 임무를 수행하는 것으로 결정하였다. 이러한 두 차례의 결정은 정책목표들을 대부분 충족시키는 합리적인 정책결정으로 해석된다.

우선 전투병을 포함한 3,000명 규모의 혼성부대 파병은 미국의 3,000∼5,000명 전투병 추가파병 요청에 부응함으로써 북핵문제의 평화적 해결을 위한 한미동맹의 강화와 미국의 협력 유도라는 우선적 정책목표를 달성하는 데 부합하는 결정이었다. 또한, 추가파병 원칙이 10월 18일에 결정된 것은 10월 16일에 미국의 이라크 전후 재건에 대한 국제사회의 지원을 촉구하고 다국적군 구성을 승인하는 것을 골자로 하는 유엔(UN) 안전보장이사회 결의안이 15개 이사국의 만장일치로 채택된 것이 직접적 계기로 작용하였다. 이라크 파병의 정당한 명분 확보의 목표가 충족된 것이다. 또한, 독자적 지휘권을 갖고 일정 지역에서 이라크 재건 임무와 치안유지를 지원하는 옵션은 파병반대 여론을 잠재우고 파병군의 안전 확보라는 목표를 동시에 충족시킬 수 있는 것이었다. 2004년 6월 파병 예정지를 치안 상황을 고려해 이라크 북부 '키르쿠크'에서 비교적 안전한 '아르빌'로 변경한 것도 파병군의 안전유지 목표를 달성하기 위한 결정이었다. 결국, 노무현정부의 추가파병 결정은 정책목표들과 관련해서 이득을 최대화하고 비용(손실)을 최소화하려는 합리적인 결정이었다.

합리적 행위자 모델은 국가의 외교정책결정을

24) Ben Mor, "Nasser's Decision-Making in the 1967 Middle East Crisis: A Rational Choice Explanations," *Journal of Peace Studies* 28-4 (1991), pp. 359-375; 로라 니애크 지음, 김태현 옮김, 『신외교정책론: 이론과 사례』 (서울: 모음북스, 2020), pp. 53-56 참조.

25) 서보혁, "결정의 합리성: 노무현정부의 이라크 파병 정책 재검토," 『국제정치논총』 제55집 제3호 (2015), pp. 234-270; 김현, "한미동맹의 안보딜레마: 노무현정부의 대미 갈등 사례의 분석," 『사회이론』 31집 (2007), pp. 45-50 참조.

이해하는 데 유용한 모델이다. 우선 이 모델의 논리와 명제는 간결하다. 따라서 이 모델을 적용하면 어느 정부의 외교정책결정을 설명할 때 왜 그러한 결정을 내렸는지 설명하는 데 많은 정보가 필요하지 않다. 외교정책결정과 행위가 목표 지향적이라 정부가 처한 대외적 환경, 정책목표들에 대한 정보만 있으면 정책결정과정의 내용에 관해 구체적으로 파악하지 않아도 왜 그러한 결정이 내려졌는지를 적절히 파악할 수 있다. 실제로 학자들이나 정부 관리 혹은 언론 매체가 어떤 국가의 외교정책을 설명하려는 경우 대부분 공개된 관련 자료가 매우 제한되어 있어서 주로 정책목표가 무엇이었는지, 어떠한 옵션들이 고려되었는지를 파악하여 왜 그러한 외교정책을 결정했는지를 설명하는 것이 통상적이다. 외교정책에 대한 이러한 접근법은 합리적 행위자 모델의 시각을 원용한 것이다. 또한, 합리적 행위자 모델에서 가정하는 합리적 결정과정의 단계들은 성공적인 정책결과를 얻기 위한 본보기로서 유용하다. 즉, 정책과정을 점검하고 정책결과를 평가할 때 합리적 결정과정의 단계별로 수행하는 과제들을 제대로 이행했는지 여부가 기준으로 활용될 수 있다.

그러나 합리적 행위자 모델은 실제의 외교정책결정을 설명하는 데 한계가 있다는 비판을 받아왔다. 첫째, 정책결정자의 심리적 요인들을 연구하는 학자들은 실제로는 정책결정자들이 정책옵션들에 대한 손익계산에 기초하기보다는 자신들의 심리적 환경에 기초해서 결정을 내린다고 주장한다. 즉, 개별 정책결정자의 심리적 환경에 있는 주요 요소인 개인적 신념체계와 개성, 상황의 인식, 정보를 처리하는 인지과정 등에 의해서 결정이 이루어지는 경우가 통상적이라는 것이

다. 이 연구자들은 심리적 요인들이 작용하여 정책결정이 이루어지는 경우 합리적 행위자 모델에서 가정하는 정책목표나 가치를 극대화하는 결정이 아니라 심리적 요인에 의해 합리성이 제한되거나 비합리적인 과정과 결과를 산출한다고 주장한다. 둘째, 실제로 정부의 정책결정자 집단은 합리적 행위자 모델에서 가정하듯이 단일체적 행위자가 아니라 서로 다른 시각, 목표, 입장을 갖는 개별적 정책결정자들로 구성되거나 다른 목표와 입장을 가진 복수의 결정집단들이 참여하는 경우가 일반적이다. 이러한 다원적 행위자 집단에서는 결정과정에서 발생하는 정책결정자 간 상호작용과 결정집단 간 역동성으로 인해서 합리적 행위자 모델에서 가정하는 결정과정과 결과가 다른 양상을 보인다. 따라서 결정집단 내 혹은 집단 간의 상호작용을 분석하는 것이 필요하다.

다음 절에서는 합리적 행위자 모델에 대안적인 주요 정책결정이론들을 검토한다. 여기서는 개별 정책결정자의 심리적 환경에서 작용하는 주요 요인들이 어떻게 정책결정과정과 결과에 영향을 주는지 설명하는 이론들과 결정집단수준에서 작용하는 역동성이 어떻게 정책결정과정과 결과에 영향을 주는지 설명하는 이론으로 구분하여 논의한다.

2) 정책결정자 개인수준의 이론

정책결정자들이 문제의 해결을 위한 정책옵션들 중에서 선호하는 옵션 선택에 영향을 주는 주요 요인들은 정책결정자 개인의 신념체계, 개성, 정보를 처리하는 인지과정(cognitive process) 등이다. 이 절에서는 이러한 요인들을 설명한 주요

이론으로서 정책결정자의 신념체계에 관한 운영코드(operational code) 접근법, 정책결정자의 개성에 관한 리더십 특성 분석(leadership traits analysis) 접근법, 인지과정에 관한 폴리휴리스틱(poliheuristic)이론 등을 핵심 주장과 이론적 명제를 통해 검토하고, 실제 결정 사례에 적용하여 설명함으로써 이론의 논리와 타당성을 이해해 보도록 한다.

(1) 운영코드 접근법

정책결정자의 신념체계는 정책문제가 제기된 상황을 어떻게 인식하고 해석하는가에 영향을 주고 결과적으로 어떻게 대응해야 할지, 즉 어떤 정책옵션을 선택하는가에 영향을 준다. 홀스티(Ole Hosti)의 정의에 따르면 신념체계(belief system)는 개인이 처한 "물리적 환경과 사회적 환경에 관한 정보가 수용되는 렌즈의 집합"이다. 정책결정자는 신념체계를 통해 대외적 상황을 인식하고 해석해서 특징들을 파악한다. 또한, 신념체계는 정책결정자가 정책목표(들)를 설정하고 우선순위를 정하는 기능을 한다.[26]

정치지도자의 신념체계구조와 내용을 파악하여 정책결정에 미치는 영향을 설명하는 대표적 이론이 운영코드(operational code) 접근법인데 조지(Alexander George)가 처음으로 외교정책결정을 분석하는 데 도입하였고 워커(Stephen Walker)의 연구를 통해 발전된 이론이다. 조지의 정의에 따르면 '운영코드'는 "정치지도자가 가지고 있는 정치 및 정치적 갈등의 본질에 대한 신념, 역사적 발전이 이루어질 수 있는 정도에 대한 견해, 이에 필요한 올바른 전략과 전술에 관한 사고"를 의미한다.[27] 정치지도자의 운영코드는 (1) 정치의 본질에 관한 신념인 '철학적 신념'과 (2) 목표와 수단의 관계에 관한 신념인 '도구적 신념'으로 구성되어 있다. 철학적 신념은 지도자가 정책결정의 기회인 특정 상황을 해석하고 진단하는 심리적 렌즈이다. 도구적 신념은 지도자가 정치적 행위를 할 때 효과적으로 인식하는 행위 유형에 관한 것이다. 즉, 어느 정책수단이 효과적인가에 관한 신념이다. 이 접근법에서는 두 가지 신념의 내용을 다음과 같은 10가지 질문에 대한 답변에 해당하는 것으로 분류하여 파악한다.[28]

철학적 신념

P-1 정치적 삶의 본질은 무엇인가? 정치 세계는 조화로운가 갈등적인가? 정치적 상대의 근본적 성격은 무엇인가?

P-2 근본적 가치와 열망의 궁극적 실현 가능성은? 이에 대해 낙관적인가 비관적인가?

P-3 정치적 미래는 예측 가능한가? 어떤 의미에서 어느 정도 가능한가?

P-4 개인은 어느 정도 역사 발전을 통제할 수 있는가? 역사를 바람직한 방향으로 이끌어가는 데 개인의 역할은 무엇인가?

P-5 인간사와 역사 발전에서 우연의 역할은 무엇인가?

도구적 신념

I-1 정치적 행위에서 목표를 선택하는 최선의

---

26) Ole Hosti, "The Belief System and National Images: A Case Study," *The Journal of Conflict Resolution* 6-3 (Sept. 1962), p. 245.

27) Alexander George, "The 'Operational Code': A Neglected Approach to the Study of Political Leaders and Decision-Making," *International Studies Quarterly* 13-2 (June 1969), p. 197.

28) George (1969), pp. 201-216.

접근법은 무엇인가?

I-2 행위의 목표들을 어떻게 가장 효과적으로 추구할 수 있는가?

I-3 정치적 행위의 위험을 어떻게 계산하고 통제하고 수용하는가?

I-4 이익을 증진하기 위한 최선의 시기는 언제인가?

I-5 이익을 증진하기 위한 여러 수단의 효용과 역할은 무엇인가?

운영코드는 지도자가 직면한 대외적 상황을 인식하고 해석하는 데 영향을 줄 뿐만 아니라 상황에 대응하는 행동 방안들을 강구하고 선택하는 기준과 가이드라인을 제시한다. 운영코드 접근법은 주로 최고지도자들의 신념체계를 분석하여 외교정책결정 사례를 설명하는 데 활용되어 왔다. 이러한 사례연구에서는 통상적으로 최고지도자의 연설, 기자회견문, 언론 인터뷰 내용, 회고록 같은 저작물 등이 신념체계를 분석하는 자료이다. 연구 초기에는 이러한 자료의 내용분석을 통해 신념체계를 정성적으로 파악하였으나 1990년대 이래로 '맥락체계 동사들(VICS: Verbs in Context System)'이라는 자동코딩 분석기법을 활용하여 내용을 분석하는 계량적 사례연구가 활발히 이루어져 왔다.[29]

이러한 계량적 사례연구의 예로서 푸틴(Vladimir Putin) 러시아 대통령의 신념체계를 분석한 최근 연구가 있다.[30] 이 연구에서는 운영코드 접근법을

적용하여 푸틴의 신념체계를 분석한다. 이를 위해 2000~2016년 기간 중 푸틴이 13개 외교정책 주제(미국, NATO, 유럽연합, 중국, 우크라이나, 체첸공화국, 테러리즘 등)에 관해 공식 발언한 내용을 VICS 기법을 활용하여 계량적으로 분석한다. 분석의 결과는 첫째, 푸틴 대통령의 운영코드는 전반적으로 호전적인 불량한 지도자(rogue leader)보다는 주류의 세계 지도자의 운영코드에 가깝다는 것이다. 체첸공화국 사태나 테러리즘에 대해 푸틴이 매우 호전적인 정책을 추진한 것은 예외적인 사례로 해석된다. 둘째, 푸틴은 철학적 신념인 P-4(역사 발전에 대한 통제 인식) 요소에서 비교그룹(11명의 강대국 지도자 및 4명의 불량국가 지도자)에 비해 훨씬 높게 나타났다. 이는 푸틴의 외교정책 행태가 '질서'와 '통제'의 유지라는 동기에 의해 주로 영향을 받는다는 것을 의미한다. 따라서 정책의 우선순위는 국가의 힘, 특히 대통령의 권한을 재확립하는 것이었다. 푸틴 대통령이 체첸공화국, 우크라이나, 시리아 사태에 군사적으로 개입한 정책은 무질서와 국가의 허약성이 국가 생존의 위협이라는 인식과 연관된다.

셋째, 푸틴 대통령은 대전략가라기보다는 기회주의자 성향을 보인다. 푸틴의 운영코드에 2014~2016년 기간에 미국, 유럽연합, NATO에 대해 호전적인 성향이 나타난 것은 2014년 2월의 우크라이나 위기 사태와 러시아의 크림반도 강제점령 이후부터이다. 따라서 이러한 호전적 성향은 대전략 차원의 일관된 성향이 아니라 푸틴 자신의 정치적 기반을 강화하려는 기회주의적인 성향을 나타내는 것이다. 이러한 연구는 정치

---

29) VICS 기법을 활용해 최고지도자의 운영코드를 분석한 국내 연구로서 조화성, "북한 최고통치자의 운영코드와 외교전략," 『한국정치학회보』 제44집 제1호 (2010), pp. 175-209가 있음.

30) Stephen Dyson and Mattew Parent, "The Operational Code Approach to Profiling Political Leaders: Understanding Vladimir Putin," *Intelligence and National Security* 33-1 (2018), pp. 84-100.

지도자의 신념체계가 외교정책 행태에 영향을 주는 것을 입증하려는 시도이다. 그러나 푸틴 대통령의 사례연구는 운영코드가 어떻게 러시아의 특정 외교정책결정과 결과에 영향을 주는지를 구체적으로 설명하고 있지는 못하다. 이는 지도자의 신념체계가 외교정책결정과 결과에 영향을 주는 여러 심리적 요인 중 하나이기 때문에 신념체계와 정책결정의 인과성을 규명하는 것이 어렵다는 점을 시사한다.

그렇다면 정책결정자의 신념체계는 어떠한 상황에서 정책결정에서 중요한 역할을 하는가? 홀스티는 정책결정자의 신념체계가 외교정책결정에 중요하게 영향을 미치는 조건들을 다음과 같이 제시한다.[31] 즉, (1) 정책결정 조직의 표준운영절차와 결정규칙의 적용 범위를 벗어나는 통상적이지 않은 상황, (2) 관료조직의 제약이나 다른 제약으로부터 비교적 자유로운 최고위 정책결정자들에 의한 결정, (3) 상당한 불확실성을 내포한 장기적인 정책을 계획하는 경우, (4) 상황이 매우 애매하여 다양한 해석이 가능한 경우, (5) 정보의 과부하로 인해 문제해결에 여러 결정전략을 사용해야 하는 경우, (6) 예상치 못한 사건들이 발생한 경우, (7) 복잡한 인지적 과제가 부과되거나 여러 유형의 스트레스를 받는 경우 등이다.

(2) 리더십특성분석 접근법

정치지도자의 리더십 스타일은 외교정책결정과정과 결과에 영향을 미친다. 허만(Margaret Hermann)은 고위 정책결정자의 리더십 스타일이 외교정책결정과 행동에 영향을 미친다고 설명하며 리더십 스타일을 평가하는 이론적 분석틀로서 지도자들의 개성적 특성을 7가지 성향에 따라 파악하는 리더십특성분석(LTA: Leadership Trait Analysis) 접근법을 제시한다. 이 접근법에서는 고위 정책결정자로서 지도자의 개성적 특성을 7가지 성향으로 구분하고 이러한 성향들이 어떻게 정책결정과 행태에 영향을 주는지를 설명하는 명제들을 제시한다.[32] 7가지 성향은 (1) 사건 통제능력에 대한 신념, (2) 권력과 영향력의 필요성, (3) 인지적 복합성, (4) 자신감, (5) 문제해결 중심적 성향 또는 관계 중심적 성향, (6) 타인에 대한 불신감, (7) 자기집단 편향성의 강도이다.

이러한 성향들과 주요 명제들을 간략히 서술하면, 첫째, 사건 통제능력에 대한 신념은 지도자가 전개된 상황에 영향을 주거나 통제할 수 있다는 신념이 강한지 약한지를 의미한다. 이러한 신념이 강한 지도자는 대체로 정책결정과정에 적극적으로 관여해서 통제하려는 경향이 있다. 또한, 보다 선제적인 외교정책 성향을 보인다. 둘째, 권력과 영향력에 대한 필요는 지도자가 권력을 잡거나 유지 또는 회복하는 데 어느 정도의 관심이 있는지를 의미한다. 이러한 관심이 높은 지도자는 정책결정과정에 적극적으로 관여하고 통제하길 원한다. 또한, 상황 판단을 잘하고 합의를 통

31) Ole Hosti, "Cognitive Process Approaches to Decision-Making: Foreign Policy Actors Viewed Psychologically," *American Behavioral Scientist* 20-1 (Sept/Oct. 1976), p. 30.

32) Margaret Hermann, "Assessing Leadership Style: Trait Analysis," in Jerrold Post (ed.), *The Psychological Assessment of Political Leaders* (Ann Arbor, MI: The University of Michigan Press, Ann Arbor, 2003), pp. 186-205; Stephen Dyson, "Personality and Foreign Policy: Tony Blair's Iraq Decision," *Foreign Policy Analysis* 2-3 (July 2006), pp. 293-296 참조.

한 집단적 결정보다 주로 자신의 선호안을 결정 결과에 반영하려는 경향이 있다.

셋째, 인지적 복합성은 지도자 자신의 주변 환경에 있는 상황과 타인들을 구별하는 능력을 의미한다. 인지적 복합성이 높은 지도자는 상황에 대해 세밀한 시각을 갖고 있고, 정책결정에 영향을 주는 다양한 요인들을 복합적으로 인식한다. 반면에 인지적 단순성이 높은 지도자는 상황과 타인들에 대해 단순한 흑백 논리와 이분법적으로 인식하는 경향이 있다. 애매한 환경을 제대로 파악하지 못하고 제한된 정보에 입각해 결정을 내리는 경향을 보인다. 넷째, 자신감은 자존감, 사건과 사람에 대해 적절히 대응하는 능력에 대한 자기 이미지를 의미한다. 자신감이 높은 지도자는 유입되는 정보에 덜 민감하고 상황변화에 좌지우지하지 않고 일관된 행태를 보이는 경향이 있다.

다섯째, 문제해결 중심적 성향의 지도자는 결정집단이 특정 문제를 해결하는 역할에 중점을 두고 있고 구성원들을 문제해결의 수단으로 간주한다. 또한, 타인의 견해에 덜 민감하며 반대의견을 무시하거나 억누르는 경향이 있다. 반면에 관계 중심적인 지도자는 결정집단의 유지와 사기를 중시하며 집단에 대한 충성심과 단결, 구성원 간 협력관계를 추구한다. 따라서 결정과정에서 합의를 추구하고 반대를 수용하는 경향을 보인다. 여섯째, 타인에 대한 불신감이 높은 지도자는 타인의 동기나 행동을 의심하며, 특히 입장이나 이념이 자신과 다른 경쟁자들을 불신하는 경향이 있다. 또한, 타인의 비판에 매우 민감하며 지도자에 대한 충성심을 강조한다. 일곱째, 자기집단 편향성은 지도자가 자신이 속한 집단의 중심적 지위와 역할을 강조하고 집단의 정체성과 단결을 유지하는 것을 중요시한다. 또한, 세계를 "우리"와 "그들" 혹은 친구와 적의 이분법적으로 인식하며 자기 집단 내 문제를 해결하기 위해 외부집단을 희생양으로 이용할 가능성이 있다.

리더십특성분석 접근법을 적용하여 외교정책 결정 사례를 설명한 연구로서 2005년 3월 영국의 이라크 참전 결정을 분석한 다이슨(Stephen Dyson)의 연구가 있다.[33] 이 연구에서는 당시 영국의 지도자였던 블레어(Tony Blair) 총리의 개성과 리더십 스타일이 어떻게 참전결정의 과정과 결과를 낳았는지 규명한다. 이를 위해 전쟁 개시 직전까지 영국 하원에서 블레어 총리가 외교정책에 관해 답변한 발언들을 컴퓨터 코딩 프로그램을 활용해 7가지 개성적 성향에 따라 내용분석을 하였다. 그리고 51명의 타국 정치지도자들 집단 및 12명의 영국 전직 수상 집단의 분석 데이터와 각각 비교하였다.

비교분석의 결과, 블레어 총리는 3가지 성향에서 비교집단과 두드러진 차이를 보였는데 (1) 사건 통제능력에 대한 신념에서 평균보다 높게 나타났고, (2) 인지적 복합성 정도에서 평균보다 낮았으며, (3) 권력과 영향력의 필요성에서는 평균보다 높게 나타났다. 이러한 개성적 특성들은 영국의 참전 결정과정과 결과에 실질적 영향을 준 것으로 파악되었다. 우선 사건 통제능력에 대한 신념이 높은 특성으로 인해 블레어 수상은 적극적인 개입주의 외교정책입장을 견지하였고 국내 지지와 유엔의 지원 가능성을 낙관하고 있었다. 또한, 전쟁에 반대하는 프랑스, 독일, 러시아의 외교정책에 영향을 줄 수 있다는 신념을 갖고 있었다. 다

---

33) Dyson (2006), pp. 289-306 참조.

음으로 인지적 복합성이 낮은 특성 때문에 이라크 문제를 흑백 논리로 인식하고 '옳고 그름'의 도덕적 이슈로 해석하였다. 그리고 권력의 필요성이 높은 성향으로 인해 블레어는 정책결정에 적극적으로 개입하였으나 이라크 정책에 대한 공개적 논쟁을 제한했으며 비공식적인 소규모 결정집단을 주로 활용하였고 반대자들을 결정집단에서 배제하였다. 결국, 블레어 총리의 개성적 특성들이 참전 결정과정과 결과를 산출하는 데 주요 요인으로 작용하였다는 것이 이 연구의 결론이다.

그렇다면 정치지도자의 개성적 특징들은 어떤 조건에서 외교정책결정과 결과에 영향을 주는가? 허만은 개성이 실질적 영향을 주는 조건에 관해서 다음과 같은 명제들을 제시한다.[34] 즉, (1) 외교정책에 대한 개인적, 일반적 관심이 높을수록, (2) 정권 획득 수단이 극적일수록(예컨대 혁명, 쿠데타, 선거에서의 압승 등), (3) 카리스마가 있는 지도자일수록, (4) 정부의 외교정책조직에 대한 권한이 클수록, (5) 외교정책조직이 발달하거나 분화되어 있지 않을수록(신생국이나 저개발국가 사례), (6) 위기상황에 직면해 있을수록, (7) 외교문제에 대한 훈련이 부족할수록, (8) 대외적 상황이 불확실할수록, 지도자의 개성이 외교정책결정과 행태에 주는 영향이 커진다.

(3) 폴리휴리스틱이론

폴리휴리스틱(poliheuristic)이론은 민츠(Alex Mintz)와 동료 학자들이 발전시킨 이론으로서 다음과 같은 주요 명제들을 제시한다.[35] 우선 외교정책결정은 두 단계의 과정으로 이루어진다. 첫 번째 단계에서는 정책결정자들이 결정을 보다 단순화하기 위해 정책옵션들을 평가하면서 고려할 옵션의 범위를 줄이기 위한 인지적 지름길(cognitive shortcut)을 활용한다. 여기서 인지적 지름길은 복수의 옵션들을 분석하기에 수월하도록 하나의 중요한 기준(차원)에 비추어 수용할 수 없는 옵션들을 배제하는 결정전략을 의미한다. 이 단계에서 정책결정자들이 적용하는 주요 기준은 국내정치적 차원이다. 즉, 정책결정자들은 복수의 옵션 중에서 국내정치적 손실을 초래할 것이 예상되는 옵션(들)을 먼저 선택 대상에서 제외한다. 국내정치적 손실에는 지도자의 정치적 생존에 대한 위협, 정책에 대한 대중 지지도의 급격한 하락, 선거에서의 패배 전망, 야권의 강한 반대, 정권 생존의 위협, 연립정부의 와해 가능성, 시위와 폭동의 가능성 등이 포함된다.[36]

또한, 이 단계에서는 비(非) 보상(non-compensatory) 원칙이 적용되는데 이는 옵션 간에 어느 한 차원에서의 높은 이익이 다른 차원에서의 손실을 보상하지 못한다는 원칙이다. 예컨대 어떤 옵션을 선택했을 때 아무리 상당한 군사 안보적 이익이나 경제적 이익이 예상되더라도 이러한 이익들이 중요한 차원인 국내정치적 손실을 보상하지 못하는 것을 의미한다. 다음으로 결정과정의 두 번째 단계에서는 정책결정자들이 나머지 옵션

34) Margaret Hermann, "When Leader Personality Will Affect Foreign Policy: Some Propositions," in James Rosenau (ed.) *In Search of Global Patterns* (New York: Free Press, 1976), pp. 328–331.

35) Alex Mintz and Karl DeRouen, *Understanding Foreign Policy Decision Making* (Cambridge: Cambridge University Press, 2010), pp. 78–80.

36) Alex Mintz, "How Do Leaders Make Decisions?" *Journal of Conflict Resolution* 48-1 (Feb. 2004), p. 9.

들 중에서 정책목표를 최대한 달성할 수 있는 옵션, 즉 합리적 행위자 모델에서 주장하듯이 이득을 최대화하고 비용을 최소화하는 옵션을 최종 선택한다.

폴리휴리스틱이론의 시각에서 외교정책결정 사례를 설명해보자. 브룰레(David Brulé)의 연구는 1980년 4월에 이루어진 미국 카터(Jimmy Carter) 행정부의 이란 주재 미 대사관 인질구출 작전 결정을 폴리휴리스틱이론을 적용하여 분석한다.[37] 1979년 11월 초부터 당시 이란 이슬람혁명을 지지하는 일단의 대학생들이 52명의 미 대사관 직원들을 인질로 삼고 있는 상황에서 외교협상이 실패하자 카터 행정부는 미군 특수부대를 투입하여 인질을 구출하는 작전을 결정하였다. 당시 카터 행정부가 고려했던 정책옵션은 외교협상 지속, 경제제재, 보복 공습, 해상 봉쇄, 대규모 공격부대를 동원한 군사작전, 소규모 군사작전 등이었다. 그러나 결정의 첫 번째 단계에서 지상군을 투입하는 군사작전 옵션들 이외 다른 옵션들은 제외되었다. 인질을 즉각적으로 안전하게 구출할 수 있는 방안들이 아니었기 때문이다. 즉, 이 옵션들은 1980년 11월에 재선을 위한 선거를 앞두고 있던 카터 대통령의 관점에서 국내정치적으로 중대한 손실을 초래할 것이 예상되는 것들이었다. 따라서 첫 번째 단계에서 이 옵션들이 배제된 후에 두 번째 단계에서는 대규모 군사작전과 소규모 군사작전 두 개의 옵션만 논의되었다. 여기서는 군사적, 전략적 차원에서 이

> **개념   폴리휴리스틱**
>
> '폴리휴리스틱(poliheuristic)'이라는 개념은 'poly'라는 접두사와 'heuristic'이라는 단어가 합성된 말이다. 'poly'라는 용어는 다수(many)라는 의미와 외교정책결정의 정치적(politicized) 성격을 포함하는 단어이다. 'heuristic'이라는 용어는 인지적 지름길을 지칭하는데 정책결정자가 복잡한 상황을 인식하고 정의하는 데 사용하는 다양한 심리적 수단을 의미한다.[38] 인지적 지름길에는 개인의 기존 신념, 상대에 대한 이미지 또는 고정관념, 역사적 유추(과거의 역사적 사건에 비추어 현재 상황을 해석) 등이 있다. 인지적 지름길은 정책결정자가 복잡한 상황을 단순화하거나 범주화하여 해석하기 위해 사용하는 심리적 기제이다. 따라서 '폴리휴리스틱'이론은 정책결정자가 결정을 내릴 때 두 단계에 걸쳐서 복수의 결정수단을 사용하고, 결정과정의 첫 번째 단계에서 인지적 지름길로서 국내정치적 차원만 기준으로 정책옵션들을 평가하여 단순화한다는 의미를 내포하는 이론의 명칭이다.

득을 최대화하고 비용을 최소화하는 소규모 군사작전 옵션이 최종 선택되었다. 이러한 정책결정은 폴리휴리스틱이론에서 예상하는 것이다. 그러나 군사작전은 이행과정에서 예상치 못한 헬기 고장과 군용기 충돌 사고로 인해 실패하였다. 결국, 카터 대통령이 재선에 실패하는 요인 중 하나로 작용하였다.

---

37) David Brulé, "Explaining and Forecasting Leaders' Decisions: A Poliheuristic Analysis of the Iran Hostage Rescue Decision" *International Studies Perspective* 6-1 (Feb. 2005), pp. 99-113.

38) Eric Stern, "Contextualizing and Critiquing the Poliheuristic Theory," *Journal of Conflict Resolution* 48-1 (Feb. 2004), p. 108.

폴리휴리스틱이론은 합리적 행위자 모델과 인지 모델(cognitive model)을 통합하려는 이론으로 다수의 정책결정 사례연구를 통해서 그 타당성이 입증된다. 또한, 여러 민주주의 정부의 외교정책결정 사례뿐 아니라 권위주의나 독재 정권 등 비민주적 정부의 결정사례를 설명하는 데도 적용되어왔다. 비민주적 정부에서도 고위 정책결정자들은 정권의 생존이나 정당성을 확보하기 위해서 외교정책결정 시에 국내정치적 손실을 회피하는 정책옵션을 선택하는 경향이 있기 때문이다.[39]

3) 정책결정 집단수준의 이론

중요한 외교정책결정들은 최고지도자와 고위 정책참모로 구성된 소규모 집단이나 복수의 독자적인 행위자 간 연합에서 이루어진다. 최고정책결정자가 집단적으로 정책을 결정하는 이유는 우선 정책문제와 옵션에 대해 다양한 시각과 입장들을 수렴해서 문제해결에 필요한 최종결정을 내리기 위해서다. 또한, 가능한 정책옵션에 대한 보다 많은 정보를 공유할 수 있기 때문이다. 그리고 지도자의 편견이나 편향된 입장을 집단 내 협의를 통해 객관적인 시각과 입장으로 개선하는 기회가 된다. 결정을 효과적으로 이행하기 위한 정당성을 확보하는 것도 집단을 통해 결정하는 동기 중 하나이다. 이러한 집단수준의 결정을 설명하는 이론들은 집단 내 정책결정자 간 상호작용이나 독자적 정책결정집단 간 역동성에 초점을 맞추어 어떠한 요인들이 영향을 미치며 어떠한 결과를 낳는지를 설명한다.

(1) 집단사고 모델

집단사고 모델(groupthink model)은 재니스(Irving Janis)의 연구를 통해 개발된 이론으로서 소규모 집단 내 의견일치를 이루기 위한 행동이 비합리적인 결정과정과 최적이 아닌 결과를 초래하는 현상을 설명하는 이론이다.[40] 재니스의 정의에 의하면 '집단사고'란 "사람들이 응집력이 강한 집단 내부에 깊이 개입할 때 구성원 간 의견일치를 이루려는 노력이 행동노선 대안들을 냉철하게 평가하려는 동기보다 우선시될 때 나타나는 사고방식"이다.[41] 즉, 집단사고는 소규모 결정집단에서 구성원들이 집단의 결속과 소속감을 유지하기 위해 어떤 특정한 정책옵션에 모두 동의하는 방향으로 조기에 의견일치(concurrence)를 이루려는 현상을 의미한다. 재니스는 집단사고로 인해 정책결정과정에 여러 결함이 나타나고 최선이 아니거나 실패한 결과를 가져오는 결정을 낳을 가능성이 크다고 주장한다.

이 모델에 따르면 집단사고가 발생하는 세 가지 선행조건들이 있다. 첫째는 정책결정자들이 응집성이 있는 집단을 구성하는 것이다. 둘째, 집단조직에 구조적 결함들이 존재하는 것인데 (1) 집단의 고립, (2) 공정한 리더십 전통의 부재, 지도자가 초기부터 개인적 선호안을 강조하는 촉진적 리더십(promotional leadership)의 존재, (3) 체계적인 결정절차의 부재, (4) 구성원들의 사회적 배경과 이념의 동질성 등이다. 세 번째 조건은 도발적인 상황적 맥락으로 (1) 외부의 위협으로

---

39) Mintz (2010), p. 79.

40) Irving Janis, *Groupthink: Psychological Studies of Policy Decisions and Fiascoes* (Boston, MA: Houghton Mifflin, 1982) 참조.

41) Janis (1982), p. 9.

고도의 스트레스를 받고 있으며 지도자가 선호하는 옵션보다 나은 해결책이 보이지 않고, (2) 구성원들의 자존감이 저하된 상태가 특징이다. 자존감이 저하된 이유는 (1) 최근의 정책실패, (2) 지나치게 어려운 당면 정책결정 과제로 인한 능률 저하, (3) 도덕적으로 수용 가능한 옵션들의 결여 때문이다.

이러한 선행조건들은 집단 구성원들이 특정한 정책옵션에 모두 동의하려고 노력하는 집단사고의 행태를 유발한다. 집단사고는 정책결정과정에서 세 가지 유형의 증상을 초래한다. 첫째는 집단에 대한 과대평가로서 집단의 취약성이 없다는 착각, 집단 고유의 도덕성에 대한 신념이 특징이다. 취약성이 없다는 착각은 구성원들이 동의한 옵션의 명백한 위험 요소를 무시하는 한편, 그 옵션의 성공 가능성을 지나치게 낙관하는 시각을 낳는다. 이러한 시각으로 인해 위험을 감수하는 결정이 내려질 가능성이 크다. 둘째 유형은 폐쇄적 사고방식으로 집단적 합리화와 외부집단들에 대한 부정적인 고정관념이 특징이다. 집단적 합리화는 구성원들이 동의하는 옵션에 반대하는 의견이나 입장을 무시하는 행태이다. 셋째 유형은 만장일치의 압력으로서 의견일치를 이루는 결정에 동의하도록 하는 압력이 존재하는데, 자기검열(self-censorship), 침묵을 동의하는 것으로 간주하는 만장일치의 착각, 반대자들에 대한 직접적인 압력, 자체적으로 정한 파수꾼들(mindguards)의 존재가 특징이다. 여기서 자기검열은 구성원들이 스스로 반대의견이나 반론을 제기하지 않으려는 경향이다. 파수꾼은 집단의 의견일치에 부합하지 않는 반대정보를 차단하여 집단을 보호하는 역할을 하는 구성원을 지칭한다.

집단사고의 증상들은 합리적 정책결정과정과는 다른 결함이 있는 정책결정의 증상들을 초래한다. 이 증상들은 (1) 정책옵션들과 목표들을 제한적으로 검토하는 것, (2) 정보를 선택적으로 수집하고 평가하는 것, (3) 초기에 배제된 옵션들을 재평가하지 않는 것, (4) 선호하는 정책옵션의 주요 비용과 위험성을 검토하지 않는 것, (5) 결정의 세부적 이행, 이행의 감시, 긴급사태 대응에 관한 계획을 세우지 않는 것 등이다. 재니스는 집단사고로 인한 정책결정과정의 결함들이 정책목표들을 달성하지 못하는 실패한 결과를 낳을 가능성이 크다고 파악한다.[42]

재니스는 집단사고 모델을 적용하여 미국의 7개의 주요 정책결정과정 사례들을 분석한다. 이 중에서 1943년 12월 일본의 진주만 공습에 대한 예측 실패, 1950년 9월 한국전쟁 중의 북진 결정, 1961년 4월의 쿠바 피그스만(Bay of Pigs) 침공 결정, 1964~1967년 베트남전쟁의 확전 결정, 1972년 6월의 워터게이트(Watergate) 사건 은폐 결정 등은 실패한 사례로서 집단사고의 증상들과 이로 인한 결정과정의 결함들을 파악하여 왜 실패하였는지를 설명하였다. 또한, 재니스는 실패 사례와 비교 분석하기 위해서 성공한 사례로서 1962년 10월의 쿠바 미사일 위기 대응 결정, 1947년 마셜플랜(Marshall Plan, 유럽부흥계획)의 기획과 집행 결정을 분석하여 어떻게 성공적인 결과를 낳았는지를 설명하였다.

특히 성공사례들에 대한 분석을 토대로 재니스는 정책실패를 초래할 가능성이 있는 집단사고의 문제들을 해결할 수 있는 몇 가지 처방책을 제

---

42) Janis (1982), pp. 174-177, pp. 242-259 참조.

해설 2.1

쿠바 미사일 위기 (1962년 10월)

쿠바 미사일 위기는 1962년 10월에 발생하였는데 소련이 쿠바에 핵미사일을 배치하고 이에 대응하여 미국이 쿠바 해상을 봉쇄하여 두 초강대국 간 직접 대결하는 상황이 벌어진 사건이다. 미국 케네디(John Kennedy) 행정부가 1961년 4월에 쿠바의 카스트로(Fidel Castro) 공산정권을 전복하려고 피그스만을 침공했으나 실패한 후에도 또 다른 전복 계획인 몽구스(Mongoose) 작전을 수립하고 있던 상황 속에서 소련의 흐루시초프(Nikita Khrushchev) 총리는 1962년 10월 초에 미국의 쿠바 침공을 저지할 목적으로 소련의 공격용 핵미사일을 배치하기 시작하면서 위기가 발생하였다. 이에 대응하여 케네디 대통령은 최측근 보좌관들과 긴급회의를 통해서 대응 방안들을 논의하였다. 일부 보좌관들은 미사일을 파괴하기 위한 공습을 주장하거나 최후 방안으로 쿠바에 대한 침공 옵션을 고려하였다. 다른 참모들은 쿠바와 소련에 강력히 경고하고 미사일의 제거를 요구하는 외교적 해법을 선호하였다. 10월 22일에 케네디 대통령은 중간노선으로서 해군이 쿠바 해상을 봉쇄하는 방안과 군사행동을 최후통첩하는 방안을 결합한 대응책을 결정하였다. 이후 해상봉쇄 조치가 시행되고 쿠바를 공습할 계획이 세워진 후에 양국 정상 및 고위 관리 간에 직·간접적으로 비밀 접촉이 진행되었다. 미국정부는 미사일 기지를 폐쇄하고 배치된 미사일을 즉시 철수하는 것을 강력히 요구하였다. 이에 대해 소련정부는 미사일 철수의 조건으로 미국이 터키에 배치하고 있던 주피터(Jupiter) 미사일을 제거하기를 요구하였다. 결국, 10월 28일에 흐루시초프 총리가 소련 미사일을 쿠바에서 철수한다고 발표함으로써 위기는 해결되었다. 쿠바 미사일 위기는 냉전기에 미국과 소련 사이에 핵전쟁 직전까지 갔던 위험천만한 상황이었다. 위기가 종결된 후에 향후 핵전쟁으로 확전되는 상황을 방지하기 위해 백악관과 크렘린궁 사이에는 핫라인 직통전화가 개설되고 양국 정부가 핵군비경쟁을 재고하는 계기가 되었다.

시한다.[43] 첫째, 결정집단의 지도자가 각 구성원에게 비판적 평가자의 역할을 부여하고 구성원들이 공개적으로 정책옵션들에 대해 어떤 의문이나 비판도 제기할 수 있도록 독려해야 한다. 둘째, 지도자는 논의과정의 초기에 개인적인 선호에 대해 언급하지 말아야 한다. 단지 공개적인 질의응답을 장려하는 공정한 역할에 충실해야 한다. 셋째, 별도의 집단들을 구성하여 같은 정책문제를 따로 논의해보도록 해야 한다. 넷째, 각 구성원이 사적으로 외부의 신뢰할 만한 인사들과 정책문제와 옵션들을 논의해보고 그들의 반응을 보고해야 한다. 다섯째, 외부의 다른 여러 전문가를 종종 초청하여 핵심 구성원들의 견해에 도전하는 기회를 마련해야 한다. 여섯째, 매번 회의 때마

---

43) Janis (1982), pp. 262–271; Paul't Hart, "Preventing Groupthink Revisited: Evaluating and Reforming Groups in Government," *Organizational Behavior and Human Decision Processes* Vol. 73, Issues 2/3 (Feb. 1998), p. 316 참조.

다 구성원 중 '악마의 변호인(devil's advocate)' 즉, 논의의 활성화를 위해서 일부러 반대 입장을 취하는 사람(들)이 있어야 한다. 일곱째, 위기 상황에서는 상대방의 경고 신호를 해석하고 의도를 다각적으로 파악하는 데 추가적인 시간을 할애해야 한다. 여덟째, 최선의 정책옵션에 대한 합의가 이루어지면 최종결정을 하기 전에 문제 전체를 재검토해보는 회의를 해야 한다.

집단사고 모델을 적용하여 정책결정 사례를 분석한 예로써 2003년 3월 미국 부시(George W. Bush) 행정부의 이라크전쟁 결정과정을 분석한 바디(Dina Badie)의 연구가 있다.[44] 이 연구에서는 이라크를 테러와의 전쟁에 끌어들이는 결정이 9·11테러 이후의 환경 가운데 결정과정에서 드러난 집단사고 현상으로 인해 내려졌다고 설명한다. 주요 정책결정자들은 부시 대통령과 체니(Dick Cheney) 부통령, 럼스펠드(Donald Rumsfeld) 국방장관, 파월(Colin Powell) 국무장관, 라이스(Condoleeza Rice) 안보보좌관, 테넷(George Tenet) CIA 국장 등이었고 핵심 정책집단을 구성하고 있었다. 우선 최종결정 이전에 집단사고 현상을 유발하는 조건들이 존재했다. 첫째, 주요 정책결정자들이 9·11 사태로 인해 미국 정부가 테러리즘에 강하게 보복해야 한다는 상당한 압력과 스트레스를 받고 있었다. 둘째, 부시 대통령은 논의 초기부터 테러에 대한 군사적 보복전쟁을 적극적으로 개진하는 촉진적 리더십을 보였다. 셋째, 대통령, 부통령, 국방장관을 중심으로 사담 후세인이 미국 안보에 위협을 준다는

시각을 공유하며 모두 동의하도록 압력을 행사하였다. 넷째, 핵심집단과 정보부처 간에 이라크에 관한 정보를 둘러싸고 갈등이 발생하여 핵심집단이 CIA 등 정보부처를 배제하기 위해 국방성 내에 자체 정보조직을 운영하였고, 외부로부터의 조언을 차단함으로써 집단이 고립되었고 집단응집력이 강화되는 결과가 나타났다.

이러한 조건들은 집단사고의 증상들을 초래하였다. 첫째, 9·11 사태 이후에 부시 대통령을 포함한 강경파들은 테러지원 국가에 대한 군사행동, 예방적 선제공격, 정권교체를 처방책으로 제시하는 부시독트린(Bush Doctrine)에 기초해서 이라크를 포함하는 군사보복의 필요성을 강조하고 모두가 동의하도록 압력을 행사하였다. 둘째, 집단의 구성원들은 대통령이 선호하는 군사보복 옵션에 대해 의문을 제기하지 않음으로써 만장일치의 착각에 빠져있었다. 이로 인해 정책옵션들을 제대로 검토하지 않았다. 셋째, 강경파는 후세인 정권이 안보에 직접적인 위협이라는 인식을 확산시키는 한편, 반대되는 정보를 차단하는 파수꾼의 역할을 하였다. 결과적으로 관련 정보 수집이 제한적이고 선택적으로 이루어지는 결함이 나타났다. 넷째, 후세인과 알카에다와의 연계성을 만들어내서 이라크전쟁의 불가피성을 주장하였다. 다섯째, 정권교체 정책의 성공 가능성을 낙관적으로 판단하고 긴급사태에 대응하는 '플랜(Plan) B'를 수립하지 않았다. 여섯째, 후세인 정권에 대한 사악한 이미지에 기초해서 예방적 선제공격을 도덕적으로 정당화하였다. 요컨대 이라크전쟁 결정과정에는 집단사고의 선행조건과 증상들이 나타났고, 그로 인해 결함 있는 결정과정을 낳았다. 결국, 정권교체를 목표로 한 군사적 침공이라는 실

---

44) Dina Badie, "Groupthink, Iraq, and the War on Terror: Explaining US Policy Shift toward Iraq," *Foreign Policy Analysis* 6-4 (Oct. 2010), pp. 277-296.

패 가능성이 큰 결정으로 귀결된 것이다.

그동안 집단사고 모델은 주로 미국의 외교정책결정 사례를 분석하는 이론으로 활용되어왔다. 그러나 실제 결정사례에 모델을 적용하여 분석한 사례연구는 적다. 그 이유는 우선 집단사고를 유발하는 요인과 증상, 결정과정의 결함 요소들이 다수여서 모델이 복잡하기 때문이다. 또한, 집단사고의 증상들이 부분적으로 파악되는 경우 어느 정도까지를 집단사고의 현상으로 규정할 수 있는지가 불분명하다. 그리고 집단사고에 관한 다수의 변수들을 파악하기 위해서는 많은 자료가 필요하다. 그러나 실제로 결정과정에서 논의한 내용에 관한 외교문서가 공개되지 않거나 공개되더라도 상세한 자료는 부족한 실정이다. 따라서 집단사고가 어떻게 결정과정과 결과에 영향을 주는지 파악하는 것은 어려운 과제이다.[45]

(2) 관료정치 모델

관료정치 모델(bureaucratic politics model)은 앨리슨(Graham Allison)과 할페린(Morton Halperin)에 의해 발전된 정책결정이론으로서 정부의 외교정책 관련 부처를 대표해 외교정책 수립에 참여하는 정책결정자들의 정치적 상호작용에 초점을 맞추어 정책결정의 역동성을 설명하는 이론이다.[46] 이 모델에서는 외교정책결정이 내각, 국가안전보장회의, 국무회의 등과 같은 정부 조직에 의해 이루어지는데 결정집단을 구성하는 정책결정자들은 자신이 대표하는 부처의 시각과 이익을 갖고 결정과정에 참여한다. 이 모델에서는 최종정책결정이 서로 다른 이익과 입장을 가진 정책결정자 간 '밀고 당기기(pulling and hauling)'의 경쟁과 협상의 정치적 결과물로 파악한다.

관료정치 모델에서 제시하는 이론적 명제들은 다음과 같다. 첫째, 정책결정자가 선호하는 정책 입장이나 옵션은 주로 정책결정자의 정부 내 직위에 의해 결정되고 자신이 대표하는 관료조직의 이익을 반영하는 경향이 있다. 물론 국가안보 이익이나 정책결정자의 개인적 이익과 국내정치적 이익에 의해서도 영향을 받을 수 있다. 둘째, 각 정책결정자가 정책결정에 미치는 효과적인 영향력은 각자가 보유한 협상의 이점들, 협상의 이점들을 활용하는 기술과 의지, 이 두 요소에 대한 다른 정책결정자들의 인식 등에 의해 결정된다. 여기서 협상의 이점은 (1) 집행과정에 대한 통제, (2) 문제를 정의하고 가용한 옵션을 찾아내는 데 필요한 정보에 대한 통제, (3) 관료조직 밖에 있는 인사를 포함한 다른 행위자들에 대한 설득력, (4) 국내 정치를 포함한 다른 게임에서 다른 행위자의 목적에 영향을 주는 능력에서 나온다.[47]

셋째, 정부의 행동(정책결정과 이행)은 행동채널을 통해 이루어진다. 행동채널은 정부의 행동을 산출하는 통상적인 규칙들의 집합이다. 행동채널은 국가안전보장회의, 내각과 같이 공식적이고 통상적인 수단과 임시방편적으로 만들어진 비공식 회의체를 포함한다. 행동채널은 관료정치의 시각에서 중요하다. 행동채널이 누가 협상에 참여하고, 어떠한 협상이점을 활용하며 어떠한 결

45) Beach and Pedersen (2020), pp. 177–178.

46) Allison and Zelikow (2005), pp. 363–383; G. Allison and M. Halperin, "Bureaucratic Politics: A Paradigm and Some Implications," *World Politics* 24 (Spring 1972), pp. 43–56 참조.

47) Allison and Halperin (1972), p. 50.

정과정의 규칙을 정하는지를 결정하기 때문이다. 또한, 밀고 당기기의 협상이 이루어지는 공간이기 때문이다. 마지막으로, 최종결정은 정책결정자들 간 경쟁과 갈등, 정책연합의 형성, 협상 등과 같은 정치적 상호작용의 결과로서 대체로 절충안(compromise)의 형태를 띤다.

관료정치 모델을 적용해서 외교정책결정 사례를 설명해보자. 마쉬(Kevin Marsh)의 연구에서는 미국 오바마 행정부가 2009년 12월에 아프가니스탄전쟁에 3만 명의 미군을 추가 파병하는 결정을 관료정치 모델의 시각에서 분석한다.[48] 당시에 정책결정자들은 증원 찬성파와 증원 반대파로 나뉘어서 경쟁하고 있었는데 최종결정은 두 정책연합 사이의 정치적 협상의 결과였다. 증원 찬성파에는 게이츠(Robert Gates) 국방장관, 클린턴(Hillary Clinton) 국무장관, 합참의장, 아프가니스탄 파견군 사령관, 미 중부사령관 등이 있었다. 이 중에서 클린턴 장관을 제외하고는 모두 아프간문제를 군사적 문제로 규정하여 군사적 해법인 대규모 증원 옵션을 선호하였다. 증원 반대파에는 바이든(Joseph Biden) 부통령, 주아프가니스탄 미국 대사, 대통령 비서실장, 국가안보 보좌관 등 국가안보회의(NSC) 고위 보좌관들이 있었다. 이들은 아프간문제를 주로 정치적, 외교적 시각에서 인식하여 대규모 증원의 정치적, 외교적 영향을 우려하여 반대하였다.

오바마 행정부가 검토했던 주요 정책옵션은 (1) 4만 명을 추가 파병하여 탈레반 세력을 와해

시켜 아프가니스탄 전역의 안보를 확보하는 옵션과 (2) 5,000~1만 명 정도의 소규모 추가 파병을 통해 알카에다(Al Qaeda)를 대상으로 한 대테러전략에 한정해 군사작전을 수행하는 옵션의 두 가지였다. 두 정책옵션을 둘러싸고 증원 찬성파와 반대파 간에 정책연합의 형성, 상호 결탁, 타협 등 정치적 협상이 전개되었는데 상대적 협상력에서 찬성파가 우세하였다. 이는 대통령에 대한 설득, 게이츠 국방장관에 대한 의회의 지지, 클린턴 국무장관의 영향력 등에서 비롯되었다. 결과적으로 증원 찬성파가 선호하는 옵션이 주로 반영된 3만 명 증원, 탈레반 와해와 아프간 전역의 안보 확보를 위한 군사작전의 수행을 골자로 하는 최종결정이 내려졌다. 그러나 이 결정은 반대파의 정책입장을 일부 반영하여 증원 수가 3만 명으로 축소되었고 2011년 7월에 개시되는 점진적 철수 일정이 포함된 일종의 절충안이었다. 이 연구의 결론은 "오바마 대통령이 최종결정을 내렸으나 보좌관들이 제시한 옵션 메뉴에 의해 선택이 제한되었고 이러한 메뉴는 관료정치의 산물"이었다는 것이다.[49]

관료정치 모델에서 가정하는 정책결정자들 간 경쟁과 갈등, 협상의 정치적 상호작용은 어느 국가나 혹은 어느 문제영역에서도 수시로 발생하는 현상인가? 관료정치 모델은 주로 미국의 외교정책결정 사례를 분석하는 이론으로 활용되어왔다. 그런데 한국의 외교정책결정 사례에서 발생할 수 있는 관료정치 현상을 설명하는 연구들도 있다.[50] 이와 관련해서 호이트(Paul Hoyt)는 다음

---

48) Kevin Marsh, "Obama's Surge: A Bureaucratic Politics Analysis of the Decision to Order a Troop Surge in the Afghanistan War," *Foreign Policy Analysis*, Vol. 10, No. 3 (2014), pp. 265-288.

49) Marsh (2014), p. 285.

50) 한국외교정책결정 사례에서의 관료정치 현상을 분석한 연구는 배종윤, 『한국 외교정책의 새로운 이해: 외교정

세 가지 조건이 동시에 존재할 때 관료정치 모델이 정책결정과정을 설명하는 데 타당성이 있다고 주장한다.[51] 즉, (1) 정책결정이 단일집단구조에서 이루어지는 경우, (2) 집단 내 어느 정책결정자도 단독으로 해당 정책문제에 대해 결정을 내릴 수 있는 지위에 있지 않은 경우, (3) 정책목표, 수단, 시기 등에 대해서 핵심 정책결정자들 간에 의견이 분열된 경우이다.

관료정치 모델은 그동안 몇 가지 시각에서 비판을 받아왔는데 그 내용을 요약하면 다음과 같다.[52] 첫째, 주요 정책결정자의 개인적 요인들인 신념체계, 개성, 관리 스타일, 과거 경험 등의 중요성을 간과한다. 둘째, 의회, 이익집단 같은 행정부 이외 행위자의 역할을 고려하지 않는다. 셋째, 최종결정권자인 대통령 같은 최고지도자의 지위와 권한의 중요성을 경시한다. 넷째, 정책결정자의 정책입장이 정부에서의 지위에 의해 결정되는지가 불분명하다. 다섯째, 미국 이외의 국가 사례에 적용하기에 한계가 있는 모델이다.

(3) 독자적 행위자연합 모델

정책결정의 구조로서 독자적 행위자들의 연합 유형은 대표적으로 복수의 정당으로 구성되는 연립

정부체제에서 존재하는데 주로 유럽, 아시아, 기타 지역의 의원내각제 국가에서 나타난다. 물론 대통령제 국가에서 행정부가 외교정책결정 시에 의회의 승인을 얻어야 하는 경우나 권위주의 정권에서 정부의 권한이 복수의 정부 조직이나 파벌에 분산된 경우에도 나타날 수 있다. 이러한 연합 유형의 결정구조에서는 다수의 독자적인 행위자나 집단이 존재하고 어느 한 행위자나 집단도 단독으로 외교정책결정을 내리고 정부 자원을 투입하여 집행할 정치적 권한이 없다. 독자적 행위자 모두가 합의하거나 대다수가 합의해야 최종결정을 내릴 수 있다. 이러한 결정구조는 최고 정책결정자 위주의 구조나 단일집단구조와 다른 특징을 갖는 정책결정과정을 산출한다. 헤이건(Joe Hagan)과 동료 학자들은 이러한 연합 유형의 정책결정과정을 분석하기 위한 모델을 제시한다.[53] 도표 2.3은 이 모델을 도식화한 것인데 정책결정과정과 결과에 영향을 주는 주요 변수들과 이에 따르는 결정과정 모델, 결정결과의 유형을 보여준다.

이 그림을 설명하면 연합 유형의 결정과정과 결과에 영향을 주는 첫 번째 중요 변수는 결정규칙이다. 결정규칙은 결정단위의 구성원들이 결정을 위해서 상호작용을 할 때 따라야 하는 일반적 절차와 규범이다. 결정규칙은 법령에 의해 공식적으로 정해지기도 하고 과거의 관례나 문화적 관행에 의해 만들어진 비공식적 규범의 형태를 띨 수 있다. 결정과정에서 중요한 결정규칙은 독자적 행위자 간 합의에 도달하는 방식에 관한 것이다. 이러한 결정규칙과 관련해서는 세 가지 모델의 결정과정이 나타난다. (1) 전원일치의 결정

책 결정과정과 관료』(서울: 한국학술정보, 2006); 안문석, "관료정치와 관료 세력의 권력자원 동원: 박근혜 정부 대북정책 결정과정을 중심으로," 『국제정치논총』 제55집 4호 (2015), pp. 169–201 등이 있음.

51) Paul Hoyt, "Bureaucratic Politics and the Foreign Policy Process: The Missing Element of Process," *Journal of Political Science* 28–1 (Nov. 2000), pp. 7–11.

52) Christopher Jones, "Bureaucratic Politics and Organizational Models," *Oxford Research Encyclopedias*, (2010), https://oxfordre.com/internationalstudies/view/10.1093/acrefore/9780190846626.001.0001/acrefore-9780190846626-e-2 참조.

53) Hagan et al.(2001), pp. 169–216 참조.

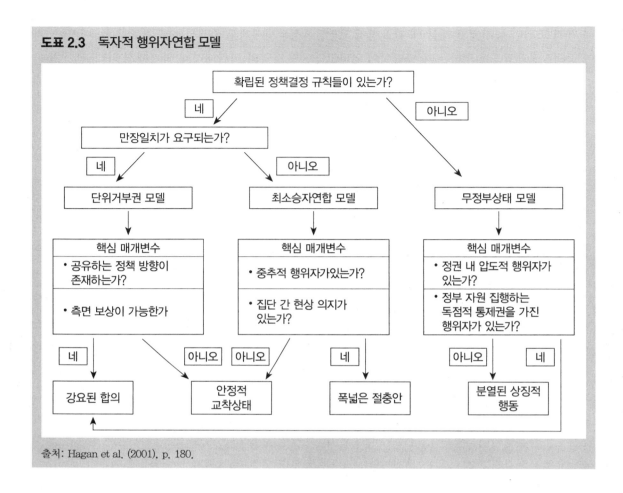

도표 2.3 독자적 행위자연합 모델

출처: Hagan et al. (2001). p. 180.

규칙이 있는 경우에는 최종결정을 위해 구성원 모두의 동의가 요구된다면 결정과정은 단위거부권 유형이다. 이 모델에서는 독자적 정책결정자 각자가 거부권을 갖고 있어서 누구라도 반대하면 최종결정을 내릴 수 없다. 이 유형의 결정과정은 이례적인 경우이고 국가 위기 시에 주로 나타난다. (2) 결정규칙이 만장일치가 아니라 다수결 원칙이면 최소승자연합 모델로서 다수 정당의 연립정부에서 통상적으로 나타나는 결정과정이다. 이 모델에서는 다수결을 충족시킬 수 있는 최소의 행위자들 간 연합이 구성되어 합의된 결정을 내린다. (3) 결정규칙이 제대로 정해져 있지 않은 경우로서 일종의 정치적 '무정부 상태(anarchy)' 모델로서 결정과정이 유동적이고 결정 권한과 이해관계가 매우 불확실한 특징을 보인다.

다음으로 모델별로 결정과정과 결과에 영향을 주는 중요한 매개변수들이 있는데 첫째, 단위거부권 모델에서는 모든 정책결정자가 공유하는 정책 방향의 존재 여부와 이면 보상의 가능 여부이다. 여기서 이면 보상이란 반대하는 정책결정자들의 동의를 얻기 위해 다른 쟁점에서 양보하겠다는 약속을 하는 것을 의미한다. 둘째, 최소승자연합 모델에서는 중추적 행위자의 존재 여부와 집단 간 협상과 타협의 의지 여부가 매개변수이다. 중추적 행위자는 최소승자연합을 구성하는데 필수적인 정책결정자 혹은 결정집단을 의미한다. 셋째, 무정부 상태 모형에서는 정권 내 압도적 지도자의 존재 여부, 정부 자원을 투입하는 데 독점적 통제권을 갖는 행위자의 존재 여부가 매개변수이다. 압도적 지도자란 반대 입장을 억제하고 단독으로 최종결정할 수 있는 권한을 가진 정책결정자를 지칭한다.

마지막으로 이러한 매개변수들의 유무에 따라 네 가지 유형, 즉 (1) 강요된 합의, (2) 안정적 교착상태, (3) 폭넓은 절충안, (4) 분열된 상징적 행동 중 하나가 최종결정으로 산출된다. 강요된 합의는 대다수가 공유하는 유력한 정책 방향으로 결정이 이루어지는 것이고, 안정적 교착상태는 합의를 이루지 못해 최종결정을 내리지 못하는 것이다. 폭넓은 절충안은 서로 다른 입장들이 타협을 통해 상호 부분적으로 반영된 결정이다. 분열된 상징적 행동은 합의가 이루어지지 않은 상황에서 서로 다른 입장의 정책결정자 집단들이 상대 집단의 입장을 약화시키기 위해 독자적으로 구두 성명이나 선언 같은 상징적 행동만 취하고 문제해결을 위한 합의된 결정을 내리지 못하는 것을 의미한다.

이러한 연합 결정과정 모델을 활용하여 외교정책결정 사례를 설명해보자. 사례는 1974년 7월 터키의 키프로스(Cyprus) 군사개입 결정이다. 1974년 7월 15일에 그리스계 키프로스 군조직이 그리스 군사정권의 지원을 받아 쿠데타를 일으켜 키프로스의 마카리오스(Makarios III)정부를 전복시켰다. 이에 대응하여 터키정부는 7월 20일에 키프로스를 침공하여 쿠데타를 무력화하고 키프로스 북쪽지역을 점령하였다. 한 연구는 연합 결정과정 모델을 적용하여 터키의 군사개입 결정을 분석한다.[54] 이 연구에 따르면 우선 당시 터키정부의 최종결정단위는 독자적 행위자들의 연합이었다. 주요 정책결정집단은 에제비트(Bülent Ecevit) 총리와 내각, 국가안전보장회의(NSC), 의회, 군부 등이었다. 군사개입 결정과 이행은 의회의 승인과 군부의 동의를 받아야 해서 의회와 군부도 독자적인 결정집단이었다. 터키 헌법과 관행에 따라 결정규칙은 다수결 원칙이 적용되고 있었다. 따라서 최소승자연합 모델의 결정과정이 예상되었다.

당시 터키정부가 검토된 정책옵션은 키프로스의 독립과 안보를 보장한다고 규정한 1960년의 영국, 터키, 그리스, 키프로스 간 보장조약(Treaty of Guarantee)에 근거해서 (1) 독자적인 군사개입을 하는 옵션 또는 (2) 영국과 공동으로 군사개입하는 옵션, (3) 군사개입 대신에 그리스 및 영국과의 외교협상을 추진하는 옵션 등이었다. 정책결정과정에서 작용한 또 하나의 주요 요인은 에제비트 총리가 중추적 행위자 역할을 했다는 점이다. 그는 영국과의 공동 군사개입을 선호하였지만 영국정부가 거절하는 경우 독자적으로 군사개입하는 옵션을 주장하면서 군부와 의회를 적극 설득하였고, NSC, 합동참모본부, 외교부를 포함해서 최소승자연합을 구성하는 데 성공하였다. 결국, 최종결정은 영국에 공동 군사개입을 제안하고 거절하면 독자적 개입을 한다는 것이었다. 이는 연합 결정과정 모델에서 예상하는 대로

---

54) Esra Çuhadar-Gürkaynak and Binnur Özkeçeci-Taner, "Decisionmaking Process Matters: Lessons Learned from Two Turkish Foreign Policy Cases," *Turkish Studies* 5-2 (2004), pp. 43-78; 로라 니애크 (2020), pp. 136-137 참조.

해설 2.2

터키의 키프로스 군사개입 사태 (1974년)

키프로스(Cyprus)는 지중해 동부에 있는 섬나라로 북쪽으로는 터키, 서쪽으로는 그리스와 접하고 있다. 제1차 세계대전 이후 영국의 식민지배를 받아오던 키프로스는 1960년 영국, 그리스, 터키가 체결한 취리히-런던조약으로 독립 국가가 되었다. 이후 그리스계 주민과 터키계 주민 간에 정치적 갈등이 지속되었다. 1974년에 7월에 발생한 키프로스 사태는 그리스계 키프로스 군조직이 그리스 군사정권의 지원을 받아 키프로스정부에 대해서 쿠데타를 시도하여 정부를 전복하고 키프로스를 그리스와 통합하려고 시도한 사건에서 비롯되었다. 쿠데타 직후에 터키정부가 1960년 영국, 그리스, 터키, 키프로스 간 체결된 보장조약에 근거해서 키프로스의 독립과 안보를 보장한다는 명분에

서 7월 20일에 키프로스를 침공하여 쿠데타를 무효화시켰다. 이후 유엔안보리에 의해 휴전이 성립되었으나 터키 군대는 북쪽지역 일부를 계속 점령하였다. 터키의 군사개입으로 인해 7월 23일에 그리스의 군사정권이 와해되고 민주정권이 들어서자 영국, 그리스, 터키 간 평화협정 협상이 개시되었다. 그러나 결국 협상이 결렬되자 1974년 8월에 터키가 제2차 침공을 감행해서 키프로스의 북쪽지역(영토의 37%)을 점령하고 터키계 키프로스 자치정부를 세웠다. 이로 인해 키프로스는 실질적으로 남북으로 분단된 국가가 되었다. 1983년 11월에 자치정부가 일방적으로 독립을 선언했으나 터키정부를 제외하고 여타 국가들과 유엔은 현재까지 이를 승인하지 않고 있다.

독자적 군사개입에 반대하는 입장 일부를 반영한 절충안이었다. 결국, 영국이 공동 군사개입을 거부하자 터키는 7월 20일에 키프로스를 단독으로 침공하였다.

또 하나의 사례를 들자면 2013~2014년 이스라엘과 팔레스타인 간 평화협상에 관해서 이스라엘 연립정부가 내린 결정들이 있다. 그린(Toby Greene)의 연구는 이 사례를 연합 결정과정 모델을 적용하여 분석한다.[55] 이 연구에서는 이스라엘정부의 결정과정이 무정부 상태 모델이 가정

하는 특징을 보였고 결정의 결과가 '분열된 상징적 행동'이었다고 해석한다. 당시 평화협상의 주요 쟁점은 팔레스타인을 주권국가로 인정하는 문제, 동예루살렘과 요르단강 서안지구 영유권문제, 두 지역의 유대인 정착촌문제 등이었다. 당시 이스라엘정부는 5개 정당으로 구성된 연립정부였는데 네타냐후(Benjamin Netanyahu) 총리가 이끄는 우파 리쿠드(Likud)당이 주도하고 있었다. 또한, 결정구조가 어느 정당도 단독으로 결정을 내리고 이행할 권한이 없는 독자적 행위자들의 연합 유형이었다. 미국 오바마 행정부의 중재로 시작된 평화협상에 관해서 이스라엘정부는 다음의 정책옵션들을 논의하였다. 즉, (1) 현상 유지와 갈등관리, (2) 2개 국가 해법의 타결을 위한

55) Toby Greene, "Foreign Policy Anarchy in Multiparty Coalitions: When Junior Parties Take Rogue Decision," *European Journal of International Relations* 25-3, (2019), pp. 800-825 참조.

적극적 협상의 추진, (3) 정착촌 확대와 정착촌 영토의 병합, (4) 협상의 진전을 위한 팔레스타인 수감자의 석방, (5) 1967년 6일전쟁 이전의 국경선에 기초한 영토협정의 추진 등이었다.

연립정부를 구성하는 정당들은 이 옵션들을 둘러싸고 다른 입장을 갖고 서로 경쟁하며 정치적으로 갈등하였다. 그러나 합의를 이루기 위한 정책결정의 규칙도 정해져 있지 않았다. 당시 네타냐후 총리는 선호하는 옵션이 불분명하였고 합의를 이끌어내는 중추적인 역할을 하지 못했다. 게다가 연정의 다른 정당 소속인 리버만(Avigdor Lieberman) 외무장관과 협상 대표인 리브니(Tzipi Livni) 법무장관도 결정과정에서 제대로 영향력을 미치지 못했다. 5개 정당 간 합의가 이루어지지 않은 가운데 평화협상에 반대하는 일부 정책결정자 집단이 협상을 방해하는 독단적인 결정을 추진하였다. 우선 연립정부의 소수 정당인 유대가족당(Jewish Home Party)의 아리엘(Uri Ariel) 주택부 장관이 동예루살렘과 서안지구에 유대인 정착촌을 확대하는 계획을 독자적으로 발표하였다. 또한, 평화협상에 반대하는 파벌이 요르단 국경에 인접한 서안지구 일부 영토를 병합하는 법안을 추진하였다. 게다가 협상 시한이 다가오자 수감자 석방도 지연된 가운데 주택부는 동예루살렘에 정착촌 입찰 계획을 다시 발표하였다. 이러한 결정들은 정부 내 정책 조정 없이 독자적으로 내린 것이었다. 결국, 연립정부 내 이러한 분열적인 행동들은 2014년 4월 말에 평화협상이 결렬되는 요인의 하나로 작용하였다.

연합 결정 모델은 국가 유형이나 쟁점 영역을 포괄해서 독자적 정책결정자나 집단 간 연합 유형의 결정과정을 분석하는 기본적인 틀로서 발전해왔다. 이 모델을 기반으로 해서 연립정부의 외교정책결정 사례들을 분석하는 연구가 진행되고 있다. 특히 유럽의 복수정당 간 연립정부의 외교정책을 분석하기 위한 이론들이 발전해왔다. 최근 들어서는 유럽 이외의 인도, 브라질, 이스라엘, 터키, 일본 등의 연립정부 사례를 분석하는 연구들이 이루어지고 있다. 이러한 연구에서는 연립정부의 유형(2개 정당 연립정부 혹은 다수 정당 연립정부, 최소승자 연합 혹은 과반수 초과 연합 등), 연립정부를 구성하는 소수 정당(junior party)의 역할과 영향력, 구성 정당 간 이념 차이 등이 결정과정과 결과에 어떠한 영향을 미치는지를 분석한다. 또한, 러시아나 이란과 같은 비민주 정부의 독자적 행위자들의 연합 결정사례에 대한 연구도 이루어지고 있다.[56]

5. 결론

한 국가의 외교정책이 어떻게 결정되는가를 이해하기 위해서는 국내외 환경에 내재하는 다수의 요인을 파악해야 한다. 또한, 정책문제가 발생한 상황과 문제의 성격도 파악해야 한다. 제2장에서는 외교정책결정의 구조와 과정의 특징들을 검토하고, 이러한 구조와 과정이 어떻게, 왜 외교정책결정과 결정의 내용에 영향을 주는지를 설명하는 이론들을 논의하였다. 또한, 논의한 이론들을 적용하여 실제 다양한 외교정책 사례들을 설명하

---

56) 연립정부 외교정책결정에 관한 연구의 동향에 관해서는 Kai Oppermann, Juliet Kaarbo and Klaus Brummer, "Introduction: Coalition Politics and Foreign Policy," *European Political Science* 16-4 (2017), pp. 457-462 참조.

였다. 이를 통해 이론들의 타당성과 유용성을 이해하려 했다. 외교정책결정의 구조와 과정에 초점을 맞추어 어떻게 외교정책이 결정되는가를 파악하는 이유는 결정에 영향을 주는 국내외적 요인들이 이러한 구조와 과정 속으로 투입되고 수렴되어 정책결정자들이 개별적으로 선호하는 정책옵션을 정하고 다수의 옵션을 논의하는 집단적 과정을 통해 최종결정을 내리기 때문이다. 즉, 외교정책결정의 구조와 과정이 어떻게 외교정책이 결정되는지를 포괄적으로 이해하는 데 핵심적인 부분이기 때문이다.

외교정책결정의 구조와 과정에 관한 이상의 논의는 외교정책이 어떻게, 왜 결정되는지를 적절히 이해하는 문제와 관련해서 다음과 같은 이론적 함의를 갖는다. 첫째, 외교정책결정의 구조는 국가의 유형, 정부의 형태, 정책 이슈 영역, 최고지도자의 리더십 스타일, 문제가 발생한 상황 등에 따라 다르고 다양한 형태를 띤다. 이 장에서 논의한 최종결정단위 접근법은 다양한 형태를 갖는 결정의 구조를 세 가지 기본 유형으로 구분하고 유형별로 어떠한 요인들이 결정과정에 영향을 주고 결과적으로 어떠한 외교정책 행태를 산출하는지를 설명한다. 따라서 다양한 결정구조들을 단순화하고 결정과정과 결과에 미치는 여러 요인들을 체계화하여 설명함으로써 복잡한 외교정책결정의 역동성을 포괄적으로 이해하는 데 유용한 분석틀을 제공한다. 또한, 이 접근법은 기존 이론들이 주로 미국의 정책결정 사례를 분석하기 위해 개발된 한계를 극복하고 여러 유형의 국가(민주주의 국가, 권위주의 국가, 공산주의 국가)나 여러 정부 형태(대통령제, 의원내각제의 복수정당 연립정부 혹은 단일정당 정부) 사례들에 적용

할 수 있는 보다 일반적인 이론이라는 점에서 매우 유용하다.

둘째, 제2장에서 살펴본 주요 정책결정이론들은 결정과정에 영향을 주는 요인들이 개인적 수준 혹은 집단적 수준의 특정 요인(들)에 초점을 맞추어 어떻게, 왜 정책결정이 이루어지는지를 설명하는 것이다. 외교정책결정과정을 보다 단순화해서 파악한다면 두 가지 단계로 나누어진다. 하나는 정책결정자들이 각자 선호하는 정책옵션을 정하는 개별적 선호안 선택 단계이고, 다른 하나는 서로 다른 선호 옵션들이 정책결정자 간 논의를 통해서 변경되거나 수렴되어 합의된 정책으로 최종 선택되는 집단적 결정 단계이다. 검토한 이론들을 두 단계로 분류해 어느 요인에 초점을 맞추어 설명하는지 살펴보자. 우선 개별적 선호안 선택에 영향을 주는 요인들 중에서 합리적 행위자 모델에서는 국가이익에서 비롯된 정책목표(들), 운영코드 접근법에서는 신념체계, 리더십특성분석 접근법에서는 정치지도자의 개성, 폴리휴리스틱이론에서는 국내정치적 이익이나 손실, 관료정치 모델에서는 정부 내 직위가 개별적 선호옵션을 선택하는 주요 요인으로 파악한다. 이밖에 여기서 다루지 않은 전망이론(prospect theory)에서는 정책결정자의 상황에 대한 이득 혹은 손실 영역 인식을 주요 결정요인으로 가정한다.[57] 또한, 정책결정자들이 공유하는 외교정책이념이 중요한 역할을 하는 경우도 있다.[58]

---

57) Jack Levy, "Prospect Theory and International Relations: Theoretical Applications and Analytical Problems," *Political Psychology*, Vol. 13, No. 2, (1992), pp. 283-310 참조.

58) 김현, "부시(George W. Bush) 행정부의 외교정책이념과 대북한 정책," 『국가전략』 제14권 1호 (2008),

다음으로 집단적 결정에 영향을 주는 요인들 중에서 집단사고 모델에서는 정책결정자 간 의견 일치 추구성향, 관료정치 모델에서는 협상과 타협의 정치적 과정, 연합 결정과정 모델에서는 결정 규칙과 매개변수로서 공유하는 정책방향, 중추적 행위자의 역할, 압도적 행위자의 존재 등이 최종결정에 영향을 주는 주요 요인으로 파악한다. 이밖에 집단적 결정과정에 영향을 주는 다른 요인으로 최고지도자의 리더십 스타일[59], 집단사고와 반대되는 폴리싱크(polythink) 현상[60] 등이 있다. 이같이 결정과정의 두 단계를 설명하는 여러 이론들이 있는데 그렇다면 어느 이론(들)이 결정과정을 설명하는 데 보다 타당한가라는 질문이 제기될 수 있다. 그런데 정책문제가 발생하는 상황, 문제의 영역, 정책결정자의 리더십 스타일, 또는 결정집단의 구조와 형태에 따라 이론의 상대적 타당성이 달라진다. 따라서 어느 상황이나 조건들에서 특정 요인들이 결정과정에 중요하게 작용하는지를 파악해 그 요인들을 설명하는 이론(들)을 활용해 정책결정 사례를 분석하고 이해하는 것이 필요하다.

셋째, 적절한 이론을 선택하기 위해 특정한 요인(들)이 중요하게 작용하는 조건들이 존재하는지를 파악하는 것이 필요하지만 그러한 조건들이 존재하는 상황에서도 다른 요인들이 동시에 중요하게 영향을 미치는 경우가 있다. 이 경우에 어떻게, 왜 특정 정책결정이 이루어졌는지를 포괄적으로 설명하고 이해하기 위해서는 복수의 이론들을 적용하는 것이 필요하다. 상이한 이론들은 분석의 초점이 다르기 때문에 서로 상충하기보다는 상호 보완적인 설명을 제공하기 때문이다.

---

pp. 123-153 참조.

59) Margaret Hermann and J. Preston, "Presidents, Advisers, and Foreign Policy: The Effects of Leadership Style on Executive Arrangements," *Political Psychology*, Vol. 15, No. 1 (Mar. 1994), pp. 75-96; Juliet Kaarbo, "Prime Minister Leadership Styles in Foreign Policy Decision-Making: A Framework for Research," *Political Psychology*, Vol. 18, No. 3 (Sep. 1997), pp. 553-581 참조.

60) Alex Mintz and Carly Wayne, "The Polythink Syndrome and Elite Group Decision-Making," *Advances in Political Psychology*, Vol. 37, Issue S1, (Feb. 2016), pp. 3-21 참조.

토의주제

1. 외교정책을 이해하는 데 있어 결정과정을 파악하는 것이 왜 중요한가? 결정과정을 파악하는 데 어떠한 어려움과 한계는 있는가?

2. 최종결정단위 접근법의 유용성과 한계에 대해 토의해 보자.

3. 합리적 행위자 모델의 유용성과 한계에 대해 논의하고, 최근 외교정책 사례 하나를 선택해서 합리적 행위자 모델을 적용하여 왜 그러한 결정이 내려졌는지 설명해 보자.

4. 합리적 정책결정은 반드시 성공적인 정책결과를 보장하지 않는다. 합리적 정책결정이 실패한 결과를 가져온 사례를 조사해 왜 실패하였는지 토의해 보자.

5. 정책결정자의 개인적 요인들이 어느 상황이나 조건에서 정책결정에 중요하게 영향을 미치는가?

6. 정책결정자가 개별적으로 선호하는 정책옵션을 선택하는 데 어떠한 요인들이 작용하는가?

7. 관료정치의 현상의 특징들과 이러한 현상이 나타나는 원인들은 무엇인가? 한국의 외교정책결정 사례에서 관료정치 현상이 나타나는 사례를 조사해보고 원인들에 대해 토의해 보자.

8. 정책결정자의 개별적 선호 옵션들이 수렴되어 최종결정을 산출하는 집단적 결정과정에서는 어떠한 요인들이 중요하게 작용하는가?

9. 단일집단에 의한 결정과정과 복수의 독자적인 행위자연합에 의한 결정과정의 유사점과 차이점은 무엇이고 차이점이 나타나는 원인(들)은 무엇인가?

참고문헌

1. 한글문헌

Steven Hook 지음. 이상현 옮김. 『미국 외교정책: 강대국의 패러독스』. 서울: 명인문화사, 2014.

그레엄 앨리슨, 필립 젤리코 저. 김태현 역. 『결정의 엣센스: 쿠바 미사일 사태와 세계 핵전쟁의 위기』. 서울: 모음북스, 2005.

김현. "한미동맹의 안보딜레마: 노무현 정부의 대미 갈등 사례의 분석." 『사회이론』 31집 (2007).

로라 니애크 지음. 김태현 옮김. 『신외교정책론: 이론과 사례』. 서울: 모음북스, 2020.

서보혁. "결정의 합리성: 노무현 정부의 이라크 파병 정책 재검토." 『국제정치논총』 제55권 제3호 (2015).

조화성. "북한 최고통치자의 운영코드와 외교전략." 『한국정치학회보』 제44집 제1호 (2010).

2. 영어문헌

Beach, Derek, and Rasmus Pedersen. *Analyzing Foreign Policy*, 2nd ed. London: Red Globe Press, 2020.

Beasley, Ryan, J. Kaarbo, M. Hermann and C. Hermann. "People and Processes in Foreign Policymaking: Insights from Comparative Case Studies." *International Studies Review* 3-2 (Summer 2001).

Hagan, Joe, Philip Everts, Haruhiro Fukui and John Stempel. "Foreign Policy by Coalition: Deadlock, Compromise, and Anarchy." *International Studies Review* 3-2 (Summer 2001).

Hermann, Charles. *Crises in Foreign Policy: A Simulation Analysis*. Indianapolis: Bobs Merrill, 1969.

Hermann, Margaret. "How Decision Units Shape Foreign Policy: A Theoretical Framework." *International Studies Review* 3-2 (Summer 2001), pp. 47-81.

_____. "When Leader Personality Will Affect Foreign Policy: Some Propositions." in James Rosenau (ed.) *In Search of Global Patterns*. New York: Free Press, 1976.

Hermann, Margaret. Thomas Preston, Baghat Korany and Thimothy Shaw. "Who Leads Matters: The Effects of Powerful Individuals." *International Studies Review* 3-2 (Summer 2001).

Hosti, Ole. "Cognitive Process Approaches to Decision-Making: Foreign Policy Actors Viewed Psychologically." *American Behavioral Scientist* 20-1 (Sept/Oct. 1976).

_____. "The Belief System and National Images: A Case Study." *The Journal of Conflict Resolution* 6-3 (Sept. 1962).

Janis, Irving. *Groupthink: Psychological Studies of Policy Decisions and Fiascoes*. Boston, MA: Houghton Mifflin, 1982.

Jones, Christopher. "Bureaucratic Politics and Organizational Models." *Oxford Research Encyclopedias*, (2010). https://oxfordre.com/international studies/view/10.1093/acrefore/9780190846626.001.0001/acrefore-9780190846626-e-2

_____. "Assessing Leadership Style: Trait Analysis." in Jerrold Post (ed.), *The Psychological Assessment of Political Leaders*. Ann Arbor, MI: The University of Michigan Press, Ann Arbor, 2003.

Maoz, Zeev. "Framing the National Interest: The Manipulation of Foreign Policy Decisions in Group Settings." *World Politics* 4-3 (1990).

_____. *National Choices and International Processes*. New York: Cambridge University Press, 1990.

Mintz, Alex. "How Do Leaders Make Decisions?" *Journal of Conflict Resolution* 48-1 (Feb. 2004).

Mintz, Alex, and Karl DeRouen. *Understanding Foreign Policy Decision Making*. Cambridge, UK: Cambridge University Press, 2010.

Mor, Ben. "Nasser's Decision-Making in the 1967 Middle East Crisis: A Rational Choice Explanations." *Journal of Peace Studies* 28-4 (1991).

Renshon, Jonathan, and Stanley Renshon. "The Theory and Practice of Foreign Policy Decision Making." *Political Psychology* 29-4 (July 2008).

Rosati, Jerel. "Developing a Systemic Decision-Making Framework: Bureaucratic Politics in Perspective." *World Politics* 33-2 (Jan. 1981).

Stern, Eric. "Contextualizing and Critiquing the Poliheuristic Theory." *Journal of Conflict Resolution* 48-1 (Feb. 2004).

3장

국내정치와 외교정책

유진석(숙명여대 정치외교학과), 서정건(경희대 정치외교학과)

1. 서론　　　　　　　　　60

2. 외교정책 연구에서
　 국내정치 요인에
　 관한 역사적 조망　　　61

3. 정치체제와 외교정책　66

4. 정치과정과 외교정책　72

5. 사회세력과 외교정책　76

6. 결론　　　　　　　　　85

1. 서론

우리가 일상에서 접하는 국제 뉴스의 대부분은 특정 국가의 대외적 행위에 관한 것이다. 러시아의 우크라이나 침공, 미국의 '자유롭고 개방적인 인도·태평양'전략과 남중국해에서의 항행의 자유 작전, 한국의 사드(THAAD) 배치 결정 이후 중국의 대한(對韓) 경제보복과 한한령 조치, 문재인정부의 한일 군사정보보호협정(GSOMIA) 종료 통보와 종료 유예 결정, 북한의 계속되는 탄도미사일 시험발사 등은 모두 특정 국가의 대외적 행위에 관한 내용들이다. 왜 특정 국가가 특정 상황에서 특정한 방식으로 행동했는가? 또는 왜 특정한 속성을 공유하는 국가들이 다른 국가들과 구분되는 대외적인 행동 양태를 보이는가? 이러한 질문에 대한 해답을 구하는 것이 외교정책론의 학문적 출발점이다.

　외교정책론은 국제정치학의 하위 영역으로서 국가의 대외적 행동 (action) 또는 행태(behavior)를 연구하는 분야이다. 국제정치학과 이를 포괄하는 국제관계론이 국제무대의 주요 행위자인 국가와 그 밖의 다양한 행위자들 사이의 상호작용이라는 '관계적' 측면에 초점을 맞추는 데 비해, 외교정책은 개별국가의 대외 행동이라는 '일방향적'

측면을 연구한다는 점에서 양자는 구분될 수 있다. 하지만 국가 사이의 관계라는 것도 결국 개별 국가들의 행위에서 출발하는 것이기 때문에 외교정책에 관한 연구없이 국제정치를 이해하기는 불가능한 것이라고 볼 수 있다. 이러한 의미에서 국제정치학과 외교정책론의 관계를 '숲'과 '나무'의 관계에 비유할 수 있다.[1]

이 장의 주요 목적은 국가들의 외교정책 행위를 설명하는 국내수준의 요인들을 소개하는 것이다. 외교정책에 영향을 주는 국내수준의 요인들은 무수히 많다. 이데올로기, 국민성, 국가신념체계, 경제구조 등의 사회적 요인과 정치체제 유형, 행정부와 의회, 관료제, 정당과 이익집단, 여론 및 언론, 그리고 싱크탱크 등의 정치적 요인들이 국가의 대외적 행동에 영향을 주는 요인들이라고 할 수 있다. 이 장에서는 기존 외교정책론분야에서 국내정치적 요인들을 다루는 대표적인 이론들과 논쟁들을 소개하고자 한다.

이 장의 구성은 다음과 같다. 제2절에서는 외교정책론에서 국내정치 요인이 차지하는 학문적 위상을 다룬다. 우선 국제정치학 연구에서 중추적인 역할을 담당해 온 현실주의 패러다임이 어떻게, 왜 외교정책의 국가 내부적 요인과 변수에 대해 소홀하게 되었는지 밝힌다. 그리고 이에 대한 반발로 1950년대 이후 등장한 국내정치 요인에 초점을 맞춘 외교정책이론들을 다룬다. 제3절부터 외교정책에 영향을 미치는 국내정치 요소들을 차례로 살펴본다. 우선 민주주의 혹은 권위주의 등 정치체제가 외교정책과 연결되는 특징, 그리고 의회 및 대통령이 가지는 외교정책의 결

정과 실행상 중요성을 정리한다. 4절에서는 정치과정과 외교정책의 상관성에 대해 민주주의의 핵심 운영 제도와 원리인 정당 및 선거를 중심으로 알아본다. 5절은 여론과 언론, 이익단체와 싱크탱크 등 최근 그 영향력이 부각되고 있는 사회세력과 외교정책의 관계를 조명해 본다. 6절은 결론으로 향후 국내정치와 외교정책을 분리하지 않고 통합하여 분석하기 위한 다양한 제언들을 제시한다.

2. 외교정책 연구에서 국내정치 요인에 관한 역사적 조망

외교정책 행위의 국내정치 요인에 대한 분석은 국가 내부의 특성이 국가의 외교정책결정에 영향을 미치며 그 결과가 대외적 행동으로 표출된다는 전제에서부터 출발한다. 이러한 입장은 상식적으로도 당연한 것처럼 보인다. 하지만 국제정치학의 역사를 살펴보면 국내정치 요인은 그 중요성에 상응하는 학문적인 대접을 받지 못했다. 가장 결정적인 이유는 국가를 단일적이고 합리적인 행위자로 가정하는 현실주의 패러다임이 제2차 세계대전 이후 국제정치학 학문분야에서뿐만 아니라 현실 외교정책결정자들에게도 막대한 영향력을 행사해왔기 때문이다.

1950년대 이후 국제정치학에서 외교정책결정과정 분석을 중심으로 외교정책 연구를 독자적인 학문 영역으로 발전시키고자 했던 일련의 시도들은 국가 혹은 국가 내부의 정책결정과정을 '블랙박스(blackbox)'로 간주해온 현실주의 패러다임에 대한 반발로 등장했다. 현실주의가 방치해 온

---

[1] 김달중, "외교정책론의 연구 현황과 내용," 김달중 편저, 『외교정책의 이론과 이해』 (서울: 오름, 1998), p. 15.

블랙박스를 연다는 것은 결국 외교정책에 영향을 미치는 국가 내부의 다양한 요인들에 대한 관심을 기울인다는 것을 의미한다. 이 절에서는 현실주의 패러다임이 외교정책결정요인으로서 국내 정치적 요인을 부차적인 것으로 다뤄 온 이유를 설명하고, 이에 대한 반발로 등장한 외교정책분석에 관한 대표적인 초기 이론들을 소개한다.

1) 현실주의 패러다임에서의 국내정치

제2차 세계대전 이후 현실주의가 국제정치학의 지배적인 패러다임으로 등장하기 전에도 국내정치보다 국제정치를 강조하는 오랜 전통이 유럽에 존재했었다. 17세기 이후 근대 국가체제가 형성되기 시작하면서 외교정책은 개별적 이익이 아닌 국가 전체의 이익을 다루는 것이기 때문에, 다른 국내 공공정책보다 더 중요하다는 사고가 유럽 대륙에서 등장했다. 이것이 독일의 역사학자인 랑케(Leopold von Ranke, 1795~1886)의 주장으로 대변되는 국내정치에 대한 '대외정책 우위론(Primat der Aussenpolitik)'이다. 랑케는 국제무대에서 독립의 유지와 보존이 가장 중요한 국가의 목표이며 다른 모든 국내 정책들은 국가의 목표를 달성하기 위한 외교정책에 종속되어야 함을 역설했다. 즉 "한 나라의 안보라는 대외정책적 목적달성을 위한 대내정치의 희생은 최고의 법"이라는 것이다.[2]

자카리아(Fareed Zakaria)에 따르면 '대외정책 우위론'에는 두 가지 의미가 담겨있다.[3] 첫째, 국가의 대외적인 관계가 국가들의 국내 구조에 강력한 영향을 미친다는 의미이다. 랑케는 이러한 의미에서 당시 프러시아가 대외적인 성공을 거두기 위해서 내적으로 재조직되어야 할 필요가 있다고 역설했던 것이다. 둘째, 국가의 외교정책은 국가 외부에서 오는 압력의 제약 때문에 국가 내부의 목적을 증진하는 것이 아니라 '전략적' 목적을 위해서 추구되어야 한다는 것이다. 19세기 유럽에서 '국내정치 우위론(Primat der Innenpolitik)'을 압도한 '대외정책 우위론'은 제2차 세계대전 이후 현실주의 국제정치학이론을 통해 재등장하게 된다.

제2차 세계대전 이후 소련과 더불어 초강대국으로 등장한 미국은 공산주의의 팽창을 저지하고 자유민주주의 이데올로기와 자유무역질서를 증진하기 위해 이전까지의 고립주의 전통에서 탈피해 국제문제에 적극적으로 관여하는 국제주의(internationalism)로 방향전환을 하게 된다. 이러한 시대적 배경 속에서 미국을 중심으로 국제정치학이 급속하게 발전하게 된 것은 자연스러운 현상이었다. 미국을 중심으로 한 국제정치학 연구의 발전은 현실주의 패러다임의 학문적 성장과 일치한다.

전후 국제정치학의 지배적인 패러다임으로 등장한 현실주의는 국가를 중심적인 국제무대의 행위자로, 국가들의 행동 동기를 권력추구로, 국제정치를 국가 간의 권력투쟁으로 파악했다. 현실주의 국제정치학을 확립시키는 데 지대한 공헌을

---

2) Leopold von Ranke, *Politisches Gespräch* (Leipzig: Im Insel-Verlag, 1941), pp. 43-44; 전득주, "대외정책의 의미," 전득주·박준영·김성주·김호섭·홍규덕 공저, 『대외정책론』 개정증보판 (서울: 박영사, 2003), p. 10에서 재인용.

---

3) Fareed Zakaria, "Realism and Domestic Politics: A Review Essay," *International Security* 17-1 (Summer1992), p. 179.

한 학자들은 제2차 세계대전을 전후로 나치의 박해를 피해 미국으로 이주한 중부유럽 출신의 학자들 특히, 유대계 학자들이었다.[4] 이들은 자신들이 몸소 체험한 국제정치의 냉혹한 현실을 자신들의 현실주의이론에 투영시킴과 동시에, 근대 이후 유럽 국제정치에서 통용되어온 현실주의적 사고와 실천을 미국의 국제정치학에 이식시키는 데 커다란 역할을 했던 것이다. 구찌니(Stephano Guzzini)의 표현을 빌자면, 모겐소(Hans J. Morgenthau)로 대변되는 현실주의자들의 주된 관심은 "19세기 유럽의 외교적 관행들을 미국 사회과학의 더욱 일반화된 법칙으로 번역함으로써 유럽에서의 오랜 전통을 부활시키는 것"이었다.[5]

현실주의 패러다임이 외교정책에 영향을 미치는 국내정치 요인들을 경시하는 근거는 현실주의의 기본적 가정에 이미 내재되어 있다. 현실주의 국제정치학의 성립에 가장 큰 공헌을 한 모겐소는 국내외를 막론하고 정치란 인간의 권력추구 본성이라는 '객관적 법칙'의 지배를 받으며, 국가는 권력으로 정의된 이익(interest defined in terms of power)을 추구한다고 주장했다. 여기서 국가는 단일적이고 합리적이라는 가정이 도출된다.

국가가 단일적 행위자라는 가정은 마치 국가가 하나의 살아있는 인격체처럼 권력이라는 국가이익을 추구하는 행동을 한다고 간주하는 것이다. 이러한 의미에서 국가에 대한 현실주의의 단일적 행위자 가정은 흔히 당구공 모델(billiard ball model)로 불리기도 한다. 마치 당구공의 방

향과 속도가 그 당구공에 와서 부딪치는 다른 공의 속도와 방향, 그리고 당구대와 당구공의 주어진 상태 등에 의해 결정되듯이, 국가의 외교정책 행위도 외부로부터의 자극과 제약에 의해 결정되는 것으로 보는 입장이다. 여기서 국가 내부는 일종의 블랙박스처럼 간주된다. 당구공의 움직임을 이해하기 위해서 당구공 속을 들여다볼 필요가 없듯이, 국가의 행동을 이해하기 위해서 국가 내부의 정책결정과정을 들여다볼 필요가 없는 것이다. 국가가 합리적이라는 가정은 국가가 단일적이라는 것을 전제로 해야 가능한 가정이다. 국가가 다수의 인격체로 구성된 것으로 가정한다면, 여러 가지 대안에 대해서 일관된 선호를 갖는다는 것도, 선호를 나타내는 효용을 극대화한다는 것도 원칙적으로 성립될 수 없는 것이다.

국내정치적인 요인을 경시하고 국가의 외부적 제약 조건들을 강조한 현실주의가 제2차 세계대전 이후 영향력을 행사해 올 수 있었던 이유 중의 하나는 현실주의가 국제정치학으로서 확고한 위치를 차지하게 될 당시의 시대 상황이다. 핵전쟁과 공산주의의 팽창이라는 위협 속에서 그 어느 때보다도 국가안보의 중요성이 부각되었던 냉전 시기에 힘을 위한 투쟁으로 국제정치를 묘사한 현실주의 패러다임은 그 적실성을 인정받았다. 미국에서는 대(對) 공산주의 봉쇄정책을 위해 미국이 추구하는 국제주의적 외교정책에 대한 광범위한 국내적 합의가 있었고, 외교정책은 국내정치에 영향을 거의 받지 않으면서 행정부를 중심으로 전개되었다. 이러한 분위기를 반영한 표현이 "정쟁(政爭)은 국경 앞에서 멈춘다(Politics stops at the water's edge)"이다. 이러한 상황에서 국가를 단일적 행위자로 가정하는 현실주의 패러다임은

4) 이춘근, 『현실주의 국제정치학』(서울: 나남출판, 2007), pp. 58-60.

5) Stephano Guzzini, *Realism in International Relations and International Political Economy* (London: Routledge, 1998), p. 1.

설득력을 가지고 있었고, 그 결과 외교정책 연구에서 국내정치 요인이 강조되지 않았던 것이다.

2) 외교정책론의 등장과 국내정치 요인

외교정책결정과정과 결정요인의 분석을 통해 현실주의가 닫아두었던 블랙박스를 여는 연구들이 1950년대 중반 이후 등장했다. 외교정책 연구에서 국내정치 요인과 관련된 초기 연구로는 정책결정(decision making)을 외교정책 연구의 초점으로 삼은 스나이더(Richard Snyder), 브룩(H. W. Bruck), 사핀(Burton Sapin)의 공동연구, 국가의 유형 분류와 다양한 분석수준을 통해 외교정책에 관한 경험적 일반화의 기초를 제공한 로즈나우(James Rosenau)의 예비이론(pre-theory), 그리고 쿠바미사일위기 사례를 분석하면서 기존 합리적 행위자 모델의 대안으로 조직절차 모델과 정부정치 모델을 제시한 앨리슨(Graham T. Allison)의 연구가 대표적이다.[6]

---

6) Richard C. Snyder, H. W. Bruck and Burton Sapin, *Decision-Making as an Approach to the Study of International Politics*, Foreign Policy Analysis Project Series, No. 3 (Princeton: Princeton University Press, 1954); James Rosenau, "Pre-Theories and Theories of Foreign Policy," in R. Barry Farrell, (ed.), *Approaches to Comparative and International Politics* (Evanston, IL: Northwestern University Press, 1966), pp. 27~92; Graham T. Allison, *Essence of Decision: Explaining the Cuban Missile Crisis* (Boston: Little, Brown, 1971). 이 책의 제2판은 Graham Allison and Philip Zelikow, *Essence of Decision: Explaining the Cuban Missile Crisis*, 2nd edn. (New York: Longman, 1999). 제2판의 국문 번역은 그래엄 앨리슨·필립 젤리코 저. 김태현 역, 『결정의 엣센스: 쿠바미사일 사태와 세계핵전쟁의 위기』(서울: 모음북스, 2005). 1판에서 조직절차 모델(organizational process model)이라고 명명되었던 제2모델은 2판에서 조직행태 모델(organizational behavior model)로 명칭이 변경되었다.

먼저 스나이더와 그 동료들은 1954년 외교정책분석의 기념비적인 연구에서 국내정치과정은 파악하기 힘들기 때문에 일반적으로 국가의 대외적 행동을 설명하는 데 불필요하다는 현실주의 패러다임을 거부하였다. 그리고 국가를 위해 행동하는 실제 정책결정자들이 상황을 어떻게 정의하는지(definition of situation)에 초점을 맞춰 외교정책결정과정을 연구해야 한다고 주장했다. 국가 행위가 왜 일어나는지를 설명하는 열쇠는 정책결정자가 독립된 행위자로서 그가 인식한 상황을 어떻게 정의하는가에 달려있다는 것이다. 스나이더와 그의 동료들의 연구는 블랙박스를 열어 정책결정을 분석의 대상으로 다룸으로써, 이후 외교정책결정과정에 관한 후속 연구들을 위한 초석을 다졌다는 데 그 의의가 있다. 그러나 이들의 연구는 블랙박스를 열기는 했지만, 분석의 초점은 정책결정자 개인에 맞춰진 이론이었다. 따라서 엄밀한 의미에서 국내정치적 요인들에 대한 연구는 아니었다고 볼 수 있다.

국내정치 요인을 분석한 대표적 초기 연구는 로즈나우가 1966년 제시한 외교정책의 예비이론(Pre-theory)이다. 로즈나우는 당시 지배적이던 역사적이고 단일국가 사례연구 중심의 외교정책 연구를 비판하면서, 국가 유형과 외교정책 간의 경험적 일반화를 위한 이론적 기초를 제공했다. 로즈나우의 예비이론은 국내 변수를 외교정책 연구에 체계적으로 도입했다는 점에서, 그리고 비교외교정책론(CFP: comparative foreign policy)이라는 새로운 외교정책 연구분야의 출발점을 제공했다는 점에서 그 의의를 찾을 수 있다. 하지만 로즈나우의 예비이론은 예비단계에서 멈추고 더 이상 확립된 이론으로 성장하지 못했다.

해설 3.1

"정쟁은 국경 앞에서 멈춘다"

외교문제에서 초당적(超黨的, bipartisan) 협력을 강조하는 데 흔히 사용되는 표현이다. 국가안보가 걸려있는 외교문제에 관한 한 국내정치적 이해관계를 둘러싼 파당적 정치는 국경 앞(at the water's edge)에서 멈추고 대외적으로 일치된 목소리를 내어야 한다는 당위적 표현이다.

이 표현은 냉전 초기 미 연방상원 외교위원회 위원장을 지낸 미시간주 출신 공화당 소속 상원의원 반덴버그(Arthur Vandenburg, 1884~1951)가 처음 사용한 표현이다. 제2차 세계대전 이전에는 미 상원의 대표적인 고립주의자였던 반덴버그는 제2차 세계대전을 계기로 국제주의자로 변신하면서 초당적인 외교정책의 주창자로 등장하게 된다. 반덴버그는 대통령, 국무부, 미 의회 양당 지도자들 간의 긴밀한 협의에 의해 이루어지는 합의(consensus)를 초당적 외교정책이라고 정의하면서, 민주당 트루먼 행정부가 추진한 트루먼독트린, 마샬플랜, 나토(NATO)결성 등 대(對)소련 봉쇄정책을 위해 필요한 미 의회의 초당적 지지를 이끌어내는 데 결정적인 역할을 수행했다.

또한, 사회과학의 과학화를 강조한 행태주의 운동을 배경으로 출범한 1960년대 이후의 비교외교정책론은 측정 가능한 국가의 행태와 국내 속성에 관한 광범위한 통계자료 분석을 통해서 외교정책 행태에 관한 일반화 구축을 시도했으나, 결국 실패로 끝나고 말았다. 가장 큰 이유는 명확한 이론적 기초 없이 단순한 상관관계만을 분석하여 거대이론(grand theory)을 세우려고 했던 것에 있었다.

외교정책결정에서 국내정치 요인을 강조한 또 다른 연구는 앨리슨의 『결정의 엣센스(*Essence of Decision*)』이다. 앨리슨은 이 책에서 합리적 행위자 모델(제1모델), 조직절차 모델(제2모델), 관료정치 모델 혹은 정부정치 모델(제3모델)이라는 세 가지의 모델들이 쿠바미사일위기 당시의 정책결정을 어떻게 다르게 설명할 수 있는지를 보여주고 있다. 현실주의 외교정책결정 모델이라고 할 수 있는 합리적 행위자 모델은 외교정책이란 국가라는 행위자가 다양한 대안을 고려하고 가장 높은 기대효용을 가져다주는 대안을 선택한 결과라고 보는 반면, 조직절차 모델은 정책결정이란 합리적인 선택이라기보다 정형화된 행위규칙인 표준행동절차(SOP: standard operating procedure)에 따라 작동하는 조직의 산출(output)에 지나지 않는 것으로 파악한다. 앨리슨의 모델로 알려져 있는 관료정치 모델은 외교정책이란 단일적 행위자에 의해 내려진 합리적 선택의 결과도 아니고 조직의 산출도 아닌, 외교정책결정과정에 참여하는 다양한 행위자들이 협상과 타협을 통해서 만들어낸 협상게임의 결과물이라는 것이다.

앨리슨의 공헌은 현실주의 패러다임이 가정하는 합리적 행위자 모델에 대한 다른 대안으로 두 가지 모델을 제시하고 이를 쿠바미사일위기라는 구체적 사례에 적용시킴으로써 국가를 블랙박스로 취급한 현실주의 패러다임이 가지고 있는 한계를 드러내 보였다는 데 있다. 또한, 관료정치 모델을 통해 국내정치 요인에 관한 연구에 새로운 장을 열었다는 점에서 그 의의를 찾을 수 있을 것이다.

3. 정치체제와 외교정책

한 나라의 외교는 국제 정세에 의하여 큰 영향을 받는다. 동시에 외교정책은 개별국가의 정치가 만들어내는 정책이다. 예를 들어, 비슷한 규모의 군사적 갈등 국면에서 곧바로 전쟁을 선택하는 국가가 있는가 하면 장기간의 평화 협상에 집착하는 국가도 있다. 더구나 주요 강대국이 국제관계를 이해하고 결정하는 방식은 약소국가의 외교정책과는 다를 수밖에 없음은 물론이다. 또한, 한 나라의 정치체제가 대통령 중심제인가 의원내각제인가에 따라 정치리더십이 외교정책을 결정하는 정치적 동기가 다르게 마련이다. 정치체제가 권력 분립형인가 권력 융합형인가에 따라 국제문제를 다루는 과정이 동일하지 않기 때문이다. 물론 외부의 침략으로부터 국가를 지켜야 하는 필수적 전쟁(war-of-necessity) 상황이라면 국내정치가 변수로 작용하기 어려울 수 있다. 그런데 이러한 상황에서도 해당 전쟁을 언제, 어떻게 종결할 것인가의 문제와 관련해서는 국가마다 입장이 다를 수 있다. "정치는 사회를 위한 가치의 권위적 배분"이라는 정의로 유명한 이스턴(David Eastern)에 따르면 정치적 결정과정은 일종의 '블랙박스'와 비슷하다. 시민들의 정책에 대한 요구가 일종의 블랙박스로 인식되는 정책결정과정을 거치게 된다. 정책으로 수립 및 집행된 이후에는 선거 등

의 평가를 통해 환류하는 방식이다. 전쟁부터 무역까지 포함하는 외교정책 역시 크게 다르지 않다. '블랙박스'로 불리는 국내정치의 방식과 특성을 규명할 때 비로소 외교정책의 형성과 집행, 그리고 평가를 종합적으로 이해할 수 있다.

1) 민주주의 국가와 권위주의 국가

우선 정치체제를 중심으로 외교정책 상관성을 파악해 보자. 정치체제와 외교정책의 연관성에 관한 오래된 주제 중의 하나는 민주주의 국가와 권위주의 국가 사이에 어느 정치체제가 외교정책 영역에서 더 수행능력이 뛰어난지에 대한 문제이다. 보편적으로 최선의 정치체제로 여겨지는 민주주의가 외교정책에서도 우수한 수행능력을 나타낼 것인가? 민주주의보다 열등한 권위주의가 외교정책에서는 더 뛰어난 수행능력을 나타낼 것인가? 전통적으로 이 질문에 대한 답은 외교정책 영역에서 민주주의가 권위주의보다 효율성, 효과성, 적응성 등 여러 가지 차원에서 열등하다는 것이었다.

먼저 대외정책에서 민주주의가 가지고 있는 결점에 대한 논의의 핵심은 국민의 의사를 반영하는 민주주의는 불안정하고 변덕스러운 대중 여론에 의해 좌우되며, 그 제도가 가지고 있는 절차상의 복잡성으로 인해 외교정책 영역에서는 권위주의 국가들에 비해 불리하다는 것이다. 민주주의가 외교정책 영역에서 다른 정치체제에 비해 열등한 것으로 간주된 것은 역사적으로 오래된 주장이다. 기원전 5세기에 아테네와 스파르타 간의 펠로폰네소스전쟁을 기록한 투키디데스는 전성기의 아테네는 명목상으로만 민주주의였을 뿐, 실제로는 대중을 이끌 수 있었던 페리클레

스(Pericles)와 같은 뛰어난 지도자에 의해 국내적 안정과 대외적 팽창을 이룩할 수 있었다고 기록하고 있다. 페리클레스가 병사한 이후 페리클레스의 자리를 메운 무능력한 지도자들이 대중의 변덕에 따라 국가의 일을 처리하고, 대중들의 지지를 얻기 위해 파벌로 나뉘어 서로 싸우면서 아테네 사회의 분열은 가속화되었다. 결국, 아테네의 패배에 결정적인 영향을 미친 시실리원정과 같은 전략적으로 어리석은 결정을 내리게 만들었다고 투키디데스는 기록하고 있다.[7]

19세기 중엽 『미국의 민주주의(De la démocratie en Amérique)』를 저술한 토크빌(Alexis de Tocqueville)도 민주주의와 외교정책 간의 관계를 논하면서 "사회가 외교관계를 통제하는 민주주의 정부들이 다른 형태의 정부보다 결정적으로 열등한 것으로 보이며 … 민주주의 정부는 계산보다는 감정을 따르고, 일시적인 열정을 만족시키기 위해 오랫동안 심사숙고한 계획을 저버리는 경향이 있음"을 지적하고 있다.[8] 리프만(Walter Lippmann)은 대중이란 일반적으로 외교정책에 대한 정보에 무지할뿐더러 단호한 행동이 필요한 상황을 쉽게 벗어나려는 경향이 있다는 판단을 근거로 민주적 외교정책 수립을 비판하기도 했다.[9]

권위주의 국가가 민주주의 국가보다 외교정책에서 더 효과적이고 효율적이라는 주장은 다음과 같이 정리해 볼 수 있다.[10] 첫째, 권위주의 정부는 국민에 대한 책임성이 약하고, 결정과정에 참여하는 엘리트의 수가 적기 때문에 신속한 결정을 내릴 수 있다는 장점이 있다. 둘째, 정책결정 권한이 집중되어 있고 명령의 위계가 뚜렷하며 불복종에 대한 처벌이 강하기 때문에 내부적 반발에 대한 염려 없이 일관된 정책을 소신 있게 추구할 수 있다. 따라서 상대국에 대해 분명한 외교적 메시지를 전달할 수 있다는 장점이 있다. 셋째, 권위주의 국가는 국내 집단과 여론의 제약을 적게 받기 때문에 변화하는 국제환경에 보다 신속하게 적응해서 기존의 정책을 쉽게 바꿀 수 있다. 넷째, 협상의 측면에서 정보의 자유가 제약을 받는 권위주의체제는 자국의 입장을 비밀로 유지할 수 있기 때문에 정보를 공개해야 하는 민주주의체제보다 국제협상에서 효과적으로 대응할 수 있다는 주장이다.

이와는 반대로 권위주의 정치체제가 체제의 속성상 민주주의보다 효율성이 떨어진다는 반론이 있다. 첫째로, 권위주의 국가에서는 외교정책결정구조가 집중화되어 있어 권위주의 지배자가 원하는 정책을 무조건적으로 찬성하는 '예스맨(yes men)'을 양산하는 경향이 있으며 혁신적인 정책변화를 추구하기 어렵다. 둘째로, 권위주의 국가에서는 새로운 대안을 제시하고 다양한 대안을 검토하는 기회가 주어지지 않기 때문에 기존 정책에 의존하는 경향이 높고 외교정책이 경직되어 있다는 것이다. 권위주의체제가 갖는 이러한 단점은 이와는 대조적인 속성을 갖는 민주주의 정치체제

---

7) Thucydides, *The Peloponnesian War*, translated by Richard Crawley (New York: Modern Library, 1982), p. 126.

8) Alexis de Tocqueville, *Democracy in America*, translated by George Lawrence (Garden City, N.Y.: Doubleday, 1969); Kurt Talyor Gaubtz, "Democratic states and commitment in international relations," *International Organization* 50-1 (Winter 1996), p. 113에서 재인용.

9) Walter Lippmann, *Essays in The Public Philosophy* (New York: Little, Brown, 1955), pp. 23-24.

10) 로이드 젠슨 지음, 김기정 역, 『외교정책의 이해』 (서울: 평민사, 1994), pp. 131-135.

의 장점을 설명한다. 월츠(Kenneth N. Waltz)는 다른 논리로 민주주의 정치체제의 우월성을 주장한다. 그에 따르면 민주주의 국가는 권위주의 국가처럼 비밀스럽게 준비해서 거침없이 실행에 옮기는 대담한 행동을 통해 화려한 외교적 성공을 거둘 수는 없다. 하지만 민주주의 정치체제는 정책을 위해 충분한 준비과정을 거치고 정책내용에 관하여 광범위한 토론을 거쳐야 하기 때문에, 오히려 대외정책에서 크게 실패할 가능성이 더 적다는 것이다.[11]

위에서 언급한 상반된 주장들을 고려해 볼 때, 민주주의 국가와 권위주의 국가 중 어느 정치체제가 외교정책 영역에서 더 효과적이고 효율적인지를 판단하기는 쉽지 않다. 정치체제와 외교정책의 상대적 효율성에 관한 통계적 연구는 이에 관한 뚜렷한 결론을 보여주지 못하고 있다.[12] 따라서 위에서 언급한 민주주의체제와 권위주의체제의 외교정책 수행에서의 장단점은 확증되지 않은 가설로서 받아들여야 할 것으로 보인다.

한편, 피어론(James Fearon)이 1994년에 미국정치학회보에 게재한 논문에서 처음 제시한 이후 국제정치학의 주요 이론으로 부상한 청중비용이론(audience costs theory)은 정치체제와 외교정책과의 연관성에 관한 대표적 연구라고 할 수 있다.[13] 청중비용이론은 국가 간 위기 시

에 청중비용이 높은 민주주의 국가가 청중비용이 낮은 권위주의 국가보다 자신의 의도와 공약(commitment)을 더 신뢰성 있고 분명하게 상대방에게 전달할 수 있으며, 이러한 협상의 이점 때문에 민주주의 국가가 권위주의 국가보다 국제분쟁에서 물러날 가능성이 적고, 민주주의 국가들끼리 서로 전쟁을 하지 않는다는 민주평화 현상도 청중비용이론에 의해 부분적으로 설명될 수 있다고 주장한다.

청중비용이란 지도자가 위협 또는 공약을 실행에 옮기지 않게 되었을 때 받게 될 부정적 영향을 지칭한다. 피어론에 따르면 국제분쟁 또는 국가 간 위기는 국내의 청중 즉 국민들이 지켜보고 있는 가운데 진행되는 공적인 사건이다. 만약 정부가 공개적으로 상대방에 대한 강경한 대응을 천명한 이후에 상대방의 위협에 굴복해서 물러선다면 국내 청중들에 의해 처벌을 받게 되는데, 민주주의 국가의 지도자는 다음 선거에서 심판을 받고 정권교체라는 엄청난 대가를 치러야 할 수도 있는 것이다. 하지만 권위주의 국가에서는 민주주의 국가의 책임성(accountability)이 결여되어 있거나 극히 미약하기 때문에 국가 간 위기 시에 뒤로 물러서도 큰 정치적 대가를 치르지 않아서 국내 청중비용이 민주주의 국가에 비해 상대적으로 낮다는 것이다.

그렇다면 왜 높은 청중비용이 약점이 아니라 장점으로 작용하는가? 높은 청중비용은 자신의 의도를 신뢰성 있게 전달할 수 있는 역할을 수행하기 때문에 장점이 되는 것이다. 위기 시 당사자들은 자신의 실제 선호를 위장하여 싸울 의사를

11) Kenneth N. Waltz, *Foreign Policy and Democratic Politics* (Boston: Little Brown, 1967), p. 311.

12) 로이드 젠슨 (1994), pp. 134-135.

13) James Fearon, "Domestic Political Audiences and the Escalation of International Disputes," *American Political Science Review* 88-3 (September 1994), pp. 577-592. 국내에 청중비용이론을 소개한 대표적인 연구로는 김지용, "위기 시 청중비용의 효과에 관한 이론 논쟁 및 방법론 논쟁의 전개과정 고찰, 1994-2014," 『국제정치논총』 제54집 4호 (2014), pp. 195-232.

과장하면서 상대방이 물러서기를 기대할 수 있다. 하지만 그러한 의지를 전달할 때 아무런 비용이 수반되지 않는다면 싸울 의지가 없는 국가도 실제로 싸울 의지가 강한 국가처럼 행동할 수 있다. 이러한 행동을 경제학에서는 '값싼 말(cheap talk)'이라고 부르는데 이 경우에는 싸울 결의가 큰 국가와 작은 국가를 제대로 구분해 낼 수 없게 된다. 하지만 상대방에게 자신의 싸울 의지를 알리는 데 큰 비용이 수반될 경우에는 실제로 싸울 결의가 있는 국가만이 이러한 비용을 지불하려고 할 것이다. 이런 경우를 '비용이 드는 신호(costly signal)'라고 하며 이 경우에는 결의가 굳은 국가와 그렇지 않은 국가를 구분할 수 있게 된다.

민주주의 국가의 지도자는 싸울 의사가 없는 분쟁에서는 물러서게 되면 국내 청중비용의 대가를 치러야 하기 때문에 애초에 위기를 증폭시키려 하지 않는다. 따라서 일단 민주주의 국가가 위기를 고조시킨다면 이는 국내 청중비용을 무릅쓰고서라도 싸울 의지가 있음을 알리는 신뢰성 있는 신호라고 볼 수 있는 것이다. 청중비용이론은 국내정치적 책임성과 연관된 청중비용이라는 개념을 통해서 민주주의 국가가 권위주의 국가에 비해 국제분쟁 상황에서 이점이 있다는 것을 강력하게 시사하고 있다. 이제 체제수준에서 한 단계 더 내려가 민주주의 국가의 정치 제도와 정치과정, 그리고 사회세력이 외교정책과 어떤 상관성을 가지는지 파악해 보기로 한다.

2) 의회-대통령 관계

근대 국가의 형성 시기에 있어 의회의 역할은 절대적이었다. 봉건 시대를 지나 왕권이 강화되던 시기의 유럽은 사회경제적 변화에 따라 국왕의 권한을 견제할 수 있는 의회 기능을 수립하고 강화함으로써 왕권 시대를 안정시켰다. 특히 세금 징수 및 상비군 창설이라는 국가의 기초적 역할을 둘러싸고 의회의 동의를 거치도록 하였다. 이를 통해 재산 및 안전과 관련된 시민의 권리를 보장하는 체제가 확립되었다. 식민 모국이었던 영국의 과도한 세금 부과에 대한 항거로 촉발되었던 미국의 독립 전쟁과 이후의 국가 건설 역시 최초의 대통령제 채택과 의회 권한 보장을 동시에 추진하였다. 즉 국왕 혹은 총리 혹은 대통령을 정점으로 한 행정부(executive branch)가 국정 전반에 걸친 국내 정책 및 외교정책을 결정하고 집행한다. 반면 의회는 민의에 기초한 입법(lawmaking)을 통해 행정부 기능과 역할의 근거를 제공한다. 견제와 균형(checks and balances)의 원칙을 통해 행정부가 입법사항(정책)의 집행을 주도하고 의회가 감시하는 국가체제가 보편화된 셈이다.

제2차 세계대전 종결 이후 한국을 포함하여 새롭게 독립국가의 지위를 얻게 된 대부분의 신생 국가들은 사회경제적 동기가 미약했음에도 불구하고 서구 민주주의 국가의 정치운영 시스템을 그대로 도입하였다. 외부로부터 주어진 정치체제였다. 하지만 법을 만들고 집행하고 심판하는 국가의 역할을 서로 다른 기관에 부여한 점은 마찬가지였다. 이처럼 행정부, 입법부, 사법부로 구분되는 권력의 상호분리와 분업체계는 일부 독재 국가들을 제외하면 전 세계 거의 모든 국가가 채택한 정치운영 및 정책결정 원리가 되었다. 한편, 권력분립, 법치주의, 국민 기본권 보호라는 동일한 민주주의 정치 원리가 실제로는 국가마다 다양한 정치 현실로 나타나고 있음을 부인하기 어렵다. 예를 들면 외교정책의 핵심 영역이라 할 수 있는 전쟁과 통상분야에서 나타나는 의회-대통령 관계는 나라마다 차별성을 보인다. 반대로 행정부와 입법부가 가지는 속성과 역할에 따른 외교정책결정과정의 유사성 역시 확인해 볼 수 있다.

월답스키(Aaron Wildavsky) 내세운 '두 대통령제(two-presidencies)'이론[14]은 외교정책 영역에서의 의회-대통령 관계를 잘 설명해 준다. 월답스키에 따르면 미국의 대통령제는 두 종류로 나누어 볼 수 있다. 국내정치를 주로 다루는 약체 대통령과 대외문제를 결정하는 강한 대통령이 그것이다. 경제, 사회, 교육, 노동, 복지 등 주요 국내 문제 경우 의회가 법을 통과시켜 주어야 대통령 의제가 관철될 수 있는데 이때 대통령의 권한은 헌법상 그리고 실제로 크지 않다. 의회를 강제할 수 있는 대통령의 헌법적 권한은 매우 제약되어 있다. 실제로 두 거대 양당이 경쟁할 뿐만 아니라 2년마다 전국 단위의 선거가 돌아오는 정치 상황에서 대통령의 국내정치적 권력은 상대적으로 취약하다는 설명이다.

그런데 반대로 외교정책의 경우 대통령의 권한에 대한 헌법적 보장과 현실적 이점은 두드러진다. 우선 대통령은 군 통수권자(commander-in-chief)로 헌법에 규정되어 있다. 더구나 조약을 체결하고 대사를 파견하며 무역 협상을 주도하는 권한을 부여받고 있다. 또한, 유권자들 역시 외교정책 리더십은 의회가 아닌 대통령이 행사해야 한다고 믿는다. 의회 의원들 역시 대외문제는 대통령 소관이라는 점을 명확히 인식하고 있다. 특

히 대통령은 행정부 수장으로서 대외문제 해결에 절대적으로 중요한 해외 정보(intelligence)를 가장 빨리 정확히 보고받는다. 국내문제의 경우에는 다층적으로 얽혀 있는 이익집단들의 이해관계와 로비(lobby)가 외교정책 영역에서는 상대적으로 덜 중요하기 때문에 대통령 운신의 폭이 넓어지기도 한다.

사실 월답스키의 '두 대통령제'이론은 냉전이 시작된 이후 미국 대통령에게 공산주의 확장을 막고 국가안보를 책임질 수 있도록 힘을 실어줘야 한다는 당위론적 발상에서 비롯되었다. 따라서 이후 정치학자들은 실제로 미국 정치와 외교 분야에서 '두 대통령제'가 존재했는지를 실증적으로 규명하고자 노력하였다. 한 연구에 따르면 미국 사례에서 볼 때 외교정책과 관련된 대통령의 권한 우위 특징은 주로 보수 정당 대통령 시대에 발견된다. 특히 1980년대 후반인 레이건(Ronald Reagan) 대통령 2기 행정부 이후에는 외교정책을 둘러싼 대통령의 권한 폭이 점점 줄어들고 있다.[15]

이처럼 외교정책과 관련된 대통령의 리더십 이슈와 더불어 자주 제기되는 문제가 바로 의회의 견제와 균형 논란이다. 민주주의 국가에서 선출 권력인 대통령에게 대외문제의 속성으로 인해 신속하고 일관된 정책결정 권한을 부여하는 것은 널리 인정되어 왔다. 하지만 동시에 대통령이 잘못된 선택을 하거나 국민의 뜻에 어긋난 대외정책을 고집하는 경우 이를 억제해야 할 이유 또한 상당하다. 정도의 차이에도 불구하고 전쟁의 시작과 관련하여 대통령에게 전적인 권한을 허용하

---

14) Aaron Wildavsky, "The Two Presidencies," *Trans-Action* 4 (December 1966).

15) Richard Fleisher and Jon R. Bond, "Are There Two Presidencies? Yes, But Only For Republicans," *Journal of Politics* 50-3 (1988).

지 않는 이유이기도 하다. 미국 헌법에서는 아예 전쟁 선포 권한을 의회에 부여하고 있다. 한국 헌법 역시 국회의 동의 권한을 보장하고 있음을 주목해야 한다.

우리에게도 익히 알려진 '제왕적 대통령(imperial presidency)' 개념은 미국의 역사학자 슐레진저(Arthur Schlesinger)가 닉슨(Richard Nixon) 대통령의 과도한 군사력 남용을 비판하기 위해 정립한 바 있다.[16] 의회의 명시적 반대에도 불구하고 캄보디아를 폭격한 닉슨에 대해 '제왕적'이라는 꼬리표를 붙임으로써 민주주의와 외교정책 간의 불균형문제를 제기한 것이다. 특기할 점은 슐레진저의 대통령 권력 논의가 주로 대외정책에 국한되어 있다는 사실이다. 전쟁 권한 논쟁, 그리고 외교 문서 제출 의무 논란을 둘러싸고 지속되어 온 미국외교정책 역사를 관찰한 것이 슐레진저 저작의 핵심 내용이다. 우리나라에서도 흔히 거론되는 제왕적 대통령제의 폐해 경우 비단 외교정책만 다루지 않고 국내정치 영역을 포함한 광범위한 비판의 대상이란 점은 비교 정치학 관점에서 볼 때 흥미롭다.

견제와 균형의 원리를 넘어서서 국가를 대표(代表)하는 대통령과 국민을 대의(代議)하는 의회 사이에 명확한 대외정책 분업이 요구되는 경우도 적지 않다. 마틴(Lisa Martin)은 이를 행정부의 합의(agreements)와 의회의 책무(commitments)로 나누어 설명한다.[17] 대통령을 정점으로 한 행정부가 국가를 대표하여 먼저 타국과 국제 합의(international agreements)를 한다. 합의 이후 국내에서 실행하기 위해 대의 기관인 의회 동의(domestic commitments)가 필요한 구조에 대한 분석인 셈이다. 예를 들어, 우리 헌법 60조는 국회가 상호원조 또는 안전보장에 관한 조약, 중요한 국제조직에 관한 조약, 우호통상항해조약, 주권의 제약에 관한 조약, 강화조약, 국가나 국민에게 중대한 재정적 부담을 지우는 조약 또는 입법사항에 관한 조약의 체결 및 비준에 대해 동의 권한을 가진다고 명기하고 있다. 대통령이 체결한 조약에 대해 국회의 동의를 필수 사항으로 규정한 경우들이다.

미국 헌법은 대통령이 조약을 체결하고 상원의 2/3가 동의해야 해당 조약이 비준된다고 규정하고 있다. 우리 헌법과 비교해 볼 때 어떤 협약이 과연 조약에 해당하는지를 분명히 밝히지 않고 있다. 예를 들어, 제1차 세계대전을 종결하기 위해 윌슨(Woodrow Wilson) 대통령이 주도하여 체결한 베르사유조약은 공화당이 장악한 당시 미국 상원에 의해 부결되었다. 그런데 1979년에 성사된 중국과의 국교 정상화는 카터 행정부가 추진하였고 미국 의회의 결정과 무관하게 이루어졌다는 점이 특이하다. 이처럼 국가 간의 합의가 조약 형태인가 아닌가에 대해 미국 헌법은 불분명한 입장을 보인다. 향후 전개 가능성이 있는 북한과 미국의 관계개선과 관련하여 들여다봐야 할 대목이다.

행정부와 의회의 분업이 철저한 대표적 외교정책 영역은 통상분야라고 할 수 있다. 미국의 경우 1934년 의회가 대통령에게 관세 협정 권한을 부여한 이후 대통령이 수차례의 자유무역 라운드를 창설해 왔고 의회가 동의해 왔다. 이와 관련하

---

16) Arthur Schlesinger, *The Imperial Presidency* (Boston: Houghton Mifflin Co, 1973).

17) Lisa L. Martin, *Democratic Commitments: Legislatures and International Cooperation* (Princeton: Princeton University Press, 2000).

여 필수적인 의회의 결정은 무역촉진권한(Trade Promotion Authority)을 입법사항으로 대통령에게 허용할 것인가 여부다. 대통령이 자유무역협정을 위해 의회에 무역촉진 권한을 요청하고 의회가 이를 부여한다면 의회는 대통령이 미국을 대표하여 맺은 자유무역협정을 승인하는 경우 오직 찬성 혹은 반대(up-or-down voting) 권한만 가지기로 미리 약속하는 내용이다. 행정부 간 체결된 무역협정에 대해 이후 국내에서 여러 가지 수정을 가하는 경우 협정 체결의 가능성이 낮아지기 때문에 만들어진 분업 방식이다. 한국과 미국 간 한미자유무역협정(KORUS FTA)의 경우 부시(George W. Bush) 대통령에게 미국 의회가 허용했던 무역촉진 권한이 만료되기 하루 전날인 2007년 6월 30일에 체결되었다. 이후 두 나라의 의회가 자유무역협정을 통과시킬 때 과도한 국내적 간섭으로 인해 협정이 파기될 수도 있는 가능성을 사전에 차단하기 위한 시도였다.

4. 정치과정과 외교정책

외교정책에 영향을 미친다고 오랫동안 알려진 정치제도와 달리 정치과정(political processes)과 외교정책의 상관성은 비교적 최근에 논의되고 있다. 정치제도는 주로 정치의 산출(output) 차원, 즉 정책을 직접 만들어내는 역할을 담당한다. 이에 비해 정치과정은 선거, 정당, 여론, 미디어, 이익단체, 싱크탱크 등이 정치의 투입(input)과정에서 행하는 정치 현상을 가리킨다. 대의 민주주의가 발전하면서 이러한 정치과정의 중요성은 정치제도 못지않게 커져 왔다. 정치제도를 목표

로 전달되는 시민들의 정치적 요구, 그리고 정치제도에 압력을 가하는 시민들의 정치적 이해관계 범주를 넘어서서 정치제도 자체를 개혁하려는 시민들의 정치적 관심까지도 정치과정에 포함된다. 외교정책이 고도의 국가 행위로만 인식되던 예전에는 이러한 정치과정상의 정치 활동들은 외교정책과 관련이 크지 않다고 간주되었다. 민주주의의 참여 정도가 약했을 뿐만 아니라 국제 이슈를 다루는 외교정책에 대한 국내적 관심 역시 크지 않았기 때문이다. 하지만 국내정치와 국제정치의 간극이 점점 줄어들게 되면서 국내정치의 다양한 행위자들 역시 외교정책의 결정과 집행을 중시하게 되었다. 어린이 장난감 수입 제품에 유해 성분이 포함된 것으로 드러난 경우 국내의 소비자 보호 단체가 정치과정상 다양한 경로를 통해 통상정책에 문제를 제기하는 현실이 한 예다. 이 절에서는 현대 정치과정에서 핵심적 역할을 수행하는 정당 및 선거를 중심으로 외교정책 영향력을 살펴본다. 선거과정을 통한 정당 간 경쟁이라는 민주주의 국가의 기본 원리가 한 국가의 외교정책에 어떤 변수로 작용하는지 파악하는 작업이다.

1) 정당과 선거

"정당 없이는 민주주의를 생각조차 할 수 없다"[18]는 샤츠나이더(E. E. Schattschneider)의 주장은 현대 정치에서 정당의 중요성을 지적한 것으로 유명하다. 외교정책에 관한 국내정치적 상관성을 탐구할 때 대부분의 국내정치는 결국 민주주의 정치를 가리킨다고 볼 수 있다. 물론 나라마

---

18) E. E. Schattschneider, *Party Government* (New York: Rinehart, 1942).

다 민주주의 발전 역사와 경로는 같지 않다. 하지만 최근에는 포퓰리즘(populism)과 양극화(polarization)가 전 세계적으로 심각성을 더함에 따라 전통적인 대의 민주주의 시스템이 제대로 작동하지 않는다는 의구심과 비판이 커지고 있다. 그럼에도 불구하고 선거를 치르고 정부를 구성하는 핵심 기제인 정당을 대체할 만한 조직이 곧 등장할 것으로 보기도 어렵다. 다시 말해 정당은 후보를 내고 선거를 치르며 당선 결과에 따라 의회 혹은 행정부를 구성하는 민주주의의 중추이자 대체 불가 기관이다. 특히 정당은 정부와 유권자를 정책과 선거라는 일종의 순환(feedback) 방식에 따라 연결한다. 이러한 정당의 기능은 외교정책과 국내정치가 연결되는 양상을 이해하는 데도 필수적이다.

대체로 정당은 흔히 정부의 역할에 대한 이념적 입장 차이에 따라 구분된다. 우선 시장을 규제하고 복지를 책임지는 적극적 정부(active government)를 신봉하는 진보 이념은 진보 정당의 기초가 된다. 반대로 개인의 권리와 시장 원리를 보호하기 위해 국가 개입은 최소화하며 정부를 비효율적인 관료 집단으로 인식하는 보수주의 이념은 보수 정당을 결성하게 된다. 이러한 이념적 차이에 따른 정당 구별은 외교정책과 연결 지어 볼 때도 유효하다. 대체로 강한 안보와 국방비 증강을 선호하는 보수 정당에 비해 진보 정당은 국제평화 및 군비축소를 지향하는 경향이 크다. 보수 이념이 국가 영역을 적극적으로 인정하는 유일한 정책 분야가 외교정책이라는 점은 특기할 만하다.

무역정책 역시 마찬가지로 정부의 간섭을 줄이고 관세를 낮추는 내용의 자유무역을 지지하는 보수 정당과 무역으로 인해 피해를 입는 노동계층을 보호하고 환경 규제까지 포함한 보호무역에 찬성하는 진보 정당으로 입장 차이를 나누어 볼 수 있다. 특정 정당이 특정 정책을 추진하고 평가받는 이유는 이념적 기초에 따른 신념의 결과일 뿐만 아니라 선거를 통해 지지층의 선택을 받기 위함이다. 이를 통해 대통령 및 행정부를 이끌게 되거나 의회 다수당 지위를 획득하게 된다. 외교정책이 국내정치의 범주 중 하나라고 볼 때 정책결정과 선거 심판의 중심에 정당경쟁이 자리 잡고 있음을 알 수 있다. 전쟁 실패 혹은 무역 적자가 선거의 주요 의제로 등장하기도 하는 배경이다.

그런데 외교정책을 둘러싼 정당 간 정책 경쟁 역시 국제환경의 변화와 무관할 수 없다. 냉전 시대 외교정책이 주로 안보-국방 영역에 집중하게 됨에 따라 많은 국가가 주로 양극체제하의 동맹 중심 외교정책을 펼쳤다. 이 때문에 국내정치의 정당경쟁 요소가 될 만한 외교 현안이 상대적으로 많지 않았던 것이 사실이다. 물론 이러한 상황에서도 반공주의를 밀어붙였던 보수 정당과 언론 및 집회의 자유를 포함한 인권 보호에 치중했던 진보 정당 간의 논쟁과 경쟁은 주목할 만하다. 1990년대 초 냉전이 종식되고 공산주의와 자유주의 간 이념 및 체제경쟁이 사라지게 됨에 따라 외교정책의 주제 역시 달라졌다. 안보 중심이던 외교 현안이 통상, 환경, 노동, 인권, 비확산(nonproliferation), 기후변화 등 다양한 영역으로 확장되었다. 이분법적으로 작동하던 냉전 시대 국제 정세가 퇴장하고 서로 다른 이해관계가 얽힌 복잡하고 다양한 양상의 대외관계가 등장하게 된 것이다. 이로 인해 외교정책을 둘러싼 국내 정당 간 차별화 및 경쟁 유인이 더 커졌음은 물론이다. 더구나 세계화가 급속히 진행됨에 따라 국제문제와 국내 이슈 양자 간에 구분이 점점 어려워지게 된 사실 역시 외교정책과 정당정치 간 연계를 심화시킨 계기가 되었다.

민주주의 시스템하의 정당이 가진 또 다른 주요 속성은 정책입장과 관련하여 신뢰성(credibility)과 신축성(flexibility) 간의 균형문제라고 볼 수 있다. 어떤 정당도 하루아침에 정책입장을 쉽게 바꾸기는 어렵다. 정당에 대한 유권자들의 신뢰성을 잃어버리게 되기 때문이다. 예를 들어, 국방비 증액 이슈와 관련하여 어제는 찬성하고 오늘은 반대하는 정당이라면 신뢰받는 정당이 되기는 어렵다. 반대로 시대 상황이 변하고 사회경제적 조건이 달라짐에도 불구하고 과거와 동일한 정책만을 계속 고집하는 정당은 어떨까? 신뢰감은 지킬 수 있을지 모르지만, 유권자들의 새로운 요구를 무시하는 비(非)민주적인 정당으로 낙인찍히기 쉽다. 결국, 이론적으로 볼 때 유권자들에게 신뢰감을 주면서도 정책입장을 신축적으로 바꿀 수 있는 정당만이 살아남을 수 있다. 외교정책과 국내정치의 상관성은 고정적이 아닌 가변적인 성격이라고 볼 수 있는데 그 근거 중의 하나로 정당정치와의 연결점을 생각해 볼 수 있다.

2) 정당 시스템과 외교정책 경쟁

미국의 국내정치 경우 건국 초기부터 양당제(two-party) 시스템을 유지하고 있는 것이 큰 특징 중의 하나다. 공화당과 민주당 양대 정당의 경쟁을 중심으로 국내정치가 전개되는 미국은 중국정책(China policy)을 어떻게 만드는지 파악해 보자. 사실 G-2 시대 미중관계에 대한 논의가 빈번하게 이루어지는 것에 비해 미국의 국내정치와 미중관

계 상관성은 단편적으로 알려져 있는 수준이다. 그런데 미국의 국내정치 요소들, 즉 이념 전통, 제도 정치, 유권자 선택, 여론 추이, 선거 운동 등은 미국의 대외정책결정에 영향을 미친다. 따라서 양당제도라는 특수성을 가진 미국 정당정치 시스템과 대통령 선거라는 정치적 유인을 토대로 미국의 중국정책 형성과정을 살펴보는 일은 중요하다. 미국은 건국 이후부터 현재까지 연방 의회 선거를 단순 다수제(plurality)로 치르고 있다. 1913년 이후 총 435개로 고정된 연방 하원 지역구에서는 가장 많은 표를 얻은 오직 한 명만이 대표로 당선된다("winner-takes-it-all"). 50개 주에서 2명씩 선출되는 연방 상원 의원 역시 주 전체에서 가장 많은 표를 얻은 한 명의 후보만 승리한다. 게다가 비례대표제는 한 번도 채택한 적 없이 미국 의회는 철저한 양당제로 운영되어 왔다. 이러한 양당 경쟁체제하에서 특정 이슈를 둘러싼 정책연합이 형성(coalition-building)되는 양상은 도표 3.1에서처럼 크게 네 가지 양상으로 분류해 볼 수 있다.

구분해 보면 첫째, 두 정당이 찬성 혹은 반대 어느 한 쪽으로 입장을 같이 하는 초당파적(bipartisan) 상황, 둘째, 한 정당이 다른 정당과는 정반대되는 입장을 가지는 당파적(partisan) 경쟁, 셋째, 한 정당은 당 내부적으로 단합되어 있는 반면 다른 정당은 내부에 이견이 존재하는 분열 이슈(wedge issue) 상황, 마지막으로 두 정당 모두 내부 단합에 실패하여 자체적으로 분열되어 있는 동시 분열(cross-cutting) 상황 등이다. 도표 3.1은 각각의 상황에 대해 민주당과 공화당의 다양한 정당 간(inter-party) 경쟁 및 정당 내(intra-party) 단합 양상을 잘 보여준다. 직선은 분열선

도표 3.1   미국 양당제 정당정치와 이슈를 둘러싼 정책연합 구분

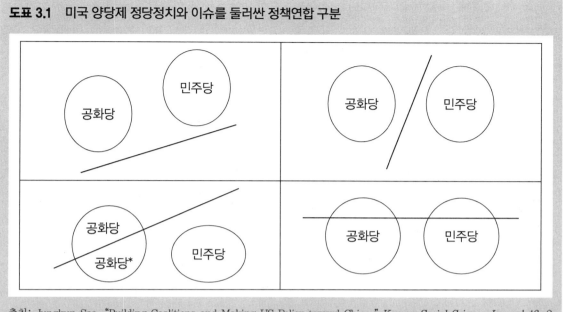

출처: Jungkun Seo, "Building Coalitions and Making US Policy toward China," *Korean Social Science Journal* 46-2 (2019), p. 116.

(dividing line)을 가리킨다. 우선 초당파적 이슈는 미국의 정당경쟁(국내정치)과 중국 이슈(외교정책) 간의 상관성을 고려해 볼 때, 주로 두 정당 간 의견 일치가 상대적으로 쉽게 이루어지는 분야를 뜻한다. 중국의 불공정무역 관행에 대한 비판, 티베트와 신장 등 중국 접경지역의 인권문제, 타이완에 대한 무기 수출과 보호 이슈 등이 공화당과 민주당 모두 의견을 함께 하는 초당파적 이슈다. 이 경우 주로 결의안(resolution) 통과 등 미국 의회의 상징적인 조치가 이루어진다.

반대로 중국문제가 당파적 이슈가 되는 경우는 정당 양극화가 심화된 현재의 미국 정치 상황에서 예상보다 많지 않다. 경제 및 사회, 문화 거의 모든 측면에서 민주당과 공화당 두 정당이 서로 반대되는 입장을 취하고 있는 양극화 시대에 중국 이슈만큼은 오히려 예외에 가깝다. 다시 말해 중

국과 관련된 안보 혹은 통상 이슈와 같은 주요 대외정책의 경우 두 정당이 실제로 정반대의 정책을 제안하는 일은 흔치 않다. 이는 당내 사정이 복잡한 현실에서 기인한다. 공화당의 경우 중국을 중대한 안보위협으로 취급하는 강경 매파 그룹, 중국을 여전히 세계 최대의 시장 및 공장으로 접근하는 친(親)기업 및 농업주(州) 의원들, 낙태 혹은 종교 탄압 등 보수 이념과 상충되는 나라로 인식하는 사회적 보수주의(social conservatives) 세력 등 다양한 이해관계 그룹이 당내에 존재한다.

민주당의 경우도 크게 다르지 않다. 포용(engagement)정책을 통해 중국을 국제정치 및 통상질서에 끌어들여야 한다는 중도파 의원들, 중국과의 통상을 억제하고 국내 경제를 우선시해야 한다는 전통적 보호무역 그룹, 기후위기 및 비확산 등 21세기의 새로운 이슈들을 해결하기 위해 강

대국 중국과 긴밀한 협력이 불가피하다는 진보파(progressives) 등으로 인해 당내 입장 정리가 쉽지 않다. 따라서 현재 미국 정당정치에 있어서 중국 이슈는 동시 분열 이슈(cross-cutting issue)에 가깝다고 볼 수 있다. 두 정당 모두 내부적으로 의견 일치가 어려운 상황에서 실질적인 중국정책 변화는 상상하기 쉽지 않다. 중국과의 무역 자유화를 영구화하는 법안(Permanent Normal Trade Relations)이 임기 마지막 해인 민주당 대통령 클린턴과 의회 공화당 세력 간의 협력으로 2000년에 통과된 사례가 미국이 중국을 상대로 결정한 주요 정책의 거의 마지막 사례라고 볼 수 있다. 이후에는 "중국 때리기(China-bashing)" 수준의 상징적 조치가 대부분을 차지하고 있다. 물론 다른 정책들과 마찬가지로 미국 내의 경제, 인종, 사회, 문화 등의 영역에서 중국 이슈를 재(再)정의하는 움직임이 본격화된다면 미국의 중국정책 역시 달라질 것으로 전망된다. 결론은 궁극적인 외교정책 변화가 의회-대통령 관계 및 양당제 정책연합의 틀 안에서 전개될 수밖에 없다는 사실이다. 외교정책을 국내정치 차원에서 접근해야 할 필요성이 읽혀지는 또 다른 대목이다.[19]

5. 사회세력과 외교정책

민주주의 시스템하에서 정치과정을 담당하는 주요 행위자는 정당에 국한되지 않는다. 여론, 미디어, 이익단체, 그리고 싱크탱크 역시 시민들의

정치적 요구와 이해관계를 정치체제에 투입하는 역할을 수행한다. 특히 외교정책의 결정과 수행에 있어 중요한 화두 중의 하나인 국가 내부의 단결 혹은 분열은 정치과정과 밀접한 상관성을 가진다. 특정 외교정책을 둘러싸고 단합된 여론이 뒷받침된다면 그 외교정책의 성공 가능성은 커질 수 있다. 반대로 외교정책에 대한 국내 지지가 엇갈리거나 언론, 이익단체, 싱크탱크 등의 입장이 서로 다르다면 해당 외교정책이 효과적으로 수행될 것으로 보기는 어렵다. 특히 이념적 양극화가 심화되고 있는 현대 민주주의 정치 현실에서 외교정책분야 역시 국론 통합이 쉽지 않은 과제로 떠올랐다. 외교정책의 목표와 전략에 대한 국내적 합의(consensus) 여부는 정치과정상의 다양한 행위자들이 어떻게 이해관계를 조정할 것인가에 달려 있다.

1) 여론과 미디어

외교정책에 영향을 미치는 국내정치 요인 중에 빼놓을 수 없는 것이 바로 여론의 역할이다. 민주주의 정치체제가 가지는 중요한 원칙 중의 하나인 책임성은 정부가 결정하고 집행한 외교정책의 결과에 대해 국민이 정부를 지지하거나 비판할 수 있다는 것을 의미한다. 따라서 민주주의 국가의 외교정책을 이해하기 위해서는 외교정책결정자에게 주어진 대중 여론의 제약을 고려하는 것이 필요하다. 그러나 민주주의 국가에서 여론의 역할이 중요하다는 명제는 조심스럽게 접근할 필요가 있다. 왜냐하면, 규범적으로 여론의 역할이 중요하다는 것과 실제로 여론이 외교정책에 중요한 영향을 미치는 것은 별개의 문제이기 때문이

---

19) 서정건, 『미국정치가 국제이슈를 만날 때: 정쟁은 외교 앞에서 사라지는가? 아니면 시작하는가?』 (서울: 서강학술총서, 2019).

다. 외교정책에서 여론이 차지하는 역할이 별로 크지 않다는 것이 기존 외교정책 연구의 지배적인 분위기였다. 여기서는 외교정책과 여론에 관한 몇 가지 이론적 논의들을 소개한다. 이들 이론은 미국외교정책의 맥락에서 개발되었기 때문에 성급하게 일반화시켜 다른 국가의 외교정책에 적용하기에는 문제가 있다. 그러나 민주주의 정치체제의 특성을 상당 정도 반영하고 있는 이론들이기 때문에 민주주의 국가인 한국의 외교정책 연구에 시사점을 줄 수 있다.

(1) 알몬드-리프만 컨센서스와 여론 영향력

외교정책과 여론과의 관계는 역사적으로 자유주의 시각과 현실주의 시각 간의 논쟁 중심에 있었던 쟁점 중의 하나이다. 대중여론을 건전한 외교정책을 위한 필수조건으로 간주하는 자유주의 시각과 여론을 효과적인 외교정책 수행에 방해가되는 요소로 파악한 현실주의와의 대립이 논쟁의 핵심이었다.[20] 제1차 세계대전을 전후로 해서 여론의 중요성을 강조한 윌슨(Woodrow Wilson)의 이상주의적 자유주의가 영향력을 행사했지만, 국제연맹의 실패로 윌슨의 자유주의는 쇠퇴하고 여론의 역할에 대한 회의론이 부상했다.

제1차 세계대전 이후부터 냉전 초기까지 여론의 역할에 대한 회의적인 시각을 대표하는 현실주의 학자는 저널리스트였던 리프만이었다. 그는 고전적 민주주의이론의 핵심적 전제인 식견 있고 참여적인 시민이라는 가정은 허황된 것으로 간주

---

20) Ole R. Holsti, "Public Opinion and Foreign Policy: Challenges to the Almond-Lippmann Consensus," in Ole R. Holsti, *Making American Foreign Policy* (New York: Routledge: 2006), pp. 55–88.

했다. 리프만이 보는 일반적인 시민들이란 자신의 일상에만 매진하고 있기 때문에 그들과 너무 멀리 떨어진 국제문제에 대해서는 잘 알지도 못하고 관심도 없으며 그들이 머릿속에서 생각하는 국제정세와 실제의 국제정세 사이에는 커다란 괴리가 존재한다는 것이다. 이러한 이유 때문에 리프만은 민주주의 국가로서 미국의 외교정책이 무지하고 무관심한 일반 대중들의 여론에 의해 지배받게 될 것을 우려하였다.

제2차 세계대전을 전후로 해서 과학적 여론조사 방법이 발전하면서 활기를 띤 외교정책과 여

📖
해설 3.2

리프만이 본 미국외교정책에서의 여론의 역할

불행스러운 진실은 우세한 여론이 결정적인 국면들에서 큰 피해를 줄 정도로 그릇된 것으로 드러났다는 것이다. (대중들에 비해) 더 잘 알고 있고 책임을 지는 정부관리들의 판단에 대해 대중들이 결정적인 거부권을 행사해왔다. 일반적으로 무엇이 더 현명하고, 필요하며, 적절한 것인지를 알고 있는 정부가 여론으로 인하여 너무 늦고 부족하게, 또는 너무 오랫동안 과도하게, 평시에는 지나치게 평화적으로, 전시에는 지나치게 호전적으로, 협상에서는 지나치게 중립적이거나 유화적으로, 또는 지나치게 비타협적으로 되어 버렸다. 대중여론은 20세기에 와서 갈수록 증대되는 권력을 획득했다. 삶과 죽음의 문제가 걸려있는 상황에서 여론은 위험스러운 정책결정의 주인이 되어 버린 것이다.

출처: Walter Lippmann, *Essays in the Public Philosophy* (Boston: Little, Brown, 1955), p. 20.

론에 관한 연구들도 리프만의 회의적 입장을 지지했다. 대표적으로 알몬드(Gabriel Almond)의 연구는 일반 대중들이 공적인 이슈에 대해서 즉흥적인 '무드(mood)'에 따라 움직이는 것으로 설명하는데, 대중들의 즉흥적인 반전(反轉)현상은 개입과 회피, 낙관과 비관, 묵인과 저항, 냉소와 이상, 그리고 우등과 열등이라는 상반되는 스펙트럼 사이를 심각한 고민 없이 쉽게 넘나드는 형태로 진행된다는 것이다.[21] 제2차 세계대전 이후부터 1960년대 중반 베트남전쟁까지의 시기 동안, 미국외교정책 연구에서 여론의 역할에 관한 학문적인 공감대가 형성되었는데, 여론의 역할에 회의적인 시각을 대표하는 알몬드와 리프만의 이름을 따서 그것을 '알몬드-리프만 컨센서스(Almond-Lippmann consensus)'라고 지칭한다. 알몬드-리프만 컨센서스는 다음의 세 가지 명제로 압축된다.

첫째로, 여론은 매우 불안정하기 때문에 효과적인 외교정책을 위한 기반이 될 수 없다. 이는 알몬드의 무드이론(mood theory)이 지적하듯이 여론은 즉흥적인 대중의 기분에 좌우되어 매우 불안정하고 비합리적이라는 주장이다. 둘째로, 외교문제에 관한 대중의 태도는 구조와 일관성을 결여한 '무태도(non-attitudes)'로 표현된다. 컨버스(Philip Converse)의 연구는 대중들의 이념적 성향과 정치적 신념, 그리고 외교정책 선호도 간에는 서로 상관성이 거의 없다고 주장한다. 대중들은 구조적이지 못한 외교정책 신념을 가지고 있기 때문에 국가공공정책에 대한 대중들의 태도를 '무태도'라고 볼 수 있다는 것이다.[22] 셋째로, 여론은 외교정책에 극히 제한적인 영향력을 행사한다. 제2차 세계대전 이후 외교정책에서 여론이 차지하는 역할에 관한 관심은 무지하고 변덕스러운 일반 대중의 여론에 의해 정부가 추진하는 외교정책이 제약을 받게 될지도 모른다는 두려움에서 출발했다. 하지만 외교정책과 여론에 관한 초기 연구들은 오히려 정부의 외교정책이 여론에 영향을 미치지, 그 반대로 여론이 외교정책에 영향을 미치지는 않는다고 결론지었다.

미국 내 외교정책 연구에서 알몬드-리프만 컨센서스는 베트남전쟁을 시점으로 도전을 받는다. 베트남전쟁의 실패로 국내여론과 국내정치의 제약 없이 정부가 외교정책을 독점해온 이전까지의 냉전적 합의에 대해 근본적인 반성이 제기되면서 외교정책결정과정에서 여론의 역할에 대한 재조명이 이루어졌다. 또한, 기존 여론조사 방식에 대한 문제점이 제기되어 새로운 여론조사 형식과 내용에 기초한 여론 분석이 이루어졌다. 이러한 배경하에서 등장한 베트남전쟁 이후의 미국외교정책 연구들은 기존의 알몬드-리프만 컨센서스와는 다른 연구결과들을 보여준다.

첫째, 여론은 불안정하다는 종전의 입장에 대해 여론의 안정성과 합리성을 입증하는 연구결과들이 등장하기 시작했다. 대표적으로 페이지와 샤피로(Benjamin Paige and Robert Shaprio)는 약 50년에 걸친 여론조사 자료를 토대로 한

---

21) Gabriel Almond, *The American People and Foreign Policy* (New York: Prager, 1950), pp. 54-65; 남궁곤, "외교정책과 여론: 'Almond-Lippmann Consensus'와 그 비판적 검토,"『한국과 국제정치』제15권 1호 (1999), p. 42에서 재인용.

22) Phillip E. Converse, "The Nature of Belief Systems in Mass Publics," David E. Apter (ed.), *Ideology and Discontent* (New York: Free Press, 1964), pp. 206-261; 남궁곤 (1999), p. 43에서 재인용.

분석에서, 여론은 안정적이며 여론에 변화가 발생할 경우 이러한 변화와 국제 상황의 변화 사이에는 논리적인 패턴이 나타난다고 결론을 내렸다.[23] 둘째, 대중들은 일관된 이념적 인식구조를 가지고 있지 않다는 명제와는 배치되는 연구결과들이 나타났다. 대표적으로 위트코프(Eugene Wittkopf)의 연구는 고립주의-국제주의 차원에서 대중의 외교정책 태도를 측정하려고 했던 종전까지의 연구에 군사적 접근(Militant)-협력적 접근(Cooperative) 차원을 추가시켰는데, 대중의 대외정책 태도에 관한 4가지 유형을 새롭게 분류했을 때 엘리트는 물론 대중에게도 일관된 이념적 인식구조가 나타나고 있음을 밝혔다.[24] 셋째, 여론이 외교정책결정에 제한적인 영향력만을 행사한다는 명제도 도전받기 시작했다. 대표적으로 미국 대통령 선거캠페인을 체계적으로 분석한 올드리치(John Aldrich)와 그의 동료들의 연구결과는 1952년에서 1984년에 이르는 기간 동안 9번의 선거 중 5번의 선거에서 외교정책 이슈가 유권자의 투표에 큰 영향력을 행사했음을 보여주고 있다.[25]

알몬드-리프만 컨센서스를 비판하는 연구들은 여론의 역할에 관한 기존의 회의적인 입장과는 대조적으로 여론이 안정적이고 일관된 인식구조를 가지고 있으며, 외교정책에 영향을 미친다는 것을 보여주고 있다. 그러나 이러한 새로운 연구결과들이 알몬드-리프만 컨센서스가 완전히 오류였다는 것을 의미하지는 않는다는 것에 주목할 필요가 있다. 이러한 연구들은 특정한 시기의 특정한 조건하에서 특정한 국가의 특정한 주제를 특정한 방법론을 사용하여 분석한 결과이기 때문이다. 따라서 한마디로 외교정책에서 여론의 역할이 중요하다. 중요하지 않다를 쉽게 결론지을 수 없으며 구체적인 맥락 속에서 여론의 역할에 대한 논의가 필요한 것이다.

(2) 결집효과와 관심전환이론

여론과 외교정책에 관한 대표적인 주제 중의 하나는 결집효과(Rally 'round the flag effect)이다. 결집효과란 국제적인 위기가 발생했을 때, 현직 대통령에 대한 지지여론이 급등하는 현상을 지칭한다. 예를 들면, 1991년 임기 마지막 해 레임덕에 허덕이던 아버지 부시(George H. W. Bush) 대통령은 걸프전이 시작되면서 90%에 가까운 지지율을 기록한 바 있고, 평범한 지지율을 보이던 아들 부시(George W. Bush) 대통령 역시 2001년 9·11테러 직후 지지율이 51%에서 86%로 한순간에 35%나 상승하였다.

이러한 현상이 일어나는 이유는 무엇일까? 이 주제에 관한 대표적 연구인 뮬러(John Mueller)에 따르면 그 이유는 반사작용처럼 나타나는 애국심(patriotic reflexes) 때문이라는 것이다. 이와 다른 설명으로 브로디(Richard Brody)는 야당 정치엘리트들의 비판의 부재 때문에 지지도

23) Benjamin Paige and Robert Shaprio, *The Rational Public: Fifty Years of Trends in American's Policy Preferences* (Chicago: University of Chicago Press, 1992).

24) Eugene Wittkopf, "On the Foreign Policy Beliefs of the American People: A Critique and Some Evidence," *International Studies Quarterly* 30 (1986), pp. 425-445.

25) John Aldrich, John Sullivan and Eugene Borgida, "Foreign Affairs and Issue Voting: Do Presidential Candidates 'Waltz before a Blind Audience?'," *American Political Science Review*, vol. 83, 1989, pp. 123-141.

급등 현상이 나타난다고 주장한다. 브로디에 따르면 위기 시에는 정부가 정보를 독점하기 때문에 야당 지도자들이 단기적으로는 정부에 대한 공개적 비판을 자제하게 된다. 왜냐하면, 부족한 정보를 가지고 사태를 정확하게 파악하고 있지 못하면서 대통령을 비판하는 것처럼 비쳐질 수 있기 때문이다. 야당 지도자들의 이러한 조심스러운 접근은 정부가 위기 사태를 잘 처리하고 있으며 초당적 협력이 이루어지고 있는 것처럼 대중에게 비쳐서 일반 대중들도 정부에 대한 비판을 자제하게 된다. 따라서 야당 정치엘리트와 대중을 막론하고 대통령지지 급등 현상이 일어난다는 것이다.[26]

브로디의 주장에 대한 비판도 있다. 야당 엘리트들의 비판 자제를 지지율 급등 현상의 원인으로 간주하는 것은 원인과 결과를 뒤바꾸는 오류를 범하는 것일 수도 있다. 일반적으로 야당 엘리트들이 대통령을 지지하거나 반대를 자제하는 것은 국민들의 지지도 급등 현상 자체에 대한 반응이기 때문에 결과(야당 엘리트의 비판 자제)가 원인(지지도 급등 현상)을 설명하게 되어버리기 때문이다.[27]

대통령에 대한 지지도 급증 현상은 단기적이라는 것에 주목할 필요가 있다. 러셋과 그의 동료들에 따르면 이러한 현상은 대개 길어야 4~5개월이며, 대개는 2개월 정도 지속된다.[28] 사태의

초기에는 대통령지지율이 급등하지만, 시간이 지나면서 정부정책이 삐걱거리고 상황에 대한 부정적 정보들이 공개되면서 대담해진 야당 지도자들은 정부에 대한 비판을 퍼붓게 되고 이에 언론과 일반 대중들도 비판에 가세하여 지지율 급등 현상은 쇠퇴하게 되는 것이다.

외교정책과 국내정치와의 관계에 관한 오래된 연구주제 중의 하나는 국내정치적 불안정과 대외적인 무력행사와의 상관관계이다. 관심전환이론(diversionary theory of war) 또는 속죄양가설(scapegoat hypothesis)로 불리는 이 이론은 정치지도자들이 대중들의 관심을 국내 사회적·경제적 문제들로부터 돌리고 자신들의 국내정치적 지위를 강화시키기 위해 전쟁을 포함한 모험적인 대외정책에 호소한다고 주장한다.[29] 앞서 언급한 '결집효과'를 역으로 이용하는 것도 관심전환이론이 설명하는 대상에 포함된다고 할 수 있다.

경제위기와 심각한 국내적 소요에 직면해 있던 아르헨티나 군사정부가 1982년 영국령 포클랜드제도(諸島)를 군사적으로 점령함으로써 촉발된 포클랜드전쟁(Falklands War)이 국내정치적 동기에 의해 외부 갈등을 도발한 대표적인 사

---

26) Richard Brody, *Assessing the President: The Media, Elite Opinion, and Public Support* (Stanford: Stanford University Press, 1991).

27) March Hetherington and Michael Nelson, "Anatomy of a Rally Effect: George W. Bush and the War on Terrorism," *PS: Political Science & Politics*, Vol. 36, 2003, pp. 37-42.

28) Bruce Russett, Harvey Starr and David Kinsella,

World Politics: The Menu For Choice, sixth ed. (Boston: Bedford/St. Martin's, 2000), p. 31.

29) 관심전환이론에 관한 소개와 비판적 검토를 담고 있는 대표적인 연구로는 Jack Levy, "Domestic Politics and War," *The Origin and Prevention of Major Wars* (Cambridge: Cambridge University Press, 1989b), pp. 79-99. 이 글의 번역은 잭 레비, "국내정치와 전쟁," 김우상 외 편역, 『국제관계론강의 1: 국제정치편』 (서울: 한울아카데미, 1997), pp. 325-346; Jack Levy, "The Diversionary Theory of War: A Critique," in Manus I. Midlarsky (ed.), *Handbook of War Studies* (Boston: Unwin Hyman, 1989a), pp. 259-288; Geoffrey Blainey, *The Causes of War*, 3rd edn. (New York: The Free Press, 1988).

례로 흔히 거론된다. 아르헨티나 군부는 전쟁 초기에 아르헨티나 국민의 애국심을 고취시키는 데는 성공했으나, 결국 영국에게 패배하면서 이듬해 문민정부의 출범과 함께 몰락하게 된다. 또 다른 사례로서 1998년 모니카 르윈스키와의 성추문 사건으로 탄핵위기까지 몰렸던 클린턴 대통령이 당시 이라크의 UN무기사찰활동 방해와 협력 거부를 이유로 영국과 함께 이라크를 공습한 것이 국내 비판 여론의 관심을 전환하려는 의도에서 이루어졌다는 의혹이 제기됐었다. 두 사건 간에는 아무런 연관성이 없다는 클린턴 행정부의 해명에도 불구하고, 미국은 성추문 사건으로부터 국민의 관심을 돌리려고 의도적으로 군사적인 행동을 취했다는 국내외적인 비판에 직면했었다.

관심전환이론은 사회학에서 연구되어온 내부집단(in-group)-외부집단(out-group) 가설에 근거하고 있다. 짐멜(George Simmel)이 제시한 이 가설은 외부집단과의 갈등이 증가할수록 내부집단의 응집성과 정치적 중앙집권화가 증가된다는 것이다.[30] 이것은 위기 시에 지도자에 대한 지지도가 급등하는 결집효과와도 유사한 점이 있다. 관심전환이론은 정치지도자가 외부집단과의 갈등이 내부집단의 결속을 증가시킨다는 짐멜의 내부집단-외부집단 가설을 역으로 이용하여 내부적인 결속을 위해 외부집단과의 갈등을 의도적으로 유발한다는 논리를 포함하고 있다. 한편, 코우저(Lewis Coser)는 짐멜의 가설을 수정해서 내부적 응집성은 최소한의 내부 결속력이 이미 존재하고 있을 때, 그리고 외부 위협이 집단의 일부가 아닌 집단 전체에 대한 것이라고 일반적으로 인식될 때에만 내부집단의 결속이 증가될 것이라고 주장한다.[31] 코우저가 언급한 두 번째 조건은 2003년 이라크전쟁 개시 직전 미국과 사담 후세인의 이라크 그리고 부시 행정부 당시 미국과 북한의 관계를 바라보는 데 흥미로운 시사점을 던져준다. 미국은 자신이 이라크와 북한에 대해서 가하는 위협은 이들 국가 전체에 대한 위협이 아니라 독재자 사담 후세인과 김정일에 대한 위협이라는 것을 강조했다. 미국은 이라크전쟁 이전 사담 후세인과 이라크 일반 대중들을 구별하고 미국이 반대하는 것은 사담 후세인이지 이라크 국민들이 아니라는 점을 부각시켰다. 미국이 김정일과 북한 인민들을 구분 지었던 방식과 동일한 것이다. 반대로 이라크와 북한은 미국의 위협은 개인 지도자에 대한 위협이 아니라 국가 전체에 대한 위협임을 강조해왔다. 특히 북한의 김정일은 미국으로부터의 위협은 김정일 개인에 대한 위협이 아닌 북한이라는 국가 전체에 대한 위협이라고 강조하고, 미국이라는 일종의 속죄양을 동원해서 북한 사회가 안고 있는 모든 문제의 책임을 미국의 대북 적대시정책으로 돌리면서 내부적 결속을 다졌다고 볼 수 있다.

1960∼1970년대에 통계적 자료를 이용한 경험적 연구들은 일반적으로 국내정치적 불안정과 대외적 갈등행위 간에는 아무런 관계가 존재하지 않는다고 결론 내리고 있다. 관심전환이론에 관한 계량적 연구들을 분석한 레비는 이러한 연구들이 가지고 있는 문제점들을 지적했다. 첫째

---

30) *George Simmel, Conflict*, trans., Kurt H. Wolff (Glencoe, IL: Free Press, 1955), p. 93; 잭 레비 (1997), p. 40.에서 재인용.

31) Lewis Coser, *The Functions of Social Conflict* (New York: Free Press, 1956). 잭 레비 (1997), p. 40.에서 재인용.

로, 이러한 연구들은 단순히 국내적 갈등과 대외적 갈등 간의 상관관계에 관한 분석일 뿐 관심전환이론의 가설을 검증하는 것은 아니었다고 비판한다.[32] 둘째로, 기존의 연구들은 관심전환가설과 연관된 구체적 조건들 — 국가의 형태, 대외적 분쟁의 형태, 정치엘리트에 대한 위협의 종류, 국내적 갈등의 수준 — 을 통계분석을 위한 연구설계에 반영하지 않았기 때문에 관심전환가설에 대한 엄밀한 의미의 검증이 아니며 따라서 실제로 존재할지도 모를 상관관계를 덮어버릴 수 있다고 경고하고 있다.

국내불안정과 대외적 무력사용과의 관계에서 정권 유형의 역할을 분석한 젤피(Christopher Gelpi)의 연구는 이론적 근거와 적절한 통계분석 방법을 적용해서 관심전환가설을 검증하고 있다는 점에서 레비가 지적한 기존 통계적 연구의 단점을 극복하고 있다.[33] 젤피에 따르면 권위주의 국가는 민주주의 국가보다 무력을 대내적 억압에 사용하기 쉽기 때문에 국내적 불안정이 발생했을 때 대외적인 무력을 사용하기보다는, 오히려 대내적인 억압에 무력을 사용하게 된다는 것이다. 이와는 반대로 민주주의 국가들은 시위대를 무력으로 진압하기 어려운 국내 제도적 제약 — 선거에서의 심판, 국내적인 무력사용에 대한 법적 제약, 권력분산 — 때문에 오히려 대외적인 무력사용에 더 의존하게 된다는 것이 젤피의 주장이다. 이러한 주장을 토대로 젤피는 권위주의 국가보다 민주주의 국가가 국내적 불안정 상황에서 관심전

환 동기를 가지고 대외적인 무력을 사용할 가능성이 높다는 가설을 세우고, 이러한 가설이 통계적으로 유의미한 결과를 보여준다고 주장했다.

관심전환이론에 관한 역사적 사례연구에서 이 이론이 다양한 사례들을 통해 입증된다는 입장과 이러한 결과에 대해서 회의적인 입장이 공존하고 있다. 관심전환이론의 역사적 증거에 대해 회의적인 입장은 관심전환이론을 역사적으로 분석한 블레이니(Geoffrey Blainey)가 대표적이다.[34] 18세기부터 20세기까지의 전쟁의 원인을 분석한 블레이니는 국내적 불안정과 전쟁 사이에는 상관관계가 있지만, 그 상관관계는 관심전환이론 또는 속죄양가설이 주장하는 이유 때문에 발생하는 것이 아니라고 결론 내리고 있다. 속죄양가설의 역사적 입증 사례에 대한 블레이니의 비판은 다음과 같다.

첫째, 역사적으로 속죄양가설을 입증하는 사례라고 여겨지는 전쟁들 — 18세기의 스페인, 폴란드, 오스트리아, 바바리아의 왕위계승전쟁들, 19세기의 크리미아전쟁, 20세기의 제1차 세계대전, 제2차 세계대전 — 에서 관심전환이론을 입증할 만한 결정적인 증거는 없다는 것이다. 또한, 속죄양가설은 주로 그러한 해석을 적용하는 사람들이 비난하는 국가 즉 적국에 대해서만 적용되는 당파적으로 악용되는 이론이며 대부분 편향적인 자료들에 의존하고 있다고 비판한다. 둘째, 국내적 불안정은 전쟁을 일으키기보다는 오히려 전쟁을 억제하는 역할을 하게 된다. 극심한 내부적 분열을 겪고 있는 국가들은 전쟁을 수행할 수 있는 능력이 없고, 반대로 안정적인 국가는 속죄양

32) Levy (1989a), pp. 282-283.

33) Christopher Gelpi, "Democratic Diversions: Governmental Structure and the Externalization of Domestic Conflict," *Journal of Conflict Resolution* 41-2 (April 1997), pp. 255-282.

34) Geoffrey Blainey, *The Causes of War*, 3rd edn. (New York: The Free Press, 1988).

가설이 적용되지 않는 국가들인 것이다. 따라서 중간 정도의 국내적 불안을 겪고 있는 국가들만이 속죄양가설에 해당될 수 있는 국가들인데, 이들 국가는 중간 정도의 국내 불안정을 해소하기 위해서 굳이 위험한 전쟁을 택할 필요가 없다는 것이다.

셋째, 내부적 갈등을 겪고 있는 국가들이 전쟁을 개시한다고 가정하고 있지만, 1815~1939년의 기간 동안 일어난 대부분의 전쟁에서 내부적으로 분열된 국가들이 침략국이 아닌 피침략국이라는 것이다. 전쟁 당사자들이 전쟁을 통해서 내부적 단결을 거둘 수 있다고 믿었을 수도 있지만, 그것과 그러한 이유가 전쟁의 직접적인 원인이 되었다는 것은 전혀 다른 차원의 성질이라고 주장한다. 넷째, 블레이니는 속죄양가설에 대한 대안적인 설명으로 두 국가 간에 압도적인 힘의 격차가 있을 때 평화가 유지되지만, 이러한 힘의 격차가 불분명해질 때 전쟁의 발발 가능성이 높다는 힘의 우위론(preponderance of power)을 제시한다. 이 이론에 따르면 한 국가의 국내적 불안정이 그 국가의 대외적인 무력사용을 가져오는 것이 아니라, 국내적 불안정이 기존의 국가 간 상대적 힘의 격차를 불분명하게 만듦으로써 전쟁이 발생하게 된다는 것이다.

관심전환이론은 전쟁을 포함한 대외적인 무력사용이라는 외교정책 행위가 발생했을 때 일반인들이 그 행위 동기를 파악하면서 쉽게 떠올리는 대중화된 이론이다. 그러나 통계적 분석을 이용한 연구들과 사례분석에 의존한 역사적 연구들은 관심전환이론의 경험적 타당성에 대한 뚜렷한 결론을 내리지 못하고 있다. 특히 기존의 통계적 분석을 통한 연구들은 관심전환이론이 성립되는 구체적인 조건들에 대한 검토를 하지 않은 채로 국내적 불안정과 대외적 분쟁 행위 간의 단순 상관관계만을 분석하였기 때문에, 이러한 연구결과만을 가지고 관심전환이론을 기각하기는 어렵다. 하지만 한 국가 지도자가 실제로 관심전환 동기를 가지고 무력을 사용했다고 하더라도 이를 실증적으로 입증해 내기는 쉽지 않을뿐더러 음모이론으로 악용될 소지도 많기 때문에, 특정 국가의 대외적 행동을 관심전환 동기로 설명하는 것에는 각별한 주의가 요구된다.

2) 이익단체와 싱크탱크

국내정치를 민주주의 시스템 시각에서 바라본다면 이익단체 혹은 싱크탱크 등이 한 나라의 외교정책에 영향을 미친다는 점은 쉽게 이해된다. 정당은 정권 획득을 목적으로 하며 광범위한 이슈 전반에 걸친 정책입장을 가진 반면, 이익단체은 그 성격을 달리한다. 이익단체는 권력 획득 자체를 목적으로 하지 않는다. 대신 특정 이슈 혹은 정책의 변화를 목표로 조직되어 활동하는 일종의 이해관계 실현집단이다. 물론 이익단체는 구성원의 규모나 정치자금 동원, 혹은 로비활동 등을 통해 정당정치에 영향력을 발휘하기도 한다. 이는 이익단체 활동이 외교정책 형성 및 집행에 효과를 미치는 배경이 되기도 하다. 그럼에도 불구하고 이익집단과 정당정치를 구분하는 것은 중요하다. 개별국가의 정당정치와 민주주의가 특정 이익집단에 의해 포획되었는지 여부에 따라 외교정책의 투명성 및 책임성을 가늠할 수 있기 때문이다.

여러 정책분야 중 이익단체가 외교정책에 미치는 영향이 큰 영역 중 하나는 무역이다. 1929년에 전례 없는 최악의 경제 대공황(Great Depression)이 발생했을 때 미국 의회가 내놓은 대책은 스무트-홀리(Smoot-Hawley) 관세인상법안 통과였다. 전례 없는 경제위기에 대해 미국 내부의 산업 관련 이익단체들이 고(高)관세를 대응책으로 요구함에 따라 의회가 수입 관세 대폭 인상 카드를 택한 셈이었다. 이는 결국 잘 알려진 대로 주요 교역 국가들과의 무역 전쟁으로 비화되어 세계적인 경제 침체를 악화시키는 결과를 초래하였다. 1932년 루스벨트 당선 이전까지 공화당이 다수당이던 미국 의회는 높은 관세율을 선호하는 이익집단들의 로비에 취약했다. 스무트-홀리법안은 의회가 이익집단의 단기적인 이해관계에 포획되어 잘못된 대외정책을 선택하였던 대표적 예로 지금도 회자되고 있다.

하지만 이익집단의 영향력이 부정적인 차원에만 머무르지는 않는다. 대부분의 민주주의 국가에서 보수 정당은 주로 기업의 이익을 대변하는 데 비해 진보 정당은 노동자와 피해 계층을 옹호하고 있다. 제2차 세계대전 이후 미국 주도의 세계 경제가 호황을 누리던 시기에 다수의 국가가 자유무역협정(free trade agreements)을 맺고 혜택을 누렸던 점은 분명하다. 하지만 세계화 추세가 통상뿐만 아니라 금융에서도 심화되면서 국제 경제의 불안정성 또한 커졌음은 부인하기 어렵다. 또한, 대기업과 다국적기업의 이익 창출과 시장 점유에 유리하도록 경제 통합이 전개되었고 노동자들과 빈곤층의 목소리는 잘 들리지 않는 시스템으로 변해갔다. 이에 따라 자유무역에 대한 불신이 점점 커졌고 공정무역(fair trade) 혹은 보호무역(protectionism)에 대한 요구가 거세졌다. 이 과정에서 정치적으로 세력 결집이 어려운

저소득층 유권자들과 노동자 계층을 조직하고 동원하는 데 결정적 역할을 수행한 것이 바로 이익집단이다. 진보 정당이 우경화되고 기업 친화적으로 변모하는 경향을 보일 때도 노동자 권익을 위해 활동하는 이익집단들은 노동자, 농민, 서민층에게 무역으로 인한 경제적 손익관계를 설명해주었다. 그리고 그들의 권익을 위해 조직력과 정치력을 발휘한 바 있다.

한편, 정책에 대한 검증과 연구, 논쟁 기능을 주로 담당하는 싱크탱크는 외교정책과 관련된 이념 추구, 정책 개발, 논쟁 확산, 퇴임 관료 및 정치인들의 영향력 확보 등 다양한 영역에서 활동하고 있다. 나라마다 차이는 있지만, 미국의 경우 싱크탱크가 오래전부터 존재해 왔고 자금력 및 조직력 역시 증가해 왔다. 워싱턴 DC를 거점으로 하여 보수주의, 자유주의, 초(超)보수주의(libertarianism) 등 특정 이념을 지향하고 그에 따른 대외정책들을 개발하고 홍보하는 싱크탱크들이 다수 존재한다. 브루킹스연구소(Brookings Institution), 우드로 윌슨 센터(Woodrow Wilson Center), 미국기업연구소(American Enterprise Institute), 헤리티지재단(Heritage Foundation), 퀸시연구소(Quincy Institute) 등이 그 예다. 이들은 안보, 통상, 기술, 가치, 환경, 인권, 노동, 이민 등 다양한 외교정책 영역에서 정책을 개발하고 관련 논쟁을 활성화하고 있다. 뿐만 아니라 선거에 패배한 정당의 행정부 및 의회 출신 정치인들을 영입함으로써 이들에게 현장 경험과 정책 논의를 연결시킬 수 있는 기회도 제공한다. 싱크탱크가 이처럼 정부 인사들에게 자리를 보장하고 이들이 다시 정부에 복귀하기도 하는 관행은 종종 비판에 직면하기도 한다. 양당제 정치 틀 안에

서 쳇바퀴 도는 인물과 정책의 무한 반복은 '회전문(revolving-door)' 인사라는 거부감뿐만 아니라 중장기적으로 미국의 대외정책 혁신 기회를 차단한다는 지적에서 자유롭지 못하다.

이러한 맥락에서 왈트(Stephen Walt)는 이익집단, 싱크탱크, 로비스트, 언론, 학계, 로비스트 등을 구성원으로 하는 미국의 외교정책집단(foreign policy community)을 비판적으로 분석[35]한 바 있다. 자신이 주창해 온 '역외균형이론(off-shore balancing)'이 워싱턴에서 환영받지 못하는 이유에 대해 고찰하면서 왈트는 외교정책집단을 일종의 기득권 세력으로 정의하였다. 싱크탱크에게 자금 지원을 해 주는 미국의 군사주의(militarism)를 절대적으로 옹호하고 군산복합체(military-industrial complex)의 보이지 않는 영향력이 유지되도록 돕고 있다는 주장이다. 따라서 미국의 직접적인 해외 이슈 개입을 부정적으로 인식하는 자신의 역외균형론 정책은 외교정책집단에 의해 거부되고 있다는 설명이다.

실제로 전통적 공화당 입장과 여러 차원에서 이견을 보였던 트럼프 대통령의 경우 워싱턴 외교정책집단의 특징을 극적으로 보여주었다. 동맹을 무시하고 방위비 분담금 증액을 무리하게 요구한 트럼프 대통령에 대해 워싱턴의 외교정책집단은 내부적으로 크게 우려하였다. 예컨대 미국 무기 체계의 최대 수입국이자 전통 우방인 한국 내부에서 반미 감정이 등장할 수도 있다는 가능성을 염려한 셈이다. 한편, 지소미아(GSOMIA)로

불린 한일군사정보보호협정 경우는 이와 정반대 사례다. 일본 측 로비와 공공외교가 워낙 막강한 힘을 발휘하고 있는 워싱턴 소재 외교정책집단은 한국이 지소미아를 받아들이도록 유형과 무형의 압력을 시도한 바 있다. 정작 미국 대통령 트럼프는 한일 간 갈등에 대해 별다른 관심을 보이지 않았던 점을 상기해 보면 외교정책집단의 독자적 이해관계를 파악해 볼 수 있다. 미국의 주요 외교정책결정과 관련하여 워싱턴에 위치한 외교정책집단의 오래된 영향력을 종합적으로 고려해야 하는 이유가 여기에 있다. 외교정책은 대통령과 행정부가 주도한다는 통념에 대해 다시 한번 생각해 보게 되는 계기가 아닐 수 없다.

6. 결론

국가의 대외적 행동을 설명하는 요인으로서 국내정치 요인들의 중요성은 아무리 강조해도 지나치지 않는다. 그러나 "국내정치가 중요하다(Domestic politics matters)"라는 입버릇처럼 반복되는 학문적 주문(呪文)에도 불구하고 외교정책의 국내정치 요인에 관한 연구들은 아직까지 그 중요성에 걸맞은 학문적 위상을 차지하지 못하고 있는 것이 현실이다. 국내정치적 요인에 대한 이론적 발전을 위해서는 국내정치가 중요하다는 단순한 주장보다는 어떻게 중요한지를 밝히는 것이 중요하다. 국내정치적 요인 분석의 개발을 위해서는 다음과 같은 노력들이 필요하다.

첫째, 인과론적 메커니즘(causal mechanism)을 구체화시킨 이론들의 개발이다. 1960~1970년대의 외교정책분석을 주도한 비교외교정책론

---

35) Stephen M. Walt, *The Hell of Good Intentions: America's Foreign Policy Elite and the Decline of U.S. Primary* (New York: Farrar, Straus and Giroux, 2018).

은 변수를 계량화하고 변수들 간의 상관관계를 통계학적으로 밝혀서 국내정치와 외교정책 간의 관계에 관한 일반화를 구축하려고 했었다. 그러나 단순한 상관관계는 인과관계와 다른 것이다. 국내정치 요인이 어떻게 대외정책의 특정한 현상에 영향을 미치는가를 설명하기 위해서는 그 과정에 대한 구체적인 인과론적 이론틀이 명확하게 제시되어야 하는데 이전의 비교외교정책 연구들은 이러한 인과관계에 관한 부분들이 취약했다. 1990년대 이후 중요한 연구주제로 떠오른 민주평화론은 비교외교정책론이 간과한 인과론적 메커니즘을 제시함으로써 국가속성과 대외적 행위에 관한 이론에 커다란 발전을 가져왔다고 평가할 수 있을 것이다.

둘째, 국제체제와 국내정치의 상호작용에 관해 더 큰 학문적 관심이 요구된다. 국내정치가 국제정치와 밀접한 상관관계가 있다는 단순한 주장보다는, 어떻게 두 수준이 연결되는지에 대한 연구가 이루어져야 한다. 국제정치와 국내정치의 상호작용을 다루는 제2이미지 역전이론과 양면게임이론은 두 수준 간 상호작용의 중요한 측면을 다룬 연구로써 커다란 공헌을 했다. 그러나 아직은 은유 단계에 놓여있는 이들 이론을 좀 더 체계적으로 이론화시키는 노력이 필요하다.

셋째, 국내정치를 강조하는 노력이 국가 외부의 국제체제 요인을 무시하는 것이 되어서는 안 된다. 역설적으로 외교정책에서 국내정치 요인이 왜 그리고 어떻게 중요한지를 밝히기 위해서는 국제체제수준의 요인들에 대한 관심이 필요한 것이다. 마지막으로 정치학 내의 다른 하위 영역 간에 상호 교배(cross-fertilization)가 필요하다. 국제정치학, 비교정치론, 한국정치론 등 정치학의 하위 영역 간의 벽을 허물고 다른 하위 영역에서의 중요하고 참신한 연구결과를 외교정책의 국내정치적 요인을 이해하는 데 반영해야 할 필요가 있다.

토의주제

1. 외교정책을 설명하는 데 국내정치적 요인 보다 국가 외부요인의 중요성이 더 강조되어 온 이론적·역사적인 이유는 무엇인가?

2. 국가를 블랙박스(blackbox)로 취급한 현실주의 패러다임을 비판하면서 외교정책 연구의 새로운 지평을 열었던 스나이더·브룩·사핀, 로즈나우, 앨리슨의 이론적인 공헌과 이 이론들이 가지는 한계는 무엇인가?

3. 민주주의 정치체제와 권위주의 정치체제가 외교정책 영역에서 가지고 있는 각각의 장단점은 무엇인가? 체제수준의 제약을 고려할 때 과연 국가의 정치체제가 대외정책에 영향을 미친다고 볼 수 있을까?

4. 두 대통령제(two-presidencies)이론에 따르면 같은 대통령이라 할지라도 국내정책과 외교정책을 둘러싸고 다른 권력을 가진다. 동시에 두 대통령제에 대한 규범적 배경과 실증적 검토를 이해할 필요도 있다. 두 대통령제는 미국에만 국한되는 현상일까? 아니라면 한국에 그대로 적용될 수 있을까?

5. 외교정책에 영향을 미치는 국내정치의 다른 구체적 이름은 민주주의라고 할 수 있다. 정당을 제외하고 민주주의를 생각할 수 없다는 샷슈나이더(Schattschneider)의 주장을 외교정책 형성과 집행, 평가에 적용해 본다면 어떠한 함의를 이끌어 낼 수 있을까?

6. 외교정책에서 여론의 역할에 관한 상반되는 주장들의 근거를 제시하고, 한국외교정책에서 여론이 차지하는 역할이 이들 주장 가운데 어떤 입장에 가장 근접한지 생각해 보자.

7. 관심전환이론·속죄양가설을 이용해서 북한의 외교정책 행위를 설명해 보자.

8. 이익집단의 영향력이 큰 외교정책 영역은 어디일까? 이익집단의 자유로운 경쟁을 보장하는 다원주의(pluralism) 사회에서 외교정책으로 인한 승자와 패자가 고착화된다면 이에 대한 어떤 평가와 비판이 가능할까?

9. 싱크탱크와 로비스트, 언론, 이익집단 등을 구성원으로 하는 외교정책집단(foreign policy community)의 영향력과 이해관계는 냉전 시대, 탈냉전 시기, 미중경쟁 상황 등으로 구분해 볼 때 어떻게 변해 왔을까?

10. 민주화 이후 어떠한 국내정치적 요인들이 한국의 외교정책결정에 영향을 미치는 중요한 변수로 등장했는지 논하고, 국내정치적 요인을 강조하는 기존 이론들이 어떠한 시사점을 주는가?

참고문헌

1. 한글문헌

그래엄 앨리슨·필립 젤리코 저. 김태현 역. 『결정의 엣
센스: 쿠바미사일 사태와 세계핵전쟁의 위기』. 서
울: 모음북스, 2005.

김달중 편저. 『외교정책의 이론과 이해』. 서울: 오름,
1998.

김지용. "위기 시 청중비용의 효과에 관한 이론 논쟁
및 방법론 논쟁의 전개과정 고찰, 1994-2014." 『국
제정치논총』 제54집 4호 (2014).

김태현·유석진·정진영 편. 『외교와 정치: 세계화 시대
의 국제협상논리와 전략』. 서울: 오름, 1995.

남궁곤. "외교정책과 여론: 'Almond-Lippmann Con
sensus'와 그 비판적 검토." 『한국과 국제정치』 제
15권 1호 (1999).

로이드 젠슨 지음. 김기정 역. 『외교정책의 이해』. 서
울: 평민사, 1994.

배종윤. 『한국 외교정책의 새로운 이해: 외교정책 결
정과정과 관료』. 파주: 한국학술정보, 2006.

서정건. 『미국정치가 국제이슈를 만날 때: 정쟁은 외
교 앞에서 사라지는가, 아니면 시작하는가?』. 서울:
서강학술총서, 2019

잭 레비. "국내정치와 전쟁." 김우상 외 편역. 『국제관
계론강의 1』. 서울: 한울아카데미, 1997.

전득주 외. 『대외정책론』, 개정증보판. 서울: 박영사,
2003.

2. 영어문헌

Aldrich, John, John Sullivan and Eugene Borgida.
"Foreign Affairs and Issue Voting: Do Presidential
Candidates 'Waltz before a Blind Audience?'"
American Political Science Review 83-1 (1989).

Allison, Graham T. Essence of Decision. *Explaining
the Cuban Missile Crisis.* Boston: Little, Brown.
1971.

_____, and Philip Zelikow. *Essence of Decision:
Explaining the Cuban Missile Crisis.* New York:
Longman, 1999.

Blainey, Geoffrey. *The Causes of War,* 3rd edn. New
York: The Free Press, 1988.

Brody, Richard. *Assessing the President: The Media,
Elite Opinion, and Public Support.* Stanford:

Stanford University Press, 1991.

Eastern, David. *The Political System: An Inquiry
into the State of Political Science.* New York:
Alfred A. Knopf, 1953.

Fearon, James. "Domestic Political Audiences
and the Escalation of International Disputes,"
American Political Science Review 88-3
(September 1994).

Fleisher, Richard, and Jon R. Bond. "Are There
Two Presidencies? Yes, But Only For Republicans."
Journal of Politics 50-3 (1988).

Gaubatz, Kurt Taylor. "Democratic States and
Commitment in International Relations." *Inter-
national Organization* 50-1 (Winter 1996).

Gelpi, Christopher. "Democratic Diversions: Gov-
ernmental Structure and the Externalization of
Domestic Conflict." *Journal of Conflict Resolution*
41-2 (April 1997).

Gourevitch, Peter. "The Second Image Reversed:
The International Sources of Domestic Politics."
International Organization 32-4 (Autumn 1978).

Guzzini, Stephano. *Realism in International Rela-
tions and International Political Economy.* London:
Routledge, 1998.

Hetherington, March, and Michael Nelson. "Anat-
omy of a Rally Effect: George W. Bush and the
War on Terrorism." *PS: Political Science & Pol-
itics* 36 (2003).

Holsti, Ole R. "Public Opinion and Foreign Policy:
Challenges to the Almond-Lippmann Consensus."
in Ole R. Holsti, ed. *Making American Foreign
Policy.* New York, Routledge, 2006.

Krasner, Stephen D. "Are Bureaucracies Important?
(Or Allison Wonderland)." *Foreign Policy,* No. 7,
Summer 1972, pp. 159-179.

Jack Levy. "The Diversionary Theory of War: A
Critique." in Manus I. Midlarsky, ed. *Handbook
of War Studies.* Boston: Unwin Hyman, 1989a.

_____. "Domestic Politics and War." *The Origin and
Prevention of Major Wars.* Cambridge: Cambridge
University Press, 1989b.

Lippmann, Walter. *Essays in the Public Philosophy.*
Boston: Little, Brown, 1955.

Martin, Lisa L. *Democratic Commitments: Legislatures and International Cooperation.* Princeton: Princeton University Press, 2000.

Morgenthau, Hans J., *Politics Among Nations: The Struggle for Power and Peace,* 4th edn. New York: Alfred A. Knopf, 1967.

Paige, Benjamin, and Robert Shaprio. *The Rational Public: Fifty Years of Trends in American's Policy Preferences.* Chicago: University of Chicago Press, 1992.

Putnam, Robert D. "Diplomacy and Domestic Politics: The Logic of Two-level Game." *International Organization* 42-3 (Summer 1988).

Rosenau, James N. "Pre-theories and Theories of Foreign Policy." in R. Barry Farrell, ed. *Approaches to Comparative and International Politics.* Evanston: Northwestern University Press, 1966.

Russett, Bruce, Harvey Starr, and David Kinsella. *World Politics: The Menu For Choice.* 6th ed. Boston: Bedford/St. Martin's, 2000.

Schattschneider. E. E. *Party Government.* New York: Rinehart, 1942.

Schlesinger, Arthur. *The Imperial Presidency.* Boston: Houghton Mifflin Co, 1973.

Seo, Jungkun. "Building Coalitions and Making US Policy toward China," *Korean Social Science Journal* 46-2 (2019).

Snyder, Richard C., H. W. Bruck and Burton Sapin. *Decision-Making as an Approach to the Study of International Politics.* Foreign Policy Analysis Project Series No. 3. Princeton: Princeton University Press, 1954.

Thucydides. *The Peloponnesian War.* Richard Crawley, trans. New York: Modern Library, 1982.

Walt, Stephen M. *The Hell of Good Intentions: America's Foreign Policy Elite and the Decline of U.S. Primary,* New York: Farrar, Straus and Giroux, 2018.

Waltz, Kenneth N. *Foreign Policy and Democratic Politics,* Boston: Little Brown, 1967.

Wildavsky, Aaron. "The Two Presidencies," *Trans-Action* 4, December 1966.

William R. Thompson. "Democracy and Peace: Putting the Cart before the Horse?" *International Organization* 50-1 (Winter 1996).

Wittkopf, Eugene. "On the Foreign Policy Beliefs of the American People: A Critique and Some Evidence." *International Studies Quarterly* 30 (1986).

Zakaria, Fareed. "Realism and Domestic Politics: A Review Essay." *International Security* 17-1 (Summer 1992).

1. 서론	90
2. 국제법의 연원: 국제관습법과 조약	91
3. 외교정책 수립 시 국제법의 역할 및 중요성	96
4. 국제법과 국가 간 충돌	97
5. 국제법과 국제분쟁의 해결	103
6. 국제법과 제재	112
7. 결론	121

4장

국제법과 외교정책

이기범(연세대 법학전문대학원)

1. 서론

'국제(공)법(public international law)'은 전통적으로 "국가들 간의 법"이라 정의되었다.[1] 그러나 제2차 세계대전 종전 이후 유엔을 위시하여 다양한 국제기구의 출현으로 오늘 현재는 국가는 물론 국제기구 등도 국제법의 주체라 인정되고 있기 때문에 국제법은 "국제공동체를 규율하는 법"이라 정의될 수 있다.[2]

'국제법'이라는 용어 자체는 매우 친숙한 용어이다. 그러나 일반적으로 국제법에 해당한다고 생각되는 어떤 문서가 국제법에 해당하지 않는 경우도 상당하다. 따라서 어떤 국가의 특정 행동을 '국제법 위반'이라고 단언하는 것은 국제법 전문가의 도움을 받지 않고는 쉽게 결론지을 수 없는 작업이라고 해도 과언이 아니다. 이에 '외교정책'을 수립하는 데 핵심적인 역할을 하는 외교부는 외교부 내에 국제법 전문가 집단인 조약국 또는 국제법률국을 두고 있는 것이다.

2018년 6월 12일 싱가포르 북미정상회담에서 도출된 공동성명

---

1) *The Case of the S.S. "Lotus", Judgment* (7 September 1927), *P.C.I.J. Series A*, No. 10, p. 18.

2) 김대순, 『국제법론』 제21판 (서울: 삼영사, 2022), p. 3.

을 예로 들어보자. 때때로 이러한 공동성명에 포함된 내용에 위반되는 일방 당사자의 어떤 행동에 대하여 강력한 반발이 표현되곤 한다. 그런데 2018년 공동성명 위반이 존재하는 경우 이러한 위반을 '국제법 위반'이라 부를 수 있는가? 이를 국제법 위반으로 간주하기 위해서는 일단 2018년 공동성명이 법적 구속력 있는 합의에 해당하는지 여부가 논의되어야 한다. 2018년 공동성명이 '합의'인 것은 분명하나 이 공동성명은 미국과 북한 그 어느 당사자에게도 국제법상 의무를 부과하도록 의도되지 않았다. 이는 2018년 공동성명에 반하는 행동을 국제법 위반이라고 전제하고 외교정책을 수립하는 것은 설득력을 담보하기 어려운 작업이라는 의미이다.

이외에도 매우 잘 알려진 1948년 '세계인권선언(Universal Declaration of Human Rights)'도 법적 구속력 있는 문서가 아니다. 따라서 세계인권선언이 국제법에 해당한다는 착각 속에 어떤 인권침해 상황을 놓고 이러한 인권침해는 '세계인권선언 위반'이라는 주장을 동반한 외교정책을 수립하는 경우 그와 같은 외교정책은 정치적 구호 이상의 무게를 갖기 어렵다는 것이다. 세계인권선언에 법적 구속력이 존재하지 않는 이상 이는 법적 성격을 경시한 주장에 불과하기 때문이다. 이러한 인권침해를 비난하고자 하는 경우 오히려 법적 구속력 있는 다른 조약을 찾아 그 조약 위반을 언급해야 할 것이다.

그러면 '국제법'은 외교정책을 수립하는 과정에서 심각하게 고려되는가? 이 질문에 대한 대답은 어떤 특정 국가의 국제법에 대한 이해도에 따라 달라질 수 있다. 국제법에 대한 이해도가 높은 국가는 국제법을 활용한 좀 더 전략적이고 선택지가 넓은 외교정책을 수립할 수 있으나, 반대로 국제법에 대한 이해도가 낮은 국가는 국제법을 무시한 채 정치하지 못한 외교정책을 만들 가능성이 있다.

흔히 외교정책을 수립하는 데 참고해야 할 하나의 문서 정도로 국제법을 바라보는 경향이 상당하다. 하지만 이러한 태도는 국제법에 대한 오해와 함께 다른 국가(들)로부터 외면받을 수밖에 없는 외교정책을 도출할 가능성이 높다. 사실 모든 외교정책은 반드시 국제법이라는 법적 근거 위에 수립되어야 한다. 본 장에서는 국제법이 무엇인지에 대한 이해를 바탕으로 국제법과 외교정책이라는 주제를 설명할 수 있는 몇몇 사례를 살펴보기로 한다.

2. 국제법의 연원: 국제관습법과 조약

1) 국제사법재판소규정 제38조 제1항

국제법이 무엇인지, 더 나아가 국제법을 어디에서 찾을 수 있는지의 관점에서 국제법의 연원이 무엇인지를 식별하는 것은 설득력 있는 그리고 실효적인 외교정책을 수립하는 데 있어 가장 기초가 되는 작업이다. 일반적으로 국제법의 연원을 식별하는 작업은 다음과 같은 국제사법재판소규정(Statute of the International Court of Justice) 제38조 제1항을 살펴봄으로써 시작된다.[3]

---

3) Alexander Orakhelashvili, *Akehurst's Modern Introduction to International Law*, 8th ed. (London: Routledge, 2019), p. 31.

1. (국제사법)재판소는 재판소에 회부된 분쟁을
   국제법에 따라 재판하는 것을 임무로 하며, 다
   음을 적용해야 한다.
   a. 분쟁당사국들에 의해 명백히 인정된 규칙
      을 확립하고 있는 일반 또는 특별 국제협약
   b. 법으로 수락된 일반관행의 증거로서의 국
      제관습
   c. 문명국들에 의해 승인된 법의 일반원칙
   d. 법규칙 결정을 위한 보조수단으로 사법 판
      결 및 여러 국가들의 가장 우수한 국제법학
      자들의 학설. 다만 제59조의 규정에 따를
      것을 조건으로 한다.

국제사법재판소규정 제38조 제1항은 기본적
으로 자신에게 회부된 분쟁을 해결할 때 국제사
법재판소(International Court of Justice, 약칭
ICJ)가 적용해야 할 '준거법(applicable law)'을
열거하고 있는 조항이다. 이 중에서 '분쟁당사국
들에 의해 명백히 인정된 규칙을 확립하고 있는
일반 또는 특별 국제협약'은 '조약'을 그리고 '법
으로 수락된 일반관행의 증거로서의 국제관습'은
'국제관습법(customary international law)'을
의미한다.

그런데 조약과 국제관습법 간에는 위계(hier-
archy)가 존재하지 않는다.[4] 즉, 조약과 국제관
습법은 국제법의 양대(兩大) 연원이다. 이는 어떤
문제를 규율하는 관련 조약이 발견되지 않는 경우
국제관습법을 살펴보아야 한다는 의미이다. 따라
서 어떤 특정 조약의 당사국이 '아닌' 국가의 행동
을 법적으로 비난하고자 하는 경우 그 조약 위반
을 주장할 수는 없고 국제관습법 위반이라 주장해

─────
4) Jan Klabbers, *International Law*, 2nd ed. (Cambridge:
   Cambridge University Press, 2017), pp. 27–28.

야 할 것이다. 예를 들어, '제노사이드협약(Con-
vention on the Prevention and Punishment
of the Crime of Genocide)'의 당사국이 아닌 일
본이 제노사이드를 저질렀다 하더라도 일본에 대
하여는 제노사이드협약 위반이라는 주장을 펼치
기는 어렵다. 제노사이드문제에 관한 한 기본적
으로 일본의 (제노사이드문제를 규율하는) 국제

개념 국제사법재판소(ICJ)

1946년부터 활동을 시작한 국제사법재판소
는 유엔헌장 제92조에 의하면 유엔의 '주요
사법기관(principal judicial organ)'이며, 네
덜란드 헤이그(The Hague)에 위치하고 있
다. 국제사법재판소는 국제분쟁을 사법적으
로 해결하는 국제재판소 중 가장 잘 알려진
대표적인 재판소이다. 국제사법재판소는 15
명의 재판관으로 구성되며, 동일 국가에서 2
명의 재판관이 선출될 수는 없다. 선출된 재
판관의 임기는 9년이며, 재선될 수 있다. 유
엔 안전보장이사회 5개 상임이사국들은 예외
는 있지만 거의 언제나 자국 출신 재판관을
배출하는 경향을 보인다. 국제사법재판소는
'임시재판관(judge *ad hoc*)' 제도를 운영하고
있는데, 이는 15명의 재판관 중 자국 출신 재
판관이 없는 분쟁당사국 일방 또는 쌍방은 임
시재판관을 선임할 수 있다는 의미이다. 따라
서 한국도 2022년 현재 한국 출신 재판관이
존재하지 않는 상황에서 만약 국제사법재판
소에서 분쟁당사국이 되는 경우 임시재판관
을 선임할 수 있는데, 한국이 선임하는 임시
재판관이 반드시 한국 출신이어야 하는 것은
아니다. 즉, 타국의 국적을 가진 임시재판관
을 선임하는 것도 가능하다는 의미이다.

관습법 위반을 주장할 수 있을 뿐이다.

2) 국제관습법

조약과 같이 성문화되지 않은 '국제관습법'은 무엇인가? 국제관습법의 두 가지 요소는 '국가들의 일반관행(general State practice)'과 '법적 확신(*opinio juris*)'이다.[5] 국가들의 일반관행은 국제관습법의 '객관적' 요소로, 법적 확신은 국제관습법의 '주관적' 요소로 취급된다.

국가들의 일반관행은 관행의 '지속성', 관행의 '획일성' 및 '일관성', 관행의 '일반성' 등으로 분설해야 한다. 관행의 지속성과 관련하여서는 국가들의 관행이 오랫동안 지속될수록 국제관습법의 형성에 도움이 되는 것이 사실이라는 점을 이야기할 수 있다. 다만 1969년 국제사법재판소의 북해 대륙붕 사건[6]에서 언급되었듯이 단기간에도 국제관습법의 형성이 가능한 경우가 있다는 점을 기억해야 한다.[7] 관행의 획일성 및 일관성과 관련하여 획일성은 '국가별로' 관행이 다르지 않아야 한다는 것을 의미하고, 일관성은 어떤 특정 국가의 관행이 '사건에 따라' 모순되지 않아야 한다는 것을 가리킨다.[8] 하지만 완벽한 획일성 또는 일관성이 요구되는 것은 아니다. 관행의 일반성은 모든 국가들은 아닐지라도 많은 또는 상당수

국가들이 그러한 관행을 가지고 있다는 것을 의미하는데, 이는 '일반성'을 필요로 한다는 것이지 보편성을 필요로 한다는 것은 아니라는 점을 주의해야 한다. 만약 관행의 보편성을 요구한다면 약 200개 국가들이 존재하는 오늘날 국제관습법의 형성은 거의 불가능할 것이다.

그렇다면 국가들의 일반관행은 어떻게 확인할 수 있을까? 다양한 수단을 통해 국가들의 일반관행을 확인할 수 있는데, 예를 들어, 조약, 외교서한, 국가수반의 정책 천명, 보도자료, 어떤 국가의 국내 입법, 어떤 국가의 국내법원 판결 등을 통해 확인할 수 있다. 이와 관련하여서는 두 가지가 언급되어야 할 것이다. 첫째, 조약이 왜 국가들의 일반관행을 확인할 수 있는 수단인지의 문제이다. 국가들은 양자조약이든 다자조약이든 어떤 특정 내용에 법적 구속력을 부여하기 위해 조약을 체결하는데, 그러한 특정 내용에 법적 구속력이 부여되는 데 합의한 국가들이 상당수 존재한다는 것은 그 특정 내용을 국가들의 일반관행으로 간주할 수 있다는 의미가 된다. 둘째, 국가수반의 정책 천명이 국가들의 일반관행을 확인할 수 있는 수단이 된다는 것은 많은 국가들이 수립하는 어떤 특정 '외교정책'을 통해서도 국가들의 일반관행을 확인할 수 있다는 의미이다. 예를 들어, 상당수 국가가 집단학살(genocide)문제에 큰 우려를 표명하며 집단학살을 행하는 국가들에 대하여 제재를 취하는 외교정책을 수립하고 이를 시행하는 경우 집단학살 금지에 관한 국가들의 일반관행이 존재한다는 해석이 가능하다는 것이다.

그런데 국가들의 일반관행이 존재한다고 하더라도 그러한 일반관행이 즉시 국제관습'법'으로 인정되는 것은 아니다. 그러한 일반관행에 구속

5) Anthea Roberts and Sandesh Sivakumaran, "The theory and Reality of the Sources of International Law," in Malcolm D. Evans (ed.), *International Law*, 5th ed. (Oxford: Oxford University Press, 2018), p. 92.

6) *North Sea Continental Shelf*, Judgment, I.C.J. Reports 1969, p. 3.

7) *North Sea Continental Shelf*, Judgment, I.C.J. Reports 1969, p. 43, para. 74.

8) 김대순 (2022), p. 50.

력이 있다는 '법적 확신'이 필요하다. 외국 국가수반이 국빈 자격으로 방문했을 때 공항 활주로에 붉은 양탄자를 깔아 놓는 것을 국가들의 일반관행이라 볼 수도 있을 것이다. 하지만 법적 확신이 결여되어 있기 때문에 붉은 양탄자를 깔아 놓는 일반관행을 법이라 받아들이기는 어렵다. 사실 파란 양탄자를 깔아 놓는다 해도 어색하기는 하겠지만 국제관습법 위반은 아니라는 의미이다. 결론적으로 붉은 양탄자를 깔아 놓는 것은 단지 '국제예양(international comity)'에 불과한 것이다.

조약과 달리 눈에 보이지 않는 국제관습법이 중요한 이유는 일단 형성된 국제관습법은 원칙적으로 '모든' 국가들을 구속하기 때문이다.[9] 이는 어떤 내용이 국제관습법인지만 확인되면 이에 반하는 행동을 하는 국가에 대하여 국제관습법 위반을 주장할 수 있다는 의미이다. 예를 들어, 유엔헌장 제2조 제4항에 규정된 '무력의 위협 또는 사용 금지 원칙'은 국제관습법으로도 인정되고 있기 때문에 이 원칙을 위반한 유엔 회원국이 '아닌' 어떤 국가에 대하여도 국제관습법 위반을 주장할 수 있다.

3) 조약

이제 조약에 대하여 알아보고자 한다. 위에서도 언급했지만 국가들 간 모든 합의가 법적 구속력 있는 조약은 아니다. 조약은 일반적으로 1969년 '조약법에 관한 비엔나협약(Vienna Convention on the Law of Treaties, 약칭 VCLT)' 제2조 제1항(a)를 통해 정의된다. 즉, "단일 문서 또는 둘 이상의 관련 문서로 되어 있고, 그 특정 명칭이 어떠하

든 서면 형식으로 국가들 간에 체결되고 국제법에 의해 규율되는 국제적 합의"가 조약인 것이다.

국제법의 양대 연원이 국제관습법과 조약임에도 불구하고 제2차 세계대전 종전 이후에는 국제관습법의 모호함, 국제관습법의 형성을 어렵게 만드는 제3세계의 출현 등으로 인해 조약 체결이 더욱 선호되고 있다. 그러면 1969년 '조약법에 관한 비엔나협약' 제2조 제1항(a)에 언급된 조약의 정의 중 주요 내용을 살펴보고자 한다.

첫째, 조약은 국제법에 의해 규율되는 '국제적' 합의이다. 따라서 B국 내에 자국 대사관 부지가 필요한 A국 정부가 B국 정부 소유의 땅을 임차하기 위해 A국과 B국 간 대사관 부지 임대차계약을 체결하는 경우 이 계약은 A국과 B국 간 합의라 하더라도 '국내'법에 의해 규율되므로 조약이 아니다.

둘째, 조약은 국제'법'에 의하여 규율되어야 한다. 1969년 조약법에 관한 비엔나협약 제2조 제1항(a)에 적시된 "국제법에 의해 규율되는"(governed by international law)이라는 표현은 어떤 합의가 국제법하에서 국가들에게 권리 또는 의무를 창출할 의도를 가지고 있어야 한다는 점을 함축하고 있는데,[10] 이 표현은 비엔나협약 제2조 제1항(a)에 포함된 조약의 정의 중 가장 중요한 부분이라 할 수 있다.[11] 1978년 국제사법재판소의 에게해 대륙붕 사건[12]은 어떤 합의가 국제법하에서 국가들에게 권리 또는 의무를 창출할 의도를

---

9) Roberts and Sivakumaran (2018), p. 96.

10) Anthony Aust, *Modern Treaty Law and Practice*, 3rd ed. (Cambridge: Cambridge University Press, 2013), p. 17.

11) Duncan B Hollis, "Defining Treaties", in Duncan B Hollis (ed.), *The Oxford Guide to Treaties* (Oxford: Oxford University Press, 2012), p. 25.

12) *Aegean Sea Continental Shelf*, Judgment, *I.C.J. Reports 1978*, p. 3.

가지고 있는지 여부를 상세히 다룬 좋은 사례이다. 이 사건에서 문제가 되었던 것은 1975년 5월 31일 그리스 총리와 터키 총리가 기자회견을 통해 발표한 공동코뮤니케가 국제법에 의해 규율되는 법적 구속력 있는 합의인지 여부였다. 국제사법재판소는 일단 어떤 합의가 공동코뮤니케의 형식을 취한다 해도 어떤 분쟁을 중재재판 또는 사법적 해결에 회부할 수 있게 만드는 국제적 합의가 될 수 있다는 점을 인정했다.[13] 하지만 문제의 공동코뮤니케가 그리스와 터키에게 권리를 부여하거나 의무를 부과하는 합의인지를 판단하기 위해서는 그 공동코뮤니케에 실제로 사용된 용어 또는 공동코뮤니케가 발표된 특별한 사정을 고려해야 한다고 언급했다.[14]

셋째, 조약은 국제법하에서 국가들에게 권리 또는 의무를 창출할 의도를 가지고 있어야 하므로 그러한 의도가 없는 '정치적 합의' 또는 '신사협정(gentlemen's agreement)'은 조약이 아니다.[15] 예를 들어, 1991년 채택된 '남북 사이의 화해와 불가침 및 교류·협력에 관한 문서'는 조약이 아니며, 이 점에 대하여는 한국 헌법재판소도 1997년 1월 16일 결정(92헌바6 등)에서 "… 남북합의서는 남북관계를 "나라와 나라 사이의 관계가 아닌 통일을 지향하는 과정에서 잠정적으로 형성되는 특수관계" … 임을 전제로 하여 이루어진 합의문서인바, 이는 한민족공동체 내부의 특수관계

를 바탕으로 한 당국 간의 합의로서 남북 당국의 성의 있는 이행을 상호 약속하는 일종의 공동성명 또는 신사협정에 준하는 성격을 가짐에 불과하다. …"라고 풀이했다. 참고로 2015년 12월 28일 한국 외교부 장관과 일본 외무상의 공동성명을 통해 발표된 '대한민국과 일본 간 위안부합의' 또한 법적 구속력 없는 정치적 합의, 즉 신사협정에 불과하다. 이 합의가 한국과 일본에게 국제법하에서 권리 또는 의무를 창출하는 것을 의도하고 있지는 않기 때문이다.

넷째, 조약을 지칭하는 용어, 예를 들어 treaty, convention, agreement, protocol, pact 등은 중요하지 않다. 즉, 조약을 지칭하기 위해 사용된 용어에 관계없이 법적 관점에서는 동일한 법적 구속력 있는 '조약'이라는 것이다. 그런데 두 가지 주의할 점이 있다. 하나는 '선언(declaration)'이라는 용어에는 법적 구속력 없는 문서를 의미한다는 선입견이 함축되어 있음에도 어떤 선언이 조약인지 여부는 개별 선언에 따라 판단되어야 한다는 것이다. 예를 들어, 홍콩의 반환문제와 관련하여 체결된 1984년 '홍콩문제에 관한 영국 정부와 중국정부 간 공동선언(Joint Declaration of the Government of the United Kingdom of Great Britain and Northern Ireland and the Government of the People's Republic of China on the Question of Hong Kong)'에 '선언'이라는 명칭이 주어졌음에도 불구하고 이 선언은 조약이다. 다른 하나는 미국 헌법 제2조 제2항(Section 2)[16]에 규정된 'Treaties'는 오로지 출석한

---

13) *Aegean Sea Continental Shelf, Judgment, I.C.J. Reports 1978*, p. 39, para. 96.

14) *Aegean Sea Continental Shelf, Judgment, I.C.J. Reports 1978*, p. 39, para. 96.

15) 조약과 정치적 합의 간 구분에 관한 자세한 논의는 이기범, "조약과 법적 구속력 없는 합의 간 차이에 대한 고찰," 『동아법학』 제94호 (2022), pp. 287-322 참조.

16) "… He shall have Power, by and with the Advice and Consent of the Senate, to make Treaties, provided two thirds of the Senators present concur…."

상원의원 2/3의 조언과 동의를 얻어 미국 대통령이 체결하는 조약만을 가리킨다는 것이다. 따라서 이러한 절차를 거치지 않은 조약은 미국 국내법상 Treaties에 해당하지 않는다. 그럼에도 미국 국내법상 Treaties에 해당하지 않는 조약이 국제법상 조약이 아닌 것은 아니다. 다만 미국이 체결한 조약은 미국 '국내법상' Treaties와 (Treaties가 아닌 조약인) 행정부협정 또는 행정부-의회협정(의회-행정부협정)으로 나뉠 수 있다는 것이다.

3. 외교정책 수립 시 국제법의 역할 및 중요성

일반적으로 국제법에 대한 오해는 어떤 문서가 법적 구속력 있는 문서인지를 판단해야 한다는 최우선 작업의 중요성을 간과함으로 시작된다. 위에서도 언급한 것처럼 정치적 합의 또는 신사협정은 그 정치적 또는 외교적 무게에도 불구하고 법적 구속력을 가지고 있지 않다. 이는 이러한 합의 위반을 국제법 위반이라 부를 수 없다는 것이다. 이어서 국제법에 대한 또 다른 오해는 어떤 특정 조약이 문제의 국가에게 법적 구속력이 있는지를 살펴보지도 않은 채 그 조약 위반을 주장하는 경우에 드러난다. 쉽게 말해, 제노사이드협약의 당사국이 아닌 국가에게 제노사이드협약 위반을 주장할 수는 없다는 의미이다.

더 나아가 국제법의 연원은 오로지 조약만이 아니다. 눈에 보이지 않더라도 기본적으로 모든 국가들에게 구속력 있는 '국제관습법'도 국제법의 연원이다. 이런 이유로 국제법의 양대 연원인 국제관습법과 조약에 대한 정확한 이해가 선행되어야 한다는 것이다. 국제관습법과 조약에 대한 올바른 이해는 특정 상대방 국가 또는 국제공동체를 향하여 설득력 있는 '외교정책'을 수립할 수 있는 기본적인 전제이다. 정확한 이해를 결여한다면 상대방 국가 또는 국제공동체가 받아들일 수 없는, 따라서 무시당하는 외교정책만 수립될 뿐이다. 이는 국제법이 외교정책을 수립하는 데 있어 단순히 선택적으로 참고해야 하는 하나의 도구 또는 수단이 아님을 웅변하는 것이다. 한국전쟁이 발발하여 긴박했던 1950년 6월 25일 당일에도 유엔, 특히 유엔 안전보장이사회는 법적 구속력 있는 문서인 '유엔헌장'에 근거하여 행동했음을 기억할 필요가 있다.

그런데 수용가능한 외교정책이든 수용불가능한 외교정책이든 국제법을 그 근거로 제시하고 있다는 점도 기억해야 한다. 수용가능한 외교정책으로는 1999년 NATO의 신유고연방공화국 공습과 수용불가능한 외교정책으로는 2022년 러시아의 우크라이나 침략을 들 수 있다. 두 가지 사례 모두 '국제법'을 제시하며 무력사용이 시작되었으나 전자는 '인도적 간섭(humanitarian intervention)'이라는 국제법적 근거의 지지를 받을 수 있지만, 후자의 경우에는 국제법적 근거가 결여되었다는 점에서 큰 차이를 보인다. 그럼에도 수용불가능한 외교정책조차 국제법적 근거를 제시한다는 점은 간과할 수 없는 포인트이다. 특히 러시아 블라디미르 푸틴 대통령은 우크라이나를 침략하면서 유엔헌장 제51조에 언급된 자위권을 제시했는데, 이는 러시아조차 국제법 내에서 자신의 행동 근거를 찾고자 했다는 것을 보여준다. 이 내용에 대한 푸틴 대통령의 주장은 다음과 같다.

"러시아와 러시아인들을 방어하기 위해 우리에게는 오늘 우리가 사용하는 선택지 이외의 다른 선택지가 남아 있지 않다. 이 상황에서 우리는 대담하고 즉각적인 행동을 취해야 한다. 돈바스에 있는 공화국들은 러시아에게 도움을 요청했다. 이 맥락에서 유엔헌장 제7장 제51조, … 에 따라 나(푸틴 대통령)는 특별군사작전을 수행하기로 결정했다."[17]

이와 같이 수용불가능한 외교정책조차 국제법을 원용하고 있는 것을 볼 때 외교정책이 국제법을 무시한 채 수립될 수 있다고 주장하는 것은 단견에 불과하다. 물론 국가이익을 위해 법적 구속력 있는 국제법을 자국에 유리한 방향으로 해석하며 외교정책을 수립하는 것은 이해할 수 있는 일이다. 예를 들어, 중국은 오늘 현재도 남중국해를 놓고 전개하고 있는 자신의 주장을 뒷받침할 수 있는 국제법적 근거를 찾고 있다. 이는 국제법적 근거 없이 주장되는 외교정책은 아무런 영향력을 발휘할 수 없기 때문이다.

따라서 국가이익을 추구하는 어떤 국가가 자신의 국가이익만을 위해 법적 구속력 있는 국제법에 대하여 슬며시 눈을 감을 수 있다고 주장하는 것은 상상 속의 견해일 뿐이다. 국제법은 국제정치 입장에서는 결코 이탈할 수 없는 일종의 고정된 트랙이다. 이 트랙을 벗어난 국제정치 또는 외교정책은 비난만 받게 된다. 이에 우크라이나를 침략한 러시아조차 국제법 내에서 자신의 침략을 정당화하기 위한 근거를 찾고 있는 것이다.

4. 국제법과 국가 간 충돌

'같은' 문제를 놓고 '다른' 국제법적 해석을 한다면 관련 국가 간 외교정책이 대립하는 결과로 이어질 것이다. 이와 같은 사례는 흔하다. 예를 들어, 한국과 일본은 1965년 체결한 '대한민국과 일본국 간의 재산 및 청구권에 관한 문제의 해결과 경제협력에 관한 협정'(이하 '청구권협정')을 놓고 서로 다른 해석을 하고 있고, 이는 위안부문제 또는 강제징용문제의 해결을 거의 불가능하게 만들고 있다.

그리고 2022년 현재 같은 문제를 놓고 다른 국제법적 해석을 함으로써 국제분쟁의 화약고를 넘어 실제로 무력사용이 발생함으로 전 세계에 충격을 준 사건인 우크라이나 사태도 같은 문제를 놓고 다른 국제법적 해석을 하고 있는 사례이다. 아래에서는 1965년 한국과 일본 간 청구권협정에 대한 서로 다른 해석과 우크라이나 사태를 알아보기로 한다.

1) 한일 청구권협정에 대한 다른 해석[18]

(1) 청구권협정 개관

청구권협정은 오로지 4개의 조문으로만 구성된 짧은 조약이다. 하지만 청구권협정의 해석 및 적용(또는 실시)이 한일관계에 미치는 영향은 폭발적이라 표현해도 과언이 아니다.

---

17) "Address by the President of the Russian Federation" (24 February 2022), http://en.kremlin.ru/events/president/news/67843.

18) '한일 청구권협정에 대한 다른 해석' 부분은 이기범, 『한일관계와 국제법 ‒ 한일청구권협정의 해석 차이를 해결하기 위한 방법 모색 ‒』, ASAN Report (아산 국제법 인포커스 2019), pp. 8‒13 중 필요 부분을 발췌하여 본서의 목적에 맞게 수정 및 보완한 것임을 알려드립니다.

청구권협정의 골자는 일본이 3억 달러의 가치를 지니는 일본의 생산물 및 일본인의 용역을 10년에 걸쳐 한국에 무상으로 제공하는 문제와 2억 달러의 장기 저리 차관을 제공하는 문제이다. 그리고 청구권협정 제2조 제1항은 "양 체약국은 양 체약국 및 그 국민(법인을 포함함)의 재산, 권리 및 이익과 양 체약국 및 그 국민 간의 청구권에 관한 문제가 1951년 9월 8일에 샌프란시스코시(市)에서 서명된 일본국과의 평화조약 제4조(a)에 규정된 것을 포함하여 완전히 그리고 최종적으로 해결된 것이 된다는 것을 확인한다"고 규정하면서 '청구권'문제를 언급하고 있다. 하지만 아래에서 확인되는 것처럼 청구권의 '범위'를 어떻게 정의해야 하는지의 문제는 상당한 논란을 야기했다.

(2) 청구권협정 제2조의 해석상 쟁점

2018년 한국 대법원의 일제 강제징용 손해배상 판결은 "강제징용으로 인한 손해배상청구권이 청구권협정으로 '이미' 해결되었는지 여부"를 다루었다. 그러나 2018년 10월 30일 대법원이 판단한 '일제 강제동원 피해자의 일본 기업을 상대로 한 손해배상청구 사건'의 '환송판결'인 2012년 5월 24일 대법원판결[2012. 5. 24. 선고 2009다68620 판결][19]이 사실상 2018년 대법원판결의 결론을 미리 예고하고 있었기 때문에 2012년부터 이 문제를 놓고 학술적 논쟁이 진행되었다. 2018년 대법원판결의 결론을 언급하기에 앞서 강제징용으로 인한 손해배상청구권이 청구권협정으로 이미 해결되었는지 여부에 대하여 서로 상반되는 두 가지 국제법적 관점을 정리하고자 한다.

긍정설

긍정설은 강제징용으로 인한 손해배상청구권이 청구권협정을 통해 '이미' 해결되었다고 주장한다. 특히 이 주장을 위해 긍정설이 '대한민국과 일본국 간의 재산 및 청구권에 관한 문제의 해결과 경제협력에 관한 협정에 대한 합의의사록(I)'(이하 '청구권협정 합의의사록(I)') 중 (g)에 주목하고 있는 점을 지적하지 않을 수 없다.[20]

청구권협정 합의의사록(I)(g)는 "동조 1.에서 말하는 완전히 그리고 최종적으로 해결된 것으로 되는 양국 및 그 국민의 재산, 권리 및 이익과 양국 및 그 국민 간의 청구권에 관한 문제에는 한일회담에서 한국 측으로부터 제출된 "한국의 대일청구요강"(소위 8개 항목)의 범위에 속하는 모든 청구가 포함되어 있고, 따라서 동 대일청구요강에 관하여는 어떠한 주장도 할 수 없게 됨을 확인하였다"고 규정한다. 이어서 긍정설은 청구권협정 합의의사록(I)(g)가 언급하고 있는 '대일청구요강' 8개 항목 중 제5항이 '한국법인 또는 한국 자연인의 일본은행권, 피징용한국인의 미수금, 보상금 및 기타 청구권의 변제청구'를 언급하고 있는 점도 간과하지 않고 있다.[21] 즉, 국제법상 배상과 보상은 그렇게 큰 차이를 발생시키는 용어가 아니라는 전제를 바탕으로 긍정설은 '피징용한국인의 보상금'이 적시되어 있다는 점을 부인하기는 어렵다는 주장을 펼치고 있는 것이다.

---

19) http://www.law.go.kr/precInfoP.do?precSeq= 167251.

20) 이근관, "한일청구권협정상 강제징용배상청구권 처리에 대한 국제법적 검토," 『서울대학교 법학』 제54권 제3호 (2013), p. 335.

21) 이근관 (2013), pp. 335-336.

긍정설은 청구권협정이 발효한 이후 만들어진 한국의 입법도 살펴보고 있다. 1969년 조약법에 관한 비엔나협약 제31조는 조약의 해석에 관한 일반 규칙을 규정하고 있으나, 비엔나협약이 발효하기 이전에 발효한 청구권협정에는 비엔나협약 제31조가 직접 적용될 수 없다. 하지만 국제사법재판소에 의하면 비엔나협약 제31조는 '국제관습법(customary international law)'을 반영하고 있기 때문에,[22] 비엔나협약 제31조 제3항 (b)가 언급하고 있는 '조약의 해석에 관한 당사국의 합의를 확정하는 그 조약 적용에 있어서의 추후의 관행'을 국제관습법을 적용한다는 차원에서는 살펴볼 필요가 있는 것이다. 이러한 시각에서 긍정설은 청구권협정이 발효한 이후 만들어진 한국의 입법을 간과하지 않고 있는데, 예를 들어, 1974년 「대일민간청구권보상에관한법률」 제4조 제2항은 "청구권신고법 제2조 제1항 제9호의 피징용사망자에 대한 청구권 보상금은 1인당 30만 원으로 한다"고 규정하면서 피징용사망자에 대한 보상금문제를 언급했다.

이어서 긍정설은 청구권협정 제2조 제1항 중 "평화조약 제4조(a)에 규정된 것을 포함하여"라는 표현에도 주목한다.[23] 이는 청구권협정이 재정적·민사적 채권·채무 관계만을 해결하기 위한 조약은 아니라는 것인데, 즉 긍정설은 1951년 샌프란시스코 평화조약 제4조(a)의 범위를 '넘는' 강제징용으로 인한 손해배상청구권도 이미 해결된 범위에 포함된 것으로 볼 수 있다고 주장한다.

부정설

부정설은 일단 청구권협정과 청구권협정 합의의 사록(I) 그 어디에서도 청구권의 정의를 발견할 수 없다는 것을 전제로 내세운다.[24] 이어서 부정설은 비록 대일청구요강 8개 항목 중 제5항이 '피징용한국인의 … 보상금'을 언급하고 있다 하더라도 불법행위에 해당하는 강제징용으로 인한 손해배상청구권조차 해결되었다고 간주하는 것은 옳지 않다고 주장한다.[25] 그 이유로 청구권협정이 청구권 각 항목의 금액을 결정한 것이 아니라 정치적 협상을 통해 '총액'만 결정했다는 것을 제시하고 있다.[26]

그리고 부정설은 청구권협정 제2조에 언급된 청구권은 1951년 샌프란시스코 평화조약의 채권을 포함한 청구권 또는 재산에 기초한 청구권 등만을 의미한다는 것을 전제로 '국가권력이 관여한 반인도적 불법행위나 식민지배와 직결된 불법행위'로 인한 손해배상청구권은 제2조에 언급된 청구권의 범위에 포함되지 않는다고 강조한다.[27]

부정설과 궤를 같이하고 있는 2018년 10월 30일 일제 강제징용 손해배상 판결의 환송판결인 2012년 5월 24일 대법원판결[2012. 5. 24. 선고 2009다68620 판결]은 국가의 '외교적 보호(dip-

---

22) *Pulp Mills on the River Uruguay (Argentina v. Uruguay)*, *Judgment, I.C.J. Reports 2010*, p. 46, para. 65.

23) 주진열, "1965년 한일 청구권협정과 개인청구권 사건의 국제법 쟁점에 대한 고찰: 대법원 2018. 10. 30. 선고 2013다61381 전원합의체 판결을 중심으로," 『서울국제법연구』 제25권 제2호 (2018), pp. 195–196.

24) 강병근, "국제법적 관점에서 본 일제강제징용 배상판결의 주요 쟁점에 관한 연구," 『저스티스』 통권 제143호 (2014), p. 242.

25) 강병근 (2014), pp. 245–246.

26) 강병근 (2014), p. 246.

27) 강병근, "1965년 한일 협정의 '청구권'의 범위에 관한 연구," 『국제법학회논총』 제60권 제3호 (2015), pp. 20–23.

lomatic protection)'에 대한 권리, 즉 '외교적 보호권'과 피해자 '개인의 청구권'을 분리한 후 일본의 국가권력이 관여한 반인도적 불법행위나 식민지배와 직결된 불법행위로 인한 손해배상청구권에 관한 한 기본적으로 둘 다 소멸하지 않았다고 결론 내렸다.[28] 그리고 첨언을 통해 외교적 보호권이 소멸했다고 가정하더라도 개인의 청구권은 소멸하지 않을 수 있다는 취지도 함축했다.[29]

2018년 대법원 일제 강제징용 손해배상 판결의 태도

2018년 10월 30일 대법원 일제 강제징용 손해배상 판결은 환송판결인 2012년 5월 24일 대법원판결[2012. 5. 24. 선고 2009다68620 판결]과 같은 입장을 취했다. 일단 대법원은 "이 사건에서 문제되는 원고들의 손해배상청구권은, 일본 정부의 한반도에 대한 불법적인 식민지배 및 침략전쟁의 수행과 직결된 일본 기업의 반인도적인 불법행위를 전제로 하는 강제동원 피해자의 일본 기업에 대한 위자료청구권(이하 '강제동원 위자료청구권'이라 한다)이라는 점을 분명히 해두어야 한다. 원고들은 피고를 상대로 미지급 임금이나 보상금을 청구하고 있는 것이 아니고, 위와 같은 위자료를 청구하고 있는 것이다"라고 전제했다.[30] 이는 '국가권력이 관여한 반인도적 불법행위나 식민지배와 직결된 불법행위'로 인한 손해배상청구권이 청구권협정으로 이미 해결되었

는지 여부를 다루는 것이 이 판결의 주요 쟁점 중 하나라는 것을 분명히 밝힌 것이다.

이어서 대법원은 청구권협정에서든 대일청구요강 8개 항목에서든 일본 식민지배의 불법성을 확인하는 내용은 발견되지 않는다는 것을 강조했다.[31] 이러한 점을 강조한 이유는 1951년 샌프란시스코 평화조약 제4조(a)의 범주를 벗어난 청구권, 예를 들어 국가권력이 관여한 반인도적 불법행위나 식민지배와 직결된 불법행위로 인한 손해배상청구권이 청구권협정 또는 청구권협정 합의의사록(I)(g)에 의해 완전히 그리고 최종적으로 해결된 청구권의 범위에 포함되지 않는다는 것을 확인하고자 했기 때문이다.

결론적으로 2018년 대법원 일제 강제징용 손해배상 판결은 부정설의 입장을 지지했다고 해석된다. 즉, 대법원 법리에 따르면 강제동원 위자료청구권문제는 청구권협정으로 해결된 문제가 아니라는 것이다.

(3) 한국과 일본 간 충돌

2022년 현재 청구권협정 제2조 제1항의 해석을 놓고 한국과 일본 양국은 '충돌'하고 있다. 2018년 대법원 일제 강제징용 손해배상 판결을 존중하는 한국의 입장은 부정설에 기초하고 있으며, 이에 반해 일본은 강제징용으로 인한 손해배상청구권이 청구권협정으로 완전히 그리고 최종적으로 해결되었다는 긍정설을 지지하고 있다.

그런데 이와 같은 긍정설과 부정설의 대립에도 불구하고 지금까지 국제재판소 판례 중 국가권력이 관여한 반인도적 불법행위나 식민지배와

28) http://www.law.go.kr/precInfoP.do?precSeq=167251

29) http://www.law.go.kr/precInfoP.do?precSeq=167251

30) http://www.scourt.go.kr/sjudge/1540892085928_183445.pdf, p. 12.

31) http://www.scourt.go.kr/sjudge/1540892085928_183445.pdf, pp. 13-14.

직결된 불법행위로 인한 손해배상청구권문제를 다룬 판례는 존재하지 않는다. 더구나 가해국(또는 가해국의 국민)에 대하여 피해자 개인이 직접적으로 행사할 수 있는 손해배상청구권이 존재하는지 여부를 판단한 국제재판소 판례도 없다.

2018년 대법원 일제 강제징용 손해배상 판결을 둘러싼 한국과 일본 간 갈등 국면에서 자주 언급되고 있는 2012년 국제사법재판소의 독일-이탈리아 사건은 사실 오로지 이탈리아 법원에서 독일에게 '국가면제'가 부여되어야 하는지 여부가 쟁점이 되었던 사건이다. 즉, 이 사건만 검토해서는 국가권력이 관여한 반인도적 불법행위나 식민지배와 직결된 불법행위로 인한 손해배상청구권문제 또는 가해국(또는 가해국의 국민)에 대하여 피해자 개인이 직접적으로 행사할 수 있는 손해배상청구권이 존재하는지 여부 등을 판단할 수 없다.

국제법 차원에서 아직까지 2018년 대법원 일제 강제징용 손해배상 판결이 적절한 결론이었는지를 재단할 수 있는 어떤 권위 있는 기준은 존재하지 않는다. 이는 당연히 한국 대법원의 일제 강제징용 손해배상 판결이 국제법에 불합치한다는 의미가 아니다. 판단을 받은 적도 없고 판단을 위해 참고할 수 있는 사례도 마땅치 않을 뿐이라는 말이다. 그런데 한국과 일본이 각자의 입장에 따라 수립한 외교정책이 양립할 수 없다는 것은 분명한 사실이고, 따라서 결국은 각자 국제법에 기대고 있으나 충돌이 발생한 현재 상황이 야기되어 있는 것이다.

2) 우크라이나 사태

(1) 우크라이나 사태의 시작

2013년 당시 우크라이나 대통령이었던 빅토르 야누코비치(Viktor Yanukovych)가 '우크라이나-EU 협력협정(Ukraine-European Union Association Agreement)'에 서명하는 것을 주저하자 우크라이나 정국은 2013년 11월 21일부터 극도의 혼란에 빠져들었다. 우크라이나정부를 향한 시위는 멈추지 않았고, 결국 야누코비치 대통령은 2014년 2월 22일 키이우로부터 탈출하기에 이르렀다. 그런데 야누코비치 대통령이 축출되기 이틀 전인 2014년 2월 20일 크리미아 최고위원회(Supreme Council) 의장인 블라디미르 콘스탄티노프(Vladimir Konstantinov)는 상황이 더 악화된다면 크리미아자치공화국은 우크라이나로부터의 분리독립을 고려할 것이라는 의미심장한 발언을 했다. 현재 우크라이나는 이 발언에 의미를 부여하여 러시아의 크리미아자치공화국 '점령(occupation)'이 2014년 2월 20일부터 시작되었다고 간주하고 있다.

야누코비치 대통령이 친(親)러시아 인사였기 때문에 러시아는 즉각 행동을 개시했다. 2014년 2월 27일 60명의 무장병력이 크리미아 최고위원회를 장악했고, 이들은 공개적으로 러시아 국기를 흔들었다. 크리미아자치공화국에 대한 러시아의 무력사용이 존재한다는 것이 명백한 상황에서 크리미아 최고위원회는 주민투표(referendum) 실시를 공표했고, 2014년 3월 16일 있었던 주민투표 결과 약 95% 이상의 지지와 함께 크리미아자치공화국은 2014년 3월 17일 우크라이나로부터의 독립을 선언했다. 그리고 바로 다음 날인

2014년 3월 18일 '크리미아자치공화국의 러시아로의 가입 조약', 즉 '병합조약'이 체결되었다. 하지만 국제법적으로 병합(annexation)이 이루어지기 위해서는 '유효한' 병합조약 등이 필요하므로 러시아가 크리미아자치공화국을 병합했다는 표현은 적절한 표현이 아니다. 우크라이나 헌법 또는 중앙정부로부터 적절한 조약체결권한을 위임받지 못한 크리미아자치공화국 대표가 러시아 대통령과 병합조약을 체결한 것은 국제법상 '무효'이기 때문이다. 따라서 현재 러시아는 우크라이나 영토인 크리미아자치공화국을 '불법적으로' 점령하고 있는 중이다.

(2) '민스크의정서'와 '민스크협정'

2014년 9월 5일 '민스크의정서(Minsk Protocol)'가 우크라이나, 러시아, (의정서 이행 여부를 감시할 책임을 지고 있는) OSCE(유럽안보협력기구, Organization for Security and Cooperation in Europe), (우크라이나로부터 분리독립을 추진하던) 도네츠크공화국, 루간스크공화국 간에 서명되었다. 민스크의정서는 기본적으로 내전 중인 정부군과 반군 간 휴전협정이다. 다만 반군을 지원하는 러시아도 이 의정서에 서명했다는 점에서 반군에 대한 자신의 지원을 인정한 것처럼 보일 수 있다. 하지만 민스크의정서 서명 이후 다시 충돌이 발생했으며, 도네츠크공화국과 루간스크공화국은 민스크의정서를 이행할 필요가 없다는 입장을 표명했다.

민스크의정서가 아무런 결실을 맺지 못하자 우크라이나 동부지역의 불안정한 상황에 대처하기 위해 'Minsk II'라고도 불리는 '민스크협정(Minsk Agreement)' 체결이 추진되었다. 2015

년 2월 11일부터 12일까지 우크라이나, 러시아, 독일, 프랑스 정상은 민스크에서 교섭에 임했고, 2015년 2월 15일부터 휴전이 시작되는 데 합의했다. 이것이 바로 민스크협정이다.

민스크협정과 관련하여 가장 큰 쟁점은 과연 러시아가 민스크협정을 이행해야 하는지 여부이다. 러시아는 민스크협정에 서명했음에도 자신은 내전의 당사자가 아니라는 이유를 들면서 민스크협정 이행에 적극적이지 않은 태도를 보이고 있다.

러시아가 민스크협정의 당사자임은 분명하다. 따라서 기본적으로 (법적 구속력이 존재한다는 전제에서) 민스크협정이 러시아에게도 구속력이 있다고 보아야 한다. 그럼에도 불구하고 문제가 될 수 있는 것은 민스크협정 내용 중 러시아가 이행해야 하는 내용이 존재하는지 여부이다.

민스크협정은 모두 13개의 조문으로 이루어져 있다. 이 중에서 러시아가 민스크협정을 이행해야 하는지 여부와 관련하여 문제가 될 수 있는 조문은 바로 제10조이다. 민스크협정 제10조는 모든 외국 군대, 무기(장비) 또는 용병 등이 철군(철수)해야 한다는 내용을 담고 있다. 이는 만약 도네츠크공화국과 루간스크공화국 내에 러시아 군대 또는 무기가 있다면 철군 또는 철수가 이루어져야 한다는 것을 의미한다.

그런데 문제는 러시아가 러시아 군대 또는 무기가 도네츠크공화국과 루간스크공화국 내에 존재하지 않는다고 주장했다는 것이다. 이는 사실관계의 다툼으로 전환된다. EU, 특히 민스크에서의 교섭에 참여했던 독일과 프랑스는 러시아 군대 및 무기가 우크라이나 영토 내에 존재한다는 것이 사실이라는 전제에서 러시아가 민스크협정 제10조를 이행하고 있지 않다고 비난하고 있는 반면에 러시아는 자신이 내전의 당사자가 아니라는 주장만 반복하고 있을 뿐이다.

2015년 2월 12일 '민스크협정' 체결 이후 대러시아제재 해제는 민스크협정의 이행문제와 결부되었다. 2015년 3월 19일 유럽이사회는 이 점을 공식적으로 천명했다.[32] 이는 EU의 대러시아제재 해제의 선결적 조건 또는 전제조건이 바로 민스크협정 이행이 되었다는 것이다. 결국, 민스크협정 내에 러시아가 이행해야 하는 내용이 존재하는지 여부는 러시아가 도네츠크공화국과 루간스크공화국에 군대 또는 무기를 지원하고 있는지 여부에 대한 러시아의 인정 여부 문제로 전환된다. 그런데 러시아가 군대 또는 무기를 지원하고 있다 하더라도 이 사실을 인정할 가능성은 없기 때문에 EU의 대러시아제재 해제에 있어 전제조건, 즉 러시아의 민스크협정 제10조 이행이 충족될 수는 없는 것이다.

(3) 크리미아자치공화국 점령에 대한 다른 해석과 충돌

러시아의 크리미아자치공화국 점령으로부터 촉발된 우크라이나 사태는 2022년 러시아의 우크라이나 '침략'으로 그 정점에 이르렀다. 이러한 러시아의 우크라이나 침략은 2022년 3월 2일 유엔 총회 긴급특별세션에서 채택된 결의를 통해 확인되었다. 즉, 러시아의 국제법 위반, 특히 유

---

32) "The European Council agreed that the duration of the restrictive measures against the Russian Federation, adopted on 31 July 2014 and enhanced on 8 September 2014, should be clearly linked to the complete implementation of the Minsk agreements, bearing in mind that this is only foreseen by 31 December 2015."

엔헌장 제2조 제4항에 적시된 무력의 위협 또는 사용 금지 원칙 위반은 명백하다는 것이다.

러시아의 국제법 위반이 명백하게 정리된 이상 크리미아자치공화국문제라는 같은 문제를 놓고 다른 국제법적 해석을 추구했던 러시아의 외교정책은 설 자리를 잃게 되었고, 우크라이나는 물론 미국을 필두로 대러시아제재에 박차를 가한 국가들의 외교정책은 러시아의 국제법 위반을 전제로 수립되거나 추진될 수밖에 없었다. 국제법이 어떤 외교정책이 수립되어야 하는지에 대한 '화살표'로 기능하고 있는 의미 있는 사례라 할 수 있다. 또한, 국제법 위반을 변호하는 외교정책은 국제공동체에서 설득력을 갖추기 어렵다는 것도 입증한다.

5. 국제법과 국제분쟁의 해결

국제분쟁을 해결하기 위해 국제법을 원용한 역사가 짧지는 않다. 예를 들어, 이미 1899년 제1차 만국평화회의 및 1907년 제2차 만국평화회의에서도 국제분쟁을 해결하기 위해 이용될 수 있는 다수의 조약이 체결되었다. 그러나 이러한 노력에도 불구하고 제1차 세계대전 발발을 막지 못했고, 이에 국제공동체는 제1차 세계대전 종전과 함께 국제연맹(League of Nations)을 창설했을 뿐만 아니라 최초의 '상설' 국제재판소인 상설국제사법재판소(Permanent Court of International Justice) 설립까지 이루어내었다.

어떤 특정 국가 입장에서는 외교정책을 수립하는 과정에서 중재재판소는 물론 국제사법재판소를 포함한 상설국제재판소로 국제분쟁을 회부하는 것을 또 하나의 선택지로 보유하게 된 것이

다. 아래에서는 국제분쟁을 해결하는 국제법의 모습을 정확히 보여준 남중국해 사건 등을 소개하며 국제분쟁을 해결하는 국제법을 자세히 설명하고자 한다.

1) 남중국해 사건[33]

(1) 유엔해양법협약 제7부속서 중재재판소의 중재결정[34]

2016년 7월 12일 유엔해양법협약 제7부속서 중재재판소는 남중국해분쟁을 놓고 기념비적인 중재결정(또는 중재판정)을 내렸다. 2013년 1월 22일 필리핀의 유엔해양법협약 제7부속서 관련 절차 개시로 시작된 중재재판 절차는 2013년 2월 19일 중재재판 절차 참여를 거부하는 중국의 '불출정(non-appearance)' 선언에도 불구하고 유엔해양법협약 제7부속서 제9조가 분쟁당사국 일방의 불출정이 소송의 진행에 장애가 되지 않는다는 것을 규정하고 있기 때문에 중단 없이 진행되었다. 남중국해분쟁을 해결하기 위한 국제법적 결론을 도출했다는 차원에서 2016년 중재결정에 대하여는 긍정적인 평가가 내려져야 한다.

2016년 중재결정은 ① 중국정부가 공식적으로 의미를 밝힌 적이 없었던 '구단선(Nine-Dash Line)'의 의미를 해석했고, ② 남중국해, 특히 남사군도 인근 수역에 '암석(rock)'이 가질 수 있는 12해리에 이르는 영해를 제외하고 '공해'가 존재한다는 것을 국제법적 차원에서 확인했으며, ③ 해양환경 관련 문제를 비중 있게 다루었고, ④ 중재재판소 자신의 관할권을 확대하기 위해 관할권의 배제를 가져올 수 있는 군사활동의 의미를 제한적으로 해석했다는 의의를 가진다. 상세한 의의는 다음과 같다.

첫째, 중재재판소는 중국정부가 공식적으로 드러낸 적이 없었던 구단선의 의미를 인위적으로 해석했다. 중재재판소는 중국이 구단선 내의 생물 및 무생물 자원에 대하여 '역사적 권리'를 주장해 왔다고 해석했는데,[35] 중재재판소의 이러한 해석에 중국이 동의할 가능성은 전혀 없다. 구단선은 단순히 생물 및 무생물 자원에 대한 역사적 권리 주장보다 구단선 내의 해양지형에 대한 중국의 영유권(주권) 주장을 위해 활용되고 있다고 보이기 때문이다. 이어서 중재재판소는 구단선 내의 생물 및 무생물 자원에 대한 중국의 역사적 권리 주장이 지지될 수 없다고 언급하며,[36] 결국, 구단선은 유엔해양법협약과 양립할 수 없다는 결론을 내렸다. 구단선은 남중국해에서 중국이 자신의 권리를 주장하는 데 있어 핵심이 되는 근거인 동시에 중국의 영유권 주장을 상징하는 개념이기 때문에 중국은 이와 같은 결론에 극렬한 반발을 보이고 있다. 하지만 구단선이 유엔해양법협약과 양립할 수 없다는 2016년 중재결정은 국

---

33) '남중국해 사건' 부분은 이기범, 『영토·해양 분쟁의 심화와 새로운 국제법적 해결』, ASAN Report (아산국제법 인포커스 2016), pp. 15–37 중 필요 부분을 발췌하여 본서의 목적에 맞게 수정 및 보완한 것임.

34) *Award of the Arbitral Tribunal in the Matter of the South China Sea Arbitration between the Republic of the Philippines and the People's Republic of China, Merits* (The Hague, 12 July 2016), http://www.pcacases.com/pcadocs/PH-CN%20-%2020160712%20-%20Award.pdf.

35) http://www.pcacases.com/pcadocs/PH-CN%20-%2020160712%20-%20Award.pdf, para. 232.

36) http://www.pcacases.com/pcadocs/PH-CN%20-%2020160712%20-%20Award.pdf, para. 270.

제법적 결론이기 때문에 앞으로 구단선에 기반한 중국의 주장은 더 이상 받아들여지기 어렵다. 그리고 "중국은 남중국해에서의 항행 및 상공비행의 자유를 존중하고 보장한다"는 2015년 10월 27일 중국 외교부부장의 발언[37] 등을 근거로 구단선 내의 수역이 중국의 (항행 및 상공비행의 자유가 보장되지 않는) 영해가 아닌 것으로 결론지어진 바와 같이 국제법을 고려하지 않고 그럴듯한 수사로 치장하는 외교정책은 (외교) 참사로 이어질 수 있다는 가능성이 현실화되었다.

둘째, 중재재판소는 남중국해, 특히 남사군도 인근 수역에서 유엔해양법협약 제121조 제3항에 따라 '암석'이 가질 수 있는 12해리에 이르는 영해만 제외하고는 공해가 존재한다는 것을 국제법적 차원에서 확인했다. 이는 모든 국가들의 군함이 항행의 자유를 누리기 위해 합법적으로 남중국해 내 공해에 해당하는 수역으로 진입할 수 있다는 의미가 된다. 특히 남사군도 인근 수역에 공해가 존재한다는 것을 확인하기 위해 중재재판소는 국제재판소 역사상 최초로 섬과 암석의 구분기준을 비교적 명료하게 제시했다.[38]

셋째, 중재재판소는 해양환경의 보호와 보전 문제를 비중 있게 다루었다. 해양환경문제는 유엔해양법협약상 중재재판소의 관할권을 제한하거나 배제하지 않는다는 점에서 제소를 원하는 국가 입장에서는 청구취지에 우선순위로 포함시

키고자 하는 문제이다. 필리핀은 중재재판을 통해 중국이 남중국해에 존재하는 7개 해양지형에 인공적인 시설물 공사를 하면서 암초구조에 영향을 주었고, 산호초를 파괴했다는 등의 주장[39]을 펼치며 해양환경문제를 적절히 제기했고, 이는 향후 유엔해양법협약의 해석 또는 적용 문제를 (의도적으로) 만들어 유엔해양법협약이 제공하는 분쟁해결 절차를 활용하고자 하는 국가(들)에게 하나의 선례가 될 것이다.

넷째, 중재재판소는 자신의 관할권을 확대하기 위해 유엔해양법협약 제298조에 따라 관할권이 배제될 수 있는 '군사활동'의 의미를 한정했다. 즉, 중재재판소에 의하면 군사활동은 양국 군사력 간의 대치(stand-off) 등으로 한정된다.[40] 이는 군사활동에 관한 분쟁이라는 이유로 국제재판소의 관할권이 배제되는 경우가 그리 많지는 않을 것이라는 의미이다.

(2) 중국의 두 가지 실수

필리핀에 의해 원하지 않는 국제재판소로 나올 수밖에 없었던 중국은 유엔해양법협약 제7부속서 중재재판소 절차를 통해 두 가지 치명적인 실수를 저질렀다. 단순한 실수라 간주하기에는 국제법을 정확히 이해하지 못한 채 어설프게 수립된 외교정책의 안타까운 결과물이다.

첫 번째 실수는 필리핀이 제소하고 한 달도 지나지 않은 2013년 2월 19일 중재재판 절차 참여를 거부하는 '불출정' 선언을 했다는 것이다. 이

37) Ministry of Foreign Affairs, People's Republic of China, *Vice Foreign Minister Zhang Yesui Makes Stern Representations to US over US Naval Vessel's Entry into Waters near Relevant Islands and Reefs of China's Nansha Islands* (27 October 2015).

38) http://www.pcacases.com/pcadocs/PH-CN%20-%2020160712%20-%20Award.pdf, paras. 539–551.

39) http://www.pcacases.com/pcadocs/PH-CN%20-%2020160712%20-%20Award.pdf, paras. 900–905.

40) http://www.pcacases.com/pcadocs/PH-CN%20-%2020160712%20-%20Award.pdf, para. 1161.

는 불출정 선언에도 불구하고 유엔해양법협약 제7부속서 관련 절차에 따라 소송이 진행된다는 것에 대한 정확한 인식이 없었다는 것을 증명한다. 국제재판소 소송은 국제정치적 역학관계 등에 의해 진행 여부가 결정되지 않는다. 유엔해양법협약이 분쟁해결 절차를 제공하고 있는 이상 그리고 중국이 유엔해양법협약의 당사국인 이상 성급한 불출정 선언 이후 중국이 절차가 진행되는 것을 그대로 지켜보기만 했다는 것은 국제법을 잘 몰랐을 경우에나 발생할 수 있는 참사에 해당한다고 보아야 한다.

두 번째 실수는 첫 번째 실수보다 더욱 치명적이다. 중국의 불출정 가운데 절차가 진행되고 있는 것을 두고만 볼 수 없었던 중국은 2014년 12월 7일 중국 외교부 웹사이트를 통해 '입장표명서(position paper)'를 공표했는데, 문제는 2015년 4월 21일 중재재판소가 중국의 '입장표명서'와 몇몇 문서들을 관할권에 대한 중국의 '항변'으로 간주하기로 결정했다는 것이다.[41] 이러한 입장표명서는 중재재판소 입장에서 (필리핀의 주장과 반대되는) 중국의 주장을 확인할 수 있는 좋은 자료가 되었고, 중국이 소송에 참여한 것과 비슷한 효과를 발생시켰다. 즉, 불출정을 통해 분쟁해결 절차상 이익을 누리지 못하고 있던 중국이 갑자기 필리핀의 입장과 배치되는 주장을 전개한 것과 같은 상황이 발생했을 뿐만 아니라 이러한 중국의 입장이 추후 중재재판소에 의해 철저히 논파되는 여지를 제공했다는 것이다. 불출정을 선택했으면 끝까지 자신의 입장을 모호하게 유지했어야 했는데, 그렇게 하지 못했다는 점에서 중국의 외교정

책 자체가 의심받았음은 물론 중국이 국제법에 대한 기본적인 지식을 가지고 있는지에 대하여도 큰 의구심을 불러일으켰다.

(3) 중재결정에 대한 비판

중재결정에 대한 비판은 절차와 내용에 대한 비판으로 나누어진다. 중재재판소 절차 중 가장 큰 비판의 대상이 되어야 하는 문제는 2015년 4월 21일 중재재판소가 중국의 '입장표명서'와 몇몇 문서들을 관할권에 대한 중국의 '항변'으로 간주하기로 결정했다는 점이다. 중국이 중재재판이 본격적으로 시작되기 전부터 불출정을 선언한 것 자체에 대한 불이익을 중국 스스로 감수해야 하는 것은 당연하다. 하지만 중국의 입장표명서 등이 관할권에 대한 중국의 항변으로 간주된 것은 중국이 중재재판에 참여하고 있지 않고 있음에도 참여한 것과 같은 효과를 가져왔다. 이는 중재재판소가 분쟁이 무엇인지를 선명하게 드러내기 위해 의도적으로 중국의 입장표명서 등에 의미를 부여했다는 비판이 제기될 수 있다는 말이다.

중재결정 내용에 대해서도 몇몇 비판이 이루어져야 한다. 첫째, 구단선이 유엔해양법협약과 양립하는지 여부를 판단하기 위해 구단선의 의미를 해석한 중재재판소의 태도는 설득력이 약하다. 중재재판소는 중국이 구단선 내에서 생물 및 무생물 자원에 대하여 역사적 권리를 주장하고 있다는 해석을 제시했는데, 이는 일반적으로 제시되는 구단선의 의미와는 동떨어진 해석이다. 중국정부가 구단선에 대한 공식적인 해석을 제공한 적은 없으나, 구단선 주장의 기원 및 전개 등을 연구한 학자들은 일반적으로 중국이 구단선 내의 모든 해양지형들에 대한 주권을 주장한다든지 아니면 구

---

41) http://www.pcacases.com/pcadocs/PH-CN%20-%2020160712%20-%20Award.pdf, para. 45.

단선 내의 모든 해양지형들은 물론 수역에 대해서도 주권 또는 관할권을 주장한다든지 등 '주권' 또는 '관할권'과 관련이 있는 해석을 제시했다.[42] 따라서 중재재판소가 구단선을 생물 및 무생물 '자원'에 대한 역사적 권리와 연계시킨 것은 '창조된' 해석일 가능성이 높다. 구단선은 내용 또는 실체가 없는 개념일 뿐이다. 그런데 중재재판소는 구단선 문제를 판단하기 위해 구단선에 내용 또는 실체를 부여한 후 구단선이 유엔해양법협약과 양립하지 않는다는 결론을 도출한 것이다.

둘째, 중재재판소는 남사군도와 관련하여 해양경계획정문제가 존재하지 않고 따라서 중재재판소의 관할권이 인정된다는 것을 확실히 결론지을 목적으로 필리핀의 청구취지에 포함되지 않은 (현재 대만이 점거 중인) '이투아바' 등의 법적 지위문제를 다루었다. 그런데 중재재판소 절차에서 필리핀의 청구취지에 포함되지 않은 이투아바 등의 법적 지위가 다루어진 것은 수긍하기 어렵다. 더구나 이투아바는 중국이 아닌 (국제법상 국가로 인정받기는 어려운) 대만이 점거 중이다. 다만 이투아바 등의 법적 지위를 다루지 않고는 남사군도 인근 수역의 법적 지위는 물론 수역의 법적 지위를 전제로 제기된 몇몇 청구취지 자체에 대한 판단을 내릴 수 없었기 때문에 중재재판소의 태도를 비난만 할 수는 없을 것이다.

셋째, 중재재판소는 유엔해양법협약 제206조와 관련한 중국의 태도에 대하여 '가정'에 근거하여 판단했다. 중재재판소는 만약 중국이 환경영향평가 결과를 가지고 있었다면 중재재판소에 직접 이 결과를 제출하지 않았다 하더라도 다른 수단을 통해서라도 이를 공표했을 것이라고 추론했는데,[43] 이는 가정적인 언급에 불과하다. 이러한 가정을 전제로 중재재판소는 중국의 유엔해양법협약 제206조 위반이라는 결론을 도출했다. 그러나 중국이 필리핀의 어떤 청구취지에 대하여 적극적인 반박을 하지 않은 것을 중국이 환경영향평가 결과를 가지고 있지 않기 때문이라고 단정하는 것은 논리적인 태도라 할 수 없다.

마지막으로 중재재판소는 자신의 관할권 인정이라는 목적을 위해 중국 시진핑 국가주석의 발언을 '활용'했다. 즉, 미스치프 암초에서 벌어지고 있는 공사가 군사화를 추구할 의도를 가지고 있는 것은 아니라는 시진핑 국가주석의 발언을 그대로 인정하는 태도를 보이며 자신의 관할권 인정이라는 목표를 달성한 것이다.[44] 미스치프 암초에서 벌어지고 있는 공사를 객관적으로 판단해 군사활동에 관한 분쟁이라고 간주할 수 있었음에도 시진핑 국가주석의 언급을 중재재판소가 그대로 인용하면 문제가 되지 않는다는 다소 단편적인 수준의 논리만 채택했을 뿐이다.

(4) 남중국해분쟁 관련 외교정책 수립에 근거가 되는 2016년 중재결정

남중국해분쟁을 놓고 한국 대통령 및 외교부 장관이 간간이 밝힌 입장을 살펴보면 한국은 남중국해분쟁에 최대한 관여하지 않고자 하는 것처럼 보인

42) Zhiguo Gao and Bing Bing Jia, "The Nine-Dash Line in the South China Sea: History, Status, and Implications," *The American Journal of International Law* Vol. 107 (2013), p. 108.

43) http://www.pcacases.com/pcadocs/PH-CN%20-%2020160712%20-%20Award.pdf, para. 991.

44) http://www.pcacases.com/pcadocs/PH-CN%20-%2020160712%20-%20Award.pdf, para. 1027.

다. 2015년 11월 5일 한국 외교부 장관은 남중국해에서의 "항행 및 상공비행의 자유가 보호되고 존중되는 것이 필수적"이라고 지적했을 뿐 아니라 "국제적으로 확립된 행동규범과 양자·다자 차원의 관련 공약 및 합의에 따라 분쟁이 평화적으로 해결되어야 한다"는 점을 강조했다. 이어서 2015년 11월 22일 한국 대통령도 외교부 장관의 2015년 11월 5일 언급을 기초로 "모든 관련 당사국들은 남중국해 행동선언의 문언과 정신 그리고 비군사화 공약들을 준수함으로써 남중국해의 평화 안정 증진에 기여하기를 바란다"고 언급했다.

이와 같은 한국 대통령 및 외교부 장관의 언급을 통해 남중국해분쟁에 대한 한국의 입장은 ① 항행 및 상공비행의 자유, ② 국제적으로 확립된 행동규범, ③ 분쟁의 평화적 해결이라는 세 가지 요소를 강조하는 것을 알 수 있다. 하지만 문제는 한국 대통령 및 외교부 장관의 발언이 2015년 10월 29일 유엔해양법협약 제7부속서 중재재판소의 관할권 및 소(訴)의 허용성에 관한 중재결정 직후에 있었다는 점이다. 이는 한국이 어떤 근거로 항행 및 상공비행의 자유를 강조했으며, '남중국해 행동선언'과 같은 국제적으로 확립된 행동규범과 양자·다자 차원의 관련 공약 및 합의를 왜 언급했는지와 같은 의문을 불러일으킬 뿐이다. 일단 2016년 7월 12일 중재재판소의 본안에 관한 중재결정에 따라 비로소 남사군도 인근 수역에 공해가 존재하는 것이 법적으로 확인되었기 때문에 2015년 11월 한국 주요 인사의 발언은 법적으로 아직 확인되지 않았던 내용에 대한 시기상조의 소망에 불과하다. 다음으로 '남중국해 행동선언'이 국제법적 차원에서 분쟁해결수단을 제공하지 못했기 때문에 중재재판소가 남중국해

분쟁에 대하여 '관할권'을 행사할 수 있었다는 점을 지적하지 않을 수 없다.[45] 다시 말해, 남중국해 행동선언이 '정치적 합의'에 불과했기 때문에 중재재판소가 중재결정을 내릴 수 있었다는 것이다. 이를 고려하면 한국이 남중국해 행동선언을 언급한 것은 남중국해 행동선언에 법적 구속력이 없다는 것을 전제로 내려진 중재결정에 대한 이해 부족을 드러낼 뿐이다.

만약 한국의 남중국해분쟁 관련 입장이 미국을 고려하여 '항행 및 상공비행의 자유'를 그리고 중국을 의식하여 '남중국해 행동선언'을 강조한 것이라면 이해가 되지 않는 것은 아니다. 하지만 한국 주요 인사의 발언은 기본적으로 중재결정의 내용을 고려하지 않은 발언이라는 점에서 비판으로부터 자유롭기 어렵다. 이는 한국의 남중국해분쟁 관련 외교정책이 국제법을 면밀히 고려하여 '재'수립되어야 한다는 것을 의미한다.

2022년 현재까지도 중국은 2016년 중재결정을 인정하지 않고 있다. 오히려 남중국해분쟁은 여전히 진행 중인 것으로 보이기도 한다. 그러나 2016년 중재결정은 구단선의 법적 지위를 명백히 확인함으로써 남중국해 관련 각국의 외교정책이 명료하게 수립되는 데 크게 기여했다. 예를 들어, 2016년 중재결정은 미국이 주로 남중국해를 대상으로 수행하는 '항행의 자유 작전(freedom of navigation operations, 약칭 FONOPs)'에 대한 국제법적 근거로 제시된다. 이는 다른 국가들도 항행의 자유 작전이 합법이라는 것을 전제로 대(對)중국외교정책을 수립할 수 있다는 의미이다.

오히려 2016년 중재결정과 양립할 수 없거나

---

45) http://www.pcacases.com/pcadocs/PH-CN%20-%2020160712%20-%20Award.pdf, para. 159.

2016년 중재결정에 대한 다소 박약한 이해를 바탕으로 수립된 외교정책은 이제 더 이상 설 자리가 없다. 국제법은 국제분쟁을 해결할 수 있는 '최종적인' 권위를 가지고 있기 때문이다. 따라서 국제법에 대한 정확한 이해는 외교정책을 수립하거나 변경하는 데 있어 단순한 동인을 넘어 기저에 흐르는 근거가 되는 것이다.

2) 인도네시아-말레이시아 영유권 분쟁 사건[46]

국제법이 국제분쟁을 해결할 수 있는 최종적인 수단이라는 점은 2002년 국제사법재판소의 판결에 의해 '리지탄섬(Pulau Ligitan)'과 '시파단섬(Pulau Sipadan)'의 운명이 결정된 사건에서도 잘 알 수 있다. 인도네시아와의 영유권(또는 주권)분쟁에서 말레이시아가 승리한 사건이다.

1997년 5월 31일 인도네시아와 말레이시아는 '셀레베스해(海)(또는 술라웨시해, Celebes Sea)' 내에 위치하고 있는 리지탄섬과 시파단섬에 대한 양국 간 영유권분쟁을 국제사법재판소에 회부하는 데 동의하는 '특별합의(Special Agreement)'를 체결했다. 이 특별합의는 1998년 5월 14일 발효했는데, 특별합의가 발효됨으로써 국제사법재판소가 양국 간 영유권분쟁을 다루게 되었다. 그리고 이러한 특별합의가 체결되었다는 것은 양국의 외교정책이 국제법을 통해 국제분쟁, 특히 가장 민감한 분쟁이라 할 수 있는 영유권분쟁을 해결하고자 하는 방향을 취했다는 의미이다.

리지탄섬과 시파단섬은 보르네오(Borneo)섬으로부터 북동쪽으로 약 15.5해리 떨어진 곳에 위치하고 있다. 16세기 이후 스페인, 17세기 이후에는 네덜란드, 19세기 이후에는 영국, 20세기 이후에는 미국 등 열강이 보르네오섬에 그 모습을 드러냈다. 하지만 제2차 세계대전 종전 이후 보르네오섬을 놓고 인도네시아, 말레이시아, 브루나이가 각각의 영유권을 확립하게 되었다. 인도네시아와 말레이시아 각각은 1960년대 이후 보르네오섬 동쪽 수역에 대한 원유탐사 허가를 부여하기 시작했는데, 이 과정에서 특히 1969년 인도네시아와 말레이시아 양국 간 대륙붕의 경계획정협정을 체결하는 과정에서 리지탄섬과 시파단섬에 대한 양국 간 영유권분쟁이 수면 위로 드러나게 되었다.[47] 1990년대 양국은 리지탄섬과 시파단섬에 대한 영유권분쟁을 해결하기 위해 다각도의 노력을 기울였으나 결실을 맺지 못했고, 이에 이 영유권분쟁을 국제사법재판소에 회부하기로 결정했던 것이다.

인도네시아는 자신이 리지탄섬과 시파단섬에 대한 영유권을 가지고 있다는 것의 근거로 1891년 영국과 네덜란드가 체결한 협약, 즉 조약을 제시했다.[48] 제2차 세계대전 종전 이후 독립한 인도네시아 입장에서는 19세기 당시 열강 간 조약을 영유권의 근거로 제시할 수밖에 없었던 것이다. 이에 반해, 말레이시아는 자신이 원래 리지탄섬과 시파단섬에 대한 영유권을 가지고 있었던 'Sultan

46) *Sovereignty over Pulau Ligitan and Pulau Sipadan (Indonesia/Malaysia), Judgment, I.C.J. Reports 2002*, p. 625.

47) *Sovereignty over Pulau Ligitan and Pulau Sipadan (Indonesia/Malaysia), Judgment, I.C.J. Reports 2002*, p. 642, para. 31.

48) *Sovereignty over Pulau Ligitan and Pulau Sipadan (Indonesia/Malaysia), Judgment, I.C.J. Reports 2002*, p. 643, para. 32.

of Sulu'를 궁극적으로 승계했다고 주장했다.[49] 즉, Sultan of Sulu의 영유권은 스페인, 미국, 영국을 거쳐, 즉 '권원의 사슬(chain of title)'에 의해 말레이시아로 이어졌다고 주장했던 것이다.

하지만 이러한 인도네시아와 말레이시아 양국의 주장에 대하여 국제사법재판소는 양국 모두 리지탄섬과 시파단섬에 대하여 어떤 특정 조약에 기초한 권원(title)을 가지고 있지 않다는 것을 전제로 양국이 제시한 *effectivités*(즉, 주권자의 자격으로 행한 주권적 권한의 행사)를 살펴보았다. 어떤 특정 조약에 기초한 영유권이 인정되지 않는 경우 국제사법재판소를 포함하여 국제재판소는 일반적으로 각 분쟁당사국이 제시한 *effectivités*를 비교하여 '상대적으로' 어느 분쟁당사국이 실효적 지배를 행사해 왔는지를 검토한다.

국제사법재판소는 인도네시아와 말레이시아 양국 간 영유권분쟁이 수면 위로 드러난 1969년 이전에 있었던 *effectivités*를 주로 분석했다. 특히 국제사법재판소는 일반적 성격을 가진 입법 또는 행정적 행위라 할지라도 그러한 입법 또는 행정적 행위가 용어 또는 효과로부터 리지탄섬 또는 시파단섬과 관련이 있다는 것이 명백하다면 *effectivités*로서 고려하기를 원했다.[50] 이에 따라 국제사법재판소는 말레이시아가 주장한 *effectivités* 중 북보르네오 당국이 리지탄섬과 시파단섬에서 당시 상당히 경제적으로 중요했던 거북포획 또는 거북알 채취를 규제하고 통제하기

위해 채택한 조치, 특히 1917년 '거북보존포고령(Turtle Preservation Ordinance)'에 주목했다.[51] 그리고 이 포고령에 근거한 '거북포획 허가'가 리지탄섬과 시파단섬을 대상으로 삼고 있다는 점은 국제사법재판소에 의해 상당히 중요한 근거로 인정되었다. 국제사법재판소는 1933년 시파단섬이 조류보호지구로 선포되었던 것도 영유권분쟁의 대상이 되고 있는 섬이 직접적으로 언급된 입법적 또는 규제적 성격을 가진 조치로 간주했다. 또한, 국제사법재판소는 북보르네오 당국이 1962년 시파단섬에 그리고 1963년 리지탄섬에 등대를 설치한 사실도 상당한 의미가 있다고 보았다.[52] 결국 국제사법재판소는 리지탄섬과 시파단섬이 말레이시아의 주권하에 있다는 결론에 이르렀다.

이와 같이 국제법에의 적극적 순응, 다시 말해 국제재판소로 국제분쟁을 회부하는 외교정책을 수립하는 경우 비록 불리하다고 생각하는 결과가 도출될지라도 공식적으로 국제재판소의 결론을 받아들이지 않는 국가를 찾기는 어렵다. 이것이 바로 국제정치가 보장하기 어려운 국제법의 '권위' 또는 '최종성'인 것이다.

3) 영국-프랑스 암초 영유권분쟁 사건[53]

국제사법재판소는 1953년 멩끼에(Minquiers)-

---

49) *Sovereignty over Pulau Ligitan and Pulau Sipadan (Indonesia/Malaysia)*, *Judgment*, *I.C.J. Reports 2002*, p. 643, para. 33.

50) *Sovereignty over Pulau Ligitan and Pulau Sipadan (Indonesia/Malaysia)*, *Judgment*, *I.C.J. Reports 2002*, pp. 682-683, para. 136.

51) *Sovereignty over Pulau Ligitan and Pulau Sipadan (Indonesia/Malaysia)*, *Judgment*, *I.C.J. Reports 2002*, p. 684, para. 143.

52) *Sovereignty over Pulau Ligitan and Pulau Sipadan (Indonesia/Malaysia)*, *Judgment*, *I.C.J. Reports 2002*, p. 685, paras. 147-148.

53) *The Minquiers and Ecrehos Case*, *Judgment*, *I.C.J. Reports 1953*, p. 47.

에끄레오(Ecrehos) 사건에 대한 판결을 내렸다. 이 사건은 매우 고전적인 사건임에도 불구하고 독도문제와 관련하여 반드시 언급되는 사건이기도 하다.

멩끼에 그룹('암초군'이라고 지칭할 수도 있으나 판결의 표현 그대로 '그룹'이라고 지칭하기로 함)과 에끄레오 그룹은 영국과 프랑스 사이의 '영국 해협(English Channel)' 내에 위치하고 있는 영국 '왕실령' 저지(Jersey)섬 주변에 존재하고 있는 일련의 암초들이다. 멩끼에 그룹은 저지섬으로부터 남쪽으로 약 18km 떨어져 있는데, 프랑스 본토로부터도 약 30km 정도밖에 떨어져 있지 않다. 그리고 에끄레오 그룹은 저지섬으로부터 북동쪽으로 약 7km 떨어져 있는데, 프랑스 해안으로부터도 약 12km 정도 떨어져 있을 뿐이다.

어부 등이 멩끼에 그룹을 가끔 이용하고 있는 것은 사실이나 멩끼에 그룹 중 가장 큰 지형이 길이 약 50m, 폭 약 20m에 불과한 것에서 알 수 있듯이 멩끼에 그룹에 항구적으로 거주하는 사람은 존재하지 않는다고 해도 과언이 아니다. 에끄레오 그룹의 경우도 멩끼에 그룹의 경우와 마찬가지로 항구적으로 거주하는 사람은 없다고 보아야 한다.

1950년 영국과 프랑스는 멩끼에 그룹과 에끄레오 그룹에 대한 주권이 양국 중 어느 국가에 속하고 있는지를 판단받기 위해 이 분쟁을 국제사법재판소에 회부하는 '특별합의'에 서명했다. 그리고 이 분쟁은 1951년 국제사법재판소에 공식적으로 회부되었다. 영국과 프랑스도 가장 민감한 문제인 영유권분쟁을 국제법을 통해 최종적인 판단을 받고자 하는 외교정책을 수립했던 것이다.

영국과 프랑스는 각자가 멩끼에 그룹과 에끄레오 그룹에 대한 시원적 또는 고유의 권원(title)을 가지고 있다고 주장했다.[54] 즉, 양국은 각자가 중세 시절로부터 멩끼에 그룹과 에끄레오 그룹에 대한 권원을 가지고 있다고 주장했던 것이다. 영국은 윌리엄(William) 노르망디 공작의 잉글랜드 정복이 있었던 1066년부터 잉글랜드와 멩끼에 그룹 그리고 에끄레오 그룹이 속하고 있는 '채널 제도(Channel Islands)'와의 관계가 지속되고 있다는 점을 강조했다. 이에 반해, 프랑스는 프랑스가 노르망디를 정복한 1204년 이후 멩끼에 그룹과 에끄레오 그룹이 프랑스에 속해 왔다는 것을 부각시켰다.

국제사법재판소는 중세 시절에 체결된 조약 및 각종 문서 등만을 검토해서는 멩끼에 그룹과 에끄레오 그룹에 대한 주권을 명확히 파악하기는 어렵다는 전제에서 소유와 직접적으로 관련이 있는 증거를 찾고자 했다. 즉, 국제사법재판소는 역사적인 논쟁으로 빠져들고자 하지 않았다. 결국, 주로 19세기 이후에 발생한 사건들이 검토되었던 것이다.

맹끼에-에끄레오 사건에서 주목할 만한 쟁점은 1839년 영국과 프랑스가 체결한 '어업협정'이 멩끼에 그룹과 에끄레오 그룹에 대한 주권에 영향을 줄 수 있는지의 문제였다. 영국과 프랑스 모두 이 어업협정이 주권문제를 해결하지는 않았다는 공통된 인식을 가지고 있었다.[55] 국제사법재판소는 이러한 인식으로부터 한 걸음 더 나아가 주권문제를 해결하고자 하는 목적을 위해서는 굳이 멩끼에 그룹과 에끄레오 그룹이 공동어업수역

---

54) *The Minquiers and Ecrehos Case, Judgment, I.C.J. Reports 1953*, p. 53.

55) *The Minquiers and Ecrehos Case, Judgment, I.C.J. Reports 1953*, p. 57.

내에 위치하고 있는지 여부를 정확히 밝힐 필요도 없다는 입장을 견지했다.[56] 국제사법재판소가 강조하고자 했던 것은 어업협정의 존재 또는 멩끼에 그룹과 에끄레오 그룹이 공동어업수역 내에 위치하고 있는지의 문제 등은 주권문제에 영향을 미치지 않는다는 것이었다.

맹끼에-에끄레오 사건에서 주목해야 하는 또 하나의 쟁점은 '결정적 시점(critical date)'이 언제인지의 문제였다. 결정적 시점 이후에 어떤 국가가 자신의 법적 입장을 개선할 것을 목적으로 행한 행위는 국제사법재판소에서 고려되기 쉽지 않기 때문이다. 영국은 결정적 시점으로 1950년을, 프랑스는 1839년을 주장했다. 이에 대하여 국제사법재판소는 프랑스가 에끄레오 그룹에 대한 주권을 주장하기 시작한 1886년 또는 멩끼에 그룹에 대한 주권을 주장하기 시작한 1888년을 결정적 시점으로 간주하고자 했다.[57] 물론 1886년 이후 행해진 각국의 행위가 무조건 배척되는 것은 아니라는 입장도 밝혔다.

에끄레오 그룹에 대한 주권문제에 대하여 국제사법재판소는 영국과 프랑스 각국의 주장을 상대적으로 비교했고, 영국이 에끄레오 그룹을 놓고 형사재판, 과세 등 재판권 또는 행정권을 행사해 왔다는 점에 무게를 두었다. 즉, 국제사법재판소는 에끄레오 그룹에 대한 주권이 영국에 속한다고 결론을 내렸다. 멩끼에 그룹에 대한 주권문제에 대하여도 국제사법재판소는 동일한 결론에 도달했다. 즉, 멩끼에 그룹에 대한 주권은 영국에 속한다는 것이다.

멩끼에-에끄레오 사건은 독도와 관련하여 논란이 될 수 있는 몇몇 내용에 대한 답을 포함하고 있다. 특히 독도가 한국과 일본 간 어업협정에 따라 소위 '중간수역'에 위치하고 있다는 점이 독도의 주권문제에 영향을 줄 수 있는지에 대한 의문을 해결하고 있다. 국제사법재판소는 어업협정은 '어업'에 관한 문제만 다루고 있을 뿐이라는 입장을 취했다. 즉, 어업협정과 주권문제는 무관하다는 것이다.

결정적 시점과 관련하여서도 한국이 지금까지 독도에 대하여 실효적 지배를 상실한 적이 없다는 것은 분명한 사실이다. 즉, 한국의 행정권 등이 꾸준히 행사되어 왔다는 것이다. 이에 대한 기록을 축적해 놓는 것은 한국의 입장을 강화시키는 데 크게 도움이 된다.

마지막으로 반드시 언급해야 할 점은 이 사건에서 프랑스 출신 재판관조차 영국의 손을 들어주었다는 것이다. 이는 국제법에 따른 판단은 국제정치와 달리 정치적 고려가 개입할 여지가 없는, 즉 그 '권위' 더 나아가 '최종성'이 확립되어 있다는 의미이다. 결국 국제재판소의 판단을 통해 국제법을 존중하고자 하는 외교정책은 국제법이 도출하는 최종적인 결론에 대하여 이견을 표출하지 않는 태도를 전제로 하는 것이다.

6. 국제법과 제재

'제재(sanctions)'가 무엇인지를 한 마디로 간결하게 정리하기는 어렵다. 더구나 어떤 제재의 법적 근거가 무엇인지 그리고 그러한 제재와 외교

---

56) *The Minquiers and Ecrehos Case*, Judgment, I.C.J. Reports 1953, p. 58.

57) *The Minquiers and Ecrehos Case*, Judgment, I.C.J. Reports 1953, p. 59.

정책의 관계가 무엇인지는 설명하기 쉽지 않은 것처럼 보인다. 그럼에도 제재를 크게 두 가지로 구분하고, 이러한 제재와 외교정책이 분리되기 어렵다는 점만 설명되어도 제재와 외교정책과의 관계는 충분히 인지될 수 있다고 보인다.

일단 제재의 두 가지를 예를 들어보자. 우크라이나 사태에 대하여 부과되었고 강화되고 있는 미국의 대러시아제재는 미국 '국내법'에 근거한 제재이다. 이에 반해, 북한의 핵실험 또는 탄도미사일 발사로 인해 유엔헌장 제7장하에서 유엔 안전보장이사회 결의에 따라 부과된 제재는 '국제법'에 따른 제재라 할 수 있다.

미국의 대러시아제재에서 알 수 있듯이 이러한 '국내법'에 근거한 제재는 미국의 대러시아 외교정책의 구체적 사례라 할 수 있다. 하지만 유엔헌장 제7장하에서 유엔 안전보장이사회 결의에 따라 부과된 제재, 즉 '국제법'에 따른 제재는 이러한 제재에 발맞추어 각 유엔 회원국의 외교정책이 변경될 수 있기 때문에 외교정책을 변경시키는 '동인' 또는 '촉매'의 역할을 한다. 즉, 외교정책의 관점에서 국내법에 근거한 제재는 외교정책 그 자체로 볼 수 있지만, 국제법에 근거한 제재는 그 제재에 따른 의무를 이행하기 위해 외교정책이 변경된다는 점에서 다소 맥락이 다르다고 보아야 한다.

1) 국내법에 근거한 제재: 우크라이나 사태 관련 미국의 대러시아제재

(1) 미국의 대(對)러시아제재의 틀

크리미아지역에서의 상황이 악화되어 가고 있던 2014년 3월 6일 당시 미국 버락 오바마 대통령은 행정명령 제13660호를 기점으로 대러시아제재를 개시했다. 특히 미국은 2014년 4월 3일 대러시아제재 내용을 담고 있는 'Support for the Sovereignty, Integrity, Democracy, and Economic Stability of Ukraine Act of 2014'(이하 '우크라이나 지원법')도 만들었는데, 2014년 우크라이나 지원법은 제3절(Section 3)에서 우크라이나 사태에 대한 미국의 국제법적 입장을 분명히 정리하고 있다. 즉, 러시아의 무력사용으로 인한 (러시아에 의한) 점령 상태가 바로 크리미아지역의 국제법적 지위라는 것이다.[58]

크리미아지역의 국제법적 지위, 즉 크리미아지역에 대하여는 여전히 우크라이나의 주권이 미치고 있다는 것을 전제로 미국은 EU 및 NATO 등과 긴밀히 협력하고자 한다는 것, EU와 관계를 형성하고자 하는 동유럽국가들에게 러시아가 부당한 압력을 가하고 있다는 것 등이 적시되었다. 이어서 우크라이나 지원법 제8절(Section 8)과 제9절(Section 9)은 구체적인 대러시아제재 내용을 포함하고 있다.

첫째, 우크라이나 지원법 제8절은 2013년 11월 21일 시작된 우크라이나 사태 및 우크라이나의 부패문제와 관련하여 제재를 규정하고 있다. 특히 개인적 이익을 위해 우크라이나 자산을 해외로 반출한 것 또는 국가계약 등과 관련하여 부패가 일어난 것 등에 책임이 있거나 관여된 러시

---

58) "SEC. 3. UNITED STATES POLICY TOWARD UKRAINE.
It is the policy of the United States –
(1) to condemn the unjustified military intervention of the Russian Federation in the Crimea region of Ukraine and its concurrent occupation of that region, as well as any other form of political, economic, or military aggression against Ukraine; …"

아 공직자 및 그 가족도 제재 대상이 된다는 점은 제재 '대상' 측면에서 러시아에게 충격을 줄 수밖에 없었다.

둘째, 우크라이나 지원법 제9절은 '러시아' '내'에서의 부패 상태와 관련하여 제재를 규정한다. 즉, 러시아 자산 등과 관련하여 부패가 일어난 것 등에 책임이 있거나 관여된 러시아 공직자 및 그 가족도 제재 대상이 될 수 있다는 것을 규정하고 있다.

(2) 미국의 대러시아제재 행정명령

미국의 주요 대러시아제재 행정명령은 다음과 같다.

행정명령 제13660호

미국의 행정명령 제13660호는 크리미아자치공화국에 대한 러시아의 무력사용이 이루어지고 있던 상황인 2014년 3월 6일 서명되었다. 크리미아지역에서 벌어지고 있던 사태가 우크라이나의 민주주의는 물론 우크라이나의 평화, 주권, 영토보전 등에 위협이 되고 있고, 이는 미국의 국가안보 및 외교정책에 비정상적인 위협이 된다는 것이 행정명령 제13660호가 공포된 이유였다.

행정명령 제13660호의 제목이 'Blocking Property of Certain Persons Contributing to the Situation in Ukraine'인 것에서 알 수 있는 것처럼 행정명령 제13660호는 우크라이나 사태에 기여 또는 관여하고 있는 사람들(법인 등 포함)의 자산동결을 목표로 했다. 그리고 이에 대한 구체적인 실행은 국무부와의 협의를 거쳐 재무부가 하도록 만들어졌다.

행정명령 제13661호

'Blocking Property of Additional Persons Contributing to the Situation in Ukraine'이라는 제목을 가진 미국의 행정명령 제13661호는 2014년 3월 16일 서명되었다. 행정명령 제13661호의 제목만 보면 제13660호의 연장선상에서 추가적으로 제재 대상을 넓힌 행정명령에 불과한 것으로 보인다. 하지만 행정명령 제13661호는 '러시아'의 무력사용이 행정명령 제13661호를 공포하게 된 이유임을 명백히 언급하고 있을 뿐만 아니라 제재 대상으로 러시아 사람들을 적시하고 있기 때문에, 행정명령 제13661호는 미국의 대러시아제재의 본격적인 신호탄으로 간주되어야 한다.

행정명령 제13661호 제1절(Section 1)은 명시적으로 제재 대상이 되는 러시아 사람들의 범위를 규정하고 있는데, 국무부와의 협의를 거쳐 재무부가 제재 대상에 올릴 수 있는 사람들의 범위가 매우 넓다는 점에 주목해야 한다. 특히 러시아에서 공직을 맡고 있는 사람들은 모두 잠재적으로 제재 대상이 되었기 때문에 행정명령 제13661호는 상당히 공격적인 대러시아제재라 할 수 있다. 행정명령 제13661호가 공포된 직후 재무부는 2014년 3월 20일 보도자료를 통해 16명의 러시아 공직자를 포함하여 제재 대상을 열거했다.[59]

행정명령 제13662호

비록 국제법적으로 무효이기는 하나 2014년 3월 18일 '크리미아자치공화국의 러시아로의 가

---

59) "Treasury Sanctions Russian Officials, Members Of The Russian Leadership's Inner Circle, And An Entity For Involvement In The Situation In Ukraine", https://www.treasury.gov/press-center/press-releases/Pages/jl23331.aspx.

입 조약', 즉 병합조약이 체결되자 미국은 2014년 3월 20일 서명된 행정명령 제13662호를 통해 다시 한번 제재 대상을 확대했다. 제재 대상은 러시아의 금융, 에너지, 공업 등에 관계된 사람들을 포함했다. 행정명령 제13662호의 특징은 금융, 에너지와 같이 어떤 특정 제재 부문(sector)을 정하고 그 부문을 제재한다는 것이다.

행정명령 제13685호

'Blocking Property of Certain Persons and Prohibiting Certain Transactions With Respect to the Crimea Region of Ukraine'이라는 제목을 가진 미국의 행정명령 제13685호는 2014년 12월 19일 서명되었다. 행정명령 제13685호는 크리미아지역에 대한 미국의 투자 그리고 크리미아지역과의 수출입 등 교역을 중단하기 위해 만들어졌다.

행정명령 제13685호는 기본적으로 대러시아제재가 아니다. 그 이유는 미국이 크리미아지역을 우크라이나 영토로 간주하면서 크리미아지역과의 경제적 관계를 제재 대상으로 삼았기 때문이다. 즉, 행정명령 제13685호는 대'크리미아' 제재라 할 수 있다.

행정명령 제14065호

행정명령 제13849호와 제14024호도 러시아와 관련 있는 행정명령이기는 하나 2022년 러시아가 우크라이나를 침략하기 수일 전 행한 도네츠크공화국과 루간스크공화국에 대한 '승인'문제에 대한 제재를 위해 2022년 2월 21일 공포한 행정명령 제14065호가 직접적으로 러시아와 관련이 있는 행정명령이라 할 수 있다.

그런데 행정명령 제14065호도 제13685호와 마찬가지로 기본적으로 대러시아제재가 아니다. 그 이유는 미국이 도네츠크공화국과 루간스크공화국지역을 우크라이나 영토로 간주하면서 이러한 지역과의 경제적 관계를 제재 대상으로 삼았기 때문이다. 즉, 행정명령 제14065호는 대'도네츠크공화국과 루간스크공화국' 제재라 할 수 있다. 참고로 행정명령 제14065호는 도네츠크공화국과 루간스크공화국 이외에도 'such other regions of Ukraine'이라는 표현을 추가하여 러시아가 추후 다른 우크라이나지역에 대하여 독립을 '승인'하는 경우에도 추가 행정명령 없이 제재가 가능하도록 설계되었다.

(3) 2022년 이전 주요 네 개의 행정명령 집행 과정에서 발견할 수 있는 함의

2022년 이전 우크라이나 사태와 관련하여 미국은 네 개의 주요 행정명령을 공포했고, 이 네 개의 행정명령을 매우 정교하게 집행했다. 예를 들어, 러시아 사람들(법인 등 포함)을 제재하는 데 있어서는 행정명령 제13661호와 제13662호만 사용했고, 크리미아지역 관련 사람들을 제재하기 위해서는 행정명령 제13660호를 원용했다.[60] 이는 국제법적으로 러시아의 크리미아자치공화국 병합을 인정하지 않음과 동시에 크리미아지역에 대한 주권은 여전히 우크라이나에게 있음을 분명히 하고자 하는 것이다.

네 개의 행정명령 중 행정명령 제13661호와

---

60) "Treasury Sanctions Additional Individuals For Threatening The Territorial Integrity Of Ukraine", https://www.treasury.gov/press-center/press-releases/Pages/jl2438.aspx.

제13662호만 직접적인 대러시아제재라 할 수 있는데, 제재 대상의 정의가 매우 넓고 재무부의 추가적인 조치로 제재 대상의 확대가 용이하기 때문에 미국의 대러시아제재는 포괄적, 즉 무차별적 제재라 할 수 있을 것이다.

2) 국제법에 따른 제재: 대북제재[61]

2006년 10월 14일 북한의 제1차 핵실험에 대한 제재를 담고 있는 유엔 안전보장이사회 결의 제1718호가 채택된 이후 2017년 12월 22일 채택된 결의 제2397호까지 북한에 대한 제재를 담고 있는 상당수의 제재 관련 결의가 존재한다. 그렇다면 먼저 북한에 대한 제재가 어떤 국제법 위반을 전제로 부과되었는지를 살펴볼 필요성이 있다. 이는 이미 결의 제1718호를 통해 명확히 드러난다.

결의 제1718호의 전문은 북한이 핵무기비확산조약(Treaty on the Non-Proliferation of Nuclear Weapons)의 당사국으로서 핵무기보유국의 지위를 가질 수 없다는 것을 분명히 적시하고 있다. 이는 북한이 자신의 핵실험 등을 놓고 어떤 주장을 펼치든지 간에 북한은 국제법 위반을 전제로 행동하고 있다는 것을 의미한다. 즉, 어떤 행동에 대한 국제법적 평가를 전제로 유엔 안전보장이사회를 위시한 국제공동체가 반응한 것이며, 따라서 이러한 국제법적 평가에 부합하지 않는 외교정책은 설득력을 갖추기 어렵다는 것을 함축한다. 이와 같은 이유로 북한을 지지하며 유

엔 안전보장이사회가 관련 결의를 통해 부과한 제재 내용에 정면으로 반대하는 외교정책을 펼치는 국가를 찾기는 쉽지 않은 것이다.

그렇다면 결의 제1718호를 시작으로 유엔 안전보장이사회가 부과한 대북제재의 일반적인 내용을 살펴보자. 결의 제1718호는 대북제재의 기본구조를 구축했다. 유엔헌장 제7장하에서 채택된 결의 제1874호(2009년 6월 12일), 결의 제2094호(2013년 3월 7일), 결의 제2270호(2016년 3월 2일) 등은 모두 결의 제1718호가 만들어 놓은 제재구조를 유지했다. 결의 제1718호는 제재 '대상'을 열거했고, 이후 대북제재 결의는 결의 제1718호가 열거한 제재 대상에 대하여 제재 강도를 올리거나 제재 내용을 구체화하는 방향으로 채택되었다.

(1) 결의 제1718호 제재구조하에서의 제재 대상과 한계

유엔 안전보장이사회 결의 제1718호는 제재 대상을 크게 ① 무기, ② 핵·미사일 개발에 기여할 수 있는 물자, ③ 금융, ④ 사치품, ⑤ 개인으로 나누고 있다. 결의 제1718호는 북한의 핵실험에 대하여 유엔헌장 제7장 제41조하에서 강제조치(즉, '비군사적' 강제조치)를 채택한 최초의 대북제재 결의라는 의미와 함께 제재 대상을 구체적으로 열거했다는 점에서 대북제재의 방향을 설정했다는 의미를 가진다. 그러나 결의 제1718호는 제재가 실제로 이행되고 있는지 여부를 감독할 수단으로 (결의 제1718호) '위원회(Committee)'를 창설했을 뿐이며, 이 위원회는 제재 이행 여부에 관한 정보를 자발적으로 협조하는 각 유엔 회원국으로부터 제공받을 수밖에 없기 때문에 근본

---

61) '국제법에 따른 제재: 대북제재' 부분은 이기범, "유엔 안보리 대북제재 결의, 이제 궤도에 들어섰다." 『아산정책연구원 이슈브리프』 2016-19 (2016년 12월 29일) 중 필요 부분을 발췌하여 본서의 목적에 맞게 수정 및 보완한 것임을 알려드립니다.

적인 한계를 지니고 있다.

(2) 결의 제1874호 제재구조하에서의 제재 대상과 한계

북한의 제2차 핵실험에 대하여 유엔 안전보장이사회는 2009년 6월 12일 유엔 안전보장이사회 결의 제1874호로 응답했다. 결의 제1874호는 결의 제1718호 제재구조를 이어받았다. 다만 제재 대상인 무기 또는 핵·미사일 개발에 기여할 수 있는 물자의 범위가 다소 넓어졌을 뿐이다.

결의 제1874호는 결의 제1718호에 비해 금융 관련 제재 정도가 약간 높아졌다. 예를 들어, 각 유엔 회원국에게 북한의 핵개발에 기여할 수 있는 금융 자산 등을 동결하거나 북한을 상대로 무이자 대출 등을 하지 않을 것을 요청했다. 그리고 결의 제1718호가 각 유엔 회원국에게 화물 검색과 관련하여 필요 시 단순한 협력 조치 정도만 요청했던 것에 비해 결의 제1874호는 모든 국가들에게 '북한행 또는 북한발 모든 화물 검색'을 요청했다.

(3) 결의 제2094호 제재구조하에서의 제재 대상과 한계

북한의 제3차 핵실험에 대응하여 채택된 유엔 안전보장이사회 결의 제2094호는 사치품 목록을 구체적으로 언급했고, 제재 대상인 기관 및 개인의 이름을 열거했으며, 자산동결 또는 여행 금지라는 구체적인 제재 내용을 적시했다는 차원에서 결의 제1718호 및 결의 제1874호와 차이를 보였다.

결의 제2094호는 사치품과 기관 및 개인에 대한 제재를 강화한 것은 물론 금융에 대한 제재도 강화했다. 비록 '요청한다'라는 동사를 사용하기는 했지만 각 국가에게 자국 내에 북한 은행과 관련된 기관이 문을 여는 것을 금지할 조치를 취할 것을 요청했고, 자국 또는 자국 관할권 내에 있는 금융기관이 북한에 관련 기관을 만들거나 계좌를 개설하는 것을 금지할 적절한 조치를 취할 것도 요청했다.

(4) 결의 제2270호 제재구조하에서의 제재 대상과 한계

북한의 제4차 핵실험 이후 채택된 유엔 안전보장이사회 결의 제2270호는 이전 대북제재 결의에 비해 상당히 많은 제재 내용을 추가했다. 특히 ① 제재를 회피하는 데 조력하고 있는 북한 외교관 추방 결정, ② 무조건적인 '북한행 또는 북한발 화물 검색' 결정, ③ 북한의 석탄, 철 등 광물 수출 금지 결정 등은 제재 내용이 '결정한다'라는 동사를 사용했기 때문에 많은 주목을 받았다.

그리고 결의 제2094호에서 '요청한다'라는 동사를 사용한 제재 내용인 ① 자국 내에 북한 은행과 관련된 기관이 문을 여는 것 금지, ② 자국 또는 자국 관할권 내에 있는 금융기관이 북한에 관련 기관을 만들거나 계좌를 개설하는 것 금지에 대하여 결의 제2270호는 각 국가에게 이행 시 재량의 여지를 남기지 않기 위해 '결정한다'라는 동사를 사용했다.

(5) 결의 제2321호 제재구조하에서의 제재 대상과 한계

북한의 제1차 핵실험에 대한 제재를 담고 있는 유엔 안전보장이사회 결의 제1718호가 채택된 이후 핵실험에 대한 다섯 번째 결의로 채택된 결의 제2321호까지 다섯 개의 유엔 안전보장이사회 대북제재 결의는 두 가지 특징을 보여주고 있다.

첫째, 제재 대상의 확대, 즉 제재 내용의 '포괄성' 증대이다. 둘째, 제재 강도의 심화, 즉 제재 이행에 대한 '강제성' 증가이다. 즉, 결의 제2321호가 부과한 대북제재 내용은 '결정한다'라는 동사의 사용과 함께 각 유엔 회원국이 결의에 포함된 제재 내용을 강제적으로 이행해야만 하는 정도를 상당히 끌어 올렸고, 제재 내용을 숫자를 사용하여 계량화함으로써 제재에 대한 예측가능성을 높였다. 아래에서는 결의 제2321호가 달성한 제재 이행 강제성 증가 및 예측가능성에 대하여 언급하기로 한다.

주요 '결정' 내용

유엔 안전보장이사회 결의 제2321호가 '결정한다'라는 동사를 사용하여 채택한 주요 내용은 다음과 같다. 첫째, 결의 제2321호는 북한의 석탄 수출량을 숫자를 사용하여 제한했다. 북한의 석탄 수출은 연간 약 4억 87만 달러 또는 750만 톤 중 낮은 수치로 제한된다. 그리고 위원회는 북한의 석탄 수출량에 대한 정보를 실시간으로 업데이트해야 하며, 위원회 사무국은 북한의 연간 석탄 수출량이 연간 제한의 75%, 90%, 95%에 이를 때 모든 유엔 회원국들에게 이를 통보해야 한다.

둘째, 북한의 수출 금지 대상 물자는 동, 니켈, 은, 조각상, 헬리콥터 등으로 확대되었다.

셋째, 결의 제2321호는 북한에게 선박을 빌려주는 것과 북한에 선박을 등록하는 것 등을 금지함으로 사실상 북한 해운체제의 붕괴를 유도했다. 더구나 북한이 소유하거나 운용하고 있는 선박에 대한 '등록취소(deregister)'를 '결정한다'라는 동사를 사용하여 채택함으로 편의치적 자체를 금지시켰다.

넷째, 결의 제2321호는 북한 외교공관의 활동을 제한하기 위해 공관당 또는 공관주재원당 하나의 계좌만 가지도록 결정했고, 각 국가가 판단하기에 북한의 핵 또는 미사일 개발에 관련이 있다고 생각하는 북한 인사에 대하여 입국을 제한할 조치를 취할 것을 결정했다. 북한 외교활동 자체가 상당한 제약하에 놓이게 된 것이다.

주요 '요청' 및 '(우려) 표명' 내용

유엔 안전보장이사회 결의 제2321호가 '요청한다' 또는 우려를 '표명한다'라는 동사를 사용하여 채택한 제재 내용도 유심히 살펴보아야 한다. 이는 만약 북한이 다시 한 번 핵실험을 감행하는 경우 결의 제2321호에서 '요청한다' 또는 '표명한다'라는 동사를 사용하여 채택한 제재 내용이 다음 대북제재 결의 채택 시 '결정한다'라는 동사를 사용하여 채택될 가능성이 상당했기 때문이다. 주요 내용은 다음과 같다.

첫째, 모든 유엔 회원국들에게 북한 외교공관의 공관원 숫자를 줄이도록 요청했다. 이는 북한 외교활동을 제한하고자 하는 의도를 가지고 있는 것이다.

둘째, 금지된 물자가 도로 혹은 철도를 통해 북한으로 유입될 수 있다는 점에 우려를 표명했다. 도로 혹은 철도를 제시한 것은 이러한 수단이 유엔 헌장 제41조에 열거된 예시 중 하나이기 때문이다.

셋째, 결의 제2321호는 북한의 해외 파견 노동인력에 대하여 우려를 표명했다.

넷째, 결의 제2094호에서 '표명한다'라는 동사를 사용했던 북한으로 대량현금(bulk cash)이 유입될 가능성에 대하여 결의 제2321호는 '요청한다'라는 동사를 사용하여 각 유엔 회원국에게

주의를 촉구했다.

(6) 결의 제2321호 이후의 제재 확대

2017년에도 북한의 탄도미사일 발사와 핵실험은 계속되었고, 그때마다 유엔 안전보장이사회 결의 채택을 통해 제재는 확대되었다. 2017년 한 해 동안만 대북제재를 위해 유엔 안전보장이사회 결의가 4개나 채택되었다. 그 중 주요 내용을 소개하면 다음과 같다.

유엔 안전보장이사회 결의 제2371호를 통해 북한의 석탄 수출 자체가 봉쇄되었다. 결의 제2321호에 따라 북한의 석탄 수출량은 연간 약 4억 87만 달러 또는 750만 톤 중 낮은 수치로 제한되어 있었는데, 이 수치를 낮추는 과정을 생략하고 북한의 석탄 수출 자체가 금지되었다. 그리고 결의 제2371호는 북한이 생선, 갑각류 등을 '포함한(including)' 해산물을 수출하는 것을 금지했다. 이는 매우 이례적인 것으로 이전 유엔 안전보장이사회 대북제재 결의 가운데 소개되지 않았던 제재 내용이 '요청한다' 또는 '표명한다' 등의 동사가 아닌 '결정한다'라는 동사와 함께 즉각적으로 채택된 것이다. 또한, 결의 제2371호는 북한의 철 및 철광석 수출도 금지했다. 결의 제2321호에 따라 북한의 철 및 철광석 수출은 '민생 목적(for livelihood purposes)'인 경우 예외적으로 가능했는데, 결의 제2371호는 이 예외를 더 이상 인정하지 않기로 한 것이다.

이어서 유엔 안전보장이사회는 결의 제2375호와 제2397호를 통해 북한의 정유 제품, 원유 공급에 상당한 제한을 가했다. 이는 북한 입장에서 가장 받아들이기 어려운 제재 대상으로 간주된다. 그리고 북한의 해외 파견 노동인력에 대하여 결의 제2397호 채택으로부터 24개월 이내 송환도 결정되었다.

3) 유엔 안전보장이사회 결의에 사용된 동사(verb)에 따른 강제성과 외교정책 수립

유엔 안전보장이사회 결의는 '결정한다(decides)', '요청한다(calls upon)', '표명한다(expresses)' 등의 동사를 사용하며 채택된다. 하나의 유엔 안전보장이사회 결의 내에도 결의 내용에 따라 '결정한다', '요청한다', '표명한다' 등의 동사가 혼재되어 있다. 북한의 핵실험 또는 탄도미사일 발사에 대하여 유엔 안전보장이사회가 지금까지 약 10개의 대북제재 결의를 채택하면서 제재 이행에 대한 강제성이 높아졌다는 것은 결의에 사용된 이와 같은 동사(verb)를 분석하면서 이해되어야 한다.

사용된 동사의 차이만 보고 어떤 유엔 안전보장이사회 결의 중 법적 구속력이 있는 내용과 법적 구속력이 없는 내용을 구분할 수는 없다. 결의 내에 어떤 동사가 사용되더라도 유엔헌장 제7장하에서 채택되는 유엔 안전보장이사회 결의는 기본적으로 법적 구속력이 있다고 보아야 한다. 다만 법적 구속력을 가지는 것은 동일하나 결의가 채택될 때 사용되는 동사의 차이에 따라 제재 이행 시 각 유엔 회원국에게 남겨진 재량(discretion)의 크기가 다를 뿐이다. 예를 들어, 유엔 안전보장이사회 결의 내용이 '결정한다'라는 동사를 사용한다면 그 내용은 반드시 이행되어야 하며, 따라서 각 유엔 회원국은 제재 이행과 관련하여 재량을 가질 여지가 없다. 그러나 유엔 안전보장이사회 결의가 '요청한다'라는 동사를 사용한다면 그 내용에 법적 구속력이 있는 것은 분명하지만 그 내용을 이행하는 데 있어 각 유엔 회원국에게 이행 여부 또는 이행 정도에 대한 재량이 남아 있을 수 있다.[62] 물론 '요청한다'라는 동사를 일률적으로 하나의 의미로 해석할 수는 없을 것이다.[63] 그 이유는 각 유엔 안전보장이사회 결의마다 결의 채택의 배경 또는 목적에 따라 그 결의 내에서 사용된 동사를 조심스럽게 해석해야 하기 때문이다.

대북제재에 관한 유엔 안전보장이사회 결의의 경우 '요청한다'라는 동사를 사용한 결의 내용은 그 다음 결의 채택 시 '결정한다'라는 동사를 사용하여 각 유엔 회원국에게 이행의 재량을 남기지 않는 방향으로 전환되는 경향을 보인다. 이는 유엔 안전보장이사회 대북제재 결의에 관한 한 '결정한다'라는 동사를 사용한 경우에만 재량의 여지 없이 그 제재 내용을 반드시 이행해야 한다는 의미이다. 예를 들어, 결의 제1874호는 '북한 행 또는 북한 발 모든 화물 검색'을 모든 국가들에게 요청했다.[64] 그리고 모든 유엔 회원국들에게 공해상에서 기국의 동의를 얻어 북한의 무기 또는 핵·미사일 개발에 기여할 수 있는 물자의 수출 및 수입과 관련이 있다는 합리적인 근거를 제공하는 정보가 있다면 선박을 검색할 것을 요청했다.[65] 그런데 결의 제2094호는 모든 국가가 (신뢰할 만한 정보가 있다면) '북한 행 또는 북한 발 모든 화물 검색'을 해야 한다는 내용을 '결

정한다'라는 동사를 사용하여 채택했다.[66] 즉, 대북제재에 관한 유엔 안전보장이사회 결의의 경우 '요청한다'라는 동사는 각 유엔 회원국에게 이행의 재량을 남기지만, 이후 결의 채택 시 '결정한다'라는 동사의 사용을 통해 각 유엔 회원국으로부터 이행의 재량을 빼앗는 것이다.

결의 제2094호가 '우려(concern)'를 나타내기 위해 '표명한다(expresses)'라는 동사를 사용한 점도 주목을 요한다. 이는 유엔 안전보장이사회 대북제재 결의 내용이 사용하는 동사에 따라 이행 시 각 유엔 회원국이 가지는 재량의 정도에 대한 '위계질서(hierarchy)'가 만들어졌음을 의미하기 때문이다. 쉽게 말해, '결정한다'라는 동사를 사용한 제재 내용에 대하여는 각 유엔 회원국이 재량의 여지 없이 이행해야 하고, '요청한다'라는 동사를 사용한 제재 내용에 대하여는 각 유엔 회원국이 이 내용을 이행하는 데 있어 어느 정도 재량을 가질 수 있다. 그러나 '표명한다'라는 동사를 사용한 경우에는 추후 결의 채택 시 이 내용이 포함될 것을 예고하는 의미를 가질 뿐이다. 이런 이유로 '표명한다'라는 동사를 사용한 제재 내용에 대하여는 각 유엔 회원국이 상당한 재량을 가진다고 해석할 수 있으나 이 재량은 추후 결의 채택 시 '요청한다' 또는 '결정한다'라는 동사의 사용과 함께 축소될 것이다.

결론적으로 각 국가, 즉 각 유엔 회원국은 유엔 안전보장이사회가 제재 관련 결의를 채택했을 때, 사용된 동사를 보면서 외교정책을 수립할 수 있다는 것이다. 다시 말해, '결정한다'라는 동사를 사용한 내용에 대하여는 그 내용과 반대되는

62) Hitoshi Nasu, *International Law on Peacekeeping: A Study of Article 40 of the UN Charter* (Leiden: Martinus Nijhoff Publishers, 2009), p. 118.

63) Nasu (2009), pp. 114-115.

64) S/Res/1874 (2009), para. 11.

65) S/Res/1874 (2009), para. 12.

66) S/Res/2094 (2013), para. 16.

외교정책을 수립할 수 없으나 '요청한다', '표명한다' 등의 동사를 사용한 내용에 대하여는 국익에 맞게 속도를 조절하며 외교정책을 수립할 수 있다는 의미이다.

7. 결론

국제정치 또는 국제관계의 틀 안에서 외교정책을 바라보는 것이 일반적인 인식이다. 하지만 위에서 자세히 분석한 여러 사례에서 알 수 있듯이 '국제법'을 고려하지 않고는 올바른 외교정책이 수립될 수 없다. 국제법은 외교정책을 수립하는 데 하나의 도움이 되는 수단에 불과한 것이 아니라 그 외교정책이 합법적인 근거를 가지고 있는지를 판단하게 하는 시금석이기 때문이다.

무엇보다 위에서도 지적한 것처럼 국제법에 대한 오해를 바로잡아야 한다. 모든 국제적 합의 또는 문서가 국제법은 아니기 때문이다. 즉, 어떤 국제적 합의 또는 문서에 법적 구속력이 있는지부터 검토되어야 한다는 것이다. 예를 들어, 2015년 12월 28일 '대한민국과 일본 간 위안부 합의'가 '정치적 합의'에 불과함에도 만약 일본이 한국을 향하여 이 합의를 근거로 '국제법 위반'을 외친다면 이는 일본의 국제법에 대한 심각한 오해를 노정할 뿐이다. 그리고 이러한 오해에 기반하여 일본이 대(對)한국외교정책을 수립한다면 이는 국제법적 근거를 결여한 외교정책으로 설득력을 담보하기 쉽지 않다.

남중국해분쟁과 관련하여 중국은 2022년 현재까지도 2016년 내려진 유엔해양법협약 제7부속서 중재재판소의 중재결정을 인정하지 않고 있으나 이는 오히려 중국의 입지만 협소하게 만들고 있다. 반대로 2016년 중재결정을 강력한 국제법적 근거로 삼아 이루어지는 '항행의 자유 작전'은 국제공동체에서 상당한 설득력을 가진 대(對)중국외교정책이 되었다. 외교정책이 국제법적 근거를 바탕으로 시행될 때 그 설득력이 배가된다는 것을 보여주는 전형적인 사례이다. 국제법은 국제분쟁을 해결할 수 있는 '최종적인' 권위를 가지고 있다는 의미이기도 하다.

크리미아자치공화국 점령을 다른 방식으로 해석하여 외교정책을 수립한 러시아도 2022년 러시아의 우크라이나 '침략'으로 인해 그 설 자리를 잃었다. 이는 러시아에 대항하여 수립되고 있는 각국의 대(對)러시아외교정책이 러시아의 무력의 위협 또는 사용 금지 원칙 위반 등 러시아의 국제법 위반을 전제로 하고 있다는 의미이다. 즉, 국제법이 어떤 외교정책이 추진되어야 하는지에 대한 일종의 '화살표'로 기능하고 있다는 것을 보여주는 것이다.

유엔 안전보장이사회를 중심으로 이루어지고 있는 제재에 대하여 각국이 이에 반하는 외교정책을 수립하지도 않고 시행하지도 않는 것도 유엔 안전보장이사회가 채택한 제재 관련 결의가 모든 유엔 회원국들에게 법적 구속력이 있기 때문이다. 이러한 결의에 위반되는 외교정책을 세운다는 것은 불법과 궤를 같이 하는 것이기 때문에 그러한 외교정책은 국익을 고려한 다른 각도의 외교정책으로 인정받을 수도 없다. 다시 말해, 유엔 안전보장이사회가 채택한 대북제재 결의에 정면으로 반기를 들고 있는 국가가 존재하지 않는다는 것을 보면 국제법에 부합하지 않는 외교정책이 더 이상 추진되기는 어렵다는 의미이다.

1. 조약과 정치적 합의는 어떻게 구분하는가?

2. 국제관습법이란 무엇인가?

3. 국제법에 근거하지 않는 외교정책이 수립되는 경우 어떤 논란이 예상되는가?

4. 국제분쟁을 최종적으로 해결하는 국제법을 전제로 수립되는 외교정책은 어떤 선택지를 가지게 되는가?

5. 국제법의 관점에서 남중국해분쟁을 놓고 중국은 취할 수 있었던 효과적인 전략은 무엇인가?

6. 같은 문제를 놓고 다른 국제법적 해석을 추구함으로 관련 국가 간 외교정책이 대립하고 있는 사례를 제시할 수 있는가?

7. 한국 대법원의 일제 강제징용 손해배상 판결을 놓고 발생한 한국과 일본 간 충돌을 해결할 수 있는 방안은 무엇인가?

8. 국제법의 관점에서 러시아는 우크라이나 사태를 놓고 어떤 입장을 취해야 하는가?

9. 유엔 안전보장이사회 결의를 놓고 각 유엔 회원국은 어떤 외교정책을 수립할 수 있는가?

10. 제재 부과도 외교정책이 될 수 있는가?

참고문헌

1. 한글문헌

강병근. "국제법적 관점에서 본 일제강제징용 배상판결의 주요쟁점에 관한 연구." 『저스티스』 통권 제143호 (2014).
_____. "1965년 한일 협정의 '청구권'의 범위에 관한 연구." 『국제법학회논총』 제60권 제3호 (2015).
김대순. 『국제법론』 (제21판). 서울: 삼영사, 2022.
이근관. "한일청구권협정상 강제징용배상청구권 처리에 대한 국제법적 검토." 『서울대학교 法學』 제54권 제3호 (2013).
이기범. 『영토·해양 분쟁의 심화와 새로운 국제법적 해결』. ASAN Report (아산 국제법 인포커스 2016). 서울: 아산정책연구원, 2016.
_____. "유엔 안보리 대북제재 결의, 이제 궤도에 들어섰다." 『아산정책연구원 이슈브리프』 2016-19 (2016).
_____. "조약과 법적 구속력 없는 합의 간 차이에 대한 고찰." 『동아법학』 제94호 (2022).
_____. 『한일관계와 국제법 – 한일청구권협정의 해석 차이를 해결하기 위한 방법 모색』. ASAN Report (아산 국제법 인포커스 2019). 서울: 아산정책연구원, 2019.
정인섭. 『신국제법강의 – 이론과 사례 –』 (제12판). 서울: 박영사, 2022.
주진열. "1965년 한일 청구권협정과 개인청구권 사건의 국제법 쟁점에 대한 고찰: 대법원 2018. 10. 30. 선고 2013다61381 전원합의체 판결을 중심으로." 『서울국제법연구』 제25권 제2호 (2018).

2. 영어문헌

Aust, Anthony. *Modern Treaty Law and Practice* (3rd ed.). Cambridge: Cambridge University Press, 2013.
Evans, Malcolm D. (ed.). *International Law* (5th ed.). Oxford: Oxford University Press, 2018.
Gao, Zhiguo, and Jia, Bing Bing. "The Nine-Dash Line in the South China Sea: History, Status, and Implications." *The American Journal of International Law* 107 (2013).
Hollis, Duncan B. (ed.). *The Oxford Guide to Treaties*. Oxford: Oxford University Press, 2012.

Klabbers, Jan. *International Law* (2nd ed.). Cambridge: Cambridge University Press, 2017.

Nasu, Hitoshi. *International Law on Peacekeeping: A Study of Article 40 of the UN Charter*. Leiden: Martinus Nijhoff Publishers, 2009.

Orakhelashvili, Alexander. *Akehurst's Modern Intro-duction to International Law* (8th ed.). London: Routledge, 2019.

Shaw, Malcolm N. *International Law* (9th ed.). Cambridge: Cambridge University Press, 2021.

제2부

외교정책의 주요 영역

5장   군사안보외교 _ 김태효 · 127

6장   통상외교 _ 이상환 · 156

7장   공공외교 _ 김태환 · 186

8장   환경외교 _ 이태동 · 217

군사안보외교

1. 서론   127

2. 군사안보 개념의
   지속성과 변화   128

3. 안보이론과
   안보정책의 재조명   132

4. 군사안보외교의
   목표와 수단   139

5. 군사안보외교의
   실행 사례   142

6. 결론   153

1. 서론

군사안보문제는 외교정책론의 핵심 영역이다. 모든 국가가 일차적으로 안보를 강화하는 데 외교력을 모으는 이유는 안보를 확보하는 것이 그만큼 중요하면서도 어렵기 때문이다. 과학기술과 지식이 혁신을 거듭하고 국제질서가 격변함에 따라 안보문제는 군사 영역을 넘어 경제통상·사회문화·가치규범문제까지 포괄하게 되었다. 하지만 그 어떤 안보개념의 변화도 군사안보가 국가관계에 미치는 본질적인 영향력을 약화시키진 못했다.

필자는 전쟁과 평화의 문제가 국제질서에 어떠한 영향을 미쳤고, 또 반대로 국제질서 변화가 국가 간 안보관계에 어떠한 변화를 초래했는지 분석한다. 논의 과정에서 안보문제에 관한 이론적, 정책적 쟁점을 소개하고 해설할 것이다. 관련 주제별 독자의 이해를 돕는 차원에서 본문을 다음의 네 가지 순서로 진행한다.

우선 제2절에서는 군사안보 개념의 태동과 변천과정을 살핀다. 국가의 존망을 좌우해 온 군사력과 군사안보가 시대별로 어떤 특징을 지니는지 비교하고 분석한다. 핵전쟁 가능성이 줄어든 대신 고성능 첨단무기와 전자전 능력을 활용한 제한적 분쟁과 공세적 군사외교의 빈도가 증가하고 있음을 지적한다. 또, 안보의 개념이 군사뿐 아니라 경제, 에너지, 사회문화분야를 아우르는 포괄적 안보개념으로 확대되는 과정을 살핀다.

제3절에서는 전쟁과 평화에 관한 대표적인 이론을 소개하고 평가한다. 현실주의(realism)에 속하는 세력균형이론(balance of power theory), 세력전이이론(power transition theory), 패권안정이론(hegemonic stability theory)을 검토하고, 자유주의(liberalism) 계보로 분류되는 민주평화론(democratic peace theory)을 분석한다. 여러 학자의 다양한 주장을 소개하되, 쟁점 논의 사항에 대한 평가와 해설을 거쳐 종합적 결론을 이끌어낸다. 특히, 국가 간 세력 분포에 주목하는 현실주의와 가치의 수렴 정도를 중시하는 자유주의가 엄밀한 설명력을 갖추기 위한 제반 조건을 검토한다. 덧붙여 구성주의(constructivism) 설명이 국제안보질서에 갖는 함의를 언급한다.

제4절에서는 군사안보의 목표와 수단이 시간이 지나면서 어떻게 변화하는지 검토한다. 국가의 힘의 크기에 따라 선택 가능한 군사안보외교 수단이 어떻게 다른지 비교한다. 이어서 직접적인 무력충돌 빈도가 줄어드는 대신, 안보관계에 영향을 미치고자 경제적 압박을 가하거나 상대방의 지도력에 흠집을 내고자 동원하는 연성균형(soft balancing) 전략을 소개한다.

마지막으로 제5절에서는 군사안보외교의 실행 사례를 다섯 가지 유형별로 소개한다. '전면전쟁과 동맹외교' 사례는 제2차 세계대전을 기점으로 강대국끼리 벌이는 전면전쟁 시대가 저물고 강대국이 지원하는 약소국 간 대리(代理)전쟁과 강대국이 약소국의 '일탈'을 응징하는 무력

개입이 보다 빈번하게 발생함을 보여준다. '다자안보와 협력외교' 사례는 경쟁관계에 놓인 강대국 간 협력 가능성보다 위협인식을 공유하는 같은 진영 내 국가끼리의 협력 개연성이 훨씬 크다는 것을 시사한다. '대량살상무기와 강압외교' 사례는 강대국이 강압외교를 동원해 독재 권력의 핵무기 보유 의지를 꺾는 것이 쉽지 않지만, 그렇다고 해서 핵을 가진 약소국이 정권의 생존을 보장하는 데 큰 도움이 되지 않는다는 것을 알게 해준다. '비대칭위협과 뉴테러리즘'은 체제불만 세력이 체제주도 세력에 고통을 가하기 위해 동원하는 비대칭위협 수단을 소개하며, 사이버안보의 중요성을 일깨운다. '미소 냉전의 경험과 미중 신냉전'은 권력과 규범의 패권경쟁이라는 점에서 미소 냉전과 미중 신냉전이 맥을 같이 한다고 보고, 특정 위협을 견제하는 세력균형 동맹이 안보와 경제의 다양한 의제를 포괄하는 복합네트워크 동맹으로 진화하고 있음을 설명한다.

2. 군사안보 개념의 지속성과 변화

안보는 안전보장(安全保障)의 줄임말이고 보면, 말 그대로 국가의 안전을 보장하는 문제가 안보 개념의 요체라 할 수 있다. 여기서 안전을 확보하고자 하는 행위 주체는 국가이므로 국제정치에서 주권국가들 간의 질서가 정착되기 시작한 1648년 베스트팔렌체제(Westphalian System) 이후의 시대가 곧 안보의 시대가 된다. 물론 국가의 시대가 아니면 안보문제가 없다는 뜻은 아니다. 국가가 등장하기 전에도 인류 역사는 폭력과 죽음의 공포를 안고 살았으며, 앞으로 설령 국가

가 사라진다고 해도 안보의 문제가 해소되리라는 보장은 없다. 국가의 영향력이 얼마나 오래 지속될 것인가에 대한 전망은 엇갈리지만, 국가가 국민의 안보에 결정적인 영향력을 행사하는 시대에 살고 있는 지금, 안보가 국가에 주는 함의와 국가가 안보를 다루는 행태를 논의하는 일은 중요하다 할 것이다.

개념 **베스트팔렌체제**

1648년 5월에서 10월까지의 기간에 베스트팔렌지역의 두 도시인 오스나브뤼크(Osnabrück)와 뮌스터(Münster)에서 체결된 세 개의 조약(The Peace of Münster, The Treaty of Münster, The Treaty of Osnabrück)을 계기로 형성된 새로운 유럽질서를 일컫는다. 이들 조약을 계기로 신성로마제국 내의 '30년전쟁'(1618~1648)과 스페인과 네덜란드 사이의 '80년전쟁'(1568~1648)이 종결되었다. 베스트팔렌체제(Westphalian System)의 등장은 교회의 급속한 쇠퇴와 신성로마제국의 붕괴를 가져왔고, 그로 인해 주권 독립 국가(sovereign independent states)에 기초한 근대 국제질서가 탄생하였다. 이제는 종교가 아닌 혈통, 지역, 언어, 역사 등을 공유하는 국민국가(nation states)가 국제질서의 주요 행위자로 등장한 것이다.

"국가의 외교정책은 곧 안보정책이다"라는 명제는 줄곧 흔들림 없는 진리이자 상식으로 받아들여져 왔다. 누가 세계를 지배하는가, 어떻게 해야 안보를 지킬 수 있는가의 문제가 외교정책 연구의 핵심을 차지해 왔다. 안보정책의 요체는 군사안보정책이다. 국가의 주권(sovereignty)을 지키는 것이 외교의 최우선 목표이고 이를 충족시키는 수단은 바로 군사력이기 때문이다. 군사외교가 국가외교의 중추이므로 국제정치를 움직이는 추동력은 무기체계와 군사전략의 발달에서 비롯된다. 다른 나라에 비해 강력한 무기를 확보하고 효과적인 전략을 구사하는 것이 국가안전보장의 지름길이기에 그러하다.

무기체계의 발전에 관한 연구는 오래도록 국제정치학의 핵심을 차지하였다. 15세기 프랑스의 기사계급을 몰락시킨 영국의 장궁(長弓, longbow), 16세기 이후 서구의 세계지배를 가능케 한 화약과 범선의 발명, 20세기 이후 압도적인 미국 군사패권의 원동력이 된 핵과 항공우주 시대의 개척에 관한 분석이 대표적 예이다.[1] 또한, 포르투갈 패권(16세기 초~17세기 초)의 원동력은 범선과 항해술의 선점에 있었고, 네덜란드의 해양지배(17세기 초~18세기 초)는 막강한 해군력을 지탱하는 중상주의(重商主義)정책이 있었기에 가능했다는 연구 역시 월등한 무기체계와 군비(軍備)의 조달이 전쟁의 성패를 좌우한다는 점을 뒷받침한다.[2]

주어진 군사력을 어떻게 사용해 전투효과를 극대화할 것인가에 관한 군사전략 역시 '전쟁의 시

---

1) Ernest Volkman, *Science Goes to War: The Search for the Ultimate Weapon, from Greek Fire to Star Wars* (New York: John Wiley & Sons, 2002); John Keegan, *A History of Warfare* (New York: Alfred A. Knopf, 1993).

2) 김태효, "세계체제와 패권의 변동원리," 『신아세아』 제11집 3호 (2004), pp. 29-58; Joseph S. Nye, Jr., *Understanding International Conflicts: An Introduction to Theory and History* (second ed.) (New York: Longman, 1997), pp. 52-53.

대'에 돋보인 연구주제였다. 전쟁술의 고전이라 불리우는 클라우제비츠(Carl von Clausewitz)의 『전쟁론』[3]은 전쟁을 어떻게 기획하고 전투를 어떻게 수행하는가에 대한 대표적인 지침서이다. 공군력과 해군력이 발전되기 이전까지는 기동력을 갖춘 육군을 동원한 지상전투가 전쟁의 모든 것이었던 만큼, 상대방이 예상치 못한 시기에 예상치 못한 지역을 통과하여 침입한 후 주요 시설과 인명을 파괴함으로써 반격의 의지를 꺾는 전격전(blitzkrieg)이 각광을 받았다.[4] 길고 지루하게 진행되는 지구전(attrition), 전쟁 목표를 적국의 완전한 파멸 대신 특정한 정치적 목표 달성에 한정하는 제한전(limited war) 개념도 개발되었다.[5]

국제질서는 누구도 다른 나라의 생존을 대신 책임져 주지 않는 무정부(anarchy) 상태로 규정된다. 국가들이 서로 더 많은 안보를 얻기 위해 군비(軍備) 증강경쟁을 벌이는 안보딜레마(security dilemma) 상황은 해소되기 어렵다.[6] 강자와 약자가 공존하는 위계질서는 전쟁과 평화의 순환고리를 잉태할 뿐이다. 시대가 흐르면서 아무리 각국의 군사력과 외교전략이 발전한다고 하더라도 국가 간 국력 차는 해소되지 않을 것이며 이는 국제사회의 긴장을 동반할 수밖에 없다.

"군사안보정책은 외교정책의 많은 부분들 중 하나에 속한다"라는 말이 설득력을 얻기 시작한 것은 20세기 후반에 들어서이다. 경제, 사회문화 등 비군사분야의 외교문제가 부각되기 시작하면서 외교는 곧 군사안보의 영역이라는 전통적 사고에 변화가 일기 시작한 것이다. 물론 신현실주의(neorealism)에 따르면 경제력은 군사력을 확보하는 데 도움을 주는 보조물에 지나지 않는다. 그러나 무역, 금융, 투자, 기술 이슈가 국제정치에서 차지하는 비중이 점차 커지면서 경제도 하나의 독립된 외교 영역으로 인식되기 시작하였다.

경제도 중요한 안보문제라는 담론은 국제관계를 바라보는 새로운 관점을 제기했을 뿐만 아니라 분쟁과 평화의 조건을 잉태하는 외교정책에 대한 논의에도 커다란 영향을 끼쳤다. 1980년대 중반 이후 널리 퍼진 신자유주의(neoliberalism)는 외교에 있어서 경제의 중요성을 부각시킴과 동시에 국제기구, 다국적기업, 시민단체(NGO) 등 비국가행위자의 독립적 영향력을 인정해야 한다고 주장하였다.[7] 국제무대에서 민족국가만이 의미 있는 행위자이며 이들의 주된 투쟁의 영역은 군사안보이익으로 귀결된다는 현실주의 학풍에 중대한 도전장을 내민 것이다. 이러한 주장은 정보화, 세계화의 급진전이 가져온 국제환경의 새로운 변화를 담아내는 과정에서 더욱 구체화되었다.

복합적 상호의존(complex interdependence) 관계가 형성되면 국가는 공존을 위한 협력을 모색할 수밖에 없으며 그러한 과정에서 국제제도

3) Carl von Clausewitz, *On War*, trans./eds. Michael Howard and Peter Paret (Princeton, New Jersey: Princeton University Press, 1976); Michael Howard, *War in European History* (Oxford: Oxford University Press, 1976); Alan Clark, *Barbarossa: The Russian-German Conflict, 1941-1945* (New York: Quill, 1985).

4) Liddell Hart, *The Decisive Wars of History* (London: G Bell and Sons, 1929).

5) John J. Mearsheimer, *Conventional Deterrence* (Ithaca, New York: Cornell University Press, 1983).

6) Kenneth N. Waltz, *Theory of International Politics* (New York: McGraw-Hill, 1979).

7) Robert O. Keohane, *After Hegemony: Cooperation and Discord in the World Political Economy* (Princeton, New Jersey: Princeton University Press, 1984).

와 규범의 기능이 강화된다고 주장하는 신자유제도주의(neoliberal institutionalism)가 등장하였다.[8] 신자유제도주의자들은 국가 간 협력의 틀을 규정하는 국제기구, 국제협약과 같은 제도적 장치가 잘 작동하려면 상호 협력의 필요성에 공감하고 이를 인정하는 규범적 합의가 뒷받침되어야 한다고 믿는다. 국가들이 국제사회의 평화에 대한 윤리적 믿음에 근거하여 협력을 택하는 것이 아니라 선택 가능한 대안들 중에 자신의 이익을 극대화하는 합리적 선택(rational choice)을 내린다고 보는 점에서 국가의 이성을 중시하는 현실주의 관점을 이어받는다.

현실주의에서는 국가 간 힘의 균형(balance of power)이, 자유주의에서는 제도와 규범이 국제협력의 전제조건이 된다. 그런데 전자는 주로 평화를, 후자는 주로 번영을 이야기한다. 현실주의는 전쟁과 평화의 문제를 주로 다루고 자유주의는 경제통상문제를 주된 사례연구로 삼는다. 각기 특정한 주제를 집중적으로 다루고 설명한다는 것은 다른 주제에 대한 설명이 여의치 않다는 반증이다. 이는 군사외교와 경제외교가 지니는 속성의 차이에서 비롯될 것이다. 경제 현안은 장기간에 걸쳐 이익의 교환을 매개로 한 반복게임 상황이 흔히 발생하지만, 군사문제의 경우 이익이 첨예하게 대립하기 쉽고 극단적인 분쟁(전쟁)까지 염두에 두어야 하기 때문에 예측 가능하고

장기적인 협력관계를 도출하기가 쉽지 않다.

핵무기를 비롯한 현대 무기체계의 가공할 파괴력은 역설적으로 전면전쟁 발생 빈도를 크게 감소시켰다. 이제는 상대방의 영토와 주권을 빼앗는 전쟁보다는 군사 영향력을 활용해 타국의 군사정책을 억제하는 군사외교의 시대로 접어들었다. 미래 군사역량은 4차 산업혁명을 기반으로 한 첨단과학기술에 의해 뒷받침될 것이다. 유인(有人) 중심 전투체계가 유·무인복합 전투체계로 재편되고 있다. 미국을 비롯한 군사 강국은 향후 20년 내에 무인·로봇 중심 전투체계를 구축할 것이다. 병력은 줄이고 인공지능(AI)이 국방력을 책임지는 시대로 나아갈 것이다. 사이버공간의 안보경쟁도 한층 치열해질 것이다. 정보통신기술(ICT) 역량이 사이버안보 구축에 관건이 될 것이며, 메타버스(VR·AR·XR, 가상현실·증강현실·확장현실)를 활용한 미래형 훈련체계가 일상화되는 날이 올 것이다.

안보정책의 영역은 더욱 확장되고 있다. 단순히 군사 이슈와 경제 이슈 간의 상대적 중요성에 대한 논쟁을 넘어 지구촌 안보공동체의 안위(安危)에 영향을 주는 위협 요소가 더욱 다양화되고 있다. 테러리즘, 기후변화, 에너지, 감염병, 국제범죄, 인권, 민족분규 등 그간 부차적 과제로 치부되었던 현안의 파급력과 비중이 점차 커지고 있다. 포괄안보 이슈(comprehensive security issues)로 지칭되는 이들 문제는 하나의 국가와 지역 내의 문제에 그치는 것이 아니라 국제안보질서 전반의 성격과 향방에 영향을 미치는 맥락적(contextual) 성격을 지닌다. 나아가 이러한 의제를 국가 간 갈등관리 차원뿐 아니라 개개인의 인권과 생활여건 개선을 위한 인간안보(human

---

8) John G. Ruggie, "Multilateralism: The Anatomy of an Institution," *International Organization* 46-3 (Summer 1992), pp. 561-598; Kenneth A. Oye (ed.), *Cooperation Under Anarchy* (Princeton, New Jersey: Princeton University Press, 1986); 김상준, "국제정치와 이론," 강정인 외, 『현대정치의 이해』(서울: 도서출판 오름, 1997), pp. 280-287.

security)의 관점에서 접근해야 한다는 문제의식이 커지고 있다.[9]

> **개념　인간안보**
>
> 포괄안보(comprehensive security)란 군사안보에 치중된 전통적 안보개념에 경제, 환경, 난민, 인권문제 등을 포함시키는 확장된 안보개념을 뜻한다. 이러한 의제를 다루면서 '갈등의 해결' 차원을 넘어 '인간성의 구현'에 중점을 두는 것이 인간안보(human security)다. 인간안보는 어느 정치체제에 속해 있던 사람의 삶의 질을 향상시키는 데 방점을 둔다. 인간안보정책은 인권의 신장으로 귀결되며, 독재와 권위주의에 맞서는 '민주평화론(democratic peace)'과도 맥이 닿는다.

3. 안보이론과 안보정책의 재조명

1) 전쟁과 평화

이제까지 외교정책에서 다루는 군사안보의 개념이 시간이 흐르면서 어떻게 변해 왔는지 논의하였다. 3장에서는 안보를 어떻게 이해하고 안보를 어떻게 추구할 것인가에 관해 국제정치학계의 양대 시각인 현실주의와 자유주의의 담론을 비교하

면서 논의하고자 한다. 안보의 범주를 전쟁과 평화라는 군사적 측면에 제한할 경우 국가 간 협력과 갈등을 국가 간 힘의 분포를 통해 설명하는 신현실주의의 적실성이 아직 건재하다. 반면, 경제안보에 초점을 맞추어 국가 간 협력 도출의 조건을 설명하는 데 주안점을 두는 것이 신자유주의다. 하지만 안보의 의제가 어떻게 바뀌든 국제정치는 곧 권력정치라는 입장과 협력에 대한 공감대가 확산되면 국제질서의 속성 자체도 진화할 수 있다는 반론 간에 접점을 찾기는 쉽지 않다.

현실주의와 자유주의가 배출한 대표적인 이론들을 검토하면서 각각의 이론이 진단하는 외교정책 처방을 비교해 보기로 한다. 본 항에서는 현실주의계의 대표적 이론으로 꼽히는 세력균형이론, 세력전이이론, 패권안정이론을 다룬다. 애초부터 벗어나기 힘든 무정부 상태가 국가들로 하여금 힘의 투쟁을 반복하게 만든다는 점에서는 이들 세 이론이 출발을 같이한다. 그러나 국가 간 힘의 분포와 갈등의 정도를 연결 짓는 연역적 논리로 좁혀 들어가면 이들 이론 간에 논리적 차이점과 상호 모순이 발생한다.

우선 세력균형이론의 구체적 논리를 살펴보자. 국가가 자신의 안보를 지키기 위해 국력을 신장하는 것은 '누구로부터의' 위협을 상정하는 상대적 관계에 의해 영향받는다. 잠재적 적대세력에 비해 우월하거나 적어도 대등한 정도의 힘을 갖추고자 하는 것은 국가의 '본능'에 해당한다는 것이다. 국가 간에 힘이 고르게 분포되어 있을 경우 특정 도발세력이 등장할 확률은 낮아지고, 반대로 힘의 불균형이 발생할 경우 강자가 약자에게 도발할 가능성이 커진다고 예측한다. 이러한 인과관계는 일대일 양자관계에만 적용되는 것이

---

9) United Nations Development Programme(UNDP), *Human Development Report 1994* (Oxford: Oxford University Press, 1994); Commission on Human Security, *Human Security Now* (New York: Commission on Human Security, 2003); 현인택·김성한·이근(공편), 『동아시아 환경안보』 (서울: 도서출판 오름, 2005).

아니라 다자동맹을 맺은 국가 군(群)과 이들과 경쟁관계에 있는 다른 다자동맹 세력 간 관계에서도 성립한다. 어느 국가든 자체적인 노력으로 군사력과 경제력을 강화하는 자구책(self help)을 강구함과 동시에 적대세력에 대항하는 동맹 파트너를 모색하기 마련이다.

세력균형론은 국가 간 힘의 분포가 균형 상태를 이룰 때 전쟁 없는 '평화 상태'가 주어질 가능성이 크다고 보며, 이때의 평화는 소극적이고 한시적인 평화에 불과하다. 세력불균형이 초래될 경우 전쟁은 언제든지 발생할 수 있다고 본다. 결국, 세력균형론은 월츠(Kenneth N. Waltz)에 의해 집대성된 구조주의적 시각, 즉 신현실주의의 대표적 이론이다.[10] 국가 간 힘의 분포상태라는 구조적 환경이 전쟁과 평화를 결정하는 원인변수다.

그러나 동일한 힘의 분포 조건하에서도 실제 전쟁 발발 여부는 경우에 따라 달라질 수 있다는 것을 설명하기 위해 후발 현실주의자들은 보충설명을 덧붙였다. 여러 국가가 동맹군을 형성한 상태에서 그 결속력이 강할 경우 적대 진영과의 사소한 분쟁이라도 큰 분쟁으로 발전할 수 있고(연쇄가담: chain gang), 반대로 연대감이 느슨한 동맹관계의 경우 상대진영의 팽창정책에 대항할 주체세력이 모호해져 적으로부터 선제공격을 허용할 가능성이 크다는 것이다(책임전가: buck-passing).[11]

---

10) Kenneth N. Waltz, *Theory of International Politics* (New York: McGraw-Hill, 1979).

11) Thomas J. Christensen and Jack Snyder, "Chain Gangs and Passed Bucks: Predicting Alliance Patterns in Multipolarity," *International Organization* 44-2 (Spring 1990), pp. 137-168.

사라예보 사건 하나가 종국에는 유럽대륙 전체의 제1차 세계대전으로 번진 것은 전자(前者)의 경우에 해당할 것이며, 히틀러(Adolf Hitler)의 독일 팽창정책을 사전에 제어하지 못해 야기된 제2차 세계대전은 후자(後者)의 경우로 볼 수 있을 것이다. 이러한 두 차례 세계대전은 여러 개의 강대국과 동맹세력이 경쟁하는 다극체제에서 불안정성이 커진다는 월츠의 견해를 뒷받침한다. 반대로 양극체제는 상대적으로 큰 국제질서의 안정성을 보장할 것이다. 아울러 연쇄가담과 책임전가 개념을 고안한 크리스텐슨(Thomas J. Christensen)과 스나이더(Jack Snyder)는 자신이 보유한 무기

해설 5.1

사라예보 사건

1914년 6월 28일 오스트리아-헝가리 제국의 황태자인 페르디난트(Franz Ferdinand)와 그의 부인 코텍(Sophie Chotek)이 당시 보스니아의 수도인 사라예보(Sarajevo)를 방문하고 돌아오던 중 세르비아의 19세 청년 프린치프(Gavrilo Princip)에게 총탄을 맞고 암살당한 사건이다. 세르비아가 러시아 제국의 지원을 받으며 남슬라브인의 반(反)오스트리아 운동을 부추기는 것을 탐탁지 않게 생각하던 오스트리아-헝가리 제국은 이 사건을 구실로 세르비아와의 전쟁을 결심하게 된다. 오스트리아-헝가리 제국은 독일의 지지 약속을 믿고 세르비아에 전쟁을 시작했으나 국지전쟁에 그칠 것이라던 예상은 빗나갔고, 3국동맹(독일, 오스트리아, 이탈리아) 세력 대(對) 3국협상(영국, 프랑스, 러시아) 세력 간의 제1차 세계대전으로 확대되었다.

체계와 군사전략이 공격에 유리하다고 보는 믿음이 지배적일 경우 과다동맹에 의한 연쇄가담이, 수비에 유리하다고 믿을 경우 과소동맹에 의한 책임전가의 가능성이 커진다고 본다.

한편, 왈트(Stephen M. Walt)는 '위협균형론(balance of threat)'을 제기하여 월츠의 '힘의 균형론(balance of power)'에서 나타나는 설명력의 경직성을 보완하고자 하였다.[12] 국가는 상대방의 총체적 국력(aggregate strength)뿐만 아니라 지리적 인접성(geographic proximity), 공격 능력(offensive capabilities), 공격 의도(offensive intentions)까지 종합적으로 고려하여 상대방의 위협을 인식하게 되고 이에 따라 균형을 취할지 여부를 결정한다는 것이다. 각 상황에서 상대편 국가로부터 인지하는 위협의 내용과 정도가 달라질 수 있기 때문에 위협균형론을 일반화된 이론수준으로 끌어올리려면 국가가 느끼는 위협의 정도를 측정하는 지표를 제시할 필요가 있을 것이다. 어쨌든 월츠 이후의 이러한 후속연구는 주어진 구조적 환경에 대한 국가의 인식에 주목함으로써 신현실주의가 '힘의 분포'라는 물리적 요건에만 의거해 국제정치를 설명한다는 비판을 비껴가게 하였다.

세력전이이론도 국가 간 힘의 분포 변화에 따른 전쟁과 평화의 가능성을 예측한다는 점에 있어서는 세력균형이론과 매한가지이다. 그러나 세력균형이론에서 말하는 '힘의 균형' 대신 '위계질서'의 유지가 세력전이이론의 평화의 조건이다. 국제질서는 현존하는 최강의 패권국가가 자신의 구미에 맞도록 가꾸어 놓은 기존질서를 의미하며, 여타 세력들은 이에 불만족을 느끼기 마련이다. 세력전이이론의 주창자 오르갠스키(A.F.K. Organski)는 기존질서에 불만을 품은 제2인자의 산업화 속도가 빠를 때 패권국과 도전국 간 세력전이가 발생하며 이것이 바로 패권전쟁을 야기한다고 보았다. 여기에서 말하는 패권전쟁(hegemonic war)은 도전세력이 기존 패권세력에 대해 일으키는 전쟁이며, 이와 반대로 패권국가가 잠재적 도전세력의 성장과 도발을 사전에 차단하고자 먼저 일으키는 전쟁을 예방전쟁(preventive war)이라 부른다. 오르갠스키는 국력의 변동 폭이 완만한 농경시대를 지나 국가 간 국력 서열이 역동적으로 바뀌는 산업화 시대에 들어서면서 세력전이에 주목하는 전쟁이론이 필요하다고 주장한다.[13]

그러나 많은 국가 중에서 1, 2위의 국력을 지닌 두 나라 사이의 관계에만 주목하는 오르갠스키의 세력전이이론이 불충분하다는 지적이 일자, 이를 보다 많은 국가와 지역에 확대하여 적용하는 연구가 뒤따랐다. 즉 개별국가뿐 아니라 동맹세력을 세력전이이론에 적용함으로써, 강대국이 각기 맺은 군소 국가들과의 동맹 네트워크를 하나의 세력으로 간주할 경우 동맹세력 간 세력전이(alliance transitions)를 설명할 수 있다는 것이다.[14] 또 하나는 다중위계체제(multiple

---

12) Stephen M. Walt, *The Origins of Alliances* (Ithaca, New York: Cornell University Press, 1987).

13) A.F.K. Organski, *World Politics* (New York: Alfred A. Knopf, 1958). 세력전이이론의 계보는 1950년대 후반부터 형성되기 시작했고 월츠가 구조주의 시각에 입각한 신현실주의 패러다임을 개척한 것은 1970년대 후반이므로 엄밀히 말하자면 세력전이이론을 신현실주의 계열의 이론으로 지칭할 수는 없다.

14) Woosang Kim, "Alliance Transitions and Great Power War," *American Journal of Political Science* 35-4 (November 1991), pp. 833-850.

hierarchy) 모델로 세계 차원의 강대국 서열뿐 아니라 지역 레벨의 국가 간 힘의 서열을 함께 고려하여 세력전이를 설명할 수 있다는 주장이다.[15] 예를 들어, 중국의 영향력이 글로벌 차원에서는 미국에 미치지 못하지만, 동아시아 역내질서의 주도권을 강화하는 추세라고 보는 연구가 있다면, 이것은 오르갠스키의 글로벌 세력전이론에 지역 세력전이론을 가미한 것이라고 볼 수 있다.

패권안정이론은 하나의 압도적인 패권국가가 존재할 때 국제질서의 안정성과 개방성이 보장된다는 주장을 편다.[16] 19세기 하반기의 영국과 제2차 세계대전 이후부터 1970년대 중반까지의 미국이 압도적인 힘의 우위를 바탕으로 평화질서와 자유무역을 촉진한 경험에 비추어 '패권국의 존재=세계안정질서'의 등식을 일반화하는 이론이다. 여기서 패권국은 개방적인 무역질서와 안정적인 금융질서를 유지하기 위해 자국 시장을 기꺼이 개방하고 금융위기 상황에서도 최종대부자(lender of last resort)로서 타국 은행에 할인을 지속적으로 보장하는 '선의의 패권국(benevolent hegemon)'을 말한다. 패권국이 국제사회의 공공재(public good)를 창출하는 데 매진해야 한다는

---

15) Douglas Lemke, *Regions of War and Peace* (Cambridge: Cambridge University Press, 2002), pp. 49–52, 81–89.

16) Charles P. Kindleberger, *The World in Depression 1929–1939* (Berkeley: University of California Press, 1973); Stephen D. Krasner, "The Theory of Hegemonic Stability and Changes in International Economic Regimes, 1967–1977," in Ole R. Holsti, Randolph M. Siverson, and Alexander George (eds.), *Changes in the International System* (Boulder, Colorado: Westview Press, 1980), pp. 131–162; Robert Gilpin, *War and Change in World Politics* (Cambridge: Cambridge University Press, 1981); Keohane (1984), pp. 31–46.

선결조건이 작위적이기는 하지만, 역사적 사례의 검증에 있어서는 비교적 타당성을 지니는 이론이다. 패권안정이론은 강력한 경제력을 지닌 개방형 국가가 일극체제를 형성할 때 작동한다. 바꾸어 말하면 세력전이가 발생할 경우 패권안정질서에 위협이 초래될 것이다. 즉, 패권안정론과 세력전이론은 강대국 간 힘의 격차가 좁혀지면 불안정이 초래된다는 동일한 가설에 바탕을 둔다.

이상의 분석을 토대로 할 때 평화를 보장하는 것이 과연 힘의 균형인지(세력균형이론) 아니면 힘의 격차인지(세력전이이론, 패권안정이론) 쉽사리 판단이 서지 않을 것이다. 그렇다고 이러한 논리의 충돌이 현실주의의 설명력을 위협하는 것은 아니다. 힘의 변화가 분명 국제질서의 변동을 추인하는 결정적 변수임에는 분명하기 때문이다. 모든 국가는 국력의 신장을 통해서든 동맹 확보를 통해서든 보다 강한 안보 태세를 확보하기 위해 매진한다. 자국의 힘이 남의 힘보다 우위에 있다고 여길 때 힘의 균형을 이루었다고 믿는 경향이 있으며, 그러한 목표에 도달하기 위한 경쟁이 세력전이를 유발하는 것이다.

그렇다면 강대국 간 전쟁의 발발 여부는 객관적으로 주어지는 힘의 역학관계를 주관적으로 인지하는 국가 지도자의 인식 영역에서 판가름해야 할 것이다. 전쟁을 감행할 경우 기대되는 이익의 총량에서 감당해야 할 비용의 총량을 제하고도 그 전쟁이 충분한 이득을 보장한다고 판단할 때 전쟁을 일으킬 가능성이 클 것이다. 지도자의 판단에 영향을 미치는 추가적 요인으로 국가 간 세력전이의 속도, 가치와 이념의 공유 여부, 국내정치 상황과 여론 등을 들 수 있다. 하지만 막상 전쟁이 일어난 뒤 이러한 여러 요인 중에서 무엇이

어떻게 국가지도자의 인식에 영향을 주었는지 검증하기는 쉽지 않을 것이다.

또 하나 지적할 것은 21세기 국제질서에서 강대국끼리의 전쟁이 좀처럼 발생하지 않는다는 사실이다. 지금까지 살펴본 현실주의 계보의 전쟁이론은 강대국이 언제라도 무력을 행사하던 제국주의적 패권 시대에 잘 부합한다. 앞서 언급했듯이 현대무기의 고도화는 전쟁의 피해에 대한 두려움을 증폭시켰다. 특히 핵무기의 파괴력으로 인해 국제사회에 '공포의 균형(balance of terror)'이 조성되었다. 전쟁을 하더라도 핵무기 사용을 배제한 전쟁을 우선적으로 고려한다. 강대국 간 전쟁보다는 강대국의 약소국에 대한 강압전쟁이나 약소국끼리의 무력분쟁 가능성이 커졌다. 2001년 9·11테러 사태 이후 부각된 테러리즘은 국가 이외의 불특정 세력도 강대국 질서에 커다란 영향을 미칠 수 있음을 보여주었다. 이는 비대칭위협(asymmetric threat)에 대한 충분한 고찰이 필요함을 일깨운다. 아울러, 소수민족 분리 운동, 이민자(移民者)문제 등으로 인해 빈발하는 국내 차원의 분쟁과 내전(civil war)은 국가 간 전쟁뿐 아니라 국가 내부의 폭력 역시 군사안보의 주요 연구대상에 포함되어야 함을 시사한다.

2) 민주주의와 국제규범

국제평화와 갈등의 판별조건으로 신현실주의가 국력의 구조적 분포상태를 내세웠다면 신자유주의는 '민주주의' 변수를 대표적으로 꼽고 있다. 이는 '힘'보다는 '가치'가 국제정치를 더 잘 설명한다는 주장으로서 국제분쟁 연구에서 독보적 영향력을 행사해 온 현실주의에 대한 중대한 도전

> **개념** **비대칭위협**
>
> 비대칭위협(asymmetric threat)이란 객관적인 힘의 크기에 있어서는 절대적으로 약세에 처해 있는 세력일지라도 상대적 강자에 대해 치명적인 타격을 가할 수 있는 위협 수단을 지칭하는데 테러리즘, 미사일, 대량살상무기(WMD) 등이 그 대표적 수단으로 꼽힌다. 핵무기, 생·화학 무기로 지칭되는 WMD와 탄도미사일 능력의 확산 및 확대는 국가 간 재래식 무기체계에 의한 전면전을 주된 연구대상으로 삼는 기존 군사안보 논의에 도전을 가져왔다. 특히 테러집단과 같은 비국가행위자의 비대칭위협에 대한 대처문제를 소홀히 할 수 없게 되었다.

이라 할 수 있겠다. 민주주의평화이론은 "민주주의 국가들은 서로 전쟁하지 않는다"라는 간단한 명제로 요약된다. 이를 다른 각도에서 보면 민주주의 국가도 비(非)민주주의 국가와는 전쟁을 할 수 있다는 여지가 생긴다. 본 항에서는 민주평화론이 경험적으로 얼마나 입증되는지 검토하는 한편, 이론 자체가 지니는 논리적 설명력 또한 검증할 것이다. 아울러 민주주의를 포함하여 국가와 시민의 정체성, 문화 등 규범적 측면을 중시하는 구성주의 패러다임을 추가적으로 소개, 평가하고자 한다.

민주주의평화이론을 실증적으로 입증하려면 우선 민주주의 국가를 판별해 낼 수 있어야 하며, 그다음에는 민주주의 국가끼리 전쟁을 하지 않는다는 근거를 제시할 수 있어야 한다. 현대정치에서 민주주의는 다당제와 대의민주주의가 원활하

게 작동하고 법치와 인권이 보장되는 정치체제를 말한다. 곧 엄밀한 자유민주주의를 선진 민주주의로 간주할 수 있다.

미국 메릴랜드주립대학의 거어(Ted R. Gurr) 교수가 1960년대 말부터 시작해 지금까지 이어져 온 '정부형태 프로젝트(Polity Project)'가 각국의 민주화 정도를 평가하는 대표적 연구로 꼽힌다. 1800년 이후부터 지금까지 존재한 인구 50만 명 이상의 모든 국가를 대상으로 하는 동 연구는 각국의 정치상황 변동을 주기적으로 평가한다. 이 프로젝트는 제2차 세계대전 종료와 함께 새로운 독립국가가 대거 탄생하기 시작한 1946년부터 모든 국가의 민주주의/권위주의 지수 변화를 기록해 오고 있다. 2021년 말 현재까지의 자료를 기준으로 167개 대상국 중 민주주의 단계로 분류된 나라는 약 90개국에 이른다. 하지만 6가지의 평가항목을 종합해 최상위 10점에 해당하는 성숙한 민주주의 국가로 평가된 나라는 20개국 미만이다.[17]

전쟁의 주체에 관한 경험적 데이터는 민주국가 간 평화지향성을 강력하게 뒷받침한다. 1,000명 이상의 사망자가 발생한 국가 간 무력분쟁을 전쟁으로 규정할 경우, 1816년에서 1991년 사이에 발생한 353건의 양국 간 전쟁 중에서 민주주의 국가끼리의 전쟁은 단 한 건도 없었다. 155건의 전쟁은 민주주의 국가와 비민주주의 국가 간 전쟁이었고, 198건의 전쟁은 비민주주의 국가 간 전쟁이었다.[18] 이러한 검증자료는 "민주주의 국가

끼리는 서로 전쟁하지 않는다"는 명제를 확실하게 뒷받침한다. 또한, 비민주주의 국가 사이에 전쟁이 잦다는 사실은 체제의 상호 유사성이 평화를 촉진하는 것이 아니라 민주주의라는 덕목 자체가 평화를 보장한다는 주장에 힘을 실어준다.

이에 대한 이유는 일찍이 칸트(Immanuel Kant)의 영구평화(perpetual peace)론에서 그 단초가 드러난다. 칸트는 모든 국가가 '공화제 정부'를 채택하고 나아가 자유주의 국가들 간의 '연방'을 결성할 경우 영구평화가 가능할 것으로 보았다.[19] 칸트가 말하는 공화제 정부는 시민의 자유로운 의사가 반영되는 민주주의 정부와 다르지 않다. 즉 시민의 뜻에 따라 정책을 결정하는 민주주의 정부는 시민의 재산과 생명을 위태롭게 하는 전쟁을 함부로 결정할 수 없다는 논리가 성립한다. 그러나 민주주의 국가의 평화지향성에 관한 이러한 해석은 필자를 포함한 후학들의 칸트에 대한 추론일 뿐, 구체적으로 민주국가의 어떠한 속성이 평화를 지향하게 만드는지에 대한 체계적인 연구는 아직 미비한 상태이다.

한편, 민주주의 국가가 비민주주의 국가와는 전쟁을 한다는 점이 역사적 사례로 드러난 이상 그 이유를 지적할 필요가 있는데 다음 두 가지의 분석이 가장 유력하다. 우선 민주규범 대(對) 비민주규범의 충돌로 인해 전쟁이 일어난다는 설명이다. 민주국가는 인권, 협상, 타협 등 상대적

---

17) http://www.systemicpeace.org/polityproject.html
(검색일: 2022.02.10)

18) Martin Griffiths, Terry O'Callaghan and Steven C. Roach, *International Relations: The Key Concepts*

(London: Routledge, 2014), p. 69. 탈냉전 시기인 1991년 이후 2022년 현재까지도 민주주의 국가 간 치른 전쟁은 한 차례도 나오지 않았다.

19) 칸트의 영구평화론는 민주평화론을 체계적으로 정리한 도일(Michael W. Doyle)의 글에 잘 요약돼 있다. Michael W. Doyle, "Liberalism and World Politics," *American Political Science Review* 80-4 (December 1986), pp. 1151-1169.

으로 평화지향적인 규범을 지향하기 마련인데,[20] 비민주규범을 표방하는 국가와 충돌하여 국제분쟁이 발생하면 민주국가도 전쟁이라는 비민주규범을 자기방어(self-defense norm)의 차원에서 불가피하게 택할 수 있다는 것이다.[21] 또 다른 설명은 위기 상황이 도래하면 민주주의 국가가 민주제도의 속성을 초월할 경우가 생긴다는 것이다. 여야(與野) 간 권력의 견제와 균형, 그리고 여론의 검증장치가 국가 지도자로 하여금 신중한 결정을 내리도록 제약하는데,[22] 비민주국가와의 마찰로 인해 급박한 위기상황이 도래하면 정부는 오히려 전쟁을 정당화하고 기존의 제도적 제약을 초월하는 것이 용이해진다는 설명이다.[23]

이상 살펴본 바와 같이 민주평화론은 실증성과 규범성을 동시에 갖춘 이론이다. 민주주의는 민주주의에 대해 폭력을 행사하지 않는다는 것을 실증하며, 민주주의가 표방하는 평화지향적 규범이 비민주세력에게는 예외적으로 철회될 수 있음을 시사한다. 그러나 민주평화론이 신자유주의 계보의 대표 이론으로서 신현실주의의 설득력을 무력화시켰다고는 보기 힘들다. 민주주의 국가도 극한 갈등상황에 직면할 때는 '가치'를 버리고 '국익'을 택한다고 하지 않았는가? 국제분쟁을 국가 중심적 관점에서 바라보고 동맹정치를 전쟁과 평화의 자연스러운 과정으로 간주한다는 점에서도 민주평화론은 신현실주의의 주요 가정을 그대로 받아들인다. 다만, '힘'과 '가치'의 두 가지 변수 중에서 어느 쪽이 국가관계를 좌우하는 결정적 독립변수(independent variable)로 보느냐에 따라 신현실주의자와 신자유주의자를 판별할 수 있을 것이다.

민주평화론과 관련해 마지막으로 살펴볼 문제는 민주주의가 과연 확산되고 있는가이다. 후쿠야마(Francis Fukuyama)가 공언한 대로 세계 역사의 이념논쟁이 완전히 종식[24]되었는지는 의문이다. 냉전질서가 와해된 지 30년이 넘었지만 성숙한 민주주의를 향유하는 나라는 아직도 소수에 불과하며 권위주의와 독재의 굴레에서 벗어나지 못한 나라도 상당수에 이른다. 외부세력의 개입으로든 내부의 정치개혁으로든 민주주의 제도를 도입했지만, 민주주의를 제대로 이행하여 정착시키지 못하고 권위주의체제로 퇴보한 경우가 대부분이다. 세계 모든 지역에 걸친 민주주의 확산은 과연 실현될 수 있는가. 그리고 만에 하나 전 지구의 민주화가 완성되더라도 국제사회가 무력분쟁으로부터 자유로워질 수 있을 만큼 국가의

20) Zeev Maos and Bruce Russett, "Normative and Structural Causes of Democratic Peace, 1946-1986," *American Political Science Review* 87-3 (September 1993), pp. 624-638.

21) Bruce Bueno de Mesquita and David Lalman, *War and Reason: Domestic and International Imperatives* (New Haven: Yale University Press, 1992), pp. 122-134.

22) Kenneth A. Schultz, "Do Democratic Institutions Constrain or Inform?," *International Organization* 53-2 (Spring 1999), pp. 233-167; Bruce Bueno de Mesquita, James D. Morrow, Randolph M. Siverson, and Alastair Smith, "An Institutional Explanation of the Democratic Peace," *American Political Science Review* 93-4 (December 1999), pp. 791-807.

23) 이호철, "민주평화론," 우철구·박건영 (편), 『현대국제관계이론과 한국』 (서울: 사회평론, 2004), pp. 376-377.

24) Francis Fukuyama, "The End of History?," *The National Interests* 16 (Summer 1989), pp. 3-18; Francis Fukuyama, *The End of History and the Last Man* (New York: Free Press, 1992).

본성이 선(善)한가. 민주평화론은 여전히 이 두 가지 물음을 숙제로 안게 될 것이다.

민주주의라는 폭넓은 규범 이외에도 다른 여러 규범이 국제관계의 설명변수로 제기되어 왔다. 국가 간 문화·정체성·역사의 상호수용성에 주목하는 구성주의 접근이 대표적이다.[25] 구성주의는 오랜 기간 축적된 역사와 문화를 매개로 서로 편하게 여기고 신뢰하는 국가끼리는 평화를, 그렇지 않은 경우는 갈등을 맞이한다고 본다. 또 이러한 구성적 관계는 개별국가관계뿐만 아니라 국제질서 전반에도 나타난다고 설명한다. 웬트 (Alexander Wendt)는 국제사회 공동체의 노력 여하에 따라 적대적 질서(Hobbesian order)가 경쟁적 질서(Lockean order)로, 이것이 다시 협력적 질서(Kantian order)로 진화할 수 있다고 믿는다.[26]

---

25) Alexander Wendt, "Anarchy is What States Make of It: The Social Construction of Power Politics," *International Organization* 46-2 (Spring 1992); Alexander Wendt, *Social Theory of International Politics* (Cambridge: Cambridge University Press, 1999); Friedrich V. Kratochwil, *Rules, Norms, and Decisions: On the Conditions of Practical and Legal Reasoning In International Relations and Domestic Affairs* (Cambridge: Cambridge University Press, 1989); Audie Klotz, *Norms in International Relations: The Struggle against Apartheid* (Ithaca, New York: Cornell University Press, 1995); Martha Finnemore, *National Interests in International Society* (Ithaca, New York: Cornell University Press, 1996); Jeffrey T. Checkel, "The Constructivist Turn in International Relations Theory," *World Politics* 50-2 (January 1998), pp. 324-348. Peter J. Katzenstein, *The Culture of National Security: Norms and Identity in World Politics* (New York: Columbia University Press, 1996); John G. Ruggie, *Constructing the World Polity: Essays on International Institutionalization* (London: Routledge, 1998).

26) Wendt (1992), pp. 391-425.

구성주의가 국제정치의 안보문제를 설명하는 새로운 대안이라고 볼 수 있을지는 미지수이다. 구성주의는 국가의 문화적 정체성이 국가관계에 어떠한 형태로 나타나는지 결과를 묘사할 뿐, 문화 변수가 역사의 과정에서 국가관계에 어떠한 작용을 하는지 설명하지 않는다. 국제질서 변화의 원동력이 권력의 분포(현실주의)나 정치규범(자유주의)이 아닌 문화정체성에서 기인한다고 주장하려면, 문화(독립변수)가 무슨 작용을 하여 어떻게 국제질서(종속변수)를 결정하는지 보여주는 연역적 설명이 수반되어야 한다. 문화의 변동과 상호작용은 수십 년에서 수백 년 동안에 걸쳐 진행되므로 5년 내외의 정해진 임기 내에 외교정책을 수행하는 나라의 입장에서는 구성주의를 고려해 정책처방을 내리기도 쉽지 않다.

국가관계는 해설해서 될 일이 아니다. 설명하고 예측까지 해내야만 처방이 가능해진다. 전쟁과 평화는 적극 대처해야 할 정책의 영역이므로 단지 이해하는 수준에 안주해서는 안 된다.

4. 군사안보외교의 목표와 수단

시대가 흐르고 국제질서가 진화하면서 국가들의 안보 목표도 점차 확대되어 왔다. 국가의 생존(national survival)에만 급급하다가 국가의 번영(national prosperity)에도 관심을 두게 되었고, 궁극적으로는 개개의 국가가 모여 사는 글로벌 생태계의 보전문제로 인류의 관심이 귀결될 수밖에 없다. 더욱이 21세기의 국제사회는 하나의 생활권과 운명공동체로 수렴되어 가고 있으며, 따라서 각국은 경쟁과 협력의 이중주 속에서 글로벌 평화와 번영(global peace and prosperity)을 공동목표로 삼아야 하는 시대적 과제를 안게 되었다.

협력의 필요성이 커지고 이에 대한 공감대가 확산되었다고 해서 국제사회의 분쟁과 폭력이 종식된 것은 아니다. 핵무기를 보유한 소수 강대국끼리의 전쟁 가능성은 현저히 줄었지만, 강대국이 약소국을 상대로 가하는 군사공격이나 인접국가끼리의 역내충돌 등 인류 공멸을 피해 감당할 수 있는 수준의 군사 분쟁은 빈번하게 발생한다. 표 5.1은 국력과 군사력의 크기에 따라 각 나라가 취할 수 있는 군사안보의 목표와 수단이 어떻게 다른지 보여준다.

초강대국(superpowers)은 이미 확보한 세계질서의 주도권을 지키는 것을 안보정책목표로 삼을 것이다. 경쟁국에 앞서는 첨단군사력을 갖추기 위해 노력할 것이며, 자신의 지도력에 반대하거나 경쟁국 편에 선 약소국에 대해서는 레짐체인지(정권변환)까지도 시도할 수 있다. 동맹국에게 안보우산을 제공하고 여러 다자외교 네트워크를 확충해 자신의 이익을 반영하는 글로벌 질서를 구축하고자 한다.

강대국(great powers)의 당면 목표는 자신이

표 5.1 군사안보외교의 목표와 수단

	안보의 목표	안보의 수단
약소국	국가의 생존과 주권 유지	동맹외교, 비대칭위협, 테러리즘
중견국	대외 영향력 확대	동맹외교, 다자안보외교
강대국	역내 주도권 강화	동맹외교, 다자안보외교
초강대국	패권의 확보	첨단군사력, 레짐체인지, 동맹외교, 다자외교

속한 지역질서의 주도권을 차지하는 것이다. 역내 라이벌 국가와 국력경쟁을 벌이는 동시에 동맹과 우호세력을 확보하려는 외교전이 치열하게 전개된다. 물론 강대국 중에서 국력의 성장 속도가 빠른 나라는 초강대국이 되길 원할 것이다.

중견국가(middle powers)는 지역질서를 좌우할 정도로 압도적인 강대국은 아니지만, 자신이 속한 지역은 물론 세계 차원에서 의미 있는 영향을 미칠 수 있는 국력을 갖춘 나라다. G20(Group of Twenty)에 속한 나라 중에서 강대국 이상의 지위로 분류할 수 있는 미국, 중국, 독일, 프랑스, 일본 등을 제외한 나머지 10여 개국이 중견국가의 역량을 지녔다고 볼 수 있다. 한국을 포함해 호주, 캐나다, 멕시코, 인도네시아, 사우디아라비아, 브라질, 아르헨티나, 남아프리카공화국 등을 예로 들 수 있다. 중견국의 외교력은 강대국과 약소국 사이에서 자신의 역할과 존재감을 부각시키는 수단으로써 중요한 덕목이다.

한편, 약소국은 국가의 생존과 주권 유지에 대한 걱정이 상대적으로 클 수밖에 없다. 안보를 독자적 힘으로 지킬 수 없는 약소국일수록 강대국을 동맹 파트너로 삼아 편승동맹을 맺는(band-wagoning) 경향이 있다.[27] 특정 강대국을 상대로 의존적인 경제협력관계를 맺는 경우도 많다. 적대적 관계에 놓인 강대국을 상대로는 테러 공격을 하거나 핵무기와 탄도미사일 같은 비대칭위협을 가하기도 한다. 비대칭위협은 독재국가나 극

---

27) Randall L. Schweller, "Band-wagoning for Profit: Bringing the Revisionist State Back In," *International Security* 19-1 (Summer 1994), pp. 72-107; Paul W. Schroeder, "Historical Reality vs. Neo-realist Theory," *International Security* 19-1 (Summer 1994), pp. 108-148.

단주의 성향의 비정부단체가 주로 의존하는 군사안보외교 수단이다.

이상 살펴본 바와 같이 모든 나라가 국력의 크기에 관계에 없이 '외교'를 군사안보의 중요한 수단으로 삼고 있음을 알 수 있다. 이는 일차적으로 자국의 군사력을 키우는 일도 중요하지만, 국익을 최대한 보장해 주도록 대외관계와 국제환경을 가꾸는 일도 소홀히 해서는 안 된다는 것을 확인해 준다. 일례로 영국의 세계질서(18세기 초~20세기 초)가 이전 포르투갈과 네덜란드의 패권질서에 비해 긴 200년 동안이나 지속될 수 있었던 것은 산업혁명을 주도하여 압도적 해군력을 갖춘 것 이외에도 경쟁 세력의 위협을 제어하는 세력균형외교가 가미되었기 때문이다. 또 미국이 20세기 중반부터 지금까지 세계질서를 주도할 수 있었던 것은 미국의 막강한 국력과 세계 각지로 연결된 동맹 네트워크가 서로 시너지 효과를 자아냈기 때문이다.

일반적으로 널리 알려진 세력균형은 국가가 자신의 국력을 키우거나 동맹국을 확보하여 특정 위협국에 대응하는 '경성 세력균형(hard balancing)'을 뜻한다. 페이프(Robert A. Pape) 교수가 착안한 '연성 세력균형(soft balancing)'[28]은 체제 불만 세력이 기존 패권국에 물리력으로 직접 맞서기를 피하면서 정치, 경제, 외교적인 수단을 동원해 패권국의 통치 비용을 가중시키는 전략을 뜻한다. 예컨대 2003년 이라크전쟁을 기점으로 미국의 '일방주의(unilateralism)' 리더십이 고조되자 프랑스, 독일, 러시아, 중국을 비롯한 강대국

들이 국제기구의 제도적 절차를 지연시키거나 경제협력 조치를 유보함으로써 미국이 추진하는 중동정책의 응집력을 약화하고자 한 사례를 들 수 있다. 최근 중국과 러시아가 우크라이나, 북한문제에 관해 일관되게 미국의 입장과 맞선다든지, 미국의 인도·태평양전략에 반미 공동전선을 펴는 것을 연성 세력균형으로 이해할 수 있다.

> **개념 연성 세력균형**
>
> 시카고대학(University of Chicago) 정치학과 교수인 페이프(Robert A. Pape) 교수가 고안한 개념이다. 일반적으로 현실주의자들이 세력균형(balance of power)이라는 말을 쓸 때 국가끼리 안보를 확보하기 위해 벌이는 동맹경쟁, 즉 '경성 세력균형(hard balancing)'을 뜻한다. 페이프 교수는 2003년 미국이 이라크전쟁을 벌인 후 미국의 '일방주의(unilateralism)'를 비판하는 반미주의가 친미 세력으로 알려진 서방 유럽까지 확산된 것에 주목했다. 프랑스, 독일, 러시아, 중국 등은 미국의 중동정책에 직접 반기를 드는 대신 제도적 절차나 경제지원 방안 논의 시 비협조적 태도를 보였다. 이처럼 '연성 세력균형(soft balancing)'은 체제 불만 세력이 기존 패권국에 물리력으로 직접 맞서기를 피하면서 정치, 경제, 외교적인 수단을 동원해 패권국의 통치 비용을 가중시키는 전략을 말한다. 최근 중국이 미국에 구사하는 전략의 상당 부분을 연성 세력균형으로 설명가능하다.

28) Robert A. Pape, "Soft Balancing Against the United States," *International Security* 30-1 (Summer 2005), pp. 10-11, 17.

군사안보외교에서 경제력이 차지하는 비중도 확연히 커졌다. 군사안보 현안에서 생긴 불만을

경제보복으로 표출하는 일이 잦아졌다. 군사적 충돌을 피하는 대신 상대방에 무시할 수 없을 만큼 충분한 피해와 고통을 가하는 수단으로 수입 관세 부과, 전략물자와 에너지 수출 차단, 여행금지 등 다양한 방법이 동원된다. 러시아가 서유럽 국가들과의 갈등에 천연가스 수출 통제 카드를 자주 꺼내 드는 것이라든지, 2018년 미국이 중국의 '불공정 무역관행'을 지적하면서 미중 관세부과 전쟁이 시작된 것이라든지, 2016년 한국이 대북 미사일 방어를 위해 사드(THADD, 고고도미사일방어체계)를 배치하자 중국이 3년 동안 전방위 수출입 통제와 여행제한 조치를 가한 것 등이 외교에서 경제를 무기화한 주요 사례다.

5. 군사안보외교의 실행 사례

1) 전면전쟁과 동맹외교

20세기 이후 현대사에서 여러 강대국끼리 맞서 전면전쟁을 벌인 사례는 제1, 2차 세계대전의 두 차례다. 1914년 7월 오스트리아-헝가리 제국이 세르비아에 선전포고를 하면서 시작된 제1차 세계대전은 1918년 11월 독일의 항복으로 종료될 때까지 병사 900만 명 이상이 사망한 혈전이었다. 전쟁의 한쪽 편은 영국, 프랑스, 러시아가 연합한 삼국협상(Triple Entente) 세력이었고 여기에 이탈리아, 일본, 미국이 가담하여 거대한 연합세력(Allied Powers)이 형성되었다. 다른 쪽 편은 독일, 오스트리아-헝가리 제국을 중심으로 여기에 오스만제국과 불가리아 왕국이 가담한 주축세력(Central Powers)이었다. 전쟁에서 패배한 독

일, 오스트리아-헝가리, 오스만제국이 해체되었고 승자 편에 선 러시아 제국도 전쟁 후유증으로 해체되었다. 독일의 식민지와 오스만제국령지역이 영국과 프랑스 등 승전국에 할양되었고, 유럽·중동·서남아시아지역에서 여러 나라가 독립하였다. 전쟁을 종료하는 파리강화회의(Paris Peace Conference)에서 최초의 국제 다자기구인 국제연맹(League of Nations)을 설립(1920.1)하여 인류의 대규모 분쟁 재발 방지에 대한 뜻을 모았으나, 이후 유럽 각지에서 민족주의가 강화되고 이탈리아에서 파시즘 정권이(1922년), 독일에서는 나치즘 정권이(1933년) 등장함에 따라 또 다른 세계 분쟁의 기운이 일게 되었다.

1939년 9월 독일의 폴란드 침공으로 시작된 제2차 세계대전은 1945년 5월의 나치 독일의 항복과 8월 15일 일본 제국의 항복(포츠담선언 서명)으로 종결되었다. 전쟁 기간에 전사자가 약 2,500만 명, 민간인 희생자가 약 3,000만 명에 달해 인류 역사상 가장 큰 인명피해를 남긴 전쟁이다. 제2차 세계대전은 크게 유럽의 서부 전선과 동부 전선, 그리고 태평양 전선으로 구분할 수 있지만, 이 외에도 아메리카, 오세아니아, 아프리카, 중동, 대서양 해역, 인도양 해역에서 벌어진 하위 전선까지 포함하면 그야말로 세계 전역에서 벌어진 전쟁이라고 할 수 있다. 전쟁을 일으킨 쪽은 3국동맹(Tripartite Alliance) 세력인 독일, 이탈리아, 일본을 중심으로 헝가리, 핀란드, 루마니아, 불가리아, 만주국 등이 가담한 추축국(Axis Powers)이다. 이에 대항해 만들어진 연합국(聯合國) 세력은 미국, 영국, 프랑스, 중화민국, 소련을 포함해 호주, 뉴질랜드, 캐나다, 벨기에, 네덜란드, 그리스, 노르웨이, 체코슬로바

키아, 유고슬라비아, 에티오피아, 멕시코, 브라질 등 세계 각 지역에 걸쳐 50개국으로 이루어졌다. 1945년 10월 창설된 UN(국제연합)은 제2차 세계대전의 승전국 연합이 만든 새로운 국제질서를 상징하며, UN 안전보장이사회의 의결거부권(veto)을 가진 5개 상임이사국이 20세기 중반 이후의 안보질서를 주도하게 되었다.

이렇듯 전쟁과 동맹관계는 불가분의 관계에 놓여 있다. 대규모 전면전쟁을 감행하려면 상대방의 격한 저항에 따른 아군의 피해를 감당해야 하며, 승리의 가능성을 높이기 위해서는 지지 세력을 규합하는 동맹외교가 중요할 수밖에 없다. 하지만 제2차 세계대전 이후 77년이 지난 지금까지 강대국 간 전면전쟁은 다시 발생하지 않았다. 1945년 8월 미국이 일본에 투하한 두 발의 원자폭탄이 핵전쟁에 대한 인류의 공포를 각인한 것이다. 대신 제2차 세계대전 직후 냉전에 돌입한 미국과 소련 양국은 6·25전쟁(1950~1953년)과 베트남전쟁(1955~1975년)이라는 두 차례의 대리전을 치렀다. 소련이 북한의 남침을 사주(使嗾)해 일어난 6·25전쟁에서는 미국을 포함한 자유 진영이 참전해 한국을 지켜냈고, 북베트남과 남베트남 사이의 내전을 소련과 미국이 각각 지원해 싸운 베트남전쟁은 북베트남의 승리로 인한 베트남의 공산화로 귀결되었다.

강대국끼리 직접 치르는 전쟁과 강대국이 각자 자기편을 지원하는 대리전쟁 말고도 '정의'를 구현하기 위한 전쟁을 들 수 있다. 이것은 국제질서의 규범을 주도하는 패권국이 규범 파괴자를 응징하는 차원에서 벌이는 전쟁이다. 코소보전쟁(1999년)은 신(新)유고연방에서 자행되던 알바니아계 주민에 대한 학살을 중단시키기 위해 북대서양조약기구(NATO)가 감행한 '인도주의적' 전쟁이다. 세르비아계의 반(反)알바니아 정서를 업고, 세르비아인과 해묵은 적대관계에 있는 알바니아계의 코소보 자치독립 추진을 막으려는 밀로셰비치(Slobodan Milosevic) 대통령의 폭력적 대응이 미국이 주도하는 서방 세계의 무력개입을 부른 것이다. 아프가니스탄전쟁(2002년)은 9·11테러를 당한 미국이 테러의 주범인 알카에다(Al-Qaeda) 조직을 지원하는 탈레반 정권을 축출하기 위해 시작한 전쟁이다. 미국이 이끄는 다국적군대가 시작한 이라크전쟁(2003년)은 사담 후세인 이라크 대통령의 대량살상무기(WMD) 추구와 테러 지원을 차단하고자 하는 명분에 따른 것이었다.

코소보전쟁과 아프가니스탄전쟁은 각각 이미 진행 중인 인권탄압(대학살)과 테러지원 행위에 대한 응징의 성격을 지닌 반면, 이라크전쟁은 앞으로 발생할지 모를 도발을 방지하려는 예방전쟁(preventive war)으로 볼 수 있다. 이들 세 가지 전쟁은 모두 국제평화와 보편타당한 가치를 수호하기 위한 명분에 따른 것이지만, 무력을 동반한 주권 개입 행위는 종종 정치적 논쟁을 수반한다.[29] 언제, 누가, 어떻게 개입할 것인가의 문제는 피개입 국가에 대한 서로 다른 이해관계가 작용하여 강대국 간 갈등으로 이어지곤 한다. 코소보전쟁을 계기로 NATO에서의 미국의 위상은 확고해졌고 러시아의 입장은 더욱 위축되었다. 러시아의 크림반도 무력 합병(2014년)과 우크라이나 침공(2022년)은 NATO의 동진(東進)에 대

---

29) Joseph Lepgold and Thomas G. Weiss, *Collective Conflict Management and Changing World Politics* (Albany, New York: State University of New York Press, 1998).

한 반작용으로 볼 수 있다. 냉전기에 소련 주도의 바르샤바조약기구(Warsaw Pact) 가맹국이었던 폴란드, 헝가리, 체코가 동시에 NATO에 가입(1999년)한 데 이어 우크라이나마저 NATO에 가입하려 하자, 러시아가 이를 막고 우크라이나를 자국 영향력 아래 묶어 두려 한다는 것이다. 한편, 아프가니스탄전쟁과 이라크전쟁으로 미국의 압도적인 군사력이 재차 입증되었지만, 이들 두 나라의 경제를 재건하고 민주주의를 정착시키는 과제는 실패로 돌아갔다. 2021년 미국은 결국 20년 만에 아프가니스탄에서 철군하였다.

2) 다자안보와 협력외교

다자안보 국제기구가 국가 간에 협력을 촉진하는지 아닌지에 대한 논쟁은 첨예하다. 신자유제도주의를 집대성한 코헤인(Robert O. Keohane) 교수는 다자안보기구가 평화를 촉진한 대표적 성공사례로 유럽을 든다. 1975년 창설돼 유럽 내 군비통제(軍備統制)를 이끌고 민주주의 발전과 인권 신장에 기여해 온 유럽안보협력기구(OSCE: Organization for Security and Cooperation in Europe)가 탈냉전 시기에 들어서도 지속적으로 제 역할을 해 준다면 안정적인 유럽질서를 낙관할 수 있다는 것이다.[30] 이러한 주장은 다자협력을 규정하는 제도와 규범이 국제질서를 안정화하는 데 중요한 역할을 수행한다[31]

는 가설에 근거한다. 반면, 신현실구조주의자인 미어샤이머(John J. Mearsheimer) 교수는 국제기구와 국제평화 간의 상관성을 전면 부정한다. 국제기구는 참여국가들 간에 엄연히 존재하는 힘의 격차를 고스란히 반영하며, 따라서 국제기구의 역할은 이를 주도하는 강대국의 이익을 반영하는 도구에 지나지 않는다는 것이다.[32]

안보분야에서 가장 대표적인 다자기구를 꼽자면 UN일 것이다. 1945년 제2차 세계대전 종식 직후 출범한 UN은 미국이 구상하는 세계안보질서를 구현하기 위한 중심 수단이었다. UN이 안보문제에 관해 중요한 결정을 내리려면 UN안전보장이사회 상임이사국의 만장일치 합의가 있어야 한다. 제2차 세계대전 시 연합국에 합류 및 참전하여 승전국의 일원이 된 소련이 UN 창설 시 안보리 상임이사국이 된 것도, 대만이 갖고 있던 UN안보리 상임이사국 지위를 1971년 중국에 넘겨주게 된 것도 쉽지 않고 변하는 강대국 간 역학관계를 반영한 결과라고 볼 수 있다. 유럽안보협력기구(OSCE)가 유럽의 모든 나라와 중앙아시아, 북미대륙까지 포괄하는 57개 회원국의 거대조직이지만 유럽이 관련된 중요한 안보 현안마다 NATO가 전면에 나서는 이유는 NATO의 강력한 군사안보 실행력을 미국이 뒷받침하기 때문이다. OSCE의 일원인 러시아가 또 다른 OSCE 회원국인 우크라이나의 NATO 가입 움직임을 무력으로 차단하려고 하고 이에 대해 유럽이 아닌 미국이 서방 세계의 대응책을 주도하는 것도 같은 맥락이다.

30) Robert O. Keohane, "The Diplomacy of Structural Change: Multilateral Institutions and State Strategies," in Helga Haftendorn and Christian Tuschhoff (eds.), *America and Europe in an Era of Change* (Boulder, Colorado: Westview Press, 1993), p. 53.

31) Ruggie (1992), p. 561.

32) John J. Mearsheimer, "The False Promise of International Institutions," *International Security* 19-3 (Winter, 1994/95), pp. 5-49.

그렇다면 다자안보 조직은 여기에 참여하는 나라들 간의 안보협력을 보장할 뿐, 국제사회 전반에 걸친 평화를 촉진한다고 보기는 어렵다. 현재의 세계안보질서는 미국이 구축하는 다자안보 조직과 중국이 주도하는 다자안보 조직이 서로 대치하는 갈등구조라고 보는 것이 타당할 것이다. 안보의 개념이 군사 이외의 정치, 경제, 기술, 지식, 문화 영역까지 아우르게 된 만큼, 미국과 중국이 구축하는 다자협력기구의 역할도 그만큼 복합화하는 추세다.

미국이 표방하는 '자유롭고 열린 인도·태평양 (FOIP: Free and Open Indo-Pacific)' 질서는 자유민주주의 정치체제를 지니면서 미국과 안보와 경제이익을 공유하는 국가군의 범주를 확대하려는 시도이다. 2020년 트럼프 행정부가 출범시킨 쿼드(Quad: Quadrilateral Security Dialogue)는 미국·일본·호주·인도 4개국이 결성한 안보대화체로 아시아판 NATO와 같은 결속력 있는 안보공동체를 구축하기 위한 것이었다. 2021년 바이든 대통령은 임기 첫해에 두 차례의 쿼드 정상회담을 개최하면서 쿼드의 위상과 역할을 강화하고자 했다. 그러나 중국이 주도하는 상하이협력기구(SCO)의 회원국이기도 한 인도는 쿼드 참여를 통해 미국과 중국 사이에서 이중적 '위험 분산 (hedging)'을 꾀한다고 보는 것이 맞을 것이다. 미국도 이러한 점을 의식, 쿼드를 군사동맹체로 발전시키기보다는 백신, 첨단기술, 기후변화 협력을 도모하는 3개의 작업반(working groups)을 중심으로 운영한다.

미국의 입장에서 보아 인도보다 확실하게 미국 편에서 세계경영을 도모할 수 있는 파트너는 영국, 일본, 호주, 캐나다, 뉴질랜드와 같은 전통적인 동맹일 것이다. 2021년 9월, 바이든 대통령은 영국, 호주와 함께 오커스(AUKUS) 창설을 발표했다. 이들 3국이 사이버안보, 인공지능(AI), 양자기술, 수중방어능력, 장거리공격능력분야에서 기술을 공유하고 협력을 강화하기로 한 것이다. 한편, 파이브 아이즈(Five Eyes)는 1941년부터 첩보동맹을 맺은 미국, 영국, 캐나다, 호주, 뉴질랜드 5개국을 이르는 말이다. 이들 국가는 영미법을 따르기 때문에 법률상 상호 공조가 용이하며, 미국과 영국이 생산하는 신호정보(signals intelligence)를 공유한다.

미국이 중국을 의식하면서 새롭게 구축하고자 하는 역내질서는 군사동맹, 정보동맹, 가치동맹을 넘어 신경제동맹 네트워크까지 포함한다. 바이든 행정부의 대중(對中) 경제정책은 산업분야를 막론하고 수천 개 품목에 대해 무차별 관세 보복을 가하던 트럼프식 접근보다는 반도체, 차세대 배터리, 정보통신(IT) 등 첨단기술분야 전략물자의 글로벌 공급망에서 중국을 배제하는 전략적 디커플링(decoupling)을 추진하고 있다. 바이든 행정부는 2021년 10월 '인도·태평양경제프레임워크(IPEF: Indo-Pacific Economic Framework)' 구상을 발표했다. 전임 트럼프 행정부가 '경제번영네트워크(EPN: Economic Prosperity Network)'를 내세워 추진하던 역내 자유주의 세력 간 경제협력 구상을 구체화한 것이다. 핵심 물자·부품의 공급망 안정화, 디지털 경제 구축, 탈탄소 청정에너지 개발 등 폭넓은 분야에서 공동의 원칙과 기준을 설정해 참여국 간 호혜적인 경제협력 네트워크를 구축하는 것을 목표로 한다.

중국 역시 다자협력외교에 적극적으로 나서고 있다. 중국은 아세안(ASEAN), 아프리카연합

(AU), 유럽연합(EU), 아랍연맹(Arab League)과 동반자관계를 맺고 있다. 중국은 특히 아시아·태평양과 인도·태평양지역의 다자외교에 공을 들이고 있다. 중국의 다자외교는 일대일로(一帶一路)라는 커다란 대외전략 기조의 실천방안이기도 하다.

일대일로란 중국이 주도하는 '신(新) 실크로드 전략 구상'으로 내륙과 해상을 연결하는 거대 경제벨트 구축을 지향한다. 아시아, 아프리카, 유럽대륙에 걸쳐 총 60여 개 국가를 포함하는 경제협력 벨트를 의미한다. 중국은 일대일로 경제벨트 구축을 통해 중국의 기술·지식 발전과 공업화 진행과정에 필요한 자원을 얻을 수 있을 뿐만 아니라, 국내 과잉 생산능력을 외부로 분산시킬 수 있다. 일대일로는 중국 화폐의 사용 범위와 빈도를 확대시켜 위안화를 국제화하는 데에도 중요한 역할을 담당한다.

나아가 일대일로 전략은 중국을 아시아·태평양지역의 주요 국가에서 글로벌 질서의 주요 국가로 발돋움시키는 매개수단이 된다. 국경의 서쪽 국가들과 협력을 강화하는 동시에 동아시아지역을 넘어 보다 광범위한 해외 네트워크를 개척하는 효과도 달성할 수 있다. 중국 지도부는 지금까지 일대일로가 일차적 성공을 거두었다는 판단하에, 이를 중국의 최고위 대외전략으로 삼고 있다.

중국은 미국이 주도적 역할을 행사하는 다자기구에도 적극 참여하고 있다. 동아시아정상회의(EAS)와 아세안지역안보포럼(ARF)의 참여국으로 활동한다든지, 제22차 아시아태평양경제협력체(APEC) 정상회의와 제11차 G20 정상회의를 각각 2014년과 2016년에 주최한 것이 그 예다.

2017년 6월 카자흐스탄의 수도 아스타나에서 열린 제17차 상하이협력기구(SCO) 회원국 정상회의에서 중앙아시아 주둔 미군에 대한 철수 요구가 나오자 미국은 이를 자신이 아프가니스탄에서 추진하는 반테러정책에 대한 견제로 받아들였고, 이러한 움직임이 중앙아시아·중동·남아시아지역에 걸친 미국의 전략적 이익에 부정적 영향을 미칠 수 있다는 경각심을 가지게 되었다. 또한, 미국과 일본이 주도하는 아시아개발은행(ADB)이 있음에도 불구하고 중국이 아시아인프라투자은행(AIIB)을 설립한 것도 미국 중심의 경제체제에 대한 도전으로 간주되었다.

결국, 중국이 주도하는 다자외교 조직들은 모두 아시아지역을 기반으로 한다. 상하이협력기구(SCO)와 아시아신뢰구축회의(CICA)는 역내 안보와 정치질서에서 중국의 영향력을 확대하는 역할을 한다. 아시아인프라투자은행(AIIB)은 역내 개발도상국에 대한 경제적 영향력을 확보하는 효과적 수단이다. 역내포괄적경제동반자협정(RCEP)은 미국의 인도·태평양 시장 네트워크에 대항하기 위한 중국 주도의 아시아 자유무역지대라고 할 수 있다. 일대일로 구상은 이러한 네 가지 국제조직을 가동해 안보와 경제분야에서 중국의 다자외교 지평을 확대해 나가겠다는 거시 전략이다.

3) 대량살상무기와 강압외교

지구상에서 핵무기를 보유한 나라는 여덟 개다. 미국, 러시아, 영국, 프랑스, 중국은 1970년 발효된 핵확산금지조약(NPT)이 인정하는 공식 핵 보유국이다. NPT체제에 가입하지 않고 '핵확산금지' 규범을 어기고 새롭게 핵무장한 인도, 파키스탄, 이스라엘은 비공식 핵 보유국이다. 여기에 북한까지 포함시켜 핵무장 국가를 아홉 개로 보기도 한다. 북한은 2003년 NPT에서 탈퇴해 2006년 첫 핵실험을 한 이후 지속적으로 핵프로그램을 가동해 왔다. 국제사회가 북한의 비핵화 목표를 포기하지 않은 이상, 북한을 핵 보유국으로 인정하지 말아야 한다는 견해가 우세하다.

핵무기를 비롯해 생물학무기와 화학무기를 통칭해 대량살상무기(WMD)로 부른다. 최근에는 이들 세 가지 무기를 실어 멀리까지 빠르게 실어 나를 수 있는 공격무기, 즉 탄도미사일을 WMD 범주에 포함시키기도 한다. 이 중 가장 치명적인 대량살상무기인 핵무기의 확산을 막는 것이 NPT 체제에 참여한 191개 나라들의 공통 목표다.

핵무기를 가졌다가 자발적으로 포기한 나라가 몇 있는데 그 경위를 살펴보기로 한다. 남아프리카공화국은 1989년까지 여섯 개의 핵무기를 만들었다가 미소 냉전이 끝난 직후 핵탄두를 자발적으로 해체하고 1991년 NPT에 가입했다.[33] 이러한 배경에는 소련의 영향권에 있던 앙골라와 모잠비크의 사회주의체제가 종식되는 등 새롭게 일기 시작한 아프리카 안보지형의 변화가 있다. 국내적으로는 드 클레르크(Frederik Willem de Klerk) 대통령이 1990년부터 인종차별정책(아파르트헤이트, apartheid)을 폐지하기 시작하면서 정치적 격변이 시작되었다. 1994년 5월 처음 실시된 자유총선거에서 넬슨 만델라(Nelson Mandela)가 최초의 흑인 대통령으로 당선된다. 남아공의 핵무기 포기 사례는 민주화로 인한 정치리더십의 변화가 '선한' 결정을 내린 경우다.

벨라루스, 카자흐스탄, 우크라이나의 핵 포기는 자발적으로 내린 결정은 아니지만, 국제사회의 요구에 순순히 응함으로써 이루어졌다. 세 나라의 핵무기 반출은 1991년 소련이 해체되기 전에 소련연방의 일부로서 갖고 있던 것을 원래의 주인 격인 러시아에 돌려준 결정이었다. 벨라루스와 카자흐스탄은 4~5년에 걸쳐 각각 81개와 1,400개의 핵탄두를 러시아에 반환하고 NPT에 가입하였다.

우크라이나는 3,000개에 달하는 핵무기를 러시아에 돌려주었는데(1994~1996년), 이는 당시 세계 3위이자 러시아 전체 핵무기의 1/3에 달하는 규모였다. 1994년 12월 체결돼 '부다페스트 안전보장각서(Budapest Memorandum)'는 '비핵국'으로서 NPT의 새로운 회원국이 된 우크라이나의 주권과 안보를 러시아, 영국, 미국 등이 공동 보장하겠다는 약속이었다. 미국은 이 과정에서 우크라이나에 대한 경제지원을 담당했다. 여기에는 핵 과학자를 비롯해 핵무기 생산과 운영에 종사하던 사람들에게 새로운 직업을 찾아주는 작업도 포함됐다. 우크라이나의 핵 포기는 '협력적 위협 감소(CTR: Cooperative Threat Reduction)'를 실천한 모범사례로 주목됐다. 당시 우크라이나의 핵 포기가 러시아의 무력침공을 불러올 것이라고 예측[34]한 미어샤이머 교수는 극단적인 비관론자로 치부되었다. 그러나 결국 러시아는 2014년 우크라이나 영토인 크림반도를 강제로 병합했고 2022년 들어서는 우크라이나마저 무력 침공할 태세에 돌입했다.

33) Waldo Stumpf, "South Africa's Nuclear Weapons Program: From Deterrence to Dismantlement," *Arms Control Today* 25-10 (December 1995), pp. 3-8.

34) John J. Mearsheimer, "The Case for a Ukrainian Nuclear Deterrent," *Foreign Affairs* 72-3 (Summer 1993), pp. 50-66.

남아공은 아무런 외부의 압력 없이 자발적으로 핵을 포기한 경우이고, 세 개의 구소련 연방국은 러시아와 미국을 비롯한 강대국의 요청에 따라 핵 포기와 경제지원을 교환하는 협상외교를 택한 것이다. 이러한 핵 포기 결정의 배경으로 미소 간 적대적 냉전질서의 와해로 외부 안보위협 요인이 크게 감소한 것과 국내적으로 정치적 다원화와 민주화가 진행된 것을 들 수 있다.

한편, 북한과 이란은 권위주의 통치를 펴는 지도자가 핵 보유를 추구하면서 국제사회의 강압외교(coercive diplomacy)에 지속적으로 맞서는 경우로, 앞의 핵 포기 사례와 전혀 다른 성격을 지닌다. 북한과 이란 정권의 입장에서는 우크라이나 사태를 보더라도 핵을 절대로 포기할 수 없다는 결심을 다시금 굳혔을 것이다. 국제사회에서 안보를 대신 책임져 줄 국가는 없으며 오직 스스로 강력한 군사력을 구축하는 것 외에 확실한 방법은 없다는 믿음을 재확인했을 것이다.

이란 핵문제는 2002년 8월 이란이 비밀리에 고농축우라늄(HEU) 핵프로그램을 가동해 온 사실이 알려지면서 불거졌다. 이란이 비밀리에 핵개발에 착수한 이유는 여러 가지가 있겠으나 역내 경쟁국인 이라크와 사우디아라비아에 대해 안보의 우위를 확보하고 적대관계에 있는 이스라엘의 핵무기에 균형을 맞추기 위한 시도로 풀이된다. 미국을 필두로 한 서방 세계는 이란의 핵 보유 의지를 꺾기 위해 석유수출 제한, 해외 자산과 금융 동결 등 다양한 경제제재를 가했다. UN안보리 5개 상임이사국, 독일, EU, 이란이 1년 6개월간 13차례에 걸친 회담 끝에 2015년 7월 타결한 「포괄적 공동행동계획(Joint Comprehensive Plan of Action)」은 이란의 핵 활동 제한과 국제사회

의 경제제재 해제 약속을 교환했다. 그러나 2018년 미국 트럼프 행정부는 전임 오바마(Barack Obama) 행정부가 주도해 이끌어 낸 이란 핵 합의를 파기했다. 이란의 핵물질 농축·재처리에 대한 검증 약속이 부실하다는 이유였다.

그렇다면, 이란 핵 포기를 유도하기 위한 국제사회의 압박외교가 성공을 거두었다고 보기 어려울 것이다. 미국과 유럽이 이란의 핵무장에 적극 반대하는 것과 대조적으로 러시아와 중국은 이란과 긴밀한 경제협력을 지속함으로써 이란에 대한 국제사회의 충분하고도 강력한 강압외교가 작동하지 않았다고 볼 수 있다.

북한 핵문제에 대한 강제외교는 이란에 비해 그 성과가 더욱 미미하다. 이란보다 10년 먼저인 1993년 NPT 탈퇴로부터 시작된 북한 핵 갈등은 사태의 전개과정과 문제의 성격에 비추어 여타 핵문제와 전혀 다른 성격을 지닌다. 첫째, 30년에 걸쳐 여러 협상외교가 시도됐지만 모두 북한의 국제사회에 대한 기만과 약속 불이행으로 귀결되었다. 1994년의 미북 제네바합의, 2005년의 6자회담, 9·19공동성명과 같은 합의는 당면한 경제제재를 약화시키기 위한 전술이었을 뿐, 북한의 핵 활동은 멈춘 적이 없었다. 북한은 NPT체제를 탈퇴해 국제사회의 핵 비확산 규범에 정면으로 저항하고 있어 NPT체제 안에 머물면서 국제원자력기구(IAEA)의 사찰과 검증에 열린 자세를 보인 이란과 대조적이다.

둘째, 북한 핵문제는 한반도의 남북한 군사관계를 뛰어넘어 동아시아 미중경쟁 구도의 중요한 대목을 차지한다. 1993년부터 2017까지 11개의 UN안보리 경제제재 조치가 발동되었음에도 불구하고 북한경제가 붕괴하지 않은 이유는 중국의

대북 지원 때문이다. 중국은 북한에 원유와 식량을 지원하고 중국을 경유한 북한의 불법밀수 무역을 느슨하게 방치함으로써 대북 강제외교의 영향력을 약화시키는 데 일조했다. 북한 핵문제의 교착 원인을 북한보다 미국의 책임에 귀속시키는 러시아의 태도 역시 중국과 크게 다르지 않다. 북한은 핵탄두를 미국 본토까지 실어 보내는 대륙간탄도미사일(ICBM) 개발에도 박차를 가함으로써 자신의 핵 카드를 미국의 한반도정책 변화를 압박하는 용도로도 활용한다.

셋째, 북한 핵문제는 남북한 사이의 치열한 체제경쟁과 불가분의 관계에 있다. 남한의 월등한 경제력과 현대화된 무기체계를 감당할 수 없는 북한은 핵과 미사일 위협이라는 비대칭위협을 통한 대남 통일전선전술을 구사한다. 핵을 보유한 북한이 미국과 군축 평화회담을 벌여 주한미군과 한미동맹을 대체하는 한반도 평화체제가 도입되기만 한다면, 스스로 안보를 지킬 수 없게 된 남한을 핵으로 겁박해 연방제 통일을 관철하는 것이 불가능하지도 않을 것이다. 북한은 1948년 정권수립 이후 3대에 걸쳐 세습 철권통치를 이어오고 있다. 이란의 종교법이 헌법 위에 있다면 북한의 김씨 왕조는 그 어떤 규범과 종교도 용납하지 않는 철권 군주통치를 고수한다.

대북 비핵 강화외교가 통하지 않은 이유는 위에 지적한 강대국의 이해 상충, 즉 중국과 러시아의 비협조적 태도 외에도 한국 역대 정권별 일관되지 못한 대북정책, 2001년 9·11테러 이후 중동정책에 치중한 미국의 북한에 대한 상대적 무관심 등 여러 요인을 들 수 있을 것이다. 하지만 대북 강압외교 실패의 가장 큰 원인은 북한 정권의 핵 보유에 대한 결연한 의지다. 북한 핵 위협

의 직접적 당사자인 한국이나 NPT체제의 주창자인 미국이 갖는 북한 핵문제 해결에 대한 의지에 비해 핵 무력을 반드시 완성하겠다는 북한 수뇌부의 열망이 크다는 것이다. 약소국이 강대국에 대해 동기의 비대칭성(asymmetry of motivation)에 있어 우위를 확보할 경우 강압외교의 성공 가능성은 낮아진다.[35] 그러나 북한의 핵 보유가 북한체제의 존립을 보장하지는 못할 것이다. 무리하게 추진한 선군정치(先軍政治)의 후유증으로 인한 경제난과 내부체제 와해 가능성이 향후 북한 정권을 향한 가장 큰 위협이다.

4) 비대칭위협과 뉴테러리즘

전쟁 이외의 새롭고 다양한 안보위협이 대두한 21세기 글로벌 질서에서 상대적 약소국이 강대국을 상대로 흔히 구사하는 것이 비대칭위협임을 살펴본 바 있다. 또, 대표적인 비대칭 무기로 핵무기·생화학무기·탄도미사일과 같은 대량살상무기(WMD)를 예로 들었다. 이러한 비대칭 무기를 사용하지 않더라도 상대방에게 충분히 큰 피해를 안기는 비대칭적 위협이 바로 테러리즘이다. 즉, 테러리즘은 특정한 정치적 목표를 이루기 위해 불특정 다수를 대상으로 무차별 피해를 가하는 폭력 행위이다.

이제 테러리즘은 WMD와 사이버 위협에 중점을 둔 '뉴테러리즘' 시대로 진화하고 있다.[36] 뉴테

---

35) Tae-hyo Kim, "Small Power's Leverage Against the Great Power: the North Korean Crisis," *New Asia* 3-2 (Summer 1996), pp. 104-132.

36) 김태효·황인엽, "뉴테러리즘의 관점에서 본 북한의 대남도발," 『한국동북아논총』 제24집 3호 (2019), pp. 87-111.

러리즘은 테러의 목표, 테러의 대상, 테러의 수단과 공격유형에 있어서 과거의 테러리즘과 현격한 차이를 보인다. 전통적인 테러리즘이 구체적이고 협소한 정치적 목표를 내세운다면, 뉴테러리즘은 체제경쟁을 포함해 종교·문화적 요인까지 내재된 복합적이고 거시적인 목표를 염두에 둔다. 기존 테러리즘의 경우 민간인을 공격 대상으로 삼더라도 희생자와 비희생자가 명확히 구분되는 선택적 테러에 그친 반면, 뉴테러리즘은 상대국의 모든 불특정 다수를 겨냥한 보편적 테러다. 뉴테러리즘의 피해 규모와 파급효과가 클 수밖에 없다.

기존 테러리즘의 공격 수단을 보면 칼, 총기류, 폭탄 같은 재래식 무기에서 점차 폭발물을 사용한 테러로 옮겨간다. 1968년에서 2005년 사이에 발생한 테러 사건의 절반 이상이 폭발물을 사용한 것으로 나타난다.[37] 이는 사후(事後) 조사과정에서 증거물 수집이 어렵고 사용 주체를 찾아내기 힘들기 때문이다. 전통 테러리즘의 주요 공격 유형은 요인 암살, 인질 납치, 항공테러, 해상 테러, 폭파 테러 등이다. 이러한 테러 유형은 사전 탐지가 어느 정도 가능하고 사태가 발생하더라도 협상을 통해 해결할 여지가 있다. 이에 비해 뉴테러리즘의 주요 공격 유형은 WMD의 사용 위협과 사이버 공격으로 사전 징후 파악이 어렵고 피해 규모는 그 내용을 제대로 가늠하기 어려울 정도가 될 것이다.

특히 사이버 테러는 앞으로 군사안보가 다뤄야 할 가장 중요한 문제 중 하나가 될 것이다. 정보통신기술(ICT)의 획기적 발전은 사이버 무기를 활용한 다양한 테러 행위를 가능케 한다. 사이버 공격으로 상대방의 커뮤니케이션·지휘체계를 교란하고, 군사·산업 기밀을 탈취하고, 여론을 교란하고, 가상화폐를 탈취하는 등 다양한 피해를 입힐 수 있지만 이에 대한 대응체계는 매우 취약하다. 러시아, 중국, 북한과 같은 국가조직이 사이버 공격에 체계적으로 가담할 경우, 피해국의 입장에서는 이를 탐지·대응·보복하는 것이 용이하지 않다는 것이 그간의 여러 사례를 통해 드러났다. 우선 민주주의 국가끼리 디지털 정보의 생산, 관리, 교류에 관한 안전과 안보를 강화하면서 국제 사이버안보 질서 거버넌스의 선진화를 주도해 나가야 할 것이다.

> **개념 뉴테러리즘**
>
> 이제까지의 테러 공격이 주로 폭발물을 사용한 데 비해, 앞으로는 WMD의 사용 가능성을 위협하거나 무차별 사이버 공격을 가하는 뉴테러리즘의 시대에 접어들 것이다. 뉴테러리즘은 테러의 목표, 테러의 대상, 테러의 수단과 공격유형에 있어서 전통 테러리즘과 큰 차이를 보인다. 기존 테러리즘이 구체적이고 협소한 정치적 목표를 내세운 반면, 뉴테러리즘은 체제경쟁을 포함해 종교·문화적 요인까지 내재된 복합적이고 거시적인 목표를 추구한다. 기존 테러리즘이 민간인을 공격 대상으로 삼더라도 희생자와 비희생자가 명확히 구분되는 선택적 테러에 그친 반면, 뉴테러리즘은 상대국의 모든 불특정 다수를 겨냥한다.

---

37) Todd Sandler and Walter Enders, "Applying Analytical Methods to Study Terrorism," *International Studies Perspectives* 8-3 (August 2007), p. 291.

5) 미소 냉전의 경험과 미중 신냉전

1979년 중국과 수교한 이후 미국이 중국의 경제발전을 지원하고 우호적인 협력을 꾀한 것은 궁극적으로 중국체제가 개방되고 다원화될 것이라는 기대에 따른 것이었다. 그러나 40여 년간 중국을 지켜본 결과 미국이 내린 결론은 중국 공산당이 스스로 변화할 의사가 전혀 없으며 오히려 중국사회를 철저히 통제하면서 국제사회에서 법치국가들의 개방성을 악용하여 자신의 영향력을 확대해 왔다는 것이다. 더욱이 2013년 시진핑(習近平)체제의 등장 이후 마오쩌둥(毛澤東) 시대에 견줄만한 권위주의 통치가 이루어지자 중국 정치체제의 점진적 변화에 대한 미국의 기대와 인내심이 고갈되었다. 중국이 이렇게 하여 축적한 경제력과 정치력을 활용해 주변국에 대한 영향력을 강화하고 미국의 이익과 글로벌 네트워크를 잠식한다고 본 것이다. 중국정부가 자유시장질서의 개방성을 역이용해 부당한 방법으로 지식과 이익을 편취한다는 인식[38]이 보편화하면서 미국은 중국정책을 전면적으로 재검토하였다.

트럼프 행정부 이후 본격화된 미국의 대중(對中) 압박외교 기조는 안보, 경제통상, 규범질서를 망라한 전면적 체제경쟁을 선포한 것이나 다름없다. 트럼프 대통령 취임 첫해인 2017년 12월 출간된 미국의 「국가안보전략지침서(National Security Strategy of the United States of America)」는 '미국 우선주의(America First)'를 대내외에 천명한 문서다.[39] 여기서 미국이 우선시하는 이익이란 안보이익, 경제이익, 그리고 세계질서를 총괄하는 미국의 영향력을 뜻한다.

중국의 군사력이 급속히 성장하고 있음에도 불구하고 미국의 압도적인 군사력에 견주기에는 역부족이다.[40] 우선 핵무기 능력에 있어서는 미국과 러시아가 독보적이다. 2022년 현재 미국은 5,550개의 핵탄두를 보유하고 있고 이 중 1,357개를 실전 배치 중이다. 러시아는 6,257개의 핵탄두 중 1,456개를 실전 배치한 상태다. 두 나라의 핵무기 숫자가 전 세계 핵무기의 90% 이상을 차지한다. 중국은 350개의 핵무기를 갖고 있다.[41]

재래식 군사력 역시 첨단무기의 파괴력과 숫자, 그리고 힘의 투사력(power projection capability)에 있어서 미국이 큰 우위를 차지한다. 미국의 연간 국방비 지출 규모는 7,700억 달러로 2,502억 달러인 중국의 세 배 이상이다. 미국의 전투력은 해군력과 공군력에 집중돼 있는 반면, 중국의 무기체계는 지상전력 중심이다. 미국과 중국의 해군력을 항목별로 비교하면 항공모함(11척:2척), 구축함(92척:41척), 헬리콥터 수송기(9기:1기)의 보유 지표에서 보듯 미국의 장거리 투사 공격능력이 돋보인다. 한편, 미중 간 소형구축함(0척:49척), 소형호위함(22척:70척), 경비함(10척:152척), 기뢰함(8척: 36척)의 보유 현황은 중국 해군전력이 역내 해역 방어 위주로 짜여 있다는 것을 알 수 있다. 미국과 중국이 보유한

38) The White House, *United States Strategic Approach to the PRC* (Washington, DC: The White House, 2020), p. 7.

39) The White House, *National Security Strategy of the United States of America* (Washington, DC: The White House, 2017), pp. 1–55.

40) https://www.globalfirepower.com/countries-comparison-detail.php?country1=china&country2=united-states-of-america (검색일: 2022. 2. 15).

41) https://www.armscontrol.org/factsheets/Nuclear weaponswhohaswhat (검색일: 2022. 2. 15).

항공기 수는 각각 1만 3,247대와 3,285대로 공군력 격차 역시 크다. 전투기(1,957기:1,200기), 수송기(982기:286기), 특수임무기(774기:114기), 공격용 헬리콥터(910기:281기)의 보유 현황을 보면 미국의 공군력이 장거리 공격 능력에서 크게 앞서 있음이 확인된다. 이동식로켓발사대(1,366개:3,160개), 자주포(1,498량:4,120량), 장갑차(4만 5,193대:3만 5,000대), 탱크(6,612대:5,250대) 등 미중 지상군 전력비교에서 보듯, 중국은 본토 방위위주 군사전력에 초점을 둔다.

미국이 아무리 압도적인 핵 능력과 첨단 무기체계를 갖추었다고 해도 실제로 이를 적대국에 사용해 전면전쟁을 벌이지 않을 것이라면, 미국 군사력이 갖는 전략적 효용이 제대로 발휘되지 못할 것이다. 강대국의 군사력 혁신이 오히려 강대국 간 전쟁을 억지하는 효과가 나타난다. 하지만, 세계 전역에 걸쳐 군사력을 투사할 수 있는 유일한 나라가 미국이며, 그러한 미국이 세계 각지의 동맹국과 함께 구사할 수 있는 군사적 압박 수단은 훈련, 군사시위, 해상봉쇄, 검문검색 등 다양하다.

그런 만큼, 중국은 미국의 군사적 압박공세를 막아내고 대응하는 데 총력을 기울일 것이다. 중국은 일대일로 연선(沿線) 국가들과 안보협력을 강화하는 가운데 아시아·태평양지역에 대한 미국의 개입과 관여를 차단하는 반접근·지역거부(A2AD: Anti-Access Area Denial)정책을 추진한다. 하드파워의 대미(對美) 열세를 감안, 미국과 해양과 대륙에서 직접 충돌하기보다는 사안별로 우방국과 역내 반미전선을 구축하고 미국의 지도력에 차질을 빚게 하거나 시간을 지체하는 등 '연성 세력균형(soft balancing)' 전략을 확대

할 것이다.

분쟁의 성격으로 보아 21세기의 미중대결이 20세기의 미소 대결보다 포괄적이고 격렬하다. 소련은 미국에 주로 군사적 위협을 가했지만, 중국은 경제와 군사가 어우러진 종합적인 힘을 키우며 미국에 도전한다. 나아가 중국은 미소 냉전체제 붕괴로 종식된 듯했던 세계 이념경쟁의 불씨를 되살리려 하고 있다. 미국이 구축한 자유민주주의질서에 맞서 중국식 사회주의체제의 덕목을 정당화한다. 권위주의 리더십을 지향하는 러시아와 공조하면서 "미국 패권"에 대한 공동대응 전선을 구축한다.

미중 신냉전은 이들 두 나라를 제외한 세계의 모든 나라에게 딜레마적 상황을 부여한다. 미국 편에 설 것이냐 중국 편에 설 것이냐의 양자택일 상황을 마주하면서도 미국과의 기존 협력관계도, 점차 증가하는 중국과의 교류 규모도 무시할 수 없는 입장이다. 모든 분야에서 얽히고설킨 복합상호의존의 글로벌 질서에서 국가들은 미국과 중국 사이에서 어느 한쪽을 택하고 다른 쪽을 완전히 배제하는 것보다는 미중 양국과 동시에 필요한 분야에서 협력을 병행하는 것이 실리적이라는 판단을 할 것이다.

지금은 20세기와 달리 국가관계가 모든 분야에서 그물망처럼 얽힌 복합상호의존(complex interdependence) 시대다. 과거에 미국은 소련 주도의 공산세계와 이격(離隔)돼 있으면서 소련을 효과적으로 봉쇄(contain)했다. 하지만 중국은 미국이 설계한 안보 네트워크와 시장질서에 깊숙이 침투해 있다. 특정 이슈에서 누가 누구를 완전히 배제하는 것이 불가능하다. 군사력에 의한 직접적 타격보다 경제제재, 정보전, 심리전 등

다양한 자원을 동원해 압박을 가하는 비정규 복합(hybrid) 전쟁의 시대에 돌입했다. 안보와 경제의 구분이 모호해지고 경제력을 안보문제에 동원하는 경제의 안보무기화 현상이 만연해졌다.

6. 결론

안보문제만큼 경쟁과 협력의 모순관계를 넘나드는 치열한 영역도 없다. 확보된 상태에서는 당연한 것 같아도 일단 훼손되고 나면 돌이키기 힘든 것이 국가안보. 국제사회의 규범이 진화했다고 해도 분쟁의 양식이 바뀌었을 뿐 분쟁을 잉태하는 국제질서의 본질은 바뀌지 않았다. 강대국 간의 전쟁 가능성은 줄었을지라도 분쟁양태는 더욱 복잡해졌다. 21세기에 들어 지역 차원의 분쟁과 갈등은 오히려 증가하고 있다. 한 가지 고무적인 것은 국제사회의 평화와 번영을 증진하는 열쇠로써 인권, 민주주의, 자유시장 등 가치규범에 대한 공감대가 꾸준히 확산되고 있다는 점이다. 힘에 의한 통제와 자발적 동의에 따른 합의가 맞물린 국제관계에서 보다 나은 안보질서를 만들어 가는 과제가 인류의 손에 달려 있다.

한국의 안보문제라고 해서 한국적 안보이론이 따로 필요한 것이 아니다. 본 장에서 다룬 안보이론들은 국제정치의 모든 행위자에게 적용되는 보편 이론이며 누구나 자신의 안보환경에 맞게 응용할 수 있는 정책처방을 제시한다. 한국이 지향하는 거시적 외교안보 목표를 분명히 하고 이에 부합하는 이론과 정책 논의를 살펴야 할 것이다. 이론에 몰입하여 현실을 망각한 정책이 나와도 곤란하지만, 이론이 제시하는 논리적 엄밀성을 무시하고 이상적인 목표에 집착하는 정책을 펴서도 안 된다. 국가안보는 올바른 목표와 수단이 결합하고 일관성까지 갖춰질 때 최적의 결과를 기대할 수 있다.

토의주제

1. 군사안보문제가 핵심을 차지하던 국제안보 개념이 어떻게 변화하고 확장되었나?
2. 국제사회의 평화와 갈등을 설명하고 처방하는 데 있어서 신현실주의와 신자유주의는 서로 어떻게 다른 논리를 펴는가? 안보질서를 좌우하는 것은 권력인가 규범인가?
3. 국력 차에 따라 국가마다 안보정책의 목표와 수단이 어떻게 다른가?
4. 현대 안보질서의 갈등양상과 협력방식은 어떤 특징을 보이나?
5. 사이버안보의 중요성이 커지는 이유는 무엇인가?
6. 한국의 안보상황에 가장 잘 부합하는 안보이론은 무엇인가?
7. 21세기 안보환경에 부합하는 한국의 미래 비전과 전략은 무엇인가?

참고문헌

1. 한글문헌

김상준. "국제정치와 이론." 강정인 외. 『현대정치의 이해』. 서울: 도서출판 오름, 1997.

김태효. "세계체제와 패권의 변동원리." 『신아세아』 제11집 3호 (2004).

김태효·황인엽. "뉴테러리즘의 관점에서 본 북한의 대남도발." 『한국동북아논총』 제24집 3호 (2019).

이호철. "민주평화론." 우철구·박건영 편. 『현대 국제관계이론과 한국』. 서울: 사회평론, 2004.

현인택·김성한·이근 공편. 『동아시아 환경안보』. 서울: 도서출판 오름, 2005.

2. 영어문헌

Bueno de Mesquita, Bruce, and David Lalman. *War and Reason: Domestic and International Imperatives*. New Haven: Yale University Press, 1992.

Bueno de Mesquita, Bruce, James D. Morrow, Randolph M. Siverson and Alastair Smith. "An Institutional Explanation of the Democratic Peace." *American Political Science Review* 93-4 (December 1999).

Checkel, Jeffrey T. "The Constructivist Turn in International Relations Theory." *World Politics* 50-2 (January 1998).

Christensen, Thomas J. and Jack Snyder. "Chain Gangs and Passed Bucks: Predicting Alliance Patterns in Multipolarity." *International Organization* 44-2 (Spring 1990).

Clark, Alan. *Barbarossa: The Russian-German Conflict, 1941-1945*. New York: Quill, 1985.

Clausewitz, Carl von. *On War*. trans./eds. Michael Howard and Peter Paret. Princeton, New Jersey: Princeton University Press, 1976.

Commission on Human Security. *Human Security Now*. New York: Commission on Human Security, 2003.

Doyle, Michael W. "Liberalism and World Politics." *American Political Science Review* 80-4 (December 1986).

Finnemore, Martha. *National Interests in International Society*. Ithaca, New York: Cornell University Press, 1996.

Fukuyama, Francis. "The End of History?" *The National Interests* 16 (Summer 1989).

_____. *The End of History and the Last Man*. New York: Free Press, 1992.

Gilpin, Robert. *War and Change in World Politics*. Cambridge: Cambridge University Press, 1981.

Griffiths, Martin, Terry O'Callaghan, and Steven C. Roach. *International Relations: The Key Concepts*. London: Routledge, 2014.

Hart, Liddell. *The Decisive Wars of History*. London: G Bell and Sons, 1929.

Howard, Michael. *War in European History*. Oxford: Oxford University Press, 1976.

Katzenstein, Peter J. *The Culture of National Security: Norms and Identity in World Politics*. New York: Columbia University Press, 1996.

Keohane, Robert O. *After Hegemony: Cooperation and Discord in the World Political Economy*. Princeton, New Jersey: Princeton University Press, 1984.

_____. "The Diplomacy of Structural Change: Multilateral Institutions and State Strategies." in Helga Haftendorn and Christian Tuschhoff, eds. *America and Europe in an Era of Change*. Boulder, Colorado: Westview Press, 1993.

Kim, Tae-hyo. "Small Power's Leverage Against the Great Power: the North Korean Crisis." *New Asia* 3-2 (Summer 1996).

Kim, Woosang. "Alliance Transitions and Great Power War." *American Journal of Political Science* 35-4 (November 1991).

Kindleberger, Charles P. *The World in Depression 1929-1939*. Berkeley: University of California Press, 1973.

Klotz, Audie. *Norms in International Relations: The Struggle against Apartheid*. Ithaca, New York: Cornell University Press, 1995.

Krasner, Stephen D. "The Theory of Hegemonic Stability and Changes in International Economic Regimes, 1967-1977." in Ole R. Holsti, Randolph M. Siverson, and Alexander George, eds. *Changes in the International System*. Boulder, Colorado: Westview Press, 1980.

Kratochwil, Friedrich V. *Rules, Norms, and Decisions: On the Conditions of Practical and Legal Reasoning In International Relations and Domestic Affairs.* Cambridge: Cambridge University Press, 1989.

Lemke, Douglas. *Regions of War and Peace.* Cambridge: Cambridge University Press, 2002.

Lepgold, Joseph, and Thomas G. Weiss. *Collective Conflict Management and Changing World Politics.* Albany, New York: State University of New York Press, 1998.

Maos, Zeev, and Bruce Russett. "Normative and Structural Causes of Democratic Peace, 1946–1986." *American Political Science Review* 87–3 (September 1993).

Mearsheimer, John J. *Conventional Deterrence.* Ithaca, New York: Cornell University Press, 1983.

_____. "The False Promise of International Institutions." *International Security* 19–3 (Winter 1994/95).

_____. "The Case for a Ukrainian Nuclear Deterrent." *Foreign Affairs* 72–3 (Summer 1993).

Nye, Jr., Joseph. S. *Understanding International Conflicts: An Introduction to Theory and History,* second ed. New York: Longman, 1997.

Organski, A.F.K. *World Politics.* New York: Alfred A. Knopf, 1958.

Oye, Kenneth A., ed. *Cooperation Under Anarchy.* Princeton, New Jersey: Princeton University Press, 1986.

Pape, Robert A. "Soft Balancing Against the United States." *International Security* 30–1 (Summer 2005).

Ruggie, John G. "Multilateralism: The Anatomy of an Institution." *International Organization* 46–3 (Summer 1992).

_____. *Constructing the World Polity: Essays on International Institutionalization.* London: Routledge, 1998.

Sandler, Todd and Walter Enders. "Applying Analytical Methods to Study Terrorism." *International Studies Perspectives* 8–3 (August 2007).

Schroeder, Paul W. "Historical Reality vs. Neo-realist Theory." *International Security* 19–1 (Summer 1994).

Schultz, Kenneth A. "Do Democratic Institutions Constrain or Inform?" *International Organization* 53–2 (Spring 1999).

Schweller, Randall L. "Bandwagoning for Profit: Bringing the Revisionist State Back In." *International Security* 19–1 (Summer 1994).

Stumpf, Waldo. "South Africa's Nuclear Weapons Program: From Deterrence to Dismantlement." *Arms Control Today* 25–10 (December 1995).

United Nations Development Programme (UNDP). *Human Development Report 1994.* Oxford: Oxford University Press, 1994.

Volkman, Ernest. *Science Goes to War: The Search for the Ultimate Weapon, from Greek Fire to Star Wars.* New York: John Wiley & Sons, 2002.

Walt, Stephen M. *The Origins of Alliances.* Ithaca, New York: Cornell University Press, 1987.

Waltz, Kenneth N. *Theory of International Politics.* New York: McGraw-Hill, 1979.

Wendt, Alexander. "Anarchy is What States Make of It: The Social Construction of Power Politics." *International Organization* 46–2 (Spring 1992).

_____. *Social Theory of International Politics.* Cambridge: Cambridge University Press, 1999.

The White House. *National Security Strategy of the United States of America.* Washington, DC: The White House, 2017.

_____. *United States Strategic Approach to the PRC.* Washington, DC: The White House, 2020.

이상환(한국외대 정치외교학과)

1. 서론   156

2. 21세기 국제통상
질서의 변화   158

3. 국제통상 시각과
전략 및 로비   161

4. 다자주의 통상외교   167

5. 양자주의 통상외교   175

6. 결론   181

1. 서론

국제정치는 전쟁과 세계평화의 문제를 다루는 국제안보와 전 세계적인 부와 빈곤의 문제를 다루는 국제정치경제로 나눌 수 있다. 국제정치경제 영역인 전 세계적인 부와 빈곤의 문제의 주요 쟁점으로는 통상, 금융, 환경, 노동, 부패, 인권 등을 들 수 있다. 1980년대 중반 이후 이러한 의제들을 다룬 다자간 협상을 배열하면 우루과이라운드(Uruguay Round, 통상), 금융라운드(Finance Round, 금융), 그린라운드(Green Round, 환경), 블루라운드(Blue Round, 노동), 반부패라운드(Anti-Corruption Round, 부패), 그리고 인권라운드(Human Rights Round, 인권) 등의 순서가 된다.

제2차 세계대전 후 서구 자본주의체제는 정치경제적으로 동구 공산주의체제인 코메콘체제(COMECON: Communist Economic Conference/Council for Mutual Economic Assistance)에 경쟁하기 위해 브레턴우즈체제(Bretton Woods System)라는 경제협력체제로 그 활로를 모색했다. 전후 서구 자본주의체제의 변모는 1944년 미국의 뉴햄프셔주 브레턴우즈에서 44개국의 대표가 모여 설정한 경제규정들로 출범한 브레턴우즈체제라는 국제경제질서의 형성과 이의 약화 및 새로운 질서의 등장으로 묘사될 수 있다. 이 체제의 3대 지주는 국제통화기금(IMF: International Monetary Fund), 후에 세계은행(World Bank)으로 개칭한 국제부흥개발은행(IBRD: International Bank for Reconstruction and Development), 그리고 관세 및 무역에 관한 일반협정(GATT: General Agreement on Tariffs and Trade)이다. 이들 중 GATT는 통상, IMF와 IBRD는 통화·금융 의제를 다루는 국제기구이다. GATT는 우루과이라운드 타결과 함께 1995년 세계무역기구(WTO: World Trade Organization)로 대체되었다. 오늘날 국제통상관계는 WTO 레짐에 의해 관리·운영되고 있다.

2021년 한국 수출액이 6,445억 4,000만 달러를 기록하여 수출 최대 실적을 달성했다. 6,445억 달러를 원화로 환산하면 약 737조 7,000억 원으로 2022년 한국 예산인 607조 7,000억 원을 상회하는 규모이다. 이는 기존 최고치(2018년 6,049억 달러)를 약 396억 달러 상회하면서 3년 만에 사상 최고치를 경신했다. 연간 수입액도 최초로 6,000억 달러를 돌파하면서 전체 무역액 역시 사상 최대 규모인 1조 2,596억 달러를 달성했다. 무역수지는 294억 9,000만 달러로 13년 연속 흑자를 기록했다.

대한민국정부 수립 이후 한국 수출은 1964년 1억 달러, 1977년 100억 달러, 1995년 1,000억 달러, 2011년 5,000억 달러를 각각 돌파했다. 2021년 한국의 세계 무역 순위가 9년 만에 9위에서 8위로 한 계단 상승했고, 무역 강국 10대국(중국, 미국, 독일, 네덜란드, 일본, 홍콩, 프랑스, 한국, 이탈리아, 영국 순) 중 수출이 수입보다 많은 국가(한국·중국·독일·네덜란드) 4개국 중

하나가 되었다. 수출 품목별로 보면 반도체, 일반기계, 석유화학, 자동차, 철강 등 15대 주요 품목 수출이 모두 두 자리 증가세이고, 반도체(1,280억 달러), 석유화학(551억 달러) 등 전통 주력산업의 수출이 역대 최고 실적을 기록하며 호실적을 주도했다. 수출 상대국별로 보면 9대 주요 지역으로의 수출이 모두 전년보다 늘었다. 수출금액으로 보면 중국(1,629억 달러), 아세안(1,089억 달러), 미국(959억 달러), EU(636억 달러) 등의 순이다.

정부는 이제 수출 7,000억 달러 시대를 향해 가야 할 때라며 대외무역법상 무역의 범위를 서비스·디지털 무역까지 확장해 새로운 무역 체계를 정립하고, 공급망·환경·노동 등 새로운 통상규범 논의에 선제적으로 대응하겠다고 선언했다. 한편, 2022년 발효된 역내포괄적경제동반자협정(RCEP: Regional Comprehensive Economic Partnership)에 이어 포괄적·점진적 환태평양경제동반자협정(CPTPP: Comprehensive Progressive Trans Pacific Partnership) 등 대형 자유무역협정(FTA: Free Trade Agreement) 가입 검토와 함께 신북방·중남미·중동 등과 FTA 추진을 가속해 수출시장을 더욱 넓히겠다고 했다. 아울러 정부는 공급망 재편 가속화에 따른 경제 안보 리스크에도 적극적으로 대응해 글로벌 제조 강국으로서 위상을 공고히 다지겠다고 했다.

이 장에서 다루고자 하는 '통상외교'는 한정된 국내자원의 효율적 배분과 운용을 토대로 외국 경제자원의 효율적 배분과 운용에 대항하여 국제경쟁을 하는 일체의 행위를 일컫는다. 이는 자국의 경제정책에 입각하여 자국의 대외 경제활동에 유리하게끔 상대국 정부의 경제정책 수립과 운

용에 영향을 미치는 것을 주목적으로 하는 것이다.[1] 결국, 경제외교의 한 부분인 통상외교는 국가 간의 통상관계에 있어서 일국의 국가이익을 극대화하기 위한 대외적 활동을 의미한다.

이 장의 구성은 다음과 같다. 우선 서론에서 국제정치의 세부분야로서 국제정치경제와 그 세부 의제로서 국제통상문제에 대한 소개를 다루고, 2절에서 오늘날 새로운 국제통상질서하의 미중 패권경쟁을 언급하고자 한다. 3절에서는 국제통상 관련 시각과 정책결정요인이 종합적으로 다루어지며, 아울러 국제통상 전략과 로비가 유형학적으로 설명된다. 4절에서는 다자주의(Multilateralism) 통상외교라는 주제하에 국제통상과 범세계주의(Globalism)라는 세부 주제로 국제통상 레짐의 핵심인 GATT와 WTO체제를 다룬다. 국제통상레짐에 영향을 미치는 국제금융, 환경, 노동문제가 연관되어 언급된다. 더욱이 미중 통상 패권경쟁을 소개하고자 한다. 또한, 국제통상과 지역주의(Regionalism)라는 세부 주제로 최근 발효된 RCEP와 CPTPP 의제가 체계적으로 다루어지며, 나아가 새로운 인도·태평양 경제프레임워크, EU, MERCOSUR, USMCA 등도 언급된다. 5절에서는 양자주의(Bilateralism) 통상외교라는 주제하에 각국 통상정책과 한국의 대외통상관계가 개괄적으로 설명되고, 일례로 한미 통상관계가 다루어진다. 결론적으로 한국의 통상외교 방향을 제시하는 것으로 이 장은 마무리된다.

2. 21세기 국제통상질서의 변화

코로나19(COVID-19)로 인해 오늘날 국제질서는 재편되고 있다.[2] 새로운 냉전의 도래를 우려하는 목소리가 커지고 있다. 제2차 세계대전 후 냉전의 양상은 유럽에서의 동·서독 분단과 동아시아에서의 남북한 분단이 이를 잘 대변해준다. 이는 결국 이념대결로 자본주의 대 공산주의, 민주주의 대 전체주의, 그리고 제1세계(북대서양조약기구, 브레턴우즈체제) 대 제2세계(바르샤바조약기구, 코메콘체제)로 대별된다. 가치와 이익을 공유하는 진영 내 협력과 가치와 이익을 달리하는 진영 간 갈등이 과거 냉전의 모습이었다. 그 대결구도에서 살아남는 길은 진영 속에서 힘을 키우는 것밖에 없었다.

그렇다면 최근 논의되고 있는 신냉전은 무엇을 일컫는가. 신냉전은 탈냉전기 패권경쟁의 산물이고 중국의 급부상과 이에 따른 새로운 가치충돌의 결과라고 할 수 있다. 탈냉전기 도래 이후 세계는 중국의 급부상을 목격해왔고 중국 위협론과 기회론이라는 상반된 시각에서 이를 전망하게 되었다. 미국을 중심으로 한 서구 세력은 급속한 경제발전을 해나가는 중국 내에서 정치적 민주화의 불길이 일어나기를 기대했다. 하지만 이는 잘

---

1) 유영, "한국경제외교상의 정부와 민간의 역할: 경제외교정책과 통상정책의 이론적 통합," 『국제정치논총』 제27집 2호 (1988), pp. 281-306.

2) 이상환, "감염병의 국제관계: 21세기 국제사회의 보건 갈등과 협력," 『JPI정책포럼』 2020-2 (2020a); 이상환, "포스트 코로나: 국제정치질서의 변화와 한국의 대응방안," 『한국사회과학협의회 소식』 제24권, 2020-1 (2020b); 이상환, "세계화와 탈세계화: 민족주의, 보호무역주의의 확산과 글로벌 거버넌스," 『외교』 제135권 (2020c); 이상환, "Post COVID-19 시대의 국제정치: 탈세계화, 디지털화 그리고 신냉전질서의 도래," 『정치정보연구』 제23권 3호 (2020d); 이상환, 『국제정치경제: 시각과 쟁점』 (서울: 박영사, 2021).

못된 기대가 되었다. 홍콩민주화운동 사태에 직면한 중국 당국의 태도는 서구 국가들을 실망시키기에 충분했다. 이는 경제발전이 정치적 민주화를 초래한다는 명제가 중국에서는 적용되지 않음을 보여준 것이다.

여기서 미국을 중심으로 한 냉전기 제1세계의 고민은 깊어진다. 중국의 급부상을 기회론이라는 낙관적 사고로 전망했던 사람들도 이제는 위협론이라는 비관적 사고로 전환하고 있다. 이러한 우려를 낳기에 충분한 행동을 중국정부가 했다고 해도 과언이 아니다. 2018년 중국이 집단지배체제를 일인지배체제로 바꿨을 때 미국을 중심으로 한 서구 세력은 중국정치의 퇴행에 실망했다. 중국을 견제해야 한다는 주장이 미국 사회에서 더욱 설득력을 갖게 된 것이다. 사고체계가 다른 힘 있는 중국의 출현은 서구 세력의 입장에서 보면 최악의 상황이다. 유럽의 영국에서 북미의 미국으로의 평화로운 세력전이가 가능했던 것은 바로 양국 간 '가치의 공유(shared values)'가 그 배경이었다.

만약 미국과 중국 간 가치의 공유가 미약하다면 평화로운 세력전이가 가능할 것인가. 그 답은 '아니오'일 것이다. 하지만 오늘날의 상황은 구 냉전과는 사뭇 다르다. 그 당시는 미소 간 그리고 제1세계와 제2세계 간 '이익의 공유(shared interests)'가 미미했다. 지금은 강대국 간 즉 경쟁국가 간 이익의 공유가 적지 않다. 경제적 상호의존이라는 구조적 제약이 극단적인 선택을 억지하는 상황이다. 따라서 국제질서는 가치를 우선하는 국가군과 이익을 우선하는 국가군 간의 대결 구도로 재편되는 조짐이 일고 있다. 가치공유 우선 국가들은 중국의 반인권적·비민주적 행태를 비판하며 사고와 행태의 변화를 요구하고 있

다. 그럼에도 불구하고, 이익 훼손을 걱정하며 역학 구도의 변화에 주목하기도 한다.

가치공유와 이익공유라는 선택의 기로에서 각국은 어떤 길을 가야 할 것인가. 짧게 말하자면, 둘 다 중요하다. 가치공유를 우선하면서 중국을 사고가 다른 위협세력으로 보고 이를 견제하려는 서구 강대국들과 일단 먹고 살기 위해 중국의 가치추구가 어떻든 이익을 극대화하기 위해 중국에 편승하는 아시아와 아프리카의 약소국들 간 대결 구도로 국제사회는 이합집산하는 양상이다. 한마디로 말하여, 구 냉전이 가치·이익 공유집단과 이(異)집단 간의 갈등이었다면, 신냉전은 가치우선 집단과 이익우선 집단 간 갈등구조를 형성하고 있다. 국가 간 이해관계가 복잡하다 보니 가치공유에 따른 결속력이 일부 강대국을 제외하면 한계가 있다고 할 수 있다.

새로운 냉전 시대에 걸맞은 이념대결은 어떠한 구도인가. 경제적인 맥락에서 보면, 미국을 중심으로 한 시장 중심 자본주의(시장자율성 우선) 대 중국을 중심으로 한 국가(관료) 중심 자본주의(국가개입 우선)가 그것이다. 정치적인 맥락에서 보면, 미국을 축으로 한 민주주의(다당제, 법치주의) 대 중국을 축으로 한 권위주의(일당지배, 인치주의)가 그 핵심이다. 경제적인 측면에서는 과거 냉전과 다른 양상이나 정치적인 측면에서는 그 성격이 유사하다. 서구 국가들이 딜레마에 빠지는 이유는 AI, 빅데이터 시대에 중국의 기술혁명이 반인권적·반윤리적 문제가 있음에도 불구하고 국가경쟁력을 갖게 된 것 때문이다.

이제 미국을 중심으로 서구 세력의 선택은 중국식 과학기술혁명을 따르거나 아니면 가치추구가 다른 중국을 국제사회에서 배제하는 것이

다. 문제는 그러기에는 중국이 갖고 있는 잠재력이 크고 그 파급효과가 적지 않아서 쉽게 성공할지는 미지수이다. 가치구현 충돌 상황에서 미국이 중국을 견제하는 대표적인 방식은 '표준전쟁(standard war)'이다. 각종 표준설정에서 중국의 참여를 배제함으로써 자연스레 시장에서 도태시킨다는 것이다. 미국 트럼프 행정부는 중국이 AI·빅데이터 시대에 감시사회를 구축하고 있다고 비난하고, 지금까지의 중국식 기술혁명을 지식재산권 탈취라는 범죄 행위로 폄훼하면서 중국 정부의 민주주의질서 위협 등을 비판해왔다. 미국은 홍콩의 반정부 시위를 거론하며 중국에 자유가 주어질 때 어떤 일이 일어나는지 보여주는 좋은 사례라고 지적한 바 있다.

21세기에 재편된 신냉전체제의 도래와 함께 미국과 중국은 한편으로 과학기술전쟁을 통해 국가경쟁력 다툼을 경주하고 있고, 다른 한편 표준전쟁을 통해 국가이념경쟁을 하고 있다. 문제는 경제적 상호의존이 심화된 국제경제관계 속에서 피아 구분이 어렵고 진영 구분이 애매하다 보니 가치공유 우선이냐 이익공유 우선이냐 하는 경쟁 구도도 희석되는 점이 있다는 것이다. 결국, 미국과 중국 간 패권경쟁은 미국의 인도·태평양전략과 중국의 일대일로 전략의 충돌로 요약될 수 있다. 해양세력인 미국과 대륙세력인 중국이 경쟁해나가며 누가 패권국가가 되느냐가 그 관건인 것이다.

코로나19를 계기로 미국은 중국을 압박할 수 있는 기회를 잡았다. 지금 '코로나 책임론'을 이유로 미국은 중국을 세계에서 고립시키기 위한 가치전쟁을 벌이고 있다. 트럼프 대통령이 언급한 '경제번영네트워크(EPN: Economic Prosperity Network)'는 친미 경제블록 구상이고 동맹을 중심으로 글로벌 공급망을 재편해 중국 생산기지를 무력화하며 중국과의 첨단산업경쟁에서 중국의 '기술굴기'를 차단하고자 하는 구상이다. 그 결과 애플사 등 중국에 간 미국 기업들이 리쇼어링(reshoring, 본국 회귀)을 단행하려 하고 안되면 니어쇼어링(near-shoring, 인접 국가로 이전)이라도 해야 한다는 얘기가 나오고 있다. 이러한 미국 기업의 '탈중국' 움직임에 대해 중국은 자본의 회수라는 '탈월가'로 대응하고 있다.

코로나19 감염병 사태는 미중 간 새로운 냉전시대를 연 사건으로 역사에 기록될 것이다. 탈세계화(deglobalization)와 디지털화(digitization)라는 새로운 생활상을 형성하게 한 사건이다. 치료제와 백신 개발이 언제 마무리될지 모르고 유사한 감염병의 발생이 주기적으로 일어날 가능성이 크다 보니 이제 감염병이 일상으로 자리 잡을 수도 있다는 점을 부인하기 어려운 상황이다. 이런 가운데 중국에 글로벌 생산망을 가진 다국적기업의 80%가 탈중국을 계획한다는 이야기가 나오고 있고, 4차 산업혁명과 함께 비대면 경제 확산은 디지털 혁신을 가속화하여 금융서비스산업의 핀테크화와 디지털 화폐 주도권 경쟁을 촉발할 가능성이 크다.

지난 2년여간 팬데믹 상황에서 국가 간·지역별 불평등과 격차가 커졌다. 그 경제적 여파로 가난한 나라와 부자 나라의 빈자들은 수년간 고생할 것이다. 바이든 대통령은 취임 후 "미국이 돌아왔다"라고 말했지만 파리 기후협약과 세계보건기구(WHO) 복귀, 미·유럽 관계회복에 한해서이다. 국내 제조업계와 중산층 눈치를 보느라 CPTPP에 참여하지 않는 등 글로벌 통상관계를 이끌지 못하는 것이 현실이다. 2022년 국제사회의 가장 큰 경제리스크는 개도국 이머징 마켓의 쇠퇴이다. 이런 나라일수록 코로나19에 크게 타격받았고, 정치리더십이 실종된 경우가 많기 때문이다. 특히 미국이 예고한 대로 금리를 올려 돈줄을 세게 조이기 시작하면, 개도국은 불황 타개가 어려워져 경제 상황이 악화될 것이다. 한편, 중국의 대만 침공, 러시아의 우크라이나 침공 등 군사·안보 리스크도 국제통상관계에 미칠 영향이 크다. 대만과 우크라이나는 각각 중국과 러시아 국가안보의 핵심지역이자 미국패권의 사활적 이익이 걸린 지역이다. 미국 또한 군사적으로 개입할 가능성이 큰 지역이다.

3. 국제통상 시각과 전략 및 로비

일국의 통상외교 목표는 대외협상에서 우리의 경제적 이익을 최대한 확보하는 것이다. 국제통상관계를 정치(안보)적 시각에서 파악하면 패권안정이론, 안보통상연계이론, 선거주기이론 등으로, 경제적 시각에서 분석하면 잉여능력이론, 경기순환이론, 수입침투이론 등으로 이해할 수 있다. 각 시각은 중범위(middle-range)적인 시각에서 통상 관련 외교정책의 기본적인 방향을 결정한다.

패권안정이론[3]은 세계경제는 자유무역체제를 유지하기 위하여 그 중심부에 패권국을 요한다고 주장한다. 여기서 패권국은 그 체제 내의 질서를 보존할 의사와 능력을 갖추고 있다. 길핀(Robert Gilpin), 후에 크래스너(Stephen Krasner)에 의해 발전된 패권안정 모델에 의하면, 패권국의 정치적 그리고 경제적 쇠퇴는 필수불가결하게 자유무역질서의 붕괴를 가져오는 것이다. 예를 들어, 현존 자유무역체제는 미국의 능력이 부족하다면 미국에 의해서 유지될 수 없을 것이다. 패권국의 존재 여부가 자유무역체제의 유지 혹은 붕괴를 결정하며, 이에 따라 체제 내 개별국가도 그 통상외교의 방향을 잡는 것이다.

안보통상연계이론[4]은 냉전적 양극체제하의 동맹 내 국가들 사이에서 자유무역의 실현은 보다 가능하며 탈냉전적 다극체제하의 이질적인 동맹 사이에서 보호무역이 있음직하다는 점에서 국가 간의 안보적 상호의존도의 견지에서 국제통상관계를 분석한다. 즉 국가 간 쌍무적인 정치군사적 협력과 갈등이 양자 간 무역관계와 관련되어 있다고 주장한다. 동맹국가에 대해서 일국은 자유무역정책을 구현하기 쉬우며 보다 협력적인 통상외교를 펼칠 가능성이 크다. 이는 안보적인 고려가 통상관계에 작용한다는 것이다.

선거주기이론[5]은 전반적 경제 상황이 정치적

3) S. Krasner, "State Power and the Structure of International Trade," *World Politics* 28 (1976); R. Gilpin, *U.S. Power and the Multinational Corporation: The Political Economy of Foreign Direct Investment* (New York: Basic Books, Inc., 1975); A. Hirschman, *National Power and the Structure of Foreign Trade* (Berkeley: University of California Press, 1980).

4) J. Gowa, "Bipolarity, Multipolarity, and Free Trade," *American Political Science Review* 83-4 (1989); B. Pollins, "Conflict, Cooperation, and Commerce: The Effect of International Political Interactions on Bilateral Trade Flows," *American Journal of Political Science* 33-3 (1989); G. Snyder, "The Security Dilemma in Alliance Politics," *World Politics* 36-4, (1984).

5) W. Nordhaus, "The Political Business Cycle," *The Review of Economic Studies* 42-2 (1975); D. Golden and J. Poterba, "The Price of Popularity: The Pol-

선거와 맞추어 순환한다는 것으로, 미국의 경우 현직 소유자는 재임 동안 일련의 예상할만한 정책패턴을 유지하는데, 이는 초기 재임 동안 비교적 검약한 재정을 유지하고 선거에 임박하여 비교적 후한 정부지출을 한다는 것이다. 따라서 그는 국민적 지지 획득의 차원에서 선거 당해에 보다 보호주의적인 통상정책을 취할 가능성이 있으며, 이러한 견지에서 피해를 당한 산업은 선거에 임박하여, 특히 대통령선거에 즈음하여 보호주의적 정책을 정부에 요구하려는 경향이 있다. 국내정치적으로 선거를 치르게 되는 당해 연도에 있어 일국 정부는 득표를 위해 외국과의 통상마찰을 어느 정도 감내하면서도 유권자에 이로운 통상정책을 쓰게 된다는 것이다. 상대국은 이에 대해 전략적으로 대응할 필요가 있는 것이다.

정치적 시각과는 달리, 경제적 시각인 잉여능력이론[6]은 잉여생산능력이 세계무역에 있어 보호주의적 추세를 가속화시켜왔다고 주장한다. 잉여능력의 상황이란 막대한 양의 잉여생산능력으로부터 파생되는 문제를 일컫는다. 스트랜지(S. Strange)는 잉여능력을 "수요가 모든 기업에게 고용과 수익을 유지케 할 정도의 충분히 높은 가격으로 생산을 적절히 흡수하지 못하는 상황"이라 정의한다. 이 이론에 의하면 잉여능력이 자유국제무역을 약화시키며, 개별국가는 잉여생산에 의한 경제불황의 시기에 보호무역정책을 취하고, 경제호황의 시기에 무역자유화로 나가려는 경향이 있다. 이는 통상정책결정의 단순한 경제적 설명인 것이다.

같은 맥락에서 경기순환이론[7]은 보호무역주의의 중요 결정요인으로서 국내외적 경제 상황을 지적한다. 맥키온(T. McKeown)은 불경기하에서 기업은 보호무역정책을 정부에 요구하고 정부는 이에 보호주의적 통상정책을 취하게 되고, 호경기하에서 정부는 보다 자유로운 통상정책을 취한다고 말한다. 이 이론에 의하면, 실업률과 GDP성장률로 대변되는 일국의 거시적 경제 상황이 무역상대국에 대한 정책에 영향을 끼친다는 것이다. 즉 일국의 실업률이 상승하면 산업으로부터의 보호주의적 정책요구는 증대되고 정부는 이에 보호적 조치를 취하려는 경향이 있다는 것이고, 경제성장률이 정체 혹은 퇴보하는 시기에 수입제한을 위한 국내적 요구는 강화된다는 것이다.

수입침투이론[8]은 통상분쟁은 증가된 수입침투

itical Business Cycle Reconsidered," *American Journal of Political Science* 24-4 (1980); E. Tufte, *Political Control of the Economy* (NJ: Princeton University Press, 1978).

6) S. Strange, "The management of surplus capacity: or how does theory stand up to protectionism 1970s style?" *International Organization* 33-3 (1979); S. Strange, "Protectionism and World Politics," *International Organization* 39-2 (1985); S. Strange, "The Persistent myth of lost hegemony," *International Organization* 41-4 (1987); S. Strange and R. Tooze. *The International Politics of Surplus Capacity* (New York: Routledge, 1981).

7) I. M. Destler, "Protecting Congress or Protecting Trade?" *Foreign Policy* 62 (spring 1986); I. M. Destler, *Anti-protection: Changing forces in United States trade politics* (Washington D.C.: Institute for International Economics, 1987); I. M. Destler, *American Trade Politics* (Washington D.C.: Institute for International Economics, 1992); J. Duffield, "International Regimes and Alliance Behavior: Explaining NATO Force Levels," *International Organization* 46-3 (1992); T. McKeown, "Hegemonic stability theory and 19th century tariff levels in Europe," *International Organization* 37-1 (1983).

8) W. Cline, ed. *Trade Policy in the 1980s* (Washington D.C.: Institute for International Economics, 1983);

표 6.1 국제통상관계와 거시적 시각

시각		중범위이론		통상외교
정치(안보)적 시각	→	패권안정이론 안보통상연계이론 선거주기이론	→	개방적인 통상외교(자유무역) + 전략적인 통상외교(관리무역) + 폐쇄적인 통상외교(보호무역)
경제적 시각	→	잉여능력이론 경기순환이론 수입침투이론		

로 인한 악화된 무역수지 적자에 의해 야기된 보호주의적인 국내적 요구에 근거한다고 말한다. 이 이론은 증가하는 일국의 무역수지 적자가 상대국에 대한 수입제한조치를 취하게 하고 이에 따라 경제적 갈등이 발생한다고 설명한다. 오델(J. Odell)이 주장하듯이, 일국의 시장으로의 수입침투가 증가하면 할수록 상대국과의 시장개방과 관련한 통상분쟁의 기회는 증가한다. 전통적인 통상이론이 강조하는 기본적인 가정은 무역수지균형의 유지이고, 무역수지 적자의 지나친 적체는 무역규제의 압력을 증폭시킨다는 것이다. 이와 같이, 무역수지 적자의 확대는 국가들로 하여금 무역수지의 균형을 위한 수입제한을 이끌지도 모른다.

국제통상관계에 관한 두 가지 시각 중 하나를 고른다면 경제적 시각을 선호할 수 있다. 그러나 국가 간의 통상마찰을 가져오는 원인은 정치적 요인과 경제적 요인 모두에 있는 것으로, 정치적 시각과 경제적 시각은 상호보완적인 것이다. 개별국가의 통상외교정책도 두 가지 요인을 고려한 가운데 결정되는 것이며, 이는 양자적 및 다자적 틀 속에서 적절히 적용될 수 있는 것이다. 즉 양자구조에서는 상대국의 정치경제적 상황이, 다자

구조에서는 전 세계적 혹은 지역적 정치경제 상황이 일국의 통상외교의 방향을 결정하는 것이다. 상대국이 경제 강국인 경우 그 영향력과 파급효과는 더 커지게 된다. 특히 선진강국의 경제적 어려움 및 정치적 불안정은 세계 경제 및 국제통상관계를 더욱 악화시키는 경향이 있다. 다자구조에서는 전 세계적 혹은 지역적 정치경제 상황이 일국의 통상외교의 방향을 결정하는 것이다.

통상(외교)정책결정에 영향을 미치는 것을 경제 외적 요인별로 파악하면 국제적 요인인 국제체제적 성격, 국제기구의 역할, 국제법과 국제관습의 성향, 제3국 혹은 상대국의 영향 등과, 국내적 요인인 정치체제 및 정부 형태의 유형, 외교정책결정과정의 행위자 측면, 지리적 조건, 정치적 이념, 국력의 수준, 외교적 전통과 습관, 제도적 측면, 문화적 측면 등으로 구분할 수 있다. 이를 기준으로 하여 각국의 통상외교정책을 이해하면 다양한 해석이 가능하다. 미시적인 맥락에서 한 나라의 통상외교정책을 가늠할 때 중요한 기준은 그 국가가 갖고 있는 국내외적 환경인 것이다.

국외적 환경을 결정하는 국제적 요인을 토대로 통상외교정책을 이해하면 다음과 같다. 첫째, 국제체제적 성격[9]이 개별국가의 통상외교를 결정한

P. Krugman, *Strategic Trade Policy and the New International Economics* (MA: The MIT Press, 1986).

9) S. Walt, "Testing Theories of Alliance Formation,"

표 6.2 국제통상관계와 미시적 시각

미시적 시각	주요 요인	외교정책
국제적 요인 분석	1. 국제체제적 성격 2. 국제기구의 역할 3. 국제법과 국제관습의 성향 4. 제3국 혹은 상대국의 영향	→ **자유무역**(free trade) **관리무역**(managed trade) **보호무역**(protective trade)
국내적 요인 분석	1. 정치체제 및 정부 형태의 유형 2. 외교정책결정과정의 행위자 측면 3. 지리적 조건 4. 정치적 이념 5. 국력의 수준 6. 외교적 전통과 습관 7. 제도적 측면 8. 문화적 측면	

다. 물론 개별국가의 능력에 따라 국제체제가 미치는 영향은 차별화될 수 있다. 예를 들어, 약소국은 국제체제적 성격에 영향을 많이 받는다. 패권적 단극체제하에서 패권국의 통상정책은 국제경제질서에 절대적인 영향을 미친다. 냉전적 양극체제하에서 경제관계는 안보관계의 종속적 위치를 차지하며, 경쟁적 다극체제하에서 통상외교는 보다 다원화되고 안보관계와의 연관성이 감소된다.

둘째, 국제기구의 역할[10]이 개별국가의 통상정책을 좌우한다. 회원국들의 압력 및 국제기구의 규범이 개별국가의 경제외교 수행에 크게 영

향을 미치는 것이다. 이러한 추세는 세계화의 진전에 따라 더욱 가속화되고 있다. WTO의 출범과 DDA(Doha Development Agenda, 도하개발아젠다) 논의 등은 이를 잘 보여준다.

셋째, 국제사회에 상존하는 일반적 관행과 규범도 개별국가의 외교적 행위에 적지 않은 영향을 미치고 있다. 양자관계의 특수성에 기초한 관행과 다국적기업 등 비정부적 행위자들 간에 유지되어 온 통상관행도 이러한 범주에 속하며 궁극적으로 개별국가의 통상정책에 영향을 끼친다.

넷째, 제3국 혹은 상대국의 영향[11]도 개별국가의 통상정책결정에 중요한 영향을 미친다. 제3국의 중재 여부가 때로는 개별국가의 외교적 행위에 영향을 미치며, 상대국의 국력과 이해관계 정도가 영향력 행사를 좌우하는 것이다. 예를 들어, 한국의 통상정책결정에 있어서 미국과 일본 및 중국이 차지하는 영향력은 무시할 수 없는 것이다.

한편, 국내적 환경을 결정하는 국내적 요인을

International Organization 42-2 (1988), pp. 275-316; R. Schweller, "Tripolarity and the Second World War," International Studies Quarterly 37-1 (1993), pp. 73-103; D. Lake, "International Economic Structures and American Foreign Economic Policy, 1887-1934," World Politics 35-4 (1983), pp. 517-534; 김재철, "상호의존의 증대와 국가의 역할: 중국의 대외개방의 경우," 『한국정치학회보』 제28집 1호 (1994), pp. 579-602.

10) J. Duffield, "International Regimes and Alliance Behavior: Explaining NATO Force Levels," International Organization 46-3 (1992), pp. 819-855.

11) 홍득표, "외교정책결정과 정치위험분석," 『국제정치논총』 제32집 2호 (1992), pp. 293-309.

토대로 통상외교정책을 이해하면 다음과 같다. 첫째, 정치체제 및 정부 형태의 유형[12]이 개별국가의 통상정책의 방향을 결정한다. 민주주의적 혹은 권위주의적 정치체제 여부, 대통령중심제 혹은 의원내각제 정부 형태 여부 등이 통상정책 결정을 좌우할 수 있다. 민주정치체제일수록 개방적인 통상정책을 추구할 가능성이 크며, 의원내각제일수록 그 결정과정이 개방적일 수 있다.

둘째, 외교정책결정과정의 행위자 측면[13]이 개별국가의 통상정책에 실질적인 영향을 미친다. 이는 외교정책결정과정에 있어서의 행위자들인 정부 당국, 의회, 정당, 이익집단, 언론, 여론 등의 역할을 강조하는 것이다. 민주국가일수록 그 과정에 영향을 미치는 행위자가 다원화되고 결정 속도가 더디게 되는 것이다.

셋째, 제도적 및 문화적 측면[14]인 국내법 및 규범, 국민성, 정치문화, 경제문화 등이 개별국가의 통상외교를 좌우하는 것이다. 예를 들어, 특정 종교문화에 따른 금기 사항은 그 개별국가의 통상정책에 직접적인 영향을 미친다. 이슬람교도인 무슬림이 먹고 쓸 수 있는 제품들을 부르는 용어인 '할랄' 시장은 세계 식품시장의 20%를 차지하고 있는 거대 시장이며, 할랄 인증을 받기 위해선 엄격한 심사를 통과해야 한다. 이는 이슬람문화에 대한 이해 없이 수용하기 어려운 통상정책인 것이다.

그 이외에 지리적 조건 즉, 대륙세력이냐, 해양세력이냐에 따라서 다른 외교적 행태를 보이고, 정치적 이념의 측면에서 자본주의 세력이냐, 사회주의 세력이냐, 국력의 수준 차원에서 국가가 동원가능한 자원이 어느 정도이냐가 통상정책결정에 중요한 영향을 끼친다고 할 수 있다. 또한, 외교적 전통과 습관, 즉 과거의 외교적 관행과 전통이 그대로 계승되는 측면이 강하다고 할 수 있다.

위에 언급한 통상정책·외교의 시각에 근거하여 개별국가는 다양한 통상전략을 구사할 수 있다.[15] 국제통상전략의 유형을 형태, 내용, 예상 이득 및 손실의 견지에서 파악하면 다음과 같다. 첫째, 통상외교전략은 상대방 요구에 불응하며 양자협상을 강화하거나 양자협상을 다자협상으로 전환하여 해결을 모색하거나 규제대상국과의 공

---

12) R. Schweller, "Domestic Structure and Preventive War: Are Democracies More Pacific?," *World Politics* 44-2 (1992), pp. 235-269.

13) O. Holsti, "Public Opinion and Foreign Policy," *International Studies Quarterly* 36-4 (1992), pp. 439-466; T. Risse Kappen, "Public Opinion, Domestic Structure and Foreign Policy in Liberal Democracies," *World Politics* 43-4 (1991), pp. 479-512; J. Frieden, "Sectoral Conflict and Foreign Economic Policy, 1914-1940," *International Organization* 42-1 (1988), pp. 59-90; H. Milner, "Resisting the Protectionist Temptation: Industry and the Making of Trade Policy in France and the United States During the 1970s," *International Organization* 41-4 (1987), pp. 639-665; 이흥종, "미국 외교정책과 언론: 코리아게이트사건을 중심으로," 『국제정치논총』 제34집 2호 (1994), pp. 165-179; 김영춘, "일본의 매스미디어의 국가적 콘센서스 역할: 중-일 외교정상화를 중심으로," 『한국정치학회보』 제23집 2호 (1989), pp. 257-272; 박근, "민주화와 외교정책 결정과정의 비판," 『국제정치논총』 제28집 2호 (1988), pp. 33-59.

14) J. Goldstein, "Ideas, Institutions, and American Trade Policy," *International Organization* 42-1 (1988); D. Elkins and R. Simeon, "A Cause in Search of Its Effect, or What Does Political Culture Explain?," *Comparative Politics* 11-2 (1979), pp. 127-146; P.E. Rohrlich, "Economic Culture and Foreign Policy: The Cognitive Analysis of Economic Policy Making," *International Organization* 41-1 (1987), pp. 61-92.

15) 윤기관, 『현대국제통상론』 (서울: 궁미디어, 2015).

동전선을 통해 대응하는 것이다. 이는 단기적 손실을 방지하고 국내정치적 지지를 획득하며 상대방의 협상비용 증대를 통해 재규제 움직임을 억제할 수 있는 장점이 있다. 반면 협상 실패 시 강도 높은 보복을 유발하고 장기적인 대응력 배양을 해칠 수 있다. 둘째, 적극조정 전략은 산업구조의 전환과 수출입선의 다변화를 형태로 쌍무적 마찰 완화와 구조적 신축성 증가 및 과잉생산 방지를 통해 상대방의 양보를 꾀하고자 한다. 문제는 양보의 전례를 남김으로써 갈등 재발가능성이 높고 국내정치적 반발이 고조될 수 있으며 구조조정에 따른 비용증가를 유발할 수 있다. 셋째, 쟁점·연계 전략은 수입규제 수용에 따른 보상을 요구하고 수입개방에 따른 수입규제 완화를 요구하며 안보적 이해관계와의 연계를 통해 정상참작을 요구하는 것이다. 이를 통해 단기적 규제 완화를 모색하고 기회비용을 극소화하며 규제의 초점을 다른 경쟁대상국으로 전환할 수 있다. 문제는 역연계효과를 유발하거나 경쟁대상국으로부터 보복을 유발할 수 있고 나아가 규제국의 협상태도를 강경하게 만들 수 있다. 마지막으로, 회피전략은 규제 회피, 제3국을 통한 우회 수출, 상표 및 원산지증명의 위조 등이 이에 해당하며, 단기적 손실방지 및 발각 시까지 기회비용의 극소화라는 이득을 취할 수 있다. 하지만 실패 시 강화된 규제 유발, 강화된 보복 유도, 장기적 이미지 훼손, 구조적 적응 저해 등 손실을 감수해야 한다.

통상전략은 통상로비를 통해 행해진다.[16] 이를 유형학적으로 구분하면 권력형 로비, 기술형 로비, 기능연계형 로비, 대중동원형 로비 등이 있

다. 권력형 로비는 최고위 정책결정자, 즉 의회 및 행정부의 결정권자를 그 대상으로 하며 정치적 연줄과 영향력을 활용하여 문제를 해결하고자 한다. 기술형 로비는 행정부 내 중간급 정책결정자와 언론 및 이익단체를 그 대상으로 하며 법률 및 기술적 전문지식과 경험이 그 필요자원이 된다. 기능연계형 로비는 최고위 및 중간급 정책결정자를 주요한 대상으로 이슈연계 및 언론조작 등 다양한 방법을 동원하여 문제를 해결하는 것이다. 대중동원형 로비는 의회 및 대중을 대상으로 하여 설득 및 항의를 하는 것을 말한다. 외교관의 경우 이러한 로비활동 중 주로 권력형 로비에 해당하는 역할을 수행하며 여타 로비활동은 배후에서 조종을 하거나 공조를 취하는 형태로 외교 목표를 달성하고자 한다.

요약하건대, 거시적인 맥락에서 한 나라의 통상외교를 가늠할 때 중요한 기준은 그 국가가 바라보는 국제통상관계에 대한 인식이며, 이는 그 통상외교의 기본적인 방향을 결정한다. 정치적 맥락에 따라 국제통상관계를 바라보는 국가의 통상정책은 패권안정, 안보통상연계, 선거주기의 측면에서 통상외교를 파악할 수 있으며, 경제적 맥락에 따라 국제통상관계를 바라보는 국가의 통상정책은 잉여능력, 경기순환, 수입침투의 측면에서 통상외교를 이해할 수 있다. 미시적인 맥락에서 한 나라의 통상외교를 가늠할 때 중요한 기준은 그 국가가 갖고 있는 국내외적 환경인 것이다. 통상정책결정에 영향을 미치는 요인을 살펴보면 국제적 요인인 국제체제적 성격, 국제기구의 역할, 국제법과 국제관습의 성향, 제3국 혹은 상대국의 영향 등과, 국내적 요인인 정치체제 및 정부 형태의 유형, 외교정책결정과정의 행위자

---

16) 윤기관 (2015).

측면, 지리적 조건, 정치적 이념, 국력의 수준, 외교적 전통과 습관, 제도적 측면, 문화적 측면 등으로 구분할 수 있다. 한편, 국제통상전략을 유형학적으로 살펴보면, 통상외교전략, 적극조정전략, 쟁점·연계 전략, 회피전략으로 나눌 수 있고, 이에 따른 통상로비의 유형에는 권력형 로비, 기술형 로비, 기능연계형 로비, 대중동원형 로비 등이 있다.

4. 다자주의 통상외교

1) 국제통상과 범세계주의

제2차 세계대전 후 국제경제질서는 브레턴우즈체제하에서 운영되었으며, 이를 떠받치는 3대 지주는 GATT, IMF, IBRD였다. 이 중 GATT는 통상문제를, IMF와 IBRD는 통화·금융문제를 다루어왔다. GATT가 추구했던 통상 관련 제도적 대원칙은 자유무역주의와 공정무역주의라고 할 수 있다. 문제는 WTO가 출범하기 전 GATT는 이러한 대원칙을 엄정하게 지켜나갈 수 없었다. 그 이유는 두 가지로 요약될 수 있다. 하나는 GATT 규범이 갖고 있는 한계이다. 예를 들어, GATT는 조부권(grandfather rights)을 인정하여 GATT 규범 이전의 개별국가의 국내법을 우선시하였으며, 규제대상 품목을 주로 유형의 상품에 한정하여, 농산물 및 지적재산권 등에 관하여는 그 원칙을 잘 시행하지 못하였다. 다른 하나는 냉전기적 상황이 경제보다는 안보에 관심을 보다 많이 두게 하였고, 안보논리에 묻혀서 경제원리는 국가 간의 경제관계를 완전히 지배하지 못하였다. 안보적

고려가 왜곡된 시장원리를 야기하였다. 이들 두 가지를 연유로 GATT는 유명무실하게 되었고, 새로운 변화를 요구하게 되었다.

엄밀히 말하여, GATT는 레짐의 형태로 존재했던 것이며 쌍무주의의 틀 속에서 빛을 발하지 못하였다. 1986년 제8차 다자간 통상협상인 우루과이라운드(UR: Uruguay Round)의 출범은 탈냉전의 흐름 속에서 자유무역과 공정무역을 실현하려는 현실적인 요구를 반영한 것이었다. 위에 언급한 GATT의 현실적 한계를 극복하고 냉전기적 안보논리를 제거한 가운데 진정한 시장논리, 즉 규범주의하에서 전 세계 모든 나라들이 모여 다자주의의 틀 속에서 논의하고자 하였다. 이러한 UR협정의 주요 내용은 WTO의 수립, 보다 포괄적이며 실제적인 다자적 규범의 수립, 분쟁해결 절차의 강화 등이다. 1986년 시작된 UR은 1993년 12월에 타결되었고, 이에 따라 WTO는 1995년 1월에 출범하였다. 이러한 WTO의 출범은 국제통상관계를 규범주의와 다자주의의 틀에서 해결하려는 노력의 반영인 것이다. 물론 WTO협정은 미완의 규범으로 그 한계를 보완하기 위해 도하개발아젠다(DDA) 등 뉴라운드가 진행되어왔다. 새로운 논의는 1993년 UR 타결 시 해결하지 못하였던 사항(기설정 의제)에 대해, 그리고 대략 지난 20여 년간 WTO가 보여준 한계점을 극복하기 위해서 행해지는 것이다.

이러한 흐름 속에서 통상외교도 자유·공정무역주의 구현을 위해 다자주의 및 규범주의 틀에서 수행되고 있다. 관련국이 모두 모여 공통의 규범을 정하고 이를 토대로 통상관계를 관리·규율하는 방식이 오늘날의 모습이며, 참여국이 자국의 이익에 유리한 방향으로 규범을 만들어 가기

위해 협상을 반복하는 것이 최근 양상이다. 그 결과 국가 간 자유무역협정 등 경제통합 노력이 활성화되고 있다. 국제경제통합이란 지리적으로 인접한 다수의 국가가 동맹을 결성하여 상호 간에 무역의 자유화를 꾀하며 역외 국가에 대해서는 공동으로 무역제한을 가하는 형태의 국가 간 결합을 일컫는다.

그러한 경제통합이 가능하기 위한 전제조건으로는 지리적 인접성, 비슷한 경제발전 정도, 비슷한 사회문화구조, 각종 대외정책의 공통성, 유사한 인종 및 혈통 등을 들 수 있다. 국제경제통합 유형을 단계별로 설명하면, 첫째, 자유무역지대 설정은 역내 국가 간 상품의 자유무역을 보장하고 역외 국가에 대해 독자적인 관세정책 및 무역제한

조치를 취할 수 있게 한다. 둘째, 관세동맹은 역외 국가에 대해 공동(수입)관세를 부과하고 역내 국가 간 상품의 자유무역을 보장한다. 셋째, 공동시장 설정은 역내 국가 간 재화뿐만 아니라 노동 및 자본과 같은 생산요소의 자유이동을 보장하고 역외 국가에 대해 각국이 공동의 관세제도를 취한다. 넷째, 경제연합은 공동시장의 내용에 더하여 회원국 간 경제정책의 조정과 협력을 강화하는 공동 경제정책 실시까지 포함하는 것을 주요 내용으로 한다. 마지막으로, 완전한 경제통합은 가맹국 상호 간에 초국가적 기구를 설치하여 그 기구로 하여금 각 가맹국의 모든 사회경제정책을 조정·통합·관리하는 형태의 통합을 말한다.

UR의 결과로 WTO가 탄생하고 다자체제가

해설 6.1

자유무역주의 대 보호무역주의

고전적 자유무역주의(아담 스미스[Adam Smith])는 국제분업론, 자유경쟁론, 소비자이익론에 근거하고 있다. 국제분업론은 비교우위에 기초한 국제분업을 강조하는 자유무역의 정책이념이고, 자유경쟁론은 자유경쟁을 통한 효율성과 경제 능력의 제고만이 산업발달을 촉진시킨다는 자유무역의 정책이념이며, 소비자이익론은 다수의 소비자 이익을 극대화시키기 위하여 생산자의 이익을 위한 보호장치를 제거하여야 한다는 자유무역의 정책이념이다. 보호무역주의(해밀턴[A. Hamilton]과 리스트[F. List])는 국가가 관세·비관세 수단을 가지고 외국과의 경쟁에서 국내산업을 보호해야 한다는 경제적 주장으로 국제수지개선론, 고용증대론, 소득배분론,

교역조건개선론, 특정산업육성론에 근거하고 있다. 국제수지개선론은 국제수지를 개선하기 위하여 보호주의 통상정책을 실시해야 한다는 보호무역의 정책이념이고, 고용증대론은 수입제한조치를 통한 수입수요의 국내전환으로 국내산업의 확대 및 고용수준의 향상을 창출하려는 보호무역의 정책이념이며, 소득배분론은 생산요소의 가격을 수입제한조치를 통하여 적절히 통제함으로써 소득배분 효과를 초래하려는 보호무역의 정책이념이다. 또한, 교역조건개선론은 관세 등을 통한 수입억제로 교역조건을 개선하려는 보호무역의 정책이념이고, 특정산업육성론은 특정산업의 정책적 육성을 위하여 보호조치를 취하는 보호무역의 정책이념이다.

확립되었으나 이는 미완성의 타결이었다. 양허 협상의 개시는 각료회의에서 선언되는 것이 관행이었으나 이를 위한 각료회의 개최가 상당한 시일을 요하고 당시 합의가 어려웠다. 농업과 서비스라는 민감하고 광범위한 협상이 개최되면서도 전통적인 공산품 관세인하, 또한 지난 몇 년간의 WTO협정 이행과정에서 제기된 문제들을 동시에 다루지 않는다는 것은 비현실적인 것이었다. DDA협상(도하개발아젠다협상, New Round)은 2001년 11월 공식적으로 출범한 후, 2005년 1월 1일까지 3년의 기간 동안 최종협상안을 타결시키기 위한 본격적인 협상 국면에 돌입하게 되었다. DDA협상은 UR협상에 이어 제2차 세계대전 이후 시작된 제9차 다자간 무역협상이며, WTO 출범 이후 첫 번째 다자간 무역협상이었다. 2001

년 협상을 출범시킬 당시 계획은 2005년 이전에 협상을 일괄타결방식으로 종료한다는 것이었으나 농산물에 대한 수입국과 수출국의 대립, 공산품 시장개방에 대한 선진국과 개도국의 대립 등으로 인해 DDA협상은 결렬 후 진전이 거의 없는 상황이다.

미국과 중국 간 보복 관세를 주고받는 통상분쟁이 통화·금융분쟁으로 확대되어 국제정치경제질서를 불안정하게 만들고 있다. G2 양대 강국이 통상갈등에 이어 통화·금융갈등까지 심화시킬 경우 세계 경제는 큰 충격을 받을 수밖에 없다. 통상분쟁은 결국 환율분쟁으로 이어진다는 것이 일반론이다. 1980년대 엄청난 대일 무역적자에 시달리던 미국은 일본과 통상갈등을 벌이다가 결국, 1985년에 엔화를 대폭 평가절상하는 '플라자합의'를 통해 갈등관계를 끝냈다. 이후 일본은 엔화 가치가 두 배 이상 폭등하면서 거품 경제의 형성과 붕괴를 경험하며 잃어버린 20년을 보냈다. 중국이 미국과의 통화·금융갈등에서 물러설 뜻을 보이지 않는 것도 이러한 일본의 사례를 목격했기 때문이다. 미중 간 통상·통화금융갈등에는 경제논리 외에 안보논리도 개입해 있으므로 그 향방을 점치기는 쉽지 않다.[17]

코로나19 팬데믹 상황에서 집권한 바이든 대통령은 동맹과의 협력, 다자주의, 글로벌리더십 회복 등에 기초한 외교정책을 천명했다. 2021년 G7 정상회의에서 G7은 반중국은 아니나 중국에 대한 비판적 입장을 견지했다. G7 정상회의 공동선언문에 의하면, 대만해협의 평화와 안정, 남중국해에서 항행의 자유, 코로나19의 기원에 대

해설 6.2

신보호무역주의

신보호무역주의는 세계체계수준의 자유주의와 국가수준의 신중상주의를 결합한 정책이념이다. 선진국형 신보호무역주의는 비관세장벽(반덤핑관세·상계관세·공동수입규제)의 확대와 사양산업의 보호를 특징으로 하며, 개도국형 신보호무역주의는 비관세장벽(수입쿼터·수입허가제·각종 보조금)의 확대와 유치산업(infant industry)의 보호를 그 특징으로 한다. 또한, 공정무역주의는 자유무역의 추구를 전제로 한 상호주의적 보호무역정책의 운용을 말한다. 예를 들어, 미국은 공정무역주의를 주창하며 그 성격을 수입보호주의에서 수출보호주의로 전환해왔다.

---

17) 이상환, "미국-중국 간 통화 패권경쟁과 국제정치경제질서 전망," 『정치정보연구』 제24권 3호 (2021b).

표 6.3 국제통상관계와 다자외교 이슈

국제정치경제 이슈	다자간 협상명(Round)	현안 의제	갈등 속의 행위자
통상	UR / New Round (우루과이라운드)	국제경제통합과 자유공정무역주의의 실현문제	선진국과 개도국 간 대립/ 블록 간 대립
금융	FR (금융라운드)	글로벌 금융시장과 환율안정문제	선진국과 개도국 간 대립
환경	GR (그린라운드)	환경보호와 통상규제의 연계문제	선진국과 개도국 간 대립/ 인접국가 간 대립
노동	BR (블루라운드)	국제노동기준과 통상규제의 연계문제	선진국과 개도국 간 대립

한 2단계 조사, '중영 합동 선언과 기본법(Sino-British Joint Declaration and the Basic Law)'에 따른 홍콩의 자율권 보장, 무슬림과 다른 소수민족의 인권과 기본적인 자유 존중, 그리고 5G 제품 공급망의 다양성 등이 중국을 견제한 합의에 해당된다. 하지만 G7은 중국을 압박하는 정도에 대해서는 입장차를 보였다. 미국은 중국과의 패권경쟁 때문에 G7이 중국에 대해 단일 강경한 입장을 취하길 원했으나 캐나다와 영국만 미국과 동일한 입장을 보였다. 독일, 이탈리아, 일본, EU는 중국과 협력할 수 있는 분야를 고려하여 보다 외교적 접근을 선호했다. 프랑스는 중국에 대한 단호한 조치를 지지한다는 입장을 취하면서도 대결을 피하려는 태도를 보였다. G7의 정상회의 합의 이행에 대한 우려는 G7의 경제력이 과거보다 약화되었다는 사실에서 나온다.[18]

국제환경 이슈도 그린라운드와 관련하여 통상문제와 연루된다. 전 세계적인 자유무역의 실현을 위한 우루과이라운드가 타결된 후, 1995년 1월 세계무역기구(WTO)체제의 출범과 함께, '그린라운드(GR: Green Round)'라는 다자간 환경협상이 진행되어 왔다. 환경오염의 국제적 광역화로 인하여 환경오염을 둘러싼 인접국과의 분쟁이 예상되며, 아울러 범세계적 차원의 환경보전을 위한 압력이 더욱 거세어질 것으로 전망된다. 환경 관련 통상규제는 향후 더욱 강화될 전망인데, 그 이유 중의 하나는 국제경제관계에서 무역의 비중이 점차 높아가면서 국제수출경쟁이 치열해짐에 따라 기업들은 그 생존을 위해 불공정 요인을 찾게 되고, 이에 국가 간의 환경기준의 차이를 그러한 불공정 요인에 포함하게 된다는 것이다. 다른 하나는 국제환경문제의 해결에 있어 국가 간의 협력은 불가결한데, 환경문제의 중요성에 대한 인식이 제고됨에 따라 비협조국에 대한 제재 수단으로서 통상규제가 강화될 것이라는 점이다. 따라서 환경 관련 통상규제조치인 환경기준강화(기술장벽), 생산과정 관련 규제(경쟁력), 그리고 국제환경협약하에서 비당사국에 대한 통상규제 등이 강화될 것이다.

환경문제와 관련한 갈등은 선진국과 개도국 간

18) 강선주, "2021년 G7 정상회의: 포스트-코로나 국제질서에의 함의와 전망,"『주요국제문제분석』 2021-16 (2021); Alicia Garcia Herrero, "Europe in the Midst of China-US Strategic Economic Competition: What are the European Union's Options?," *Journal of Chinese Economic and Business Studies* 17–4 (2019).

에 벌어지고 있다. 환경파괴 원인에 대한 인식에 있어 선진국은 개도국의 지속불가능한 개발방식이 오늘날의 환경문제를 야기했다고 보고, 개도국은 선진국의 지속불가능한 생활방식이 그 원인이라고 본다. 환경파괴 책임에 따른 지원문제에 있어서도 선진국은 선진국의 대개도국 원조자금인 공공개발지원자금에의 추가지원과 민간기업 간의 기술협력을 제안하며 환경보전을 앞세워 후진국의 개발규제·자국의 환경기술 수출·무역에서의 국제경쟁력 강화를 추구해왔다. 반면에 개도국은 선진국의 대개도국 원조자금인 공공개발지원자금과는 별도로 새롭고 충분한 환경 관련 기금의 제공을 요구하고 비상업적이고 특혜적인 기술이전을 요구해왔다. 특히 자국의 개발권 보호·환경보전을 위한 선진기술 및 재정지원 확보·환경통상규제로부터의 탈피를 추구해왔다. 이러한 평행선 속에서 환경외교가 진행되어온 것이다.

또한, 국제노동 이슈도 블루라운드 논의와 함께 통상규제와 연관된다. 블루라운드(BR: Blue Round)란 노동기준과 통상을 연계시키기 위한 것이다. 기본적 인권과 관련하여 모든 나라가 준수해야 할 일정한 기준의 노동기준이 있어야 한다는 것이다. 개발도상국이 저수준의 노동기준 하에서 생산한 상품을 수출하는 행위를 사회적 덤핑으로 간주하여 이러한 불공정한 행위를 통상제재의 수단을 통해 시정해야 한다는 것이다. 선진국은 자신들의 심각한 실업문제가 개발도상국이 싼 임금으로 만든 상품 때문에 생겨난 것으로 인식하고, 개도국의 빈약한 노동기준에 대해 통상제재를 가할 수 있다면 자국 상품의 경쟁력이 살아나고 고용도 증대될 수 있다는 발상에서 계속적인 문제를 제기한다. 선진국은 국제적

인 노동기준을 설정하고 이 기준에 미달하는 국가의 상품에 대해서는 통상제재 조치를 취하려고 한 것이다. 개도국은 아동노동 및 죄수노동 금지, 결사의 자유보장 등 인도적 차원의 명분을 내세운 선진국의 주장을 개도국의 저임금 경쟁력을 겨냥한 위장된 보호주의라고 반박하고, 노동기준에 관한 문제는 ILO에서 논의될 내용일 뿐이라고 주장한다.

국제노동기준은 국제적으로 근로조건과 노사관계를 지배하는 규율이다. 구체적 내용으로는 강제노동 금지, 아동노동 금지, 결사의 자유, 단체교섭권과 같은 기본인권에 관한 사항, 최저임금제, 최대 근무시간 제한, 작업장의 위생 및 안전 등과 같은 경제적 후생수준과 관련 있는 근무여건에 관한 사항 등이 있다. 그러나 오늘날 이러한 노동기준의 준수를 강제할 법적·제도적 장치는 미흡한 실정이다. 통상과 연계시킬 수 있는 노동기준에 대해서 국제사회의 구체적인 합의 도출이 부재한 것이 현실이다. 물론 핵심적 노동기준(기본적 인권)에 대한 합의는 가능하다. ILO의 결사의 자유, 단체교섭권, 강제노동 금지, 아동노동 금지 등은 1995년 3월 덴마크 코펜하겐에서 개최된 세계사회개발 정상회의에서 핵심적 노동기준으로 인정된 바 있다.

현실적으로 국제적 노동기준의 효과는 부정적이다. 노동기준의 설정 여부와 관계없이 노동기준은 노동시장에서 내생적으로 결정되는 것이다. 단체교섭제도나 노동관행은 국가마다 고유한 성격이 있으며, 개도국에 광범위하게 존재하는 아동노동은 아무리 노동기준을 인위적으로 설정한다고 하더라도 해결할 수 없다. 강제노동은 강제적으로 노동을 해야 하는 근로자가 효용 극대화

를 추구할 수 없고 또한 직업선택의 자유를 가지지 못하기 때문에 자원배분을 왜곡시켜 경제적 효율성의 손실을 발생시킨다.

노동기준에 대한 보호수준이 다른 국가 간의 경쟁은 특히 고기준의 국가와 저기준의 국가가 직접 경쟁하는 부문에서 선진국에게 불리하게 작용할 수 있다는 점이 지적된다. 이는 과도하게 낮은 노동기준이 특별한 비교우위를 창출하고 이것이 수출을 자극하고 외국인직접투자의 유입을 가져온다는 믿음에 근거한다. 예를 들어, 1987년에 행해진 한국과 대만의 규제적 노동정책의 완화는 노동 부족과 결부되어 임금을 상승시키는 결과를 초래하였으며, 결과적으로 일시적인 수출 부진을 야기한다. 장기적으로 자유로운 노동정책으로부터 야기되는 고임금은 높은 생산성을 수반하기 때문에 노동기준의 개선이 무역 성과에 미치는 명확한 패턴은 나타나지 않는다. 개도국과의 무역이 선진국의 고용과 임금에 미치는 영향에 대해서 정확히 평가하기는 현실적으로 어려운 상황이다. 이러한 이유로 노동 통상규제의 적실성은 상당히 떨어지며 블루라운드와 노동외교의 실효성도 빛을 발하지 못하고 있다.

2) 국제통상과 지역주의

오늘날 세계 각 지역별로 경제블록화가 가속화되고 있으며, 대표적인 예로 유럽연합(EU)은 이러한 국제경제통합의 유형 중 가장 앞선 형태의 하나가 된다. 북미의 북미자유무역협정(NAFTA: USMCA), 중남미의 중남미공동시장(MERCOSUR), 동남아의 동남아시아국가연합(ASEAN) 등 각 지역별로 경제협력체가 구성되어 있으나 아직 동북아에는 이렇다 할 경제통합의 모습이 가시화되지 않고 있다. 다만 최근 포괄적·점진적환태평양경제동반자협정(CPTPP) 및 역내포괄적경제동반자협정(RCEP)과 같은 광역화된 자유무역협정을 통해 동아시아 국가들이 경제통합의 대열에 적극 나서고 있다. 미국·일본을 중심으로 한 경제통합 세력과 중국이 주도하는 경제통합 세력 간 경쟁이 벌어지고 있는 것이다.

오늘날 중국은 동아시아 지역경제통합에 적극적으로 참여하고 있다. 1997년 이후 중국 자신이 동아시아에서의 지역경제통합, FTA 창설에 적극적으로 나섰다. 중국은 브루나이, 말레이시아, 인도네시아, 필리핀, 싱가폴, 태국 등 6개 선발회원국과는 2010년까지, 캄보디아, 라오스, 미얀마, 베트남 등 4개 후발 회원국과는 2015년까지 FTA를 추진했다. 이는 중국이 동아시아에서 EU 및 NAFTA와 같은 거대 경제블록을 탄생시켜 미국의 일극체제에 대항하겠다는 의지를 드러낸 것이다. RCEP는 ASEAN 10개국과 한중일, 호주, 인도, 뉴질랜드 등 16개국의 역내 무역자유화를 위한 협정으로 다자간 자유무역협정(FTA)이다. 2012년 11월 20일 16개국 정상이 협상 개시를 선언했으며 첫 RCEP 회담이 2017년 11월 필리핀 마닐라에서 열렸다. 2019년 11월 4일 RCEP 정상회의에서 인도를 뺀 15개국이 협정문에 가서명했고, 2020년 11월 출범 후 2022년 1월 1차 발효되었다. RCEP 회원국의 인구는 22억 6,000만 명, 명목 국내총생산(GDP)은 26조 3,000억 달러, 무역 규모는 5조 4,000억 달러이다.

이에 경쟁적인 지역경제블록으로 미국의 탈퇴로 존재감이 떨어진 CPTPP가 있다. 이는 2018년에 타결, 발효되었으며 일본, 호주, 뉴질랜드,

표 6.4 RCEP과 CPTPP 비교

	RCEP	CPTPP
공식협상 개시	2013년 5월	2010년 3월
협상 타결	2020년 11월 (2022년 1월 발효)	2018년 3월 (2018년 12월 발효)
세계 GDP / 교역 비중	29% / 25%	13% / 14%
협상 범위	관세 철폐 치중	관세 + 비관세장벽 철폐
자유화수준	낮은 수준의 무역자유화 (상품분야 최대 92% 관세 철폐)	높은 수준의 무역자유화 (상품분야 95~100% 관세 철폐)
회원국	15개국 (한국, 중국, 일본, 호주, 뉴질랜드, ASEAN-10)	11개국 (일본, 호주, 뉴질랜드, 캐나다, 멕시코, 칠레, 페루, 브루나이, 말레이시아, 싱가포르, 베트남)
공통 회원국	일본, 호주, 뉴질랜드, 브루나이, 싱가포르, 베트남, 말레이시아	

말레이시아, 싱가포르, 브루나이, 베트남, 캐나다, 멕시코, 페루, 칠레를 포함한 11개국이 그 회원국이고 인구는 5억 1,000만 명, GDP는 11조 3,000억 달러, 무역 규모는 2조 9,000억 달러이다. RCEP와 CPTPP에 모두 가입한 나라는 일본, 호주, 뉴질랜드, 말레이시아, 싱가포르, 브루나이, 베트남 등 7개국이며, 일본과 호주는 안보협력체인 쿼드(Quad: Quadrilateral Security Dialogue) 회원국이기도 하다. 인도의 경우 대중 무역적자 확대를 우려해 RCEP에 불참했다.

한국과 FTA 체결국과의 교역 및 투자 규모가 양적으로 크게 성장해왔다. 2004년 한·칠레 FTA를 시작으로, 2021년 영국 및 중미 5개국과의 FTA를 포함하여 56개국과 17건의 FTA를 체결, 발효시켰다. FTA 체결국과의 수출 및 수입 비율은 2004년에 각각 0.3%, 0.9%, 2020년에는 각각 74.6%와 69.0%로 대폭 상승했고, 해외투자 및 외국인투자 비율은 2004년에 0.2%와 0.0%, 2020년에는 76.0%와 69.7%로 크게 증가했다.

최근 세계적으로 체결되는 FTA협정을 보면 무역과 투자분야를 개방하는 데서 벗어나 제도와 규범의 통합을 통해 밸류체인을 심화하고 있다. 일본, 캐나다, 호주 등이 참여 중인 CPTPP의 경우 한미 FTA에 없었던 완전누적 원산지규정 등 새로운 통상규범을 도입했다. 또한, 미국, 캐나다, 멕시코 간에 체결된 USMCA의 경우 노동규범 위반이 무역이나 투자에 영향을 준다는 전제 하에 강력한 노동권 보호 규정을 마련했다. 또한, 다자환경협약상의 의무를 수용하고 환경보호에 대한 강력한 모니터링 메커니즘을 마련했다.[19]

현재 한국은 한중일 FTA 등을 추진하고, 아세안, 인도, 칠레 등과는 기존 FTA를 업그레이드하는 협상을 진행 중이다. 한중 FTA의 경우 서비스·투자 후속 협상을 진행 중이다. 2003년 'FTA 추진 로드맵'에서 한국은 무역과 투자 부문의 개방이라는 낮은 수준의 통합으로부터 서비스 및 규범을 포함하는 높은 수준의 통합을 추진하기로 했다. FTA는 경제적 측면뿐만 아니라 회원국 간

---

19) 김흥종, 『KIEP가 함께 한 한국의 FTA 20년』 (서울: 대외경제정책연구원, 2021).

의 외교·안보적 측면에서 중요한 의미가 있다.[20]

예를 들어, 현재 CPTPP 발효는 전반적으로 한국경제에 부정적 효과를 유발할 것이다. CPTPP 회원국 간의 무역창출효과와 무역전환효과의 발생으로 인해 역내국 간의 무역은 증가하나 한국의 CPTPP 회원국에 대한 수출은 감소할 것이다. 일본이 한국의 FTA 기체결국들과 FTA를 체결해 나감에 따라, 한국이 그들 시장에서 누렸던 시장선점 효과가 줄어들 것이다. 추후 한국이 CPTPP의 2차 회원국으로 가입 신청할 경우, 기존 회원국들은 더 높은 시장개방을 요구할 가능성이 크다. 따라서 한국은 현재 가입신청 중인 중국, 대만과 연대할 필요가 있다.[21]

미국의 동맹 연대 전략은 중국에 대해 정치·경제체제문제를 포함하여 전방위적으로 압박하고, 다자협상을 통한 해법을 모색하며 강력한 이행 모니터링을 통해 실질적 성과를 도출하고자 하는 것이다. 이 과정에서 중국에 대해 불공정 경쟁문제, 환율 조작문제, 미국의 첨단기술 탈취문제 등 경제 관련 문제뿐 아니라 노동·환경 관련 문제를 포함한 개선된 제도 형성 및 준수를 요구할 것이다. 아울러 중국을 효과적으로 규제할 수 있도록 신'CPTPP' 또는 새로운 메가 FTA를 추구할 가능성이 크다. 하지만 당분간 미국의 CPTPP 가입문제는 본격적으로 논의되지 않을 것이다. 미국이 새로이 FTA를 추진한다면 현재 상태의 CPTPP와는 다른 최소한 USMCA(United States Mexico Canada Agreement, 미국·멕시코·캐나다 자유무역협정, 1994년 발효된 북미자유무역협정 즉 NAFTA를 대체하는 새로운 협정)수준의 규범을 추구할 것이고, 미국 중간선거가 끝나는 2022년 말 이후에야 가능할 것이다. 특히 환경·노동·인권 보호 및 민주주의 가치 등 바이든 행정부가 지속적으로 제기하고 있는 미국의 핵심 현안들이 반영된 경제동맹(예, Indo-Pacific Economic Framework)이 추진될 가능성이 있다.

한편, 한일관계 개선없이 CPTPP 가입과 경제협력은 제한적일 것이다. 2019년 7월부터 시행된 일본의 한국 반도체소재 수출규제에 이어 한국 화이트리스트 배제 조치는 경제협력·통상관계에 큰 파장을 미치고 있다. 국제적 안보위협을 근거로 한 일본의 한국 수출규제는 화이트리스트 배제의 근거이나 CPTPP에서는 국가 간 분업과 자유무역에 근거한 역내무역 활성화를 강조하여 이는 한국 수출규제의 배경과 모순된다.

한국이 FTA를 추진한 이유의 하나는 한국이 기존 수출시장을 유지하고 새로운 시장에 진출하기 위함이며, 다른 하나는 능동적인 시장개방과 자유화를 통해 국가 전반의 시스템을 선진화하고 경제체질을 강화하기 위함이다. 2004년 한국의 첫 번째 FTA가 발효된 이래 동시다발적 FTA 추진으로 비교적 단기간에 미국, EU, 아세안, 중국 등 주요 거대경제권과 FTA를 체결한 상황이다. 한·칠레 FTA 체결은 15년이 지났고, 한미 FTA, 한EU FTA, 한·아세안 FTA 등 주요경제권과의 FTA가 발효된 지도 5년 이상이 되었다.[22]

FTA가 당초 목표를 달성하였는지를 FTA 네트워크 구축 성과, 상품시장 개방 성과, 해외직

20) 김흥종 (2021).

21) 송백훈, "미국-일본 FTA와 한국, 미국의 CPTPP 가입에 따른 한국 제조업 효과 분석," 『사회과학연구』 제27집 2호 (2020).

22) 김흥종 (2021).

접투자 성과, 제도적 성과라는 네 가지 측면에서 살펴보면 다음과 같다. 첫째, 네트워크 구축 측면에서 보면, FTA 체결국과의 교역비중이 지속적으로 높아지기는 했으나, 최근 주요 경쟁국들의 FTA 네트워크가 확대되면서 FTA 허브 국가로서의 위상은 다소 약화되는 모습을 보이고 있다. 둘째, FTA는 한국 교역 및 교역 품목 수를 증가시켜왔다. 셋째, FTA는 한국의 해외직접투자(FDI) 유출입에 긍정적인 기여를 해왔다. FTA는 선진국과 개도국에 대한 해외직접투자(OFDI)를 모두 증가시켰으나, 외국인직접투자(IFDI)의 경우 선진국으로부터의 유입만 증가시킨 것으로 나타났다. 마지막으로, FTA를 통해 국내제도 간소화와 지식재산권 보호수준 강화 등의 제도적 성과를 달성했다. 공정거래법과 상표법 등이 개정되어 개선된 모습을 보였다. FTA의 발전과 성공적인 결과를 위해서 개도국과의 신규 FTA 체결 및 개선협상 추진, 다양한 경로를 통한 기업애로사항의 효율적인 반영, 상호 간의 경제협력을 강화하는 신무역협정 로드맵 마련, 중소기업 국제화를 통한 품목다변화 추진, 소비자들의 FTA 체감도 제고, 포용적 통상을 위한 정책 강화 등이 요구된다.[23]

5. 양자주의 통상외교

1970년대 이래 미국통상외교의 정책적 변화는 통상관련법이 대변하고 있다. 우선 1930년의 관세법(Smoot-Hawley Act)은 2만 개 이상의 품목에 대하여 사상 최고의 관세율을 규정한 보호무역주의 색채가 가장 강한 법률이다. 1934년의 호혜통상협정법(Reciprocal Trade Agreements Act)은 미국정부에게 호혜적인 관세인하를 위한 쌍무적인 협정을 맺도록 권한을 위임한 법률이며, 1962년의 통상확대법(Trade Expansion Act)은 대통령에게 케네디라운드의 통상협상권을 위임하고 통상조정 지원프로그램 설정과 긴급수입규제조항 적용요건 강화를 주요 내용으로 한다. 1974년의 통상법(Trade Act)은 관세 및 비관세장벽을 낮추기 위한 국제협상인 도쿄라운드의 협상권을 대통령에게 위임하고 반덤핑·상계관세·긴급수입제한 등에 관한 조항을 수정하며, 저개발국에 일반특혜관세(GSP)제도를 실시하는 규정을 담고 있다. 외국의 불공정하고 비합리적인 수입 및 관세규제에 대한 보복조치 규정을 신설한 것이 주목할 만한 사항이다. 1979년의 통상협정법(Trade Agreements Act)은 도쿄라운드에서 협의된 통상협정을 승인·시행하고, 비관세장벽협정을 협상하는 대통령의 권한을 확대하는 것을 골자로 한다. 또한, 반덤핑 및 상계관세 관련 조항 개정을 담고 있다. 1984년의 통상관세법(Trade and Tariff Act)은 대통령에게 쌍무적인 자유무역협정 협상권 등 통상 관련 권한을 확대 부여하고 상호주의 및 보복조치 조항을 강화하였다. 아울러 반덤핑·상계관세·긴급수입제한조치 규정을 개정하였다. 1988년의 종합통상법(Omnibus Trade and Competitiveness Act)은 최초의 종합통상법안으로 불공정무역관행에 관한 보복조치 의무를 강화하고 미국통상대표부, 즉 USTR의 권한을 강화하며 반덤핑 및 상계 관세·긴급수입제한조치·지적소유권보호를 강화한 바 있다.

---

23) 김흥종 (2021).

미국의 통상외교는 1970년대 이래 변화의 길을 걸어왔다. 이는 미국의 경제 및 국제정치 상황과 연관된다. 즉 미국의 경제가 호황기인가, 불황기인가. 그리고 통상관계에서 냉전기적 안보 고려를 해야 하는가, 안 해도 되는가. 이러한 점들이 미국통상외교의 방향을 결정하는 것이었다. 미국의 통상정책을 살펴보면, 1970년대와 1980년대 전반까지 미국통상정책의 기조는 수입보호주의였다고 할 수 있다. 즉 미국으로 유입되는 외국산품이 미국시장 내에서 불공정거래행위를 하고 있는가를 검증하는 것이다. 주요 관심사는 반덤핑관세, 상계관세, 긴급수입제한조치 등이다. 또한, 1980년대 후반 이후 그 기조는 수출보호주의로 넘어갔다. 즉 외국시장에서 판매되는 미국산품이 그 시장에서 공정한 취급을 받고 있는가가 주요한 관심사이다. 슈퍼 301조가 이를 반영하는 대표적인 조항이다. 이는 시장개방 압력과 밀접하게 관련이 있는 미국에 대한 상대국의 불공정무역관행에 대한 미국의 통상보복 규정이다. 아울러 미국통상대표부(USTR)로 하여금 매년 각국의 통상관행을 의무적으로 검토하게 하고 그 결과에 따라 통상보복을 할 것을 규정하고 있다.

각국의 통상(외교)정책을 살펴보면 다음과 같다.[24] 우선 미국의 경우 통상정책의 결정유형은 '의회중심형'이라 할 수 있다. 의회가 행정부보다 우위에서 여론을 바탕으로 한 통상정책을 수행한다. 통상정책 관련 기구로는 의회, 미국국제통상위원회(USITC), 미국통상대표부(USTR), 행정부 관련 부처(국무성의 국제경제국, 상무성의 국제통상국, 재무성의 국제금융국, 노동성의 국제노동국, 농무성의 해외농업국 등), 부처 간 통상정책협의체 등이 있다. 통상정책의 결정과정을 보면 의회·행정부·민간부문 간의 이해조정과 합의를 중시하며, 정책결정에 있어서 능률보다 권한 분산을 선호하여 민간부문의 영향력이 크다. 또한, 견제와 균형의 원리가 적용되어서 상하원 간·행정부 내·의회와 행정부 간·정부와 민간 간 등 이러한 원리가 작동된다. 통상정책의 주요 기조는 자유무역주의에서 공정무역주의로의 전환, 국내경제여건을 배경으로 한 보호무역주의적 경향, 자유주의적 국제통상질서의 유지를 위한 다자주의적 접근방식 선호 등으로 대변되나 이와 병행하여 쌍무적·일방적 접근방식 사용, 각종 지역주의 흐름에 대한 적절한 대처 등을 특징으로 한다. 특히 미국은 통상정책을 외교정책의 수단으로 사용하여 '외교통상'이 대외관계를 이끌어가는 핵심인 것이다.

중국의 경우 통상정책의 결정유형은 '당·관료 중심형'으로 당(중앙정치국)과 정부관료(中央外事領導小組, 당과 정부의 협의체)가 긴밀한 협조체제에 기초한 통상정책을 수행한다. 통상정책 관련 기구로는 상무부의 수출입공평무역국과 산업피해조사국, 중앙외사영도소조(中央外事領導小組, 국무원의 외교부와 국방부, 상무부, 당의 중앙서기처 산하의 대외연락부 등 약 10여 개 유관 부서), 지방정부 등이 있다. 통상정책의 결정과정을 보면 당과 관련 부처의 합의를 중시하며 정부가 육성하고 있는 업계의 영향력도 관료기구의 결정에 보완적으로 작용한다. 중앙 정부의 정책은 타국에 비해 사회·경제 전반에 미치는 영향이 지대하고, 중앙 정부의 태도는 바로 사회 전체의 기조와 미래를 예측할 수 있는 척도이다. 중국

24) 신유균, 『신교역질서와 한국의 선택』 (서울: 한국무역경제, 1995); 윤기관 (2015).

의 국유기업은 덩샤오핑(鄧小平)의 개혁 및 개방정책 이후 민영화의 길을 걷고 있지만, 아직도 많은 기업이 정부의 직접 영향권에 있는 국유기업의 형태로 남아 있다. 중국은 WTO 가입 후 관세와 비관세 무역장벽이 점진적으로 붕괴되고 있어서 무역구제조치를 이용한 국내산업의 보호가 필요하다는 논리를 개발하고 있다. 중국은 사회 안정을 위한 국내정치적 요인, 국내 산업 보호를 위한 경제·산업적 요인 및 통상마찰로 인한 국제정치적 요인을 고려하여 통상정책을 결정한다. 중국의 통상정책결정과정에는 과거의 계획경제 시대와는 달리 전문 관료 및 업계 등 이해관계자의 의견이 점차 반영되고 있다. 통상정책의 주요 기조는 외형적으로는 자유무역주의를 지향하나 각종 보호무역 장치를 활용하고 FTA를 통한 시장개방 확대를 추진하는 것이다. 결국, 국가 주도의 '산업통상'적인 통상관계 관리 운용을 특징으로 한다.[25]

일본의 경우 통상정책의 결정유형은 '전문관료중심형'으로 행정부가 의회보다 우위로 긴밀한 관료협조체제에 기초한 통상정책을 수행한다. 통상정책 관련 기구로는 의회, 행정부 관련 부처(외무성의 경제협력국, 통상산업성의 통상정책국, 대장성의 관세국 등), 각료회의 및 각료심의기구 등이 있다. 통상정책의 결정과정을 보면 관련 부처의 합의를 중시하며 일본식 자문협의 방식에 의해 단계적 의견조정을 특징으로 하고 의회는 관료기구의 결정에 정당성을 부여한다. 각종 심

의회·압력단체의 역할도 관료기구결정에 보완적으로 작용한다. 통상정책의 주요 기조는 외형적으로는 자유무역주의를 표방하나 시장개방에는 소극적 태도를 보이고, 구미와 같은 상호주의적 조치를 피하고 다자주의적 접근방식을 지향한다. 특히 외교정책과 통상정책을 분리 운영하는 외무성의 경우 정책결정에의 영향력이 약하고 산업정책에 기반을 둔 통상정책을 수행한다. 결국 '외교통상'이 아닌 '산업통상'적인 통상관계 관리 운용을 특징으로 한다.

이에 비해 EU는 통상정책의 결정유형이 '미국과 일본의 절충형'이라고 할 수 있다. 통상정책 관련 기구로는 집행위원회(집행기구), 각료이사회(입법·정책결정기관), 유럽의회(자문·감독기관), 사법재판소(사법기관), 경제사회위원회(자문기관), 상주대표위원회(조정기관) 등이 있다. 통상정책의 결정과정을 보면, EU 전체와 회원국 간의 합의에 의해 결정되나 프랑스와 독일의 입김이 강하며, EU 집행위원회와 각료이사회의 상호작용을 통하여 정책이 결정된다. EU의회 및 경제사회위원회는 각 국민과 이익집단의 이해를 반영한다. 통상정책의 주요 기조는 EU 확산에 따른 대외적 블록화로 단일시장형성을 위한 역내장벽 완화와 역외보호장치의 강화를 그 특징으로 한다. 이와 함께 차별주의 경향이 상존한다. 즉 대개도국 특혜를 제공하고 쌍무적·부문별 협상을 선호한다. 특히 통상정책이 외교정책과 밀접히 관련되는 '외교통상'의 성격을 지니며 구유럽 식민지국가에 대해 특혜를 부여하나, 산업정책은 EU 회원국별로 관장한다. EU공동통상정책은 회원국의 산업정책을 고려하는 것이다.

한편, 한국의 통상외교에 있어 국회의 역할은

25) 김창곤·박진근, "중국의 WTO 가입 후 통상정책에 대한 고찰 – 무역구제조치를 위한 의사결정과정을 중심으로 –,"『해양정책연구』제21집 1호, 2006, pp. 31-51.; 유영신, "중국 통상정책: 상반된 두 얼굴," 정보통신산업진흥원,『IT Spot Issue』(2013-6).

매우 제한적이었고 그러한 문제점은 행정부가 통상정책과 협상을 주도하는 한국의 통상제도의 특징에 기인하는 바가 크다. 한·칠레 FTA와 한미 FTA에서 국회의 역할에 대해 비교 평가하면 다음과 같다. 첫째, 두 협상 모두 국회가 상대국의 결정이나 시기 등의 논의에 대해 사전에 참여하지 못하고, 대체로 협상이 본격화되고 민감한 사안들이 논의되는 시점에서 참여했다. 둘째, 한·칠레 FTA의 경우는 의원 개인 차원의 참여가 주인 반면에 한미 FTA의 경우는 특별위원회라는 제도적 장치가 만들어졌다는 점에서 차이가 있다. 마지막으로 두 협상 모두 잠재적 피해자에 대한 사후구제 차원에서의 보상책 마련이 국회의 가장 중요하고 실질적인 역할이었다.[26] 한국의 경우 박근혜정부 이래 통상정책 수행의 유형이 '외교통상'에서 '산업통상'으로 성격이 바뀌어 일본형에 가까운 모습을 보이고 있다.

양자통상관계의 예로, 한국과 미국 간의 자유무역협정(FTA) 체결과 관련된 사항들을 검토하면 한미 간의 외교적 계산에 의해 한미 FTA가 이뤄졌음을 알 수 있다. 미국의 입장에서 한미 FTA의 필요성을 살펴보면, 한국은 규모가 큰 선진경제로 미국의 주요 교역 대상국이며 미국의 중요한 동맹국이라는 점을 꼽을 수 있다. 동북아지역 내 핵심적인 지리적·전략적 파트너이자 지역 역동성의 중요함 때문에 한국과의 FTA 체결은 의미가 있는 것이었다. 이것이 태평양 연안국의 결속을 튼튼히 하고 지역경제가 균형을 이루는 데 도움이 되리라는 판단이 있기에 가능한 것이었다. 또한,

한국의 경제 지도자들이 추가 시장개방과 경제정책 개혁을 통해 지속적으로 한국경제를 강화시키는 데 한미 FTA가 도움이 되기를 미국이 바라기 때문인 것이다. 한국의 입장에서 본 한미 FTA의 필요성은 이것이 한국의 경제 개혁 및 성장 확대에 도움이 될 것이며 세계 최대의 선진 경제인 미국경제에 한국경제를 보다 긴밀히 결속시키는 것과 같이 무형의 인프라에 투자하는 것이 가능했기 때문이다. 미국과 경쟁하면서 선진 경제로 성장하기 위한 기회를 마련하고자 한 것이었다.

한국과 미국의 경제적·안보적 이해관계가 한미 FTA를 가능하게 한 것이다. 경제적인 측면에서 농업과 일부 서비스업을 빼면 미국의 산업은 한국과 상호보완적이어서 일본이나 중국과의 FTA보다 개방에 따른 피해 위험이 적었다. 또한, 양국은 반도체·철강·쇠고기 등 다양한 통상 분야에서 분쟁을 겪으며 협상을 해왔기 때문에 타협의 가능성이 큰 상황이었다. 한국은 미국이라는 세계 최대의 시장을 확보할 수 있고, 우리 산업의 고도화를 마련하는 기회가 될 수 있었다. 한국의 대외신인도를 제고하는 계기가 될 수 있으며, 미국의 각종 규범 및 제도에 내재된 글로벌 스탠다드를 한국의 경제 및 사회 전반에 확산시켜 경제구조를 선진화하는 계기가 될 수 있었다. 안보적인 측면에서 한미 FTA는 1953년 한미 군사동맹 체결 후 양국관계를 한 단계 진전시키는 중대한 계기가 될 수 있었다. 한미동맹의 강화를 통해 동아시아에 영향력을 행사하려는 미국의 노력에 부합하며, 한국의 중국 경제권 편입을 사전 차단하려는 미국의 목적에도 부합한다.

짧게 정리하면, 한미 FTA는 순수한 경제적 계산에 의해 이뤄진 것이 아니라 안보적 고려와 양

---

26) 유현석, "통상외교와 국회의 역할: 한-칠레 FTA와 한-미 FTA의 사례,"『한국정치외교사논총』 제29집 2호 (2008), pp. 439-464.

국관계에 대한 인식에 달려 있는 것이다. 중국을 견제하려는 미국의 정치적 판단과 한미 안보동맹의 토대 위에 경제적 실리를 취하려는 한국의 장기적 안목 속에서 양국 간 이해관계의 합치가 이를 가능하게 했던 것이다. 한국의 대미 통상외교와 미국의 대한 통상외교는 이러한 환경하에서 추진되어왔다.

표 6.5 미국, 중국, 일본, EU의 통상정책

	미국	중국	일본	EU
통상정책의 결정유형	• 의회중심형 (의회>행정부/여론을 바탕으로 한 통상정책)	• 당·관료중심형 (당=정부관료/당과 정부관료 협조체제에 기초한 통상정책)	• 전문관료중심형 (의회〈행정부/긴밀한 관료협조체제에 기초한 통상정책)	• 미국과 일본의 절충형
통상정책 관련기구	• 의회: 통상규제·관세부과 • 미국국제무역위원회: 수입품의 국내산업에 대한 피해조사판정 및 대응조치 강구 • 행정부 관련부처 (국무성-국제경제국·상무성-국제통상국·재무성-국제금융국·노동성-국제노동국·농무성-해외농업국) • 미국통상대표부: 통상정책에 대한 대통령자문 / 수출증대를 위한 정책개발·조정·집행 • 부처간 통상정책협의체: 통상협정·정책·협상위원회	• 당: 중앙정치국 • 행정부 관련부처: 중앙외사영도소조 (국무원의 외교부와 국방부, 상무부, 당의 중앙서기처 산하의 대외연락부 등 약 10여개 유관부서) • 상무부: 수출입공평무역국 및 산업피해조사국	• 의회: 통상 관련 정책 심의·승인 • 행정부 관련부처 (외무성-경제협력국·통상산업성-통상정책국·대장성-관세국) • 각료회의 및 각료 심의기구	• 집행위원회: 집행기구 • 각료이사회: 입법·정책결정기관 • 유럽의회: 자문·감독기관 • 사법재판소: 사법기관 • 경제사회위원회: 자문기관 • 상주대표위원회: 조정기관
통상정책의 결정과정	• 의회·행정부·민간부문 간의 이해조정과 합의를 중시 (상대적으로 의회의 비중이 큼) • 정책결정에 있어서 능률보다 권한 분산을 선호 (민간부문의 영향력이 큼) • 견제와 균형의 원리가 적용 (상하원 간·행정부 내·의회와 행정부·정부와 민간)	• 당과 관련부처의 합의를 중시하며 정부가 육성하고 있는 업계의 영향력도 고려 • 중앙정부의 정책은 사회·경제 전반에 미치는 영향이 지대 • 다수의 기업이 정부의 직접 영향권에 있는 국유기업	• 관련부처의 합의를 중시하며 일본식 자문협의방식에 의해 단계적 의견조정 • 의회는 관료기구의 결정에 정당성 부여 • 각종 심의회·압력단체의 역할도 관료기구의 결정에 보완적으로 작용	• EU 전체와 회원국 간의 합의에 의해 결정 (프랑스와 독일의 입김이 강함) • EU 집행위원회와 각료이사회의 상호작용을 통하여 정책결정 (EU 의회 및 경제사회위원회는 각 국민과 이익집단의 이해를 반영)

계속 ▶▶

표 6.5 계속

	미국	중국	일본	EU
통상정책의 주요 기조	• 자유무역주의에서 공정무역으로 전환 • 국내경제여건을 배경으로 한 보호무역주의적 경향 • 자유주의적 국제무역질서의 유지를 위한 다자주의적 접근방식을 선호하나 이와 병행하여 쌍무적·일방적 접근방식 사용 • USMCA(NAFTA)를 근간으로 하여 EU·CPTPP·RCEP 등 지역주의 흐름에 적절히 대처 • 지적재산권 및 기타 서비스교역에 대한 입장강화	• 외형적으로는 자유무역주의를 지향하나 각종 보호무역장치를 활용 • 양자주의를 선호하나 최근 다자주의적 접근방식을 지향 • FTA를 통한 시장개방 확대 추진	• 외형적으로는 자유무역주의를 표방하나 시장개방에는 소극적 태도 • 구미와 같은 상호주의적 조치를 피하고 다자주의적 접근방식을 지향 • 신·구 NICs와 협력적 분업을 통한 무역확대 강조	• EU 확산에 따른 대외적 블럭화 (단일시장형성을 위한 역내장벽 완화 / 역외보호장치의 강화) • 차별주의 경향 상존 (대개도국 특혜 제공 / 쌍무적·부문별 협상 선호)
여타 정책과의 관계	• 외교정책과 밀접한 관련 (통상정책을 외교정책의 수단으로 사용) • 산업정책과의 연계 고려 (사양산업의 보호 / 첨단산업·농업에 대한 지원)	• 외교정책과 밀접한 관련 • 산업정책에 기반을 둔 통상정책	• 외교정책과 통상정책의 분리 운영 (외무성의 경우 정책결정에의 영향력이 약함) • 산업정책에 기반을 둔 통상정책 (정책수립의 주요권한이 국내산업 보호적인 통상산업성에 집중)	• 외교정책과 밀접한 관련 (구유럽식민지 국가에 대해 특혜부여) • 산업정책은 EU 회원국별로 관장 (EU 공동통상정책은 회원국의 산업정책을 고려)
통상정책 관련 사회·경제적 배경	• 사회적 배경: 동의에 의한 정치전통 / 사회의 분화 / 연방제도 • 경제적 배경: 서비스산업 중심의 경제구조 / 높은 실업률 / 경상수지적자와 재정적자의 심화 / 세계 제일의 외채국	• 사회적 배경: 공산당에 대한 뿌리깊은 신뢰 / 전체주의적 사고방식과 행동양식 / 정책결정에 영향을 미치는 당의 높은 비중 • 경제적 배경: 계획경제의 잔재 / 완전고용에 까까운 실업률 / 경상수지 흑자의 지속적 누증	• 사회적 배경: 관료체제에 대한 뿌리깊은 신뢰 / 일본인 특유의 집단주의적 사고방식과 행동양식 / 의회·정당에서 점하는 관료출신의 높은 비중 • 경제적 배경: 산업조정의 조기실시 / 완전고용에 까까운 실업률 / 경상수지 흑자의 지속적 누증	• 사회적 배경: 유럽은 하나라는 의식 / 역사적·문화적 동질감 • 경제적 배경: 산업구조조정 지연 / 높은 실업률 / 경상수지적자 / 높은 무역의존도

6. 결론

1990년대 이래 탈냉전 세계화 시대의 도래는 국제정치경제질서를 북북(North-North)구조와 남북(North-South)구조로 재편성하고 동서(East-West)구조를 사라지게 만들었다. 선진국 간의 협력구조는 G2, G7, G8, G20 등 과두적인 리더십과 다자주의적인 협력의 틀 속에서 이뤄져왔으며, 선진국과 개도국 간의 협력구조는 갈등과 협력의 과정 속에서 선진국의 당근과 채찍이 동원된 협상 방식으로 인해 그 이견의 접점을 찾아왔다. 이념대결이 종식된 탈냉전기가 도래하고 국제통상관계도 자유공정무역을 추구하는 GATT 레짐의 WTO레짐으로의 발전과 함께 안보적 진공 상태에서 무한경쟁의 시대로 돌입했다.

이러한 통상환경 속에서 개별국가는 다양한 통상전략을 구사해왔다. 우선 상대국 요구에 불응하며 양자협상을 수행할 수 있었고, 양자협상을 다자협상으로 전환 유도하며 문제를 해결할 수도 있었다. 나아가 관련 이해 당사국 간 공동전선을 형성하는 것도 상대국에 대항하는 좋은 전략이 되었다.

경제통합의 흐름 속에서 통상과 관련된 국제관계의 주요한 갈등구조는 빈부격차를 둘러싼 선진국과 개도국 간 대립으로 특징지어진다. 통상을 논의함에 있어 선진국과 개도국 간 및 블록 간 갈등이 그 해결해야 할 외교적 과제이다. 금융의 경우도 국제금융시장의 변화가 그 관심사가 되며 선진국과 개도국 간 갈등이 주요한 외교적 과제가 된다. 또한, 환경의 경우 환경보호와 통상규제의 연계가 주요 쟁점이며 선진국과 개도국 간 및 인접국가 간 외교적 마찰이 주요한 관심사이다.

노동의 경우 국제노동기준과 통상규제의 연계가 핵심적 쟁점이며 선진국과 개도국 간 대립구조가 해결해야 할 과제이다. 이와 같은 문제를 해결하기 위한 개별국가의 외교적 입장은 언급한 국제경제관계를 바라보는 각국의 인식과 그 국가가 처한 국내외적 정치·경제 환경, 그리고 통상정책 결정(과정)유형에 따라 다르게 나타나는 것이다.

2020년대 미중 패권경쟁 상황에서 글로벌 공급망, 군사 협력 등에서 미국 편에 서라는 미국의 대한국 압박은 더욱 거세지고 있고, 한편 한중수교 30주년을 맞이하는 한중관계에서 한국의 신정부 출범 이후 미중 전략적 경쟁의 주요 현안과 관련해 중국으로부터의 요구와 압박이 점차 강해지고 있다. 미국이 주도하는 탈중국 및 일부 첨단산업에서의 중국 배제 상황하에서 향후 한국은 중국과의 경제협력을 모색해야 하는 시기에 직면할 것이다.

코로나19 발발과 기후위기를 계기로 경제와 안보에 핵심적인 품목의 과도한 중국의존도를 자각한 미국은 탈중국화를 위한 공급망 재편에 사활을 걸고 있다. 미 행정부는 그간 중국의 첨단기술 탈취, 불공정경쟁, 인권과 민주주의 가치 훼손에 단호한 반대 입장을 취해 왔고, 이는 초당적 지지를 얻었다. 이에 더해 미국의 국제사회 리더로의 복귀와 동맹 복원을 기치로 내건 바이든 대통령의 취임을 계기로 공급망 재편을 위한 우방과의 공조 협력에도 속도가 붙기 시작하고 있다. 특히 미국의 공급망 강화 4대 핵심 품목 중 희토류를 제외한 3개 품목에서 협력이 가능한 유일한 나라 한국은 미국의 긴요한 협력 파트너로 부상하고 있다.[27]

---

27) 김흥종 (2021); 김양희, "미국 주도 '신뢰가치사슬'의 구축 전망과 함의," 『IFANS FOCUS』 2021-20

미국경제와 통상을 책임지는 '투 톱'인 레이몬도(Gina Raimondo) 상무장관과 타이(Katherine Tai) 무역대표부(USTR) 대표는 2021년 한국·일본·싱가포르·말레이시아 등 인도·태평양지역의 주요국을 방문해 'Indo-Pacific Economic Framework' 구상을 제안했고, 이는 2022년 5월에 출범(미국, 한국, 일본, 호주, 뉴질랜드, 브루나이, 인도, 인도네시아, 말레이시아, 필리핀, 싱가포르, 태국, 베트남 등 13개국 참여)했다. 이에 한국은 개방적 지역주의(open regionalism)의 기본원칙을 견지하면서, 동아시아지역 차원에서 자유무

역질서를 강화하기 위한 외교적 노력을 지속해야 한다.

2020년대는 한국통상외교의 분기점이 되어야 한다. 세계질서와 동아시아 지역질서의 축이 흔들리고 있다. '안미경중(安美經中)' 외교가 불가능함을 인식했다면, 이를 '안민경자(安民經資, 안보는 민주주의, 경제는 자본주의 가치공유에 부합하는 국가와 함께 함)' 외교로 인식을 새로이 해야 한다. 가치공유냐 이익공유냐의 기로에서 단기적인 이익공유 우선의 통상외교노선보다는 중장기적인 가치공유 우선의 통상외교노선이 바람직하다.

(2021); 이상환 (2021b).

토의주제

1. 제2차 세계대전 후 국제정치경제질서의 변화를 동서(East-West)체제, 북북(North-North)체제, 남북(North-South)체제의 측면에서 논의해 보자.

2. 한국의 경제발전을 대외지향적 수출중심의 산업화 전략으로 명명하고 '무역입국'을 강조한 이유가 무엇인가?

3. 국제통상관계를 정치적 및 경제적 측면에서 설명하는 시각을 논의해 보자.

4. 통상외교전략을 수행하기 위해 활용되는 통상로비를 유형학적으로 실례를 들어 논의해 보자.

5. 개별국가의 통상정책결정과정에 영향을 미치는 요인을 국내적 및 국제적 차원에서 논의해 보자.

6. GATT(관세와 무역에 관한 일반협정)와 WTO(세계무역기구)가 국제통상관계에 미친 영향은 무엇인가?

7. 21세기에 FTA(자유무역협정)가 한국의 경제성장에 기여한 점은 무엇인가?

8. CPTPP(포괄적·점진적환태평양경제동반자협정)와 RCEP(역내포괄적경제동반자협정)을 비교하여 논의해 보자.

9. 한국의 통상정책결정과정을 미국과 일본의 경우와 비교하여 논의해 보자.

10. 2020년대 한국의 통상외교 방향은 어떻게 변화할 것인가?

참고문헌

1. 한글문헌

강선주. "2021년 G7 정상회의: 포스트-코로나 국제질서에의 함의와 전망." 『주요국제문제분석』 2021-16 (2021).

길정우. "한국 통상외교의 환경변화와 특징: 한·미 통상관계를 중심으로." 『국제정치논총』 제32집 2호 (1993).

김명섭. "프랑스의 문화외교: 미테랑대통령 집권기(1981~1995)를 중심으로." 『한국정치학회보』 제27집 2호 (2003).

김민전. "미 민주-공화 양당의 통상정책변화와 그 원인 연구." 『한국정치학회보』 제29집 1호 (1995).

김성현. "구조개혁과 엘리트 충원을 통해 본 프랑스 경제외교." 『국제정치논총』 제45집 1호 (2005).

김양희. "역내포괄적경제동반자협정(RCEP)의 지경학적 기회요인과 지정학적 위험요인." 『정책연구시리즈』 2020-15 (2020).

_____. "미국 주도 '신뢰가치사슬'의 구축 전망과 함의." 『IFANS FOCUS』 2021-20 (2021).

김영춘. "일본의 매스미디어의 국가적 콘센서스 역할: 중-일 외교정상화를 중심으로." 『한국정치학회보』 제23집 2호 (1989).

김정수. "정책레짐모델을 이용한 미국통상정책의 제도적 변화 분석." 『국제정치논총』 제36집 1호 (1996).

김재철. "상호의존의 증대와 국가의 역할: 중국의 대외개방의 경우." 『한국정치학회보』 제28집 1호 (1994).

김창곤·박진근, "중국의 WTO 가입 후 통상정책에 대한 고찰 – 무역구제조치를 위한 의사결정과정을 중심으로 –," 『해양정책연구』 제21집 1호 (2006).

김흥종. 『KIEP가 함께 한 한국의 FTA 20년』 대외경제정책연구원 (2021).

김희중. "RCEP 서명에 따른 CPTPP와의 협정문 주요 내용 비교 분석." 『법학논총』 제49집 (2021).

미네르바정치연구회 편. 『국제질서의 패러독스』. 서울: 인간사랑, 2005.

_____. 『정치학이란』. 서울: 인간사랑, 2006.

박경서. "민주화시대의 대외경제정책수립." 『국제정치논총』 제28집 2호 (1988).

박근. "민주화와 외교정책 결정과정의 비판." 『국제정치논총』 제28집 2호 (1988).

박홍석. "미국의 대한무역정책과 정치경제요인분석." 『국제정치논총』 제32집 1호 (1992).

박홍영. "일본형 원조외교의 특징 및 변화상 고찰: 서구제국과의 비교 관점에서." 『국제정치논총』 제43집 4호 (2003).

백광일. "한국과 미국의 의회가 외교정책에 미치는 영향의 비교분석." 『국제정치논총』 제25집 (1985).

송백훈. "미국-일본 FTA와 한국, 미국의 CPTPP 가입에 따른 한국 제조업 효과 분석." 『사회과학연구』 제27집 2호 (2020).

신유균. 『신교역질서와 한국의 선택』. 한국무역경제 (1995).

원동욱. "중국 환경외교: 역사, 원칙, 실제." 『국제정치논총』 제44집 2호 (2004).

유영. "한국경제외교상의 정부와 민간의 역할: 경제외교정책과 통상정책의 이론적 통합." 『국제정치논총』 제27집 2호 (1988).

유영신, "중국 통상정책: 상반된 두 얼굴," 정보통신산업진흥원. 『IT Spot Issue』 (2013-6).

유현석. "통상외교와 국회의 역할: 한-칠레 FTA와 한-미 FTA의 사례." 『한국정치외교사논총』 제29집 2호 (2008).

윤기관. 『현대국제통상론』. 서울: 궁미디어, 2015.

이상환. "미국과 동북아 3국간의 무역분쟁: 패권안정이론과 잉여능력이론의 고찰." 『국제정치논총』 제35집 1호 (1995).

_____. "신국제정치경제질서의 도래와 세계민주공동체로의 전환." 『국제정치논총』 제36집 1호 (1996).

_____. "국제적 반부패논의와 반부패 국제비정부기구의 역할: 국제투명성기구의 활동을 중심으로." 『세계지역연구논총』 제16집 (2001).

_____. "미국의 인권외교정책: 코소보와 동티모르의 사례 비교." 『국제정치연구』 제3집 2호 (2001).

_____. "감염병의 국제관계: 21세기 국제사회의 보건 갈등과 협력." 『JPI정책포럼』 2020-2 (2020a).

_____. "포스트 코로나: 국제정치질서의 변화와 한국의 대응방안." 『한국사회과학협의회 소식』 제24권 (2020b).

_____. "세계화와 탈세계화: 민족주의, 보호무역주의의 확산과 글로벌 거버넌스." 『외교』 제135권 (2020c).

_____. "Post COVID-19 시대의 국제정치: 탈세계화, 디지털화 그리고 신냉전 질서의 도래." 『정치정보연구』 제23권 3호 (2020d).

_____. 『국제정치경제: 시각과 쟁점』. 서울: 박영사, 2021a.

_____. "미국-중국 간 통화 패권경쟁과 국제정치경제 질서 전망." 『정치정보연구』 제24권 3호 (2021b).

이홍종. "미국외교정책과 언론: 코리아게이트사건을 중심으로." 『국제정치논총』 제34집 2호 (1994).

최병두. 『환경사회이론과 국제환경문제』. 서울: 한울, 1995.

홍득표. "외교정책결정과 정치위험분석." 『국제정치논총』 제32집 2호 (1992).

2. 영어문헌

Baldwin, D., ed. *Neorealism and Neoliberalism: The Contemporary Debate.* New York: Columbia University Press, 1993.

Cline, W., ed. *Trade Policy in the 1980s.* Washington D.C.: Institute for International Economics, 1983.

Destler, I. M. "Protecting Congress or Protecting Trade?" *Foreign Policy* 62 (spring 1986).

_____. *Anti-protection: Changing forces in United States trade politics.* Washington D.C.: Institute for International Economics, 1987.

_____. *American Trade Politics.* Washington D.C.: Institute for International Economics, 1992.

Duffield, J. "International Regimes and Alliance Behavior: Explaining NATO Force Levels." *International Organization* 46-3 (1992).

Elkins, D. and R. Simeon. "A Cause in Search of Its Effect, or What Does Political Culture Explain?" *Comparative Politics* 11-2 (1979).

Frieden, J. "Sectoral Conflict and Foreign Economic Policy, 1914~1940." *International Organization* 42-1 (1988).

Fukuyama, F. *The End of History and the Last Man.* New York: Free Press, 1992.

Gilpin, R. *U.S. Power and the Multinational Corporation: The Political Economy of Foreign Direct Investment.* New York: Basic Books, Inc., 1975.

_____. *The Political Economy of International Relations.* NJ: The Princeton University Press, 1987.

Golden, D. and J. Poterba. "The Price of Popularity: The Political Business Cycle Reconsidered." *American Journal of Political Science* 24-4 (1980).

Goldstein, J. "Ideas, Institutions, and American Trade Policy." *International Organization* 42-1 (1988).

Gowa, J. "Bipolarity, Multipolarity, and Free Trade." *American Political Science Review* 83-4 (1989).

Herrero, A. G. "Europe in the Midst of China-US Strategic Economic Competition: What are the European Union's Options?" *Journal of Chinese Economic and Business Studies* 17-4 (2019).

Hirschman, A. *National Power and the Structure of Foreign Trade.* Berkeley: University of California Press, 1980.

Holsti, O. "Public Opinion and Foreign Policy." *International Studies Quarterly* 36-4 (1992).

Isaak, R. *Managing World Economic Change.* NJ: Prentice-Hall, Inc., 1995.

Keohane, R. *After Hegemony: Cooperation and Discord in the World Political Economy.* Princeton: Princeton University Press, 1984.

_____. *International Institution and State Power: Essays in International Relation Theory.* Boulder: Westview Press, 1989.

Keohane, R., and J. Nye. *Power and Interdependence: World Politics in Transition.* Boston: Little Brown and Company, 1977.

Kennedy, P. *The Rise and Fall of Great Powers.* New York: Random House, 1987.

Krasner, S. "State Power and the Structure of International Trade." *World Politics* 28 (1976).

Krugman, P. *Strategic Trade Policy and the New International Economics.* MA: The MIT Press, 1986.

Lake, D. "International Economic Structures and American Foreign Economic Policy, 1887~1934." *World Politics* 35-4 (1983).

_____. "The State and American Trade Strategy in the Pre-Hegemonic Era." *International Organization* 42-1 (1988).

McKeown, T. "Hegemonic stability theory and 19th century tariff levels in Europe." *International Organization* 37-1 (1983).

Milner, H. "Resisting the Protectionist Temptation: Industry and the Making of Trade Policy in France and the United States During the 1970s." *International Organization* 41-4 (1987).

Morse, E. "Interdependence on World Affairs." in James Rosenau, ed. *World Politics.* New York: The Free Press, 1976.

Nordhaus, W. "The Political Business Cycle." *The Review of Economic Studies* 42-2 (1975).

Odell, J. "Understanding International Trade Policies: An Emerging Synthesis." *World Politics* 43-1 (1990).

Pollins, B. "Conflict, Cooperation, and Commerce: The Effect of International Political Interactions on Bilateral Trade Flows." *American Journal of Political Science* 33-3 (1989).

Risse-Kappen, T. "Public Opinion, Domestic Structure and Foreign Policy in Liberal Democracies." *World Politics* 43-4 (1991).

Rohrlich, P.E. "Economic Culture and Foreign Policy: The Cognitive Analysis of Economic Policy Making." *International Organization* 41-1 (1987).

Schweller, R. "Domestic Structure and Preventive War: Are Democracies More Pacific?" *World Politics* 44-2 (1992).

_____. "Tripolarity and the Second World War." *International Studies Quarterly* 37-1 (1993).

Snyder, G. "The Security Dilemma in Alliance Politics." *World Politics* 36-4 (1984).

Spero, J. *The Politics of International Economic Relations.* New York: St. Martin's Press, 1985.

Spiro, H. "Comprehensive Politics: A Comprehensive Approach." *American Political Science Review* 56 (1962).

Strange, S. "The management of surplus capacity: or how does theory stand up to protectionism 1970s style?" *International Organization* 33-3 (1979).

_____. "Protectionism and World Politics." *International Organization* 39-2 (1985).

_____. "The Persistent myth of lost hegemony." *International Organization* 41-4 (1987).

Strange, S. and R. Tooze. *The International Politics of Surplus Capacity.* New York: Routledge, 1981.

Tufte, E. *Political Control of the Economy.* NJ: Princeton University Press, 1978.

Walleri, D. "The Political Economy Literature of North-South Relations." *International Studies Quarterly* 22 (1978).

Walt, S. "Testing Theories of Alliance Formation." *International Organization* 42-2 (1988).

Waltz, K. "International Structure, National Force, and the Balance of World Power." *Journal of International Affairs* 21 (1967).

_____. *Theory of International Politics.* New York: Random House, 1979.

_____. "The Emerging Structure of International Politics." *International Security* 18-2 (1993).

7장

공공외교

김태환(국립외교원)

1. 서론　　186

2. 공공외교의 역사적
   진화: 프로파간다로
   부터 공공외교로　187

3. 금세기 신공공 외교와
   공공외교에 대한
   두 가지 시각　193

4. 공공외교의 최근
   국제적 추세　201

5. 한국공공외교의
   현황과 특징　205

6. 결론: 공공외교의 방향성　211

1. 서론

21세기에 들어 공공외교(public diplomacy)가 급부상하고 있다. 학계에서는 떠오르는 새로운 다학제 연구분야로 인식되고 있으며, 정책 서클에서도 외교정책의 새로운 분야로서 주목을 끌면서 강대국을 비롯한 여러 국가들이 공공외교 전선에 앞다투어 매진하고 있다. 그러나 공공외교 그 자체는 전혀 새로운 개념이나 현상이 아니다. 이미 지난 세기에 양차 대전 중 외교적 선전 수단으로서, 그리고 제2차 세계대전 후 냉전체제하에서는 대립하고 있는 상대 진영 국가들의 국민에 대한 광범한 접근 수단으로서 실행된 바 있다. 그렇다면 금세기에 들어서 다시금 공공외교가 주목을 끌고 있는 이유는 무엇인가?

　공공외교는 기본적으로 외국민을 대상으로 하는 소통 행위이다. 따라서 금세기 공공외교의 부상은 국제정치적 맥락과 더불어 정보통신 기술혁신에 따른 커뮤니케이션 동학의 맥락에서 이해해야 할 필요가 있다. 오늘날에는 중국을 비롯한 비서구 국가들의 부상과 함께 국가 간 물리적 능력의 배분이 변화하는 힘의 전이(transition)와 국가 행위자로부터 비국가행위자로 힘이 배분되는 힘의 분산(diffusion)이 동시에 일어나고 있다. 이와 더불어 과거 냉전기의 이데올로기 대립과 체제경쟁으로부터 인종, 민족, 종교, 종파, 문화 및 문명 등 다양한 집단 정체성의 구심점을 중심으로 하는 정체성의 정치가 본격화되고 있다. 정체성의 정치 중 특히 중국의 부상과 도전은 오늘날 세계정치를 규정하는 중요한 요인의 하나로 대두되고 있다. 이러한 요인들로 인해서 이른바 제2차 세계대전 종전 이래 미국이 주도해왔던 자유주의 국제질서가 금세기에 들어서 심각한 도전에 직면하고 있는 것이다.

이와 더불어 지난 세기말 이래 정보통신 기술의 혁신은 오늘날 커뮤니케이션의 양상을 단절적으로 변화시키고 있다. 20세기의 매스 미디어와는 달리 디지털 미디어는 세계의 상호연계성과 더불어 다양성을 더욱 강화시켜주고 있다. 더욱이 정보통신 기술의 혁신과 상용화, 대중화는 개인과 NGO(비정부기구), 기업과 사회운동과 같은 비국가행위자들의 힘을 대폭 강화시켜주고 있다. 국가의 정보독점을 희석시킬 뿐만 아니라, 개인을 비롯한 비국가행위자들이 상호 소통을 통해서 집단적 여론을 표출하고, 나아가서는 집단행동을 하는 데 드는 비용을 대폭 낮춰줌으로써 이들이 국제사회의 중요한 행위자로 등장하는 계기가 되고 있는 것이다.

그렇다면 21세기에 새롭게 대두하고 있는 공공외교의 추동 요인은 무엇이며, 그 특징과 의미는 무엇인가? 오늘날과 같은 국제질서의 변혁기에 공공외교는 어떠한 역할을 수행하고 있고, 수행해야 할 것인가? 공공외교가 국제정치 동학과 국제질서의 형성에 어떠한 영향력을 미칠 수 있을 것인가? 한국은 어떻게 공공외교를 수행하고 있으며, 그것이 우리 외교정책에 의미하는 것은 무엇인가? 이러한 문제의식하에 이 장은 19세기

이래 오늘날까지 공공외교의 역사적 진화과정을 통해서 핵심 개념과 실천의 변화를 살펴보고 공공외교에 대한 두 가지 시각을 소개한 후, 금세기 국제정치의 변화 맥락과 최근 공공외교의 국제적 추세를 짚어본다. 그리고 이러한 맥락에서 한국의 공공외교 현황과 특징을 살펴본 후, 마지막으로 향후 공공외교의 방향성을 가늠하고자 한다.

2. 공공외교의 역사적 진화: 프로파간다로부터 공공외교로

외교는 정치적 집단을 대외적으로 대표하고 대변하는 공식적 행위로서 인간이 정치적 집단을 형성하면서부터 존재해왔지만, 특히 1648년 베스트팔렌조약(Westphalia Treaties) 이래 근대적인 의미의 국민국가가 형성되면서 국가 간 공식적 대변 및 교섭 행위로 국가 및 국제관계의 핵심 요소로 자리를 잡아 왔다. 전통외교가 특정 정치체, 특히 국민국가와 이에 준하는 공식적 지위를 지니는 정치적 조직을 대표하고 대변하는 모든 공식적 행위, 특히 정부 간 행위를 지칭한다면, 공공외교는 국민 또는 대중이 외교의 주요 주체이자 대상으로 역할 하는 소통의 외교를 의미한다. 따라서 공공외교의 의미를 파악하기 위해서는 당 시대의 ▲국제정치적 맥락(대중과의 소통의 의미와 필요성)과 더불어 ▲커뮤니케이션 기술에 따른 동학(소통의 양식)의 맥락을 이해하는 것이 중요하다.

1) 19세기 이래 세계대전까지의 공공외교

공공외교는 무엇보다도 외교의 대상이 국가를 포함하여 이에 준하는 공식적인 정치집단을 대상으로 하는 외교가 아니라 상대방 국가 또는 이에 준하는 정치집단의 국민(foreign public)을 대상으로 한다는 점에서 전통외교와는 구분된다. 따라서 당연히 공공외교는 전통외교와는 달리 공개성을 주요 특징으로 한다. 공공외교 역시 인류의 정치적 행위가 존재했던 시대부터 전통외교와 더불어 존재했지만, 공공외교라는 용어와 개념은 19세기에 소수 전문집단에 의해서 비공개적으로 행해지는 전통외교에 대비되는 개념으로서 일반 대중, 특히 외국민을 대상으로 하는 '개방외교'의 개념으로 사용되기 시작하였다.[1]

그러나 19세기 개방외교로서의 공공외교는 극히 제한되어 있었으며, ▲민족주의 국가의 성립과 강화를 위한 도구, ▲서구의 열강들이 각축하는 와중에서 제국주의 국가들의 문화외교와 국제방송, ▲전쟁을 위한 프로파간다의 수단(제1, 2차 세계대전에서의 선전/홍보) 등에 국한되었으며 내용적으로는 선전(propaganda)의 성격이 강했다.

19세기 자본주의의 번성하에 신문과 소설을 포함한 인쇄 매체들이 대규모로 활성화됨에 따라 특정 문화 공동체를 상상의 민족으로 공고화하는 데 역할을 하면서, 민족주의와 국민국가의 부상을 추동하였다. 민족은 '상상의 정치적 공동체(imagined political community)'[2]이고 이러한 공동체가 특정 영토와 연계되면서 특히 유럽에서 왕조체제와 종교적 공동체를 대체하는 근대적인 국민국가의 형성이 붐처럼 이어졌다. 민족이라는 정치집단의 구성원들은 직접적인 접촉을 통해서 서로를 알지 못하면서도 상상의 공동체에서 동질감, 소속감을 지니게 되며, 동일 언어와 문화를 중심으로 한 민족공동체를 형성하게 되었다. 언어를 포함하는 문화는 집단적 상상의 공동체, 민족의 핵심이 되었다.

이와 더불어 국민국가들이 국제적인 이미지 고양에 경주하면서 공공외교는 국제 프로파간다의 성격을 띠게 되었다. 국제 프로파간다의 주 무대는 1851년 런던의 대전시회(Great Exhibition)로부터 시작된 세계박람회였고, 이는 국민국가나 제국(empire)의 국제적 위신 제고와 더불어 무역을 진흥시키고자 하는 목적을 가지고 있었다. 또한, 미국 남북전쟁 당시 남부와 북부는 공히 유럽을 대상으로 프린트 매체를 통한 정보전을 전개하였다. 일본의 경우 1894~1895년 청일전쟁과 1905년 러일전쟁에서의 승리, 그리고 대만과 조선의 합병을 프린트 매체를 이용해서 국내 교육체계는 물론 대외적으로 선전하였는데, 이는 당시 보수적 집권세력이 일본 민족의 진정한 대표자임을 과시하고자 함이었다.

유럽의 강대국들은 자국의 언어와 문화를 보존하고 해외에 전파하고자 1880년 설립된 프랑스의 알리앙스 프랑세즈(Alliance Française)

---

1) 19세기의 공공외교 용어의 사용례에 대해서는 Nicholas J. Cull, "Public Diplomacy Before Gullion: The Evolution of a Phrase," in Nancy Snow and Nocholas J. Cull (eds.), *Routledge Handbook of Public Diplomacy, 2nd ed.* (New York: Routledge, 2020), pp. 13-17 참조.

2) Benedict Anderson, *Imagined Communities: Reflections on the Origin and Spread of Nationalism,* revised ed. (New York: Verso, 2006).

를 필두로 전문적인 문화기구들을 설립하였다. 1881년에는 독일의 민간인들이 해외 독일학교를 설립하였고, 1889년 이탈리아는 단테 소사이어티(Dante Alighieri Society)를 설립하였다. 미국의 해외 문화 투사의 선구적 역할은 국제 교육교류였다. 미국에서 중국 학생들을 초청 교육함으로써 중국에서 미국의 이미지를 고양함과 동시에, 귀국하는 학생들을 통해서 미국의 아이디어를 전파하는 효과를 추구하였다. 카네기(Carnegie Endowment for International Peace), 록펠러(Rockefeller Foundation)와 같은 미국의 민간 재단들은 국제 학술교류를 지원하기 시작하였다. 미국 국무성의 문화부서(Division of Cultural Relations)는 언어 교육을 포함한 문화 활동을 중국, 중동지역 등지로 확대해나갔으며, 미국 역사와 문학에 대한 지식 증진을 위해서 문화센터들을 개소했다. 또한, 국무성의 국제정보 부서(International Information Division)는 다큐멘터리, 뉴스, 라디오 프로그램 등 미국 매체의 세계적 보급을 개시하였다.

통신 기술의 발달로 1920년대 등장한 국제방송은 두 가지 목적을 가지고 있었다. 첫째는 제국과 식민지의 효율적 경영과 유지를 위해 자국의 정보와 정책을 전달하고 우호적 이미지를 제고하기 위한 선전의 목적이었다. 1927년 네덜란드(RNW: Radio Nederland Wereldomroep)를 필두로 1931~1932년 영국(Empire Service, 현재의 BBC World)과 프랑스(Poste Colonial, 현재의 Radio France International)가 국제방송 설립의 뒤를 이었으며, 아시아에서는 일본이 1935년 처음으로 단파 라디오 국제방송을 시작하였다. 이들 국제방송은 탈식민지 시대에도 여전히 과거 식민지에 대한 자국의 영향력을 유지하기 위해서 국제방송을 활용하였다.

초기 국제방송의 또 다른 목적은 자국의 정치적 영향력을 확대하기 위한 프로파간다의 수단이었다. 러시아 볼셰비키 정권은 국제 공산주의 고양을 목적으로 1929년 라디오 방송(Radio Moscow)을 시작했고, 1933년 독일 나치 정권이 들어선 후 선전부 장관 괴벨스(Paul Joseph Goebbels)는 국제방송을 선전을 위한 수단으로 이용하면서, 독일군의 점령지역뿐만 아니라 전 유럽에 방송을 시작하였다. 이탈리아의 무솔리니(Benito Mussolini) 정권과 스페인의 프랑코(Francisco Franco) 정권 역시 정권에 대한 지지를 이끌어 내기 위해서 인쇄선전부를 신설하고 영화와 방송을 해외 선전의 도구로 적극 활용하였다.

냉전 전까지 공공외교의 또 하나의 특징은 전쟁과의 연관성이다. 전쟁과 관련 국내외 지지를 얻기 위한 정보 주도 및 캠페인이 특히 초기 공공외교의 주요한 기능이었다. 1776년 프랭클린(Benjain Franklin)은 적극적으로 프랑스정부를 포섭하고 미국 독립에 대한 지지를 얻기 위한 팸플릿을 영국에 배포하였고, 새로운 공화국의 이념과 이상을 국제사회에 알리고자 하였다. 1812년 전쟁 직후에 제퍼슨(Thomas Jefferson)은 영국 언론의 부정적 견해에 적극적으로 대응하였다. 1917년 제1차 세계대전 중 윌슨(Thomas Woodrow Wilson) 대통령은 공공정보위원회(Committee on Public Information 또는 Creel Commission)를 창설하여 국내 지지 제고와 해외에서 미국의 메시지 전파에 주력하였고, 1941년 미국의 제2차 세계대전 참전 직전 루스벨트(Franklin D. Roosevelt) 대통령은 해외정보서비스(FIS: Foreign Information Service)를 포함하는 정보조정청(Office of the Coordinator of Information)을 설립하였다. FIS는 전 세계적으로 미국정보서비스(USIS: United States Information Service)라는 명칭하에 10여 개의 정보 사무소를 개소하였고, 일본이 진주만을 공격한 지 3개월 후인 1942년 2월 미국의 소리(처음에는 Voices of America, 이후 VOA: Voice of America) 라디오 방송을 개시하였다. 참전 후인 1943년 6월에는 FIS를 해외 브랜치로 하는 전쟁정보청(Office of War Information)을 창설하였다. FIS는 VOA를 관장하면서 연합국들과 프로파간다정책을 조율했으며, 미국의 뉴스와 정보를 해외에 배포하고 USIS 사무소를 유럽, 아프리카, 동아시아지역으로 확장하였다. 이들 기관들은 전시에 국내외 지지를 위한 정보 캠페인과 적에 대한 프로파간다를 위한 것이었고, 따라서 전쟁의 종식과 평시로의 전환에 따라서 기관도 존속하지 못했고 전쟁과 관련된 정보 활동이 주를 이루는 공공외교도 완화되었다.

전쟁 시에는 문화 역시 무기화되었다. 제1차 세계대전 시 영국은 잠재적 동맹국을 끌어들이기 위해서 문화적 연계성을 적극적으로 활용하였고, 전쟁 후에는 국제 문화 활동이 전후 복구의 주요 요소가 되었다. 국제연맹(League of Nations)과 연계하여 상호 문화 이해를 증진시키고자 하는 프로그램들이 시행되었으며, 개별국가들은 문화를 국제사회에서 자국의 위신을 고양시키는 방법으로 사용하였다. 히틀러가 독일에서 권력을 장악했을 때 독일 정권은 해외에 거주하는 독일인들을 대상으로 하는 국제 문화행사들을 주관하였고, 소련은 문화외교를 위해서 1925년 대외문화관계사회(VOKS: All-Union Society for Cultural

Relations with Foreign Countries)를 설립하였으며, 1926년 파시스트 이탈리아는 이탈리아문화원(Italian Cultural Institutes)을 해외에 개소하기 시작하였다. 영국은 1934년 영국 해외 문화관계위원회(British Council on Cultural Relations Overseas)를 설립하고 영어 교육과 의회민주주의 문화 증진을 강조하였다. 제2차 세계대전의 참전국들 모두 문화를 중립국들에게 호소하고 동맹국들과의 관계를 공고히 하는 방법으로 사용하였던 것이다.

2) 냉전기 공공외교

냉전기 공공외교는 미국과 소련을 필두로 하는 지정학적·이념적 진영 대결과 매스 미디어가 주류화된 커뮤니케이션 맥락에서 주로 정보전, 이념전의 양상으로 전개되었고, 프로파간다의 성격과 동시에 진영 결속을 위한 관여(engagement)와 관계구축 접근이 시도되기 시작하였다. 국제 방송을 비롯해서 미국의 냉전기 공공외교의 골격은 제2차 세계대전으로부터 형성되었고, 공산주의의 도전에 대한 대응으로서 자유주의 이념을 반영하는 세계질서, 즉 오늘날 '자유주의 국제질서'로 일컬어지고 있는 자국 주도의 국제질서를 구축해야 한다는 사명 의식이 그 근간이 되었다.

냉전기에는 라디오와 텔레비전이 상용화되었고 이에 따라 불특정 다수를 대상으로 하는 매스 미디어 시대가 열렸으며, 따라서 공공외교 역시 이와 같은 매스 미디어를 이용하여 자국의 정보를 전달하고 전파하는 데에 주안점이 주어졌다. 제2차 세계대전의 와중에 창설된 미국의 소리 방송과 중앙정보국(CIA: Central Intelligence Agency)

이 민주주의를 지원하고 공산주의 전파를 막는다는 목적으로 설립한 자유방송(Radio Free)체제, 즉 동유럽을 대상으로 하는 자유유럽 방송(Radio Free Europe, 1949년 설립), 소련을 대상으로 하는 자유라디오 방송(Radio Liberty, 1951년 설립, RFE와 RL은 1976년 RFE/RL로 병합), 그리고 쿠바를 대상으로 하는 라디오 마티(Radio Marti, 1983년 설립)와 같은 국제방송이 공산권에 미국을 알리는 첨병이 되었으며, 이와 더불어 1953년 "세계에 미국의 스토리 알리기"를 모토로 공공외교의 전담 기관으로 설립된 미국공보처(USIA: U.S. Information Agency)가 문화 및 인적 교류, 교육교류 등 프로파간다를 넘어서는 미국 공공외교의 선두에 섰다.

VOA는 흐루시초프(Nikita Khruschev) 소련 공산당 서기장의 스탈린(Joseph Stalin) 격하, 대한항공 007기 격추, 체르노빌 원전 재앙 등의 뉴스를 공산권에 전달하고 재즈 음악 방송을 비롯한 미국의 문화를 발신하였고, USIA는 순회 전시회, 학생 교류, 출판 활동을 지속하면서 공산권 내 반체제 인사들의 정보 소스로 역할 하기도 하였다.[3] 미국정부는 USIA의 주창(advocacy) 기능, 즉 미국의 정책과 체제, 그리고 자유주의 이념을 공산권은 물론 전 세계를 향하여 대변하고 주창하는 기능을 중시하였고, 국내적으로 특히 미국 의회에 대해서는 냉전의 맥락에서 미국정책의 단기적 소통 메커니즘으로 정당화하였다. USIA의 주창 활동은 1950년대 반(反)공산주의 필름과 같은 정책집약적 프로그램들과 더불어 미국의 생활, 인종 간 관용, 물질적 풍요를 발신하는 프로그램들을 공히 포함하였다. 그러나 미국정부는 USIA를 세계를 이해하는 청취(listening) 메커니즘으로 인식하기보다는, 미국의 메시지를 일방향적으로 세계에 전달하는 수단으로 인식하였다.

인적 교류외교는 20세기 초 미국의 비정부 자선 재단이 주도하였고, 정부 차원에서는 상호 지식교류의 메커니즘이라기보다는 미국의 우월성을 설파하는 방식으로 간주되었다. 예컨대 국무성이 주관하는 해외지도자 방미 프로그램(Foreign Leader Program, 이후 International Visitor Program)은 50여 년간 200여 명의 국가수반을 포함해서 10만여 명의 젊은 유력 인사들을 미국으로 초청하였다.[4] 소련과도 교류 프로그램을 운용하였으며, 양국에서 각 국가의 전시회를 개최하였고, 1970년대에는 중국과의 교류 프로그램도 시작하였다. 냉전기 공공외교는 대립하고 있는 상대 진영에 대한 것 외에도 각 진영의 강화와 자기 측에 유리한 국제질서의 구축을 위해서 전 세계적 방향성을 갖는 것이었다. 예컨대 미국은 서방 동맹국들과의 관계 강화는 물론 아프리카, 남미, 아시아에서도 USIA를 필두로 하는 적극적 공공외교를 전개하였다.

냉전기 공공외교는 국제방송에서 전문적 저널리즘의 정착, 상대방과의 관계를 중시하는 인적 및 교육교류 프로그램의 발전 등의 측면에서 분명 프로파간다의 성격이 지배적이었던 제2차 세계대전까지의 공공외교로부터 진일보한 것이었다. 그러나 냉전기에는 커뮤니케이션 양식의 한계로 인

---

3) 냉전기 USIA 활동의 상세 내용에 대해서는 Nicholas J. Cull, *The Cold War and the United States Information Agency: American Propaganda and Public Diplomacy, 1945-1989* (New York: Cambridge University Press, 2008) 참조.

---

4) Cull (2008).

해서 내국민과 외국민은 지리적으로뿐만 아니라 정보의 차원에서도 상대적으로 분리되어 있었고, 내외 국민은 정보를 생산하기보다는 소비하는 상대적으로 수동적인 대중으로 인식되었다. 미국의 냉전기 공공외교의 핵심은 소련에 대한 정보전에서 승리하는 것이었고, 승리의 관건은 정보의 생산과 전파, 즉 설득력 있는 메시지의 고안과 생산,

그리고 효율적인 전파였다. 냉전기 정보 공세에서 민주주의와 자유, 인권과 같은 가치를 증진하는 것이 미국 정보전의 핵심이었고, '우리 대(對) 그들'이라는 이념적 대립의 이분법이 설득력을 얻을 수 있었다. 당시 정보에 대한 제한된 접근으로 인해서 미국의 정보 캠페인과 프로그램들은 오히려 그 효과를 발휘할 수 있었던 것이다.

해설 7.1

공공외교와 프로파간다 비교

공공외교와 프로파간다는 공히 국가/정부가 외국민에게 정보를 제공하고 영향력을 행사하기 위해서 사용하는 설득의 도구이며, 양자의 경계를 명확하게 구분하기는 어렵지만, 소통 과정의 투명성과 발신자의 소통 통제의 정도에 따라 구분이 가능하다.

프로파간다는 의도적으로 소통을 조종(manipulate) 함으로써 사실의 일부를 청중으로부터 숨기고 청중이 메시지를 받아들일 수밖에 없도록 느끼게 하는 반면에, 공공외교는 소통 과정이 개방적이며 청중은 소통을 자유롭게 받아들이거나 거부할 수 있다. 기만과 강제는 프로파간다의 성

공적인 결과인 반면에, 공공외교의 효율성을 저해한다. 주체자의 신뢰성이 높을수록 공공외교는 설득력을 갖게 된다.

19세기 공공외교는 프로파간다의 성격이 강했으며, 20세기에 들어서도 이러한 측면은 유지되었지만, 동시에 상대방과의 관계구축을 통한 상호성이 중시되기 시작하였다. 금세기의 디지털 커뮤니케이션 환경은 소통의 혁신을 가져옴으로써 신(新)공공외교 부상의 핵심 동인이 되었지만, 동시에 아이러니하게도 의도적인 허위 정보의 만연으로 다시금 프로파간다의 범람을 촉진하고 있는 것이 현실이다.

	공공외교	프로파간다
진실	진실에 기반한 메시지	사실의 의도적인 왜곡
투명성	개방적 – 청취자/수신자가 소통을 자유롭게 받아들이거나 거부할 수 있음.	폐쇄적 – 기만과 강제를 통해서 청취자/수진자가 송신자의 메시지를 받아들일 수밖에 없도록 느끼게 함.
소통의 방향성	쌍방향적	주로 일방향적
변화의 가능성	주체자의 변화도 상정	청취자의 변화를 의도
상대방에 대한 인식	상대방에 대한 존중	상대방이 무지하거나 그릇되었다는 가정
윤리성	윤리적	윤리와는 무관

3. 금세기 신공공외교와 공공외교에 대한 두 가지 시각

탈냉전기 공공외교의 흥미로운 특징은 냉전기 공공외교분야의 선두 주자 역할을 하던 미국이 냉전의 종식과 함께 유일 초강대국의 입지를 다지면서 공공외교에 대한 필요성이 반감되었다는 인식하에 예산과 인력을 대폭 줄이면서 미국의 공공외교가 축소되었던 데 반해서, 아이러니하게도 전 세계적으로는 기술혁신에 의해서 추동된 이른바 '신공공외교'의 등장으로 공공외교의 중요성 대한 인식이 급격히 확산되고 여러 국가들이 공공외교에 박차를 가하기 시작했다는 점이다.[5]

1) 신공공외교의 대두

1990년대 이래의 정보통신 기술혁신과 세계화, 그리고 이른바 전 세계적인 민주화[6]는 비국가행위자의 힘을 대폭 강화시켜주었고, 따라서 외교에서 국민/대중의 차원을 대폭 확장시켜줌으로써 공공외교 부상의 추동력이 되었다. 20세기 말부터 시작된 정보통신 기술의 혁신은 인류의 생활에 큰 변화를 초래하였지만, 특히 공공외교와 관련 '공간의 탈영토화(de-territorialization)' 현상은 주목을 요한다. 인터넷 기술이 웹 1.0에서 웹 2.0으로 발전하면서 이원적 글로벌 네트워크가 형성되었다. 웹 2.0 기술은 사용자의 상호성과 사회적 연계를 대폭 강화시켜주었고, 이들이 직접 웹의 내용을 생성할 수 있게 해주었다. 이에 따라서 디지털 매체, 특히 소셜 미디어를 통한 커뮤니케이션은 매스 미디어 시대에 방송이 다수의 청취자를 대상으로 하는 '일 대 다수' 방식이 아니라, '소수 대 소수' 또는 '다수 대 다수' 방식을 취한다. 이와 같은 소통은 소통자 개인이 커뮤니케이션의 내용(메시지)을 창출하고, 메시지를 의도하는 방향으로 발신하며, 수신자 역시 선택할 수 있음으로써 이른바 과거의 매스 커뮤니케이션에 대비하여 '대중 자기 소통(mass self-communication)'으로 칭할 수 있다.[7]

이는 곧 범세계적으로 구축된 기술적 디지털 네트워크의 기반 위에 디지털 소셜 미디어를 핵심 매개로 하는 수평적인 휴먼 네트워크가 형성되고 있다는 것을 의미한다. 휴먼 네트워크는 컴퓨터와 모바일 장치들을 매개로 사람들이 상호 소통하는 커뮤니케이션 네트워크이며, 컴퓨터에 기반한 디지털 네트워크가 인간과 사회적 네트워크의 형성을 촉진하고 이를 강화시켜주고 있다. 이제 국민국가에 기반을 두었던 기존의 산업사회는 다양한 디지털 커뮤니케이션 네트워크를 중심으로 구성된 '정보 시대'의 '네트워크 사회'로 변모되고 있는 것이다.[8]

5) 지난 세기와 금세기 공공외교의 비교는 Taehwan Kim, "Paradigm Shift in Diplomacy: A Conceptual Model for Korea's "New Public Diplomacy," *Korea Observer* 43-1 (Winter 2012), pp. 527-555 참조.

6) 1970년대 이래의 전 세계적인 민주화를 헌팅턴은 민주화의 '제3의 물결'로 칭하고 있다. Samuel P. Huntington, *The Third Wave: Democratization in the Late 20th Century* (Norman, OK: University of Oklahoma Press, 1993).

7) Manuel Castells, *Networks of Outrage and Hope: Social Movements in the Internet Age*, 2nd ed. (New York: Polity Press, 2012, 2015).

8) Manuel Castells, *The Rise of the Network Society*, *The Information Age: Economic, Society, and Culture*, Vol. 1, 2nd ed. (West Sussex, United Kingdom: Wiley-Blackwell, 2010).

1990년대 이래 국제사회의 본질적인 정치적 변화 및 커뮤니케이션 동학의 변화로 인해서 공공외교에 대한 새로운 접근이 필요하고 또한 실행되기에 이르렀다. 공공외교는 더 이상 메시지의 일방적 발신, 자기 증진을 위한 정보 캠페인, 또는 외교정책목표를 실현하기 위해서 정부 차원에서 외국민과 직접적인 접촉을 하는 데에 국한되지 않게 되었다. 공공외교는 동시에 외국의 시민사회 행위자들과 관계를 구축하고 국내외 비국가행위자들 간 네트워크 형성을 촉진하는 데에도 주안점을 두게 되었다.

이에 따라 오늘날에는 적어도 세 가지 상이한 종류의 외교가 존재한다. 전통적인 '정부 간 외교,' 20세기에 시행되던 '구(舊)공공외교,' 그리고 21세기 들어서 구공공외교와는 사뭇 다른 양상으로 전개되고 있는 '신공공외교'가 그것이다. 외교정책의 집행과정을 구성하고 있는 다섯 가지 요소, 즉 공공외교의 주체와 대상, 자원과 자산,

그리고 공공외교정책 또는 프로그램을 수행하는 매체 또는 미디엄이라는 다섯 가지 요소에 초점을 맞추어 도표 7.1, 표 7.1과 같이 오늘날 존재하는 세 가지 외교를 개념적으로 구분할 수 있다.

외교의 주체와 대상의 측면에서 전통외교는 정부 간의 공식 상호작용인 데 반해서, 공공외교의 주체는 정부는 물론 비정부단체(NGO), 환경이나 인권 등 국제적 이슈에 관한 초국가적 사회운동(transnational social movements), 사회집단, 기업, 그리고 일반 국민들을 포함하는 비국가행위자가 될 수 있다. 그러나 공공외교는 그 대상이 외국민을 포함하는 비국가행위자라는 점에서 전통적인 정부 간 외교와 근본적 차이가 있다.

특히 오늘날의 신공공외교에서는 구공공외교와는 달리 유튜브와 같은 글로벌 사이버스페이스가 외교의 새로운 대상이자 매체로 등장했다는 점이 주목할 만하다. 기술발전에 따라 구축된 범세계적 디지털 네트워크를 기반으로 소셜 미디어

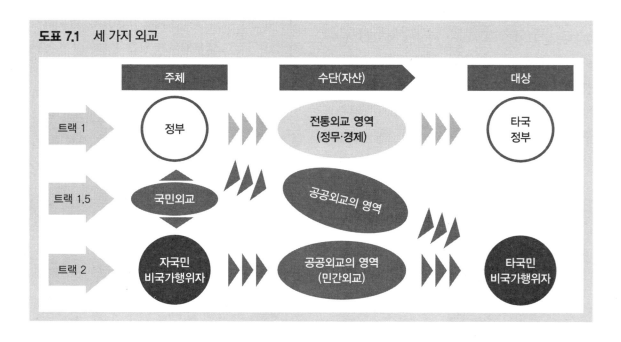

도표 7.1   세 가지 외교

표 7.1 세 가지 형태의 외교

	전통외교	20세기 구(舊)공공외교	21세기 신(新)공공외교
주체	정부	정부 위주	정부, 비국가행위자
대상	정부	민간	대상국 국민, 사이버스페이스
수단(자원 및 자산)	하드파워	소프트파워	소프트파워를 비롯한 비(非)하드파워 자산
매체	정부 간 협상, 협정	홍보, 캠페인, 프로파간다	디지털 매체 등 다양화
소통의 타입	수평적	일방향적, 수직적	쌍방향적, 상호적

를 매개로 하는 초국가적 휴먼 네트워크가 사이버스페이스에 형성됨으로써 개인을 비롯한 비국가행위자들의 목소리와 활동이 대폭 강화되고 있는 것이다.

외교정책이나 프로그램을 실행하는 매체 및 미디엄의 차원에서, 전통외교는 주로 정부 간 대화나 협상을 통해서 외교행위가 이루어지고 구공공외교는 주로 매스 미디어를 사용하여 자국을 알리는 홍보, 캠페인 및 프로파간다의 형태로 이루어졌던 데 반해서, 신공공외교는 매스 미디어와 더불어 디지털 매체를 포함한 다양한 뉴 미디어를 적극적 매체로 사용한다는 점에 차이가 있다. 과거 미국의 VOA는 매스 미디어를 사용하는 일방향적 구공공외교의 전형적인 예이다. 그러나 정보통신 기술의 대중화와 상용화로 이제는 과거와 같은 일방향적 홍보나 프로파간다는 더 이상 가능하지 않게 되었다. 정부가 더 이상 정보의 독점자가 아니며, 인터넷을 통한 정보의 홍수로 일반인들 역시 정보에 대한 접근성이 대폭 향상되었고 다양한 정보 소스를 갖게 되었기 때문이다.

또한, 뉴 미디어의 대두는 실시간 쌍방향 또는 다방향 소통과 국경을 초월하는 네트워크의 구축을 가능하게 해주고 있다. 이에 따라 커뮤니케이션 형태의 차원에서 전통외교는 주권국가 정부 간 상호 대등한 수평적 소통의 양상을 보이는 데 반해서, 구공공외교는 특정 정부의 타국민에 대한 수직적, 일방향적 소통, 그리고 신공공외교는 주체와 대상 간에 수평적이고 쌍방향적이며 대칭적인 소통의 양상을 보인다는 점에서 차이가 있다.

공공외교를 구성하는 요소들 중 특히 실제로 사용되는 수단으로서의 자원은 특정 국가의 천혜 자연 여건이나 인구, 영토, 역사, 문화 등 오랜 기간을 걸쳐서 형성된 물질적, 비물질적 유산을 의미하는 반면, 자산은 이러한 자원을 가공하여 공공외교에 사용할 수 있는 비물질적 수단으로 창출된 소프트파워를 지칭한다. 자원과 자산의 측면에서, 전통외교에서는 기본적으로 군사력이나 경제력과 같은 하드파워가 외교의 레버리지를 결정짓는 중요한 요인이 되는 데 반해서, 공공외교는 소프트파워를 비롯한 비하드파워 자산을 수단으로 사용한다.

기술혁신은 하드파워나 소프트파워와는 구별되는 새로운 힘을 창출하고 있다. 카스텔스(Manuel Castells)는 네트워크 사회에서 새로운 힘의 개념으로서 '네트워크 파워'를 지목한다.[9] 그는 디지

---

9) Manuel Castells, *Communication Power* (New York:

털 미디어와 인터넷을 핵심 매개로 하는 로컬-글로벌 네트워크를 중심으로 형성된 사회화된 커뮤니케이션 영역 안에서 담론이 형성되고 확산되며, 이는 경쟁과 내재화를 거쳐서 결국 네트워크 구성원들의 협력적이고 집단적인 행동으로 구현된다는 점에서 네트워크 파워는 곧 '커뮤니케이션 파워'라고 주장한다. 협력을 통해서 생성되는 힘(collaborative power)은 "혼자서는 할 수 없는 일을 함께함으로써 성취할 수 있는 다자의 힘"을 지칭하며, 이러한 힘은 상대방에 대한 명령을 통해서가 아니라 행동을 촉구(call to action)하고, 공통의 목표하에 가능한 한 많은 행위자들과 연계함으로써(connection) 행사되며, 이 과정에서 참여자들은 다른 참여자들에게 자신의 선호를 강요하기보다는 자신의 선호를 다른 이들과 맞추어 조정(adapt)한다는 점에서 전통적인 힘과는 구분된다.[10]

하드파워나 소프트파워가 공히 유형, 무형의 특정 자원이나 자산에 기반을 둔 힘이라면, 새롭게 등장하는 힘의 개념은 상대방과 관계를 형성함으로써 생성되는 '관계의 힘(relational power)'이라는 특성을 갖는다. 즉 하드파워나 소프트파워가 '대상에 대한 힘(power over)'이라면, 이들 새로운 힘은 '상대방과의 관계를 형성함으로써 생기는 힘(power with)'이라는 데에서 근본적인 차이점이 있는 것이다.

이와 같은 차이와 특성에 근거하여 21세기에

새롭게 대두되고 있는 신공공외교를 "상대방 비국가행위자에 대해서 물리적 강제력이나 물질적 보상에 의하지 않고, 소프트파워를 비롯한 비하드파워 자산을 사용하여 쌍방향적인 열린 소통의 과정을 통해서 자국을 알리고 이해시킬 뿐만 아니라 상대방을 이해하고 관여하는 소통 행위"로 정의할 수 있다.

2) 공공외교의 하위분야

공공외교를 수행하기 위해서 어떠한 자원과 자산이 사용되는가에 따라서 표 7.2에서 예시하는 바와 같이 문화외교, 지식외교, 미디어외교, 기업외교, 스포츠외교, 관광외교 등과 같이 공공외교의 하위분야를 구분할 수 있다.

문화외교는 특정 국가의 문화자산을 사용하는 공공외교의 하위분야로서, 전통문화뿐만 아니라 특히 최근에는 대중문화 상품을 공공외교에 사

표 7.2　공공외교의 자원 및 자산의 유형

공공외교의 하위분야	비(非)하드파워 자산
지식외교	정책, 제도, 가치, 과학기술 등 지식자산
정책 공공외교	지식외교의 한 분야로서 지식자산을 사용하여, 특정 국가의 정책, 특히 외교정책을 알리고 설파
문화외교	전통문화뿐만 아니라 현대 대중문화를 포함하는 문화자산
미디어외교	국제방송과 같은 미디어 자산
기업외교	다국적기업의 현지에서의 사회적 책임(CSR: Corporate Social Responsibility) 및 공유가치 창출(CSV: Creating Shared Values) 활동
스포츠외교, 관광외교	스포츠 자산, 관광 자산

Oxford University Press, 2013).

10) Anne-Marie Slaughter, "A New Theory of the Foreign Policy Frontier: Collaborative Power," *The Atlantic* (November 30, 2011); "America's Edge: Power in the Networked Century," *Foreign Affairs* (January/February 2009).

용하는 추세가 두드러진다. 대표적으로는 미국의 할리우드(Hollywood) 영화산업으로부터 파생되는 대중적 공공외교 효과, 이를 본뜬 인도의 발리우드(Bollywood), 나이지리아의 놀리우드(Nollywood) 등을 들 수 있다.

지식외교는 '지식자산'을 소프트파워 자산으로 사용하는 공공외교의 한 분야이다. 금세기 들어서 정보통신 기술의 발달과 상용화로 세계는 '정보의 홍수' 속에 있으며, 이러한 상황은 정보 송신자와 수신자 사이의 원활한 소통을 촉진하는 한편, 그릇되거나 불완전한 정보, 정보의 왜곡, 또는 정보 수신자의 왜곡된 해석 등으로 오히려 불통을 초래하는 측면도 있다. 바로 이러한 점에서 사실을 기술하는 단순한 '정보'(information)를 넘어서는 '지식'(knowledge)이 공공외교의 중요한 자산으로 대두되고, 지식을 자산으로 하는 지식외교의 중요성이 대두된다.

홍보(public relations 또는 PR)란 특정 조직과 소비자와 같이 이들 조직과 관련되어 있는 대중들 간의 소통을 관리하는 것을 의미한다. 국제 홍보는 국제적 차원에서 대중과의 관계를 관리하는 것이다. 공공외교 역시 외국의 비국가행위자들을 대상으로 이들과의 소통과 관계를 관리하는 것이며, 이러한 행위의 궁극적 목적은 외교 목표와 국가이익을 실현하는 데에 있다. 따라서 국제방송과 같은 미디어를 이용한 국제 홍보는 공공외교의 한 하위분야로서 '미디어 공공외교' 또는 미디어외교로 지칭된다. 예컨대 중국은 자국 제품들이 값싸고 조악한 품질의 상품이라는 부정적 이미지를 쇄신하기 위해서 전 세계적으로 "Made with China"를 캐치프레이즈로 하는 홍보 캠페인을 벌인 바 있고, 이는 상당히 성공적이었던 것으로 평

가되고 있다. 인도의 모디(Narendra Modi) 총리 역시 2014년 이래 인도의 제조업분야 부흥을 위해서 "Make in India"라는 전 세계적인 홍보 캠페인을 전개하였다.

국제 홍보가 미디어외교의 중요한 요소이기는 하지만, 양자가 동일한 등가관계에 있는 것은 아니다. 홍보가 메시지나 이미지의 일방향적인 발신에 초점을 맞추고 있는 반면, 특히 금세기의 신공공외교는 외국민과의 쌍방향적 소통과 관여를 통해서 중장기적인 관계 형성에 초점을 맞추고 있다는 점에서 뚜렷한 차이가 있다.

미디어외교분야에서는 미디어를 자신을 알리기 위한 매체로써 사용할 뿐만 아니라, 미디어 자체가 공공외교의 주체가 될 수도 있고 또한 대상이 될 수도 있다는 점에서, 즉 공공외교를 구성하는 여러 요소들의 역할을 다면적으로 수행할 수 있다는 점에서 특히 그 중요성이 강조된다. 국제방송은 이미 전 세기부터 공공외교의 가장 전통적인 요소가 되어 왔으며, 금세기에 들어서는 케이블 채널과 위성방송, 그리고 디지털 미디어를 활용한 미디어외교가 활성화되고 있다. 예컨대 1996년 카타르 왕실의 후원으로 시작된 알자지라(Al Jazeera) 방송은 국제사회에서 중동지역의 목소리와 시각을 대변하는 미디어로서 이미 그 위상을 확고히 하였다. 오늘날 미디어외교는 단순히 정보만을 전달하는 것을 넘어서 스토리텔링과 내러티브를 통해서 특정 이슈에 대한 시각, 해석, 그리고 나아가서는 국가나 민족의 정체성까지 설파하는 역할을 수행할 수 있다. 또한, 각국의 정부들은 외국의 미디어를 표적으로 전략적인 미디어 프레이밍을 하며, 이는 외국의 미디어를 대상으로 하는 미디어외교의 전형적인 예이다.

세계화와 더불어 제품과 서비스의 생산과 판매가 국제화됨에 따라 다국적기업(MNC: Multi-national Corporations), 초국적기업(TNC: Trans-national Corpoations)이 확산됨에 따라 기업들에 의한 공공외교 활동, 즉 기업외교(corporate public diplomacy)도 주목할 분야로 부상하고 있다. 외국에 진출해서 활동하고 있는 기업들은 단기적인 상업적 이익과는 별도로 현지의 사회적 책임(CSR)이나 공유가치 창출(CSV) 활동을 통해서 중장기적으로 현지인들 사이에 당해 기업의 이미지와 브랜드는 물론, 기업의 모국의 이미지와 인식에도 적지 않은 영향력을 미칠 수 있다. 기업들의 비영리적 사회공헌 활동이 공공외교적 효과를 갖는 것이다. 많은 다국적기업들이 자기업의 브랜드 관리를 위해서 독자적으로 이와 같은 사회적 책임 활동을 하기도 하지만, 자국 정부나 민간단체의 파트너로서 공공외교 활동에 참여하기도 한다.

이외에도 스포츠를 자산으로 활용하는 스포츠외교, 관광 자원을 활용하는 관광외교 등 비(非)하드파워 자산을 어떻게 개발하고 활용하느냐에 따라서 공공외교의 하위분야는 무한히 늘어날 수 있다. 요체는 하드파워와 달리 소프트파워를 비롯한 비하드파워 자산을 사용하는 공공외교에서는, 사람들의 아이디어와 혁신이 전통적인 힘과 구별되는 새로운 힘을 만들어내고, 이렇게 창출된 새로운 힘이 새로운 외교 행태와 새로운 국가 간 관계, 그리고 궁극적으로는 새로운 국제질서를 만들어 낼 수 있다는 데에 가장 중요한 특징이 있는 것이다.

3) 공공외교에 대한 두 가지 시각

공공외교에 대한 시각은 크게 두 가지, 즉 '수단적 시각(instrumental perspective)'과 '정체성 시각(identity perspective)'으로 대별할 수 있다.[11] 수단적 시각은 자국의 외교정책이나 국가이익에 대한 수단적 역할과 기여에 초점을 맞추는 것으로서, 공공외교를 '외국민을 대상으로 매력 자산을 사용하여 자국을 알리며, 그들에게 영향을 미치고 관여함으로써 궁극적으로 자국의 외교정책과 국가이익의 증진에 기여하는 비전통적 외교 행위'로 인식하고 있다. 공공외교의 주체는 상대방 비국가행위자에게 자국에 관한 올바른 정보를 전달하고 국제여론에 영향력을 행사함으로써 상대방 정부로부터 자국에 유리한 정책을 이끌어 내도록 할 뿐만 아니라, 국제사회에서 자국의 평판을 높이는 데 기여함으로써 궁극적으로 자국의 외교정책 및 국익 증진에 이바지 한다는 것이다. 수단적 시각은 메시지의 내용과 디자인(내러티브), 전달에 초점을 맞추고 있고, 의도하는 국가 이미지 투사, 국가 브랜드 등을 강조하고 있다. 이러한 시각은 무정부 국제사회에서의 각자도생(self-help), 자국의 이익, 특히 안보이익의 극대화, 국가들에게 적용되는 국가이익 개념의 보편성과 고정성 등을 전제한다는 점에서 국제정치의 현실주의와 맞닿아 있다.

이와는 달리 '정체성 시각'은 상대방과의 사회적인 상호작용을 거쳐서 현상이나 대상 또는 특정 이슈에 대해서 '상호주관적 의미(intersubjective meanings),' 즉 상대방과 '공유하는 이해와 의미

---

11) 김태환, "정책공공외교로서의 평화공공외교: 개념과 방향성," IFANS 주요국제문제분석 2021-07 (2021. 4. 30).

(shared understanding and meanings)'를 확립해나가는 과정, 그리고 이러한 과정을 통해서 궁극적으로는 국가 간 관계나 국제관계를 '사회적으로 구성'하는 측면에 초점을 맞추고 있다.[12] 이러한 관점에서 볼 때, 공공외교는 '국제사회에서 소통을 통해서 자국의 국가/민족 정체성, 또는 정체성을 구성하는 요소들에 대한 인정(recognition)을 추구하는 활동'이라고 정의할 수 있다. 그러나 자국이 인식하고 규정하는 정체성은 국제사회에서 그대로 받아들여지는 것이 아니므로, 국가와 비국가행위자들은 주관적 정체성(self-image, self-identification)을 사회적으로 인정받기 위해서 물질적 및 담론적 방법을 통한 외교활동을 수행하며, 특히 소통을 통한 담론적 방법은 공공외교의 주 영역이다. 즉 행위 주체의 인정 추구 행위(recognitive practices)는 국제사회에서 타자들과의 상호작용을 통해서 이들로부터 공감(empathy)을 얻고, 인정을 획득함으로써 주관적 정체성을 객관화하고 실현하고자 한다. 여기에서 특히 주목을 요하는 점은 자기의 주관적 정체성에 대한 인정은 상대방에 대한 이해 및 인정과 동시에 진행되는 것이며, 궁극적으로 인정된 정체성은 원래의 주관적 정체성의 수정 또는 재구성을 필요로 한다는 점이다. 상대방이 공감하고 인정하는 자기 정체성의 수정 또는 재구성은 결국 정체성의 외연 확장을 통해서 자기중심적, 자국중심적 정체성을 넘어선다는 것을 의미한다. 국

제사회에서 상호작용을 거쳐서 인정된 특정 국가의 정체성은 이러한 의미에서 사회적 구성물(social construct)이라고 할 수 있다.

정체성 접근은 국제정치에 대한 구성주의적 입장을 취하는 것으로서, 자국 중심성을 넘어서 상대방과의 상호작용을 중시할 뿐만 아니라, 국가이익 자체가 모든 국가들에게 불변적으로 정해져 있다기보다는 상대방과 공유하는 이해와 의미를 확립하면서 '사회적 현실'을 만들어나가는 과정에서 정체성 자체도 가변적으로 (재)구성되고, 이에 따라 국익도 정해진다는 점을 강조한다.

공공외교에 대한 이와 같은 정의에 기반할 때, 국가/민족 정체성의 어떤 요소를 소통하느냐에 따라서 두 가지 유형의 구분이 가능하다. '투사형(投射型) 공공외교(projection public diplomacy)'는 인종, 언어, 한 민족이 오랜 기간 공동 경험을 통해서 공유하는 역사, 문화 등 정체성의 본원적 요소, 즉 '우리는 누구인가(who we are)'를 알리는 데에 초점을 맞추는 공공외교로써, 문화외교가 대표적이다. 이에 비해서 '주창형(主唱型) 공공외교(advocacy public diplomacy)'는 한 국가가 국제사회에서 추구하는 아이디어, 가치나 규범(what we stand for), 그리고 이를 반영하는 정책이나 제도, 이를 실현하기 위한 역할에 초점을 맞추는 공공외교로써, 이러한 요소들을 반영하는 외교정책은 지식 및 정책공공외교의 주요 내용을 구성한다. 또한, 특정 국가들이 국제사회에서 차지하는 지위(status. 예컨대 강대국, 중견국 등의 지위) 또는 열망하는 지위(aspirant status) 역시 대외적 정체성의 요소이며, 따라서 주창형 공공외교의 내용을 구성한다. 투사형 공공외교가 타자와 구별되는 우리의 '특수성'에 초

---

12) 공공외교에 대한 '정체성 시각'은 저자의 견해이다. 이러한 관점에서 공공외교를 상이한 인정 추구 활동(recognition-seeking practices)으로 보는 시각과 사례연구에 대해서는 김태환, "무정부 국제사회에서의 인정 추구: 공공외교에 대한 정체성 접근과 한국에 대한 함의," IFANS 정책연구시리즈 2020-03 (2021. 1) 참조.

도표 7.2 공공외교에 대한 두 가지 시각과 접근의 유형

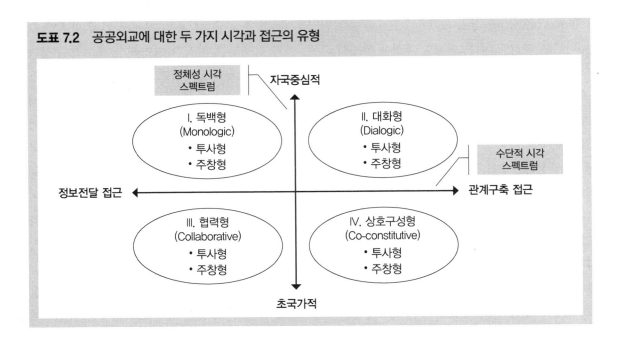

점을 맞추는 것이라면, 주창형은 타자와 함께 공감할 수 있는 '상호주관적 보편성'에 중점을 두는 공공외교라는 점에서 양자 간에 뚜렷한 차이가 있다. 공공외교에 대한 수단적 시각과 정체성 시각을 결합할 때 공공외교 접근의 상이한 유형들을 도표 7.2와 같이 도식화할 수 있다.

도표 7.2의 수평축은 좌단의 외국민에 대한 일방적 정보 전달로부터, 설득과 관여를 통해서 중장기적 관계를 구축하는 데 이르기까지 수단적 시각의 스펙트럼을 나타낸다.[13] 한편, 수직축은 상단의 자국 중심적 이익 극대화와 홍보로부터 시작하여, 상대방과의 상호작용을 통해서 공유하는 의미의 추구 과정을 거쳐서 정체성의 외연을 확장하고 재구성해나가는 데 이르기까지 정체성 시각의 스펙트럼을 나타낸다. 자기중심성, 자국중심성을 넘어서는 것은 초국가적 정체성을 의미하며, 나아가서는 인간중심적(humanity-centered) 정체성을 지향하게 된다.[14] 따라서 도표 7.2의 각 영역 중 I분면은 상대방에게 자국중심의 독백형 정보전달에 중점을 두는 공공외교 접근(독백형)이고, II분면은 대칭적이건 비대칭적이건 상대방과의 상호 대화와 교류에 초점을 맞추는 접근 유형(대화형)이며, III분면은 비록 자국의 정보 전달에 주안점을 둔다 하더라도, 예컨대 공동의 공공외교 프로그램을 고안하고 실행하는 것과 같이 상대방과의 협력과 협업을 중시하는 공공외교 유형(협력형)이고,[15] IV분면은 상

---

13) 공공외교에 대한 정보 중심 접근과 관계구축 접근에 대해서는 R. S. Zaharna, *Battles to Bridges: U.S. Strategic Communication and Public Diplomacy after 9/11* (London: Palgrave Macmillan, 2010), Chapter 7 참조.

14) 인간중심적 공공외교에 대해서는 R. S. Zaharna, *Boundary Spanners of Humanity: Three Logics of Communication and Public Diplomacy for Global Collaboration* (New York: Oxford University Press, 2022) 참조.

15) I, II, III 분면 유형의 명칭(독백형, 대화형, 협력형)

대방과 공유하는 이해와 의미 생성을 통해서 공동의 정체성과 공동의 이익을 만들어나가는 유형(상호구성형)을 의미한다. 물론 이들 각 분면은 이상적 개념 유형을 나타내는 것으로서, 현실적으로는 각 유형들이 중첩적으로 혼재하는 것이 일반적이다.

수단적 시각과 정체성 시각 중 '어떤 시각이 더 중요한가'하는 질문은 의미가 없다. 국가들은 ▲자국의 주관적 필요, ▲자국의 국제사회의 위치/지위에 따른 역할 인식 및 국제사회로부터의 역할 기대, 그리고 ▲구체적인 국제적 현실과 구조에 따라서 상이한 비하드파워 자산을 사용해서 상이한 유형의 공공외교를 시행하게 된다.

4. 공공외교의 최근 국제적 추세

1) 금세기 배타적 정체성의 정치: 이념과 체제대결로부터 '가치의 진영화'로

지난 30여 년간 국제정세의 변화는 금세기 공공외교의 급부상의 중요한 국제적 맥락이 되었으며, 이는 다음의 세 가지 특징으로 집약될 수 있다.

첫째, 냉전의 종식과 더불어 유일 초강대국 미국의 주도하에 1990년대 전 세계적으로 자유주의 확산이 일어났으나, 이는 곧 금세기 들어서 '배타적 정체성의 정치(exclusionary identity politics)'를 초래하였다. 냉전의 종식으로 세계화와 자유

주의적 국제질서하에서 이념적 정체성에 기반을 둔 갈등과 대립의 정치가 막을 내린 듯했으나, 강대국 경쟁의 심화와 세계화에 대한 누적된 불만을 기화로 정체성의 정치가 고개를 들고 있다. 미국의 '자유주의 팽창주의', '자유주의 간섭주의'[16]와 더불어 1990년대 신자유주의 경제 이념에 의해서 추동된 '하이퍼 세계화 (hyperglobalization)'[17]는 국제 경제의 통합이라는 측면에서는 큰 진전을 이루었지만, 동시에 부와 소득의 분배라는 차원에서는 뚜렷한 승자와 패자(left-behinds)를 배태함으로써 국내적 분열과 갈등, 패자들의 분노를 초래하였다. 하이퍼 세계화로 초래된 불평등에 대한 경제적·사회적 분노는 기성 정치·경제 엘리트와 정치제도는 물론 이방인, 이민족, 타인종의 '적대적 타자화'로 표출되면서 배타적 민족주의의 부상을 초래하였고, 포퓰리즘 정치세력은 이들의 불만과 분노를 정치적으로 결집하는 역할을 하였다. 이주자들에 대한 분노와 두려움이 이슬람 테러리즘의 공포와 결합되면서 금세기 포퓰리스트 민족주의의 가장 중요한 촉매로 작용하였다. 이러한 갈등과 경합은 본질적으로 배타적인 정체성의 정치 결과로 볼 수 있다. 즉 자신의 정체성을 규정하고 구성하는 데 있어서 자신과 타자의 구분을 넘어서, 타자를 자신과 공존할 수 없는 적 또는 경쟁자로 상정하는 인식과 실천이 배타적 정체성의 정치의 핵심 요소로 작용하고 있다.

둘째, 정체성의 정치 중 특히 중국의 부상과 도

은 Geoffrey Cowan and Amelia Arsenault, "Moving from Monologue to Dialogue to Collaboration," *The ANNALS of the American Academy of Political Social Science* 616 (2008)로부터 차용한 것이다.

16) John Mearsheimer, *Great Delusion: Liberal Dreams and International Realities* (New Haven, CT: Yale University Press, 2018).

17) Dani Rodrik, "Globalization's Wrong Turn: And How It Hurt America," *Foreign Affairs* (July/August 2019).

전이 오늘날 세계정치를 규정하는 중요한 요인이 되고 있다. 중국은 자국 하드파워의 급속한 증대, 그리고 이로 인한 국제사회에서 상대적인 물질적 힘의 배분의 변화에 따라 강대국 지위에 대한 열망적 정체성을 실현시키고자 한다. 이는 물질적 힘의 여러 분야에서의 경쟁과 더불어 증강된 하드파워를 정통성, 권위로 전환시키고자 하는 가치·규범 차원에서의 경쟁으로도 표출되고 있다. 특히 시진핑(習近平)하의 중국 공산당은 서구 자유주의 가치에 대한 대안으로서 유교를 중심으로 한 전통 철학적 가치와 사회주의 가치를 강조하면서 이른바 '담론 전쟁'을 전개하고 있다.

더욱이 바이든 행정부가 인권과 민주주의를 강조하면서 중국과 러시아 등에 대해서 '민주주의 대 권위주의'의 프레임을 차용함에 따라, 미중경쟁은 군사·안보, 경제·무역, 기술분야를 넘어서 가치분야까지로 확장되고 있다. 자국 정체성의 요소로 자리 잡고 있는 가치 요소의 확산과 설득을 도모하는 규범경쟁의 성격을 지니고 있으며, 따라서 오늘날의 미중경쟁은 지정학적일 뿐만 아니라, 사회문화적 성격을 띠고 있는 것이다.

셋째, 제2차 세계대전 후 미국이 추구해왔던 자유주의 가치외교가 전후 국제질서 형성에 중요한 역할을 해왔던 것이 사실이지만, 금세기에 들어서 안과 밖으로부터의 도전에 직면하면서 자유주의와 반(反)자유주의 간 '가치의 진영화(bloc-ization of values)'[18]가 심화되고 있다. 유럽과 미국에서 극우 민족주의 포퓰리즘, 백인 우월주의와 같은 인종 민족주의의 부상은 자유주의 진영 내부로부터의 도전 요소가 아닐 수 없다. 심지어는 자신과 타자의 경계선을 국가를 넘어서 유대-기독교 서방(Judeo-Christian West)과 이슬람 간에 설정하고, 범유럽적인 문명적 정체성에 기반을 둔 반자유주의적 가치를 내세우고 있기도 하다.[19] 중국과 러시아를 중심으로 하는 반자유주의 진영 역시 일관된 하나의 이념이나 가치로 공고히 엮어진 집합은 아니지만, 반미주의, 반패권주의, 반서구주의라는 공동의 목표하에 국제정치에서 가치의 진영화의 한 축을 구성하고 있는 것이다. 따라서 오늘날 가치의 진영화는 과거 냉전기와 같은 공고화된 두 진영 간 대립이라기보다는, 상이한 정체성에 따라서 대립과 갈등이 여러 전선에서 복합적으로 표출되고 있는 '분산된 대립(scattered confrontations)'의 양상을 보이고 있는 것이다.

2) 공공외교의 최근 국제적 추세

국제정치의 변화와 정보통신 기술의 발달로 오늘날의 공공외교는 지난 세기의 그것과는 상당히 다른 양상으로 전개되고 있고, 여러 국가들이 앞다투어 이 분야에 주력하면서 비교적 짧은 기간 안에 빠른 진화를 거듭하고 있다. 최근 10여 년간 두드러지고 있는 공공외교분야의 세 가지 추세는 특히 주목을 요한다.

첫째는 공공외교와 전통외교가 사실상 병합되어 가고 있는 '통합외교(integrative diplomacy)'

---

18) 가치의 진영화에 대해서 상세 논의는 김태환, "가치외교의 부상과 가치의 '진영화': 강대국 사례와 한국 공공외교의 방향성," 『문화와 정치』 6권 1호 (2019), pp. 35-65 참조.

19) Rogers Brubaker, "Between Nationalism and Civilizationism: The European Populist Moment in Comparative Perspective," *Ethnic and Racial Studies* 40-8 (2017).

표 7.3 사회 중심적 외교의 등장

특징	내용
외교행위자의 다양화	비국가행위자의 힘이 대폭 강화되면서 외교의 진입 장벽이 낮아지고, 비국가행위자들은 특정 이슈에 관련된 전문성, 디지털 기술력, 네트워킹 전략 등 새로운 지식과 기술을 도입
외교의 민주화, 사회화[20]	외교정책과정에 민간의 참여가 활성화되면서 정부·민간 구분의 희석
네트워크외교	주권국가를 대표하여 상대방 국가의 외교관이나 정부 관리들을 대상으로 하는 전통적인 '클럽외교(club diplomacy)'로부터 비국가행위자를 포괄하는 네트워크외교의 등장
외교의 탈영토화	비국가 행위자들은 특정 국가의 국익을 초월하여 영토에 국한됨이 없이 특정 이슈와 관련된 공통의 가치나 이익을 중심으로 활동

의 추세이다. 오늘날에는 세계화의 진전과 정보통신 기술의 혁신으로 국내·국제 간 구분이 모호해지고, 비국가행위자의 힘이 대폭 강화되면서 외교 공간이 확장되고 있다. 정보통신 기술의 혁신으로 정보 출처가 다원화되고 정부의 정보독점이 희석되면서 외교가 보다 투명하고 가시적이며 접근 가능한 공적 영역으로 이동하고 있고, 외교정책의 논의와 형성, 그리고 실행 과정에 국민의 참여가 활성화되고 있다. 이에 따라 기존의 국가 중심적 외교(state-centered diplomacy)와 더불어 표 7.3과 같은 특징을 가지는 사회 중심적 외교(society-centered diplomacy)가 대두하고 있다.

외교의 사회화와 더불어 외교에서 국민·대중(people-public)의 차원이 대폭 확장되고 있다. 국민·대중이 공공외교 대상으로서의 외국민, 외교정책 홍보 대상으로서의 내국민으로부터 국내외적으로 공히 점차 관여(engagement)의 대상으로, 외교를 수행하는 데 있어서의 인적 자산(human capital)으로, 그리고 외교정책과정의 참여자로서 인식되고 있다. 이는 특히 공공외교분야에서는 국민·대중이 독자적인 민간외교의 주체뿐 아니라 정부와의 다양한 파트너십과 협업의 주체로 등장하고 있다는 것을 의미한다.

일방적 메시지 전파나 정보 캠페인의 성격이 강했던 지난 세기의 공공외교와는 달리, 금세기의 공공외교는 외국민과의 관계구축, 대화와 협력, 관여에 초점을 맞추고 있다. 이러한 관계구축 지향적, 협력적 접근은 자국민에게도 그대로 적용된다. 즉 자국민을 단순한 정보 캠페인의 대상이나 정보의 수동적 수신자가 아니라 정책결정과정의 적극적 참여자로 인식하고, 공공외교정책 및 프로그램의 전 과정에 연루하는 행위자로서 협업(collaboration)과 관여의 대상으로 접근하는 것이다. 이에 따라 정부가 주도하는 지난 세기의 구공공외교와 민간이 적극적으로 참여하는 신공공외교의 통합, 전통외교와 공공외교의 통합, 소프트파워와 하드파워의 상호 보완성이 증대하는 통합외교 현상이 나타나고 있는 것이다.

두 번째 트렌드는 주창형 공공외교의 부상이

---

20) Jan Melissen, "Public Diplomacy," in Pauline Kerr and Geoff Wiseman (eds.), *Diplomacy in a Globalizing World: Theories and Practices* (Oxford: Oxford University Press), pp. 192–208.

다. 20세기 이래 각 국가들은 자국의 본원적 요소에 초점을 맞추는 투사형 공공외교를 전개해오고 있다. 그러나 최근 들어서는 단순히 자기 자신의 고유한 속성의 요소들을 보여주는 것과 더불어, 특정 국가가 국제질서를 이해하고 국제사회에서 추구하는 가치와 아이디어, 또한 이를 위해서 수행하는 역할을 담론이나 내러티브로 구성하여 제시하는 경향성이 뚜렷하다. 문제는 오늘날 강대국들의 주창형 공공외교가 지정학적 경쟁의 맥락에서 각국의 지전략(geostrategy)을 뒷받침하면서 대립적이고 대결적인 공간적 실천의 양상을 보이고 있다는 데에 있다.[21]

주창형 공공외교와 더불어 주목할 만한 또 하나의 현상은 공공외교와 전통외교를 아우르는 영역에서 '가치외교(vlaue diplomacy)'가 부상하고 있다는 것이다. 가치외교란 특정 가치를 외교정책에 반영하여, 이를 국제사회에서 대변(advocate)하고 증진하며 실천하고자 하는 외교라고 정의할 수 있다. 통합외교라는 글로벌 트렌드하에서 가치외교는 주창형 공공외교는 물론, 국가 행위자를 대상으로 하는 전통외교에도 반영되고 있다. 가치외교는 특히 구체적인 역할로 뒷받침될 경우 특정 국가의 소프트파워 자산이 될 수 있는 동시에, 실천적인 측면에서 점차 그 구분이 모호해져 가는 공공외교와 전통외교에 공히 나타나고 있는 두드러진 통합외교 현상인 것이다.

글로벌 추세의 세 번째 특징은 디지털 공공외교의 급격한 부상이다. 21세기 여건하에서는 디지털 플랫폼을 공공외교의 핵심 매체로 적극 활용하는 것은 이미 선택이 아닌 필수사항이다.

2020년 현재 세계적으로 189개 국가의 정부와 지도자들이 공식적으로 트위터를 활용하고 있는데, 이는 193개 UN 회원국의 98%에 달한다. 트위터 계정을 사용하지 않는 국가는 북한과 라오스, 투르크메니스탄, 그리고 아프리카의 섬나라 상투메 프린시페(Sao Tome and Principe) 4개 국가에 그친다. 또한, 163개 국가 또는 정부 수반과 132명의 외교장관이 트위터 개인 계정을 사용하고 있다.[22] 더욱이 2020년 이래 코로나19 팬데믹으로 직접적인 대면 활동이 제한됨에 따라서 디지털 미디어를 활용하는 외교활동은 급증세에 있을 뿐만 아니라, 공공외교의 새로운 분야로 더욱 주목을 받고 개발될 것으로 예측된다.

그러나 디지털외교의 활성화와 더불어 새로운 도전 과제들이 부각되고 있는 것도 사실이다. 미디어 사용자들은 미디어 정보와 소식을 통해서 자신의 의견을 급격히 바꾸기보다는, 이미 견지하고 있던 자신의 기존 의견을 확인하고 강화하는 이른바 확증편향성(confirmation bias)이 있다는 것은 이미 실증적 연구를 통해서 입증된 사실이다. 이에 더하여 특정 정보나 소식을 확대 재생산하는 디지털 미디어의 알고리즘, 그리고 의도된 또는 의도하지 않은 오보(disinformation and misinformation)와 가짜 뉴스의 대량 생산과 순환은 디지털 매체의 신뢰도, 나아가서는 디지털외교의 신뢰도 자체를 위협하는 요소가 되고 있다. 이러한 점을 활용하여 정치적인 목적으로 디지털 매체를 악용하는 사례는 이미 2016년 러시아의 미국 대통령 선거 개입 등으로 국제정

---

21) 이 부분에 대해서 상세 내용은 김태환 (2019) 참조.

22) Burson Cohn & Wolf, *Twiplomacy Study 2020*, https://twiplomacy.com/blog/twiplomacy-study-2020/ (검색일: 2021.03.02).

치의 전면에 부상했으며, 이와 더불어 매력과 설득을 통해서 상대방의 마음을 얻는 소프트파워와 구별되는 '샤프파워(sharp power)'의 문제가 국제적인 이슈로 부각되고 있다.[23]

소프트파워가 "강제나 보상을 사용하지 않고 매력을 통해서 상대방에게 영향을 미침으로써 내가 원하는 결과를 얻는 능력"[24]을 의미하는 반면, 샤프파워란 물리적 강제력을 사용하지 않고 상대방으로 하여금 내가 원하는 것을 하도록 하는 능력을 지칭하지만, 소프트파워와는 달리 매력을 통해서가 아니라, 정보의 조작(manipulation, disinformation)을 통해서 상대방의 혼란과 분열을 도모하고, 직·간접적인 압력이나 보상을 수반하는 포섭(co-optation)을 통해서 주체가 원하는 것을 달성하는 능력을 의미한다. 샤프파워는 상대방의 정치체제, 사회제도, 가치 등의 신뢰를 저하시키고 혼란과 분열을 조장하는 데에 초점을 맞추고 있다는 점에서 '부정적 힘(negative power)'이며, 상대를 부정하면서 이에 대한 대안을 제시한다는 점에서 '반응적 힘(reactive power)'이라고 볼 수 있다. 또한, 소프트파워와는 달리 샤프파워는 강제적이고 은밀하게 행사됨(pierce, perforate and penetrate)으로써 부패를 수반하는 특징을 가진다(coercive, corrupt, and covert).[25]

---

23) Taehwan Kim, "Authoritarian Sharp Power: Comparing China and Russia," *The Asan Forum* 6-3 (2018).

24) Joseph S. Nye, Jr., *Soft Power: The Means to Success in World Politics* (New York: Public Affairs, 2004), p. 7.

25) 샤프파워에 대해서는 김태환, "중국과 러시아의 '샤프파워'와 함의," IFANS 주요국제문제분석 2018-16 (2018.5.14) 참조.

5. 한국공공외교의 현황과 특징

그렇다면 오늘날 공공외교의 급부상기에 '한국형 공공외교' 모델이 있는가? 냉전 종식 이래 지난 30여 년간에 걸친 한국공공외교의 특징을 표 7.4와 같이 요약할 수 있다.

무엇보다도 한국의 공공외교는 지난 30여 년간 한류가 선도하는 문화외교가 공공외교의 토양을 개척해 온 이른바 '경작형 모델'이라 칭할 수 있다. 물론 그 이전에도 공공외교정책이 없었던 것은 아니지만, 이들은 주로 일방향적 국정 홍보나 이미지 투사와 같은 데에 초점을 맞춤으로써 금세기 정보통신기술의 혁신과 더불어 대두되기 시작한 신공공외교, 즉 비국가행위자가 대거 공공외교의 주체로 부상하고, 일방향적 선전이나 홍보보다는 쌍방향적 소통과 관여를 통해서 상대방과의 관계구축에 초점을 맞추는 새로운 양식의 공공외교와는 구별이 되는 것이었다. 신공공외교의 관점에서 한국공공외교의 개척자 역할은 1990년대 중반 이래 한류가 수행해왔고, 한류는 2000년대 중반까지는 드라마를 중심으로, 이

표 7.4 한국공공외교의 특징

특징	내용
경작형(耕作型) 모델	공공외교의 여러 하위분야 중 문화외교, 특히 한류가 선도적 역할을 수행
경쟁우위형 모델	전통적인 소프트파워 자산보다는 가공을 통한 후천적 매력 자산을 중심으로 하는 공공외교
지식 공공외교	역사적 경험과 지식자산을 활용하는 공공외교
참여형·협력형 공공외교	국민들의 참여 및 상대국과의 협력을 중시하는 공공외교

도표 7.3　지역별 한류 동호인 수의 변화 2014~2020년

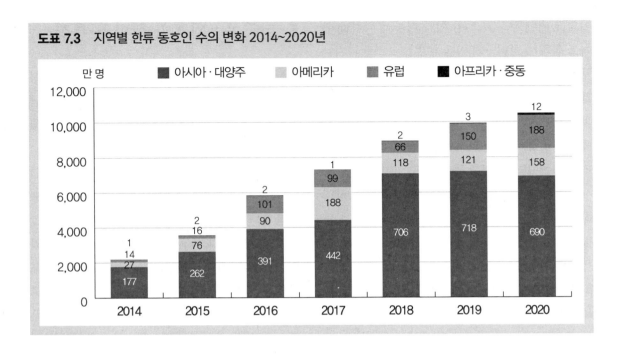

후에는 K-Pop을 중심으로, 그리고 게임과 콘텐츠 산업을 중심으로 하는 한류로 내적 혁신과정을 거치면서 그 지속성을 유지해왔다. 2020년 9월 현재 전 세계 98개국에 1,835개의 한류 동호회가 결성되어 있으며 1억 명 이상의 멤버가 참여하고 있다 (도표 7.3 참조).[26]

특정 문화에 기반을 둔 가치는 상이한 문화권에서는 다르게 받아들여질 수 있다. 예컨대 서구의 자유주의 가치가 중국이나 러시아, 중동과 같은 상이한 문화권에서는 상이한 의미를 지닌 것으로 인식될 수 있다. 특정 가치가 상이한 문화권에서 '보편적'으로 존재할 수는 있겠지만, 그 의미와 표현은 문화에 따라 상이하게 인식되고 받아들여질 수 있다는 점에서 특정 가치의 '보편적 의미'를 성급하게 단정 짓기는 어렵다. 따라서 상

이한 문화들에 걸쳐서 공감(empathy)을 이끌어내는 것은 특정 국가나 문화를 넘어서는 감성적 인정의 핵심 요체가 아닐 수 없다.

오늘날 K-pop은 한국과 직결된 음악 장르로 간주되고 있으나, 사실상 K-pop은 글로벌 트렌드와 한국적 특성을 조합한 음악적·문화적 혼성물(hybrid)로서의 특징을 지니고 있으며, 이것이 K-pop의 인기와 성공의 중요한 요소로 평가되고 있다.[27] K-pop은 음악적으로 미국의 힙합, 일본의 J-pop, 유로 테크노, 아프리카의 댄스 음악

---

26) 한국국제교류재단, 외교부, 『2020 지구촌 한류현황 I~IV』(2020).

27) K-pop의 특징에 대해서는 다음을 참조. 이규탁, "방탄소년단: 케이팝 세계화의 새로운 방식," 『동아시아재단 정책논쟁』 제116호 (2019.04.16); Jimmyn Parc and Hwy-Chang Moon, "Accumulated and Accumulable Cultures: The Case of Public and Private Initiatives toward K-Pop," *Kritika Kultura* 32 (2019), pp. 429-452; Sooho Song, "The Evolution of the Korean Wave: How Is the Third Generation Different from Previous Ones?" *Korea Observer* 51-1 (Spring 2020), pp. 125-150.

등 세계 각지의 음악 스타일을 받아들여서 융합하고 있다. 예컨대 방탄소년단(BTS)은 힙합 그룹으로서의 정체성을 지니고 있고, 여기에 한국의 전통적 민요의 추임새가 가사에 들어가기도 하고 뮤직비디오에서 한국의 전통적 이미지들이 묘사됨으로써 한국적 특성을 가미하고 있다. 특히 이른바 '토탈 매니지먼트(total management)' 시스템으로 일컬어지는 기획사 시스템, 즉 기획사가 재능 있는 청년들을 발탁하여 춤과 노래를 포함한 모든 것을 교육하고, 동시에 데뷔 전은 물론 후에도 그들의 음악과 생활을 관리·감독하는 한국적 시스템에서 탄생한 그룹으로의 특성을 가지고 있다. 무엇보다도 BTS는 한국 10대의 학교생활, 청년 세대의 좌절과 희망, 세월호 사건 등 한국 현실을 담은 한국어 가사 노래를 꾸준히 발매해왔으나, 그들의 음악이 전하는 메시지가 한국이라는 특정 국가와 문화를 넘어서서 보편적 공감을 얻을 수 있었기 때문에 국제무대에서 인정을 받게 된 것으로 평가되고 있다.[28]

K-pop은 이러한 요소들을 통합하여 하나의 '브랜드'가 되었지만, 한국에서 유래했기 때문에 유명한 것이 아니라 그 자체로서 매력적이고 공감을 자아내기 때문에 인정을 받고 있는 것이며, 문화외교의 차원에서 한국은 오히려 K-pop의 성공을 한국에 대한 감성적 애착과 인정으로 연계시키기 위해서 활용하고 있는 것이다. 한국 영화 '기생충'이 2020년 미국 아카데미 영화제에서 최우수 작품상을 포함한 4관왕의 영예를 얻고 칸 영화제(Festival de Cannes)를 비롯한 세계 유수 영화제에서 획기적인 기록과 평가를 받은 것

은, 그것이 한국의 문화이기 때문이 아니라, 무엇보다도 영화가 전달하는 빈부격차에 따른 사회적 계층화에 관한 메시지, 그리고 이것을 전달하는 영화예술적 표현 양식이 한국을 넘어서 초국가적인 공감을 자아낼 수 있었기 때문이다. 이러한 점은 넷플릭스(Netflix)를 통해 방영되어 전 세계적인 주목을 받았던 드라마 시리즈 〈오징어 게임〉에도 적용될 수 있다. 이들 대중문화 작품들은 한국의 전통문화와 달리 한국에 고유한 것을 고집하는 것이 아니라, 외국의 문화적 요소들을 도입함으로써 한국의 정체성과의 연계성은 상대적으로 희석되지만, 역설적으로 정체성의 외연을 확장시킴으로써 보다 광범한 '보편적 공감'을 통해서 감성적 인정을 얻을 수 있게 된 것이다.

둘째, 한국은 고유한 전통적 문화자산과 같이 역사적으로 계승된 소프트파워 자산의 비교우위(comparative advantage)에 의존하기보다는, K-pop의 경우가 여실히 보여주듯 (K-pop의 경우에는 상업적으로) 가공된 소프트파워 자산을 사용하는 '경쟁우위(competitive advantage)'에 입각한 공공외교를 추진해왔다.

전통적 문화외교는 국가/민족 정체성의 본원적 요소를 구성하고 있는 '민족-문화-언어'를 국제사회에 알리고 증진하는 형태를 띠고 있으며, 이를 통해서 자국 문화의 우수성과 매력을 알리고 전파하는 데에 초점을 맞추고 있다. 예컨대 프랑스와 같은 국가는 19세기부터 지속적으로 해외에 불어권 공동체를 구축하는 노력을 기울여왔다. 이와 같은 전통적 문화외교는 유럽 국가들로부터 비롯되어 오늘날에는 비서구 국가들을 포함한 여러 국가들이 문화 미션을 요체로 하는 전담 기구를 운영하고 있다. 또한, 자국의 문화·예

---

28) 이러한 견해에 대해서는 예컨대, 홍석경, 『BTS 길 위에서』 (서울: 어크로스, 2020) 참조.

술을 알리기 위한 박물관, 무용단 등 예술 기관·단체들과 더불어 방송과 교육 역시 이와 같은 역할과 기능을 수행하고 있다.

전통적 문화외교의 관점에서 볼 때, K-pop이나 일본의 J-pop과 같은 현대 대중문화에 기반을 둔 새로운 문화외교는 비교우위와 경쟁우위에 입각한 소프트파워 자산의 차이를 잘 보여주고 있다. 소프트파워의 생성은 하드파워와는 달리 물질적인 투자보다는 창의적인 아이디어가 중요하며, 따라서 소프트파워 자산을 주요 수단으로 사용하는 공공외교는 강대국에 비해서 상대적으로 물질적 자산이 풍요롭지 못한 중소국들에게 기회를 제공하는 영역이 아닐 수 없다. 한국이 비교우위를 가질 수 있는 전통적 소프트파워 자산과 더불어, 경쟁우위에 초점을 맞추는 새로운 후천적 매력 자산을 꾸준히 개발해야 할 필요가 대두되는 이유이다.

셋째, 이러한 관점에서 지식 자산을 외교적 목적으로 활용하는 지식외교는 특히 주목해야 할 분야이다. 지난 20여 년간 한국은 경제개발 경험을 지식자산의 형태로 가공하여 특히 국제개발협력(ODA: Official Development Assistance)의 틀 내에서 개발도상 국가들과 공유하는 공공외교 프로그램(기획재정부의 Knowledge Sharing Program[KSP], 외교부의 Development Experience Exchange Program[DEEP])과 더불어 전자정부, 전자치안, 전자 투표 시스템 등과 같이 지식자산을 토대로 한 지식공공외교 역시 활발하게 추진해왔다. KSP나 DEEP는 특히 개도국을 대상으로 괄목할만한 공공외교 성과를 산출해왔으나, 아이러니하게도 한류의 혁혁한 성공으로 인해서 오히려 제대로 조망을 받지 못한 측면이 없

지 않다.

기획재정부와 한국개발연구원(KDI: Korea Development Institute), 그리고 수출입은행이 주관하는 KSP는 양자 간 맞춤형 정책컨설팅을 제공하는 정책자문, 한국의 경제발전 경험을 체계적으로 정리하여 정책자문의 기초 자료로 활용할 뿐만 아니라 국제기구 등을 통해서 공유하고 전파하는 모듈화 사업, 세계은행(World Bank) 등 국제기구와 연계하여 정책자문을 제공하는 국제기구 공동 컨설팅, 그리고 금융정보, 전자조달 시스템 등 글로벌 경쟁력을 보유한 한국 시스템에 대한 컨설팅 사업 등을 수행해왔다. 한편, DEEP는 외교부와 산하 한국국제협력단(KOICA: Korea International Cooperation Agency)이 주관하는 개발 컨설팅 사업이며, KOICA는 이외에도 프로젝트 사업, World Friends Korea, 정부와 시민사회, 기업, 대학 등 다양한 관계자들이 파트너십을 구축해 개도국의 빈곤완화와 복지증진을 도모하고 민간의 자본과 기술을 활용하는 참여형 민관협력 사업, 그리고 개도국의 정책입안자, 공무원, 분야별 전문가들을 국내에 초청하여 개발경험과 기술을 전수하는 글로벌 연수사업 씨앗(CIAT: Capacity Improvement and Advancement for Tomorrow) 등을 운영해오고 있다.

과학기술 자산을 외교적 목적으로 사용하는 과학기술외교(science & technology for diplomacy), 국제회의를 조직하고 주관함으로써 국제사회에서 아젠다 세팅 및 지식 소통을 추구하는 회의체외교(host diplomacy), 정책공공외교 등을 포함하는 지식공공외교분야는 한국에게는 문화외교와 한류에 대한 의존도를 줄이면서 향후 공공외교의 다변화를 모색해야 할 필요성의 관점

에서 주목해야 할 분야가 아닐 수 없다. 특히 지식외교의 한 분야로서 정책공공외교는 최근 들어 그 중요성이 더욱 가중되고 있다.

정책공공외교(policy advocacy)는 주로 지식 및 미디어 자원을 사용해서 '특정 국가의 외교정책을 설파하고 설득함으로써, 자국 정책에 대한 이해를 높이고 지지를 구하는, 즉 국제사회에서 인정을 추구하는 공공외교의 한 유형'을 의미한다. 정책공공외교가 단순히 개별정책 자체에 대한 홍보 차원의 이해와 지지를 구하는 데서 나아가, 정책에 담겨 있는 아이디어, 가치나 규범에 대한 국제사회에서의 '상호주관적 이해와 의미'를 확립하고 소통을 통해서 이의 담론적 확산을 추구할 때, 이는 상호구성형·주창형 공공외교의 전형이 될 수 있다. 이 경우, 수사와 실천 간의 괴리를 방지하고 신뢰성을 확보함으로써 궁극적으로 인정을 획득하기 위해서는, 주창의 담론이 구체적인 실천적 역할로 뒷받침되어야 한다는 점이 중요하다. 공공외교와 전통외교가 불가분의 관계로 통합된다는 것을 의미한다. 나이(Joseph S. Nye)는 소프트파워의 세 가지 근원으로서 문화, 외교정책, 정치적 가치를 들고 있으며, 특히 가치는 특정 국가가 국내외적으로 표방하는 가치에 부합하게 행동할 때, 또한 외교정책은 국제사회가 특정 국가의 외교정책을 정통성과 도덕적 권위가 있는 것으로 인정할 때 효과적인 소프트파워가 될 수 있다고 주장하고 있다.[29]

최근 들어서 한국의 정책공공외교에 대한 강조는 공공외교 사업에서 차지하는 비중 증가에서 명백히 드러나고 있다. 도표 7.4에서 보듯 중

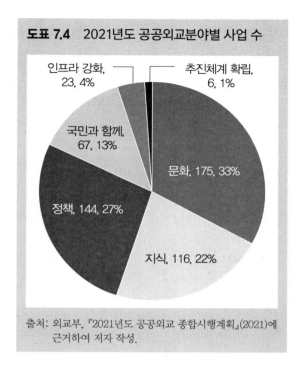

도표 7.4 2021년도 공공외교분야별 사업 수

출처: 외교부, 『2021년도 공공외교 종합시행계획』(2021)에 근거하여 저자 작성.

앙행정기관과 지자체가 수행하는 전체 공공외교 사업(2021년의 경우 총 531개 사업) 중 정책공공외교 사업 수 비중은 2018년 7.9%에서 2019년 27%, 2020년에는 28%, 2021년에는 27%로 3배 이상 증가하였고, 문화분야 사업은 2018년 48%에서 33%로, 지식분야 사업은 전년도 24%에서 20%로 감소하였다.

사업 예산의 측면에서는 도표 7.5에서 보듯 정책공공외교가 2017년도(2.2%)에 비해서 2021년에는 20%(731억 원)로 급증했으며, 문화외교는 2019년 61%에서 48%(1,753억)로, 지식외교는 26%(954억)로 감소하였다. 한편, 2020년도 외교부 공공외교 사업 예산에서도 정책공공외교가 차지하는 비중은 전 년도 43억 원에서 90억 원으로 두 배 이상 증가하였다.

넷째, 한국의 공공외교 수행 양식에 있어서는,

---

29) Nye (2004), p. 11.

도표 7.5   공공외교분야별 예산 추이 2017~2021년

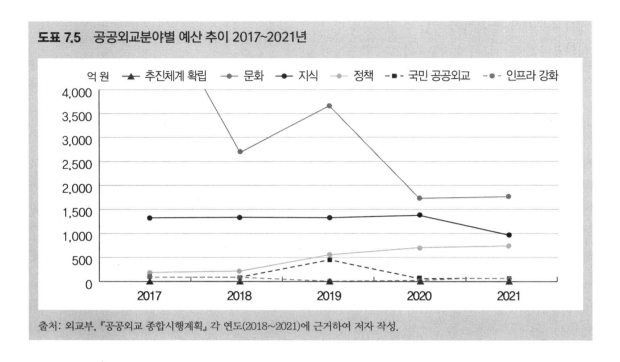

출처: 외교부, 『공공외교 종합시행계획』 각 연도(2018~2021)에 근거하여 저자 작성.

국민들의 참여와 더불어 상대방 국가와의 협업 프로그램을 개발하는 참여형 및 협력형 공공외교에도 노력을 기울여 왔다는 점 역시 특기할 만하다. 참여형 공공외교(participatory public diplomacy)는 내국민들이 공공외교의 주체나 협업 파트너로서 참여하는 프로그램을, 협력형 공공외교(collaborative public diplomacy)는 내국민뿐만 아니라, 상대국 정부 또는 비국가행위자와의 공동 프로그램을 의미한다.[30] 외교부는 참여형 프로그램으로서 '국민 공공외교 프로젝트,' '청년 공공외교단,' '시니어 공공외교단'과 같은 프로그램을 운용해왔으며, KOICA는 정부와 시민사회, 기업, 대학 등 다양한 관계자들이 파트너십을 구축함으로써 민간의 자본과 기술을 활용하는 국민참여형 개발원조 사업을 운용해오고 있다. 또한, 외교부

는 2013년 이래 협력형 공공외교의 차원에서 중국과 더불어 한중 공공외교포럼[31]을 운영해오고 있다.

특히 문재인정부에서는 "국민과의 소통을 강화하고, 외교정책결정에 대한 국민의 참여를 추진함으로써 국민의 외교역량을 결집하려는 노력"의 일환으로 '국민외교'를 강조하고 있으며, 이를 실천하기 위해서 광화문 외교부 본부와 양재동 외교센터에 '국민외교센터'를 개소하고 국민외교포럼, 공감팩토리, 정책제안 국민공모전, 열린 캠퍼스, 국민 디자인단 등 다양한 국민 참여 사업을 시행하고 있다. 국민외교는 외교정책에 대한 내국민과의 소통 및 참여와 더불어 국민들을 공공외교의 주체이자 파트너로 협업의 인적 자산으로

---

30) 협력형 공공외교에 대해서는 Cowan and Arsenault (2008) 참조.

31) 한국 측에서는 한국국제교류재단(Korea Foundation) 이, 중국 측에서는 중국공공외교협회가 주관 기관으로 역할하고 있다.

인식하고 있는 것이며, 따라서 공공외교분야에서 국내와 국외의 구분이 희석되어 가고 있는 국제적 추세를 반영하고 있는 것이기도 하다.[32]

6. 결론: 공공외교의 방향성

19~20세기 국민국가 시대에 태동한 국가 중심 공공외교는 기본적으로 치국책(statecraft)이지만, 21세기에는 디지털 미디어의 확산으로 인한 글로벌 사이버스페이스, 글로벌 네트워크의 형성으로 국가 간 경계가 더욱 희석되고 그 어느 때보다도 국가를 초월하는 세계의 상호연계성과 다양성이 부각되고 있다. 기후변화와 같은 시급한 글로벌 문제는 물론, 2021년 이래 전 세계를 강타하고 있는 코로나19 팬데믹은 이와 같은 세계의 상호연계성을 여실히 입증하고 있으며, 국가나 민족을 넘어서는 초국가적인, 전인류적인 공조와 협력의 필요성과 중요성을 부각시키고 있다. 개별국가들이 해결할 수 없는 오늘날 인류가 당면하고 있는 절박한 문제들을 감안할 때, 이제 국가 중심 공공외교를 넘어서 인간 중심의 공공외교를 지향해야 할 필요성이 절실한 것이다.

그러나 오늘날 국제적 현실과 구조는 물질적 힘의 재배분과 더불어 문화적 차이와 다양성이 배타적 정체성의 정치 및 '가치의 진영'화라는 형태로 대립적이고 대결적인 양상으로 표출되고 있다. 이러한 국제 상황에서 자국 중심적인 수단적 공공외교는 특정 국가나 행위자의 입장을 정당화

시킴으로써 국제사회에서 갈등과 대립을 증폭시킬 수 있는 데 반해서, 이질적 문화 간의 공유하는 이해와 의미의 생성을 통해서 자신의 정체성과 더불어 상대방과의 관계를 사회적으로 구성하고자 하는 상호구성형 공공외교는 이를 완화시키고 평화적 공존을 도모하는 데 역할 할 수 있는 잠재력이 있는 것이다. 이러한 관점에서 향후 금세기 공공외교의 새로운 접근법을 위해서는 다음의 사항들을 고려해야 할 필요가 있다.

첫째, 이미 살펴보았듯 오늘날에는 국제정치 맥락과 커뮤니케이션 동학이 공히 변화하고 있다. 금세기의 새로운 맥락에서 지난 세기의 공공외교 접근법은 뚜렷한 한계를 갖는다. 상호연계성과 다양성으로 특징화되는 오늘날의 세계에서, 자국의 주관적 가치와 아이디어를 '보편적인' 가치와 아이디어로 설파하고 증진하는 자기중심적, 자국중심적 공공외교는 더 이상 그 설득력을 얻기 어려우며 오히려 상대방의 반감을 초래할 여지가 크다.

둘째, 자기 자신에 대한 주관적 이미지보다도 타인이 나를 보는 이미지, 그리고 타인에 대한 나의 인식이 중요하다. 나에 대한 상대방의 인식이 부정적인 것은 단순히 나에 대한 정보의 부족이나 왜곡에 기인하는 것만은 아니며, 보다 근본적으로는 상대방의 시각에서 나를 바라보지 않기 때문이다. 오늘날과 같은 배타적 정체성의 정치 시대에는 타인의 시각을 이해하고자 하는 공감(empathy)의 노력과 능력이 필요하다. 상대방의 마음을 얻는(winning the hearts and minds of foreign publics) 공공외교로부터, 상대방의 마음을 배려하는(caring about the hearts and minds of foreign publics) 공공외교로의 전환이 요청된다.

---

32) 공공외교 시행에 있어서 국내와 국외의 구분 희석에 관해서는 Ellen Huijgh, *Public Diplomacy at Home: Domestic Dimensions* (Leiden, Netherlands: Brill Nijhoff, 2019) 참조.

셋째, 오늘날의 정보 환경에서는 의도하는 정보를 일방적으로 전달하는 것은 더 이상 그 적실성이 없다. 정보의 전달보다는 정보와 의견의 교환을 통한 관계 형성이 보다 바람직하다. 공공외교의 차원에서는 나의 주관적 시각과 입장을 상대방에게 전달하고 설득하기보다는, 상대방과의 관계 형성을 통해서 공유할 수 있는 이해와 의미를 만들어나가는 접근이 요청된다. 나와 타자의 인식과 관계는 상호적인 것이며 상호성을 통해서 구성되는 것이므로, 상대방은 물론 자신, 자기 인식의 변화를 상정하는 상호구성형 접근이 요청된다.

넷째, 단기적인 국가이익과 외교정책 실현에 기여하는 공공외교의 수단적 기능의 함정에서 벗어나야 할 필요가 있다. 흔히 공공외교는 이미 결정된 외교정책을 국제사회에서 소통하는 역할에 머물고 있다. 공공외교가 그릇된 외교정책을 바로 잡을 수는 없다. 공공외교는 이미 결정된 외교정책의 소통에만 국한될 것이 아니라, 외교정책의 입안과 결정과정의 일부가 되어야 할 것이다. 공공외교가 단순히 외교정책의 수단에 머무는 것이 아니라, 외교정책의 핵심 내용이자 본질의 일부를 구성해야 할 필요가 있는 것이다.

특정 국가가 어떠한 공공외교 접근을 선택할 것인가를 결정하는 데에는 세 가지 요소가 중요하다. 첫째는 공공외교 수행 주체의 정체성 인식에 따른 주관적 필요이고, 둘째는 타자, 즉 국제사회에서 동 주체에 대한 역할 기대이며, 셋째는 국제적 구조 또는 맥락이다. 지난 30여 년간 한국의 공공외교는 국제적 현실과 구조적 변화는 물론, 한국의 국제사회에서의 지위 변화와 이에 따른 주관적 필요, 그리고 국제사회로부터 한국에 대한 역할 기대에 따라서 진화와 발전을 이루어 왔다. 그렇다면 오늘날의 국제적 맥락에서, 그리고 변화하고 있는 한국의 능력과 지위의 관점에서, 한국의 공공외교는 어떠한 도전 요소에 당면하고 있는가? 여기에서는 네 가지 도전 과제를 지적하고자 한다.

첫째, 지난 30여 년간 한국의 공공외교가 괄목할만한 발전적 진화를 이룩해 온 것은 부인할 수 없는 사실이다. 그러나 다른 한편 한국공공외교는 한류를 중심으로 하는 문화외교와 인적 교류, 경험 공유를 중심으로 우리 민족/국가 정체성의 본원적 요소, 그리고 특징과 장점에 초점을 맞추어서 '우리가 누구인지'를 알리고자 하는 데에 주안점을 둔 자국 중심적 투사형 공공외교가 주류를 이루어온 것도 사실이다. 이는 지난 30여 년간 한국의 하드파워 증강과 이에 따른 국제사회에서 지위 상승에 상응하는 공공외교 역할 간에 여전히 적지 않은 괴리가 있다는 점에 직결된다. 1990년대 이래 한국의 중견국 지위 정체성이 확고히 자리 잡게 되었고, 최근 G7 정상회담에 한국이 초청된 것이나 유엔무역개발회의(UNCTAD)가 한국을 더 이상 개도국이 아닌 선진국으로 지정한 데에서 보듯, 한국의 지위는 이미 국제사회에서 선진국에 이른 것으로 인정받고 있다. 이에 따라 국제사회에서 한국에 대한 역할 기대 역시 변화하고 있음은 자명하다.

한국의 국력 및 지위 상승과 이에 따른 국제사회의 역할 기대치의 상승은 곧 우리 스스로가 공공외교의 역할 정체성을 새롭게 설정하고, 국제사회에서의 역할 기대와의 괴리를 줄여나가는 노력이 필요하다는 것을 의미한다. 이는 자국 중심적 정체성의 외연을 확장하는 것으로 비롯되어야 하며, 이를 위해서는 무엇보다도 공공외교에서 가급적 'K' 접두사를 배제함으로써 한국의 공공외교에 대한 사유재적 접근보다는 글로벌 공공재적 접근을 취하는 것이 보다 바람직할 것이다. 'K' 접두사는 '한국 브랜드화'를 통해서 한국을 알리는 투사형 공공외교 측면에서는 유용하겠지만, 한국의 특수성과 '소유권'을 내포함으로써 정체성의 외연 확장을 통해서 보다 상호주관적 보편성에 기반을 둔 공감과 인정, 그리고 참여를 모색한다는 차원에서는 오히려 역효과를 초래할 수도 있기 때문이다.

하드파워 차원에서 한국의 국력, 한국의 위상과 지위, 그리고 국제사회의 한국에 대한 역할 기대를 감안할 때, 이제는 투사형 공공외교와 더불어 우리 정체성에 자리 잡은 가치와 아이디어에 초점을 맞추는, 즉 국제사회에서 '우리가 추구하는 것'과 이의 실현을 위한 역할에 초점을 맞추는 주창형 공공외교를 본격적으로 추진해야 할 시점이다.

둘째, 정책공공외교의 지속성의 문제이다. 최근 들어서 외교부는 특히 한국의 대북정책과 통일정책, 외교정책을 국제사회에 설파하는 정책공공외교에 주안점을 두고 있다. 이는 투사형 공공외교에서 특정 주제에 기반한 주창형 공공외교(themed public diplomacy)로 향해 가는 초기 시도이긴 하지만, 아직은 특정 정부의 개별정책에 초점을 맞추고 있다는 점에서 여전히 한계를 갖고 있다. 특히 보수-진보 정부 간 정부 교체가 있을 때에는 대북정책과 한미동맹에 대한 접근에서 상당한 변화가 수반되었고 이에 따라 정책공공외교로 발신하는 메시지 역시 변화하였으며, 경우에 따라서는 상충적인 정책 메시지가 발신되기도 하였다. 이러한 일관성과 지속성의 결여는 정책공공외교의 효과성 저하는 물론, 궁극적으로 는 한국 외교의 신뢰성에 부정적인 영향을 미칠 수 있는 것이다.

따라서 특정 정부의 개별 외교정책에 대한 홍보적 설명이나 설득보다는, 정부 교체에도 불구하고 지속될 수 있는 한국 '외교정책 정체성'의 기조를 구성하는 가치와 규범, 원칙에 기반을 둔 공공외교의 확립이 필요하다. 외교정책 정체성은 특정 국가 외교정책의 특수성(national specificity), 그 국가가 국제사회에서 추구하는 가치와 아이디어, 그리고 수행하는 역할에 대한 자기이해를 의미한다.[33] 이러한 의미에서 외교정책 정체성은 구체적인 개별 외교정책들과는 구별되는 것이며, 흔히 공식 외교정책 담론으로 표현되는 주관적인 것이지만, 그것이 국제사회에서 의미를 갖기 위해서는 국제사회의 구성원들에 의해서 공유되어야 한다는 점에서 상호주관적인 것이다. 이를 위해서는 무엇보다 먼저 국내에서 원칙적인 가치와 규범에 토대를 둔 정책적 입장(예컨대 한미동맹과 대북정책)에 대한 최소한의 합의를 도출하는 작업이 선행되어야 할 필요가 있다. 국내적 합의 도출에 학자 및 전문가들과 언론은 물론, 특히 국회의 역할이 중요한 이유이다.

셋째, '가치의 진영화'와 배타적 정체성의 정치가 심화되고 있는 오늘날의 국제적 맥락에서, 그리고 미중경쟁이 심화되고 있는 오늘날의 국제적 구조하에서는, 중견국을 포함한 여러 국가들이 상호 공감할 수 있는 가치나 주제, 이슈를 중심으로 포용적·협력적인 공동의 정체성을 구성

---

33) Stefano Guzzini, "The Framework of Analysis: Geopolitics Meets Foreign Policy Identity Crisis," in Guzzini (ed.), *Return of Geopolitics in Europe? Social Mechanisms and Foreign Policy Identity Crisis* (New York: Cambridge University Press, 2012).

하는 노력이 이루어져야 할 필요가 있다. 오늘날 지구촌은 국가나 민족을 넘어서 공동으로 대응해야 할 글로벌 현안 이슈들이 산적해 있다. 한국의 공공외교는 평화와 안보, 기후변화, 젠더, 보건안보 등 특정 이슈에 대한 '공동의 이해와 의미'를 생성해내고 공동의 정체성을 구성하기 위한 담론과 이를 반영하는 프로그램을 운용하는 공공외교, 즉 '규범공공외교(normative public diplomacy)'[34]의 플랫폼 국가로서의 도약을 준비해야 할 것이다.

상호구성형 공공외교로서의 규범공공외교는 ▲타자들이 받아들일 수 있는, 즉 상호 공유할 수 있는 이해와 의미를 도출해낼 수 있는 규범을 만들어내고(규범의 생성), ▲이렇게 생성된 규범을 확산, 학습, 내재화, 제도화, 구조화함으로써 행위자들 간 이질성과 차이를 넘어서 최소한의 공감과 합의를 도출하는 공공외교(규범의 순환과 확산), 그리고 ▲이를 통해서 행위자 간의 관계를 사회적으로 구성해가는 공공외교를 의미한다. 이를 위해서는 자기중심성을 벗어나서, 자기 정체성의 재구성까지도 수반할 수 있는 주관적 정체성의 외연 확장이 필수적이다. 특히 기후변화나 젠더, 비확산과 같은 글로벌 이슈 영역에서의 규범은 이들 특정 이슈 영역에서 상호주관적 의미와 이해를 제도화하고 비물질적 구조화함으로써 행위자의 정체성을 구성하고, 규제하며, 평가함으로써 행위를 제어하는 것을 의미한다. 곧 규범화를 통해서 공동의 정체성과 이익을 형성할 수 있는 것이다.

특히 '가치의 진영화'라는 국제적 맥락에서 가치·규범 및 정치체제 유형으로서의 민주주의가 정치화되고 있는 현실에서는, 한국은 중도적인 가치와 규범으로서 '적극적 평화(positive peace)'에 기반하는 규범외교로서 '평화공공외교(peace advocacy)'에 초점을 맞출 필요가 있다.[35] 적극적 평화는 전쟁을 포함한 직접적 폭력, 경제적 착취와 억압과 같은 구조적 폭력, 그리고 폭력을 정당화시키는 문화적 폭력의 부재를 지칭할 뿐만 아니라, 이들 폭력을 감소시키고 보다 전향적으로 직접적·구조적·문화적 평화를 만들어나가는 과정을 의미한다. 평화공공외교는 "적극적 평화라는 가치와 규범을 반영하는 프로그램을 포함, 내외 국민에 대한 담론 소통 활동(discursive & communicative practices)을 통해서, 평화와 안보에 대한 공유하는 의미를 확립하고 이를 확산, 내재화, 제도화함으로써 궁극적으로 '평화·안보 실천공동체(peace-security community of practice)'를 구성하고자 하는 상호구성적 주창형 공공외교"라고 정의할 수 있다.

넷째, 디지털 기술과 매체를 적극적으로 활용하는 공공외교 프로그램들을 개발하고 발전시켜 나아가야 할 필요가 있다. 코로나 팬데믹은 디지털 공공외교의 중요성과 잠재력을 다시금 일깨워주고 있다. 그러나 아직도 공공외교의 일선에서는 소셜 미디어를 포함한 디지털 매체가 일방적인 정보 전달, 홍보의 수단으로 사용되는 경향이 지배적이다. 디지털 도구의 힘은 단순히 메시지를 전파하는 데에 있는 것이 아니라, 국가나 여타 정치적 집단의 정체성을 구성하는 아이디어, 가

---

34) 규범공공외교에 대해서는 김태환, "문화적 보편성·다양성과 규범공공외교," 『공공외교: 이론과 실천』 1-2 (2021.09), pp. 35-65 참조.

35) 평화공공외교에 관해서 상세 내용은 김태환 (2021. 4. 30) 참조.

치, 이익을 상대방과 소통하고, 이로부터 공유하는 '이해와 의미'를 생성해냄으로써 상대방과 관계를 구축하는 데에 있다. 디지털 매체의 힘은 감성과 정체성의 상호 주관적인 배양을 통해서 개인과 집단의 정체성과 이익을 대변할 뿐만 아니라, 공동의 정체성을 형성하는 데에 있는 것이다.

한국의 정체성 인식에 따른 주관적 필요와 국제사회의 한국에 대한 역할 기대의 차원에서 한국의 역할은 명확하다. 이제 자국중심성을 벗어나서 정체성의 외연을 확장함으로써 국제사회의 공동의 정체성과 이익을 도출하고, 이의 실천을 위해 역할 해야 할 필요가 있다. 국제적 구조나 맥락은 흔히 인식하는 것처럼 외부로부터 주어지는 것이 아니다. 공공외교는 상호 간의 소통을 통해서, 상대방과 자신의 정체성을 재구성해가면서 물리적 현실을 사회적으로 구성해나가는, 이에 따라 행위를 규제하고 제어하는 인지구조(cognitive structure)를 만들어나가는 역할을 할 수 있다. 바로 여기에서 공공외교와 국제질서, 특히 국제규범질서가 직접적으로 연계되는 것이다.

토의주제

1. 외교활동의 주체와 대상, 그리고 사용되는 자산과 수단의 측면에서 공공외교는 전통외교와 어떠한 차이가 있는가? 전통외교와 공공외교의 개념적 차이를 논의해 보자.

2. 공공외교에 사용되는 자산/수단의 측면에서 공공외교의 하위분야로서는 어떠한 것들이 있는가?

3. 정보통신기술의 발달에 따라 지난 세기 이래 공공외교를 수행하는 양식에 있어서도 변화가 있어왔다. 공공외교 수행의 양식을 구분하고 각 양식에 해당되는 구체적인 공공외교정책 또는 프로그램의 사례를 생각해 보자.

4. 금세기 커뮤니케이션 환경의 특징은 무엇인가? 20세기의 그것과 어떻게 비교할 수 있으며 공공외교에 어떠한 영향을 미치고 있는가?

5. 공공외교가 국제사회에 투사하는 국가 이미지와 국가/민족정체성의 차이는 무엇인가? 투사형 공공외교와 주창형 공공외교의 차이점과 특징은 무엇인가?

6. 미국, 일본, 중국, 러시아와 같은 주변 강대국들과 한국의 공공외교를 비교해보자. 한국과 이들 주변국 공공외교 간의 유사점과 차이점은 무엇인가?

7. 한국공공외교의 특징으로서는 어떠한 것들이 있는가?

8. 금세기 배타적 정체성의 정치, '가치의 진영화'라는 국제정치 맥락에서 강대국과 구별되는 중견국 공공외교의 역할은 무엇이어야 할 것인가? 이러한 관점에서 한국 공공외교의 향후 방향성은 어떠해야 할 것인가?

참고문헌

1. 한글문헌

김태환. "문화적 보편성·다양성과 규범공공외교." 『공공외교: 이론과 실천』 제1권 2호 (2021. 9.).

_____. "무정부 국제사회에서의 인정 추구: 공공외교에 대한 정체성 접근과 한국에 대한 함의." IFANS 정책연구시리즈 2020-03 (2021.01).

외교부. 『제1차 대한민국 공공외교 기본계획 2017-2021』 (2017).

_____. 『공공외교 종합시행계획』. 2018, 2019, 2020, 2021.

2. 영어문헌

Anderson, Benedict. *Imagined Communities: Reflections on the Origin and Spread of Nationalism*, revised ed. New York: Verso, 2006.

Castells, Manuel. *Communication Power*. New York: Oxford University Press, 2013.

Cowan, Geoffrey, and Amelia Arsenault. "Moving from Monologue to Dialogue to Collaboration." *The ANNALS of the American Academy of Political Social Science* 616 (2008).

Cull, Nicholas J. *Public Diplomacy: Foundations for Global Engagement in the Digital Age*. Cambridge, UK: Cambridge University Press, 2019.

Kim, Taehwan. "Paradigm Shift in Diplomacy: A Conceptual Model for Korea's "New Public Diplomacy." *Korea Observer* 43-1 (Winter 2012).

Melissen, Jan. "Public Diplomacy." in Pauline Kerr and Geoff Wiseman (eds.). *Diplomacy in a Globalizing World: Theories and Practices*. Oxford: Oxford University Press, 2013.

Nye, Jr., Joseph S. *Soft Power: The Means to Success in World Politics*. New York: Public Affairs, 2004.

Slaughter, Anne-Marie. *The Chess-Board and the Web: Strategies of Connection in a Networked World*. New Haven, CT: Yale University Press, 2017.

Snow, Nancy and Nocholas J. Cull (eds.). *Routledge Handbook of Public Diplomacy*, 2nd ed. New York: Routledge, 2020.

Zaharna, R. S. *Battles to Bridges: U.S. Strategic Communication and Public Diplomacy after 9/11*. London: Palgrave Macmillan, 2010.

_____. *Boundary Spanners of Humanity: Three Logics of Communication and Public Diplomacy for Global Collaboration*. New York: Oxford University Press, 2022.

환경외교

8장

이태동(연세대 정치외교학과)

1. 서론	217
2. 환경외교의 개념과 특징	218
3. 환경외교의 역사	220
4. 주요 환경문제와 국제환경 거버넌스	224
5. 주요국의 환경외교정책	231
6. 결론	236

1. 서론

지구적 환경위기, 지역적 공유 환경훼손, 국가 간 월경성 오염문제는 적극적인 환경외교를 요구하고 있다. 환경외교는 외교정책의 한 부분으로, 국가이익을 위한 상대 국가 혹은 국제사회와의 공적 행동이라는 외교정책의 특성과 함께 환경문제 해결이라는 가치를 추구한다. 이는 자국 환경의 질 향상을 꾀함과 동시에 지역적·세계적 환경문제 해결이 결국 국가의 이익에 부합할 수 있음을 의미한다. 기후변화나 월경성 오염물질이 국민의 건강과 안전에 위해를 가할 수 있는 수준에 이르러, 포괄적인 안보 차원에서 외교적으로 대응하는 것이다.

이 장의 목적은 환경외교의 개념과 특징을 설명하고, 환경외교의 역사와 사례를 소개하는 것이다. 환경외교는 지속가능한 발전의 세 가지 주요 요소인 경제, 사회, 환경의 조화를 추구한다. 특히, 경제발전에 우선순위를 두고 발전해온 선진국들이 다자간 국제환경협력을 통한 지속가능한 발전을 주장하자, 개발도상국들은 그 필요성에도 불구하고 경제개발에 저해가 될까 우려해 왔다. 이를 공동의 그러나 차별적인 책임(common but differentiated responsibility) 원칙에 의해, 선진국의 우선 책임하에 오염물질을 저감하고, 개발도상국의 환경오염 저감을 돕는 기금을 조성하고, 기술을 이전하는 협약들을 제정하여 대응하고 있다. 환경외교의 역사 속에서 대기 중 오존층의 소멸을 막기 위한 몬트리올협정과 기후변화에 대응하기 위한 교토의정서(Kyoto protocol) 등이 대표적인 예이다. 이렇게 전지구적이며, 국경을 초월한 자연 자체를 포괄하는 환경 이슈에 대응하기 위한 국제환경 거버넌스가 기후, 대기, 폐기물, 생물다양성 등 다양한 분야에서 만들어지고 있다.

이 장의 구성은 2절에서 환경외교의 개념과 특징을 살펴본다. 환경외교는 환경문제를 둘러싼 정부 간 상호작용이다. 이 절에서는 환경외교가 양자, 지역, 다자간 국익과 환경보전의 가치를 조화시켜 현 세대뿐만 아니라 미래 세대의 필요를 충족할 수 있게 하는 국가의 국제적 행위임을 밝힌다. 3절에서는 환경외교의 역사를 살펴본다. 환경외교는 1950~1960년대 급격한 산업화로 인한 환경질 악화에 국가들이 공동으로 대응하며 시작되어, 다양한 분야로 심화, 발전하고 있다. 환경문제의 국제적 특성을 국제 거버넌스를 통해 대응하는 모습을 4절에서 다룬다. 5절에서는 주요국의 환경외교정책을 미국, 유럽, 일본, 중국의 사례를 통해 살펴본다. 결론에서는 환경외교의 의의와 정책 고려사항을 제시한다.

2. 환경외교의 개념과 특징

1) 환경외교 개념

전통적인 외교의 관점에서 접근하자면, 환경외교는 환경문제를 둘러싼 정부 간의 상호작용이라고 정의될 수 있다. 환경외교는 주로 국제환경조약의 형성과 운영에 관련된 다자환경외교와 국가 간의 양자환경외교로 구성된다. 서스킨드(Lawrence Susskind)는 환경외교를 다자환경조약뿐만 아니라 환경문제를 포괄적인 국제안보 우선순위의 관점에서 협상하는 행위로 개념화한다.[1] 서스킨드의 개념을 발전시킨 알리(Saleem Ali)의 환경외교 모델은 국가 간의 환경 갈등을 주로 사회와 환경 사이에서 일어나는 것으로 보고, 이를 (1) 환경보호, (2) 경제발전, (3) 사회적 정의의 세 가지 축에서의 갈등을 조정하는 행위로 본다.

a. 가치의 갈등은 환경보호와 경제발전 중 무엇을 우선순위에 둘 것인가에 대한 것이다. 이는 환경조약의 협상 과정에서 가장 빈번하게 일어나는 갈등 요소이며, 국제조약 중 환경조약에서 발생하는 갈등을 조정하는 것이 환경외교의 목표이다.

b. 정체성 갈등은 한 국가나 특정 사회 내에서 일어나는 환경적 피해에서 오는 갈등이다. 주로 환경적 자원의 개발과 토착민들과의 사회, 경제적 이익과 함께 정체성이 충돌하는 경우에 발생한다. 환경외교는 환경문제를 둘러싼 정체성 갈등을 조정하는 목표를 가지고 있다.

c. 분배 갈등은 환경문제가 제로섬(zero sum) 게임이라는 인식하에, 어떻게 사회적 정의 관점에서 한정된 자원을 나눌 것인가의 문제이다.

이 세 가지 갈등 중에서 가치 갈등은 주로 국제환경조약에서 개발도상국과 선진국 사이에 나타난다. 개발도상국은 경제개발을 할 권리와 자유를

---

1) Lawrence Susskind, *Environmental Diplomacy: Negotiating More Effective Global Agreements* (Oxford: Oxford University Press, 1994).

주장하며, 선진국의 환경에 대한 강조가 경제개발에 저해가 될 가능성에 대한 우려를 표명한다. 반면, 선진국은 현재 악화되고 있는 환경 영향을 고려하면 개발도상국의 참여 없이는 지속 가능한 성장이 불가능하다고 주장한다. 이러한 문제를 해결하기 위해 논의된 원칙이 '공동의 그러나 차별적인 책임(CBDR: Common but Differentiated Responsibility)'이다. 이 원칙은, 선진국은 자원 추출과 환경 악영향을 가져오는 산업-경제발전을 역사적으로 이른 시기에 시작했는 데 반해, 개발도상국들은 최근에 들어서야 시작하거나 혹은 아직 환경에 부담을 줄 만큼의 산업-경제발전을 이루지 못했다는 사실에 근거한다. 그렇다고 개발도상국들이 환경을 고려하지 않은 산업-경제개발을 추구한다면 지구 환경에 큰 부담이 된다. 개발도상국의 인구와 예측되는 인구 증가를 염두에 둔다면, 더더욱 그렇다. 따라서, 이 원칙은 환경문제에 대응하기 위한 책임은 선진국과 개발도상국이 공동으로 지지만, 지금까지 역사적인 책임이 있는 선진국이 더 큰 책임을 진다는 것이다. 이 원칙이 작동하기 위해서는 실질적으로 개발도상국들에게 환경보호에 대응할 수 있는 유예 기간을 두거나, 역량 강화를 위한 선진국들의 지원이 필요하다.

2) 환경외교 특징

환경외교는 국가 간 가치, 정체성, 분배의 갈등 양상을 조정하는 과정이다. 그중 주된 갈등의 요인인 가치 갈등 — 환경과 경제성장 — 을 해결하는 것을 목적으로 한다. 국제조약 내에서 환경외교는 환경과 경제성장의 조화를 추구하는 지속가능성을 협상하는 과정이다.

환경외교의 특성 중 하나는 컨센서스(Consensus) 형식으로 진행된다는 점이다. 여기서 컨센서스는 만장일치와는 다른 개념이다. 합의된 내용에 대해 참여자들이 반대하지 않는 것을 의미한다. 즉, 만장일치(unanimity)는 모두가 동의하는 것이고, 컨센서스(consensus)는 아무도 반대하지 않은 것을 의미한다. 반대의 목소리가 있는 경우, 협상을 다시 시작한다. 일례로, 2021년 글래스고(Glasgow) COP 26에서 인도가 석탄 산업의 근절을 의미하는 'phase out'을 서서히 줄여가는 'phase down'으로 주장했다. 이 경우 회의 일정은 11시간 정도 지연되었지만, 참여자들의 논의 끝에 인도의 주장을 받아들여, 'phase down'으로 컨센서스를 이루었다.

환경외교의 또 다른 특성은 절충의 과정을 통해 합의에 이른다는 점이다. 환경문제는 협력한다고 해서 보상이 바로 주어지는 문제는 아니지만, 협력하지 않는 경우에는 파국으로 치달을 수 있는 문제이다. 따라서 환경외교는 누구는 지고, 누구는 이기는 게임이라기보다, 환경문제 해결을 위해 자국의 입장을 절충하는 것을 전제로 한다.

환경외교는 연성법적 특성이 상대적으로 강하다는 특성이 있다. 대부분의 환경외교를 통한 결과물들은 연성법(soft law)이라 그 자체로는 법적 구속력을 가지지 않는 경우가 많다. 기본협약 후 구속력 있는 의정서나 추후 세부 이행 조치를 통해 법적인 구속력을 가지는 경우도 있다. 물론, 조약마다, 혹은 조약의 조항에 쓰인 단어에 따라 법적 구속력의 여부에 대한 해석이 달라지기도 한다. 예를 들어, 1972 스톡홀름선언은 연성법의 특성을 가진 반면, 선진국들의 온실 감축 의무를 부과한 교토의정서의 경우 경성법(hard law)의 특성을 지닌다. 기후변화에 관한 파리협정은 연성법적인 측면이 있으나, 조항에 따라서는 법적 구속력이 있는 부분도 있다. 예를 들어, 국가결정기여(NDC: Nationally Determined Contributions) 방안 마련과 보고서 제출에는 법적 구속력을 가지지만, 이행 자체는 법적 구속력을 가지지는 않는다고 해석하기도 한다. 이처럼 조약 혹은 조항마다 법적 구속력의 범위와 무게가 다르지만, 주로 연성법적인 측면을 띄는 경우가 많기 때문에 환경외교의 결과물로서 국제환경법의 실질적 효력에 대해 비판의 목소리를 내는 사람들도 적지 않다.

3. 환경외교의 역사

1) 다자환경외교

다자환경외교는 국제적으로 공동으로 대처할 환경문제의 해결책을 제시하려는 목적으로 진행되었다. 글로벌 기후변화 거버넌스의 주요 사례들은 다음과 같다.

몬트리올의정서(The Montreal Protocol)는 오존층 파괴에 대한 다자간 환경외교의 전형을 보여준다. 몬트리올의정서는 1987년에 채택되어 1989년에 발효되었다. 이는 오존층을 파괴하는 약 100여 종의 화학물질의 생산과 사용금지 규제를 목적으로 하고, UN 회원국 모두를 포함해 197개국이 합의한 유일한 UN협약이다. 몬트리올의정서는 상당히 성공적인 다자환경외교로 여겨진다. 우선, 오존층을 파괴하는 화학물질에 대한 생산과 사용금지가 효과적으로 시행되었고, 이는 추가적인 오존층 파괴를 늦추고 오존층의 회복을

가져왔다. 또한, '공동의 그러나 차별적인 책임'원칙이 적용됨으로써 개발도상국들이 대체물질을 사용할 수 있는 기술과 금융지원이 실시되었다.

1992년 리우데자네이루 지구 정상회의(Rio Earth Summit)는 좀 더 연성외교의 형태를 띤다. 회의에는 세계 185개국의 대표단과 114개국 정상이 참여했다. 이 회의의 결과 유엔 기후변화협약(UNFCCC: UN Framework Convention on Climate Change)이 채택되었다. 이 협약에서는 지구온난화 방지를 위하여 모든 국가가 참여하되 온실가스 배출에 역사적 책임이 있는 선진국은 더욱 책임을 져야 하는 기본원칙으로 했다. 여기서 G77(77그룹, 유엔 내에 결성된 개발도상국 연합체)과 중국은 공동의 그러나 차별화된 책임 원칙(CBDR: Common But Differentiated Responsibilities)하에 선진국에 더 많은 의무를 주장했다.

다양한 분야에서 다자간 국제환경협약이 맺어져 왔다.

람사르협약(Ramsar Convention)은 습지의 보전과 현명한 이용을 촉구하는 국제협약이다. 이란의 람사르에서 1971년 채택되어 1975년에 발효되었다. 이 협약은 국경을 넘어 이동하는 철새를 보호하고, 가입국의 습지를 보전할 것을 의무화하였다. 한국은 1997년 101번째로 가입했다. 철새는 국경을 넘어 습지에 서식하기 때문에, 국가 간 습지 보호협약이 없으면 멸종의 위기에 처할 수밖에 없다. 각 국가에서 관할권 내의 습지를 보호하는 것은 국내적인 환경보호 효과와 함께 국제적인 환경보호 효과도 가져온다.

런던협약의 정식 명칭은 '폐기물 및 기타물질의 투기에 의한 해양오염방지에 관한 협약(Convention on the Prevention of Marine Pollution by

Dumping of Wastes and Other Matters: London Convention)'이다. 1972년에 관련 국제기구와 82개국이 참가한 가운데 채택되어, 1975년 8월 발효되었다. 내수를 제외한 모든 바다에서의 선박, 항공기, 인공해양 구조물로부터의 폐기물 및 기타물질의 고의적 투기를 규제하는 목적이다. 한국은 1993년 12월 동 협약에 가입(1994년 1월 발효)했다. 이러한 해양오염방지에 대한 노력은 해양 플라스틱 오염이 심각해지는 상황에서 더욱 적극적으로 활성화될 필요가 있다.

멸종위기에 처한 야생동·식물종의 국제거래에 관한 협약(CITES: Convention on International Trade in Endangered Species of Wild Fauna and Flora)은 1973년 2월에 채택되어, 1975년 7월 발효되었다. 수출, 입국 시 국가 간 협력하에 멸종위기에 처한 야생동식물의 불법적 또는 과도한 국제거래를 규제하여 불법적인 채취 및 포획을 억제하여 야생동식물을 보호하려는 목적이다. 이 협약은 1,000여 종의 협약대상 동식물을 규제 정도에 따라 3개의 부속서에 분할 등재하고 거래에 대한 수출·수입 증명서 발급요건을 규정하고 있다. 한국에서는 1993년 10월 7일에 발효되었다. 멸종위기종이 생기는 다양한 이유 중 하나는 서식지의 파괴와 인간의 필요에 의한 밀렵이다. 멸종위기종에 대한 국제거래를 규제하게 되면 수요가 줄어들어 불법적인 채취와 포획도 줄어들 수 있다. 서식지 파괴와 야생동식물을 무분별하게 식용으로 활용하는 행위는 코로나19(Covid-19)와 같은 인수공통감염병(동물과 사람 간 전파 가능한 질병)의 가능성을 높일 수 있다. 멸종위기종에 대한 보호는 생태계 보전뿐만 아니라 인류의 보건에도 중요한 요소이다.

바젤협약(Basel Convention)은 유해 폐기물의 국가 간 이동 및 처리에 관한 국제협약이다. 1989년 3월 세계 116개국 대표가 참석한 가운데 스위스 바젤에서 채택되어, 1992년 5월 5일 협약이 발효되었다. 이 협약은 유해 폐기물의 국제적 이동 통제와 규제를 목적으로 한다. 유해 폐기물 처리에 있어서 건전한 관리 보장, 수출입 경유국 및 수입국에 사전 통보를 의무화하는 내용이다. 한국은 1994년 3월 가입했다.

생물다양성에 관한 협약(Convention on Biological Diversity)은 1992년 5월 22일 채택되어, 1993년 12월 29일 발효되었다. 당사국에 생물다양성과 그 구성요소의 보전 및 지속 가능한 이용을 위하여 국가적 전략을 수립하는 것을 목적으로 한다. 유전자원(Genetic Resources)에 대한 접근, 이용 및 이익의 공정분배를 위한 국내적 조치의무와 기술이전 의무(선진국의 경우) 등을 부여하는 내용이다. 한국은 1994년 가입했고, 1995년 발효되었다.

2) 양자 및 지역 환경외교

양자 간 환경외교는 두 당사국 간의 필요에 의해 진행된다. 양자 환경협력은 주로 인접 국가 간 인접지역에서의 협약과 인접하지 않은 국가 간의 협약들로 구분해 볼 수 있다. 1991년 미국-캐나다 대기질협정(AQA: Air quality agreement)은 인접 국가 간의 인접지역에서의 환경외교의 예이다. 이는 상대국이 심각한 대기오염(NOx, SOx 등)을 발생시킨 활동을 할 경우, 환경영향평가와 상대국 사전통지, 상대국 요청 시 정보제공과 협의를 할 수 있는 의무 사항을 규정하고 있다.

인접하지 않은 국가 간의 양자 협약으로 EU와 중국, EU와 인도 간의 양자환경외교의 사례가 있다. 2005년 EU-중국 기후변화 파트너십과 인도-EU 기후변화와 청정발전 이니셔티브가 발족했다. 이는 EU의 기후변화분야에서의 리더십과 특히 개발도상국과의 협력을 강화하기 위해 시작되었다. 이는 직접적인 영향을 주고받는 월경성 오염에 대한 협력이나 지역 환경문제 해결보다는 선진국과 거대 개발도상국 간의 국제개발 원조의 성격이 더 강하다. EU의 기후변화정책 확산 의도는 중국과 인도의 내부적 사정과 정책에 의해 한계를 보였다.

환경문제는 다수의 국가가 포함된 지역에 영향을 끼친다. 따라서 환경외교는 지역 거버넌스 형태로 지역 환경문제에 공동으로 대응하는 형태를 띤다. 동북아에서도 다양한 지역 환경 거버넌스가 작동하고 있다.

동북아 환경협력회의(NEAC: Northeast Asia Conference on Environmental Cooperation)는 1988년 한일 환경부 공동환경 심포지엄 개최 후, 옵서버를 확대하여, 동북아 5개국 연례 환경포럼으로 발전했다. 동북아 환경협력 회의에는 한중일+몽골, 러시아 지자체, 연구기관, 국제기구 전문가들 참가하고 있다. 1992년 공식 발족한 후, 정책 대화를 위한 비공식 포럼 역할을 했다.

동북아 환경협력 프로그램(NEASPEC: North-East Asian Subregional Programme for Environmental Cooperation)은 1993년 한국 외교부와 UNESCAP가 UNCED 이행 일환으로써 공동으로 정부 간 미팅을 개최하면서 시작되었다. 이 포럼은 회원국 외교부 고위 공직자들이 참여하는 정부 간 포럼으로, 한중일+북한, 몽골, 러시아가 회원국이다. 이들은 2000년 동북아 환경협력 비전 선언문을 채택하고 핵심기금 설립에 합의했다. 또한, 회원국들은 월경성 대기오염, 자연보전, 해양, 저탄소 도시, 사막화분야의 협력을 진행하고 있다.

한중일 환경장관회의(Tripartite Environment Ministers Meeting among Korea, China, and Japan)는 동북아 3개국 정부 환경포럼이다. 이는 동북아 최고수준 정부 간 환경포럼으로, 매년 한중일 환경부 장관(동북아 최고수준 정부 간 환경포럼)이 참가한다. 이 포럼을 통해 환경 교육 네트워크 개발, 공동 교육, 웹사이트 제작 및 유지관리, 담수 오염 방지, 중국 북서부 생태 보전 등의 프로젝트가 진행되고 있다. 또한, 탄소 중립, 순환경제, 생물다양성 등에 대한 논의도 이루어진다.

일본이 주도하는 지역 환경 거버넌스도 존재한다. ECO-ASIA는 1992년 리우 세계정상회의를 대비한 정보 교환에 목적을 둔 1991년 일본 환경청의 소집으로 시작되었고, 1993년 정례화되었다. 여기서 각국 환경부 장관, 관계 부처 및 기관, 고위공무원, 국제기구-산업체-비정부기구 등이 참가하여 지역 환경문제에 대한 비공식적 정책 대화를 진행한다.

해양과 관련된 지역환경 협력레짐도 존재한다. 북서태평양보전실천계획(NOWPOP: Northwest Pacific Action Plan), 황해광역생태계보전사업(YSLME: Yellow Sea Large Marine Ecosystem), 동아시아해역환경관리협력기구(PEMSEA: Partnership in Environmental Management for the Seas of East Asia)는 해양환경보전을 실천하기 위해 해양쓰레기 배출 처리, 해양생태계 보전, 육지로부터의 질소 유입 저감을 통한 부

해설 8.1

동남아시아 월경성연무협약

1990년부터 계속된 연구 공해 위기는 동남아시아지역에 경제적·보건적·환경적 악영향을 끼쳐왔다. 월경성 대기오염으로 주원인은 인도네시아 등지에서 팜 오일 생산 등을 위해 기존에 있던 숲을 태우는 것이었다. 동남아시아 월경성연무협약(ASEAN Agreement on Transboundary Haze Pollution, 이하 연무협약)은 아세안이 이끈 지역 대기오염협약으로 2002년 인도네시아를 제외한 회원국들은 서명했지만, 주 오염 원인국의 서명과 비준은 2014년에 이루어졌다. 인도네시아에서 팜 오일을 생산하지 않는 지역에서의 피해 호소, 싱가포르와 아세안의 국제적

압력, 팜 오일 산업에서 생산자와 유통자 사이의 연무협약에 대한 의견 차이로 인해 인도네시아는 회원국 중 마지막으로 연무협약을 비준하였다. 연무협약의 내용은 (1) 연무협약센터를 설립해 화재 취약 지역에 대한 데이터 수집, 분석, 공유, (2) 연무협약 사무국을 설치해 연무 관련 회의 및 정보제공, (3) 연무협약 이행 지원을 위한 자발적 기금 조성 등이다.

출처: A. Hurley and T. Lee. "Delayed ratification in environmental regimes: Indonesia's ratification of the ASEAN agreement on transboundary haze pollution," *The Pacific Review* 34-6 (2021), pp. 1108-1137.

영양화 방지 등의 사업에 힘쓰고 있다.

동남아에서도 지역 환경 거버넌스가 존재한다. ASEAN을 중심으로 1978년 첫 번째 지역 환경정책(ASEP 1)을 채택되었다. 이는 자연보존에 중점을 두고, 비간섭 규범을 기반으로 국가 자원과 개발정책에 대한 개별국가의 권위 유지를 위해 지역협력의 기초로서 법과 정책의 중요성을 강조한다. ASEAN의 특성과 유사하게, 구속력 있는 합의는 회피하는 경향이 있었다. 예외적으로 1985년 자연 및 천연자원의 보존에 관하여 법적 구속력이 있는 협정이 발표되었고, 1994년 아세안 환경전략계획(ASPE)이 채택되어 지역 내 환경 의제 확대와 간섭주의적 성격을 띠게 된다. 또한, 국경 간 대기오염에 대한 구속력 있는 환경협약이 채택(2002년)과 발효(2003년)되었다.

환경외교와 관련한 특징 중 하나는 지방정부, 도시들이 다자간 환경협력 네트워크를 만들어

서 활동한다는 것이다. 초지방관계(Translocal relations)는 이러한 도시와 지방정부의 국경을 뛰어넘는 도시 협력 네트워크를 형성하고, 상호작용하며, 지구환경문제에 공동 대응하는 활동을 설명한다. 도시는 기후변화와 자원소비의 최대 원인이자, 가장 취약한 곳이다. 이는 50% 이상의 전 세계 인구가 지표면 2%도 안 되는 지역에 밀집해서 살고 있기 때문에 벌어지는 일이다. 동시에 도시는 사람과 조직이 모여있는 혁신의 중심지이기도 하다. 기후변화나 환경 거버넌스와 관련된 다양한 실험이 일상적으로 벌어진다. 도시들은 자신들의 관할권에서뿐만 아니라 전 세계적으로 환경 관련 정책을 학습하고 협력하고 있다.

지방의 기후변화에 대응하기 위한 국제 네트워크로는, 지속가능한 발전을 위한 세계 지방정부협의회(ICLEI: International Council for Local Environmental Initiatives)가 있다. 1990년 유

엔의 지속가능 미래를 위한 세계 지방정부 회의에서 43개 국가의 200개 이상의 지방정부들로 설립되었다. 이클레이(ICLEI-Local Governments for Sustainability)는 900개 이상의 지방정부들을 네트워크하며 지식공유, 트레이닝, 합동 캠페인 등을 진행함으로써 지속가능한 발전 능력을 쌓고 공통의 이익을 공유하고 있다.

C40 대도시 기후 리더십 그룹은 런던에서 18개 도시 대표들이 참석하면서 형성되었다. 두 번째 시장 회의(mayor summit)는 2007년 뉴욕에서 30개 도시 대표들이 참가하였다. 2009년 5월 세 번째 회의는 80개 도시 대표들로 서울에서 개최했고, 도시의 기후변화 저감과 적응 관련 실천 사례를 공유하는 네트워크로 활발히 활동하고 있다. 이러한 도시들의 초지방 네트워크 참여는 우수 사례 학습과 정보 공유, 실효성 있는 협약(commitment)과 모니터링을 통해 실질적인 기후변화 완화와 적응을 이뤄내는 요인으로 작용하기도 한다.

미국의 주정부들로 구성된 지역 온실가스 이니셔티브(The Regional Greenhouse Gas Initiative)는 2005년 공식적으로 설립되어, 10개 주(코네티컷, 델라웨어, 메인, 메릴랜드, 매사추세츠, 뉴햄프셔, 뉴저지, 뉴욕, 로드아일랜드, 버몬트)로 멤버십을 확대하였다. 추가로 워싱턴DC, 펜실베이니아, 온타리오, 퀘백, 동캐나다지역, 뉴브런즈윅이 참관자로 참여하고 있다. 이들은 주정부의 기후변화 저감정책을 협력을 통해 실현하려는 목표를 가지고 있다. 연방제하에서 주정부는 자체적으로 재생에너지나 에너지 효율 관련 규제와 인센티브정책을 쓸 수 있다. 또한, 주정부의 전력 연계를 통한 효율적인 전력 배분도 가능하다. 주/도정부 간의 국제적 환경외교 또한 실제적인 기후

변화 완화와 환경 보전에 영향을 끼칠 수 있다.

4. 주요 환경문제와 국제환경 거버넌스

1) 환경 거버넌스

기후변화 및 환경적 변화가 악화됨에 따라 환경 이슈를 다루는 행위자와 제도의 중요성이 부각 되기 시작하였다. 정부 간의 협력, 즉 국제협약을 통한 국제환경 이슈를 해결하는 방안이 있는가 하면, 비정부행위자들을 통해 환경문제 해결을 도모하기도 한다. 국제법적 협약이 주로 정부 간 맺는 협약이라면, 거버넌스는 비정부 주체들의 행위까지 수반한다. 거버넌스(Governance)는 어떻게, 누가, 그리고 누구를 위해 의사결정을 하고 조치를 취하는지 결정하는 제도, 구조, 그리고 과정이라고 정의할 수 있다. 협치라고 하며, 즉 다양한 주체들이 협력하여 의사결정에 개입하는 정치적 활동을 의미한다. 환경 거버넌스(Environmental Governance)도 비슷한 맥락으로 해석될 수 있다. 환경 거버넌스는 정치적 행위자들이 환경적 행동과 결과에 영향을 미치는 일련의 규제 프로세스, 메커니즘 그리고 단체를 일컫는다. 환경 거버넌스는 기관들이 수반하는 정치 및 경제적 관계이며, 이러한 관계가 정치적 행동 및 결과를 자아낸다. 환경 거버넌스는 형태에 따라 달라질 수 있고, 어디서나 찾아볼 수 있으며, 매우 긴요하다는 특징을 가진다. 즉 환경 거버넌스의 행위자들은 환경 이슈를 다루는 데에 있어서 의사결정과 결과에 개입하는 행위자들을 일컫는다. 이러한 행위자들

을 두 갈래(민-관) 혹은 세 갈래(정부, 시장, 민간)로 나눌 수 있다. 최근 21세기 들어서 탄소 배출권 거래제도 등 다양한 시장 메커니즘이 성장함에 따라 시장(market)적 요소를 포함한 모델을 차용하여 설명해보고자 한다.

이 모델은 정부(State), 시장(Market), 시민(Community) — 이 세 축을 기반으로, 민-관-시장이 균형적으로 협력하여 다자 협력 거버넌스를 구축할 수 있으며, 서로 협력하는 하이브리드 형식으로도 이루어질 수 있다. 튼튼한 환경 거버넌스는 공평하고, 상호 연결되어 있으며, 다중심적이다.

국가 차원에서 정부는 중앙정부 차원의 법과 제도에 대한 이해를 통하여 필요한 경우 타국의 환경문제에 관한 법 또는 제도를 자국에 수용하고 있으며, 글로벌 환경 거버넌스 맥락에서 관련 이슈들이 국가 간의 조약을 통하여 다뤄지는 경우도 있다. 정부는 역량 강화, 조정, 지도 부문에서 중추적인 역할을 한다.

민간에서 환경 거버넌스에 참여하는 방법은 다양하다. 환경 캠페인을 통해서 환경 인식을 재고시킬 수 있으며, 다른 기업체들 및 국제 비정부기관과 협력하여 환경적 담론을 진행시킬 수 있다. 더 나아가서 국가 규모가 작은 나라의 경우 환경 거버넌스와 민-관의 협력을 통해 국경을 넘나드는 오염문제 해결을 도모할 수 있다. 또한, 기업이나 국가의 환경 보전에 역행하는 행위를 비판하거나 모니터링함으로써 다른 행위자들이 법과 규범을 준수하도록 영향을 끼칠 수도 있다.

시장 위주 거버넌스는 특정 환경 전략과 관련하여 비용과 이득을 면밀히 계산하여 환경적으로 긍정적인 결과를 나오게끔 하는 데 목적을 둔

다. 이 거버넌스는 환경부담금, 규제 믹스에 기반한 보조금, 시장 인센티브, 인증, 라벨링, 정보 시스템 등을 포함한다.[2] 대표적인 예가 탄소가격(carbon pricing) 중에서 배출권 거래제도이다. 한 국가에서 배출할 수 있는 총배출량을 정한 후, 경제활동을 하는 주체(주로 기업이나 건물)에 할당하여, 탄소시장을 통해 거래하게 하는 제도이다. 배출권 총량을 시간에 따라 감소하게 함으로써, 배출권 공급이 줄어들고 이는 배출권 가격을 높이는 결과를 가져온다. 이는 기업과 참여자들로 하여금 탄소배출을 감축시킬 경제적 인센티브로 작용한다. 배출권 거래제도는 시장이 커질수록 참여자들 선택의 폭이 넓어진다. 유럽의 경우 배출권거래제를 활용하여 시장 메커니즘을 통한 온실가스 감축을 진행하고 있다. 한국은 동북아에서 유일하게 국가 차원에서 배출권 거래제를 시행하는 나라이다. 중국과 일본 또한 배출권 거래 시범사업을 국가 차원으로 승격시킬 계획이다. 환경외교는 동북아에서 배출권거래제의 연계와 통합을 통해 비용효율적인 온실가스 저감과 혁신적인 기술 개발과 적용을 도모할 수 있다.

2) 기후변화와 환경외교

기후변화는 이제 먼 미래의 이야기가 아니라 실질적으로 인류의 삶을 위협하는 문제로 다가오고 있다. UNFCCC에서는 기후변화를 "직접적 또는 간접적으로 전체 대기의 성분을 바꾸는 인간 활동에 의한, 그리고 비교할 수 있는 시간 동안 관

---

2) M. Lemos and A. Agrawal. "Environmental Governance," *Annual Review of Environment and Resources* 31-1 (2006), pp. 297-325.

찰된 자연적 기후 변동을 포함한 기후의 변화"라고 정의한다. 이러한 인간의 활동으로 인해 야기된 기후변화를 억제하기 위하여 국가들 사이에서뿐만 아니라, 지방정부, 도시, 민간, 기업의 노력도 이어지고 있다. 그중에서도 기후변화 대응에 있어서 가장 중추적인 규범체계는 유엔기후체제(UN Climate Regime)라고 할 수 있다. 유엔기후체제는 기후변화를 조정하기 위한 목표를 정하고, 목표를 이루기 위한 규범을 정하고, 그를 평가하고 독려하도록 하는 이행 메커니즘으로 구성되어 있으며, 이러한 요소들은 서로 연관되어 있고, 상호보완적이다. 유엔기후체제는 현대의 국제규범들에서 자주 활용되고 있는 기본협약-의정서(framework convention-protocol) 방식을 따른다. 즉, 하나의 기본법으로서 기능하며, 이를 구체화하는 것은 이후에 마련되는 의정서에 맡기는 방식이다. 이러한 방식에 입각하여 기후변화협약 제17조에는 의정서 성립에 관한 근거가 지어졌다. 협약이 성립된 5년 후인 1997년에 교토의정서(Kyoto Protocol)가 채택되었으며, 2015년 12월 파리협정(Paris Agreement)이 성립되었다.

기후변화협약과 교토의정서하에서는 공동의 그러나 차별화된 책임에 따라 가입 당사국을 부속서 I(Annex I), 부속서 II(Annex II) 국가, 비부속서(Non-Annex I) 국가로 구별하여 각자 다른 방식으로 온실가스 감축(Mitigation) 의무를 이행하기로 하였다.

많은 국제법에서 볼 수 있듯이 국가가 주체가 되어 기후변화협약을 맺음으로써 기후변화 억제를 협력적으로 도모한다. 이에 따라 최고의사결정기구인 당사국총회(COP: Conference of Parties)를 매년 개최하며, 1995년 독일 베를린에서 제1차 회의가 개최된 이래 매년 개최되고 있다. 하지만 국가는 궁극적으로 자국의 이익을 대변해야 하는 역할을 지니고 있기 때문에 당사국총회 및 협약에서 국가들의 합의는 소극적으로 이루어진다는 평가도 있다. 예를 들어, 2021년 글래스고에서 열린 당사국 회의에서 인도의 강력한 주장을 반영하여 석탄 발전 폐지(Phase-out)를 감축(phase-down)으로 수정함으로써 합의문의 문구를 약화하기도 했다. 기후변화 대응을 실질적이고 효과적으로 대응하는 데 있어서 한계를 지니고 있기도 하지만, 다양한 참여자의 이해를 반영하는 틀이기도 하다.

기후변화협약에서는 비국가 주체 또한 중요한 주축이 되지만, 한계점도 지니고 있다. 비국가 주체에는 UN, 국제에너지기구, 국제원자력기구 등과 같은 국제기구, 혹은 비정부기구(NGO) 등이 포함된다. 환경 NGO 외에도 연구중심 NGO, 산업계 NGO 등 다양하게 구성되어 있다. 비국가 주체들은 당사국총회(COP) 토론에 참여할 수 있으나, 투표권은 없다. 하지만 그렇다고 해서 그들이 영향력이 없다고 보기는 어렵다. 비정부기구들은 참관인 자격으로 당사국 총회뿐만 아니라 부속기구(SBSTA/SBI) 회의에 참여할 수 있으며, 논의에 적극적으로 참여하여 기후변화체제 구축에 기여하고 있다.

당사국이 총 190여 개국 정도 있기 때문에 모든 국가의 의견을 반영하기가 어렵다. 따라서 협상 과정에서 의견이 비슷한 국가들끼리 연합을 하여서 자신의 의견을 효과적으로 피력한다. G77과 중국은 비부속서 국가의 의견을 대변하며, 가장 참여국이 많은 그룹이다. 협상 과정에서 결성된 G77은 77개 개도국들의 의견을 관철시키고 협상력을 높이기 위해 결성된 모임이다. 그 밖에도 기후변화에 따른 해수면 상승으로 인해 실질적인 피해를 겪는 (1) 군소도서국연합(AOSIS: Alliance of Small Island State), (2) G77국가 중 유엔 기준에서 최빈 개도국으로 분류되는 48개국이 결성한 저개발국(LDCs: Least Developed Countries), (3) 기후변화 대응문제에 있어서 선진국의 책임을 인정하지만, 개도국들의 적극적인 기후대응 노력을 촉구하는 포괄그룹(Umbrella Group), (4) 5개의 지역그룹 등이 있다.

교토의정서는 1992년 6월 리우 유엔 환경회의에서 채택된 기후변화협약(UNFCCC)을 이행하는 것을 목적으로 1997년에 만들어진 국가 간 협약이다. 이는 법적 구속력이 있는 최초의 기후변화 협정이다. 선진국은 의무적으로 온실가스 배출 의무 규제를 하고, 개발도상국은 의무에서 제외되었다. 여기서 인도는 어떠한 탄소배출 감축 협정도 거부했다. 교토의정서는 2005년 발효되었다. 교토의정서는 공동의 하지만 차별화된 책임(CBDR)에 입각하여 온실가스 배출의 책임을 선진국에 물음으로써, 부속서 I 국가에만 온실가스 감축 의무를 부여하였다. 부속서 I 국가들은 1990년 대비 온실가스를 평균적으로 5.2% 감축해야 하는 의무를 지니고 있다. 부속서 II 국가들은 개발도상국에 재정지원 및 기술을 이전할 의무가 있으며, 비부속서 국가들은 국가보고서 제출 등 협약상 공통의무를 이행할 의무가 있다.

교토의정서는 선진국들이 부여된 감축 의무를 국내적으로만 달성하기에는 한계가 있다는 점을 인지하였다. 따라서, 배출권 거래, 공동이행, 청정개발체제(CDM) 제도 등을 통해서 의무 이행에 유연성을 부여하였다. 공동이행(JI: Joint Implementation)은 감축 의무를 이행하기 위하여 온실가스를 감축하는 데 있어서, 다른 부속서 I 국가로부터 감축량을 취득하거나, 그들에게 감축량을 이전하는 등의 방식으로 공동으로 이행할 수 있다는 것 의미하며,[3] 배출권거래제(ET: Emission Trade)는 특정 국가가 이행 기간 동안 의무 이행을 하지 못하는 경우, 목표치 대비 더 많은 온실가스를 저감하여 추가적인 배출권이 있는 국가로부터 배출권을 구매하여 감축 목표를 달성할 수 있도록 하는 제도이다. 청정개발체제(CDM: Clean Development Mechanism)는 선진국으로 하여금 감축비용이 낮은 개도국에 투자하여 크레딧, 즉 온실가스배출권(CER: Certified Emission Reduction)을 창출 및 획득할 수 있도록 한 제도이다. 이러한 메커니즘은 온실가스 감축 의무의 보조 장치로서 도입이 되었지만, 보조 장치로서 어느 정도까지 역할을 하는지, 온실가스 의무를 다른 나라에게 책임을 전가할 가능성이 있지는 않은지에 대해서는 아직도 의견이 분분하다.

이러한 다자환경외교가 항상 성공적인 것은 아니다. 2009년 코펜하겐협정(Copenhagen Accord)은 제15차 유엔 기후변화협약 당사국 총회(UNFCC)에서 세계 119개국 정상이 합의한 내용은 구속력 없는 정치적 선언으로 종료되어, 여러 비판을 받았다.

파리협정 또한 제2조 2항에서 기후변화협약(UNFCCC)를 언급함으로써 기후변화협약에 입각하여 발전한 협약임을 명시하고 있으나, 교토의

---

3) 박덕영·유연철, 『파리협정의 이해』 (서울: 박영사, 2020).

정서에 대해서는 언급하지 않는다. 이렇게 파리협정은 교토의정서와 차별화된 신기후체제의 도입을 명백하게 드러낸다. 교토의정서와 가장 차별화된 지점은 국가별 기여방안(NDC: Nationally Determined Contribution) 제출이다. 이를 통해 선진국과 개도국 모두 자체적으로 감축 목표를 설정하고, 정기적으로 이행점검을 받는 형식을 마련하였다. 파리협정은 2015년 12월 12일 성립, 2016년 11월 4일 발효하였다. 2021년 1월 기준으로 195개국이 당사국으로 되어있다. 파리협정은 교토의정서와 마찬가지로 CBDR 원칙을 기반으로, 어머니 지구(mother earth)와 기후정의(climate justice)를 직접 언급함으로써 국제사회의 참여를 적극적으로 독려한다.

파리협정은 개별국가의 목표 대신에 장기적 목표를 내세웠다. 특히 파리협정은 산업화 이전 대비 기온상승을 2℃보다 훨씬 아래로 제한하고, 기온상승 폭을 1.5℃ 이하로 제한하는 것을 장기 목표로 설정하였다. 이러한 목표를 이룩하기 위하여 제3조부터 제8조까지 행동지침을 규정하고 있다. 제3조부터 제6조까지는 국가별 기여방안, 제7조는 적응, 제8조는 손실과 피해에 대해서 다루고 있다. 제9조부터 제12조까지는 개도국 지원체계에 대해서 규정하고 있다.

파리협정은 교토의정서에 비하면 법적 구속력이 미약하다는 평가를 받고 있다. 이에 대응하기 위하여 투명성 체계(transparency mechanism)를 도입함으로써 보고, 정보제공 및 전문가 검토를 하게끔 구성하였다. 보고서 세부 이행규칙은 파리협정 서명 당시에는 완성된 것은 아니나 글래스고에서 열린 제26회 당사국 총회(COP26)에서 세부 이행규칙을 완성하였다.

파리협정은 캐나다, 호주 등 주요 온실가스 배출국이 교토의정서를 탈퇴한 상황에서 신기후체제를 마련했다는 점에서 의의를 지닌다. 하지만 앞서 말했듯이 비교적 미미한 법적 구속력으로 인해 파리협정의 실질적인 실효성에 물음표를 던지는 사람이 적지 않으며 기후변화 책임감에 관하여 개도국과 선진국 사이에 긴장감은 여전히 남아있다. 하지만 이제 기후변화가 전 지구적 문제로 도래한 이상 기후변화에 대한 책임을 피하고, 요행을 바라기보다는 현시점에서 할 수 있는 최대한으로 지구를 되살리려는 노력을 끊임없이 해야 할 것이다.

3) 미세먼지와 환경외교

미세먼지는 사람들의 건강에 영향을 미친다. 특히 호흡기가 약한 사람들은 천식 등의 호흡기 질환뿐만 아니라 심혈관 질환 등을 일으킬 수 있다. 미세먼지는 입자의 크기에 따라 50μm 이하인 총 먼지(TSP: Total Suspended Particles)와 입자크기가 매우 작은 미세먼지(PM: Particulate Matter)로 구분한다. 보편적으로 먼지는 코점막을 통해 걸러지지만, 미세먼지는 크기가 작기 때문에 걸러지지 않고, 체내에 유입될 수 있다. 미세먼지는 날씨, 계절, 기타 요건에 따라 달라지지만, 보편적으로 석탄, 석유 등 화석연료를 연소하는 과정에서 나오는 대기오염물질에서 기인하며, 세계보건기구(WHO)는 미세먼지를 1군 발암물질로 지정하였다. 따라서 미세먼지는 기후변화와 아울러서 주요 환경문제로 대두되고 있다.

미세먼지는 국내외적인 요인이 결부되어 있다. 국내적으로 대도시에서는 경유 차가, 전국적으로는 사업장이 미세먼지 배출량 1순위이다. 그리고 연구에 따르면, 국내 주요 도시의 초미세먼지(PM2.5) 농도 중 중국이 미치는 영향을 연평균 32.1% 정도로 보고 있다. 따라서, 미세먼지 해결을 위해서 한국은 대내외적으로 노력하고 있다.

미세먼지는 매년 한국을 위협하고 있다. 한국은 빠른 산업화, 높은 인구 밀도, 지리적 위치로 인해 다른 선진국보다 미세먼지 농도가 매우 높은 편이다. 국내적으로는 2022년까지 미세먼지를 30% 감축하기 위하여 2018년에 공표하여, 2019년 2월부터 미세먼지 특별법을 시행하였다. 미세먼지 특별법에는 1) 비상저감조치 법적 근거 마련, 2) 배출시설 가동 조정, 3) 집중관리구역 지정, 4) 미세먼지 간이측정기 성능인증, 5) 미세먼지 특별대책위원회, 미세먼지 개선기획단 설치, 6) 국가 미세먼지 정보센터 설치, 6) 미세먼지 관리종합계획, 시행계획 수립이 포함되어 있으며, 내용은 범정부대책 수립, 컨트롤타워 등 전담조직 강화, 미세먼지로부터 국민건강 보호가 주를 이룬다.

미세먼지 특별법에는 다양한 수준의 민관 협력이 규정되어 있다. 범정부대책 수립에서 5년마다 미세먼지 관리종합계획 수립을 중앙정부에서 하면, 종합계획 세부 시행계획 수립 및 보고 시, 도지사에서 하는 상명하달식으로 이루어져 있다. 지역 정부에서는 청주시나 수원시같이 자체적으로 위원회 및 거버넌스를 잘 실현하는 지역도 있지만, 제대로 이루어지지 않은 지역도 있다. 따라서 비록 미세먼지 특별법이 상명하달식 구조라고 하더라도, 지역구 자체적으로 미세먼지 거버넌스 구축을 통해서 지역적으로 해결하려는 움직임이 필요해 보인다.

한국정부는 미세먼지 특별법을 통하여 미세먼지 특별대책위원회를 수립하였다. 위원회는 민간 위원장을 공동위원장으로 하고, 관련된 중앙행정 기관장들과 민간 전문가들을 위원으로 하는 미세먼지정책 의사결정기구로써, 종합계획과 시행계획 등을 심의한다. 따라서 의사결정에 여러 이해관계자를 포함시키게끔 하였다. 이러한 의사결정 뿐만 아니라 정보 수집에도 다양한 이해관계자가 참여 함으로써 문제해결방안을 도출시키는 미세먼지 범부처 프로젝트를 계획하였다. 이는 2017년 9월부터 2020년 9월까지 진행된 프로젝트로서 과학기술을 통해 미세먼지문제 해결 방안 도출을 위해 환경부, 과학기술정보통신부, 보건복지부가 관련 사업단을 구성해 출범한 사업이다. 여기에는 80개의 기관(대학, 연구소, 기업)이 참여하였다. 3년간 총 492억 원 규모로 1) 발생 및 유입, 2) 측정 및 예보, 3) 집진 및 저감, 4) 국민 생활 보호 및 대응 등 4대 부문의 연구개발을 수행했다. 따라서 정부는 특별법과 위원회를 통해서 민관의 협력을 도모하고, 의사결정과정에 참여시킴으로써 국내적으로 미세먼지 거버넌스 구축을 도모하고 있다.

흔히 한국 미세먼지는 30%, 전문가들이 말하길 심하면 80%까지 중국에서 넘어오기 때문에 한국은 중국과의 외교를 통하여 대기질 개선을 도모하는 과정에 있다. 한국과 중국은 1993년 '환경협력협정'을 체결한 후 대기분야를 중요한 의제 중 하나로 다뤄 왔다. 한국과 중국은 2017년에 '한중환경협력계획(2018~2022)'을 체결했다. 또한, 2018년 한중환경협력센터를 베이징에 설치한 후, 2019년 11월에는 양국 환경 장관이 기존 조사·연구사업에서 예보정보 공유, 기술협력·정책교류 등 예방 및 저감 사업으로 확대하는 청천(晴天, 푸른 하늘) 계획에 서명했다. 여기에는 3개 부문, 6개 사업이 포함되어 있다.

전반적인 대기질 개선을 위해서, 한중외교뿐만 아니라 동북아지역의 협력 또한 도모할 수 있다. 2017년 제21차 동북아환경협력계획(NEASPEC)은 고위급회담에서 합의하에 설립되었다. 동북아환경협력계획은 한국, 중국, 일본, 몽골, 러시아, 북한 6개국으로 구성된 동북아 청정대기파트너십(NEACAP)을 2018년도에 설립하였으며, 동북아지역의 대기오염을 파악하고, 연구를 공동 수행하고, 정책적 제언 및 협의 추진 등을 목적으로 하고 있다. 주요 협력 사항으로는 NEACAP의 작업계획을 2020년 6월 채택한 점이다. 동북아환경협력계획은 여기에서 정책 우선순위와 분야를 설정하여 제안하고 있다.

그럼에도 불구하고, 한중 간 월경성 대기오염물질에 관한 환경외교는 공동의 문제 인식수준을 넘어, 공동 연구의 초기 단계라고 할 수 있다. 대기 정치에서는 오염원이 강대국에 위치하고 오염 피해국이 상대적인 약소국일 때 협력의 어려움을 예측한다. 경제력을 포함한 국력, 월경성 오염에 대한 관심 등에 비대칭성으로 인해 오염 원인자가 피해를 보상하기 힘든 경우가 많다. 그렇다고 대기오염에 대한 국제협력이 불가능한 것은 아니다. 유럽의 장거리월경성오염협약(Convention on Long-range Transboundary Air Pollution)의 경우 1972년 스웨덴에서 영국의 대기오염으로 인한 산성비 피해가 발생하면서 논의가 시작되었다. 참여국들이 가장 먼저 한 일은 10년간의 공동 과학 조사와 정책 협의이다. 이 협약이 1979년 유럽 34개국에 의해 채택된 후, 실제 40~80%

정도의 대기오염을 감축한 성과를 보여주고 있다. 유럽의 협약은 국가 간 소통과 협력의 통로로 대기오염 저감의 국제 협력 틀을 제공한다. 아울러, 대기오염물질 중 황산화물을 다룬 헬싱키 의정서(1985년), 질소산화물을 다룬 소피아 의정서(1988년), 초미세먼지를 다룬 예테보리 의정서(1999년)로 확장하는 단계적 규제 확대 모델의 전형을 보여주고 있다.

이렇듯 미세먼지 해결을 위해서 대외적으로 협력을 구축하고 있지만, 동북아지역에서는 아직 구속력 있는 지역 대기협약이 체결되지 못했다. 유럽, 북미, 동남아에서는 구속력 있는 대기환경협약이 체결되는 반면 동북아지역은 아직 정보 공유수준에 머물러 있다. 월경성 오염물질에 대한 개별적인 지역 국제환경협약을 만드는 것은 상당한 난관에 봉착할 수 있다. 그렇기 때문에 기후변화의 틀을 가져와서 미세먼지 및 월경성 오염물질에 대한 규제를 확장하는 유럽 모델을 검토하여 적용할 필요가 있다. 바람의 방향은 바꿀 수 없어도, 오염원에서 배출량을 줄일 수 있다. 이 국제협약은 각국에서 자국민 들의 건강과 생태계를 각자가 가장 잘할 수 있는 방법으로 보호하고 감축량에 대한 준수 사항을 모니터링하고 검증하는 역할을 한다. 또한, 이는 월경성 대기오염 저감에 작동하는 방안과 미흡한 방안을 공유하고 공동으로 연구(과학과 정책)해서 공유하는 틀로 작동한다. 즉, 월경성 오염물질에 대한 국가자발적 기여(NDC: Nationally determined contribution)를 정하고, 이행 사항을 모니터링, 보고, 검증(MRV: Monitoring, Report, Verification) 과정을 강화하여 실제 월경성 대기오염물질 배출량을 줄이는 것이다. 환경외교를 통해 실현가능한 지역 대기오염협약을 만들어가는 노력이 필요하다.

5. 주요국의 환경외교정책

1) 미국의 환경외교정책

오바마 행정부(2009~2017)의 환경외교정책은 기후변화에 대한 적극적 대응과 중국과의 협력 모색이라는 특성을 가진다. 이전에 비해, 기후변화문제에 관하여 적극적 대응과 국제협력을 강조했다. 특히 오바마 대통령은 "기후변화는 테러리즘이나 IS문제와 유사하다"고 주장하며 정치적 리더십을 나타내려고 했다. 이러한 노력들은 중국과 여러 차례 정상회담을 통하여 협력을 모색하는 데에서 잘 나타난다. 2015년 미중회담 결과 미국은 2025년까지 탄소 배출량을 28%까지 감축하기 위한 노력을 약속한다. 교토의정서는 미국과 중국의 거부로 인하여 무산되었지만, 파리 유엔 기후변화협약 당사국총회에서 미국의 적극적인 행보와 중국의 협력적 태도가 변화를 야기했다.

이에 반해 트럼프 행정부(2017~2021)의 환경외교정책은 미국 우선주의와 환경회의론적 경향을 보여준다. 트럼프 대통령의 '미국 우선주의' 정책기조를 바탕으로 국제사회와의 주요 약속을 파기하는 주요 사례에는 파리협정 탈퇴 결정(2017.5.31)이 있다. 트럼프 대통령은 기후변화와 탄소배출은 '사기'라고 주장하고, 국제사회의 기후변화 협정은 중국 등 개발도상국에게만 유리한 것이라고 강조했다. 대선 캠페인에서 미국의

기후변화협약 탈퇴를 예고하고, 당선되자 오바마 전 대통령의 환경정책에 반대해 온 인사를 환경청장에 임명했다. 전 세계에서 2위의 온실가스 배출국인 미국이 파리협정에서 탈퇴함으로써 세계 온실가스 배출 및 기후변화 대책에 부정적 영향을 끼칠 우려가 제기되었다. 환경학자들은 미국이 환경 규제에 동참하지 않을 경우 세계 온난화의 가속화에 대한 전망을 제시했다.

바이든 행정부(2021~)의 환경외교정책은 탈트럼프적 복구정책으로 특징 지워진다. 바이든 행정부는 트럼프 행정부 시기 환경외교정책의 번복과 기후변화 대응 국제협력을 모색한다. 바이든 대통령이 임기 시작과 동시에 처음 한 일은 트럼프 행정부 시기 탈퇴했던 파리협정 복귀에 관한 행정 명령에 서명(2021.1.20)하는 것이었다. 바이든 대통령은 미국이 주도한 2021년 4월 22일 세계 기후 정상회의 연설에서 미국은 온실가스 배출량을 2030년까지 2005년 대비 50%에서 52%까지 줄일 것"이라고 밝혔다. 2050년까지 미국 경제에서 완전한 탄소 중립을 실현할 것"이라는 목표도 제시했다. 이는 트럼프 전 대통령이 협조하지 않았던 기후변화 국제 공조에서 미국의 주도권을 천명한 것이다.

바이든정부에서는 미중 패권경쟁 속 중국과의 기후 협력을 시도하고 있다. 케리(John Kerry)를 기후 특사로 임명하여 중국 상하이에서 셰전화(解振華) 중국 기후변화 특별대표와 회담을 진행했다. 이는 미중 패권경쟁 와중에도 미중 간 기후변화 관련 문제 협의(미중 기후변화 협력, 유엔 기후변화협약 제26차 총회, 바이든 미국 대통령이 개최하는 기후 정상회의 등)를 했다는 점에서 의의가 있다. 이러한 노력의 결과로 미국은 중국

과 함께 제26차 유엔 기후변화협약 당사국총회 (COP26)에서 기후 대응 강화에 관한 미중 글래스고 공동선언을 발표했다. 미국은 전력분야에서 '탄소 오염 제로'를 2035년까지 100% 달성하겠다 저감목표를 제시했다. 중국은 석탄 소비를 15차 5개년 계획 기간(2026~2030년) 동안 점진적으로 감소시키고, 이를 가속화 하기 위해 최선을 다할 것을 표명했다. 아울러 미국과 중국은 메탄가스 감축을 위한 공동연구와 기후 대응 강화에 관한 실무그룹을 구성하는 데 합의했다.

2) 유럽의 환경외교정책

환경문제는 1950년대 유럽연합이 설립될 당시 회원국들에게 관심을 받지 못했다. 그 결과 환경에 관련된 어떠한 조항도 로마조약에 포함되지 않았다. 1960년대 경제가 급속히 성장하면서 경제성장에 따라 급격하게 지역 생태환경이 악화되었다. 이에 따라 서유럽 선진국가들 내에서 환경단체들은 능동적인 환경정책을 요구하게 되었다. 이러한 관심과 요구로 처음으로 1973년 유럽지역에서 제1차 환경실행프로그램(Environmental Action Programme)을 채택하게 된다. 유럽연합의 존재로 인하여 유럽 개별국가들의 환경외교는 유럽연합의 영향력을 크게 받게 되었고 유럽연합이 유럽 국가들을 대표하여 환경외교정책을 전개하는 양상이다.

이후 유럽은 국제환경외교에 있어 선도적인 역할을 하려고 노력한다. 1997년 교토의정서 체결과정에서 유럽연합은 2010년까지 모든 선진국이 6개 온실가스 — CO2, 메탄(CH4), 산화질소(N2O), HFCs, 퍼플로오카본(PFCs: Perfluorocarbons),

6가 플로오르 황(SF6: Sulphur hexafluoride) — 의 배출을 15% 감축할 것을 제안했다. 이에 미국과 석유 수출국들은 강력히 반대한다. 유럽연합은 전 세계에서 기후변화 대응에 있어 가장 적극적으로 행동하고 있고 교토의정서는 유럽연합의 리더십으로 출범했다고 해도 과언이 아니다.

2021년 글래스고 기후합의에서 유럽연합은 선도적인 역할을 하면서도, 개도국 피해에 대한 내용에는 소극적인 모습을 보였다. 유럽연합은 미국과 함께 글로벌 메탄서약 체결을 주도했다. 중국, 한국을 포함한 100여 개국은 2030년까지 메탄 배출을 2020년 수준보다 30% 줄이기로 합의했다. 이에 반해, 미국과 함께 기후변화 피해국가에 대한 기금 조성에 반대하는 모습도 보인다. 기후변화 피해에 취약한 77개 개도국 그룹(G77)이 지속적으로 요구해 왔으나, 피해보상은 합의문에서 제외되었다.

유럽연합이 회원국들인 유럽 각국을 대표하여 환경외교를 주로 수행하지만, 여전히 개별국가들의 외교권도 존재한다. 이는 각 국가들, 특히 유럽연합에 큰 영향을 미치는 국가들의 환경외교정책도 살펴볼 필요성이 있음을 의미한다.

독일은 프랑스와 함께 유럽연합을 주도하는 국가이다. 환경분야에 있어 큰 관심을 가지고 있으며 이는 환경외교정책에 반영되고 있다. 예를 들어, 유럽공동체(EC: European Community) 의장직을 맡았던 1987년, 독일은 오존층 보호를 최우선 의제로 상정한 바 있다. 1995년의 제1차 기후변화 당사국총회도 베를린에서 개최되었다. 독일은 세계적 차원과 EU 차원 모두에서 기후변화정책에 주도적 역할을 수행해 왔다. 교토의정서에 서명한 독일 환경부 장관 출신의 총리 메르

켈은 G8 회의에서 탄소 배출량을 줄이자는 기후 협약을 이끌어내는 리더십을 보여준다.

EU 내에서도 환경외교와 관련해서 다른 목소리들이 나오기도 한다. 예를 들어, 원자력 발전을 '지속 가능한 친환경 에너지'로 분류하는 문제에 대한 EU의 논의 과정에서 독일은 오스트리아, 덴마크, 포르투갈, 룩셈부르크와 함께 체르노빌이나 후쿠시마의 사례와 같은 사고 위험과 핵폐기물문제 등을 거론하며 강하게 반대했다. 반면 프랑스, 불가리아, 핀란드, 루마니아, 체코, 폴란드, 헝가리, 크로아티아, 슬로베니아, 슬로바키아 등 원전을 친환경으로 보는 EU 회원국들과 이견을 보이고 있다.

프랑스는 독일과 함께 유럽연합을 주도하는 국가이다. 2015년 프랑스 올랑드 대통령은 세계 최대 온실가스 배출국인 중국을 방문해 시진핑 주석에게 "기후변화협약 이행 준수를 5년마다 점검할 필요가 있다"는 협조를 받아냈다. 올랑드 대통령은 2015년 한국을 국빈방문해서 기후변화총회에 한국의 협력을 요청했다. 이슬람국가의 테러 사태에도 불구하고 프랑스는 협상 관련 중요 당사국에 외교력을 집중하여 COP21 파리 개최와 파리협정 타결에 중요한 역할을 수행했다.

영국은 브렉시트 이후로도 유럽에 큰 영향을 미치는 국가이다. 유럽에서 스웨덴과 더불어 교토의정서 온실가스 배출 감축 의무를 충실히 이행했다. 또한, 2021년 11월 영국 글래스고에서 제26차 유엔 기후변화협약 당사국총회(COP26) 개최함으로써 영국은 환경외교의 리더로 역할 하려고 노력한다.

3) 일본의 환경외교정책

일본의 환경외교정책은 공적개발원조(ODA) 중심으로 구성된다. 일본은 1990년대 초부터 환경 ODA 중심으로 재편성했다. 환경 ODA란 개발도상국들이 기후변화와 자연재해의 피해에 더 취약하다는 연구들이 속속 발표되면서 개발도상국의 환경 개선을 위해 지원하는 것이다. 2010년 일본의 ODA 규모는 91억 7,400만 달러로, 그중에 환경 ODA의 비중이 52%이다. 이는 일본의 환경 ODA의 질과 양 측면에서 독일, 프랑스, 미국, 영국 등 다른 주요 공여국들을 압도하는 상황이다.

일본외교정책의 국제적 공헌에 대한 필요성의 증대와 경제 불황으로 인한 ODA 규모의 감소라는 문제를 타개하기 위해, 일본은 외교정책과 ODA정책이 환경을 매개로 연계하는 전략을 택했다. 국내 경제 침체로 인하여 ODA의 절대적 규모를 증가시키는 것보다, 환경과 같은 세계 공동의 문제 해결에 기여할 수 있는 분야에 집중적으로 배분하는 전략을 택한 것이다. 교토의정서의 사례처럼 환경분야는 일본정부가 국제무대에서 리더십을 보여줄 분야 중 하나로 대두된 것이다.

일본의 환경 ODA정책의 구체적 내용을 살펴보면 다음과 같다. (1) 환경보호를 유일한 목적으로 명시한 사업: 수원국이나 대상 지역의 물리적인 혹은 생물학적 환경의 증진을 목적으로 진행되는 사업이다. (2) 환경보호를 주목적(principal objective)으로 명시한 사업: 보다 포괄적으로 기후변화, 수원국의 생태계, 생태계 및 유전자원의 보호, 생물다양성과 관련된 사업 또는 프로그램과 수원국의 제도 및 정책 규제 등 다양한 분야들을 포함한다. (3) 환경보호가 상당히 중요한 목적

(significant objective)으로 명시된 사업: 더욱 광범위하게 수원국의 환경보호와 증진을 위한 사업, 기후변화 적응사업 등이 포함된다. 예를 들어, 농업, 수자원과 산림과 같은 생산 부문과 사회 인프라 및 경제 인프라 서비스 환경 활동이 해당한다. 일본의 환경 ODA는 (1)의 사업분야보다 (2)와 (3)의 사업분야에 집중되고 있다. 지원 형태는 주로 재생에너지, 수자원 공급과 하수처리시설 구축 등 환경분야 관련 인프라와 관련된 ODA에 집중하고 있다.

일본은 환경 ODA를 일본 국내경제정책에 연계한다는 특징을 보여준다. 일본은 ODA를 활용하여 신성장 동력으로 활용할 수 있는 가능성에 주목했다. 2008년 발표된 쿨어스 파트너십은 환경보호라는 전 지구적 문제에 대한 기여를 목적으로 ODA를 개발도상국과의 환경분야 협력을 강화하는 수단으로 활용하는 방식의 한 사례이다. 2010년 발표된 신성장전략은 국내적 차원에서의 신성장 동력으로서 환경분야의 가능성에 주목하고 이를 대외적 차원에서의 개도국과의 협력에 활용하는 방식이다. 일례로, 그린 메콩 사업은 메콩강 연안 국가에 환경 관련 하드웨어 및 소프트웨어 인프라를 지원함으로써 일본-메콩지역 경제 교류를 활성화하는 것이 목표이다.

일본은 다자적 환경외교에서도 때로는 적극적인 모습을 보인다. 1997년 일본 교토에서 제3차 당사국 총회(COP3)를 개최하여, 교토의정서가 채택되었다. 2009년 코펜하겐 기후회의에서 개도국과 빈국의 기후변화 대응을 위해 선진국들이 2012년까지 마련할 긴급자금 300억 달러 중에 일본이 110억 달러를 분담하기로 했다. 그러나 2010년 칸쿤 유엔 기후변화협약(UNFCCC) 16차 당사국 총회(COP)에서 일본은 유럽연합(EU)이 교토의정서하에서 새로운 약속을 마련하자는 요청에 대해 미국과 중국 등 주요 온실가스 배출국이 의정서에 포함되어 있지 않다며 반대했다. 또한, COP26에서 일본은 석탄 수입량이 세계에서 세 번째로 많다는 점과 더불어 전력생산의 다각화를 위해 40여 개국이 참여한 '석탄발전 단계적 폐지 합의'에 서명하지 않은 점에서 국제사회의 비난을 받았다.

동아시아에서의 환경외교는 다양한 도전에 직면해 있다. 일례로, 2021년 12월 20일 열린 중일 외교당국 국장급 실무회의에서 후쿠시마 제1원전 오염수 해양 방류문제로 중국과 충돌했다. 중국은 해양 환경과 주변국 건강과 관련된 문제를 이유로 방류 계획 철회를 주장했다. 여기에 일본은 다핵종 제거설비로 정화 처리한 오염수를 바닷물로 희석해 2023년 봄부터 해양 방류하고 "국제사회에 투명하게 설명하겠다"는 입장을 표명하고 있다.

4) 중국의 환경외교정책

1978년 덩샤오핑 정권 시기 개혁개방 이후, 중국은 급격한 경제성장을 이룩하였고 이에 수반되는 환경오염 또한 심각하다. 중국의 엄청난 국가 규모로 인하여 중국의 환경오염은 막대하였고 이는 주변 국가를 넘어 전 세계에 걸쳐 영향을 미치게 되었다(중국발 미세먼지, 탄소배출량 1위). 중국은 이미 전 세계 환경외교의 주요 당사국이며 다른 국가들은 중국의 움직임에 주목하고 있다. 최근 시진핑정부에 들어 중국은 환경규제정책을 펴고 있는 추세이다.

후진타오 정권(2003~2013)의 다자적 환경외교정책은 개발도상국 지위하에 경제성장과 동시에 증가하는 환경오염에 대응해야 하는 책임감을 느끼는 시기였다. 1998년 2월 교토의정서에 서명하고 2002년 9월 비준한 중국은 후진타오 정권 시기인 2006년 개발도상국에 대한 온실가스 배출 삭감을 의무화하려는 개정 시도에 인도와 함께 반발했다. 후진타오 시기 급속한 경제성장과 환경오염이 세계에 미치는 영향으로 인하여 이전에 온실가스 감축 의무 대상이 아니었던 개발도상국 지위의 중국의 역할이 주목되었다. 2009년 코펜하겐 기후 정상회담에서 중국은 원자바오 총리가 참석해서 회담을 진행하였고 인도와 함께 온실가스 배출 감축에 관한 코펜하겐 기후협정에 서명했다. 개발도상국이지만 엄청난 온실가스를 배출하는 중국의 국제적 책임감에 대한 국제사회의 요구가 반영된 것으로 볼 수 있다.

시진핑 정권(2013~) 시기의 다자환경외교정책의 특징은 중국이 국제사회의 주요 환경문제 당사국으로 등극했다는 점이다. 시진핑 정권은 미국 오바마 정권과 협력하여 파리협정 채택에 적극적으로 참여했다. 심지어 미국 트럼프 정권의 파리협정 탈퇴 결정을 비난하기도 한다. 미국 바이든 정권과는 이미 심화된 미중 패권경쟁 구도 속에 환경협력을 모색하고 있다.

중국의 대한국 환경외교정책은 아직 원론적 논의나 책임 회피에 머무르고 있다. 한국과는 인접 국가로서 여러 종류의 환경분쟁의 소지가 존재한다. 중국발 황사와 미세먼지가 한국에 악영향을 미치고 있고 서해를 공유하는 한국과의 해양오염문제도 심각하다. 중국은 사태 해결보다는 책임을 회피하기 위해 반발하는 경향을 보여 왔다. 중국과의 환경외교는 우선순위를 가지고 접근해야 한다. 중국도 자국의 환경 보전과 국민들의 보건을 위해 환경문제에 관심을 가지고 정책을 시행하고 있다. 중국 내부의 노력이 중국뿐만 아니라 한국 및 동아시아에 끼칠 긍정적 영향의 강조와 더불어 강제적인 조항이 아닌 자발적인 감축과 보전정책을 학습하고 공유하며 검증하는 시스템 구축이 요청된다.

5) 한국의 환경외교

한국은 기후변화, 미세먼지 등 전지구적이고 지역적인 환경문제 협력을 위한 외교적 노력을 경주하고 있다. 국제환경 거버넌스에 참여해 온 한국의 환경외교는 관망적, 수동적 대응에서 능동적, 적극적 주도로 전환되고 있다. 1980년 후반부터 한국은 미국, 프랑스, 호주, 베트남 등의 국가와 환경협력을 시작하였고, 세계은행 등과의 국제기구와도 다자기구 환경외교를 수행하였다. 한국이 1992년 오존층 파괴를 막기 위한 몬트리올의정서에 비준할 때, 한국의 환경외교는 협정에서 개도국 지위를 유지하는 것에 초점을 맞췄다. 오존펀드(다자기금)의 혜택을 받지 않는 조건으로 의무감축 기간을 10년 유예받는 것이 이 당시 한국 환경외교의 결과이다. 이러한 관망적이고 수동적 대응은 유엔 기후변화협약 비준(1993년)에서도 나타난다. 선진국들의 의무감축 압력에도, 한국은 개도국 지위를 유지하기 위한 외교적 노력을 기울였고, 의무감축대상국에서 제외된 비부속서 I 국가 자격으로 분류되었다. 이는 화석연료를 기반으로 한 산업화와 무역이 경제의 중추인 국가에서의 외교적 대응이라고 평가할 수 있다.

한국은 WTO(1995년)와 OECD(1996년) 가입, 개도국 77그룹 탈퇴(1997년) 이후 능동적이고 적극적인 환경외교를 펼치기 시작했다. 한국은 1997년 습지보호협약, 1999년 사막화방지협약, 2000년 바이오안전성의정서 등 다자간 환경협약을 비준했다. 한국은 지구환경기금(Global Environmental Facility) 등 개발도상국 환경협력을 위한 기금에 기부도 시작했다. 특히 2008년부터 녹색성장 기조에 맞춰 환경 관련 ODA를 증액하고, 글로벌녹색성장연구소(GGGI: Global Green Growth Institute)를 설립(2010년)하는 적극적인 모습을 보였다.

한국의 환경외교는 몇 가지 특징을 가진다. 우선 선진국과 개도국 사이의 중견국으로서 역할을 강조한다. 한국과 같이 개발도상국에서 선진국으로 단기간에 도약을 이뤄낸 국가는 흔치 않다. 산업화를 통한 개발의 경험과 선진국으로 포괄적인 환경정책을 펼친 경험은 중견국 환경외교의 장점으로 꼽힌다. 개발도상국과 선진국의 입장을 모두 이해할 수 있기 때문이다. 또한, 강화된 국제적 압력, 높아진 한국의 경제적 위상과 온실가스 배출량은 한국이 기후변화 국제협력과 외교에 적극적인 입장을 띠게 하는 요소이다. 아울러, 한국은 동아시아지역 차원에서의 환경협력을 위한 노력을 지속적으로 해오고 있다. 앞서 살펴본, 공유해역에 대한 다자환경협력, 생물다양성보존, 월경성대기오염물질에 대한 아시아지역 환경협력과 외교에 적극적으로 참여하고 있다. 마지막으로 환경외교를 새로운 성장동력 추구의 방안으로 추진하고 있다. 환경외교는 한국 환경 기술개발과 산업발전의 국제적 확산을 위해 필요하다.

한국환경외교는 국내정책과 조화를 이룰 때 내실있게 추진될 수 있다. 기후변화, 탄소중립과 관련된 외교는 국내 기후변화정책과 탄소중립정책이 효과적으로 작동될 때 의미가 커진다. 또한, 한국이 주도적으로 추진할 수 있고, 구체적인 성과가 나올 수 있는 환경외교분야를 발굴하여 추진하는 것도 앞으로의 과제이다. 예를 들어, 원자력 발전과 관련된 폐기물 처리, 해양 플라스틱 폐기물, 재생에너지 기술협력 등 지역에서 가장 필요로 하는 분야를 선정하여 공동으로 추진하고, 성과를 공유하는 노력이 있어야 한다. 또한, 분단 상황이라는 특수성을 감안하여, 북한과의 환경협력(산림, 에너지, 수자원 관리)의 가능성을 타진하고, 추진해 볼 필요가 있다.

6. 결론

자연에는 국경이 존재하지 않는다. 환경외교는 국경을 넘어 부는 바람, 날아가는 새, 공유한 하천과 바다, 전 세계적인 대기의 문제를 다룬다. 국가의 이익이 침해되지 않는 범위에서 지구의 공유재와 지역의 월경성문제의 해결을 위해 국가 간, 국가와 다자기구 간의 공적인 상호작용이 환경외교이다.

환경외교는 급속한 경제발전에 국가 간 협력으로 대응하는 노력에서부터 시작하였다. 1972년 스톡홀름에서 세계 최초로 환경보호를 주제로 한 국제회의가 유엔 주최로 개최된 후, 다양한 문제(대기, 화학, 폐기물, 생물다양성, 지역 보호, 해양환경, 물, 원자력, 에너지분야)에 걸쳐 환경외교가 이루어져 왔다.

지구적, 지역적 환경문제는 한 국가가 해결할

수 없는 문제이다. 환경문제는 각 국가가 자국의 이익만을 추구하려고 하면, 공유지의 비극이 일어날 수밖에 없는 특성을 가진다. 그렇기 때문에 다자간, 양자 간 협력이 필수적이고, 제도를 통한 문제 해결에 국가가 참여하고 실질적인 이행을 해야 한다. 이 과정에서 시민과 기업, 전문가가 적극적인 역할을 하는 거버넌스를 구성해서, 각 주체의 전문성을 활용한 문제 해결이 필요하다.

특히 동아시아지역의 환경외교는 구체적이고 실현가능한 방안들을 모색할 필요가 있다. 월경성 대기오염물질 관리와 공유 해양 관리를 위해, 기존의 기구들을 잘 활용하되 파리협정의 국가자발적 기여와 유럽의 장거리대기오염협약, 아세안의 월경성연무협약의 사례를 면밀히 분석하여 적용해야 한다. 무엇보다 중요한 것은 환경외교를 통한 협약과 계획의 이행이다. 이를 위해 외교 틀에 협약과 계획의 준수를 모니터링하고 보고함과 동시에 검증하는 시스템을 구축해야 한다.

토의주제

1. 환경외교는 다른 주제의 외교(문화, 인권, 군사)와 어떤 면에서 유사하고, 다른가?

2. 환경외교에서 국익과 지구의 이익이 어떻게 조화될 수 있을까?

3. 환경외교에 영향을 끼치는 국내와 국제 요인은 무엇인가?

4. 환경외교를 경제적 측면에서 설명하는 시각은 무엇인가?

5. 초지방관계란 무엇이고, 도시의 환경외교를 어떻게 평가할 것인가?

6. 기후변화의 심화는 환경외교의 대상, 주제, 목표에 어떤 변화를 가져 왔는가?

7. 환경외교에서 어떤 경우 양자 간 외교 형태나 다자간 외교 형태를 선택해야 하는가?

8. 월경성 오염물질에 관한 외교적 대응이 지역별(유럽, 아세안, 동아시아)로 차이가 있는 이유는 무엇인가?

9. 한국과 중국, 일본의 환경외교의 유사점과 차이점은 무엇인가?

10. 한국의 환경외교의 방향과 목표, 전략에 대해 논의해 보자.

참고문헌

1. 한글문헌

김보람·안세현. "오바마 기후변화 정책의 국제정치경제적 매커니즘: 미국의 환경·에너지정치와 파리기후변화협약과의 연관성 분석."『동서연구』제28집 3호 (2016).

김주희·안상욱·이보고·김은주. "EU 기후변화 대응과 에너지자원선택 – 미국, 중국과의 비교를 중심으로."『유럽연구』제38집 3호 (2020).

김홍균. "람사르(Ramsar)협약의 의의, 한계 그리고 과제."『環境法研究』제30집 3호 (2008).

박덕영·유연철.『파리협정의 이해』. 서울: 박영사, 2020.

박원화. "제4차 바젤협약 당사국총회 결과와 유해폐기물 교역."『국제법학회논총』제43집 2호 (1998).

신범식. "환경 및 기후변화 국제정치와 한국 외교."『EAI 국가안보패널보고서』(2012).

신범식·환경정치연구회.『지구환경정치의 이해』. 서울: 사회평론, 2018.

오경택. "한국의 기후변화 외교."『21세기정치학회보』제20집 1호 (2010).

유상희·임동순. "EU의 기후변화협약 대응정책 평가 및 시사점."『유럽연구』제26집 1호 (2008).

윤순진. "영국과 독일의 기후변화정책."『환경사회학연구ECO』제11집 1호 (2007).

윤익준. "야생생물 보호의 관점에서 CITES 규제의 한계와 대안."『환경법과정책』제17집(2016).

이승주·이민정. "일본 환경 ODA 정책의 형성과 변화: 외교정책 및 경제정책과의 연계를 중심으로."『일본연구논총』제39집 (2014).

이태동.『토론으로 배우는 환경-에너지 정치』. 서울: 연세대학교 출판문화원, 2017.

이태동.『기후변화와 세계정치』. 서울: 사회평론, 2019.

이태동.『에너지 전환의 정치』. 서울: 사회평론, 2021.

이학춘, 이현주. "런던협약/의정서의 국내적 이행과 의미."『국제법무』제9집 2호 (2017).

정서용. "국제 환경 거버넌스, 비국가 행위자 그리고 국제법."『서울국제법연구1』7-2 (2010)

조용성. "기후변화 레짐과 거버넌스 : 기후변화협약과 교토의정서."『서울평화상문화재단』, 5-1 (2008).

정홍열. "유럽연합의 부문별 환경정책에 대한 일고."『유럽연구』제22집 (2005).

최성열. "생물다양성협약 상 분쟁해결제도 연구."『법학연구』제28집 2호 (2020).

환경정치연구회.『탄소중립과 그린뉴딜: 정치와 정책』. 경기: 한울, 2021.

2. 영어문헌

Agrawal, Arun, and Maria Carmen Lemos. "A Greener Revolution in the Making?: Environmental Governance in the 21st Century." *Environment: Science and Policy for Sustainable Development* 49-5 (2007), DOI: 10.3200/ENVT.49.5.36-45

Askar, Karakir Irem. "Environmental Foreign Policy as a Soft Power Instrument: Cases of China and India." *Journal of Contemporary Eastern Asia* 17-1 (June 2018).

Balsiger, J., and M. Prys. "Regional agreements in international environmental politics." *International Environmental Agreements: Politics, Law and Economics* 16-2 (2016) doi:http://dx.doi.org/10.1007/s10784-014-9256-3

Conca, K. "The Rise of the Region in Global Environmental Politics." *Global Environmental Politics* 12-3 (August 2012).

Elliott, Lorraine. "ASEAN and Environmental Governance: Strategies of Regionalism in Southeast Asia." *Global Environmental Politics* 12-3 (August 2012).

Ha, S. & T. Lee. "Assessing the effectiveness of marine environmental regimes in East Asia."『사회과학연구논총』31-1 (2015)

Hale, T., and C. Roger. "Orchestration and transnational climate governance." *The Review of International Organizations* 9-1 (March 2014) doi:http://dx.doi.org/10.1007/s11558-013-9174-0

Hurley, A., and T. Lee. "Delayed ratification in environmental regimes: Indonesia's ratification of the ASEAN agreement on transboundary haze pollution." *The Pacific Review* 34-6 (2021).

Komori, Yasumasa. "Evaluating Regional Environmental Governance in Northeast Asia." *Asian Affairs: An American Review* 37-1 (July 2010).

Lee, T. *Global Cities and Climate Change: Translocal Relations of Environmental Governance*. New York: Routlege, 2015.

Lee, T. & W. Paik. "Asymmetric Barriers in Atmospheric Politics of Transboundary Air Pollution: A Case of Particulate Matter (PM) Cooperation between China and South Korea." *International Environmental Agreement: Politics, Law and Economics* 20 (2020)

Lemos, M., and A. Agrawal. "Environmental Governance." *Annual Review of Environment and Resources* 31-1 (2006).

Li, Guangqin, Qiao He, Dongmei Wang and Bofan Liu. "Environmental non-governmental organizations and air-pollution governance: Empirical evidence from OECD countries." *PLoS One*, 16(8) doi:http://dx.doi.org/10.1371/journal.pone.0255166 (2021)

Michalek, G., and R. Schwarze. "Carbon leakage: pollution, trade or politics?" *Environment, Development and Sustainability* 17 (February 2015). https://doi.org/10.1007/s10668-014-9616-8

ROBERT FALKNER. "The Paris Agreement and the new logic of international climate politics." *International Affairs* 92-5, (September 2016) https://doi.org/10.1111/1468-2346.12708

Schreurs MA. "From the Bottom Up: Local and Subnational Climate Change Politics." *The Journal of Environment & Development* 17-4 (December 2008). doi:10.1177/1070496508326432

Torney, Diarmuid. "Bilateral Climate Cooperation: The EU's Relations with China and India." *Global Environmental Politics* 15-1 (February 2015).

Véra, Ehrenstein. "Carbon sink geopolitics." *Economy and Society* 47-1 (April 2018) DOI: 10.1080/03085147.2018.1445569

3. 언론기사

"기후변화 막을 COP26 … '글래스고 기후합의'에 있고 없는 것." 『이데일리』. 2021년 11월 14일.

"글래스고 기후조약 뭐가 담겼나…로이터가 주목한 5가지." 『뉴스1』. 2021년 11월 14일.

"〈대체〉중국-인도등 개도국, 교토의정서 개정에 반발." 『뉴시스』. 2006년 11월 16일.

"[마부작침] 메르켈 이전과 이후의 독일은 어떻게 바뀌었나?" 『sbs』. 2021년 12월 10일.

"멕시코 칸쿤 회의, 기후변화 대책 합의." 『파이낸셜 뉴스』. 2010년 12월 12일.

"미중, 기후대응 '깜짝' 공동선언…차이 불구 기후 협력" (종합2보)." 『연합뉴스』. 2021년 11월 11일.

"미중 상하이서 기후회담 … 신냉전 속 '공통분모' 찾기." 『연합뉴스』. 2021년 4월 15일.

"바이든, '파리 기후협약 재합류 … 행정 명령 17건 서명(종합)'." 『아시아경제』. 2021년 1월 21일.

"바이든, '10년 안에 온실가스 배출량 50% 이상 줄일 것'." 『중앙일보』 2021년 4월 23일.

"'원전은 친환경 에너지인가' 독일-프랑스 시각차." 『연합뉴스』. 2021년 12월 14일.

"일본이 '기후 선진국'이라고?…COP26서 '시대 역행' 집중 포화." 『연합뉴스』. 2021년 11월 9일.

"정부, 북 올해식량 117만 톤 부족 추정." 『조선일보』. 2009년 2월 19일.

"중국, 교토의정서 비준 … 러도 '가까운 장래 동참'." 『국민일보』. 2002년 9월 4일.

"중국 온실가스감축 '교토의정서' 서명." 『연합뉴스』. 1998년 6월 2일.

"중국-인도, 코펜하겐 기후협정 최종 서명." 『파이낸셜 뉴스』. 2010년 3월 10일.

"'중국발 황사' 표현에 발끈한 中 '우리 아니고 몽골이야!'" 『조선일보』. 2021년 3월 16일.

"코펜하겐 기후회의, '구속력' 있는 협정 불발 … 한계 노출." 『세계일보』. 2009년 12월 20일.

"트럼프, 파리기후협약 결국 탈퇴." 『매일경제』. 2017년 6월 1일.

"〈파리 기후협정〉 역사적 타결 주역은 프랑스 정부 … 테러에 행사강행 성공." 『연합뉴스』. 2015년 12월 13일.

"〈파리 기후협정〉 195개국 묶어낸 타결 동력은 미·중 태도변화." 『연합뉴스』. 2015년 12월 13일.

"트럼프 '아메리카 퍼스트'에 中 패권욕망 꿈틀꿈틀." 『연합뉴스』. 2017년 10월 15일.

"EU, 영국과 스웨덴 외에는 교토의정서 이행 지지부진." 『헤럴드 pop』. 2005년 12월 27일.

"中·日, 후쿠시마 오염수·센카쿠 놓고 충돌." 『세계일보』. 2021년 12월 21일.

제3부

국가 및 지역별 외교정책

9장   한국의 외교정책 _ 홍현익 · 243

10장   북한의 외교정책 _ 김계동 · 279

11장   미국의 외교정책 _ 마상윤 · 313

12장   일본의 외교정책 _ 조양현 · 351

13장   중국의 외교정책 _ 차창훈 · 384

14장   러시아의 외교정책 _ 신범식 · 421

15장   EU의 외교정책 _ 최진우 · 457

16장   ASEAN의 외교정책 _ 윤진표 · 488

17장   중동의 외교정책 _ 인남식 · 522

한국의 외교정책

홍현익(국립외교원)

1. 서론   243

2. 한국외교정책의 환경   244

3. 한국외교정책의 목표, 과제와 전개   256

4. 한국의 외교정책결정 구조   267

5. 한국외교정책의 현안과 동북아관계   270

6. 결론   273

1. 서론

한 나라의 외교정책은 그 나라 국민들이 처한 도전에 대한 응전일 뿐 아니라 그 나라 국민들이 추구하는 목표와 이익 및 가치를 극대화하기 위해 정부를 중심으로 국가 외부에 대해 취하는 제반 태도, 행동과 조치이다. 따라서 한 나라의 외교정책을 이해하려면 먼저 그 나라가 처한 지정학적인 여건과 그 국민들이 당면한 제반 도전 및 기회 요인들을 이해하고, 주변국과 비교한 그 나라의 상대적인 국력과 외교정책 가용수단을 따져본 뒤, 그 국민들이 지향하고 추구하는 이익, 가치와 목표를 분석해야 한다.

이런 맥락에서 한국의 외교정책은 분단 상황과 지역 및 세계질서의 변화를 포함한 한반도의 지정학적인 여건, 주변국과 비교한 한국의 상대적인 국력과 외교정책 가용수단, 그리고 한국이 추구하는 국가이익과 국가 목표에 의해 형성되는 외교의 기조와 과제에 의해 형성된다. 따라서 한국의 외교정책을 설명하고 전망하려면 이러한 요소들을 잘 분석해야 한다. 물론 각 정부가 추구하는 이념과 세계관, 성향이 구체적인 정책결정과 수행에 상당한 영향을 미치므로 실제 한국의 외교정책은 각 정부마다 정책의 방향과 내용, 양상에 차이가 있기 마련이다.

243

이 장은 한국의 외교정책에 대한 일반적인 이해를 도모하기 위하여 한국외교정책의 환경, 목표, 과제, 전개 과정, 정책결정구조 그리고 한국외교정책의 현안과 동북아관계를 살펴보고 한국외교가 지향해야 할 방향을 제시하고자 한다.

2. 한국외교정책의 환경

한국외교정책의 환경은 다차원적으로 구성된다. 시대와 관계없이 변하지 않는 지리적인 여건이 기본적인 환경이다. 외교정책에 영향을 미치는 요인들을 큰 단위부터 살펴보면 세계체제와 국제질서 변화, 동북아체제 및 질서 변화, 국가관계(한국과 관련국과의 관계), 한국의 특수여건인 남북관계, 한국 내부 상황 등이다. 상기한 다섯 가지 수준의 분석이 잘 이루어져야 한국외교에 대한 이해와 정책 전망이 가능하다. 한국외교가 다른 나라들과 차별화되는 것은 분단국가라는 것이다. 남북 간 특수관계와 북한을 둘러싼 국제관계가 한국의 외교에 상당한 영향을 미친다.

이 장에서는 이러한 여러 환경 변수 중 한국 내부사정을 제외한 변수들을 지정학적 여건, 무한 경쟁의 세계질서, 미국의 동북아전략, 동북아 안보정세, 남북관계 등으로 분석해 본다.

1) 강대국들로 둘러싸인 한반도

오늘날 한국의 경제력은 세계 10위 정도로 발돋움하였고 군사력도 세계 8위 이내의 위상을 갖고 있다. 만일 한국이 아프리카 대륙에 위치하고 있다면 지역질서를 주도하는 지역 최강국의 지위와 위상을 누릴 것이다. 그러나 한반도는 유라시아 대륙의 동쪽 끝에 위치하고 표 9.1에서 보듯이 주변에 더 강력한 경제력과 군사력을 가진 국가들이 포진하여 결국 해양세력과 대륙세력을 연결시켜 주거나 그들 간의 협력, 갈등, 대립을 촉진 또는 중재하는 교량적 역할을 맡는 것이 자연스러운 운명을 가졌다. 한국이 아직 주변 강대국들에 비해 상대적 열세의 국력을 갖고 있는 것이 현실이기 때문에 주변국들과의 협력을 도모하면서 지역질서 변화에 적절하게 대응하는 동시에 지역질서 형성에도 건설적으로 기여하는 것이 현명하다. 물론 우리가 지혜로운 외교를 펼쳐나가고 슬기롭게 평화통일도 달성한다면, 이런 교량적인 지정학적 위치는 한국이 역내 중심국가 역할을 맡는 데 도움이 될 수 있을 것이다.

이는 한국외교의 자율성과 직결된 문제이다. 한민족이 일제로부터 해방된 것은 우리 선조들의 독립운동만으로 달성된 것이 아니라 태평양전쟁의 결과가 결정적인 영향을 미쳤고, 한반도는 미소의 타협에 의해 분단되었다. 또 소련과 중공의 후원하에 감행된 북한의 남침으로 한국전쟁이 발발, 미국의 참전과 중국의 개입으로 국제전으로 확대되어 3년간 막대한 피해를 주었다. 정전협정 체결 역시 미국, 소련, 중국의 주도하에 성사되었다. 이후 한국정부는 한미동맹을 체결하여 미군을 한반도에 주둔시키고 북한의 남침을 억지하여 왔으며, 미국은 한국의 경제 재건을 돕고 국가안보를 지원해왔기 때문에, 한국의 외교정책은 미국과의 긴밀한 조율하에 이루어져 왔다.

그간 한국이 외교정책을 수행함에 있어서 1980년대 말까지 고려해온 기본적인 지역 세력 구도는 한미일 남방3각 동맹협력체제와 북소, 북중 북방 두 양자 동맹체제 간의 이념적·군사적 냉전·대립구조였다. 한미동맹과 미일동맹, 그리고 한미일 안보협력관계로 구성되는 남방3각 협력체제의 골간은 오늘날까지도 이어져 오고 있다.

그러나 북방3각 협력체제는 1960년대 말 중소분쟁으로 한 축이 무너졌고 미중화해, 미소 데탕트가 이루어진 1970년대에는 심각한 균열상태로 들어갔다. 북한은 중소 간 등거리 균형정책을 구사했고, 중소는 전략적 경쟁관계를 유지했다. 그런데 1980년대 중반 고르바초프 등장 이후 소련이 개혁 실패와 민족문제로 붕괴하자 소련을 계승한 러시아는 오히려 친남한정책을 펴다가 1996년 이후 남북한 균형정책을 채택해왔다. 또 1990년대 중반 중국과 러시아는 미국의 일방주의를 견제하기 위해 전략적으로 접근하였다. 그 결과 오늘날은 북중동맹과 한중 전략적 협력동반자관계, 러시아의 남북한 균형정책, 러중 전면적인 전략적 협력동반자관계를 특징으로 하는 새롭고 복잡한 북방3각관계가 형성되었다.

또 북한이 핵을 개발하고 수시로 군사도발을 감행하기 때문에 한국정부는 미국과 협력하면서 이에 대응하고 있고, 미국은 초강대국으로 부상 중인 중국을 강력히 견제하기 위해 미일동맹과 한미동맹을 강화하고 한미일 안보협력을 강조하고 있다. 따라서 현재 한반도를 중심으로 한 지역 세력 구도는 냉전 시대보다는 느슨하여졌지만 남방3각 협력과 북방3각 협력 간 갈등이 상당 수준 재연되는 모습이다. 단지 각국은 냉전 시대의 동맹적 단결보다는 각자의 국익 증진을 더 중시하는 실용주의적인 연대를 맺고 있는 것이 차이점이다. 특히 트럼프 행정부에 이어 바이든 행정부가 경제이익과 기술력 수호는 물론이고 인권과 민주주의까지 동원해 중국을 견제·봉쇄하기 위해 신

냉전적 진영 구축 움직임을 보이고 있고, 2022년 2월 24일 러시아의 우크라이나 침공으로 미국과 러시아관계가 대결국면으로 악화한 데다 북중러관계가 긴밀해짐으로써 동북아에 신냉전적 진영 대립 분위기가 형성되고 있다.

이러한 한반도 주변 세력 구도 재편은 주변 4강국의 대한반도정책과 함께 한국정부의 대외전략 수행에 중요한 환경과 구조로서 한국의 외교정책에 계속 압도적인 영향을 미치고 있다.

2) 무한경쟁의 국제질서

전반적인 세계질서의 변화 역시 한국외교가 고려해야 하는 주요 환경이다.

대립과 갈등을 기본 특성으로 갖고 있던 냉전질서가 소비에트연방 해체로 종식된 뒤 전개된 탈냉전 시대에 세계적 차원의 긴장과 전쟁이 벌어질 가능성은 줄어들었지만, 핵전쟁의 위협은 여전히 제거되지 않았으며 다양한 형태의 분쟁과 갈등은 지속되었다. 러시아의 체첸전쟁, 미국의 이라크전쟁, 러시아의 크림반도합병, 제3세계 국가 간 또는 그 내부의 영토·인종·종교·민족분쟁, 그리고 다양한 양상의 테러 등이 계속 발발하여왔다. 특히 9·11테러 이후 미국의 테러와의 전쟁에도 불구하고 알카에다뿐 아니라 이슬람국가(IS)의 중동지역 내 세력 구축 및 국제테러 행위는 2021년 탈레반 정권의 아프가니스탄 정권 탈환과 함께 안보문제의 중요성을 새롭게 부각시키고 있다.

국제테러의 창궐과 반테러전쟁, 대량살상무기(WMD) 확산방지, 그리고 군사력과 통상·금융·기술 등 경제력을 비롯한 다양한 수단을 동원하여 반미국가들을 응징하는 초강대국 미국의 세계

전략으로 인하여 전 세계 국가들은 경제협력 이전에 국가안보를 우선적으로 고려하지 않을 수 없는 상황에 놓여있다.

이런 측면에서 볼 때, 현재 국제사회의 국제관계의 기조 또는 시대정신은 지구공동체 건설이라는 목표를 지향하고 있지만, 신자유주의에 입각한 경제적 국제경쟁이 더욱 심해지다가 2017년 미 트럼프 대통령 집권 이후에는 미국 등 강대국들부터 자국 이익 우선주의에 입각한 신보호주의와 신 진영 형성 기류가 강해지고 있다. 또 테러와 WMD에 더해 기후·환경, 특히 2020년 코로나 팬데믹 발생에 따른 전염병 등 인류를 위협하는 새로운 여러 안보과제의 등장 그리고 러시아의 우크라이나 침공은 국제협력 도모의 당위성과 함께 힘을 중심으로 국익을 수호·증진하려는 강대국 권력정치(power politics)의 작동을 유인하고 있다. 가장 영향력이 큰 움직임은 중국의 성장을 패권 도전으로 간주하고 이를 견제하려는 미국의 세계전략과 우크라이나전쟁에 따른 미국과 중러 간 대립 심화이다.

따라서 한국은 국제협력에 동참하는 동시에 현실정치와 권력정치적 측면에서 국제관계와 국제질서를 냉철하게 파악하면서, 국제환경 변화에서 오는 각종 도전에 슬기롭게 대처해야 할 것이다.

3) 미국의 동북아 및 한반도전략

초강대국 미국은 표 9.1에서 보듯이 압도적인 국력을 가졌다. 경제력을 상징하는 국내총생산(GDP)은 중국과 일본을 합친 것보다 크고 군사비는 중국, 러시아, 일본, 남북한을 합한 것보다 1.5배 이상 더 큰 국력을 과시하고 있다. 또 한국의 유일한 동맹국으로서 미국의 동북아 및 한반도전략은 한국의 대외정책에 압도적인 영향을 미쳐왔다. 먼저 한민족의 광복과 분단, 미군정통치 및 한국정부 수립이 미국의 정책과 의지가 결정적으로 작동하여 이루어졌다.

북한이 소련과 중국의 후원하에 남침한 것도,

표 9.1 2020년 동북아시아 각국의 국력 비교

	GDP(억 달러)	국방비(억 달러)	병력수(천 명)	인구(만 명)	영토(만km2)
미국	208,000	7,380	1,338	33,500	963
중국	152,000	2,495	2,035	141,180	960
일본	49,100	497	247	12,610	37
러시아	14,600	606	900	14,590	1,710
한국	15,900	404	599	5,160	10
북한	283	29.5	1,280	2,570	12
남북한	16,183	433.5	1,879	7,730	22

출처: The International Institute for Strategic Studies, *The Military Balance 2021* (Routledge, Feb. 2021).
　　중국과 러시아는 국방예산이 아니라 지출액. 북한의 GDP는 통계청이 2021년 12월 23일 발표한 남한의 1/56이라는 기준으로 역추산. 북한의 국방비는 한국의 국방예산을 기준으로 글로벌파이어파워가 2021년 1월 16일 추산한 남북한 국방비 비율을 감안해 추정. 인구는 2021년 수치임.

1949년 6월 말 한국 주둔 미군이 모두 철수하고 1950년 초 한반도를 미국의 아시아방위선에서 제외한 애치슨선언과 미 의회의 대한 국방원조안 부결 등 미국이 한반도를 전략적으로 경시한다는 인식을 준 것이 상당한 영향을 미쳤다. 물론 트루먼 행정부는 북한이 남침을 감행하자 즉각 한반도전략을 전환하였다. 유엔군을 구성·지휘하고 전쟁에 전면적으로 개입하여 한국정부와 자유민주주의체제를 구원하였다. 이어 미국이 정전협상을 개시하자 이승만정부는 한미동맹 체결을 강력히 요구하여 1953년 10월 1일 한미동맹이 체결되었다. 이로써 미군이 한국에 주둔하게 되었고 오늘날까지 한미관계는 북한의 남침 억지를 포함한 한국의 안보전략과 외교정책에서 국가 간 관계로서는 가장 중요한 변수로 고려되어왔다.

역대 한국정부는 미국으로부터 보호와 후원을 받는 대신 안보정책과 대외정책에서 미국의 의견을 중시하여 왔다. 특히 한국은 미국의 권유로 1965년 일본과 국교를 정상화하였고, 일본은 충분하지는 않지만, 경제지원으로 응했다. 미국은 한국의 경제개발과 일정 수준의 자주국방력 강화를 도왔으며, 한국은 월남전에 파병하고 북한의 남침을 억지하는 등 대공산권 방어를 위한 자유세계의 전초기지 역할을 수행하였다.

그렇다고 한미관계가 순조롭고 원활하였던 것만은 아니었다. 1968년 1·21 북한 특수부대 청와대기습사건, 울진·삼척 무장공비 침투사건과 푸에블로호 납치사건 당시 박정희 대통령은 대북 군사보복도 마다하지 않는 강경책을 주창하였지만, 미 행정부는 북한과 협상을 추진했다. 닉슨 대통령이 1969년 7월 괌독트린을 선언하여 '아시아인에 의한 아시아안보'를 주창하고 주한미군

일부를 일방적으로 감축한 데다 한국전의 적국인 중공을 방문하여 관계를 진전시키자, 박 대통령은 은밀하게 미사일과 핵 개발을 지시하여 미국을 긴장시켰다. 결국, 한국정부는 미사일 개발은 진전시켰지만, 핵 개발은 미국의 압박으로 1975년에 포기했고, 대신 전력생산을 위한 원자로 건설을 추진했다. 동시에 박 대통령은 남북대화를 병행 추진하기도 했는데, 이 역시 미 행정부가 주도한 1970년대 초반 동서 데탕트 분위기에 편승한 것이었다. 대체로 1970년대에 미국과 소련은 데탕트 분위기를 유지했기 때문에 남북한이 모험주의적인 정책을 취하는 것을 적극적으로 억지했고, 그 결과 한반도에서 심각한 긴장 상황은 조성되지 않았다.

전반적으로 노태우정부 말기까지 미 행정부는 주한미군과 한미동맹을 활용하여 한국의 군사정권과 긴밀한 관계를 유지했고, 전두환정부는 박정희가 추진하였던 자주국방 계획마저 후퇴시키

📖 **해설 9.1**

괌독트린과 주한미군 감축

미국 역대 대통령 중 가장 반공주의 성향이 강하였다는 닉슨 대통령이 1969년 7월 25일 괌에서 발표한 미국의 새로운 아시아정책기조로서 미국이 아시아 동맹국과의 공약은 지킬 것이나 각국의 안전보장은 우선 자주적으로 이루어져야 한다는 것이다. 이후 미국은 월남에서 철수를 가속화했고, 1971년 주한미군 중 7사단 2만 명을 일방적으로 감축하였으며, 중국과 접근해 중국이 러시아를 견제하게 하는 이이제이(以夷制夷) 전략을 펼쳤다.

면서 미국과의 우호관계 유지를 최우선시했다. 특히 카터 대통령 시절 미 행정부는 한국의 인권문제를 지적하면서 주한미군 감축 움직임을 보이고 국내정치에도 관여했지만, 정작 1980년 광주항쟁에서 시민들의 인권을 짓밟은 군부 쿠데타 세력을 비호했다. 인권보다 안보 관련 자국 국익을 우선시하여 한반도 정책의 이중성을 노정했다. 이는 미국의 한반도정책에 한국 국민들의 신뢰에 충격을 주었다.

냉전 종식은 한국의 대북전략과 외교정책에도 큰 영향을 미쳤다. 소련의 체제 개혁과 붕괴과정에서 1990년 9월 30일 한소수교가 이루어졌고, 1991년 9월 17일 남북한은 동시에 유엔에 가입했다. 소련의 전술핵무기 관리가 어려워지자 이의 폐기를 유도하기 위해 부시 대통령이 1991년 9월 28일 세계 각지에 배치한 전술핵무기 철수를 선언하여 긴장완화의 동력이 마련되었다. 그해 말 남북 간에 남북기본합의서와 한반도비핵화 선언이 합의되었고, 1992년 8월에는 한중수교도 이루어졌다.

북한에 비해 20배 가까운 GDP를 갖게 된 한국의 김대중정부가 대북 포용정책을 펼쳐 2000년 6월 남북정상회담이 성사되었다. 그 역시 1998년 8월 31일 북한의 대포동1호미사일(북한명 백두산로켓과 인공위성 광명성 1호) 시험발사로 인해 야기된 북미 갈등이 한미 협의의 결과인 페리프로세스를 통하여 완화된 것이 배경으로 작동했다. 또 노무현정부는 한미 간 비대칭관계를 개선하고 한미동맹에 대한 지나친 의존을 지양하는 협력적 자주국방을 강조했으며, 남북관계를 획기적으로 개선하고자 노력했다. 그렇지만 2006년 10월 북한의 핵실험 이후 미 부시 행정부가 대북 강경 일변도정책을 재고하여 북핵문제를 대화로 해결하는 쪽으로 정책 방향을 전환하고 6자회담에서 2·13 합의가 도출되어 북미관계가 개선되고 나서야 비로소 2007년 10월 남북정상회담을 개최했다.

문재인정부가 2018년 3월 판문점 남북정상회담을 개최하고 6월 싱가포르 북미정상회담을 중개한 것은 2017년 북미 간 정면 대립국면을 돌파하고 이루어낸 자주외교의 성과였다. 하지만 2019년 2월 하노이 북미정상회담이 성과 없이 끝나고 미국이 싱가포르정상합의 이행을 소홀히 하자 결국 북미관계뿐 아니라 남북관계도 수년간 대립·정체 국면에 처하게 되었다. 이 역시 남북관계가 한국의 대북정책보다 미국의 대북정책에 더 큰 영향을 받는 것을 보여준다. 2022년 5월 출범한 윤석열정부는 미 바이든 행정부가 추구하는 자유와 민주주의 및 인권을 강조하면서 한미 공조하에 대북 억지력을 강화하고 북한에게 대화의 문은 열어 놓지만 북핵문제에 대한 북한의 진정성을 우선적으로 요구하는 정책을 펴고 있다. 남북관계와 한국의 외교에서 미국의 한반도 정책이 차지하는 압도적인 영향력은 계속 확인되었다.

4) 긴장과 대립이 잠재된 동북아 안보정세

동북아시아는 지리적으로 명확한 개념은 아니나 대체로 한반도를 중심으로 동쪽의 일본, 서쪽의 중국과 몽골, 북쪽의 러시아 극동 그리고 남쪽의 대만 정도를 아우르는 지역으로 인식된다. 이 지역에 위치하지는 않지만, 한국과 일본에 6만 이상의 병력을 주둔시키고 사실상 이 지역의 정치·

외교·안보와 경제질서를 주도하고 있는 미국을 이 지역의 세력으로 인정하지 않을 수 없다. 이렇게 보면 이 지역에 세계 3대 군사 강국과 3대 경제 강국이 포진해 있고, 그사이에 분단된 남북한과 대만이 놓여있는 형국이다. 따라서 열강 간의 권력정치와 갈등, 그리고 남북 대립과 경쟁·협력이 복합적으로 발현되고 있다.

즉 동북아에는 구조적으로 초강대국 미국이 지역질서의 안정자 및 균형자 역할을 하고 있고, 지역패권을 지향하고 있는 중국과 일본이 경쟁하고 있으며, 이들 사이에 위치한 분단국가로서 남북한이 경쟁하고 있다. 지역 안보질서의 주요 대립 축은 미국이 동맹국인 일본과 한국을 동원하여 급속도로 국력을 강화하고 있는 중국을 억지하고 견제하려 하며, 중국은 북한과 러시아와의 우호협력관계와 한중 전략적 협력동반자관계를 활용해 대응하고 있는 구조이다. 세계 패권을 유지하려는 미국은 일본을 재무장시키고 한미동맹을 중국 견제에 활용하여 중국의 도전을 억지하고자 한다.

오바마 행정부는 부시 행정부의 일방주의를 버리고 국제협력을 중시하는 자유주의적 국제주의와 현실주의적 실용주의를 균형있게 추구하는 전략을 폈다.[1] 트럼프 행정부는 자국 이익 우선주의를 내세우며 국제 공공재 공급이나 질서주도국의 책임을 외면하면서 재선을 위한 대중영합주의 차원에서 중국 때리기에 나섰고, 바이든 행정부는 인권과 민주주의를 내세우면서 동맹과 우방국들을 동원해 중국을 이념·안보·기술·공급망 등에서 포위·견제하려 하고있다. 국력이

---

1) 홍현익, "오바마 행정부의 대북정책과 한국의 대응방안" (성남: 세종연구소, 2010), pp. 129-132.

급성장한 중국은 러시아와의 전면적인 전략적협력동반자관계를 지렛대로 삼고 군사력 강화를 모색하며 자금력과 거대 시장을 활용하는 외교를 펼치면서 점차 국제사회에서 목소리를 높이고 있는 데다 핵 개발뿐 아니라 군사도발도 서슴지 않는 북한을 사실상 두둔하는 정책을 펴고 있다. 이에 따라 바이든 행정부는 한미 및 미일, 미국·호주동맹을 강화하고 쿼드(미국, 일본, 호주, 인도 협력체)와 AUCUS(미국, 영국, 호주 동맹)를 결성하며 군사개입 의지를 확고히 하고 있어 지역 안보질서는 한미일 협력과 미국, 일본, 호주, 영국 협력 대 북중러 연대 간 대립상황이 연출되고 있다.

(1) 중국의 지속적인 국력 상승

1970년대 말부터 30년간 연평균 9% 이상의 급성장을 보여온 중국경제가 둔화되고 코로나 확산으로 위기를 맞았지만, 2021년 8% 성장으로 복귀하고 2022년은 3~4% 정도의 성장이 예상되고 있다. 중국은 막대한 자금력을 활용해 신실크로드 전략인 일대일로(一帶一路, One belt, One road) 사업을 시행해 중앙아시아와 유럽을 잇는 육상 실크로드(일대)와 동남아시아와 유럽, 아프리카를 연결하는 해상 실크로드(일로)를 건설 중이다. 경제 규모가 커지면서 국제금융분야에서도 위안화의 국제화를 추진하고 새로운 국제금융기구 창설을 시도하는 등 미국의 독점적 주도권을 견제하려 하고 있고, 한국과 유럽국가들을 참여시키면서 2015년 아시아인프라투자은행(AIIB)을 창립하여 미국의 후원하에 일본이 주도해온 아시아개발은행(ADB)의 독점을 무너뜨렸다. 경제력뿐 아니라 군사력 측면에서도 중국은

급속도로 강대국으로 성장하고 있다. 먼저 중국은 2020년 6월 베이더우(北斗) 위성항법 시스템을 완성해 미국 위성항법 시스템인 GPS(Global Positioning System)에서 독립, 자체 위성을 통해 휴대전화, 무인자동차, 미사일 등에 정확한 위치 정보를 제공할 수 있게 되었다. 또 중국은 2035년까지 군을 현대화하며 2049년까지는 세계 일류 군대를 건설하는 계획을 세우고 있다.[2] 중국의 국방비가 공식 발표보다 2배로 추정될 만큼 투명성이 낮고 증강 속도가 빠르므로 미국과 일본은 주시하면서 경계를 늦추지 않고 있다.

중국의 지역 차원의 입지 강화 노력도 지속되고 있다. 고성장경제와 풍부한 자금력을 바탕으로 아세안+1, 아세안+3, 중국-아세안 자유무역협정(FTA), 동아시아정상회의, 일대일로, AIIB 등을 통해 외교적 입지를 강화하고 있는 중국은 미국의 패권에 도전하려는 의도는 없다는 점을 강조하면서도 실제로는 군사현대화와 동·남중국해 내해화, 그리고 자금 및 시장력을 활용해 동남아, 중앙아시아, 아프리카, 남아메리카 등의 지역 주도권을 장악하기 위해 노력하고 있다.

한편, 중국은 2006년 이후 러시아와의 합동 군사훈련을 연례화하고 있다. 2015년에 지중해와 동해에서 두 차례의 합동훈련을 실시했고 2021년 1월 인도양에서 중국, 러시아, 이란이 합동훈련을 갖는 등 양국 간 해상훈련은 세계 곳곳에서 다국훈련으로 계속되고 있다. 러시아에서 계속 첨단무기를 들여오고 러시아와 에너지·경제·우주 부문의 협력을 증진하는 등 러시아와의 전면적인 전략적 협력동반자관계를 강화하여 미국의 패권을 견제하려 한다. 또 대만과의 통일을 제1국시로 삼고 있는 중국 지도부가 이를 물리력으로 추구할 가능성도 배제할 수 없다. 물론 최근 미 트럼프와 바이든 행정부는 대만과의 관계개선을 모색하면서 중국이 대만에 무력을 행사하면 일본과 연합하여 군사력으로 이를 저지하겠다는 의지를 보이고 있다.

중국의 신속한 초강대국화는 한국외교의 피할 수 없는 환경이다. 1990년대 말까지만 하더라도 중국의 군사력과 경제력은 미국과는 비교할 수 없을 정도로 약했다. 그런데 표 9.1에서 보듯이 2021년 중국의 현재 경제력은 미국의 73% 수준이지만, 군사비는 34% 수준이며, 미국이 해외군사 투사력을 보장하는 항공모함을 12척 가진 반면 중국은 겨우 3척을 보유할 뿐이어서 군사력은 아직 미국의 우세가 확실하다.

그러나 추세는 미국에게 낙관적이지 않다. 코로나와 중국의 경제성장률 둔화로 조금 늦어졌지만 경제면에서 2033년경에 중국이 미국을 추월할 가능성이 크다. 중국의 군사력도 빠른 속도로 강화되고 있고, 특히 2035년이 되면 중국의 항공모함이 6척이 되는 반면 미국은 10척 정도가 될 수 있으며 이후 격차는 더욱 줄어들 수 있다. 또 중국의 군사력은 동아시아에 집중하면 되지만 미국은 전 세계에 관여해야 하므로 동북아나 동아시아에서 미국의 대중 군사력 우위는 축소될 것이다. 특히 향후 미중 간 패권경쟁의 향배는 기술과 금융, 체제문제로 갈릴 것으로 예상된다.[3]

---

2) 홍현익, "트럼프 시대 미·중·러 3각관계와 한국의 대외전략," 『세종정책연구 2020-04』 (성남: 세종연구소, 2020), p. 20.

3) 홍현익, "제1장 국제질서의 변화," 홍현익 외 지음, 『공정한 국제질서와 한반도의 지속가능한 평화』 (서울: 시공사, 2021), pp. 33-35; 홍현익 (2020), pp. 30-32.

더구나 중국의 한국과의 경제 교역량은 이미 미국과 일본의 합을 넘어 미국, 일본, EU의 합에 접근하고 있다. 2021년 기준 한국의 수입품 중 80% 이상 중국에서 수입하는 것이 1,850개나 된다(마그네슘 100%, 산화텅스텐 94.7%, 네오디뮴 영구자석 86.2% 등). 특히 부품·소재와 중간재의 대중 수입의존도는 한국이 일본이나 미국보다 훨씬 더 높다. 또 중국은 지정학적으로 북한과 접경국이고 북한과 동맹관계를 유지하고 있을 뿐 아니라, 북한 석유 수요량과 소비재 물품의 90%를 공급하는 등 북한경제에 압도적인 영향을 미치고 있다. 따라서 한국정부는 대북정책의 성공적인 수행을 위해서도 중국의 협력이 필요한 형편이다.

(2) 미국의 대중전략 변화와 미중관계 변화

미 클린턴 행정부는 중일 균형전략을 구사하여 동북아 정세안정과 세력균형을 도모하였다. 반면 부시 행정부는 일본 중시정책을 구사하여 미일동맹을 강화하면서 경제에서는 중국과의 협력을 모색했지만, 군사·안보에서는 중국을 봉쇄하려 하였다. 부시 행정부의 이러한 대중전략을 '봉쇄(Containment)'와 '포용(Engagement)'의 합성어인 '컨게이지먼트(Congagement)'로 부르기도 했다.[4] 예를 들어, 미 국방부는 2001년 9월 발간한 '4년주기 국방검토보고서'에서 아시아에서 막강한 자원을 가진 군사 경쟁자가 등장하여 대규모의 군사적 경쟁이 일어날 가능성을 제기하면서, 특히 벵골만에서 동해에 이르는 동아시아 해안이 도전받는 지역이 될 것이라 명시함으

로써 중국이 가상적임을 명확히 하였다. 즉 일본-한국-대만-필리핀-태국-호주-파키스탄 등 우방국과의 봉쇄축을 강화하고, 이를 그간 소원한 관계를 가졌던 인도와 아프가니스탄, 중앙아시아의 구소련 공화국들을 거쳐 러시아에 연결하여 중국과 북한을 전략적으로 포위하려는 의도를 보였다.[5] 1기 오바마 행정부는 부시 행정부의 과도한 반테러전쟁으로 인해 발생한 금융위기와 경제력 손상을 극복하고 일방주의로 손상된 국제지도력을 회복하기 위하여 국제협력을 도모하면서, 중국을 G2로 인정하고 국제현안 해결에 책임있는 동반자 역할을 요청하는 포괄적 관여와 위험분산(hedging)의 균형전략을 추진했다.[6] 그러나 2기에서는 패권 도전국인 중국을 견제하고 억지하는 전략적 구도를 갖추기 위해 '아시아 중시전략' 또는 '아태재균형전략'을 채택해 미국 군사력의 60%를 아시아에 배치했고, 일본과 협력해 미사일 방어(MD)체제를 구축하여 북한뿐 아니라 중국과 러시아를 겨냥하며 한미 및 미일, 미·호주동맹, 미·인도안보협력을 네트워크로 연결해 시너지 효과 창출을 모색했다.

트럼프 대통령은 재선전략으로 무역 적자 축소를 위한 고관세부과, 기술 절취를 명분으로 화웨이 등 중국 기업 제재, 중국의 남중국해 영유화 저지를 위해 항해의 자유를 명분으로 군함 통과, 홍콩 민주화 및 신장 인권 보호를 위한 제재, 코로나 발생 책임 추궁 등 중국 때리기에 나섰다.[7]

---

4) Jay Solomon, "U.S.'s new China policy: engage, ready to contain," *The Wall Street Journal* (2005).

5) Donald H. Rumsfeld, Secretary of Defense, *Quadrennial Defense Report* (Sep. 30, 2001), p. 4.

6) 홍현익, "미·중·러 3각관계의 변화와 한국의 대응," 『세종정책연구』 (성남: 세종연구소, 2011), pp. 28–32.

7) 홍현익 (2020), pp. 12–19; 홍현익 (2021), pp. 29–32.

바이든 대통령 역시 국가전략 면으로는 중국을 민주주의를 저해하는 패권 도전국으로 간주하고 정치적으로는 2022년 11월 중간선거에서 승리하기 위해 미국 내 반중감정 고조를 활용하여 중국과의 대립을 더 확대하고 있다. 트럼프가 경시했던 동맹을 중시하는 점은 다르지만, 민주주의와 인권을 내세워 동맹과 우방국들을 동원해 집단적으로 중국을 포위·봉쇄하려 하고 있다. 중요한 점은 바이든 행정부가 인권, 민주주의, 홍콩, 신장, 대만, 남중국해, 안보 면에서는 중국과 대립하고, 경제와 기술 부문에서는 우방국들을 규합해 인도·태평양경제프레임워크(IPEF) 같은 신뢰가치사슬(TVC)을 만드는 등 경쟁을 하지만, 기후, 환경, 전염병, 테러, 북핵 등 WMD 확산방지 등에서는 협력도 도모한다는 것이다.

이에 대하여 중국은 경제 대국으로의 발전을 통한 중국몽(中國夢) 실현과 함께 지역강대국 부상 그리고 대만의 흡수통일을 국가전략 목표로 삼고, 러시아와의 정치·외교·안보·군사·경제·우주 등 전방위적인 협력을 도모하며 외교 및 경제 면에서 상하이협력기구(SCO)와 BRICS, 막대한 자금력을 활용한 AIIB 및 일대일로 사업, 아프리카에 대한 대대적인 투자 등을 활용해 우방국들을 확대하고 있을 뿐 아니라 군사적으로 미군의 반접근·지역거부(A2AD: anti access/area denial) 능력 보유, 항공모함 건조 및 독자적인 위성항법장치 베이더우(北斗) 구축, 우주개발을 가속화하고 '사활적인' 해양 주권 확장을 도모하고 있다.

향후에도 미국은 기후, 전염병, 테러, WMD 등 신안보문제에서는 중국과의 협력을 지속적으로 추구하되 일본, 호주 등과 협력해 군사·안보·기술·공급망·가치 부문에서는 대중 봉쇄망을 구축하고, 이들에 인도를 더해 쿼드(Quad)를 운영하면서 한국, 베트남 등의 대중 견제 동참을 종용할 것이다. 따라서 한국정부는 미국과 중국의 패권경쟁 와중에서 한반도 평화 및 안정유지 등 국가안보, 경제이익 증진, 그리고 평화통일 기반 조성 등의 국가이익 수호와 증진을 위해 현명한 외교전략을 펼쳐야 할 것이다.

(3) 일본의 재무장화와 미일동맹 강화

2001년 고이즈미 총리 집권 이후 일본사회 전반의 보수 우경화가 진행되었다. 일본은 부시 행정부의 일방주의적 안보전략에 편승하여 군사 대국화와 '정상국가'화를 지향했다. 2006년 5월 양국은 외무·국방장관 회담에서 '주일미군 재편 로드맵'에 대한 공동발표문을 채택해 미일 군사동맹을 최고수준의 동맹관계로 끌어올렸고, 북한의 미사일 시험발사를 명분으로 공동 MD구축 계획도 더욱 강화했다.

2009년 집권한 민주당 하토야마정부는 미일동맹 중심 외교를 지양하고 대미 편중을 완화하는 아시아 중시외교를 천명하고 후텐마기지 이전문제에서 미일관계 악화를 불사했다. 그러나 2010년 천안함 폭침 사건과 북한의 연평도 포격, 일본과 중국의 영토 갈등 등 안보문제가 부각되자 미일동맹 중시외교로 회귀할 수밖에 없었다.

2012년 말 자민당 아베가 재집권하면서 일본의 국수주의적 우경화가 노골화됐다. 일본 지도부는 주변국 침탈 과거사를 긍정적으로 보는 시각과 행태를 보여왔고, 독도에 대해서도 영토 야욕을 공식 표명했다. 특히 2015년 9월 일본 의회는 '집단자위권법' 관련 11개 법안의 제·개정안을 강행 처리했다. 전후 제정된 평화헌법은 공격을 당했을 경우를 제외하고는 무력행사를 금했지만, 이제 동맹국에 대한 공격을 자국에 대한 공격으로 간주해 반격하는 권리인 집단자위권을 획득했다. 이에 따라 과거사문제 및 영토문제를 둘러싼 일본과 한중과의 갈등이 지역 협력을 저해하는 차원을 넘어 자칫 군사충돌로 비화될 가능성이 생겼다. 이미 2010년 댜오위다오(센카쿠열도)를 둘러싸고 중국과 충돌했을 때 미국은 일본을 지원하겠다고 공언했으며, 2021년 4월 바이든 대통령과 스가 총리와의 정상회담에서도 일본이 대만과 남중국해에서 중국을 견제하는 미국의 입장을 명확히 지지하고 도쿄올림픽과 센카쿠 방위에 대한 미국의 지지를 받았다. 따라서 이 문제는 언제라도 중일 간 무력충돌로 이어질 수 있는 잠재적인 분쟁 사안으로 남아있다. 주목되는 점은 역대 일본 정부가 통상 방위비를 GDP의 1% 이내에서 유지해왔지만, 우크라이나전쟁과 미국의 후원에 힘입어 2022년 6월 5년 내로 방위비를 GDP의 2% 이상으로 증액한다는 방침을 확정한 것이다.

특히 중일관계는 경제적으로는 상호의존성이 증대하고 있으나 정치·군사적으로는 지역 패권 갈등을 보이고 있다. 더구나 일본이 대만 유사 사태 시 미국을 도와 군사 개입할 가능성을 천명하고, 21세기 에너지 자원 확보를 위해 동중국해에서의 자원 탐사 및 채굴에 의욕을 보이고 있으며, 남중국해에서의 중국의 해양 주권 확장을 저지하려 하고 있기 때문에 중국과 미국의 지원을 받는 일본과의 갈등이 첨예화함으로써 양국 간 군사충돌 가능성마저 배제하기 어렵다.

한편, 북한이 연속적으로 미사일 발사 도발을 이어가는 가운데 2021년 10월부터 기시다 후미오정부는 미 바이든 행정부의 후원하에 '평화 헌법과 국제법 범위 내에서' 적 기지 공격 능력 보유를 검토하는 등 중국과 북한을 견제하기 위한 일본의 방위력을 근본적으로 강화하려 하고 있고[8] 북한은 이를 비난하고 있다.

(4) 북한의 도전: 핵과 미사일 개발 및 무력도발

1990년대 초 탈냉전 상황에서 남북 간 한반도비핵화선언에 합의하였던 북한은 소련과 동구 공산권 붕괴로 외교적·심리적 고립감을 느끼고 압도적인 군사력을 가진 초강대국 미국의 개입 가능성을 두려워한 데다, 남한과의 경제 격차가 점점 더 벌어져 군사력마저 뒤처진다는 우려가 심해지자, 급기야 1993년 3월 NPT를 탈퇴하고 핵 개발 의지를 표명함으로써 제1차 핵 위기를 감행했다. 1994년 10월 북미 제네바핵합의가 이루어졌고 북한의 핵 폐연료봉 봉인과 중유 및 경수로 제공이 교환되었지만, 합의사항 이행을 두고 북미 대립이 지속되는 가운데, 1998년 가을 북한은 일본 너머로 대포동미사일을 시험 발사하여 새로운 위기를 조성했다. 결국, 페리프로세스를 거쳐 남북정상회담, 조명록 차수의 방미와 올브라이트 국무장관의 평양방문으로 북미관계는 정상화 직전까지 개선되었다.

그러나 부시 행정부는 대북정책을 강경일변도로 급선회하였고 북미관계는 냉각되었다. 2002년 10월 미 대통령의 켈리 특사가 방북하여 고농축우라늄프로그램 보유 의혹을 제기하여 제2차 북핵위기가 시작되었다. 노무현정부의 노력으로 2005년 6자회담에서 9·19공동성명이 도출되어,

---

8) 2022년 1월 21일 조 바이든 대통령과 기시다 후미오 일본 총리 간 화상 정상회담 내용, 『중앙일보』, 2022년 1월 24일.

6개국은 북한의 핵 포기와 핵확산금지조약(NPT: Nuclear Non-Proliferation Treaty) 및 국제원자력기구(IAEA: International Atomic Energy Agency) 안전조치 복귀에 대해 불가침, 경수로 제공 논의, 관계정상화, 경제협력, 200만 KW 전력공급 등을 교환하기로 합의했다. 그러나 미 재무부의 마카오 방코델타아시아(BDA)은행 금융제재 부과, 그리고 북한의 경수로 건설요구와 북한의 NPT 복귀 시기를 둔 북미 대립으로 북한은 2006년 7월 장거리 미사일을 시험 발사하고 10월 핵실험을 감행했다. 11월 중간선거 패배로 부시 행정부가 대화 방향으로 정책을 전환하여 2007년 6자회담에서 9·19 공동성명 이행에 관한 2·13 합의가 도출되었다. 북한의 핵시설 폐쇄, 불능화, 북핵의 신고로 부시 행정부가 북한을 테러지원국 명단에서 제외하는 등의 진전도 있었다. 그러나 북한의 신고에 대한 검증 방법을 두고 2008년 12월 6자회담은 결렬되었고 이후 개최되지 못했다.

북한은 2009년 4~5월 장거리미사일과 핵실험을 감행하고 우라늄 농축프로그램을 착수하였으며 핵물질을 무기화하였다. 더구나 북한은 2010년 3월 천안함을 폭침시키고 11월 연평도를 포격했다. 김정은은 2012년 4월 핵 보유를 헌법에 명시하고 핵-경제 병진노선을 국가전략 기조로 삼아 핵 개발을 기정사실화했으며 2013년 2월 3차, 2016년 1월 4차, 2016년 9월 5차 핵실험을 감행한 뒤, 문재인정부 들어서서도 미 트럼프 행정부와의 정면 대립을 불사하면서 2017년 9월 6차 핵실험을 감행했다.

북한은 문재인정부의 노력으로 2018년 경제중심노선으로 전환하고 두 차례의 남북정상회담을 가졌으며 트럼프 대통령과 6월 싱가포르 정상회담에서 완전한 비핵화 노력을 하기로 합의했으나, 미국이 자신의 약속(북미관계정상화와 한반도 평화체제 수립) 이행은 소홀히 하고 비핵화만 요구하자 협상은 정체되었다. 문재인 대통령이 9월 평양을 방문해 남북 군사합의를 체결하고, 상응 조치에 따른 영변 핵 전면 폐기를 얻어내 비핵화의 동력을 살렸지만, 2019년 2월 하노이 북미정상회담이 성과 없이 끝나자, 이후 문재인정부의 노력에도 불구하고 바이든 행정부 출범 이후에도 북한은 미국의 대북 적대시 정책 철회를 요구하는 가운데 미국은 조건 없는 대화만 주장하고 있어 북핵문제는 교착상태에 처해있다. 2021년 9월 문재인 대통령이 3자(남북미) 또는 4자(남북미중) 종전선언 채택을 통해 북한의 대미 신뢰를 회복해 비핵화 협상을 재개하는 동력으로 삼으려 했으나 코로나 확산으로 인한 북한의 자기 봉쇄 등으로 진전을 이루지 못했다.

김정은 정권은 체제와 정권 수호를 위한 대외원조 추구 기조에서 자력갱생으로 기조를 바꾸고, 자본주의 침투 예방을 위하여 사상교육 및 통제를 강화하며 방위력 유지 차원을 넘어 대량살상무기 및 운반수단을 개발하고 고도화하면서 모험주의적인 대외정책을 구사하고 있다. 북한의 이러한 정책은 핵 억지력으로 국방비를 절감해 경제를 회생시키는 동시에 자위 억지력이라는 명분을 앞세워 WMD를 개발하여 정권의 권위를 과시하려는 것이다. 이를 통해 대외 협상력을 제고하고 이로 인해 조성된 국제사회와의 갈등을 국가안보 위기로 부각시켜 오히려 주민결속을 강화하면서 체제위기를 극복하려는 것으로 보인다. 그러나 빈곤국가인 데다 경제위기를 겪고 있는 상황에서 국력이 더 강한 주변 국가들을 위협하고 정면 대결을 불사한다는 점에서 극단적인 대외정책으로 평가된다.

북한이 한때 미국과의 관계정상화를 모색하기도 했고, 남북정상회담에서 한반도 평화체제 구축을 위한 '3자 또는 4자' 정상회담 개최도 합의하였으나, 미국이 정상회담 합의사항을 이행하지 않자 체제수호 차원에서 외교전략의 기조를 국제사회의 편입 모색 기조를 접고 다시 자력갱생 및 자위력 확보를 기반으로 북중러 우호 기조만으로 체제 생존을 모색하려는 모습이다. 따라서 예측을 불허하고 단절적으로 급격한 돌출행동을 일삼아온 과거 북한의 행태를 볼 때, 북한이 불시에 모험주의 또는 '벼랑끝 전술(brinkmanship)'을 또다시 채택할 수 있다는 가능성은 한반도와 동북아의 안정과 평화를 상시로 위협하고 있다.

5) 남북관계

한반도 주변 정세뿐 아니라 남북 간 국력의 상관관계와 남북관계는 남북한의 대외정책에 계속 영향을 미쳐왔다. 상대적 국력이 북한에 유리했던 1960년대까지 북한은 대남정책을 공세적으로 전개하였고 남한은 한미동맹에 의지하여 수세적으로 대응했다. 남북한 국력의 전환점인 1970년 박정희 대통령은 선의의 남북경쟁을 제안했고, 이후 남한은 적극적인 대북정책을 구사하였다. 1970년대에는 남북이 제3세계에서 우방국 확보 경쟁을 벌였다. 그 결과 국력과 우방국 수는 남한에 유리한 방향으로 점점 더 벌어졌다.

남한의 자신감은 노태우정부의 북방정책으로 나타났다. 소련 및 중국과 동구 공산국 같은 친북 국가들과도 협력을 도모함으로써 북한을 전략적으로 포위하려는 의도였다. 그러나 김영삼 대통령이 북미관계 급진전에 제동을 걸었듯이 문민정부까지의 대북정책은 남북 간 대결과 경쟁의식을 저변에 깔고 진행되었다.

한국이 상호 체제인정과 공존을 통한 화해·협력 대북정책을 모색한 것은 김대중정부 출범 이후였다. 북한의 체제를 인정하고 상호비방을 자제하여 화해·협력을 다져나간다면 인적·물적 교류가 증대되고 경제적 상호의존이 강화되어 남북경제공동체가 형성되며, 이는 사실상의 통일이라고 생각했다. 경제력이 북한보다 30배나 크다는 자신감이 대북정책으로 구현된 것이다. 특히 한국은 이미 러시아 및 중국과 수교했지만, 북한은 미국 및 일본과 계속 적대관계에 있으므로 북한을 개혁·개방으로 이끌고 한반도의 냉전구조를 해체하며 평화와 경협을 제도화하기 위해 북미 및 북일수교를 지원하는 외교정책을 채택했다. 노무현정부는 대북 화해·협력정책을 한반도 및 동북아 평화·번영정책으로 계승하고 발전시켰다.

2008년 집권한 이명박정부는 '비핵·개방·3000' 구상을 대북정책 지침으로 삼았다. 남북관계를 북핵문제와 연계시켜 북한이 핵을 포기하고 개방을 추진하면 10년 내에 1인당 국민소득을 3,000달러로 만들어 주겠다는 것이다. 그러나 북한은 이명박정부가 '상생과 공영의 대북정책'을 걸어놓고 실제로는 2007년 남북 정상 간에 합의된 10·4 선언을 무시하고 북한체제를 얕잡아보는 '비핵·개방·3000' 구상을 내세우는 것에 반발했다. 2008년 7월 금강산 관광객이 북한 초병에 의해 피살되어 금강산 관광사업은 중단되었고 2010년 북한의 천안함 폭침과 연평도 포격으로 인해 개성공단 사업을 제외한 모든 남북관계가 중단되었다.

박근혜 대통령은 한반도 신뢰프로세스를 대북정책의 기조로 내세우고 "통일은 대박"이라는 인식하에 2014년 3월 드레스덴선언을 하고 통일준비위원회를 설치하여 적극적으로 통일을 준비하는 대내외정책을 구사했다. 동시에 대북 전단 살포를 용인하고 북한인권문제를 적극적으로 제기하며 북한의 핵 포기를 지속적으로 압박했다. 이에 무시당하고 흡수통일 위협을 느낀 북한은 반발했다. 2015년 8월 북한의 목함지뢰 도발은 한국군의 대북확성기방송 재개, 북한의 포사격, 한국군의 대응 사격으로 정면 군사충돌 위기로 치달았다가 남북고위급회담을 통해 위기가 수습되었다. 그러나 2016년 초 북한의 핵실험과 장거리미사일 발사, 그리고 박근혜 대통령의 개성공단 전면 중단 조치, 그리고 9월 북한의 핵실험으로 남북관계는 파국국면으로 전환되었다.

문재인정부는 김대중·노무현정부의 대북 화해정책을 계승해 2017년 김정은-트럼프 간 정면 대립 위기를 극복하고 대북 화해·설득정책을 펼쳐 결국 김정은의 평창올림픽 참가를 이끌고 2018년 3월 판문점 정상회담, 6월 북미정상회담 중재, 9월 평양방문과 9·19 남북군사합의 도출, 그리고 또 한 차례의 북미정상회담 중재로 한반도 평화프로세스를 가동시켰다. 그러나 2019년 2월 하노이 북미정상회담이 성과 없이 결렬된 이후 김정은이 그 책임 회피를 위해 문재인정부를 비난한 뒤 북미관계와 함께 남북관계도 정체 상태에 머물렀다. 2020년 6월에는 북한이 대북 전단 살포를 계기로 남북관계 경색국면 책임을 또다시 한국에 돌리면서 개성 남북공동연락사무소를 폭파하는 만행을 저질렀다. 그럼에도 문재인정부는 북한의

연속적인 신형 단거리미사일 발사 도발을 인내하고 종전선언 채택 외교를 펼치면서 한반도 평화프로세스 재개를 위한 대북 및 외교정책을 펼쳤다.

북한이 10여 차례의 미사일 도발을 감행하고 전쟁 억지뿐 아니라 전쟁 초기에 핵으로 공격할 수 있다는 핵 독트린을 내놓는 상황에서 집권한 윤석열정부는 한미동맹 강화를 통해 핵 억지력을 구축하고 북한에게 대화의 문은 열어두지만, 북한이 먼저 핵문제에서 성의를 보여야 경제지원을 포함한 핵 협상을 할 수 있다는 단호한 대북정책을 추진하고 있다.

3. 한국외교정책의 목표, 과제와 전개

1) 한국외교정책의 목표

외교정책이란 국제관계에서 국가가 처한 지정학적 환경을 고려해 국가의 제한된 가용수단과 능력을 최대한 효율적으로 배분·운영하여 국가 목표를 최대한으로 달성하기 위해 취하는 제반 행동 및 조치이다. 따라서 한국의 외교정책목표를 알기 위해서는 국가 목표를 알아야 하고, 국가 목표는 바로 한국의 국가이익을 극대화하는 것이다.

국가이익이란 주권국가의 존재 이유와 관련된 추상적인 가치로서 '한 국가의 최고정책결정과정을 통해 표현되는 국민의 정치적, 경제적, 문화적 욕구와 갈망'[9]으로 볼 수 있다. 국가이익은 우선순위에 따라 전면전을 치르더라도 지켜야 할 사활적 이익(vital interest), 긴요한 이익(significant

---

9) 구영록, 『한국의 국가이익: 외교정치의 현실과 이상』 (서울: 법문사, 1995), p. 25.

interest), 중요 이익(important interest), 단순 이익(interest) 등으로 세분될 수 있다. 국가이익의 내용과 우선순위는 시대 상황과 각 국가가 처한 지정학적 여건에 따라 다르지만, 기본적으로 국가안보, 자국의 가치증진, 경제번영, 자국에 유리한 국제질서의 창출 등은 모든 국가가 공통으로 추구하는 것들이다.[10]

이런 맥락에서 현재 한국의 국가이익은 독립국가로서의 생존, 민주주의와 시장경제 기본질서의 유지·발전, 경제번영과 공정한 분배 및 국민생활수준 향상, 평화통일, 국위선양 및 국가지위 향상 등을 들 수 있을 것이다.[11]

또 이러한 국가이익을 보장하고 신장시키기 위하여 한국이 달성하고자 하는 국가 목표는 국가 안전보장의 확보와 주권 독립유지 및 영토 보존, 성숙한 민주주의 국가의 완성, 국민 생활수준 향상과 경제번영을 통한 선진국 진입, 그리고 공정한 분배, 분단된 조국의 평화적 통일, 민족문화 창달과 세계평화·인류공영에 이바지하여 국위를 선양하고 국제적 지위를 향상하며 한국에 우호적인 국제 여론을 조성하는 것 등이 될 것이다.

이러한 여러 국가 목표 간에 국민들이 묵인한 어느 정도의 우선순위는 존재하지만, 엄격히 고정된 것은 아니므로, 이들 목표 사이에 충돌이 발생할 경우 그 목표들을 실현하는 방법에 대해서는 논쟁의 여지가 있다. 예를 들어, 현재 한국은 북한의 도발 억지와 국가안보라는 중대한 국가

목표를 달성하기 위해 미군의 주둔을 허용하고, 전시 작전통제권을 주한미군 사령관이 당연직으로 겸임하는 한미 연합사령관에게 위임하고 있으며, 1994년 12월 이전에는 평시 작전통제권마저 위임하고 있었는데, 이는 자주적 주권 유지라는 국가 목표에는 배치되는 것이었다. 국가안보와 자주권이라는 두 국익을 다 지키고 극대화하는 차원에서 참여정부와 이명박, 박근혜, 문재인정부는 각각 다른 접근법을 취했다. 또 통일은 분단국가의 특수한 국가 목표이다. 그러나 오늘날 국민적 합의는 비록 명확한 형태로 도출된 것은 아니지만, 어떠한 대가를 치르더라도 통일을 달성하는 것보다는 평화를 우선적으로 지키면서 최대한의 노력을 기울여 통일을 추구하는 것이다. 즉 오늘날 한국 국민은 통일이 전쟁을 수반한다면, 오히려 현 분단 상황에 머무르는 것을 더 선호하고 있는 것으로 보인다.

이처럼 국가이익과 목표는 사활적 이익에 해당되는 국가안보 수호를 제외하고는 확실한 우선순위를 사전에 정하기 어렵다. 국민의 여망도 국력 변화나 시대 상황에 따라 변하기 때문에, 민주국가인 한국의 대외정책 역시 정부가 시대 상황에 따른 국가 목표를 설정하고 국민의 여론 동향을 살피면서 이를 최대한도로 달성하기 위한 방향에서 추진하는 것이 순리이다.

이러한 국가이익과 목표하에서 참여정부는 2005년 4대 외교정책목표로 동북아 시대를 위한 균형적 실용외교, 세계로 나아가는 선진외교, 선진 통상국가 구현을 위한 경제외교, 국민과 함께하는 열린 외교 등을 내세웠다.[12]

---

10) 구영록 교수에 따른 우선순위는 존망의 이익(survival interest), 핵심적 이익(vital interest), 중요한 이익(major interest), 지엽적 이익(peripheral interest)이다. 구영록 (1995), pp. 31-32.

11) 임동원, "한국의 국가전략: 개념과 변천과정,"『세종 정책연구』(성남: 세종연구소, 1995), p. 18 참조.

12) 외교통상부, 『2006년 외교백서』(서울: 외교통상부, 2006), pp. 24-26 참조.

청와대 홈페이지와 외교백서를 종합해볼 때 이명박정부의 외교정책은 성숙한 세계국가를 지향하고 외교정책목표로는 한반도 평화·안보 공고화, 글로벌 네트워크 확대, 실용적인 경제·통상 외교 강화, 국제사회 내 한국의 역할 확대 및 위상 제고, 대국민 및 영사 서비스 확충, 외교역량 강화와 21세기형 선진외교체제 구축을 목표로 삼았다. 박근혜정부는 '국민과 함께 하는 신뢰외교'의 기조하에 한반도 평화와 안정유지, 글로벌 네트워크 확대, 경제통상외교 강화, 국제사회 내 역할 확대 및 위상 제고, 대국민 서비스 확충, 선진외교 구축을 목표로 삼았다.[13]

문재인정부는 '국민의 나라, 정의로운 대한민국'이라는 국가비전 아래 '평화와 번영의 한반도'라는 국정 목표를 충실히 이행하기 위해 매년 당시 상황에 적합한 외교정책기조를 밝혀왔다. 예를 들어, 2020년 외교기조는 국민의 생명과 안전보호, 한반도의 완전한 비핵화 및 항구적 평화정착 달성, 주변 4국과 역내 협력 증진, 외교 지평을 넓히는 외교 다변화, 선진국과 개도국을 잇는 중견국 외교(국제사회의 연대와 협력을 결집하는 선도적 다자외교)였다.[14]

2) 한국외교정책의 과제와 전개

한반도는 자국의 국익을 극대화하고 자국에 유리한 지역질서를 수립하려는 세계 최강대국들에 의해 둘러싸여 있고, 이들의 세력이 교차하는 교량적인 지정학적 여건을 가지고 있으며, 남북분단

과 대립으로 표상화되어 있는 냉전질서가 아직 잔존하고 있으므로, 정책환경에 대한 냉철한 분석과 현명한 외교전략 채택이 국익보호 및 증진을 위해 긴요한 형편이다. 특히 냉전 시대에는 한국이 자유 진영의 일원이자 전초 역할을 맡아 군사 및 정치, 경제, 외교 등 전 분야에서 서방 진영을 이끈 초강대국 미국의 비대칭적인 지원을 수혜했지만, 탈냉전 이후에는 동맹국 간에도 좁은 의미의 국익 증진이라는 냉정한 계산이 보다 크게 작동하고 있으므로 현실주의적이고 실용주의적인 정책이 수립되고 시행되는 것이 요망된다.

한국의 외교정책과제는 크게 다섯 가지로 분류할 수 있다. 첫째 안보과제는 국가의 독립과 주권 및 영토를 유지하는 것이다. 둘째 정치과제는 국가이익을 수호하고 진흥하기 위해 국력에 걸맞은 영향력을 확보하고 증진하는 것이다. 셋째는 분단된 조국을 평화적으로 통일하는 과제이다. 넷째는 전 세계 국가들과 통상과 경제협력을 통해 경제적 복지를 향상시키는 경제과제이다.[15] 끝으로 국제평화와 번영에 기여하고 문화를 창달하여 국가 이미지와 위신을 개선하는 것이다.

이러한 주요과제 중 각 정부는 시대 상황에 따라 구체적인 중점 정책과제들을 추진한다. 정부마다 주요 외교정책과제의 골간은 유사하나 정책방향이나 중점은 변했다. 예를 들어, 전술했듯이 박근혜정부는 '국민과 함께하는 신뢰외교' 기조하에 북핵문제 진전을 위한 동력 강화, 한미동맹과 한중 '성숙한 전략 동반자관계'의 조화·발전 및 한일관계 안정화, 동북아 평화협력 구상과 유라시아 협력 확대, 세계평화와 발전에 기여하는

13) 외교부, 『2014년 외교백서』(서울: 외교부, 2014).

14) 외교부, 『2021년 외교백서』(서울: 외교부, 2021), pp. 21-25.

15) 세종연구소, 『21세기를 향한 한국의 국가전략』(성남: 세종연구소, 1996), pp. 132-133 참조.

책임 있는 중견국 실현, 재외국민 안전·권익 보호와 공공외교 확대, 경제외교를 통한 경제부흥 선도 등 6개 추진과제를 설정했다.

문재인정부는 '국민의 나라, 정의로운 대한민국'이라는 국가 비전과 국정 목표인 '평화와 번영의 한반도'를 충실히 이행하기 위해 북핵문제의 평화적 해결 및 평화체제 구축, 주변 4국과의 당당한 협력외교 추진, 동북아플러스 책임공동체 형성, 국익을 증진하는 경제외교 및 개발협력 강화, 해외 체류 국민 보호 강화 및 재외동포 지원 확대, 국민외교 및 공공외교를 통한 국익 증진 등 6개 과제 실현에 주력했다.[16]

윤석열정부는 '다시 도약하는 대한민국, 함께 잘 사는 국민의 나라'라는 국정비전하에 외교부문 국정 목표인 '자유, 평화, 번영에 기여하는 글로벌 중추국가'를 실현하기 위해 자유민주주의 가치와 공동이익에 기반한 동아시아 외교 전개, 함께 번영하는 지역별 협력 네트워크 구축, 능동적 경제안보외교 추진, 국격에 걸맞은 글로벌 중추국가 역할 강화, 지구촌 한민족 공동체 구축, 국가 사이버안보 대응역량 강화, 2030 세계 박람회 유치 및 성공적 개최 추진 등의 과제를 실현하면서 자유민주주의 가치를 지키고, 지구촌 번영에 기여하려 하고 있다.[17]

다음에서는 한국정부가 계속 추구하여야 할 주요 세부 외교과제들을 검토해본다.

---

16) 외교부, https://www.mofa.go.kr/www/index.do (검색일: 2022년 1월 30일).
17) 윤석열정부 인수위원회, 윤석열정부 110대 국정과제, 2022년 5월 3일

(1) 한반도 평화수호와 구축

북한 핵위기 해결

노무현의 참여정부는 국가안보에 결정적인 영향을 미칠 북핵문제의 해결 과정에서 주도권 행사 의지를 견지하고, 평화적인 해결을 위하여 북미 양측 간 상호 체면과 이익 존중을 설득하는 한편, 양측 간 부족한 신뢰를 보강해주는 적극적인 중재와 의사전달자 역할을 수행했다. 북미 간 입장의 간격을 줄이고 포괄적인 일괄 타결안을 제시하는 동시에 북한을 국제사회에 편입시키고 한반도 평화체제를 구축하려 했다. 그 노력의 결과가 9·19 공동성명과 2·13 및 10·3 합의였다.

이명박정부는 '비핵·개방·3000' 구상을 통해 부시 행정부 초기의 대북정책처럼 대북 불신에 의거하여 북한의 선 핵포기를 요구했다. 북한은 반발했다. 대화를 중시하겠다던 오바마 대통령이 임기 초 소극적인 태도를 취하자 북한은 장거리 로켓을 쏘고 2차 핵실험을 감행했다. 한미의 대북제재에 대해 북한은 핵의 무기화와 농축우라늄 프로그램 가동으로 맞섰다. 박근혜정부도 신뢰를 강조하였지만, 북한의 선비핵화를 요구했다. 이에 북한은 박 대통령 취임 직전과 재임 중 2번 총 3번의 핵실험을 감행했다. 또 북한은 문재인정부 출범 4개월 후인 2017년 9월 트럼프 미 행정부와의 정면 대결국면에서 6차 핵실험을, 11월 뉴욕까지 날아갈 수 있는 장거리로켓 발사를 감행한 뒤 핵 무력 완성을 선언했다.

북한은 문재인정부의 노력으로 한반도 평화프로세스에 응해 2018년 6월 싱가포르 북미정상회담에서 양국관계정상화 및 한반도 평화체제 구축 노력과 완전한 비핵화 교환에 합의했다. 하지만

미 트럼프 행정부가 합의 이행에 소홀하고 2019년 하노이 북미정상회담도 성과없이 끝나자 대북 적대시 정책 철회를 조건으로 내세우면서 북미대화를 접었다. 문재인정부는 평화프로세스 회복을 위한 최대한의 노력을 지속적으로 기울였지만, 미 바이든 행정부가 대북제재를 견지하면서 조건 없는 대화만 열어놓자, 미국이 먼저 성의를 표시해야 한다고 생각하는 북한은 핵무기의 실전 능력 구축에 매진했다.

북한의 연속적인 미사일 도발과 핵무기 사용 위협 속에 출범한 윤석열정부는 우선적으로 미국과의 협력을 통해 대북 억지력을 확보하고, 인도주의적인 지원 의사를 밝히는 동시에 북한과의 대화에 연연하지 않지만, 북한이 핵 개발을 중단하고 실질적인 비핵화로 전환한다면 담대한 경제지원을 행하겠다는 원칙과 상호주의에 입각한 대북정책을 추진하고 있다.

단지 현재 북한의 핵 능력이 계속 고도화되고 있으므로 일괄 타결보다 일단 대화를 재개하고 북한 핵을 동결시키며 비핵화도 상호주의와 단계적 동시 행동을 통해 모색하는 것이 합리적이다. 또 김정은의 결단이 필요한데 실무관료는 협상 능력과 권한이 없으므로 대화가 되려면 바이든 행정부가 추구하는 바텀업방식과 함께 톱다운 방식을 병행하는 하이브리드 접근이 필요하다.

김정은의 핵 개발 목적에 절감된 국방비로 경제를 살리는 것이 포함되므로 협상이 재개되면 북핵 포기와 북한의 안보딜레마 해소의 교환은 물론이고 경제지원도 감안되어야 타협 가능성이 크다. 그중 하나는 북핵문제 해결과 제재완화 및 경제지원, 그리고 북미관계정상화, 한반도 평화체제 구축을 단계적, 동시 병행적으로 협상하는 것이다. 한국정부는 북핵문제가 상호위협감소(MTR: Mutual Threat Reduction) 원칙이 동시 행동 방식으로 적용되는 가운데 관련국들의 형평 있는 비용 분담을 통해 평화적으로 해결되도록 최선을 다해야 한다. 북한의 핵 포기에 대한 한미중 3국 공동 보상안과 북한이 이를 거절했을 때 3국이 공동으로 제재하는 Plan B를 함께 제시해 북한의 핵 포기 결심을 유도해야 한다. 또 북핵문제의 해결이 다자구도로 전개되는 것을 한반도 평화체제 구축과 동북아다자안보협력으로 제도화되는 기회로 삼아야 한다.

'21세기 전략동맹으로서의 한미동맹' 구축

참여정부는 미래 한미동맹의 비전으로 '포괄적·역동적·호혜적 동맹(comprehensive, dynamic and mutually beneficial alliance)'의 구축을 지향하였다. 이는 민주주의와 시장경제라는 기본가치를 공유하고, 동북아 평화를 주도하는 동맹, 수직적 관계보다 수평적 관계를 실현하는 동맹, 새 시대의 협력 정신에 적응해 나가는 역동적인 동맹, 이익을 상호적으로 증진해가는 동맹, 상호 운용성이 더 확대된 동맹관계를 지향하는 것이었다.

이명박정부는 한미동맹 강화를 위한 친미외교를 펼쳤다. 2008년 4월 이명박-부시 정상회담에서 한미동맹을 21세기 전략동맹으로 격상시키는 데 합의하고 가치동맹, 신뢰동맹, 평화구축동맹을 표방했다. 또 2009년 6월 이명박-오바마 정상회담에서는 동맹 미래비전을 채택하여 양자·동아시아·세계 범주의 포괄적인 21세기 전략동맹을 추구하기로 합의하였다. 박근혜 대통령은 2015년 10월 백악관 한미정상회담을 통해 글로벌 파트너십에 기반한 협력을 확대하는 양국 동맹의 미래 청사진에 공감대를 형성하고 포괄적 전략동맹을 '업그레이드'했다.

문재인 대통령은 2021년 5월 백악관 한미정상회담을 통해 안보동맹을 경제와 기술을 포함한 포괄적이고 호혜적인 동맹으로 발전시켰다. 한국의 자주권을 제약하던 미사일 지침을 해제하고 한국을 글로벌 바이오 허브로 승격시키며 국제원자력 시장에 공동 진출할 뿐 아니라 IT, 배터리, 전기차, 6G, 인공지능(AI), 양자기술, 우주, 항공 등 첨단 산업에서의 양국 협력을 제고하기로 합의했다.

윤석열 대통령은 2022년 5월 서울 한미정상회담에서 안보와 경제동맹에 이어 기술동맹을 추가하고 한미동맹을 세계무대로 확장하여 한국의 '글로벌 중추국가' 실현을 뒷받침하는 '글로벌 포괄적인 전략 동맹'으로 발전시켰다. 또 미국이 추진하는 인태경제프레임워크(IPEF)에 창립회원으로 참여하여 문재인정부의 미중 간 균형외교 기조를 넘어 민주주의, 인권 등 가치를 공유하는 한미동맹 우선 기조를 과시했다.

현재 주요과제로 남은 것은 북핵문제가 해결되기 전에는 북핵 위협에 대한 확실한 억지를 위한 신뢰 있는 확장억지력을 보장받으면서 한국군의 능력을 증진하여 전작권을 전환하는 것이다. 특히 한국군의 독자적인 작전계획을 세우며 전략, 전술, 교리, 지휘에 뛰어난 지휘관을 배출하면서 미일동맹처럼 한국군과 주한미군의 지휘를 분리하고 양군 협력본부를 신설하는 병렬형 지휘체제로 전환하는 것이 바람직하다.

한미동맹을 미래지향적이고 동북아의 평화와 공동번영에 기여하는 동맹으로 발전시켜야 하는데, 그 관건은 북핵문제 해결, 한반도 평화체제 구축, 평화통일 과정에서 상호 신뢰와 호혜성이 유지되느냐에 달려있다.

(2) G2에 대한 지혜로운 실용외교

중국의 국력이 계속 증대되고 있고 북한의 대중 의존도가 90%에 달하며, 북한 관리, 북핵문제 해결, 한반도 평화체제 구축뿐 아니라 급변사태의 원만한 수습과 평화통일을 위해서도 중국의 협력이 필요하다. 그런데 박근혜정부가 한일정보보호협정을 체결하고 황교안 권한대행 시기 주한미군에 사드(THAAD)가 배치되어 한국이 미일 MD체제 편입 움직임이 가시화되자, 중국이 한국에 경제제재를 가한 이후 소위 한한령이 완전히 해제되지 않고 있어 한중관계가 불편한 상태로 유지되고 있다.

특히 트럼프 행정부가 대중 고관세부과, 경제제재 등 강경정책을 구사한 후, 바이든 행정부도 민주주의와 인권을 주창하면서 안보와 경제, 통상에서 대중 견제와 압박을 강화하고, 동맹과 우방을 규합하여 안보, 민주주의, 인권, 무역, 기술 등 전방위적으로 대중 봉쇄와 경쟁 구도를 확장하고 중국이 이에 반발함으로써 신냉전적 국제정세가 펼쳐지고 있다. 미국은 한국에게도 민주주의 가치와 동맹을 강조하면서 첨단기술과 공급망 등에서 중국을 배제하라고 요청하고 있다.

미중관계는 한국외교정책의 주요 환경요인이고 남북관계에도 구조적인 제약을 가하고 있다. 미중관계가 악화하면, 한국정부는 G2 사이에서 외교·안보적 딜레마 상황에 처하게 되고, 북핵 해결이나 남북관계 개선도 성공하기 어렵다.

단지 현재 미국은 안보와 가치문제에서는 중국과 대립하고 기술과 경제, 통상에서는 경쟁하지만, 북핵, 이란 등 WMD문제나 기후, 환경, 테러 방지, 전염병 대처 등의 문제에서는 중국과 협력도 도모하므로 한국이 미국을 택일해 중국과 대립하는 것은 현명하지 않다. 한미동맹과 우호관계는 반드시 유지·발전시켜야 하지만 한미동맹의 반중화는 최대한 자제하는 것이 현명하다. 특히 미국이 적극 추구하고 있는 한국 내 중거리미사일 배치나 주한미군 또는 한미연합군을 동북아지역 안보에 투입하는 것은 중국을 적으로 전환시키는 것이므로 자제해야 한다. 이런 맥락에서 한국정부는 현재 대외정책의 지침으로 포용성, 개방성, 투명성을 강조하고 있는데, 이에 더해 '국제 평화와 공동번영을 향한 전방위 협력'을 지향할 수 있을 것이다.

정부가 남북관계를 평화와 안정 기조로 주도적으로 관리하고 동북아 다자안보협력을 제창하며 동북아에서 평화와 신뢰를 촉진하는 역할을 해나간다면, 한국의 국가 위신을 제고하고 한미동맹을 보강하며 한중 우호관계를 유지할 뿐 아니라 미중 갈등 완화에도 기여할 수 있을 것이다.

(3) 남북관계 주체로서의 지위 회복과 평화통일 기반 강화 외교

한국은 북한에 비해 월등한 경제력을 가지고 있고 북한에 각종 지원을 제공해왔으며 다양한 남북경협 사업 비용도 주로 부담했으므로 북한과 적어도 대등한 지위를 가져야 한다. 우리는 남북 간 경제력 차가 점점 더 커지고 있으므로 평화를 잘 유지·관리하면 궁극적으로 민주주의체제로 평화통일을 달성할 수 있다는 자신감에 입각하여 여유있는 자세로 북한을 탄력적으로 관리·통제해야 한다.

정부는 초강대국 미국에 대해서는 당당한 상호협력 외교를 주창하면서도 국가 자주성 확립에 필수적인 완전한 대북 협상자로서의 지위를 회복하는 데는 성공하지 못했다. 북핵은 한반도 평화와 안보문제로 한국이 당사자인데, 북미 간에 논의되고 해결되는 구도가 정착하고 있다. 역대 정부는 북핵 해결 과정에서 주도적 역할을 강화한다고 역설해왔으나, 북미 양측으로부터 문제 해결 주체로서 제대로 대우받았는지는 회의적이다.

따라서 한반도의 평화와 안정을 위한 신뢰구축 나아가 군비통제 및 평화체제 구축과정에서 주도자 역할을 수행하려면 대북 확장억지력을 확보하면서 대미 군사적 의존을 줄여 북한과의 군사협상 주체로서의 지위를 회복해야 한다. 핵심은 전술했듯이 병렬형으로 전작권을 전환해 국방에서의 자주성을 회복하여 남북 군사공동위원회를 정기적으로 개최하는 등 실질적인 군사협상을 제도화하는 것이다.

동시에 정부는 평화통일 기반을 강화하는 통일외교를 추진해야 한다. 한국 국민은 민주주의체제를 가진 통일조국의 평화적 건설을 국가 목표로 당연시해왔다. 먼저 1960년대 말 남북한이 유사한 생활수준을 가졌지만, 2021년 남한의 GDP가 북한의 54배가 된 점을 고려하면 통일조국은 남한의 체제인 민주주의 정체를 가지는 것이 역사적 당위이자 필연으로 여겨진다. 문제는 통일이 반드시 평화적으로 이루어진다는 보장은 없다는 데 있다.

이런 맥락에서 김대중정부는 남북 체제경쟁에서 승리했다는 자신감에 입각하여 대북 화해·협력정책을 추진했다. 특히 평화통일을 궁극적인 목표로 삼으면서도 '통일'이라는 용어의 사용을 자제하여 체제붕괴에 대한 북한의 우려를 배려했다. 그 결과 2000년 6월 남북정상회담의 실현과 뒤이은 남북교류 및 경제협력의 진전으로 남북화해·협력 시대가 열렸다. 우리는 분단 이후 처음으로 평화통일 달성 가능성을 실질적으로 상정할 수 있었다. 다음 몇 가지 점은 우리의 소망이 실현될 수 있음을 보여준다.[18]

첫째, 한국경제가 북한을 압도하며, 이미 10년 이상 한국이 북한보다 10배 이상의 국방비를 지출해왔으며 재래식 군사력에서는 북한보다 강하다고 평가된다. 북한의 남침 가능성에는 항상 충분한 대비태세를 확실히 갖추어야 하지만, 북한이 남침하면 양측이 막대한 피해를 받을 뿐이고 한국이 지지 않을 것이 분명하므로, 북한 지도부가 비이성적인 판단을 내리지 않는 한 남침 가능성은 크지 않다고 여겨진다. 주한미군과 미국의 확장억지력도 감안하면 북한의 전면전 감행 가능성은 매우 작다.

둘째, 북한보다 2배의 인구, 50배 이상의 경제력, 세계 각국과 우호적인 관계를 맺고 있는 외교력, 평화와 공동번영을 추구하는 대외정책기조 등에서 우월한 한국은 주변 4대 강국들과 우호적인 관계를 구축해왔다.

셋째, 식량난과 전기 및 외화 부족 등 경제적인 궁핍과 사회주의체제에 모순적인 왕조적 세습을 하고있는 정권의 정당성 결핍 등 북한이 처한 심각한 체제위기는 구조적인 특성을 가지고 있으므로, 북한 지도부가 대외 개방을 장기적으로 계속 거부하기는 상당히 어려운 상황이다. 북한이 경제위기에도 불구하고 반복적으로 모험주의 정책을 펴는 것은 중국으로부터의 지원 중단과 함께 체제붕괴 위기까지 각오해야하는 대안이다. 따라서 중장기적으로 북한의 개혁·개방노선 채택은 불가피할 것으로 예상된다.

넷째, 한국경제는 현재 세계 10위 이내로 상승하여 이제 국익 증진을 위해 어느 정도의 경제적 부담은 담지할 수 있는 여력이 커진 상태이고, 주변 강대국들도 이전보다 한국의 의견을 더 중시하고 있다.

다섯째, 미 바이든 행정부는 트럼프와 달리 동맹을 중시하므로 한국정부가 남북대화와 협상을 추진하는 것을 지지하고 있다. 러시아와 중국도 북핵문제의 평화적 해결과 남북대화, 한반도 평화체제 구축을 바라고 있다. 따라서 한국정부가 이 기회를 잘 살려 창의적이고 능동적인 대북정책을 펼친다면 북핵문제 해결, 한반도 평화체제 구축 및 동북아 다자안보협력체제 구축까지도 가능한 상황이 도래하고 있다.

여섯째, 제2차 세계대전 이후 분단국이었던 베트남, 예멘, 독일이 모두 통일되었다. 중국도 대만과 정치체제만 달리하고 있을 뿐 상호 통신, 통행, 무역과 투자 면에서 협력하고 있어 분단비용이 크지 않다. 현재 어느 나라도 명분 면에서 한반도의 평화통일을 반대하기 어려운 시대정신이 자리 잡고 있다.

일곱째, 교통·기술의 발전과 세계화 및 정보화의 심화는 이질적인 국가 간에도 국경의 의미를 퇴색시키고 있다. 따라서 같은 핏줄과 언어, 풍습을 가지고 있는 한국 민족이 통합하는 것은 시대적인 대세이고 남북 화해와 교류·협력을 지

---

18) 한반도 통일환경으로서 평화통일의 기회와 도전적인 요소가 병존하고 있다. 이에 대해서는 홍현익, "'대박'통일을 위한 대북정책 및 국제 협력방안: 독일과 예멘 사례의 교훈" (성남: 세종연구소, 2015), pp. 8-16 참조.

속해 간다면 이는 단지 시간문제일 뿐이다. 북한에도 한류가 전파되고 있고 이동통신 가입자가 700만 명이 넘었다.

이처럼 한국은 민족통일이라는 역사적인 대업을 평화적으로 달성할 수 있다는 희망을 가지고 동북아가 세계 중심이 되는 21세기를 향해하고 있다. 정부는 평화통일을 달성하기 위해 경제력, 문화력을 비롯한 우리의 주체적인 통일 역량을 배양해 나가면서 다음 몇 가지를 준비해야 한다.

첫째, 서독은 브란트 총리 이후 정권 교체와 관계없이 일관된 대동독 화해·협력정책으로 양독의 유엔 가입 이후 17년 만에 통일을 달성했다. 남북한 유엔 가입 이후 30년간 남북관계 진전을 이루지 못한 한국은 한 치의 빈틈없는 국가안보 태세를 확립하는 동시에 정권 성향을 초월해 대북 화해·협력정책을 펼쳐야 한다.

둘째, 통일은 주변 강대국들의 반대가 없어야 실현가능성이 커진다. 따라서 이들이 한반도 통일을 반대하지 않도록 한국의 평화국가·모범국가·매력국가 이미지를 구축해야 한다. 서독의 경우 동독 흡수통일에 거부권을 행사할 수 있었던 소련의 고르바초프 서기장이 이를 용인함에 따라 평화통일이 이루어졌다. 한국도 미국 및 일본과의 협력을 계속 유지하는 것은 물론이고 통일에 거부권을 행사할 가능성이 있는 중국 및 러시아와의 우호관계를 유지해야 한다. 관건은 한반도 비핵화와 이들에게 위협이 되지 않는 한미동맹의 장래이다.

셋째, 북한인권 개선은 북한 정권의 체면과 실리를 감안해야 성공 가능성이 크다. 적대적 인권개선 종용보다 경제 지원과 교환하면서 이를 실제로 실현하는 게 현명하다.

넷째, 동독 주민들이 서독을 선택해 평화통일을 달성했듯이 한국도 평화통일을 달성하려면 북한 주민들이 한국체제를 동경하도록 해야 한다.

다섯째, 현재 북한이 대외교역의 90%를 중국에 의존하는데 유사 시 북한이 중국에 넘어갈 수 있을 정도로 위험한 상황이다. 조속히 북한경제가 한국에 더 의존하도록 만들어야 한다.

여섯째, 통일은 막대한 비용을 수반할 것이다. 2010년 한국개발연구원(KDI)은 북한이 급격히 붕괴될 경우 30년간 2,500조 원의 통일비용이 소요되는 반면, 개혁·개방 과정에서 순조롭게 통일이 되면 400조 원 정도의 비용만 필요하다고 분석했다.[19] 통일비용을 획기적으로 절약하려면 한국의 대북정책과 외교정책이 북한의 개혁·개방 유도에 집중적인 노력을 기울여야 할 것이다.

일곱째, 향후 한국이 어떤 대북정책을 취하여 평화통일을 달성할 수 있느냐는 한국 국력에 대해 어느 정도의 자신감을 갖느냐와 한민족의 운명에 대해 얼마만큼의 책임감과 의지를 가지느냐에 달려있다. 한국은 북핵문제를 해결하고 북한을 국제사회에 연착륙시켜 한반도 냉전구조를 해체하는 동시에 남북경협을 진전시켜 남북경제공동체를 형성하고 항구적인 평화체제를 구축할 것인가, 아니면 대북 불신을 강조하여 한반도 안보 상황 전개를 북한과 미국에 맡겨둔 채 신냉전의 소용돌이에 휩싸이는 가능성을 방관할 것인가의 기로에 서 있다. 적극적인 사고를 가지고 한민족의 운명을 스스로 책임진다는 자세로 현명한 대북·대외전략을 추진해야 할 것이다.

여덟째, 남북 화해·협력이 정착되어도 북한에

---

19) 『조선일보』, 2010년 8월 16일; 『연합뉴스』, 2010년 8월 16일.

예기치 않은 급변사태가 발생할 수 있다. 북한의 도발 가능성에는 항상 빈틈없는 대비태세를 갖추어야 하고, 북한의 정변, 민중봉기, 대량 탈북 등 급변사태가 발생할 경우에도 잘 수습할 수 있도록 사전에 주변국들과 협력방안을 마련하고 인적 협력망도 구축해 두어야 한다. 먼저 중국군이나 미군이 경쟁적으로 군사 개입을 시도할 가능성이 있고 이 경우 G2 간 충돌이 발생할 수도 있으므로 이 문제에 대한 한미중 3국 간 사전협의를 통한 합의 도출이 요망된다. 또 북한 급변사태 시 북한 인접국의 우호적인 협력이 절실히 요청되므로 중국의 선양군구 사령부와 러시아의 하바로프스크의 동부군관구 및 블라디보스토크의 태평양함대 사령부와의 협력을 사전에 구축해 두어야 한다.

(4) 주변국과의 전방위적인 우호관계 확립과 동북아 평화·공동번영 선도

상대적으로 월등한 국력을 가진 국가들에 둘러싸여 있는 한국은 원활한 국가전략 수행을 위해 주변국들과의 협력이 긴요하다. 국가 목표를 효율적으로 달성하려면 한국의 능력과 의지는 기본이고 주변 국가들이 한국의 국가전략을 방해하지 않도록 해야 한다.

예를 들면, 만일 러시아가 한국의 비우호국가가 되면 한국에 여러 재앙을 불러일으킬 수 있다. 러시아가 자국의 핵 과학자가 북한 핵 개발에 충원되는 것을 막는 일을 소홀히 할 수도 있고, 북한에 급변사태 발생 시 한국을 돕지 않을 수도 있으며, 동해상에 핵폐기물 등을 방류할 가능성도 완전히 배제할 수는 없다. 가능성은 크지 않지만, 러시아가 북한에 전략무기나 첨단 군사기술을 제

공한다면 한국은 엄청난 안보위협을 받을 것이다. 끝으로 러시아가 남북통일을 이루는 데 결정적인 역할을 해줄 가능성은 크지 않다고 하더라도 이를 저지하려 한다면 쉽게 할 수 있을 것이다. 이렇게 볼 때, 러시아는 물론이고 중국 등 이웃 강대국들 모두의 우호적인 입장을 확보하는 것은 중요한 국가 외교과제이다.

또 한국은 주변국들과 양자적인 우호관계를 형성하는 동시에 동북아지역 차원에서 평화와 공영을 선도해 왔다. 예를 들어, 참여정부는 동북아 다자안보협력을 도모하고 대북경협을 동북아 차원의 경제협력으로 발전시켜 새로운 동북아 시대에 평화와 번영의 중추(hub)국가 역할을 수행한다는 포부를 펼쳤다. 이를 위해 북핵위기를 해소하고, 북한개발을 위한 동북아 컨소시엄을 주도하여 한반도 평화와 참여국들의 호혜적인 번영을 도모하려 했다. 한중일 3각 경제협력체제를 구축하고 시베리아 횡단철도와 한반도 종단철도를 연결하여 한반도를 동북아 물류의 중추로 만들려 시도했다.

이명박정부는 '상생과 공영의 대북 실용정책'을 지침으로 채택하고, 자원·에너지·통상을 위한 실용외교를 펼쳤다. 박근혜정부도 동북아에서 한국과 중국, 일본 간 경제적 상호의존성은 나날이 커지는 반면 역사와 영토를 둘러싼 갈등은 오히려 격화되는 '동북아 패러독스' 현상에 주목하고, 이를 해결하기 위해 환경, 해상안전, 재난구조, 사이버 공간, 에너지, 핵 안전 등과 같은 합의하기 쉬운 사안부터 관련국들이 협력해 해결하면서 신뢰를 쌓고, 그 신뢰를 바탕으로 군사안보와 같은 어려운 문제도 논의할 동북아 협력공동체를 만들자는 동북아 평화협력구상(NAPCI)을 추진했다.

문재인정부도 NAPCI를 발전적으로 계승해 동북아플러스 책임공동체(Northeast Asia Plus Community of Responsibility)라는 정책 비전 하에 동북아 평화협력플랫폼(NAPPC), 신북방정책, 신남방정책을 펼쳤다. 평화경제론을 제창하면서 남북 평화와 경협을 진흥해 남북 평화경제공동체를 만들고 이를 확장해 동북아 평화협력공동체 구축으로 연결시키자는 신한반도체제론도 주장하였다.[20] 또 문 대통령은 다자평화안보체제의 출발점으로 동아시아 철도공동체를 제창한 뒤 코로나 상황에서 남북 생명공동체를 강조하고 북한을 포함해 중국과 일본, 몽골, 한국이 함께 참여하는 '동북아시아 방역·보건 협력체' 구성도 제안했다.

윤석열정부는 미국과의 협력을 전방위적으로 확대해 글로벌 포괄적 전략동맹을 지향하고 일본 및 유럽과도 공동의 이익과 가치에 기반해 협력을 강화하는 한편, 중국과도 전략적 소통을 통해 상호존중에 기반한 협력을 확대하며 국제규범에 기반해 한러관계의 안정적 관리와 발전을 지향하고 있다. 아세안과의 역내 다자협력네트워크를 확대하고 인도와의 전략적·실질적 협력 강화를 통해 인·태지역에서의 외교 지평도 확대하려하고 있다.

향후에도 한국정부는 남북경협을 호혜적으로 진전시키고 일본, 중국, 러시아, 몽골, 미국 등을 다각적으로 엮어 상호적으로 이익이 되는 다양한 사업을 펼침으로써, 공동의 평화와 번영을 선도하는 동북아 모범국가를 지향하고 인도·태평양 지역에서의 역할도 강화해야 한다.

---

20) 홍현익, "한반도 정세 대전환과 동북아 다자안보협력 구축방안" (성남: 세종연구소, 2019), pp. 18–22.

(5) 동북아 다자안보협력체제 구축

동북아다자안보협력의 제도화는 남북대화 촉진, 한반도의 군사적 대치 완화 및 군비통제 등을 통해 지역분쟁을 억지하고, 지역국가들의 과잉 군사화를 통제하며 한반도의 통일과정에서 발생할 수 있는 갈등이나 분쟁을 평화적으로 관리해줄 수 있는 기제일 뿐 아니라 통일한국의 안보를 집단적으로 보장할 수 있는 효율적인 방안이다.

따라서 한반도의 냉전구조를 해체하고 미국과의 동맹에 치중된 한국외교의 편향성을 완화하며 자주성을 회복하면서 한반도를 비롯한 동북아지역의 평화와 안정을 제도적이고 지속적으로 보장하기 위한 장기적인 관점에서, 한국은 남북한과 주변 4강을 포함한 동북아 다자안보협력을 한미동맹의 보강 차원에서 추진하는 것이 바람직하다.

다자안보협력이 한반도문제를 직접 해결해 주기는 어렵지만, 동북아에서의 권력정치가 한반도의 평화와 안정 및 평화통일에 악영향을 미칠 수 있을 뿐 아니라 남북한의 정치적·외교적 자율성을 제약하므로, 억지를 넘어선 새로운 공동안보·협력안보 개념에 기초한 다자안보협력은 규범지향적인 질서를 창출함으로써 동북아 국가 중 상대적으로 국력이 취약한 한국이 국가 목표를 균형적이고 효율적으로 달성하는 데 유용한 기제 역할을 수행할 것이다.

(6) 다양한 자유무역협정(FTA) 체결을 통한 무역 진흥

석유와 천연가스 등 에너지 자원과 광물자원이 별로 없는 산업기반을 가진 한국은 수출을 통한 경제성장 기조를 채택해왔고, 그간 내수가 꾸준히 증가해 2020년 한국의 국내총생산에서 수출입이 차지하는 무역의존도는 59.83%이고 그중 수출의존도는 31.28%이다. 이에 따라 한국에게는 안정적인 수출시장을 확보하고 확대하는 통상정책이 국가 주요과제 중 하나일 수밖에 없다. 특히 FTA는 한국의 통상정책의 주요 수단이다. 1998년 '교두보 확보'전략을 세워 국제경제의 변화에 방어적으로 적응하는 데 급급했던 한국의 FTA 정책은 '거대 경제권과의 본격 추진(2005~2008)' 단계를 거쳐 '글로벌 FTA 허브(2008년 이후) 구축' 단계에 와서는 공세적인 전략으로 전환되었다.

그 결과 한국은 1999년 12월 칠레를 시작으로 2022년 2월 역내포괄적경제동반자협정(RCEP)까지 58개국과 18건의 FTA를 발효시켰고, 이스라엘, 인도네시아, 캄보디아와는 서명/타결했으며 여타 신흥국가들과도 지속적으로 추진 중이다. 특히 2015년 11월 한국의 최대 수출·수입 대상국인 중국과의 FTA에 성공하면서 2010년 50%대 머물렀던 FTA 시장 비중(FTA 시장 비중은 세계 GDP 대비 한국과 FTA를 맺은 국가들의 GDP, 한국 GDP 포함)은 단숨에 약 73.5%로 올라서며 칠레, 페루에 이어 세계 3위 수준이 되었고 RCEP이 발효되어 80%까지 확대되었다.

한국의 경제 목표 달성의 최우선과제인 수출시장 확대를 통한 경제성장을 달성하려면 세계 통상질서의 흐름을 주시해야 한다. 특히, 수많은 FTA 속 경제 블록들이 발전하면서 현재 Mega FTA는 새로운 통상의 조류로 등장했다.[21] 이런 맥락에서 한국정부는 중국이 주도하고 15개국이

참여하며 2022년 2월 1일 발효된 RCEP(세계 무역의 29%, GDP와 인구의 1/3)에 참여해 일본과도 처음으로 FTA를 체결했다. 미국이 주도하다 빠지자 일본이 주도하고 아태 11개국이 추진해 2018년 12월 30일 발효된 포괄적·점진적환태평양경제동반협정(CPTPP, 세계 무역의 15.2%)에도 가입을 신청했다.

또 윤석열정부는 미국이 공급망 재편과 인프라 구축, 디지털 무역 등에서 동맹 및 우방국과 협력을 증진하고 중국을 견제하기도 하기 위해 제창한 IPEF에 2022년 5월 창립회원으로 참여했다. 그렇지만 한국정부는 중국과의 우호관계를 유지하기 위해 노력하고 만약 중국이 반발 조치를 취할 경우에는 한국경제에 미치는 부정적인 영향을 최소화해야 할 것이다. 향후에도 한국정부는 세계 자유무역 질서에 적극적으로 적응할 뿐 아니라 이를 선도하면서 무역을 진흥해야 할 것이다.

(7) 세계평화 및 국제사회에 대한 기여

정부는 세계적 차원에서 새로 등장하고 있는 기후, 환경, 테러, 전염병, 국제범죄 행위, 대량살상무기 확산 등 안보위협 요소들에 대처하는 활동에 적극적으로 공헌하고 평화유지군 파견과 다양한 국제기구 활동을 통해 세계평화 증진, 경제번영과 한류 전파 등 문화창달에 이바지함으로써 평화선도국, 경제협력국 및 문화 대국으로서의 국가 이미지를 강화해 나가야 한다.

4. 한국의 외교정책결정구조

강력한 대통령 중심제의 통치구조를 갖고 있는

---

21) 박지은 외 4명, 『주요국 FT 추진현황과 2015년 전망: 20개 경제권(73개국)을 중심으로』(서울: 한국무역협회 국제무역연구원, 2015), pp. ⅰ-ⅱ.

한국의 외교정책은 압도적으로 국가 원수이자 행정부의 수장인 대통령의 권한사항이다. 물론 일상적인 대외정책 업무는 외교부와 산업통상자원부, 국방부, 통일부, 국정원 등이 수행한다. 예를 들어, 외교부는 국가나 국가협의체, 국제기구 등 국제외교 주체와의 교섭과 협상을 수행하고 관계를 관리·운영하며 외교정책의 제반 기능별 업무를 수행할 뿐 아니라 각 국가와 국가협의체, 국제기구에 한국을 대표하여 외교업무와 교민보호 등의 업무를 담당하고 있다. 물론 외교부는 정보를 수집하고 외교정책을 입안하고 결정하며 집행도 책임진다.

그러나 국가안보와 국익에 중요한 외교정책은 대통령의 권한이고 대통령이 최고결정자이다. 따라서 대통령실의 참모조직을 거쳐 대통령의 재가나 결정을 받아 집행하게 된다. 특히 국가 주요 외교정책과 주요 사안의 경우 여러 부처의 권한과 업무가 중첩되게 되므로 정보를 통합적으로 수집하고 관련 부처들의 입장과 견해를 종합하고 조정하며 결정하는 과정이 필요한데, 이를 종합적으로 지휘·통제하는 것은 역시 대통령실의 역할이다. 도표 9.1과 도표 9.2는 대통령을 보좌하여 이러한 기능을 수행하는 대통령실의 국가안보 및 외교정책 업무 조직을 보여준다.

국가 주요 외교정책을 결정하는 권한과 책임은 대통령에게 있지만 이를 대통령 개인이 수행하는 것은 어려우므로, 여러 위계적인 상설·비상설 기구에서 안건들을 토론·심의·결정한 뒤 대통령의 재가를 받거나 대통령이 최종결정을 내리기도 하고 아니면 대통령이 회의를 주재하기도 한다.

헌법이 규정한 최고결정기구는 국가안전보장회의(NSC)이다. 1963년 제정된 '국가안전보장회의법'에 따라 항상 존재해온 이 조직은 국가안전보장에 관련된 대외정책·군사정책 및 국내정책의 수립에 관해 대통령을 자문한다. 이 법에 따르면 NSC는 대통령이 의장을 맡고 국무총리·외교부장관·통일부장관·국방부장관·국가정보원장과 '대통령령으로 정하는 위원'으로 구성된다. 여기서 '대통령령으로 정하는 위원'은 통상 국가안보실장·대통령비서실장·NSC 사무처장·청와대 외교안보수석·합참의장·행정안전부장관 등이다.

박근혜정부는 이명박정부하에서 유명무실해진 헌법상 자문기구인 NSC 기능을 복원하고 NSC 사무처를 복원하는 등 국가안보실 조직을 개편해 기능을 강화했다. 특히 NSC 회의는 대통령이 소집해야 열리는 비상설회의이므로, 신설된 NSC 상임위원회가 주 1회 개최돼 현안에 대한 외교안보정책을 조율하고 대책을 수립해 대통령에게 건의했다. 이 상임위는 국가안보실장이 위원장을 맡고 외교부장관·통일부장관·국방부장관·국가정보원장·NSC사무처장 및 청와대 외교안보수석 등 6인이 위원이었다.

이외에도 이명박정부와 박근혜정부에서는 법령 근거가 미약한 외교안보장관회의와 국가안보정책조정회의가 NSC 기능을 대체하기도 했다. 박근혜 대통령은 북한 관련 긴급사안이 발생할 때 외교안보장관회의를 주재하곤 했다. 북한의 도발 위협이 있던 2013년 2월, 개성공단 근로자 철수문제가 발생한 2013년 4월, 남북당국회담 개최를 논의한 2013년 6월, 장성택 처형 직후인 2013년 12월, 북한의 SLBM 수중실험 직후인 2015년 5월에 박대통령이 이 회의를 주재했다. 또한, 박 대통령은 국가안보실장으로 하여금 관련 부처들이 참석하는 국가안보정책 조정회의도

도표 9.1 문재인정부 청와대의 국가안보 및 외교정책 업무 조직도

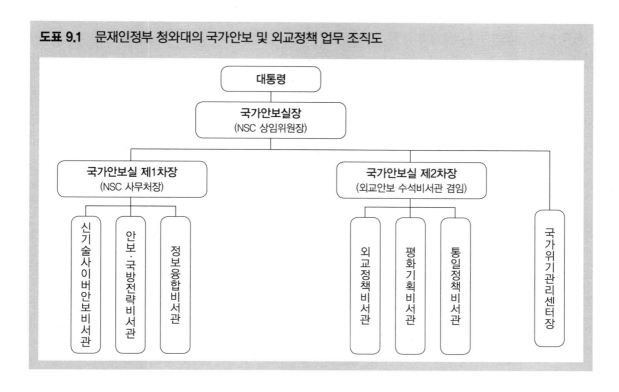

개최하게 했다.

문재인정부는 대통령비서실에 흩어져있던 외교안보 관련 비서관과 국가안보 관련 기능을 모두 국가안보실로 넘겨 기능과 인원을 확대하는 직제 개편을 했다. 장관급 국가안보실장은 NSC 상임위원장을 맡았다. 실장은 NSC 사무처장을 겸임하는 정무직 제1차장, 외교안보수석 역할의 정무직 제2차장, 그리고 국가위기 관련 상황 관리 및 초기대응을 담당하는 국가위기관리센터장의 보좌를 받았다. 또 2021년 12월 국가안보실은 글로벌 공급망 위기에 대응하고 첨단 과학기술 역량 보유국들과의 공동연구, 인적교류, 정책공조를 확대하며 사이버안보 기능을 강화할 뿐 아니라 군사부문에 집중됐던 기존의 안보보다 확장된 미래안보에 대응하기 위해 1차장실을 개편했다. 안보전략비서관이 다루던 신흥핵심기술 관

련 업무에 사이버정보비서관의 사이버안보 업무를 통합해 신기술·사이버안보비서관을 신설하고, 국방개혁비서관을 안보·국방전략비서관으로, 사이버정보비서관을 정보융합비서관으로 각각 개편했다.[22]

2022년 5월 윤석열정부가 출범하면서 대통령을 보좌하는 국가안보실이 또 다시 도표 9.2와 같이 개편되었다. 국가안보실장 밑에 '2차장, 6비서관, 1센터장' 체제를 갖추고 1차장이 NSC 사무처장을 맡으며, 그 밑에 경제안보비서관이 신설되어 네 명의 비서관을 지휘한다. 이전에 독립부서였던 국가위기관리센터장은 2차장 휘하로 재편되었고, 산하에 정보융합팀을 신설했다. 대통령 직속으로 경제안보TF, 국방혁신4.0민관합

---

22) 『연합뉴스』, 『머니투데이』, 『보안뉴스』, 2021년 12월 7일.

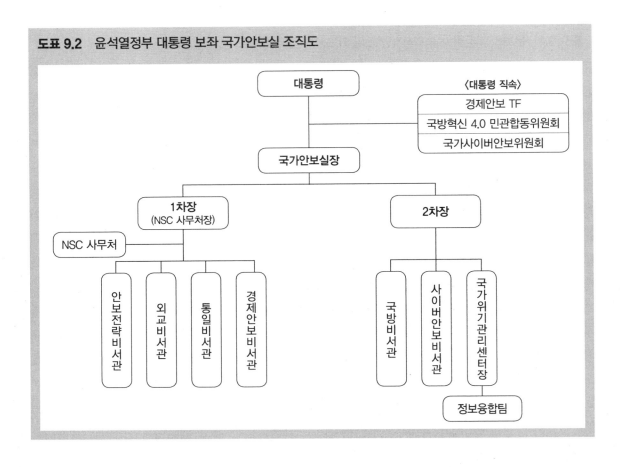

도표 9.2 윤석열정부 대통령 보좌 국가안보실 조직도

동위원회, 국가사이버안보위원회 등 3개 민관합동위원회가 신설되었다.

물론 한국외교정책의 수립 및 시행은 외교부가 주무부처이다. 외교부 장관은 1, 2차관과 국립외교원장, 한반도평화본부장 그리고 재외공관의 보좌를 받아 한국외교를 주관한다. 1차관은 기획조정 업무와 지역국들을 통솔하고, 2차관은 다양한 기능부서를 책임진다. 국립외교원은 외교정책 연구와 개발, 외교관 후보생 및 영사·외교관·국민 교육·연수, 역량 평가 등을 담당한다. 한반도 평화본부는 북핵문제와 대북정책 및 평화체제 구축문제를 다룬다. 도표 9.3은 약식으로 그린 외교부 간부 기구표이다.

5. 한국외교정책의 현안과 동북아관계

향후에도 한국 국가 목표의 근간은 큰 변화가 없을 것이다. 이는 국가안보와 주권독립 및 자주성 유지, 민주주의체제 수호, 경제번영과 공정한 분배 및 국민 생활수준 향상, 평화통일, 민족문화 창달과 세계평화에 기여함으로써 민족적 긍지 앙양 등이다.

변화가 예상되는 부분은 한국의 국력이 절대적으로나 상대적으로 향상될 것이므로 국가 자주성 확립이 보다 중요한 가치로 부각될 것이고, 외세의 방해를 슬기롭게 극복하면서 '더불어 번영

도표 9.3 외교부 기구표

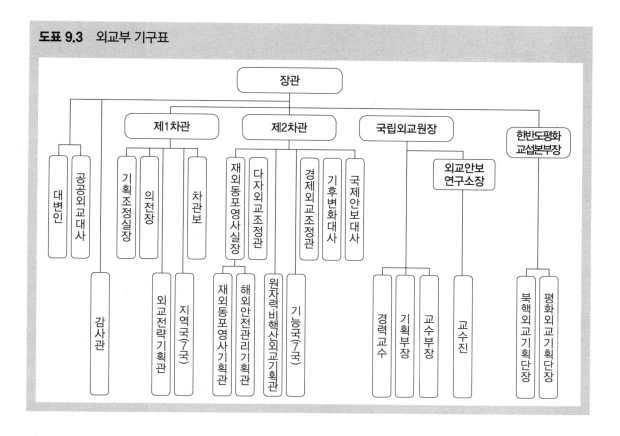

하는 민족공동체'로서 남북연합 및 '사실상의 통일'을 거쳐 평화통일을 이루는 것이 보다 가시적인 목표가 될 것이라는 점이다. 또 경제번영을 보장하고 신안보문제에 대응하기 위해 그 기반으로 통상·공급망·에너지·환경·보건·안전·사이버안보 국제협력 공동체를 구성하고 동북아에 항구적인 평화장치를 마련하는 것도 중요한 과제로 부각될 것이다.

한편, 정부는 그간 역대 정부가 100년 이상 미국과 일본으로 대표되는 해양세력과의 연합에 치중된 외교를 펼쳐온 점을 되돌아보아야 한다. 물론 향후에도 우크라이나전쟁 상황과 미중경쟁 양상을 계속 주시하면서 민주주의, 자유, 인권 등의 가치를 공유하고 안보협력을 유지·발전시켜온

미국과 일본과의 협력은 계속 우선시하고 유지·발전시켜야 한다. 하지만 그간 경시해왔던 유라시아 대륙 쪽으로도 관심과 노력을 기울여 한국 국민과 정부가 유라시아 대륙과의 정체성을 일정 부분 회복하고 유라시아 대륙 서쪽과 북쪽으로도 관심과 정책이 뻗어 나가야 한다. 이를 위해 중국 뿐 아니라 러시아와의 협력이 필요하다. 이는 외교의 편향성을 보완하고 개선하는 일일 뿐 아니라 민족의 정체성을 바로 세우고 민족의 기상을 펼쳐나가는 일이기도 하다.

북핵문제의 평화적 해결과 한반도 평화체제 구축을 기초로 평화와 공영의 동북아 시대를 주도적으로 구현하고, 이를 실현하는 데 적합한 대외환경을 조성하기 위해서는 공고한 한미동맹을

바탕으로 주변국에 대한 실용 및 전방위 협력외교를 추진해야 한다. 한국의 동북아 양자외교는 한미관계의 유지·발전·강화와 더불어 주변국들과의 관계를 한 차원 더 격상시켜 나아가야 한다. 즉 한국은 특정 국가를 적으로 삼지 않는다는 전제하에 일본, 중국, 러시아와도 전략적 대화·교류·협력을 확대하는 동시에 동북아 다자안보협력체 구축을 모색하면서 한국의 안보를 중층적으로 확보해 나가야 할 것이다.

일본은 1985년 플라자합의 이후 경제가 장기하락했지만 2020년 한국보다 3배의 GDP를 기록하고 있다. 일본과는 2012년 8월 이명박 대통령이 독도를 방문하고 일본 국왕을 비판한 이후 관계가 악화했다. 또 박근혜정부가 2015년 12월 일본정부와 일본군 위안부문제를 피해자들의 의사를 존중하지 않으면서 '최종적'으로 해결했다고 합의한 것을 문재인정부가 바로 잡는 과정에서 양국 갈등이 재연되었고, 한국 법원의 일제 기업들의 강제 징용 배상 판결에 대한 일본의 반발과 2019년 7월 1일 일본의 한국기업 반도체와 디스플레이 주요 부품 수출 규제 등으로 갈등이 더 커졌다. 더구나 일본정부는 자국민 납치문제를 우선시하면서 북핵문제 해결이나 한미공조에 비협조적인 자세를 보여왔다고 추정된다.

그럼에도 불구하고 정부는 미래지향적으로 한일관계를 적절하게 재정립해 나가는 것이 지혜롭다. 이런 맥락에서 21세기 한일 파트너십의 공고화를 통해 전략적 관점의 공유는 물론 경제교류 확대와 시민사회 간 공동의 이해관계 창출에 힘써야 할 것이다. 북핵 등 한반도 안보문제에서의 협력을 도모하고 북일관계정상화를 후원하여 북한개발에 식민지배 배상 자금이 활용되도록 해야

한다. 또 미국이 한일관계를 올바르게 보도록 설득하고 일본과의 적정 수준의 안보협력을 유지하며 일본 군사력의 투명성을 증진하도록 해야 한다. 양국 간 교역 및 경제협력이 형평에 맞고 호혜적으로 이루어지도록 노력하면서 동북아지역 차원의 협력을 증진하며 다자안보협력 등 지역공동체 형성을 위해 협력해야 한다.

중국은 2020년 한국보다 9.6배의 GDP를 기록하고 있다. 2003년부터 한국의 최대수출국이 되어 한국 수출의 1/4 이상을 중국과 홍콩이 차지하고 2007년부터는 한국의 최대 수입국도 되었다. 한국에게 가장 중요한 나라는 역시 미국이지만 경제부문에서는 중국과의 협력이 필수적으로 중요해졌다. 특히 한국의 생필품과 주요 산업 소재의 상당 부분이 중국에 의존하고 있는 점은 국가전략에 주요 고려 대상이다. 더구나 중국은 북한 국경의 대부분을 접하고 있는 데다 북한 석유 수요량과 경공업 제품의 90% 내외를 공급하고 있고 북한의 유일한 군사동맹국이기 때문에 한국의 대북 및 외교·안보전략에서 중국의 협력은 긴요하다.

중국이 남북대화, 남북정상회담, 한반도의 안정과 평화 및 비핵화를 바라는 점은 다행이다. 또 자주적이고 평화적 방법이라면 통일도 지지한다고 한다. 따라서 한중 양국 간 정치·안보·경제·사회·문화 등 다방면에 걸친 성숙한 '전략적 협력동반자관계'를 발전시켜 상호이해와 신뢰를 다지는 한편, 북핵 해결, 한반도 평화체제 수립, 북한 급변사태의 원만한 수습, 평화통일 기반 조성, 동북아 평화와 안전 유지 등을 위한 전략적 협력동반자관계의 미래지향적 발전을 모색해야 한다. 특히 정부가 북한의 태도를 전환시켜 남북 및 북미

대화와 협상, 그리고 4자나 6자회담을 통해 북핵 문제를 해결하고 호혜적인 남북경협을 증진하면서 평화통일의 기반을 다지려면, 중국이 북한에게 한국의 대북 평화·공영 의지에도 불구하고 북한이 핵을 개발하고 각종 도발을 행하는 것을 억지할 수 있는 근거를 제공해주어야 한다. 한국정부가 한미동맹의 반중화를 억제하고 한중 우호협력 관계를 유지하면서 남북한의 평화공존과 공동번영에 입각한 대북정책을 중장기적으로 구준히 펼쳐나간다면, 굳이 한국정부가 요청하지 않더라도 중국은 북한 정권에게 명분 없는 핵 개발을 포기하고 남한과 화해·협력할 것을 종용할 것이다.

러시아는 한국과 GDP 규모는 비슷하지만, 핵을 비롯한 군사력에서는 미국에 버금가고 안보리 상임이사국으로서 광대한 영토와 풍부한 에너지 및 천연자원을 가져 많은 국가와 접경하면서 유라시아 전반에 정치·외교 부문에서 영향력이 상당하다. 러시아는 중국과 마찬가지로 남북대화, 남북정상회담, 한반도의 평화와 안정 및 비핵화를 지지하는 데다 남북통일을 후원하며 동북아 다자안보협력 구축에 더 적극적이다. 북한의 접경국이므로 북한 급변사태의 원만한 수습을 위해서도 협력이 필요하다.

특히 러시아에 대해서는 성숙한 양국관계의 발전을 위해 북핵 해결과 북한 관리, 한반도의 평화와 안정을 위한 분위기 조성 등 한국의 안보 필요를 후원해 주는 국가로서만이 아니라 다양한 호혜적인 협력을 모색해야 한다. 시베리아횡단철도와 한반도종단철도 연결을 통한 한반도 물류 기지화 등 상호보완성이 탁월한 북한과의 3각 경협과 이를 통한 북한의 개혁과 개방 유도, 유라시아 진출의 동반자, 첨단기술 및 가스관 건설 등

에너지안보 협력자, 평화통일 우호세력, 동북아 다자안보협력 구축의 동반자로서의 전략적 위상을 재인식하고 이에 걸맞은 대우를 해주면서 건설적이고 상호 보완적인 동반자관계를 심화·발전시켜야 한다.

이러한 노력을 통해 한국정부는 한미동맹을 대외정책의 주축으로 삼되 동시에 한일 간 미래지향적인 포괄적 동반자관계를 정착시키고, 한중 및 한러 '전략적 협력동반자관계'를 발전시켜야 할 것이다.

6. 결론

2022년 6월 중단기적인 한반도 정세는 낙관하기 어려운 상황이다. 우크라이나전쟁으로 미국과 러시아 간 정면 대립국면이 펼쳐지고 있고, 미중 간 패권경쟁이 심화되어 미국과 중러 간 신냉전적 대립구도가 형성돼 남북 및 북미관계 개선을 기대하기 어려우며 한국정부의 전방위 협력외교 수행도 시행하기 어려운 상황이다. 바이든 행정부가 실용적이라면서 소극적이고 수동적인 대북정책을 펼치는 가운데, 북한은 자력갱생의 배수진을 치고 중국 및 러시아와의 우호관계를 더 강화하면서 대미 핵 억지력 실전 능력 구축 도발에 나서고 있어 한반도 정세가 유동적이다. 단지 한중일 3국의 경제 규모가 급신장하면서 무역 및 투자·금융 등 경제부문에서 동북아지역의 비중과 위상은 빠른 속도로 커지고 있다.

물론 경제부문에서의 상호의존 증대에도 불구하고 동북아 질서는 갈등구조가 주된 특성으로 자리 잡고 있다. 우크라이나전쟁에 더해 미국이

아직 압도적인 우위를 보이고 있는 군사력에 입각한 대외전략 투사 가능성, 패권경쟁 차원에서 미국이 동맹 및 우방국들을 규합해 전방위적으로 펼치는 중국 견제 및 봉쇄 정책, 중국의 경제 초강대국화와 군사력 증강 및 공세적 외교 전개, 미일동맹과 일본의 군사력 강화 및 자위대의 역할 확대, 그리고 중러 전면 전략적 협력동반자관계의 군사협력으로의 진전 등으로 미국과 러중 간에 군사, 통상, 공급망, 이념 등에서 대립 구도가 재연되고 있는 데다 북한의 핵 개발과 무력도발 가능성이 현안으로 지속되고 있기 때문이다. 더구나 지역 국가들의 체제가 상이하고 역사적 경험에 따른 적대적 민족 감정이 남아있으며, 일본이 과거사문제와 함께 한국과의 독도문제, 중국과의 댜오위다오(센카쿠)문제, 러시아와의 남쿠릴열도(북방 4도)문제 등 영토분쟁을 벌이고 있어 동북아에 화해와 협력의 질서가 자리 잡기 어렵다. 이에 더해 시급히 국제협력을 요구하는 기후, 환경, 전염병 등 21세기의 새로운 안보문제들도 새로운 갈등 요소로도 작동하고 있다.

한국은 대륙강대국들과 해양강대국들의 이해관계가 교차하는 전략적 요충지대에 위치하고 분단국가라는 취약성을 가진 데다 주변국에 비해 상대적으로 국력이 약하다. 이런 우리가 남북 화해·협력 기조를 유지하고 한반도 평화와 안정을 유지하면서 평화통일이라는 국가 목표를 달성하기 위해서는 다음 몇 가지 사항을 고려한 외교정책을 시행해야 한다.

첫째, 아직 미국은 중국, 러시아, 일본의 국력을 합한 것 정도로 막강한 국력을 가진 유일한 초강대국이므로 한국이 미국과 동맹국이라는 것은 행운이다. 그러나 미국 일변도 외교는 바람직하지 않다. 먼저 미국의 1994년 대북 공습 검토, 트럼프 대통령의 방위비 분담금 5배 인상 요구나 김정은과의 약속 이행 경시, 바이든 행정부의 소극적이고 수동적인 대북정책 등을 고려하면, 미국은 자신의 이익을 동맹국의 사활적인 이익보다도 우선시할 수도 있다. 따라서 한국은 세계적인 차원에서 미국을 견제하고 있는 러시아 및 중국과도 전략적 우호관계를 유지함으로써 한반도의 평화와 안정을 보다 견실하게 확보할 수 있다. 미국과의 동맹관계를 우선시하고 대외전략의 주축으로 삼으며 이를 강화하고 발전시키면서 여타 주변국들과의 우호관계도 잘 관리해 가는 능력이 한국외교에 절실히 요구된다. 한마디로 한국의 국가전략 수행을 위하여 미국과의 우호관계는 반드시 확보하여야 하나, 미국의 우호적인 태도가 한국의 국가 목표 달성의 충분조건은 아니라는 점에 입각하여 대미외교 및 주변국 외교를 펼쳐야 한다.

또 한국이 1997년 12월 IMF 관리위기에 처하게 된 과정이나 그 직후 미국이 한국에 보인 냉정한 태도, 그리고 해방 이후 네 차례 이상 일방적으로 주한미군을 감축하거나 철수했던 점 등을 감안하여, 보다 현실주의적이고 냉철한 시각으로 미국을 인식하고 호혜성을 유지해야 한다. 정부는 한미 군사안보협력은 지속적으로 추구하되, SOFA 개정, 방위분담금 경감, 방산물자 수출입에 대한 미국의 통제완화, 병렬형 지휘체제로 전시작전통제권의 전환 등을 잘 준비하고 전환 이후 확장억지력을 확실히 보장받는 등 합리적인 한미 군사안보협력에 대하여 미국의 적극적인 협력을 얻어야 할 것이다.

미국을 설득하여 북한의 안보딜레마도 감안한 '상호안보'와 '공동안보' 개념과 동시행동 원칙에 입각하여 북핵문제를 해결하고, 남북 간 군사적 신뢰조치를 취하며 주한미군을 포함한 남북미 상호군비 통제 방향으로도 나아가야 할 것이다.

둘째, 미국이나 일본이 북한과 관계를 정상화하는 것을 돕되, 일본에게는 군사적 투명성을 계속 높일 것을 요구해야 한다. 일본과의 필요한 수준의 안보 협력과 정상적인 외교관계를 지속해나가되 독도에 대한 영유권을 확실히 확보해야 하는 것은 물론이고 과거사 정립과 일본군 위안부, 강제징용문제에 대해서는 경제 배상보다 일본의 사죄를 받는 것에 중점을 두어 해결하며, 미국도 일본에게 이를 종용하도록 설득외교를 지속적으로 펼쳐야 한다. 특히 일본이 북핵문제 해결이나 평화통일에 긍정적으로 기여하도록 유도해야 한다.

셋째, 독일의 통일이 미국의 지원과 협력보다는 고르바초프가 이끄는 소련이 거부권을 행사하지 않아 결정적으로 달성되었다는 사실을 감안할 때, 한국 역시 미국이나 일본의 협력을 확보하는 동시에 중국이나 러시아가 통일에 반대하지 않도록 통일한국이 평화 애호국이고 호혜적 이익을 증진하는 협력국이라는 신뢰를 얻어나가야 할 것이다. 특히 중국과 러시아는 한반도의 평화·안정과 남북대화 지지라는 면에서는 전략이 일치하지만, 중국이 북한체제를 유지시켜 자신의 영향권이나 완충지대로 확보하려 하는 데 비해 러시아는 한반도의 평화통일을 지지하면서 동북아 다자안보협력 구축을 적극 희망하는 국가라는 점에 전략적 입장이 상이함을 잘 활용해야 한다. 또 독일이 통일을 달성하기 위해 OSCE, NATO, EU 등 평화와 공동번영을 향한 협력공동체의 일원이라는 사실을 강조하여 주변국들의 신뢰를 획득했

듯이 한국 역시 동북아 경제협력체와 다자안보협력 구축에 모범적으로 앞장서면서 평화통일의 국제적 지지 기반을 마련해야 한다.

넷째, 대북정책에서 정부는 호혜적인 경협을 우선시하되, 인도주의적 지원은 계속 추진하고 민·관분리 원칙도 지켜가야 한다. 대북 경협사업의 안정성을 강화하고 통일 지지 여론도 형성하려면 중국의 일대일로 사업과 러시아의 신동방정책과 협력해 남북러, 남북중, 남북중러 등 다양한 다자 호혜적인 경협사업을 추진하는 것이 바람직하다.

다섯째, 한반도문제에 대하여 한국이 외교적으로 주도권을 잡는 것은 국가 자주성 확립 측면에서 바람직하나 상대적 약소국으로서 주변 국가들보다 너무 앞서가는 것은 이들의 반감을 유발할 수 있고, 전략 대안의 선택 폭을 축소시킬 수도 있다. 따라서 한국이 동북아 평화와 공영을 위한 좋은 방안을 창안해 뜻이 맞는 주변 강대국에게 이를 제안하도록 유도하고, 한국은 이를 지지하고 실천하는 방향으로 나아가는 것이 보다 실용적인 현명한 정책일 수 있다.

이런 점들을 종합적으로 고려하여 볼 때, 대한민국외교는 이제 '국제 평화와 공동번영을 선도하는 매력국가(attractive state)'를 지향해야 한다. 매력국가란 힘의 우위나 일방적인 경제적 이득 추구에 매진하기보다는 지구공동체나 지역의 평화와 공동번영 및 문화창달 등 공익 증진에 기여하여 다른 나라들의 자발적인 인정과 존경을 받는 국가를 의미한다. 이를 위해 한국외교는 평화, 공동번영, 모범, 창의성을 가진 인재 양성과 문화창달을 지향해야 한다.

첫째, 한국은 군사력은 강화하되 평화와 안정

을 지향해야 한다. 이는 우리보다 강력한 강대국들로 구성된 동북아에 위치한 한국의 지정학적 운명에 슬기롭게 적응하면서 이를 적극적으로 선용하는 것이다. 한국은 동북아에서 평화와 안정을 강화하고 제도화하여 갈등을 예방하며, 갈등이 문제로 등장하면 이를 공정하고 적극적으로 중재하는 등 분쟁의 평화적 해결을 주창하고 선도해야 한다. 평화를 위해 동맹과의 신뢰외교 및 양자 군사협력 증진, 그리고 동북아 다자안보협력을 중층적으로 추진해야 한다. 물론 미국과의 협력을 우선시하여 동맹관계를 유지·강화하되, 주변 각국과의 양자 우호관계를 잘 관리하면서 동북아 다자안보협력 구축에도 앞장서야 한다.

둘째, 동북아 및 전 세계 국가들과 전방위 협력을 통한 경제적 공동번영을 추구해야 한다. 21세기는 개방과 창의성, 상호의존 증진을 통해 공동번영을 추구하는 시대이다. 개방으로 손실을 보는 국내 약자들에게 적절한 보상을 제공하는 동시에 선진국, 개도국, 자원 부국들과의 양자 및 다자 FTA를 추진하여 상대국과 함께 더불어 번영을 구가해야 한다. 또 창의적인 인재 양성 및 과학기술 개발에 집중 투자하고 첨단 과학과 기술을 가진 선진국들과의 교류 및 공동연구에 힘쓰며, 세계 과학과 기술 발전에 이바지할 뿐 아니라 이를 기반으로 경제 발전을 선도하며 그 열매를 국제사회와 공유하여야 한다.

셋째, 세계경제 10대 대국이며 유엔 사무총장을 배출한 한국은 평화와 인권 등 인류 보편 가치 실현에 앞장서는 모범을 보여야 한다. 저개발국에 대한 인도적 원조, UN 평화유지군 파견, 개발원조(ODA) 등을 늘려야 한다. 외국인 노동자들의 처우를 개선하고 동북아 평화애호국이자 공

동번영 주창국으로서 모범을 보여 주변 국가들을 한반도 평화통일 지원세력으로 만들어가는 동시에 동북아 다자안보협력 구축에도 앞장서야 한다. 한미동맹뿐 아니라 상호안보, 협력안보, 공동안보 및 '방어의 충분성'에 의거한 군사력과 능동적인 예방외교를 활용해 국가안보를 유지하고, 지역 내 군사적 신뢰구축을 주창하며 경제적인 상호번영을 추구하면서 문화의 다양성에 의거하여 한국문화를 진흥·창달하여 인류사회에 기여하고 한국민의 자긍심을 드높여야 한다.

토의주제

1. 한국외교정책의 환경으로 일반적인 국가와 다른 특성은 무엇인가?

2. 역대 한국정부의 외교정책은 시대 상황에 어떤 영향을 받았는가?

3. 한국외교정책의 환경으로서 가장 중요한 변수들은 무엇인가?

4. 한국의 경제력을 포함한 국력 강화가 한국의 외교정책에 어떤 영향을 미쳐왔는가?

5. 합리적이고 현명한 대북정책기조는 무엇일까? 구체적으로 김대중정부의 대북 화해·협력정책, 노무현정부의 평화·번영정책, 이명박정부의 '원칙에 입각한 대북 압박정책', 박근혜정부의 한반도 신뢰프로세스, 문재인정부의 한반도 평화프로세스, 그리고 윤석열정부의 한미동맹 강화, 원칙과 상호주의에 입각한 대북정책을 각각 어떻게 평가하는가?

6. 북핵문제 해결을 위해 정부가 취해야할 합리적인 정책은 무엇인가?

7. 한미동맹은 어느 정도의 수준을 유지하는 것이 한국 국익에 가장 잘 부합하는가? 이런 맥락에서 바람직한 미래 한미동맹의 모습은 무엇인가?

8. 한미동맹과 동북아 다자안보협력의 양립이 바람직한가? 가능한가? 그렇다면 그 방법은 무엇인가?

9. 미국이 대중 3C(confrontation, competition, cooperation)정책을 구사하면서 한국에게는 대중 견제 및 봉쇄에 가담해 줄 것을 요구하는 데 대하여 어떤 대응이 현명한가?

10. 국익 증진을 위한 중국, 러시아, 일본과의 양자관계 발전방안은 어떻게 되어야 하는가?

11. 독일통일의 교훈은 무엇이고, 남북한 평화통일을 달성하기 위하여 우리가 취해야 할 외교정책 기조는 무엇인가?

12. 미래 한국외교가 지향해야 할 정책목표와 실현방안은 어떠한 것인가?

참고문헌

1. 한글문헌

구영록. 『한국의 국가이익: 외교정치의 현실과 이상』. 서울: 법문사, 1995.

국방부. 『1998 국방백서』. 1998년 10월 1일.

권만학. 『분단과 통일의 변증법: 모란인가 국화인가』. 서울: 양지, 2000.

김달중 편저. 『한국의 외교정책』. 서울: 오름, 1998.

박건영 외. 『한반도 평화보고서』. 서울: 한울, 2002.

박지은 외 4명. 『주요국 FT 추진현황과 2015년 전망: 20개 경제권(73개국)을 중심으로』. Trade Focus, 14-3 (한국무역협회 국제무역연구원, 2015년 2월)

세종연구소. 『21세기를 향한 한국의 국가전략』(1996년 2월).

_____. 『한국의 국가전략 2020』. 성남: 세종연구소, 2007.

오기평. 『한국외교론』. 서울: 오름, 1994.

외교부. 『2014년 외교백서』. 2014.

_____. 『2021년 외교백서』. 2021.

외교통상부. 『2006년 외교백서』. 2006년 7월.

이범준·김의곤. 『한국외교정책론: 이론과 실제』. 서울: 법문사, 1995년.

임동원. "한국의 국가전략: 개념과 변천과정." 『국가전략』제1권 1호 (1995년 봄·여름).

조명현. 『국제정치적으로 본 한국의 운명』. 서울: 교학
    연구사, 1996.

홍현익. "2기 부시 행정부의 동북아 전략과 한·미 안보
    협력 방안." 『세종정책연구』제2권 1호 (2006).

_____. "2020 한국의 대러전략." 이상현 편. 『한국의
    국가전략 2020: 외교·안보』. 세종정책총서 2005-6
    (2005).

_____. "미·중·러 3각관계의 변화와 한국의 대응." 『세
    종정책연구』 2011-1 (2011).

_____. "북·미관계정상화 촉진 방안에 관한 연구." 『세
    종정책연구』제3권 1호 (2007).

_____. "북한 핵실험과 한·미동맹." 전현준 외. 『10·9
    한반도와 핵』. 서울: 이룸, 2006.

_____. "오바마 행정부의 대북정책과 한국의 대응방
    안." 『세종정책연구』제6권 제1호 (2010).

_____. "'대박'통일을 위한 대북정책 및 국제 협력방안:
    독일과 예멘 사례의 교훈." 『세종정책연구』 (2015).

_____. "한반도 정세 대전환과 동북아 다자안보협력
    구축방안. 『세종정책연구』 (2019).

_____. "트럼프 시대 미·중·러 3각관계와 한국의 대외
    전략." 『세종정책연구』 (2020).

_____. "제1장 국제질서의 변화." 홍현익 외 지음. 『공
    정한 국제질서와 한반도의 지속가능한 평화』. 서
    울: 시공사, 2021.

2. 영어문헌

The International Institute for Strategic Studies.
    The Military Balance 2021. London: Routledge,
    Feb., 2021.

Solomon, Jay. "U.S.'s new China policy: engage,
    ready to contain." *The Wall Street Journal*, 17
    November 2005.

Rumsfeld, Donald H. *Secretary of Defense, Quad-
    rennial Defense Report*, 30 September 2001.

북한의 외교정책

10장

김계동(건국대 안보·재난관리학과)

1. 서론   279

2. 북한외교의 환경과
   정책결정 및 집행체계   280

3. 북한외교정책의
   목표와 성격   288

4. 북한외교정책의 방향   291

5. 북한외교정책의
   현안과 남북한관계   300

6. 결론   308

1. 서론

그리피스(William E. Griffis)는 1882년에 저술한 *Corea: The Hermit Nation*에서 조선을 '은둔의 나라'로 표현하였다. 이미 조선은 없어졌고, 일제시대와 해방 이후 미국과 소련의 점령을 거쳐 분단된 한반도의 반은 정치·경제·사회적으로 선진화된 발전을 이룩했으나, 나머지 반은 아직도 '은둔의 나라'의 이미지를 탈피하지 못하고 있다. 분단 77년을 지나면서 남한은 개방화된 체제를 유지하며 세계 선진국 대열에 합류하고 있는가 하면, 북한은 대내외적인 체제위협에 직면하여 폐쇄적인 체제를 유지하면서 생존을 위한 외교정책을 모색하고 있다. 그러나 핵무기 개발과 장거리 미사일 발사에 따른 국제제재에 의해서 소외되어 있기 때문에 그렇다 할 외교 자체가 거의 없는 상황이다.

1989년에 세계냉전이 종식되었고, 동유럽의 모든 사회주의 국가들이 민주화되었으며 소비에트연방이 해체되면서 세계질서는 큰 변화를 맞게 되었다. 세계는 냉전대립이 끝나고 화해·협력으로의 변화가 이루어졌지만, 동북아지역의 냉전은 변함없이 유지되고 있으며 그 중심에는 북한이 위치하고 있다. 세계가 변하면 변할수록 북한은 체제유지에 어려움을 겪고 있으며, 생존을 위하여 핵과 미사일을 개발하는 등 강경한 외교정책을 기조로 하고 있다.

1948년 9월 9일 조선민주주의인민공화국의 출범 이후 한국전쟁을 거치면서 북한은 소련과 중국에 의존하는 진영외교를 펼치기 시작하였다. 그러나 1960년대부터 시작된 중소분쟁과 1970년대 데탕트 등의 국제질서 변화를 맞이하여 북한은 진영외교에서 탈피하여 점차 자주외교와 다변화 외교를 전개하기 시작하였다. 1989년 세계 냉전의 종식으로 전 세계 사회주의권의 붕괴에 따른 여파로 1990년대 들어서면서 북한도 국제적 고립과 경제난 등 체제위기를 맞게 되었다.

체제위기에 직면하여 북한이 처음으로 선택한 대안은 유연한 외교정책을 추진하는 것이었다. 미국과는 1988년부터 북경에서 참사관급 관계개선 회담을 시작하였고, 남한과는 1990년부터 총리를 대표로 하는 고위급회담을 개최하여 '남북한 기본합의서'를 체결하였다. 이러한 유연한 정책이 북한의 체제생존과 유지에 별다른 도움이 되지 못할 것이라고 판단하였는지, 북한은 1993년 3월 핵확산금지조약(NPT) 탈퇴선언을 함으로써 핵카드를 활용한 '벼랑끝외교'를 시작하였다. 1990년 김일성은 경제난을 해결하기 위해서 나진·선봉을 중심으로 경제개방을 모색했으나 핵문제의 등장으로 수포로 돌아갔다.

1994년 7월 김일성의 사망 이후 다시 은둔의 국가로 돌아갔던 북한은 2000년 남북한정상회담을 개최하면서 밖으로 나오면서 신의주 개방을 모색하였으나, 2001년 미국의 공화당 집권 등의 이유로 다시 벼랑끝외교를 시작하여 2002년에 시작된 제2차 북핵위기는 해결되지 않은 채 20년 이상 장기간에 걸쳐서 지속되고 있다. 더구나 2011년 김정일의 사망 이후 권력을 승계한 김정은은 국내 정권의 안정을 이룩한 듯 보이나 대외적으로는 핵과 미사일 개발과 보유에 집착하여 국제제재를 받는 등 불안정한 대외관계가 지속되고 있다. 국가 운영의 경험이 부족하고 자신이 의존할만한 용의주도한 정책가를 보유하지 못한 김정은은 체제를 어떻게 운영할지 확고한 신념을 가지지 못한 채 유연한 방향의 외교정책을 내세우지 못하고 있는 것이 사실이다.

2. 북한외교의 환경과 정책결정 및 집행체계

다른 국가들과 마찬가지로 북한도 외교정책을 결정하고 추진하는 데 있어서 내외적인 환경 요인이 일정 수준 영향을 미쳐 왔다. 북한체제의 성격과 정책 운용 방식을 보면, 과연 북한이 대외적인 환경으로부터 얼마나 영향을 받을까 의문이 들지만, 중요한 국제질서의 변화 시 — 예를 들어, 1970년대 초반 데탕트, 1980년 신냉전, 1989년 탈냉전 등 — 북한의 외교정책은 이에 적응하기 위해 변화의 모습을 보인 것은 사실이다. 북한 외교정책에 영향을 미친 내부적 요인, 특히 경제적 요인은 냉전시대보다 탈냉전시대에 보다 강력하게 등장했다. 그리고 김일성과 김정일의 사망도 적지 않은 영향을 미쳤다. 당의 국가인 북한외교정책의 근간은 김정은이 장악하고 있는 당에서 거의 결정이 되고, 외무성이 집행하는 방식으로 운영된다. 대외적인 국가대표의 업무는 김정일 시대에는 최고인민회의 상임위원장이 맡았으나, 김정은 승계 이후 국무위원장에게로 많은 권한이 이양되었다.

1) 북한외교의 환경

(1) 국제적 환경

1948년 북한정부 수립 이후 2011년 김정일이 사망할 때까지 북한의 체제운영방식, 특히 외교정책과 대남정책의 추진방식을 들여다보면 국제질서의 변화에 상당히 민감한 반응을 보여 왔다는 점을 알 수가 있다. 1972년 세계적인 데탕트가 시작되었을 때 북한은 남한과 7·4공동성명을 발표하여 대화의 초석을 놓았는가 하면, 그 이전 중국과 소련의 분쟁이 시작되었을 때 자주외교노선을 표방하였다. 1980년대 말 냉전이 종식된 이후에는 보다 유연한 대외정책을 선택하여 베이징에서 미국과 참사관급 관계개선 회담을 추진하였고, 남한과는 고위급회담을 개최하여 남북기본합의서를 체결하였다.

이와 같이 북한이 세계질서 변화에 상당히 민감하게 대응한 이유는, 다른 나라들과 마찬가지로, 북한 지도층도 국제적인 흐름에 거역하게 되면 국가이익의 손실, 심지어는 체제약화의 원인이 될 것이라는 인식을 가지고 있었기 때문이다. 북한이 국제체제의 변화에 가장 민감한 반응을 보인 시기는 1990년대 초반이다. 이 당시 북한은 체제붕괴 위기에 처하여 국제적인 흐름을 거역하기 어려웠고, 이에 적극 맞추어가는 정책을 추진하였다. 당시 북한으로 하여금 체제위기에 봉착하게 한 국제적인 원인은 다음과 같이 4가지로 분류할 수 있다.

첫째, 세계적인 냉전의 종식이다. 1989년 몰타에서 개최된 미소정상회담에서 냉전종식이 선언되었지만, 실제로 냉전종식은 공산주의의 패배에 의한 것이었다.[1] 세계적인 공산권의 붕괴는 북한에게 매우 충격적인 심리적·물질적 타격을 주었다. 둘째, 남한정부가 추진한 '북방외교'에 의하여 기존의 거의 모든 공산주의 국가들이 남한과 수교를 하게 된 것이다. 궁극적으로 중국 및 소련과의 수교도 이루어졌고, 북한은 외교적으로 심각한 고립상태에 놓이게 되었다. 셋째, 1980년대 후반 북한의 국력 및 국제적 위상이 크게 하락하였다. 북한은 1987년 11월 29일 김현희 KAL858기 테러사건을 일으켰고, 이 사건으로 인하여 북한은 미국 등으로부터 테러지원국으로 지정되는 등 국제적인 비난을 받았고, 미국은 추가적으로 대북경제제재를 가하였다. 넷째, 1990년 10월 3일 동독붕괴에 따른 서독의 흡수통일은 같은 분단국으로서 북한에게 충격으로 받아들여지게 되었다. 북한은 독일식의 흡수통일 방식이 한반도에도 실현될지 모른다는 우려를 하게 되었다.

냉전 종식 이후 변화하는 대외환경에 적응하여 유연한 외교정책을 펼치던 북한은 1993년 NPT 탈퇴선언을 하면서 제기된 핵무기 개발문제를 아직도 해결하지 못한 채 일종의 벼랑끝외교를 지금까지 지속하고 있다. 특히 권력승계 이후 김정은은 외교 등 국정운영의 미숙으로 새로운 정책을 계발하지 못하고 선대로부터 물려받은 핵과 미사일 개발을 도구로 하여 강경한 외교정책을 시행해 왔으며, 특히 이러한 핵·미사일을 기반으로 한 안보외교정책 때문에 국제제재를 받아, 모든 국내외 정책에 있어서 어려운 길을 걷고 있다.

(2) 국내적 환경

북한의 외교에 있어서 가장 큰 전환점이라고 할

---

1) 김계동, "세계질서의 변화와 외교정책의 유형," 구본학 외, 『세계외교정책론』(서울: 을유문화사, 1996), pp. 46-53.

수 있는 시기는 1990년대 초반이라 할 수 있다. 이 시기에 북한은 대외적인 불리한 환경과 더불어 국내적인 환경의 위협 때문에 체제위기를 겪어야 했다. 특히 국내적으로 체제약화의 가장 큰 원인이라고 할 수 있는 경제난이 심화되기 시작하였다. 1994년 김일성 사망과 2011년 김정일의 사망도 북한의 외교정책에 많은 영향을 미쳤다.

경제난 해소의 과제

1990년 이후 북한경제는 외화난, 에너지난, 식량난 등 3난(難), 노동의욕저하, 국제경쟁력저하, 기술수준저하 등 3저(低), 생활환경열악, 제품조악, 기계설비노후 등 3악(惡)을 겪게 되었다. 경제후퇴의 가장 큰 원인은 발전의 동기와 경쟁력이 부족한 공산주의 계획경제의 모순점 때문이었고, 이와 더불어 냉전종식과 함께 이루어진 사회주의권 붕괴로 대외경제 부문이 위축되어 원유, 원자재 등의 수입이 감소되었고 산업 전반에 대한 공급부족 현상이 심화되었기 때문이었다. 특히 중공업 우선전략에 치중한 불균형적인 산업정책, 생산설비의 낙후와 기술수준의 저하, 과다한 국방비 지출, 대외무역의 부진과 수출자원의 결핍 등이 경제위기의 주요원인이 되었다.

1990년 이후 북한의 실질 경제성장률은 표 10.1과 같다.

북한경제에 있어서 가장 문제가 되는 부문은 주민들의 생활과 직결되는 식량, 석유 및 기초생필품의 부족이었다. 북한의 식량난은 1970년대 중반부터 도입되었던 '주체농법'의 실패, 사회주의적 집단영농 생산방식으로 인한 농업생산력의 침체 등으로 이미 1980년대 중반부터 진행되기 시작하였다. 1980년대에 북한의 식량 생산량

표 10.1 북한의 실질 경제성장률

연도	성장률 (%)	연도	성장률 (%)
1990년	-3.7	2005년	3.8
1991년	-3.5	2006년	-1.0
1992년	-6.0	2007년	-1.2
1993년	-4.2	2008년	3.1
1994년	-2.1	2009년	-0.9
1995년	-4.1	2010년	-0.5
1996년	-3.6	2011년	0.8
1997년	-6.3	2012년	1.3
1998년	-0.9	2013년	1.1
1999년	6.1	2014년	1.0
2000년	0.4	2015년	-1.1
2001년	3.8	2016년	3.9
2002년	1.2	2017년	-3.5
2003년	1.8	2018년	-4.1
2004년	2.1	2019년	0.4

은 평균 415만 톤에 불과하여 정량배급 기준으로 150만 톤이 부족한 상황이었다. 이로 인해 북한은 1985년부터 1인당 배급량을 22%나 감량하기 시작하였다. 표 10.2에서 보는 바와 같이 2000년 이후에도 1980년대와 1990년대 수준은 아니더라도 식량이 만성적으로 부족한 것으로 알려져 있다.

북한경제는 1990년부터 1998년까지 9년 연속 마이너스 성장을 기록하여, 이 기간 동안 국민소득(GNI)이 무려 30%나 감소하는 최악의 경제난을 경험했다. 그러나 2000년 들어 김정일이 유연한 외교정책을 추구하면서 남한과 서방의 지원이 증가했고, 2002년 실리경제를 추구하는 7·1 경제관리개선조치를 발표하여 산업생산성이 다소 상승하였으며, 특히 농업 및 일부 경공업 부문

표 10.2 2000년대 북한의 식량 공급 현황 (단위: 만 톤)

연도	금년도 식량 수요량	전년도 생산량	금년도 부족량
2000	477.0	347.0	130.0
2002	501.0	354.0	147.0
2005	513.0	423.0	90.0
2009	513.0	334.0	179.0
2011	535.0	448.0	87.0
2013	542.9	492.2	50.7
2014	537.0	503.0	4.0
2015	548.9	508.2	40.7
2017	560.8	515.0	45.8
2018	552.4	472.2	80.2
2019	575.5	417.0	168.5

출처: WFP/FAO.

의 생산이 증대되었다. 금강산 관광사업, 개성공단사업 등 남북경협의 확대에 따라 일부 공장들이 정상적으로 가동되기 시작하였다.

이런 상황하에서 2006년 이후 북한의 미사일 발사 및 핵실험으로 국제사회의 대북제재가 강화되는 등 대외경제 여건이 악화되면서 북한경제는 마이너스 성장으로 돌아섰다. 2016년 1월 6일 4차 핵실험 이후 취해진 유엔 안보리의 고강도 제재가 2017년부터 위력을 발휘하면서 북한경제의 성장률을 끌어내렸다. 김정은 스스로가 "경제목표가 모든 부문에서 엄청나게 미달됐다"고 자인할 정도로 북한의 경제난은 지속되고 있다. 김정일 집권 기간 3.86%였던 연평균 경제성장률은 김정은 시기에 0.84%로 하락했다. 김정은 집권 첫해에 63억 달러였던 교역액은 2020년에 8.6억 달러로 급감했다. 특히 북한 최대 수출품인 석탄을 비롯해 농수산물과 의류 수출이 막히면서 경

제는 급격하게 하락한 것이다. 2017년에 55.5억 달러였던 교역액은 2018년에 28.4억 달러로 반감했고, 2019년 32.5억 달러로 약간 증가했으나, 2020년에는 8.6억 달러로 4분의 1로 줄었다.

정치적 위기 극복

경제난을 제외하고 북한이 1990년대 중반부터 당면해 온 가장 어려운 국내문제는 두 명의 지도자 사망에 따른 권력의 공고화 작업이었다. 1994년 김일성 사망 이후 북한에서 주체사상에 대한 강조가 줄어들고 각종 정치적 구호가 등장하였다. 김일성 사후 나온 첫 정치구호는 '붉은기 사상'이었다.[2] 북한은 1990년대의 총체적인 위기 상황에서 붉은기 사상을 통해 주체사상의 상징성을 더욱 부각시키고, '우리식 사회주의'를 고수할 것과 김정일 중심으로 인민대중이 단결할 것을 강조하였다. 다음으로 제시된 것이 '강성대국론'이다. 강성대국론은 '사상·정치의 강국, 군사적 강국, 경제의 강국' 등 3가지 측면으로 설정되어 북한이 향후 경제강국의 건설에 주력할 것을 독려하였다.[3]

이와 더불어 김정일은 성공적인 권력승계를 위해서 군 중심의 정치를 의미하는 선군정치를 채택하였다. 김일성이 갖고 있는 수준의 카리스마를 지니지 못한 김정일이 정권 및 체제 수호를 위해 선택할 수 있는 최선의 길은 군부를 끌어안는 일이었다. 김정일은 자신의 권력을 공고화하는 데 있어서 가장 위협세력이 되면서도 자신이

2) "붉은기는 조선혁명의 백전백승의 기치이다." 『로동신문』, 1996년 1월 9일.

3) "강성대국," 『로동신문』 정론, 1998년 8월 22일; "위대한 당의 령도따라 사회주의 강성대국을 건설하나가자," 『로동신문』 사설, 1998년 9월 9일.

체제를 안정화하는 데 가장 유용한 수단인 군부를 중시하고, 군부에 대하여 최고의 대우를 하면서 군으로부터의 충성심을 확보하기 위한 목적으로 선군정치를 제시한 것이다. 이러한 노력의 결과 김정일체제는 김일성 사망 6년 후인 2000년에 접어들면서 공고화되기 시작했다.

이후 2011년 김정일이 사망하면서 북한정치가 다시 요동하기 시작하였다. 김정일 사망 후 김정은이 권력을 승계하였다. 북한의 부자 권력승계는 두 번 있었기 때문에 비교가 가능하다. 김일성 생존 시 북한 최고지도자가 공식적으로 갖는 직함은 국가주석과 당 총비서직이었다. 김정일은 김일성 사망 이후 아무런 주요 직책을 갖지 않고 3년 이상 북한을 통치했다. 당 총비서직은 김일성 사망 3년 후인 1997년에 취임했고, 그로부터 1년 후 김정일은 주석직을 승계하지 않고 김일성을 영원한 주석으로 모시고 실질적인 주석직을 폐지했다. 자신은 국방위원장직만 가지고 군과 국가를 지배했고, 대외적인 국가원수의 역할은 최고인민회의 상임위원장이 맡게 했다.

김정일의 사망 이후 권력을 승계한 김정은도 공식적 직책승계에 있어서는 김정일과 비슷한 행태를 보였다. 김정은은 2012년 4월 11일 조선로동당 제4차 당대표자회에서 당총비서직을 승계하지 않고 김정일을 '영원한 총비서'로 추대했으며, 자신은 제1비서 및 당 중앙군사위원장을 맡았다. 4월 13일에 김정은은 북한 최고인민회의 제12기 5차 회의에서 헌법상 최고권력기구인 국방위원회 제1위원장에 추대되었다. 김정은은 김정일 사망 직후인 2011년 12월 30일 군 최고사령관에 추대되어 군권을 이미 장악했다. 이로써 김정은이 '당·정·군' 부문을 모두 장악하여 권력

체계상 유일지도체제가 확립되었다.

2016년에 김정은은 '비서제'를 '위원장제'로 전환했다가 2021년 당대회에서 김일성·김정일에 이어 당 총비서 자리에 올랐다. 이와 더불어 김정은은 집권 10년 차인 2021년부터 '수령'으로 불리기 시작했다. 노동신문은 '혁명의 걸출한 수령이시며 인민의 위대한 어버이이신 경애하는 김정은 동지', '또 한 분의 위대한 수령', '경애하는 총비서 동지를 혁명의 위대한 수령으로'라는 표현을 썼다. 수령이라는 칭호는 김정일도 생전에 불리지 못했으며, 사후에야 '선대수령'이라는 호칭을 받았다.[4]

모든 독재자들은 정권을 장악하고 유지하기 위해서 우선적으로 무력을 장악한다. 김정일과 김정은도 우선적으로 군을 통제하는 데 주력했는데, 두 사람이 접근한 방식은 차이가 있었다. 김정일은 군에 대한 우대정책을 추진하며 선군정책과 선군사상을 내세우면서 군을 자기 세력화하는 데 성공했다. 김정일과 달리 김정은은 군을 우대하는 정책이 아니라 군에 대한 숙청을 감행하며 충성을 요구했다. 일종의 공포정치를 하면서 자기 권력을 강화했다.

김정은은 젊다. 30년을 통치해도 60세이다. 장기간 통치를 하기 위한 강력한 통치기반을 확고히 하기 위해 유연한 방식보다는 공포스러운 탄압정치를 택했을 것으로 보인다. 결국 김정은은 권력기반을 공고화하는 방안으로 '피의 숙청'을 택했다. 김정은이 집권한 이후 2016년까지 처형한 당정군 인사는 140명에 달한다는 보도가 있다. 특히 장성택 관련 인사들이 처형되었는데, 2013년

---

4) 『조선일보』, 2021년 10월 29일.

30명, 2014년 40여 명이 처형되었다고 한다.[5]

김정일과 김정은은 모두 선대가 사망할 때 핵문제를 물려받았다. 김정일은 1994년 7월 8일 김일성이 사망하고 난 후 3개월 남짓 지난 10월 21일에 제네바 핵합의를 이끌어냈고, 대외문제의 부담 없이 내부 권력 공고화에 매진할 수 있었다. 그러나 김정은은 김정일 사망 직전에 미국과의 대화 채널을 만들어 줬는데도, 합의를 깨고 미사일을 발사하고 핵실험을 했다. 결국 김정은은 핵문제와 미사일문제를 해결하지 못하고 대외적인 부담을 그대로 안은 채 권력공고화에 매진했으며, 지금은 국제제재의 늪에 빠져 헤어 나오지 못하고 있다.

2) 외교정책결정 및 집행체계

북한은 합리성과 정당성을 기반으로 하여 국가의 정책이 토의 및 결정되고 집행되는 체제가 아니다. 좁게는 최고지도자에 의해서, 조금 확대한다면 로동당에 의해서 국가가 운영된다. 정책 자체가 비합리적이고 비윤리적인 측면이 있기 때문에, 이러한 정책을 결정하고 추진하는 데 있어서 합리적이고 정통성 있는 제도와 조직을 바탕으로 한다는 평가를 내릴 수 없다.

당이 지배하는 국가인 북한의 주요 정책결정 과정에 있어서 최상위 조직은 당이다. 당의 노선과 정책 및 전략전술에 관련한 문제들을 토의 결정하는 당 대회는 5년에 1회 정도 소집된다. 당 중앙위원회 위원 및 후보위원들이 참석하여 중요 사안들을 심의 및 결정하는 당 전원회의는 6개월에 1회 이상 소집된다. 전원회의와 전원회의 사

5) 『조선일보』, 2021년 12월 15일.

이에 당 정치국 위원과 후보위원들이 참석하여 개최하는 당 정치국회의는 당 중앙위원회 명의로 당의 모든 사업을 조직지도 하는데, 위원 7명, 후보위원 7명 정도로 구성되어 있다. 당 중앙위 비서, 조직부 부장들, 필요시 관련 부서들의 부장 혹은 1부부장들이 참석하는 당 비서국 회의는 수시로 개최되는데, 여기서는 당 인사 및 당면문제들을 토의·결정하며 그 집행을 조직지도한다.

1994년 김일성이 사망한 이후 4년 동안 아무런 직책도 없이 북한을 통치하던 김정일은 1998년 9월 국방위원장 직책으로 공식 권력승계를 했다. 이때부터 공식적으로는 최고인민회의 상임위원장이 국가를 대표했다. 헌법을 개정하여 최고인민회의 상임위원장이 "국가를 대표하며 다른 나라 사신의 신임장, 소환장을 접수한다"고 규정했다. 최고인민회의 상임위원장이 형식상 국가를 대표하게 됨에 따라 상임위원회 산하에 '대외사업부'를 설치하였고, 외무성은 일부 외교업무 및 정보를 최고인민회의 상임위원장과 공유했다. 그러나 실질적인 외교정책은 김정일 지휘에 따라 외무성이 결정했다. 김정일 사망 이후 김정은이 집권한 이후에도 한동안 최고인민회의 상임위원장이 대외적으로 국가를 대표하는 체제를 유지하였다. 김정은은 2012년 4월 국방위원회 제1위원장에 추대되었고, 2016년 6월에는 국방위원회 대신 신설된 국무위원회 위원장에 추대되었다. 당시 국무위원장의 대외 대표 권한과 관련하여 "다른 나라와 맺은 중요 조약을 비준 또는 폐기한다"는 조항을 추가했다.

2019년 4월 11일 헌법개정을 통해서 북한의 '국가 대표' 권한이 최고 권력자에 환원되었다. 개정된 헌법 제100조는 국무위원장이 국가를 대표

도표 10.1 북한의 외교정책결정 및 집행 조직도

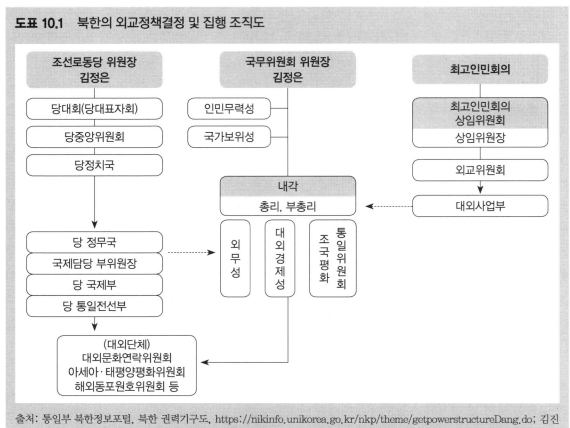

출처: 통일부 북한정보포털, 북한 권력기구도, https://nikinfo.unikorea.go.kr/nkp/theme/getpowerstructureDang.do; 김진하 외, 『북한 외교정책: 정책패턴과 북핵외교 사례분석』, 통일연구원 KINU 연구총서 19-14 (2019), p. 98.

하는 '최고령도자'라고 규정하여 김정은이 공식적으로 국가를 대표하게 되었다. 그러나 최고인민회의 상임위원장이 "국가를 대표하며 다른 나라 사신의 신임장, 소환장을 접수한다(제116조)"는 규정은 그대로 유지했다. 이례적으로 4개월 후인 2019년 8월 29일 최고인민회의를 개최하여 헌법을 다시 개정하여, 종래 최고인민회의 상임위원회 권한이었던 "다른 나라에 주재하는 외교대표를 임명 또는 소환한다"는 규정을 국무위원장의 권한으로 이전했다. 이에 따라 외국대사 신임장 접수 권한을 제외하고 중요조약 비준·폐기권 및 해외대사 임면권은 국무위원장 권한으로 이관하

여 국무위원장의 '국가 대표성'을 강화했다.[6]

북한에서 외교정책을 결정하고 집행하는 기구들은 도표 10.1에서 보다시피 크게 3개의 기구인 당, 국무위원회, 최고인민회의를 기반으로 구성되어 있다. 당은 노동당 위원장인 김정은이 주요 결정을 하며, 김정은의 결정에 앞서 당 대회, 당 중앙위원회 전원회의, 당 정치국 등 비상설 기구에서 사전 토의를 한다. 외교정책의 집행은 국무위원회의 외무성이 주도하며, 인민무력성과 국가보

---

6) 김진하 외, 『북한 외교정책: 정책패턴과 북핵외교 사례분석』, 통일연구원 KINU 연구총서 19-14 (2019), p. 58.

위성이 협력한다. 최고인민회의는 상임위원장이 일부 국가를 대표하는 기능을 수행하며, 대외사업부가 상임위원장의 국가 대표 기능을 보좌한다.

북한외교정책의 집행은 국무위원회 산하의 외무성이 주요 책임을 맡고 담당한다. 외무성은 외국과의 국교 수립, 협정 체결, 재외공관 운영 및 사업지도 등의 업무를 담당하는 외무상 및 부상들이 30여 개에 이르는 지역국과 기능국을 분담해 업무를 관장하고 있으며, 산하에 군축평화연구소, 미국연구소, 일본연구소, 외교단 사업총국 등의 하부 기관을 두고 있다. 외교활동의 핵심인 지역부서들로는 7개의 지역국과 2개 연구소가 있다. 중국, 몽골, 일본을 담당하는 아시아1국,

그 외 아시아 국가들과 오세아니아 국가들, 그리고 아세안(ASEAN)과 남아시아지역협력연합을 담당하는 아시아2국이 있다. 유럽1국은 러시아와 구소련에 소속되어 있던 국가들을 담당하며, 유럽2국은 유럽1국이 담당하지 않는 EU 및 다른 유럽 국가들을 관장한다. 북아메리카국은 미국과 캐나다를 담당하고, 그 이외에 아프리카아랍국과 라틴아메리카국이 있다. 또한, 미국연구소와 일본연구소가 지역국을 보완하고 있다.

북한은 정부에 의한 공식적 외교활동 이외에 보조수단으로 민간외교를 추진하고 있다. 민간외교를 통한 대외선전의 기본방향은 주한미군 철수 등 한반도에서의 공산화혁명을 달성하기 위한

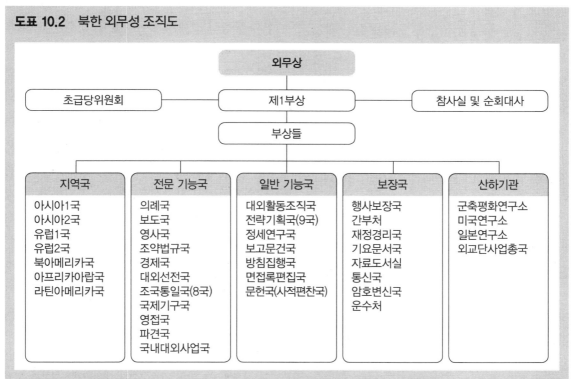

도표 10.2 북한 외무성 조직도

외무상

초급당위원회 — 제1부상 — 참사실 및 순회대사

부상들

지역국	전문 기능국	일반 기능국	보장국	산하기관
아시아1국	의례국	대외활동조직국	행사보장국	군축평화연구소
아시아2국	보도국	전략기획국(9국)	간부처	미국연구소
유럽1국	영사국	정세연구국	재정경리국	일본연구소
유럽2국	조약법규국	보고문건국	기요문서국	외교단사업총국
북아메리카국	경제국	방침집행국	자료도서실	
아프리카아랍국	대외선전국	면접록편집국	통신국	
라틴아메리카국	조국통일국(8국)	문헌국(사적편찬국)	암호변신국	
	국제기구국		운수처	
	영접국			
	파견국			
	국내대외사업국			

출처: 북한 외교관 출신 탈북자 김동수 심층면접(2019. 5. 30., 통일연구원); 북한 외교관 출신 탈북자 태영호 심층면접(2019. 7. 29., 통일연구원); 김진하 외, 『북한 외교정책: 정책패턴과 북핵외교 사례분석』, 통일연구원 KINU 연구총서 19-14 (2019), p. 104.

국제적 여건 조성, 북한의 국제적 지위향상과 한국의 고립화, 사회주의 건설의 성공적 수행을 위한 국제협력의 강화, 부자세습체제의 당위성 선전, 북한의 연방제 통일방안의 정당성 주장 등을 내용으로 하고 있다. 냉전시기에 북한의 민간외교는 사회주의권에 대해서는 '프롤레타리아 국제주의원칙 견지'와 '사회주의 운동의 통일단결강화'를 강조했고, 서방의 자본주의 국가들에 대해서는 '상호평등과 주권존중'을 내세우면서 평화 이미지 부각에 초점을 맞추었다. 민간외교 및 대외선전 활동의 총체적인 계획은 당 선전선동부가 담당하며, 집행은 당 국제부의 지휘·감독하에 외곽단체인 조선 아세아·태평양평화위원회와 대외문화연락위원회 등이 주로 담당하고 있다. 1994년 10월에 설립된 아·태평화위원회는 미국·일본 등 서방권 국가들과의 교류 확대에 주도적 역할을 행사해 오고 있다. 이 기구의 활동범위는 한반도 통일, 핵·군축, 분쟁, 환경보호 등 정치·경제·문화·체육·관광 등의 다양한 분야에 걸쳐 있다. 당 중앙위원회 통일전선부는 조국평화통일위원회(조평통) 혹은 아·태평화위원회와 같은 대외적 간판을 달고 해외교포사업 및 민간급 대남외교와 대미, 대일 협상 및 교류문제를 담당하고 있다.

3. 북한외교정책의 목표와 성격

1953년 한국전쟁이 끝난 이후 북한의 외교정책은 '전조선의 공산화'라는 궁극적 목표하에 추진되기 시작하였다. 이러한 북한의 외교정책은 각 시대와 상황에 따라 자주적, 폐쇄적, 호전적인 성격을 변형적으로 보여 왔다. 특히 국제정세를 '해

방과 혁명'의 관점에서 해석한 노동당 규약과 사회주의 헌법은 북한외교정책의 특성에 큰 영향을 미쳤다. 1960년대에 주체사상을 체계화한 북한은 외교정책에 있어서도 '자주'라는 요소를 강조하였다. 그러나 1980년대 후반 냉전이 종식되면서 북한외교는 고립과 소외의 상황을 벗어나기 위한 체제생존 및 수호의 외교를 펼치게 되었다. 결국 북한외교정책은 한반도 전체의 공산화라는 공세적인 목표로부터 체제유지 및 위기 극복이라는 수세적인 목표로 전환되었다.[7]

1) 북한외교정책의 이념과 기조

체제수립 이후 북한외교정책의 최소 목적은 북한의 체제 유지와 발전이고, 최대 목적은 한반도 공산화 통일과 전세계 공산화였다. 또한, 외부적으로 평화와 우호의 입장을 견지하면서, 내부적으로는 혁명과 해방의 입장을 고수했다. 이러한 외교정책의 목표는 1980년대까지 일관되게 유지되었다. 특히 1980년 10월에 개최된 제6차 당 대회 총화보고에서 김일성은 대외정책의 기본이념으로 '자주, 친선, 평화'라는 3원칙을 제시하였다. "대외활동에서 자주성을 확고히 견지하고, 세계 여러 나라들과의 친선협조관계를 발전시키며, 세계의 평화와 안정을 보장하기 위하여 적극 노력"할 것임을 밝혔다.[8] 다시 말해서, 북한은 공산주의 국가들과 단결 및 친선을 강화하면서, 부차적으로 우호적인 서방 국가들과 친선을 가지겠다는 의지를 보인 것이다.

7) 김계동, 『북한의 외교정책과 대외관계: 협상과 도전의 전략적 선택』(서울: 명인문화사, 2013), pp. 71-101.
8) 『조선중앙년감』, 1981년, pp. 66-67.

이러한 외교이념은 냉전종식에 따른 소련 및 동구권의 변화가 있고 난 후에 변경되었다. 김일성은 1990년 5월에 개최된 최고인민회의 9기 1차 회의에서 북한의 외교이념 순위를 자주, 친선, 평화에서 '자주, 평화, 친선'으로 친선과 평화의 순서를 바꿨다.[9] 세계적으로 냉전이 종식되고 화해와 협력의 시대에 들어서자 북한도 겉으로나마 평화를 중시한다는 태도를 보임으로써 그 동안의 호전적인 이미지를 개선하기 위하여 '평화'와 '친선'의 순위를 바꾼 것이다. 실제로도 북한은 당면한 경제난 등을 해결하기 위하여 '평화'를 내세우며 미국, 일본 및 남한과의 교류가 필요했다.

표면적으로는 이러한 평화와 친선을 외교이념으로 내세웠지만 내면적으로 북한외교는 폐쇄성과 평화공세적인 측면을 벗어날 수 없었다. 1990년대 초반 미국과의 북경에서의 관계개선 회담, 일본과의 수교회담, 남한과의 고위급회담 등 세계적인 화해 분위기에 편승하여 북한도 대외개방 및 국제사회에의 적극 참여정책을 추진한 바 있으나, 결국은 1993년 3월 핵확산금지조약(NPT) 탈퇴를 선언하면서 강경정책으로 선회하고 말았다. NPT 탈퇴선언으로부터 비롯된 국제사회와의 갈등과 핵문제 해결을 위한 협상에서 보여준 '벼랑끝전략'은 국제사회가 북한을 외교적으로 신뢰하지 못하는 결과를 초래하였다.

북한의 대외관계에 있어서 적응력 부족은 국내적인 정치 및 경제발전에도 부정적 영향을 가져다주었다. 이는 북한이 새로운 시대에 적응하기 위해 유연한 사고방식을 가지고 체제변화를 도모하는 데 큰 제약요인으로 등장하였다. 아무

리 주변 국가들이 북한을 개방시키려 해도 북한 자신이 개방의 득보다 실이 크다고 인식할 때 북한체제는 그대로 북한식 사회주의를 고수하게 된다. 이 경우 북한은 단기적으로 외풍을 효과적으로 막아내면서 체제고수를 할 수 있겠지만, 주변 환경의 변화, 주민들의 정치의식 발전, 경제난에 따른 주민들의 불만확대는 결국 북한 지도층으로 하여금 체제변화를 피할 수 없도록 할 것이고, 이를 거부할 경우에는 붕괴의 위험도 상존하고 있다. 이러한 점에서 보면, 북한체제를 변화시키는 데 가장 큰 역할을 하는 것은 북한의 대외관계 변화라 할 수 있다. 2022년 현재는 핵무기와 미사일 개발에 따른 국제제재를 받는 상황이라서 국제적으로 외교활동은 위축되어 있지만, 어떤 방식으로든 비핵화가 이루어지는 과정이나 비핵화 이후 북한의 외교는 체제를 복원시키는 데 중요한 역할을 할 것이다.

2) 북한외교정책의 이중성

1990년대가 시작되면서 체제붕괴의 위기에 처한 북한의 외교정책은 이중성을 가지게 되었다. '체제생존'에 초점을 맞춘 북한당국은 강경한 군사주의와 유연한 경제적 실용주의를 동시에 추구하는 이중전략을 구사하였다. 이러한 이중전략을 실시한 이유는 체제생존을 위해 경제 활성화에 필요한 실용주의 노선의 필요성을 느꼈기 때문이었다. 다시 말해 가용자원인 군사부문을 대외적으로 활용하여 체제유지와 협상용 카드로 사용하면서, 다른 한편 경제자원의 부족에서 비롯된 체제위기를 극복하기 위해 대외 경제분야에서 실용주의를 강화하는 전략이었다. 이는 '교조주의와

---

9) 『조선중앙년감』, 1992년, pp. 525-527.

실용주의의 착종(錯綜)'으로도 표현되었다.[10] 북한은 체제위기에 직면한 상황에서 냉전시대의 군사대립을 기저로 하는 강경한 외교정책을 추진하기에는 이를 뒷받침할 국가의 힘과 자원이 너무나 부족하였다. 북한 자신은 물론 외부 전문가들도 북한이 기존의 대립적인 태도만 보이면서 경제개방을 거부하면 결국은 붕괴될 것이라고 예측하였다. 어쩌면 북한은 이러한 비관적인 미래를 벗어나기 위해서 핵무기를 개발했는지도 모른다.

마침내 북한은 1990년대 초반부터 개방을 시도하였다. 첫째, 나진·선봉을 자유무역지대로 설정하여 중국의 개방특구와 유사한 역할을 하도록 지위를 부여하였다. 둘째, 외국기업이 북한에 투자할 수 있는 법체계를 정비하였다. 합작법, 외국인기업법, 외국인투자은행법을 제정하였고, 1984년에 제정된 합영법을 개정하였다. 셋째, 북한이 개방을 할 경우 가장 도움이 될 수 있는 미국 및 일본과 관계개선 회담을 시작하였다. 그러나 이러한 개방정책은 본격적으로 추진이 되지 못한 채 포기되었고, 결국 북한은 핵카드를 활용한 '벼랑끝외교'를 추진하게 되었다. 1993년부터 북한은 핵 및 미사일카드를 활용하여 국제적 군사 쟁점을 크게 부각시키고 이를 경제적 보상으로 해결하려는 정책을 모색하였다.

NPT 탈퇴선언을 활용한 핵카드가 1994년 10월 21일 제네바합의를 계기로 어느 정도 실효를 거두게 되고, 1994년 7월의 김일성 사망 이후 김정일 정권이 점차 안정을 이루면서 북한은 2000년부터 실용주의노선을 다시 채택하였다. 아세안지역안보포럼(ARF)을 비롯한 국제기구에 가입하여 국제사회에 적응력을 키우며 과거 적대국들이었던 서방 자본주의 국가들과의 수교를 진행하는 등 전방위외교를 추진하였다. 당시 북한은 호주, 캐나다, 필리핀 등과 수교를 하였고, EU 15개국 중 프랑스와 아일랜드만 제외하고 13개국과 수교 행진을 벌였다. 또한, 김정일은 중국을 두 번이나 방문하여 중국의 개방정책을 답습해 북한도 본격적인 개방을 모색하려는 태도를 보였다.

이와 같이 1990년 이후 두 번째로 추진된 실용주의정책은 2001년 미국의 정권이 민주당에서 공화당으로 교체되었고, 새로 당선된 부시 대통령이 김정일체제를 불신하고 북한에 대한 완전한 상호주의정책을 펼침에 따라 북한은 다시 강경한 외교정책을 선택하였다. 신의주를 개방특구로 하여 추진하려던 개방정책을 포기하고, 결국 2002년 북한은 다시 핵카드를 꺼내 들었다. 미국의 봉쇄정책에 맞서서 북한은 다시 벼랑끝외교를 선택한 것이다.

김정일 사망 이후 권력을 장악한 김정은도 김정일과 유사한 정책을 추진하고 있다. 핵실험과 장거리 미사일 발사를 지속하면서, 핵문제를 해결하려는 의지를 보이지 않고 있으며, 핵과 경제의 병진노선이라는 이중적인 대외정책을 추진했다. 특히 핵실험과 장거리 미사일 발사로 인하여 유엔 등 국제사회의 경제제재를 받아 국가의 경제와 경쟁력이 크게 하락되었다. 미국 트럼프정부와 정상회담을 하는 등 비핵화 협상을 전개했으나, 비핵화와 제재완화의 선후 문제에 대한 시각차이에 따른 갈등으로 무산되었다.

---

10) 이종석, 『새로 쓴 현대 북한의 이해』 (서울: 역사비평사, 2000), p. 353.

4. 북한외교정책의 방향

지정학적인 측면에서 살펴보면 북한은 북으로는 중국과 러시아, 남으로는 한국, 미국, 일본에 둘러 싸여 있기 때문에 불안정한 위치에 놓여 있으며, 따라서 북한의 외교정책은 주변국의 영향을 복합적이고 다차원적으로 받는다. 주변의 안보환경 변화에 대해 적응해야 하고, 체제생존을 위하여 북한의 외교정책은 끊임없이 변화해 왔다. 북한 자체의 이익을 바탕으로 하면서 국제질서 변화에 적응해 온 북한외교의 변천을 살펴본다.

1) 냉전시대의 외교정책: 진영외교, 자주외교, 다변외교

1948년 9월 9일 조선민주주의인민공화국 수립 이후 냉전시대 초기 북한의 외교활동은 소련 등 공산국가들과의 관계가 거의 전부였으며, 수교국도 소련, 중국, 동유럽 등 12개국에 불과하였다. 이 시기에 북한은 세계를 미국 중심의 '제국주의 진영'과 소련 중심의 '국제민주 진영'으로 구분하고, 전 세계적인 사회주의 건설을 위해 국제적으로 단결하고 협력하는 데 매진하였다. 북한은 정권 초기부터 한반도의 무력통일을 위하여 소련과 중국으로부터 군사적, 경제적, 외교적 지원 획득에 치중하였다.[11]

김일성은 스탈린으로부터 한국전쟁을 승인받기 위하여 모스크바를 두 번 방문하였고, 48건의 텔레그램을 보내는 등 끈질긴 설득 끝에 스탈린의 '마지못한 승인(reluctant approval)'을 받아냈다.[12] 김일성의 남침 계획을 승인할 당시 스탈린은 김일성에게 마오쩌둥(毛澤東)의 동의를 받도록 요구했다. 이에 따라 김일성은 박헌영과 함께 1950년 5월 13일 베이징에 도착하여 마오쩌둥의 동의를 받아냈다.[13]

전쟁 초기 북한군은 완전한 승리를 하는듯 하였으나, 유엔군의 참전과 이후 인천상륙작전의 성공으로 북한군은 1950년 10월 1일 38선까지 격퇴되었다. 유엔군의 북진에 따라 패배를 목전에 둔 상황에서 김일성은 스탈린과 마오쩌둥에게 구원을 요청하였고, 결국 스탈린의 지시에 의하여 마오쩌둥이 군대를 파견하여 북한을 패배의 위기에서 구해줬다.[14] 중국의 개입 이후 한반도 내의 서방 진영과 공산 진영의 세력균형이 이루어졌고, 결국 1953년 7월 27일 전쟁이 발발한 지 3년 1개월 만에 휴전협정이 체결되면서 한반도는 재분단되었다.

한국전쟁 휴전 이후 1954년부터 1956년까지 전후복구 3개년 계획을 수립한 북한은 이 계획의 성공적 추진을 위해 중국 및 소련과의 군사·경제적 협력관계 강화에 주력하였다. 그러나 1953년 스탈린의 사망 이후 소련의 정권을 장악한 흐루시초프가 1956년 2월 제20차 소련공산당 대회에서 스탈린 격하발언과 서방 진영과의 '평화공존' 정책을 추진하여 중국과 소련 사이의 분쟁이 야기되자 북한은 공산국가에 국한하였던 진영 또는

11) Gye-Dong Kim, *Foreign Intervention in Korea* (Aldershot, England: Dartmouth Publishing Company, 1993), pp. 119-127.

12) Kathryn Weathersby, "New Findings on the Korean War," *CWIHP*(Cold War International History Project), pp. 2, 28.

13) Evgueni Bajanov, "Assessing the Politics of the Korean War, 1949-1951," *CWIHP*, pp. 3-4.

14) 김계동, 『한반도의 분단과 전쟁: 민족분열과 국제 개입·갈등』(서울: 서울대학교출판부, 2000), pp. 360-371 참조.

동맹외교를 탈피하여 다변외교로 전환하였다.

1950년대 중반부터 시작된 북한의 다변외교는 중소분쟁과 맞물리면서 대내외적인 '자주노선'으로 발전하였다. 대외적으로 중소분쟁의 와중에서 어느 한 편에 편향되지 않고 양국에 '선택적'으로 접근하는 '등거리' 또는 '줄타기' 외교를 하기 위하여 자주적 외교노선을 내세웠고, 내부적으로 김일성 정권을 안정화하기 위하여 중국과 소련에 밀착되어 있던 김두봉, 허가이 등 정적들을 숙청하고 '주체사상'이라는 통치이념을 만들어 내는 데 자주노선을 활용하기도 하였다. 북한은 중소분쟁의 와중에 자주외교노선을 채택하였음에도 불구하고, 중국·소련과의 동맹관계를 형성하는 정책도 동시에 추진하였다. 북한·중국·소련이 함께 하는 동맹이 아니라, 북한·중국, 북한·소련으로 분리된 동맹관계를 모색하였다. 1961년 6월과 7월 김일성은 소련과 중국을 방문하고 '조소 우호협조 및 호상원조 조약'과 '조중 우호협조 및 호상원조 조약'을 각각 체결하여 군사동맹관계를 형성하였다.[15]

중소분쟁 당시 양국에 대한 등거리 외교를 모색한 북한은 1970년대 초반부터 세계적 차원에서 시작된 데탕트의 분위기를 맞이하여 또 다른 이중전략을 추진하였다. 1972년 내부적으로 헌법을 개정하여 김일성의 권력을 강화하고 사회주의의 승리를 위한 발판을 마련하면서, 다른 한편으로 보다 다변화되고 실리적인 방향의 외교정책을 구사하여 서방에 대한 접근을 시도했다. 대내적으로 북한은 새로운 6개년 경제개발계획의 추진에 필요한 자본과 기술도입을 위해 서방과의 경제협력이 필요했다. 북한의 서방 국가들에 대한 접근 성과는 경제적인 측면에서 뚜렷하게 나타났다. 1967년 북한의 대서방 교역액은 6,800만 달러에 불과했으나, 1974년에는 8억 7,400만 달러로 급증했다.

1970년대 중반에 들어서면서 북한은 외교영역을 보다 확대하였다. 미국에 대해서 '인민외교'를 시도하는 한편, 1974년 3월에는 대미평화협정 체결을 제의하였다. 이와 더불어 북한은 비동맹 외교도 적극적으로 전개하였다. 그 결실로 1975년 페루의 리마에서 열린 비동맹 외상회의에서 회원국으로 정식 가입하였다. 이후 북한은 각종 비동맹 회의에서 주한미군 철수, 정전협정의 평화협정으로의 대체, 고려연방제 통일방안에 대한 비동맹권의 지지를 획득하기 위해 노력하였다.

1970년대 북한의 대서방 교역은 꾸준히 증가하였으나, 이는 북한경제에 큰 기여를 하지 못하였다. 대서방 경제 교류를 추진한 북한의 관심사는 "외부로부터 자본과 기술의 유입을 통한 국내경제의 발전이었지, 이 발전이 다시 외부경제를 통해 순환되어야 한다는 원리, 즉 국내 산업 발전이 수출의 증대로 이어져야 한다는 개방경제의 기본원리 이행"은 아니었다. 그 결과 대서방 무역적자가 급증하였다. 1974년 쌍방간 총교역액이 8억 7,400만 달러였으나, 무역적자는 5억 2,900만 달러에 달해, 그 해 북한의 총무역적자액 6억 6,700만 달러의 80%를 점하였다. 이에 따라 1975년까지 누적된 북한의 외채는 17억 달러에 이르게 되었다. 북한의 경제난은 이때부터 조짐을 보이기 시작했다.

---

15) 『조선중앙년감』, 1962년.

2) 탈냉전 이후 생존을 위한 외교활로 모색: 개방과 핵외교

1989년의 냉전종식은 북한체제에 위기를 안겨주었다. 공산권 붕괴와 한국의 북방외교에 의한 북한의 외교적 고립에 더하여 내부적으로는 경제난이 심각해졌다. 이러한 위기에 처한 북한은 탈냉전 초기에는 대외적으로 상당히 유연한 외교정책을 모색하였다. 1990년대 초반 잠시 동안 유화적인 외교를 구사하던 북한은 곧이어 전략을 180도 선회하여 핵카드에 의한 벼랑끝외교로 전환하였다. 1993년 북한의 NPT 탈퇴로 공식적으로 시작된 북한의 핵개발에 의한 외교적 갈등은 김정일 시대를 지나 김정은 정권으로 이어지면서 심각한 국제문제로 확대되어 유지되고 있다.

(1) 개방의 모색

북한은 1980년대 들어 제한적이나마 개방외교를 모색했는데, 여기에는 외국의 사례가 영향을 미쳤다. 1970년대의 데탕트 동안 폴란드, 헝가리 등 동유럽 국가들이 자본주의 국가들과의 상호의존도를 증대시켰고, 1978년 중국 덩샤오핑이 주도한 개방정책 실시의 성과, 1980년대 중반 고르바초프 등장과 함께 소련에서 시작된 글라스노스트가 많은 영향을 미쳤다.

북한의 개방은 1984년의 합영법 제정으로부터 시작했다. 그해 9월 북한의 최고인민회의 상설회의는 만성적인 경제침체를 탈피하기 위한 제도적 조치로 '합영법'을 채택하고 서방 국가의 기술과 자본을 유치하기 위한 시도를 하였다. 북한의 합영법은 중국 개방의 기초가 된 '중외합자경영기업법'을 모방한 것으로서 중국의 대외경제협력방식을 북한의 실정에 맞게 응용하려는 의미를 가지고 있었다. 그러나 합영법은 법체계의 미흡, 서방기업들이 자본주의 경제활동을 할 수 있는 특구의 미설정, 그리고 개방의 대상국가들인 미국 및 일본 등 선진 서방 국가들과의 관계개선을 이루지 못하여 결국 실패로 끝났다. 비록 성공하지는 못했지만, 합영법은 종래 북한의 자력갱생원칙에 의한 폐쇄경제체제로부터 대외개방경제체제로의 전환을 뜻하는 커다란 의미를 가졌다.

이러한 상황에서 북한은 탈냉전을 맞게 되었고, 탈냉전에 따른 체제위기를 극복하기 위한 방안으로 개방외교를 다시 추진하였다. 특히 탈냉전으로부터 비롯된 국제적 고립을 탈피하고 심각한 경제난을 타개하기 위해 북한은 미국, 일본을 비롯한 서방 자본주의 국가에 대한 접근을 더욱 강화하였다. 미국과는 1988년 12월부터 1992년 12월 사이 북경에서 28차례의 참사관급 외교관 접촉을 진행하였고, 일본과는 1991년 1월부터 이듬해 11월 사이 8차례에 걸쳐서 국교정상화회담을 개최하였다. 남한과는 1990년부터 총리를 대표로 하는 고위급회담을 서울과 평양을 오가며 개최하였고, 1991년 말 '남북 사이의 화해와 불가침 및 교류·협력에 관한 합의서(기본합의서)'를 체결하였다.

이와 더불어 북한은 1991년 12월부터 나진·선봉자유무역지대의 특구정책과 지대활성화조치, 다양한 외자유치 관련법령의 제·개정 등을 실시하여 대내외 환경변화에 적응하기 위한 개방정책을 본격적으로 추진했다. 북한은 1991년 12월 28일 정무원 결정 74호로 '나진·선봉자유경제무역지대' 설치를 공표하였다. 자유무역지대를 선정한 북한은 개방에 관련된 법률을 재정비하였다.

1992년 10월 5일 외자유치의 기본법이라 할 수 있는 외국인투자법을 제정한 이래, 1993년 1월 31일 외국투자기업 및 외국인 세금법, 외화관리법, 자유경제무역지대법을 제정하였고, 그 후 계속해서 관련법령의 정비작업을 하였다. 1994년까지 약 2년 사이에 20개 내외의 대외개방 관련 법률과 규정을 제정 공표하였다. 1994년 1월에는 1984년에 제정된 합영법을 10년 만에 개정하였다.

나진·선봉 개방정책은 1993년 북한의 핵문제 등장으로 더 이상 발전되지 못했고, 1994년 김일성 사망 이후 '강성대국', '선군정치'등의 구호를 기반으로 하여 정권의 안정을 이룩한 김정일은 2000년 6월 15일 남북한정상회담을 시작으로 국제사회와의 화해와 협력 정책을 구사했다. 우선 과거 적성적인 자본주의 국가들과 수교행진을 시작하였다. 호주를 시작으로 필리핀 등 동남아 국가들과 수교를 하였고, 2000년 1월 이탈리아와 외교관계를 가진 이후 EU국가들과 수교행진을 하여 대부분의 EU국가들과의 수교를 완료하였다. 남북한정상회담 이후 북한의 미국에 대한 접근도 상당히 전향적인 모습을 보여 주었다. 북한의 국방위원회 제1부위원장인 조명록 차수가 2000년 10월 미국을 방문하여 클린턴 대통령과 회담을 가진 후 '적대관계 종식' 등의 내용이 담긴 공동성명과 반테러 공동성명을 발표하여 관계 개선을 위한 계기를 마련하였다.

북한은 경제발전을 위한 경제제도의 개혁부터 시작했다. 2002년 7월 1일에 물가·임금·환율을 현실화하는 '경제관리개선조치'를 단행했다. 시장개혁을 핵심으로 하고 있는 7·1 조치의 특징은 계획의 분권화, 시장 선호를 반영한 가격현실화, 그리고 현물경제에서 화폐가 주요 역할을 하는 경제운영체계로 전환한 화폐임금제의 실시를 골자로 했다.

7·1 조치에 이어 추진된 '신의주 특별행정구' 지정과 외국 국적인 양빈의 초대 행정장관 임명은 실로 파격적인 대외개방 조치였다. 무비자·무관세·무간섭의 원칙하에 특구 운영의 독립성과 투자의 안정성, 사유재산권 등의 보장을 명문화하여 특구 개발의 법적·제도적 기틀을 마련하였을 뿐 아니라, 신의주 특구를 '국가 속의 국가' 형태의 준자치국가 혹은 하나의 별개 도시국가 성격을 갖게 할 계획을 수립하였다. 그러나 이 계획은 장관 내정자인 양빈을 구금하는 등 중국의 비협조적인 태도로 별다른 진전을 하지 못하였다. 중국은 중국의 국경지대에 위치하고 있는 신의주를 개방지구로 선정하는 데 대해서 불만을 가지고 있었다.

북한은 신의주 특구 개발이 실패로 돌아간 이후 개성공단 건설을 적극적으로 추진하였다. 개성공단 건설사업은 1998년 6월 현대아산과 북측의 민경련이 서해안 공단건설사업 추진에 합의함으로써 시작되었다. 이후 개성공단 개발은 2002년 10월 북핵문제의 재등장에도 불구하고 매우 빠르게 진척되었다. 2003년 6월 30일 착공식을 진행한 지 1년만인 2004년 6월 30일에 개성공단 시범단지가 준공되었다. 2004년 12월부터 기업들이 한둘씩 입주하기 시작하여 2014년 12월 현재 125개의 한국기업이 진출하여 생산활동을 하였고, 개성공단의 월 생산액은 4,006만 달러를 기록했으며, 5만 3,947명의 북한 근로자가 근무를 하고 있었다. 비교적 순조롭게 진행되던 개성공단사업은 북한의 핵실험과 미사일 발사를 이유로 박근혜정부가 2016년 2월 10일 일방적으로 전면중단 조치를 취함으로써 폐쇄되었다.

신의주 개방정책이 실패한 이후 표 10.3에서 보다시피 북한은 더 이상 개방정책을 추진하지 않고 있다. 김일성 시대의 합영법 제정, 나진·선봉 자유무역지대 선정, 김정일 시대의 신의주 경제특구 지정 이후 김정은 시대에 들어와서는 별다른 개방정책을 추진하지 않고 있다. 더구나 김정은이 승계한 이후 빈번한 핵실험 및 미사일 발사로 인하여 유엔 등 국제사회의 강력 제재를 받게 되어 경제적인 대외개방을 하기에 적합하지 않은 환경하에 놓이게 되었다. 그러나 북한의 경제난 해소와 발전을 위해서는 중국식의 경제개방이 답이라는 전문가들의 시각대로 북한이 비핵화를 실현하게 되면 그 과정에 또는 비핵화 실현 후 적극적인 개방을 추진할 것으로 예상되고 있다.

(2) 핵무기 개발을 통한 벼랑끝외교

체제위기에 처하여 유연한 외교정책을 추진한 북한은 이러한 정책만으로는 경제난 타개나 국제 위상 제고 등 체제붕괴 요인을 제거하는 데 별다른 도움이 안 된다고 판단했는지 정책적 전환을 모색했다. 1993년 3월 북한은 핵확산금지조약(NPT) 탈퇴선언을 함으로써 핵카드를 외교적 도구로 활용하기 시작했다.

미국은 북한의 핵개발을 저지하고 NPT체제를 벗어나지 못하게 하기 위하여 동원할 수 있는 모든 수단을 고려하였다. 북한의 핵개발 의혹지역인 영변에 대한 군사공격을 계획했지만, 이는 한반도의 전쟁을 불러일으킬지 모를 것이라는 내외의 우려로 선택하기 어려운 대안이었다. 전면적인 경제제재를 모색하였으나 유엔안보리 결의 시 거부권을 행사하겠다는 중국의 선언으로 이 대안

표 10.3　북한의 개방 시도

차수	시기	환경	추진방향	결과
제1차	1984년	• 냉전대립기 • 중국의 개방 성공 • 공산주의 국가들의 경제적 모순점 나타나기 시작	• 합영법 제정	• 선진 서방국들의 기술 및 자본 투자유치 실패
제2차	1990년대 초반	• 세계질서의 변화(탈냉전) • 동유럽 공산주의권의 붕괴 • 북한의 체제위기 등장 (경제난)	• 나진·선봉 자유 무역지대 (특구) 선정 • 미국·일본과의 관계개선 추진 • 개방 관련 법체계 정비 (합영법 개정 등)	• 1993년 3월 NPT탈퇴선언과 함께 중단
제3차	2000년대 초반	• 남한의 포용정책 및 남북한정상회담 개최 • 김정일 정권의 공고화 • 마이너스 경제성장 탈피	• 김정일의 상해 포동지구 방문 • 신의주 경제특구 지정/ 행정장관(양빈) 임명 • 남한과의 개성공단 추진 • 전방위외교 추진(자본주의 국가들과의 수교행진)	• 양빈의 구금 등 중국의 비협조 • 미국 부시 정권의 등장으로 관계 악화 • 2002년 제2차 핵위기로 개방정책 중단 • 개성공단 사업만이 지속됨

도 추진할 수가 없었다. 결국 미국은 당근정책을 선택하지 않을 수 없게 되었다. 미국과 북한 사이에 강석주와 갈루치를 대표로 한 차관보급회담이 전개되었다. 1993년 6월 개최된 회담에서 미국은 북한에 대한 체제인정과 내정불간섭, 북한에 대해 핵무기 불사용 및 불가침 약속을 하였고, 이에 북한은 NPT 탈퇴를 유보하였다.

이후 1994년 10월 21일 제네바합의를 계기로 북핵문제는 일단 일단락되었다. 북한이 '현재와 미래의 핵동결'을 하고 플루토늄 추출이 가능한 흑연감속로 원자로를 폐기하고, 그 대신 미국이 플루토늄 추출이 거의 불가능한 경수로 원자로 2기(총발전량 2,000KW)를 2003년까지 건설해 주고, 이 원자로가 완성될 때까지 매년 중유 50만 톤을 북한에 제공하기로 약속하였다. 이 합의는 북한과 미국이 정치·경제적 관계의 정상화를 추구한다는 내용도 포함하였다.

이러한 비핵화 합의와 화해의 분위기는 2000년대에 들어서면서 균열되기 시작했다. 미국 공화당의 부시정부가 대북한 정책을 급선회하여 강경노선을 펼치기 시작하면서 2001년 이후 미국과 북한의 관계는 다시 적대상태로 회귀했다. 부시 대통령은 2002년 1월 국정연설에서 북한, 이란, 이라크를 테러리스트들의 동맹국이라는 명목으로 '악의 축(Axis of Evil)'으로 규정하였다.

이어서 북한의 핵무기 개발문제가 다시 등장했다. 2002년 10월 17일 미 국무부가 켈리(James Kelly) 동아태 담당 차관보의 방북 시 "북한이 고농축우라늄(HEU) 프로그램을 시인했다"고 공식 발표하여 제2차 북핵 사태가 시작되었다. 2002년 10월 25일 북한 외무성 대변인은 "미국이 불가침 조약으로 핵불사용을 포함한 불가침을 법적

으로 확약한다면 우리도 미국의 안전보장 우려를 해소할 용의가 있다"면서 핵프로그램 중단의 조건으로 불가침조약 체결을 요구하였다. 불가침조약 체결 요구를 무시한 부시 행정부는 오히려 북한을 '악의 축', '핵공격 대상'에 포함시키는 등 대북압박을 강화했고, 북한은 이에 반발해 '핵억지력 강화'를 천명하는 등 팽팽하게 대립하였다.

결국 북한은 2002년 12월 12일 외무성 대변인 담화를 통해 핵동결 해제를 선언하고 IAEA에 폐연료봉의 봉인과 감시카메라 제거를 요구했다. 12월 21~22일에는 동결된 실험용 원자로와 폐연료봉의 봉인과 감시장비 제거작업을 시작했고, 12월 27일에는 IAEA 사찰단원 추방을 선언했다. 이에 대해 2003년 1월 6일 IAEA가 봉인과 감시장비의 원상회복과 사찰관 복귀를 요구하는 결의문을 채택하자, 북한은 1월 10일 NPT 탈퇴 선언을 하고 2월 26일 영변 원자로 재가동을 시작했다. 이에 따라 1994년의 제네바 기본합의문은 사실상 파기되었다.

1993년의 제1차 북핵위기는 미국과 북한의 협상에 의하여 해결이 된 반면, 2002년부터 시작된 제2차 북핵위기는 북·중·미 3개국이 참여한 3자회담을 거쳐, 2003년 8월부터 남북한과 미·중·러·일 6개국이 참여한 6자회담에서 해결을 모색했다. 초기에 북한은 미국의 대북 적대시 정책 포기와 핵동결에 따른 보상을 요구하였고, 미국은 '선 핵포기 후 보상' 입장을 취하였다. 특히 미국은 '완전하고 검증 가능하며 되돌릴 수 없는 핵폐기(CVID: Complete, Verifiable, Irreversible, Dismantlement)'를 원칙으로 하여 북한을 압박하였다. 양측의 주장이 평행선을 그으며 타결 조짐이 보이지 않는 상황에서 북한

해설 10.1

CVID: 미국의 북한 비핵화 원칙

2001년 집권한 미국의 부시 대통령은 이전의 클린턴 대통령의 정책과 다른 대북 핵정책을 제시했다. 클린턴은 북한의 핵문제를 해결하기 위해서 대화를 했지만, 자신은 북한이 CVID(Complete, Verifiable, Irreversible, Dismantlement)의 원칙에 의한 핵폐기를 해야 대화를 하겠다고 언명했다. 이 원칙은 2003년부터 시작된 6자 회담 기간에도 유지되었으나, 북한의 반발에 따라 2004년 6월의 3차 6자회담부터는 CVID보다는 '포괄적 비핵화(Comprehensive de-nuclearization)'라는 보다 완화된 용어를 사용했다. 6자 회담이 실패로 돌아간 이후 다시 CVID라는 용어가 부활했고, 2018년 북미정상회담에서 비핵화를 논의할 때 CVID 용어가 사용되었다.

은 2005년 2월 10일 외무성 성명(2·10성명)을 통해 자위를 위해 '핵무기'를 만들었다고 하면서 핵무기 보유를 대외에 공표했다.

6자회담은 개최 이후 2년 동안 별다른 해결책을 찾지 못한 채 비방 수준의 주장만 거듭하다가, 2005년 중반 이후 새로운 해결책이 모색되기 시작하였다. 2005년 9월 개최된 제4차 6자회담의 제2단계 회의에서 북핵문제 해결의 원칙과 목표를 담은 공동성명을 발표함으로써 북핵문제 해결의 단초를 마련할 수 있게 되었다. 9·19성명의 요지는 북한의 핵프로그램 포기, 미국과 일본의 북한에 대한 관계정상화 추진, 북한에 대한 에너지 등 지원, 한반도 평화체제와 동북아 안보협력 증진 방안 모색 등을 포함했다.

9·19성명은 즉시 이행되지 않았는데, 그 이유는 미국의 대북금융제재 때문이었다. 2005년 9월 16일 미 재무부는 북한이 마카오에 있는 방코델타아시아(BDA)를 통해 위조달러 지폐를 유통시키고 마약 등 불법 국제거래 대금을 세탁한 혐의가 있다면서 BDA를 '돈세탁 우려대상'으로 지정한다고 발표하였다. 이 조치는 BDA의 북한계좌에 있던 2,400만 달러의 동결로 이어졌고, 중국 등 세계 20여 개 금융기관의 대북 거래 중단으로 확산되었다.

이후 상호간의 불신은 더욱 깊어만 갔고, 급기야 북한은 2006년 7월 5일 장거리미사일 대포동 2호를 시험 발사하였고, 그해 10월에는 핵실험을 강행하여 북핵문제를 둘러싼 위기는 더욱 고조되었다. 최악의 위기상태에서 양측은 협상의 파국이나 무력충돌을 우려하게 되었고, 결국은 대화에 의한 해결방안을 모색했다. 미국과 북한의 6자회담 수석대표들은 2007년 1월 베를린에서 별도 접촉을 갖고 핵문제 해결의 기초 합의를 이끌어 냈다. 우선 미국이 북한 측에 BDA와 관련한 금융제재를 30일 이내에 해제하기로 약속하였고, 9·19공동성명 이행의 초기 단계 행동조치를 취하는 기간을 60일 이내로 정했다. 이어서 2007년 2월 8일부터 개최된 제5차 6자회담 3단계 회의에서 북한 핵문제에 관한 '9·19공동성명 이행을 위한 초기 조치'를 2월 13일에 합의하였다. 2·13합의는 '9·19공동성명'의 전면적 이행을 위한 제도적 틀을 마련하였다. 2·13합의에서 미국은 북한의 추가 핵활동을 통한 핵확산을 동결시키는 단기적 목표를 달성한 반면, 북한은 자국에 대한 제재 및 압력 완화, 경제적 지원 확보, 북미관계 정상화를 위한 북미 직접대화 채널 확보라는 결실을 보게 되었다.

2007년 중반 미국이 BDA문제를 해결함에 따라 동결된 북한자금의 송금이 완료되었고, 한국정부의 대북 중유 5만 톤 제공이 개시되었다. 북한은 한국정부의 중유 제공시점에 맞추어 5개 핵시설(5MWe원자로, 50MWe원자로, 200MWe 원자로, 핵재처리시설, 핵연료공장)에 대한 폐쇄·봉인 조치를 개시하였다. 이로써 2002년 제2차 핵위기 시작 이후 위기로 치달았던 북핵문제가 실질적으로 진전이 이루어졌으며, 북핵 불능화 작업이 순조롭게 진행되었다. 6자회담 참가국들은 9·19공동성명과 2·13합의의 의무를 '행동 대 행동'의 원칙하에 성실히 이행할 것을 확인했다. 북한이 모든 핵프로그램을 신고하고 모든 핵시설의 불능화를 성실히 이행할 경우, 이의 보상으로 중유 95만 톤에 상당하는 경제·에너지·인도적 지원이 북한에 제공될 것이 합의되었다. 북한은 2007년 말까지 모든 핵프로그램을 전면 신고하고, 모든 핵시설을 불능화하겠다는 의지를 표명하였다.

2·13합의 이후 다음 단계의 비핵화 진전을 위해 6자회담 실무그룹을 중심으로 구체적 조치 및 상응 조치와 관련한 의견 조율이 이루어지면서 2007년 10월 3일 '9·19공동성명 이행을 위한 2단계 조치(10·3합의)'가 발표되었다. 10·3합의는 북한 핵시설 불능화 및 핵프로그램 신고를 2007년 12월 31일까지 완료하는 것과 북한의 핵물질·기술을 확산하지 않겠다는 공약으로 구성되었다. 이에 상응하여 6자회담 참가국들은 미북 및 일북관계 정상화 노력, 중유 100만 톤 상당의 대북 경제·에너지·인도적 지원을 제공할 것을 합의하였다.

8개월에 거친 후속 협상을 끝내고, 마침내 2008년 6월 26일 북한은 플루토늄 생산량과 사용처, 영변 핵시설 목록, 사용하고 남은 우라늄 등을 적시한 핵신고서를 6자회담 의장국인 중국에 제출하였다. 예상대로 핵무기 제조에 사용된 플루토늄 양은 명시하였으나 핵탄두 숫자, 핵폭발장치, 핵무기 제조시설 등에 대한 신고는 빠져있었다. 어쨌든 부시 대통령은 불과 몇 시간 뒤 대북 테러지원국 지정의 해제 절차 착수를 발표하였다. 바로 다음날 북한은 영변원자로의 냉각탑을 폭파하였고 미 CNN, MBC 등 6자회담 5개국 언론사를 초청해 이를 녹화로 중계하였다.

북핵 불능화에 대한 검증 및 사찰과 관련되어 해결되지 않은 문제들을 해결하기 위해서 2008년 10월 1일부터 3일까지 힐 차관보가 평양을 방문하였으며, 양국 사이에 10·3합의의 의무 이행에 대한 구체적인 합의가 이루어졌다. 이 합의에 따라 미 행정부는 10월 11일 북한을 테러지원국 명단에서 삭제하는 조치를 취했다. 테러지원국 명단에서 제외된 북한은 여유로운 태도를 보이기 시작하였다. 북한은 미국을 비롯한 5개국의 정치·경제적 보상이 지연되고 있기 때문에 북한도 '핵시설 무력화의 속도와 핵신고서의 제출시기를 조절'할 것이라고 주장하였다. 2008년 11월 12일 북한은 동시다발적으로 강경조치를 취하였다. 이날 북한 외무성은 핵검증과 관련하여 시료채취를 거부한다는 내용을, 군부는 12월 1일부터 "1차적으로 군사분계선을 통과하는 육로통행을 제한, 차단한다"는 입장을, 북한적십자사는 대남직통전화 중단을 발표하였다. 미국으로부터 테러지원국 해제라는 '선물'을 받은 북한은 급할 것 없다는 입장에서 자신들이 해야 할 의무를 축소하고 외부로부터 받을 수 있는 지원을 극대화하려는 전략을 선택한 것이다. 강경조치 중에 대남 관련 조치들이 있는 것을 보면, 새로 들어선 이명박 정부의 '북핵개방 3000' 대북정책에 대한 반감도 내포되어 있는 것으로 보인다.

북한은 2009년 들어서 핵무기 보유국으로서 인정받기를 원한다는 입장을 지속적으로 표명하였다. 2009년 1월 17일 외무성 담화를 통해 '조선반도 핵문제의 본질은 미국 핵무기 대 북한의 핵무기'라고 주장하면서 "북미관계가 개선된다 해도 미국의 핵위협이 조금이라도 남아 있는 한 북한의 핵 보유 지위는 추호도 달라지지 않을 것이다"고 하였다. 이는 미국과의 관계개선에는 적극적으로 나서겠으나 핵포기는 관계정상화 이후 군축 차원에서 다루어야 한다는 의미였다. 6자회담의 비핵화 세 단계인 동결(shutdown), 불능화(disablement), 폐기(dismantlement) 단계에서는 핵시설과 핵프로그램을 다루고, 핵무기는 4단계인 제거(elimination) 단계에서 핵군축 협상차원에서 다루겠다는 전략이었다. 북한은 이것도 미국의 대북 적대시 정책 포기, 한국에 대한 핵우산 제거, 한미동맹 파기를 전제조건으로 하였다.

이후 북한은 위성발사와 핵실험을 감행하였다. 2009년 4월 5일 위성을 발사하여 유엔안보리의 제재를 받은 북한은 2009년 5월 25일에 제2차 핵실험을 실시하였다. 북한의 핵실험 이후 유엔안보리는 북한을 제재하는 안보리 결의 1874호를 채택했는데 그 내용은 무기금수 및 수출 통제, 화물검색, 금융·경제제재 및 기타의 내용으로 구성되었다. 북한은 안보리 결의안에 대하여 '민족의 존엄과 나라의 자주권'을 지키기 위하여 다음과 같은 대응조치를 취한다는 선언을 하였다. 첫째, 새로 추출되는 플루토늄 전량을 무기화할 것이며,

현재 폐연료봉은 총량의 1/3이상이 재처리 되었다. 둘째, 우라늄 농축 작업에 착수할 것이며, 자체의 경수로 건설이 결정된 데 따라 핵연료 보장을 위한 우라늄 농축 기술 개발이 성과적으로 진행되어 시험단계에 들어섰다. 셋째, 미국 등이 봉쇄를 시도하는 경우, 전쟁행위로 간주하고 단호히 군사적으로 대응할 것이며, '제재에는 보복으로, 대결에는 전면 대결'로 맞서 나가는 것이 북한의 선군사상에 기초한 대응방식이라고 주장했다.

결국 6자회담은 파국의 상황을 맞게 되었다. 2009년 7월 김영남 최고인민회의 상임위원장은 이집트에서 개최된 비동맹 정상회의에 참석하여 한반도 비핵화를 위한 6자회담은 영원히 종말을 고하였다고 주장하였다. 이후 핵문제를 해결하려는 의사를 거의 보이지 않던 김정일은 와병 이후 핵문제의 해결에 어느 정도의 의지를 보이면서 미국과 접촉을 시작하였다. 2011년 7월 28일 뉴욕에서 개최된 협상에서 양국은 북미관계 개선과 한반도 정세안정, 6자회담 재개와 관련한 문제들을 건설적이고 실무적인 분위기 속에서 심도 있게 논의했다. 특히 북미관계 개선과 더불어 협상을 통한 평화적 방법으로 한반도 비핵화를 추진해 나가는 것이 양측의 이익에 부합된다고 인정하였으며 대화를 계속해 나가기로 했다. 이후 10월 24일부터 25일까지 제네바에서 제2차 회담이 개최되었다. 북한이 지속적으로 요구해 온 양자 회담이 개최된 점은 북핵문제를 해결할 수 있는 토대를 마련할 수도 있었다는 평가를 받았다. 그러나 김정일은 이러한 양자회담의 결실을 보지 못한 채 사망했다. 표 10.4에서 보다시피 북한의 핵개발 이슈는 1993년 NPT 탈퇴선언 이후 북한 외교의 핵심이슈가 되어 오고 있다.

표 10.4 북한의 핵개발 연표

1985.12.12	핵확산금지조약(NPT) 가입
1991.12.31	남북한 한반도비핵화공동선언 합의
1993.03.12	NPT 탈퇴선언
1994.10.21	북미 제네바합의
1994.11.01	북한, 핵 활동 동결 선언
1995.03.09	한반도에너지개발기구(KEDO) 설립 – 경수로원자로 제공
2002.10.03	켈리 미 국무부 차관보 방북 – 제2차 북핵위기 시작
2002.12.12	북한, 핵 동결 해제 발표
2003.08.27	제1차 6자회담 개최
2005.02.10	북한 핵무기 보유 선언
2005.05.11	영변 5MW(e) 원자로에서 폐연료봉 8,000개 인출 완료 발표
2005.09.19	6자회담, '모든 핵무기와 현존 핵계획 포기' 등 9·19공동성명
2006.10.09	북한 제1차 핵실험 실시
2007.02.13	6자회담에서 영변 원자로 폐쇄 및 불능화 2·13합의
2007.07.15	영변 원자로 폐쇄
2007.10.03	6자회담에서 모든 핵시설 불능화 및 핵프로그램 신고 2·13합의
2008.06.27	영변 원자로 냉각탑 폭파
2008.09.24	영변 원자로 봉인 해제
2009.05.25	제2차 핵실험 실시
2009.11.03	사용후 폐연료봉 8,000개 재처리 완료 선언
2013.02.12.	제3차 핵실험 실시
2013.04.02	영변 원자로 재가동 발표
2016.01.06	제4차 핵실험 실시. '첫 수소탄 시험 성공적 진행' 발표
2016.09.09	제5차 핵실험 실시
2017.09.03	제6차 핵실험 실시. '수소탄두 시험 성공적 진행' 발표

5. 북한외교정책의 현안과 남북한관계

1) 김정은의 외교정책: 핵·미사일 수단 강화와 비핵화 협상

김정일 사망 이후 권력을 승계한 김정은은 자기 권력을 공고화하기 위해서 뭔가 새로운 모습을 보여주어야 했는데, 당시 북한에게 있어서 가장 절실한 것은 경제난을 타개하는 것이었다. 이를 위해서는 일단 국제사회의 협조와 지원을 받아야 했다. 북한이 미국과 관계개선을 하게 되면 외부환경이 호의적인 방향으로 전환되어 다른 서방국들의 지원 및 협력을 기대할 수 있었다. 그리고 무엇보다도 미국으로부터 느끼는 안보위협을 더 이상 우려하지 않게 되고 이는 국내적인 정권 안정으로 이어질 수 있었다. 김정일 사망 이후 북한은 한편 강경하게 나가면서 다른 한편 식량지원 등에 관심을 보이는 태도를 보였다.

김정은은 김정일이 사망 직전에 추진하던 미국과의 대화도 승계하여 지속했다. 2012년 2월 23~24일 북한과 미국은 베이징에서 제3차 북미 고위급회담을 가지고, 그 내용을 2월 29일 최종 합의하고 공동발표하였다. 주요 내용은 북한이 우라늄농축프로그램(UEP)을 포함한 영변의 핵활동과 핵실험, 장거리미사일 발사 잠정중단과 IAEA 사찰단의 복귀에 합의하고, 이에 대한 보상으로 미국이 24만 톤의 영양강화식품을 전달하는 것이었다. 북한은 영변의 우라늄농축프로그램을 '잠정중단'하라는 미국의 요구를 받아들였다. 그리고 장거리미사일 발사와 핵실험을 하지 않겠다는 약속을 명문화하였다.

대체로 김일성과 김정일의 경우 대외적으로 미국과 남한 등 서방 진영과 합의를 한 경우 잠정적으로라도 준수하는 편이었으나, 김정은은 집권 초기부터 다른 모습을 보여 주었다. 미국과의 2012년 2월 합의에도 불구하고 북한은 2개월도 지나지 않은 2012년 4월 13일에 장거리 미사일을 발사했다. 북한의 미사일 발사 이후 유엔안보리는 4월 16일 미사일 발사를 강력 규탄하는 의장성명을 채택하였다. 성명은 제재 단체 및 품목을 추가 지정하고, 북한이 추가 미사일 발사나 핵실험 시 상응하는 조치를 결의하는 내용을 포함했다. 미국은 국제의무를 위반하고 유엔안보리 결의를 무시한 북한에 대한 영양지원을 중단하였다. 집권 초기부터 김정은은 강경한 외교정책을 추구하여 국제사회와 충돌을 시작했다.

같은 해인 2012년 12월 12일 북한은 장거리 미사일을 기습적으로 다시 발사하였다. 이에 대해 유엔안보리가 대북제재 결의 제2087호를 채택하면서 추가 행위를 하지 말도록 경고했으나, 북한은 2013년 2월 12일 제3차 핵실험을 함경북도 길주군 풍계리의 핵실험장에서 실시했다. 유엔의 제재 경고에도 불구하고 장거리 미사일 발사와 핵실험을 실시함에 따라 김정은은 국제사회의 협력과 지원을 불가능하게 하는 벼랑끝외교를 본격적으로 추진하게 되었다.

북한은 2006년 10월부터 2017년 9월까지 11년에 걸쳐서 여섯 차례의 핵실험을 실시했다. 각 차별 폭발위력은 1차 0.9~1kt, 2차 3~4kt, 3차 6~7kt, 4차 6kt, 5차 10kt, 6차 50~200kt이었다. 북한은 2016년 1월에 실시된 4차 핵실험은 수소탄 실험이라고 발표했으며, 그해 9월 5차 핵실험 때는 핵탄두를 표준화, 규격화했을 뿐만 아니라 소형화, 경량화, 다중화하여 대량생산까지 할 수 있게 되었다고 발표하였다. 2017년 6차 핵실험 이후 북한은 "대륙간탄도로케트장착용 수소탄 시험에서의 완전성공"이라는 성명을 내기도 했다.[16]

2017년 핵무장의 실질적인 완성을 선포한 이후 북한은 미국 및 남한과 비핵화 협상에 임했다. 김정은은 2018년 4월 20일 당중앙위원회 제7기 제3차 전원회의에서 2013년 4월부터 추진하였던 '경제건설 및 핵무력건설 병진노선'의 사실상 종료와 함께 풍계리 핵실험장 폐기, 핵실험 및 ICBM 시험발사 중단 등을 선언하였다. 이후 북한은 미국의 트럼프 행정부와 적극적인 비핵화와 체제보장 협상을 추진하였다.

북한의 평창 동계올림픽 참가를 계기로 하여 이루어진 4월 27일의 남북정상회담에 이어 6월 12일 싱가포르에서 북미정상회담이 개최되었다. 정상회담 결과 발표된 공동성명의 전문은 "트럼프 대통령은 북한에 대해 안전보장을 제공하기로 약속했고, 김정은 위원장은 한반도의 완전한 비핵화라는 확고한 약속을 재확인했다"고 되어있다. 공동선언문에 평화와 번영에 부합하는 새로운 양국관계의 수립, 지속적이고 안정적인 평화체제 구축, 4월 27일 남북한 정상회담의 판문점 선언을 재확인하는 동시에 북한은 한반도 비핵화를 위해 노력하고, '전쟁포로 및 전쟁실종자 등의 유해를 즉각 송환하는 것을 포함해 유해수습'을 약속한다고 명시하였다. 북한과 미국은 싱가포르 정상회담에서 합의한 조치들을 단계적으로 시행하였다. 북한은 북미정상회담 전인 2018년 5월

16) 홍우택·박창권, 『북한의 핵전략 분석』, 통일연구원 KINU 연구총서 18–14 (2018), p. 54.

24일 풍계리 시험장을 폭파하고, 7월 27일 1차로 미군 유해 55구를 송환하였다. 미국정부는 한미 합동군사훈련을 중단하고, 비핵화 협상을 위한 제2차 정상회담의 개최 희망 의사를 밝혔다.

하지만 북미는 2019년 2월 베트남 하노이에서 열린 제2차 정상회담에서 비핵화 범위 등에 대한 입장 차이 때문에 합의문을 도출하는 데 실패했다. '하와이 노딜' 이후 북한과 미국의 관계는 악화되었다. 김정은은 트럼프 대통령이 경제제재완화에 대해서 명확한 태도를 보이지 않는 데 대해서 불만을 가졌다. 하노이 회담 이전에는 적어도 북미 연락사무소 개설, 미국 유해 송환 등에 대한 합의가 이루어지고 점진적·단계적 비핵화 해법에 대한 논의가 있을 것이라는 기대와는 달리, 미국의 빅딜, 포괄적 합의 주장과 북한의 단계적 신뢰구축과 제재완화 요구가 충돌하면서 북미는 합의를 도출하는 데 실패했다.

하노이 정상회담의 실패 이후의 소강상태를 극복하기 위하여 2019년 6월 판문점에서 열린 남북미 정상회동에서 비핵화 협상 교착을 타개하고 실무협상 재개에 합의하였다. 그러나 10월 스웨덴 스톡홀름에서 개최된 북미 실무협상은 별다른 성과 없이 끝났다. 이후 북한은 핵전쟁 억제력 강화 및 미국의 적대시 정책 전환 등 상호조치에 대해 지속적으로 언급하였다. 그리고 북한은 비핵화의 조건으로 대북제재의 완화를 요구하는 입장을 보였다. 2020년 들어서도 핵을 통한 억제력을 강조했으며, 2021년 1월 8차 당대회에서 핵보유국 지위를 강조하면서 향후 핵능력이 더욱 고도화할 것임을 선언하는 동시에 미국에 대해 '적대시 정책 철회'를 재차 강조하면서 '강대강, 선대선' 원칙을 표명하였다.

(1) 장거리 미사일 개발 이슈

2018년에 개최된 북미정상회담에서는 주로 비핵화문제에 치중했고, 장거리 미사일문제에 대해서는 거의 다루지 않았다. 미사일은 핵탄두의 운반수단이기 때문에 핵문제가 해결되면 미사일문제도 해결될 수 있는 속성을 지니고 있었기 때문에 미사일을 따로 협상하지 않은 것으로 보인다.

북한은 장거리 공격 및 핵무기의 투발능력 확보를 위하여 1970년대부터 탄도미사일 개발을 시작하였다 (북한이 개발하여 보유 중인 미사일 유형은 도표 10.3을 볼것). 이후 1980년대 중반에는 사거리 300km의 스커드(SCUD)-B와 사거리 500km의 스커드-C를 배치하였다. 1990년대 후반에는 사거리 1,300km인 노동미사일과 더불어 스커드 미사일의 사거리를 연장한 스커드-ER 미사일을 배치하였다. 2007년에는 사거리 3,000km 이상의 중거리탄도미사일 '무수단'(북한명: 화성-10형) 미사일을 시험발사 없이 배치한 것으로 알려졌다. 2000년대 중반부터는 고체 연료를 사용하는 탄도미사일의 개발도 시작했다. 북한은 2012년부터 인공위성 발사 등을 내세우며 장거리 로켓 및 탄도미사일 시험발사를 추진했다. 특히 2017년에는 중·장거리탄도미사일로 평가되는 북극성-2형, 화성-12형, 화성-14형, 화성-15형 등을 시험발사하여 북한은 태평양에 있는 미국 영토와 미국 본토를 위협할 수 있는 능력을 과시했다. 2019년 들어 북한은 신규 잠수함 건조 현장을 공개하고, 중거리급 탄도미사일인 신형 잠수함발사탄도미사일(SLBM) '북극성-3형', 신형 방사포 등을 시험발사하며 군사무기의 현대화를 추진했다.

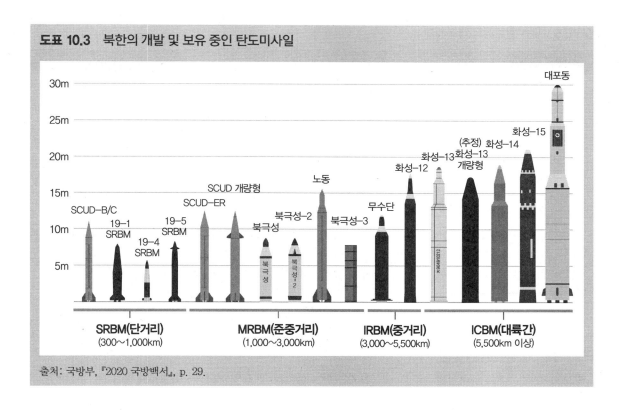

도표 10.3 북한의 개발 및 보유 중인 탄도미사일

출처: 국방부, 『2020 국방백서』, p. 29.

2) 북한에 대한 국제사회의 제재

국제사회는 북한의 핵실험 및 장거리미사일 발사 시험에 대하여 단호하게 대응하였다. 2006년 10월 15일 유엔 안전보장이사회는 대북제재 결의 1718호를 채택하여, 북한의 핵실험을 비난하고, 추가 핵실험 또는 탄도미사일 발사를 더 이상 하지 말고, NPT 탈퇴선언을 철회할 것을 요구하였다. 이와 더불어 모든 핵무기와 핵프로그램 그리고 다른 대량살상무기와 탄도미사일프로그램을 '완전하고 검증가능하며 돌이킬 수 없는 방법으로' 제거 또는 폐기할 것을 요구하였다. 회원국들에 대해서는 북한의 핵과 미사일 프로그램에 도움이 되는 모든 품목, 기술 등을 판매나 이전하지 못하도록 요구하였다. 이 제재 결의안이 통과됨에 따라 북한의 외교적 고립이 심화되었고, 외

화벌이의 중요한 수단이었던 대외 무기거래가 큰 타격을 받게 되었다.

유엔 안보리 제재는 제재 조치의 종류에 따라 포괄적 제재와 맞춤형 제재로 구분된다. 포괄적 제재란 제재 대상국의 무역관계 및 상품거래 제한을 통해 불특정 전체를 제재 대상으로 삼는 것이며, 맞춤형 제재는 해당 행위에 책임이 있는 개인이나 단체 등을 선별하여 이들에게 직접 제재를 부과하는 것으로 무기금수조치, 여행금지, 금융제한 등을 포함한다. 표 10.5에서 보는 바와 같이, 유엔 안보리는 2006년 10월 채택한 제재 결의 1718호부터 2013년 3월 채택한 제재 결의 2094호까지 무기 수출 금지를 중심으로 한 맞춤형 제재를 시행하다가, 2016년 3월에 채택한 제재 결의 2270호부터 2017년 12월에 채택한 2397호까

표 10.5 유엔 안보리의 대북제재

구분	사유	내용
제825호 (1993.05.11)	NPT 탈퇴 (1993.3.12)	NPT 탈퇴선언 재고 촉구
제1695호 (2006.07.15)	미사일 발사 (2006.07.05)	미사일 발사 규탄 및 미사일 관련 물자·상품·기술·재원의 북한 이전을 금지
제1718호 (2006.10.13)	제1차 핵실험 (2006.10.09)	물적 규제(재래식 무기, WMD 관련 물자, 사치품 등), 금융규제, 화물검색 등 제재조치
제1874호 (2009.06.12)	제2차 핵실험 (2009.05.25)	기존 결의 1718호에 화물 및 해상검색 강화, 금융·경제제재 강화, 무기금수 확대 등 강력한 제재조치 추가
제2087호 (2013.01.22)	장거리 미사일 발사 (2012.12.12)	기존 결의 1718호와 1874호에 제재 대상의 확대, 금융기관활동 감시 강화, 대북 수출통제 강화 등 제재조치 추가
제2094호 (2013.03.07)	제3차 핵실험 (2013.02.12)	제재 대상과 통제 품목 확대, 금융제재, 화물검색, 항공기 차단, 금수조치(catch-all 시행 촉구 등) 분야에서 제재조치의 실질적 강화
제2270호 (2016.03.03)	제4차 핵실험 (2016.01.06.) 장거리 미사일 발사 (2016.02.07)	북한의 수출입 화물 전수 검색 및 운송봉쇄, 선박입항 및 항공기 영공통과 금지, 금융제재, 무역제재, 핵·미사일 관련 전용 가능한 무기 금수 및 모든 물품 금수
제2321호 (2016.11.30)	제5차 핵실험 (2016.09.09)	북한의 석탄 수출 상한제 도입, 북한의 수출금지 광물(은, 동, 아연, 니켈) 추가, 회원국 금융기관의 북한내 사무소 및 은행계좌 개설 금지, 회원국 내 북한 공관 규모 축소, 북한에 대한 항공기 및 선박대여와 승무원 제공 금지, 제재대상 개인 및 단체 추가, 북한과의 과학기술 협력 금지
제2356호 (2017.06.03)	탄도미사일 발사 (2017.05.14)	핵, 탄도미사일 개발 관련 제재 대상 추가(개인 14명 및 단체 4개)
제2371호 (2017.08.05)	장거리미사일 '화성-14형' 발사 (2017.07.04~07.28)	북한의 석탄, 철, 철광석, 해산물, 납, 납광석 수출 금지(원산지 무관), WMD 재래식 이중용도 통제 품목 추가, 북한 해외 노동자 수 동결, WMD 개발 기여 가능한 금융거래 금지 의무를 대금정산에도 적용
제2375호 (2017.09.11)	제6차 핵실험 (2017.09.03)	대북 원유공급 동결, 정제유 공급량 감축, 콘덴세이트(condensate) 및 액화천연가스(LNG) 공급 금지, 북한의 섬유 수출금지, 북한 해외 노동자 신규 노동 허가 금지, 북한과의 신규 합작 합영사업 금지, WMD 및 재래식 무기 이중용도 통제 품목 추가, 선박 검색 강화, 제재 대상 추가(개인 1명, 단체 3개)
제2397호 (2017.12.22)	장거리미사일 '화성-15형' 발사 (2017.11.29)	유류 공급 제한 강화, 해외 파견 노동자의 24개월 이내 송환 조치, 수출입 금지 품목 확대, 해상자단 조치 강화, 제재 대상 추가 지정 (개인 16명, 단체 인민무력성)

지 석탄, 유류, 철광석 등의 수출입 통제를 내용으로 하는 포괄적 제재로 제재 조치를 확대했다.[17]

유엔의 대북제재가 어느 정도의 효과를 가지느냐의 문제는 이 제재가 북한경제에 어느 정도

17) 서보혁 외, 『대북 제재 현황과 완화 전망』, 통일연구원 KINU 정책연구시리즈 18-03 (2018), pp. 29-30.

의 영향을 미칠 수 있는가의 여부에 달려있다. 유엔 제재의 영향력에 대해서는 대체로 무용론이 지배적이었으나, 2016년 3월의 안보리 결의안 2270호 이후에는 점차 유용론이 대세가 되고 있다. 그 이유는 과거의 안보리 제재는 대량살상무기 이전을 통제하는 데에 초점을 둔 스마트 제재였던 반면, 2270호부터는 북한경제에 전반적으로 영향을 미치는 포괄적 제재로 바뀌었기 때문이다. 또한, 과거에는 중국이 대북제재의 '구멍'으로 작용했지만, 최근에는 그 구멍이 채워졌기 때문이다. 2016년 11월의 2321호 결의안 이후 중국은 대북제재를 충실히 이행하고 있다.

이러한 유용론의 와중에도 무용론도 지속되고 있는 것도 사실이다. 특히 유엔의 제재에도 불구하고 시장 물가와 환율이 안정적으로 유지되고 있기 때문에 제재가 별 효과가 없다는 주장이다. 또한, 북한은 대외 의존도가 높지 않으므로 내부 자본을 동원하여 제재를 상당기간 버틸 수 있다고 주장한다. 이러한 무용론에도 불구하고 최근 수치상으로 제재가 북한경제에 미치는 영향은 뚜렷하게 나타나고 있다. 특히 2016년부터 2020년까지 추진한 경제개발 5개년 전략이 목표를 달성하지 못한 이유 중의 하나는 국제사회의 대북제재 때문이었다는 점을 부인하기 어렵다.[18]

특정 국가의 불법 행위에 대한 유엔 안보리 제재의 효과는 제재를 받는 국가와 제재에 참여해야 하는 국가에게 의무가 부여된다. 그런데 이 제재안을 준수하지 않는 국가가 있을 경우에는 어떠한 조치가 이루어지는지에 대해서는 명확한 방안이 존재하지 않고 있다. 이 제재안을 준수하지 않

는 국가가 있으면, 예를 들어 중국이 북한에 대해서 제공 금지 품목을 제공하였을 경우에는, 안보리가 결의를 통해 제재안을 준수하지 않은 국가에 대한 제재 수단과 방법을 강구해야 한다. 그러나 이 사례는 거의 없고, 시에라리온에 대한 안보리 제재조치 결의(2000년 결의 제1306호)를 이행하지 않은 라이베리아에 대한 추가 조치(2001년 결의 제1343호)가 유일하다. 유엔의 제재안을 준수하지 않는 국가에 대해서는 유엔 제재를 주도한 미국의 경제보복 가능성이 있기 때문에 국가들은 안보리 결의안을 대체로 준수한다.

북한은 제재의 악영향을 최소화하기 위해서 여러 가지 노력을 하고 있다. 그 일환으로 북한은 석탄 밀수출, 어업권 판매, 사이버 금융공격, 정제유 밀수입 등 여러 가지 제재 회피 행동을 전개하고 있다. 그러나 북한의 제재 회피 규모가 제재를 무력화할 정도로 큰 것은 아니다. 이러한 활동을 통해 당장의 경제적 피해는 일부 줄일 수 있겠지만 근본적인 치유책이 될 수는 없다. 유엔 안보리 결의에 위배되는 외화벌이 사업 중에 가장 큰 규모는 석탄 밀수출이다. 북한의 석탄 수출은 유엔 안보리 결의 2321호(2016년 11월)에 의해 연간 약 4억 달러로 제한된 데 이어 2371호(2017년 8월)에 의해 전면 금지되었다. 그러나 각국 공식 무역통계에 의하면, 2017년 북한의 석탄 수출은 4억 달러 상한을 1,200만 달러 이상 초과했다. 석탄 수출이 전면 금지된 후인 2017년 12월에서 2018년 12월 사이에도 주로 환적 방식을 이용한 25회의 석탄 밀수출이 탐지되었다. 유엔 안보리는 2017년 12월의 2397호 결의에서 북한의 어업권 거래를 금지했다. 그러나 전문가 패널 보고에 의하면, 2018년 이후에도 북한은 계속

---

18) 임수호. "대북 경제제재: 어떻게 풀릴 수 있을 것인가?." 『동아시아 정책논쟁』 제98호 (2018).

어업권을 팔아 외화수입을 얻은 것으로 보인다. 2018년에 북한이 어업권 판매로 번 외화수입이 1억 2,000만 달러로 추정되고 있다.[19]

북한이 핵무기와 미사일 개발을 중단하지 않는 한 유엔 안보리의 제재는 계속될 것으로 보인다. 북한은 비핵화를 하기 위한 조건으로 미국이 유엔제재를 완화하는 조치를 취해 주기를 요구하고 있으나, 미국은 비핵화를 하기 전에는 제재에 손을 대지 않겠다는 태도를 보이고 있어 제재와 비핵화의 교환 협상은 이루어지기 어려운 상황이다. 최근 들어 우크라이나 사태 등 국제정세의 변화로 러시아와 중국이 미국의 세계질서 독주를 견제하고 있어서 미국이 북한의 핵과 미사일 활동에 대한 제재안을 유엔 안보리에 제출하여도 러시아와 중국이 거부권을 행사할 가능성이 높아 제재도 용이하지 않을 것으로 예상된다.

3) 남북한관계의 변화와 교착

별로 긍정적인 결과는 도출해내지 못했지만, 문재인정부의 대북정책은 이전의 다른 정부들의 대북정책과 다른 방식을 취했다. 우선 이전 정부의 대북정책은 북한의 핵문제를 북한의 극렬한 반대 때문에 남북한 협상에서 다루지 못했는데, 문재인정부의 대북정책은 북한의 비핵화를 가장 우선되는 이슈로 상정하고 대화를 추진했다. 만약 문재인정부가 단독으로 대북정책을 추진했다면, 핵 이슈를 대화에 포함시키지 못했겠지만, 문재인 대통령이 미국과 긴밀한 협력을 하면서 대북정책을 추진했

기 때문에 북한의 입장에서도 궁극적인 목표인 미국과의 협상을 위해서 비핵화를 남북한 협상의 이슈로 포함하는 데 동의했을 것으로 추측된다.

북한은 문재인정부 시작 시점부터 핵과 미사일문제를 등장시켰다. 문재인정부가 탄생한 지 4일 만인 2017년 5월 4일 북한은 탄도미사일 화성-12형을 발사했고, 그해 6월 2일 유엔 안보리는 결의안 2345호를 채택하여 북한을 제재했다. 이어서 2017년 7월 4일과 28일 북한이 ICBM이라고 발표한 장거리 탄도미사일 화성-14형을 발사하자 8월 5일 유엔 안보리는 다시 결의안 제2371호를 채택했다. 북한은 안보리의 제재에도 불구하고 11월 29일 화성-15형을 발사했다. 그 사이 북한은 2017년 9월 3일 제6차 핵실험을 하고, 수소폭탄 시험을 성공적으로 마쳤다고 발표했으며, 유엔 안보리는 제2375호 결의안을 채택하여 북한을 제재했다. 김정은은 2017년 11월 29일 장거리 미사일을 시험발사한 후 '국가 핵무력 완성'을 선언하였고, 2018년 신년사에서는 "핵 단추가 내 사무실 책상 위에 항상 놓여있다는 것은 위협이 아닌 현실임을 똑바로 알아야 한다"고 위협하기도 하였다.

이와 같이 위기가 고조되다가 2018년 들어서 남북한관계의 극적인 반전이 이루어졌다. 북한이 2월 8일부터 개최된 평창 동계올림픽 일부 종목에 선수단을 파견하여 남한과 단일팀을 구성하여 참가하는 화해의 분위기가 조성되었다. 이러한 화해 분위기는 2018년 4월 27일 남북한 정상이 판문점에서 만나 정상회담을 하여 판문점선언의 발표로 이어졌다. 판문점선언의 내용은 크게 남북한 관계개선과 발전, 남북 간 군사적 긴장 상태 완화와 전쟁위험의 실질적 해소, 한반도의 평

---

19) 김석진, "북한의 제재 회피 실체와 그 경제적 의미," 통일연구원 Online Series, CO 21-12 (2021), pp. 3-4.

화체제 구축을 위한 협력을 포함했다. 남북한은 남북공동연락사무소를 개성지역에 설치하기로 했고, 남북의 경제협력을 위해 동해선과 경의선 철도 및 도로를 연결하고 현대화하겠다는 합의도 했다. 또한, 서해 북방한계선 일대를 평화수역으로 만들어 우발적인 군사적 충돌을 방지하기 위한 실제적 대책을 세워가기로 했다. 남북은 서로에 대한 불가침 합의를 재확인하고 이를 통해 단계적으로 군축을 실현해 나가기로 합의했다. 그리고 정전협정을 평화협정으로 전환하기 위해 남북미 3자 또는 남북미중 4자회담 개최를 추진하기로 했다.

5개월 뒤인 2018년 9월에는 평양에서 남북한 정상회담이 개최되었다. 9월 19일의 평양공동선언은 4월의 판문점선언보다 남북경제협력의 내용을 보다 구체화했다. 선언문 제2조에서 남북경제협력의 목표를 '민족경제의 균형적 발전'에 두고, 모두 네 개 항의 경제협력을 합의하였다. 네개 항은 철도 및 도로 연결을 위한 착공식 거행, 개성공단과 금강산 관광의 조건이 마련되는 데 따라 우선 정상화한 후 서해경제공동특구와 동해관광공동특구 조성, 환경협력 및 산림분야 협력, 전염병 방지를 위한 방역 및 보건과 의료분야 협력 등을 포함했다.

9·19평양공동선언 중 구체적 실천 사항은 총 13건이었는데, 그중에서 '연내 철도·도로 연결 착공식'만 실행되었는데, 국제사회의 대북제재 때문에 '착공 없는 착공식'만 열었다. 그 외 남북 군사공동위원회 가동, 조건부 개성공단 및 금강산 관광 정상화, 금강산 이산가족 상설 면회소 개소, 이산가족 화상 상봉 및 영상 편지 문제해결, 평양예술단 서울 공연 진행, 동창리 엔진 시험장

및 미사일 발사대 영구 폐기, 김정은의 서울 답방 등 7건은 진행되지 않았다. 북한이 원했던 남북군사 합의는 다른 항목들과 달리 진척도가 높은 편이다. 군사분계선(MDL) 일대의 비행 금지 구역 설정과 비무장지대(DMZ) 내 감시초소(GP) 시범 철수, 공동경비구역(JSA) 비무장화, 한강 하구 공동 이용 수역 설정 및 조사, 서해 북방한계선(NLL) 일대의 서해 평화수역 설정 등 대부분이 실현됐다.

2018년 6월 1일 남북고위급회담이 개최되었고, 이를 시작으로 하여 남북한 간의 장성급회담, 적십자회담, 철도·도로 및 산림회담 등 각 분과 회담이 순차적으로 개최되었다. 남북은 군사분야 회담을 통해 군 통신선을 재가동하고, 함정 간 해상통신도 복원했다. 철도·도로분야에서 남북 연결구간 점검 및 북한지역에 대한 현지 조사도 순차적으로 시행했다. 9월 14일 차관급을 소장으로 하는 개성의 남북공동연락사무소가 개소되어 남북한은 24시간 상시 연락 및 접촉 창구를 개설했다. 남북경제교류와 관련하여 남한정부가 가장 중점을 둔 사업은 철도 및 도로 연결과 현대화 사업이었다. 이 사업은 그 중요성과 남한정부의 의욕적인 추진에도 불구하고 국제사회의 대북제재를 위반한다는 주장도 제기되었다. 철도 및 도로 등 핵심적인 운송수단을 연결하고 현대화하여 남북협력사업이 본격적으로 추진된다면 금지품목의 북한 반입 우려와 함께 대북제재 위반에 대한 비판을 면할 수 없을 것이다. 유엔의 제재 때문에 개성공단 재개도 쉽지 않을 전망이다. 북한의 제6차 핵실험 때문에 채택된 2017년 9월의 안보리 결의 2375호는 북한산 직물·의류의 수입을 금지하고 있는데, 개성공단 입주기업 대부분은 의류

관련 업체다. 따라서 개성공단 사업 자체가 결의 위반이 될 수 있다.

핵문제와 관련하여 북한은 자신들이 비핵화를 시작하는 동시에 미국과 유엔이 제재를 완화하거나 해제하기를 원하고 있으나, 미국은 비핵화가 이루어져야 제재를 해제하겠다는 입장을 보이고 있다. 이 점이 남북한관계의 발전에 장애요인이 되고 있다. 9·19정상회담선언은 "한반도를 핵무기와 핵 위협이 없는 평화의 터전으로 만들어 나가야 하며 이를 위해 필요한 실질적인 진전을 조속히 이루어 나가야 한다"고 밝혔다.

북한이 미국 및 남한과 대화를 모색하면서 비핵화까지 거론하는 등 실질적인 행동을 취한 이유 중의 하나는 국제사회의 대북제재로 인하여 받고 있는 압박 때문이었다. 북한에 대한 다양한 제재는 북한경제를 사실상 거의 완전하게 봉쇄하고 있는 수준이다. 트럼프정부가 들어선 이후 미 행정부의 북한 지도부를 향한 공개적인 군사적 압박도 부담으로 작용했을 것이다. 경제가 점점 취약해지는 국력과 군사력으로 한국과 미국의 군사적 압박에 대처하기에는 한계가 있다는 점을 감지하고 결국 대화 테이블로 나선 것이다.

그러나 미국 및 남한과의 협상이 기대한 만큼 성과를 거두지 못하자 김정은은 다시 강경한 입장으로 선회했고 미국도 마찬가지로 타협적인 태도를 거두어들였다. 하노이 정상회담 결렬 이후 트럼프는 유엔 총회 연설에서 "비핵화가 나타날 때까지 제재는 유지될 것이다"라고 밝혔다. 북미관계가 악화되면서 남북한관계도 경색국면에 돌입했다. 북한은 개성의 남북공동연락사무소에서 철수했으며, 남한에 대해서는 연락사무소에 잔류하든 철수하든 상관하지 않겠다고 하면서 무력화

시켰다. 또한, 북한은 한미 연합군사훈련과 남한의 첨단무기 도입을 문제 삼았다. 특히 남한이 도입 중인 F-35 스텔스 전투기를 북한의 군사적 능력으로 탐지와 요격을 할 수 없다는 점에서 크게 경계하였다. 2019년 5월부터 단거리 미사일과 방사포를 지속적으로 시험발사했다.

2018년에 남한과 세 차례나 정상회담을 한 김정은은 미국과의 타협이 실패로 돌아가자 노골적으로 남한에 대한 불만과 적대감을 나타냈다. 김정은은 노동당 고위 간부들에게 "남조선엔 어떤 기대도 할 게 없다", "굶어 죽더라도 남조선에 구걸하지 말라"고 하는 등 남한에 대해 불신과 적대감을 수시로 내비쳤다. 김정은은 문재인 대통령이 미국에 밀착하는 데 대해서 불만을 가지는 동시에 북한의 입장을 미국에 설득해 주기를 기대했으나 문재인 대통령이 미국에 더 기울어지는 정책을 펼치자 실망감을 나타낸 것이다. 북한의 남한에 대한 적대감은 문재인정부가 종료되는 시점까지 지속되었다. 남한은 북한과의 교류와 협력을 위한 몇 가지 시도를 했지만 북한이 이를 받아들이지 않았다.

6. 결론

북한은 정치경제적으로 매우 폐쇄적인 국가이지만, 체제의 생존과 국가의 존립을 위한 외교는 상황에 따라 유연과 강경을 오가면서 중요한 역할을 해 왔다. 한국전쟁을 일으키면서 소련과 중국의 다양한 지원을 받은 것, 그리고 전쟁의 패배 직전에 중국이 구해준 것은 외교적인 차원에서 이루어진 것이다. 냉전시대에 북한은 진영외

교, 혁명외교, 해방외교의 성격을 기반으로 하여 대립적이고 적대적인 외교정책을 펼쳤다. 이러한 외교정책은 1960년대의 중소분쟁과 제3세계의 등장, 1970년대 동서진영의 데탕트 등으로 자주외교, 다변화 외교 등을 추구하며, 중소 사이에서의 중립, 대서방접근, 그리고 비동맹외교를 확대해 나갔다. 당시 북한외교정책의 이념은 '자주, 친선, 평화'였다.

냉전 종식 이후 북한이 체제위기와 외교적 고립의 위치에 놓이게 되면서 북한의 외교이념은 1990년부터 '자주, 평화, 친선'으로 전환되었다. 즉 '친선'과 '평화'의 순서가 바뀐 것이다. 당시 탈냉전으로 북한은 국제적으로 더욱 고립되었고, 경제난이 가속화되면서 기존의 사회주의 국가 및 제3세계 국가들에 대한 외교보다는 체제위기를 극복하기 위하여 기존 적대국들인 미국과 일본을 비롯한 자본주의 국가들, 그리고 남한과의 관계 개선이 더 중요한 외교과제가 되었다. 따라서 북한은 이념을 초월하여 미국·일본 등과의 관계개선과 같은 현실적인 노선을 추구하면서 경제난을 극복하려 하였다. 이와 같이 탈냉전 이후 북한은 국제환경 변화에 적응하기 위해 실리외교를 구사한 반면, 1993년 NPT 탈퇴를 선언하는 등 체제유지를 위하여 핵카드 등을 활용한 '벼랑끝외교'도 모색하면서 이중적인 성격을 보여준 것도 사실이다.

1994년 김일성 사망 이후 권력을 승계한 김정일은 체제안정 및 권력공고화를 모색하다가, 2000년대에 들어서면서 남한과 주변국에 대하여 유화적인 전방위외교를 추진하였다. 전방위외교와 개방정책은 2001년 부시 대통령 집권 이후 제동이 걸렸다. 북한을 악의 축으로 지정한 부시정

부는 클린턴정부와 달리 북한과의 협상에 있어서 철저한 상호주의와 검증을 요구하여 양국관계의 해빙은 이루어지지 않았다. 결국 북한은 2002년 10월부터 이전보다 업그레이드 된 핵카드를 활용하면서 벼랑끝외교를 다시 시작하였다. 북한은 핵무기 보유를 선언하고, 핵실험을 감행했으며, 장거리미사일을 시험 발사했다.

북한 핵문제를 해결하기 위한 6자회담이 개최되었고, 2000년대 중반 들어서 9·19선언(2005년), 2·13합의(2007년), 10·3합의(2007년) 등이 이루어져 해결의 실마리가 풀리는 듯 했으나 궁극적으로 비핵화에 실패하고 원점으로 돌아갔다. 2011년 김정일이 사망한 이후 김정은은 김정일이 북핵 해결을 위한 미국과의 협상 기회를 남겨 주었으나, 미국과의 합의와 번복을 되풀이하면서 결국은 핵무장 및 장거리 미사일 개발에 박차를 가하였다.

유엔을 비롯한 국제사회로부터 강력하고 포괄적인 제재를 받고있는 북한은 이로 인하여 경제난을 겪고 있음은 당연하다. 북한경제는 대외의 존도가 낮아서 국제사회에 의한 경제제재가 큰 영향을 미치지 않을 것이라는 견해가 있지만, 중국도 국제제재에 참여하고 있는 상황에서 중국에 대한 경제 의존도가 높은 북한경제가 타격을 받는 것은 당연하다. 북한은 1993년부터 약 30년간 핵무기를 개발하며 국제사회의 압박을 받기도 하였고 비핵화 협상을 하여 이를 협상도구로 활용하여 이익을 획득하기 위한 모습을 보이기도 했다. 특히 2018년에는 문재인과 트럼프의 콤비플레이에 의한 북한 비핵화 협상에 김정은도 동참한 적이 있다. 김정은은 미국이 제재완화만 시작하면 비핵화를 하겠다는 의지를 보였으나, 트

럼프가 비핵화를 해야 제재를 완화하겠다는 입장을 바꾸지 않아서 결국 협상은 결렬되었다.

북한은 30년 동안 핵무기를 개발하면서 미국 및 국제사회와 비핵화를 위하여 다양한 형태의 협상을 벌였으나, 아직까지 비핵화에 따른 결실을 하나도 획득하지 못하고 있다. 1945년 이후 국제갈등이 심화되는 가운데도 국제사회에서 사용되지 못한 핵무기를 그대로 끌어 안고 국제사회의 제재 및 갈등시 공격대상이 되는 것보다는 일단 비핵화를 전제조건으로 국제사회의 지지와 지원을 받는 것이 김정은의 목표임은 확실하다. 체제안전만 보장되고 국제사회에 동참할 수 있는 기회만 주어지면 북한은 적어도 미래 핵동결은 할 것으로 보인다. 이러한 상황이 되어야 북한은 국가다운 정상적인 외교를 전 세계적으로 추진할 것이고 남한과의 관계도 진전될 것이다.

토의주제

1. 북한은 1960년대 이후 중국과 소련의 분쟁이 시작되었을 때 어떠한 외교정책을 추진했는가?

2. 북한의 외교정책 이념이 1980년 '자주, 친선, 평화'에서 1990년 '자주, 평화, 친선'으로 전환된 이유는 무엇인가?

3. 1990년대 초반 세계냉전 종식 이후 채택한 북한의 외교정책과 대남정책은?

4. 북한이 체제붕괴 위기를 넘기고 경제난을 해소하는 데 있어서 외교정책은 어떠한 역할을 해 왔는가?

5. 북한이 핵무기를 개발 보유하는 이유는 무엇인가? 실질적인 군사무기로 활용하기 위함인가? 아니면 체제보장을 받기 위함인가?

6. 북한은 1984년, 1990년, 2002년 세 번에 걸쳐서 개방정책을 수립하고 추진했는데 왜 성공하지 못했는가?

7. 북한은 외교정책 추진 시 남한과 미국 둘 중에 어느 쪽에 비중을 더 둔다고 생각하는가? 그 이유는 무엇인가?

8. 권력승계 이후 추진한 김정일과 김정은의 외교정책의 차이점은 무엇인가?

9. 국제사회의 북한에 대한 경제제재는 북한 경제에 어느 정도의 영향을 미치고 있는가?

10. 북한의 '선 제재완화'와 미국의 '선 비핵화'의 대립은 해결될 수 없는가? 결국 북한의 비핵화는 불가능한 것인가?

참고문헌

1. 한글문헌

권만학. "탈국가사회주의의 여러 길과 북한: 붕괴와 개혁."『한국정치학회보』제35집 4호 (2001년 겨울).

김계동. "미·북한관계 변화과정과 개선전망."『국방논집』제13호 (1991년 봄).

_____. "북방정책과 남북한관계 변화."『통일문제연구』제3권 4호 (1991년 겨울).

_____. "북한의 대미·일 관계개선: 가능성과 한계."『국방논집』제19호 (1992).

_____. "북한의 대미정책: 적대에서 협력관계로의 전환모색."『국제정치논총』제34집 2호 (1995).

_____.『남북한 체제통합론, 제2판』. 서울: 명인문화사, 2020.

_____.『북한의 외교정책과 대외관계: 협상과 도전의 전략적 선택』. 서울: 명인문화사, 2012.

_____.『한국전쟁, 불가피한 선택이었나』. 서울: 명인문화사, 2014.

_____.『한반도 분단, 누구의 책임인가』. 서울: 명인문화사, 2012.

_____.『한반도의 분단과 전쟁: 민족분열과 국제개입·갈등』. 서울: 서울대출판부, 2000.

김근식. "북한의 체제보전과 대외정책 변화: 진영외교에서 전방위 외교로."『국제정치논총』. 제42집 4호 (2002).

김석진. "북한의 제재 회피 실체와 그 경제적 의미." 통일연구원 Online Series, CO 21-12, 2021년 4월 12일.

김영수. "북한의 대미인식."『현대북한연구』6권 2호 (2003).

김용현. "북한 군사국가화의 기원에 관한 연구."『한국정치학회보』제37집 1호 (2003년 봄).

김일성.『김일성 저작선집』. 평양: 조선로동당 출판사, 1974.

김재철. "북한·중국간 외교관계: 특수관계에서 보편적 관계로." 윤정석 편.『통일환경론』. 서울: 오름, 1996.

김정일. "주체사상에 대하여."『김정일선집』제7권. 평양: 조선로동당출판사, 1986.

김진하 외,『북한 외교정책: 정책패턴과 북핵외교 사례분석』. 통일연구원 KINU 연구총서 19-14 (2019).

김흥규. "핵실험 이후의 북중관계."『한반도 포커스』. 2009년 7-8월호.

김흥규·최명해. "양빈 사건과 북한·중국 관계."『한국정치학회보』제39집 1호 (2005).

노병렬. "핵확산금지 레짐에 관한 이론적 모색: 북한 핵 문제와 안보 레짐의 한계."『국방정책연구』제47호 (1999년 겨울).

『라진·선봉 자유경제무역지대 투자환경: 투자, 무역, 봉사, 특혜제도』. 평양: 김일성종합대학출판사, 1995.

문순보. "북핵문제와 국제사회의 대북제재: 한계와 대안."『국가전략』제16권 2호 (2010).

박병광. "胡錦濤시기 중국의 대북경제교류 확대에 관한 연구."『국제문제연구』2009년 봄.

박선원. "김정일 시대 북한의 변화: 진화론적 접근."『한국정치학회보』제36집 3호 (2002년 가을).

박태호.『조선민주주의인민공화국 대외관계사(제1, 2권)』. 평양: 사회과학출판사, 1987.

백학순. "김정일의 중국 방문과 북한의 생존전략의전환."『세종논평』No. 36 (2006).

_____. "북한의 대미정책: 강공 드라이브, 의도, 전망."『정세와 정책』. 2009년 7월호.

서보혁 외,『대북 제재 현황과 완화 전망』. 통일연구원 KINU 정책연구시리즈 18-03 (2018).

서주석. "북한의 '군 중시 체제'와 군사정책: 평가와 전망."『국방정책연구』제54호 (2001년 겨울).

서훈.『북한의 선군외교: 약소국 북한의 강대국 미국 상대하기』. 서울: 명인문화사, 2008.

송봉선.『중국을 통해 북한을 본다』. 서울: 시대정신, 2011.

우영자. "중국의 무역체제 개혁 경험이 북한에 주는 시사점."『북한경제리뷰』. 2008년 10월호.

『위대한 수령 김일성동지의 불멸의 혁명업적: 세계혁명의 새로운 길 개척(19)』. 평양: 조선로동당출판사, 2000.

유호열. "북한의 핵개발 현황과 대미전략."『국제문제연구』제3권 1호 (2003).

윤태영. "북한 핵문제와 미국의 '강압외교': 당근과 채찍접근을 중심으로."『국제정치논총』제43집 11호 (2003).

윤해수.『북한곡예외교론』. 서울: 한울, 2000.

이상숙. "북-미-중 전략적 삼각관계와 제2차 북핵위기: 북한의 위기조성 전략을 중심으로."『국제정치논총』제49집 5호 (2009).

이상현. "오바마 행정부 외교안보와 대북정책 전망."

『국방정책연구』 제25권 제2호 (2009).

이석. "1980년대 북한의 식량생산, 배급 무역 및 소비: 식량위기의 기원."『현대북한연구』 7권 1호 (2004).

이정철. "북한의 개방 인식 변화와 신 자력갱생론의 등장."『현대북한연구』 9권 1호 (2006).

이종석.『새로 쓴 현대 북한의 이해』. 서울: 역사비평사, 2000.

이춘근.『북한핵의 문제』. 서울: 세종연구소, 1995.

임수호. "대북 경제제재: 어떻게 풀릴 수 있을 것인가?"『동아시아 정책논쟁』 제98호 (2018).

임재형. "탈냉전기 북한외교정책의 변화요인과 대응전략."『국제정치논총』 제41집 4호 (2001).

정규섭. "1980년대의 북한의 외교와 대남정책."『현대북한연구』 7권 1호 (2004).

정현수. "김정일 시대의 대외개방과 체제변동."『통일정책연구』 제14권 1호 (2005).

조한범. "북한 사회주의 체제의 성격연구: 비교사회주의론적 접근."『통일정책연구』 제11권 2호 (2002년 겨울).

최수영. "7.1조치 이후 북한 거시경제의 변화."『수은 북한경제』 2007년 여름호.

한국무역협회.『주요북한경제지표 1995』.

한석희. "'6자회담'과 중국의 딜레마."『국제정치논총』 제45집 1호 (2005).

허인혜. "북한 경제개방의 사상적 딜레마."『한국정치학회보』 45집 2호 (2011년 여름).

홍우택·박창권.『북한의 핵전략 분석』 통일연구원 KINU 연구총서 18-14 (2018).

홍현익. "북핵문제 최종 해결과정의 쟁점과 해결방안."『세종정책연구』 제4권 2호 (2008).

2. 영어문헌

Bleiker, Roland. "A rogue is a rogue is a rogue: US foreign policy and the Korean nuclear crisis." *International Affairs* 79-4 (2003).

Chambers, Michael R. "Dealing with a Truculent Ally: A Comparative Perspective on China's Handling of North Korea." *Journal of East Asian Studies* 5-1 (2005).

Dallin, David. *Soviet Foreign Policy After Stalin*. London: J. B. Kippincott Co., 1962.

Department of State. *North Korea: A Case Study in the Techniques of Takeover*. 1 January 1961.

Kim, Gye-Dong. *Foreign Intervention in Korea*.

Aldershot, England: Dartmouth Publishing Company, 1993.

_____. "North Korea's Improvement of Relations with the U.S.A. and Japan: the Possibilities and the Limits." *East Asian Review* 5-1 (1993).

_____. "South Korea's Nordpolitik and Its Impact on Inter-Korean Relations." *East Asian Review* 4-1 (1992).

Levin, Norman D. "What If North Korea Survives?" *Survival* 39-4 (Winter 1997-1998).

McKay, John. "The Food Crisis in the DPRK: Prospects for Policy Reform." *International Journal of Korean Unification Studies* 11-2 (2002).

Noland, Marcus. "Why North Korea Will Muddle Through." *Foreign Affairs* 76-4 (July·August 1997).

Quinones, Kenneth. "Beyond Collapse: Continuity and Change in North Korea." *International Journal of Korean Unification Studies* 11-2 (2002).

Roy, Denny. "North Korea as an Alienated State." *Survival* 38-4 (Winter 1996-1997).

Scalapino, Robert., and Chong-Sik Lee. *Communism in Korea*. Berkeley: University of California Press, 1973.

Smith, Hazel. "Bad, mad, sad or rational actor? Why the 'securitization' pardigm makes for poor policy analysis of north Korea." *International Affairs* 76-3 (2000).

Weathersby, Kathryn. "New Findings on the Korean War." *CWIHP(Cold War International History Project)*.

_____. "Soviet Aims in Korea and the Origins of the Korean War, 1945~1950: New Evidence from Russian Archives." *CWIHP*. Working Paper #8.

미국의 외교정책

마상윤(가톨릭대 국제학부)

1. 서론	313
2. 미국외교정책의 환경	314
3. 미국외교정책의 목표와 방향	327
4. 미국외교정책의 현안과 대한반도관계	336
5. 결론	345

1. 서론

미국의 제2차 세계대전 참전이 임박한 시점인 1941년, 미국의 유력 매거진 『라이프(*Life*)』의 편집장이었던 루스(Henry Luce)는 사설을 통해 20세기가 '미국의 세기'가 될 것이라고 전망했다.[1] 루스는 또 미국인들이 미국의 그러한 세계적 지위에 걸맞은 역할과 부담을 감당할 자세를 갖출 것을 촉구했다.[1] 루스의 전망대로 20세기는 '미국의 세기'가 되었다. 1945년 제2차 세계대전의 종전 이후 미국은 소련과 함께 냉전이라는 양극적 세계질서의 두 중심축을 이루었다. 1991년 소련의 붕괴로 냉전이 끝난 뒤 30년 이상 미국은 세계 유일의 초강대국으로 남았다.

물론 나이(Joseph Nye)가 지적하듯이 미국의 힘이 무한정하고 절대적이지는 않다. 미국이 하드파워(hard power)의 측면에서 막강한 힘을 지녔지만, 소프트파워(soft power) 측면에서의 뒷받침이 없다면 세계정치에서 미국의 역할에는 상당한 한계가 노정된다.[2] 다른 국

---

1) Henry R. Luce, "The American Century," *Diplomatic History* 23-2 (Spring 1999).

2) 조셉 S. 나이, 홍수원 역, 『소프트파워』 (서울: 세종연구원, 2004).

가들이 미국 대외정책의 목적과 정당성에 대해 동의하고 협조하지 않는다면, 미국의 세계적 영향력은 축소된다. 2021년 8월 완료된 미군의 아프가니스탄 철수는 미국 하드파워의 한계를 보여주는 좋은 예이다. 반면, 중국의 빠른 부상은 경제는 물론 군사분야에서도 가시화되고 있다.

물론 여러 한계에도 불구하고 여전히 미국은 정치, 경제, 군사, 과학기술, 문화 및 이데올로기 등의 방면에서 다른 국가의 추종을 불허하는 수준의 국력을 보유하고 있다. 먼저 미국은 병력과 화력 및 기술력 등 군사력의 여러 측면에서 압도적 우위를 점하고 있다. 이러한 군사적 우위는 경제력에 의해 뒷받침되는 것으로서 미국은 2020년 전 세계 국방비 지출의 39%를 차지했다. 또한, 미국의 첨단과학기술능력은 경제와 군사력의 든든한 기초를 이루고 있다. 사회문화 및 이데올로기의 측면에서도, 할리우드(Hollywood)로 대표되는 미국 대중문화의 힘은 여전하며, 미국이 표방하는 자유와 민주주의의 가치와 제도도 세계적 보편성과 호소력을 유지하고 있다.

또한, 미국이 혼자만의 힘으로 무엇이든 성취할 수는 없다 하더라도 대부분의 세계적 차원의 문제를 해결하는 데 있어서 미국의 참여와 협조는 필수적이다. 예를 들어, 기후변화문제나 러시아의 우크라이나 침공에 따른 분쟁 해결을 위한 노력에 미국이 적극적으로 참여하지 않는다면 긍정적 결과를 기대하기 어렵다. 2001년 12월 중국의 세계무역기구(WTO: World Trade Organization) 가입도 미국의 지원이 없었더라면 불가능한 일이었다. 심지어 미국과 노골적인 적대관계에 있는 북한과 이란 같은 나라조차도 미국이 자국의 국제적 권리와 지위에 대해 인정

해 줄 것을 희망하고 있다.

세계 최대 강대국 미국의 외교정책은 우리가 살아가는 국제정치적 환경에 막대한 영향을 미친다는 점에서 각별한 관심의 대상이 된다. 이 장에서는 우선 미국의 외교정책이 결정되는 과정을 대통령과 의회, 그리고 이익단체와 여론의 역할을 중심으로 살펴볼 것이다. 그리고 미국이 추구하는 외교정책의 목표와 방향이 무엇인지를 미국의 외교이념을 중심으로 검토할 것이다. 이를 위해 미국 예외주의, 이상주의와 현실주의, 그리고 고립주의와 국제주의에 대해 알아볼 것이다. 마지막으로 최근 미국외교정책의 주요 현안을 정리하고, 아울러 한반도에 대한 미국의 정책에 대해서도 간략히 살펴볼 것이다.

2. 미국외교정책의 환경

다른 나라들과 마찬가지로 미국의 외교정책은 대외적 환경과 대내적 요인 모두에 의해 영향을 받는다. 월츠(Kenneth Waltz)의 신현실주의이론에 따르면 국가 간 힘의 배분상태는 국제정치의 구조를 이루며, 모든 국가의 외교정책은 구조의 압력에서 벗어날 수 없다.[3] 미국과 소련이라는 두 초강대국이 중심이 되어 세계가 자유 진영과 공산 진영으로 나뉘어 대립했던 냉전은 양극체제(兩極體制, bipolar system)였다. 냉전기 양극체제하에서의 미국의 외교정책은 소련의 세력이 팽창하여 국제적 세력균형이 미국에 불리해지는 것

---

3) Kenneth N. Waltz, *Theory of International Politics* (Reading, Mass.: Addison-Wesley Publishing Co., 1979).

표 11.1 세계 주요국의 군사비 지출 비교
(단위: 억 US 달러)

	2011	2016	2021
미국	7,393	6,045	7,540
중국	898	1,450	2,073
영국	627	525	716
인도	373	511	651
러시아	527	589	622
프랑스	588	472	593
독일	442	383	561
일본	584	473	493
사우디아라비아	462	569	467
한국	283	338	467

출처: IISS, *The Military Balance*, 2012, 2017, 2022.

표 11.2 국민총생산 비교 (단위: 억 US 달러)

	2019	2020	2021
미국	213,726.0	208,937.5	229,395.8
중국	143,406.0	148,667.4	168,629.8
일본	51,359.0	50,451.0	51,031.1
독일	38,887.6	38,433.4	42,301.7
영국	28,833.0	27,096.8	31,084.2
인도	28,705.0	26,602.4	29,460.6
프랑스	27,288.3	26,244.2	29,404.3
이탈리아	20,051.4	18,849.4	21,202.3
캐나다	17,415.8	16,440.4	20,159.8
한국	16,514.2	16,382.6	18,238.5
브라질	18,778.2	14,447.2	16,458.4
러시아	16,900.5	14,785.7	16,475.7
호주	13,923.3	13,593.7	16,105.6

출처: IMF, World Economic Outlook, 2019, 2020, 2021.

을 방지하는 데 초점이 맞추어져 있었다.

소련의 붕괴로 냉전이 종식되면서 국제적 양극체제는 미국 중심의 단극체제(單極體制, unipolar system)로 바뀌었다. 이것이 의미하는 바는 탈냉전기 미국의 대외정책이 냉전기에 비해 국제구조의 압력과 제약으로부터 상당히 자유로워졌다는 것이다. 물론 최근 중국의 부상으로 중국과의 전략경쟁이 시작되어 국제구조의 제약은 다시 커지고 있다고 볼 수 있다. 하지만 미국은 여전히, 다른 나라와 비교해 볼 때, 강한 국력 덕분에 대외적 환경으로부터 상대적으로 영향을 덜 받으며, 따라서 다른 국가들보다 외교정책결정과정에서 대내적 요인의 중요성이 더 강조된다고 할 수 있다.

더욱이 미국은 세계에서 가장 오래된 근대 민주주의 국가로서 민주주의 제도가 안정적으로 정착되어 있다. 민주국가에서는 독재국가에서와 달리 정책결정과정에 다양한 행위자들이 직간접적으로 참여한다. 미국은 특히 다원주의 전통이 강

한 나라로서 외교정책결정과정도 매우 투명하고 경쟁적이다.[4] 그리고 많은 행위자와 이해관계의 요인이 작용하는 만큼 미국의 외교정책은 상당한 복잡성과 가변성을 특징으로 한다. 이러한 특징을 전제로 다음에서는 미국외교정책의 결정에 작용하는 여러 국내적 요인에 대해 살펴보도록 한다.

1) 대통령

대통령은 미국의 외교정책결정과정에서 가장 중요한 행위자이다. 트루먼(Harry Truman) 대통령의 집무실 책상의 명패에 적혀있던 "결정은 여기서 이루어진다(The Buck Stops Here)"라는 유

---

4) Stephen D. Krasner, *Defending the National Interest: Raw Materials Investments and U.S. Foreign Policy* (Princeton: Princeton University Press, 1978), pp. 55-92.

도표 11.1 미국외교정책결정의 국내적 요인

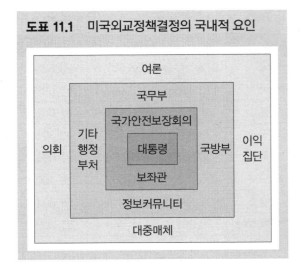

책결정과정에서 대통령의 지배적이고 중심적 역할을 정당화하는 강력한 근거가 된다. 외교는 고도의 전문성과 효율성이 요구되는 영역이다. 물론 오늘날에는 국제적 상호의존의 심화와 세계화의 진전에 따라 국가 이외의 행위자들도 국제정세의 추이에 대한 많은 정보와 분석능력을 보유하게 되었다. 그렇지만 국가는 여전히 가장 중요한 국제정치 행위자이다. 국가의 국제적 활동은 대부분 행정부에 의해 수행되며, 행정부의 수장으로서 대통령의 역할은 그만큼 중요성을 띤다.

둘째, 대통령은 특수이익을 대표하지 않고 국가 전체의 이익을 대표한다. 일반적으로 공공정책에는 많은 국내 이해당사자들이 있기 마련이다. 이들의 첨예한 이해관계 대립이 나타나고, 각각의 이해관계를 대변하는 목소리가 미국의 민주주의 정치과정을 통해 반영되기 때문에 정책결정과정에서 대통령의 입지와 선택의 폭은 상대적으로 줄어들게 된다. 반면 외교와 안보정책의 경우에는, 다른 공공정책에 비해 국내 이해당사자의 구분이 명확하지 않고, 국내적 이해관계로부터 상대적으로 자유로운 편이다. 따라서 어느 특정 이해당사자의 입장을 초월하여 국가 전체의 차원에서 정책을 결정하여야 하는 대통령은 국내 정책 영역에서보다 외교정책에서 역할의 비중이 더 크다고 볼 수 있다.[5]

명한 문구는 오늘날에도 유효하다. 1787년 제정된 미국 헌법 제2조에 따라 대통령은 외교정책과 관련하여 군 최고통수권자로서의 권한, 주요 공직자를 임명할 수 있는 권한, 다른 국가와의 협상을 통해 조약을 체결할 수 있는 권한 등을 갖는다.

외교정책결정과정에서의 대통령의 중심적 역할이 반드시 헌법적 권한에만 의존하는 것은 아니다. 대통령이 비공식적 차원에서 행하는 권한과 역할의 측면도 무시하기 어렵다. 미국 대통령은 항상 국내적 및 국제적 이목의 초점이 된다. 따라서 미국의 대통령이 이러한 특별한 지위를 활용하여 의회 및 여론과 소통하면서 대중의 지지를 동원하고 의원들을 설득하는 능력은 매우 중요하다. 물론 이러한 능력은 대통령에 따라 개인차가 있기 마련이다.

이밖에도 두 가지 측면에서 미국의 외교정책결정과정에서 대통령의 역할이 두드러지게 되는 이유를 살펴볼 수 있다. 첫째, 항상 위험이 존재하는 국제정치에서 국가의 생존과 번영을 위해서는 강력한 리더십이 필요하다. 이러한 요청은 외교정

물론 대통령의 권한에 제약이 없는 것은 아니다. 우선 대통령의 임기 규정이 미치는 제약이 있다. 미국의 대통령 임기는 4년이며 1회에 한하여

---

5) Aaron Wildavsky, "The Two Presidencies," *Trans-Action 4* (December 1966), pp. 7–14; Eugene R. Wittkopf, Charles W. Kegley, Jr., and James M. Scott, *American Foreign Policy: Pattern and Process*, 6th edn. (Belmont, CA: Wadworth, 2003), p. 322에서 재인용.

연임이 가능할 뿐이다. 그런데 임기 첫해는 대통령 자신의 외교팀 구성에 대부분 시간이 할애된다. 11월 초에 실시되는 대통령선거에서 당선이 확정된 후보자는 이듬해 1월 말에 대통령에 취임한다. 취임 이전의 약 2~3개월의 기간 동안 대통령 당선인은 선거 캠페인에서 약속한 정책 방향에 기초하여 정책을 좀 더 가다듬고, 이를 수행할 사람에 대한 인선 작업을 한다. 하지만 신임 대통령이 주요국 대사직을 포함한 외교정책팀을 완전히 구성하여 가동하기까지는 취임 이후 보통 1년 가까이 소요된다. 특히 대통령이 임명한 고위 공직자는 미 상원 의회의 인준을 받아야 하는데, 그 과정에서 많은 시간이 소요된다. 한편, 임기의 마지막 해에도 대통령은 재선을 위한 준비에 몰두하거나, 임기 말의 권력누수 즉 레임덕(lame duck) 현상에 직면하므로 효과적 정책추진이 어렵다. 결국, 4년 임기 중에서 2년 정도만이 온전한 기간으로 남게 되는데, 이는 장기적 차원에서의 정책을 추진하기에는 짧은 시간이다. 따라서 외교정책이 단기적 계산과 고려에 지배될 위험성이 있다.[6] 한편, 의회로부터의 압력과 견제처럼 대통령의 권한을 제약하는 요인도 존재하는데, 이에 대해서는 뒤에서 자세히 살펴보겠다.

2) 관료기구

대통령은 정책결정과정에서 행정부의 여러 관료기구 및 관료로부터 도움을 받는다. 행정부의 관료기구는 정책을 집행하는 주된 행위자이기도 하다. 외교정책분야에서의 중요한 부처 및 기구로

---

6) Fraser Cameron, *US Foreign Policy after the Cold War: Global Hegemon or Reluctant Sheriff?* (London: Routledge, 2002), pp. 39-40.

는 국무부와 국방부, 중앙정보부(CIA: Central Intelligence Agency)와 같은 정보기관 그리고 국가안전보장회의(NSC: National Security Council) 등을 들 수 있다.

부통령은 일반적으로는 외교정책결정과정에 깊게 개입하지 않는다. 외교와 관련된 부통령의 역할은 대통령을 대신해서 외교 의전행사에 참석하는 등의 보조적 역할에 국한되는 경우가 많다. 그러나 부통령은 대통령의 유고 시 대통령직을 승계해야 하므로 행정부에서 추진하는 중요한 외교정책은 부통령에게도 보고된다. 그런데 때에 따라서는 부통령이 외교정책결정과정에서 매우 중요한 역할을 직접 담당하기도 한다. 예를 들어, 클린턴(Bill Clinton) 행정부의 고어(Al Gore) 부통령은 러시아와의 외교 및 환경외교분야에서 중요한 역할을 담당했다. 부시(George W. Bush) 행정부의 체니(Dick Cheney) 부통령도 과거 국방장관을 지낸 경험을 바탕으로 외교안보정책에 대한 막강한 영향력을 행사했다. 그러나 외교정책에 대한 부통령의 역할은 어디까지나 대통령의 뜻에 따라 결정되며, 부통령의 영향력이 대통령을 넘어설 수는 없다.

국무부는 외교담당 주무 기관으로서 전 세계에 걸쳐 운영되는 미국대사관을 지도 통제하며, 대외교섭과 조약체결에서도 중심적 역할을 담당한다. 국무장관은 미국외교에서 대통령 다음으로 중요한 정책결정자이다. 국무장관 밑에는 2명의 부장관(Deputy Secretary)과 6명의 차관(Under Secretary), 그리고 20명 이상의 차관보(Assistant Secretary)가 있다. 이들은 모두 상원의 임명 동의를 받아야 하는 고위직이다. 약 3만 명의 직원들이 일하는 국무부의 조직은 크게 지역

및 기능별로 구성되어 있다. 그중에서도 아프리카, 유럽 및 유라시아, 근동(近東), 서반구, 동아시아 및 태평양, 그리고 남아시아 및 중앙아시아의 지역을 각각 담당하는 6개의 지역국과 국제기구국은 국무부 내에서도 핵심 부서로 간주된다.[7]

국방부는 국방부 건물 모양이 오각형이어서 펜타곤(Pentagon)이라고도 불린다. 국방부는 미국의 군대와 전 세계를 대상으로 하는 군사작전을 관장하는 부서로서 막대한 예산을 사용한다. 외교안보정책결정과 관련하여 국방부는 국무부와 서로 경쟁적인 관계에 서기도 한다. 국무부가 외교적 견지에서 대외관계를 바라본다면, 국방부는 군사적 관점을 강조하는 경향이 있다. 국방부의 정책결정과정에서의 영향력은 전시에 더 강화되는 경향이 있다. 국방장관은 문민 우위의 원칙에 따라 군인이 아닌 민간인이 임명된다. 그러나 합동참모본부(Joint Chiefs of Staff)의 의장과 각 군의 총장은 현역군인이 맡는다. 한편, 미군은 중부사령부, 유럽사령부, 인도·태평양사령부, 남부사령부, 북부사령부, 아프리카사령부의 여섯 개 통합지역사령부를 운영하고 있다. 지상군, 해군, 공군을 통합적으로 운용하는 이들 통합지역사령부는 미국의 군사력을 전 세계로 투사하는 데 있어서 중추적 역할을 담당한다.[8]

중앙정보국(CIA), 국가안보국(NSA: National Security Agency), 국방정보국(DIA: Defense Intelligence Agency) 등의 정보기관도 외교정책결정에 영향을 미친다. 물론 정보기관은 그 자체로 정책을 결정한다거나 집행하는 기관이 아니다. 하지만 이들이 제공하는 정보는 정책판단을 위한 중요한 근거가 된다.[9]

한편, 국제적 상호의존 및 세계화의 진전으로 국내문제와 국제문제의 구분과 경계가 흐려지는 가운데 대내적 차원의 공공정책을 주로 담당하는 부처가 주요 외교정책문제에 깊이 관련되는 경우도 종종 발생한다. 예를 들어, 상무부, 재무부, 농업부 및 무역대표부 등은 대외경제정책과 밀접한 관련을 갖는다. 또 기후환경문제가 주요 국제문제로 대두되면서 환경보호국의 역할이 중요해졌다. 한편, 2004년 4월 재무부 내에 설치된 테러·금융정보국은 국제테러조직이나 경제제재 대상국으로의 자금 흐름을 파악하고 차단하는 임무를 수행한다.

국가안전보장회의(NSC)는 대통령의 외교안보정책을 보좌하고 관련부처 간 정책조정을 위해 부통령, 국무장관, 국방장관, 합참의장, 중앙정보국국장과 국가안보보좌관 등으로 구성되는 기구이다. 그러나 대통령에게 지속적으로 외교안보문제에 대한 보고서를 올리는 것은 NSC 사무국의 몫이다. 국가안보보좌관은 NSC 사무국을 이끌며 동시에 NSC의 구성원이 된다. NSC는 냉전이 시작되던 무렵인 1947년 만들어졌는데, 헌법에 근거하여 구성된 기구는 아니어서 국가안보보좌관은 상원의 임명 동의를 받을 필요가 없다.

하지만 대통령이 외교정책을 결정하는 데 있어서 NSC와 국가안보보좌관의 역할은 매우 중

---

7) 국무부 조직도는 https://www.state.gov/department-of-state-organization-chart을 참조.

8) 국방부 조직도는 http://www.defenselink.mil/odam/omp/pubs/GuideBook/Pdf/Osd.PDF를 참조.

9) 9·11테러 이후 국가정보국(ODNI: Office of the Director of National Intelligence) 신설과 같은 미국의 정보조직 개혁에 대해서는 신유섭, "ODNI 창설을 통해 본 미국 정보계 개혁의 성격과 전망," 『국제정치논총』 제45권 3호 (2005)를 참조.

요하며, 점차 강화되고 있다. 그것은 NSC와 국가안보보좌관이 대통령의 근접거리에서 활동하면서 국가안보 사안과 관련한 대통령의 조언 요청에 빠르게 응할 수 있기 때문이다. 즉 항상 대통령과 가까운 거리에 위치한다는 점이 NSC 역할의 확대 및 강화의 중요한 배경이 되었다. 또한, 외교 사안이 점차 복잡성을 띠게 되면서 여러 관련 부처의 서로 다른 입장과 이해관계를 효율적으로 조정하는 일이 중요해졌는데, 바로 NSC가 이러한 기능을 담당하게 되었다.

　원칙적으로 국가안보보좌관은 외교정책에 대한 기본적 아이디어의 제공을 담당하고 정책의 실제 집행은 국무부에서 주로 담당하는 것으로 되어있다. 하지만 실제에 있어서 이러한 구분은 무의미한 경우가 많다. 국가안보보좌관의 역할이 점차 증대되면서 외교정책결정의 주도권을 놓고 국가안보보좌관과 국무장관이 경쟁관계 놓이는 경우도 종종 발생한다. 물론 이러한 경쟁은 비단 국무장관과 국가안보보좌관 사이에서만 벌어지는 것이 아니다. 앨리슨(Graham Allison)이 제시한 미국외교정책결정의 관료정치(bureaucratic politics) 모델은 관료조직 간의 견해 차이와 이해갈등으로 인해 합리적 정책결정이 이루어지지 않는다는 점을 부각하는데, 이때 부처 간 이견과 갈등은 일시적이고 단발적인 것이 아니라 상당히 영속적 현상이라고 전제된다.[10]

　그러나 부처 간 이견과 경쟁이 존재하더라도 이를 최종적으로 조정하여 외교안보팀의 팀워크를 이루어내는 것은 최고정책결정자인 대통령이

담당할 몫이다.[11] 국가안보보좌관과 국무장관 중 누가 주도권을 갖는가의 문제도 누가 대통령으로부터 더 강한 신임을 받는가에 달린 경우가 많다. 만약 부처 간 정책조정이 제대로 이루어지지 않는다면 외교정책의 혼선이 빚어지게 되는데, 이는 곧 대통령 리더십의 결함을 나타내는 것이라고 볼 수 있다.

3) 의회의 견제와 도전

외교정책의 영역에서는 다른 국내정책 영역의 경우에 비해 대통령의 주도적 역할이 보다 두드러진다. 물론 입법, 사법, 행정의 삼권 분립을 통해 견제와 균형을 제도화하고 있는 미국의 헌정체제에서는 대통령이 공공정책결정과정에서 행사할 수 있는 권한과 영향력에 일정한 제약이 따른다. 외교정책에서도 대통령의 권한은 지배적이지만 무제한적이지는 않다.

　특히 베트남전쟁 이후 미국의 연방의회와 여론은 대통령의 외교정책에 대한 감시와 통제를 강화하려는 움직임을 보여 왔다. 냉전이 시작된 이후 외교정책은 대통령이 주도한다는 대체적 합의가 존재했다. 그러나 1960년대 후반 미국의 베트남전쟁 참전에 대한 비판과 반성의 목소리가 커지면서, 외교정책에서의 대통령과 행정부의 주도적 역할에 대한 소위 '냉전합의(Cold War consensus)'는 붕괴하였다. 이와 더불어 베트남 참전과 같이 대내외적으로 심각한 파장을 미칠 수 있는 외교 사안에 대해 외부의 감시와 견제가

---

10) 그래함 앨리슨, 필립 젤리코, 김태현 역, 『결정의 엣센스: 쿠바미사일 사태와 세계 핵전쟁의 위기』 (서울: 모음북스, 2005).

11) Stephen D. Krasner, "Are Bureaucratic Politics Important? (Or Allison Wonderland)," *Foreign Policy* 7 (Summer 1971).

베트남전쟁

동남아시아의 인도차이나반도에 있는 베트남에서는 1946년 이후 프랑스와 프랑스의 식민지 배로부터 독립을 꾀하던 공산주의 계열의 베트남민주공화국(북베트남)과의 전쟁이 벌어졌다. 이 전쟁은 프랑스의 패퇴로 종결되고, 1954년 7월 제네바협정의 체결로 북위 17도선을 경계로 남북 베트남을 잠정 분할하되 2년 이내에 총선거를 실시하여 통일을 이루기로 합의했다.

이후 냉전 심화의 맥락에서 미국은 반공의 목적을 위해 프랑스의 뒤를 이어 남베트남 정권을 지원하는 역할을 담당하게 되었다. 총선거를 통한 통일이 지연되던 가운데, 1960년부터 북베트남은 남베트남민족해방전선을 조직하여 대남 게릴라전을 개시했다. 이후 미국의 베트남개입도 점차 확대되었는데, 결정적으로 존슨(Lyndon B. Johnson) 행정부에 이르러 대규모 군사개입이 이루어졌다. 1965년 미국은 대규모 공습을 시작하는 한편, 대규모 지상군 전투병력을 투입함으로써 전쟁의 '미국화'가 이루어졌다.

베트남전쟁이 장기화하면서 미국 국내외에서 반전여론이 높아지던 가운데 1968년경부터 미국은 전쟁의 종결을 모색하기 시작했다. 1969년 취임한 닉슨 행정부도 명예로운 탈출을 모색하였다. 그러나 미군의 철수는 실제로 1973년 이후에 본격적으로 이루어졌고, 1975년 미군 철수 완료 후 베트남은 공산화되었다. 대다수의 미국인에게 베트남전쟁은 패배한 전쟁으로서뿐만 아니라 불필요한 개입으로 수많은 인적 물적 피해를 초래한 잘못된 전쟁으로 기억되고 있다.

이루어지지 않은 상태에서 대통령과 행정부가 독단적으로 정책을 결정해서는 곤란하다는 미국 사회의 자기반성 움직임이 나타났다.

연방의회에는 외교정책과 관련하여 대통령을 견제할 수 있는 여러 헌법적 권한이 있다. 우선 대통령이 군 통수권자로서 전쟁수행권을 가지고 있지만 전쟁선포권은 대통령이 아니라 의회의 고유권한이다. 전쟁권한과 관련하여 1973년 전쟁권한법(War Power Act)은 베트남전쟁 이후 행정부의 외교정책 수행에 대한 의회의 감시와 견제 강화를 상징적으로 보여준다. 의회는 이 법을 통해 대통령의 전쟁 수행에 제동을 걸 수 있는 권한을 확보하고자 했다. 당시 닉슨(Richard Nixon) 대통령은 의회를 통과한 이 법에 대해 거부권을 행사했으나, 의회는 출석의원 2/3의 찬성으로 대통령의 거부권 행사를 무효화하고 이 법을 확정했다. 전쟁권한법에 따르면 대통령은 군대를 교전지역에 투입하기 전에 의회와 협의해야 하고, 군대 투입 후 48시간 이내에 의회에 보고해야 하며, 의회가 전쟁선포나 합동결의를 통해 군사행동을 승인하지 않을 시, 60일 이내, 또는 특별한 경우 최대 90일 이내에 군대를 철수해야 한다.[12]

의회는 또한 통상에 관한 권한을 갖는다. 즉 연방헌법은 관세를 부과하고 대외교역을 규제할 수 있는 권한을 의회에 부여하고 있다. 물론 현실적으로는 외국과의 조약체결은 대통령과 행정부의

---

12) 박찬욱, "입법부와 미국외교정책," 이범준 외, 『미국외교정책: 이론과 실천』(서울: 박영사, 1998), p. 126.

권한이므로 사실상 의회와 행정부가 권한을 나누어 갖는 측면이 있다. 의회는 1934년 상호무역협정법(Reciprocal Trade Agreements Act of 1934)을 제정하여 대통령에게 외국과의 협상을 통해 관세를 조정할 수 있는 권한을 위임하였다. 또한, 1974년 무역법(Trade Act of 1974)도 대통령에게 관세 및 비관세 무역장벽의 제거 및 감소를 위한 광범위한 협상권을 부여했다. 하지만 원칙적으로 통상에 관한 권한은 의회의 배타적 권한에 속한다. 예를 들어, 1974년 무역법에서 도입된 신속처리절차(Fast Track)에 따라 대통령은 외국과의 협상을 의회에 사전 통보하고 협의해야 한다. 그리고 체결된 통상협정의 이행 여부는 협정체결 90일 이내에 상원과 하원이 각각 표결을 통해 과반수의 지지를 얻었느냐에 따라 결정된다.[13]

한편, 대통령이 임명한 고위직 공무원은 상원의 인준을 얻어야 한다. 행정부가 체결한 국제조약도 상원의 비준을 받아야 하는데, 이를 위해서는 출석의석 3분의 2 이상의 찬성이 필요하다. 1919년 윌슨(Woodrow Wilson) 대통령의 주도로 체결된 국제연맹(League of Nations)에 대한 행정부의 비준 요청안을 상원이 부결함으로써 미국이 국제연맹에 참가하지 못하게 되었던 사례는 유명하다. 또한, 1999년 공화당이 다수를 차지하고 있던 상원에서 민주당의 클린턴 행정부가 제출한 포괄적핵실험금지조약(Comprehensive Test Ban Treaty)에 대한 비준동의안이 부결된 사례도 있다.

의회는 예산권을 통해서도 행정부의 외교정책 전반에 관하여 견제기능을 행사할 수 있다. 행정

13) 박찬욱 (1998), p. 129.

부는 매년 의회에 대외원조액 및 국방비와 같이 외교정책 추진에 필요한 예산을 산정하여 예산안을 제출한다. 의회는 예산안을 심의하여 실제 예산을 배정하게 되는데, 이 과정에서 의회는 강력한 영향력을 행사할 수 있다. 의회가 예산을 삭감할 경우 행정부는 정책수행에 차질을 빚을 수 있기 때문이다. 예를 들어, 1971년 닉슨 행정부는 주한미군 지상군 2개 사단 중 1개 사단을 철수하는 과정에서 한국정부에 대해 한국군 현대화를 위한 지원을 약속했다. 그러나 의회에서 행정부가 요청한 대외원조예산을 삭감함으로써 한국에 대한 지원 약속이 이행되지 못했고, 이는 1970년대 한미관계를

📖
해설 11.2

포괄적핵실험 금지조약(CTBT)

1996년 9월 24일 국제연합(UN) 총회에서 결의되어 핵 보유국 5개국을 포함하여 총 71개국이 서명한 조약으로서 형태, 규모 및 장소를 불문하고 어떠한 핵실험도 포괄적으로 금지한다는 내용을 담고 있다. 동 조약은 1963년 미국, 영국 및 소련 간에 체결된 부분적 핵실험금지조약(Partial Test Ban Treaty)이 대기권과 지상 및 수중에서의 핵실험만을 금지하고 지하핵실험의 가능성은 열어두고 있다는 문제점을 보완하기 위해 만들어졌다. 2007년 1월 현재 서명국은 177개국, 비준국은 138개국에 이른다. 그러나 대표적인 핵개발 국가인 미국, 러시아, 중국은 동 조약을 비준하지 않은 상태이다. 또한, 국제적으로 공인되지는 않았지만 실제로 핵 능력을 갖추고 있거나 핵 개발을 추진 중인 파키스탄, 인도, 이란, 북한 등은 서명에도 참여하지 않았다.

악화시킨 하나의 요인으로 작용했던 바 있다.

의회는 주로 위원회(committee)와 그 밑의 소위원회(subcommittee)를 통하여 법안심의 및 청문회 개최 등과 같은 정책 관련 활동을 수행한다. 외교정책과 관련하여 가장 핵심적 역할을 하는 위원회는 상원의 외교관계위원회(Senate Foreign Relations Committee)와 하원의 외무위원회(House Foreign Affairs Committee)이다. 하원의 외무위원회는 원래 국제관계위원회였으며, 2007년 1월에 명칭이 변경되었다. 각 위원회는 소위원회를 두어 보다 세부적인 전문분야를 담당하게 한다. 상원과 하원에 각각 설치된 군사위원회와 정보위원회도 중요한 외교정책위원회이다. 또한, 하원의 세입위원회, 세출위원회와 예산위원회, 그리고 상원의 예산위원회와 금융위원회 등과 같은 금융 관련 위원회는 예산심의 및 배정과 관련하여, 또 대외경제정책과 관련하여 중요한 영향력을 행사한다. 한편, 국제관계 및 외교정책의 영역이 다양화되는 가운데 여타 정책위원회의 대외정책 관련 역할도 증대되는 추세에 있다.

한편, 베트남전쟁 이후 대통령의 독주와 권한남용에 대한 비판적 분위기가 강화되던 배경하에서 의회는 의회예산국(Congressional budget office)과 의회조사국(Congressional Research Service)을 설립하여 자체적인 정보제공 및 분석기능을 갖게 되었다. 이 기구는 행정부가 추진하는 정책에 대해 보다 실효성 있는 비판과 견제기능을 수행하는 것을 돕기 위해 설립되었다.

하지만 의회의 견제기능이 강화되었음에도 전반적 차원에서 보았을 때 외교정책결정에 있어서 대통령의 주도적 역할을 부인하기는 어렵다. 첫째, 의원들의 입법활동을 지원하기 위해 의회조사국의 설치와 같은 개선이 이루어지기는 했지만, 여전히 외교정책에 대한 행정부의 세부적 정보와 전문성에는 미치지 못하고 있다. 둘째, 대통령과 행정부가 추진하는 외교정책에 대한 의회의 견제는 주로 조약의 비준이나 고위공직자 임명에 대한 승인, 그리고 예산안 심의와 같은 비교적 공식화된 과정을 통해 발휘되는 것이 보통이다. 그러나 의회의 분절적 구조는 신속하고 효율적 의사결정이 이루어지기 어렵게 한다. 이러한 문제는 특히 시급한 대응을 요하는 외교적 위기상황의 경우에 두드러진다. 셋째, 외교정책에 대한 의원들의 관심은 지엽적인 경우가 많다. 선거에서 외교정책 사안이 당락을 결정짓는 변수로 등장하는 경우는 드물기 때문이다. 의원들은 대외경제정책처럼 선거구 주민들의 이해와 직접 관련되어 있는 외교사안에만 지대한 관심을 기울이는 경향이 있다.[14]

의회는 대통령과 행정부의 외교정책 수행에 대한 견제기능을 수행하지만, 실제로, 특히 국가적 위기 상황에서는, 대통령이 주도하는 정책 방향을 따르는 경우가 많다. 앞에서 설명한 전쟁권한과 관련해서도 사실상 전쟁의 권한이 대통령과 의회 중 어디에 놓여있느냐의 문제는 꽤 복잡하다. 우선 무엇이 전쟁인가에 대한 정의가 분명치 않다. 예를 들어, 대통령의 평화유지작전을 위한 군대 파견이 과연 전쟁에 해당하는 것인지 아닌지에 대한 논란의 여지가 있다. 또 1973년 전쟁권한법에 따르더라도 대통령은 최소 60일, 최장 90일까지 의회의 승인 없이도 병력을 파견할 수 있어서 법의 실효성에 의문이 제기된다. 미국

---

14) John Dumbrell, "Foreign Policy," in Robert Singh (ed.), *Governing America: The Politics of a Divided Democracy* (Oxford: Oxford University Press, 2003), pp. 279–280.

의 대통령은 군대의 해외투입 시 이를 의회에 보고하지만, 의회에 대한 승인요청은 되도록 피하려는 경향을 나타내고 있다. 승인이 필요할 시에는 비공식적 협의 등을 통한다. 한편, 의회도 60일 이내 철수원칙을 철저히 적용하지는 않는 추세를 보이며, 특히 긴급위기상황에서는 대통령의 주도적 역할을 인정한다.

4) 이익집단과 여론

민주주의와 다원주의를 기본으로 하는 미국의 정치제도에서는 행정부와 의회와 같은 공적·제도적 행위자뿐 아니라 대중여론, 이익집단 및 매스미디어와 같은 사적·비제도적 행위자들의 역할도 중요하다. 여론 동향과 언론 그리고 각종 이익집단의 활동은 밑으로부터 국민의 의사를 수렴하여 정책이 결정되는 과정에 반향을 가져올 수 있는 것이다.

물론 외교정책은 전문성과 효율성이 크게 요구되는 영역이다. 이는 일반 국민의 참여와 대표성이 강조되는 국내적 차원의 공공정책의 경우와 구분되는 측면이다. 하지만 미국과 같은 민주주의 국가에서는 외교정책 영역에서의 대표성 문제가 완전히 도외시 될 수 없다. 다수 국민의 참여라는 요청과 소수 전문엘리트에 의한 정책 효율성의 도모라는 필요는 상충하는 가치로서 두 가지의 균형을 어떻게 이룰 것이냐 하는 문제가 제기되는 것이다.[15]

이익집단은 공동의 이해나 가치를 추구하기 위해 정부의 정책에 영향을 미치려 하는 사람들의 조직이다. 외교정책에 영향을 미치려 하는 이익집단은 크게 세 종류로 나눌 수 있다. 첫째, 기업, 노동조합, 소비자집단 등과 같이 경제적 이익을 추구하는 이익집단이다. 이들은 특히 무역과 같이 자신의 경제적 이익에 영향을 미치는 대외정책 사안과 관련하여 적극적으로 활동한다. 둘째, 자신의 민족적 또는 종교적 정체성 유지를 추구하는 집단이다. 특히 민족집단들(ethnic groups)은 자신들의 출신 국가에 대한 미국의 정책에 영향을 미치고자 한다. 셋째, 정치적 이슈와 관련하여 이념적 소신을 펴기 위해 활동하는 집단들이다. 이들은 경제적 이익단체나 민족집단처럼 자신들만의 특수이익을 추구한다기보다는 평화, 환경보호, 인권 등과 같은 보편적 가치의 실현과 확산을 위해 노력하는 비정부기구(NGOs) 또는 시민단체이다.

한편, 주정부 및 지방정부, 그리고 외국 정부도 각각 미국외교정책에 영향을 미치고자 노력한다. 연방제를 택하고 있는 미국의 정치체제에서 외교는 연방정부가 담당하는 기능이다. 하지만 주정부와 지방정부들도 자기 지역의 이익에 영향을 미치는 대외정책 사안과 관련하여서는 연방정부의 정책에 영향을 미치려 한다. 특히 무역정책과 관련하여 이러한 경향이 두드러진다. 외국 정부도 대사관을 통한 일반적 외교활동을 벌이는 이외에 미국의 법률회사나 로비스트들을 고용하여 미국의 외교정책결정과정에서 영향력을 행사함으로써 자국의 이해증진을 꾀하기도 한다.[16]

이익집단들은 외교정책이 자신의 이해에 맞

---

15) 이정희, "국내정치적 요인과 미국 외교정책," 이범준 외, 『미국외교정책』, p. 193.

16) Bruce W. Jentleson, *American Foreign Policy: The Dynamics of Choice in the 21st Century*, 2nd edn. (New York: Norton, 2004), pp. 49-52.

게 결정되도록 영향을 미치기 위해 몇 가지 로비(lobby)전략을 사용한다. 우선 의회에 로비하는 방법이다. 로비스트들은 의원들이나 의원보좌관들을 지속적으로 접촉하면서 의회의 입법 활동에 영향을 미치려 노력한다. 또한, 선거자금 기부를 통해 특정 후보의 당락에 영향을 주고자 한다. 둘째, 외교정책을 직접 집행하는 행정부의 중간관료들을 상대로 직접 로비하는 방법이다. 셋째, 대중여론을 조성하는 방법으로서 시위를 조직하거나, 언론을 이용하여 자신들의 주장을 알리는 것이 이에 속한다. 마지막으로 뇌물증여 등의 부패행위이다. 이는 물론 불법이지만 이러한 행위가 전혀 안 일어난다고 할 수는 없을 것이다.[17]

이익집단이 자신의 특수이익을 추구하기 위해 외교정책결정과정에 적극적으로 영향을 미치고자 하는 것은 다원화된 미국 사회의 특징을 반영한다. 그러나 이익집단이 로비를 통해 외교정책결정과정에 개입하는 행위는 미국외교정책이 공적인 국가이익보다 사적인 특수이익을 추구하는 방향으로 나아가는 것 아닌가 하는 우려를 낳는다. 특히 군산복합체와 유대계 민족집단이 미국 외교에 미치는 영향력은 이러한 우려를 낳는 대표적인 예이다.

군산복합체는 국방부와 군 그리고 군수산업체가 서로 유착하여 외교정책을 지배하는 현상을 지칭한다. 그 자신이 직업군인이었던 아이젠하워(Dwight D. Eisenhower) 대통령은 1961년 1월 퇴임 연설에서 군산복합체가 미치는 악영향에 대해 경고한 바 있다. 군산복합체는 막대한 국방비의 유지 및 증가에 이해관계를 가지며, 권력 유

해설 11.3

군산복합체의 영향력에 대한 아이젠하워의 경고

"방대한 군 지배층과 대규모 방위산업의 결합은 미국에 있어서 새로운 경험입니다. 경제적, 정치적, 심지어 정신적 차원에서의 총체적 영향은 모든 도시와 모든 주와 연방정부의 모든 기관에서 느껴지고 있습니다. … 우리는 이러한 상황이 심각한 함의를 이해하지 않으면 안 됩니다. 우리의 노력과 자원과 생계가 모두 관련되어 있습니다. 우리의 사회의 구조 자체도 관련되어 있습니다. … 우리는 의도됐든 의도되지 않았든 군산복합체에 의한 부당한 영향력의 획득을 경계해야 합니다. 잘못 주어진 권력의 부상이 재앙적 결과를 초래할 잠재적 가능성은 존재하며 또 앞으로도 그러할 것입니다. 우리는 이 결합으로 인해 우리의 자유 또는 민주적 절차가 위협받게 해서는 결코 안 됩니다."

출처: Dwight D. Eisenhower, "Farewell Address" (January 1961), http://www.yale.edu/lawweb/avalon/presiden/speeches/eisenhower001.htm.

착을 통해 자신들의 좁은 이익을 추구한다는 것이다. 그리고 그 과정에서 국익은 손상을 입게 된다. 군산복합체가 영향력을 행사한 사례는 많으며, 특히 무기 개발과 조달분야에서 그러하다. 하지만 탈냉전 직후 1989~1993년 기간의 미국 국방비 감축에서 드러나듯이 군산복합체가 늘 외교정책을 지배하는 것은 아니라는 점도 함께 지적될 필요가 있다.[18]

유대계 미국인들은 풍부한 재정자원과 지식

---

17) Jentleson (2004), pp. 52-54.

18) Wittkopf, et al, (2003), pp. 286-293.

능력을 바탕으로 미국 내 민족집단 중 가장 강력한 로비 능력을 갖춘 것으로 알려져 있다. 미국-이스라엘 민간위원회(AIPAC: American Israeli Public Affairs Committee)는 이스라엘과 직접 관련 있는 미국의 중동정책에 큰 영향력을 행사한다. 하지만 유대계 집단의 영향력은 실제보다 부풀려져 인식되고 있기도 하다. 아랍의 석유 이권을 추구하는 경제이익단체들의 영향력은 친 이스라엘적 정책을 옹호하는 유대인 집단의 영향력을 종종 압도한다. 또 유대계 내부에도 이스라엘-팔레스타인 평화협상과 같은 문제에 대해 의견분열이 나타나기도 하는데, 이런 경우 강력한 유대인 로비를 기대하기는 어렵다.[19]

이익집단의 영향에 의한 특수이익의 추구는 외교정책이 본질적으로 추구해야 하는 국익을 훼손할 수 있다는 점에서 우려가 제기되는 것이 사실이다. 하지만 이익집단의 악영향을 지나치게 과장할 필요는 없다. 첫째, 미국에서는 많은 수의 이익단체들이 활동하는 가운데 이익단체 간의 영향력 상쇄가 종종 일어나기 때문이다. 둘째, 이익집단이 미국의 외교정책에 미치는 영향력 자체가 그리 크지 않다는 점도 중요하다. 이익단체의 활동은 어떤 특정 정책 행위를 중단시키는 데에는 어느 정도 효과적이지만, 그렇다고 이익단체 때문에 미국외교의 방향 자체가 바뀌는 경우는 거의 없다. 특히 위기 시의 외교정책결정과정에서 대통령이 이익단체들의 의견을 구하는 경우는 드물다. 셋째, 환경, 인권, 경제개발을 위한 NGO들의 활동은 미국외교정책이 적절한 관심을 기울이지 못하는 문제에 관심을 환기한다는 측면에서 긍정적 역할을 한다.

외교정책결정과정에 미치는 또 다른 주요한 사회적 요인으로는 여론(public opinion)이 있다. 미국의 민주주의 제도하에서는 정책결정자나 정치인들이 여론을 완전히 도외시할 수 없다. 대통령은 여론의 동향에 촉각을 기울이면서 어떤 외교정책이 여론의 관심과 지지를 받을 수 있는지에 대해 주시한다. 의회는 여론에 더욱 민감하게 반응하는바, 전체 국민의 여론만이 아니라 이익집단이 내는 큰 목소리에도 많은 관심을 기울이는 경향이 있다.

그러나 여론이 어떠한 속성을 지니는지, 그리고 외교정책에서 얼마나 중요한 변수가 되는지에 대해서 서로 다른 견해가 존재한다. 리프만(Walter Lippman)과 같은 현실주의자들은 대중여론을 불안정하고 비합리적이며 충분한 정보에 기초하지 않은 것으로 여긴다. 따라서 정책결정자들이 여론에 근거해서 외교정책을 결정하여서는 안 된다고 본다.[20]

반면 외교정책에 대한 미국 대중의 여론이 장기간에 걸쳐 상당한 안정성과 합리성을 나타내고 있다는 견해도 있다. 탈냉전 이후에도 미국의 여론은 고립주의로 경도되지 않았다는 점은 여론의 안정성을 보여주는 사례로 지적된다. 또한, 미국 여론에 관한 경험적 연구를 통해 샤피로와 페이지(Shapiro and Page)는 '합리적 대중'이라는 개념을 제시했다. 외교정책에 대한 여론의 변화

19) 유대계 로비로 인해 탈냉전 이후 미국의 중동정책이 왜곡되었다는 미어샤이머와 월트의 최근 주장은 유대계 로비에 대한 논쟁을 다시 촉발했다. John J. Mearsheimer and Stephen M. Walt, *The Israel Lobby and U.S. Foreign Policy* (New York: Penguin, 2007).

20) Walter Lippmann, *Public Opinion*, 1922. 이 글의 전문은 Project Gutenberg Release #6456, September 2004, http://www.gutenberg.org/etext/6456 에서 찾을 수 있음.

해설 11.4

CNN 효과

소위 CNN 효과는 대중매체, 특히 전 세계를 대상으로 24시간 뉴스를 방송하는 CNN과 같은 매체가 외교정책결정에 미치는 영향을 지칭한다. 텔레비전의 방송을 통해 시청자들에게 전달되는 내용과 이미지는 즉각적인 여론의 반향을 낳는다. 물론 역으로 그러한 텔레비전 보도가 없을 경우에는 여론의 관심을 끌지 못하는 현상이 나타난다. 이러한 현상은 특히 미국의 안전과 경제적 이익이 직접적으로 관련되어 있지 않은 해외의 인도주의 위기의 경우에 종종 발생한다. 외국에서 대량학살이나 기타 심각한 인권유린 사태가 발생하였을 경우 직접적

인 안보 및 경제적 이익이 없을 경우 미국정부는 사태대응에 소극적인 경향이 있다. 그러나 텔레비전 방송을 통해 잔혹한 학살과 억압의 이미지가 일반 대중에게 전달되면 인도주의 위기 사태에 적극 대응해야 한다는 여론이 높아진다. 다른 한편 인도주의 위기에 대응하기 위해 파견된 미군의 희생에 대한 방송보도는 미군 철수 및 개입중지에 대한 여론을 고양시킨다. 이렇게 텔레비전 방송에 따른 여론의 추이는 외교정책결정자에게도 일종의 압력으로 작용하여 인도주의 개입과 같은 대외정책의 결정에 상당한 영향을 미친다.

는 미국이 처해있는 국제적 상황의 변화에 맞추어 합리적으로 이루어진다는 것이다.[21]

여론의 속성에 대한 두 가지 견해 중 어떤 것이 전적으로 옳고 다른 것은 전적으로 그르다고 말하기는 어려울 것이다. 하지만 일반적으로 미국 대중들은 외교정책보다는 국내 정책에 더 관심을 기울이며, 국가적 위기 시와 같은 예외적인 경우에만 외교정책에 관한 관심이 증대된다. 그런데 이러한 시기에는 대통령이 여론을 이끌고 조성할 수 있는 능력도 증대되는 것도 사실이다.

대통령이 여론의 동향에 관심을 기울이는 정도는 특정 사안에 대해 표출되는 여론의 강도, 그리고 여론을 이끌지, 아니면 따라갈지에 대한 대

통령 자신의 태도에 따라서도 차이가 있을 수 있다. 또한, 대통령에게 어떤 경로를 통해 여론이 전달되는가도 중요하다. 그러한 경로의 하나로서 중요한 역할을 하는 것이 언론 또는 매스미디어이다. 언론 중에서도 『뉴욕타임즈』와 『워싱턴포스트』와 같은 고급 신문들은 주로 정책결정엘리트들에게 영향을 미치며, 텔레비전은 보다 광범위한 대중여론 조성에 효과가 크다. 브루킹스연구소(Brookings Institution), 전략 및 국제문제연구소(CSIS: Center for Strategic and International Studies), 미국기업연구소(AEI: American Enterprise Institute), 헤리티지재단(Heritage Foundation), 외교협회(Council on Foreign Relations), 랜드연구소(RAND) 등 여러 싱크탱크(think tank)도 외교정책 관련 여론조성에 일조한다.[22]

21) Robert Y. Shapiro and Benjamin I. Page, *The Rational Public: Fifty Years of Trends in Americans' Policy Preferences* (Chicago: University of Chicago Press, 1992).

22) 미국의 싱크탱크에 대한 설명으로는 강원택, 박인휘,

싱크탱크

미국에는 100여 개 이상의 싱크탱크가 공공정책과 관련하여 활동하고 있고, 이 중 20개 이상의 기관들은 외교정책을 전문적으로 다루고 있다. 이들은 외교문제에 대한 분석과 정책 처방을 제시함으로써 정책결정자들에게 영향을 미치고 또한 여론의 형성에도 기여한다. 싱크탱크에는 전문학자들이 상주하며 정책 현안에 대한 분석업무를 수행하며, 이들 외에도 의회나 행정부에 몸담았던 다수의 전직 고위관리가 머물며 활동한다.

싱크탱크는 이념적 스펙트럼에 따라 분류되기도 한다. 예를 들어, 헤리티지재단과 미국기업연구소(American Enterprise Institute)는 공화당과 가까운 보수성향의 기관이며, 브루킹스연구소는 민주당과 비교적 가까운 성향을 띠고 있다.

3. 미국외교정책의 목표와 방향

모든 국가는 외교정책을 통해 자신의 국가이익을 극대화하고자 노력하며, 미국도 국가이익의 추구를 외교정책의 목표로 삼는다는 데에서 결코 예외가 아니다. 미국의 저명한 현실주의 국제정치학자인 모겐소(Hans J. Morgenthau)에 따르면, 국제적으로 세력이 분포되어 있는 모습하에서 어떻게 하는 것이 국가의 생존과 번영을 위해 가장 유리한 것인지를 판단하면 국가이익이 무엇인지는 비교적 간단하게 도출된다. 개인 간의 관계에

서와 같은 도덕적, 윤리적 고려는 국가 간 관계에서는 결코 동일하게 적용될 수 없다. 오히려 그러한 고려는 국가의 생존을 도모하고 그럼으로써 대부분 국민의 안전을 보호하는 데 방해가 되는 경우가 많으며, 이러한 관점에서는 국가의 생존과 번영을 추구하는 것 자체가 대외정책의 도덕적 차원을 제공한다고 지적된다.[23]

하지만 "국가이익이 과연 무엇인가"하는 질문은 현실주의 국제정치이론이 설명하는 것보다는 복잡한 문제를 야기한다. 국가이익의 정의에 대한 서로 대립하는 여러 입장과 견해가 존재하기 때문이다.[24] 젠틀슨(Jentleson)은 미국외교의 목표, 즉 미국외교가 추구하는 국가이익의 내용을 권력(power), 평화(peace), 번영(prosperity), 원칙(principles)으로 요약한다.[25] 하지만 이러한 목표 중 어떠한 것이 상대적으로 더 강조되고 또 그 조합은 어떻게 되느냐에 따라서 구체적인 외교정책의 내용과 모습은 크게 달라질 수 있다.

미국의 국가이익은 미국이 외교를 통해서 무엇을 추구하는가 또는 추구하여야 하는가에 대한 견해와 입장에 따라 다르게 정의된다. 미국이 외교정책을 통해 무엇을 달성하려 하는가에 관하여 장기간에 걸쳐 지속해서 또는 반복적으로 나타나는 견해와 입장을 미국의 외교전통 또는 외교이념이라고 부를 수 있다. 즉 미국의 외교이념이란 "미국의 세계적 역할과 그를 실현하기 위한 수단

장훈, 『한국적 싱크탱크의 가능성』 (서울: 삼성경제연구소, 2006), 제2장 참조.

23) Hans J. Morgenthau, *In Defense of the National Interest: A Critical Examination of American Foreign Policy* (New York: Knopf, 1951).

24) 국가이익의 정의에 대한 구성주의 논의로는 Martha Finnemore, *National Interests in International Society* (Ithaca, NY: Cornell University Press, 1996)을 참조.

25) Jentleson (2004), pp. 12–22.

에 관한 일련의 일관된 시각으로서 현실 외교정책결정을 둘러싼 현실적인 논쟁에서 중요한 흐름을 형성하고 있는 노선들을 말한다."[26]

이러한 외교이념은 미국 행정부의 고위 외교정책결정자들은 물론이고 의원들과 일반 대중의 생각에도 배어있는 일종의 문화적 배경 요인이다. 따라서 외교이념은 미국인들이 대외관계를 이해하고 대응하는 데 있어서 일종의 프리즘이나 필터로서 기능한다. 또한, 외교이념은 미국외교가 지향하는 방향과 목표를 제시하고, 특정 외교정책의 정당성을 따지는 국내적 논쟁의 기준과 근거가 된다.[27]

1) 미국 예외주의

미국 예외주의(American exceptionalism)란 미국을 다른 나라들과 다른 독특하고 예외적인 나라라고 인식하는 태도를 말한다. 특히 이때의 미국은 자유주의적 가치를 가장 모범적으로 구현한 국가이다. 자유의 나라로서의 미국에 대한 이러한 예외주의적 자기정체성 인식은 미국의 대외정책에도 반영되어 있다. 대외정책의 측면에서 예외주의는 미국의 자유가 세계의 다른 나라에도 전파되어야 한다는 믿음으로 나타난다.

미국은 많은 행운을 지니고 태어났다. 구세계 유럽과 대비되는 의미에서의 신세계 미국은 유럽 봉건질서의 굴레로부터 자유로운 국가로 태어났

---

26) 이삼성, 『현대미국외교와 국제정치』 (서울: 한길사, 1993), p. 21.

27) 김기정, "미국 외교의 이념적 원형," 이범준 외, 『미국외교정책』, pp. 31-32; Colin Dueck, *Reluctant Crusaders: Power, Culture, and Change in American Grand Strategy* (Princeton: Princeton University Press, 2006), pp. 14-16.

다. 또 지리적으로도 미국은 유럽과 대서양을 사이에 두고 있었기 때문에, 근대유럽의 복잡다단한 국제정치적 갈등과 빈번한 전쟁으로부터 큰 영향을 받지 않고 떨어져 있을 수 있었다. 국력이 약한 주변 국가들도 미국에 심각한 영향을 주지는 못했다. 더욱이 미국 자체의 넓은 영토와 풍부한 자원, 그리고 해외로부터의 끊임없는 인구의 유입은 미국의 경제적 성장과 발전에 우호적인 환경을 제공했다.

미국의 또 다른 중요한 특징은 자유의 가치를 매우 중요시한다는 점이다. 이 역시도 미국의 역사적 경험에서 비롯되었다. 17세기 영국의 청교도들이 미국으로 건너와 정착한 것은 종교의 자유를 찾기 위한 것이었다. 또한, 미국은 18세기 후반 정치적 경제적 자유를 위해 영국과 전쟁을 벌여 결국 독립을 쟁취했고, 1787년 제정된 헌법을 통해 세계 최초의 근대적 민주주의 국가를 건설했다.

다양한 인종 및 민족적 배경을 지닌 미국인들을 하나의 국민으로 만드는 것은 개인의 자유, 평등, 민주주의, 법치주의 등과 같은 자유주의적 가치를 중심으로 하는 미국의 신조(American creed)에 대한 동의이다. 미국을 자유의 나라로 인식하는 미국인들의 자기 정체성은 물론 신화에 가까운 것일 수 있다. 모든 나라는 제각기 어느 정도 독특한 문화적 특질을 지니고 있어서 미국만이 예외적으로 특별한 나라라고 할 수는 없을 것이다. 또 모든 나라는 자신의 특수한 성격에 대해 각별한 강조를 두는 경향이 있으며, 미국도 그러한 경향의 하나에 불과하다고 볼 수 있다. 그렇지만 미국인들이 미국을 예외적 나라라고 여기는 정도는 각별하다. 아마도 그것은 다양한 인종 및 민족

적 배경을 지닌 사람들을 하나의 국민으로 만들기 위해서 자유라는 가치를 중심으로 하는 미국의 신조에 대한 동의가 강조되기 때문일 것이다.

미국이 예외적 나라라는 믿음은 미국인들의 우월의식을 보여준다. '명백한 운명(manifest destiny)' 같은 표현은 미국이 자신의 우월한 문명을 보다 미개한 세계에 소개하여 이들을 개명시켜야 한다는 선교사적 소명의식과 인종주의에 입각한 우월의식을 동시에 담고 있다. 다른 한편으로 자유와 민주주의의 보편성에 대한 인식을 전제로 그것이 대외적으로 전파되어야 한다고 본다는 점에서는 미국의 예외주의적 믿음을 어느 정도 긍정적으로 평가할 수 있을 것이다.

미국인들은 대체로 예외주의적 신념을 공유하며, 이러한 신념은 역사적으로도 미국 대외정책에 거의 예외 없이 반영됐다. 물론 다른 나라와 마찬가지로 미국의 대외정책의 궁극적 목표는 자신의 생존을 보장하고 평화를 유지하며 번영을 추구하는 데 있다. 하지만 평화와 안보 및 번영에 대한 미국의 관념은 예외주의적 자기 정체성 인식을 배경으로 하고 있다. 예를 들어, 미국의 생존은 단지 다른 국가로부터의 정복이나 지배를 받지 않고 국가로서의 미국이 유지되는 것뿐 아니라, 미국이 계속해서 자유주의를 근간으로 하는 미국적 가치를 유지하면서 존속함을 의미한다.

자유와 민주주의의 전파와 확산을 외교정책의 목표로 내놓는 것도 대단히 미국적인 현상이다. 물론 민주주의의 대외적 전파가 단순한 수사에 불과하고, 미국의 외교정책이 실제로는 미국의 직접적 이익을 추구하는 데에만 관심을 기울인다고 보는 비판적 견해도 존재한다. 간단히 말해서 위선이라는 것이다. 실제로 미국이 냉전기에 다

른 나라의 독재정권을 지원함으로써 자유와 민주주의의 전파라는 목표에 상반되는 정책을 취했던 사례도 많다. 그러나 이러한 현실적 한계에도 불구하고 자유와 민주주의 전파는 미국외교 목표의 하나로 반복적으로 계속 제시되어왔는데, 이를 위선이라고만 설명하기는 어렵다.

2) 현실주의와 이상주의

국제정치이론의 현실주의(realism)와 이상주의(idealism)는 미국외교의 목표를 설명하는 데에도 유용한 개념이다. 현실주의자는 항구적인 전쟁상태로서의 국제정치의 무정부적 속성을 강조하고, 국제적 무정부 상태가 완화되거나 극복되기 어렵다고 인식한다. 적어도 국제정치에 역사의 진보는 없는 것이다. 현실주의자에게 대외정책의 가장 우선적인 목표는 국가의 생존을 보장하는 것이며, 이를 위한 권력 특히 군사력의 중요성이 강조된다. 반면에 이상주의는 국제정치에서도 도덕과 규칙이 중요하다고 본다.[28] 또한, 이상주의는 진보에 대한 믿음 즉 국제정치의 무정부 상태에서 비롯되는 갈등의 경향이 완화되고 극복되어 국가 간 협력과 평화의 가능성이 증대될 수 있다는 믿음을 지닌다.

자유주의적 가치의 대내적 구현은 물론 대외적 전파를 목표로 하는 미국의 예외주의적 대외

---

28) 오늘날 국제정치이론에 있어서는 현실주의와 자유주의를 대비시키는 것이 일반적이다. 그러나 일찍이 E. H. 카가 제시하였듯이 엄밀한 의미에서 현실주의는 이상주의 또는 유토피아주의에 대응되는 개념이다. Edward Hallett Carr, *The Twenty Year's Crisis, 1919-1939: An Introduction to the Study of International Relations* (New York: Harper & Row, 1964), p. 11.

정책은 이상주의적 성격을 강하게 지닌다. 미국 이상주의 외교의 대표적인 사례는 제1차 세계대전을 전후한 시기의 월슨 대통령의 외교에서 찾아볼 수 있다. 1917년 4월 의회의 독일에 대한 전쟁 선포를 요청한 월슨의 대의회 연설에서 드러나듯이 미국은 기본적으로 유럽의 전쟁으로 시작된 제1차 세계대전에 '민주주의에 안전한 세계를 만들기 위하여' 참전했다. 이어 월슨은 1918년 1월 의회 연설을 통해 제1차 세계대전 후 수립되어야 할 국제질서에 대한 자신의 구상을 14개 조항(Fourteen Points)으로 정리해 발표했다. 여기에는 비밀외교에 대한 반대, 공해에서의 자유 항해권 보장, 평등한 국제무역체제의 확립, 군비 축소, 민족자결, 국제연맹의 창설 등이 포함되었다.[29] 그리고 1919년 1월부터 6개월 동안 프랑스 파리에서 열린 평화회담에서 월슨은 14개 조항에 바탕을 둔 전후질서의 수립을 추진했다. 가장 핵심적인 것은 국제연맹의 창설이었다. 월슨은 유럽에서의 잦은 전쟁이 불안정한 세력균형체제의 결함 때문에 일어난다고 파악하고, 이를 집단안보체제로 전환하여 전쟁의 가능성 자체를 차단하고자 했다. 집단안보체제는 "체제 내의 한 국가에 대한 공격을 체제 내 모든 국가에 대한 침략으로 간주하고 침략자에 대해 공동으로 대항하는 체제로서, 잠재적 침략자에게 전쟁의 승리에 대한 기대를 낮추어 전쟁을 방지하는 안보체제이다."[30]

그러나 월슨에 의해 창설된 국제연맹의 실험은 실패로 끝났다. 월슨이 구상한 집단안보체제

---

29) 연설문 전문은 http://www.yale.edu/lawweb/avalon/ wilson14.htm을 참조.

30) 유현석, 『국제정세의 이해: 미국 패권 시대의 지구촌의 아젠다와 국제관계』 제2 개정판 (서울: 한울, 2006), p. 21.

해설 11.6

월슨의 '민주주의의 안전을 위하여' 연설

"지금 우리의 목적은 … 이기적이고 전제적인 권력에 대항해 전 세계인의 삶에서 평화와 정의의 원리들을 지키고, 또한 진정으로 자유롭고 자치적인 세계 국민 사이에 향후 이러한 원리들의 준수를 보장할 목적과 행동을 가진 하나의 제휴체제를 수립하는 것입니다. …

세계는 민주주의를 위해 안전한 장소가 되어야 합니다. 세계의 평화는 정치적 자유가 시험받는 토대 위에서 이루어져야 합니다. 우리는 어떠한 이기적인 목적도 갖고 있지 않습니다. 우리는 정복도 지배도 바라지 않습니다. 우리는 우리 자신을 위한 배상금도, 우리가 기꺼이 바칠 희생에 대한 어떠한 물질적 보상도 추구하지 않습니다. 단지 인류의 제 권리를 위한 투사가 되기를 바랄 뿐입니다."

출처: "월슨 대통령의 대독선전에 관한 연설," 한국미국사학회 편, 『사료로 읽는 미국사』 (서울: 궁리, 2006), pp. 280-281.

가 제대로 작동하기 위해서는 모든 국가가 각자의 국익보다는 전체의 공익을 우선해야 했지만, 현실은 그렇지 못했다. 파리강화조약에서 프랑스를 비롯한 전승국들은 독일에 대한 무거운 전쟁배상을 요구하여 이를 관철했는데, 이는 독일의 불만을 초래하여 제2차 세계대전의 불씨를 남겼다. 더욱 중요한 것은 국제연맹조약이 미국 의회에서의 비준을 얻는 데 실패했다는 점이다. 미국이 전쟁에의 개입 여부를 주권적으로 판단할 수 있는 권리를 사실상 포기하고 모든 국제적 분쟁에 자동 개입하여야 한다는 집단안보의 논리가 의회의 비준을 어렵게 만든 장애물이었다. 창설

주도세력인 미국이 불참한 상태에서 국제연맹은 종이호랑이에 불과했다. 1931년 일본이 만주를 침략하여 만주국을 세운 사건과 관련하여 국제연맹이 소집되었으나 1933년 일본은 국제연맹을 탈퇴해 버림으로써 대응했고 국제연맹은 이에 대해 아무런 실질적 조치도 취하지 못했다. 1935년에 이탈리아가 에티오피아를 침략했을 때에도 국제연맹은 효과적으로 대응하지 못함으로써 현실적 한계를 드러냈다.

이상주의 외교정책이 실패로 돌아가 제2차 세계대전을 겪게 된 이후 미국외교는 현실주의적 색채를 강화하기 시작했다. 특히 소련과의 냉전을 치르면서 미국은 공산세력의 팽창을 봉쇄하기 위해 군사력을 강화하고 전 세계적 차원에서 동맹을 형성하고 유지하기 위해 노력했다. 봉쇄정책의 창안자인 케난(George Kennan)을 비롯한 현실주의자들은 미국외교의 도덕주의 및 법률주의적 경향을 비판하면서 미국외교가 냉철한 국제적 권력관계의 분석에 기초한 현실주의적 국가이익의 추구에 주력하여야 한다고 주장했다.[31]

그러나 제2차 세계대전 이후의 미국외교가 전적으로 현실주의적이었다고만 할 수는 없다. 앞에서 지적한 바와 같이 케난은 미국이 현실주의 외교정책을 펼쳐야 한다고 주장했지만, 그러면서도 미국외교에는 이상주의적 경향이 어쩔 수 없이 강하게 배어있음을 암시했다. 실제로 미국에는 자유주의적 가치의 대내외적 증진을 추구하여야 한다는 생각이 폭넓게 퍼져있다. 이는 곧 미국의 대외정책이 현실주의적 성격과 함께 이상주의

적 목표를 동시에 지니고 있음을 뜻한다. 다만 현실주의자는 이상주의자보다 자유주의 가치의 증진이라는 목표를 달성하기 위한 힘과 수단이 과연 존재하는가에 보다 많은 관심을 둔다. 아무리 바람직한 목표라도 그것을 이룰 수 있는 현실적인 정책수단이 없다면 그 목표를 무리해서 쫓아서는 안 된다는 것이다.

미국외교에서 현실주의와 이상주의가 조합된 좋은 예는 제2차 세계대전 종전을 전후한 시기에서 찾을 수 있다. 미국은 소련 공산주의의 점증하는 위협에 대응하여 봉쇄정책을 추진하면서도 자유주의적 세계금융질서와 무역질서를 형성했다. 또한, 미국은 1941년 대서양헌장(Atlantic Charter)에서 선언된 국제협력의 원칙을 구현하기 위해 국제연합(United Nations)의 창설을 주도했다. 그러나 국제연합은 다섯 개 상임이사국에 거부권을 부여함으로써 형식적 국제평등을 따르기보다는 강대국의 권리가 인정되는 형태의 협력기구로 탄생했다.

하지만 현실주의와 이상주의가 항상 조화를 이루는 것은 아니다. 그런데 현실주의와 이상주의가 서로 충돌할 시에는 대체로 이상주의적 목표가 포기된다. 예를 들어, 민주주의의 대외적 전파라는 목표가 미국의 안보상의 필요와 배치될 때 안보 목표가 더 중요시되곤 한다. 1960년 5월 도미니카 공화국의 우익 독재자 트루히요(Trujillo)가 암살된 직후 케네디 대통령이 남긴 언급은 많은 것을 시사한다. 도미니카 정책에는 "바람직한 순서대로 해서 세 가지 선택이 있다. 첫째, 훌륭한 민주주의 정권; 둘째, 트루히요 정권(즉 반공 독재 정권)의 계속; 셋째, 카스트로 정권(즉 공산 정권)이다. 이 중에서 우리는 민주주의 정부를 지

---

31) George F. Kennan, *American Diplomacy, 1900-1950* (Chicago: University of Chicago Press, 1951).

향하지만, 공산정권의 등장을 막을 수 있다는 확신이 서기 전까지는 우익독재정권이라는 선택을 완전히 포기할 수 없다."[32] 물론 이 말은 도미니크공화국뿐 아니라 민주주의제도의 미성숙을 경험하고 있던 많은 제3세계 국가에 대한 냉전기 미국의 정책에 일반적으로 적용되는 말이다.

3) 고립주의와 국제주의

현실주의와 이상주의의 대립항과 함께 미국외교이념의 또 다른 주요 대립항은 고립주의(isolationism)와 국제주의(internationalism)이다. 고립주의는 국제문제에 대한 미국의 개입을 축소해야 한다는 입장이고, 국제주의는 국제사회에서의 미국의 적극적 역할을 지지하는 입장을 말한다. 그러나 미국이 세계로부터 전적으로 떨어져서 폐쇄된 공간에 있을 수는 없기 때문에 완전한 의미의 고립주의는 이념형으로서의 의미를 지닐 뿐 현실적으로 나타나기 어렵다. 이러한 이유에서 고립주의 대신 반(半)고립주의라는 개념을 사용하는 학자도 있다.[33] 한편, 국제주의보다는 미국의 팽창주의(expansionism) 또는 개입주의(interventionism)가 적절하다는 견해도 있다. 이 견해는 미국외교의 특징이 제국주의적 팽창에 있다고 보며, 이러한 측면이 국제주의라는 중립적 표현으로는 제대로 포착되지 않는다고 여긴다.[34]

이렇게 고립주의와 국제주의의 개념으로 미국외교의 특징을 파악하는 데 다소의 한계가 없지 않지만, 두 개념은 이미 오랫동안 폭넓게 사용되어 왔다. 게다가 고립주의와 국제주의를 경향성을 나타내는 개념으로 이해한다면 그 유용성은 어느 정도 인정할 수 있을 것이다.

고립주의와 국제주의는 앞에서 설명한 미국 예외주의와의 관련 속에서 설명할 수도 있다. 미국 예외주의의 대외정책적 표출에는 두 가지 방식이 있다. 첫째, 미국을 세계의 모범이 되는 국가로 여기고 미국 자신의 민주주의 제도와 실천에 완벽함을 도모하는 데 머무르는 방식이다. 훌륭하게 구현된 미국의 자유주의적 제도와 가치를 다른 나라들이 본받게 하려는 것이다. 둘째, 미국식 가치와 제도를 세계에 전파하기 위해 적극적으로 세계의 다른 나라와 지역에 개입하는 방식이다.[35] 고립주의를 세계로부터의 완벽한 절연이 아니라 상대적 의미의 고립 또는 고립으로의 경향으로 파악한다면, 미국이 세계의 모범이 되는 데 만족하자는 첫 번째 방식은 바로 고립주의의 다른 표현이라 할 수 있다. 그리고 미국식 가치의 대외적 확산을 위한 적극적 개입을 선호하는 방식은 바로 국제주의적 경향과 대체로 일치한다.

미국 대외정책사에 있어서 고립주의와 국제주의는 마치 시계추처럼 번갈아 가며 고조와 퇴조를 반복했다. 건국 이후 초기 미국은 대체로 고립주의 경향을 나타냈다. 당시 신생국가로서 미국의 국력이 유럽 열강에 비해 취약한 상태였다. 유

32) Arthur M. Schlesinger, Jr., *A Thousand Days: John F. Kennedy in the White House* (New York: Fawcett Premier, 1971), pp. 704-705.

33) Ole R. Holsti and James N. Rosenau, *American Leadership in World Affairs: Vietnam and the Breakdown of Consensus* (Boston: Allen Urwin, 1984); 이삼성 (1993), p. 30에서 재인용.

34) 권용립, "미국의 외교정책," 이상우, 하영선 편, 『현

대국제정치학』 개정판 (서울: 나남, 1994).

35) H. W. Brands, *What America Owes the World: The Struggle for the Soul of Foreign Policy* (Cambridge: Cambridge University Press, 1998), pp. vii-viii.

럽에서는 전쟁이 빈발하던 상황이었는데 상대적 약소국이었던 미국이 유럽의 국제정치에 잘못 연루될 경우 자칫 큰 피해를 볼 수 있었다. 이러한 사정에서 1796년 미국의 초대대통령인 워싱턴(George Washington)은 자신의 고별연설을 통해 해외 교역을 제외한 여하한 형태의 해외연루(foreign entanglement)도 피할 것을 경고했다.

고립주의의 또 다른 상징적인 표현은 먼로독트린(Monroe Doctrine)이다. 1823년 먼로(James Monroe) 대통령은 의회 연설을 통해 유럽 열강이 더 이상 미 대륙을 식민지화 하거나 미국이나 멕시코 등 미 대륙에 있는 주권국가에 대해 간섭하지 말라고 요구하고, 그 대신 미국은 유럽 열강 간의 전쟁에 대해 중립을 지키겠다고 선언했다. 먼로독트린은 미국의 고립주의 경향을 확인하지만, 다른 한편으로는 유럽 열강들이 아메리카대륙의 일에 간섭하지 말 것을 주문함으로써, 중남미를 포함한 미주지역에 대한 미국의 배타적 지위를 주장한 것이기도 하다.

미국의 국력이 성장하면서 고립주의는 점차 약화되었다. 19세기 말에서 20세기 초에 이르러 미국은 지리적으로 서부로의 팽창을 완료하였고 산업생산력 향상에 힘입은 국력의 상승을 경험했다. 이를 바탕으로 미국은 제국주의의 시대조류에 따른 팽창정책을 취했다. 1898년 미국은 스페인과의 전쟁을 벌여 이김으로써 쿠바를 영향권에 넣고 필리핀, 괌 등을 식민지로 얻게 되었다. 하와이도 전쟁의 와중에 병합되어 아시아 진출의 교두보가 되었다. 또한, 미국은 중국에 대한 문호개방을 요구함으로써 다른 서구 제국주의 국가들이 이미 차지하고 있던 중국에서의 경제적 이권을 나누어 갖고자 했다. 1904년 루즈벨트

(Theodore Roosevelt) 대통령은 루즈벨트 추론(Roosevelt Corollary)이라고 불리는 새로운 중남미 정책을 추진했다. 기존의 먼로독트린이 미주지역에 대한 미국의 배타적 지위를 확인했던 데에서 한 걸음 더 나아가 중남미지역 내정에 대한 미국의 개입을 정당화한 것이다. 실제로 1900년에서 1917년의 기간 중 미국은 6개 중남미 국가들의 내정에 개입했다.

미국은 적어도 유럽에 대해서만큼은 경제적 교류를 제외하면 고립을 유지하고 있었다. 1914년 제1차 세계대전이 발발하여 유럽 전역이 전쟁에 휩싸이게 되었을 때 미국은 좀처럼 개입하려 하지 않았다. 미국은 전쟁의 판도를 바꿀 수 있을 만큼의 국력을 가진 나라로 성장해 있었으며, 특히 영국은 미국의 참전을 강력히 희망하고 있었다. 결국, 1917년 윌슨 대통령은 민주주의의 수호를 위해 참전을 결정했고, 종전 후에는 국제연맹의 창설 등 미국적 가치에 근거한 세계질서의 창출을 위해 노력했다. 제1차 세계대전을 계기로 미국 대외정책의 기조가 국제주의의 방향으로 전환된 것이다.

그러나 국제연맹조약이 미국 상원의 비준을 얻는 데 실패한 이후 미국의 대외정책은 다시 고립주의의 경향을 나타냈다. 미국은 대외관계보다는 국내적 문제의 해결에 더 많은 관심을 기울였다. 물론 미국은 경제적 차원에서의 국제문제에 대한 개입을 지속했다. 특히 유럽의 전후복구와 전쟁배상문제 해결을 위한 국제적 협력체제는 미국 자본의 투자를 매개로 구축되었다. 그러나 미국은 경제적 개입 이상으로 나아가려 하지 않았다. 더욱이 1929년 뉴욕 증권시장의 폭락으로 시작된 대공황(Great Depression)은 미국의 관심

해설 11.7

워싱턴의 해외연루에 대한 경고

"우리가 외국에 취해야 할 행동의 대원칙이 있는데, 그것은 곧 그들과 상업적인 교역은 확대하되 정치적인 관계는 가능한 한 맺지 말자는 것입니다. … 유럽국가들은 우리와는 전혀 관련이 없는 일련의 주요한 이해관계에 서로 얽혀 있습니다. … 따라서 유럽정치의 일상적 변천이나 그들 간의 호의나 적의로 인한 일상적인 동맹과 분열의 와중에 우리 자신을 인위적인 유대로 묶어 연루시키는 것은 현명하지 못한 일임에 틀림없습니다.

유럽에서 멀리 떨어진 상황으로 말미암아 우리는 유럽과 다른 노선을 추구해야 하며, 또 그렇게 할 수 있습니다. 만약 우리가 하나의 효율적인 정부 아래 단합된 국민으로 남는다면 우리는 머지않아 외부의 압박에서 물질적 피해를 입지 않아도 될 것입니다. 그때에는 우리가 중립적 태도로 항상 처신할 수 있을 것이며, 교전국들은 함부로 어찌할 수 없는 터라 쉽게 도발을 감행하여 해를 끼칠 수 없을 것입니다. 또한, 그때에는 우리의 이익을 고려해 평화든 전쟁이든 정의가 명하는 바에 따라 마음대로 선택할 수 있을 것입니다."

출처: "워싱턴 대통령 고별사," 한국미국사학회 편, 『사료로 읽는 미국사』 (서울: 궁리, 2006), p. 85.

을 안으로 돌렸다. 1930년대 들어 이탈리아와 일본 그리고 독일의 군사적 팽창정책에 의해 국제협력체제의 파국 가능성이 가시화되었으나 미국은 여전히 개입을 회피했다.

1939년 독일의 폴란드 침공으로 제2차 세계대전이 발발하면서 국제정세에 암운이 드리워졌다. 미국은 중립을 표방하면서도 1941년 3월 전시연합국 무기대여법(Lend Lease)을 만들어 영국을 비롯한 연합군에게 탄약, 탱크, 항공기, 트럭, 식량 등을 포함한 막대한 물량의 군수물자를 공급해 주었다. 루즈벨트(Franklin D. Roosevelt) 대통령은 파시즘 및 군국주의 세력의 팽창이 갖는 위험성을 인식하면서도 미국의 직접적 군사개입은 충분한 국민 여론의 뒷받침 없이는 이루어질 수 없다고 생각했다. 결국, 1941년 12월 일본의 진주만 공습 이후에야 미국의 본격적인 참전이 이루어졌다.

제2차 세계대전 참전 이후 국제주의가 미국외교의 중심으로 대두되었다. 제2차 세계대전의 종결 후에도 냉전의 도래와 함께 미국은 국제문제에 대한 개입을 계속하지 않을 수 없었다. 자유 진영의 안전을 지키기 위해 공산세력의 팽창을 봉쇄하는 것이 미국외교의 가장 우선적인 목표가 되었다. 특히 제1차 세계대전 이후 미국의 고립이 또 다른 세계대전의 파국을 막지 못한 주요 원인이 되었다는 반성하에 미국은 경제적 차원은 물론 군사적 차원에서도 국제적 개입을 적극화했다.

1989년 베를린장벽의 붕괴에서 1991년 소련의 해체까지의 과정을 통해 국제냉전이 종식되었다. 탈냉전기라고 불리게 된 이 시기는 미국의 실존에 대한 심각한 위협으로 여겨졌던 공산주의 세력이 사라지고 새로운 위협은 나타나지 않은 상황이었다. 혹자는 이 시기 미국외교의 특징으로 신고립주의의 부상을 꼽기도 하지만, 탈냉전기에도 미국외교의 국제주의는 대체로 유지되었다. 소련의 붕괴에도 불구하고 미국의 국제적 역할이 계속해서 필요하다는 입장은 여론조사를 통해서도 확인되었다.[36] 하지만 이 시기에 미국의 대외 개입 목적에 대한 국내적 합의가 약화되었던 것은 분명하다. 클린턴 행정부는 민주주의적 확대(democratic enlargement)를 대외전략의 중심전략 개념으로 제시하고 시장경제와 민주주의 제도의 전파를 추진했다.[37] 그렇지만 클린턴 행정부의 정책은 국제문제보다는 국내문제에 대한 보다 많은 관심을 기울였다는 평가를 받고 있다.[38] 이는 당시 미국 여론의 추이와도 일치하는 것이었다.

1989년 베를린장벽이 무너지고 1991년 소련이 해체되면서 냉전이 종식되었다. 탈냉전 이후 10년 동안 미국외교는 초점과 방향을 잃은 듯했다.[39] 소련이라는 위협이 사라지면서 미국의 대외개입에 대한 의지는 급격히 축소되었다. 그러나 2001년 9·11테러 사건의 충격파 속에서 부시 행정부는 테러리즘 위협에의 대응이란 새로운 목표를 중심으로 대외정책을 재조직하기 시작했으며, 2001년 12월 아프가니스탄, 그리고 2003년 3월 이라크를 침공하여 긴 전쟁을 시작했다.

2008년 시작된 미국의 금융위기로 시작된 세계경제위기는 또 다른 도전을 미국외교에 안겨주었다. 2009년 출범한 오바마 행정부의 최우선적 과제는 국내경제회복이었다. 하지만 테러리즘에의 대응은 미국외교안보정책의 중요한 과제로 남아있었다. 또한, 미국은 중국의 경제적 및 군사적 부상이 가속화됨으로써 나타난 국제적 세력균형의 변화에 어떻게 대처해야 할 것인가 하는 고민을 본격적으로 시작하게 되었다. 미국은 테러와의 전쟁을 치르면서, 또 경제위기를 겪으면서 힘의 상대적 쇠퇴와 한계를 의식하지 않을 수 없었다. 그러나 다른 한편으로는 미국의 국제적 역할에 대한 여전히 강한 요구가 있었다. 이와 같은 한계와 요구 사이에서 미국외교는 적절한 균형을 취할 방법을 찾아야 했다.

2016년 11월 대통령으로 선출된 트럼프(Donald Trump)는 이례적인 대통령이었다. 정치 문외한이었던 트럼프는 경제적 세계화의 피해를 본 계층, 특히 저학력 백인 남성 비숙련 노동계층의 지지를 받았다. 이들의 불만을 배경으로 트럼프는 2017년 취임 이후 미국 우선주의(America First)를 대외정책의 원칙으로 내세웠다. 미국의 국제적 역할은 지금까지처럼 국제적 공공재(public goods)의 제공이 아니라 미국 자신의 이익을 보호하는 데 맞춰져야 한다는 것이다. 이러한 입장에서 트럼프는 무역 관세를 올렸고, 동맹국에는 미국이 안전을 보장해 주는 데에 대한 비용을 내라고 요구했다. 미국이 새로운 고립주의적 태도를 보이면서 국제정치라는 '정원'을 관리하는 역할을 등한시하게 되자 국제정치는 다시 '정글'로 변하기 시작했다.[40]

2021년 바이든 행정부가 출범하면서 트럼프

36) Steven Kull and I. M. Destler, *Misreading the Public: The Myth of a New Isolationism* (Washington D.C.: Brookings Institution, 1999).

37) Douglas Brinkley, "Democratic Enlargement: The Clinton Doctrine," *Foreign Policy* 106 (Spring 1997).

38) Stanley Hoffmann, "The Crisis of Liberal Internationalism," *Foreign Policy* 98 (Spring 1995).

39) Michael Cox, *US Foreign Policy after the Cold War: Superpower without a Mission?* (London: Pinter, 1995).

40) Robert Kagan, *The Jungle Grows Back: America and Our Imperiled World* (New York: Alfred A. Knopf, 2018).

의 미국 우선주의에서 전통적 국제주의에 입각한 미국외교로의 복귀가 이루어지고 있다. 그러나 다음 장에서 살펴보겠지만, 미국의 상대적 쇠퇴와 중국의 부상에 따른 지정학적 변화, 그리고 지경학의 부상 등 새로운 안보 쟁점의 등장은 미국외교가 맞이하는 도전적 과제가 되고 있다.

4. 미국외교정책의 현안과 대한반도관계

1) 중국의 부상과 인도·태평양전략

현재 미국외교가 맞고 있는 최대 과제는 중국의 부상에 따른 도전이다. 중국의 부상은 중국이 시장경제를 수용하는 개혁 및 개방정책을 취하면서 시작되었다. 1990년대 중반부터 중국의 부상을 경계하는 의견이 미국 내에서 나타나기 시작했다. 하지만 중국의 부상이 도전으로 본격적으로 인식되기 시작한 것은 2010년 이후로 비교적 최근의 일이라 할 수 있다.

중국이 1951년 한국전쟁에 군사적으로 개입한 이래 중국은 미국이 아시아에서 펼친 반공봉쇄전략의 핵심 대상국이었다. 중국은 내부적으로 대약진 운동과 문화대혁명을 추진하면서 공산주의 혁명의 완수를 목표로 나아갔을 뿐 아니라 대외적으로도 제3세계 공산주의 운동을 지원하였다. 미국에서 중국은 어떤 면에서는 공산주의 종주국이라 할 수 있는 소련보다도 더 교조적이고 완고하며 위협적인 적대국이었다.

1969년 닉슨(Richard Nixon) 대통령 취임 이후 미국의 대중국정책이 크게 변화하기 시작했

다. 닉슨은 중국을 국제사회의 밖에 내버려 두어서는 곤란하다고 보았다. 미국은 수렁에 빠진 듯 헤어나오지 못하던 베트남전쟁으로부터의 명예로운 탈출을 모색하고 있었는데, 중국의 협조가 필요했다. 중국은 1950년대 중반부터 시작된 소련과의 공산권 내 주도권 및 노선 갈등이 심각해져서 소련의 군사적 공격 가능성까지 걱정해야 하는 상황이었다. 미국이 먼저 중국에 대해 관계 개선의 신호를 보냈고, 1971년 닉슨의 국가안보보좌관이었던 키신저(Henry Kissinger)가 극비리에 중국을 방문하여 저우언라이(周恩来) 총리와 회담하였다. 그리고 1972년 2월 닉슨이 중국을 방문하여, 세상을 놀라게 했다.

닉슨 방중 기간 중 미국과 중국은 '상하이코뮈니케'를 발표했다. 이어 양국은 1979년 1월 공식적으로 수교하면서 '외교관계 수립에 관한 공동코뮈니케'를 발표했다. 미국은 중국과 수교하면서 대만과의 공식적 외교관계는 종료했다. 그리고 다시 양국은 1982년 '8·17코뮈니케'를 발표했다. 미중 간에 합의된 세 개의 코뮈니케는 양국 관계의 성격을 규정하는 기본문서로 지금까지 작동해왔다. 그 핵심은 대만문제로서 미국이 중화인민공화국(PRC) 정부를 유일한 합법적 중국정부로 인정하고, 그 주권을 존중한다는 것이다. 다만 미국이 대만과의 경제적 문화적 관계를 유지하는 것은 인정하기로 했다. 미국의 대만 무기 판매에 대해서는 명확한 합의 내용이 공개되지 않았으나, 중국이 대만해협에서의 평화와 안정을 이루려는 노력을 전제로 미국이 대만 무기 판매를 점차 줄여나간다는 이해가 있었다.

닉슨의 방중 이래로, 때에 따라 정도 차는 있었지만, 미국은 대체로 중국에 대해 관여(engagement) 정책을 펼쳐왔다. 관계개선을 통해 중국의 개혁개방을 촉진하고 지원하는 것이었다. 그럼으로써 중국 사회의 점진적인 자유화를 이룰 수 있을 것이라는 암묵적인 기대도 깔려 있었다. 클린턴 행정부는 2001년 중국의 세계무역기구(WTO) 가입을 도왔다. 이는 중국의 수출증진과 이를 통한 경제성장에 큰 도움이 되었다. 2005년 부시 행정부의 국무부 부장관이었던 졸릭(Robert Zoellick)은 중국에 대해 '책임 있는 이해상관자(responsible stakeholder)'가 될 것을 촉구했다. 이는 중국에 대한 미국의 기대와 불만을 동시에 보여주는 표현이었다. 미국은 중국과의 상호관계를 확대·심화하면서도 동시에 군사적으로 중국에 대한 경계와 압박을 늦추지는 않았다. 중국은 관계를 개선해가는 나라였지만 상호신뢰관계에 있는 우방은 아니었기 때문이다.

미국은 2007년 비우량주택담보대출업체의 파산을 시작으로 금융권의 연쇄 파산이 발생하는 금융위기에 처했다. 대외정책에서도 2001년 9·11테러 이후 '테러와의 전쟁'의 일환으로 시작되었던 아프가니스탄과 이라크에서의 전쟁이 끝을 모르고 계속되었다. 대외 군사개입에 대한 미국 시민들의 피로감이 커졌고, 미국의 '세계 경찰' 역할에 대한 국내적 지지도 감소되었다. 모두가 동의하는 것은 아니었지만, 여러모로 미국은 점차 쇠퇴해가는 패권국이라는 인식이 퍼졌다.

반면 중국의 부상은 점차 가시화되었다. 중국의 산업은 값싼 노동력을 이용한 제품에서 시작하여 점차 고부가가치 산업으로 확대해갔다. 그렇게 만든 제품은 세계로 팔려가서 중국은 말 그대로 세계의 공장이 되었다. 2010년 중국의 국민총생산이 일본을 추월하면서 미국에 이어 세계 2

위의 경제 대국이 되었다. 경제적 부가 축적되면서 군사력도 강화되었다. 특히 2012년 시진핑이 국가주석이 된 이후, 중국은 대내적으로 권위주의 통치를 강화했다. 또 대외적으로는 중국의 힘을 과시하기 시작했다. 이전까지 중국은 '조화로운 발전'과 '평화로운 부상'을 내세우며 빛을 감추며 때를 기다린다는 도광양회(韜光養晦)의 대외정책을 추구해왔다. 그러나 이제 그런 조심스러운 태도는 '중국몽'을 실현하기 위한 공세적인 강대국외교로 전환되었다. 예컨대 중국은 미국과의 관계를 '신형대국관계'로 지칭하며 스스로가 미국과 대등한 대국이라는 인식을 드러냈다.

중국의 부상에 대해 오바마 행정부는 관여와 견제를 병행하는 기존의 정책을 유지하면서 중국과의 공존을 모색했다. 하지만 '아시아로의 피봇(pivot to Asia)'을 선언하며 중국의 부상에 적극적으로 대응하고자 했다. 이후 '아시아 재균형'전략으로 이름을 바꾸었지만, 핵심 아이디어는 동일했다. 국제정치와 경제에서 차지하는 아시아의 비중과 중요성을 인식하고 미국이 태평양국가로서 아시아의 발전과 동행하겠다는 것이었다. 2015년 10월 미국이 적극적으로 주도했던 협상이 타결되어 환태평양경제동반자협정(TPP: Trans-Pacific Strategic Economic Partnership)이 조인되었다. 동 협정 체결은 미국의 아시아 중시 자세를 상징하는 대표적 정책이었다.

그러나 오바마 행정부는 실제로 아시아로 대외정책의 무게중심을 완전히 옮기지는 못했다. 테러와의 전쟁으로 시작한 아프가니스탄과 이라크에서의 전쟁이 계속되었고, 이란과의 핵 협상에도 상당한 에너지를 쏟았다. 또한, 금융위기 이후 막대한 구제금융으로 재정지출이 크게 확대되면서 예산 제약이 생겼다. 이 때문에 아시아·태평양지역 군사력 강화를 위한 충분한 재정투자를 하지 못했다.

2017년 취임한 트럼프 대통령은 중국의 시진핑 주석을 좋은 친구라고 부르며 친분을 과시했다. 그가 중국과의 관계에서 가장 관심을 가졌던 것은 무역으로서 미중 수출입 불균형을 강조하며 중국으로부터 많은 양보를 얻기를 바랐다. 그러나 트럼프 행정부의 외교안보담당자들은 중국의 위협을 심각하게 인식하기 시작했다. 중국이 공세적 자세로 전환하여 남중국해에 인공섬을 건설하여 군사 시설화하고, 일대일로(BRI: Belt and Road Initiative)를 추진하면서 경제적으로뿐 아니라 정치적으로도 세력확장을 꾀하고 있다고 보았다. 동중국해에서의 일본과의 충돌 위험도 있었다.

이러한 점증하는 중국의 위협에 대응하고자 트럼프 행정부는 인도·태평양전략을 추진하며 중국과의 강대국 경쟁에 나섰다. 인도·태평양은 인도양과 태평양을 하나의 지역으로 묶은 지정학적 개념이다. 일본 아베 총리가 '자유롭고 개방된 인도·태평양'전략을 세우고 이를 꾸준히 미국에 설명하여 마침내 2017년 말 미국도 중국에 대응하는 핵심전략개념으로 자유롭고 개방된 인도·태평양을 사용하게 되었다. 이에 따라 미 국방부와 국무부가 각각 인도·태평양전략 보고서를 발간하였고,[41] 하와이에 있는 미군의 아시아·태평양사령부는 명칭을 인도·태평양사령부로 바꾸었다.

2020년 초부터 전 세계로 퍼진 코로나19 바이러스는 미중관계를 더욱 악화시켰다. 그해 11월 재선을 위한 선거를 앞둔 트럼프 대통령은 코로나19 바이러스에 대한 안이한 대응으로 미국에서 감염자와 사망자가 급증하자 바이러스 전파의 책임을 중국에 돌렸다. 바이러스의 진원지로 알려진 중국의 우한시를 강조하여 코로나19 대신 '우한 바이러스'라고 불렀다. 미국 여론의 중국에 대한 인식도 크게 악화되었다. 미국에서는 기존의 대중관여정책이 중국의 자유화라는 소기의 성과를 이루지 못하고 공산당이 지배하는 중국을 강하게 만들기만 했다고 비판이 팽배하였다. 의회와 정치권에서도 대중강경론이 초당파적 지지를 받게 되었다.

2021년 출범한 바이든 행정부는 트럼프 행정부에서 시작한 대중정책을 크게 고치지 않고 계승했다. 백악관은 2022년 2월 「미국의 인도·태평양전략」이라는 보고서를 발간했다. 미국의 목표는 중국을 바꾸는 것이 아니라 중국의 처해있는 전략환경을 미국과 미국의 동맹국의 이익과 가치에 유리하게끔 조성하는 것이라고 했다.[42] 중국과의 경쟁은 이제 '전략경쟁'으로 불리게 되었으며, 경쟁이 자칫 충돌과 파국에 이르지 않도록 관리하는 '책임 있는 경쟁'을 하겠다고 했다. 기후변화와 코로나19 대응처럼 공통의 이해가 걸린 사안에 대해서는 협력을 모색하겠다는 의지도 표현했다.

바이든 행정부의 인도·태평양전략이 트럼프 행정부를 계승했지만, 차이도 있다. 특히 중요한 차이는 동맹에 대한 태도이다. 트럼프는 동맹국과의 관계에서 미국이 주는 만큼 받아야 한다는 거래적 접근을 적용하려 했다. 이에 비해 바이든

---

41) The Department of Defense, "Indo-Pacific Strategy Report: Preparedness, Partnerships, and Promoting a Networked Region," June 1, 2019; The Department of State, "A Free and Open Indo-Pacific: Advancing s Shared Vision," November 4, 2019.

42) The White House, "Indo-Pacific Strategy of the United States," February 2022.

행정부는 동맹을 중시하면서 동맹국 및 우방국과의 이해와 협조하에 인도·태평양전략을 실행해 나가고자 한다.

미국은 그동안 아시아에서 복수의 양자 동맹을 맺어 소위 '허브앤스포크스(hub-and-spokes)' 동맹체제를 구성해왔는데, 이제는 네트워크형 동맹체제를 구축하고자 한다. 바이든 행정부의 설리번(Jake Sullivan) 대통령 국가안보보좌관의 표현에 따르면, "동맹과 파트너십의 격자구조(lattice-work of alliances and partnerships)"를 구축하려는 것이다. 과거와 달리 미국의 동맹국들이 서로 연계를 강화하고, 여러 소다자 그룹을 구성하고, 또 양자 협력과 소다자 협력이 서로 엮이게 하겠다는 것이다. 미국이 지향하는 구조는 기존의 공식적 아키텍처와 근본적으로 대비되는 비공식적이고 유연한 것이다. 최근 국제정세가 큰 변동성과 유동성을 나타내는 상황에서 유연한 협력의 틀을 새로이 짜는 것이 필요하다는 말이다.[43]

쿼드(Quad)와 오커스(AUKUS)는 미국이 구성한 소다자 협력의 대표적 사례이다. 미국, 일본, 호주, 인도 4개국의 협의체인 쿼드는 트럼프 행정부 시기에 외교장관회담이 개최되었는데, 바이든 행정부에서는 이를 정상회담으로까지 급을 올렸다. 쿼드를 통해 4개국은 기후변화, 코로나 백신과 보건, 신흥기술, 인프라, 사이버안보, 우주, 공급망 등 비전통안보분야에서의 다양한 협력을 모색하고 있다. 오커스는 미국, 호주, 영국의 전통안보분야 협력체이다. 우선 호주에 원자력추진 잠수함을 제공하는 협력을 추진하기로 했

는데, 이외에도 AI와 같은 첨단 군사 기술 협력도 모색될 것이다.

2) 지정학의 귀환과 지경학의 부상

'지정학의 귀환'은 냉전 종식 이후의 미국의 패권적 지배가 사실상 끝나고, 강대국의 세력 각축과 국가 간 합종연횡이 다시 시작되었음을 뜻한다. 냉전기의 국제정치가 구조적으로 미국과 소련이 경쟁하는 양극체제였다면, 탈냉전기는 미국이 유일한 초강대국으로서 세계질서를 주도하는 단극체제였다. 미국은 군사적으로뿐만 아니라 경제와 문화 등 거의 모든 영역에서 월등히 강한 영향력을 행사했다. 미국이 제시하는 소위 '워싱턴 컨센서스'는 세계의 표준으로 설정되었고, 주권의 존중, 국제법과 규범 존중, 자유무역, 인권 보호 등의 원칙을 포함하는 자유주의 국제질서(liberal international order)는 세계가 따라야 하는 기본 질서가 되었다. 그러나 미국의 국력과 위상은 상대적으로 저하되었다. 자카리아(Fareed Zakaria)가 지적하듯, 미국의 힘이 절대적 차원에서 약화된 것은 아니지만, 다른 나라의 힘이 강화되었다. 특히 중국은 빠른 부상을 이어왔다.[44]

중국의 부상에 대응하는 일은 미국외교정책의 최우선적 과제가 되었다. 그러나 미국의 국력과 위상은 상대적으로 저하된 상태여서 미국은 동맹국과 우호적 국가와의 네트워크 협력을 모색하고 있다. 또한, 미국은 인도·태평양에 집중하기 위해 여타 지역에의 개입 축소를 모색하는 중이다. 그러나 미국의 역할이 줄어듦에 따른 지역 정세의

---

43) 호주 로위 연구소(Lowy Institute)가 주최한 설리번 국가안보보좌관의 화상 연설(2021.11.11.), https://youtu.be/um_EI545UM.

44) Fareed Zakaria, *Post-American World* (New York: W. W. Norton, 2008).

불안정이 나타나고 있는 것이 사실이다. 아울러 그러한 불안정성은 미국의 역할 축소를 어렵게 하고 또 지연시키는 요인으로 작용하기도 한다.

2021년 8월 바이든 대통령의 결정에 따라 미군이 아프가니스탄으로부터 모두 철수했다. 2001년 이슬람 원리주의 테러 조직인 알카에다가 민간여객기를 납치하여 뉴욕 맨해튼의 고층빌딩에 충돌시켜 수많은 사상자를 발생시키며 세계를 충격에 빠트렸다. 9·11테러였다. 당시 부시 행정부는 들끓는 여론의 지지 속에 알카에다가 은신처로 삼고 있던 아프가니스탄을 공격했다. 20년 동안 이어진 전쟁의 시작이었다. 미국의 공격으로 패퇴했던 탈레반은 험준한 산악지역으로 들어가 세력을 회복하기 시작했다. 미국의 지원 없이는 아프가니스탄정부가 탈레반의 공세를 버텨낼 수 없을 것이라는 전망 때문에 미국은 '끝없는 전쟁'에서 차마 빠져나오지 못했다. 그러나 트럼프 대통령은 비용만 드는 전쟁을 끝내려 했다. 2020년 탈레반과의 협상에서 2021년 5월까지의 미군 철수를 약속했다. 바이든 대통령은 철수 시기를 약간 늦추었을 뿐 전임 대통령의 약속을 따라 가망 없는 전쟁을 정리하는 과감한 선택을 했다. 그 이유에 대해서는 중국의 부상에 집중하기 위해서라고 설명했다.

미국은 2000년대 초 테러와의 전쟁 이래로 중동지역에서 개입을 축소해왔다. 본래 중동은 미국외교에서 높은 우선순위를 지닌 지역으로 간주되었다. 이스라엘과의 특수한 관계와 중동에서 생산되는 석유가 큰 이유였다. 더욱이 2003년 부시 행정부는 테러와의 전쟁 차원에서 이라크 군사개입을 감행하였고, 이라크와 중동지역을 민주주의의 전초기지로 만들겠다는 원대한 이상주의적 구상을 밝혔다. 그러나 미국은 곧 이라크

에서의 철수를 모색하였다. 물론 독재자 후세인(Saddam Hussein)을 제거한 이후로도 미국은 이라크에서 쉽게 떠나지는 못했고, 2010년 오바마 행정부는 이라크에서 미군을 철수하였으나 내전이 발발하자 다시 미군이 투입되었다. 하지만 결국 바이든 행정부는 2021년 12월 미군의 전투 임무를 종료시켰다. 다만 군사고문을 잔류시켜 비전투 임무는 계속하기로 했다.

미국이 중동으로부터의 역할 축소를 모색해온 배경에는 2010년경부터 셰일가스와 셰일오일 생산으로 에너지 자립이 가능해져서 더이상 중동으로부터의 원유 수입이 필요 없게 되었다는 변화가 있다. 또한, 2020년 9월에 미국의 중재로 아브라함협정이 체결되어 이스라엘과 아랍에미리트(UAE), 바레인이 수교하기로 합의했다. 아랍의 맹주인 사우디아라비아도 이 협정을 뒤에서 지원했다. 이스라엘과 아랍이 대립했던 과거 오랫동안의 중동국제정치 구도에 비하면 큰 변화이다. 이런 변화의 동인은 이란이라는 공동 위협이라 할 수 있는데, 미국으로서는 이스라엘의 보호를 위해 중동에 개입해야 하는 부담이 덜어진 셈이다. 참고로 오바마 행정부 당시인 2015년 7월 미국은 영국, 프랑스, 독일 등과 함께 이란과의 공동포괄행동계획(JCPOA)에 합의하여 이란의 핵 개발을 동결하고 경제제재를 완화하였는데, 트럼프 행정부는 이란이 완전한 핵 포기를 약속하지 않았다는 점에서 합의가 불완전하다고 지적하며 합의를 일방적으로 파기하였다. 현 바이든 행정부는 합의를 다시 복원하기 위해 이란과 협상 중이다.

실제로 중동에서 떠나려는 미국의 의지는 2011년 오바마 행정부가 리비아에 대한 나토 차원의 공습을 프랑스가 주도하도록 소위 '뒤에서 이끄는

(leading from behind)' 리더십을 발휘했던 사례나 오바마 행정부와 트럼프 행정부가 시리아내전에 대한 군사개입을 지속해서 회피했다는 점에서도 확인된다. 특히 2013년 시리아정부군이 민간인을 상대로 화학무기 공격을 감행함으로써 국제법을 위반하고 미국이 스스로 설정한 '레드라인'을 넘어섰지만, 오바마 행정부는 이에 대한 군사적 대응을 회피하였던 바 있다.

미국의 힘과 대외군사개입 의지가 약화되었다는 인식은 다른 강국의 정책에 영향을 미쳤다. 특히 러시아는 과감한 현상변경을 시도했다. 러시아는 2014년 3월 우크라이나의 영토였던 크리미아반도를 무력으로 합병했다. 미국과 서방의 경제제재가 러시아에 가해졌지만, 러시아의 행동에 큰 영향을 미치지는 못했다. 한편, 미국의 국제적 역할 축소(retreat)는 유럽 내에서도 파장을 낳았다. 러시아의 점증하는 위협에 대응하기 위해 유럽 자체의 전략적 자율성을 키워야 한다는 주장이 제시되고 있다.

2022년 2월 러시아는 미국과 서방의 경고에도 불구하고 우크라이나 공격을 감행했다. 러시아는 우크라이나의 친서방 정책을 문제 삼으면서 나토(NATO)의 동진이 러시아에 안보위협이 된다고 주장한다. 그러나 러시아의 의도는 러시아의 세력권(sphere of influence)을 인정하는 방식으로 유럽 전체의 안보질서를 바꾸겠다는 것으로 읽히고 있다. 미국은 서방 국가들과 함께 우크라이나에 무기 등을 지원하고 있지만, 미국의 직접적 군사개입 가능성은 크지 않은 것으로 보인다. 바이든 대통령은 러시아의 우크라이나 침공 직후 연설에서 러시아를 규탄하고, 강력한 경제제재 조치를 취하겠다고 밝혔지만, 직접적 군사

개입 가능성에 대해서는 말을 아꼈다.

한편, 미국이 주도하던 자유주의 국제질서가 약화하면서 지경학(geo-economics)이 부상하고 있다. 지경학이란 국가가 경제관계를 자신의 지정학적 목적을 위해 사용하는 것을 말한다. 지금까지의 자유주의 국제질서에서는 정치와 경제는 분리해서 접근해야 하는 것이 국가가 따라야 하는 규범으로 정립되어 있었다. 경제는 경제 자체의 논리에 따라 움직여야지 정치적 이익에 따라 좌우되어서는 안 된다는 것이다. 예컨대 어떤 국가가 자유무역 원칙을 준수하지 않음으로써 공정하지 않은 이익을 취하는 경우, 세계무역기구에 제소하여 판결을 받게 함으로써 자유무역의 원칙을 지키게 강제할 수 있다. 그러나 지정학적 각축이 심화되고, 미래의 부와 권력에 큰 영향을 미칠 새로운 기술이 등장하면서 경제와 기술을 둘러싼 국가 간 경쟁도 치열해졌다.

미국은 오바마 행정부 당시 TPP를 적극적으로 추진하고 가입하였지만, 보호무역주의적 성향의 트럼프 행정부가 여기에서 탈퇴해버렸다. 세계화와 자유무역 확대로 피해를 입은 자신의 지지층 이해관계를 반영한 정치적 성격이 강한 조치였다. TPP는 미국이 빠진 상태에서 일본 등의 노력으로 CPTPP(포괄적·점진적 환태평양경제동반자협정)로 이름을 바꿔 존속하게 되었지만, 바이든 행정부는 양극화가 강화된 미국정치지형에서 정치적 부담으로 인해 CPTPP 가입을 추진하지 못하고 있다. 대신 2021년말부터 인도·태평양경제프레임워크(Indo-Pacific Economic Framework)라는 명칭 아래 지역국가와의 경제적 연계를 유지 및 확대하기 위한 노력에 착수했다.

바이든 행정부의 블링컨 국무장관은 2021년

10월 '미국외교의 현대화'라는 연설을 통해 앞으로 미국외교가 집중할 5개 분야로 사이버안보, 신흥기술, 세계 보건, 기후변화, 다자외교를 제시했다. 이와 같은 분야는 특별한 국제정치적 또는 안보적 함의를 갖게 되었는데, 그것은 이러한 분야에서의 상황 전개가 향후 장기적 차원에서 국가 간 경쟁에 영향을 줄 것으로 인식되고 있기 때문이다.

중국은 2012년부터 일대일로라는 대규모 해외개발지원사업을 추진해왔는데, 이는 중국의 대외적 팽창에 대한 미국의 위협 인식을 자극했다. 중국이 일대일로를 추진하는 방식은 국제적 신인도가 낮아 국제자본이 투자를 기피하는 개발도상국에 중국 기업을 통해 도로와 철도 또는 항만을 건설해주고, 해당국이 그 비용을 일정 기간 후에 상환하도록 하는 것이다. 그런데 해당 국가가 부채를 상환하지 못하는 때에는 중국이 해당 시설을 점유하게 된다. 따라서 이러한 방식의 개발은 '부채의 덫'이라고 비난받기도 하는데, 미국은 중국 자본 이외의 대안으로 개도국의 인프라 건설을 지원하기 위해 한국, 일본, 호주 등과의 국제협력 프로젝트를 추진하고 있다.

중국이 기존의 노동집약적 산업에서 기술기반 산업으로 도약을 추진하면서 지경학은 더욱 주목을 받게 되었다. 미국은 중국이 사이버 해킹을 통해 미국과 서방 기업의 기술을 절취해 왔다고 비난한다. 또한, 중국의 정보통신분야 기업인 화웨이는 5G 통신망 설비분야에서 높은 기술력과 가격경쟁력으로 세계시장에서 우월한 지위를 차지했는데, 미국은 화웨이의 장비가 정보 유출의 위험성이 있으며, 화웨이가 중국 당국과 유착관계에 있어서 유출된 정보가 중국에 의해 악용될 수

있다고 보았다. 그리하여 미국은 동맹국 및 우방국이 화웨이 장비를 사용하지 않도록 적극적 캠페인을 벌여왔다.

중국은 또한 인공지능(AI) 개발을 위해 국가적 투자를 하고 있는데, 이렇게 새로운 분야에서 중국이 기술을 선점하고 이에 따라서 국제규범이 정해진다면, 이는 중국의 장기적 영향력의 기반이 될 수 있다. 중국은 반도체 산업 육성에도 막대한 투자를 하고 있는데, 미국은 반도체와 배터리 같은 핵심부품의 공급망이 지나치게 중국에 의존된 경우, '상호의존의 무기화'가 빈번해진 가운데 안보상의 취약성으로 작용할 수 있다고 보고 디커플링(decoupling)이라고 불리는 공급망 재편을 추진하고 있다. 상호의존의 무기화는 경제적 상호의존관계에 있는 상대방이 이러한 의존상태를 오히려 강압의 수단으로 사용하는 것을 의미한다. 예를 들어, 미국이 중국으로부터의 반도체 공급에 크게 의존해 있다면, 중국이 정치적 이유로 반도체 공급 갑자기 중단할 경우 큰 타격을 입을 수 있는 것이다.

3) 미국의 대한반도 현안

미국외교에서 한반도와 관련된 최대 현안은 북한의 핵 무장 고도화이다. 북한은 1990년대 이후 핵 개발을 본격적으로 추진하였는데, 특히 2011년 김정은의 집권 이후 집중적인 핵실험과 미사일 발사 시험을 통해 핵 공격 능력을 크게 확장해왔다. 특히 북한은 장거리미사일(ICBM)과 잠수함발사미사일(SLBM) 개발을 추진해왔는데, 완성에 상당히 근접한 것으로 추정되고 있다. 북한이 핵탄두의 소형화에 성공하고, 북한의 미사일

이 미국 본토를 사정권 안에 두게 되면, 미국에 대한 직접적 핵 위협이 된다. 장거리 미사일이 아니더라도 실전 배치된 단거리 및 중거리 미사일을 통해 북한은 동아시아지역의 미국 동맹국과 미군 기지를 공격할 수 있는 능력을 이미 확보한 것으로 평가된다.

2018년 6월과 2019년 2월 트럼프 대통령은 김정은 위원장과 각각 싱가포르와 베트남의 하노이에서 정상회담을 하고 북한 비핵화에 대해 논의하면서 세계적인 주목을 받았다. 북미정상회담은 전례가 없는 일이었다. 그렇지만 하노이 정상회담 이후 협상이 단절되어 외교적 동력이 크게 떨어졌다. 협상의 교착상태가 계속되는 가운데, 북한문제는 점점 미국의 정책 우선순위에서 뒤로 밀리고 있다. 바이든 행정부는 언제든 북한과 대화할 준비가 되어있다고 하지만, 실제에서는 북한이 대화 테이블로 나오지 않는 상황에서, 북한의 도발로 한반도 긴장이 고조되지 않도록 상황관리에 주력하는 모습이다.

북한의 도발 가능성은 열려있다. 북한은 핵·미사일 능력을 고도화해 미국을 위협할 수 있는 능력을 확보하고, 이를 기반으로 미국과 협상하고자 한다. 특히 미국 본토를 직접 위협하는 장거리 미사일 발사 등 한층 더 위험한 도발에 나섬으로써 미국을 강하게 압박할 가능성이 있다. 물론 이는 한반도와 동아시아의 군사적 긴장을 크게 고조시킬 것이다.

두 번째 현안은 미국의 인도·태평양전략에 보조를 맞추는 것이다. 바이든 행정부는 인도·태평양지역에서의 중국의 부상에 따른 도전을 최우선적 외교 과제로 인식하고 있다. 최근 백악관은 『미국의 인도·태평양전략』 보고서를 발표하고,

인도·태평양지역에서 자신의 배타적 영향권을 구축하려는 중국의 공세적 시도로부터 자유롭고 개방적인 질서를 지키기 위해 미국이 계속해서 역할을 할 것이라고 재확인했다. 미국은 중국과의 협력도 배제하지는 않지만, 전략경쟁 차원에서 중국에 대한 영향력의 우위를 확보하기 위해 노력하고 있다. 이를 위해 바이든 행정부는 동맹국과의 네트워크적 협력을 강조하는데, 미국, 일본, 인도, 호주의 협의체인 쿼드(QUAD)와 호주, 영국, 미국의 안보협력체인 오커스(AUKUS)는 대표적 사례이다. 미국은 또한 2021년 말부터 역내의 동맹국 및 우호국과 협의하면서 인도·태평양경제프레임워크를 발전시키기 위해 각별한 노력을 기울이고 있다.

미중경쟁의 심화와 미국의 인도·태평양전략 추진은 한국외교에 몇 가지 질문을 던진다. 첫째, 지역 아키텍처와 관련해서 한국은 미국이 주도하는 역내 협력 그룹에 참여할 것인가 하는 질문이다. 2022년 2월 현재 시점에서 보았을 때, 그동안 한국의 입장은 군사적 차원에서의 한미동맹의 지리적 범위를 되도록 한반도에 국한하고, 미국과의 지역협력은 비군사분야에 집중하면서 양자차원에서 진행한다는 것이었다. 이런 입장은 한국의 최대 교역국이자 북한에 대한 일정한 영향력을 가진 중국과의 관계를 악화시키지 않으려는 고려에서 비롯된 것이다. 그런데 이는 인도·태평양지역에서 네트워크형 다자동맹체제를 구축하려는 미국의 전략과는 어느 정도 거리가 있어서 한미관계의 잠재적인 쟁점 사안이 되고 있다.

지역 아키텍처 관련 구체적 사안으로, 우선 한일 관계개선의 문제가 있다. 미국은 전통적으로 한미일 삼각협력을 중요시해왔으며, 이제는 네트

워크형 동맹을 구축하는 차원에서 더욱 큰 중요성을 부여하고 있다. 대북정책 협의와 대응은 물론이고 공급망, 신기술, 지역 인프라 투자 등과 관련해서도 한미일 협력의 틀을 적극적으로 활용하기를 원한다. 그런데 2010년경부터 한일관계는 과거사문제로 인해 악화 일로를 걸어왔다. 만약 중국과 러시아 등 권위주의 국가 간의 협력이 더욱 강화되면서 자유주의 국제질서에 대한 도전이 거세진다면, 한국은 미국은 물론이고 일본 등 지역 내 자유주의 국가와의 네트워크 형성 필요성에 더욱 강하게 직면하게 될 것이다. 이런 차원에서 한국의 쿼드 가입문제도 제기되고 있다. 당장 쿼드 4개국은 참여국 확대보다는 자신들 간의 협력 심화가 우선이라는 입장이다. 하지만 코로나19 백신, 기후변화, 신기술 등의 실무분야에서 협력하는 방안은 있다.

둘째, 글로벌 공급망 재편도 중대한 사안이다. 미국은 반도체와 배터리 등을 중국에 의존해서는 곤란하다는 인식하에 핵심부품의 공급망 재편을 추진하고 있다. 안정적 공급망 확보를 중심으로 경제문제가 중요한 안보 사안으로 등장했다. 또한, 반도체 개발 등 과학기술을 둘러싼 경쟁도 빠르게 '안보화'하고 있다. 이러한 가운데 미국은 반도체 강국인 한국과의 협력을 크게 중요시하고 있다. 한국으로서도 기술력과 산업 경쟁력을 유지하고 강화하기 위해서는 과학기술분야의 최고선진국으로서 많은 원천 기술과 혁신 역량을 지닌 미국과의 협력이 필수적이다. 미국이 추진하는 인도·태평양경제프레임워크에도 협력해야 할 것이다. 그러나 당장은 높은 비중을 차지하는 중국과의 교역도 무시하기 어렵다. 따라서 교역 다변화가 되도록 빨리 이루어질 수 있도록 최대한 노력하면서 공급망 재편에 임해야 할 것이다.

셋째, 대만해협, 남중국해 등에서 미국과 중국이 군사적으로 충돌하는 위기가 발생할 때 한국은 어떤 태도를 보일 것인가의 문제가 있다. 미중 군사충돌이 예정되어있는 것은 아니다. 오히려 양국은 그런 상황의 발생을 피하고자 할 것이다. 하지만 우발적 충돌이 발생하고, 그것이 전면적 분쟁으로 확대될 위험은 존재한다. 이와 같은 위험에 대한 인식을 배경으로 2021년 5월 한미 양국은 정상회담 후 발표된 공동성명에서 "남중국해 및 여타 지역에서 평화와 안정, 합법적이고 방해받지 않는 상업 및 항행상공비행의 자유를 포함한 국제법 존중을 유지하기로 약속"하였고, "대만해협에서의 평화와 안정 유지의 중요성을 강조하였다." 특히 대만해협문제와 관련해서, 미국은 '하나의 중국' 정책을 재확인하고 있지만, 중국의 대만 무력합병 시도 가능성을 경계하고 있다. 대만해협 위기가 계속되는 상황에서 앞으로도 한국은 이 문제와 관련해서 미국과 협력 방안을 논의해야 할 것이다.

마지막으로, 한미동맹 현안으로서 전시작전권(Operational Control) 전환, 사드(THAAD) 배치 및 기지 정상화, 미사일협정 및 원자력협정 개정 등의 문제가 있다. 첫째, 전시작전권 전환은, 현재는 전쟁 발발 시 미군이 우리 군에 대한 작전통제권을 행사하게 되어있는데, 이를 우리 군으로 넘기는 문제이다. 2006년 9월 한미정상회담에서 전환 기본원칙과 이행지침 등을 합의한 이래 오랫동안 논의되고 추진되어왔다. 애초에는 전환 시기를 2012년 4월 17일까지로 정했으나, 북한의 군사적 위협 증가 등 변화된 안보 상황 등을 고려해 2015년 12월 1일로 늦췄고, 다시 2015년 10

월 한미 양국은 '조건에 기초한 전환'에 합의했다. 세 가지 조건, 즉 △연합방위 주도를 위해 필요한 군사적 능력, △동맹의 포괄적인 북한 핵·미사일 위협 대응능력, △안정적인 전작권 전환에 부합하는 한반도 및 역내 안보환경이 충족될 때에 전작권을 전환하기로 한 것이다. 이 과정에서 한국군은 연합방위 및 전구작전을 주도하기 위해 확보해야 하는 정보, 작전, 군수, 통신분야에서의 핵심적 군사 능력을 확보하여 검증받기로 했다. 문재인정부는 임기 내 전작권 전환을 적극적으로 추진하였으나, 기본운용능력, 완전운용능력, 완전임무수행능력 등 한국군의 핵심군사능력을 평가하는 3단계 검증과정을 모두 마치지는 못했다.

둘째, 사드이다. 미국은 2016년 6월 북한의 미사일 공격으로부터 한국과 주한미군기지를 보호하기 위해 사드미사일 1개 포대를 경상북도 성주에 배치했다. 중국은 주한미군의 사드 레이다가 자국의 미사일 활동 정보를 수집하기 위한 것이라고 반발하면서 한국에 대한 경제보복 조치를 취한 바 있다. 이후 중국은 한국이 사드를 추가로 배치하지 않고, 미국의 미사일 방어망에 참여하지 않고, 한미일 동맹을 맺지 않는다는 소위 '3불 약속'에 대응하여 보복 조치를 일부 해제하였다. 성주의 미군 사드 포대는 임시 시설로 설치되었는데, 2022년 2월 현재까지도 환경영향평가가 지연되면서 기지의 정상화가 이루어지지 않았다.

셋째, 미국은 한국과 미사일 지침과 원자력협정을 맺음으로써 한국의 미사일 능력 및 핵연료 재처리 능력을 제한해 왔다. 이중 미사일 지침은 1979년 9월 한국정부가 사거리 180㎞, 탄두 중량 500㎏ 이상의 미사일을 개발하지 않겠다고 자율적으로 선언함으로써 만들어진 뒤, 그동안 사거리 제한을 늘리고 탄두 중량 제한을 없애는 등 네 차례 개정됐다. 그리고 2021년 5월 한미정상회담을 통해 지침이 완전히 종료됐다.

1974년 발효된 한미원자력협정은 한국이 미국의 사전 동의나 허락 없이 핵연료의 농축과 재처리를 하지 못하도록 제한하였다. 2015년 11월 협정 개정안이 발효되어 한국은 미국의 사전 동의를 받지 않고도 사용후핵연료를 국내 시설에서 부분적으로 재처리해 일부 연구 활동을 자유롭게 수행할 수 있게 되었다. 하지만, 한국의 본격적인 재처리 능력 보유는 여전히 제한을 받고 있다. 북한의 핵 위협에 대응하는 수단으로 원자력추진 잠수함의 건조 및 운영이 거론되기도 하는데, 이를 위해서는 재처리 능력 보유가 필요하다. 하지만 핵확산문제에 매우 민감한 미국은 한국의 재처리 능력 확보 노력에 쉽게 동의하지 않고 있다.

한미동맹은 1953년 체결된 이래 계속해서 우리 외교와 안보의 중심 기둥이 되어왔다. 사안에 따라 한미 간의 이익과 입장이 갈리는 경우가 있다. 하지만, 양국이 큰 틀에서 공동의 도전에 공동으로 대응한다는 협력의 정신을 잘 구현해 나간다면, 초불확실성이 가중되고 있는 오늘날의 국제정세 아래에서도 한미동맹의 가치는 더욱 빛날 것이다.

5. 결론

미국이 세계에서 차지하는 위상을 고려할 때, 미국 대외정책에 대한 정확한 이해 없이 국제정세를 제대로 판단할 수는 없다. 한국에게도 미국 대외정책에 대한 정확한 이해는 필수적이다. 한국의 국력과 위상이 크게 성장하였고, 그에 따라 외교적 자율성도 증대되었다. 하지만 여전히 한반도는 국제정치의 영향력이 크게 작용하는 공간으로 남아있고, 미국의 대외정책은 한반도 국제정치의 환경변화를 가져오는 주된 변수이다.

미국의 대외정책은 다른 나라와 마찬가지로 국제적 환경과 국내적 요인들의 상호작용 속에서 결정되고 집행된다. 그러나 국력의 크기는 국제환경으로부터 영향을 받는 정도와 반비례 관계에 있다. 냉전이 끝나고 미국 중심의 단극국제질서가 유지되던 시기에는 미국의 대외정책결정과정에서의 국내적 요인들의 중요성이 상대적으로 증대되었다. 그러나 탈냉전기가 끝나고 강대국 경쟁이 일상화된 상황에서 다시 국제변수의 중요성이 커지고 있다.

다원화된 민주사회인 미국의 경우 한두 개의 특정한 행위자와 요인이 공공정책결정을 지배하지 않는다. 정책결정과정에 여러 요인이 복합적으로 작용한다는 뜻이다. 통상문제와 같은 대외경제정책의 경우에는 대내적 공공정책의 경우와 유사하게 국내의 여러 이해당사자가 정책에 영향을 미치기 위해 경쟁한다. 시위와 미디어 등을 통한 여론조성과 의회 및 행정부에 대한 로비, 그리고 각각의 이해를 대변하는 의원과 주·지방정부 및 외국 정부의 활동 등이 복잡하게 펼쳐진다. 또한, 의회는 행정부와 대통령을 견제하기 위한 활동을 전개하며, 행정부 내에서도 유관 부처가 서로 경쟁한다.

그러나 여타 공공정책에서보다 외교에서는 전문성과 효율성이 강조된다. 위기나 전쟁 시에는 특히 그러하다. 이런 경우에는 대통령의 리더십이 대단히 중요하다. 대통령은 최종적인 대외정책결정자이다. 정책결정에 관여하는 다른 행위자에 비해 대통령은 특수이익에 사로잡히지 않고 전체적인 국익을 추구할 수 있는 자리에 있다. 또 미국 대통령은 언제나 국내외적 관심의 초점이 되므로, 이러한 비공식적 권한을 활용하여 특정 사안에 대한 여러 다른 입장을 조정하고, 자신의 정책에 대해 의회와 여론의 지지를 구할 수 있다.

미국 대외정책의 또 다른 주요 특징은 대외정책의 목표를 미국 자체의 역사적 문화적 정체성에 근거하여 설정하는 경향이 강하다는 점이다. 미국은 다른 나라에 비해 길지 않은 역사를 지녔다. 그러나 자유주의적 가치를 중심으로 하는 미국의 예외주의적 정체성이 매우 강하며, 그러한 가치의 대내적 구현과 대외적 확산은 미국이라는 나라의 존재 이유로 설정된다. 예외주의를 기본바탕으로 하는 미국의 외교이념을 이 장에서는 고립주의와 국제주의, 그리고 현실주의와 이상주의라는 대립항으로 나누어 살펴보았다.

물론 외교이념은 고정적이지 않아서 시기와 상황에 따라 특정 외교이념이 두드러지거나 퇴조할 수 있으며, 상호 융합이나 분화가 일어날 수 있다. 중요한 사실은 이러한 이념이 추상적 개념으로만 존재하는 것이 아니라 대외정책결정에 영향을 미치는, 또는 영향을 미치고자 하는, 개인과 집단이 취하는 견해에 반영되어 등장한다는 점이다.

미국은 제2차 세계대전 이후 냉전기에 자유주의 세계질서의 구축을 주도했다. 이후 30여 년의 탈냉전기를 거쳐 이제 세계는 강대국 간 지정학적 및 지경학적 경쟁이 가속화되는 시기를 경험하고 있다. 이 가운데 미국은 자유주의 질서의 유지와 발전이라는 과제에 직면해 있다. 부상하는 중국이 제기하는 다양한 도전, 강대국으로서의 영광을 되찾으려는 러시아의 현상변경 시도, 다양한 지경학적 신흥 안보 쟁점의 등장 등에 미국이 어떻게 대응해나갈 것인지는 오늘의 국제정치에서 초미의 관심사가 되어있다.

현대 한국의 탄생과 성장은 미국의 도움과 영향력 아래 이루어졌다. 이러한 역사는 한편으로는 미국에 감사하는 한국의 심적 태도를 낳았다. 하지만 다른 한편으로 양국의 비대칭적 의존관계는 대미 자주 열망을 유발하였다. 한국과 미국의 국익이 언제나 일치하지는 않는다는 점에서 자주에의 열망은 동맹 내의 마찰음으로 표출되기도 했다.[45] 그러나 한국의 국력 성장에 따라 한미

협력의 영역도 커졌다. 특히 최근 들어 미국은 혼자만의 힘으로가 아니라 한국과 같은 동맹국과 협력하면서 세계질서를 관리해 나가고자 한다. 물론 한국이 스스로의 국익에 반해가면서 미국을 따라갈 수는 없다. 그러나 자유주의 세계질서의 유지와 발전은 양국 공통의 이익이며, 한미 협력이 필요한 좋은 이유이다. 미국의 대외정책을 정확히 이해하는 것은, 한국외교에서 미국과의 동맹이 차지하는 중요성이 큰 만큼 우리의 국익 추구에는 물론이고 보다 성숙한 한미관계로의 발전을 위해서도 중요하다.

---

45) 한국의 반미주의와 이에 따른 한미갈등에 대한 전직 미국 외교관의 견해로는 David Straub, *Anti-Ameri-* *canism in Democratizing South Korea* (Stanford: The Walter H. Shorenstein Asia-Pacific Research Center, 2015)를 참조.

토의주제

1. 미국외교정책결정과정에서 대통령이 갖는 영향력의 원천과 한계는 무엇인가?

2. 미국외교정책결정에 관여하는 주요 관료기구는 무엇이며, 각각의 역할은 무엇인가?

3. 미국 연방의회는 대통령과 행정부의 외교정책결정과 추진을 어떻게 견제하는가?

4. 미국의 다원주의적 민주주의 정치체제는 외교정책에 어떠한 영향을 미치는가?

5. 미국 예외주의란 무엇이며, 미국외교정책과는 어떤 관련이 있는가?

6. 20세기 이후 미국외교는 현실주의와 이상주의라는 두 개념을 통해 어떻게 설명할 수 있는가?

7. 고립주의와 국제주의가 각각 드러내는 미국외교의 특징은 무엇인가?

8. 9·11테러 사태는 미국외교의 성격에 어떠한 그리고 어느 정도의 영향을 미쳤는가?

9. 2008년 세계경제위기는 미국외교정책에 어떤 영향을 미쳤는가?

10. 중국의 부상에 대해 미국은 어떻게 대응해 왔는가?

11. 성숙한 한미관계란 어떤 것인가?

참고문헌

1. 한글문헌

강원택, 박인휘, 장훈. 『한국적 싱크탱크의 가능성』. 서울: 삼성경제연구소, 2006.

권용립. "미국의 외교정책." 이상우, 하영선 편. 『현대 국제정치학』, 개정판. 서울: 나남, 1994.

김기정. "미국 외교의 이념적 원형." 이범준 외. 『미국 외교정책: 이론과 실천』. 서울: 박영사, 1998.

김성한. "미국의 동아태 전략: 변화와 지속성." 하영선 편. 『21세기 한국외교 대전략: 그물망국가 건설』. 서울: 동아시아연구원, 2006.

나이, 조셉 S. 홍수원 역. 『소프트파워』. 서울: 세종연구원, 2004.

달더, 이보 H., 제임스 M. 린제이 이주영 역. 『고삐 풀린 초강대국 미국: 부시의 외교정책』. 서울: 예솜출판, 2004.

마상윤. "미국 신보수주의의 역사적 배경 : 탈냉전에서 이라크 전쟁까지." 남궁곤 편. 『네오콘 프로젝트: 미국 신보수주의의 이념과 실천』. 서울: 사회평론, 2005.

박영준. "21세기 미일동맹의 변화와 일본 방위체제 변화." 『국가전략』 제13권 2호 (2007).

박찬욱. "입법부와 미국외교정책." 이범준 외. 『미국외교정책: 이론과 실천』. 서울: 박영사, 1998.

신성호. "현대 세계안보질서의 변환과 동아시아." 하영선, 남궁곤 편. 『변환의 세계정치』. 서울: 을유문화사, 2007.

신유섭. "ODNI 창설을 통해 본 미국 정보계 개혁의 성격과 전망." 『국제정치논총』 제45권 3호 (2005).

앨리슨, 그래함, 필립 젤리코. 김태현 역. 『결정의 엣센스: 쿠바미사일 사태와 세계 핵전쟁의 위기』. 서울: 모음북스, 2005.

유현석. 『국제정세의 이해: 미국 패권 시대의 지구촌의 아젠다와 국제관계』, 제2개정판. 서울: 한울, 2006.

이범준 외. 『미국외교정책: 이론과 실천』. 서울: 박영사, 1998.

이삼성. 『현대미국외교와 국제정치』. 서울: 한길사, 1993.

이정희. "국내정치적 요인과 미국 외교정책." 이범준 외. 『미국외교정책: 이론과 실천』. 서울: 박영사, 1998.

전재성. "21세기 미국의 변환외교." 하영선, 김상배 편. 『네트워크 지식국가: 21세기 세계정치의 변환』. 서울: 을유문화사, 2006.

케이건, 로버트. 홍수원 역. 『미국 vs 유럽 갈등에 관한 보고서』. 서울: 세종연구원, 2003.

하영선 편저. 『한미동맹의 비전과 과제』. 서울: 동아시아연구원, 2006.

하영선. "2032 북한선진화의 길: 복합그물망국가 건설." 하영선·조동호(편), 『북한 2032: 선진화로 가는 공진전략』. 서울: 동아시아연구원, 2011.

한국미국사학회 편. 『사료로 읽는 미국사』. 서울: 궁리, 2006.

황지환. "한반도 안보질서의 변화과 한국 안보." 하영선, 남궁곤 편. 『변환의 세계정치』. 서울: 을유문화사, 2007.

2. 영어문헌

Brands, H. W. *What America Owes the World: The Struggle for the Soul of Foreign Policy*. Cambridge: Cambridge University Press, 1998.

Brinkley, Douglas. "Democratic Enlargement: The Clinton Doctrine." *Foreign Policy* 106 (Spring 1997).

Cameron, Fraser. *US Foreign Policy after the Cold War: Global Hegemon or Reluctant Sheriff?* London: Routledge, 2002.

Carr, Edward Hallett. *The Twenty Year's Crisis, 1919~1939: An Introduction to the Study of International Relations*. New York: Harper & Row, 1964.

Cha, Victor. "The Obama Administration's Policy toward East Asia," *The Korean Journal of Defense Analysis* 22-1 (March 2010).

Clinton, Hilary Rodham. "America's Pacific Century," *Foreign Policy*, November 2011.

Cohen, Warren I. *America's Failing Empire: U.S. Foreign Relations since the Cold War*. Oxford: Blackwell Publishing, 2005.

Cooper, Helene and Myers, Steven Lee. "U.S. Tactics in Libya May Be a Model for Other Efforts," *The New York Times*, 28 August 2011.

Cox, Michael. *US Foreign Policy after the Cold War: Superpower without a Mission?*. London: Pinter, 1995.

Drenzer, Daniel W. "Does Obama Have a Grand Strategy?" *Foreign Affairs* 90-4 (July / August

2011).

Dueck, Colin. *Reluctant Crusaders: Power, Culture, and Change in American Grand Strategy*. Princeton: Princeton University Press, 2006.

Dumbrell, John. "Foreign Policy." in Robert Singh, ed. *Governing America: The Politics of a Divided Democracy*. Oxford: Oxford University Press, 2003.

Finnmore, Martha. *National Interests in International Society*. Ithaca, NY: Cornell University Press, 1996.

Hoffmann, Stanley. "The Crisis of Liberal Internationalism." *Foreign Policy* 98 (Spring 1995).

Holsti, Ole R., and James N. Rosenau. *American Leadership in World Affairs: Vietnam and the Breakdown of Consensus*. Boston: Allen Unwin, 1984.

Jackson, Van. "Power, Trust, and Network Complexity: Three Logics of Hedging in Asian Security," *International Relations of the Asia-Pacific* 13-3 (2014).

Jentleson, Bruce W. *American Foreign Policy: The Dynamics of Choice in the 21st Century*, 2nd edn. New York: Norton, 2004.

Kagan, Robert. *The Jungle Grows Back: America and Our Imperiled World*. New York: Alfred A. Knopf, 2018.

Kallaugher, Kevin. "Still No. 1." *The Economist*, 28 June 2007.

Katzenstein, Peter J., and Robert O. Keohane Keohane, eds. *Anti-Americanism in World Politics*. Ithaca, NY: Cornell University Press, 2007.

Kegley, Charles W. Jr., and Eugene R. Wittkopf. *American Foreign Policy: Pattern and Process*, 4th edn. New York: St. Martin's Press, 1991.

Kennan, George F. *American Diplomacy, 1900~1950*. Chicago: University of Chicago Press, 1951.

Krasner, Stephen D. "Are Bureaucratic Politics Im portant? (Or Allison Wonderland)." *Foreign Policy* 7 (Summer 1971).

_____. *Defending the National Interest: Raw Materials Investments and U.S. Foreign Policy*. Princeton: Princeton University Press, 1978.

Kull, Steven, and I. M. Destler. *Misreading the Public: The Myth of a New Isolationism*. Washington D.C.: Brookings Institution, 1999.

Leffler, Melvyn P. "9/11 in Retrospect." Foreign Affairs 90-5 (September/October 2011).

Lejeune, Camp, and Fort Bragg. "The Hobbled Hegemon." *The Economist*, 28 June 2007.

Lippmann, Walter. *Public Opinion, Project Gutenberg Release #6456*. September 2004, http://www.gutenberg.org/etext/6456.

Luce, Henry R. "The American Century." *Diplomatic History* 23-2 (Spring 1999).

Malone, David M., and Yuen Foong Khong, eds. *Unilateralism and U.S. Foreign Policy: International Perspectives*. Boulder, Colorado: Lynne Rienner Publishers, 2003.

Mearsheimer John J., and Stephen M. Walt. *The Israel Lobby and U.S. Foreign Policy*. New York: Penguin, 2007.

Morgenthau, Hans J. *In Defense of the National Interest: A Critical Examination of American Foreign Policy*. New York: Knopf, 1951.

Nye, Joseph S., Jr. *The Paradox of American Power: Why the World's Only Superpower Can't Go It Alone*. New York: Oxford University Press, 2002.

_____. *Is American Century Over?* Cambridge: Polity, 2015.

Pew Research Center. "What the World Thinks in 2002: How Global Publics View: Their Lives, Their Countries, The World, America." Released on 4 December 2002. http://pewglobal.org/reports/display.php?ReportID=165.

_____. "U.S. Image Up Slightly, But Still Negative: American Character Gets Mixed Reviews." Released on 23 June 2005. http://pewglobal.org/reports/display.php?ReportID=247.

_____. "Global Unease with Major World Power." Released on 27 June 2007. http://pewglobal.org/reports/pdf/256.pdf.

Ruggie, John Gerard. "Doctrinal Unilateralism and Its Limits: America and Global Governance in the New Century." in David P. Forsythe, Patrice C. McMahon, and Andrew Wedeman, eds. *American Foreign Policy in a Globalized World*. New York: Routledge, 2006.

Schlesinger, Arthur M. Jr. *A Thousand Days: John F. Kennedy in the White House*. New York: Fawcett

Premier, 1971.

Scowcroft, Brent. "Don't Attack Saddam." *Wall Street Journal.* 15 August 2002.

Shapiro, Robert Y., and Benjamin I. Page. *The Rational Public: Fifty Years of Trends in Americans' Policy Preferences.* Chicago: University of Chicago Press, 1992.

The Department of Defense. "Indo-Pacific Strategy Report: Preparedness, Partnerships, and Promoting a Networked Region." 1 June 2019.

The Department of State. "A Free and Open Indo-Pacific: Advancing s Shared Vision." 4 November 2019.

The White House. "National Security Strategy." February 2015.

The White House. "The National Security Strategy of the United States." September 2002.

The White House. "Indo-Pacific Strategy of the United States." February 2022.

Waltz, Kenneth N. *Theory of International Politics.* Reading, Mass.: Addison-Wesley Publishing Co., 1979.

Wildavsky, Aaron. "The Two Presidencies." *Trans-Action.* 4 December 1966.

Wittkopf, Eugene R., Charles W. Kegley, Jr., and James M. Scott. *American Foreign Policy: Pattern and Process,* 6th edn. Belmont, CA: Wadworth, 2003.

Zakaria, Fareed. *The Post-American World.* New York: W. W. Norton & Company, 2008.

일본의 외교정책

12장

조양현(국립외교원)

1. 서론   351

2. 일본외교정책의 환경   352

3. 일본외교정책의
   목표와 방향   358

4. 일본외교정책의 현안과
   대한반도관계   361

5. 결론   376

1. 서론

제2차 세계대전 이후의 일본외교는 소극적이고 국제환경에 순응적이라는 이미지가 강했다. 폐허가 된 국토, 주권의 상실, 연합국의 점령 등 패전에 따른 부(負)의 유산은 '저자세(low profile)외교'를 초래했다. 미국 주도의 점령정책 시기에 채택된 '평화헌법'은 군사력의 보유와 사용을 제한하였고, 미일안보조약은 일본외교에 대미(對美) 의존적 성격을 구조화하였다. 이 시기에 태동한 '경무장경제우선전략' 즉, '요시다독트린'은 전후 일본외교의 기본원칙이 되었다.

일본이 주권을 회복하고 경제 대국으로 거듭난 이후에도 저자세외교는 계속되었다. 일본정부는 민감한 국제 현안에 관여를 자제하면서 '경제외교'에 치중하는 행태를 보였다. 시기별로 보자면 당시의 국제환경과 내각의 이념성향 등에 의해 대외정책의 우선순위에 다소의 차이는 있었지만, 헌법이나 미일안보조약과 같이 '전후체제'를 벗어나려는 문제 제기는 터부시되었다.

그런데 1990년대 이후 일본외교는 국제문제에 관여를 확대하면서 명확한 자기주장을 하는 경우가 늘어났다. 일본은 국제연합안전보장이사회(이하 유엔안보리)의 상임이사국 진입을 시도하였고, 기후변화, 개발원조 등 범세계적 이슈에 대해서 교토의 정서(Kyoto Protocol)의 채택, 아프리카개발회의(TICAD)의 개최 등을 주도하였다. 21세기 들어 일본이 제시한 '주장하는 외교'나 '가치관 외교' 그리고 '적극적 평화주의' 등의 개념은 종래의 경제외교나 저자세외교를 극복하려는 시도였다. 일본은 유엔평화유지활동(PKO)뿐만 아니라 미국 주도의 '테러와의 전쟁'에 자위대를 파견하였고, 호주, 인도, 아세안(ASEAN) 국가들과 안보협력을 강화하면서 인도·태평양지역에서 영향력을 확대해 오고 있다.

방위정책에서는 자위대의 해외파견 관련 법제화, 방위청의 방위성으로의 승격, 집단적자위권의 행사 용인 등과 같은 '보통국가(normal state)' 혹은 '정상국가'를 향한 일련의 제도적 정비가 뒤따랐다. 2015년에 일본정부는 집단적자위권에 관한 헌법의 해석을 변경하고, 미일방위협력지침(이른바 가이드라인)을 개정하고 안보 관련 법규를 정비하였다. 일본은 자국이 직접 공격받지 않더라도 외국 군대를 지원하기 위해 자위대를 파견하고 무력을 사용할 수 있게 된 것이다.

일본의 '주장하는 외교'의 대상에는 한반도가 포함되어 있다. 1990년대부터 일본은 한반도 유사 시에 미군에 대한 자위대의 후방지원을 전제로 군사전략을 논의해 오고 있다. 2006년 북한의 미사일 발사와 핵 실험에 대해 일본은 유엔안보리에서 북한에 대한 제재 결의안의 상정 및 채택을 주도하였다. 2018년에 남북정상회담과 북미정상회담이 개최되고 한반도종전선언과 평화협정 관련 논의가 활발해졌지만, 일본정부는 북한 핵문제의 '완전하고 검증 가능하며 돌이킬 수 없는 비핵화(CVID)'와 북한에 대한 '최대한의 압박

(maximum pressure)'을 주장했다.

한일관계는 '가깝고도 먼 나라'에 비유되곤 한다. 역사 지리적으로 근접해 있고 경제적으로 상호의존관계에 있으면서도 상대방에 대한 감정은 우호적이지만은 않기 때문이다. 과연 일본은 우리에게 어떠한 존재인가?[1] 우리는 일본을 얼마나 알고 있는가? 21세기 일본외교는 어떠한 목표를 추구하고 있고, 한반도와 동아시아는 그 속에서 어떠한 위치에 있는가? 이러한 문제의식을 염두에 두면서 일본외교의 특징을 살펴보고, 일본외교의 현안에 대해 냉전기와 탈냉전 이후 그리고 대한반도관계로 나누어 개괄하고, 21세기 일본외교의 변화가 한반도와 동아시아 국제질서에 주는 함의를 고찰해 보고자 한다.

2. 일본외교정책의 환경

1) 국내외적 환경

(1) 지정학적 요인

일본외교의 환경요인으로 우선 지정학적 요인을 지적할 수 있다.[2] 일본은 아시아대륙에서 떨어져 나온 섬나라로서 중국 문명권의 변두리에 위치해 있다. 바다는 대륙세력으로부터 일본 열도를 방어하는 요새이자 선진 문명을 흡수하는 교통로였다. 대륙으로부터 독자성을 유지한 채 교류하는

---

1) 김영작, "일본(인)은 우리에게 무엇인가: 과거, 현재 그리고 미래," 김영작·이원덕 편, 『일본은 한국에게 무엇인가』 (서울: 한울아카데미, 2006).

2) 김호섭, "일본의 대외정책," 전득주 외, 『대외정책론』 (서울: 박영사, 1998), pp. 285-288.

이중적인 성격은 대외관계 설정의 근간이자 군사전략의 요체였다.

메이지 시대에 일본의 대외진출 방향을 놓고 벌어진 이른바 대륙국가론과 해양국가론 간의 논쟁이나, 청일전쟁과 러일전쟁의 근거가 되었던 '주권선'과 '이익선'의 개념화에서도 섬나라라는 지정학적 위치가 그 출발점이 되었다.[3] 전후에는 일본이 영국, 미국 등의 해양세력에 대항하여 중국 대륙을 침략한 것이 국가전략의 패착이었다는 인식이 대세가 되었다. 일본은 통상으로 국가 활로를 찾고, 세계의 해양을 지배하는 미국과 연대해야 한다는 주장이 힘을 얻었다.[4] 21세기에도 해양국가론은 부상하는 중국을 미일동맹으로 견제하자는 논리의 근거가 되고 있다.

(2) 역사적 요인

근대화, 식민침략 그리고 패전 등의 역사적 유산은 일본외교에 지대한 영향을 미치고 있다.[5] 아시아에서 유일하게 근대화에 성공한 일본은 서구 열강을 축출하여 '대동아공영권'이라는 일본 중심의 세력권을 구축하고자 하였다. 패망과 점령 정책의 경험은 한편으로 서구에 대한 일본의 저자세외교 내지는 대미 추종외교의 토양을 제공하였지만, 다른 한편으로 침략과 식민지배의 과정에서 잉태된 아시아에 대한 일본인의 우월적인 정신구조는 주변국의 국민감정을 자극하는 망언으로 표출되었다.

일본 제국주의가 주변국에 끼친 피해는 일본의 아시아외교에 부채로 남았다. 1990년대에 자민당 장기집권이 막을 내리자 후속의 내각은 과거의 침략전쟁과 식민지배에 대한 일본정부의 인식을 표명하는 경우가 늘어났다. 종전(패전) 50주년인 1995년에 발표된 무라야마담화는 침략전쟁과 식민지배에 대한 반성과 사죄를 담고 있다. 종전 60주년과 70주년에는 고이즈미 내각과 아베 내각이 각각 기념 담화를 발표하였는데,[6] 그때마다 일본에서 찬반 논쟁이 벌어졌고 주변국들과 역사갈등을 초래하였다.

침략전쟁을 어떻게 볼 것인가의 문제 즉, 역사인식과 관련되는 야스쿠니신사(靖国神社) 참배, 역사 교과서의 기술, 그리고 강제동원(징용) 피해자와 일본군 위안부 피해자 등에 대한 법적·도덕적 책임 등의 문제가 탈냉전 이후 일본외교의 현안으로 등장했다.[7] 일본 사회의 보수화, 영토분쟁의 심화 등을 배경으로 과거사문제는 일본 국내정치와 대외관계의 쟁점이자 동아시아 국제관

---

3) 五百旗頭真編, 『戦後日本外交史(第3版補訂版)』 (東京: 有斐閣, 2014), pp. 10–12.

4) 高坂正堯, 『海洋国家日本の構想』 (東京: 中央公論社, 1965), pp. 133–186; 코사카 마사타카, 『해양국가 일본의 구상』 (서울: 이크, 2005), pp. 169–225.

5) 남창희, "일본의 외교정책," 구본학 외, 『세계외교정책론』 (서울: 을유문화사, 1995), pp. 299–304; 浅井基文, 『日本外交-反省と転換』 (東京: 岩波書店, 1989), pp. 24–46.

6) 조양현, "아베(安倍) 담화 이후의 한일관계," 『한일협력』 (2015년 가을호).

7) Kazuhiko Togo, "Japan's reconciliation diplomacy in Northeast Asia," in James D. J. Brown and Jeff Kingston, eds. *Japan's Foreign Relations in Asia* (New York: Routledge, 2018), ch. 11; Thomas U. Berger, "The Politics of Memory in Japanese Foreign Relations," in Thomas U. Berger, Mike M. Mochizuki, Jitsuo Tsuchiyama eds., *Japan in International Politics: the Foreign Policies of an Adaptive State* (Boulder: Lynne Rienner Publishers, 2007); 東郷和彦, 『歴史認識を問い直す-靖国、慰安婦、領土問題』 (東京: 角川書店, 2013); 도고 가즈히코, 조윤수 역, 『일본 전직외교관이 말하는 일본의 역사인식』 (서울: 역사공간, 2015).

계의 불안정 요인으로 남아 있다.

(3) 이념·제도적 요인

전후에 민주화와 비군사화를 축으로 한 연합국의 점령정책은 일본 국가체제를 근본적으로 변화시켰다. 일본은 미국 주도의 강화조약과 미일안보조약의 체결을 통해 국제사회에 복귀하였고, 이는 일본 대외관계의 친미 내지는 친서구적 태도로 구조화되었다.

이른바 평화헌법과 미일안보조약은 보수와 혁신세력 간의 이념대립 중심축에 위치하였고, 경무장경제우선전략의 기초가 되었다.[8] 헌법의 해석 및 개정, 집단적자위권의 도입, 자위대의 창설 및 해외파견, 방위비의 분담 및 상한 설정, 비핵3원칙의 채택, 미일안보조약의 개정 및 미일동맹의 재정의 등 전후 일본외교안보와 관련된 주요 논쟁은 이러한 이념대결의 구도 속에서 전개되었다.[9] 탈냉전 이후 보통국가화 논쟁도 그 연장선에 있다.

(4) 국제환경적 요인

국제환경은 일본외교에 큰 영향을 미치고 있는데,[10] 이는 일본경제의 대외 의존도가 높다는 사실과 관련이 있다. 자원의 수입과 상품 수출을 위해 자유로운 항해에 사활적인 이해관계가 있기 때문이다. 일본정부는 1970년대 석유위기를 겪으면서 산유국과의 우호적인 외교관계와 해상교통로(SLOC)의 중요성을 절감하였고, 1,000해리 방위구상을 책정하는 등 적극적인 움직임을 보였다.

일본외교는 주요국 간의 힘의 균형의 변화에 민감하게 반응해 왔다.[11] 패전 후 소련의 남하와 중국의 공산화를 목격한 일본은 미국과 안전보장조약을 체결했다. 21세기에 중국의 부상을 배경으로 미중 간에 패권경쟁이 가시화되자 일본의 방위안보정책은 미국의 군사전략과 연동되어 중국 견제적 성격이 농후해졌다.[12]

2) 외교정책결정의 주요 행위자

(1) 내각 및 수상

의원내각제를 택하고 있는 일본은 내각(內閣)이 정부의 최고정책기관이 되며, 외교정책에 관한 각의(閣議) 결정은 각료 전원의 합의를 전제로 한다. 외교관계의 처리와 조약의 체결은 내각의 권한이며, 내각은 의회에 대해 외교관계에 대한 보고와 조약의 승인을 거칠 의무가 있다. 의회에 대한 내각의 보고는 수상(首相)의 시정방침연설과 외상의 외교연설에 의하는 것이 관례이다. 국회의 승인이 필요한 조약(헌법상의 조약)은 제한적이며, 외국과의 합의는 대부분 각의에서 결정되

8) 添谷芳秀, 『日本の「ミドルパワー」外交−戦後日本の選択と構想』(東京: ちくま新書, 2005), pp. 16−17.

9) 滝田賢治, "平和憲法と日米同盟の狭間で," 井上寿一ほか, 『日本外交の再構築』(東京: 岩波書店, 2013), ch. 2; 中島茂樹, "平和憲法五〇年の軌跡−憲法九条の原点と現点," 立命館大学人文科学研究所編, 『戦後五〇年をどうみるか』(東京: 人文書院, 1998).

10) 공의식, "일본의 외교정책," 김종헌·김호준·공의식 편, 『미·중·일 대외정책』(부산: PUFS, 1998), pp. 177−179.

11) 兼原信克, "新しいパワー·バランスと日本外交," 谷内正太郎(編集), 『論集 日本の外交と総合的安全保障』(東京: ウェッジ, 2011), ch. 2.

12) Emi MIfune, "Japanese Policy toward China," in Takashi Inoguch and G. John Ikenberry eds, *The Troubled Triangle* (New York: Palgrave Macmillan, 2013), ch. 9.

는 행정협정으로 처리된다.

내각의 대표인 총리대신, 즉 수상은 각의의 주재자로서 각 부처를 통괄한다. 일반적으로 일본의 수상은 미국의 대통령에 비해 외교정책에서 강력한 영향력을 발휘하기가 쉽지 않다고 알려져 있다. 그렇지만 강력한 정치력과 신념을 가진 수상일 경우, 특히 국교정상화나 동맹의 체결 등과 같은 사안을 처리할 경우에는 국정의 최고책임자인 수상의 역할이 결정적인 역할을 하였다. 샌프란시스코강화조약 및 미일안보조약을 통해 점령정책을 종결시킨 요시다 시게루(吉田茂), 일소국교정상화에 진력했던 하토야마 이치로(鳩山一郎), 미일안보조약을 개정한 기시 노부스케(岸信介), 한일국교정상화를 실현했던 사토 에이사쿠(佐藤栄作), 일중국교정상화를 추진했던 다나카 가쿠에이(田中角栄), 북일관계정상화를 위해 북한을 방문했던 고이즈미 준이치로(小泉純一郎), '평화안전법제'를 성립시킨 아베 신조(安倍晋三) 수상 등이 이에 해당한다.[13]

(2) 외무성 및 정부조직

외무성(外務省)은 외교 활동의 주무 부처로서 대외적으로 일본정부를 대표하여 외국 정부를 상대하고, 대내적으로는 정부 부처 간 협의를 주도한다. 외무성의 수뇌부는 외무대신(외상), 2인의 부대신, 3인의 정무관, 1인의 외무사무차관, 2인의 외무심의관(차관급으로 정무, 경제)으로 구성된다. 외상(外相)은 여당의 유력 정치가가 임명되는

반면, 외무사무차관에는 직업 외교관이 기용되는 경우가 일반적이다. 그 아래로 총합외교정책국, 5개의 지역국(아시아대양주, 북미, 중남미, 구주, 중동아프리카), 4개의 기능국(경제, 국제협력, 국제법, 영사)의 총 10국 외에, 정보의 수집·분석을 담당하는 국제정보통괄관, 그리고 외무대신을 보좌하는 외무대신관방이 있다. 이상의 국내조직을 본성(本省)이라 부르며, 2022년 1월 현재 약 2,800명이 소속되어 있다.[14] 타 부처와 구별되는 외무성의 특징 중의 하나가 바로 외교정책의 실시(외교) 및 정보수집을 위해서 해외에 재외공관(대사관, 총영사관, 정부 대표부 등)을 설치하고 외국과의 창구로서 기능한다는 점이다. 현재 200개 이상의 재외공관에서 약 3,500명이 활동하고 있다.

정부 부처 간 협의에서는 국내의 이익기반이 약한 외무성이 대외 협조를 중시하는 반면, 금융계, 산업계 및 농어민 등의 권익 보호를 우선하는 재무성(2000년 이전의 대장성), 경제산업성(동통산산업성) 및 농림수산성 등은 비타협적인 태도를 보이는 경향이 강했다. 이로 인해 일본은 대외교섭에서 정부 차원의 합의된 입장이 불분명한 채 각 부처가 각자의 이익을 대변한다는 '이원(二元) 외교'가 비판을 받아 왔다. 1980년대 이후 외교정책에 관여하는 부처가 증가하면서 이들 간의 조정이 더욱 복잡해지는 양상이 나타나고 있다.

(3) 의회 및 정당

외국과의 조약 및 협정의 체결, 예산상의 지출을 필요로 하는 외교 사안, 그리고 국교 수립, 안전

---

13) 渡辺昭夫, "日本の対外政策形成の機構と過程," 細谷千博·綿貫讓治編, 『対外政策決定過程の日米比較』(東京: 東京大学出版会, 1977), pp. 33–37; 信田智人, "強化される外交リーダーシップ−官邸主導体制の制度化へ," 『国際問題』(2007年1·2月号), pp. 11–12.

14) http://www.mofa.go.jp/mofaj/annai/honsho/sosiki/index.html (검색일: 2022.01.31).

보장, 시장개방 등과 같은 중대 사안의 경우 의회의 승인이 필요하다.[15] 의회의 각종 위원회, 특히 예산, 외교, 재정금융분야의 상임위원회의 역할이 중요하다. 각 위원회의 위원장은 여당의 중진 의원이 독점해 왔으며, 여야의 이해관계가 첨예하게 대립하는 경우 여당이 법안의 통과나 조약의 비준을 강행하고, 이에 반발한 야당이 장외투쟁으로 맞서는 경우가 종종 발생했다.

1955년 창당 이후 오랫동안 여당의 지위를 누렸던 자민당은 외교정책에 막강한 영향력을 행사해 왔다. 각종 정책의 조사·입안 기능을 담당하는 자민당의 정조회(政調會)는 정부정책에 여당의 이해관계를 반영시키는 중요한 통로가 되었다. 자민당 의원들이 정책분야별로 정부의 각 성청(省庁)에 대응하는 정책부회(政策部会), 예를 들어 외무성에 대응하는 외교부회(外交部会), 후생노동성에 대응하는 후생노동부회(厚生労働部会) 등을 중심으로 정책을 입안하면, 이것이 정조회 심의회와 총무회(総務会)를 거쳐 자민당 안(案)이 되었다. 정부가 국회에 제출하는 법안과 예산안은 각의 결정에 앞서 자민당 정조회와 총무회의 사전 심사 및 승인을 거치는 것이 관례이다.

(4) 재계 및 노동단체

일본경제단체연합회(2002년 기존의 경제단체연합회(経団連)와 일본경영자단체연맹(日経連)이 통합되어 발족), 경제동우회, 일본상공회의소 등 소위 경제3단체로 대표되는 재계는, 자민당에 정치자금과 선거의 조직표를 제공하고 고급관료 출

신자를 재계로 충원하여 이들의 인맥을 통해 정부정책에 영향력을 행사해 왔다.[16] 1990년대에 정치자금을 규제하는 법안이 도입되면서 재계의 영향력은 줄어들었다.

1980년대까지 최대의 노동단체였던 좌파 성향의 일본노동조합총평의회(이른바 総評)는 사회당에 정치자금과 선거조직을 제공하였고, 노동자와 학생들을 반정부 시위에 동원하였다. 이에 대항하는 보수 계열의 노동단체로는 전일본노동총동맹(이른바 同盟)이 존재했다. 이 두 단체가 1980년대 말에 일본노동조합총연합회(이른바 連合)로 통합되고 일본 정계에서 사회당 등의 혁신세력이 쇠퇴하면서 노동단체의 영향력은 줄어들었다.

(5) 여론 및 언론

일본 사회에서 NGO, 시민단체, 지방자치단체, 기업 등 비정부 주체의 역할이 증가하면서 외교정책에서도 이들의 영향력이 커지고 있다.[17] 1980년대에 북한에 의한 일본인 납치문제가 불거진 이래 납치피해자가족회 등이 일본의 대북한정책에 큰 영향력을 행사해 왔다. 1990년대 들어 야스쿠니 참배, 일본군 위안부문제, 역사 교과서 등을 둘러싼 동아시아 역사갈등은 일본 내의 역사, 인권, 반전 관련 시민단체나 전문가 그룹의 활동에 촉발된 측면이 있다. 미일관계의 현안인 오키나와(沖縄)의 미군기지 이전 문제를 두고 지역주민과 지

---

15) 曽根泰教, "日本の政治システムと外交," 有賀貞他編, 『講座国際政治4 日本の外交』(東京: 東京大学出版会, 1989), p.116.

16) 辻中豊, 『利益集団』(東京: 東京大学出版会, 1988), pp. 126-134.

17) 花井等, 『親外交政策論』(東京: 東洋経済新報社, 1998), pp. 337-339; テッサ・モーリス＝スズキ, "地域外交における市民社会—日本とそのアジア近隣諸国における草の根市民運動の役割," 井上寿一ほか, 『日本外交の再構築』(東京: 岩波書店, 2013), ch. 10.

방자치단체가 일본정부와 대립해 왔다.[18]

일본 매스컴은 여론의 형성과 외교정책에 큰 영향력을 행사하고 있다. 신문의 경우 요미우리(読売), 아사히(朝日), 마이니치(毎日), 니혼케이자이(日本経済), 산케이(産経) 등 5대 일간지는 정부정책을 비판하는 기능을 담당해 왔다. 아사히의 논조가 진보좌파적인 반면, 요미우리와 산케이는 친미 보수 내지는 보수우파적인 성향이 강하다.

3) 외교정책결정과정

(1) 외무성의 정책결정과정

외무성의 정책결정과정은 이른바 품의제(稟議制)를 기본으로 하며, 말단에서 준비된 안건이 상사의 재가를 받는 과정을 반복하며 과장, 국장, 사무차관, 장관, 각의의 순으로 올라간다.[19] 일반적으로 주무 부처의 과(課)에서 과장이나 수석사무관이 중심이 되어 정책을 입안한다.[20] 성(省) 내외의 관련 과(課)와의 조정을 거치고, 주 1회 정도 열리는 국의(局議)에서 외무성안으로 확정된다.

국 차원에서 원활한 조정이 이루어지지 않을 경우, 성 내부 혹은 타 부처와의 협의가 필요하다. 국장이나 외상의 결단에 맡겨지거나, 내각관방을 거쳐 수상의 결단이 요구되기도 한다. 외무성과 수상과의 의견교환은 성에서 파견된 총리비서관을 통하거나 차관이 총리관저를 정기적으로 출입하는 방식 외에, 필요한 경우 해당 국장의 부정기적인 방문을 이용한다.

안건이 외교정책으로 확정되기 위해서는 내각의 결정 및 승인이 필요하다. 주 2회 열리는 각의(閣議)에 앞서 사무차관회의에서 관련 안건을 점검하는데, 각 안건은 사전에 해당 부처 간에 합의되는 것이 일반적이다. 의회의 승인이 필요한 조약의 경우에는 조인 및 승인을 위한 의회에의 부탁(付託)과 천황에 의한 비준서의 인증을 위해서 세 번의 각의를 거치게 된다. 이 과정에서 의회의 사정으로 승인을 얻지 못하는 경우가 발생하기도 한다.

(2) 총리관저의 기능 강화와 NSC 설치

통상적인 정책결정과 별도로 위기사태 등이 발생하여 신속한 대응이 필요한 경우에는 특별한 의사결정이 요구된다. 주권침해, 통상교섭, 외국의 치안악화, 정책협조 등 그 성격과 상황에 따라 참가자가 유동적이지만, 대체적으로 외무성을 포함한 정보수집기관, 관계부처 그리고 내각관방(총리관저)이 참여한다.

1999년의 내각법 개정으로 총리의 발의권 및 그 보좌기구인 내각관방의 권한이 강화되었다.[21] 종래에는 부처 간의 입장을 조정하는 역할에 그쳤던 내각관방의 기능을 강화하여 주요 정책의 기획, 입안 및 종합적인 조정이 가능하도록 했다. 이 제도개혁에 힘입어 9·11테러 이후 고이즈미 내각은 총리관저의 주도로 테러대책특조법, 유사법제, 이라크특별조치법 등 자위대의 해외파견과

---

18) シーラ·スミス, "最前線としての沖縄―日本国民と外交政策," 井上寿一ほか, 『日本外交の再構築』(東京: 岩波書店, 2013), ch. 9.

19) 孫崎享, 『日本外交 現場からの証言』(東京: 中央公論社, 1993), pp. 181-182.

20) 小和田恆·山影進, 『国際関係論』(東京: 放送大学教育振興会, 2002), pp. 57-59.

21) 信田智人, 『冷戦後の日本外交―安全保障政策の国内政治過程』(東京: ミネルヴァ書房, 2006), pp. 170-171.

관련된 법안을 신속하게 성립시킬 수 있었다.

아베 내각 시기에 외교안보의 사령탑으로서 총리관저의 기능이 강화되었다. 1차 아베 내각 당시 종래의 안전보장회의를 '국가안전보장회의'로 개편하여 정부의 위기관리능력과 총리관저의 기능을 강화하자는 '일본판 NSC' 구상이 논의되었다. 관련 부처에 권한이 분산되어 효율적인 의사결정을 어렵게 한다는 문제점 즉, '다테와리(縦割り)행정'의 폐해를 극복하고 국가안보에 관한 신속한 대응태세를 갖추자는 취지였다.[22] 동 구상은 2013년에 법제화되어 외교안보정책의 사령탑인 국가안전보장회의(NSC)가 출범하였다.[23]

3. 일본외교정책의 목표와 방향

1) 일본외교정책의 목표, 수단 및 대상

외교정책의 목표에는 국가안보, 경제발전, 국가위신이라는 세 가지 요소가 포함된다.[24] 이들 목표의 상대적 중요도와 구체적인 내용은 각국이 처한 시대별 상황에 따라 변화한다.[25] 전후 초기에는 주권(국가위신)의 회복이, 그리고 주권회복 이후에는 안전보장과 경제이익의 확보가 일본외

교정책의 최우선 목표였다.

국가는 외교정책의 목표를 달성하기 위해 다양한 수단을 동원하는데, 그 대표적인 것이 군사력, 경제력 그리고 외교수완이다.[26] 전후의 일본외교는 이 가운데서 경제력을 중시하였다. 평화헌법에 의해 군대 보유가 금지되고 대미 의존적 저자세외교에 익숙했던 일본이 군사력을 동원하거나 외교수완을 발휘하기는 쉽지 않았다. 반면 경제원조는 경제력이 성장한 일본이 비교적 쉽게 동원할 수 있었다. 전후 일본외교는 정부개발원조(ODA)를 중시하고 경제협력과 문화교류를 강조해 왔다.

일본외교는 그 접근 대상으로 유엔, 미국 그리고 중국, 한반도, 동남아시아 등 아시아지역을 중시하였다. 1957년에 최초로 발간된 일본외교청서는 '국제연합 중심', '자유주의 국가들과의 협조' 및 '아시아의 일원으로서의 입장 견지'라는 이른바 일본외교의 3원칙을 밝히고 있다.[27] 1956년에 일본이 유엔에 가입한 것을 계기로 국제연합중심은 일본외교의 기본원칙이 되었다. 일본정부는 자국의 안전보장 및 세계평화를 위해 미국 등 자유주의 국가들과의 협력을 우선하고, 아시아 국가들이 당면한 문제의 해결과 아시아의 지위 향상을 위해 협력한다는 입장을 표명해 왔다. 그렇지만 현실 외교에서는 미국과의 긴밀한 관계 즉, '대미기축(基軸)외교'가 유엔외교나 아시아외교에 우선하였다.[28]

일본외교가 추구한 목표, 수단 및 대상은 '안

22) 川戸七絵, "国家安全保障会議と官邸機能強化−安全保障会議設置法等改正案の概要," 『立法と調査』 273号 (2007), pp. 3−4.

23) 春原剛, 『日本版NSCとは何か』 (東京: 新潮新書, 2014).

24) 박준영, "대외정책의 결정요인," 전득주 외, 『대외정책론』 (서울: 박영사, 1998), pp. 51−53.

25) 김기정, "국제 체제하에서의 외교 정책의 목표와 수단," 구본학 외, 『세계외교정책론』 (서울: 을유문화사, 1995), pp. 98−100.

26) 김기정 (1995), pp. 102−117.

27) 外務省, 『わが外交の近況』 第1号 (1957年版); 北岡伸一, 「日本外交の座標軸」, 『外交』 6 (2011).

28) 전진호, "일본의 대미 기축외교의 재정립: 추종과 자율의 사이에서," 한상일·김영작 외, 『일본형 시스템: 위기와 변화』 (서울: 일조각, 2005).

전보장외교', 'ODA외교', '아시아외교'와 같이 '○○외교'로 부를 수 있는 개별정책들이 서로 계층관계, 길항관계, 보완관계로 복잡하게 얽혀 있다. 현실 외교에서 이들 정책을 정합적으로 추진하기가 쉽지 않고, 외교정책목표의 우선순위는 시기별로 변화한다. 따라서 일본외교의 실상을 이해하기 위해서는 구체적인 현안과 함께 시대적 상황을 살펴볼 필요가 있다.

2) 일본외교정책의 방향

외교정책의 방향을 외교에 임하는 국가의 태도로 파악한다면, 전후 일본외교는 소극적이고 환경 순응적인 성격이 강했다.[29] 전전의 과도한 대외팽창, 군사적 수단에의 극단적인 경사, 국가에 의한 철저한 국민동원 등이 초래했던 비참한 결과는 일본외교에 무거운 부채로 남았다. 이를 극복하기 위해 일본외교는 이전과의 반대 방향 즉, 평화주의, 경제중심주의, 국제환경에의 수동적 협조 등의 특징을 보였다.[30]

일본은 '평화헌법'에 입각하여 군사 대국의 길을 포기하고 평화애호국가로서 거듭났음을 천명하였으며, 세계평화에의 공헌을 강조하였다. 외교청서에 따르면, 일본의 국시(國是)는 '자유와 정의에 기초한 평화의 확립과 유지'이며, 이에 근거한 '평화외교'의 추진, 국제정의의 실현 그리고 국제사회에 있어서 민주주의의 확립이야말로 일본외교의 '근본정신'이었다.[31]

강화조약을 통해 주권을 회복한 일본이 국가전략의 최우선 목표로 삼은 것은 경제부흥과 번영이었다. 일본은 자국의 안전보장은 미국에 의존하면서 모든 국가역량을 경제성장에 집중하였고, 외교는 이를 위한 수단으로 간주되었다. 자유진영 제2위의 경제 대국이 된 이후에도 일본은 국제적인 외교안보 현안에 대해서는 적극적인 발언이나 관여를 자제해 왔다.[32] 그 결과, 일본외교는 경제력에 상응하는 국제정치적 영향력을 확보하지 못한 채, 자국의 경제이익만을 우선하여 국제적 책임을 소홀히 한다는 비판을 받게 되었다.

일본외교정책에 관한 많은 연구가 일본을 국제사회에서 소극적이고 수동적인 행위자로 묘사해 왔다. 일본외교는 국제사회가 추구해야 할 비전이나 철학을 제시하기보다 현안의 처리나 위기관리에 치중한다는 분석,[33] 일본정부는 국제문제가 발생했을 때 그것이 갖는 본질적인 의미와 근본적 해결책을 논의하기보다는 최소한의 조정만으로 대응한다는 지적,[34] 일본은 외부의 압력에 수동적으로 반응하는 경향이 강하다는 시각[35] 등이 그것이다. 일본외교의 수동성과 관련해서 널

29) Jean-Pierre Lehmann, "Japanese Attitudes Towards Foreign Policy," in Richard L. Grant, ed., *The Process of Japanese Foreign Policy: Focus on Asia* (London: Royal Institute of International Affairs, 1997).

30) 五百旗頭真編, 『戦後日本外交史(第3版補訂版)』 (東京: 有斐閣, 2014), pp. 282-283.

31) 外務省, 『わが外交の近況』 第2号 (1958年版).

32) 西川吉光, 『日本の外交政策-現状と課題、展望』 (東京: 学文社, 2004), pp. 33-34.

33) 入江昭, 『新・日本の外交-地球化時代の日本の選択』 (東京: 中央公論社, 1991).

34) Michael Blaker, "Evaluating Japanese Diplomatic Performance," in Gerald L. Curtis, ed., *Japan's Foreign Policy After Cold War: Coping with Change* (New York: M. E. Sharpe, 1993).

35) Alan Rix, "Dynamism, Foreign Policy and Trade Policy," in J. A. A. Stockwin, et al., *Dynamic and Immobilist Politics in Japan* (Basingstoke: Macmillan, 1988).

리 알려진 것은 '외압반응형국가(reactive state)' 모델이다.[36] 일본은 새로운 국제규범을 만들기 위한 능력이 있는 경우에도 적극적인 역할을 하지 않고 기존 규범에 순응하는 선택을 선호하며, 중요한 정책 변화는 외부의 압력 즉, '외압(外壓, GAIATSU)'에 의해서만 가능하다는 것이다.

그런데 1990년대 들어 표면화된 국내외의 환경변화는 종래의 국가전략만으로는 새로운 문제에 대응할 수 없다는 위기의식을 일본사회에 심어주었다. 공산권의 붕괴, 걸프 사태의 발발, 북한의 핵미사일문제(북한위협론) 그리고 대만해협 위기와 중국의 부상 등 국제정세의 급변은 일본외교의 한계를 여실히 보여주었다. 노동조합의 약체화, 사회당을 비롯한 혁신정당의 몰락, '잃어버린 10년'으로 상징되는 장기불황, 천재지변과 대형 사건·사고에 따른 일본 사회의 위기의식은 새로운 국가전략의 필요성을 제기하였다. 이에 호응하여 보통국가화로 불리는 새로운 패러다임이 등장하였고, 일본은 국제사회에서 보다 적극적인 역할을 추구하게 되었다.[37]

탈냉전기 일본외교의 태도 변화를 설명하려는 다양한 연구가 시도되었다. 일본외교가 경제력과 군사력 면에서 잠재적인 하드파워(hard power) 역량을 보유한 채 정치, 문화 등의 소프트파워(soft power)를 통한 국익 추구에 관심이 증가했다는 시각이 제시되었다.[38] 탈냉전 이후 국제질서의 불안정성이 증가하면서 일본의 외교정책은 점차 대미 자주적이고 능동적인 요소와 지역 안보에 대한 관심이 늘어났고,[39] '글로벌·파워'로서의 일본의 역할을 자각하게 되었다고 본다.[40] 제도적인 면에서 일본외교가 평화헌법과 요시다독트린과 같은 비정상성에서 전통적인(정상적인) 정책으로 회귀하고 있다는 설명이 등장했다.[41] 일본이 방위력의 정비, 지역적인 안보 역할의 확대 및 국제공헌의 강화를 목표로 '군사적 보통국가화'를 추구하고 있다는 시각이 있다.[42] 이들은 탈냉전 이후 일본이 미국의 대일정책이나 국제사회의 압력에 순응하기보다는 스스로 정의한 국익에 기초하여 외교정책을 추구하려는 경향이 강해졌다고 본다는 점에서 공통된다.[43]

36) Kent E. Calder, "Japanese Foreign Economic Policy Formation: Explaining the Reactive State," *World Politics* 40 (July 1988).

37) 이원덕, "세계화 시대의 일본 외교안보정책: 우경화 속의 보통국가화," 장달중 외, 『세계화와 일본의 구조전환』 (서울: 서울대학교출판부, 2002), pp. 137-145.

38) Reinhard Drifte, *Japan's Foreign Policy in the 1990s: From Economic Superpower to What Power?* (New York: St. Martin's Press, 1996).

39) Michael Green, *Japan's Reluctant Realism: Foreign Policy Challenges in an Era of Uncertain Power* (New York: Palgrave Macmillan, 2001).

40) Takashi Inoguch, "Japan's Foreign Policy Line after the Cold War," Takashi Inoguch and G. John Ikenberry eds. *The Troubled Triangle* (New York: Palgrave Macmillan 2013), ch. 2.

41) Kevin Cooney, *Japan's Foreign Policy Maturation: A Quest for Normalcy* (New York: Routledge, 2002).

42) Christopher W. Hughes, *Japan's Re-emergence as a 'Normal' Military Power* (New York: Oxford University Press, 2004); 박영준, "일본의 방위 전략: 반군사주의(anti-militarism)에서 보통군사국가(normal military state)로의 변화," 박철희 편, 『동아시아 세력전이와 일본 대외전략의 변화』 (서울: 동아시아재단, 2014), ch. 2.

43) Kenneth B. Pyle, *Japan Rising: the Resurgence of Japanese Power and Purpose* (New York: Public Affairs, 2007); Richard J. Samuels, *Securing Japan: Tokyo's Grand Strategy and the Future of East Asia* (Ithaca, New York: Cornell University Press, 2007); Takashi Inoguchi and Paul Bacon, "Japan's Emerging Role as a 'Global Ordinary Power'" *International Relations of the Asia-Pacific* 6-1 (2006);

2010년대 들어 일본 헌정사상 최장기 집권에 성공한 아베 내각은 정치, 외교안보, 경제, 사회, 교육 등 모든 분야에서 변환을 시도하였다.[44] 외교안보분야에서는 평화안전법제 등 방위안보정책의 제도적 정비, '인도·태평양' 지역구상의 제시, 종전 70주년 기념 총리담화의 발표 등 주목할 만한 성과가 나타났다.[45] 아베 내각이 제시한 '탈전후체제론'은 전전(戰前)의 '정체성의 정치'를 연상시키고,[46] '적극적 평화주의'는 평화주의라는 간판을 내걸었지만 실제로는 전수방위와 평화헌법체제로부터의 대전환을 의미하는 것이었다.[47] 아베 시기의 일본외교는 지정학적 사고와 현실주의에 입각한 '대국외교' 혹은 '전략외교'의 성격이 돋보였다.[48] 이 시기에 일본정부가 적극적인 대외발신과 자국에 유리한 국제질서의 구축을 시도했다는 점에서 일본외교의 패러다임 전환으로 보는 시각이 많다.[49]

4. 일본외교정책의 현안과 대한반도관계

1) 냉전기 경제중심주의와 일본외교

(1) 강화(講和)외교

1945년 9월 일본의 항복문서 조인과 점령군의 진주로 시작된 연합국의 점령통치는 1952년 4월 샌프란시스코 강화조약의 발효까지 계속되었다. 일본외교의 최대 관심은 유리한 조건 하의 조속한 주권의 회복이었고, 점령통치의 직접 군정으로의 이행 방지, 천황제의 유지를 비롯한 관대한 개혁정책의 유도, 일본의 안전보장 확보 및 조속한 강화조약의 체결 등이 그 주된 내용이었다.

Bhubhindar Singh, "Japan's Security Policy: From a Peace State to an International State," *The Pacific Review* 21-3 (2008); Yongwook Ryu, "The Road to Japan's "Normalization": Japan's Foreign Policy Orientation since the 1990s," *The Korean Journal of Defense Analysis* 19-2 (2007).

44) 박철희 편, 『아베 시대 일본의 국가전략』 (서울대학교 출판문화원, 2018).

45) Shinichi Kitaoka, "The Legacy of Prime Minister Abe Shinzo: Diplomacy and Security," *Asia-Pacific Review* 28-1 (2021); 兼原信克, "安倍長期政権の世界史的遺産 自由主義的な国際秩序へのリーダーシップ," 『外交』 63 (2020).

46) 조양현, "21세기 일본의 국가정체성 변화와 한일관계: 아베 내각의 '탈(脫)전후체제론'을 중심으로," 동북아역사재단 편, 『일본의 국가정체성과 동북아 국제관계』 (서울: 동북아역사재단, 2019), p. 296.

47) Karl Gustafsson, Linus Hagström and Ulv Hanssen, "Japan's pacifism is dead," *Survival* 60-6 (2018).

48) 박철희, "동아시아 세력전이와 아베 내각의 대외전략 기조," 박철희 편, 『동아시아 세력전이와 일본 대외전략의 변화』 (서울: 동아시아재단, 2014), ch. 1.

49) Hugo Dobson, "Is Japan really back? The "Abe Doctrine" and global governance," *Journal of Contemporary Asia* 47-2 (2017); Christopher W. Hughes, Alessio Patalano, and Robert Ward, "Japan's Grand Strategy: The Abe Era and Its Aftermath," *Survival* 63-1 (2021); Adam P. Liff, "Proactive Stabilizer: Japan's Role in the Asia-Pacific Security Order," in Yoichi Funabashi and G. John Ikenberry, eds. *The Crisis of Liberal Internationalism: Japan and the World Order* (Washington DC: Brookings Institution Press, 2020); Giulio Pugliese and Alessio Patalano, "Diplomatic and security practice under Abe Shinzō: the case for Realpolitik Japan," *Australian Journal of International Affairs* 74-6 (2020); Carlos Ramirez, "Japan's Foreign and Security Policy under Abe: from neoconservatism and neoautonomy to pragmatic realism," *The Pacific Review* 34-1 (2021); Gilbert Rozman, "International relations theory and Japanese foreign policy," in James D. J. Brown and Jeff Kingston, eds. *Japan's Foreign Relations in Asia* (New York: : Routledge, 2018).

일본정부는 신속한 강화를 희망하였지만, 전쟁배상의 규모, 안전보장의 확보, 미군기지, 오키나와(沖繩), 오가사와라(小笠原) 및 북방 4개 도서의 주권회복 등에 대한 연합국 측과의 조율은 난항을 거듭했다. 일본의 정치 상황도 조기 강화를 어렵게 하였다. 연합국의 점령 통치는 한편으로 전전에 억압되어 있던 좌파세력을 부활시켰고, 다른 한편으로 '역(逆)코스'를 거치면서 보수 정치가들을 정치 일선에 다시 등장시켰다. 이들 혁신과 보수 세력은 일본의 국가노선을 두고 서로 다른 비전을 제시하였고, 주요 현안이었던 강화조약, 미일안보조약 및 재군비문제를 놓고 첨예하게 대립하였다.

평화주의와 비무장중립을 표방한 공산당과 사회당 계열의 혁신세력은 미일안보협력과 재무장에 반대하였다(이른바 사회민주주의 노선). 반면 보수세력은 국력, 자립, 주권 등의 가치를 중시하였다(전통적 국가주의 노선). 이들은 일본이 독자적인 군비를 갖추지 못한 상황에서 미국과의 불평등한 안보조약의 체결을 반대하고 헌법 개정과 재무장을 주장했다. 이에 대해 요시다 시게루는 산업과 무역의 육성 즉, 경제부흥에서 일본의 활로를 모색했다 (경제중심주의 노선).[50] 요시다는 헌법 9조의 비무장 원칙을 유지한 채 미국의 냉전전략에 협조함으로서 일본의 독립과 안전보장을 확보하고자 하였다. 일본은 미국에 기지를 제공하고 군비지출을 억제하면서 경제발전에 집중한다는 이른바 요시다독트린의 등장이다.[51]

1948년에 수상 겸 외상으로 복귀한 요시다는 체결 전망이 불투명한 모든 연합국과의 강화(이른바 전면강화)를 포기하고, 자유 진영 국가들과의 강화(다수강화 혹은 단독강화)를 선택하였다. 대내외에서 강한 저항이 있었지만, 한국전쟁의 발발을 계기로 강화조약의 교섭은 탄력을 받았다. 미국은 일본에 배상 조건을 완화하고 경제부흥을 지원하는 대신에 적극적인 재군비를 요구하였다. 이에 대해 일본은 미일안보조약의 체결과 기지의 존속 및 미군의 주둔을 인정하면서도 재군비에는 반대하였다. 양측은 강화 후의 점진적인 방위력 증강이라는 선에서 타협하였고, 1951년 9월에 소련, 중국 등이 불참한 가운데 강화조약이 체결되어(이듬해 4월 발효) 일본의 주권은 회복되었다.

(2) 안전보장외교

강화조약과 함께 체결된 미일안보조약(1960년 개정, 1970년 이후 자동연장)은 일본안보의 미국 의존적 성격을 고착시켰다. 전력 보유의 포기 및 교전권의 부인을 명시한 평화헌법(제9조)은 미일 간의 쌍무(雙務)적인 집단방어체제(상호방위조약)의 구축을 제약하였다. 그 대안으로 일본이 미국에 군사기지를 제공하고 미국이 일본안보를 보장하는 편무(片務)적인 안보체제가 성립하였다. 그 결과, 미일안보조약을 근간으로 하는 일본의 안보정책은 일본 스스로의 방위정책과 미국과의 협력방안이라는 두 요소로 구성되었다.

일본의 방위정책은 1957년 책정된 「국방의 기

50) 五百旗頭真編, 『戰後日本外交史(第3版補訂版)』(東京: 有斐閣, 2014), p. 284.

51) 渡辺昭夫 「吉田茂−状況思考の達人」, 渡辺昭夫編. 『戰後日本の宰相たち』(東京: 中央公論社, 1995); 남

기정, "요시다 시게루의 전후 구상과 리더십," 손열 편, 『일본 부활의 리더십: 전후 일본의 위기와 재건축』(서울: EAI, 2013).

본방침」을 바탕으로 네 차례의 방위력 정비계획을 거쳐 1976년 방위계획대강으로 구체화하였다.[52] 그 핵심은 자위(自衛)를 위한 최소한의 방위력 보유와 소극적 방위를 특징으로 하는 전수방위(專守防衛)라는 개념으로 요약할 수 있다. 헌법 규정을 엄격히 적용하면 일체의 전력 보유가 불가능하지만, 일본정부는 외부 침략에 대한 자위 목적의 군사력 사용(개별적 자위권)은 허용된다고 해석했다. 한국전쟁의 발발을 계기로 경찰예비대가 창설되어 1952년 보안대로 개조되었고, 1954년 자위대와 방위청이 발족하여 실질적인 군사력을 보유하게 되었다.[53]

일본정부는 1980년대 들어 '총합(總合)안전보장'이란 개념을 도입하였다.[54] 안전보장의 범위를 외부 침략에 대한 방위를 넘어 자유로운 국제질서, 에너지, 식량의 확보 및 자연재해에의 대비 등으로 확대하고, 이를 위해 외교, 경제, 에너지, 식량, 방재 등 비군사적 수단을 최대한 활용한다는 구상이었다. 이는 군사력 보유를 제약받는 일본의 특수한 사정을 고려하여 전수방위원칙을 보완하고자 한 것이라고 할 수 있다.

한편, 미일안보협력에 관한 양국의 역할 분담도 구체화하였다. 1976년 방위계획대강에 소규모의 제한적인 외부 공격에 대해서는 일본이 스스로 방어하고 대규모 공격은 미국에 의존한다고 명시되었다. 1978년에 미군과 자위대의 협력사항을 문서화한 미일방위협력지침(이른바 가이드라인)이 합의되었다. 이를 근거로 일본은 1980년대 나카소네(中曾根康弘) 내각 시기에 해상교통로(SLOC) 방위 등에서 미국과의 안보협력을 강화할 수 있었다.[55]

평화헌법과 미일안보조약의 토대 위에서 전수방위와 총합안전보장의 개념을 기본으로 한 일본 안보정책의 골격은 냉전기를 통해 유지되었다. 미일동맹은 동아시아에서 미국의 공산주의 봉쇄전략의 '초석(cornerstone)'이었다. 미일안보조약은 미국과 한국, 대만, 필리핀과의 상호방위조약, 동남아시아조약기구(SEATO), 미·호주·뉴질랜드 안보조약(ANZUS)으로 구성된 '허브앤스포크스(hub-and-spokes)'체제의 핵심축으로 기능했다.

(3) 경제외교

1955년에 사회당의 통합과 자민당의 출현은 전후 일본정치에서 '보수 對 혁신'이라는 대립구도를 확립시켰다. 자민당을 여당으로 하고 사회당을 제1야당으로 하는 '55년체제'는 자민당 장기 집권을 가능하게 했고, 경제성장이 일본외교의 최우선 과제가 되었다.

1957년의 외교청서는 빈약한 부존자원과 많은 인구를 가진 일본이 국력을 신장시킬 수 있는 유일한 방법은 '경제력의 평화적 대외진출'에 있으며, '통상국가 혹은 무역입국을 위한 경제외교'야말로 당면한 과제라고 선언하였다. 일본 국가전략의 핵심이 일본의 선진 기술력을 개발도상국의 자원 및 선진국의 자본과 결합하는 데 있다고 보고, 자유무역체제의 유지, 천연자원, 자본 및 수출시장의 안정적 확보를 외교의 우선적인 목표로 삼았다.

---

52) 田村重信·佐藤正久, 『日本の防衛政策』(東京: 芙蓉書房出版, 2008), pp. 63–73.

53) 田村·佐藤 (2008), pp. 14–28.

54) 다나카 아키히코, 이원덕 역, 『전후 일본의 안보정책』(서울: 중심, 2002), pp. 259–272.

55) 外岡秀俊·本田優·三浦俊章, 『日米同盟半世紀—安保と密約』(東京: 朝日新聞社, 2001), pp. 311–393.

냉전체제는 일본의 경제발전에 유리하게 작용하였다. 미국은 점령정책의 방향을 수정하여(이른바 역코스) 일본의 경제재건을 지원하였다. 한국전쟁의 특수(特需)는 일본의 재정압박을 완화하는 데 크게 기여하였다. 샌프란시스코 강화조약은 일본의 전후 배상을 '역무배상(役務賠償)'의 형태로 규정하였다. 이것은 일본이 아시아 국가들에 대한 배상 교섭에서 자본재와 용역의 제공을 통한 경제협력을 가능하게 했다.[56] 1950년대에 일본의 대미수출이 급증한 것은 미국의 관대한 시장개방이 있었기에 가능했다.

1956년의 경제백서는 일본경제가 전전의 수준으로 회복되었으며, 향후 경제정책의 중점이 부흥이 아닌 고도성장에 놓일 것임을 선언했다. 1950년대 후반에 일본경제는 투자확대, 기술혁신, 소비증대에 힘입어 중화학공업, 설비·생산·경영의 근대화를 추진하고 고도성장기에 들어갔다. 1960년대에는 이른바 보수본류(保守本流)의 원조라고 할 수 있는 이케다(池田勇人)수상의 재임기간 동안 '경제국가'의 원형이 완성되었다. 사회간접자본의 확충과 경제협력개발기구(OECD) 가입, 관세 및 무역에 관한 일반협정(GATT) 11조국 및 국제통화기금(IMF) 8조국 이행 등을 달성하여 경제 대국의 조건을 갖추었다.[57]

1970년대에 일본외교는 새로운 국제환경의 변화에 직면하였다. 1969년에 일본경제는 국민총생산(GNP) 기준으로 자유 진영 제2위가 되었고, 미국 등 선진국과 무역마찰이 빈번해졌다. 1971년에 발표된 미국의 신경제정책과 두 차례의 석유위기는 일본사회에 위기의식을 고조시켰다. 일본은 중동 및 공산권 국가들과 외교다변화, 에너지·식량 등 경제안전보장의 강화, 기술혁신을 통한 산업경쟁력 개선 등을 추진했고, 이는 1980년대에 일본이 경제 대국으로 도약하는 발판이 되었다.

1980년대에 일본경제는 절정기를 구가했다. 미일 무역마찰이 심화되었고, 일본의 대미 무역흑자를 줄이기 위해 1985년에 플라자합의가 발표되었다. 동 합의의 영향은 두 가지로 나타났다. 일본정부는 국내 불황을 우려하여 저금리정책을 도입했고, 이는 거품경제(bubble economy)를 초래했다. 일본 기업은 적극적인 해외직접투자에 나섰고, 동아시아에서 경제적 상호의존관계가 심화되었다. 일본 기업의 해외진출이 '동아시아의 기적'의 촉매제가 되었다.[58]

일본의 경제적 성공은 대외원조의 확대로 이어졌다. 1970년대에 아시아 국가들에 대한 일본의 전후 배상의 대부분이 완료되자, 일본경제는 새로운 자금 환류의 수단을 필요로 했다. 일본정부는 1977년 ODA배증계획을 발표하여 대외원조를 증액하기 시작했고, 1980년대 말에 일본은 세계 제1위의 원조대국이 되었다. 일본의 원조는 원래 전후 보상의 일환인 배상의 성격을 띠고, 친일세력의 양성을 위한 것이었다. 그런데 1980년대 미소 신냉전을 배경으로 일본정부가 자유진영 국가들에 대한 원조를 확대하면서 일본의 ODA는 미국의 세계전략과 연동되는 전략원조의 성격이 더해졌다.[59]

56) 永野慎一郎·近藤正臣編, 『日本の戦後賠償−アジア経済協力の出発』(東京: 勁草書房, 1999).

57) 安原和雄·山本剛士, 『戦後日本外交史Ⅳ−先進国への道程』(東京: 三省堂, 1984).

58) 世界銀行, 『東アジアの軌跡: 経済成長と政府の役割』(東京: 東洋経済新報社, 1994).

59) Dennis T. Yasutomo, *The Manner of Giving: Strategic*

2) 탈냉전 이후 보통국가화와 일본외교

(1) 국제공헌 및 지역주의 관여

1990년에 발발한 걸프 사태는 일본의 국제적 역할에 대한 논쟁을 촉발시켰다. 일본정부는 130억 달러에 달하는 걸프전쟁의 전비를 부담하였지만, 국제사회는 일본의 대응이 '너무 작고 너무 늦다(too little, too late)' 혹은 인적 공헌이 없이 돈으로만 해결하려고 한다고 비판했다. 이에 일본 내에서 적극적인 국제공헌을 주장하는 목소리가 높아졌다. 그중에는 유엔 중심의 집단안보에의 참가 혹은 미일동맹의 강화를 통한 적극적인 국제공헌, 그리고 이를 위한 자위대의 해외파견과 헌법개정을 추진하자는 주장이 포함되었다. 보통국가론으로 통칭되는 이러한 담론은 종래의 경무장경제우선전략을 대신하여 일본 국가전략의 기조로 자리잡았다.[60]

일본의 국제공헌과 관련하여 주목되는 것은 1992년에 성립된 국제평화협력법(이른바 PKO협력법)이다. 전수방위를 기본으로 하는 냉전기의 안보정책은 자위대의 해외파병을 금기시하였다. 그런데 유엔 등 국제기구가 주도하는 인도적인 국제지원활동에 자위대의 참가를 가능하게 하는 이 법률이 통과되자, 일본정부는 유엔캄보디아잠정정부기구(UNTAC)를 시작으로 1994년의 유엔모잠비크평화유지활동, 1996년에는 유엔골란고원정전감시단, 동티모르의 유엔잠정정부기구에 자위대를 파견하였다.[61] 21세기에 일본의 인적 공헌은 유엔을 거치지 않는 형태로 발전하였다. 고이즈미 내각은 미국의 대테러전쟁을 지원하기 위해 테러대책특별조치법, 유사법제(有事法制), 이라크지원특별조치법 등을 제정하고, 아프가니스탄과 이라크 등지에 자위대를 파견하였다.[62]

이 시기에 일본은 유엔안보리의 상임이사국 진출을 시도하였다. 일본은 유엔 가입 이듬해인 1957년에 안보리 비상임이사국에 선출되었고, 1960년대 말부터 상임이사국 진출 의사를 표명해 왔다. 탈냉전 이후 국제질서의 유지를 위한 유엔의 역할이 주목받으면서 안보리의 역할강화와 제도개혁을 요구하는 기운이 높아졌다. 일본은 2005년 7월 독일, 브라질, 인도와 함께 안보리 상임이사국 확대를 골자로 하는 개혁안을 유엔총회에 상정하였다.[63] 이 결의안은 표결이 보류된 채 채택되지 않았지만, 일본의 안보리 진출 시도는 계속되고 있다.

일본외교의 적극화는 지역협력에서도 찾아볼 수 있다. 일본은 동북아라는 지역공간을 넘어 아시아·태평양 혹은 동아시아 차원의 다양한 다자협의체의 구축에 관여해 왔다.[64] 최근에는 ASEAN, 인도, 호주는 물론 인도양과 태평양을 연결하는

Aid and Japanese Foreign Policy (London: Lexington Books, 1986).

60) 北岡伸一, 『普通の国へ』(東京: 中央公論新社, 2000); 이원덕 (2002), pp. 149-153; 박영준, "탈냉전기 일본의 대국(大國) 구상: 보통국가론과 평화국가론의 국가구상 비교를 중심으로," 현대일본학회, 『일본연구논총』 제23호 (2006).

61) 이원덕 (2002), pp. 154-158.

62) 庄司貴由, 『自衛隊外派遣と日本外交-冷戦後における人的貢献の模索』(東京: 日本経済評論社, 2015), ch. 6.

63) 조양현, "일본 UN외교 50년의 궤적과 전망," 『한일협력』(2007년 가을호).

64) 조양현, "일본의 다자협력과 제도화 전략," 제주평화연구원 편, 『동아시아 다자협력의 제도화』(서울: 오름, 2011), ch. 3; 조양현, "동아시아 세력전이와 일본의 다자주의 전략: 미중 사이에 선 일본의 지역 정체성," 박철희 편, 『동아시아 세력전이와 일본 대외전략의 변화』(서울: 동아시아재단, 2014), ch. 6.

초광역 지역을 사정권에 두고 자국에 유리한 지역 질서의 구축을 적극적으로 시도하고 있다.[65]

탈냉전을 전후하여 일본은 지역주의 전략에서 중요한 정책전환을 한다. 전후 자유무역체제에서 경제적 성공을 향유했던 일본은 세계경제의 블록화에 반대한다는 입장에서 지역주의에 소극적이었다. 그런데 1980년대에 GATT의 우루과이라운드가 난항을 거듭하고 유럽과 아메리카에서 지역주의의 움직임이 활발해지자, 아시아에서도 지역적 경제통합에 대한 논의가 활발해졌다. 이에 일본은 무역자유화를 위해서라면 지역협력을 배제하지 않는다는 입장으로 전환하였다.[66] 일본은 역외 국가들을 차별하지 않는다는 의미의 '열린 지역주의'를 표방하였는데, 이 원칙은 아시아태평양경제협력(APEC), 동남아국가연합(ASEAN)+3, 동아시아공동체 및 아시아유럽회의(ASEM) 등의 지역기구의 설립에 반영되었다. 일본의 적극적인 관여와 이니셔티브는 동아시아 경제통합의 중요한 원동력이 되었다.[67]

2010년대에 일본은 미국이 주도하는 무역자유화 조치에 적극적으로 협력하였다.[68] 2010년

을 전후하여 오바마(Barack Obama)정부가 환태평양경제동반자협정(TPP)을 추진한 배경에는 아시아·태평양지역에서 높은 수준의 무역자유화를 주도하여 중국의 경제적 영향력을 견제하고 미국의 우위를 유지하겠다는 계산이 있었다.[69] 미국의 TPP 전략이 제시되자 일본정부는 그 참가를 결정하였고, 미일 양국의 주도로 2015년에 TPP 협상이 타결되었다. 2017년에 '미국우선주의(America First)'를 표방한 트럼프(Donald Trump)정부가 TPP에서 탈퇴하자, 일본을 비롯한 나머지 11개국은 TPP를 포괄적점진적환태평양경제동반자협정(CPTPP)으로 개명하여 2018년 말에 발효시켰다.

2020년 11월에 세계 최대의 무역자유화협정인 역내포괄적경제동반자협정(RCEP)이 체결되었는데, 일본은 여기에도 참여하였다. 9년에 걸친 동 협정의 교섭을 주도한 것은 ASEAN이었지만, 중국은 미일이 주도하는 TPP를 견제하고자 RCEP의 조기 출범을 적극적으로 유도했다. 일본이 RCEP에 참가한 데는 중층적인 FTA 네트워크의 허브 국가가 되겠다는 목표 외에, 미중 전략경쟁에 따른 중국 시장과의 디커플링의 충격을 완화할 완충기제를 확보하고, 인도가 이탈한 RCEP 내에서 중국의 영향력 확대를 저지할 필요성이 고려되었다고 할 수 있다.[70]

일본은 아세안지역안보포럼(ARF)과 북핵문제

65) 大庭三枝, "日本の『インド太平洋』構想," 『国際安全保障』 46-3 (2019); 서승원, 『근현대 일본의 지정학적 상상력: 야마가타 아리토모-아베 신조』 (서울: 고려대학교 출판문화원, 2018), ch. 6; Narushige Michishita, "Japan's Grand Strategy for a Free and Open Indo-Pacific," in Robert J. Pekkanen and Saadia M. Pekkenen, eds., *The Oxford Handbook of Japanese Politics* (Oxford: Oxford University Press, 2021).

66) 菊池努, 『APEC-アジア太平洋新秩序の模索』 (東京: 日本国際問題研究所, 1995).

67) 김기석, "동아시아 지역주의와 일본," 김영작·김기석 편, 『21세기 동북아 공동체 형성의 과제와 전망』 (서울: 한울아카데미, 2006).

68) 寺田貴·三浦秀之, "日本のTPP参加決定過程," 馬田啓一ほか, 『日本のTPP戦略-課題と展望』 (東京: 文眞

堂, 2012), pp. 152-154.

69) 馬田啓一, "米国のTPP戦略と日本," 馬田啓一ほか, 『日本のTPP戦略-課題と展望』 (東京: 文眞堂, 2012), pp. 20-21; 北川俊文, "米国の巻き返し--TPPからFTAAP、WTOへ," 『前衛』 867 (2011), pp. 142-143.

70) 김양희, "역내포괄적경제동반자협정(RCEP)의 지정학적 기회요인과 지정학적 위험요인," 국립외교원 정책연구과제, 2021.

의 해결을 위한 6자회담에도 관여해 오고 있다.[71] 이들 다자협의체는 주로 비전통 안보 현안을 협력 대상으로 하며, 일본안보의 핵심인 미일동맹을 보조하는 역할에 한정되어 있다.[72] 21세기에 일본은 남중국해에서 중국의 진출을 견제하기 위해 미국 외에 호주, 인도, ASEAN 국가들과 안보협력을 확대하고, 미국과 함께 '법의 지배' 및 '항행의 자유'의 기치하에 국제사회의 공동 대응을 조직화하는 데 적극적으로 관여하였다.

미중 간의 전략경쟁이 본격화한 트럼프정부 시기에 일본은 '인도·태평양' 차원의 대중국 견제망 구축에 적극적으로 협력하였다. 트럼프정부는 중국의 '일대일로구상'(Belt and Road Initiative)에 대응하기 위해 2017년 말에 '자유롭고 열린 인도·태평양(FOIP: Free and Open Indo-Pacific)'을 제시하고, 법의 지배, 자유롭고 열린 해양질서, 항행과 비행의 자유 및 국제법에 적법한 해양의 이용을 촉구하였다.[73] 2018년에 미국은 인프라 정비를 위해 대규모의 차관을 제공할 의사를 표명하였고, 이에 호주, 인도가 각각 '인도·태평양 구상'을 발표하여 호응하였다. 트럼프정부가 채택한 FOIP은 일본정부의 '인도·태평양 전략'에서 영향을 받은 것으로, 후속의 바이든(Joe Biden)정부에 계승되어 미국의 아시아 전략의 핵심 개념으로 자리잡았다.

한편, '쿼드'로 통칭되는 4개국안보대화(QUAD: Quadrilateral Security Dialogue)는 2007년에 아베 내각의 적극적인 주도로 미국, 일본, 인도, 호주 등 4개국 정상들이 결속을 다지기 위해 시작한 비공식 대화에서 유래했다. 트럼프정부와 바이든정부에 의해 미국 인도·태평양전략의 가장 중요한 다자협의체의 하나로 발전한 QUAD는 사이버안보, 기술혁신, 기후변화, 신형 코로나 대응 등 비군사분야를 중심으로 협력을 확대해 오고 있다. 2019년 9월과 이듬해 10월에 개최된 QUAD 외무장관회의에서 각국은 회의의 연례화 및 규범 기반의 국제질서를 위한 협력에 합의하였다.[74] 2021년 3월에 화상으로 개최된 QUAD 정상회의에서 코로나 백신, 기후변화, 신흥기술분야의 전문가 회의의 설치 등이 합의되었고, 동년 9월 워싱턴에서 개최된 첫 대면 정상회의에서는 정상 및 외무장관회의의 정례화가 결정되었다.

(2) 방위력 정비 및 미일동맹 강화

1993년과 이듬해의 북한의 핵 위기, 1996년의 대만해협 위기를 겪으면서 탈냉전 이후 동아시아 지역질서의 유동화에 대한 우려가 커졌다. 미일 간에 새로운 안보위협에 맞서 미일동맹을 강화해야 한다는 공감대가 형성되었다. 이를 계기로 일

71) Christopher W. Hughes, "Japan and Multilateralism in the North Korean Nuclear Crisis," in Linus Hagstrom and Marie Soderberg, *North Korea Policy: Japan and the Great Powers* (Abingdon: Routledge, 2006).

72) Victor D. Cha, "Multilateral Security in Asia and the U.S.-Japan Alliance," G. John Ikenberry and Takashi Inoguchi eds., *Reinventing the Alliance: U.S.-Japan Security Partnership in an Era of Change* (New York: Palgrave Macmillan, 2003); Christopher W. Hughes and Akiko Fukushima. "U.S.-Japan Security Relations: Toward Bilateralism Plus?" Ellis S. Krauss, Ellis Krauss and T. J. Pempel, eds. *Beyond Bilateralism: U.S.-Japan Relations in the New Asia-Pacific* (Stanford University Press, 2004).

73) 조양현. "인도·태평양 전략(Indo-Pacific Strategy) 구상과 일본 외교." 『주요국제문제분석』 (서울: 외교안보연구소, 2017).

74) Chang Che, "Japan Is the New Leader of Asia's Liberal Order," *Foreign Affairs* (26 February 2021).

본은 한편으로 미일동맹의 재정의를 통해 새로운 상황에서 자위대가 미군과 공동 대응할 수 있도록 제도를 정비하고, 다른 한편으로 일본 방위력의 확충과 자위대의 활동범위를 확대하였다.[75]

1995년의 방위계획대강으로 자위대의 활동범위는 일본 본토의 방위를 넘어 주변지역의 유사(有事)사태에의 대응으로 확대되었고, 자위대의 해외파견의 길이 열렸다. 2004년의 방위계획대강은 방위정책의 기본목표에 국제안보환경의 개선을 추가하여 자위대가 주변지역을 넘어 전 지구적으로 활동할 수 있도록 하였다.

미일 간의 안보협력도 새로운 상황에 맞게 조정되었다. 1996년의 미일안전보장 공동선언을 통해 양국은 미일동맹이 21세기 아시아·태평양 지역의 안전과 번영의 근간임을 확인하고, 동맹의 대응 범위를 '필리핀 이북의 극동'에서 '아시아·태평양'으로 확대했다. 동맹의 광역화에 대응하기 위해 1997년에 신미일방위협력지침(신가이드라인)이 확정되었고, 1999년에 주변지역에서 유사사태 발생을 상정하여 자위대의 역할을 규정한 주변사태법이 제정되었다.[76] 9·11테러 이후 미국은 해외주둔 미군전력의 재편을 추진하였는데, 미일동맹도 이에 맞추어 조정되었다.[77]

2010년대 들어 중국이 동중국해와 남중국해에 서 공세적인 진출을 본격화하면서 미일 간에 중국 견제를 염두에 둔 안보협력이 강화되었다.[78] 일본 민주당 정부 시기인 2010년에 발생한 북한의 서해 도발, 중일 간의 센카쿠사건, 일러 간의 북방영토갈등, 남중국해의 긴장 고조 등을 계기로 일본 사회에서 불안감이 커졌다. 2012년 말에 자민당 정권의 재집권으로 제2차 아베 내각이 출범하자, 군사적 의미에서의 보통국가화 즉, 다른 국가들처럼 군대를 갖고 전쟁할 수 있는 권리를 갖기 위한 제도화 작업이 가속화하였다.[79]

2014년 7월에 일본정부는 각의결정을 통해 일정 조건하에서 집단적자위권의 행사를 용인하는 방향으로 헌법해석을 변경하였는데, 이는 전수방위원칙에 대한 근본적인 수정을 의미한다.[80] 그리고 2015년 9월에는 집단적자위권의 행사를 전제로 하는 11개의 안보관련 법안(이른바 평화안전법제)이 성립하였다.[81] 그 중에서 무력공격사태법 개정안은 제3국에 대한 무력 공격일지라도 '일본의 존립이 위협받고 국민의 권리가 근저로부터 뒤집힐 명백한 위협이 있는 경우'를 '존립

---

75) 박철희, "전수방위에서 적극방위로: 미일동맹 및 위협인식의 변화와 일본방위정책의 정치," 『국제정치논총』 제44집 1호 (2004).

76) 이정환, "미일 안보동맹의 강화와 일본 국내정치: 미일신가이드라인과 주변사태법 재고," 『일본공간』 27 (2020).

77) 윤덕민, "일본의 신 안보정책과 미·일 동맹의 재편," 외교안보연구원, 『신 안보 환경과 한국 외교』 (서울: 외교안보연구원, 2006); Daniel M. Kliman, *Japan's Security Strategy in the Post-9/11 World: Embracing a New Realpolitik* (Westport, Conn.: Praeger, 2006).

78) 서승원, "일본의 대중국 전략, 2006–2013: 관여와 견제, 그리고 우파 내셔널리스트 지정학," 박철희 편, 『동아시아 세력전이와 일본 대외전략의 변화』 (서울: 동아시아재단, 2014), 제5장; 이기태, "일본의 미일동맹 강화 전략: 보통국가화와 대중국 견제 정책," 박철희 편, 『동아시아 세력전이와 일본 대외전략의 변화』 (서울: 동아시아재단, 2014), 제4장.

79) 황세희, "전쟁 가능한 일본을 향한 안보정책 전환," 박철희 편 『아베 시대 일본의 국가전략』 (서울대학교출판문화원, 2018), ch. 5.

80) Christopher W. Hughes, "Japan's strategic trajectory and collective self-defense: essential continuity or radical shift?," *The Journal of Japanese Studies* 43–1 (2017).

81) 内閣官房·内閣府·外務省·防衛省, 『平和安全法制』の概要. http://www.cas.go.jp/jp/gaiyou/jimu/pdf/gaiyou-heiwaanzenhousei.pdf

해설 12.1

평화헌법과 집단적자위권

자위권(自衛權)이란 국내법의 정당방위에 해당하는 것으로, 자국에 대한 침략에 대응하는 개별적자위권과 동맹국에 대한 침략에 대응할 수 있는 집단적자위권으로 나눌 수 있다. 유엔은 모든 국가에 이 두 가지 권리를 보장하고 있다(유엔헌장 제51조). 일본헌법(제9조)은 국제분쟁의 해결 수단으로서 전쟁의 포기, 전력의 보유 금지 및 교전권의 부인을 명시하고 있다. 전후 일본정부는 자위대의 보유와 자위를 위한 최소한도의 무력사용(자국에 가해진 외부침략에 대응하기 위한 개별적 자위권의 행사)은 용인한 반면, 집단적자위권의 행사는 헌법상 인정되지 않는다고 해석했다. 2014년에 아베 내각은 집단적자위권을 용인하는 방향으로 헌법 해석을 변경하고, 2015년에 미일가이드라인과 안보관련 법규를 정비하였다.

위기사태'로 규정하여 자위대의 무력 사용이 가능하도록 했다.[82] 주변지역 유사 시의 미군에 대한 후방지원을 상정한 종래의 주변사태법을 대체하는 중요영향사태법안은 '방치할 경우 일본에 중대한 영향을 줄 수 있는 사태' 시에는 전 세계 어디서나 자위대가 미군 등 제3국 군대에 대한 후방지원을 할 수 있도록 하였다.

2015년 4월 말에 미일 양국은 미일방위협력지침(가이드라인)을 개정하였는데, 그 핵심은 일본의 집단적자위권 행사를 전제로 미군과 자위대 간의 역할 분담을 재조정하는 것이었다. 신가이드라인에서 미일 양국은 미군에 대한 자위대의 후방지원의 범위가 일본 주변에 한정되지 않는다는 것을 분명히 하고, 미일협력의 범위를 '아시아·태평양지역 및 이를 넘어선 지역'이라고 명시하였다. 이로써 사실상 자위대는 세계 어느 곳에서도 미군에 대해 후방지원이 가능하게 되었다. 신가이드라인은 유엔평화유지활동 및 ASEAN 등 제3국의 군사력 확충 지원에 대한 미일 협력을 확대하고, 미국, 일본, 호주 협력 등의 다자안보협력을 강화한다는 내용도 포함하고 있다. 미일동맹은 집단적자위권의 행사를 전제로 일체화를 추진하여 중국의 해양 진출과 주변사태에의 대응 및 글로벌 차원의 안보환경 개선을 위한 공동대응을 지향하는 방향으로 재편되고 있다. 일본의 방위안보정책은 미국의 인도·태평양 전략과 연동되어 대중국 견제의 성격이 한층 선명해졌다.

(3) 미중 전략경쟁과 일본의 대응

현재 일본외교의 최대 과제는 미중과의 관계설정의 문제이다. 최근 미중 전략경쟁이 본격화하면서 일본의 위치설정이 한층 어려워졌다. 일본은 한편으로 중국의 군사굴기에 맞서 미국 등과 연대하여 억지력을 강화하고, 다른 한편으로 중일 경제적 상호의존의 심화, 동중국해 및 북한문제 등 관련 중국의 협력 필요성 등을 감안하여 중일관계를 안정화할 필요가 있기 때문이다.

2010년대 들어 미중 간의 패권경쟁이 가시화하고 중일 간에 전략적 이해관계가 충돌하면서 '미·일 대(對) 중국'이라는 대결 구도가 선명해졌다. 동중국해와 남중국해에서 중국의 군사적 진출이 현저해지자, 오바마정부는 2012년에

82) 西原正 (監修), 朝雲新聞社出版業務部 (編集), 『わかる平和安全法制』(朝雲新聞社, 2015).

미국의 세계전략의 중심축을 중동과 아프가니스탄에서 아시아·태평양지역으로 전환하는(pivot to Asia) 재균형(rebalancing) 전략을 제시했다. 2013년에 채택된 일본의 국가안전보장전략 문서는 중국의 영해침범과 동중국해의 방공식별구역 설정 등을 '힘에 의한 현상변경의 시도'라고 규정하고, 일본은 물론 아시아·태평양지역의 최대의 안보위협이라고 명시했다.[83] 오바마정부와 아베 내각은 중국 견제라는 공통의 이해관계 위에 안보와 경제분야에서 미일동맹과 TPP를 축으로 협력을 강화하였다.

트럼프정부 후반기에 미중 간의 전략경쟁이 본격화하였다. 2017년 12월에 발표된 미국의 국가안보전략문서가 중국을 국제질서의 변경을 기도하는 최대의 전략적 경쟁자로 규정한 이래 미중관계는 악화의 일로를 걸었다.[84] 2020년에 코로나19가 발발하자 미국에서 중국책임론이 거세지고, 미국 공화당과 트럼프정부 관계자들은 물론 의회, 언론, 일반 미국인들의 대중국 인식은 급속히 악화되었다. 미 의회에서 통과된 대중국 제재 관련 법안에서 민주당과 공화당은 초당파적으로 협력하였다. 전술한 대로, 일본은 FOIP과 QUAD를 통해 미국의 대중국정책에 적극적으로 협력하였다. 일본은 인도·태평양에 대한 유럽 국가들의 관여를 유도하고, 미군과 일본 자위대는 영국과 프랑스 해군과의 공동훈련을 확대해 오고 있다.

위에서 보듯이 일본안보정책의 상당 부분이 미국의 지역전략에 부합하는 것이지만, 일본외교를 미일동맹 일변도라고 단정하는 것은 적절치 않다. 미일의 지역 전략은 중국 견제라는 총론에서 일치하지만, 경제정책 등 각론에서 미묘한 차이점이 있다. 일본은 안보 면에서 미일동맹과 다자연대를 통한 억지력 확보에 주력하는 한편, 중일관계를 안정화하여 중국과의 정면 대결을 피하고 경제이익을 확보하는 일종의 위험분산(헷징) 전략을 구사하고 있다.[85] 그리고 ASEAN 등 역내 국가들이 주도하는 중층적 다자체제에 대한 일본 외교의 관심은 미중 주도의 지역질서에 내재된 잠재적 리스크에 대한 헷징의 의미가 있다.[86]

21세기 들어 일본은 영토 및 안보분야에서 중국과 이해관계가 충돌하고 있지만, 대화를 통해 실질 협력을 확대한다는 '전략적 호혜관계'를 일관되게 추구해 오고 있다.[87] 아베 내각은 2017년에 중국의 일대일로 구상에 대해 조건부 협력의 의사를 밝혔고, 중일 간에 우발적인 군사적 충돌을 방지하기 위해 '해상공중연락메커니즘'의 설치 및 전략적 소통과 경제협력의 강화에 합의하였다. 2018년과 2019년에 아베 총리와 시진핑 국가주석이 각각 상대국을 국빈 방문하여 실질관계의 확대에 합의하였다. 아베 내각은 2020년에 시진핑 주석의 공식 방일을 통해 1972년 중일수교 이래 중일 간의 '제5의 정치문서'를 채택하는

---

83) 国家安全保障会議決定・閣議決定,「国家安全保障戦略について」(平成25年12月17日). http://www.cas.go.jp/jp/siryou/131217anzenhoshou/nss-j.pdf.

84) President Donald J. Trump, "National Security Strategy," *The White House*, 18 December 2017.

85) 조양현, "바이든 시기 미일관계와 한국 외교," 김흥규 외, 『미국 바이든 행정부 시대 미중 전략경쟁과 한국의 선택 연구』(서울: 대외경제정책연구원, 2021), p. 109.

86) Tsutomu Kikuchi, "Collective Hedging: What Drives Regional Institution-building in the Asia-Pacific?" Evan Berman and M. Shamsul Haque, ed. *Asian Leadership in Policy and Governance* (Bingley: Emerald Group Publishing, 2015), ch. 3.

87) Shin Kawashima, "Japanese Diplomacy and the "Improvement" in Sino-Japanese Relations," *Asia Policy* 26-1 (2019).

방안을 추진하였으나, 코로나 사태의 발발로 시 주석의 방일은 연기되었다.[88]

트럼프정부가 추진한 QUAD와 인도·태평양이 중국 견제의 성격이 강했던 반면, 아베 내각의 접근법은 중국의 일대일로구상과 공존할 수 있는 여지를 남겨두고 있었다.[89] 2020년 8월에 트럼프정부는 국가안보를 이유로 5G 통신망에서 중국 기업의 제품을 배제하기 위해 세계 각국에 '클린 네트워크'에 동참할 것을 요구했지만, 일본은 참가하지 않았다. 당시 일본정부는 '일·호주·인도 공급망강화구상(SCRI)'을 발표하여 미국의 정책 취지에 일정 정도 배려하면서도 중국을 직접 자극하지 않으려는 이중적인 태도를 보였다.[90] 홍콩 민주화 운동 관련, 2020년 5월에 미국이 홍콩 보안법을 비판하는 성명을 발표하자 영국, 캐나다, 호주가 이에 동참하였지만, 일본정부는 참가하지 않았다. 전술한 대로 2020년 11월에 체결된 역내포괄적경제동반자협정(RCEP) 관련 일본은 당초 이 협정이 중국의 경제적 영향력 확대로 이어질 것을 우려하여 신중한 태도를 취했지만, 최종적으로는 동참했다.

이처럼 미중 사이에서 신중하고 이중적인 태도를 보이던 일본의 대중국정책은 바이든정부 출범 이후 미묘한 변화를 보이고 있다. 바이든정부는 트럼프정부의 '인도·태평양'과 'QUAD'를 계승하면서도 동맹 중시와 다자주의를 가미하여 지역 및 글로벌 차원에서 중층적인 대중국 견제망의 구축을 목표로 하고 있는 것으로 보인다.[91] 바이든 대통령은 2021년 3월에 발표한 국가안보전략잠정지침에서 미국과 국제사회가 직면한 글로벌 차원의 위협으로 중국과 러시아를 지목하고, 특히 중국이 "경제·외교·군사·기술 등의 분야에서 안정적이고 개방적인 국제체제에 지속적인 도전이 될 수 있는 유일한 경쟁국"이라고 명시했다.[92] 바이든 대통령은 국제질서를 뒷받침하는 동맹, 제도, 협정, 규범이 시험받고 있으며, 미국은 이러한 도전에 맞서기 위해서 민주적인 동맹국과 파트너들 즉, 북대서양조약기구(NATO)와 호주, 일본, 한국과의 동맹관계를 부활시키겠다는 방침을 밝혔다.

2021년 4월에 개최된 미일정상회담에서 양국은 중국해경법, 남중국해문제 외에도 타이완 해협, 홍콩과 신장 위구르문제 등 그동안 제기된 중국 관련 거의 모든 문제에서 일치된 인식과 대응에 도달하였다.[93] 1973년의 일중국교정상화 이래 일본정부가 미일 간의 공식문서에서 중국을 직접 비판한 것은 매우 이례적인 사건이다. 동 회담의 공동성명에는 "타이완 해협의 평화와 안정의 중요성"이 명기되었다. 이는 타이완 유사 시 일본이 미국과 동일한 보조를 취하도록 요구할

---

88) 국립외교원 일본연구센터, 『일본정세 2020』 (서울: 국립외교원, 2021), p. 11.

89) Yuichi Hosoya, "FOIP 2.0: The Evolution of Japan's Free and Open Indo-Pacific Strategy." *Asia-Pacific Review* 26-1 (2019); 田中明彦, "『自由で開かれたインド太平洋』の射程," 『外交』 47 (2018).

90) Joint statement on the supply chain resilience initiative by Australian, Indian and Japanese Trade Ministers, 27 April 2021. (https://www.meti.go.jp/press/2021/04/20210427004/20210427004-1.pdf)

91) President Joseph R. Biden, Jr., "Interim National Security Strategic Guidance," March 03, 2021.

92) President Joseph R. Biden, Jr. (March 03, 2021).

93) 조양현, "스가 내각의 대외정책 구상과 대미외교: 미중 전략경쟁과 일본의 선택," 진창수 편, 『미중 전략경쟁속의 일본 외교: 스가 정권의 대외정책 연속과 변화』 (성남: 세종연구소, 2022).

수 있는 근거 즉, 대만 방어의 약속을 명문화했다는 점에서 미일동맹의 진화로 평가할 수 있다. 향후 타이완 주변의 유사 사태를 상정한 미일 간의 역할 분담을 구체화하기 위해 미일가이드라인의 운용과 일본 안보법제의 적용에 관한 후속 조치가 뒤따를 것으로 예상된다.

상기 정상회담에서 미일은 첨단산업 및 전략물자의 공급망분야에서 중국 견제를 염두에 둔 구체적인 정책에 합의하였다. 반도체를 포함한 공급망 협력과 지적재산권 보호를 위한 협력, 차세대 통신시스템(5G)에서 신뢰할 수 없는 사업자 배제 방침의 확인, 생명공학, 인공지능(AI), 양자과학 등 첨단기술의 연구개발 협력 등 광범위하고 과감한 내용이 다수 포함되었다. 이는 바이든 정부가 '경제안보' 차원에서 추진하고 있는 국제연대망의 구축이 미일의 주도로 시작되었음을 의미한다. 경제안보의 도입은 그동안 정경분리원칙에서 중국과의 경제적 상호의존관계를 발전시켜온 일본외교에 새로운 도전이다. 중국이 일본의 최대의 무역상대국인 상황에서 2021년 9월에 출범한 기시다 내각은 경제안보법안을 추진하고 있는바, 그 귀추가 주목된다.

3) 대한반도관계

(1) 일본의 대한반도정책과 한일관계의 갈등 구조

역사적으로 일본은 한반도 정세에 깊은 관심을 가지고 한반도에 대한 영향력 확대를 추구해 왔다. 메이지 시대의 대표적인 정한론자(征韓論者)인 야마가타(山県有朋)는 한반도를 일본의 영토인 '주권선(主權線)'의 방위에 사활적인 전략적 요충지, 즉 '이익선(利益線)'으로 간주하였다.[94] 그는 한반도가 일본이 아닌 제3의 세력의 영향권 하에 들어갈 경우 일본 열도를 겨누는 "머리 위의 칼(頭上の刃)"이 된다는 논리로 한반도와 대륙침략의 길을 열었다. 동북아의 전략 밸런스 즉, 한반도의 평화와 안정의 유지는 전후 일본안보정책의 일관된 목표였다.[95] 북한의 핵과 미사일 능력이 고도화되자, 북한문제가 일본안보의 주요 현안으로 등장하였다. 한일관계나 북일관계는 일본 외교의 핵심 사안이며, 북일국교정상화, 일본인 납치문제, 역사문제, 영토문제 등은 일본 정치의 쟁점으로 남아 있다.[96]

한반도가 남북으로 분단되고 한국전쟁이 발발하면서 유럽에서 시작되었던 미소 냉전은 동아시아의 지역냉전체제로 고착되었다. 한국과 일본은 냉전기를 통해 자유민주주의와 시장경제라는 기본 가치 및 경제이익을 공유하면서 세계적인 패권국가 미국과 함께 동아시아 냉전체제의 일익을 담당해 왔다.[97] 한일기본조약으로 시작된 '한일관계 1965년 체제'하에서 한국의 권위주의 정부는 일본을 '배척'하지 않고 '협력'의 대상으로 보았고, 일본정부는 북한보다 한국을 중시하였다. 한국은 '반공의 방파제'로서 일본안보에 기여하였고, 일

94) 한상일, 『일본 지식인과 한국: 한국과의 원형과 변형』 (서울: 오름, 2000), p. 65; 한상일, 『이토 히로부미와 대한제국』(서울: 까치, 2015), 제4장과 제9장.

95) 阪田恭代, "朝鮮半島と日米同盟," 猪口孝(監修), 『日米安全保障同盟』(東京: 原書房, 2013).

96) Michael Green, "Japan in Asia," David Shambaugh and Michael Yahuda, ed, International relations of Asia (Lanham, Md.: Rowman & Littlefield Publishers, 2008), pp. 178-180.

97) 남기정, "한국전쟁 휴전체제하 동아시아형 냉전국가의 탄생: 한국과 일본의 경우," 김영작·이원덕 편 (2006).

본은 한반도 유사 시 미군의 한반도 투입을 위한 기지 제공 및 후방지원의 역할을 담당하였다.

그렇지만 일본의 한반도 식민지배와 관련한 역사 인식의 차이로 인해 한일관계는 완전한 화해에 이르지 못하고, 미국의 동아시아 냉전전략의 '불완전한 고리'로 남았다.[98] 1965년의 한일국교정상화는 일제의 식민통치에 대한 입장 차이를 간직한 채 경제와 안보논리를 우선한 결과였다. 냉전기의 한일관계는 반공연대와 경제협력을 위해 과거사문제가 '봉인(封印)'되는 특징을 보였다.

1990년대 들어 글로벌 냉전의 해체를 배경으로 한일 간에 안보 연대감이 이완되고, 그동안 '관리'되었던 과거사문제가 한일관계의 현안으로 등장하였다.[99] 한국의 방위력과 경제력이 성장하여 북한과의 체제경쟁에서 한국이 절대적인 우위를 점하게 되면서 한반도 안보에서 일본 역할의 중요성이 줄어들었다. 1992년의 한중국교정상화 이후 한국 사회에서 중국의 위상은 상승하였고, 일본의 위상은 하락하였다. 한국 사회가 민주화와 정권교체를 경험하면서 외교정책에서 여론과 시민단체의 영향력이 커졌고, 일본에서는 위안부문제, 역사 교과서 및 영토문제에 대한 보수 담론이 확산되었다. 일본군 위안부, 독도 및 강제동원(징용) 피해자문제를 둘러싸고 한일의 충돌이 빈번해졌다.[100]

2010년대에는 과거사문제에서 시작된 한일갈등이 안보와 경제분야로 확대되었다. 김영삼정부 이후 이명박정부까지는 한국의 정권 교체를 계기로 한일협력이 모색되다가 과거사 갈등으로 한일관계가 악화되는 패턴을 보였다. 그런데 박근혜정부나 문재인정부 시기에는 정권교체가 한일관계 개선의 재료가 되지 못한 채 과거사 갈등이 상시화하였다. 한국에서 과거사 관련 피해자 구제에 적극적인 내용의 사법부 판결이 늘어났고, 이것이 한국정부의 대일정책에 영향을 미쳤다. 역사수정주의적인 성향이 강한 제2차 아베 내각의 등장 이후 한일관계에서 정경분리(분리대응)원칙이 침식되어 과거사와 기타 현안이 연계되는 경향이 현저해졌다. 문재인정부 출범 이후 일본군 위안부문제와 강제동원 피해자문제로 한일갈등이 격화되자, 2019년 7월에 일본정부는 대한국 수출규제조치를 단행하였다. 이에 한국정부는 8월에 한일군사정보보호협정(GSOMIA)의 연장 불가 방침을 결정하고, 9월에 일본을 세계무역기구(WTO)에 제소하는 등 한일 간의 과거사 갈등은 안보 및 경제분야로 확대되었다.[101]

한편, 북한문제와 관련해서는 북한체제의 붕괴로 인한 지역질서의 유동화나 군사적 충돌을 피하고자 하는 점에서 한일의 입장은 일치하지만, 북한에 대한 접근법을 두고 양국의 이해관계가 대립하곤 했다. 1990년대 들어 한반도비핵화선언, 남북한 유엔동시가입 등 남북한 간에 적대관계의 청산과 신뢰회복 조치가 가시화하고, 김

98) 李鍾元, 『東アジア冷戦と韓米日関係』 (東京: 東京大学出版会, 1996).

99) 이원덕, "한일관계 '65년 체제'의 궤적," 이원덕·기미야 다다시 외, 『한일관계사 1965-2015 I 정치』 (서울: 역사공간, 2015).

100) 김호섭, "노무현 정권 2년의 대일 외교정책의 평가와 전망," 김영작·김기석 편, 『21세기 동북아 공동체 형성의 과제와 전망』 (서울: 한울아카데미, 2006); Cheol Hee Park, "Japanese Strategic Thinking toward Korea," in Gilbert Rozman, et al., eds., *Japanese Strategic Thought toward Asia* (New York: Palgrave Macmillan, 2007), pp. 194-195.

101) 손열, "좌절하는 한일관계: 다가오는 위기, 멀어지는 해법," 『EAI 논평』 (2020년 7월).

대중정부의 대북한 포용정책인 '햇볕정책' 이후 한국의 진보정부는 북한과의 '대화'를 적극 추진하였다. 일본은 1991년에 북일국교정상화 교섭을 시작하였으나, 북한의 핵 실험과 탄도미사일 발사, 일본인 납치문제 의혹 등으로 동 교섭은 중단과 재개를 반복하며 실질적인 성과를 내지 못했다. 2006년 아베 내각의 출범과 북한 핵미사일 사태를 계기로 일본의 대북정책 기조가 '압박'으로 전환되면서 6자회담 참가국 중에서 북한에 가장 유화적인 한국과 가장 강경한 일본 간의 대립 구도가 선명해졌다.[102] 2018년에 문재인정부는 남북정상회담과 북미정상회담을 잇달아 성사시키면서 대화를 통한 북한문제의 해결을 주도했다. 이에 대해 아베 내각은 대북한 제재의 완화를 위해서는 북한의 완전한 비핵화가 선행되어야한다는 강경론을 견지했다.

중국의 부상에 따른 동아시아의 파워 밸런스 변화는 한일관계 악화의 구조적 요인으로 작용하고 있다.[103] 냉전기에는 정경분리 원칙에 근거해 우호협력관계를 유지했던 중일관계는 탈냉전 이후 전략적 이해관계가 충돌하는 경쟁 구도로 전환되었다. 2010년대 들어 일본은 미일동맹 강화를 통한 대중국 억지력의 확보에 주력해 왔다. 반면 냉전기의 '잠재적 적대관계'를 청산하고 1992년에 국교를 정상화한 한중관계는 2014년에 '성숙한 전략적 협력동반자관계'로 발전했다. 한국정부는 중국과의 경제적 상호의존 및 북한문제에서 중국의 영향력을 감안하여 미일이 주도하는 대중국

견제정책에 신중한 입장을 유지했다. 2016년 사드배치를 계기로 한중관계가 냉각되었지만, 한국에서 중국의 부상은 '안보위협'보다는 '경제적 기회'로서의 이미지가 강하다고 할 수 있다.

미국과의 동맹관계의 설정에서도 한일의 입장은 차이가 있다. 앞서 지적했듯이, 일본은 21세기 들어 세계적인 미군재편전략에 적극 협조하였고, 집단적자위권의 행사를 전제로 미일방위협력지침을 개정하고 안보법제를 성립시키는 등 미일동맹의 글로벌화 및 일체화를 추진해 왔다. 반면 한국은 한미동맹의 주된 기능을 대북한 억지력에 두고, 한반도를 넘어선 활동 범위의 확대에 신중한 입장을 유지해 왔다. 미국은 주한미군을 한국정부의 승인 없이 다른 지역으로 투입할 수 있는 '전략적 유연성'을 요구하였지만, 노무현정부는 자국의 의지와 무관하게 지역분쟁에 연루될 수 있음을 우려하여 신중하게 대응하였다. 문재인정부는 한반도정전체제, 유엔군사령부 등 냉전체제의 유산을 극복하고 평화체제를 실현하기 위해 미국에 대해 종전선언과 전시작전권의 조기 전환, 한미연합훈련의 축소 등을 요구해왔다. 반면 한반도정전체제와 한미동맹의 변화가 일본 및 동아시아안보에 미칠 수 있는 부정적인 영향을 우려하는 일본은 한반도의 현상유지를 선호하는 것으로 보인다.

이와 같이 한일은 과거사문제 외에 북한과 중국에 대한 위협 인식, 미국과의 동맹관계 및 한반도 안보질서에 대한 이해관계에서 입장의 차이가 있다. 그럼에도 불구하고 북한문제의 심각성, 미중 전략경쟁의 불투명성, 대량살상무기, 테러, 기후변화·환경, 팬데믹문제, 국제경제의 불안정성 등 지역·글로벌 차원의 산적한 현안을 감안한

102) 기미야 다다시, "일본의 대북한 인식과 한일관계," 국민대 일본학연구소, 『일본공간』 창간호 (2007년 5월).

103) 이종원, "한일관계 정상화, 어떻게 이룰 것인가," NEAR재단, 『한일관계, 이렇게 풀어라』 (서울: 김영사, 2015), pp. 443-445.

다면, 한일협력은 서로에게 반드시 필요하며 지역공공재라고 할 수 있다.[104] 한일 양국은 과거사 중심의 양자대결의 틀을 벗어나 지역 및 글로벌 차원에서 서로의 전략적 가치를 새롭게 인식하고 협력을 모색해야 할 필요가 있다.[105]

(2) 북일국교정상화의 난항

해방 후 한반도가 분단되고 두 개의 정부가 출현하자 일본은 남북한과의 동시수교를 희망했다.[106] 일본정부는 1965년의 한일국교정상화 당시 한국을 '한반도에서의 유일한 합법정부'로 인정하였지만, 유엔총회 결의안을 원용하여 한국의 관할권을 북위 38도선 이남으로 한정해서 해석했다(한일기본조약 제3조). 이는 북일국교정상화를 염두에 둔 포석이었다는 점에서 일본의 대한반도정책은 '두개의 코리아'를 전제로 한 것이었다.[107] 일본정부는 외교관계가 없는 북한에 대해서 적대적이지 않았고, 정경분리원칙을 적용하여 북한과의 민간 교류를 허용했다.

글로벌 냉전의 이완과 한국정부에 의한 '북방정책'(노태우정부가 추진한 공산권 국가들과의 수교)의 추진은 일본정부로 하여금 북한과의 수교에 적극적으로 나서게 하였다. 북일수교 회담은 1991년부터 다음해까지 집중적으로 개최되었

다.[108] 당시 북한은 일본이 식민통치의 피해자인 북한에게 사과와 충분한 보상을 할 것을 요구했다. 반면 일본은 북일수교의 조건으로 일본인 납치문제의 해결 외에, 미국정부가 제기한 북한의 핵개발 의혹의 해소를 요구하였다. 양측은 핵문제와 납치문제에 대한 입장 차이를 좁히지 못했고, 이후 북일교섭은 긴 휴지기에 들어갔다.

2002년 9월 고이즈미 수상의 전격적인 방북을 계기로 북일 양국은 핵, 미사일, 납치문제와 과거사문제의 포괄적 해결을 통해 국교를 수립한다는 이른바 평양선언에 합의하였다.[109] 고이즈미 수상은 김정일 위원장으로부터 납치문제에 대한 사실 인정, 사과 및 재발 방지의 약속 외에, 핵 관련 국제조약의 준수 확인, 미사일 발사 실험 유예의 2003년 이후의 연장, 수교 후의 단계적 경제협력 방식에 합의 등의 양보를 얻어냈다. 그러나 최대 관심사였던 납치문제에 대한 일본의 악화된 여론과 새로 제기된 북한의 핵개발 의혹이 북일 교섭의 발목을 잡았다. 2004년 5월 고이즈미 수상의 제2차 방북을 통해 양국은 납치문제의 전면 재조사에 합의했지만, 납치문제에 관한 북일 실무자 회의가 난항하면서 수교 교섭은 결렬되었다.

2006년 북한의 핵 및 미사일 도발을 계기로 일본정부는 유엔 안보리 결의에 의거하여 무기 등의 대북한 수출입과 인적 왕래를 금지하고 자금을 동결하였다. 이와 별도로 일본정부는 모든 북한 국적 선박의 입항 금지, 모든 품목의 대북한 수출입 금지, 북한 국적자의 일본 입국의 원칙적 금지 등

---

104) 尹德敏, "二一世紀日本外交と日韓関係," 小此木政夫·張達重編, 『戦後日韓関係の展開』 (東京: 慶應義塾大学出版会, 2005), pp. 306–310.

105) NEAR재단, 『한일관계, 이렇게 풀어라』 (서울: 김영사, 2015).

106) 木宮正史, "日本の対朝鮮半島外交の展開," 波多野澄雄編, 『外交史 戦後編 (日本の外交 第2巻)』 (東京: 岩波書店, 2013), p. 195.

107) 신정화, 『일본의 대북정책 1945~1992년』 (서울: 오름, 2004), pp. 77–78.

108) 高崎宗司, 『検証日朝交渉』 (東京: 平凡社, 2004), p. 44.

109) Shunji Hiraiwa, "Japan's policy on North Korea: four motives and three factors," *Journal of Contemporary East Asia Studies* 9–1 (2020), pp. 9–11.

과 같은 독자적인 제재 조치를 추가했다. 그해에 출범한 아베 내각은 수교의 전제조건으로 일본 측이 산정한 납치피해자의 전원 귀국을 요구하면서 북한을 압박하였고, 북일관계는 경색되었다.

2012년에 북한에서 김정은체제가 출현하였고, 일본에서는 제2차 아베 내각이 들어섰다. 북한은 핵실험과 미사일 발사로 세계를 긴장시켰고, 아베 내각은 북한에 대한 제재를 강화했다. 이런 상황에서도 양국은 물밑 접촉이 이어갔고, 2014년에 이른바 스톡홀름합의를 발표하였다.[110] 그 골자는 북한이 일본인 납치문제를 재조사하고, 일본이 대북제재의 일부를 해제하는 것이었다. 그러나 북한은 약속을 이행하지 않았고, 2016년에 다시 핵 실험과 미사일 발사를 감행하였다. 아베 내각은 대북제재를 강화하는 유엔안보리 결의안 채택을 주도하였고, 이와 별도의 일본의 독자적인 제재조치를 추가하였다.[111]

2018년에 북한이 평창올림픽에 참가하고 남북정상회담과 북미정상회담이 잇달아 개최되면서 북한문제를 대화를 통해 해결하려는 분위기가 고조되었지만, 일본정부는 북한의 완전한 비핵화를 요구하여 북한의 반발을 샀다.[112] 아베 수상은 납치문제의 해결을 위해 전제조건이 없는 북일정상회담을 제안하였지만, 북한은 "과거사 청산과 대북 적대정책의 철회 없이는 대화가 불가하다"면서 일본을 비난했다. 후속의 스가 요시히데(菅

義偉) 수상과 기시다 후미오(岸田文雄) 수상도 북일정상회담에 의욕을 보였지만, 비핵화와 납치문제에 대한 양측의 입장 차이는 좁혀지지 않은 채 북일관계는 경색국면을 이어가고 있다.

북일국교정상화는 종래의 대한반도정책에 나타난 불균형을 수정함으로써 한반도에 대한 영향력을 확대하고자 하는 일본정부의 의지를 반영한 것으로, 한국에 대해 양면성을 갖는다. 이는 단기적으로 일본의 대외관계에서 한국이 향유해 온 대북 우월적 지위의 약화를 초래할 수 있다. 반면 북일수교는 장기적으로 북미수교와 함께 주요국에 의한 남북한 교차승인의 완성을 의미하며, 한반도 냉전체제의 극복에 기여할 것으로 기대된다.[113]

5. 결론

전후 일본은 경제부흥을 국가 목표의 최우선 과제로 삼고, 군사비 지출을 억제하고 국가 재원을 경제성장에 집중하는 길을 택했다. 외교는 그 수단으로 간주되었다. 이러한 국가전략을 가능하게 한 것은 평화헌법과 미일안보체제였다. 일본은 이를 근거로 자국의 안보를 미국에 의존하면서 국내외의 재군비 요구를 물리칠 수 있었다. 경제중심주의 노선은 일본에 민주주의의 정착과 자유 진영 제2위의 경제 대국이라는 성공을 가져다 준 반면, 외교의 몰(沒)정치화라는 문제를 초래했다. 일본외교에는 '경제동물(economic animal)', '무임승차자(free rider)', '수표외교(checkbook

---

110) 박정진, "북일 스톡홀름 합의 재론: 한국의 대북정책에 대한 함의," 『일본공간』 19호 (2016).

111) Aurelia George Mulgan, "Japan-North Korea Relations," in James D. J. Brown and Jeff Kingston, ed., *Japan's Foreign Relations in Asia* (New York: Routledge, 2018), p. 239.

112) 조은일, "일본 아베 정권의 대북정책 현황과 전망," 『한일군사문화연구』 제27집 (2019), p. 88.

113) 조양현, "북일 관계 정상화와 한일 관계에의 영향," 외교안보연구원, 『변환기 국제정세와 한국외교』 (서울: 외교안보연구원, 2007), pp. 277-280.

diplomacy)' 등의 수식어가 붙어 다녔고, '외압 반응형 국가'라는 비판을 받아야만 했다.

이와 같은 비정상적인 외교행태에 대한 본격적인 문제제기는 냉전체제가 종식되면서 표면화하였다. 보통국가화로 불리는 국가전략 상의 패러다임 변화를 통해 일본외교는 경제력에 상응하는 국제적인 역할을 추구하기에 이르렀다. 일각에서는 이러한 일본의 변화를 '보수우경화'라고 부르는바, 특히 아베 내각 시기에 보수이념의 제도화와 군사적 의미에서의 보통국가화라는 두 가지 측면에서 일본외교는 획기적인 변화를 겪었다. 2015년에 안보법제의 성립으로 일본은 70년 만에 집단적자위권을 행사할 수 있는 국가가 되었다. 일본이 외부로부터 침략을 받지 않더라도 자위대라는 물리력을 해외에 투사하여 작전을 할 수 있는 제도적 기반이 마련된 것이다. 그해 8월에는 종전 70주년 기념 담화를 통해 일본은 제2차 세계대전의 패전국으로서 사죄와 반성으로 일관하던 역사인식에서 벗어나, 적극적 평화주의를 일본외교의 기본이념으로 제시했다.

21세기 일본외교의 변화는 정치성의 회복 즉, 국가위신에 대한 관심의 부활을 의미한다. 냉전기 일본외교가 그 수단으로 주로 경제력에 의존하였다면, 탈냉전 이후 미일동맹의 강화 및 방위력 정비를 통한 지역안보질서에서 일본의 역할 확대는 외교정책 수단의 다양화를 의미한다. 외교정책의 대상이란 측면에서 보자면, 일본이 종래의 대미추종외교를 넘어 세계의 각 지역 및 국가들과의 관계를 확대하고 있는 것은 대국의식에 기초한 전략외교의 추구라고 평가할 수 있다.

적극성의 증가라는 일본외교의 새로운 방향성은 21세기 한일관계는 물론 지역질서에 중요한 시사점을 제공한다. 먼저, 일본의 보통국가화노선이 보수 이념의 제도화에 경사되고 이러한 제도가 보수 담론을 재생산하는 악순환에 빠지는 상황을 가정할 수 있다. 전후 일본사회의 다원주의, 일본의 열악한 재정상태, 일본안보의 미국 의존도 등을 감안한다면, 일본외교의 적극화를 군사대국화 내지는 군국주의화로 단정하는 것은 적절하지 않다. 그럼에도 불구하고 일본이 대국으로서 의지와 능력을 갖게 되는 것은 일본의 침략과 식민지배의 역사를 기억하는 주변국에게 '우경화', '군사대국화', '군국주의 부활', '핵무장' 등으로 확대 해석되어 경계심을 자극할 수 있다. 이 경우 편협한 내셔널리즘이 횡행하고, 역사인식, 영토문제 등을 둘러싼 역내 국가들 간의 충돌 가능성이 우려된다.

다음으로 자위대의 군대화 및 집단적자위권의 추구는 일본외교안보정책의 근본적인 전환을 의미하는바, 여기에는 동아시아 안보질서와 관련하여 이중성이 내포되어 있다. 우선 일본의 보통국가화는 일본의 건설적인 대외관여를 확대시켜 지역질서의 유지에 공헌할 수 있다. 강화된 일본의 방위력과 미일동맹의 억지력은 중국의 부상을 견제하는 지역공공재가 될 수 있다.[114] 반면 일본의 보통국가화는 역내의 군비경쟁과 패권경쟁을 조장할 소지가 있다. 중국의 군사력 확장 및 일본 근해에서 중국 해군의 훈련 증가, 중국과의 영토갈등 심화 등에 대응하기 위해 일본은 미국은 물론 호주, 인도, ASEAN 그리고 최근에는 유럽 세력과의 군사협력을 강화하고 있다.[115] 일본의 보통

---

114) 田中明彦, "日本の外交戦略と日米同盟," 『国際問題』 594 (2010年 9月号), p. 41.

115) Thomas S. Wilkins, "Japan's Alliance Diversifica-

국가화가 동아시아에 새로운 냉전을 불러올지 아니면 지역질서의 안정에 기여할지는 지켜보아야겠지만, 미중 전략경쟁이 본격화하고 있는 상황에서 전자의 가능성을 우려하지 않을 수 없다.[116]

　마지막으로, 한국의 국가전략과 관련하여 일본 외교의 변화는 한반도와 주변지역에 대한 일본의 영향력 증대로 이어질 개연성이 크다. 전술한 대로 메이지 이후 일본은 한반도 정세와 이를 둘러싼 주변 강대국의 세력구도에 깊은 관심을 갖고, 한반도에서 자국의 영향력 확대를 추구해 왔다. 일본은 '두 개의 한국'을 전제로 북일수교를 추진 중에 있고, 한반도 유사 시에 미군에 대한 적극적인 후방지원에 나설 태세를 갖추는 등 한반도문제에 적극 관여하겠다는 의지를 분명히 하고 있다. 한반도에 대한 일본의 영향력 확대가 한국의 국가전략에 어떻게 작용할지는 불확실하지만, 한일 과거사 갈등이 해소되지 않고 양국의 위협인식이 상당한 괴리를 보이고 있는 현실은 한국의 국가전략을 제약하는 요인으로 작용하고 있다.[117]

tion: a Comparative Analysis of the Indian and Australian Strategic Partnerships," *International Relations of the Asia-Pacific* 11-1 (2011).

116) Paul J. Smith, "China-Japan Relations and the Future Geopolitics of East Asia," *Asian Affairs* 35-4 (2009); Ihn Hwi Park, "Sino-Japan Strategic Rivalry and the Security of the Korean Peninsula," *The Korean Journal of Defense Analysis* 19-1 (2007).

117) 서동만, "한일 안보협력에 관하여," 김영작·이원덕 편 (2006), pp. 156-159; Sugio Takahashi, "Toward Japan-ROK Security Cooperation beyond Northeast Asia," *Korean Journal of Defense Analysis* 19-3 (2007).

토의주제

1. 일본외교의 환경요인에는 어떤 것이 있으며, 다른 국가들과의 차이점은 무엇인가?

2. 일본의 외교정책결정은 어떤 과정을 거쳐 진행되는가?

3. 냉전의 종언이 일본외교에 미친 영향은 무엇인가?

4. 외교정책의 목표, 수단 그리고 대상이라는 개념을 사용하여 탈냉전 이후 일본외교의 변화를 설명한다면?

5. 일본의 방위안보정책은 어떻게 변화해 왔으며, 미일동맹은 어떤 방향으로 조정되어 왔나? 그것은 한반도와 지역질서에 어떤 함의를 갖는가?

6. 미중 전략경쟁에 대한 일본의 대응전략은 무엇인가?

7. 대외전략에서 한일 간의 공통점과 차이점은 무엇인가?

8. 한일관계의 개선은 필요한가? 그 이유는 무엇인가?

참고문헌

1. 한글문헌

공의식. "일본의 외교정책." 김종헌·김호준·공의식 편. 『미·중·일 대외정책』. 부산: PUFS, 1998.

국립외교원 일본연구센터. 『일본정세 2020』. 서울: 국립외교원, 2021.

기미야 다다시. "일본의 대북한 인식과 한일관계." 국민대 일본학연구소. 『일본공간』 (창간호). 2007년 5월.

김기석. "동아시아 지역주의와 일본." 김영작·김기석 편. 『21세기 동북아 공동체 형성의 과제와 전망』. 서울: 한울아카데미, 2006.

김기정. "국제 체제하에서의 외교 정책의 목표와 수단." 구본학 외. 『세계외교정책론』. 서울: 을유문화사, 1995.

김양희. "역내포괄적경제동반자협정(RCEP)의 지경학적 기회요인과 지정학적 위험요인." 국립외교원. 『정책연구과제』. 2021.

김영작. "일본(인)은 우리에게 무엇인가: 과거, 현재 그리고 미래." 김영작·이원덕 편. 『일본은 한국에게 무엇인가』. 서울: 한울아카데미, 2006.

김호섭. "일본의 대외정책." 전득주 외. 『대외정책론』. 서울: 박영사, 1998.

_____. "노무현 정권 2년의 대일 외교정책의 평가와 전망." 김영작·김기석 편. 『21세기 동북아 공동체 형성의 과제와 전망』. 서울: 한울아카데미, 2006.

남기정. "한국전쟁 휴전체제하 동아시아형 냉전국가의 탄생: 한국과 일본의 경우." 김영작·이원덕 편. 『일본은 한국에게 무엇인가』. 서울: 한울아카데미, 2006.

_____. "요시다 시게루의 전후 구상과 리더십." 손열 편. 『일본 부활의 리더십: 전후 일본의 위기와 재건축』. EAI, 2013.

남창희. "일본의 외교정책." 구본학 외. 『세계외교정책론』. 서울: 을유문화사, 1995.

다나카 아키히코. 이원덕 역. 『전후 일본의 안보정책』. 서울: 중심, 2002.

다카하시 데쓰야. 현대송 역. 『야스쿠니 문제』. 서울: 역사비평사, 2005.

도고 가즈히코. 조윤수 역. 『일본 전직외교관이 말하는 일본의 역사인식』. 서울: 역사공간, 2015.

박영준. "탈냉전기 일본의 대국(大國) 구상: 보통국가론과 평화국가론의 국가구상 비교를 중심으로." 현대일본학회. 『일본연구논총』 23호 (2006).

_____. "일본의 방위 전략: 반군사주의(anti-militarism)에서 보통군사국가(normal military state)로의 변화." 박철희 편. 『동아시아 세력전이와 일본 대외전략의 변화』. 서울: 동아시아재단, 2014.

박정진. "북일 스톡홀름 합의 재론: 한국의 대북정책에 대한 함의." 『일본공간』 19호 (2016).

박준영. "대외정책의 결정요인." 전득주 외. 『대외정책론』. 서울: 박영사, 1998.

박철희. "전수방위에서 적극방위로: 미일동맹 및 위협인식의 변화와 일본방위정책의 정치." 국제정치학회. 『국제정치논총』 제44집 1호 (2004).

_____. "동아시아 세력전이와 아베 내각의 대외전략 기조." 박철희 편. 『동아시아 세력전이와 일본 대외전략의 변화』. 동아시아재단, 2014.

_____ 편. 『동아시아 세력전이와 일본 대외전략의 변화』. 동아시아재단, 2014.

_____ 편. 『아베 시대 일본의 국가전략』. 서울대학교출판문화원, 2018.

서동만. "한일 안보협력에 관하여." 김영작·이원덕 편. 『일본은 한국에게 무엇인가』. 서울: 한울아카데미, 2006.

서승원. "일본의 대중국 전략, 2006-2013: 관여와 견제, 그리고 우파 내셔널리스트 지정학." 박철희 편. 『동아시아 세력전이와 일본 대외전략의 변화』. 서울: 동아시아재단, 2014.

_____. 『근현대 일본의 지정학적 상상력: 야마가타 아리토모-아베 신조』. 서울: 고려대학교출판문화원, 2018.

소에야 요시히데. 박철희 외 역. 『일본의 미들 파워 외교: 전후 일본의 선택과 구상』. 서울: 오름, 2006.

소토카 히데토시 외. 진창수·김철수 역. 『미일동맹: 안보와 밀약의 역사』. 서울: 한울, 2006.

손열. "좌절하는 한일관계: 다가오는 위기, 멀어지는 해법." 『EAI 논평』. 2020년 7월.

_____ 편. 『일본 부활의 리더십: 전후 일본의 위기와 재건축』. EAI, 2013.

신정화. 『일본의 대북정책 1945-1992년』. 서울: 오름, 2004.

윤덕민. "일본의 신 안보정책과 미·일 동맹의 재편." 외교안보연구원. 『신 안보 환경과 한국 외교』. 서울: 외교안보연구원, 2006.

이기태. "일본의 미일동맹 강화 전략: 보통국가화와 대중국 견제 정책." 박철희 편. 『동아시아 세력전이와 일본 대외전략의 변화』. 동아시아재단, 2014.

이리에 아키라. 이성환 역. 『일본의 외교』. 서울: 푸른산, 1993.

이오키베 마코토. 조양욱 역. 『일본 외교 어제와 오늘』. 서울: 다락원, 2002.

이원덕. "세계화 시대의 일본 외교안보정책: 우경화 속의 보통국가화." 장달중 외. 『세계화와 일본의 구조전환』. 서울: 서울대학교출판부, 2002.

_____. "일본 대외정책의 구조 및 기본 성격." 현대일본학회. 『일본정치론』. 서울: 논형, 2007.

_____. "한일관계 '65년 체제'의 궤적." 이원덕·기미야 다다시 외. 『한일관계사 1965–2015 I 정치』. 서울: 역사공간, 2015.

이원덕·기미야 다다시 외. 『한일관계사 1965–2015 I 정치』. 서울: 역사공간, 2015.

이정환. "미일 안보동맹의 강화와 일본 국내정치: 미일 신가이드라인과 주변사태법 재고." 『일본공간』 27 (2020).

전진호. "일본의 대미 기축외교의 재정립: 추종과 자율의 사이에서." 한상일·김영작 외. 『일본형 시스템: 위기와 변화』. 서울: 일조각, 2005.

전진호 편. 『전후 일본 패러다임의 연속과 단절』. 서울: 청아출판사, 2017.

정재정. 『주제와 쟁점으로 읽는 20세기 한일관계사』. 서울: 역사비평사, 2014.

조양현. "북일 관계 정상화와 한일 관계에의 영향." 외교안보연구원. 『변환기 국제정세와 한국외교』 (2007).

_____. "일본 UN외교 50년의 궤적과 전망." 한일협력위원회. 『한일협력』 (2007년 가을호).

_____. "일본의 다자협력과 제도화 전략." 제주평화연구원 편. 『동아시아 다자협력의 제도화』. 서울: 오름, 2011.

_____. "동아시아 세력전이와 일본의 다자주의 전략: 미중 사이에 선 일본의 지역 정체성." 박철희 편. 『동아시아 세력전이와 일본 대외전략의 변화』. 서울: 동아시아재단, 2014.

_____. "아베(安倍) 담화 이후의 한일관계." 『한일협력』 (2015년 가을호).

_____. "인도·태평양 전략(Indo-Pacific Strategy) 구상과 일본 외교." 국립외교원. 『주요국제문제분석』. 2017.

_____. "21세기 일본의 국가정체성 변화와 한일관계: 아베 내각의 '탈(脫)전후체제론'을 중심으로." 동북아역사재단 편. 『일본의 국가정체성과 동북아 국제관계』. 서울: 동북아역사재단, 2019.

_____. "바이든 시기 미일관계와 한국 외교." 김흥규 외. 『미국 바이든 행정부 시대 미중 전략경쟁과 한국의 선택 연구』. 서울: 대외경제정책연구원, 2021.

_____. "스가 내각의 대외정책 구상과 대미외교: 미중 전략경쟁과 일본의 선택." 진창수 편. 『미중 전략 경쟁속의 일본 외교: 스가 정권의 대외정책 연속과 변화』. 성남: 세종연구소, 2022.

조은일. "일본 아베 정권의 대북정책 현황과 전망." 『한일군사문화연구』 제27집 (2019).

코사카 마사타카. 김영작 외 역. 『해양국가 일본의 구상』. 서울: 이크, 2005.

한상일. 『일본 지식인과 한국: 한국과의 원형과 변형』. 서울: 오름, 2000.

_____. 『이토 히로부미와 대한제국』. 서울: 까치, 2015.

황세희. "전쟁 가능한 일본을 향한 안보정책 전환." 박철희 편. 『아베 시대 일본의 국가전략』. 서울: 서울대학교출판문화원, 2018.

NEAR재단. 『한일관계, 이렇게 풀어라』. 서울: 김영사, 2015.

2. 영어문헌

Berger, Thomas U. "The Politics of Memory in Japanese Foreign Relations." Thomas U. Berger, Mike M. Mochizuki, Jitsuo Tsuchiyama eds., *Japan in International Politics: the Foreign Policies of An Adaptive State*. Boulder : Lynne Rienner Publishers, 2007.

Blaker, Michael. "Evaluating Japanese Diplomatic Performance." in Gerald L. Curtis, ed. *Japan's Foreign Policy After Cold War: Coping with Change*. New York: M. E. Sharpe, 1993.

Calder, Kent E. "Japanese Foreign Economic Policy Formation: Explaining the Reactive State." *World Politics* 40 (July 1988).

Cha, Victor D. "Multilateral Security in Asia and the U.S.-Japan Alliance." G. John Ikenberry and Takashi Inoguchi, eds., *Reinventing the Aliance: U.S.-Japan Security Partnership in an Era of Change*. New York: Palgrave Macmillan, 2003.

Cooney, Kevin J. *Japan's Foreign Policy Maturation: A Quest for Normalcy*. New York: Routledge, 2002.

Dobson, Hugo. "Is Japan really back? The "Abe Doctrine" and global governance." *Journal of Contemporary Asia* 47–2 (2017).

Drifte, Reinhard. *Japan's Foreign Policy in the 1990s: From Economic Superpower to What Power?* New York: St. Martin's Press, 1996.

Green, Michael. *Japan's Reluctant Realism: Foreign Policy Challenges in an Era of Uncertain Power.* New York: Palgrave Macmillan, 2001.

_____. "Japan in Asia." David Shambaugh and Michael Yahuda, ed, *International relations of Asia.* Lanham, Md.: Rowman & Littlefield Publishers, 2008.

Gustafsson, Karl, Linus Hagström, and Ulv Hanssen. "Japan's pacifism is dead." *Survival* 60-6 (2018).

Hagstrom, Linus, and Marie Soderberg. *North Korea Policy: Japan and the Great Powers.* Abingdon: Routledge, 2006.

Hiraiwa, Shunji. "Japan's policy on North Korea: four motives and three factors." *Journal of Con-temporary East Asia Studies* 9-1 (2020).

Hosoya, Yuichi. "FOIP 2.0: The Evolution of Japan's Free and Open Indo-Pacific Strategy." *Asia-Pacific Review* 26-1 (2019).

Hughes, Christopher W. *Japan's Re-emergence as a 'Normal' Military Power.* New York: Oxford University Press, 2004.

_____. "Japan and Multilateralism in the North Korean Nuclear Crisis." in Linus Hagstrom and Marie Soderberg. *North Korea Policy: Japan and the Great Powers.* Abingdon: Routledge, 2006.

_____. "Japan's strategic trajectory and collective self-defense: essential continuity or radical shift?" *The Journal of Japanese Studies* 43-1 (2017).

Hughes, Christopher W. and Akiko Fukushima. "U.S.-Japan Security Relations: Toward Bilateralism Plus?" Ellis S. Krauss, Ellis Krauss and T. J. Pempel, eds. *Beyond Bilateralism: U.S.-Japan Relations in the New Asia-Pacific.* Stanford, California: Stanford University Press, 2004.

Hughes, Christopher W., Alessio Patalano, and Robert Ward. "Japan's Grand Strategy: The Abe Era and Its Aftermath." *Survival* 63-1 (2021).

Inoguch, Takashi. "Japan's Foreign Policy Line after the Cold War," Takashi Inoguch and G. John Ikenberry eds. *The Troubled Triangle.* New York: Palgrave Macmillan, 2013.

Inoguchi, Takashi and Paul Bacon. "Japan's Emerging Role as a 'Global Ordinary Power.'" *International Relations of the Asia-Pacific* 6-1 (2006).

Kawashima, Shin. "Japanese Diplomacy and the "Improvement" in Sino-Japanese Relations." *Asia Policy* 26-1 (2019).

Kikuchi, Tsutomu. "Collective Hedging: What Drives Regional Institution-building in the Asia-Pacific?" Evan Berman and M. Shamsul Haque, ed. *Asian Leadership in Policy and Governance.* Bingley: Emerald Group Publishing, 2015.

Kitaoka, Shinichi. "The Legacy of Prime Minister Abe Shinzo: Diplomacy and Security." *Asia-Pacific Review* 28-1 (2021).

Kliman, Daniel M. *Japan's Security Strategy in the Post-9/11 World: Embracing a New Realpolitik.* Westport, Conn.: Praeger, 2006.

Lehmann, Jean-Pierre. "Japanese Attitudes Towards Foreign Policy." in Richard L. Grant, ed. *The Process of Japanese Foreign Policy: Focus on Asia.* London: Royal Institute of International Affairs, 1997.

Liff, Adam P. "Proactive Stabilizer: Japan's Role in the Asia-Pacific Security Order." in Yoichi Funabashi and G. John Ikenberry, eds. *The Crisis of Liberal Internationalism: Japan and the World Order.* Brookings Institution Press, 2020.

Michishita, Narushige. "Japan's Grand Strategy for a Free and Open Indo-Pacific." in Robert J. Pekkanen and Saadia M. Pekkenen. eds. *The Oxford Handbook of Japanese Politics.* Oxford University Press, 2021.

Mifune, Emi. "Japanese Policy toward China," Takashi Inoguch and G. John Ikenberry eds. *The Troubled Triangle.* New York: Palgrave Macmillan, 2013.

Mulgan, Aurelia George. "Japan-North Korea Relations." in James D. J. Brown and Jeff Kingston, ed., *Japan's Foreign Relations in Asia.* New York: Routledge, 2018.

Park, Cheol Hee. "Japanese Strategic Thinking toward Korea." in Gilbert Rozman, et al. eds. *Japanese Strategic Thought toward Asia.* New York: Palgrave Macmillan, 2007.

Park, Ihn Hwi, "Sino-Japan Strategic Rivalry and the Security of the Korean Peninsula." *The Korean Journal of Defense Analysis* 19-1 (2007).

Pyle, Kenneth B. *Japan Rising: the Resurgence of Japanese Power and Purpose.* New York: Public Affairs, 2007.

Pugliese, Giulio, and Alessio Patalano. "Diplomatic and security practice under Abe Shinzō: the case for Realpolitik Japan." *Australian Journal of International Affairs* 74-6 (2020).

Ramirez, Carlos. "Japan's Foreign and Security Policy under Abe: from neoconservatism and neoautonomy to pragmatic realism." *The Pacific Review* 34-1 (2021).

Rix, Alan. "Dynamism, Foreign Policy and Trade Policy." in J. A. A. Stockwin, et al. *Dynamic and Immobilist Politics in Japan.* Basingstoke: Macmillan, 1988.

Rozman, Gilbert. "International relations theory and Japanese foreign policy." in James D. J. Brown and Jeff Kingston. eds. *Japan's Foreign Relations in Asia.* New York: Routledge, 2018.

Samuels, Richard J. *Securing Japan: Tokyo's Grand Strategy and the Future of East Asia.* Ithaca, New York: Cornell University Press, 2007.

Singh, Bhubhindar. "Japan's Security Policy: From a Peace State to an International State." *The Pacific Review* 21-3 (2008).

Smith, Paul J. "China-Japan Relations and the Future Geopolitics of East Asia." *Asian Affairs* 35-4 (2009).

Takahashi, Sugio. "Toward Japan-ROK Security Cooperation Beyond Northeast Asia." *Korean Journal of Defense Analysis* 19-3 (2007).

Togo, Kazuhiko. "Japan's reconciliation diplomacy in Northeast Asia," in James D. J. Brown and Jeff Kingston. eds. *Japan's Foreign Relations in Asia.* New York: Routledge, 2018.

Yasutomo, Dennis T. *The New Multilateralism in Japan's Foreign Policy.* Lexington Books, 1986.

Wilkins, Thomas S. "Japan's Alliance Diversification: a Comparative Analysis of the Indian and Australian Strategic Partnerships." *International Relations of the Asia-Pacific* 11-1 (2011).

3. 일어문헌

浅井基文. 『日本外交−反省と転換』. 東京: 岩波書店, 1989.

五百旗頭真編. 『戦後日本外交史(第3版補訂版)』. 東京: 有斐閣, 2014.

井上寿一ほか. 『日本外交の再構築 (日本の外交 第6巻)』. 東京: 岩波書店, 2013.

入江昭. 『新・日本の外交−地球化時代の日本の選択』. 東京: 中央公論社, 1991.

馬田啓一. 「米国のTPP戦略と日本」. 馬田啓一ほか. 『日本のTPP戦略−課題と展望』. 東京: 文眞堂, 2012.

大庭三枝. 「日本の『インド太平洋』構想」. 『国際安全保障』 46-3 (2019).

小和田恆・山影進. 『国際関係論』. 東京: 放送大学教育振興会, 2002.

外務省. 『わが外交の近況』. 1957年版 (第1号).

_____. 『わが外交の近況』. 1958年版 (第2号).

兼原信克. 「新しいパワー・バランスと日本外交」. 谷内正太郎(編集). 『論集 日本の外交と総合的安全保障』ウェッジ, 2011.

_____. 「安倍長期政権の世界史的遺産 自由主義的な国際秩序へのリーダーシップ」. 『外交』 63 (2020).

川戸七絵. 「国家安全保障会議と官邸機能強化−安全保障会議設置法等改正案の概要」. 『立法と調査』 273号 (2007).

菊池努. 『APEC−アジア太平洋新秩序の模索』. 東京: 日本国際問題研究所, 1995.

北岡伸一. 『『普通の国』へ』. 東京: 中央公論新社, 2000.

_____. 「日本外交の座標軸」. 『外交』 6 (2011).

北川俊文. 「米国の巻き返し−−TPPからFTAAP、WTOへ」. 『前衛』 867 (2011).

木宮正史. 「日本の対朝鮮半島外交の展開」. 波多野澄雄編. 『外交史 戦後編 (日本の外交 第2巻)』. 東京: 岩波書店, 2013.

高坂正堯. 『海洋国家日本の構想』. 東京: 中央公論社, 1965.

阪田恭代. 「朝鮮半島と日米同盟」. 猪口孝(監修). 『日米安全保障同盟』. 東京: 原書房, 2013.

信田智人. 『冷戦後の日本外交』. 東京: ミネルヴァ書房, 2006.

_____. 『強化される外交リーダーシップ−官邸主導体制の制度化へ』. 『国際問題』 558 (2007).

世界銀行. 『東アジアの軌跡: 経済成長と政府の役割』. 東京: 東洋経済新報社, 1994.

添谷芳秀. 『日本の「ミドルパワー」外交−戦後日本の選択と構想』. 東京: ちくま新書, 2005.

外岡秀俊・本田優・三浦俊章. 『日米同盟半世紀−安保と

密約』. 東京: 朝日新聞社, 2001.

春原剛. 『日本版NSCとは何か』. 新潮新書, 2014.

スミス, シーラ. 「最前線としての沖縄—日本国民と外交政策」. 井上寿一ほか. 『日本外交の再構築 (日本の外交 第6巻)』. 東京: 岩波書店, 2013.

曽根泰教. 「日本の政治システムと外交」. 有賀貞他編. 『講座国際政治4 日本の外交』. 東京: 東京大学出版会, 1989.

高崎宗司. 『検証 日朝交渉』. 東京: 平凡社, 2004.

滝田賢治. 「平和憲法と日米同盟の狭間で」. 井上寿一ほか. 『日本外交の再構築 (日本の外交 第6巻)』. 東京: 岩波書店, 2013.

田中明彦. 「日本の外交戦略と日米同盟」. 『国際問題』 594 (2010).

_____. 「『自由で開かれたインド太平洋』の射程」. 『外交』 47 (2018).

田村重信·佐藤正久. 『日本の防衛政策』. 東京: 芙蓉書房出版, 2008.

辻中豊. 『利益集団』. 東京: 東京大学出版会, 1988.

寺田貴·三浦秀之. 「日本のTPP参加決定過程」. 馬田啓一ほか. 『日本のTPP戦略—課題と展望』. 東京: 文眞堂, 2012.

東郷和彦. 『歴史認識を問い直す—靖国、慰安婦、領土問題』. 東京: 角川書店, 2013.

中島茂樹. 「平和憲法五〇年の軌跡—憲法九条の原点と現点」. 立命館大学人文科学研究所編. 『戦後五〇年をどうみるか』. 東京: 人文書院, 1998.

永野慎一郎·近藤正臣編. 『日本の戦後賠償—アジア経済協力の出発』. 東京: 勁草書房, 1999.

西川吉光. 『日本の外交政策—現状と課題´展望』. 東京: 学文社, 2004.

西原正 (監修). 朝雲新聞社出版業務部 (編集). 『わかる平和安全法制』. 朝雲新聞社, 2015.

花井等. 『新外交政策論』. 東京: 東洋経済新聞社, 1998.

孫崎享. 『日本外交 現場からの証言』. 東京: 中央公論社, 1993.

モーリス=スズキ, テッサ. 「地域外交における市民社会—日本とそのアジア近隣諸国における草の根市民運動の役割」. 井上寿一ほか. 『日本外交の再構築 (日本の外交 第6巻)』. 東京: 岩波書店, 2013.

安原和雄·山本剛士. 『戦後日本外交史IV—先進国への道程』. 東京: 三省堂, 1984.

谷内正太郎(編集). 『論集 日本の外交と総合的安全保障』. ウェッジ, 2011.

尹徳敏. 「二一世紀日本外交と日韓関係」. 小此木政夫·張達重編. 『戦後日韓関係の展開』. 東京: 慶應義塾大学出版会, 2005.

渡辺昭夫. 「日本の対外政策形成の機構と過程」. 細谷千博·綿貫讓治編. 『対外政策決定過程の日米比較』. 東京: 東京大学出版会, 1977.

_____. 「吉田茂—状況思考の達人」. 渡辺昭夫編. 『戦後日本の宰相たち』. 中央公論社, 1995.

13장

중국의 외교정책

차창훈(부산대 정치외교학과)

1. 서론   384

2. 중국외교정책의 환경   386

3. 중국외교정책의
　　목표와 방향   400

4. 중국외교정책의
　　현안과 대한반도관계   408

5. 결론   416

1. 서론

2006년 중국 국영방송(CCTV)은 '대국굴기(大國崛起)'라는 제목의 자체제작 다큐멘터리를 방영하였다. 강대국의 부상을 다룬 이 프로그램은 마르크스주의, 자본주의, 혹은 노동자계급 투쟁 등에 대한 어떤 용어도 사용하지 않으면서(이러한 이유로 중국 내에서 많은 비판을 받았지만), 탈이데올로기적 시각으로 강대국을 국가별로 냉정히 조명하면서 수백만 시청자의 주목을 끌었다. 이 프로그램은 강대국화의 조건으로, 강력하고 통일적인 국가(포르투갈, 독일), 개방적인 무역(네덜란드, 미국), 발명과 특허(영국), 외부세계에 대한 개방적 태도와 학습(일본), 세련된 문화와 정부의 책임 있는 재정정책(프랑스), 교육(독일), 침략적 팽창주의 교훈(독일, 일본) 등의 요인과 함께 '사상해방'을 강조하였다. 이 프로그램은 "어떤 종류의 강대국이 될 것인가"라는 중국의 열망과 문제의식을 반영하고 있다. 사실 이 주제는 당시 중국외교의 평화적 부상 전략을 고민하는 중국공산당 정치국 회의의 논의 주제였다. 이 다큐멘터리는 어떤 측면에서 21세기 중국외교정책의 방향을 시사하고 있다. 중국 내 민족주의 강경파들에게는 강대국 흥망성쇠의 반면교사를 전달하고, 중국위협론의 진원지인 미국 내 매파들에게는 중국의 평화적 부상 의사를 피력하고 있다.

2011년 1월 19일 개최된 미중정상회담은 중국의 강대국으로서의 부상을 국제사회에서 공인받고 본격적인 G2시대의 개막을 알렸다. 2008년 세계경제위기가 초래한 국제정치경제질서의 변화 과정 속에서 오바마 미국 대통령과 후진타오(胡錦濤) 중국 국가주석이 워싱턴에서 만나서 서로를 21세기의 가장 중요한 양자관계로 인식하고 있음을 확인하였다. 그러나 경제적 상호의존성에 기반을 둔 미국의 대중국 관여정책(engagement policy)은 중국의 지속적인 부상과 함께 변화를 보이기 시작했다. 2017년 트럼프 행정부는 '미국 우선주의(America First)'를 내세우며 대중 경제와 압박을 구사했고, 시진핑 지도부는 '중화민족의 위대한 부흥'이라는 중국몽(中國夢)을 강조하며 대응하면서 양국의 경쟁이 구조적으로 자리 잡게 되었다. 트럼프 행정부는 2018년 대중 무역전쟁을 선포했고, 2019년에는 기술패권과 환율 및 국제규범을 둘러싼 갈등으로 확산되었다. 미국 백악관의 2017년 12월 국가안보전략 보고서에서 중국을 '전략적 경쟁자(strategic competitor)'로 규정하고 대중 견제를 명확히 했고, 국방부는 2019년 6월 '인도·태평양 전략보고서'를 발간하여 중국을 지역의 주요 위협으로 규정했다. 이 시점에 들어서면서 미국의 대중국 견제정책은 공화당과 민주당의 차이가 없는(bipartisan) 국가정책으로 자리 잡게 되었다. 냉전의 서막을 알렸던 조지 케넌의 대소봉쇄정책을 떠올리는 유사한 제목의 대중국 보고서가 익명으로 등장해서 폭넓은 반향을 일으켰다.[1] 2020년에는 코로나 대응과 백신

---

1) Anonymous, *The Longer Telegram: Toward A New American China Strategy*, Atlantic Council, 2021.

외교를 둘러싸고 미국의 '자유주의' 국제질서관과 중국의 '운명공동체' 문명관의 정체성 대립이 더욱 심화되었다.

국제체제에서 미국과 구조적 경쟁을 벌이고 있는 중국의 외교정책을 이해하는 것은 21세기 국제질서의 변화를 이해하기 위한 선결 작업이 된다. 이는 국제정치이론적인 측면뿐만 아니라 21세기 중국의 외교 행위와 관련하여 중요한 의미를 가진다. 지구적인 차원의 경제, 안보 및 문화 등 수많은 영역의 국제레짐과 다자간기구에 중국의 참여와 연루는 확대되어 왔다. 따라서 중국외교정책의 결정과정에 참여하고 영향력을 행사하는 중국의 관료기구와 전문가는 다양해지고 복잡해지는 양상을 보이게 되었다. 중요한 외교정책의 결정 권한은 소수의 핵심지도자 그룹에 여전히 남아 있지만, 투입과정에 영향력을 행사할 수 있는 다양한 국내적·국제적인 요인들이 증가하였다. 국가이익과 현실주의적 관점에 근거한 대전략(grand strategy)이 새롭게 정식화하고, 다른 교육적·경험적 배경을 갖는 새로운 세대의 엘리트 리더십이 부상했으며, 물질적 구조 외에 규범이나 지식 등이 중요시되는 새로운 국제환경에 둘러싸이고 있다. 대만문제와 같은 주권 및 영토문제와 현실주의적 사고 등 중국외교정책의 변화하지 않는 지속성을 간과해서는 안 되지만, 중국이 국제체제에 편입하면서 그 제약조건에 순응하면서 대응하고자 했던 변화의 폭과 내용을 과소평가할 수는 없다.

이러한 변화의 폭과 내용을 검토하고 21세기 중국의 외교정책을 예측하기 위하여 몇 가지 질문들을 제기할 수 있다. 과거의 경험으로부터 무엇을 얼마나 배웠는가? 외교정책의 관료적 구조

와 정책결정 행위와의 관계는 무엇인가? 직업주의, 다양화, 분권화, 세계화 등은 중국의 외교정책과 결정과정에 어느 정도의 실질적인 영향력을 행사하는가? 국제체제의 외부적 충격과 국내정치의 상관관계는 어떠한가? 혁명을 경험한 카리스마적인 지도자에서 기술관료로의 권력승계가 외교정책에 주는 의미는 무엇인가? 경제, 정보, 안보, 기술 등의 상호의존시대가 중국외교정책 형성에 어떤 영향을 주는가? 인식공동체(epistemic community)는 정책결정에 어떠한 영향을 주는가? 중국외교정책의 변화가 한국에 시사하는 바는 무엇인가?

위와 같은 질문에 답하기 위하여 이 장은 다음과 같이 구성되었다. 21세기 중국외교정책의 변화요인들을 검토하기 위하여 우선 중국외교정책의 선택을 제약했던 국내외적 환경요인들을 고찰하고자 한다. 2절에서 국내적 환경으로 후진타오와 시진핑으로 대표되는 제4, 5세대 엘리트들의 인식, 국내여론과 민족주의, 성정부의 대외관계와 영향력 등을 검토한다. 국제적 환경으로서 국제정치체제, 경제적 상호의존, 국제레짐 등이 중국외교정책에 미치는 영향력을 살펴보고자 한다. 3절에서는 개혁개방이 야기한 외교정책결정의 구조와 과정의 변화를 검토한다. 국내외적 제약요인에 직면하여 중국의 지도부가 정식화했던 외교정책의 전략과 목표를 논의하고, 세계화 시대에 당면한 중국외교정책의 과제를 추론하고자 한다. 4절에서는 중국의 부상이 초래하는 현안들을 검토할 예정이다. 가속화되는 미중의 경쟁 구도가 북핵문제 등과 함께 상호작용하는 한반도에서의 문제점들을 논의하고자 한다.

2. 중국외교정책의 환경

1) 국내적 환경

(1) 제4, 5세대 엘리트의 외교정책 인식

엘리트들의 정치적 현실에 대한 인식이 외교정책 결정과정에서 중요한 영향을 끼쳐왔다는 사실은 외교정책 요인의 중요한 주제였다.[2] 정책결정자들의 생각, 사고, 신념체계 및 이데올로기 — 단순하고 직관에 의한 것이든 혹은 복잡하고 체계적인 것이든 — 는 주어진 상황에서 정책결정자의 선택을 초래하는 요인으로 작용한다는 것이다. 이러한 측면에서 현대 중국의 공산당지도자들의 국제정세와 외교정책 인식을 형성했던 주요한 기반은 마르크스, 레닌, 마오쩌둥 사상이었다.[3] 마오쩌둥 시대 외교정책결정자들이 국제정치체제를 보는 기본적인 시각은 세계를 3대 진영(자본주의 진영, 사회주의 진영, 제3세계 진영)으로 구분하는 '3개 세계론'이었고, 1960년대 사회주의 진영 내 중소분쟁의 이면에는 마오쩌둥의 공산혁명에 대한 사상이 배경으로 작용하기도 하였다. 그러나 1979년 이후 덩샤오핑의 개혁개방정책은 혁명 1·2세대와는 다른 성격의 엘리트 그룹을 형성

---

2) Robert Jervis, *Perception and Misperception in International Politics* (Princeton: Princeton University Press, 1976).

3) Stuart R. Schram, "Economics in Command? Ideology and Policy since the Third Plenum, 1978–1984," *The China Quarterly* 99 (September 1984), pp. 417–461; Samuel S. Kim, "The Maoist Image of World Order," in Samuel S. Kim, *China, the United Nations and World Order* (Princeton, NJ: Princeton University Press, 1979), pp. 49–93; David Shambaugh, *Beautiful Imperialist: China Perceives America* (Princeton, NJ: Princeton University Press, 1991), pp. 3–84.

하였고, 중국의 외교정책은 장쩌민과 주룽지(朱鎔基)로 대표되는 제3세대와 후진타오와 원자바오(溫家寶)의 제4세대를 거쳐 현재 시진핑(習近平)의 제5세대 엘리트들이 주도하고 있다.[4]

2002년 제16기 및 2012년 제18기 중국공산당 전국대표대회를 통해서 등장한 중국 제4세대와 제5세대 엘리트 그룹의 외교정책에 대한 인식은 이전 세대와는 상대적인 의미에서 보다 개방적이고 실용적인 성격을 갖는 것으로 특징지어진다.[5] 일반적으로 이 새로운 세대의 엘리트 그룹은 다음과 같은 점에서 전세대와는 구별되는 것으로 평가된다. 첫째, 개혁개방 성과의 결과이기도 하겠지만, 이들은 보다 실용적이라 평가되고 있다. 전문적인 과학기술 지식을 배경으로 자신들의 경력을 쌓아온 점에서 제3세대와 같은 테크노크라트들(technocrat)이다. 그런데 제4세대 그룹은 1941~1956년 사이에 태어나서 1966~1976년 기간의 문화대혁명의 폐해를 직간접으로 경험했으므로 급진적인 대중운동과 이데올로기에 대해

비판적인 생각을 갖고 있다. 예를 들어, 후진타오와 원자바오는 문화대혁명 기간동안 간수성(甘肅省)으로 하방(下放)된 경험을 갖고 있다. 둘째, 문화대혁명 기간의 고된 육체적인 경험과 변화하는 사회정치적 환경 속에서 생존을 위한 투쟁경험은 제4세대 지도자가 탁월한 정치적 능력을 갖게 단련시켰다. 5세대 지도자들은 문화대혁명을 직접 체험하지는 않았지만, 유년기에 이러한 역사를 간접적으로 경험한 바가 있다. 이러한 경험은 덩샤오핑 이후 정치적 구심점 없이 합의에 의한 집단지도체제를 택하고 있는 중국정치체제에 잘 적용된다. 정치과정을 공유하고, 협상하며, 자문하는 일련의 합의구축 과정에 순응적이라 할 수 있다. 특히 '비서(미슈, 秘書)'로서의 정치적 경력을 쌓거나 '태자당(太子黨)' 출신의 제4세대 지도자들은 권력정치 과정에서 협상과 타협을 통해 제휴를 구축하는 역할을 수행할 수 있을 것으로 평가된다.[6] 셋째, 특정 정파가 정치권력을 독점할 수 없는 집단지도체제는 권력의 분산과 협의의 통치를 통해 중국정치과정의 제도화와 엘리트 민주주의를 더욱 촉진시킬 것이다. 개혁개방 성과의 이면에 있는 중국사회의 양극화(도농 간, 지역 간, 계층 간) 과제를 해결하기 위하여 법률과 제도에 의한 통치를 지속적으로 확대할 것이며, 이러한 정치개혁이 곧 서구의 민주주의를 의미하는 것은 아닐지라도 보다 투명하고 민주적인 방향으로 발전할 것이라 예견된다.

외교정책과 관련해서는 제4, 5세대 엘리트 그

---

4) 장쩌민과 주룽지 등 제3세대의 외교정책 인식에 대해서는 H. Lyman Miller and Liu Xiaohong, "The Foreign Policy Outlook of China's Third Generation Elite," in David M. Lampton (ed.), *The Making of Chinese Foreign and Security Policy: in the Era of Reform* (Stanford: Stanford University Press, 2001), pp. 123-150.

5) 중국의 제4세대 지도부에 대해서는 Cheng Li, *China's Leaders: the New Generation* (London: Rowman & Littlefield Publishers, Inc., 2001); Andrew Nathan and Bruce Gilley, *China's New Rulers: the Secret Files* (New York: nyrb, 2002); David M. Finkelstein and Maryanne Kivlehan (eds), *China's Leadership in the 21st Century: the Rise of the Fourth Generation* (Armonk, New York: M.E. Sharpe, 2003); Joseph Fewsmith, "The Sixteenth National Party Congress: The Succession that didn't happen," *The China Quarterly* 173 (March 2003), pp. 1-34.

---

6) 중국정치에서 '미슈(秘書)' 경력이 갖는 정치적 의미에 대해서는 Wei Li and Lucian W. Pye, "The Ubiquitous Role of Mishu in Chinese Politics," *The China Quarterly* 132 (December 1992), pp. 913-936.

룹의 중국 주변 지역 및 국제정세에 대한 인식과 국가이익의 정의가 중요한 문제이다. 장쩌민의 제3세대 그룹은 천안문사건 이후 등장해서 미중관계, 중국·유럽관계 등 중국의 대외관계를 복원하고 세계무역기구(WTO: World Trade Organization) 가입 등 중국이 국제정치경제질서의 규칙과 규범들을 수용하고 대외적인 이미지를 제고하는 정책을 추진한 바 있다. 제4, 5세대 그룹 역시 이전 세대의 외교정책을 계승하고, 증대된 중국의 종합국력을 발판으로 보다 적극적인 외교정책을 구현하고 있다. 이들의 외교정책 인식을 살펴보면 다음과 같다.[7]

첫째, 중국은 국제사회에 편입하여 국제체제에 순응하는 국가임을 지속적으로 표명하고 있다. 중국은 '선량한 세계시민'으로서 국제연합(UN)을 지지하고, 환경, 빈곤, 마약, 난민, 테러 등 세계적 문제 해결을 위해 노력할 것이며, 미국의 이해관계에 도전하는 세력이 아님을 강조하고 있다. '세계화'는 거스를 수 없는 발전추세이며, 중국은 세계의 안정과 평화에 위협이 아니고 기회가 될 수 있다고 주장한다. 둘째, 미중관계는 중국외교 전략의 핵심적인 과제이기에 우호적인 미중관계를 유지하는 것이 중국의 가장 중요한 전략적 과제이다. 미국의 대중국 봉쇄정책은 바람직하지 못하며, 미중 간의 갈등은 양국과 주변국들의 경제 및 안보 이해관계에 위협이 될 것이라고 강조하고 있다. 따라서 양국이 공동이해의 폭을 넓히고, 갈등을 줄이며, 협력을 증대시키는 것이 중요하다. 셋째, 대만, 티베트, 신장의 분리 독립 움직임 등 중국의 영토 및 주권문제는 중국의 국내문제로 간주하고 제3국의 간섭을 단호히 배제하려 한다. 예를 들어, 미국의 대만문제 개입은 용납될 수 없으며, 대만문제의 평화적인 해결을 추구하지만, 무력의 사용도 대안 중의 하나로 간주한다.[8]

(2) 외교정책과 국내여론 그리고 민족주의

국내여론이 외교정책의 형성과정에 미치는 영향에 관하여 신뢰할 만한 지식을 발견하기는 쉽지 않다. 왜냐하면, 여론과 외교정책의 인과관계를 증명할 수 있는 여론-정책 간의 연결고리가 되는 직접적이고 실증적인 단서를 발견하기가 어렵기 때문이다.[9] 더욱이 중국과 같은 비민주주의 국가에서 그 영향력을 찾기란 더욱 어려운 작업이다. 중국은 국내여론이 정책결정(특히 외교정책)에 직접적인 영향력을 행사하는 민주주의 정치체제를 갖고 있지는 않지만, 다음과 같은 이유에서 정책결정과정에서 국내여론이 갖는 상대적 중요성은 점차 증가하여 왔다.

첫째, 개혁개방의 과정에서 국내여론을 주도하는 엘리트집단의 층이 두터워졌다. 개혁개방시대에는 정책결정 엘리트, 전문가집단, 지식인 등이 광범위한 층을 형성하고, 독자층을 갖고 있는 대중매체에 의식적인 기고 혹은 저술 활동을 통해 외교적 현안에 대한 의사 표현이 상대적으로 활발히 이루어진다. 환경, 무역, 금융, 군축 등

---

7) Nathan and Gilley (2002), pp. 203-237 참조.

8) 대만문제를 둘러싼 군부의 정책결정 개입에 관해서는 Michael D. Swaine, "Chinese Decision-Making Regarding Taiwan, 1979-2000," in Lampton, ed. (2001), pp. 289-336.

9) James N. Rosenau, *Public Opinion and Foreign Policy* (New York: Random House, 1996), p. 4; Ole Holsti, *Public Opinion and American Foreign Policy* (Ann Arbor, Mich.: University of Michigan Press, 1996).

다양한 국제기구의 참여와 활동은 이 분야의 전문가를 필요로 했고, 이 문제에 대한 논의는 여론을 형성하기 시작하였다.

둘째, 국내여론의 중요성은 중국정부 혹은 공산당 핵심 서클의 지도자들이 중요한 문제들에 대한 여론의 향배에 주의를 기울이는 점에서도 나타난다. 이들이 많은 고정 시청자를 갖고 있는 텔레비전의 시사프로그램을 보거나, 논란을 야기하는 간행물에 주의를 기울이는 것은 대중의 정서를 파악하기 위해서이다. 대중의 여론에 관심을 갖는 것은 국내정치의 안정을 중시하기 때문인데, 국유기업의 대량 해고와 실업문제가 갖는 사회적 불안과 정치적 폭발성에 민감한 반응을 나타내고 보수적인 경제정책으로 선회하기도 한다. 중국의 WTO 가입과정에서 드러났던 경제적 세계화에 저항하는 듯한 중국정부의 보호주의적 태도는 국내여론을 의식하는 상황의 일례이다.[10]

셋째, 국내여론이 대중들에 의해 표출되는 가장 주목되는 방식은 민족주의이다. 민족주의는 식민지 혹은 반식민지를 경험한 제3세계 국가의 국가 형성과정에서 나타나는 보편적인 현상이다. 그러나 중국 민족주의는 전통적인 중화주의와 결합하여 서구와 일본의 침탈에 대한 치욕을 극복하여 중화문명의 강대국을 재건하려는 열망과 결합되어 있다.[11] 중국의 민족주의 열망은 시진핑이 직접 '중국의 꿈(中國夢)'이라는 용어를 직접 표현하기에 이르렀다. 중국의 민족주의는 강대국화 과정에서 일본의 군국주의나 독일의 파시즘처럼 대외팽창적으로 진화할 수도 있으며, 공산주의 이념을 대체하여 대내적인 정치적 정당성과 동의를 확보하는 이데올로기로 인식되고 있다.

개혁개방의 성공 과정 속에서 고무되는 중국의 민족감정은 광범위하게 읽히는 대중 매체물에서도 확인될 수 있다. 1996년에 출판된 『중국은 아니라고 말할 수 있다(中國可以說不)』는 당시 중국의 2000년 올림픽 유치 실패, WTO 가입문제, 이등휘의 미국방문과 대만문제, 티베트에 대한 미국지원 등과 관련하여 미국 음모론을 제기하였는데, 대중들의 민족감정을 자극하여 폭발적인 반향을 불러일으켰다.[12] 그리고 이러한 민족주의를 강조하는 일련의 매체물 중에는 서구의 문화를 수용하는 자유주의적 흐름을 정치적으로 비판하는 보수적 경향의 흐름이 존재하여 왔다. 이 견해에 따르면 개혁개방 이후 서구의 모든 문화를 무조건적으로 수용하는 과정에서 천안문사건이 발생하였으며, 서구에 대한 비판적 태도를 견지하고 중국적인 것을 보존해야 한다는 것이다. 이러한 신보수주의적 경향은 베이징대학에서 전통문화 연구소 신설과 학술지 발간, 산둥성(山東省) 취푸(曲阜)의 공자사당 복원 등 유교에 대한 새로운 학문적·상업적 조명을 하는 흐름으로 전개되었다.

그런데 민족주의는 직접적으로 중국의 외교정책에 영향을 주는 국내여론으로 작용하기도 한다. 예를 들어, 중국과 일본 사이에 댜오위다오

10) Joseph Fewsmith, "Political and Social Implications of China's Accession to the WTO," *The China Quarterly* 167 (September 2001), pp. 573-591.

11) Jonathan Unger (eds.), *Chinese Nationalism* (Armonk: M. E. Sharpe, 1996).

12) 宋强 等, 『中國可以說不: 冷戰後時代的政治與情感抉擇』 (北京: 中華工商聯合出版社, 1996). 민족주의 정서가 고양된 대중문화의 흐름에 관해서는 Suisheng Zhao, "Chinese Intellectuals' Quest for National Greatness and Nationalistic Writings in the 1990s," *The China Quarterly* 152 (December 1997), pp. 725-745.

(혹은 센카쿠) 열도를 둘러싼 영토분쟁이 발생하였을 때, 중국정부는 수위를 넘어서는 학생들의 시위를 통제하는 노력을 했다는 보도가 있었다.[13] 미중관계 역시 민족주의적 대중여론의 영향을 받는 영역이다. 1997년과 1998년 장쩌민과 클린턴(Bill Clinton)의 정상회담을 전후로 중국에서 미국을 긍정적으로 묘사한 간행된 출판물들이 정상회담의 분위기에 순응하는 여론을 형성한 바가 있다. 반면 1999년 미군의 유고 중국대사관 오폭 사건과 2001년 남중국 근해 미국 정찰기(EP-3)와 중국 전투기의 충돌사건은 중국 내의 반미시위를 격화시켰다. 베이징올림픽을 앞두고도 중국 민족주의는 국제적인 관심의 대상이 되었다. 이 밖에도 중국정부가 민족주의 성향의 시위가 격화되는 국내여론을 제어해야 했던 사례는 많이 있다.[14] 그러나 중국 민족주의의 모든 측면을 단순하게 배타적인 성격으로 미리 예단할 수는 없다. 중국 내에는 세계화의 조류를 받아들이는 범세계적인(cosmopolitan) 문화적 조류가 존재하며, 국제주의 혹은 자유주의적 지적 분위기는 외교정책 결정자, 전문가집단, 대중 등의 다양한 층위로 영향을 주고받으며 확대되고 있다.

(3) 성정부의 대외관계와 외교정책 영향력

성(省)은 13세기 몽고족의 원나라 이후 중국정치 행정의 중요한 단위로 발전하였다. 1987년 해남도(海南島)가 광동성에서 분리되고, 충칭(重慶)시가 새로운 직할시가 된 이래, 중국은 22개의 성, 5개의 자치구(내몽고, 신장, 영하회족, 광서장족, 서장티베트 자치구), 4개의 직할시(베이징, 상하이, 텐진, 충칭)로 구성되어 있다. 중국역사에서 외교정책은 전통적으로 중앙정부에 의해서 수행되었지만, 지방의 성정부는 20세기까지 광대한 영토와 전통적인 조공제도로 인하여 독립적인 대외정치 경제적 이익을 추구하여 왔다. 중앙정부의 대외무역에 대한 통제정책은 중앙과 지방정부 사이의 갈등을 야기하였지만, 1840년 아편전쟁 이후 서구와의 근대적인 조약 체결은 중앙정부가 연안지방의 무역에 대한 통제력을 잃었다는 것을 의미하였다.

1949년 현대 중국 수립 이후 외교정책은 강력한 리더십과 단일한 중국을 중시하였던 혁명 1세대인 마오쩌둥이나 저우언라이(周恩來)와 같은 소수의 지도자들에게 권한이 독점되었다. 공산당은 상하이나 텐진과 같은 중요한 도시에 대외관계 사무실을 설치하였지만, 이들에게 중앙정부의 외교정책을 지원하는 매우 제한된 역할만 부여하였다. 그러나 1978년 이후 개혁개방정책으로 중국의 각 성들은 중요한 정치적·경제적 행위자로 부상하였다. 경제활동의 권한을 지방정부로 이전시킨 분권화(decentralization)정책은 독자적인 경제이익을 추구하는 성의 세계경제 참여와 대외관계에서 개입과 역할의 확대를 가져오게 함으로써 중국외교정책에 영향력을 행사하게 되는 새로운 요인이 되었다.

개혁개방기 지방정부의 대외관계 조직과 운용체계는 1982년 국무원에 의해 확립되었다. 지방의 대외관계는 중국외교정책의 통합적인 부분이

13) *Economist*, 21 September 1996, pp. 34, 39.

14) Alastair Iain Johnston, "Chinese Middle Class Attitudes Towards International Affairs: Nascent Liberalization?," *The China Quarterly* 179 (September 2004), pp. 603–628; Peter Hays Gries, *China's New Nationalism: Pride, Politics, and Diplomacy* (Berkeley: University of California Press, 2004).

며 중앙정부의 노력을 보완해야 한다고 규정되었다. 성정부의 외사판공실(外事辦公室)은 지방정부의 대외관계를 책임지는 부서로써 재원과 인력을 지방정부로부터 조달받지만, 중앙외교부의 기능적 하부단위이기도 하기에 이중적 리더십이 존재한다.[15] 외사판공실은 중앙정부의 외교정책을 수행하는데, 구체적인 조치를 제안하고 정책집행을 감독하는 기능을 한다. 하부단위인 현(縣)과 자매도시 및 주변 국가에 대한 분석, 지방을 방문하는 외국의 사절 영접, 지방정부가 승인하는 해외 방문 관리 및 비자발급 감독, 외국 자매도시와의 교류, 당 및 기타 중앙정부의 대외활동 지원 등을 수행한다. 대외관계의 활동 정도에 따라 외사판공실의 조직과 규모는 편차를 나타내는데, 초기에 경제특구로 개방되어 대외경제적인 활동이 활발한 연안지역과 안보문제의 비중이 큰 국경지역의 규모가 크다. 인력에 있어서도 예를 들면, 상하이 외사판공실의 책임자들은 전직 외교관들이었으며, 최근에는 베이징의 외교학원 등에서 국제관계에 대하여 전문적인 교육을 받거나, 외국대학의 졸업생들이 늘어나는 추세이다.

외사판공실 이외에 지방정부 내 다른 조직인 대외경제무역위원회(對外經濟貿易委員會), 해외화교문제판공실(海外華僑問題辦公室), 대만문제판공실(臺灣問題辦公室) 등과 공산당 조직인 통일전선부와 선전부 등도 지방의 대외관계에 관여하고 있다. 지방수준에서 산재하는 인민우호위원회(人民友好委員會)와 국제문제연구소 등 비정부조직도 성정부를 도와 대외관계에 관여하는데,

상하이국제문제연구소가 좋은 예이다. 각 지방정부수준에서 대외문제의 중요한 정책결정은 성당(省黨)의 외사영도소조에서 이루어진다. 예를 들어, 사천성(四川省) 당서기는 사천성의 외사영도소조를 관장하며 이것은 지방에 따라 조금씩 편차가 있다.

지방정부의 중국외교정책에 대한 지원은 다양한 방식으로 이루어지며, 중국의 국제관계가 확장됨에 따라 성정부의 외교적인 역할도 확대되고 있다. 지방정부는 자신의 대외적인 이미지를 제고하고 해외투자를 유치하기 위해서 대외관계에 적극적인데, 1995년 랴오닝성(遼寧省)의 일본과 한국과의 교류 및 협력관계 확대과정에서 역할이 좋은 예이다. 지방정부의 대외관계 행위는 몇 가지로 구분할 수 있다.

첫째, 공식 외교채널인 영사관의 주둔 관리이다. 중국에는 대략 60여 개의 외국 영사관이 주둔하고 있는데, 특히 경제적인 교류가 활발한 상하이와 광저우가 매력적인 장소이다. 둘째, 지방정부는 중앙정부가 할 수 없는 비공식적인 외교활동 수행을 통해 중앙정부의 외교정책을 지원한다. 예를 들어, 천안문사건으로 미중관계가 단절되었을 때, 당시 주룽지 상하이시장의 미국과 유럽순방은 중국의 대외관계 회복에 기여하였다.[16] 셋째, 국경지역의 성정부들은 국경문제와 관련된 중앙정부의 활동을 지원한다. 과거 중국의 국경분쟁에서 성정부들은 군사적 충돌에 대한 비용을 지불해야 했으며(1962년 인도와의 분쟁 시 티베트성, 1960년대 중소분쟁 시 헤이룽장성, 1979년 베트남과의 분쟁 시 광시성[廣西省]의 경우), 중국정부의

---

15) Peter T. Y. Cheung and James T. H. Tang, "The External Relations of China's Provinces," in Lampton, eds. (2001), pp. 98-99.

16) 『中國外交 1992』(北京: 世界知識出版社, 1992); 『中國外交 1996』(北京: 世界知識出版社, 1996).

국경문제 협상에 직접 참여하였다. 성정부는 국경 분쟁이 해결된 후 국경통제와 관리의 책임을 지게 되는데, 신장성은 파키스탄과의 국경문제 협상을 적극 지원했고, 윈난성(雲南省)은 미얀마와의 국경문제 해결후 메콩강 협력프로젝트에 참여했으며, 광시성은 베트남과의 국경 교통 자유화로 3개의 교통로를 관리하고 있다.[17] 넷째, 성정부 산하 연구소 등이 수행하는 조사연구를 통해 중국정부의 외교정책을 지원한다. 중국 내 동남아시아 연구의 주요기관들인 푸젠(福建省)의 샤먼(厦門)대학 동남아연구소, 윈난성과 광서성의 사회과학원 등은 지리적 인접성과 전통적인 유대로 아세안 국가들과의 외교관계에서 주요한 역할을 수행한다. 다섯째, 지방정부는 자신의 특성을 활용하는 다양한 대외연계망 구축을 통하여 사회적 문화적 유대를 맺음으로써 중국의 대외관계에 영향력을 행사한다. 외국의 도시나 지방 단위와 자매관계를 맺거나, 외국의 중요한 손님을 접대하는 방식을 통하여 중국의 대외적인 이미지를 제고하고 성정부의 경제적 발전을 도모한다.

지방정부의 대외관계 활동 증가는 대외무역을 촉진하고 해외투자를 획득하려는 동기에서 출발하였지만, 중앙정부의 종합적인 외교정책 방향과 지침에 부합하는 것이기도 하다. 주변 국가들과 우호적인 관계를 맺기를 원하는 중앙정부의 지원을 받아 지방정부는 적극적으로 자신의 이익을 추구하는 활동을 벌여왔다. 대외관계에서 지방정부는 중앙정부의 중요한 지원자 역할을 수행하였고, 지방정부는 해외자본을 유입하고 경제적인 로비 영향력을 촉진시켜왔다. 경제특구 지정

을 통한 중국의 발전전략에서 광둥성과 푸젠성은 홍콩과 대만을, 연안지역 개방은 한국, 일본, 동남아 등을 겨냥한 것이었다.[18]

2) 국제적 환경

(1) 국제정치체제의 구조와 중국외교정책

국제정치체제의 구조는 다른 국가들의 경우처럼 중국의 외교정책을 외부적으로 제한하는 요인이다. 국제정치체제는 중국의 정책결정자들에게 선택할 수 있는 대안을 근본적으로 제약하는 물리적인 환경이고, 정책결정자들은 국제체제가 만들어 내는 규칙과 구조에 적응해야 한다. 냉전체제에서 중국은 미국과 소련의 두 강대국 사이에서 '전략적 삼각체제(strategic triangle)'를 형성했다. 한쪽을 선택하거나, 양쪽을 모두 거부하거나, 양쪽 사이의 균형을 유지하는 등거리 외교정책을 선택할 수밖에 없었다. 중국은 1949년 중화인민공화국 수립 이후 1950년대 소련에 의존하였다. 1960년대 중소분쟁이 발발하자, 1970년대 미국과의 관계정상화를 추진하였다. 미국과 소련의 경쟁이 격화되었던 쿠바 미사일 위기와 베트남전쟁 시기 등에는 어느 한쪽으로 치우치지 않는 고립주의 정책을 취했고, 1980년대 미소 양극 사이의 균형을 유지하는 등거리정책을 추진하였다.[19]

---

17) Cheung and Tang (2001), pp. 106-107.

18) 개혁개방의 경제발전전략과 성정부의 역할에 대해서는 Heike Holbig, "Emergence of the Campaign to Open up the West: Ideological Formation, Central Decision-making and Role of Provinces," *The China Quarterly* 178 (June 2004), pp. 335-357.

19) Michael Ng-Quinn, "International Systemic Constraints on Chinese Foreign Policy," in Samuel S. Kim (ed.), *China and the World* (Boulder: Westview Press, 1984), pp. 82-110. 두 강대국 사이에서 중

따라서 국제정치체제의 구조가 배태하는 세력균형 게임에 전략적으로 참여한 결과, 중국은 "안보문제에서 힘의 기능과 적과 동지의 선택과 동맹에 대한 강력한 신봉자"로 간주되기도 한다.[20]

1979년 이후 '독립자주외교'로 표현된 등거리정책은 덩샤오핑의 국제정치질서에 대한 재평가가 반영되었다. 덩샤오핑은 개혁개방정책을 추진하면서 기존의 국제정치구조가 중국의 안보에 커다란 위협이 되지는 않는다고 평가하면서 미국과 소련 두 강대국과 제3세계 국가에게 전방위적인 외교정책을 추진하였다. 중국의 경제발전과 4개 현대화의 성패는 홍콩 및 서구의 자본과 기술 유입에 달려있으며, 미국과의 관계개선은 필요불가결한 조건이었다. 중국은 1979년 미국과의 국교정상화를 통해, 무역, 투자, 관광 교육 등 다양한 분야에서 양국의 교류를 확대 발전시키기 시작하였다.[21] 중국은 그동안 장애물이었던 아프가니스탄, 베트남, 국경지역의 군사력 증강 등의 문제가 해결되자 고르바초프의 소련과도 관계를 개선하였다. 소련과의 무역은 매년 10억 달러로 증가하였고, 기술이전과 학생 및 과학자들의 교류도 증대하였다. '독립자주외교'정책의 중요한 다른 축은 제3세계 국가들에 대한 정책이었다. 중국은 전통적으로 제3세계 국가들을 의식한 정책을 추진하였는데, 국제체제의 강대국으로 인정받기 위하여 이들 국가를 중요한 '대중'으로 간주하였기 때문이다. 따라서 중국은 강대국들의 반대에도 불구하고 제3세계 국가에 무기수출과 대량살상무기 기술이전 등 군사적인 지원을 아끼지 않았다.

탈냉전 이후 미국 주도의 단극체제가 가져온 국제정치체제의 변화는 중국의 가장 중요한 외교정책의 방향을 미중관계로 정립하는 계기가 되었다. 미국이 주도하는 국제정치경제질서 속에서 새로운 지식과 정보를 획득하고 국제기구나 국제레짐의 규범에 대한 수용성이 증대되었다. 따라서 미중관계가 가장 중요한 정책 방향으로 설정되었고, 외교정책의 다른 과제들은 미중관계라는 상위목표의 틀 안에서 다루어졌다. 9·11 이후 미국의 대테러 전쟁이나 북핵문제에 임하는 중

국의 역할에 대한 이해를 정식화하기 위해 고안된 '전략적 삼각체제'에 대해서는 Lowell Dittmer, "The Strategic Triangle: An Elementary Game-Theoretic Analysis," *World Politics* 33 (1981), pp. 488–515; Jonathan D. Pollack, "China and the Global Strategic Balance," in Harry Harding (ed.), *China's Foreign Relations in the 1980s* (New Haven and London: Yale University Press, 1984), pp. 146–176.

20) Thomas W. Robinson, "Chinese Foreign Policy from the 1940s to the 1990s," in T. W. Robinson and David Shambaugh (eds.), Chinese *Foreign Policy: Theory and Practice* (Oxford: Oxford University Press, 1994), p. 560.

21) 미중관계의 교류와 발전에 대해서는 Harry Harding, *A Fragile Relationship: The United States and China since 1972* (Washington, D. C.: The Brookings Institution, 1992); David M. Lampton, *Same Bed and Different Dream: Managing U.S.-China Relations 1989–2000* (Berkeley: University of California Press, 2001).

해설 13.1

4개 현대화

중국의 농업, 공업, 국방, 과학기술분야의 현대화 계획. 1964년 저우언라이 총리가 제2기 전국인민대표대회에서 처음으로 제기하였지만, 4개 현대화의 추진은 마오쩌둥 사망 이후 1979년 덩샤오핑의 집권으로 본격화되었다.

국의 정책대응은 미중관계의 공동의 이익을 해치지 않는 범위 내에서 선택할 수밖에 없는 중국의 고민을 시사하기도 한다. 그러나 다른 한편으로 중국은 미국의 영향권 밖에서 다자외교 혹은 주변국외교 등의 수단을 통하여 자국의 영향력을 대외적으로 확대하는 노력을 지속적으로 수행하여 왔다. 이러한 노력은 베이징 컨센서스(Beijing Consensus) 등으로 표현되었던 소프트파워(soft power, 軟實力)에 대한 중국 내 논의에서 확인할 수 있다. 중국은 미국이 제한하고 있는 국제정치체제에서 자국의 영향력을 확대하기 위하여 정치, 군사분야뿐만 아니라 문화, 국제규범 등의 분야에서 지속적인 노력을 기울이고 있다.[22)]

한편, 중국은 2000년대 중반 이후 강대국의 지위를 확보함에 따라 국제체제에서 G2의 위상을 갖는 국가로 변모하였다. 2005년 미국무부 졸릭 차관보가 중국과의 전략적 협력을 강조하면서 '이익상관자(stakeholder)'란 개념을 제기한 바가 있었다.[23)] 이에 따라 미중 간에는 전략경제대화가 시작되어 2006년부터 정례화되었는데, 경제와 무역 등의 의제를 통해서 양국의 의사소통이 활성화되는 계기로 작용하였다. 더욱이 2008년 미국발 세계경제위기를 계기로 미국 패권적 지위의 상대적인 퇴조와 함께 'G2' 또는 'Chimerica'라는 개념이 공공연히 논의되었다. 그러나 중국은 자국의 책임과 역할에 대하여 부담스러운 회의론으

로 대응하였고, 스스로에게 대국의 정체성을 부여하지 않았다. 그러나 2012년 제18기 전당대회를 통해서 등장한 시진핑은 정치보고서에서 처음으로 '책임대국'이란 표현을 명기하였고, 이후 '신형대국관계(新型大國關係)'라는 표현을 미중관계에서 사용하기 시작하였다. 아울러 일대일로의 표방과 함께 인류운명공동체(人類運命共同體)의 외교개념을 제시하였는데, 이는 중국의 변화된 국제정치체제에서의 위상 변화와 자신의 행위를 결정하는 인식 변화에서 출발한 것이다.[24)]

신형대국관계와 인류운명공동체는 미국의 '아시아로의 회귀(pivot to Asia)' 전략에 대한 대응이라 할 수 있다. 미국은 중국의 부상에 대응하여 동맹국 및 동아시아 국가들과의 안보협력을 강화하고, 동아시아정상회의(EAS: East Asia Summit) 등 지역다자기구에의 적극적인 참여 및 환태평양경제동반자협정(TPP: Trans-Pacific Partnership) 등 경제통합을 통해 대중국 견제를 강화해 왔다. 오바마 행정부는 2011년 10월 '아시아로의 회귀' 정책을 채택하였다. 종래 중동지역의 전쟁수행 과정에서 아시아-태평양지역의 중요성을 간과했음을 인정하고 아시아지역에서의 재균형(rebalancing)이 필요하다는 점을 강조했다.[25)] 그리하여 미국은 동북아에서는 한미일 3국 공조체제, 동남아에서는 아세안 국가들, 특히 현재 남중국해에서 중국과 영토분쟁 중인 필리핀과 베트남과의 군사협력을 확대하고자 했다. 오바마 2기

22) 중국의 소프트파워에 대해서는 Bates Gill and Huang Yanzhong, "Sources and Limits of Chinese Soft Power," *Survival* 48-2 (2006), pp. 17-36. 중국 내 소프트파워에 대한 논의로는 門洪華 編, 『中國: 軟實力方略』(北京: 浙江人民出版社, 2007).

23) Robert B Zoellick, "Whither China: from Membership to Responsibility" (remarks before National Committee on U.S.: China Relations, 21 September 2005).

24) 차창훈, "중국의 신형대국 관계 제기에 대한 일 고찰: 내용, 배경 및 평가를 중심으로," 『한국정치학회보』 제48집, 4호 (2014), pp. 5-25.

25) 최우선, "오바마·시진핑 정부하 미·중관계와 한국의 전략," 『주요국제문제분석』 No. 2012-47 (서울: 국립외교원 외교안보연구소, 2013).

행정부는 미국의 지도적 지위를 유지하고 아태지역에서 지역안정자의 역할을 지속하면서, 기존의 포용과 견제를 결합한 대중전략을 추구하고 있다. 반면에 중국은 국제정세의 안정이 중국의 부흥에 전략적 기회를 제공한다는 기존의 판단대로 중국외교정책의 가장 중요한 전략적인 축인 미중관계의 안정과 관계 발전 및 확대를 위해서 신형 대국관계를 제안한 것이다.

다른 한편으로 이 새로운 외교개념은 미중 간의 대국관계를 규정하면서 미국의 재균형 전략에 맞서는 동시에 내용적으로는 중국의 핵심이익 보전을 요구하는 점에서 향후 공세적인 외교정책을 알리는 신호탄으로 해석할 수 있다. '핵심이익(核心利益)'이라는 용어는 2009년 7월 다이빙궈(戴秉國) 국무위원이 미중 전략경제대화에서 언급한 이래 주요 문건에서 공식적으로 등장하고 있으며, 2011년 『화평발전백서(和平發展白書)』에 상세히 언급되었다.[26] 여기서 언급된 중국의 핵심이익은 국가주권, 국가안보, 영토보전, 국가통일, 중국헌법을 통해 확립한 국가정치제도, 사회의 안정과 경제의 지속 가능한 발전 보장 등 6가지로 표방되었다. 2011년 백서에서 중국외교정책의 목표로 기존의 대만을 포함한 주권을 강조해온 경향과 구별되는 것은 '사회의 안정과 경제의 지속 가능한 발전 보장'이라는 항목이다. 이 개념은 매우 포괄적인 것으로서 중국 국가이익의 범주가 확장되고 있음을 시사한다. 중국은 2008

년 이후 보다 적극적인 해외진출(走出去) 전략으로 경제적 이익이 점차 해외로 확대되고 있고, 해양, 우주, 사이버 공간 등에서의 안보를 중시하고 있다. 따라서 중국 주변 해역인 남중국해, 황해 등 해상에서의 이익을 핵심이익으로 간주하고, 중국군의 현대화에 '공해전투(空海戰鬪, Air-Sea Battle)' 같은 개념을 포함시키는 등 해양강국의 면모를 갖추려는 노력을 경주해왔다. 중요한 점은 중국의 핵심이익 개념이 지정학적으로 주변지역으로 확장되었고, 내용적으로도 사회안정과 경제발전과 관련된 어떠한 문제도 핵심이익이 될 수 있음을 천명했다는 것이다. 2010년 남중국해와 댜오위다오/센카쿠열도(釣魚島/尖角列島) 영토분쟁에서 핵심이익의 개념과 함께 중국의 공세적 외교가 표출되었다.[27]

(2) 경제적 상호의존과 중국외교정책

경제적인 상호의존이 국제정치경제질서에 편입되는 중국의 외교정책에 미치는 영향력은 어떠한가? 단순하게 대답한다면, 경제적 상호의존의 심화는 중국의 외교정책을 제약하고 보다 협력적인 외교적 선택을 취하게 하지만 그렇지 않은 경우도 있다. 왜냐하면, 결국 이러한 질문은 경제적 상호의존이라는 국제정치경제질서에 대한 중국외교정책결정자들의 인식과 관련되는데, 경제적 상호의존의 물리적 환경을 단순히 현대화나 부국강병의 도구로 이해하느냐 혹은 이러한 질서를 내면화

---

26) 『화평발전백서』를 발간한 이유는 국제사회가 중국의 핵심이익을 저해하지 않는 한 화평발전노선을 견지하겠다는 의지의 표명으로 이해될 수 있다. 이에 대한 논의로는 유현정, "2011년 화평발전백서 발간의 배경과 평가," 『정세와 정책』 10월호 (성남: 세종연구소, 2011), pp. 18-21.

27) 이에 대해서는 Michael D. Swaine, "China' Assertive Behavior-Part One: On 'Core Interests'," *China Leadership Monitor* 34 (Stanford, CA: Hoover Institution, Stanford University, 2011); 김재철, "중국의 공세적 외교정책," 『한국과 국제정치』 제28권 제4호 (2012), pp. 29-59.

하여 현실정책에 반영하느냐의 문제이기 때문이다. 여기서는 우선 경제적 상호의존이 중국의 외교정책에 영향력을 미치는 매개체(channel)를 검토하고, 1997년의 아시아금융위기에 어떻게 작용하였는가를 통해 경제적 상호의존시대 중국외교정책이 갖는 의미를 추론하고자 한다.

중국의 세계경제 편입은 개인의 접촉, 경제에 대한 새로운 사고와 규범의 전파, 다자주의 경제기구에의 참여, 외국 정부의 경제정책과 상호작용, 다국적기업과 초국가적인 생산망 및 중국의 시장참여 등 다양한 채널들을 통하여 중국에 영향을 주었다. 우선 개인적 수준의 접촉이 세계경제에 대한 학습의 기회로 작용했다는 사실을 부인하기는 어렵다. 지방의 관리, 공장책임자, 공산당 관료, 국유기업의 경영자, 외교부 관리, 최고지도자 등은 외국인과의 개인적인 접촉을 통해 세계경제와 관련된 지식과 규범을 습득하고 이러한 학습이 제도적인 수준과 정치적인 수준의 학습으로 전환되어 정책결정과정에 투영되어 왔다. 제도적인 접촉과 관련해서 중국의 정책결정과정에 미친 영향의 결과를 다자경제기구인 국제통화기금(IMF: International Monetary Fund)과 세계은행(World Bank) 및 WTO의 경우에서 확인할 수 있다. 이 경우 중국정부는 다자경제기구가 제시한 국제경제질서에 대한 규범과 원칙을 수용하는 방향으로 정책이 결정되었다는 평가를 내리고 있다.[28]

이 과정에서 경제적인 규범과 사고가 전이되는 경우가 발생하는데, 예를 들면, WTO 가입 시에 규제해제가 첨단산업분야의 발전을 촉진시킬 수 있다는 비교우위에 대한 믿음이 중국 내 지도자그룹 내에 새롭게 확산되었다는 것이다. 외국 정부의 경제정책도 중국의 외교정책에 영향을 주는 중요한 채널로 작용하는데, 예를 들면, 미국이 요구했던 최혜국(MFN: Most Favored Nation) 조항이나 지적재산권, 죄수노동자 수출품 등 미국 내 시장 제한에 대한 무역규제 등은 중국 내 지도자들의 주요한 관심 사항이었다. 해외자본과 다국적기업도 중국의 정책결정에 영향을 주는 요소가 되었다. 개혁개방 초기에 홍콩과 대만의 화교자본은 광동성과 푸젠성의 경제발전에 원동력이었으며, 한국자본의 산동성 진출도 이러한 현상의 하나이

표 13.1 중국의 주요 무역 상대국(2020년)

(단위: 억 달러)

국가/지역	무역총액	중국 내 순위	상대국 내 중국 순위
미국	5,889.54	1	1
일본	3,188.10	2	1
한국	2,865.29	3	1
홍콩	2,825.88	4	1
베트남	1,930.01	5	1
독일	1,922.79	6	2
호주	1,682.75	7	1
말레이시아	1,316.76	8	1
브라질	1,189.93	9	1
러시아	1,077.00	10	1
태국	987.94	11	1
영국	924.36	12	3

※ 중국의 세계무역 비중: 수출 약 14.7%(1위) / 수입 약 8.2%(2위), 대만 제외
출처: IMF data, 2020.

28) Harold Jacobson and Michel Oksenberg, *China's Participation in the IMF, World Bank and GATT* (Ann Arbor, Mich.: University of Michigan Press, 1990); Margaret M. Pearson, "The Case of Accession to GATT/WTO," in Lampton ed. (2001), pp. 337–370.

다. 세계 500대 기업 중 200개 이상의 기업이 4만 5,000여 개의 공장이나 사무소를 통해 중국에서 활발한 경제활동을 전개하고 있다. 중국경제의 세계경제로의 깊은 연루는 중국외교정책에 미치는 중요한 채널이 될 수 있다. 결국, 세계시장으로 중국의 편입은 국제금융 및 무역의 규범과 표준절차를 중국이 수용하고 경제자유화의 가치를 보다 잘 적응하고 실천할 수 있는 정부로의 변용을 가져오는데, 이러한 과정이 국제정치경제질서에 보다 협력적인 외교정책의 행위를 낳게 된다는 것이다.[29]

중국의 경제발전전략은 연안지역을 우선적으로 경제특구의 형태로 개방하여 외국의 자본과 기술을 유입하는 것이었다. 노턴(Barry Naughton)의 '계획을 벗어나는 성장(growing out of the plan)'이란 개념이 시사하듯이 애초의 발전전략은 중국경제의 핵심산업이 세계경제와 절연된 채로 선별된 수출산업의 육성을 통하여 축적된 자본을 바탕으로 수입대체 산업을 활성화하는 것이었다.[30] 그러나 이러한 의도와는 달리 중국은 세계경제에 편입되면서 수출주도의 발전전략을 택하였는데, 경제적 상호의존시대 세계화의 강력한 영향력을 그 원인으로 생각할 수 있다. 세계화는 개별국가에게 경제적인 개방성에 대한 동기 요인을 증대시키고, 국가의 선택을 더욱 제약하는 조건을 창출시키기 때문이다. 이러한 상황에서 중국은 자신의 발전전략의 성공조건을 재검토하게 되고, 세계화의 환경변화에 유리한 방향으로 정책을 조정하게 된다. 따라서 세계화의 외부적 요

인이 중국의 발전전략과 외교정책에 주는 영향력을 과소평가할 수는 없게 된다.[31]

1997년 아시아금융위기 시 중국정부의 인민폐 환율유지정책은 세계경제 혹은 지역경제와 깊이 통합되고 있는 중국의 경제정책의 현실을 드러내어 준다. 아시아금융위기가 경제위기로 확산될 조짐을 보이자 주룽지 등 핵심지도자 그룹은 관련부처 및 전문가들과의 긴밀한 논의 끝에 환율정책을 유지하기로 결정하였다. 이 결정을 아시아 국가에 경제적인 영향력을 행사하려는 중국의 책임대국 이미지를 제고하려는 동기로 이해하는 견해가 있지만, 이러한 정치적 이유보다는 경제적 이유가 보다 근본적이었다. 성정부의 관료와 수출산업 관련자들의 주장대로 인민폐의 평가절하(devaluation)정책을 택했다면, 수입 비용도 상승하여 유가 상승 등으로 인플레이션을 초래하여 가계에 부담을 줄 수 있는 부작용을 초래할 수 있었다. 더욱이 수출품의 50% 이상을 가공무역에 의존하는 중국은 수입품의 가격을 상승시켜서 국제시장의 가격경쟁력에 도움이 되지 않을 것이라는 판단이 작용하였다.[32]

경제적 상호의존이 중국의 외교정책을 제약해왔지만, 중국은 반대로 이를 통해 자국의 외교정책을 확장하고 다른 국가들에 대한 외교적 영향력을 증대시키고자 하는 노력을 해왔다. 2013년 중국은 '일대일로(一帶一路)' 발전전략을 추

---

29) Nicholas R. Lardy, *China's Unfinished Economic Revolution* (Washington, D.C.: Brookings Institution, 1998).

30) Barry Naughton, *Growing out of the Plan* (Cambridge: Cambridge University Press, 1995).

31) Thomas G. Moore, "China as a Latecomer: Toward a Global Logic of the Open Policy," *Journal of Contemporary China* 5-12 (Summer 1996), pp. 187-208.

32) 아시아 금융위기와 중국의 경제정책에 관해서는 Wang Hongying, "The Asian Financial Crisis and Financial Reforms in China," *The Pacific Review* 12-4 (1999), pp. 537-556.

진하고 다자주의 은행인 아시아인프라투자은행 (AIIB) 창설을 주도하고 있다. 중국 중서부에서 중앙아시아와 유럽으로 이어지는 육상실크로드 (일대)와 중국 남부 해상과 동남아, 인도양, 지중 해로 이어지는 해상실크로드(일로)를 구축함으로 서 글로벌 차원의 경제적 네트워크를 구축하고자 하는 것이다. 이는 개혁개방 이후 세계경제권에 편입되어 온 중국이 스스로 자국 중심의 경제적 상호의존성을 증대시키려는 노력을 추진하는 것 을 의미한다. 시진핑은 2014년 베이징에서 개최 된 아시아·태평양 경제협력체(APEC)에서 AIIB 의 구체적 계획과 구상을 발표했는데, 이 다자간 금융기구를 통해서 일대일로에 필요한 자본을 제 공할 것이라고 밝혔다. 중국은 아시안 국가에 취 약한 인프라투자를 위한 자본을 통해서 공공재 를 제공하고 중국과의 경제적 상호의존성을 심 화시키고자 하는 것이다. 일대일로의 구상과 연 계되는 국가는 총 60여 개 국가이고, 세계인구의 63%에 이르는 44억 명, 세계 GDP의 30%에 달 하는 경제권이다.

(3) 국제레짐과 중국외교정책

1978년 덩샤오핑의 개혁개방 이후 중국의 국제 사회 편입의 의미는 중국이 수많은 글로벌 거버 넌스 국제기구의 회원국이 되었다는 사실이며, 다양한 국제레짐에의 참여는 중국의 외교정책에 영향을 주는 요인이 되었다. 국제레짐이 중국외 교정책의 선호를 형성하고 정책결정과정에 어떠 한 역할을 하는가? 국제레짐에 대한 중국외교정 책의 접근방식은 어떠한가? 중국 내 외교정책을 결정하는 개인들에게서 형성되는 새로운 사고나 가치의 발전과 새로운 기구들의 확립 등을 살펴

보는 것은 이러한 질문에 대답할 수 있을 것이다. 경제나 환경 및 군축 등과 같은 문제에 대한 중국 의 이해관계와 국제조약 준수 등을 위한 정책결 정과정의 전개 과정을 살펴봄으로써 국제레짐의 역할에 대한 설명을 할 수 있다. 아래에서는 다양 한 분야의 국제레짐이 중국의 외교정책에 영향을 미치게 되는 경로와 결과, 그리고 중국의 외교정 책 변화 평가를 통해 국제레짐이 중국외교정책에 갖는 의미를 설명하고자 한다.

국제레짐이 중국의 외교정책에 미치는 경로 와 방식은 새로운 사고나 지식의 전파를 통해서 이다. 예를 들면, 군축이나 환경 혹은 인권 등 다 양한 분야의 초국가적인 국제전문가들(NGO, 학 자, 정책결정자 등 '인식공동체')과의 접촉을 통 해 중국 내 전문가들은 새로운 지식과 사고를 습 득하게 된다.[33] 중국정부도 새로운 국제분야의 지식을 습득하기 위해 중국 내 전문가들을 해외 로 보내는 방법 등을 통해 중국 내 전문가들을 양 성해내기도 한다. 중국 내 전문가들은 이러한 지 식을 기반으로 국제 인식공동체가 추구하는 가치 나 규범을 공유하게 되고 자국의 정책결정과정에 자신들의 견해를 반영하면서 영향력을 갖게 된 다. 이 문제에 대한 기존의 연구들은 경제, 통상, 군축 및 환경 등 많은 분야에서 이러한 과정을 확 인할 수 있었다.[34] 국제인식공동체는 중국의 국

---

33) 새로운 생각이나 규범이 국제적인 인식공동체(epistemic community)를 통해서 국경을 넘어 확산된다는 논의 는 Peter M. Haas, (ed.), "Knowledge, Power and International Policy Coordination," special issue of *International Organization* 46-1 (Winter 1992).

34) Jacobson and Oksenberg (1990) p. 151; Banning and Garrett and Bonnie Glaser, "Chinese Perspectives on Nuclear Arms Control," *International Security* 20-3 (Winter 1995-1996), p. 46; Margaret M.

내 행위자들에게 국제레짐의 수용과 정책목표 수행을 돕기 위하여 자원을 제공하기도 한다. 예를 들면, 세계은행은 다른 은행이 제공할 수 없는 중요한 기술적 지원과 과학적 지식을 제공하기도 하였는데, 자본건설 프로젝트 등과 같은 다양한 프로젝트 참여와 경영기술의 노하우 등에 대한 교육과정 등은 중국에게 국제경제레짐에 대한 지식과 규범을 학습하는 중요한 계기가 되었다.[35] 다른 한편으로 중국의 국제레짐 참여는 이 문제와 관련된 다양한 활동을 책임지게 되는 제도와 기구들의 설립을 필요로 하게 되었다. 정보수집, 정책집행의 모니터링, 정책결과 보고 등의 활동을 주관할 새로운 관료적인 연계망이나 영구적인 기구를 필요로 하게 되었다. 이러한 관료적 기구들은 국제레짐의 새로운 가치들을 국내행위자들에게 주입하게 되고, 시간이 지나면서 관료적 이해관계(vested interest)도 갖게 되었다. 지적재산권, 환경, 군축 등 다양한 분야에 새롭게 신설된 관료기구들은 중국의 외교정책결정과정에 참여하게 되었고, 이 과정에서 국제레짐이 명시하는 규범과 지식 등의 전달을 통해서 자신들의 관료적 이해관계를 실천하게 되었다.

중국의 국제레짐 수용과 참여가 실질적으로 중국 내 새로운 관료기구와 정책집행과정을 창출하고 정부의 능력을 신장시켰다 하더라도 몇 가지 의문이 남는다. 국제레짐과 관련된 중국의 실제 행위는 어떻게 평가할 수 있는가? 혹은 중국

> **개념** **인식공동체**
>
> 인식공동체(epistemic community)는 본래 국적과 문화의 차이를 넘어 과학적 방법론을 공유하는 자연과학자의 집단을 가리키는 용어이다. 1990년대 들어와 세계적 문제에 대한 국제적 정책협조를 설명하는 개념으로 그 의미가 확대되었다. 특정한 분야에서 전문성을 갖추고 정책에 유효한 지식에 대해 권위 있는 주장을 할 수 있는 전문가 네트워크. 인식공동체는 통상적으로 환경, 자원 등 기술적 전문성이 높은 분야를 의미했지만, 핵기술과 같은 안보분야에서 인식공동체 형성을 통해 군사적 긴장을 완화하고 냉전구조를 해체하는 데 기여한 점이 주목을 받았다.

의 지도자들 혹은 정책전문가들이 국제레짐의 규범과 가치를 진실로 수용하였는가? 이러한 질문에 대한 기존 연구는 중국의 국제규범 수용에 대하여 다소 회의적이다. 국제레짐이 중국의 외교정책에 많은 영향을 준 것은 사실이지만, 국제레짐이 포괄하는 규범들에 대한 중국의 태도는 '학습(learning)'보다는 '적응(adaptation)'의 성격을 갖는다는 것이다. 중국의 국제레짐에 대한 정책의 변화는 규범과 가치에 대한 내면적인 학습을 수반하지 않는 비용-효과 계산에 따른 정책조정의 결과이기에 단순히 '전술적인 학습(tactical learning)'의 결과라는 것이다.[36] 이러한 견해는

Pearson, "China's Integration into the International Trade and Investment Regime," in Oksenberg and Economy, *China Joins the World: Progress and Prospects* (New York: Council on Foreign Relations Press, 1999), pp. 231–265.

35) Jacobson and Oksenberg (1990), p.142.

36) 이러한 견해는 특히 군축분야 연구에서 두드러진다. Johnston, "Learning versus Adaptation: Explaining Change in Chinese Arms Control Policy in the 1980s and 1990s," *The China Journal* 35 (January 1996), pp. 27–61. 국제군축분야와 관련하여 중국내에서 새롭게 신설되고 정비된 관료기구에 대해서는 차창훈, "중

중국이 국제질서에 대한 현실주의적(realpolitik) 사고방식을 고수하고 있다고 믿고 있으며, 국제레짐에의 참여는 영향력과 체면을 잃지 않기 위하여 권리를 최대화하고 책임을 최소화하기 위한 전략(maxi-mini strategy)으로 이해하고 있다.[37] 중국의 근대국제질서 편입 직후 반식민지 상태로의 전락에 대한 경험은 강력한 주권수호의 인식을 갖게 했고, 인권, 환경, 통신, 국제연합의 평화유지(peace keeping)분야의 국제레짐 참여과정에서 서구의 '정신오염(spiritual pollution)' 혹은 주권 침해에 대응하는 양상을 보이기도 하였다.[38]

다른 한편으로 중국의 국제레짐에 대한 태도는 보다 긍정적으로 평가되기도 한다. 중국의 국제레짐 참여는 규범과 지식의 습득과 함께 필연적으로 지속되는 중국외교정책의 조정과정을 수반하기 때문이다. 결국, 중국이 애초에 원하지 않았던 '강요된 학습'은 중국외교정책 행위에 지속적이고 실질적인 변화를 가져온다는 것이다.[39] 나아가 이러한 중국의 학습은 국제레짐을 수용하

국의 국제체제 편입의 국내적 영향: 중국의 군축 및 군비통제 인식과 제도의 변화," 『國際政治論叢』 제42집 4호, 2002, pp. 347-371.

37) Thomas J. Christensen, "Chinese Realpolitik," *Foreign Affairs* 75-5 (Sept-Octo 1996), p. 37; Samuel Kim, "International Organization in Chinese Foreign Policy," *Annals* 519 (January 1992), p. 151.

38) 통신, 환경, 평화유지군 등의 분야에 대해서는 Fred Tipson, "China and the Telecommunications Regime," in Oksenberg and Economy, eds. (1999), pp. 231-265; Michel Oksenberg and Elizabeth Economy, *Shaping U.S.-China Relations: A Long-Term Strategy* (New York: Council on Foreign Relations Press, 1997), p. 16; M. Taylor Fravel, "China's Attitude toward U.N. Peace-keeping Operations since 1989," *Asian Survey* 36 (November 1996), pp. 1105-1106.

39) Hung-Yi Jan, "The PRC's Bid to Enter the GATT/WTO," *Issues and Studies* 33-6 (June 1997), p. 42.

던 종래의 태도에서 적극적인 참여를 통해서 국제레짐의 규범을 제정하는 책임과 역할을 수행하는 입장으로 변모시키기도 하였다.

3. 중국외교정책의 목표와 방향

1) 외교정책결정구조와 과정

중국의 외교정책구조와 과정을 이해하기 위해서는 중국정치 권력구조와 체계를 이해할 필요가 있다. 중국의 정치권력구조는 3개의 수직적 체계인 '시통(系統)'-중국공산당, 정부(국무원) 및 군(인민해방군)으로 이루어져 있다. 이 체계의 최고 정점에 중국공산당 정치국과 정치국 상무위원회가 있으며, 마오쩌둥과 덩샤오핑과 같은 최고 권력자를 영도핵심(領導核心)이라 부른다. 이 3개의 수직적 체계는 중앙(中央), 성(省: 당과 정부)과 군(軍: 인민해방군), 지구(地區: 당과 정부)와 사(師: 군), 현(縣: 당과 정부)과 단(團: 군), 향(鄕: 당과 정부)과 영(營: 군) 등 5개의 수준에서 작동한다. 이러한 정치체계의 효과적인 운영과 통제를 위하여 각각의 권력구조는 모두 6개의 주된 분야(系統 혹은 口)로 나뉘어 기능한다. 각각의 분야는 모두 중국공산당 정치국 상무위원회가 감독하게 되는데, 군사, 법, 행정, 선전, 통일전선, 대중조직으로 구성되어 있다. 정치국 상무위원회는 제도화된 위원회나 비공식적인 영도소조(領導小組)를 통해 지휘 감독기능을 수행한다. 예를 들면, 군사문제는 중앙군사위원회, 대내외경제문제는 중앙재정경제영도소조, 외교문제는 중앙외사영도소조를 통해 정책에 대한 논의와 결정이 이루

어진다.[40]

이와 같은 구조에서 중국외교정책결정과정의 주요한 행위자는 3개의 유형으로 구분될 수 있는데, 중앙의 리더십, 주요한 외교정책 관련 기관 및 각 부처의 실무관리들이다. 중앙의 리더십은 중국외교정책의 기본적인 방향을 결정하며, 다른 국가의 갈등을 초래하는 군사작전 등을 결정하기도 한다. 미국, 러시아, 일본 등 주요 국가들과 관련된 문제 혹은 국가안보와 관련된 외교정책을 결정하고 집행한다. 중국정치체제에서 권력이 공산당에 집중되었다는 점은 소수의 지도자들이 중요한 정책결정을 독점했다는 사실을 의미하는데, 특히 외교문제, 군사문제, 당조직문제 등은 오랫동안 민감한 문제로 인식되었기에 정책결정의 권력이 고도로 집중되었다. 최고지도자(paramount leadership)의 지위를 누렸던 마오쩌둥과 덩샤오핑은 당과 인민해방군 중앙군사위원회의 주석직을 겸직하였으며, 자신을 둘러싼 핵심 서클과 공식 및 비공식적인 연계망을 유지했다. 핵심 서클과의 공식적인 연계망이라 할 수 있는 공산당 정치국 및 정치국 상무위원회는 중국의 중요한 외교정책을 최종적으로 결정하는 가장 중요한 기구라 할 수 있다. 정치국 위원은 중국 전역을 대표하는 고위 당관료로 구성되며, 중

40) 중국의 정책결정구조와 과정에 대해서는 Kenneth G. Lieberthal, *Governing China: From Revolution to Reform* (New York: W. W. Norton, 1995); Kenneth G. Lieberthal and David M. Lampton, Bureaucracy, *Politics and Decision Making in Post-Mao China* (Berkeley: University of California Press, 1992). 외교정책결정에 대해서는 Lu Ning, *The Dynamics of Foreign-Policy Decisionmaking in China* (Boulder: Wesview Press, 1997). 중국의 정치, 외교, 경제, 군사 분야의 싱크탱크와 정책결정과정에서의 역할에 대해서는 *The China Quarterly* 171 (2002)을 참조.

앙당의 주요 요직(당 총서기, 중앙군사위원회 주석, 국무원 총리, 전국인민대표대회 의장, 당 기율검사위원회 서기 등) 인사들로 정치국 상무위원회를 구성한다. 2017년 제19차 당대회에서 시진핑을 비롯한 7명의 정치국 상무위원회를 구성하였다.

외사영도소조는 외교정책을 논의하고 조정하는 비공식적인 기구이다. 1958년 처음 설립된 이 기구는 당면한 외교문제가 발생했을 때 관련된 다양한 부처들이 참여하여 외교정책을 논의한다. 1987년 중국의 해외 군사무기 판매가 국제적인 비난의 대상이 되었을 때, 외교문제에 관한 군 내부의 관심과 필요성에 의해 인민해방군의 직업군인 국방부장 친지웨이(秦基偉)가 처음으로 외사영도소조의 일원이 되었다. 외사영도소조에 참여하는 구성원들은 당과 정부 및 군 관련 부처의 관료들로 이루어지며, 정기적으로 회합해서 문제를 논의하고 정보를 교환하며 정치국과 정치국 상무위원회에 정책대안을 보고한다. 필요한 경우 관련 문제의 전문가들(실무관료, 학자, 기자 등)이 초청되어 논의하기도 한다. 외사영도소조는 공식적으로 제도화되어 스스로의 관료조직을 갖고 있는 정책결정기구는 아니지만, 정책선호와 정책대안을 보고함으로써 정책결정에 중요한 영향을 준다. 외사영도소조는 1명의 조장과 1~2명의 부조장을 두고 있고 외교문제에 경험이 많은 정치국 상무위원이 책임을 지는데, 현재 시진핑이 조장직을 수행하고 있다. 국무원 외교부의 실무관리를 경험한 20~30명으로 구성된 외사처(外事處)는 비공식적인 외사영도소조의 실무를 담당하여 중앙정보처리장치의 기능을 수행한다. 중국의 외교정책결정과 관련하여 중앙외사영도소조

도표 13.1 중국의 외교정책결정구조

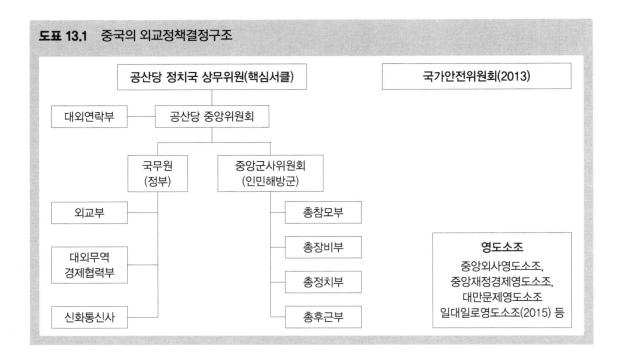

외에 중국의 대외경제정책을 논의하는 중앙재정 경제영도소조와 대만문제를 다루는 대만문제영 도소조 등이 있다.[41] 일대일로 정책의 추진과 함께 2015년 일대일로 영도소조가 출범하였다.

중앙의 관료조직에는 외교정책과 관련하여 독립적으로 작동하는 많은 관료기구들이 산재하는데, 이 관료기구들은 중국정치 권력의 3가지 체제인 당, 정부 및 군을 대변하는 역할을 수행한다. 주요한 관료조직으로 정부내에는 외교부(外交部), 대외무역경제협력부(對外貿易經濟協力部) 및 신화사(新華社), 당내에는 당중앙위원회 산하의 대외연락부(對外連絡部), 군부 내에는 총참모부(總參謀部)와 총장비부(總裝備部)가 외교

41) Lu Ning, "The Central Leadership, Supraministry Coordinating Bodies, State Council Ministries and Party Departments," in Lampton ed. (2001), pp. 39–60.

문제의 중요한 역할을 수행하고 있다. 외교부는 중국의 외교정책결정과정에서 실무적인 일을 담당하며, 정책의 형성과 집행의 가장 중요한 기관이라 할 수 있다. 외교정책결정의 전술적인 역할을 수행하기도 하는데, 중앙의 정책목표(예를 들면 '화평발전')를 실현하기 위한 구체적인 정책해석과 정책통제를 수행한다. 외교부는 해외 140여 개에 이르는 공관과 신화통신사가 보내는 정보를 가공하여 중앙의 지도자들에게 신뢰할 만한 정보를 제공하여 회람시키는데, 국제정세에 대한 중앙 지도자들의 인식을 형성하는 중요한 매개체이기도 하다.

대외무역경제협력부는 중국의 해외무역 및 경제협력과 계획을 책임지며, 중앙의 리더십이 결정하는 정책의 방향에 따라 구체적 실천전략과 정책을 집행한다. 대외경제와 관련된 외교정책은 다른 분야에 비하여 민감하지는 않으나, 경제

관련 내부부처 간의 복잡한 이해관계를 조정해야 하는 어려움에 직면하기도 한다. 대외경제와 관련된 중요한 이슈들은 앞서 언급한 중앙재정경제영도소조를 통해 논의 조정된다. 대외연락부는 중국공산당이 다른 국가들의 사회주의 정당 혹은 공산당과 외교관계를 위한 관료기구이다. 이 부처는 공산권 국가에 대한 외교정책에 깊숙이 개입되었으며, 구소련 및 동유럽에 대한 연구는 상당히 수준이 높은 것으로 평가받았다. 그러나 탈냉전 이후 대외연락부의 영향력은 점차 퇴조하고 있으며, 1998년 이후 외사영도소조에 직접 참여하고 있지 않다는 사실은 이 상황을 방증한다.

신화사는 방대한 해외조직을 갖고 있는 중국의 통신사이지만, 다른 한편으로 해외에서 수집된 중요한 정보를 중앙의 지도자들과 외교 관련 관료조직들에 제공하는 역할도 한다. '참고자료(參考資料)'와 '국제내참(國際內參)'은 신화사가 회람을 위해 발간하는 매체이며, 자체 내에 수준 높은 연구 및 분석 기능도 수행하고 있다. 중국이 공식적인 관계를 맺고 있지 않은 나라에서 신화사 직원들의 역할이 중요한데, 중국의 국익을 대표하여 현지의 관료와 접촉하는 반공식적인 기능을 수행한다. 인민해방군 내에서는 총참모부 내 외사처가 외교문제와 관련된 정책조정을 담당한다. 군의 외교정책에서의 역할은 상당히 제약되어 있기에 이를 지나치게 강조하는 것은 잘못된 견해이다. 민(당)의 군에 대한 통제는 중국의 정치권력구조와 관련하여 기본적인 원칙이기 때문이다. 다만 대만문제와 관련하여 군은 정책결정에 영향력을 행사하고 있으며, 총정치부의 대외연락부서가 담당하고 있다. 총장비부는 해외 군사무기 판매와 수출에 관여하는데, 1998년 군의 대부분 영리사업이 민간화된 이래 군의 외교정책 결정과정 개입은 상당히 제한적인 것으로 관측되고 있다.[42]

1978년 개혁개방정책의 지속적 추진과 정치권력의 제4세대로의 교체는 외교정책결정과정에 몇 가지 중요한 변화를 야기하였다. 첫째, 중앙의 리더십의 축이 과거 마오쩌둥과 덩샤오핑과 같은 개인에서 핵심 서클인 집단지도체제로 변화하였다. 예를 들어, 과거에 대미관계 정상화나 베트남침공 과정에서 덩샤오핑의 적극적인 역할과 같은 최고지도자의 영향력은 쇠퇴하고, 핵심 서클인 집단지도체제내의 합의구축에 의한 정책결정이 중요해지고 있다. 장쩌민의 제3세대 리더십그룹을 계승한 후진타오의 제4세대 리더십그룹도 합의를 중시하면서 외교정책을 결정하고 있다. 둘째, 이러한 합의 구축과정에서 전문적인 관료의 역할이 점차 중요해지고 있다. 특히 중국의 경제발전과 국제사회 편입으로 외교관계는 점차 다변화되고 복잡해지는 양상을 보임에 따라 전문적인 식견과 경험을 갖춘 외교관료와 해당 분야 전문가의 역할이 점차로 중요해지고 있다. 셋째, 이러한 과정에서 외교정책결정권력이 점차 분산되는데, 중앙의 리더십과 함께 외교부와 대외무역경제협력부의 위상이 점차 강화된 반면, 탈냉전 이후 대외연락부의 역할은 축소되었다. 개혁개방 이전에는 중국의 물리적 안전과 관련된 부처의 영향력이 컸지만, 현재에는 중국의 해외무역과 경제협력이 국가이익을 결정하는 가장 중요한

---

42) 중국 국방산업의 구조조정에 대해서는 David Shambaugh, *Modernizing China's Military: Progress, Problems, and Prospects* (Berkeley: University of California Press, 2002), pp. 225-283.

요소로 자리 잡았기 때문이다. 넷째, 시진핑 시기 들어서 국가안보 관련 외교정책결정과정의 가장 중요한 변화는 2013년 국가안전위원회(國家安全委員會, China National Security Council)의 설립이다. 앞서 살핀 바와 같이 국가안보와 관련된 다양한 국가기구 및 영도소조의 분립은 이 분야 업무의 비효율성, 장기 전략 부재, 통합 대응력 취약 등의 문제점을 노정했다. 인간안보 및 체제 안정 등 다양한 형태의 위기 상황에 대응할 필요성과 시진핑의 권력을 강화하려는 동기에서 미국의 국가안전보장회의(NSC)와 유사한 기구를 설립하였다.

2) 중국외교정책의 전략과 목표

중국외교정책의 전략과 목표를 이해하기 위하여 우선 중국이 국제정치를 인식하는 방법에 대한 논의가 선행되어야 한다. '권력', '이데올로기', '역사적 유산', '현대화' 등은 중국의 현대정치과정을 설명할 수 있는 중요한 개념들이다. 중국은 권력정치를 국제사회의 중요한 속성으로 간주하므로 국제사회의 지위를 향상시키기 위하여 현대화를 통한 종합국력(綜合國力, comprehensive power)을 추구한다. 그래서 중국은 전통적으로 국제정치에 대하여 현실주의적인 태도를 갖는데, 국가가 국제관계의 주체이며 국가이익(national interest) 추구를 외교의 최우선 과제로 간주한다. 마오쩌둥 시대에는 이데올로기적 가치를 중시하여 수정주의(소련)와 제국주의(미국)에 맞서 제3세계 국가와의 연대를 강화하고 경제적 군사적 지원을 하였다. 그러나 개혁개방기에는 이데올로기보다 실용주의에 기초하여 중국의 국익과

현대화를 위한 외교전략을 수행하였다. 강대국에의 열망은 19세기 중엽~20세기 중엽까지 일본과 서구제국주의의 침탈을 받은 역사적 경험인 '굴욕의 세기(百年國恥)'에 기인하고, 그러한 경험 때문에 주권(sovereignty)과 영토문제에 민감하고 단호한 태도를 나타낸다. 대만문제나 티베트문제를 주권과 관련된 국내문제로 간주하여 미국 등 다른 국가의 개입을 배제하는 것은 좋은 예이다.[43]

1990년대 이후 중국이 국제체제에 편입되면서 국제관계에 대한 보다 다양한 새로운 관점이 발생하였다. 다양한 국제기구와 국제레짐에 참여하면서 새로운 지식에 접하고, 서구의 자유주의(liberalism) 혹은 구성주의(constructivism) 등 국제정치이론이 소개되어 국제정치에 대한 국내의 지적 담론(discourse)이 발전한 결과이다. 세계화(globalization), 다자주의(multilateralism), 지역주의(regionalism), 협력안보(cooperative security)와 같은 개념이 등장하였다. 이 새로운 관점에는 국제정치를 규범 혹은 법률관계 그리고 거버넌스의 개념으로 이해하려는 방식이 제기되었다. 따라서 중국이 패권체제에 대항하기 위한 전략으로 파워와 함께 국제체제의 운영방식을 중국의 국가이익이 관철되는 방식으로 변경시키려고 한다. 이를 위해서 중국의 국제기구와 레짐의 참여와 국제 규칙과 규범을 제정하는 데에 영향

---

43) 중국이 국제관계를 인식하는 방식과 그 변화에 대해서는 Gerald Chan, *Chinese Perspectives on International Relations: A Framework for Analysis* (London: Macmillan, 1999). 외교관계를 포함 중국공산당의 정치보고서에서 발표된 핵심어와 담론 변화에 대해서는 Chang Hoon Cha, "China's Search for Ideological Values in World Politics: Chinese Adaptation to Liberal Order drawn from Political Reports of the Chinese Communist Party Congress since 1977," *Pacific Focus* 32-3 (December 2017), pp. 483–500.

력을 행사해야 한다는 주장이 제기된다.

중국외교정책의 목표는 다음과 같은 순서에 따라 3가지 중요한 문제를 정한다. 첫째는 시대의 성격을 규정하는 것이다. 시대의 성격을 규정하는 관행은 사회주의 혁명과정에서 세계의 주요 모순과 시대 주제를 정립했던 마오쩌둥의 모순론에서 기원을 찾을 수 있다. 혁명과 전쟁이 시대의 성격이라 규정했던 마오쩌둥과는 달리 덩샤오핑은 '평화와 발전(和平與發展)'을 시대 주제라 인식하였다. 이 시대의 성격 규정은 국제정치에 대한 근본적인 인식의 패러다임 전환을 의미하는 것을 의미한다. 강대국들의 세계전쟁과 중국 침략가능성을 낮게 평가하고, 국내 경제발전을 위한 안정적인 국제환경이 조성을 강조한 것이다. 장쩌민과 후진타오체제의 중국외교도 이러한 '평화발전'의 시대 주제 인식을 계승하고 있다.

둘째는 외교정책의 원칙인데, 이는 두 가지로 구분된다. 우선 대내외적으로 천명된 외교원칙이다. 영토의 보전과 주권의 상호존중, 상호불가침, 상호내정불간섭, 평등호혜, 평화공존 등의 '평화공존 5원칙'과 함께, 국제분쟁의 평화적 해결(무력사용 반대), 공정하고 합리적인 국제정치 경제질서 수립, 모든 국가의 평등한 국제사회 참여, 패권주의와 강권정치 반대, 제3세계 국가의 단결 등이다. 중국의 외교적 수사나 문서에서 빈번히 볼 수 있는 이와 같은 원칙들은 양면적인 성격을 갖는다. 자국의 천명된 외교원칙을 다른 국가들이 수용하기를 요구하는데, 협상국면에서 자국의 행위를 정당화하는 구실이 될 수 있다. 아울러 중국에 대한 다른 국가들의 기대와 행위를 미리 예측하게 하여 중국이 유리한 입장에 서게 하는 효과가 있다. 다른 한편으로는 자국의 외교행위를 제약하기도 한다. 중국 자신이 정한 원칙과 어긋나는 행위를 할 경우, 국제사회의 비난을 면하기 어렵기 때문이다. 따라서 중국의 외교적 수사와 행위를 구별해서 이해해야 한다.[44]

다음으로 중국외교정책의 기본방향을 규정하는 대전략(grand strategy)이다. 마오쩌둥의 '양대진영론'과 '3개세계론', 덩샤오핑의 '도광양회(韜光養晦: 실력을 감추고 힘을 길러 때를 기다린다)', 장쩌민의 '책임대국론 (負責任的大國),' 후진타오의 '평화부상론(和平崛起)'과 '화해세계(和諧世界)'가 그러한 예이다. 장쩌민과 후진타오 시기에는 필요한 때에 적극적으로 행동한다는 의미의 '유소작위(有所作爲)'와 '분발유위(奮發有爲)'란 외교개념이 주목을 받기도 했는데, 북핵 6자회담에서 중국의 중재역할이 이에 해당한다.[45]

📖 **해설 13.2**

중국위협론

중국위협론(China Threat)은 중국의 경제적, 정치적, 군사적인 성장이 국제사회의 평화와 안정에 위협이 된다는 논의나 주장이다. 1990년대 중반 미국 내 대중매체를 통해서 제기되기 시작하여 중국의 부상 과정을 통해서 주변 국가들이 갖는 중국에 대한 경계심이 지속적으로 확산되어 왔다. 중국은 이에 대처하기 위하여, 중국의 책임 있고 평화적인 국가 이미지를 제고하려는 노력을 하여왔다.

---

44) 중국의 외교협상행위에 대해서는 Richard H. Solomon, *Chinese Negotiating Behavior: Pursuing Interests Through 'Old Friends'* (Washington D.C.: United States Institute of Peace Press, 1999).

45) '책임대국론'에 대해서는 Yongjin Zhang and Greg

외교정책의 목표는 위와 같은 외교정책의 원칙의 틀 내에서 설정된다. 여느 국가와 마찬가지로 중국외교정책의 목적은 주권과 영토보전이다. 이와 더불어 국가통일(대만문제), 사회주의체제와 이데올로기 유지 등이 포함된다. 이러한 목적을 달성하기 위한 중국외교정책의 목표는 크게 3가지로 구분될 수 있다. 첫째, 중국의 현대화와 경제발전에 유리한 평화롭고 안정적인 국제환경을 조성하는 것이고, 둘째, 미국을 중심으로 한 서구 세력의 봉쇄정책을 저지하고 국제적 영향력을 확대하는 것이다.[46] 셋째, 평화와 발전시대에 중국의 외교정책이 추구하는 것은 경제발전을 통해 현실문제를 해결하고, 오랜 현대화의 숙원인 중국식 사회주의 건설을 통해 강대국의 위상을 되찾는 것이다. 2002년 공산당 16차 당대회에서 후진타오와 원자바오는 향후 20년을 위대한 중화민족의 중흥을 도모할 수 있는 전략적 기회의 시기로 보고 경제발전을 통해 '전면적 소강사회(小康社會)'를 건설한다는 국가계획을 제시하였다. 2012년 공산당 18차 당대회에서 시진핑은 '중국의 꿈(中國夢)'이 현실화되고 있음을 강조하였다. 경제발전에 필요한 기술과 자본을 도입하

기 위해서는 안정적이고 평화적인 국제환경을 조성하는 것이 중요한 시대적 과제이므로, 미국을 비롯한 강대국과의 패권경쟁을 피하고 협력을 통한 국제사회의 안정을 추구하는 것이 중요한 과제인 것이다.

3) 세계화와 중국외교정책의 과제

새로운 21세기를 전후로 가속화되고 심화되고 있는 세계화(globalization)의 파고는 개별국가들에게 새로운 기회와 위험요인을 창출하고 있다. 세계화는 사람들의 생활을 개선할 수 있는 막대한 잠재력을 제공하기도 하지만 악화시키는 요인이 될 수도 있다. 점증하는 지구공동체에의 편입과정에서 세계화의 압력에 직면한 중국의 외교정책은 어떠한 선택적인 과제를 안고 있을까? 중국 내에서도 세계화의 개념 정의와 성격에 대한

Austin (eds.), *Power and Responsibility in Chinese Foreign Policy* (Canberra: Asia Pacific Press, 2001). '평화부상론'에 대해서는 Robert L. Suettinger, "The Rise and Descent of Peaceful Rise," *China Leadership Monitor* 12 (Fall 2004), pp. 1–10.

46) Avery Goldstein, "The Diplomatic Face of China's Grand Strategy: A Rising Power's Emerging Choice," *The China Quarterly* 168 (2001), pp. 835–864. 중국의 부상이 제기하는 미국의 전략적 대중정책에 관해서는 Thomas J. Christensen, "Posing Problems without Catching up: China's Rise and Challenges for U.S. Security Policy," *International Security* 25–4 (Spring 2001), pp. 5–40.

📖
해설 13.3

전면적 소강사회(小康社会)

'소강(小康)'이란 공자의 예기(禮記) 예운(藝運)편에 나오는 개념으로 '온포(溫飽: 먹고 사는 수준의 사회)'와 '대동(大同: 천하위공의 수준에 도달하는 이상사회)'의 중간단계 현실적 사회형태를 말한다. 대동과 소강의 개념은 1979년 덩샤오핑이 개혁개방의 목표로서 중국식 현대화를 상징하는 개념으로 처음 사용되었는데, 1997년 공산당 15차 대회에서 공식적으로 소강사회의 경제지표로 1인당 GDP가 1,000달러, 전면적 소강사회(2020년)는 1인당 GDP가 3,000달러가 공식적으로 제시되었다.

국제정치학계의 논쟁이 소개되고, 세계화를 해석하는 다양한 논의가 진행되어 왔다.[47] 이러한 논의가 무엇이든 간에 세계화의 현실이 조건 짓는 기본적인 틀 내에서 경제 및 안보의 목표에 대한 전략적인 선택이 요구되며, 이러한 선택이 발전경로의 방향과 성격을 결정지을 것이다. 중국의 오래된 국가주권 중심적인 사고와 세계화가 빚어내는 긴장관계에서 중국이 경제와 안보분야에서 취하는 전략적 과제는 다음과 같다.

우선, 경제세계화 과정에서 중국은 괄목할만한 성공적인 성과를 거두었다. 세계화의 경쟁가도에서 1990년대 이후 중국의 국내총생산 성장률은 평균 약 10%를 기록하였고, 무역 규모는 1970년대 후반 약 200억 달러에서 2021년 약 6조 달러로 증가하였다. 2011년 중국은 일본과 독일을 제치고 세계 2위의 경제 대국이 되었으며, 세계 최대의 해외직접투자 유치국과 세계 최고의 외환보유국가가 되었다. 그러나 한편으로 세계경제 편입은 중국의 경제적 상호의존성을 심화시켰다. 무역의존도는 약 70%에 이르게 되었으며, 해외 수출품의 50%는 원자재수입을 통한 가공에 의존한다. 국내적으로 소득불균등 또한 심화되었는데, 세계은행의 조사에 따르면 하루에 1.25달러 미만의 빈곤층은 전체인구의 15.9%(약 2억 2,300만 명)이며, 일인당 국민소득은 2019년 1만 달러에 이르게 되었다.[48] 중국은 2001년 WTO 가입으로 관세

및 비관세장벽을 낮추어 왔고, 통신, 은행, 보험과 같은 분야의 개방도 준수해야 한다. 그러나 다른 한편으로 WTO 가입은 중국의 경제적 세계화전략 실현의 기회였다. 수출에 중점을 둔 해외무역을 통해서 실업문제의 해결, 세수의 증대, 외환보유고의 지속적 유지, 기술이전의 확대, 국내기업의 생산성 및 경쟁력 향상 등을 성취할 수 있고 안정적인 경제성장을 도모하여 왔다.[49] 따라서 이러한 경제력을 바탕으로 1997년 아시아경제위기 때 환율고수정책을 통해서 주변 국가에 과시했던 것처럼 중국경제의 건실함과 책임대국으로서의 위상을 강화함으로써 지역 내 혹은 국제체제에서 자국의 영향력을 확대해 나갈 것이다.

안보위협요인이 비교적 분명하고 단순했던 냉전체제가 해체되고, 세계화 시대의 안보는 보다 복잡하고 다양해졌다. 중국에서도 인간안보나 환경안보 등 안보의 다양한 개념들이 소개되었으며, 중국정부는 협력안보와 집단안보를 의미하는 '신안전개념(新安全槪念)'을 정식화하기도 하였다. 인민해방군은 1950~1560년대 9차례의 전쟁과 무력충돌에 연루되었지만, 1990년대 이후 대만을 제외하고는 단 한 차례도 무력을 사용한 바가 없다. 안보 세계화에 대응하는 중국의 전략은 지역 내 혹은 지구적 차원의 다자주의(multilateralism)에 적극 참여하는 것이다. 중국은 유엔 산하 대부분의 다자조약 가입국이며, 군축 및 환경분야의 국제기구와 인권외교에도 적극적으로 참여하고 있다.[50] 중국은 또한 아세안지역

47) David Held, et al., *Global Transformation: Politics, Economics and Culture* (Stanford: Stanford University Press, 1999). 중국 내 세계화에 대한 논의로는 龐中英 編, 『全球化, 反全球化與中國: 理解全球化的複雜性與多樣性』(上海: 上海人民出版社, 2002).

48) World Bank, *World Development Report 2010* (Washington D.C.: World Bank, 2010), p. 380.

49) 중국의 WTO 가입에 대해서는 Nicholas R. Lardy, *Integrating China into the Global Economy* (Washington, D. C.: Brooking Institution Press, 2002).

50) Samuel S. Kim, "China and the United Nations," in

안보포럼(ARF: ASEAN Regional Forum)과 아태지역안보협력이사회(CSCAP: Council for Security Cooperation in the Asia Pacific), 동아시아정상회의(EAS: East Asia Summit) 등 지역 내 국가들과의 다자간안보협력 추진을 통해 미국의 동맹체제가 지배적인 지역 내의 안보구조에 대응하고 있다. 중국은 스스로 다자기구를 조직하여 자국의 외교력을 확대하기도 하였는데, 러시아 및 중앙아시아 국가들과 안보협력을 위한 상하이협력기구(Shanghai Cooperation Organization)와 아시아 국가들과의 경제협력을 위한 보아오 포럼(Boao Asia Forum)이 그러한 예이다.

4. 중국외교정책의 현안과 대한반도관계

1) 미중경쟁구조의 심화

21세기는 미국과 중국의 세력전이(power transition)가 가속화되고 있는 것이다. 투키디데스의 함정에 빠질 위험이 증대되고 있다.[51] 중국은 1840년 아편전쟁 이후 150여 년간의 국치(國恥)의 시대를 넘어서 마침내 일어섰다. 헤겔이 예언한 바와 같이, 중국이 미몽에서 깨어난 것은 서구 열강이 문을 두드리고, 중국인들 스스로 자신의 존재를 탐색하면서 이루어졌다. 중국의 부상은 힘의 급속한 전이를 느끼게 한다. 제2차 세계대전 직후 미국경제는 세계시장의 50%를 차지했다. 그러나 현재 미국경제의 비중은 24%로 급감했고, 30여 년 후에는 11%로 예측된다. 반면 중국경제의 세계시장 비중은 1980년 2%에서 2020년 17%로 급등했고, 2040년이면 30%를 훌쩍 넘길 것으로 예측된다.

미국 입장에서 현대사에서 가장 역동적이고 강력한 경쟁자인 중국을 어떻게 다루는가는 매우 중대한 문제가 되었다. 이에 따라 중국을 '수정주의 국가(revisionist power)', '전략적 경쟁자(strategic competitor)', '약탈 경제(predatory economics)' 등으로 지칭하며 견제하기 시작했다. 반면 중국 입장에서 시진핑 지도부는 2013년 집권 이래 중국의 종합국력 신장을 반영하고 자신의 외교정책을 공세적으로 표명하기 시작했다. 이를 '중국몽, 중화민족의 위대한 부흥'이라 표방하고, 이는 동중국해 남중국해 군사력 팽창, 일대일로, 아시아안보(2014), 주변외교, 신형대국관계(2015), 19차 전당대회에서 기존 국제질서 불만족 표현(2017), 중국식 발전모델(시장경제와 권위

Oksenberg and Economy, eds. (1999), pp. 42–89; Michael D. Swaine and Alastair Iain Johnston, "China and Arms Control Institutions," in Oksenberg and Economy, eds. (1999), pp. 90–135; Lester Ross, "China and Environmental Protection," in Oksenberg and Economy, eds. (1999), pp. 296–325; Anderw J. Nathan, "China and the International Human Rights Regime," in Oksenberg and Economy, eds. (1999), pp. 136–160.

51) Graham Allison, *Destined for War: Can America and China Escape Thucydides's Trap?* (New York: Houghton Mifflin Harcourt, 2017).

표 13.2 중국의 미국 대비 각종 국력지표 (단위: %)

	1980	2015	2021	2040
GDP	7	61	70	125
1인당 GDP	1.5	12	18	50
GDP(PPP)	4	105	130	300
국방비	6.4	40	50	100

주의) 경쟁 등의 양상으로 나타나고 있다. 과거 중국이 경제발전을 위해 미국에 양보하고 인내하던 태도가 미국의 신냉전 정책 전환으로 전략적 임계점에 도달했다고 인식하는 것으로 보인다.

1979년 미중수교 이후 40여 년 동안 협력과 갈등을 반복해 온 미중관계는 그 전략경쟁이 점차 치열해지고 있다. 1970년대 미중 데탕트 이래 대중국 관여정책을 채택했던 미국은 마침내 트럼프 행정부 시기에 와서 본격적으로 중국을 견제하는 정책으로 선회했다. 이는 미국의 정책서클 내에서 미중관계를 '이익 갈등'으로 이해하는 시각을 넘어서서 '전략경쟁'이나 '체제경쟁', 나아가 '이데올로기 대결'로 이해하려는 시각이 점차 주류를 형성하기 시작했음을 의미한다. 이는 미국 중심의 자유주의 국제질서에 중국이 편입되면 중국의 정치체제도 변화할 것이라는 '화평연변(peaceful evolution)'의 기대가 피로감으로 전환했기 때문이다.[52]

트럼프 대통령은 2017년 '미국 우선주의(America First)'를 내세우며 대중 경제 압박정책을 구사했고, 2018년 대중 무역전쟁을 선포했다. 미국 내 친중국 산업계도 대중국 경제 압박에 동의하게 했던 요인은 시진핑 주석이 추진했던 '중국제조 2025'이다. 이는 중국 기업들을 정부 지원을 통해 외부 경쟁으로부터 보호하고 세계시장에서 경쟁력 확보하여, 미국 기업을 취약하게 하는 요인이 되었다. 아울러 중국의 일대일로 정책으로 저개발 국가에서 중국의 인프라와 무역거점을 확보

52) 이러한 정책변화에 대해서는 2017년 국가안보전략보고서(NSS) 참조. The White House, *National Security Strategy of United States of America* (Washington, D.C.: The White House, 2017).

하게 함으로써 미국 기업의 영향력 상실도 요인이 되었다. 트럼프 대통령은 2018년 3월 22일 중국산 수입품 중 500억 달러 상당의 수입품에 대해 25%의 고관세를 부과하고, 중국의 대미투자도 제한하는 초강경조치를 단행했다. 중국 상무부도 이에 30억 달러에 이르는 미국산 철강, 돈육 등 보복관세를 부과했다. 이렇게 시작된 양국의 무역분쟁은 17개월만인 2020년 지적재산권, 기술양도, 농산품, 금융 서비스, 환율 투명성, 무역 확대 등의 분야에서 1단계 합의로 일단락되었다.

아울러 트럼프 행정부는 사이버, 정보통신 등 첨단분야의 기술패권과 환율 규범을 둘러싼 경쟁과 함께 소위 중국경제와의 디커플링(decoupling)을 추진하기에 이르렀다. 디커플링 과정은 글로벌 가치사슬(GVC: Global Value Chain)의 구조 속에서 세계의 공장으로 자리 잡은 중국의 생산체계로부터 벗어나 미국의 독자적인 산업공급망을 구성하려는 탈중국화의 과정이다. 이러한 미국의 탈중국화는 코로나19를 계기로 더욱 심화되었다. 미국은 중국을 중심으로 구성된 제조업의 세계공급망을 더이상 신뢰할 수 없게 되었다. 코로나 사태 초기에 개인 방역물품과 의약품의 심각한 부족을 경험하고, 중국의 저렴한 공급망을 새로운 공급망으로 전환하는 노력을 기울였다. 코로나 이전부터 미국은 2018년 8월 '외국인투자위험 조사 현대화법'과 '수출통제개혁법'을 마련하여 미국의 안보에 문제가 될 수 있는 외국의 미국 내 투자와 수출에 대한 규제장치를 마련하였다. 아울러 상무부의 산업보안국은 '수출관리규정'을 근거로 미국의 국가안보에 해를 끼친다고 판단되는 중국 등 외국기업의 수출통제기업 리스트인 '거래제한 명단'을 공표하였다. 2019년 '국방수권법'은 중국

소유의 기업 통신 및 서비스를 미국 행정기관이 조달 또는 계약하는 것을 금지하였다. 이러한 조치들을 확대하여 2020년에는 중국의 AI, 사이버 보안, 슈퍼컴퓨터, 바이오, 고속철도, 반도체 및 5G 관련 기업들을 리스트에 올려놓았다. 이에 따라 중국의 화훼이 등 첨단 기업들에 대한 제재가 강화되었다.[53] 결국, 2018년 미중 사이의 무역갈등과 분쟁은 세계적인 차원의 경제패권을 둘러싸고 양국의 경쟁이 긴밀한 상호의존이 아닌 경제적 디커플링(decoupling)을 통한 구조적 갈등과 긴장관계가 장기화되고 심화되고 있음을 의미한다.

미국과 중국의 전략적 경쟁은 군사안보분야에서도 변화를 초래했다. 중국의 반(反)접근 지역거부(A2/AD: Anti-Acess/Area-Denial) 전략은 미국의 항공모함과 전략 자산이 중국을 압박하기 위해 중국 근해로 접근하는 것을 레이더 시설, 지대함 탄도미사일 등을 통해서 막는 것이다. 이에 대응하여 미국의 대중국 군사전략은 오바마 행정부 시기부터 공·해군 중심의 공해전투(AirSea Battle) 개념인바, 공군력과 해군력만으로 중국을 억지하는 것은 불필요한 군사적 충돌을 야기할 수 있다는 문제점이 지적되어 왔다. 트럼프 행정부 시기부터 셰일가스 혁명과 미국경제 활성화를 계기로 육군의 역할이 강화된 통합전쟁 수행전략(Joint Warfighting Concept)으로 전환되고 있다. 2019년 미사일방어검토보고서(Missile Defense Review)는 중국과 러시아로부터의 미사일 위협 확대를 강조하고, 포괄적 미사일 방어능력을 강조하고 있다.

2021년 출범한 바이든 행정부는 미국의 중국 견제와 압박을 지속적으로 추진하면서 대내외적 위상과 글로벌 리더십을 회복하려는 전략적 목표를 달성하기 위하여 '다자주의'와 동맹 재구축을 강조하고 있다. 군사안보분야에서 인도·태평양전략을 추진하며 이 지역에서 동맹국 및 파트너 국가들과의 복합적 네트워크를 통한 중국의 영향력을 억지하고 있다. 미국, 일본, 호주, 인도 간 쿼드(QUAD) 정상회의를 개최하고, 미국, 영국 호주 간 안보협의체(AUKUS)를 출범시키며 민주주의 가치에 기반하여 중국을 견제하고 있다. 아울러 중국과의 경제통상 및 기술패권 경쟁에서 우위를 점하고, 대만, 홍콩 및 신장 위구르 등 인권문제를 통해서 대중국 제재도 시행하고 있다. 반면 시진핑 지도부는 2021년 3월 개최된 양회(兩會)에서 코로나19 극복 및 미중 전략경쟁에 대비해서 인내심을 갖고 자국의 국제적 영향력을 확보하기 위한 장기전 태세를 갖추었다. 제14차 5개년 계획 기간 동안 내수를 강조하는 '국내 국제 쌍순환' 전략을 추진하고, 대외적으로 '역내포괄적 경제동반자협정(RCEP)' 체결 및 일대일로의 국제협력을 추구하고 있다.

2) 한반도-중국관계의 역사구조적 기원

19세기 중반 중국(청제국)은 1840년 아편전쟁에 이은 난징조약 그리고 한국(조선)은 1876년 강화도조약을 계기로 본격적으로 제국주의 열강의 도전을 받기 시작했다. 이 역사의 시험대에서 봉건왕조체제의 리더십은 각각 중체서용(中體西用) 혹은 동도서기(東道西器)의 접근방식을 취했지

---

53) 최진백, "미중경쟁에서 디커플링이 갖는 전략적 의미와 향후 전망," 국립외교원 외교안보연구소, 『정책연구시리즈』 2020-24 (2020), pp. 14-16.

만, 독립적이고 자율적이며 효과적인 근대 국가 수립에 실패했다. 근대 이전 유교문명권에서 봉건체제의 왕조 국가들은 반복적으로 발생하는 왕조 순환의 위기를 갖고 있다. 청과 조선의 정치 리더십은 모두 이 시기에 내부로부터의 위기, 예를 들면 태평천국의 난과 갑오농민전쟁 등에 효과적으로 대응하지 못했다는 점에서 공통점을 갖고 있지만, 외부적인 요인이 작용했던 방식에서는 차이점이 존재했다.

청과 조선에게 외부적인 요인이 다르게 작용했던 방식은 크게 두 가지가 있다. 하나는 문을 두드린 서양 열강의 수이고, 다른 하나는 이 외부적 힘이 작용한 플랫폼으로서의 국가 규모이다. 일본은 강화도조약 1조에 "조선은 자주독립국이다"라는 조항을 넣으면서 조선에 미치는 기존 종주국 청의 영향력을 제거하고자 했다. 메이지 유신 개혁을 통해 근대국가로 급속히 성장하던 일본은 1895년 청일전쟁의 승리로 맺은 시모노세키조약을 통해 조선에 대한 지배력을 현실화시켰다. 물론 일본을 견제하고 청의 영향력을 유지하고 싶었던 리홍장의 권유로 구한말 조선은 서양세력과 최초의 근대적인 외교관계를 수립하였다. 그러나 서양 열강들이 한반도에 갖고 있던 관심은 부차적이었다. 정한론(征韓論)이 시사하는 바와 같이 일찍이 대륙진출의 야망을 키우고 있던 일본만이 한반도에 직접적인 영토적·경제적 욕망을 갖고 있었다. 그리고 일본의 영향력은 상대적으로 작은 규모의 조선 영토에서 용이하게 실현될 수 있었다. 반면 영국, 독일, 프랑스, 미국 등 많은 제국주의 열강들은 인도와 동남아시아와 지정학적으로 연계된 중국대륙에 관심을 갖고 있었다. 홍콩, 상하이, 광저우, 텐진, 베이징 등지에는 조차와 할양을 통해서 서구의 문물이 유입되었고 서양인들이 활동하는 조계지역이 형성되었다. 광대한 중국대륙에서 얻을 수 있는 이익을 둘러싸고 제국주의 열강들이 각축하는 게임이 시작되었던 것이다.

외부적 요인이 한반도와 중국대륙에서 다르게 작용하는 상황에서 조선은 빠른 속도로 세력을 확장하는 일본에 의해 1910년 병합되어 주권을 상실했다. 일본이 지정학적인 라이벌 청과의 청일전쟁에 이어 러시아와의 러일전쟁(1904~1905)에서 승리한 결과이다. 조선은 봉건왕조체제가 붕괴되고 공화정의 근대국가로 이행하는 내재적인 발전과정이 부재한 상태에서 일본에 의해 강제 점령되어 식민지로 전락했다. 이 점은 제2차 세계대전 직후 한반도 북쪽지역에서 사회주의체제의 근대국가의 모습을 갖고 등장한 조선민주주의인민공화국이 왜 권력을 세습하는 봉건 왕조국가 모습으로 퇴화하는가를 설명해주는 부분이다. 반면 동치중흥(同治中興)과 양무(洋務) 운동과 같은 자강(自强) 노력이 실패했던 청은 넓은 대륙의 영토를 제국주의 열강에 의해서 부분 부분이 침탈당하는 방식으로 주권을 상실해 갔다. 그런데 이 과정에서 조선과는 다르게 드넓은 영토 내부의 어딘가에서 반외세·반봉건의 근대적 정치운동이 숨을 쉬고 싹을 틔울 수 있는 공간이 존재했다. 청일전쟁 패배로 좌절했지만, 무술변법과 의화단 운동 등 열강의 침략에 대응하는 민족주의 열기는 고조되었다. 청제국은 마침내 1911년 신해혁명으로 역사의 뒤안길로 사라졌다. 이제 중국대륙은 중앙의 구심력을 상실하고, 이권 쟁탈을 위해 경쟁하는 열강들과 조각조각 찢어져서 세력확장에 몰두하는 군벌 세력들 간의 각축장으로 전락했다. 5·4운동으로 대변되는 지적이고 문화적인 각성에 힘입어 새로운 근대국가를 열망하려는 중국 내부의 열망은 국민당과 공산당이라는 두 정치세력으로 수렴되어 갔다. 이 과정에서 수많은 중국 인민들의 삶은 만인과 만인의 투쟁 속으로 휩쓸렸다. 자신의 생명과 안전을 두 정당 간의 경쟁과 만주사변(1930)과 중일전쟁(1937)으로 가속화되는 일본의 침략 속에서 어딘가에 의탁해야 하는 각자도생의 길 위로 내몰리게 되었다. 결국, 제2차 세계대전으로 패망한 일본이 물러가고, 국민당과 4년간의 내전에서 승리한 공산당이 사회주의체제 국가인 중화민주주의인민공화국을 중국대륙에 건국함으로써 백여 년간 이어진 근대국가로의 이행을 완수하게 된다.

제2차 세계대전 후 한국전쟁을 거치며 동아시아의 냉전은 더욱 가속화된다. 임진왜란 시에 중국(명[明]제국)이 군대를 파병했던 것과 유사한 전략적 고려에서 마오쩌둥은 전략적 완충지대(strategic buffer zone)로써 미국의 반공전선에 대항하는 북한지역 상실을 우려했기에 한국전쟁에 참전했다. 중국의 한국전쟁 참전은 양극체제로 구조화된 냉전체제를 가속화하는 요인이 되었다. 한국전쟁 휴전 직후 한국은 미국과의 한미상호방위조약을 체결함으로써 냉전구조의 남방 삼각관계 한 축을 완성했다. 반면 북한은 소련 및 중국과 우호조약의 형태로 북방 삼각관계의 한 축을 완성했다. 안보를 제공받고 자율성을 제약당하는 이 비대칭 동맹조약의 형태가 한미관계에서는 지속되었고, 한국은 이를 바탕으로 고도 경제성장과 종합국력을 증대시킬 수 있었다. 반면 탈냉전 이후 중국과 소련의 지원이 빠져나간 자리에 북한은 고립되었고, 사회주의 계획경제의

빈곤 속으로 내몰렸다. 결국, 북한은 중국과 소련의 동맹 방기(abandonment)의 위험 그리고 국제사회로부터의 경제적 고립 속에서 '고난의 행군'을 겪으며 핵개발을 통해서 독자적인 생존을 모색할 수밖에 없었다.

3) 중국의 대한반도관계

1992년 8월 24일 한국과 중국은 한국전쟁 이후 40여 년의 냉전 시대의 적대관계를 청산하고 공식적인 수교를 맺었다. 한중수교는 중국의 두 개의 한국정책과 노태우정부의 북방정책의 이해관계가 합치된 결과였다. 중국의 입장에서 한국은 국가 주도의 발전전략을 추진하는 모델이고, 현대화의 자본과 기술을 제공해줄 수 있기 때문에 한중수교는 전통적인 군사안보 차원의 혈맹관계를 맺어온 북한에 대한 정책을 한국에 대한 정책과 분리하는 것이었다. 한국의 입장에서는 공산권 국가와의 외교관계를 확대하고자 했기 때문에 노태우정부는 북방정책을 추진하는 과정에서 한국에게 잠재적으로 커다란 시장과 노동력을 제공할 수 있는 중국과의 외교적 관계를 정상화할 필요가 있었다.[54] 한중수교 이후 양국의 관계는 비약적인 발전을 이루었는데, 경제, 통상, 사회, 문화분야의 교류에서 점차 정치, 외교, 안보분야로 그 외연을 확대하고 있다. 경제적으로 수교 당시 약 64억 달러이던 양국의 교역량은 2020년에 약 2,400억 달러로 30배 가까이 증가하였다. 중국은 한국의 제1위의 교역상대국, 수출상대국, 무

---

54) 한중수교 과정과 이에 대한 중국의 정책결정에 대해서는 Samuel S. Kim, "The Making of China's Korean Policy in the Era of Reform," in Lampton ed. (2001), pp. 371-408.

역흑자국이 되었으며, 한국은 중국의 미일에 이은 3번째 수출상대국으로 발전하였다. 정치적으로는 한국과 중국은 2004년 7월 한중정상회담에서 '전면적 협력동반자관계(全面的協力同伴者關係)'를 합의하였고, 2008년 5월 양국 정상회담에서 '전략적 협력동반자관계'로 격상되었다. 따라서 양국관계는 더욱 심화 및 발전하고 있고 군사적으로도 2000년 이후 양국의 고위급 군 지도부의 상호방문과 정례회의가 증가하고 다양한 교류가 이루어지고 있다.

그런데 2016년 7월 8일 한국 내 사드(THAAD: Terminal High Altitude Area Defense) 배치 발표가 있자 한중관계는 급격히 냉각되었다. 북한의 계속되는 핵과 미사일 도발로 한미 양국은 안보적 고려로 사드배치에 합의하였다. 사드배치 문제는 조선족 및 탈북자문제, 달라이 라마 방한 문제, 어로분쟁, 마늘분쟁 및 2004년의 동북공정 등 양국 간 존재했던 갈등과는 차원이 다른 중대한 관계 훼손을 발생시켰다. 중국은 사드의 한국 배치가 미국의 대중국 포위망 구축의 일환으로 의심하였기 때문이다. 중국은 즉각 보복 조치에 나섰다. 한국을 방문하는 중국인 관광객은 급감하였고, 특히 한국의 문화 콘텐츠인 '한류'의 중국 수입 등을 중단시키는 '한한령(限韓令)' 조치를 취했다. 양국 간의 경제 무역관계는 정체되었고, 양 국민의 우호 감정도 최저 수준으로 하락했다.

한중 양국은 2017년 문재인 대통령의 국빈 방문과 10월 31일 한중관계 협력을 위한 합의를 통해 개선의 실마리를 찾고자 했다. 2019년 상하이 임시정부 수립 및 건국 100주년을 기념하여 한중이 역사 인식을 공감할 수 있는 기회도 마련하였다. 그러나 한반도 평화프로세스와 북한 비핵화 협상 국면에서 시진핑 주석의 한국 방문은 지연되었고 한중관계는 소강상태가 지속되었다. 안보는 미국, 경제는 중국이라는 단선적인 구도가 미중 간의 첨예한 전략적 이해가 점증하고 충돌하는 대립구도에서 선택의 딜레마를 야기한 것이다. 결국, 사드배치문제는 미중 간의 경쟁 구도에서 한중관계가 갖고 있는 취약성이 드러난 사례이다. 특히 북핵, 북한문제가 한반도의 긴장과 갈등을 촉발할 때, 미중 간의 전략적 이해관계에 중첩되어 있는 한국의 위치가 갖는 딜레마를 드러내었다.

한중수교 이후 중국과 북한의 관계는 '순망치한(脣亡齒寒)'의 특수관계에서 보다 정상적인 국가관계로 변화하였다. 북한의 지정학적인 위치는 중국의 안보에 중요한 완충지대이고, 중국은 탈냉전 이후 소련의 퇴조로 북한의 최대 교역국이고 원조국이지만 북한에 대한 종전의 무조건적인 지지에서 '합리적인 주장과 제안을 지지'한다는 객관적 입장으로 전환하였다. 따라서 북한의 독자성을 인정하면서 조심스럽게 북한의 개혁과 개방, 미국과의 관계개선을 권고하여 왔다.[55] 그러나 군사안보적 측면에서 1961년 양국이 체결한 '중조우호합작호조조례(中朝友好合作條例)'는 북한은 중국의 유일한 군사동맹 국가임을 의미하고, 중국은 국제사회가 북한에 대해 제재(혹은 봉쇄)를 가하는 것을 막는 방파제 역할과 외부세계와 북한을 연결하는 중재자 역할을 수행하고 있다. 중국과 북한의 경제관계는 1990년대 악화되

---

55) 북중관계의 혈맹관계에서 정상적 국가관계로의 변화에 대해서는 이종석, 『북한-중국 관계, 1945~2000』(서울: 중심, 2000). 동맹이론을 적용한 북중관계에 대해서는 최명해, 『중국·북한 동맹관계: 불편한 동거의 역사』(서울: 오름, 2009).

어 1993년의 교역액이 약 9억 달러였지만, 1999년 3억 7,000만 달러로 급감하였다. 그러나 양국의 교역은 2000년대에는 꾸준히 증가하여 2017년 50억 달러에 이르렀다. 그러나 북한의 핵 및 미사일 개발로 인한 중국의 대북제재가 본격화되자 2019년 27억 8,000달러로 급감했다. 중국과의 무역은 북한 전체 무역의 약 52.6%를 차지하며, 중국은 북한이 수입하는 에너지의 90%, 식량의 2/3를 지원하고 있다.

중국의 한반도정책은 중국의 지속적인 현대화와 강대국화를 위한 평화적이고 안정적인 국제환경 조성을 위하여 미국을 중심으로 한 서구 국가들과의 협력관계 지속과 지역 내 혹은 국제적으로 영향력의 확대라는 틀 내에서 결정된다. 중국의 대한반도 정책목표는 한반도의 평화와 안정을 유지하며, 완충지대인 북한 정권이 지속되기를 기대하고, 한국과의 협력을 강화해서 한반도에 영향력을 확대하는 것이다. 앞서 언급한 두 개의 한국정책은 이러한 목적을 위하여 수행된다. 한반도의 급격한 상황변화(무력충돌 혹은 북한붕괴로 인한 대량 난민유입 등)가 초래하는 경제, 군사, 안보비용이 중국의 강대국화 과정에 부담으로 작용하므로 중국은 한반도의 현상유지를 선호한다.[56] 한반도의 가변적인 변수인 북한과 남북한 통일과정과 관련하여 중국이 선택할 수 있는 정책대안으로는 첫째, 북한의 개혁개방을 유도하고, 둘째, 북한의 대외관계 특히 미국 등 서방 국가와의 관계정상화를 지원하며, 셋째, 북한의 붕괴에 기인한 것이든 남북한의 동등한 합의에 의한 것이든 한반도 통일과정에서 적극적으로 개입하여 자국의 영향력 확보와 군사적 완충지대를 보존하는 것이다.

시진핑 지도부의 대북정책도 이와 같은 기조로 북한의 무력도발에 대해서 단호하게 대응하는 것이었다. 북한의 핵무력 강화와 핵 보유국 헌법 명시에 대해 강경 입장을 고수했고, 유엔의 안보리 결의안 및 국제사회의 대북경제제재에 동참하는 입장을 보였다. '피아오번젠츠(標本兼治)' 입장이란 표면적 문제인 북핵문제와 근본적 문제인 한반도 평화문제를 동시에 다루어야 하며, 한반도 평화에 대화와 협상이 필요하다는 입장이다. 2017년 문재인정부가 출범하고 신베를린선언과 평창 동계올림픽을 계기로 한반도 평화프로세스가 진전되었을 때, 북한은 후계세습체제 공고화 과정의 경제적 안정성과 정치적인 정당성을 확보하고자 5차례의 시진핑-김정은 정상회담을 개최하였다. 시진핑 주석은 북한과의 변함없는 유대를 강조하여 양국의 전략적 소통이 강화되고 있음을 시사하였다. 북한은 북미협상에서 중국의 의견을 청취하고 대미협상에서 북한의 협상력을 강화하고자 하였는데, 남북관계 그리고 북중관계의 협력외교가 북미관계의 협상 진전과 깊이 연계되어 진행되었다. 그러나 2019년 2월 27일 하노이 북미정상회담이 결렬되자 북한의 무게 중심은 급속히 중국으로 기울었다. 시진핑 주석의 6월 평양 방문은 북중수교 70주년을 기념하여 이루어졌다. 정상회담의 내용에서 북중관계의 사회주의체제 동질성을 강조하고, 실질적 경제협력이 논의되었다. 2020년부터 글로벌 팬데믹의 영향으로 북한과 중국 간의 국경이 폐쇄되어 양국

---

56) 沈驥如, "維護東北亞安全的當務之急: 制止朝核問題上的危險博弈," 『世界經濟與政治』 第9期 (2003); David Shambaugh, "China and Korean Peninsula: Playing for the Long Term," *Washington Quarterly* 26-2 (Spring 2003), pp. 43-56.

의 무역은 축소되었다. 그러나 대부분 폐쇄된 북한의 국제기구 사무소 등에 비해 북한의 대외 창구로 유지된 것은 베이징이었기에 북한의 대중국 의존도는 오히려 확대되었다.

한국에게 중국의 경제적 부상과 한반도를 비롯한 지역 내 영향력 확대는 중대한 도전과 기회를 제공하고 있다. 중국이 미국을 넘어서 한국의 최대무역국이 되었다는 경제적인 연루와 한류 현상이 시사하듯이, 양국 국민의 문화적인 친밀감은 역사적으로 강대국에의 편승정책(band-wagoning policy)에 의존했던 한국에게 미국과 중국 사이에서 전략적 딜레마를 안기는 생소한 환경으로 작용하고 있다.[57] 한미 안보동맹이 주한미군의 전략적 유연성 합의와 미국주도의 전역미사일방어체제(TMD)를 통해 미일동맹처럼 강화된다면, 중국은 한국이 미국의 대중국 봉쇄정책에 참여하는 것으로 해석할 것이다. 물론 미중 간의 전략경쟁의 정도와 방식에 따라서 한국의 입지와 전략적 선택은 상이할 것이다. 중단기적으로 한국은 한미동맹을 근간으로 대중국 헤징전략 그리고 북핵문제 해결을 통한 한반도 평화프로세스를 진전시켜야 할 것이다. 장기적으로 미중 간의 긴장과 갈등이 첨예화되는 것을 제어할 수 있는 국제제도의 창출을 동북아에서 모색해야 한다. 특히 군사 및 안보분야에서 동북아 주변 국가들과의 협력과 대화를 통해서 현안문제를 해결할 수 있는 동북아 다자안보기구의 설립과 제도화가 요구된다.

---

57) 중국의 부상으로 인한 한국 내 대중국인식 변화와 전략적 딜레마에 대해서는 Jae Ho Chung, "South Korea Between Eagle and Dragon," *Asian Survey* 41-5 (2001), pp. 777-796; 차창훈, "한미동맹과 한중 전략적 협력관계," 김계동 외, 『한미관계론』(서울: 명인문화사, 2012), pp. 471-505.

| 개념 | 편승정책 |

편승정책(bandwagoning policy)은 국제정치의 현실에서 약소국이 취하는 외교정책 방법 중의 하나로 강대국의 동맹에 가담하는 것이다. 강대국이 제공하는 안보와 시장이라는 공공재를 보장받고, 약소국의 발전을 도모할 수 있다.

경제적 측면에서도 중국이 한국에게 기회인 것만은 아니다. 2020년 한국의 대중화권(중국, 홍콩, 대만) 수출비중은 전체의 약 30%를 넘어서서 한국의 중국시장 의존이 심화되고 있다. 또한, 중국의 동북3성을 중심으로 하는 한국의 대중국투자가 급증하면서 국내산업의 공동화에 대한 우려도 제기되고 있다. 중국은 조선, 철강 등 세계시장에서 한국과의 간극을 좁히고 있고, 반도체 등 첨단산업에서도 중국의 기술발전이 진전을 보이고 있다. 중국에 진출한 한국의 주요 기업들은 중국시장에서 중국 기업과 시장주도권을 두고 치열한 경쟁을 벌이고 있다. 특히 중국의 WTO 가입 이래 중국경제의 국제화 추이, 다국적기업의 중국진출 등 중국 투자환경 변화에 대비하기 위하여 대중투자 형태, 시장진입 방식의 다양화, 생산품의 고급화와 차별화, 진출지역의 다변화, 기업의 현지화 노력 등 다양한 방식의 새로운 노력이 필요하다. 한국이 비교우위를 가질 수 있는 산업의 집중 육성을 통해 한국이 중국이라는 거대한 시장의 구심력에 종속되지 않는 장기적인 전략이 필요하다.

5. 결론

중국의 외교정책은 개혁개방으로의 국가발전 노선 변경과 새로운 4, 5세대의 공산당 지도부가 승계하는 역사적 시기를 거치면서 변화와 지속성을 보여왔다. 외교정책을 결정짓는 중요한 요인을 권력(power), 이데올로기(ideology), 이익(interest), 제도(institution)로 범주화하는 것은 중국외교정책의 이해에 도움을 준다. 권력은 국제무대에서 중국의 종합국력 증대와 더불어 중국 외교정책을 설명하는 중요한 요인이 되고 있다. 중국공산당의 정치보고서에서 국제 발언권이라는 용어의 등장에서 보듯이 자국의 영향력과 이해관계를 확장하려는 노력은 더욱 전방위적으로 확대될 것이다. 아울러 이러한 외교의 국가 능력을 극대화시킬 수 있는 외교부의 제도적 능력도 확대되었다. 새로운 제도와 기구가 만들어져서 하나의 관행으로 자리 잡고 국제레짐에 참여하는 일이 증가하였다. 이는 무역, 환율, 에너지, 환경, 보건 등 글로벌 거버넌스의 영역에서 중국의 개입과 영향력 증대로 이어졌다. 개혁개방정책은 국내정치에서 새로운 관료적 이해관계를 갖는 새로운 세대의 지도부 형성을 가능하게 하였고, 대외적으로는 사회주의 이데올로기보다 실용적인 경향의 외교정책 전환을 가능하게 하였다. 국제문제와 관련한 전문적인 지식을 갖는 다양한 인적 자원들이 외교부의 정책결정에 관여하면서 국내정책의 거버넌스는 다원화되고, 국제사회의 인식공동체와의 연관성이 점차 증대되고 있다. 그러나 개발도상국과의 관계, 인권 등의 문제에 있어서 국제사회의 표준과는 여전히 인식의 격차를 보이고 있다. 다양성과 전문성의 증대로 인해 그

만큼 중국외교정책의 세련성이 더욱 가다듬어져야 한다. 그러나 외사영도소조와 함께 새롭게 설립한 국가안전위원회를 책임지는 시진핑이 자신의 권력을 강화하면서 외교정책에도 완고하고 경직되게 관여할 경우, 미중 간의 갈등과 대립은 점차 심화될 가능성이 크다.

한국의 국가전략을 결정해야 하는 사람들에게 21세기는 미국의 외교정책만큼이나 중국의 외교정책도 중요하게 고려해야 하는 요인이 되었다. 백 년 전 강대국의 지정학적 이해관계가 교차하면서 한반도의 주권이 상실되었던 역사를 떠올린다면, 미중 세력균형과 전이가 초래하는 새로운 역사국면에서 우리는 매우 엄중한 현실에 놓여 있음을 자각해야 할 것이다. 한국은 자신의 최대 무역상대국이자 북한에 일정한 영향력을 가진 중국과의 전략적인 이익의 공유와 심화가 절대적으로 요구된다. 한국과 중국은 한반도의 안정과 비핵화에 대한 공동의 이익을 갖고 있기 때문이다. 특히 중국과 다양한 전략대화를 통해 '북한의 미래'에 대한 인식을 공유할 필요가 있다. 중국이 북한을 한반도에서 미국과의 경쟁을 위한 전략적 자산으로 간주하는 한, 중국의 대한반도정책 수정은 기대하기 어렵다. 한국은 미중 간의 첨예한 이해관계가 충돌하고 있는 한반도의 이익상관자이기에 양국의 관점을 변화시키고 조정할 수 있는 매개자가 될 수 있다. 남북관계가 악화되고 북한의 중국 의존도가 심화되면, 한반도의 운명은 결국 미중관계의 성격에 좌우될 가능성이 커진다. 21세기는 제국주의 시대와 냉전 시대와는 구별되며, 미중경쟁구조 속에서도 한국이 자신의 운명을 독자적으로 개척할 수 있는 여건을 제공해주고 있다. 그것은 국제사회의 다양한 행위

자들이 창출하는 협력의 거버넌스이다. 국제레짐과 다자기구 등을 통해서 평화와 번영을 위한 공통의 이해관계와 정체성을 형성하기 위한 모색이 점차 중요해지고 있다. 20세기를 풍미했던 강대국들 간의 현실정치는 점차 그 소구력을 잃어가고 있다. 공통의 이해관계를 확장하여 제도를 구축하고, 그 제도를 기반으로 협력의 관행을 쌓는다면, 마침내 서로를 구분 짓지 않는 공통의 정체성에 이르는 과정을 유럽연합의 발전을 통해서 목도하고 있지 않은가?

토의주제

1. 제4세대 엘리트들의 국제정치 인식이 외교정책에 어떻게 영향을 주는가?
2. 중국 내 여론과 민족주의는 외교정책에 어떠한 영향을 주는가?
3. 개혁개방 이후 성정부의 자율성을 부여한 분권화정책은 외교정책과 어떠한 관련이 있는가?
4. 중국외교정책의 결정구조와 행위자는 어떻게 구성되어 있는가?
5. 국제사회의 외부적 충격은 중국의 외교정책 형성에 어떻게 영향을 주는가?
6. 중국외교정책의 전략과 목표는 무엇인가?
7. 21세기 중국외교정책이 한국에 시사하는 바는 무엇인가?
8. 한국은 한미동맹과 한중 전략적 협력관계에서 어떠한 선택을 해야 할 것인가?

참고문헌

1. 한글문헌

김재철. "중국의 공세적 외교정책." 『한국과 국제정치』 제28권 제4호 (2012).
_____. 『중국의 정치개혁: 지도부, 당의 지도력 그리고 정치체제』. 서울: 한울, 2002.
유현정. "2011년 『화평발전백서』 발간의 배경과 평가." 『정세와정책』 10월호 (2011).
이종석. 『북한-중국 관계, 1945~2000』. 서울: 중심, 2000.
이태환. 『중국의 국내정치와 대외정책』. 서울: 한울, 2007.
정재호 편. 『중국 개혁-개방의 정치경제 1980~2000』. 서울: 까치, 2002.
_____. 『중국정치연구론』. 서울: 나남, 2000.

조영남. 『중국 정치개혁과 전국인대: 개혁기 구조와 역할의 변화』. 서울: 나남, 2000.
_____. 『후 진타오 시대의 중국정치』. 서울: 나남, 2006.
차창훈. "중국의 신형대국관계 제기에 대한 일 고찰: 내용, 배경 및 평가를 중심으로." 『한국정치학회보』, 제48집 4호 (2014).
최명해. 『중국·북한 동맹관계: 불편한 동거의 역사』. 서울: 오름, 2009.
최우선. "오바마·시진핑 정부하 미·중관계와 한국의 전략." 『주요국제문제분석』 No. 2012-47, 서울: 국립외교원 외교안보연구소, 2013.
최진백, "미중경쟁에서 디커플링이 갖는 전략적 의미와 항후 전망." 『정책연구시리즈』 No. 2020-24, 서울: 국립외교원 외교안보연구소, 2020.

2. 영어문헌

Allison, Graham. *Destined for War: Can America and China Escape Thucydides's Trap?*. New York: Houghton Mifflin Harcourt, 2017.

Anonymous, *The Longer Telegram: Toward A New American China Strategy*, Atlantic Council, 2021.

Biden, Joseph R. "Why America Must Lead Again," *Foreign Affairs* (March/April 2020).

Chan, Gerald. *Chinese Perspectives on International Relations: A Framework for Analysis*. London: Macmillan, 1999.

Cha, Chang Hoon. "China's Search for Ideological Values in World Politics: Chinese Adaptation to Liberal Order drawn from Political Reports of the Chinese Communist Party Congress since 1977," *Pacific Focus* 32-3 (December 2017).

Cheung, Peter T. Y., and James T. H. Tang. "The External Relations of China's Provinces." in David M. Lampton, eds. *The Making of Chinese Foreign and Security Policy*. Stanford: Stanford University Press, 2001.

Christensen, Thomas J. "Posing Problems without Catching up: China's Rise and Challenges for U.S. Security Policy." *International Security* 25-4 (Spring 2001).

Chung, Jae Ho. "South Korea Between Eagle and Dragon." *Asian Survey* 41-5 (2001).

Deng, Yong, and Fei-Ling Wang, eds. *in the Eyes of the Dragon: China Views and the World*. Lanhan: Rowman and Littlefield, 1999.

Dittmer, Lowell. "The Strategic Triangle: An Elementary Game-Theoretic Analysis." *World Politics* 33 (1981).

Economy, Elizabeth, and Michel Oksenberg, eds. *China Joins the World: Progress and Prospects*. New York: Council on Foreign Relations Press, 1999.

Fairbank, John King, ed. *The Chinese World Order: Traditional China's Foreign Relations*. Cambridge: Harvard University Press, 1968.

Fewsmith, Joseph. "Political and Social Implications of China's Accession to the WTO." *The China Quarterly* 167 (September 2001).

_____. "The Sixteenth National Party Congress: The Succession that didn't happen." *The China Quarterly* 173 (March 2003).

Finkelstein, David M., and Maryanne Kivlehan, eds. *China's Leadership in the 21st Century: the Rise of the Fourth Generation*. Armonk. New York: M.E. Sharpe, 2003.

Gill, Bates and Huang Yanzhong. "Sources and Limits of Chinese Soft Power." *Survival* 48-2 (2006).

Godement, Francois, "One Belt, One Road: China's Great Leap Outward." *China Analysis*, European Council on Foreign Relations, June 2015.

Goldman, Merle, and Roderick MacFarquhar, eds. *The Paradox of China's Post-Mao Reforms*. Cambridge, Massachusetts: Harvard University Press, 1999.

Goldstein, Avery. "The Diplomatic Face of China's Grand Strategy: A Rising Power's Emerging Choice." *The China Quarterly* 168 (2001).

Gries, Peter Hays. *China's New Nationalism: Pride, Politics, and Diplomacy*. Berkeley: University of California Press, 2004.

Haas, Peter M., eds. "Knowledge, Power and International Policy Coordination." *special issue of International Organization* 46-1 (Winter 1992).

Harding, Harry. *A Fragile Relationship: The United States and China since 1972*. Washington, D.C.: The Brookings Institution, 1992.

Holsti, Ole. *Public Opinion and American Foreign Policy*. Ann Arbor, Mich.: University of Michigan Press, 1996.

Hunt, Hunt. *The Genesis of Chinese Communist Foreign policy*. New York: Columbia University Press, 1996.

Jacobson, Harold, and Michel Oksenberg. *China's Participation in the IMF, World Bank and GATT*. Ann Arbor, Mich.: University of Michigan Press, 1990.

Jan, Hung-Yi. "The PRC's Bid to Enter the GATT/WTO." *Issues and Studies* 33-6 (June 1997).

Jervis, Robert. *Perception and Misperception in International Politics*. Princeton: Princeton University Press, 1976.

Johnston, Alastair Iain. "Learning versus Adaptation: Explaining Change in Chinese Arms Control Policy in the 1980s and 1990s." *The China Journal* 35 (January 1996).

Johnston, Alastair Iain, and Robert S. Ross, eds. *Engaging China.* London: Routledge, 1999.

Kim, Samuel. "China and the United Nations." in Michel Oksenberg and Elizabeth Economy, eds. *China Joins the World.* New York: Council on Foreign Relations Press, 1999.

____. "International Organization in Chinese Foreign Policy." *Annals* 519 (January 1992).

____. "The Making of China's Korean Policy in the Era of Reform." *The Making of Chinese Foreign and Security Policy.* Stanford: Stanford University Press, 2001.

____. "The Maoist Image of World Order." in Samuel S. Kim. *China, the United Nations and World Order.* Princeton, NJ: Princeton University Press, 1979.

Kim, Samuel S., ed. *China and the World: Chinese Foreign Policy Faces the New Millenium.* Boulder: Westview, 1998.

Lampton, David M. *Same Bed and Different Dream: Managing U.S.-China Relations 1989~2000.* Berkeley: University of California Press, 2001.

Lampton, David M., ed. *The Making of Chinese Foreign and Security Policy in the Era of Reform.* Stanford: Stanford University Press, 2001.

Lardy, Nicholas R. *China's Unfinished Economic Revolution.* Washington, D.C.: Brookings Institution, 1998.

____. *Integrating China into the Global Economy.* Washington, D.C.: Brooking Institution Press, 2002.

Larson, Deborah Welch. "Can China Change the International System? The Role of Moral Leadership," *The Chinese Journal of International Politics* 13-2 (2020).

Li, Cheng. *China's Leaders: the New Generation.* London: Rowman & Littlefield Publishers, Inc., 2001.

Lieberthal, Kenneth G. *Governing China: From Revolution to Reform.* New York: W. W. Norton, 1995.

Lieberthal, Kenneth G., and David M. Lampton. *Bureaucracy, Politics and Decision Making in Post-Mao China.* Berkeley: University of California Press, 1992.

Lu, Ning. "The Central Leadership, Supraministry Coordinating Bodies, State Council Ministries, and Party Departments." in David M. Lampton, ed. *The Making of Chinese Foreign and Security Policy.* Stanford: Stanford University Press, 2001.

____. *The Dynamics of Foreign-Policy Decision-making in China.* Boulder: Wesview Press, 1997.

MacFarquhar, Roderick, ed. *The Politics of China: The Eras of Mao and Deng.* Cambridge: Cambridge University Press, 1997.

Miller, H. Lyman, and Xiaohong Liu. "The Foreign Policy Outlook of China's Third Generation Elite." in David M. Lampton, ed. *The Making of Chinese Foreign and Security Policy: in the Era of Reform.* Stanford: Stanford University Press, 2001.

Nathan, Anderw J. "China and the International Human Rights Regime." in Michel Oksenberg and Elizabeth Economy, eds. *China Joins the World.* New York: Council on Foreign Relations Press, 1999.

Nathan, Andrew, and Bruce Gilley. *China's New Rulers: the Secret Files.* New York: nyrb, 2002.

Naughton, Barry. *Growing out of the Plan.* Cambridge: Cambridge University Press, 1995.

Ng-Quinn, Michael. "International Systemic Constraints on Chinese Foreign Policy." in Samuel S. Kim, ed. *China and the World.* Boulder: Westview Press, 1984.

Oksenberg, Michel, and Elizabeth Economy. *Shaping U.S.-China Relations: A Long-Term Strategy.* New York: Council on Foreign Relations Press, 1997.

Pearson, Margaret M. "China's Integration into the International Trade and Investment Regime." in Michel Oksenberg and Elizabeth Economy, *China Joins the World: Progress and Prospects.* New York: Council on Foreign Relations Press, 1999.

____. "The Case of Accession to GATT/WTO." in David M. Lampton, eds. *The Making of Chinese Foreign and Security Policy.* Stanford: Stanford University Press, 2001.

Pollack, Jonathan D. "China and the Global Strategic Balance." in Harry Harding, ed. *China's Foreign Relations in the 1980s.* New Haven and London:

Yale University Press, 1984.

Robinson, Thomas W. "Chinese Foreign Policy from the 1940s to the 1990s." in T. W. Robinson and David Shambaugh, eds. *Chinese Foreign Policy: Theory and Practice.* Oxford: Oxford University Press, 1994.

Robinson, Thomas W., and David Shambaugh, eds. *Chinese Foreign Policy.* Oxford: Oxford University Press, 1994.

Rosenau, James N. *Public Opinion and Foreign Policy.* New York: Random House, 1996.

Ross, Lester. "China and Environmental Protection." in Michel Oksenberg and Elizabeth Economy, eds. *China Joins the World.* New York: Council on Foreign Relations Press, 1999.

Schram, Stuart R. "Economics in Command? Ideology and Policy since the Third Plenum, 1978~1984." *The China Quarterly* 99 (September 1984).

Shambaugh, David. "China and Korean Peninsula: Playing for the Long Term." *Washington Quarterly* 26-2, (Spring 2003).

_____. *Beautiful Imperialist: China Perceives America.* Princeton, NJ: Princeton University Press, 1991.

_____. *Modernizing China's Military.* Berkeley: University of California Press, 2002.

_____. *Modernizing China's Military: Progress, Problems, and Prospects.* Berkeley: University of California Press, 2002.

Suettinger, Robert L. "The Rise and Descent of Peaceful Rise." *China Leadership Monitor* 12 (Fall 2004).

Swaine, Michael D. "China' Assertive Behavior-Part One: On 'Core Interests'" *China Leadership Monitor* 34 (2011).

_____. "Chinese Crisis Decision-Making Managing the COVID-19 Pandemic PartOne: The Domestic Component." *China Leadership Monitor* 64 (Summer 2020).

Swaine, Michael D., and Alastair Iain Johnston. "China and Arms Control Institutions." in Michel Oksenberg and Elizabeth Economy, eds. *China Joins the World.* New York: Council on Foreign Relations Press, 1999.

Swaine, Michael D., and Ashley J. Tellis. *China's Grand Strategy.* Washington, D.C.: RAND, 2000.

Unger, Jonathan, eds. *Chinese Nationalism.* Armonk:

M. E. Sharpe, 1996.

Wang, Hongying. "The Asian Financial Crisis and Financial Reforms in China." *The Pacific Review* 12-4 (1999).

Wei, Li, and Lucian W. Pye. "The Ubiquitous Role of Mishu in Chinese Politics." *The China Quarterly* 132 (December 1992).

Zhang, Yongjin, and Greg Austin, eds. *Power and Responsibility in Chinese Foreign Policy.* Canberra: Asia Pacific Press, 2001.

Zhao, Suisheng. "Chinese Intellectuals' Quest for National Greatness and Nationalistic Writings in the 1990s." *The China Quarterly* 152 (December 1997).

Zoellick, Robert B. 2005. "Whither China: from Membership to Responsibility," Remarks before National Committee on U.S.: China Relations in Washington D. C., U.S.A. September 2011.

3. 중국어문헌

龐中英 編. 『全球化, 反全球化與中國: 理解全球化的複雜性與多樣性』. 上海: 上海人民出版社, 2002.

『中國外交 1992』. 北京: 世界知識出版社, 1992.

『中國外交 1996』. 北京: 世界知識出版社, 1996.

門洪華 編. 『中國: 軟實力方略』. 北京: 浙江人民出版社, 2007.

宋强 等. 『中國可以說不: 冷戰後時代的政治與情感抉擇』. 北京: 中華工商聯合出版社, 1996.

沈驥如. "維護東北亞安全的當務之急: 制止朝核問題上的危險博弈." 『世界經濟與政治』. 第9期, 2003.

러시아의 외교정책

신범식(서울대 정치외교학부)

14장

1. 서론   421

2. 러시아외교의 국내적
   및 대외적 환경   423

3. 러시아외교정책의
   지전략적 목표와 대안들   429

4. 러시아외교정책의
   글로벌한 전개와
   대한반도관계   439

5. 결론   451

1. 서론

유럽의 변방에 위치하고 있던 러시아는 제정(帝政)러시아 이래로 유럽의 강대국으로 활약해 왔으며, 냉전 시기에는 미국과 함께 세계를 양분해 경영했던 초강대국이었다. 1980년대 중반 식어가던 소련 경제 엔진의 재가동을 위해 시도된 고르바초프의 페레스트로이카는 결국 1991년 말 소련의 해체라는 결과를 초래하였고, 소련에 속해 있던 15개 공화국의 일원이었던 러시아는 신생 연방국으로 독립하였다. 소련 붕괴 이후 러시아는 정치적 민주화, 경제적 시장화, 사회적 다원화를 동시에 추진하는 사상 초유의 다층적 체제전환이라는 대변혁과 혼란을 경험하였다. 이는 중국이 정치 및 사회적 변혁을 유보하고 경제적 개혁만을 추구하여 상대적으로 안정적 체제전환을 진행시킨 것과는 대조적이다. 아무튼, 러시아는 1990년대 다층적 체제전환으로 인해 한때 2,000%까지 치솟는 초인플레이션, 10년 이상 지속된 마이너스 경제성장, 국가공권력의 공백을 비집고 파고든 마피아 현상, 신흥 과두재벌에 의한 국가재산 남획 등 혼돈과 무질서로 점철된 '잃어버린 10년'을 경험하였다. 하지만 푸틴 대통령의 등장 이후 러시아는 안정과 질서를 회복하고 소련 시절의 세계전략(global strategy)을 구사해온 경험을 살려 강대국으로 세계무대에 복귀하였다. 고유가 시기 자원 권력을 기반으로 세력을 강화하게 된 러시아는 미국을 위시한 서방으로부터 여러 방면에서 도전을 받았고, 이에 대해 러시아는 중요 이익을 적극적으로 보호하고 되찾기 위한 공세적 국익방어외교를 강화해 감으로써 세계정치의 난맥을 한층 더 복잡하게 만들고 있다. 2014년 크림반도 합병 이후 2022년 현재까지 꾸준히 이어지고 있는 우크라이나를 둘러싼 갈등 및 전쟁, 시리아 사태에 대한 개입 그리고 신(新)동방정책을 통한 아시아정책의 강화 등이 러시아의 공세적 국익방어외교의 대표적 사례라고 할 수 있다.

이처럼 굴곡을 겪어온 러시아외교를 이해하는 데 우리가 주목해야 할 요소로는 미완의 체제전환이라는 조건, 역사적 유산의 영향, 이념지향성의 지속, 그리고 지전략적 고려에서 나오는 러시아 대외정책의 전(全)방위적 특성 등이다. 그중 러시아외교를 이해하는 출발점으로 고려해 볼 요인은 바로 이념의 역할이다.[1] 소련 붕괴 이후 대외정책에 연관된 정치인, 관료, 지식인들은 러시아 대외정책의 지향성에 대한 첨예한 논쟁에 휩싸인다. 특히 지배 이데올로기로서의 공산주의가 포기된 이후, 러시아의 엘리트들은 러시아외교의 이데올로기적 공백을 채울 이념적 기초를 정초(定礎)하는 문제로 골몰하게 되었다. 이러한 논쟁의 결과로 러시아에서는 유라시아주의에 대한 관심이 매우 높아졌다.

상술한 바와 같이 유라시아주의로 대표되는 이념과 더불어, 러시아인들은 그 지정학적 위치

> **개념** **유라시아주의(Eurasianism)**
>
> 러시아는 동양이나 서양 어느 한 편에 속한 것이 아니라 두 문명권 사이에 위치한 독특한 '유라시아'라는 문명권을 형성하였으며, 따라서 러시아의 발전은 독특한 문명공간으로서 유라시아의 역사적 발전의 리듬과 특성을 따라야 한다는 주장이다. 특히 러시아가 유럽과 동화되어야 한다고 주장하는 서구주의(Westernism)에 반대하여 독자적 러시아외교 지향성의 이념적 기초들을 제공하고 있다.

로 인해 대륙지정학의 전통 속에서 독특한 자기이익 규정의 사고 틀을 가지고 있다.[2] 서(西)로는 유럽국가, 동(東)으로는 중국을 위시한 동북아국가와 북(北)으로 미국과 캐나다, 그리고 남(南)으로는 중동 및 중앙아시아의 국가들과 함께 국경 또는 영향권을 공유하는 지정학적 상황에 놓여 있기에 대외전략이 전방위적 성격을 띠면서 상호 밀접히 연관되어 있을 수밖에 없다. 따라서 러시아외교를 이해하는 데 주목하여야 할 요소로 '유럽-유라시아-아시아'를 아우르는 지전략의 복합성을 빼놓을 수는 없을 것이다.

이 장에서는 러시아연방 외교정책의 성립과 전개 과정을 체제전환의 위기와 긴박성, 다양한 지전략적 대안들의 복합화, 그리고 지정학적 지

---

1) Н. А. Бердяев, *Истоки и смысл русского комм унизма* (М., 1990).

2) 이러한 러시아의 지정학적 사유의 전통에 대하여 다음을 참조. А. Дугин, *Геополитика* (М., Арктогея, 1997); 신범식, "현대 러시아이념과 러시아 정치과정에 나타난 '동양'과 '서양'의 문제," 『슬라브학보』 14권 2호 (2000); А. Кара-Мурза, "Между Евразией и Азиопой," *ИНОЕ (III)* (М., 1995); Robin Aizlewood, "The Return of the 'Russian Idea' in Publications, 1988~1991," *Slavonic and East-European Review* 71-3 (1993), pp. 490-499.

지전략(地戰略)이란 지리와 전략의 합성어로, 정치와 경제 및 사회에 대한 지리의 영향을 탐구하는 지정학적, 지경학적, 지문화적(geocultural) 사고를 종합하여 추구하는 국가적 발전전략을 일컫는 용어이다. 19세기 말~20세기 전반의 고전지정학 전략을 대신해 비판지정학과 신지정학의 성과를 원용하여 21세기 주요국들의 포괄적 지역정책 및 대외전략을 설명하는 데 유용하다.

향성의 전환이라는 차원에서 추적해 볼 것이다. 특히 소련 붕괴 이후 그 국제법적 계승국가로서 러시아의 새로운 정체성이 러시아외교정책 일반과 지역별 외교정책에 어떻게 영향을 끼쳤으며 어떤 전환을 가져왔는지 추적해 봄으로써 현 단계 러시아외교를 이해하고, 그것이 동북아 및 한반도에 대해 지니는 함의를 거시적 구도 속에서 고찰해 볼 것이다.

2. 러시아외교의 국내적 및 대외적 환경

1) 정체성 논쟁과 외교지향성 각축

탈냉전 이후 세계는 미국의 패권과 세계화로 요약되는 커다란 변화의 소용돌이에 휩싸였다. 이 속에서 소련의 계승자 러시아의 엘리트들과 국민들은 과거와는 확실히 다른 자국의 위상과 평판을 대하면서 고민에 빠지게 되었다. 이는 자국의

역사적 경험과 미래에 대한 비전을 구축해 줄 수 있는 이념체계에 대한 요청을 강화시켰다.

소련의 붕괴를 전후하여 러시아가 경험한 위기의 첫 단계는 '정체성 위기(identity crisis)'였다. 소련의 붕괴는 단순한 국가의 분열이 아니다. 동구를 필두로 하는 러시아의 외적 제국이었던 사회주의 국가들의 변화와 러시아의 내적 제국에 속한 소련 내 공화국들의 독립은 러시아인의 민족적 자의식에 착근되어 있던 '제국 의식'[3]에 심각한 상처를 입히면서 '위대한 제국인들'에게 깊은 '상처'를 안겼다. 따라서 이 시기의 굴욕과 수치의 상실감을 이해하지 않고서 러시아외교의 굴곡을 결코 바로 이해할 수 없다. 이 문제가 러시아인들에게 한층 심각해진 계기는 독립한 구소련 공화국에 흩어져 살고 있던 러시아인들이 노골적 차별대우를 받게 되면서부터이다. 또한, 이러한 러시아인 디아스포라의 문제와 더불어 러시아 내에 살고 있는 타민족의 정체성에 관한 의문은 '러시아 민족(русский, ethnic Russian)'과 '러시아 국민(россиянин, state Russian)'에 관한 용어 정의를 둘러싼 논쟁을 유발하기도 하였다. 이는 민족 자의식의 위기라는 수준에서 끝나지 않고 당시 옐친(Boris Yeltsin) 정권의 국가 관리의 무능과 무리한 시장개혁에 따른 경제난으로 인한 국민들의 불만이 고조되면서 체제에 대한 '정당성 위기(legitimacy crisis)'로 심화된다.[4]

---

3) 쉴라펜토흐는 국가성과 관련하여 러시아 이념의 본질을 제국 의식으로 파악하고 그 역사적 전통에 대해 분석하였다. Dmitry Shlapentokh, "The End of the Russian Idea," *Studies in Soviet Thought* 43 (1992), pp. 199–217.

4) 러시아에 있어서 정당성의 위기가 전개되는 과정에 Holmes, L. "Normalisation and Legitimation in Postcommunist Russia," in S. White, A. Pravda,

따라서 러시아의 정치투쟁은 단순한 정권 교체의 문제가 아니라 정치체제를 구성하는 기본원칙에 대한 이견으로부터 오는, 보다 근본적인 성격을 띤 것이었다. 서구적 발전모델을 지향하면서 개혁을 추진하려 하는 '자유주의적 개혁주의자'들과 러시아의 고유한 전통에 집착하는 '애국-민족주의자(이들은 다시 전통과 독자성의 내용에 따라서 애국주의적 '국가주의자'와 민족주의적 '공산주의자'로 크게 나뉨)'들 간의 격렬한 대결은 공산주의 이념이 지배 이데올로기로서의 지위를 상실한 이후 등장한 '이데올로기의 공백'이라는 조건을 틈타 러시아의 발전노선의 지향성을 놓고 벌인 투쟁이 되었다. 신생 러시아 초기에 한동안 우세했던 서구주의 지향성은 곧 러시아적 독특성을 강조하면서 등장한 정치세력에 의하여 견제되었고, 1993년 의사당 포격 사건 이후 옐친 대통령이 가지고 있던 '민주화의 아버지'라는 이미지까지 상실되면서 양자 간 대결 양상은 더욱 격화되었다. 이처럼 대중 차원에서 심화되어 온 정체성의 위기와 정치과정에서 급속히 촉발된 정당성의 위기는 국가에 대한 근본적이며 포괄적인 의미와 원칙의 출현을 요구하게 되었고, 그것이 바로 새로운 러시아 국가를 건설하는 근본적 틀을 규정하는 '국가성(statehood)'의 원칙이다.

신생 러시아의 국가성을 어떻게 규정할 것인가의 문제를 두고 '개혁'과 '보수' 사이에서 벌어진 갈등은 다시 대립적 두 세계관 사이의 긴장에서 발생했다. 러시아 국가성에 대한 논쟁은 유럽 모델에 따라 자유민주주의와 자본주의 시장경제 및 다원적 시민사회 등을 강조하면서 새로운 러시아의 국가성을 정초(定礎)하려는 '서구주의'와 위대한 유라시아제국 정체성 및 강대국의 위신 회복을 지향하는 '유라시아주의' 사이의 대결로 귀결되었다.[5] 서구주의는 서구적 근대화이론에 따라 국가를 서구화하려는 전략이다. 서구주의와 대립되는 유라시아주의는 서구의 성과를 인정하면서 동시에 고유의 역사·문화적 전통을 기반으로 독자적 발전노선 및 특수한 문명화적 발전모델을 형성하려는 전략이다.

결국, 러시아적 위기의 3중적 구조는 러시아의 지식인 및 정치엘리트들을 '러시아 이념'에 대한 심각한 고민 속으로 몰아넣었고, 이러한 고민의 과정은 동양과 서양의 사이에 위치한 러시아의 중간자적 성격을 적극적으로 활용하여 러시아적 독자성을 강화시키려는 유라시아주의적 동기에 대한 대중의 관심을 불러일으켰다. 이에 정치 엘리트들은 사상적, 이념적, 실천적 차원에서 이 새로운 이념의 실천을 위한 대안들을 모색하게 되었다. 특히 서방 자유주의 세계와의 경쟁에서 패배한 데서 오는 민족적 패배감과 동유럽 사회주의권 제국이라는 '외적 제국'의 붕괴 그리고 구소련공화국들의 독립으로 발생한 '내적 제국'의 붕괴라는 3중 충격을 겪은 러시아인들에게 있어서 향후 러시아의 대외정책은 깊은 관심의 대상이 아닐 수 없었다. 이러한 상황은 대외정책의

Z. Gitelman (eds.), *Developments in Russia and Post-Soviet Politics* (London: Macmillan, 1994).

---

5) 현대 아틀란티스주의와 유라시아주의의 대립에 대한 사상적 이해는 파나린의 다음 논문들을 참고. А. С. Панарин, "Западники и евразийцы," *ОНС* No. 6 (1993); А. С. Панарин "Между атлантизмом и евразийством: цивилизационный процесс и вызов Запада," *Свободная мысль* 11 (1993); Alexander Rarl, "'Atlantics' versus 'Eurasians' in Russian Foreign Policies," *RFE/RL Research Report* 1-22 (1992).

문제를 고도로 정치화하는 조건으로 작용하였다. 따라서 외교적 지향성에 관한 논쟁은 자연히 러시아 국내정치세력의 이데올로기적인 분포와 관계될 수밖에 없었다.

소련 붕괴 후 러시아 정치세력은 크게 세 계열로 분열되었는데, 하나는 서구주의와 자유주의 가치를 지향하는 자유·개혁세력이며, 다른 하나는 전통주의와 패권주의 및 러시아적 가치를 지향하는 애국·민족주의세력이고, 끝으로 민족주의적 가치와 공산주의를 결합시킨 신(新)공산주의세력이다.[6] 그렇지만 이러한 국내정치세력에 대한 삼분법이 외교적 지향성과 기계적으로 결합되지는 않는다. 왜냐하면, 정치세력의 대외정책에 대한 프로그램이 잘 발달하지 못하였으며, 지나치게 파편화된 러시아의 정당구조는 외교적 지향성을 파악하기 어렵게 한다. 러시아의 외교적 지향성(orientation)을 분류하는 방법은 학자들에 따라 다양하지만, 러시아 대외정책의 지향성은 친서방주의 경향과 애국·민족주의 경향 그리고 지정학적 실용주의 경향으로 삼분하여 보는 것이 무난할 것이다.

우선, '친서방주의' 지향은 서구의 발전노선이 인류보편적인 모델을 제공하고 있다는 인식하에 러시아의 대외정책목표를 러시아가 서구적 발전의 성과를 신속히 습득하고, 발전된 서구 세계에 정치·경제적으로 통합되는 것으로 파악한다. 재미있는 점은 이들 온건자유주의자들은 시간이 지남에 따라 러시아적 가치와 발전노선을 강조하는 유라시아주의적 언술체계를 자신들의 주장에

반영함으로써, 점차 실용주의적이면서도 보수주의적인 입장을 대변하고 있는 지정학적 실용주의 경향에 접근해 가게 되었다는 사실이다. 이는 1994~1995년 이후 러시아가 겪은 서구에 대한 실망과 상대적 소외감 그리고 러시아사회의 정치적 보수화의 경향 등을 반영하는 것이기도 하다.

다음으로, '애국·민족주의' 지향은 친서방주의적 경향에 반대하여 서구적 발전모델의 일방적 수용을 거부하며, 러시아가 제정러시아 이후로 지녀온 패권성(державность), 즉 제국 내지는 강력한 국가의 전통을 회복하고 러시아문명의 독특성을 기반으로 하는 국가발전의 모델을 지속적으로 추구하여야 한다는 입장을 견지한다. 물론 애국·민족주의적 경향은 다양한 정치세력이 포함된다. 신(新)공산주의를 비롯한 전통주의와 극우민족주의 등을 망라하여 반개혁적 및 보수적 성향을 포함한다. 이러한 애국·민족주의적 경향은 1993년 의회선거에서 지리노프스키(Vladmir Zhirinovsky)가 선풍을 일으킨 "위대한 러시아의 재건"이라는 슬로건의 힘이 확인된 이후, 1995년 총선에서 러시아공산당의 제1당으로의 부상이라는 승리와 맞물려 대외정책 형성과정에 점차 강한 영향력을 행사하였다. 문제는 이들의 구성을 보면, 정통 공산주의자들로부터 수정 공산주의자들 그리고 전통주의자들에 이르기까지 다양한 세력이 포함된다는 점이다. 즉 이들은 반(反)옐친, 반(反)개혁, 반(反)서구 경향에서는 일치하지만, 지향하는 가치는 매우 다양하다. 따라서 이들이 하나의 목표를 가지고 러시아의 대외정책 형성에 영향을 미친 것은 아니다. 다만 대외정책을 둘러싼 이들의 공통적인 비판과 언술의 배경에는 유라시아주의적 가치지향이 자리 잡고 있다는 데에는 커

---

6) 러시아 정치세력의 분포와 그 특성에 관해서는 신범식, "러시아정치세력의 이데올로기적 분포와 가치체계,"『국제정치논총』제40집 3호 (2000), pp. 213-244 참조.

다란 이견이 없다. 애국·민족주의적 외교 지향성은 1996년 이후 등장한 프리마코프(Yevgeny Primakov) 외무장관 — 후에 그는 총리로 발탁되어서도 외교정책에 대한 영향력을 행사한다 — 의 '동방정책' 속에서 강하게 나타난다.

끝으로, '지정학적 현실주의'를 지지하는 집단들에 대한 유라시아주의의 영향 또한 컸던 것으로 평가될 수 있다. 이들은 친서방주의 경향과 애국·민족주의 경향을 절충하여 러시아의 이익을 극대화하는 온건적 보수주의의 성향을 가진다. 이러한 지향성에는 유라시아주의가 내포하는 지전략적 사고가 강한 영향력을 발휘하였다. 문명적 정체성에 대한 답변을 제공하는 유라시아주의적 담론은 이들 지정학적 실용주의자들에 의해 수용되어 동양과 서양 내지는 남과 북 사이에서 균형 잡힌 전략추구라는 목표와 맞물리면서 러시아외교에 깊이 연루되었다. 이러한 러시아 지정학적 특성을 무시하고 맹목적으로 서구주의에 몰입하는 것은 러시아적 가치를 말살하여 결국 그 존립을 위태롭게 만들 것이라는 경계(警戒) 위에서 지정학적 실용주의 논의가 전개된다. 결국, 이들은 서방에 대한 일방적 추종과 의존은 러시아를 러시아답게 만들지 못하며, 도리어 강력한 국가의 개입이라는 전통 속에서 시장경제의 건설에 성공한 일본이나 한국, 그리고 이러한 개발의 과정 중에서 성과를 거두고 있는 인도나 중국 등과의 협력을 통해 동양과 서양 또는 북과 남의 균형을 취하는 방향으로 대외정책을 조정해 가야 하며, 고유한 러시아적 지정학, 즉 유라시아주의의 전통 속에서 진정한 러시아의 이해를 구현할 수 있는 외교를 추구하여야 한다고 역설한다. 이들에 따르면 사실 러시아/소련의 전통적 대외정책

은 유럽 등 북측 국가들보다는 더 긴 국경선을 공유하고 있는 남측 국가들과 더 성공적이었으며, 바로 이러한 관계가 세계정치에서 지닌 러시아의 영향력의 원천이었다는 것이다.[7]

이 세 지향성은 러시아의 정체성과 사명을 정의하는 출발점이 다르기 때문에 러시아외교노선에 대해 전혀 다른 처방들을 내놓는다. 흥미로운 점은 1990년대 세계정세의 급박한 변동과 구조적 변화가 러시아의 개혁을 어렵게 만들고, 국내정치 상황이 어려워지면서 러시아 사회가 점차로 보수화되어 갔다는 점과 이것이 러시아 대외정책의 내외적인 환경에 영향을 미쳐 외교노선에 대한 근본적인 전환을 가져왔다는 점이다. 초기 친서방외교가 보였던 일방적 지향성은 국내개혁의 진통에 따른 국민들의 보수화와 나토(NATO) 동진과 확장 등과 같은 비우호적 국제환경 때문에 애국·민족주의적 세력의 비판에 직면하면서 약화되었다. 프리마코프노선으로 일컫는 반서방적 외교노선은 수사적 측면에서는 러시아외교의 커다란 변화를 의미하지만, 그것은 실제적 정책변화로 연결되지는 못하였다. 왜냐하면, 러시아의 희망사항과 실제 능력 사이에는 커다란 간극이 존재하였기 때문이다. 하지만 1990년대의 '잃어버린 10년'을 마무리하면서 21세기에 새롭게 등장한 푸틴 대통령과 함께 러시아는 실용주의적 사고에 기초하여 국익의 극대화를 지향하는 지정학적 현실주의를 러시아외교의 전면에 내세우면서 국제정치 무대에서 자국의 영향력을 신속하게 회복하였다.

7) Alexei G. Arbatov, "Russian Foreign Policy Thinking in Transition," in Vladimir Baranovsky, ed. *Russia and Europe: The Emerging Security Agenda* (Oxford: Oxford University Press, 1997).

해설 14.1

나토(NATO)의 동진(東進)

냉전 시기 서방 세계의 안보동맹체였던 나토는 냉전이 끝난 뒤에도 해체되지 않고 도리어 미국을 중심으로 강화되었다. 나토는 1999년 과거 소련 영향권에 속해 있었던 동유럽 비셰그라드 그룹인 체코, 헝가리, 폴란드를 회원국으로 받아들였다. 2004년에는 발칸반도의 일부 국가 및 발트 3국이 가입하며 러시아는 나토와 직접 국경을 맞닿게 되었다. 이후 2009년과 2017년에는 알바니아, 크로아티아, 몬테네그로 등이 추가로 나토에 가입함에 따라, 나토의 동부전선은 러시아 국경 쪽으로 1000km 이상 확장되었고, 러시아는 이를 안보위협으로 받아들였다. '나토+러시아' 위원회가 결성되어 이 문제를 조율하고 있지만, 러시아는 나토의 동진을 커다란 안보위협으로 인식하고 있다. 특히 새롭게 나토에 가입한 폴란드 등지에 미국이 미사일방어체계(MD)를 배치하려는 계획에 깊은 우려를 표한 바 있다. 이같은 나토의 동진은 결국 우크라이나 사태가 발발한 원인 중의 하나로 이해될 수 있다.

2) 유라시아 지정학적 단층대의 활성화와 러시아의 대응

2014년 러시아의 크림반도 병합 및 그 이후 우크라이나 사태의 장기화에 따른 러시아와 서방 사이의 대립은 소위 '지정학의 귀환'을 화두로 만들었다. 이후 계속하여 이어지고 있는 러시아와 서방, 특히 러시아와 미국 간 긴장 구도는 유라시아 서부의 '지정학적 단층대(geopolitical fault line)' 위에 위치한 국가들의 운명에 대한 새로운 관심을 환기하였다. 동시에 최근 고조되고 있는 중국과 미국 사이의 '전략적 경쟁'의 심화는 동아시아와 인태지역에서 '지정학적 단층대'를 활성화시키고 있으며, 그 결과 이들 지정학적 단층대 위에 놓인 우크라이나와 같은 국가들의 외교에 대한 깊은 관심을 불러일으켰다.[8]

이런 지정학적 설명을 러시아에 대입시켜 살

개념 **지정학적 단층대**

세력권을 두고 각축하는 두 세력 간의 경쟁이 고조되는 곳을 지칭하는 개념으로 이러한 지정학적 단층대에 놓인 국가들은 '지정학적 중간국(中間國)'으로 정의될 수 있다. 이들은 세력권을 두고 각축하는 두 세력 간의 경쟁이 고조되는 지정학적 단층대(geopolitical fault line)의 활성화에 의하여 딜레마적 외교 압력에 노출된다.

펴본다면, 러시아는 지구적 수준에서는 미국과 중국의 전략경쟁이 만들어내는 지정학적 압력을 받는 중간국임과 동시에 지역적 수준에서는 이러한 지정학적 단층대의 활성화에 직접적인 영향을 주는 한 축이라고 할 수 있다. 이와 같은 이중적 특성을 띠고 있는 러시아의 대외정책은 탈냉전기 이후 국제정치적 변동 과정에서 겪은 자국의 위상 변화 및 미중 전략경쟁의 본격화로 인해 발생

8) 신범식, "지정학적 중간국 우크라이나의 대외전략적 딜레마," 『국제·지역연구』 제29권 1호 (2020), p. 38.

한 유라시아의 지정학적 단층대 활성화와 긴밀하게 조응해 나가며 형성되었다.

냉전 종식 이후 미국 주도의 소위 '팍스 아메리카나'로 불리는 시기를 거쳐 9·11 사태 및 테러와의 전쟁 그리고 이란 및 북한에 의한 핵확산은 지구적 수준에서 국제평화의 기본 틀을 흔들었으며, 유라시아를 둘러싼 지역적 수준에서는 2000년대 초중반부터 이어져 온 색깔혁명, 러시아-조지아전쟁, 크림합병과 우크라이나갈등 등으로 이어지는 일련의 사건들은 미국 중심의 국제질서 침식에 큰 영향을 주었다. 동시에 2000년대 후반 세계금융위기 이후 미국의 영향력 침식과 시작된 중국의 부상, 그리고 최근 들어서 첨예해진 미중 전략경쟁은 더욱 빠른 국제정치적 환경변화를 이끌고 있으며 유라시아 각지에서 지정학적 단층대를 활성화시키는 원인으로 작용하고 있다.

이 과정에서 자유주의적 세계질서에 적응하고 서구의 일원으로 편입되려 했던 신생 러시아는 초기의 목표를 이루지 못하고, 서방의 일원이 아니라 경쟁자로 취급받게 되었고, 나토의 동진으로 '수세적 방어전략(Defensive Defense)'을 포기한 푸틴 대통령은 '공세적 방어전략(Offensive Defense)'으로의 전환을 선언하면서 미국과 서방이 주도하는 지역질서 및 세계질서에 저항하고 있다.[9]

한편, 이와 같은 러시아의 세계질서에 대한 도전전략은 지구적·지역적 수준에서 다른 수단을 바탕으로 전개되고 있다. 우선 최근 들어 지구적 수준에서 러시아는 중국과의 긴밀한 연대를 통해 서방의 영향력에 대응하고자 한다. 냉전의 종식 이후 서방의 영향력 확대, 중국의 부상 이후 러시아

<hr>

9) 신범식 (2020), p. 38.

해설 14.2

수세적 방어전략과 공세적 방어전략

1990년대 탈냉전기 총체적 혼란 속에서 서방의 확장 및 국익 침해에 적절히 대응하지 못했던 러시아는 푸틴 대통령 등장 이후 에너지·자원의 부를 바탕으로 강대국의 반열에 다시 들어서게 되었고, 이에 따라 서방에 대한 적극적 대응을 모색하게 됐다.

국력약화로 서방에 의한 현상변경을 강요당하고 핵심 국익을 침해당하던 러시아가 2000년대 초중반까지는 '방어적 방어'전략으로 서방의 전략에 대응할 수밖에 없었다면, 푸틴 이후 국력을 회복한 러시아는 핵심 국익 침해를 더 이상 좌시하지 않고 군사력을 포함한 적극적 수단을 동원하는 '공세적 방어'전략으로 전환했다.

와 중국의 관계는 역사상 가장 높은 수준에 도달하였으며, 양국 정상은 상호의 전략적 중요성을 인식하여 1996년에 양국 간 체결한 전략적 동반자관계의 외연과 내포를 꾸준히 확장해 나가고 있다.

2022년 베이징 동계올림픽을 계기로 베이징을 방문한 푸틴 대통령은 시진핑(習近平) 중국 국가주석과의 '새로운 시대를 맞이하는 국제관계와 지속적인 발전에 관한 공동성명'을 통해 양국 사이의 발전된 관계를 천명하였다. 특히 본 선언에서 주목해야 할 점은 러시아와 중국이 공동으로 인도·태평양 정책이나 오커스(AUKUS) 동맹 등 미국이 주도하는 지역 및 세계전략에 반대하는 목소리를 냈다는 점과 러시아가 공식적으로는 처음으로 "하나의 중국" 원칙에 대한 지지를 선언하였다는 것이다. 중국 역시 러시아가 2021년 이

후 2022년 2월 현재까지 지속되고 있는 NATO의 동진 중단을 골자로 하는 서방에 요구한 안전보장 문서에 대한 지지를 표명하며 양자 간 다양한 국제정치적 현안에 대해 높은 수준의 이해관계가 일치하고 있음을 보여주었다.[10]

하지만 러시아의 사활적 이익이 걸려있는 유라시아의 구소련지역에서 러시아는 적극적인 행위자로서 독자적인 대외정책을 펼치고 있다. 대표적으로 러시아는 2008년 조지아와의 전쟁, 2014년 우크라이나의 크림반도 합병을 통해 자신의 대외전략이 더 이상 '방어적 방어'가 아님을 천명하였다. 최근 지정학적 수압이 고조되면서 요동치고 있는 서부 지정학적 단층대는 우크라이나의 NATO 가입에 대한 러시아의 우려가 공세적 방어전략으로 실현되면서 다시 전쟁으로 비화된 것이다. 동슬라브권뿐만 아니라 중앙유라시아에서도 러시아는 자국의 영향력을 유지 및 확대시키기 위한 노력을 지속하고 있는데, 아르메니아와 아제르바이잔 사이의 나고르노-카라바흐전쟁이 2020년 재차 발생하자 러시아는 양국 사이에서 적극적인 중재자 역할을 자처하기도 하였으며, 2022년 카자흐스탄 내부에서 무력시위가 발생했을 때 역시 신속한 대처를 보이며 자신의 영향력을 확인해 주었다.

이처럼 러시아는 미중 전략경쟁에 끼어 있는 중간국이자, 유라시아의 지정학적 단층대 활성화의 한 축으로 작용하는 이중적 특성을 가진 국가로서 지구적 및 지역적 수준에서 형성되고 있는 국제정치적 질서에 대한 면밀한 검토와 이해를 바탕으로 자국의 대외정책을 적극적 견지에서 펼쳐나가고 있다고 할 수 있다.

3. 러시아외교정책의 지전략적 목표와 대안들

1) 지전략적 대안들

소련 붕괴 이후 유라시아 지정학적 환경이 크게 변화되면서, 러시아 대외정책에도 중요한 변화가 나타났다. 러시아가 유라시아 중심에 위치한 국가로서 고려해야 할 대외정책의 지전략(geo-strategy)적 지향성은 크게 세 방향으로 고려될 수 있다.[11] 이러한 러시아의 지전략의 다양한 대안들을 정리해보면 표 14.1과 같다.

(1) 서향(西向) 대안들[12]

이 대안은 미국 및 유럽과 '성숙한 전략적 파트너십'에 우선순위를 두는 전략으로 규정된다. 유라시아 서쪽에 대한 교류를 강조하는 이 대안들은 전(全)지구적 공존·공영을 위한 러시아외교의 변화와 서방 선진국들과의 대등한 협력에 기

10) Президента России, "Совместное заявление Российской Федерации и Китайской Народной Республики о международных отношениях, вступающих в новую эпоху, и глобально м устойчивом развитии," http://kremlin.ru/supplement/5770 (검색일: 2022.02.20).

11) 신범식, "유라시아 지정환경의 변화와 러시아의 대응: 지전략의 복합화를 중심으로," 『국제정치논총』 43권 4호 (2003).

12) 러시아가 직면하게 된 새로운 지정학적 상황은 다음 참조. Александр Г. Задохин, "Россия в Евразии и мировой политике," *Дипломатический Ежегодник: К 60-летию Дипломатической Академи МИД РФ* (М.: Международные Отношения, 1995), с. 38–56.

표 14.1   러시아의 지전략적 선택의 대안들

지리적 '중간자'로서의 러시아의 선택		
서향(西向) 대안들	중향(中向) 대안들	동향(東向) 대안들
(W-1) 대서양주의 대안 미국을 포함하는 대서양 공조로의 합류전략 • 미러공조 세계운영안 • NATO·EU 협력/가입안	(C-1) 동슬라브주의 대안 우크라이나, 벨라루시, 러시아 국가연합 결성전략 • 슬라브3국연합안 • 러시아-벨라루시 통합안	(E-1) 강성 유라시아주의 대안 Ⅱ (동맹주의적 유라시아주의) (반미)동맹 통한 안보경쟁력 강화전략 • 러시아-중국 동맹안 • 러-중-인도(+이란) 동맹안
(W-2) 대유럽주의 대안 미국을 배제/제한하는 대유럽통합에 참여전략 • 미 OSCE 강화안 • 대유럽 연합안	(C-2) 강성 유라시아주의 대안 I (패권적 유라시아주의) 유라시아 독자 중심 형성전략 • CIS 중심의 유라시아 대통합안 • EurAsEC/EAEU 중심 소지역통합안 • CSTO 중심의 안보공동체 결성안	(E-2) 연성 유라시아주의 대안 Ⅱ (지경학적 유라시아주의) 유럽-아시아 연계기능 강화전략 • 상하이협력기구(SCO) 확대·강화안 • 에너지·운송 네트워크 구축안
(W-3) 범슬라브주의 대안 슬라브 국가들의 연합을 통한 동유럽 안정화전략 • 범슬라브권 협의회 결성안 • 범슬라브 연합안	(C-3) 연성 유라시아주의 대안 I (실용주의적 유라시아주의) 유라시아 경제협력 강화전략 • CIS국가들 양자관계 강화 포섭안 • 중앙아시아·카프카즈 균형화안	(E-3) 아시아주의 대안 동북아/아태지역으로의 편입전략 • 동북아지향 동시베리아·극동 개발안 • ARF, APEC 참여 및 협력 강화안

초한 통합을 강조한다. 이 전략은 미국과 유럽을 러시아의 번영을 위한 파트너로 인식하는 사고를 반영한다. 이러한 친서방주의(내지 서구주의) 전략은 다시 미국과의 관계를 중시하는 대서양주의 대안(W-1)과 미국으로부터 자유로운 독자적 유럽과의 협력을 강조하는 대유럽주의 대안(W-2)으로 나누어 볼 수 있다. 그리고 미국과 서유럽이 배타적으로 협력하여 러시아의 서방으로의 접근이 용이하지 않을 경우, 슬라브 국가들을 중심으로 서쪽으로의 협력을 제한적으로 강화하는 범(凡)슬라브주의 대안(W-3)의 선택지도 존재한다. 하지만 현재 유럽정세의 상황으로 판단해 보건대, 그 실현가능성은 매우 낮다.

서향 대안들과 관련해 고르바초프로부터 시작된 신사고외교는 친서방주의 입장에서 출발하였다. 소련 말기 그리고 신생러시아 초기에 러시아 엘리트들은 미국과 함께 세계를 경영하고 서구와의 대등한 파트너십 구축을 통해 서구형 선진국으로 탈바꿈할 수 있다는 희망을 피력하였다.[13] 하지만 소련 붕괴 이후 약화된 러시아에 대한 서방의 태도는 변하였으며, 1996년 서방 세계는 미국 주도로 나토(NATO)의 확장을 결정하였다.

---

13) 신러시아의 대외정책에 있어 신사고 외교노선의 견지에 관하여는 Mark Webber, "The Emergence of the Foreign Policy of the Russian Federation," *Communist and Post-communist Studies* 26-3 (1993) 참조; 러시아의 대(對)유럽 접근이 지니는 전략은 Андрей Загорский, Михаил Лукас, Россия перед Европейским вызовом (М., Международные Отношения, 1993), с. 43-50 참조.

이에 대한 강력한 국내적 반발로 인해 서향 대안들은 더 이상 러시아의 선택지가 될 수 없었다. 1993년 러시아의 이익과 일치되는 방향으로 대서양동맹에 참여하고자 했던 폴란드를 러시아가 지지했던 정책에 화답하여 미국이 러시아를 유럽으로 끌어들이는 전략을 구사했더라면, 러시아의 국가전략은 애초 서구주의가 지향했던 미국 및 유럽과의 동반자관계를 현실화시킴으로써 '공동 유럽의 집'이라는 대(大)프로젝트가 달성될 가능성이 높아졌을 지도 모른다. 하지만 미국은 냉전의 패전국 러시아를 약화 및 고립시키려 하였다.

엘친정부와 클린턴 행정부 사이에서 보였던 미러 간 비대칭적 관계는 9·11테러 이후 미국의 세계전략이 더욱 공세적으로 전환되는 가운데 푸틴정부와 부시 행정부 사이의 공조 틀[14]이 강화되면서 변화의 모습을 보이기도 했다. 이로써 러시아가 좀 더 적극적인 대미관계 개선 의지와 노력을 기울일 경우에는 대서양주의(W-1) 대안도 적극적 내지 소극적 입장에서 러시아에게 여전히 유효한 대안일 수 있다는 점이 확인되었다.

한편, 푸틴 시기 러시아가 독일 및 프랑스와의 양자관계를 강화하면서 미국의 영향력에서 벗어난 유럽-러시아관계를 강화해 나가려는 정책은 유럽의 독자적 행보를 지원하여 미국의 영향력에 견제를 취할 수 있을 것이라는 계산이 깔려있는 것으로 볼 수 있다. 이러한 정책은 미국과 EU 사이에 벌어진 균열상황에 힘입은 바 크다. 유로화(貨)와 달러의 갈등, '바나나전쟁', '철강분쟁' 등의 사례에서 보이는 EU-미국 사이의 무역갈등, 독일과 프랑스의 '유럽주의'에 기초한 서유럽동맹(WEU)의 강화 움직임, 미국의 미사일방어체제에 대한 독일과 프랑스 등의 반발, 이라크전쟁에서의 이견 등이 그 주요한 예이다. 이처럼 정치·군사·경제 각 분야에서 대립되는 미국과 유럽의 갈등의 폭이 커질수록 러시아 입장에서 서향옵션 관련 정책의 향방은 고르바초프 시기에 유럽안보협력회의(CSCE) 등을 중심으로 추진되었던 '유럽공동의 집' 구상에 가까운 형태가 될 것이다. 이는 궁극적으로 러시아가 서쪽으로의 통합방향성을 강화할 경우, 미국 의존적인 유럽이 아니라 독자적인 유럽의 일원으로 참여하는 것이 바람직하다는 판단에 근거하고 있다. 푸틴 대통령의 독일과 프랑스에 대한 반(反)미사일방어체제(MD) 연대 제안과 유럽과 러시아를 포괄하는 공동미사일방어계획의 제안 등은 이러한 유럽의 반응을 시험해 보기 위한 조처들로 보인다. 또한, 독일과 일본의 유엔안보리 상임이사국으로의 진출에 대한 적극적 지지도 이러한 정책의 연속 선상에서 파악 가능하다.

특히 아프간 및 이라크전쟁에서 나타난 미국의 일방적 독주에 대하여 러시아가 유럽주의적 지향을 강력히 추진하여 독일 및 프랑스와의 공조체제를 강화해 나감으로써, 미국을 견제하는 틈새전략은 러시아의 서향적 대안들이 기회주의적 복합성을 띠고 있음을 보여준다. 특히 미국이 그루지야나 우크라이나 등 유라시아에서의 색깔혁명을 지원함으로써 러시아의 이익이 심각한 도전에 직면하게 되고, 또한 미국의 미사일방어체계(MD) 구축에 따라 동유럽에 기지를 설치하는 등의 계획을 추진하면서 러시아가 강력하게 미국에 반발하게 되었고, 이른바 미러관계는 '냉평화(cold peace)'라 불리는 시기에 진입하였다. 이러한 서방과 러

---

14) 홍현익, "부시-푸틴 전략적 합의와 한국의 국가전략," 『정세와 정책』 7호 (2002), pp. 10-15.

시아의 관계변화는 러시아의 서향 대안이 미국의 대러정책에 따라 변화하는 반응적(reflexive) 성격을 강하게 띨 수밖에 없음을 보여준다.

(2) 중향(中向) 대안들

이는 지전략의 우선순위를 '근외지역(near abroad, 소련에 속하였던 공화국들)'에 집중하는 대안이다. 이는 크게 세 가지 지전략으로 나뉜다. 첫째, 소련 붕괴 직후 러시아, 벨로루시, 우크라이나가 '슬라브 3국 연합' 결성을 시도한 것처럼 동슬라브 국가들의 협력 및 통합을 강조하는 동슬라브주의 대안(C-1 옵션)이다. 둘째, 유라시아에서 러시아의 '독자적 중심으로서의 위상'을 강조하면서 러시아 중심의 유라시아 정치·경제·안보 협력구조를 구축하여, 독립국가연합(CIS)이나 유라시아경제연합(EAEU), 집단안보조약기구(CSTO) 등의 지역통합을 지지하거나, 극단적으로는 러시아에 의한 이 지역의 제국적 통합을 지향하는 적극적 유라시아주의 대안(C-2옵션)이다. 셋째, 유럽과 아시아를 연결하는 러시아의 '중간자로서의 위치성'을 이용하여 협력기제를 강화하는 개방적 유라시아주의 대안(C-3옵션)이다.

엘친 1기의 친서방정책에 반발하여 시작된 적극적 유라시아 대안(C-2)은 러시아외교정책 우선순위로 '근외정책'을 강조하는 지정전략의 기반으로 프리마코프에 의해 강조되었다. 1992년 "러시아를 위한 전략"이란 문건에서 이미 지적되었듯이, 탈(脫)제국적이고 계몽적인 통합이 구소련의 지정학적 공간에 필요하며, 이는 '공동 경제공간'의 창출과 관련된다는 주장이다. 이러한 근외통합 대안은 다시 기능주의에 입각한 경제통합, 유럽연합식의 통합, 나아가 러시아 주도의 패

해설 14.3

유라시아경제연합(EAEU)

러시아는 기존의 유라시아경제공동체(EurAsEC) 및 관세동맹을 발전적으로 재구성하여 무역과 투자는 물론 노동과 자본 시장 등의 경제 제(諸)부문에서 높은 수준의 통합을 지향하는 유라시아경제연합(EAEU)을 2015년 1월 출범시켰다. 현재 러시아, 카자흐스탄, 벨로루시, 아르메니아, 키르기스가 참여하고 있으나, 우크라이나와 우즈베키스탄 등 역내 주요 국가들이 참여하지 않고 있는 상황은 유라시아경제연합의 주요한 약점으로 지적되고 있다.

권적 통합 등을 포괄하고 있다. 하지만 러시아의 이러한 대안들은 러시아가 지니고 있는 통합의 수단과 역량 상의 한계, 구소련독립공화국들의 러시아 지배력의 확산에 대한 불안감, 미국을 비롯한 유라시아 주요 강대국들의 러시아 재부상을 억제하려는 전략 등으로 한계에 직면할 수 있다.

러시아가 유라시아 지정학적 공간에서 구축하려는 새로운 지역 패권의 수립은 미국의 유라시아 경영전략에 커다란 장애가 될 수 있다. 따라서 유럽 및 미국은 러시아에 비협조적인 그루지야, 우크라이나, 아제르바이잔, 몰도바 등 구암(GUUAM) 국가들을 나토 등의 서방기구로 포섭하고 있으며, 특히 구암의 존재는 유라시아 통합에서 러시아가 겪고 있는 어려운 상황을 잘 드러내 준다.[15] 따라서 반(反)러시아적 성향이 강한 구

---

15) 고재남, "CIS 통합운동의 동향과 전망: 러시아의 CIS 통합정책을 중심으로," 『21세기 러시아정치와 국가전략』(서울: 일신사, 2001), pp. 411-451.

암 국가들과의 관계를 강화해 나가는 문제는 러시아외교의 주요한 과제였다.[16] 또한, 유라시아 경제공간 내에 중앙아시아경제공동체(CAEC), 구암(GUUAM) 등 분열된 '지정학적 다원주의'[17]가 자리잡고 있는 상황은 러시아의 유라시아 내 영향력의 한계를 명확히 보여주었다. 특히 러시아로부터 독자적인 발전을 지향하는 국가들(그루지야, 우크라이나, 아제르바이잔, 몰도바, 투르크메니스탄, 우즈베키스탄 등)의 탈러시아 노력은 러시아의 유라시아지역협력 및 통합을 지향하는 전략에 도전거리다.

구소련공화국들에 대한 미국의 적극적 공세와 역내 탈러시아적 지향성의 증대에 대응하여 러시아는 민감하게 반응하면서 이 지역에서 자국의 '사활적 이해(vital interest)'를 보존·강화하려는 정책을 추진하였다.[18] 우선, 러시아는 이 지역에서의 탈(脫)러시아적 경향성의 증대를 지원하는 미국정책과 서방과 관계강화를 통해 독자성을 강화하려는 지역국가들의 기도를 견제하는 정책을 폈으며, 동시에 실용주의적으로 유라시아지역에 대한 미국투자를 유인하는 지역국가들의 정책을 수용하면서 지역 경제발전을 러시아 발전에 연계시키려는 정책을 추진하기도 하였다.

특히 푸틴 시기 러시아는 기존에 추진하던 CIS

개념 구암(GUUAM)

소련에서 독립한 공화국들 중 탈(脫)러시아적 정책을 지향하는 그루지야, 우크라이나, 아제르바이잔, 몰도바의 머리글자를 따서 만든 협력기구로, 미국이 배후에서 지원하고 있다. 한때 우즈베키스탄이 이에 가세하여 GUUAM이라 불렸으나, 색깔혁명에서 나타나듯이 미국의 민주화 지원정책으로 인한 국내정세 불안에 반발한 우즈베키스탄 지도부는 이로부터 탈퇴하고 러시아가 주도하는 집단안보조약기구(CSTO) 및 상하이협력기구(SCO)에 가입하였다. 이후 우즈베키스탄은 집단안보조약기구에서 다시 탈퇴하였다.

틀에서 다자적 안보협력과 경제협력을 가속화해 통합을 제도화하려는 정책과 러시아에 우호적인 국가들(벨로루시, 카자흐스탄, 키르기스스탄, 타지키스탄 등)을 중심으로 하는 소지역적 통합을 강화하는 정책 그리고 역내 각국들과의 양자적 관계를 강화하는 세 수준의 복합적 정책을 통해 유라시아 국가들에 대한 전통적 관계성을 복원함으로써 영향력의 회복을 꾀하였다.[19]

한편, 러시아는 푸틴 시기 근외지역에서의 다자주의적 경제협력을 '유라시아경제연합(EAEU)'이라는 틀을 통해 적극적으로 추진하였다면, 안보적으로는 '집단안보조약기구(CSTO)'를 활용하여 본 지역에서 안보와 관련된 자신의 중향 지향

16) Paul Kubicek, "End of the Line for the Commonwealth of Independent States," *Problems of Post-Communism* 46-2 (1999), pp. 15-24; Taras Kuzio, "Promoting Geopolitical Pluralism in the CIS: GUUAM and Western Foreign Policy," *Problems of Post-Communism* 47-3 (2000), pp. 25-35.

17) 이에 대한 자세한 논의는 다음을 참조. 신범식, "유라시아의 지정학적 세력관계와 신거대게임," 신범식 편, 『21세기 유라시아 도전과 국제관계』 (서울: 한울, 2006).

18) 신범식 (2005) 및 (2006) 참조.

19) Richard Sakwa, Mark Webber, "The Commonwealth of Independent States, 1991-1998: Stagnation and Survival," *Europe-Asian Studies* 51-3 (1999), pp. 379-415; 신범식, "푸틴 러시아의 근외정책: 중층적 접근과 전략적 균형화 정책을 중심으로," 서울대학교 국제지역원, 『국제·지역연구』 14권 4호 (2005).

성을 실현하고자 하였다. 러시아와 CSTO의 국가들은 테러리즘, 분리주의, 극단주의를 예방하고자 매년 꾸준히 공동 군사훈련을 진행하고 있다. 더 나아가, 러시아는 CSTO를 활용하여 근외지역 국가들이 사용하는 무기의 대러 종속을 높이려고 하고 있다. 실제로 러시아의 무기 수출 네트워크에서 CSTO 국가들이 차지하는 비중은 크다고 할 수 있다. 더불어, 러시아는 역내에서 문제가 발생할 경우 CSTO를 활용하여 그것에 대응하는 모습을 보였는데, 2021년 말 발생한 카자흐스탄의 반정부 시위를 진압하는 과정에서도 CSTO 신속대응군이 역할을 하였다. 지금까지 상술한 일련의 정책들의 성공 및 지속 여부는 러시아의 경제상황, 군사력의 운용상황, 유라시아의 주변 강대국들 및 미국의 유라시아전략에 따라 크게 영향을 받게 될 것이다.

한편, 카스피해 유전개발과 관련해 아제르바이잔에 대한 집중투자로 바쿠-트빌리시-제이한을 잇는 'BTC 송유관'을 건설하여 탈소비에트 공간에서의 러시아의 영향력 회복을 견제하려는 미국의 의도와 관련하여 러시아의 적극적 대응도 있었다. 카스피해 석유수송로 문제를 놓고 러시아의 영향을 배제하려는 미국의 정책은 미국 에너지안보를 위한 측면에서 추진되고 있다고 선전되었지만, 사실 카프카스 이남의 새로운 분쟁지역에 대한 미국 영향력을 확대하고 유사 시에 이 지역에 대한 미국의 개입을 정당화시켜주는 명분을 마련하려는 것이었다.[20]

또한, 중앙아시아의 카자흐스탄과 우즈베키스

해설 14.4

집단안보조약기구(CSTO)

집단안보조약기구(CSTO)는 러시아, 벨라루스, 아르메니아, 카자흐스탄, 키르기스스탄, 타지키스탄 등의 국가들이 모여 2002년에 창설한 다자기구이다. 이들은 유라시아에서 발생할 수 있는 군사적 위협, 테러, 조직범죄, 마약 거래 등이 초래할 수 있는 위협을 방지하고자 하는 공통의 목표를 공유하고 있다. 우즈베키스탄은 2006년에 가입하였으나 2012년에 다시 탈퇴하였음에도 최근 들어 2020년 EAEU의 옵서버 국가가 되거나 러시아와 양자 군사훈련, 러시아-타지키스탄과의 삼국 공동 군사훈련을 진행하는 모습을 보이고 있다.

탄 등에 대한 투자를 확대하여 지역 내 영향력의 확장을 노린 미국의 노력에 대응하여 친(親)러시아적 국가들 위주의 유라시아경제연합(EAEU)을 강화하려는 러시아의 노력은 상당 부분 성과를 거두었다. 미국의 경우 아프간전쟁을 통하여 미국은 우즈베키스탄, 카자흐스탄, 키르기스스탄 등 중앙아시아에 자국의 군대를 배치하는 전략적 성과를 거두었고, 최근에는 아제르바이잔과 그루지야 등 카프카스지역에도 미국 군사고문단을 파견함으로써 미국의 유라시아 침투전략은 테러전의 수행이라는 명분하에 성공적으로 추진되었다. 하지만, 이러한 미국의 유라시아 전투거점 확보에 대한 러시아와 중국의 반격도 2005년 이후로 강화되고 있다.[21] 나아가 러시아-중앙아시아-중국이라는 러시아의 동향적(東向的) 지전략의 연계 고리를 강화하는 기재가 되었다. 안보적으로

---

20) 권원순, "유라시아 석유·가스의 정치경제학적 함의와 에너지 안보: 유라시아 파이프라인의 정치경제학," 신범식 편, 『21세기 유라시아 도전과 국제관계』(서울: 한울, 2006).

---

21) 이에 대해서는 신범식 (2006) 참조.

는 러시아와 중국이 주도하고 중앙아시아의 카자흐스탄, 키르기스스탄, 타지키스탄 등이 함께 결성한 '상하이 5개국'[22]은 상호 국경문제를 해결한 이후 상하이협력기구(SCO)로 발전하여 CSTO와 더불어 새로운 유라시아다자협력의 구심점으로 자리 잡고 있다.[23]

전반적으로 보아 이러한 러시아의 노력이 단기간 내 유라시아에서 유럽연합(EU)과 같은 독자적 정치통합체의 출현으로 결실되기는 어려우며, 이는 극동 및 시베리아 개발을 통한 러시아 경제력의 개선상황과 깊게 맞물려 진행될 것이라는 전망이 지배적이다. 하지만 이러한 유라시아의 통합을 위한 정책은 러시아외교의 전통에 비추어 볼 때에 결코 쉽게 포기될 수 없는 것이었다. 더구나 유라시아라는 공간에 위치하는 소련에서 독립한 공화국들이 수십 년 내에 러시아의 영향력으로부터 완전히 해방되기란 거의 불가능해 보인다. 유라시아에서 영향력을 어떤 형태로든 강화해 나가려는 전략은 러시아 지전략 중 가장 중시되는 지향으로 이해될 수 있다.

(3) 동향 대안들

이는 유라시아 동쪽, 즉 아시아로의 지향성을 강화하는 전략으로 아시아 국가들과의 관계강화를 통해 범세계적 러시아 영향력을 증대시키려는 전략이다. 이 지전략에는 유라시아에서 미국의 영향력을 침투를 차단하고, 가능하다면 축출하는 것을 목표로 러시아, 중국, 인도, 이란 등을 중심으로 유라시아 반미역동맹의 결성을 추구하는 견지에서 중국과의 안보협력을 강화하는 강성 유라시아주의 대안(E-1)과 중앙아시아 및 동아시아의 국가들과의 경제협력을 중시하면서 다자주의적 협력 기재를 발전시키거나 아시아-유럽의 연계기능을 확대하려는 연성 유라시아주의 대안(E-2) 그리고 러시아의 아시아지역에의 적극적인 진출을 지향하는 아시아주의 대안(E-3) 등이 포함된다.

이러한 동향 대안들과 관련된 러시아외교는 1996년 1월 코지레프의 뒤를 이은 프리마코프 외무장관(후에 수상으로 활동함)의 등장 이후 가속화되었다.[24] 이는 유라시아에 진출하려는 미국을 견제하기 위한 러시아-중국-인도 삼각동맹 결성을 위한 러시아의 외교적 노력으로 표출되기도 하였다. 이 노력은 러중관계와 인도·중국관계가 지니는 잠재적 갈등요인으로 인해 한계를 보여 온 것이 사실이지만, 9·11테러 이후 미국의 유라시아에서의 현상타파적 공세에 대응하는 과정에서 2005년 이후에는 일정한 성과를 거두게 되었다. 이 과정에서 러시아는 '상하이협력기구(SCO)'와 같은 다자협력체의 틀과 양자관계의 틀, 중국과의 경제 및 안보관계를 강화하는 데 성공하였다.[25]

---

22) 러시아, 중국, 카자흐스탄, 키르기스스탄, 타지키스탄 등 5개국은 1996년 4월 중국 상하이에서 국경선 확정과 접경지대의 긴장완화를 위해 회의를 가진 뒤 매년 1~2차례의 정상회담을 개최하고 있고, 2001년 우즈베키스탄이 가세한 '상하이-6'이 상하이협력기구(SCO)를 발족하였다.

23) 이러한 유라시아의 다자적 협력에 대해서는 고재남, "유라시아의 다자 지역협력," 신범식 편, 『21세기 유라시아 도전과 국제관계』(서울: 한울, 2006) 참조.

24) 프리마코프노선은 A. Pushkov, "The Primakov Doctrine and a New European Order," *International Affairs* (A Russian Journal of International Relations) 44-2 (Spring 1998) 참조.

25) 상하이협력기구의 다자안보 레짐으로서의 특성에 대하여 신범식, "다자 안보협력 체제의 이해: 집단안보, 공동안보, 협력안보의 개념과 현실," 『국제관계연구』 제15권 1호 (2010) 참조.

2000년 이후 유라시아에서 이뤄진 러중 전략적 협력[26]은 러시아의 입장에서 다음과 같은 의미를 지닌다. 첫째, 열세의 러시아가 미국의 국제적 영향력에 대항하기 위한 전략적 균형화정책의 일환이다. 둘째, 코지레프 외무장관이 주창한 친서방외교에 대한 과도한 강조로부터 탈피하여 아시아지역과의 관계를 확대함으로써 동서 균형을 잡으려는 러시아전략의 조정으로 볼 수 있다. 셋째, 러시아와 중국이 군사적 협력을 통하여 서쪽으로부터 나토의 동진이 주는 안보위협을 상쇄하고 대서방 협상력을 강화하는 것이다. 끝으로 상호보완적인 경제관계를 강화하여 상호이익을 극대화할 수 있다는 것이다.

하지만 러시아는 중국과 유라시아에서 항존하는 경쟁자로서 상호에 대한 경계를 늦출 수 없는 것도 사실이다.[27] 특히 러시아의 극동 및 시베리아지역에 대량으로 유입되고 있는 중국 불법이민자문제는 러시아의 안보개념에서 심각한 요소로 등장하였으며, 이의 해결을 위한 이민법의 강화를 추진하였다.

따라서 중국과 국경문제를 해결하는 과정에서 결성된 '상하이협력기구'는 중국과 러시아를 중심으로 하는 유라시아 국가들의 불안정한 협력관계를 안정적인 관계로 전환하려는 러시아의 노력과 맞물리면서 유라시아 동쪽에 대한 중요한 지전략적 성격을 띤다. 만약 중국이 강력한 군사력과 경제력을 바탕으로 유라시아의 패권국가로 부상할 경우, 미국과 러시아가 제휴함으로써 이를

견제하려는 상황이 유라시아 및 아시아의 지정학적 구도에서 등장하지 않을 것이라는 보장은 없다. 따라서 미중러 세 나라의 협력과 견제의 문제는 항상 변증법적 유동성을 지닌 관계로 파악하는 것이 필요하다.

동향 대안들과 관련된 푸틴 시기 러시아의 대외정책은 다분히 미국과 경쟁의 양상을 보인 것이 사실이다. 하지만 러시아가 이 방향의 지전략을 무조건 미국과의 대결 양상으로 치달았던 것은 아니다. 이 지역에서도 러시아는 선택적으로 미국과의 협력 가능한 프로젝트들을 모색하고 APEC, ARF 등의 아태지역의 통합노력에 참여하고 있다. 최근 들어 주목할 것은 러시아가 아태지역에서 소외자가 되지 않고 자국의 지위와 역할을 강화하려는 정책(E-3)도 추진하고 있다는 점이다. 러시아의 극동·시베리아의 개발이 러시아 미래의 발전을 위한 견인차와 같은 역할을 하게 될 것이라는 판단하에 점차 더 많은 자원이 투여되고 있다.

따라서 러시아 국가발전의 미래적 자산으로 평가받고 있는 이 동향대안들은 러시아가 향후 더욱 노력을 집중하게 될 대안이라고 할 수 있다.

2) 러시아외교의 지전략적 중심 이동

러시아외교의 전개를 지전략의 변천이라는 관점에서 추적해 보면 그 변화상이 단적으로 설명된다. 크게 보아 고르바초프로부터 시작된 서향 대안들에 대한 강조점은 옐친 집권 1기까지 계속되었지만, 러시아외교의 대내외적 환경변화에 따라 점차 그 강조점이 변화하여 갔다.

서향 대안(W-options)을 압도적으로 추구한

26) 신범식, "러-중관계로 본 '전략적 동반자관계': 개념과 현실 그리고 한계," 『한국정치학회보』 제44집 2호 (2010).

27) 러시아와 중국의 협력 한계에 대해서는 신범식, "러시아-중국 안보·군사 협력관계의 변화와 전망," 『중소연구』 제31권 1호 (2007) 참조.

고르바초프의 '신사고외교'는 친서방주의(pro-westernism)적 정책을 추구한 것으로 규정되며, 일부 정책에서는 미국과 소련이 공조하는 틀 속에서 세계를 운영해 나갈 수 있으리라는 대서양주의(Atlanticism)적 지향도 목격된다. 옐친 1기 코지레프 외무장관의 '친서방주의' 외교도 같은 연속선상에 있었다. 이 과정에서 러시아는 미국과 함께 전략적 균형을 넘어 전략무기를 감축하고 핵확산을 성공적으로 관리하는 지구적 역할을 수행하기도 하였다. 그러나 이러한 협력은 분명히 주니어 파트너로서의 한계를 지닌 것이었다. 특히 미국이 주도가 되어 유럽 및 유라시아의 안보질서에 지대한 변동을 주게 될 나토의 동방으로의 확장은 러시아외교가 무대응으로 감당하기에는 큰 시련이었다. 더구나 1993년 및 1995년 러시아 의회선거의 결과로 민족주의 및 공산주의 세력이 강화된 상황은 외교노선 수정의 근본적 변화의 국내적 원인이 되었고, 다른 한편 서방 국가들이 러시아개혁에 대해 미온적으로 협조하는 가운데 러시아 지위 하락을 통감한 러시아 정치엘리트들이 외교노선을 두고 벌인 격렬한 논쟁은 외교정책 지향성을 수정하게 만든 핵심적 원인이 되었다.

중향 대안(C-options)은 옐친 1기 후반부에 벌어진 외교정책노선을 둘러싼 논쟁 과정에서 친서방주의를 대체할 매력적인 대안으로 제시되었고, 유라시아에 위치한 러시아의 지정학적 가능성을 현실화하는 방안으로서 '근외(近外)정책의 강화'는 가장 현실적인 대안이 되었다. 독립한 구소련공화국들과의 기능주의적 협력을 강조하는 온건한 협력론자(C-3 추구), 러시아가 중심이 되어 독립국가연합(CIS)을 강화시킴으로써 유럽연합(EU)과 같은 '유라시아 연합(Eurasian Union)'을 결성하자는 중도 통합론자(C-2 추구), 그리고 러시아가 강력한 반미(反美)세력의 중추 내지 유라시아 강대국이 되기 위해 패권성을 강화해야 한다는 지리노프스키나 두긴 등의 강경 패권주의자(C-2 + E-1 추구) 등으로 대표되는 유라시아주의적 비판에 따라, 옐친 1기 친서방주의 외교는 옐친 2기 후반부 들어 C-2 옵션을 강조하는 지정학적 유라시아주의 정책으로 변화되었다.

동향 대안들(E-options)에 대한 지전략은 서향대안들에 대한 실망과 한계에 따라서 중향동향과 함께 러시아가 적극적으로 고려하게 된 러시아외교의 주요한 지향성 중의 하나가 되었다. 서방과의 연대가 불확실하고 유라시아에서의 독자적 중심 건설이 지체되는 상황에서 동방의 강대국으로 부상하는 중국 및 남아시아의 대국 인도 그리고 중동의 지역강국 이란 등과 관계를 강화해 나가는 '동맹주의적 유라시아주의'에 입각한 지정학적 전방위외교가 강화되었다. 이는 1996년 외무장관에 취임한 프리마코프 이래 푸틴 및 메드베데프정부를 거쳐 최근까지 계속되고 있다.

고르바초프 이후 소련/러시아의 대외정책의 지전략적 중심점의 변화를 살펴보면 흥미롭다 (표 14.2 참조).[28] 고르바초프 시기와 옐친 1기의 외교에서 나타났던 서향성(西向性)에 대한 강조는 옐친 2기 프리마코프 외교노선에 따른 동향성(東向性)에 의해 상쇄되었다. 이는 러시아 대외정책의 강조점이 서로부터 동으로 급속히 이동하였음을 의미하며, 이를 두고 혹자는 '러시아 지전략에서의 동향성의 증대'라고 표현하기도 한다. 이러

---

28) Beom-Shik Shin, "Russia's Northeast Asia's Policy and Korean Peninsular," *Journal of East Asian Affairs* 22-2 (Fall/Winter 2008), p. 171.

표 14.2   소련(말기)~러시아의 대외정책 및 전략의 변천

시기	외무 장관	대외정책의 목표	지전략 추진 중심구도
고르바초프 전기	E. Shevardnadze	미국과의 협력적 세계경영	(W−1)
고르바초프 후기	E. Shevardnadze	CSCE 중심의 대(大)유럽 연대	(W−1)+(W−2)
소련 붕괴 전후	A. Kozyrev	동슬라브3국 연합국가 건설	(W−1/2)+(C−1)
옐친 1기	A. Kozyrev	서방 선진국의 일원으로 세계화에의 공조	(W−1)+(W−2)
옐친 2기	E. Primakov	유라시아에서의 지정학적 이익의 확보	(C−2)+(E−1)
푸틴 1기	I. Ivanov	실용적 전방위외교를 통한 강대국 건설	(C−2)+(W−2+E−1)/ (C−3)+(W−1+E−2)
푸틴 2기 메드베데프기	S. Labrov	세계 강대국 위상 강화	(C−2)+(W−1/2+E−2/1)
푸틴 3기	S. Labrov	적극적 강대국주의 + 공세적 국익 방어	(C−2)+(E−1/2/3)
푸틴 4기	S. Labrov	공세적 수비의 세력권 회복과 유지	(C−2)+(E−1/2)

한 러시아외교에서 동향성이 증대된 외적 동인은 미국의 단극적 패권주의 추구와 연관된 것이었다. 유라시아 동쪽의 '지정학적 수압'이 상승하는 변화,[29] 즉 중국의 급속한 성장과 강대국화에 따른 유라시아 지정학적 중심의 이동이라는 현실에 조응하여 미국의 전략적 강조점이 아시아로 변화하는 데 따라 러시아의 대응전략에서도 동향성에 대한 강조 수위가 높아지게 된 것이다. 부시 행정부 이후 미국은 러시아를 심각한 적으로 규정하지 않았으며, 유럽에서 현상변경을 위한 대규모 전쟁이 최소한 한 세대 동안은 나타나지 않을 것이라는 전망이 우세했다. 따라서 '지정학적 수압(hydraulic pressure of geopolitics)'이 증대되고 있던 동아시아로 잠재적 위협이 이동하고 있다는 판단이 우세하였다. 이 지역은 지난 세기 중요

한 전쟁이 발발한 지역으로, 현재 지역안보제도가 부재하고, 가시적으로 제도화된 협력의 틀이 존재하지 않으며, 특히 경쟁적으로 각축하는 강대국들의 이해가 대립되는 지역이기에 미국의 패권유지를 위하여 특별한 관리가 요청되는 지역으로 인식될 수 있다.[30] 이러한 안보적인 고려 이외에도 동시베리아와 극동을 개발함으로써 러시아가 지니는 유라시아 국가로서의 가능성을 현실화하려는 내적 동인, 즉 유라시아 중간자 국가로서의 영향력을 현실화하여 아태지역에서의 영향력을 확대·강화하려는 러시아 국가발전전략의 차원에서의 고려도 크게 작용한 것으로 볼 수 있다.[31]

29) 이에 관해서는 박건영, "부시정부의 동아시아 안보전략과 제약 요인들," 『국가전략』 제7권 4호 (2001) 참조. 이같은 미국의 국제정세 판단은 최근 '아시아 피보팅(Asia-pivoting)' 내지 미국의 '재균형화(re-balancing)' 정책에서도 확인할 수 있다.

30) Andrei P. Tsygankov, "New Challenges for Putin's Foreign Policy," *Orbis* 50−1 (2006), pp. 153−165; Dmitri Trenin, "Russia Leaves the West," *Foreign Affairs* 85−4 (July/August 2006), pp. 87−96; Роберт Легволд, "Между Партнерством и разладом," *Россия в глобальной политике* 4−5 (2006), с. 141−152.

31) 신범식, "교통의 국제정치: 시베리아횡단철도(TSR) 국제화와 동북아시아," 『한국과 국제정치』 제19권 4

4. 러시아외교정책의 글로벌한 전개와 대한반도관계

1) 러시아외교의 시기별 전개

위에서 서술한 러시아외교의 유산과 국내정치적 기원 그리고 지전략적 대안들에 대한 이해를 바탕으로 그 현실적 전개과정을 종합적으로 구성해보자.[32] 소련 붕괴 이후 급변하는 세계질서에 대한 러시아의 인식과 대응은 몇 가지 중요한 계기를 통하여 변화하면서 발전해 왔다고 평가될 수 있다. 첫째는 소련 붕괴 이후 러시아가 체제전환의 과정에서 겪게 된 내·외환경의 심각한 변화로 혼란에 빠진 시기, 둘째는 푸틴의 등장과 함께 러시아 실용주의적 전방위(multi-vector) 외교를 통해서 자국의 영향력을 차츰 회복해 가는 시기, 셋째는 미국의 일방주의에 대해 중러협조체제를 바탕으로 균형적인 다극화질서를 추구해나가는 시기, 넷째는 푸틴 3기 이후 서방과 대립 시기, 다섯째는 푸틴 4기 이후 이전부터 이어져 온 서방과의 대립 구도가 점차 고착화 단계에 진입하게 된 시기이다. 특히 지난 2022년 2월 24일에 발생한 러시아의 우크라이나 침공은 러시아와 서방의 관계를 더욱 적대적으로 변화시키는 데에 큰 영향을 주었다.

(1) 친서방적 외교노선과 영향력 상실

첫 번째 시기는 미국이 주도하는 탈냉전 질서의 새로운 국제질서가 형성되면서 미국의 패권이 확산되는 시기이다. 이 시기 러시아의 엘리트들은 친서방적 자유주의적 국제정치관에 입각하여 신국제질서에 적극적으로 통합되는 것이 필요하다는 인식을 바탕으로 대외정책을 추진하였으나,[33] 'G-8'으로 대변되는 서방 선진국의 일원으로서 대접받는 국제사회의 일원이 되고자 했던 러시아의 희망은 체제전환에 따른 러시아의 혼란과 국력약화로 그 내적 기반이 붕괴되었음은 물론, 러시아에 대한 서방 국가들의 대접이 바뀌면서 자신에 대한 실망과 서방에 대한 반감으로 급속하게 전환되었다. 이러한 러시아외교노선을 둘러싼 논쟁과 방황은 1993년부터 1997년 사이에 우여곡절 끝에 만들어진 러시아의 대외정책을 기본적으로 규정하는 문서들('러시아 대외정책 개념'[1993.3], '러시아 군사독트린'[1993.11], '러시아 국가안보 개념'[1997.12] 등) 속에서 일단락되어 타협적 형태의 러시아외교노선이 어렵사리 정리되었다.

특히 공세적 NATO의 확장과 이에 대한 러시아의 수세적 대응은 본질적인 문제로써 러시아와 NATO의 관계의 미래적 비전을 만드는 데 실패하게 된다.[34] 1999년 NATO의 본격적인 확장으로 러시아의 안보환경에 대한 인식은 변화하였고, 서방의 의도에 대한 의구심은 보스니아는 물

호 (2003).

32) 이하의 내용은 다음의 글을 기초로 수정, 보완하였다. 신범식, "러시아의 대외정책 환경과 한반도 정책," 김성철 (편), 『외교환경과 한반도』 (성남: 세종연구소, 2009), pp. 138-148.

33) Heinz Zimmerman, "Russian Foreign Policy under Yeltsin: Priority for Integration into "Community of Civilized States," *The Journal of Communist Studies* 8-4 (1992); А. В. Кортунов, Россия и Запад: Модели интеграции, РНФ РОПЦ Доклад No. 6 (Российский Научный Фонд, 1994).

34) Peter Trenin-Straussov, "The NATO-Russia Permanent Joint Council in 1997-1999: Anatomy of a Failure," *BITS Research Note* 99-1 (July 1999), http://www.bits.de/public/researchnote/rn99-1.htm.

론 특히 코소보 사태를 계기로 강화되어, NATO의 확장은 러시아 안보상의 심각한 도전으로 받아들여졌다. 이는 결국 러시아 내부에서 서방을 부정적으로 인식하는 '정체성의 정치'[35)]에 불을 붙였고, 러시아가 '강대국 균형화(great power balancing)' 정책을 추구할 수밖에 없다는 논리가 힘을 얻었고, 프리마코프를 중심으로 러시아의 새로운 국제환경과 자국의 안보전략에 대한 '프리마코프 독트린'[36)]이 입안되었다. 이러한 경험을 통한 러시아의 대외인식 및 안보에 대한 전략적 사고가 푸틴 총리의 손길을 거쳐 그가 대통령(권한대행)으로 등장한 시기를 전후하여 발표한 일련의 문건들을 통하여 세상에 드러나면서 러시아는 대외정책의 새로운 기준을 마련하게 되었다.

(2) 실용주의적 전방위노선

푸틴의 대통령 취임으로 시작된 **두 번째 시기**와 관련하여, 러시아의 국가이익과 외교적 지향성이 안정화 된 것은 푸틴 대통령의 등장 이후라는 주장에 대하여 이의를 제기할 사람은 아마 많지 않을 듯하다. 푸틴 대통령이 등장하면서 러시아 대외정책과 관련된 외교, 안보, 국방분야에서의 일련의 원칙들이 정비되었고, 이러한 원칙들을 바탕으로 모든 쟁점영역과 모든 지역에서의 러시아 국익을 극대화하는 '실용주의적 전방위외교'가 펼쳐지게 되었다. 이러한 실용주의적 사고에 기초한 국가전략은 세계 패권을 유지하려는 미국

과 새로운 잠재적 패권자로 기대되는 중국 그리고 이웃한 거대 통합유럽이라는 주요 행위자들에 대해 사안에 따라 협력과 견제를 혼용하는 정책으로 구현되었다.

푸틴 등장 이후 발표된 러시아 안보전략과 관련된 일련의 문건들은 러시아가 지향하는 세계 및 지역 차원의 전략의 새로운 비전을 밝히고 있다. 이 안보 관련 문건들은 세계정세의 변화에 대한 러시아의 기본인식을 드러내 준 '세계공동체 속의 러시아', '러시아 국가이익', '러시아 대내외적 안보위협', '러시아 국가안전보장책' 등의 주요한 내용을 포함하고 있다. 그 특징적 내용으로는 러시아의 강대국 지위의 회복, 미국 중심의 단극질서의 배제 및 다극적 세계질서의 창출, UN과 OSCE의 역할확대, 시장경제 개혁을 위한 유리한 대외적 조건의 조성, 러시아경제의 세계경제로의 통합, 최우선적 국익으로서 경제적 이익의 확보, 국제평화유지활동에 대한 적극적인 참여, 핵무기 등 대량살상무기의 확산방지, CIS 통합노력 및 CIS 내의 자국민의 보호, 러시아연방의 일체성보존과 분리주의 방지 등의 내용이 포함되어 있다. 하지만 옐친 시기에 발표된 '러시아 국가안보 개념'(1997)과 비교하여 '러시아 국가안보개념' (2000)은 몇 가지의 차별성을 가지고 있다.[37)]

우선, 1997년 국제환경 인식에서는 다원적 국제질서가 점차 형성되어 가고 있다고 판단하였던 것에 비하여 2000년 문건의 인식은 국제정세가 서방의 힘의 우위에 의한 신국제질서의 창출노력

---

35) Peter Shearman, "NATO Expansion and the Russian Question," in R. G. Patman (ed.), *Security in a Post-Cold War World* (NY: St. Martin's Press Inc., 1999), pp. 157–180.

36) A. Pushkov, "'The Primakov Doctrine' and a New European Order," *International Affairs* 44–2 (1998).

37) 강봉구, "21세기 러시아의 신 안보전략" 및 홍완석, "뿌찐 시대 러시아의 대외정책과 전략," 홍완석 편, 『21세기 러시아 정치와 국가전략』(서울: 일신사, 2001), pp. 383–391.

표 14.3 2000년 이후 러시아 안보전략과 관련된 주요 문서

외교·안보 문서	군사문서
「러시아연방 국가안보 개념(Концепция национальной бесопасности Российской Федерации)」– 2000, 2009, 2015, 2021	「러시아연방 군사독트린(Военная Доктрина Российской Федерации)」– 2000, 2010, 2014
「러시아연방 대외정책 개념(Концепция Внешней Политики Российской Федерации)」– 2000, 2008, 2016	

과 다극주의 질서에 기초한 다자적인 통합의 노력이 서로 대립하고 있다는 점을 강조하고 있다. 그리고 이러한 변화된 안보개념에 기초한 군사적 실천은 당연히 방어적으로부터 공세적으로, 국가의 군사활동 및 계획수립도 수동적 입장으로부터 적극적 입장으로 바뀌게 되었고, 국가안보를 위한 효율적인 억지력으로써 핵의 사용가능성을 인정하면서 소극적이고 수동적인 '축소지향형'의 핵(核)전략을 청산하고 공세적인 '확대지향형'의 핵전략으로의 전환을 강조하게 되었다.

이러한 안보인식의 경직화 추세는 9·11테러 이후 지구적 테러와의 전쟁과 함께 변화하게 되었다. 1999년 NATO의 코소보 공습 이래로 악화되어 가던 러시아의 대서방관계는 푸틴 대통령의 실용주의적 대서방 접근정책으로 다소 중화되어 가고 있었지만, 러시아는 9·11테러 사태를 계기로 대미관계의 획기적인 개선과 그 국제적 영향력의 제고(提高)를 효과적으로 꾀할 수 있었다. 그렇지만 러시아는 외교·안보 관련 문서에서 제시한 전략적 비전의 실천을 위해 국제사회의 다극화를 목표로 중국과 수사적 협력의 차원을 넘어선 실질협력도 강화하고 SCO를 결성하였으며, 유라시아지역에서의 실력을 배양하기 위한 CIS국가들과의 양자관계 및 역내 소지역협력도 강화함

으로써 유라시아경제공동체(EurAsEC, 2001.5) 및 집단안보조약기구(CSTO, 2003.4)를 결성하고 활성화시키는 데 성공한다. 이로써 러시아는 고르바초프 및 옐친 시기에 '양보(concession)'와 '순종(submission)'을 통해 유지되어 온 서구(특히 미국)와의 '동반자관계(partnership)'를 '힘(strength)'을 바탕으로 재규정할 수 있는 기반을 마련하게 되었다.[38]

하지만 이러한 실용주의에 기초한 러시아의 약진과 서방과의 협력적 동반관계는 오래지 않아 점차 균열양상을 드러낸다. 우선, 테러전쟁의 전선이 미국의 일방주의로 분열되었고, 이라크에서의 전쟁 개시는 기존 범세계적 공감대를 배경으로 형성된 대(對)테러연대가 점차 이완되는 계기가 되었다. 더불어 2기 부시 행정부의 '자유와 민주주의의 증진' 전략 속에서 나타난 연쇄적인 색깔혁명은 러시아의 안보인식과 전략적 사고에 대한 중대한 변화를 가져왔고, 결국 유라시아질서를 근본적으로 바꾸는 열쇠가 되었다.[39]

---

38) Dmitri Trenin, "Russia's Strategic Choices," *Policy Brief 50* (Carnegie Endowment for International Peace, May 2007), p. 3.

39) 부시 행정부 2기의 자유와 민주주의의 증진에 대한 의지에 대해서는 다음을 참조. George W. Bush, "President Sworn-In to Second Term," Office of the Press

(3) 중러협력의 강화와 다극적 세계질서 지향

러시아의 전략적 사고 변화의 **세 번째 시기**는 푸틴 2기가 오래되지 않은 2005년 러시아와 중국이 SCO 정상회담에서 "21세기 세계질서에 관한 러중공동선언"을 발표한 때로부터 메드베데프 대통령 시기 변화된 러시아의 외교안보 인식과 전략을 체계화한 시기라고 볼 수 있다.

이전 시기와는 다른 러시아의 전략적 입장의 변화는 유라시아에서 뿐만 아니라 서방에 대한 관계에서도 선명하게 드러났다. 이러한 러시아의 전략적 사고의 변화의 배경에는 급속하게 회복되기 시작한 러시아의 경제와 오일머니로부터 오는 자신감이 있었음은 물론이며, 이라크 이후 위기에 봉착하게 된 미국의 전략적 입지에 대한 고려가 작동하였다.[40] 2007년 2월 뮌헨에서 열린 국제안보정책회의에서 푸틴 대통령은 국제법의 기본적 원칙을 저버리고 지나치게 확장된 미국의 팽창을 신랄하게 비판하면서 서방과의 예리한 각을 세웠고,[41] 더구나 그루지야, 몰도바 그리고 우크라이나에 대한 3차 NATO확대 추진 시도와 미국의 동유럽 MD체계 설치에 강하게 반발하면서, 그루지야 사태는 양측 간의 갈등을 더욱 증폭시키게 되었다.

한편, 탈냉전 이후 세계는 미국의 주도하에 '세계화'라는 모티브 속에서 무역, 금융 등의 분야를 중심으로 공동의 규칙(rule)을 형성하려는 노력과 함께 구조적 변환을 시작하였다. 그러나 부시 행정부 출범 직후부터 미국은 글로벌거버넌스의 확립을 위한 다자주의적 노력으로부터의 후퇴의 기미를 보이기 시작했고, 특히 9·11 사태 이후 전형적인 '일방주의'에 근거한 정책적 선회를 보였다. 이와 관련하여 러시아의 전략 문건들은 미국의 일방주의적 규범에 근거한 비정상적 세계화 내지 그를 통한 패권화를 추구하는 노력과 미국의 일방주의에 반대하며 '다극세계(multi-polar world)'의 구축을 추구하는 노력이 병존하고 있음을 강조한다. 이 두 흐름은 동시적으로 존재하면서 때로는 병존, 때로는 갈등의 양태를 촉발시키고 있다는 것이다.[42]

한편, 메드베데프의 등장은 러시아 안보인식의 변화와 새로운 전략적 모색을 체계화한 시기로 이해될 수 있다. 변화하는 국제환경 속에서 자신의 전략을 재규정할 필요성을 느낀 메드베데프의 러시아는 새로운 러시아의 안보인식을 반영하는 안보 관련 문건을 내놓기 시작하였는데, 이미 푸틴 대통령 2기 말부터 준비에 착수되어 러시아의 외무성이 발표한 '러시아연방 대외정책 개관'(2007.3.27)에서는 '러시아연방 대외정책 개

Secretary (January 20, 2005); George W. Bush, "State of the Union Address," Office of the Press Secretary (February 2, 2005), http://www.whitehouse.gov (검색일: 2005. 3. 11).

40) 신범식 (2008); 문수언, "러시아 푸틴 정부 대외정책의 새로운 경향과 자유주의 패러다임의 접근," 『국제정치논총』 제466권 1호 (2006), pp. 305-325; 임경훈, "푸틴 집권기 러시아의 대외정책: 실용적 현실주의의 이중성," 『러시아연구』 16-1 (2006), pp. 245-273; 정한구, "러시아 대외정책의 진로수정?" 『세종정책연구』 3-1 (2007), pp. 201-229; Andrew Kuchins, Robert Weitz, "Russia's Place in an Unsettled Order-Calculations in the Kremlin" (Washington DC: Stanley Foundation, November 2008), p.3.

41) Vladimir Putin, "Speech at the Minich Conference on Security Policy" (Munich, February 10, 2007), available at Kremlin web site. www.kremlin.ru/.

42) А. В. Торкунов (Гл. ред.), *Современные международные отношения и мировая политика* (Москва: Просвещене, 2005). Гл. 2.

념'(2000)과 차별되는 다극질서에 대한 언술이 관찰된다. 이 문건은 러시아의 외교가 "영향력의 자산이 좀 더 균등하게 분배되고 경제적 성장에 기초한 다극질서"를 추구해야 한다고 지적하면서, 러시아는 미국의 패권적 일방주의에 의하여 훼손된 국제질서를 집단 지도력과 다자주의에 기초한 건전한 질서로 회복하는 일에 대해 적극적인 역할을 할 수 있다고 적시하고 있다. 이는 기존의 다극질서의 당위성 및 그 형성을 위한 노력을 적시했던 기존 문건들에 비하여 한층 더해진 러시아의 자신감과 적극성을 피력한 것으로 해석할 수 있다. 이러한 인식의 변화를 바탕으로 메드베데프의 러시아는 '러시아연방 대외정책 개념'(2008.7.12)을 발표하였으며, 이 문건에서는 러시아의 완전한 면모의 강대국 위상의 회복을 바탕으로 경쟁의 문명적 성격이 강화되고 있는 최근 국제질서의 안정화를 위해 블록정치의 척결과 문명적 다양성에 기초한 전방위 균형화 외교를 강조하고 있다.

메드베데프 대통령이 2008년 6월에 새로운 러시아의 안보전략 마련을 지시한 데 대한 작업의 결과로서 '러시아연방 국가안보전략 2020'(2009. 5.12)이 검토되었고, 2008년 말 세계경제 위기와 미국 오바마 행정부의 출현으로 재검토가 이루어진 뒤, 그 결과가 2009년 5월에 발표되었다. 하지만 이 문건이 기존 푸틴 대통령의 전략적 사고유형으로부터 얼마나 차별화되었는지에 대해서 전문가들의 큰 이견은 없다. 그 이유는 메드베데프 대통령을 포함하여 권력엘리트 집단이 크게 바뀌지 않았고, 러시아의 국가이익을 규정하는 기본적 구조가 크게 바뀌지 않았기 때문일 것이다.

하지만 최근 문건들에서는 몇 가지 의미 있는 전략적 사고의 변화도 관찰된다. 2008년 7월 발표된 "러시아연방 대외정책 개념"에는 위협의 문화적 요인에 대한 인식과 다자주의에 대한 기대 그리고 전통적 정치·군사동맹을 대체할 유연한 네트워크외교의 중요성 등에 대한 강조가 두드러진다. 결국, 러시아의 입장에서도 미국의 전략적 변화에 대응하여 복합적 성격을 띤 새로운 정체성에 기초한 동맹전략을 추구할 필요성을 인식하게 된 것이다.

한편, 글로벌 경제위기와 새 행정부 출현에 즈음하여 미국은 자국의 대외전략을 지배(dominance)형 패권전략에서 균형(balancing)형 패권으로 수정하려는 의사를 강력히 표명하였고,[43] 이러한 미국의 전략변화에 대하여 러시아는 훨씬 유연한 전략을 취할 수 있는 가능성에 대해 기대를 높이게 되었다.

이러한 미국의 대러정책의 변화에 조응하여 러시아는 2010년 2월 새로운 '군사독트린'을 발표하였다. 이 군사독트린에서는 비확산문제를 글로벌 안보 이슈로 지적하면서 이 해결을 위한 국제적 협력의 중요성을 강조하였다. 그리고 기존 2000년 군사독트린보다 러시아 안보정책에서의 핵무기의 역할을 후퇴시키면서 그 사용의 제한성을 강조하였다.[44]

---

43) 힐러리 클린턴 국무장관의 의회청문회 진술 발언과 Kurt M. Campbell, Nirav Patel, Vikram J. Singh의 "The Power of Balance: America in Asia" (Center for a New American Security, June 2008) 참조.

44) Nikolai Sokov, "The New, 2010 Russian Military Doctrine: The Nuclear Angle Contrary to expectations, the new Russian Military Doctrine reduced reliance on nuclear weapons," *CNS Feature Stories* (5 February 2010); Marcel de Haas, "Russia's New Military Doctrine: A Compromise Document," *Russian Analytical Digest* 78 (May 2010), p. 4.

그리고 이러한 러시아정책의 결과 러시아는 미국과 2009년 12월에 만료된 START-1을 대체하는 신전략무기감축협정(New START)을 2010년 4월에 체결하였다. 물론 기술적 문제와 비준의 문제가 남아있긴 하지만, 이는 글로벌 비핵화를 추진하려는 오바마 행정부에 힘을 보태면서 이 과정에서 러시아의 주도적 역할을 확인하게 된 중요한 계기가 되었다.[45] 그리고 같은 해 5월에 열린 핵확산금지조약(NPT) 검토회의(Review Conference)에서 양국이 주축이 되어 비확산, 감축, 핵의 평화적 이용이라는 NPT의 3대 중심축을 강화하는 데 대한 회원국들의 협력 결의를 만장일치로 도출하였다.[46] 이러한 협력기조는 MD문제와 관련하여 동유럽에 레이더기지 등을 설치하려 했던 미국의 양보와 이란문제에서 러시아의 협력이라는 제한적 의미의 호혜적 협력의 성격이 짙다. 하지만 이 문제들은 양국관계를 악화시킬 수 있는 불씨를 안고 있는 것도 사실이다.[47] 결국, 미국의 우호적 대러정책이 기회주의적 국익추구와 글로벌 리더십 사이에서 방황하던 러시아의 외교 지향을 안정시키는 데 일조한 셈이다. 게다가 메드베데프정부가 글로벌 경제위기 이후 유가하락 및 경제둔화로 어려움을 겪고 있는 국내정치적 난국을 타개하기 위하여 내세

운 '현대화(modernization)전략'은 이러한 러시아의 미국에 대한 협력을 강화하는 중요한 추동력으로 작용할 것으로 보인다. 더구나 중국의 급속한 부상에 따라 러시아의 아시아에서의 입지가 위축될 수 있다는 우려는 러시아의 아시아정책이 미국과 중국 사이에서 좀 더 균형적인 입장으로 변화될 가능성을 높이고 있다.

(4) 대서방 대립의 강화와 글로벌 국가의 역할 모색

다시 대통령직 복귀로 세 번째 임기를 시작한 푸틴 대통령은 러시아 대외전략의 커다란 변화를 가져옴으로써 그 네 번째 시기를 열게 된다. 이 시기 러시아외교의 특징을 한마디로 설명하라고 한다면 적극적 강대국주의의 발현과 2014년 크림반도 합병에서 확인할 수 있는 공세적 국익방어의 실현으로 요약될 수 있을 것이다. 더불어 최근 국제정세의 변화를 요약하자면 미중 전략경쟁의 심화 속에서 미국의 우위 유지를 위한 노력이 지속되는 가운데 중국과 러시아 등의 글로벌 세력 다극화를 위한 도전이 거세지면서 다양한 이슈 영역에서 협력과 경쟁이 비균질적으로 나타나고 있다고 볼 수 있다. 요동치는 국제정세의 변동을 이야기하는데 러시아의 전격적인 크림반도 병합과 그 이후 2022년 2월 현재까지도 지속되고 있는 동남부지역의 내전상황을 포괄하는 우크라이나 사태를 언급하지 않을 수 없다.

미국은 클린턴 행정부 이래 나토의 확장을 통해 러시아에 대한 압박으로 그 세력 축소를 꾸준히 실행해 왔으나 2008년 조지아전쟁, 2013년 시리아 사태, 2014년 크림합병 및 우크라이나 동남부 내전 등에서 러시아가 보인 행동에 대해서 제

45) Alexander Nikitin, "Nuclear Disarmament in a Non-Proliferation Context: A Russian Perspective," *Strategic Analysis* 34-2 (March 2010), pp. 205-206.

46) Eben Harrell, "A Surprising Consensus on Nuclear Nonproliferation," *Time* (2 June 2010).

47) Robert Smigielski, "U.S.-Russian Negotiations on START I Replacement," *Bulletin* 32 (June 2009), pp. 63-64; Cole Harvey and Richard Sabatani, "Russia's Lukewarm Support for International Sanctions against Iran: History and Motivations," *CNS Issue Brief* (15 April 2010).

한적 대응밖에 못 하였다. 이와 같은 일련의 사건들로 인해 러시아와 서방과의 관계가 무너지게 되었고 이것은 전(全)지구적 이슈들에도 영향을 미쳤다. 서방과 러시아의 협력의 상징이었던 G8에서 러시아는 축출되었고, 군축 레짐이나 핵확산방지체제 그리고 기후변화 대응체제에서의 협력이 와해될 우려도 제기되고 있다. 또한, 유엔 및 국제통화기금(IMF) 개혁이나 유럽안보협력기구(OSCE)에서 러시아의 영향력을 제한함으로써 글로벌 거버넌스 관리에서도 난맥이 예상되고 있다.

하지만 유럽의 경우 조금 다른 양상이 드러났다. 유럽은 경제위기 이후 회복 탄력을 찾지 못하는 가운데 러시아에 대하여 미국보다 더 복잡한 관계적 특성을 표출하였다. 특히 러시아에 대한 제재를 진행하는 과정에서 서유럽 국가들이 지닌 러시아와의 깊은 상호의존성이 드러났다. 제재로 인하여 러시아가 타격을 받고 있는 것이 사실이지만, 서유럽 국가들이 받는 타격도 만만치 않았다. 특히 러시아에 대한 에너지 의존도를 개선하는 과제는 단기간에 높은 비용을 요구하며, 독일의 원전 포기 정책도 재고해야 하는 상황에 처하게 되었다 군사제재에 대한 요구도 있었지만, 미국도 이를 들어줄 여력은 없었다. 이 와중에 영국이 2018년 유럽연합에서 탈퇴하였고 우크라이나 사태 이후 유럽의 재정적 문제와 시리아 난민문제로 인한 분열상이 노정되는 가운데 독일의 리더십이 유럽의 조율된 대러시아정책을 지탱하는 중요한 기반이 되고 있다.

이 같은 국제정세의 변화를 촉발한 장본인인 러시아는 우크라이나 사태를 통해 푸틴식 강대국 외교를 추구하는 대외전략의 전환을 확증했다. 2014년 3월 18에 발표한 신(新)푸틴독트린을 통해 러시아는 서구의 질서에 순응하지만은 않을 것이며, 자기주도적 질서를 구소련지역 전역에 수립할 것을 천명하였다.[48] 2009년에 이어 2015년에 발표된 러시아연방의 국가안보전략도 '신푸틴독트린'과 궤를 함께하고 있는데, 본 문서는 다극세계 속에서의 자국의 역할에 대한 강조와 함께 NATO의 확장, 미국의 MD체제에 대한 견제 및 이러한 서방의 블록 중심의 접근방식 비판 등과 같은 내용을 강조하고 있다.[49]

더불어, 2016년에 2008년에 이어 발표된 러시아연방의 대외정책 개념에도 변화하는 세계질서에 대한 러시아의 인식이 잘 드러나 있으며, 종합적으로 살펴봤을 때, 소련 붕괴 이후 다시 지구적 수준의 강대국으로 회복하고 그 입지를 공고히 하고자 하는 러시아의 대외정책적 기조가 나타난다고 할 수 있다.[50] 끝으로, 2021년 발표된 러시아의 가장 최근 전략 문서인 국가안보전략에서는 기존 문서에서 나타나던 서방과의 협력에 관한 내용이 거의 빠져 있다는 점을 주목할 만하다.[51] 이는 푸틴의 세 번째 임기 이후 여러 일들을

48) Vladimir Ryzkov, "The New Putin Doctrine," *Moscow Times* (3 April 2014).

49) Президента России, "Концепция Внешней Политики Российской Федерации," https://www.mid.ru/ru/foreign_policy/official_documents/-/asset_publisher/CptICkB6BZ29/content/id/2542248 (검색일: 2022. 2. 21).

50) Президента России, "Стратегия национальной безопасности Российской Федерации," https://www.mid.ru/ru/foreign_policy/official_documents/-/asset_publisher/CptICkB6BZ29/content/id/294430 (검색일: 2020. 2. 21).

51) Президента России, "Стратегия национальной безопасности Российской Федерации," http://static.kremlin.ru/media/events/files/ru/QZw6hSk5z9gWq0plD1ZzmR5cER0g5tZC.pdf (검색일: 2022. 2. 21).

거치며 형성되었던 서방 사이의 대립 구도가 더욱 심화되고 있음을 방증하는 예라고 할 수 있다.

사실 러시아는 2000년대 고유가 시기를 통해 축적된 국부를 바탕으로 군사력을 강화하고 이를 대외적으로 투사하려는 노력을 기울여 왔다. 쿠바, 베트남, 베네수엘라 등지에서 해군기지를 다시 운용하게 되었고, 미사일방어체계의 중유럽 배치에 반발하여 칼리닌그라드에 전술핵을 장착할 수 있는 미사일을 배치하기도 하였다. 또한, 러시아는 대외적 연대 네트워크를 강화하는 정책을 펴왔다. 글로벌 수준에서 브릭스(BRICS)의 협력을 강화하기 위하여 2014년 7월 브라질에서 열린 브릭스 정상회담에서 IMF, IBRD를 대체하는 새로운 금융기구 창설을 협의하기도 했으며, 유라시아수준에서는 9월 타지키스탄 정상회담을 통해 인도, 이란, 몽골, 파키스탄 등을 상하이협력기구의 새 회원국으로 맞이하였다. 특히 중앙 유라시아지역에서는 유라시아경제연합(EAEU) 창설에 합의하여 2015년 출범시켰다. 이를 통해 유라시아에서는 단일 에너지시장 및 루블 존을 강화해 나가는 정책을 펴고 있다.

러시아의 이 같은 변화된 정책과 그에 대한 미국과 서방의 견제 사이에서 가장 큰 반사이익을 누리게 된 것은 아마 중국일 것이다. 중국은 국제적 제재에 압박당하고 있는 러시아를 포용하여 2014년 3월 러시아의 크림병합을 규탄하는 안보리 결의에 기권표를 던졌고, 중러관계의 밀착화를 대미 견제의 자산으로 활용하려 하고 있으며, 브릭스 국가들과의 연대를 통한 미국 주도의 단극적 세계 운용을 반대하고 새로운 다극적 질서의 수립을 요구하는 목소리를 높이고 있다. 특히 2014년 5월 20~21일 중러가스협상의 타결을 통해 향후 30년간 38억㎥의 천연가스를 러시아로부터 수입하는 계약을 체결하였고, 2015년 알타이 가스관을 통한 러시아 천연가스의 구매계약을 상당 부분 진전시킴으로써 1조 3,000억 달러의 가스를 수입하기로 하였다.[52] 이는 러시아가 서방 제재에 대한 돌파구를 마련하고 가스 수출 시장의 다변화를 추진하는 데 결정적인 도움이 될 것으로 예측되고 있다.

결국, 주요한 강대국으로서 러시아의 전략적 사고는 다극적 국제질서 창출을 위한 긍정적/부정적 요인의 출현, 지역질서 변화에 따른 새로운 도전과 위협요인의 출현, 자국 안보환경 및 국가이익에 대한 인식의 변화 그리고 자국이 보유한 경성 및 연성 국력의 변화라는 네 가지 요인에 의하여 변화를 지속하고 있다.

2) 러시아의 신동방정책과 한반도

러시아의 아태정책은 '아시아적 정체성'에서 비롯된 것이 아니라, 아시아를 유럽과의 관계 속에서 조망하고 유럽에서 약화된 러시아의 위상을 아시아에서 보상받으려는 현실정치적 동기가 그 주된 배경을 이루고 있다는 점은 누차 지적되어 왔다.[53]

52) "Газовый договор России с Китаем: эксперты рассказали подробности," (2014. 5. 21), http://finance.bigmir.net/news/economics/48584-Gazovyj-dogovor-Rossii-s-Kitaem-eksperty-rasskazali-pod-robnosti; "China, Russia to sign a host of cooperation deals during Xi's visit to Moscow," TASS (2015. 5. 4), http://tass.ru/en/world/792927 (검색일: 2015. 9. 21).

53) 홍완석, "러시아의 대아시아정책 진화 과정에 관한 소고: 1991~1999,"『슬라브학보』 15권 1호 (2000), pp. 480-495.

하지만 러시아의 전방위외교에서 나타난 대아시아정책의 전개과정은 — 물론 유럽과의 관계 속에서 평가되어야 한다는 전제에는 변함이 없지만 — 분명 기존의 정책과 차별을 보이고 있는 것이 사실이다. 특히 푸틴 대통령 이후 러시아의 외교가 지니는 두드러진 특징은 러시아외교의 전략적 관심 영역이 확장되고 아태지역의 전략적 가치가 더욱 중시되어 아시아에 대한 전략과 정책이 강화하고 있다는 것이다.[54] 새로운 지전략적 초점으로 부상하고 있는 동북아에서 러시아는 중국, 일본 및 '비지리적 구성원(non-residential participant)'인 미국이라는 중요한 세계 행위자들뿐만 아니라 동북아문제의 핵심인 한반도와도 동시에 만나게 되며, 이러한 동북아에서 러시아의 이익을 극대화하기 위해서 복잡하고 다중적인 전략을 구사할 수밖에 없다.

동북아에서 중국을 견제하고 주도권을 유지하려는 미국은 표 14.1에 나타난 바와 같이 다양한 러시아의 전략 대안 중에서 (W-1)대안에 기초한 대미협력을 유도하려는 정책을 선호할 것이다. 하지만 러시아로부터 동북아에서 협력을 얻는 것이 어려울 경우에는 러시아의 (C-3)대안이나 (E-2, E-3)대안의 제한적 지원을 통하여 최소한 러시아가 중국에 대한 견제세력으로 기능하도록 유도하려 할 것이다. 이런 측면에서 미국과 러시아는 연성유라시아주의 전략의 하나인 (C-3)대안을 놓고 타협점을 찾을 수 있다. 한편, 중국은 중장기적으로 충분한 힘을 보유하게 되기까지 미국에 대한 견제가 필요하기 때문에 러시아의 (E-1)대안을 지지하거나, 최소한 러시아 및 인도 등과의 협력하는 (E-2)대안을 유지하면서 미국에 의한 중국 영향권 축소기도를 견제하는 전략을 취하게 될 것이다.

따라서 러시아는 미국의 압력에 대응하기 위해서 강성유라시아주의 대안으로 이해될 수 있는 (C-2)와 (E-1)대안을 선택할 가능성을 항상 유지하지만, 동북아의 유화국면에서는 (C-3)와 (E-2, E-3)대안의 추진으로 이 지역에서의 영향력을 확대하고 경제적 실리를 추구하며 동시에 잠재적 경쟁국으로서의 중국을 견제하는 부수적인 효과까지도 노리는 다중적 전략을 추구할 수 있다. 결국, 러시아는 미국과 중국의 사이에서 양측에 대한 견제와 협력을 상호 연동하여 구사함으로써 소극적으로는 동북아 구성원으로서의 입지를 강화하고, 적극적으로는 역내 영향력을 확대해 나가는 대외정책을 구사하게 될 것이다. 이러한 이해가 푸틴 대통령 이후 러시아의 동북아정책을 이해하는 배경이 될 수 있다.

러시아는 소련이 붕괴한 이후 1990년대 동북아에서 급속한 지위 하락과 영향력 상실을 경험한 뒤 푸틴 대통령의 복귀 이후 이를 회복하기 위한 노력을 기울여 일정한 정도의 지역정치 내 위상을 회복 및 강화해 오고 있다. 이러한 러시아의 노력은 크게 세 측면에서 이루어졌는데, 첫째는 소련이 중소분쟁으로 상실한 중국과의 전략적 협력의 관계를 러시아가 2000년대 들어와 회복하게 된 측면, 둘째, 1990년대 상실한 북한과의 협력의 고리를 2000년대 들어와 회복하게 된 측면, 그리고 남한 및 일본과의 관계개선 및 경제적 협력을 모색하는 측면에서 이루어졌음을 알 수 있었다. 사실 푸틴 대통령은 러시아의 아태지역으

---

54) 홍현익, "러시아의 다극화 외교와 한·러 전략적 협력 방안," 홍현익 편, 『전환기 러시아의 대외정책』 (성남: 세종연구소, 2000), pp. 132–149.

로의 진입을 위한 적극적인 정책을 2기 임기에서부터 추진해 왔다. 이를 위하여 2012년 아태경제협력체(APEC) 정상회담을 블라디보스토크로 유치하여 러시아가 태평양으로 낸 이 관문도시의 개발과 이를 통한 동북아 및 아태국가들과의 교류 강화를 시도하였다. 메드베데프 대통령 시기에는 러시아를 '유라시아 국가'라 부르기보다 '유로-태평양 국가'로 규정하면서 러시아의 국가발전의 미래적 동력을 이 지역에서 찾으려는 노력을 심화시켜 갔다. 이 같은 정체성의 재규정은 러시아의 국가이익을 다층적으로 재구성하는 작업과 관련된다. 글로벌 수준에서 지정학적 및 지경학적 압력의 수위가 증대되고 있는 세계 정치의 새로운 중심 아태지역에서의 러시아의 위상을 강화하고, 지역수준에서는 지리적으로 귀속되어 있지만, 인식적으로는 소외되면서 심대한 영향력의 축소를 경험했던 동북아에서의 전략적 행위자로서의 위상을 재(再)확보하고, 국내정치수준에서는 낙후된 러시아의 동시베리아와 극동지역의 개발을 통해 동북아지역과의 안정적 연계성을 강화함으로써 안보적 및 경제적 안정과 발전을 꾀하려는 다층적 목표를 지닌 정책으로 '신(新)동방정책'이 추진되었다. 이 정책을 통하여 러시아는 동북아와 한반도에서 중국에 대한 과도한 편승을 보완하고 새로운 영향력의 통로를 확보하는 것은 물론 동아시아를 넘어 아태지역으로 진출해 가는 국내적 및 근린지역의 교두보를 확보하는 전략적인 이익까지도 챙길 수 있는 것이다.[55]

전반적으로 보아 푸틴 시기 이후 러시아는 동

북아에서의 전략적 균형화를 위하여 중국과의 협력을 강화해 나가고 있다. 이를 위해 한편으로 양자관계에 기초한 지역 국가들과의 협력관계의 발전을, 다른 한편으로 다자관계에 기초한 동북아 다자안보·평화체제 구축을 추진해 나가고 있다. 이러한 정책은 미국의 동북아전략에 대항하는 러시아와 중국의 영향력 보존 및 확대를 위한 조건적 협력으로서 미국의 공세적 정책이 지속될 경우 유지될 수 있을 것이다. 하지만 미국이 러시아의 이해를 인정하면서 러시아와 아시아지역에서의 전략적 협력을 추진하게 될 경우에 러시아는 좀 더 균형적인 정책을 지향하게 될 수 있을 것으로 보인다. 이러한 세력관계 속에서 러시아는 교통·통신·운수·에너지 등의 분야에서 동아시아 지역의 통합을 지지할 뿐만 아니라, 이 과정에서 배제되지 않으면서 자국의 입지와 영향력을 확보하는 데 대한 지대한 관심을 표명하고 있다. 특히 이러한 지역협력 및 통합의 움직임에 자국의 극동·시베리아의 개발을 연동시킬 수 있는 계기를 마련하기 위하여 노력을 기울이고 있으며, 러시아의 철도정책 및 에너지 수출정책은 바로 이러한 관점하에서만 바르게 이해될 수 있을 것이다.

글로벌 경제위기 이후 중국의 급속한 부상과 그에 따른 미중경쟁이 가시화되면서 러시아가 동북아시아에서의 전략적 행위자로서의 위상을 회복할 수 있는 가능성이 보이는 듯했다. 점차 양극화되어 가고 있는 이 지역정치의 재구조화 과정에서, 러시아가 중간자로서 영향을 미칠 수 있는 가능성이 주목받게 되었던 것이다. 그것은 크게 러시아가 중국과의 전략적 협력을 강화하여 대미 균형화를 강화하는 기능 이외에도 미국과 전략적으로 협력하거나 일본이나 한국과 같은 역내 국

---

55) 신범식, "러시아의 신(新)동방정책과 한반도 평화," 김영호 (편), 『21세기 미·중 패권경쟁과 한반도 평화』 (서울: 성신여대출판부, 2015).

가들과의 협력을 통하여 중국의 과도한 영향력을 견제하는 기능을 모두 감당할 수 있다는 점에서 타당해 보인다.[56]

그러나 이런 러시아의 역할과 새로운 지역정치 재구도화의 가능성이 우크라이나 사태 이후 악화되어 가는 미러관계에 의해서 대단히 제한되는 방향으로 사태가 흘러가고 있다. 이러한 추세가 지속된다면 결국 러시아는 중국과의 전략적 협력을 더욱 강화해 나가면서 중국의 주니어 파트너로서 미국에 대항하는 구도의 정책적 틀을 지속해 갈 수밖에 없을 것이다. 결국, 러시아가 지닌 동북아지역정치에서의 구조적 제약은 미국과의 동아시아수준에서의 전략적 협력을 회복하지 못하고 있다는 점에서 분명한 한계를 지니고 있음에 틀림없다.

한편, 중국과 러시아의 협력관계가 한반도에 미칠 영향력에 대해서도 주의를 기울일 필요가 있다. 중국과 러시아의 협력을 유발하는 미국의 일방주의 정책에 대해서 양국은 공통된 입장을 견지하고 있는데, 이러한 입장은 북핵 6자회담의 진행 과정에서도 드러난 바 있으며, 천안함 및 연평도 사태에 대한 중국의 태도를 러시아가 일정 부분 지지하는 데서도 드러났다. 양국은 북한의 핵 보유가 초래할 동북아 핵확산과 전략경쟁이 지역의 전략적 안정을 저해하는 것에 대해서는 반대하지만, 미국이 무력을 동원하여 북한을 징벌하고 과도한 제재를 통하여 북한을 압박하는 데 대해서도 강력히 반대하고 있다.

따라서 러중협력은 좀 더 큰 구도 속에서 한국에게 도전적 요인이 될 수 있다. 미국이 선호하는 범아시아 지역안보기구의 결성을 위한 노력(가령 미-일-호주를 중심으로 인도를 끌어들일 수 있는 아시아판 나토 등의 동맹네트워크의 구축 등)과 중국과 러시아가 주도하고 있는 상하이협력기구의 확대 노력이 충돌하게 될 경우에, 한국은 동북아가 아니라 유라시아 전역 및 세계적 수준에서의 줄서기를 요구받게 될 것이다. 이러한 상황은 유라시아의 경제협력에 대해 큰 관심을 가지고 있는 한국정부에게 동맹의 개입과 연루의 새로운 조건에 대한 많은 고민을 안겨줄 수 있다.

한반도정책과 관련해 러시아는 '남북한 등거리정책'에 입각하여 한반도 내 영향력을 확보함으로써 동북아에서 이해(利害)당사자로서의 위치를 지키려는 정책을 지속하고 있다. 나아가 한반도의 안정을 바탕으로 다양한 경제협력을 추진함으로써 한반도를 고리로 극동·동시베리아 지방을 동북아경제권으로 편입시키려는 전략도 추진하고 있다. 이런 러시아의 입장은 6자회담과 같은 계기를 통해 잘 표명되었다.[57]

러시아는 주변 강대국들 중 한반도 평화와 통일에 대해 가장 긍정적 태도를 가지고 있으며, 이를 위해 북핵문제와 같은 한반도문제에 대해 당사자로서의 입지를 강조하면서 자국의 영향력이 한반도의 평화에 기여하기를 기대하고 있다. 다자주의적 동북아 평화와 안보체제의 성립을 소련시기로부터 꾸준히 주장하여 온 러시아는 북핵 6자회담에 적극적으로 참여하였다. 북핵문제 해결에 있

---

56) 신범식, "통일한국 등장과 동북아 지역질서 변화: 역내 전략적 행위자로서의 러시아의 가능성과 한국의 대응," 『전략연구』 제22집 1호 (2015).

57) 러시아의 한반도 안보문제에 대해서는 Yong-Chool Ha and Beom-Shik Shin, *Russian Nonproliferation Policy and the Korean Peninsular* (Strategic Studies Institute at U. S. Army War College, 2006) 참조.

어서 북한과 미국 또는 남한과 북한 사이의 '정직한 중재자(honest broker)'로서 입지를 다졌다. 러시아는 동북아 군비경쟁을 가속화할 북한의 핵 보유에 반대하지만, 미국에 의한 강압적 해결이 가져올 동북아의 불안정도 반대하고 있다.[58] 동시에 러시아는 북한에 대한 실질 협력을 강화함으로써 북한의 변화를 유도하는 정책을 지지한다.

예컨대 2011년 김정일 위원장의 러시아 방문으로 이루어진 러북정상회담을 통하여 양국관계를 강화하여 러·북·남 가스관 연결사업과 철도 연결 사업 등에 대한 러시아의 강력한 추진의지를 천명함으로써, 이러한 러시아의 행보가 한반도의 지정학적 변화 가능성을 높일 수 있다는 분석도 제기되었다. 이 같은 러북 접근은 2012년 러시아의 대북한 채무탕감 조치 이후 더욱 발전하여 2014년 양국은 러시아가 북한의 철도를 개보수하고 북한의 자원을 개발하는 '승리프로젝트'를 추진하는 등 구체화되었다.[59]

이러한 러시아의 대북 접근의 의도는 무엇인가? 첫째, 북한과의 협력을 통해 동북아 주변국과의 지역적 경제협력 틀을 강화함으로써 러시아의 극동·시베리아 개발의 동력을 확보한다는 국내 정치적 고려가 있으며, 둘째, 한반도에 대한 영향력의 확보를 통하여 중국과 미국의 한반도를 둘러싼 각 축에서 중재자 및 균형자로서의 역할을 감당할 수 있는 근거를 다지고, 셋째, 북한 유사시에 러시아의 자산에 대한 보호를 명목으로 특정의 조치를 취할 수 있는 구실을 만드는 등의 다중적 계산이 깔려 있다고 판단된다. 따라서 러시

아는 한국의 북한에 대한 개입정책(engagement policy)을 유지하는 것이 향후 중·장기적으로 북한을 변화시키는 데 매우 중요하다고 판단하고 있으며, 한국의 대북 포용정책이 지속되기를 희망하고 있다. 하지만 이명박정부 이후 악화된 남북관계는 경색되었고. 문재인정부의 평화정착을 위한 여러 시도에도 불구하고 지속된 북한의 도발에 따른 한반도에서의 긴장고조는 러시아의 한반도정책의 운용폭을 심하게 제한하게 되었고, 이에 대하여 러시아는 조심스러운 비판적 입장을 보여 왔다. 한국과 러시아 사이의 전략적 협력의 가능성이 시험대 위에 오르게 된 것이다.

최근 국제환경의 변화는 한러관계와 북러관계의 가능성에 대한 심대한 구조적 제약으로 작동할 가능성이 한층 높아지고 있다. 한국정부는 2014년 러시아의 크림공화국 합병과 2022년 우크라이나 침공이 국제법을 위반한 것이라는 입장을 견지하지만,[60] 동시에 대러제재에 지속적으로 참여하는 것이 한국이 처한 지정학적 환경, 한러 전략적 협력동반자관계의 내실화 필요성, 통일외교 강화의 시급성 등을 고려해 신중히 접근할 수밖에 없다. 왜냐하면, 장기적 관점으로 봤을 때 나진항 개발을 둘러싼 러시아와의 협력은 경직되고 있는 한반도관계의 경색 국면을 풀어갈 수 있는 좋은 계기가 될 수 있으며, 이를 기반으로 강화될 수 있는 남-북-러 삼각협력은 한반도 안정화의 긍정적 기반을 마련할 수 있기에 이 같은 가능성의 고리들을 경솔히 포기하기란 쉬운 일이 아니다. 또한, '유라시아 이니셔티브'와 '신북방정책'으로 대표되는 소위 '북방외교'의 지속적인 추진을 위해서

58) Yong-Chool Ha and Beom-Shik Shin (2006) 참조.

59) "Why Russia is Bolstering Ties with North Korea," *The Guardian* (4 June 2014).

60) 2014년 3월 19일 대한민국 외교부 성명 참조.

는 러시아의 협조도 필요하며 러시아와의 에너지 협력도 중장기적으로 중요하기 때문이다.

하지만 2022 러시아의 우크라이나 침공과 미중 전략경쟁이 고도화됨에 따라 미국은 동맹국인 한국에 대한 정책적 공조를 요청해 올 것이며, 그렇게 될 경우 한국이 대러관계를 풀어가기가 매우 어려워질 것이다. 이런 상황은 동북아에서 한국의 중간국 외교의 장과 입지를 현저히 축소시키는 방향으로 전개될 가능성이 높다. 미중 전략경쟁과 우크라이나 사태를 둘러싼 미국과 러시아의 갈등이 한미동맹과 한러 전략협력의 상충성을 확대하는 상황을 피하는 것이 중요하다.

그렇다면 한러관계가 전략적 협력관계로 발전하는 데 필요한 조건은 무엇인가? 첫째, 2014년 이후 현재까지 100억 달러 중반~200억 달러 초반 수준에서 정체되고 있는 양국의 교역 규모를 빠른 시간 내에 400~500억 달러 수준으로 증대시키기 위한 조직적 활동을 강화시킬 필요가 있다. 이러한 규모는 양국 교역 가능성으로 보아 무리한 수준이 아니며, 이로써 양국은 상대에 대한 '관심'을 증대시킬 수 있게 될 것이다. 둘째, 그간 양국 간에 시도되어왔던 수많은 프로젝트의 불발로 인한 부정적 인식을 극복하기 위해 모델프로젝트의 '성공사례(success story)'를 만들어 '상호신뢰'의 회복 및 고양이 필요하다. 이와 관련하여 러시아의 극동 및 동시베리아 개발을 위한 계획과 현대화 프로젝트 등에 대한 양국 협력분야를 폭넓게 발굴해야 한다. 셋째, 동북아 평화·안보체제 결성을 위한 러시아의 독자적(미국이나 중국 모두로부터!)이며 건설적인 역할의 가능성을 상호 인식하고, 이를 바탕으로 양국의 전략적 협력의 분야를 발굴하고 이를 실현해 나갈 수 있

는 '제도적 틀'을 발전시켜야 할 것이다.

결국, 러시아의 대한반도정책은 러시아의 서방정책 및 유라시아정책 및 아시아정책과 복합적인 연관성을 가진 것으로 이해되어야 할 것이다. 그리고 한국의 경우 대륙과 해양세력의 접점인 한반도에 위치한 분단국가로서의 한계를 고려해 볼 때, 러시아가 미국 및 유럽과의 관계를 안정적으로 유지해 가면서 동쪽에서 건설적인 아시아 접근정책을 택하도록 유도·협력할 필요가 있다. 만일 러시아가 적대적 강성 유라시아주의 전략을 동향옵션으로 채택할 경우 한국은 동북아에서 매우 어려운 상황에 빠질 수 있다. 따라서 한국은 러시아의 대외정책이 대결에 입각한 정책이 아니라 동향성과 서향성이 조화롭게 어우러질 수 있도록 전략적 대화와 협력을 강화해 나가야 할 것이다.

5. 결론

지금까지 살펴본 것과 같이 소련 해체 이후 지구적·지역적 수준에서 자신의 영향력을 확장해온 러시아는 향후 미중 전략경쟁 시대에 세계질서가 재편되는 과정에서 중요한 축이 될 것으로 보인다. 특히 현재의 우크라이나문제를 둘러싸고 러시아와 서방 사이에 벌어지고 있는 일련의 사건들은 유럽안보체제, 더 나아가 미중 전략경쟁이 형성하고 있는 글로벌 신냉전 구도에 큰 영향을 미칠 변수가 될 것으로 보인다.

러시아와 미국 간 갈등의 여파가 동북아에 미치게 된다면 북한·중국·러시아와 한국·일본·미국이 대립하는 과거 냉전의 구도가 재현될 가능

성이 있다. 한국은 강대국 사이의 지정학적 경쟁에 놓여 있는 중간국으로서 이와 같은 구조가 동북아에 다시 출현하는 것을 예방할 필요가 있으며, 변화에도 예민하게 대응하기 위한 유연하면서도 실리적인 외교를 추진할 수 있는 역량을 갖출 필요가 있다.

특히 현재와 같이 러시아와 서방이 첨예하게 대립하는 상황에서 어려울 수도 있지만, 러시아가 동북아시아와 한국의 대외정책에 가질 수 있는 잠재적인 전략적 가치를 고려해 본다면 한국은 러시아와 전략협력을 통해 현재로서는 가능성으로 존재하는 양자 간 공유이익을 현실화할 필요가 있다. 중국의 부상에 따른 점증하는 미중 전략경쟁의 구도 속에서 러시아와 한국의 협력은 역내 균형과 안정에 기여할 수 있으며, 이는 '대륙세력 대 해양세력' 사이의 경쟁적 구도를 넘어서 역내 국가들의 공유이익에 대한 합의를 전제로 하는 소다자 내지 다자적 지역협력 모델을 추동 및 발전시키는 데 긍정적인 영향을 줄 수 있을 것이다.[61]

따라서 한국은 미중 전략경쟁 속에서 지정학적 단층대에 끼어 있는 중간국 외교의 딜레마를 극복하기 위한 각별한 노력을 기울여야 한다. 한미동맹과 중국과의 관계 사이에서 양자택일을 강요하는 사고에 휘둘리지 않고 대외 환경의 조건과 자신의 능력에 대한 정확한 이해에 기반해 국익 중심의 실용적 외교 균형점을 찾을 필요가 있다. 그 과정에서 한국은 미중 사이에 낀 중간국들과의 연대를 강화하고 다양한 다자협력망을 구축

해 안전판을 마련하며 외교적 자율성의 공간을 확대해 나가야 한다.

---

61) 신범식, "러시아 외교안보 정책과 한·러 관계 2030," 『신아세아』 26권 3호 (2019).

토의주제

1. 러시아가 강대국이라고 생각한다면 러시아외교의 강대국외교로서의 특성을 설명하고, 아니라면 왜 그런지 러시아외교정책의 구체적 사례를 들어 설명해 보시오.

2. 러시아의 엘리트들은 탈냉전 이후 국제질서를 어떻게 인식하고 있으며, 러시아가 국제질서에서 어떤 정체성과 위상을 가지고 있다고 파악하고 있는가?

3. 러시아에게 가장 위협이 되는 요인은 무엇이며, 이에 따른 외교정책상의 전략은 어떤 특성을 지니게 되는지 설명해 보시오.

4. 나토(NATO) 동진과 색깔혁명이 러시아 외교에 끼친 영향과 그에 대한 러시아의 대응을 설명해 보시오.

5. 유라시아에서 벌어지고 있는 '신거대게임(New Great Game)'에서, 미국, 유럽, 중국, 인도 등의 주요 강대국들과의 관계에서 러시아가 감당할 수 있는 역할과 한계에 대하여 토의해 보시오.

6. 러시아와 중국의 관계가 가지는 발전 가능성과 제약 요인에 대하여 토론해 보고, 각각의 요인이 다시 러시아의 대미관계에 미치는 영향에 대하여 평가해 보시오.

7. 러시아의 강대국으로의 부활은 동북아질서에 어떤 영향을 끼칠 것인가에 대해 토론해 보시오.

8. 21세기 한국의 외교에 대하여 러시아가 끼칠 수 있는 긍정적 가능성으로는 어떤 것이 있으며, 반대로 부정적인 영향을 끼칠 수 있는 상황은 어떤 것일까 토의해 보시오.

9. 2014 러시아의 크림합병, 2022년 러시아의 우크라이나 침공은 공세적 현상변경정책인지, 수세적 국익보호정책인지 토론해 보시오.

참고문헌

1. 한글문헌

강봉구. 『현대러시아 대외정책의 이해: 대외정책 노선 형성과정(1992~1998)』. 서울: 한양대학교 출판부, 1999.

강봉구. "21세기 러시아의 신 안보전략." 홍완석 편. 『21세기 러시아 정치와 국가전략』. 서울: 일신사, 2001.

고재남. "유라시아의 다자 지역 협력." 신범식 편. 『21세기 유라시아 도전과 국제관계』. 서울: 한울, 2006.

고재남. "CIS 통합운동의 동향과 전망: 러시아의 CIS 통합정책을 중심으로." 『21세기 러시아정치와 국가전략』. 서울: 일신사, 2001.

권원순. "유라시아 석유·가스의 정치경제학적 함의와 에너지 안보: 유라시아 파이프라인의 정치경제학." 신범식 편. 『21세기 유라시아 도전과 국제관계』. 서울: 한울, 2006.

권희영. "소련의 정체성의 위기." 슬라브학회 편. 『소련과 러시아』. 서울: 슬라브학회, 1992.

김학준. 『소련 외교론 서설』. 서울: 서울대학교출판부, 1985.

문수언. "러시아 푸틴 정부 대외정책의 새로운 경향과 자유주의 패러다임의 접근." 한국국제정치학회. 『국제정치논총』 46-1 (2006).

박건영. "부시정부의 동아시아 안보전략과 제약 요인들." 세종연구소. 『국가전략』 7권 4호 (2001).

신범식. "현대 러시아이념과 러시아 정치과정에 나타난 '동양'과 '서양'의 문제." 슬라브학회. 『슬라브학보』 14권 2호 (2000).

_____. "러시아정치세력의 이데올로기적 분포와 가치체계." 한국국제정치학회. 『국제정치논총』 40집 3호 (2000).

_____. "교통의 국제정치: 시베리아횡단철도(TSR) 국제화와 동북아시아." 극동문제연구소, 『한국과 국제정치』 19권 4호 (2003).

_____. "유라시아 지정환경의 변화와 러시아의 대응: 지전략의 복합화를 중심으로." 국제정치학회. 『국제정치논총』 43권 4호 (2003).

_____. "푸틴 러시아의 근외정책: 중층적 접근과 전략적 균형화 정책을 중심으로." 서울대학교 국제지역원. 『국제·지역연구』 14권 4호 (2005).

_____. "유라시아의 지정학적 세력관계와 신거대게임." 신범식 편. 『21세기 유라시아 도전과 국제관계』. 서울: 한울, 2006.

_____. "러시아-중국 안보·군사 협력관계의 변화와 전망." 아태지역연구센터. 『중소연구』 제31권 1호 (2007).

_____. "신거대게임으로 본 유라시아 지역질서의 변동과 전망." 『슬라브학보』, 제23권 2호 (2008).

_____. "러시아의 대외정책 환경과 한반도 정책." 김성철 (편). 『외교환경과 한반도』. 성남: 세종연구소, 2009.

_____. "다자 안보협력 체제의 이해: 집단안보, 공동안보, 협력안보의 개념과 현실." 일민국제관계연구원. 『국제관계연구』, 15권 1호 (2010).

_____. "한-러 '전략적 (협력)동반자관계'에 대한 비판적 검토: 공유이익과 실현전략의 관점에서." 극동문제연구소. 『한국과 국제정치』 26권 1호 (2010).

_____. "러-중관계로 본 '전략적 동반자관계': 개념과 현실 그리고 한계." 한국국제정치학회. 『한국정치학회보』 44집 2호 (2010).

_____. "러시아의 신(新)동방정책과 한반도 평화." 김영호 (편), 『21세기 미·중 패권경쟁과 한반도 평화』. 서울: 성신여대출판부, 2015.

_____. "통일한국 등장과 동북아 지역질서 변화: 역내 전략적 행위자로서의 러시아의 가능성과 한국의 대응." 『전략연구』 제22집 1호 (2015).

_____. "러시아 외교안보 정책과 한·러 관계 2030." 『신아세아』 26권 3호 (2019).

_____. "지정학적 중간국 우크라이나의 대외전략적 딜레마." 『국제·지역연구』, 제29권 1호 (2020).

우준모. "신북방정책" 비전의 국제관계이론적 맥락과 러시아 신동방정책 과의 접점." 『국제·지역연구』 제21권 5호 (2018).

임경훈. "푸틴 집권기 러시아의 대외정책: 실용적 현실주의의 이중성." 러시아연구소. 『러시아연구』 제16권 1호 (2006).

정한구. "러시아 대외정책의 진로수정?." 세종연구소. 『세종정책연구』 제3권 1호 (2007).

홍완석. "러시아의 대아시아정책 진화 과정에 관한 소고: 1991~1999." 슬라브학회. 『슬라브학보』 15권 1호 (2000).

_____. "푸틴 정부의 동북아 전략과 한반도 정책," 홍완석 편. 『현대 러시아 국가체제와 세계전략』. 서울: 한울, 2005.

홍현익. "러시아의 다극화 외교와 한·러 전략적 협력방안." 홍현익 편. 『전환기 러시아의 대외정책』. 성남: 세종연구소, 2000.

_____. "부시-푸틴 전략적 합의와 한국의 국가전략." 세종연구소. 『정세와 정책』 7호 (2002).

황영삼. "시베리아 철도부설과 제정러시아의 東아시아 정책." 슬라브학회. 『슬라브연구』 16권 2호 (2000).

2. 영어문헌

Aizlewood, Robin. "The Return of the 'Russian Idea' in Publications, 1988~1991." *Slavonic and East-European Review* 71-3 (July 1993).

Arbatov, Alexei G. "*Russian Foreign Policy Thinking in Transition,*" In Vladimir Baranovsky, ed. *Russia and Europe: The Emerging Security Agenda.* Oxford University Press, 1997.

Bush, George, W. "President Sworn-In to Second Term." *Office of the Press Secretary.* 20 January 2005.

_____. "State of the Union Address," *Office of the Press Secretary.* 2 February 2005.

Campbell, Kurt M., Nirav Patel and Vikram J. Singh. *The Power of Balance: America in Asia.* Center for a New American Security, June 2008.

Donaldson, Robert H., Joseph L. Nogee, *The Foreign Policy of Russia: Changing Systems, Enduring Interests.* New York: M.E.Sharpe, 1998.

Ha, Yong-Chool, and Beom-Shik Shin, *Russian*

Nonproliferation Policy and the Korean Peninsular. Strategic Studies Institute at U. S. Army War College, 2006.

Haas, Marcel de. "Russia's New Military Doctrine: A Compromise Document." *Russian Analytical Digest* 78 (May 2010).

Harrell, Eben. "A Surprising Consensus on Nuclear Nonproliferation." *Time*, 2 June 2010.

Harvey, Cole and Sabatani, Richard, "Russia's Lukewarm Support for International Sanctions against Iran: History and Motivations." *CNS Issue Brief*, 15 April 2010.

Holmes, L. "Normalisation and Legitimation in Post-communist Russia." In S. White, A. Pravda, Z. Gitelman, eds. *Developments in Russia and Post-Soviet Politics*. London: Macmillan, 1994.

Kozyrev, Andrei. "Russia: A Chance for Survival." *Foreign Affairs* (Spring 1992).

_____. "Russia Looks West." *Moscow News* 39 (1991).

Kubicek, Paul. "End of the Line for the Commonwealth of Independent States." *Problems of Post-Communism* 46–2 (1999).

Kuchins, Andrew, and Rober tWeitz. "Russia's Place in an Unsettled Order-Calculations in the Kremlin," Washington DC: Stanley Foundation, November, 2008.

Kuzio, Taras, "Promoting Geopolitical Pluralism in the CIS: GUUAM and Western Foreign Policy," *Problems of Post-Communism* 47–3 (2000).

McFarlane, S. Neil. "Russia, the West and European Security." *Survival* 35–3 (Autumn 1993).

Nikitin, Alexander. "Nuclear Disarmament in a Non-Proliferation Context: A Russian Perspective." *Strategic Analysis* 34–2 (March 2010).

Ostrowski, Donald. "The Mongol Origins of Muscovite Political Institutions." *Slavic Review* 49–4 (Winter 1990).

Pravda, Alex. "The Politics of Foreign Policy," In S. White, Z. Gitelman, eds. *Developments in Russia and Post-Soviet Politics*. Durham, NC: Duke University Press, 1994.

Pushkov, A. "The Primakov Doctrine and a New European Order." *International Affairs* (A Russian Journal of International Relations) 44–2 (Spring 1998).

Putin, Vladimir. "Speech at the Munich Conference on Security Policy." (Munich, February 10, 2007).

Rarl, Alexander. "'Atlantistics' versus 'Eurasians' in Russian Foreign Policies," *RFE/RL Research Report* 1–22 (29 May 1992).

Ryzkov, Vladimir. "The New Putin Doctrine." *Moscow Times* (2014.4.3).

Sakwa, Richard, and Mark Webber. "The Commonwealth of Independent States, 1991~1998: Stagnation and Survival." *Europe-Asian Studies* 51–3 (1999).

Shearman, Peter. "NATO Expansion and the Russian Question." in R. G. Patman, ed., *Security in a Post-Cold War World*. NY: St. Martin's Press Inc., 1999.

Shin, Beom-Shik. "Russia's Northeast Asia's Policy and Korean Peninsular." *Journal of East Asian Affairs* 22–2 (Fall/Winter 2008).

Shlapentokh, Dmitry. "The End of the Russian Idea." *Studies in Soviet Thought* 43 (1992).

Smigielski, Robert. "U.S.-Russian Negotiations on START I Replacement." *Bulletin* 32 (June 2009).

Skak, Mette. *From Empire to Anarchy: Postcommunist Foreign Policy and International Relations*. L.: Hurst, 1996.

Sokov, Nikolai. "The New, 2010 Russian Military Doctrine: The Nuclear Angle Contrary to expectations, the new Russian Military Doctrine reduced reliance on nuclear weapons." *CNS Feature Stories*, February 5, 2010.

Trenin, Dmitri. "Russia Leaves the West." *Foreign Affairs* 85–4 (July/August, 2006).

_____. "Russia's Strategic Choices." *Policy Brief 50* (May 2007).

Trenin-Straussov, Peter. "The NATO-Russia Permanent Joint Council in 1997~1999: Anatomy of a Failure." *BITS Research Note* 99–1 (July 1999).

Tsygankov, Andrei. "New Challenges for Putin's Foreign Policy." *Orbis* 50–1 (2006).

_____. "Does Russia Have a Grand Strategy?" ISA Conference. New York, February 13–16, 2009.

_____. *Russia's Foreign Policy: Change and Continuity in National Identity*. Lanham: Rowman & Littlefield, 2016.

Webber, Mark. "The Emergence of the Foreign Policy of the Russian Federation." *Communist and Postcommunist Studies* 26–3 (1993).

Zimmerman, Heinz. "Russian Foreign Policy under Yeltsin: Priority for Integration into "Community of Civilized States." *The Journal of Communist Studies* 8–4 (December 1992).

3. 러시아어문헌

Бердяев, Н. А. *Истоки и смысл русского коммунизма*. М., 1990.

Дерлугьян Г. "Была ли Российская империя колониальной." *Международная жизнь*, No. 2, 1991.

Дугин А. Геополитика. М., Арктогея, 1997.

Загорский, Андрей, и Михаил Лукас, Россия перед Европейским вызовом, М., Международные Отношения, 1993.

Задохин Александр Г. "Россия в Евразии и мировой политике." Дипломатический Ежегодник: К 60-летию Дипломатической Академи МИД РФ, М.: Международные Отношения, 1995.

Кара-Мурза А. "Между Евразией и Азиопой," *ИНОЕ* (III), М., 1995.

Кортунов А. В., Россия и Запад: Модели интеграции, РНФ РОПЦ Доклад No. 6, Российский Научный Фонд, 1994.

Kozyrev, Andrei. "Новое мышление: К паритету здравого смысла," *Новое Время*, No. 15, 1991.

Легволд, Роберт. "Между Партнерством и разладом." Россия в глобальной политике, 4–5, 2006.

Панарин А. С., "Между атлантизмом и евразийством: цивилизационный процесс и вызов Запада," *Свободная мысль*, No. 11, 1993.

Панарин, А. С. "Западники и евразийцы," *ОНС*, No. 6, 1993.

Президента России. "Совместное заявление Российской Федерации и Китайской Народной Республики о международных отношениях, вступающих в новую эпоху, и глобальном устойчивом развитии." http://kremlin.ru/supplement/5770 (검색일: 2022. 2. 20).

_____. "Стратегия национальной безопасности Российской Федерации." https://www.mid.ru/ru/foreign_policy/official_documents/-/asset_publisher/CptICkB6BZ29/content/id/294430 (검색일: 2020. 2. 21).

_____. "Стратегия национальной безопасности Российской Федерации." http://static.kremlin.ru/media/events/files/ru/QZw6hSk5z9gWq0plD1ZzmR5cER0g5tZC.pdf (검색일: 2022. 2. 21).

_____. "Концепция Внешней Политики Российской Федерации." https://www.mid.ru/ru/foreign_policy/official_documents/-/asset_publisher/CptICkB6BZ29/content/id/2542248 (검색일: 2022. 2. 21).

Торкунов, А. В.(Гл. ред.), *Современные международные отношения и мировая политика*. Москва: Просвещене, 2005.

Фураев В. К. "Об изучении истории международных отношений и внешней политики СССР." *Новая и новейшая история*. No. 3, 1992.

Хуашэн, Чжао. "Китай, Центральная Азия и Шанхайская Организация Сотрудничество." *Робочие Материалы*, No.5, 2005.

EU의 외교정책

15장

최진우(한양대 정치외교학과)

1. 서론	457
2. 외교정책 주체로서의 EU	459
3. EU외교정책의 발전	464
4. EU외교안보정책의 현안과 대한반도관계	477
5. 결론	484

1. 서론

총 27개국의 회원국으로 구성된 유럽연합(EU: European Union)은 인구와 국내총생산, 그리고 교역 규모에 있어 명실상부한 세계 최대 경제권이다. 유럽통합은 6개국이 참여한 유럽석탄철강공동체에서 시작된다. 1950년대 유럽통합에 참여한 초창기 회원국은 프랑스, 독일, 이탈리아, 벨기에, 네덜란드, 룩셈부르크다. 이후 1970년대 초 영국, 아일랜드, 덴마크가 가입하고 1980년대 초중반에 걸쳐 그리스, 스페인, 포르투갈이 합류했으며, 1995년에는 스웨덴, 핀란드, 오스트리아가, 그리고 2004년에는 폴란드, 헝가리, 체코, 슬로바키아, 슬로베니아, 에스토니아, 라트비아, 리투아니아, 키프로스, 몰타가 회원국이 됐고, 2007년에는 루마니아와 불가리아, 그리고 가장 최근에는 2013년 크로아티아가 EU의 식구가 됨으로써 EU 회원국은 모두 28개국에 이르렀다가 2020년 영국이 탈퇴함으로써 2022년 현재 회원국은 모두 27개국이다. 주요 유럽국가 가운데 EU 회원국이 아닌 나라는 발칸반도의 일부 국가와 구소련국가들을 제외하고는 스위스, 노르웨이, 아이슬란드 정도가 있을 뿐이다. 이러한 지리적 외연의 확장과 통합의 심화에 힘입어 EU는 국제무대에서 경제 현안에 대해 통일된 목소리를 내는 단일 행위자로서의 공고한 위상을 유지하고 있다.

그러나 EU는 경제분야에서와는 달리 외교안보분야에 있어서만큼은 이에 상응하는 국제적 위상을 획득하지 못하고 있다는 것이 일반적 견해다. EU는 경제적으로는 거인이되 정치적으로는 소인(political dwarf)이라는 것이다. "만일 내가 유럽에 전화를 하려면, 누구한테 걸어야 하는 거요?(If I want to call Europe, who do I call?)"라고 했던 냉전 시대 키신저(Henry Kissinger) 전 미국 국무장관의 조소 섞인 질문이나,[1] 탈냉전 후 인종 청소와 같은 반인륜적 전쟁 범죄까지 저질러진 발칸 사태에서 적나라하게 노정된 EU의 분열성과 무기력성에 대한 비판적 논평이 그 예다.[2] 이러한 비판적 견해는 1990년대 초 냉전의 종식과 함께 유럽의 대미 안보의존도가 감소할 것이며 EU의 줄기찬 통합 드라이브에 힘입어 외교안보분야에서도 유럽의 독자적 역량이 향상될 것이라는 기대와 달리 유럽지역 분쟁에서조차 EU는 여전히 미국에 의존적이었으며 자체적인 문제해결 능력이 지극히 제한적이었다는 데서 기인한다. 역량(capability)과 기대(expectation) 사이에 커다란 괴리가 있었던 것이다.[3]

발칸에서의 뼈아픈 경험 이후 EU는 독자적인 외교정책적 정체성을 확보함과 아울러 실질적인 효과성을 갖춘 외교정책행위자로 거듭나기 위한 노력에 박차를 가하게 된다. 1999년 6월 쾰른 정상회담에서는 과거 서유럽동맹(WEU: West European Union)이 수행하던 이른바 페테르스베르크 임무(Petersberg tasks)의 수행을 EU가 흡수하는 데 합의가 이루어졌다. 페테르스베르크 임무란 1992년 독일의 소도시 페테르스베르크에서 열린 WEU정상회담에서 채택된 성명에서 밝히고 있는 WEU 활동 가이드라인을 말한다. 여기에는 ① 인도적 및 재난구조 임무, ② 평화유지 임무, ③ 평화조성을 포함한 위기관리 시의 교전 임무 등이 포함된다.[4] 한편, 1999년 10월에는 신설된 공동외교안보정책 고위대표에 전 NATO 사무총장 하비에르 솔라나(Javier Solana)가 취임하고, 12월 헬싱키 정상회담에서는 공동외교안보정책의 틀 안에서 유럽안보방위정책(ESDP: European Security and Defence Policy)을 본격 추진하기로 했으며, 이와 함께 5~6만 명에 이르는 신속대응군(rapid reaction force) 창설이 공식화됐다.

그러나 EU는 역외지역에서 발생하는 위기상황에 신속하고 효과적으로 대응할 수 있는 물리적 능력은 아직도 갖추지 못하고 있다. EU의 군사적 역할은 대부분이 평화유지의 임무에 국한되고 있으며 본격적인 전투 임무를 수행하는 경우는 극히 드물다. EU 군사안보 역량은 군사적 '강대국'은커녕 의미 있는 행위자가 되기에도 턱없이 부족한 수준이다.

국제정치의 전통적 관점에서 외교활동을 뒷받

1) "What is Europe," *The Guardian*, 17 December 2004.

2) Philip H. Gordon, "Europe's Uncommon Foreign Policy," *International Security* 22-3 (1997/ 98).

3) Christopher Hill, "The Capability-Expectations Gap, or Conceptualizing Europe's International Role," *Journal of Common Market Studies* 32-3 (1993).

4) 온대원, "유럽연합의 대외정책과 국제적 역할의 모색," 『유럽연구』 25권 1호 (2007) p. 34; Stepgan Keukeleire and Jennifer MacNaughtan, *The Foreign Policy of the European Union* (New York: Palgrave MacMillan, 2008), p. 177.

침하는 가장 중요한 힘의 원천은 아무래도 군사력이다. 따라서 전통적 관점에 따르면 유럽은 실질적인 군사력을 보유하고 있지 않다는 점에서 '정치적 소인'에 불과하며, 이런 상황은 앞으로도 당분간 지속될 가능성이 크다. 무엇보다 EU 회원국들은 안보와 국방과 같은 민감한 분야에서 EU 수준의 초국가적 기구로 자신들의 주권을 이양하는 것을 원하지 않을뿐더러, 탈냉전 이후 군사안보에 대한 수요가 급격히 감소한 마당에 EU를 군사적 행동의 모체로 하기 위한 비용을 지불할 동기가 없었기 때문이다. 따라서 군사력에 기반을 둔 힘의 투사에 있어 EU의 역량은 여전히 매우 제한적일 따름이다.

하지만 최근 들어 EU외교안보정책에 변화의 조짐이 나타나고 있다. 가장 뚜렷한 변화는 2022년 2월 우크라이나전쟁 발발 직후 대러시아 강경 기조에서 나타나고 있다. 2021년 9월 중국에 대한 견제의 일환인 EU 인도·태평양전략의 수립 또한 EU외교안보정책이 변하고 있음을 보여준다. 전통적 안보의 범주에 해당하는 군사분야로 EU외교안보정책의 역할이 확대되고 있는 양상이다. 단합된 목소리가 만들어지고 있고 하드파워 측면에서도 독자적 역량의 확보를 위한 노력이 경주되고 있다. EU외교안보정책이 소극적 기조에서 적극적 기조로 바뀌고 있는 추세다. 이런 기조를 계속 이어가기 위해서는 제도적 개혁과 자원동원에 대한 꾸준한 의지가 요구된다. 지금까지 분열상을 보인 회원국들의 입장이 앞으로 얼마나 수렴될지는 미지수다.[5] 우크라이나전쟁과 중국의

부상이 EU외교안보정책의 극적인 전환을 촉발하게 될지 두고 볼 일이다.

지금까지 EU외교정책은 어떤 환경 속에서 어떤 과정을 거치면서 전개돼 왔으며, 어떤 한계를 노정해 왔고, 어떤 방향으로 발전해 가고 있는가? 그리고 그것은 우리에게 무엇을 의미하는가? 이 장에서는 이러한 질문에 대한 대답으로 우선 최근 국제환경의 변화와 더불어 EU의 외교정책이 발전해온 과정을 서술한 다음, 21세기 EU외교정책이 어떤 양상으로 전개돼 가고 있는지를 소개한다. 이를 바탕으로 후반부에서는 EU가 한반도문제에 있어 어떤 입장을 취하고 있으며, EU외교정책의 전개는 한반도에 어떤 함의를 갖는지를 점검한다.

2. 외교정책 주체로서의 EU

EU도 외교정책이 있는가? EU외교정책을 논하기에 앞서 과연 EU가 외교정책의 주체가 될 수 있는가에 대해 먼저 생각해볼 필요가 있다. 왜냐하면, 외교정책이란 일반적으로 한 국가가 자국의 이익을 실현하기 위해 국경 바깥의 행위자들과 상호작용을 함에 있어 취하는 행위를 일컫는다고 한다면, EU는 하나의 국가가 아니라 2022년 현재 총 27개 국가로 구성된 연합체라는 점에서 전통적인 외교정책 주체인 국가와는 크게 성격을 달리하기 때문이다. EU는 하나의 국제기구다. 그럼에도 불구하고 EU를 외교정책의 주체로 표현하는 것은 EU가 보통의 국제기구와는 현저히 다른 성격을 보여주고 있기 때문이다.

---

5) Laurie Buononno and Neill Nugent, *Policies and Policy processes of the European Union*, 2nd ed. (London: Red Globe Press, 2021), p. 282 참조.

1) EU 발전 과정

제2차 세계대전 직후 미국의 강력한 지원과 독려 하에 유럽석탄철강공동체(ECSC: European Coal and Steel Community)의 설립으로 초석이 다져진 유럽통합은 1957년 유럽경제공동체(EEC: European Economic Community)와 유럽원자력공동체(Euratom: European Atomic Energy Community)의 창설로 이어졌고, 이후 3개의 공동체를 통합해 유럽공동체(EC: European Community)로 거듭나게 됐다. 그러나 통합과정에서 주도적 역할을 해온 프랑스와 EC의 초국가적 기구인 집행위원회 간 갈등이 심화되면서 1965년 이른바 '빈 의자의 위기(empty chair crisis)'로 불리는 진통을 겪게 되고, 이후 1980년대 초에 이르기까지 유럽통합은 침체기를 맞기도 했다. 하지만 이 시기에도 관세동맹 완성, 유럽의회 직선제 도입, 유럽통화체제(EMS: European Monetary System) 출범 등 후일 통합의 심화에 초석이 될 수 있는 여러 가지 정책, 판결, 제도적 장치가 꾸준히 마련됐을 뿐 아니라, 설립 당시 프랑스, 독일, 이탈리아, 벨기에, 네덜란드, 룩셈부르크 6개국으로 출범한 EU는 수차례의 지리적 확대를 거쳐 2013년 크로아티아가 가입하면서 회원국 수가 28개국에 이르렀다가 2020년 1월 31일 영국이 공식적으로 탈퇴하면서 2022년 현재 27개국을 헤아리고 있다.

특히 EU는 1986년 단일유럽법안(Single European Act) 채택을 계기로 상품, 용역, 자본, 노동의 이동의 완전자유화를 지향하는 1992계획을 착수하게 되었고, 1992계획의 추진에 관련된 의사결정에 가중다수결제도를 도입하면서 유럽통합의 침체기를 벗어나 부흥기로 접어들게 된다. 이후 EU는 사회정책, 지역개발정책 등으로 관할 영역을 점차 확대하게 되고, 1991년 12월 네덜

해설 15.1

빈 의자의 위기

빈 의자의 위기란 1965년 프랑스의 드골 대통령이 당시 EEC 주요 기구에 파견되어 있던 프랑스 외교관과 공무원, 유럽의회 의원들로 하여금 모든 업무를 보이콧하라는 지시를 내림으로써 EEC 운영이 6개월가량 마비된 사건을 일컫는다. 드골 대통령은 당시 집행위원장이었던 독일 출신 할슈타인(Walter Hallstein)이 가중다수결의 도입, EEC 재정적 자율성 확보, 유럽의회 예산권 확대 등 초국가적 지향성을 가진 정책을 추진하자 이를 저지하고자 한 것이다. 빈 의자의 위기는 1966년 룩셈부르크 타협에서 회원국의 비토권을 인정하는 등 프랑스의 주장이 상당 부분 관철된 이후 해소됐다. 이 사건은 유럽통합의 주역이 EU 집행위원회나 유럽의회와 같은 초국가적 기구가 아닌 회원국 정부임을 주장하는 정부간협상론(intergovertalism)의 타당성을 뒷받침하는 실례로 회자된다. 실제 EU에는 외교안보정책처럼 정부간협상론적 방식으로 의사결정이 이루어지는 분야가 지금도 적지 않다. 그러나 통합이 진행됨에 따라 다양한 정책분야에서 개별회원국이 비토권을 행사하기 어려운 초국가적 방식의 의사결정이 꾸준히 확대돼 왔다.

영국의 EU 탈퇴

1972년 아일랜드, 덴마크와 함께 EU에 가입한 영국은 2020년 1월 31일 EU를 탈퇴했다. 영국의 EU 탈퇴를 일컬어 통상 브렉시트(Brexit)라고 한다. 회원국 탈퇴는 EU 역사상 처음 있는 일이다. 이는 2015년 영국 총선을 앞두고 당시 집권 세력이던 보수당 내에서 유럽통합에 대한 의견 대립에 따른 당내 분열을 봉합하고자 데이비드 캐머런 총리가 총선 후 보수당이 승리한다면 EU 멤버십 유지 찬반 여부를 묻는 국민투표를 실시하겠다는 공약을 발표한 데서 시작된 일이다. 이 공약에 따라 영국에서는 2016년 6월 23일 국민투표가 실시됐고 그 결과 많은 사람들의 예상과 달리 탈퇴에 대한 찬성 51.89%, 반대 48.11%로 탈퇴안이 가결됐다. 이후 영국과 EU 간의 탈퇴 조건 및 탈퇴 후 관계 설정에 대한 오랜 협상을 거쳐 2020년 1월 31일을 기해 최종적으로 탈퇴가 마무리됐다. 원래 영국에서는 유럽통합에 대한 회의적 여론의 비중이 다른 회원국에 비해 높은 편이었지만 실제 탈퇴하기까지에 이를 것이라고는 예상하기 어려웠기 때문에 브렉시트의 현실화는 상당한 충격이었고 영국과 EU 모두 경제적으로나 국제적 위상 차원에서 적지 않은 타격을 받게 됐다.

란드의 도시 마스트리히트에서 체결돼 1993년 11월 1일 발효된 유럽연합조약에 의거해 유럽 공동통화인 유로화(Euro)를 도입해 단일경제체제 구축에 성큼 다가섰으며, 2009년에는 리스본조약이 발효됨으로써 EU는 법인격을 가진 행위 주체로 거듭나게 됐다. 1980년대 후반 이후 진행되어 온 이러한 통합의 심화를 거치면서 EU는 국제사회에서의 영향력과 중요성 면에서 꾸준히 성장해 왔다.

2) EU의 국제기구와의 차별성과 국가성

이와 같이 '확대'와 '심화'를 거듭해온 EU는 오랜 기간에 걸쳐 여러 차원에서 여타 국제기구와는 매우 다른 면모를 갖춰 오고 있다. 물론 EU가 비록 '유럽연방국(United States of Europe)'으로 불릴 수 있는 수준의 국가로까지 발전된 것은 아니지만, 국제레짐 또는 일반적인 국제기구와는 질적으로 다른 새로운 통치구조를 제도화시킨 것으로 평가받고 있다.[6]

EU와 다른 국제기구와의 차별성은 여러 측면에서 발견된다. 우선 EU 예산은 이른바 자체재

---

6) William Wallace, "Less than a Federation, More than a Regime: the Community as a Political System," in Helen Wallace and Carol Webb, eds., *Policy Making in the European Community*, 2nd ed. (Chichester: John Wiley, 1983); Alberta M. Sbragia, "Thinking about the European Future: The Uses of Comparison." in Alberta M. Sbragia, ed., *Europolitics: Institutions and Policymaking in the New European Community* (Washington, D.C.: The Brookings Institution, 1992); Ben Soentendorp, "The Evolution of the EC/EU as a Single Foreign Policy Actor," in Walter Carlsnaes and Steve Smith, eds., *European Foreign Policy: The EC and Changing Perspectives in Europe* (London: Sage Publications, 1994).

표 15.1 유럽연합(EU) 회원국 가입 연월일

국가명	가입 연월일	국가명	가입 연월일	국가명	가입 연월일
프랑스	1957.03.25*	포르투갈	1986.01.01	라트비아	2004.05.01
독일		스페인		에스토니아	
이탈리아		오스트리아	1995.01.01	리투아니아	
벨기에		스웨덴		키프로스	
네덜란드		핀란드		몰타	
룩셈부르크		폴란드	2004.05.01	루마니아	2007.01.01
영국	1973.01.01	헝가리		불가리아	
덴마크		체코공화국		크로아티아	2013.07.01
아일랜드		슬로바키아		총 28개국	
그리스	1981.01.01	슬로베니아		영국 탈퇴	2020.01.31
				총 27개국	

* 유럽경제공동체(EEC) 출범일자 기준.

원조달체제(own resources system)에 의거해 조성된다. EU 자체재원조달체제는 ① 역외국가로부터의 수입품에 대한 관세(tariffs), ② 수입농산물에 대한 가변부과금(variable levies), ③ 회원국이 징수하는 부가가치세의 일정 부분, ④ 각국의 GDP수준에 따라 책정된 액수를 회원국이

해설 15.3

유럽연합의 주요 기구와 의사결정제도

유럽연합의 주요 기구는 집행위원회, 이사회, 유럽의회, 유럽사법재판소로 구성돼 있다. 이 가운데 집행위원회(Commission)는 정책의 발안(發案)과 정책의 집행, 그리고 회원국의 EU 정책 실행 여부 감독 등의 업무를 맡는다. 이사회는 각 정책분야별로 회원국 장관들이 모인 회의체인 각료이사회(Council of Ministers)와 EU 회원국 정부수반들의 회의체인 유럽이사회(European Council)로 구성되며 EU 의사결정기구 역할을 담당한다. 그중 각료이사회는 유럽시민들의 투표에 의해 직접 선출된 유럽의회(European Parliament)와 함께 일반입법절차에 따라 집행위원회가 제출하는 의안을 입법화하는 기능을 수행한다. 유럽이사회는 유럽통합의 방향과 속도 등과 관련되는 '역사적' 의사결정을 담당한다. 유럽사법재판소(European Court of Justice)는 회원국의 법과 정책이 유럽연합의 법(EU 설립조약과 EU 입법과정에 따른 결정사항)과 모순됨이 없는지를 심사하는 사법적 기능을 수행한다.

EU 예산에 공여하게 되는 제4의 재원으로 구성되어 있다. 이와 같은 EU의 자체재원조달체제는 예산 조달의 독립성과 자율성을 가능하게 해준다는 점에서 EU가 여타 국제기구와는 질적으로 다른 실체임을 보여주는 예라 할 수 있다.

EU가 기타 국제기구와 질적으로 다른 면모를 보이는 또 하나의 예는 EU법의 직접적용성과 회원국 국내법에 대한 EU법의 우위성에서 찾아볼 수 있다. 직접적용성이란 EU법이 국내 이행입법의 도움 없이 그 자체로 국내법 질서의 일부를 형성할 때 발생한다. 즉 조약의 국내적 도입을 위해 변형조치가 요구되지 않는 경우, 그 규정은 직접적용성이 있다고 한다.[7] EU의 경우 회원국 국내에서의 비준과정을 거쳐야 하는 조약의 개정 등을 제외한 일상적 결정들은 약간의 편차는 있지만, 회원국 입법과정에서의 심의와 수정, 또는 동의 절차를 거칠 필요가 없이 거의 자동적으로 적용이 된다는 점에서 EU법의 직접적용성이 작동하고 있다. 이는 회원국의 의회가 고유권한인 입법권의 상당 부분을 EU에 양도했음을 의미하는 것이다.

또 EU법의 우위성이란 EU법과 회원국의 국내법 사이에 모순이 발생했을 때 EU법이 우선함을 의미하며 따라서 EU법과 충돌하는 국내법은 개정이 요구된다. 사실 EU를 구성하는 조약에는 EU법의 우위성을 명시하는 조항이 마련되어 있지는 않다. 하지만 여러 차례에 걸친 유럽사법재판소의 적극적인 조약 해석에 힘입어 시간이 지남에 따라 판례를 통해 EU법의 우위성이 점차 확고해지는 추세다.

이와 더불어 EU와 다른 국제기구를 구별 짓는 또 하나의 결정적인 차별성은 EU가 비회원국과의 관계에 있어 한정된 분야에서 회원국을 대표하는 협상의 주체로서의 역할과 조약체결권을 부여받고 있다는 점이다. 세계무역기구(WTO) 국제무역협상이나 우리나라와의 자유무역협정(FTA) 협상에서 EU 대표단이 협상을 전담했던 것이 바로 그 예다.

EU가 이처럼 여타 국제기구와는 다른 위상을 획득하게 된 것은 유럽통합 초기부터 조약에 의거해 제한된 범위 내에서나마 대외관계에 있어서의 대표성을 부여받고 있기 때문이다. 우선 유럽경제공동체(EEC) 설립의 기초가 되는 1957년 로마조약의 제113조는 EEC 집행위원회(Commission)가 공동통상정책(Common Commercial Policy)의 수행을 담당해 제3국과의 쌍무적 관계 또는 다자기구에서의 대표로 기능할 수 있는 권한을 가짐을 명시적으로 밝히고 있다. 통상분야에 있어서 EEC의 이러한 역할은 관세동맹과 공동대외관세의 추구에서 비롯되는 논리적 연장이라 할 수 있으며, 이를 계기로 EEC의 집행위원회는 각료이사회(Council of Ministers)의 인준과 감독을 전제로 EEC 회원국의 대외창구로서의 위상을 확보해 조약체결 당사자로서 국제무역레짐의 형성 및 발전에 중요한 역할을 수행하게 된다. 그 결과 EU는 점차 국제사회의 중요한 행위자로 주목받게 됐으며, 회원국 증가와 함께 국제사회에서의 비중이 꾸준히 커져 온 것이다.

---

7) 김대순, 『EU 법론』(서울: 삼영사, 1995), p. 296.

3. EU외교정책의 발전

1) EU외교정책의 태동기: 초창기 외교안보협력의 실패와 유럽정치협력의 등장

EU가 경제분야에 있어 국제적 역할과 위상이 꾸준히 높아져 온 것과 달리 외교안보 영역에 있어서는 그 위상이 초라한 수준에 머물러 있었던 것은 매우 역설적인 현상이라 하지 않을 수 없다. 유럽통합의 단초가 바로 정치적 고려에서 비롯되었다는 점에서 그러하다.

첫째, 유럽통합은 독일과 프랑스의 화해를 통해 유럽지역에 항구적인 평화를 정착시키기 위한 노력의 일환이었다. 19세기 후반 독일의 통일과정에서 발발한 보불전쟁을 시작으로 제1, 2차 세계대전에서 매번 독일과 군사적으로 대결했던, 그리고 번번이 고전을 면치 못했던 프랑스는 1949년 슈만선언을 통해 독일과의 적대관계를 청산하고 유럽통합의 구도 속에서 평화를 구현하고자 하는 노력을 구체화하게 된다. 그 결과로 탄생한 것이 바로 유럽석탄철강공동체(ECSC)다. 유럽석탄철강공동체는 무엇보다도 당시 산업의 주 에너지원인 석탄과 무기제작의 주원료인 철강의 생산과 관리를 초국가적 기구에 맡김으로써 독일의 재무장 가능성을 근원적으로 차단하는 한편, 독일과 프랑스 간의 해묵은 갈등 구도를 해소함으로써 유럽대륙에서의 전쟁의 불씨를 제거하는 것을 목적으로 하고 있다.

둘째, 유럽통합은 제2차 세계대전 종전 이후 냉전체제의 등장과 밀접한 관련이 있다. 제2차 세계대전 이후 서로 이념을 달리하며 패권 경쟁에 돌입한 미국과 소련을 중심으로 하는 양극 구도의 냉전체제가 형성되면서, 미국은 소련에 효과적으로 대항하기 위해서는 서유럽국가들의 내적 결속이 우선적으로 필요하다는 판단하에 서유럽국가들의 지역통합을 적극 찬성했다. 미국이 유럽통합에 적극적이고 공개적으로 지지의사를 표명한 것은 유럽국가들의 단결이 미국의 냉전 수행에 유용하리라는 판단에서였던 것이다. 아울러 마샬플랜의 수행을 위해 설립된 유럽경제협력기구(OEEC: Organization for European Economic Cooperation)와 대소 봉쇄정책의 수행을 위해 만들어진 NATO와 같이 미국의 구상과 추진력에 힘입어 이루어졌던 경제 및 안보분야에서의 서유럽국가 간 협력의 경험이 서유럽국가 자신들에 의한 유럽통합이 이루어질 수 있는 토양을 마련해 주기도 했다는 점에서 유럽통합은 냉전시대 국제환경과 긴밀하게 맞물려 있었다고 할 수 있다.

이처럼 유럽통합이 근본적으로는 정치적 동기에서 비롯되었음에도 불구하고 실질적인 통합노력은 이후 1957년 유럽경제공동체(EEC)와 유럽원자력공동체(Euratom)의 결성으로 이어지면서 주로 경제분야에 국한돼 왔다. 물론 정치 및 군사분야에서도 통합을 이루려는 시도가 없었던 것은 아니다. ECSC의 창설에 고무된 유럽인들은 1952년 잇달아 유럽방위공동체(European Defense Community) 및 유럽정치공동체(European Political Community)의 탄생을 추진했던 것이다. 그러나 이러한 시도는 1954년 제안당사국이었던 프랑스가 의회비준에 실패함으로써 조약의 발효가 무산돼 버린다.

이후 유럽통합은 관세동맹으로의 발전, 공동

농업정책의 실행 등을 거치면서 경제적 분야에서의 통합에 주력했다. 하지만 그 후 1991년 마스트리히트조약의 체결에 의한 공동외교안보정책의 수립을 추진하게 되기까지에 이르는 기간 동안에도 외교안보분야에서의 통합의 가능성, 또는 적어도 이 분야의 사안에 대한 공동입장 채택의 가능성은 끊임없이 모색돼 왔다. 대표적인 예를 들자면, 1961년 유럽정치협력연구위원회(Study Commission for European Political Cooperation)의 설립과 이 위원회의 활동 결과로 프랑스의 주도하에 제안된 푸쉐플랜(Fouchet Plan)이 있다.

푸쉐플랜은 모든 자유민주주의 국가들과의 협력을 바탕으로 한 유럽 외교방위공동정책 설정과 유럽국가 간 과학 및 문화분야의 협력 증진을 주요 내용으로 담고 있었다. 그러나 푸쉐플랜은 프랑스와 기타 회원국과의 의견 조율의 실패로 결국 현실화되지 못했고, 유럽통합에 대한 회원국 간의 견해 차이는 이후 1965년 '빈 의자의 위기'로 이어지면서 1980년대 중반 단일유럽법안의 제정에 이르기까지 유럽통합의 암흑시대로 일컬어지는 유럽통합 침체기로 접어드는 단초가 된다.

푸쉐플랜의 무산 이후 EU 회원국들 간의 외교분야에서 보다 지속적인 협력의 토대가 된 것은 프랑스의 죠르쥬 퐁피두 대통령의 제안으로 시작된 유럽정치협력(EPC: European Political Cooperation)이다. 1969년 헤이그 정상회담에서 제안된 EPC는 국제정치의 주요 사안에 대해 회원국 간에 정보와 의견을 교환하고 나아가 공동대응방안도 강구할 수 있도록 회원국 간 사전협의를 제도화하고자 하는 시도였다. 이 제안은 당시에는 회원국들로부터 냉소적인 반응밖에 얻지 못했다. 이 제안이 이미 실패로 돌아간 푸쉐플랜과 많은 유사성을 갖고 있었기 때문이다. 하지만 지금에 와서는 유럽통합의 암흑기로 불리는 1970년대에 EPC의 출범은 유럽통화체제(EMS)의 도입과 함께 가장 긍정적인 부분이었던 것으로 평가되고 있다.

그러나 EPC의 협의과정은 조약의 대상이 되거나 법적 구속력을 갖는 공동정책 차원에서 추진되는 것이 아니라, 공동체 틀 바깥에서 이루어지는 회원국 간 비공식적 외교협력으로서의 성격에 머물러 있었다. EPC는 EU 공식기관이 아니었으며 유럽공동체의 설립조약과는 무관하게 존재했던 것이다. 하지만 이후 외교정책분야에서 공동보조의 필요성에 대한 인식이 공유되면서 마침내 EPC는 1986년 단일유럽법안에서 언급되기에 이르러 조약상의 근거를 갖게 됐고 브뤼셀에 소규모의 사무국이 설치되기도 했다. EPC는 이와 같이 단일유럽법안에 포함되긴 했으나 EPC 틀 내에서는 어떠한 법적 구속력을 가지는 결정을 내릴 수 없었고, 모든 결정은 합의에 의해 이루어졌으며, 회원국이 개별행동을 취하였을 때 아무런 제재조치를 취할 수 있는 방법이 없었다.[8] EPC는 철저하게 정부 간 협상의 틀 속에 묶여 있었던 것이다. 결국, 유럽 정치협력의 한계는 국가이익에 대한 고려가 필요성에 우선한다는 현실주의적 명제를 재확인하고 있다는 데서 찾아볼 수 있다.

이처럼 EU의 공동외교정책이 순조롭게 발전하지 못했던 것은 적어도 냉전의 환경 속에서는 유럽의 안보문제가 철저히 미국이 주도하는

---

8) Neill Nugent, *The Government and Politics of the European Community*, 3rd ed. (Durham, NC: Duke University Press, 1994), p. 392.

NATO의 틀 속에서 다루어진 관계로 EU가 차지할 수 있는 공간이 지극히 제한적이기 때문이었다. 미국은 유럽을 대소 봉쇄정책의 첨병으로 간주하고 있었기에 유럽 군사안보문제에 깊이 관여하지 않을 수 없었으며, 유럽은 미국의 안보우산의 그늘 아래에서 평화와 번영을 구가하고 있었기에 미국 주도의 안보 구도를 굳이 마다할 이유도 없었던 것이다. 따라서 NATO를 주축으로 하는 '대서양주의'적 외교안보시스템을 유럽의 독자적 역량의 구축을 필요로 하는 '유럽주의'적 시스템으로 대체할 수 있는 의지와 능력을 EU 회원국들은 갖고 있지 않았던 것이다.

그러나 1990년대에 들어서면서 발생한 여러 가지 국제정치적 환경의 변화는 유럽의 공동외교정책에 대한 필요성을 강화시켜주는 계기가 되었다. 특히 다섯 가지 요인이 유럽의 공동외교정책에 대한 인식 변화를 초래하는 데 중요한 역할을 했다. 첫째, 냉전 종식, 둘째, 독일 통일, 셋째, 걸프전 발발, 넷째, 유고연방 해체, 다섯째, EU 창설을 위한 노력 등이 그것이다. 특히 걸프전과 유고슬라비아 사태를 맞아 EPC의 허약성이 드러나게 되자, EC 회원국들은 대외정책에서 좀 더 긴밀한 결합을 보장할 수 있는 강화된 협력체계의 필요성을 절감하게 됐다. 이들은 EPC가 이러한 사태들에 대해 적절히 대응할 수 없었던 원인이 EPC의 선언적이고 소극적인 성격에 있다고 판단했던 것이다. 이러한 필요성에 대한 공감대의 기반 위에서 EU 회원국들은 1993년 발효한 유럽연합조약(일명 마스트리히트조약)에서 공동외교안보정책의 기틀을 마련하게 된다.

2) EU외교정책의 제도적 기반조성

(1) 유럽연합조약과 공동외교안보정책

유럽연합조약은 기존의 유럽공동체를 재편하여 이른바 '세 기둥(three pillars)'으로 구성되는 EU를 창설했다. 이 세 기둥은 첫째, 기존의 유럽공동체, 둘째, 공동외교안보정책(CFSP: Common Foreign and Security Policy), 셋째, 유럽연합조약에서 신설된 '사법·내무분야 협력'으로 구성된다. 이 중 두 번째 기둥인 공동외교안보정책은 앞서 언급한 EPC가 발전된 것으로, EU는 이제 EPC의 틀 속에서 이루어져 오던 협의·조절의 기능을 넘어 공동입장의 채택과 공동조치를 추구할 수 있는 권한을 보유하게 된다.

과거 1986년의 단일유럽법안은 회원국들이 "유럽외교정책의 형성과 집행을 위해 연대하여 노력할 것"을 촉구하고 있다. 유럽연합조약은 여기에서 더 나아가 "EU와 회원국들은 외교안보 전 분야에 걸쳐 공동외교안보정책을 수립 및 추진할 것"이며 공동외교안보정책은 "궁극적으로 공동방위정책의 형성까지 포함해 EU안보와 관련된 모든 문제들을 다룰 것"임을 확인하고 있다.

공동외교안보정책의 목표와 수단

유럽연합조약에 의하면 공동외교안보정책의 틀 속에서 추구되는 EU외교정책의 목표는 크게 다섯 가지다. 첫째, EU의 공동가치, 기본 이익, 독립성의 보호, 둘째, EU와 회원국의 안보 강화, 셋째, UN헌장 및 유럽안보협력회의(CSCE: Conference on Security and Cooperation in Europe) 헬싱키 선언 원칙과 파리헌장의 목적에 따른 국제 평화 및 안보 유지 강화, 넷째, 국제협력 증진, 다섯째,

민주 법치 발전 및 인권과 기본자유 존중 등이다.

이러한 목표는 크게 두 가지 방법, 즉 공동입장 수립과 공동조치 수행을 통해 추구된다. 공동입장(Common Position)은 외교정책 수행에 있어 회원국 간의 체계적 협조를 도모하는 것으로, 마스트리히트조약 J-2조에 따라 회원국의 외교정책 방향은 공동입장과 일치해야 하며 국제회의에서 발언하거나 표결할 때에도 공동입장과 일치해야 한다. EU는 과거 르완다, 우크라이나 원전, 중동부 유럽과의 관계, 부룬디, 아프가니스탄, 미얀마, 대북한관계, 지중해 연안국과의 관계 등에서 공동입장을 채택한 바 있으며, 북한 핵실험에 관한 유엔안보리 결의에 따라 EU 이사회가 대북제재조치에 관한 공동입장을 정하는 것도 이에 해당한다.[9]

공동조치(Joint Action)는 회원국들이 공통적인 이해관계를 가진 국가에 대해 경제제재 등 구체적 행동을 취하는 것으로서 회원국을 구속한다. 각 회원국은 이사회에서 합의되지 못한 사안이나 긴급한 상황일 경우 예외적인 조치를 취할 수 있으나 이사회에 사전 통보하여야 한다. EU는 러시아와 남아공 선거감시단 파견(1993.12), 이스라엘-팔레스타인 평화협상(1994.12), 보스니아 평화정착과 인도적 지원(1995.12), 인종차별 금지(1996.07), 미얀마 군사정부에 대한 제재(1997.04), 가자지구와 이집트 국경지대 통제 감시단 파견(2005.11) 등의 공동조치를 취한 바 있다.

EU외교정책의 제도적 변화

유럽연합조약은 EU외교정책 수행에 있어 특히

다섯 가지 중요한 제도적 변화를 가지고 온 것으로 평가된다.

첫째, 유럽이사회는 공동외교안보정책분야에 있어 공식적 역할을 부여받게 됐다. 마스트리히트조약 J-8조에 의하면 유럽이사회는 공동외교안보정책의 원칙과 일반적인 방향을 정한다.

둘째, 각료이사회는 '필요하다고 판단될 시 언제라도' 공동입장을 수립하는 책임과 함께 공동조치의 대상이 되는 사안을 결정하고 집행하는 권한을 갖게 됐다. 공동외교안보정책의 수립과 이행을 책임지는 핵심기구인 이사회는 유럽이사회에서 채택된 방향과 원칙에 입각해 공동입장과 공동조치가 적용될 분야와 그 구체적 범위, 그리고 기간, 수단과 이행에 필요한 절차와 조건 등 세부사항들을 결정한다.

셋째, 공동외교안보정책과 관련돼 각료이사회 의장국의 역할이 강화됐다. 의장국은 공동외교안보정책에 해당하는 사안에 있어 EU를 대표하는 책임을 수행하며, 나아가 공동조치의 집행을 책임진다.

넷째, 집행위원회는 처음으로 발안권(發案權)을 가지게 됐다. 비록 이 발안권을 위원회가 독점하는 것이 아니라 회원국들과 공유하는 것이지만, 과거 집행위원회가 교역과 경제분야에 한해서만 발안권을 지닐 뿐 정치적인 사안에 대해서는 제대로 관여할 수 없었음에 비추어 볼 때 이 개혁은 상당한 중요성을 지닌다.

다섯째, 유럽의회는 공동외교안보정책에 관한 자문의 역할을 부여받는 것으로 위상이 제고됐다. 조약 J-7조에 의하여 '유럽의회는 이사회 의장국으로부터 공동외교안보정책의 주요사항과 기본적인 입장선택에 관해 협의'를 받게 됐으며,

---

9) 주 벨기에대사관 겸 구주연합대표부 편, 『EU 정책 브리핑』(서울: 외교통상부, 2007), p. 97.

'유럽의회의 견해가 정식으로 반영될 수 있도록 이사회 의장국은 노력'해야 한다. 나아가 유럽의회는 이사회에 대해 질의와 권고를 할 수 있으며, 매년 공동외교안보정책의 발전상황에 관하여 청문회를 개최하는 등 간접적으로 공동외교안보정책에 참여할 수 있는 길을 보장받고 있다. 하지만 유럽연합조약하에서 유럽의회는 의결기구라기보다는 자문기구에 머무르고 있다. 따라서 유럽의회가 할 수 있는 최대한의 역할은 질의, 토론, 권고안 또는 결의안의 제출, 그리고 의견의 개진 등으로 제한돼 있다.[10]

　나아가 공동외교안보정책의 수립과 이행에 있어 중추적 역할을 담당하는 각료이사회 의결방식에도 변화가 주어졌다. 특히 주목할 것은 가중다수결의 적용가능성을 열어놓고 있다는 점이다. 마스트리히트조약 J-3조는 '공동조치를 채택할 당시나 또는 공동조치를 시행하는 모든 단계에서 각료이사회는 집행결정이 가중다수결에 의해 내려질 수 있는지의 여부를 결정할 수 있음'을 밝히고 있다. 비록 공동외교안보정책의 틀 속에서도 유럽의 외교안보협력은 기본적으로 정부 간 협상의 골격을 대체로 유지하고 있으나 적어도 부차적 문제에 있어서는 가중다수결 의결방식이 적용될 수 있도록 함으로써 이 분야에도 초국가적 성격이 가미되기 시작했음을 시사하고 있다.

　이러한 변화에도 불구하고 마스트리히트에서 윤곽이 드러난 공동외교안보정책은 정부 간 협상의 틀을 유지함으로써 민감한 주권문제가 걸린 외교정책적 쟁점이 부상할 경우 회원국들의 합의를 도출하기가 사실상 불가능할 경우가 많았다.

10) Nugent (1994), pp. 401-404.

아울러 공동외교안보정책에 관련된 합의 또는 결정사항도 아직 EU가 대외정책을 강력히 수행할 수 있는 효과적 수단을 결여하고 있어 사실 선언적 수준에 머물러 있을 따름이었다. 특히 EU 공동외교안보정책의 가장 치명적인 약점은 당시 거의 고사상태에 놓여있던 서유럽동맹(WEU: West European Union)의 활용가능성을 열어둔 것을 제외하면 군사분야에 있어서의 공동정책은 전혀 존재하지 않고 있었다는 점이다.

공동외교안보정책의 발전: 암스테르담조약

사실 처음부터 공동외교안보정책이 이러한 취약

해설 15.4

가중다수결

가중다수결은 EU각료이사회의 의사결정제도를 일컫는다. EU 회원국 간에는 인구 규모에 있어 많은 편차가 존재하는 관계로 EU는 가중다수결제도를 통해 인구 규모가 큰 나라에게 의결권의 비중을 더 크게 부여하고 있다. 그러나 의결권의 분포가 회원국의 인구 규모에 비례하는 것이 아니라 인구가 적은 나라들이 더 과대 대표되고 있어 큰 나라들의 불만의 원인이 되고 있기도 하다. 한편 가중다수결제도는 만장일치제하에서의 비토권 행사로 말미암아 발생할 수 있는 의사결정의 마비상태를 방지하기 위해 활용하고 있는 제도이기도 하다. 따라서 가중다수결제도는 개별회원국의 발언권과 자율성보다는 EU 회원국들의 공동체적 측면을 더욱 강조하는 제도라는 점에서 EU의 초국가적 통합을 활성화시키는 촉매 역할을 하는 것으로 평가된다.

성을 내포하고 있음을 감지한 회원국 정부들은 마스트리히트 회담 당시 이미 1996년에 개최될 것으로 계획된 또 한 차례의 정부 간 회의(IGC: Inter-governmental Conference)에서 공동외교안보정책 강화 방안을 논의할 것에 합의한 바 있다. 1996년 정부 간 회의의 결과는 암스테르담조약의 내용에 포함돼 1999년 5월 1일 효력을 발생하게 됐다. 암스테르담조약에서는 기존 공동외교안보정책에 세 가지 중요한 변화가 가해진다. 첫째, 공동외교안보정책에 관련된 정책의 구상, 준비, 입안을 지원하는 고위급대표(High Representative)를 두기로 했다. 둘째, 각료이사회 사무국 내 정책 수립 및 조기 경보 기능을 담당하는 부서(Policy Planning and Early Warning Unit)를 신설해 이를 고위급대표 관할하에 둠으로써 공동외교안보정책 관련 의사결정을 위한 준비작업의 효율성 제고를 시도했다. 셋째, EU 수준의 외교안보정책 목표 수행을 위한 방법으로써 공동조치 및 공동입장에 더불어 '공동전략(Common Strategies)'을 도입해 회원국들의 공동이익이 존재하는 사안에 있어 목표 설정, 정책 집행 기간, 그리고 집행 수단에 대한 합의를 도출하는 메커니즘을 신설했다.

(2) 발칸 사태와 공동외교안보정책의 한계

이러한 제도적 발전의 시기에 맞물려 발생한 일련의 발칸 위기는 EU 회원국들로 하여금 공동외교정책의 강화를 모색하게 하는 강력한 동기를 제공하게 된다. 냉전 종식 후 발생한 발칸 사태는 EU의 외교적 무기력성과 유럽의 군사적 대미의존성을 극명하게 드러내면서 유럽인들로 하여금 독자적 군사작전 능력의 필요성을 적극 인

식하게 되는 계기가 된다. 발칸 사태의 전개는 크게 여섯 단계로 나누어 볼 수 있다.

첫 번째 단계는 1987년부터 1991년에 이르는 시기로서 세르비아의 밀로셰비치가 유고슬라비아를 대(大)세르비아 국가로 전환시키고자 하는 의도를 가시화하면서 슬로베니아와 크로아티아가 독립을 시도하게 되는 한편, 미국과 서유럽의 국가들은 아직 개입의 기미를 보이지 않고 있었던 시기다. 두 번째 단계는 슬로베니아의 분리·독립이 외교적 방법을 통해 이루어진 1991년이 해당된다. 세 번째 단계는 1991년에서 1992년까지의 기간으로 크로아티아의 분리 및 독립이 세르비아와의 유혈충돌로 발전해 UN평화유지군이 파견된 시기다. 네 번째 단계는 1992년에서 1995년까지의 시기로서 이 기간 동안에는 보스니아가 독립을 선언하면서 보스니아의 분점을 둘러싼 유혈 사태가 유고내전 중 가장 지속적이고 심각한 양상으로 나타났다. 이 단계에서는 분쟁해결을 위해 EU와 UN에 의한 외교적 노력이 집중되었지만, 내전을 종식시키지는 못하고 있다가 결국 미국 주도로 군사적 개입이 이루어짐으로써 데이튼협정이 체결되고 휴전상태에 돌입하게 됐다. 다섯 번째 단계는 데이튼협정 체결 이후 협정의 이행기로서 보스니아의 정세를 복원시키기 위한 노력이 경주되는 시기를 일컫는다. 마지막 여섯 번째 단계는 보스니아 사태 진정 후 코소보 사태가 발발하고 NATO가 무력 개입을 통해 코소보지역을 세르비아의 영향력으로부터 보호하게 되는 시기다.

발칸반도에 대한 서방 국가들의 물리적 개입이 본격적으로 시도된 것은 보스니아 사태가 발생한 이후다. 이 사태는 EU가 인접지역에서의 위기 상황 발생 시 문제해결 역량에 치명적인 한

계가 있음이 구체적으로 드러나기 시작하는 사건이었다. 한편, 코소보분쟁 또한 EU가 독자적 외교안보 역량을 갖추어야 할 필요성을 본격적으로 자각하게 되는 계기가 된다.

보스니아내전과 코소보 사태의 해결과정에 있어 EU는 무엇보다도 내부조율의 어려움을 극복하지 못했고 분쟁해결을 위한 별다른 역할을 하지 못했다. 유고 사태가 악화일로를 걷고 있던 1991년 12월 마스트리히트조약의 합의에 도달해 공동외교안보정책의 제도적 기반을 마련한 EU는 보스니아 사태에 대한 대응방안의 수립과 추진의 주체로서 실질적 역할을 수행할 것이라는 기대를 받았다. 그러나 EU는 이러한 기대에 부응하지 못한 채 수차례에 걸쳐 실효성 없는 공동입장(common position)과 공동선언(joint declaration)을 채택하고 공동조치(common action)를 천명하는 데 그치고 만다. 이처럼 공동외교안보정책의 도입에도 불구하고 EU가 아무런 역할도 못했던 것은 EU 정상들이 EU가 어느 정도로 국방정책 및 군사정책의 역할을 수행해야 할 것인지에 대한 합의에 도달할 수가 없었기 때문이다. 특히 대서양주의적 접근방식을 옹호하여 온 영국은 NATO의 위상과 역할을 약화시키거나 미국과의 동맹관계를 희석시킬 소지가 있는 어떤 조치에도 합의할 수 없다는 입장을 일관적으로 견지했으며, 유럽통합의 초기 당시부터 유럽주의적 성향을 대표해 온 것으로 알려진 프랑스조차도 EU가 군사정책분야로 관할 영역을 확장할 경우 이것이 자국의 군사주권을 제약할 가능성이 있는 것으로 우려해 EU의 적극적 역할을 내심 꺼리고 있었던 것이다.[11]

---

11) Gordon (1997/ 98), pp. 89-90.

3) EU의 독자적 안보역량 구축: 쌩 말로선언과 쾰른 정상회담

(1) 유럽안보방위정책(ESDP)의 태동

이상에서 서술한 바와 같은 회원국 간 의견불일치 외에도 EU가 독자적으로 군사행동을 취할 수 없었던 것은 군사력 미비 때문이기도 했다. 당시 EU와 제도적으로 연계돼 있는 서유럽동맹 회원국 병력이 200만을 넘고 첩보 및 기타 군사기술이 첨단수준에 도달하고 있다는 점에서 유럽의 군사력이 결코 취약한 수준은 아니었다. 그럼에도 이 모든 군사력이 유럽 개별국가들의 영토방위를 목적으로 조직돼 있었기 때문에 실질적으로 소수의 병력이나마 해외에 파견할 수 있는 능력을 가진 것은 프랑스와 영국밖에는 없었다. 이는 유럽의 국방군사정책의 목적이 냉전 시대 소련의 침공에 대비한 방어적 개념에 입각해 수립된 결과다. 따라서 사실상 짧은 시간 내에 대규모 병력을 원거리에 파견해 장기적으로 해외에서 대규모 군사임무를 수행할 수 있는 능력은 오직 미국만이 보유하고 있었던 것이다. 이러한 사정은 걸프전쟁과 르완다내전에 파견된 병력 중 미국의 병력이 압도적이었다는 점에서도 확인된다. 유럽은 보스니아내전과 같은 지역불안정 요인의 해소를 위해 필수적인 자원을 동원할 수 있는 능력을 갖추지 못하고 있었던 것이다. 사정은 코소보 사태 때도 마찬가지였다. 코소보내전을 통해 드러난 부인할 수 없는 사실은 유럽의 상대적인 군사적 취약성이었다. 세르비아에 대한 나토의 공격이 계속되는 동안 유럽은 미국의 항공수송 능력과 전략적 첩보위성의 활동에 철저히 의존적일 수밖에 없었으며, 레이저 광선 유도 폭탄 등 첨단 무기개발에 있어서도 미국에 현저히 뒤떨어져 있었던 것이다.

미국에 의존적일 수밖에 없는 이러한 현실, 그리고 미국과의 군사 기술력 차이가 점차 확대되고 있음을 목격한 유럽 지도자들은 강력한 공동방위정책의 수립이 필요하다는 점에 공감대를 형성하게 된다. 그 결과 1999년 6월 3일 독일 퀼른에 모인 EU 회원국 정상들은 유럽경제공동체가 창설된 지 42년 만에 처음으로 EU를 군사적 실체로 발전시키는 데 합의해 향후 코소보나 보스니아에서와 같은 분쟁이 발생했을 때 EU가 미국에 의지하지 않고 자체적으로 평화유지(peace-keeping) 또는 평화창출(peace-making)의 임무를 수행할 수 있도록 EU 자체의 사령부, 참모진, 그리고 병력을 갖추기로 했다. 퀼른 정상회담에서 유럽의 정상들은 "EU는 NATO의 활동을 훼손함이 없이 국제적 위기 상황에 대처하기 위해 실질적인 군사력을 보유하고 그 사용을 결정할 수 있는 수단 및 사용의 준비태세를 갖춤으로써 자율적인 군사활동의 능력을 반드시 구비한다"는 점을 분명히 하고 있다. 퀼른 정상회담 이후 발표된 의장 성명에 포함된 이 문장은 1998년 영국과 프랑스 간의 쌩 말로 정상회담에서 공표된 선언문의 내용과 정확히 일치하고 있다. 쌩 말로선언의 중요성에 대해서는 아래에서 논의하기로 한다.

이러한 과업을 수행하기 위해 EU 회원국 수반들은 NATO 설립 이전 창설됐으나 사실상 NATO의 그늘에 가려 거의 아무런 활동을 하지 않고 있던 서유럽동맹(WEU)의 기능을 EU가 흡수할 것에 합의했다. 이러한 결정은 EU가 미국 주도의 군사동맹 활동과는 별도의 군사력을 전개할 수 있는 능력을 갖추는 것이 그동안 EU가 결여하고 있던 외교안보적 역량을 강화하기 위한 필수적인 조치라는 인식에서 비롯된 것이었다.[12] 이러한 노력의 구체적 결과가 바로 유럽안보방위정책(ESDP: European Security and Defense Policy) 수립, 신속대응군(Rapid Reaction Force) 창설, 그리고 공동외교안보 고위대표(High Representative) 임명에 대한 합의였다.

(2) 쌩 말로선언과 퀼른 정상회담: 영-불 대타협과 유럽안보방위정책의 발전

퀼른 정상회담에서 EU의 방위능력 구축에 대한 합의가 도출된 것은 코소보 사태의 직접적 결과다.[13] 사실 EU공동외교안보정책은 발칸에서의 반복적 위기상황 속에서도 회원국 간 분열로 별다른 효과를 발휘하지 못한 채 미국이 보스니아에 군사적 개입을 감행하는 것을 지켜보고 있을 수밖에 없었다. 그러나 코소보내전은 외교안보문제에 대한 유럽국가들, 그중에서도 특히 영국의 태도에 있어 심대한 변화를 초래했다. 영국의 태도 변화가 특히 중요한 것은 그동안 EU공동외교안보정책의 발전에 가장 큰 걸림돌이 되어왔던 것이 바로 영국의 반대였다는 점 때문이다. 사실 영국의 보다 친유럽적 태도로의 선회는 1991년 정치연합의 구축문제를 토의한 정부 간 회의에서 감지된 바 있다. 이때 영국정부는 안보와 방위문제에 있어 어떠한 경우에도 EU의 공동입장 채택에 대해 반대한다는 종전의 입장을 포기하게 된다. 1991년 당시와 1999년 코소보 사태를 전후한 시점과의 차이점이라고 한다면, 1991년 영국의 입장 변화

---

12) *The Times*, 3 June 1999.

13) John Van Oudenaren, "The EU Cologne Summit," *Europe-Forum*, 15 June 1999. 웹주소 http://www.csis.org/euro/frm990615.html 참조.

는 미국의 압력에 의한 바가 큰 반면, 1999년 태도 변화는 자발적 의사에 따른 것이라는 점이다.

영국정부는 코소보 사태를 계기로 외교안보분야에 있어 흔들림 없이 견지하여 오던 유럽으로부터의 상대적 고립에서 벗어나 EU의 공동방위정책 구축에 긍정적인 태도로 선회했을 뿐 아니라 사실상 그 과정을 주도하게 된다. 그 예로 영국의 외무부에서 운영하고 있는 웹사이트에는 EU 회원국들이 개별적으로 활동할 때보다는 통일된 입장을 보였을 때 국제무대에서의 영향력이 더욱 제고됨을 인정하면서, 영국정부는 EU공동외교안보정책의 수립에 대한 지지는 물론 국제문제에 대해 EU가 결집된 역량을 발휘할 수 있도록 적극적으로 협조할 것임을 밝힌 바 있다. 코소보 사태 이후 유럽이 미국과는 별도로 독자적 군사작전 능력을 보유할 필요성을 절실히 느끼기는 프랑스정부도 마찬가지였다. 무엇보다도 유럽은 미국과는 다른 이해관계를 가지고 있으며, 앞으로 미국이 개입을 꺼려하는 상황에 유럽이 불가피하게 개입을 해야 하는 경우가 발생할 것이라는 이유에서다.

쾰른 정상회담을 전후해 EU 회원국들 사이에서 일련의 양자 간 접촉이 이루어졌다. 1998년 영국과 프랑스의 쌩 말로(Saint Malo) 정상회담, 1999년 5월 프랑스 툴루즈(Toulouse)에서 있었던 제73차 독불정상회담, 그리고 1999년 7월에 있었던 영국 블레어(Tony Blair) 수상과 이탈리아 마시모 달레마 총리와의 회동 등이 그것이다.

쌩 말로 회담의 결과로 발표된 공동선언문에서 영국과 프랑스의 두 정상은 쾰른 정상회담 의장성명서에서와 동일하게 EU가 국제무대에서 충분히 그 역할을 수행하기 위해서는 "국제적 위기 상황에 대처하기 위해 실질적인 군사력을 보유하고 그 사용을 결정할 수 있는 수단 및 사용의 준비태세를 갖춤으로써 자율적인 군사활동의 능력을 반드시 구비한다"는 점을 분명히 하고 있다. 이들은 나아가 새로운 위기상황이 발생했을 때 강력하고 경쟁력 있는 방위산업 및 기술력의 바탕 위에서 이에 신속히 대응할 수 있는 강화된 군사력을 보유할 필요성이 있음을 밝히고 있다.

제73차 독불정상회담에서 양국 정상은 EU가 "위기상황 발생 시 의사결정의 능력과 위기대응 능력을 갖출 수 있도록 전력을 다할 것"임을 천명하고 있다. 독일과 프랑스에 의한 이러한 입장 표명은 EU의 지리적 경계 바깥에서 발생하는 위기상황 시 미국의 개입 없이도 작전을 수행할 수 있는 군사력과 조직력을 확보하기 위한 유럽국가들의 의지를 가장 강력하게 표현한 예로 꼽는다.[14] 아울러 영국과 이탈리아 정상은 EU의 평화유지 활동 및 위기발생 시 개입 능력의 향상을 위한 목표설정이 필요함을 역설하면서, 이 목표달성을 위해 EU의 국방 및 외무장관들이 매 6개월마다 진전 상황을 점검할 것과 군비조달에 있어서의 범유럽적 협조 방안을 모색할 것을 제안했다.[15]

특히 쌩 말로에서 이루어진 군사협력에 대한 영-불 간 합의는 그 중요성이 매우 크다. 합의 당사자인 영국과 프랑스는 각각 유럽 방위문제에 있어 대서양주의와 유럽주의를 대표하면서 서로 대척점에 서 있었다는 점에서 그러하다. 프랑스는 유럽의 공동방위능력 보유를 적극적으로 추진하여야 한다는 입장을 고수한 반면, 영국은 이에

---

14) "Defense: Pledge on European Capability," *Financial Times*, 31 May 1999.

15) "A Maastricht Approach to EU Defense?," *International Herald Tribune*, 21 July 1999.

결사적으로 반대했던 것이다. 아울러 영국과 프랑스가 유럽국가들 중에서는 유럽 경계 바깥에서 제한적이나마 군사작전을 전개할 수 있는 능력을 보유한 국가들이라는 점에서도 쌩 말로합의의 의의를 찾아볼 수 있다.[16] 영국과 프랑스의 상호입장 조율은 난항을 겪어오던 EU외교안보정책 발전 과정에 실하나의 돌파구가 찾아진 것이나 다름없는 일이었다.

영국이 이제 EU의 공동방위문제에 있어 긍정적인 입장으로 선회하게 되면서 그때까지 공동외교안보정책의 발전을 저해하던 가장 큰 요인이 상당 부분 제거됐다고 할 수 있다. 1980년대 중반 유럽을 비관론과 경화증으로부터 탈출시켜 유럽통합의 르네상스를 가져온 것으로 평가되는 단일유럽법안의 통과와 이에 따른 1992계획의 추진이 바로 영국의 대유럽정책 변화와 프랑스의 경제정책 변화에 따른 양자 간 이해관계 수렴에 힘입은 바가 컸다는 점을 상기한다면, EU외교안보정책에 대한 양자 간 의견 조율이 갖는 의미 또한 짐작이 가능하다.[17]

이와 같이 쌩 말로선언과 쾰른 정상회담을 거쳐 수립된 유럽안보방위정책(ESDP)은 EU공동외교안보정책을 획기적으로 발전시키는 계기가 된다. ESDP는 과거 서유럽동맹의 임무로 설정됐던 이른바 페테르스베르크 과업(Petersberg tasks)을 EU공동외교안보정책에 이관한 것이

다. 이를 계기로 서유럽동맹은 그 역할을 마치게 되고 역사 속으로 사라지게 된다. 페테르스베르크 과업이란 군사력을 활용해 인도적 지원과 구조 활동, 평화유지(peace-keeping), 그리고 평화조성(peace-making)을 포함한 위기관리(crisis management) 임무를 수행하는 것을 말한다. EU는 ESDP의 틀 속에서 구 유고연방지역, 콩고, 수단의 다르푸르, 가자지구와 이집트의 국경지대, 몰도바와 우크라이나 등지에서 페테르스베르크 과업에 해당하는 임무를 수행했다.

나아가 EU는 9·11테러 사건이 발생한 이후 국제안보환경이 크게 변화함에 따라 새로운 안보전략을 구축하게 된다. 2003년 브뤼셀 정상회담에서 채택된 '더 나은 세계에서의 안전한 유럽(A Secure Europe in a Better World)'을 기치로 내건 유럽안보전략(ESS: European Security Strategy)이 그것이다. 이는 사실상 유럽의 안보전략으로는 가장 포괄적인 것으로 미국의 국가안보전략에 상응하는 개념으로 파악할 수 있다고 한다. EU는 이 문서에서 21세기에 새로이 대두되고 있는 안보위협으로 테러리즘, 대량살상무기의 확산, 지역분쟁, 실패국가, 조직범죄 등을 들고 있으며, 이러한 위협에 대한 대응으로서 다자주의적 협력의 필요성을 역설하고 있다.

4) EU의 법인격 획득과 외교안보 정책의 강화: 유럽헌법조약의 무산과 리스본조약의 발효

2000년대에 들어서도 EU의 제도적 개혁은 지속된다. 2004년에는 EU 조직과 의사결정과정의 체계화 및 효율성 증대와 아울러 EU의 대외적 역

---

16) "Defense: Pledge on European Capability," *Financial Times*, 31 May 1999.

17) Andrew Moravcsik, "Negotiating the Single European Act," in Robert O. Keohane and Stanley Hoffmann, eds. *The New European Community: Decisionmaking and Institutional Change* (Boulder: Westview Press, 1991).

할 강화를 위해 EU에 법인격을 부여하는 유럽헌법조약(Treaty Establishing a Constitution for Europe)을 체결했으나 프랑스와 네덜란드에서의 비준 실패로 무산됐고, 그 후속 조치로 2007년 12월 리스본 정상회담에서 유럽헌법조약에 비해 초국가성을 희석시킨 리스본조약을 체결했다. 리스본조약은 유럽연합의 제도적 개혁과 변화를 모색하고 있다는 점에 착안하여 일명 '개혁조약(Reform Treaty)'으로 불리고 있으며, 한편으로는 원래의 유럽헌법조약의 개혁의지를 축소 수정하여 초국가성을 희석시키고 있다는 점에서 '미니헌법'으로 불리기도 한다. 리스본조약은 우여곡절을 겪으며 회원국들의 비준 과정을 거쳐 2009년 12월 1일 발효됐다.

리스본조약의 발효는 유럽통합 과정에서 매우 중요한 사건이다. 리스본조약은 EU의 '빅뱅'으로도 불리는 2004년 대폭적인 회원국 확대로 인한 제도적 부하(負荷) 등을 고려해 EU의 효율성과 민주성을 한층 강화한 조약으로, 1993년 발효된 유럽연합조약에 비견될 정도의 중요성을 갖기 때문이다.

초국가성, 효율성, 민주성을 더욱 강화시킨 제도적 개혁인 리스본조약의 발효로 EU는 더욱 강하고 기민한 행위자로 거듭나게 된다. 리스본조약의 주된 내용은 다음과 같이 몇 가지로 정리할 수 있다. 첫째, 가중다수결 적용 범위 확대 등을 통해 의사결정체제의 효율성을 도모했다. 둘째, 보다 효율적인 공동체 제도를 마련했다. 유럽의회 권한을 강화하고 EU정상회의를 제도화하는 한편, 유럽이사회(European Council: EU정상회의) 상임의장직을 신설했다. 뿐만 아니라 EU 외교장관에 해당되는 외교안보정책 고위대표직의 권한을 확대 및 강화했다. 그리고 이를 지원하기 위해 유럽대외관계청(EEAS: European External Action Service)을 신설했다. 셋째, EU 관할권을 확대하고 EU 시민권을 강화했다. 이를 통해 리스본조약은 EU 통합의 제도적 기반을 쇄신함으로써 EU의 국제적 위상과 역할 강화를 위한 기반을 마련했다.

EU외교정책과 관련되는 리스본조약의 내용을 좀 더 살펴보자. 우선 리스본조약은 EU의 새로운 고위직과 외교조직을 신설했다. 유럽이사회(EU정상회의)의 상임의장과 외교안보정책 고위대표가 그것이다. 유럽이사회 상임의장은 이전까지 회원국들이 6개월씩 돌아가며 유럽이사회의 순환의장국 역할을 하던 것을 대체했다. 임기는 2년 6개월이며 한 차례 연임이 가능하다. 상임의장은 EU 정상회담의 주재, EU정상회의의 준비와 진행, 정상회의에서의 합의 도출 노력, 정상회의 후 유럽의회에 대한 보고서 제출 등의 업무를 수행하며, 외교안보정책분야에서 신설된 외교안보정책 고위대표의 권능을 침해하지 않는 범위 내에서 EU를 대외적으로 대표한다. 2009년 11월의 유럽이사회는 초대 상임의장으로 한때 유력 후보로 거론되던 영국의 토니 블레어 전 총리를 제치고 전 벨기에 총리 반 롬푸이(Herman Van Rompuy)를 선출했다. 참고로 2014년 12월 1일 연임 임기를 마친 롬푸이 상임의장의 뒤를 이어 제2대 상임의장에는 폴란드 총리 출신 투스크(Donald Tusk)가 취임했고 연임 후 2019년에는 미셸(Charles Michel) 전 벨기에 총리가 뒤를 이어 재임 중이다.

외교안보정책 고위대표는 기존의 이사회 소속 공동외교안보정책 고위대표의 업무와 집행위원회의 대외관계 담당 집행위원의 업무를 통합해 맡는 동시에 집행위원회 부위원장직을 겸직함으로써 명실공히 EU 외교장관의 직무를 수행한다. 고위대표는 EU 대외관계의 일관성을 유지하는 가운데 공동외교안보정책(CFSP) 및 공동안보방위정책(CSDP: Common Security and Defense Policy)을 수행하고, CFSP 및 CSDP 정책의 발전 및 집행위의 여타 대외관계 관련 활동들을 조정하는 역할을 담당하며, 각료이사회 중 대외관계이사회를 주재하게 된다. 아울러 리스본조약은 고위대표의 업무 지원을 위해 유럽대외관계청(European External Action Service)을 신설함으로써 EU 대외관계 업무의 효율성과 통일성을 크게 향상시켰다. 2009년 11월 유럽이사회는 영국 출신의 EU 통상 담당 집행위원 애쉬턴(Catherine Ashton)을 초대 고위대표로 지명했다. 참고로 초대 고위대표의 임기가 끝난 후 2014년 12월 1일 이탈리아 외무장관 출신의 페데리카 모게리니(Federica Mogherini)가 2대 고위대표로 선임됐으며, 2019년 12월 1일부터는 유럽의회 의장을 역임한 바 있는 스페인 카탈루냐지역 출신 정치인 유셉 보렐(Josep Borrell Fontelles)이 현재 고위대표직을 수행하고 있다.

아울러 리스본조약은 유럽연합에 법인격을 부여하고 있다. 과거에는 유럽연합을 구성하던 세 기둥 중 하나인 유럽공동체만이 법인격을 가지고 있어 유럽공동체 관할 사항에 있어 국제사회에서 회원국을 대표해 EC 명의로 조약을 체결했으나, 리스본조약은 세 기둥체제를 없앰으로써 향후 EU 명의로 제3국과의 국제조약을 체결하고 국제기구에 가입하게 되어 있어 EC와 EU의 관계에 대한 국제사회의 혼란을 불식시키고 보다 효과적인 행동을 할 수 있게 되었다. 이로써 EU의 성격은 '정치적 실체(political entity)'에서 '법적 실체(legal entity)'로 전환됐다.[18]

그렇지만 리스본조약에서도 공동외교안보정책은 의사결정은 회원국의 만장일치를 요구하고 있어 과거와 다름없이 정부 간 협력의 방식으로 작동하고 있다.[19] 다만 예외적으로 EU정상회의 결정사항 이행과 특별대표 임명과 같은 경우에는 가중다수결을 적용할 수 있는 길을 열어놓았다. 리스본조약에서는 과거 공동외교안보정책의 맥락에서 채택된 다양한 형태의 법규범(공동행동, 공동입장)을 '결정'(decision)으로 일원화하고 있다(해설 15.5 참조).

이상과 같이 리스본조약은 EU 주요기관의 조직과 기능에 많은 변화를 주고 있다. 리스본조약은 이외에도 의사결정 절차의 개혁, 초국가적 관할권의 확대 등을 통해 EU의 초국가성, 효율성, 민주성을 강화시키는 제도적 개혁을 포함하고 있다. 이에 따라 전술한 바와 같이 EU는 과거에 비해 더욱 강하고 기민한 외교정책 행위자로 거듭날 것으로 기대된 바 있다.

5) 브렉시트(Brexit)와 EU외교안보정책

2016년 6월 영국은 EU 탈퇴 여부를 묻는 국민투표에서 찬성 51.89%, 반대 48.11%로 EU 탈퇴를 결정했다. 이 투표 결과에 따라 2020년 1월 31일 영국은 EU 탈퇴 절차를 완료했다. 이를 '브렉

---

18) 채형복, 『유럽연합법』 개정판 (서울: 한국학술정보, 2009), p. 123.

19) Helen Wallace, Mark A. Pollack, Christilla Roederer-Rynning, and Alasdair R. Young, *Policy-Making in the European Union*, 8th ed. (Oxford: Oxford University Press, 2020).

해설 15.5

유럽연합의 입법안

EU 입법안에는 규제(regulation), 지침(direct-ive), 결정(decision) 등의 구속력 있는 경성 법안(hard law)과 권고(recommendation), 의견(opinion) 등 구속력을 결여한 연성 법안(soft law)이 있다. '규제'와 '지침', 그리고 '결정'은 적용의 방식과 범위에 있어 차이가 있다. '규제'는 입법안 자체가 그대로 회원국 전체에 적용되며, '지침'은 회원국들이 입법안에서 명시하는 목표는 달성해야 하지만 목표달성에 이르는 실행 방법은 회원국들이 전환 입법 절차를 통해 자율적으로 주어진 기간 내에 선택한다. '결정'은 입법안 자체가 별도의 전환 입법 과정 없이 그대로 적용된다는 점에서는 '규제'와 같지만 적용 범위가 전체 회원국이 아닌 특정 개인, 법인, 또는 국가 등으로 한정된다는 점에서 다르다.

시트'라고 한다. 영국은 EU 회원국 중 프랑스와 함께 가장 강력한 안보역량을 갖고 있던 나라였다. 따라서 영국의 EU 탈퇴는 EU 안보역량의 현저한 저하를 의미했다. 물론 영국은 브렉시트 이후에도 외교안보분야에서 EU와 긴밀하게 협력하고 있지만, 항상 EU외교안보정책 수행에 동의하거나 참여하지 않을 수 있기 때문에 EU로서는 외교안보정책의 틀을 재정비 필요성을 갖게 됐다. 이를 계기로 EU는 리스본조약을 법적 근거로 새로운 안보정책 기제를 만들거나 추진하게 된다. 2017년 12월 각료이사회 결정으로 공동안보방위정책의 일부를 구성하는 상설구조적협력(PESCO: Permanent Structured Cooperation)을 추진하게 된 것이 그 예다. PESCO의 법적 근거는 리스본조약에서 찾아볼 수 있다.[20]

PESCO는 회원국들이 자발적으로 주도국 또는 협력국으로 참여하는 가운데 안보방위역량을 강화시키기 위한 다양한 프로젝트를 수행하는 프로그램으로, 주로 방위산업 관련 연구개발과 지원에 초점을 두고 있다.[21] PESCO의 특징은 각 프로젝트 참여국들이 자발적으로 참여하는 만큼 협력 이행이 의무적이라는 점(binding commit-ments)이다. 2022년 현재 PESCO 참여국은 27개 EU 회원국 중 덴마크와 몰타를 제외한 25개국이며, 지금까지 추진됐거나 가동 중인 프로젝트 수는 7개 분야(훈련 및 시설, 육상무기체계, 해양, 항공, 우주, 사이버/지휘/통제/통신/컴퓨터/정보/감시/정찰, 지원협력) 총 60개다.

EU 차원에서 추진되고 있는 안보태세 강화의 또 다른 예로는 2021년 신설된 유럽평화기금(Euro-pean Peace Facility)이 있다. 이는 EU 본예산과는 별도로 조성되며 회원국들의 기여금으로 충당된다. 이 기금은 EU 회원국이 아닌 제3국에 대한 지원을 목적으로 하며 여기에는 무기와 탄약 지원이 포함된다. 과거 EU가 살상 무기 구입을 위

---

20) 리스본조약(Treaty of European Union) 42조 6항, 46조; 프로토콜 10.

21) 도종윤, "EU 상설구조적협력(PESCO)의 내용과 과제: 동북아 지역주의 형성과 다자안보협력에 주는 시사점," JPI 정책포럼 시리즈, 『2019 동아시아 평화와 협력을 위한 구상』 (제주평화연구원, 2019), p. 10.

한 자금을 지원한 예가 전무하다는 점에서 유럽평화기금은 도입 시 적지 않은 논쟁의 대상이 되기도 했다. 유럽평화기금은 EU 본예산으로는 지원 불가능한 무기 구매를 가능하게 하기 위한 우회적 방법이므로 자칫 지원 대상국이 이를 오남용하면 분쟁의 격화나 무기 밀매 등으로 인한 심각한 후유증을 초래할 수도 있다는 우려 때문이다.

부작용의 가능성에도 불구하고 유럽평화기금의 설치는 EU외교안보기능이 연성안보분야를 넘어 경성안보분야로 점차 확대되고 있음을 웅변하는 사례라고 할 수 있다. 2022년 러시아의 침공으로 시작된 우크라이나전쟁 발발 직후 EU는 우크라이나에 대해 두 차례에 걸쳐 약 십억 유로의 지원책을 신속하게 발표한 바 있는데 그 재원이 바로 유럽평화기금이었다. 이에 대해서는 아래에서 좀 더 자세하게 다룬다.

4. EU외교안보정책의 현안과 대한반도관계

1) 근린지역의 안보위협: 러시아의 우크라이나 침공과 유럽안보

2022년 2월 24일 러시아는 우크라이나를 침공했다. 우크라이나의 친서방화 경향에 불만을 품은 러시아가 안보 우려를 이유로 '도발되지 않은 전쟁'을 시작한 것이다. 우크라이나의 중립화, 비무장화, 탈나치화를 목표로 내건 이 전쟁은 유럽지역은 물론 글로벌 차원의 국제정치 지형에 엄청난 충격을 주면서 EU외교안보정책에도 커다란 변화를 초래할 것으로 예상된다. 제2차 세계대전

이후 유럽대륙에서 발발한 최대 규모의 전쟁인 우크라이나전쟁은 유럽국가들의 안보 경각심을 최대치로 끌어올리고 있다. 특히 탈냉전 후 소련으로부터 독립했거나 소련 세력권을 벗어나 서방으로 편입된 중동부 유럽국가들에게는 매우 심각한 존재론적 안보 불안이 아닐 수 없다.

유럽의 방위는 지금까지 주로 NATO 소관이었다. 그러나 비유럽국가인 미국과 캐나다를 포함하는 NATO가 우크라이나, 몰도바, 조지아, 발칸국가 등과 같은 NATO 비회원국이면서 유럽안보 상황에 중요한 의미를 갖는 유럽국가들의 안보 위기 상황에 얼마나 단호한 의지를 가지고 효과적이면서도 빠르게 개입하게 될지에 대해서는 아무런 보장이 없다. 물론 우크라이나전쟁 발발 후 미국은 우크라이나에 대한 전폭적 지지 및 지원, 러시아에 대한 초고강도 제재조치 부과, 서방 국가들 간의 공조체제 강화로 대응하고 있다. 하지만 미국의 상대적 국력이 쇠퇴하고 있고 트럼프 대통령과 같이 미국 우선주의를 추구하면서 미·유럽 협력관계의 중요성을 경시하거나 외면하는 지도자가 언제든 다시 등장해 미·유럽 안보협력관계가 이완될 가능성은 상존한다. 이런 상황에 대비하기 위해서라도 유럽 내에서는 자체적인 안보역량이 필요하다는 주장이 꾸준히 제기돼 왔다. 그러나 중대하고 시급한 안보정책 현안이 없는 상황에서 다양한 이해관계를 가진 EU 회원국들의 단결을 이끌어내기는 쉽지 않았다. 러시아에 대한 인식에 있어서도 마찬가지였다.

러시아의 위협은 줄곧 있어왔다. 2008년 조지아를 침공했고 2014년 크림반도를 병합했으며 우크라이나 동부지역에서 친러 분리주의 세력을 지원해 내전 상태를 이어오고 있다. 그러나 러시

아가 우크라이나를 전면 침공할 가능성을 점치는 목소리는 별로 들리지 않았다. 러시아가 위협이라는 점에는 공감대가 형성돼 있었으나 그 위협이 실제 대규모 전면전이 될 수 있을 것이라는 점은 예견되지 못했다. 러시아의 위협에 대한 대응방안에 대해서도 지리적 위치, 경제적 이해관계 등에 따라 회원국 간 이견이 컸고, 대체로 신중론과 유화론이 우세했다. 독일이 대표적이다. 독일은 1970년대 동방정책을 추구했던 데서 볼 수 있듯이 냉전기 동안에도 소련에 대해 온건한 정책을 추구했으며 탈냉전 후에도 러시아 석유와 가스에 크게 의존하면서 우호적 관계를 유지했다. 독일 외에도 그리스, 헝가리, 이탈리아 등이 대러 온건노선의 목소리였다.

따라서 다수 회원국들이 러시아와의 충돌을 가능한 한 피하려고 했으며 또한 우크라이나와 러시아 간 갈등에 대해서도 전쟁 직전까지 외교적 해법에 무게를 싣는 모습이었다. 우크라이나 침공 전 2022년 2월 7일 마크롱 대통령이 크렘린을 방문해 푸틴 대통령을 만난 것도 바로 그러한 노력의 일환이었다. 그러나 외교적 노력은 무산되고 전쟁이 현실화됐다. 이에 따라 향후 대러정책을 포함한 유럽의 대외전략은 근본적 변화를 겪을 것으로 전망된다. 무엇보다 유럽연합 차원에서도 그간 더디기만 하던 외교안보정책 통합에 드디어 진전의 모멘텀이 생길 것으로 전망된다.

우크라이나전쟁을 계기로 유럽연합은 전에 없던 단합된 모습을 보이고 있다. 이견과 분열로 점철됐던, 그래서 별다른 행동에 나서지 못했던 유럽이 환골탈태한 모습을 보이고 있다.[22] 이미 EU

는 무기를 포함한 군수품 지원을 위해 2021년 신설된 유럽평화기금에서 10억 유로를 사용하기로 했다. 이는 지금까지의 EU가 대외적으로 무기를 지원한 전례가 없었으며 특히 러시아를 대상으로 타격이 크지 않은 경제제재조치 외에는 줄곧 유화적 태도로 일관해 왔음을 감안한다면 커다란 변화가 아닐 수 없다. EU는 또한 러시아 항공기에 대해 회원국 영공 통과를 금지시켰고, 러시아정부와 연계된 언론 보도 또한 차단하는 조치를 취했다. 한편, EU각료이사회는 개전 후 채 열흘도 되기 전인 2022년 3월 4일 전쟁을 피해 우크라이나를 탈출하는 난민들의 보호를 위해 2001년 제정된 한시적보호지침(Temporary Protection Directive)을 발동할 것을 만장일치로 의결해 전쟁을 피해 유럽으로 온 우크라이나 난민들에게 최소 1년, 최대 3년까지 체류를 허가하는 한편, 아동보호, 교육, 의료, 직업 알선, 주거 공간 제공 등의 서비스를 제공하기로 했으며,[23] 동년 3월 28일 10개조 계획(The 10-Point Plan: For stronger European coordination on welcoming people fleeing the war from Ukraine)을 발표해 우크라이나 난민 환대를 위한 EU 수준의 업무조정안을 제시했다.[24] 우르줄라 폰 데어 라이엔 EU 집행위원장은 공개적으로 우크라이나의 EU 가입

22) "A risk-averse Germany enters an age of confrontation," *Economist*, 19 March 2022.

23) European Commission, "EU preparedness to welcome those fleeing the war in Ukraine," 23 March 2022. (EU_preparedness_to_welcome_refugees_from_Ukraine.pdf.pdf)

24) European Commission, "The 10-Point Plan For stronger European coordination on welcoming people fleeing the war from Ukraine," 28 March 2022. (https://ec.europa.eu/home-affairs/10-point-plan-stronger-european-coordination-welcoming-people-fleeing-war-ukraine_en)

을 지지함을 밝혀 우크라이나의 서방 편입을 적극 추진하겠다는 입장을 확고히 했다. 다만 우크라이나의 EU 가입은 절차상 상당 시간을 요하는 관계로 언제 성사될지는 미지수로 남아있다. 물론 우크라이나전쟁의 휴전 혹은 종전협상의 결과에 따라 우크라이나의 EU 또는 NATO 가입은 원천적으로 불가능할 수도 있다. 그러나 전쟁 종료 후에도 우크라이나의 친서방화 경향에는 큰 변화가 없을 것으로 예상돼 서방과 우크라이나 간의 관계는 계속 돈독할 것으로 전망된다.

EU의 이와 같은 신속하고도 단호한 결단은 독일의 극적인 변화로 탄력을 얻고 있다. 그간 러시아에 대해 온건한 입장을 취하던 독일이 대러 강경정책으로 급선회한 것이다. 독일은 다른 유럽 국가들과 함께 안보태세 강화에 대한 전례 없는 공감대를 구축하며 국방비 증액 방침을 천명했다. 2021년 가을 독일 총선에서 승리해 새로 집권한 사민당 연립정부의 수장이 된 올라프 숄츠 총리는 전임자 앙겔라 메르켈 총리의 외교정책 노선을 그대로 유지할 것으로 관측됐다. 그러나 우크라이나전쟁은 독일외교정책의 결정적 변화를 촉발했다. 독일은 1,000억 유로의 긴급예산을 국방비로 추가 편성하는가 하면 그간 미국의 줄기찬 압력에도 불구하고 2021년까지도 총 GDP 1.5%에 머물고 있던 국방비 규모를 2025년까지 NATO 권고 기준인 2%로 증액할 것임을 공표했다. 아울러 독일은 제2차 세계대전 이후 평화주의에 입각해 자국에서 생산된 무기를 수입한 나라가 이를 제3국으로 반출하는 것을 엄격히 금지하고 있었는데, 2022년 2월 24일 우크라이나전쟁 발발 후 3일 만인 2월 27일 숄츠 총리가 의회 연설을 통해 이 조치를 해제할 것임을 선언했다.

이에 따라 독일정부는 지금까지 교전 국가들에게는 자국산 무기 제공을 제한했던 기존 정책노선을 벗어나 러시아 침공을 받은 우크라이나에 대해서는 대전차 미사일 1,000기와 지대공 미사일 500기를 제공하기로 했으며, 그간 독일산 무기 수입국들이 그 무기를 다른 나라에 제공하는 것을 금지해왔던 방침을 바꿔 독일산 무기를 우크라이나에 제공하는 것도 막지 않기로 하는 등 획기적인 조치를 전격 실행하고 있다.

독일의 정책변화에 발맞춰 EU 회원국들은 단일대오로 러시아에 대해 초강력 제재조치를 이행하고 있고 우크라이나 지원에 적극적으로 동참하고 있으며 우크라이나 난민을 적극 수용하고 있다. 대러정책을 포함한 외교안보정책에 있어 심각한 분열상을 보이던 과거 EU와는 현저히 달라진 모습이 아닐 수 없다.

러시아의 우크라이나 침공에 대한 유럽의 대응은 향후 유럽연합 외교안보정책의 근본적이고도 지속적인 변화로 이어질 전망이다. EU의 향후 과제는 무엇보다도 우크라이나전쟁을 계기로 만들어진 결속력을 계속 유지하는 방안을 찾는 일이다. 유럽의 결속력이 얼마나 유지되는가에 따라 우크라이나전쟁의 향배는 물론이요, 국제사회에서의 EU의 위상, 그리고 향후 국제질서의 미래도 달라질 것이다. 관건은 유럽연합 차원에의 의사결정 및 실제 행동에 나설 수 있는 태세 마련을 위한 제도적 장치의 마련 문제다. 합의 도출이 어려웠던 지금까지의 의사결정제도를 개혁하고 EU 차원에서 행동에 나설 수 있도록 하기 위한 병력, 장비, 예산의 확보를 제도화시켜야 한다. 이와 아울러 EU와 NATO 간의 분업 등 관계 재설정도 과제다. 지금까지는 인근 지역에서의 주요 군사작전은 미국을 중심으로 NATO가 주로 담당하고 EU는 평화유지활동 등 보완적 역할을 수행하는 방식으로 분업이 이루어졌다. 그러나 과거 발칸 사태 때부터 문제가 됐던 것처럼 사실상 NATO의 활동은 미국의 참여 없이는 사실상 효과성을 갖기 어려운데, 미국이 유럽 인근 지역에서의 모든 분쟁에 개입할 의지와 명분이 있기는 어렵다는 점에서 유럽이 독자적인 역량을 발휘해야 할 경우들이 있을 것이며, 그 경우 EU가 중심이 된 대응체계가 필요하다는 것이다.

2) 미중전략경쟁과 유럽의 선택

우크라이나전쟁이 국제정치 지형에 지각변동을 일으킬 것으로 전망되는 가운데 러시아의 위협과 더불어 유럽이 맞닥뜨리고 있는 또 하나의 거대한 외교안보적 도전이 있다. 중국의 부상과 미중전략경쟁 구도의 심화가 그것이다.

1979년 개혁개방 이래 초고속 경제성장을 이어온 중국은 시진핑 시대 들어 그간의 국력 성장을 바탕으로 미국에 '신형대국관계'를 요구하는 등 기존 국제체제에 변경을 시도하는 수정주의적 행보를 추구하고 있다. 제2차 세계대전 후 형성된 규칙 기반의 자유주의적 국제질서에 이의를 제기하고 있는 것이다. 이에 따라 중국은 기존 국제정치질서의 유지를 선호하는 많은 국가들과 갈등을 빚고 있다.

중국과 유럽의 관계도 불편해지고 있다. 중국은 신장 위구르지역과 홍콩의 인권문제, 대만문제, 남중국해와 동중국해 해상 영유권, 코로나19 발원지 논쟁 등을 둘러싸고 유럽국가들과 충돌이 잦아지고 있다.

2021년 새해 벽두 EU는 중국과 2013년부터 협상을 이어온 포괄적투자협정(EU-China Comprehensive Agreement on Investment)을 체결했다. 양측 간 투자협정은 특히 중국에게 중요한 의미가 있다. 중국의 수출 시장 의존성 증가에 대한 각국의 우려, 코로나19의 발원지 논쟁 및 초기대응의 적절성에 대한 논쟁, 국력 증가에 따른 위상 변화의 인정을 거칠게 요구하는 중국의 공격적인 '늑대외교(Wolf Warrior Diplomacy, 戰狼外交)'에 대한 거부감 등으로 국제사회에서의 고립의 가능성이 점쳐졌던 중국에게는 하나의 외교적 개가일 수 있기 때문이다. 특히 바이든 행정부가 트럼프 행정부에 이어 대중 강경정책을 천명하면서 미중갈등이 쉽사리 진정될 기미를 보이지 않고 있는 가운데 미국의 전통적 우방인 유럽이 중국과의 경제협력관계를 심화시키기로 한 것은 미국 중심의 반중 전선에 균열적 요소가 될 수 있는 노릇이었다.

그러나 2021년 5월 유럽의회는 협정 비준을 연기했다. 중국의 인권문제를 둘러싸고 유럽과 중국이 주고받은 제재가 문제였다. 2021년 3월 22일 EU는 미국, 영국, 캐나다와 함께 중국에 대한 제재조치를 발표했다. 신장·위구르지역 주민들에 대한 불법 구금을 포함한 광범위한 인권탄압에 대한 책임을 물은 것이다. EU가 인권문제로 중국에 대해 제재를 가한 것은 1989년 베이징 톈안먼광장 사태 때 중국정부의 인권탄압에 대한 대응으로 무기 금수 조치를 취한 이래 처음이다.[25] 중국도 거세게 반발했다. 유럽의회 의원을 포함한 10명의 유럽인들에 대해 보복 제재를 가

---

25) "서방의 중국 협공 … 미·EU 등 '위구르 인권탄압' 동시다발 제재," 『연합뉴스』, 2021년 3월 23일.

했다. 유럽의회의 포괄적투자협정 비준 거부는 중국의 맞불 제재에 대한 대응이었던 것이다.

유럽은 미국과는 긴밀한 안보협력관계를 구축하고 있고 중국과는 활발한 경제교류관계를 유지하고 있다. 군사안보적으로는 미국과의 동맹관계, 경제적으로는 중국과의 상호의존관계가 중요한 우리의 입장과 매우 유사하다. 우리와 마찬가지로 유럽 또한 미국과의 관계나 중국과의 관계 어느 것도 포기하기 어렵다. 따라서 유럽의 입장에서는 미국과 중국이 빠르게 신냉전으로 돌입하고 있는 상황이 난감할 수밖에 없다.

미국의 중국에 대한 위협인식은 정치, 글로벌 공급망, 무역, 금융, 과학기술, 가치, 안보 등 전방위로 확대되고 있다. 중국은 "미국에 대한 최대 위협임은 물론이요, 전 세계 민주주의와 자유에 대한 가장 심각한 위협"으로 간주되고 있다.[26] 중국의 위협에 대한 대응으로 미국은 쿼드(QUAD)와 오커스(AUKUS)를 출범시키는 등 동맹국과의 관계를 재정비하고 있다. 중국 또한 미국을 자신의 정치체제 변동과 국력 약화를 도모하는 세력으로 간주하며 미국의 움직임에 적극 맞서고 있다.[27]

유럽은 미중 간 선택을 강요받는 상황은 일어나지 않기를 바란다. 또는 유럽이 미중갈등을 완화시키는 중재 역할을 수행할 수 있게 되기를 희망한다. 그렇지만 만일 선택이 불가피하다면 그 선택은 미국이 될 가능성이 높다. 미국과 유럽은 이해관계의 충돌로 종종 마찰음을 내고 있긴 하

지만, 결국 미국과 유럽은 대중 견제의 한배를 탈 가능성이 높다. 중국의 권위주의적 성향이 계속 강화되고 인권 침해에 대한 우려가 지속되는 한 중국에 대한 유럽의 현실주의적 사고가 불식될 가능성은 점차 줄어들고 있다. 중국이 유럽에게 도전이자 기회의 양면성을 가지고 있다면 점차 도전으로서의 비중이 커지고 있는 것이다.

이러한 지정학적 역학관계가 작동하는 가운데 미국은 무역, 기술, 인권 등 다방면에서 중국을 압박하고 있으며 인도·태평양전략을 수립해 아시아 및 대양주 국가들과 연대를 구축해 중국을 견제하고 있다. EU도 미국의 이러한 움직임에 동참하고 있다.

2021년 9월 EU 집행위원회는 '인도·태평양 협력전략(The EU Strategy for Cooperation in the Indo-Pacific)'을 발표했다. 여기에서 EU는 인도·태평양지역에서 "규칙 기반 국제질서 강화, 글로벌 현안 대응, 신속하고 공정하며 지속가능한 경제회복의 기반조성"을 위한 파트너십 구축과 적극적인 관여를 통한 역할 강화를 추구할 것임을 천명하고 있다. 또한, 인도·태평양전략이 민주주의, 법치, 인권, 지속가능발전, 기후변화 등에 있어서의 진전을 지향하고 있음을 밝힘으로써 보편적 가치의 공유와 확산이 이 전략의 중요한 목표이자 전제 조건임을 명시하고 있다.

EU 인도·태평양전략은 EU 집행위원회의 저항에도 불구하고 주요 회원국의 강력한 의지와 요청에 따라 수립된 것이다. 불과 1년 전만 해도 EU 집행위원회는 인도·태평양전략을 채택하는 것에 소극적이었다.[28] 유럽이 인도·태평양전략

26) Bondaz, Antoine, "Facing and Loosening the Grip of Sino-US Rivalry: Similarities in Approaches and Potential for Cooperation between Europe and South Korea," *International Journal of Korean Unification Studies* Vol. 30, No. 1 (2021), p. 63.

27) Bondaz (2021), p. 64.

28) Frédéric Grare, "The EU's Indo-Pacific strategy: A chance for a clear message to China and Europe's

을 수립한다는 것은 대중 견제가 주목적인 미국의 인도·태평양전략을 인정하고 이에 동참하는 것일 수밖에 없다는 판단에서였다. 집행위원회는 중국에 대한 유화적 입장을 선호했다. 여기에는 EU와 중국 간 교역량 전체의 약 절반을 차지하는 독일의 영향이 컸다.

유럽 내에서는 국가별로 인도·태평양전략에 대한 선호가 다르다. 독일은 소극적이고 영국과 프랑스는 적극적이다. 2021년 9월 발표된 유럽연합의 인도·태평양협력전략은 이러한 개별국가들 간의 차이점을 뛰어넘어 과거에 비해 중국에 대한 입장을 훨씬 명료하게 밝히고 있다. 그 입장이란 바로 대중 견제에 동참하겠다는 것이며, 이를 위해 '뜻을 같이 하는 국가'들과 연대를 강화하겠다는 것이다. 유럽연합의 인도·태평양전략은 미중갈등의 심화라는 국제정치의 구조적 변화 속에서 특히 중국의 공격적인 외교 행태, 특히 EU 회원국 대외정책에 대한 중국의 간섭 증가가 유럽국가들의 대중 위기의식을 고조시키고 있으며, 또한 코로나 팬데믹 상황에서 야기됐던 글로벌 공급사슬의 문제점에서 드러났듯이 중국에 대한 지나친 경제적 의존에 대한 경종을 수용한 결과이다. 즉 중국의 전랑외교에 대응해 유럽의 이익과 외교정책적 정체성을 지키려는 노력인 동시에 경제적 상호의존의 다변화를 통해 대중의존 심화에 따른 리스크를 분산시키는 것이 그 목적이다.

한편, 우크라이나전쟁은 EU 인도·태평양전략의 전개에 어떤 영향을 미칠 것인가? 한 가지

가능성은 유럽지역에서의 안보 현안에 관심이 집중됨으로써 상대적으로 인도·태평양지역에 투여할 수 있는 EU의 자원과 관심이 줄어들 수도 있다. 사실 발트해 연안 국가를 비롯한 중동부 유럽지역의 EU 회원국들은 EU 인도·태평양전략에 대해 달가워하지 않는 모습이다. EU의 역량이 분산됨으로써 러시아의 위협에 대한 대응이 소홀해질 수도 있다는 우려에서다. 이처럼 인도·태평양지역과 유럽지역에 대한 관심과 투자의 배분이 제로섬관계에 놓일 수 있다. 하지만 다른 가능성도 없지 않다. 유럽의 안보태세가 전반적으로 강화되면서 EU와 NATO의 안보역량이 증진된다면, 그래서 외교안보정책분야 의사결정과정의 효율성이 증대되고 가용 자원이 확대된다면 러시아 문제에 대한 대응력 강화가 중국문제에 대한 대응력 강화로 이어질 가능성도 있을 것이다. 또 하나의 가능성은 러시아 위협에 대한 유럽의 경각심과 대응태세가 강화됨에 따라 미국은 유럽문제는 유럽에 상당 부분 맡겨 두고 인도·태평양지역에 보다 집중할 수 있는 여력이 생길 수도 있다. 우크라이나전쟁의 파장이 동아시아에 어떻게 영향을 미칠지 귀추가 주목된다.

3) EU와 한반도

미중갈등이 전 방위적으로 확대되고 첨예화되면서 한국과 유럽은 선택을 강요받는 상황에 놓이게 될 가능성이 커지고 있고, 한반도문제에 있어 한·유럽 협력구도에서 변화가 생길 가능성 또한 높아지고 있다. 미중갈등의 심화가 되돌리기 어려운 구조적 변화라면 한반도문제에 대한 한국과 유럽의 협력관계는 어떤 역할을 수행할 수 있을

allies," *Commentary*, European Council on Foreign Relations, April 22, 2021. (https://ecfr.eu/article/the-eus-indo-pacific-strategy-a-chance-for-a-clear-message-to-china-and-europes-allies/) (검색일: 2021.11.11).

것인가?

한국과 EU는 국제 규범과 보편적 가치에 있어 '뜻을 같이 하는(like-minded)' 전략적 동반자(strategic partners)다. 한국과 EU는 양자 간 자유무역협정(FTA), 기본협력협정(Framework Agreement), 위기관리활동참여기본협정(Framework Agreement for the Participation of the Republic of Korea in European Union Crisis Management Operation) 등 경제, 정무, 안보분야의 조약을 기반으로 교역과 투자뿐만 아니라 기후변화와 에너지, 교육과 문화, 국제개발협력, 사이버안보, 평화유지활동, 지속가능발전, 감염병 대응과 같은 다양한 분야에서 서로의 경험과 기술을 공유하고 꾸준히 인적교류를 확대하고 있다.

한국의 최대 안보 현안인 북한문제에 있어서도 EU는 한국의 입장과 궤를 같이하고 있다. EU는 북한에 대해 '비판적 관여(critical engagement)'의 기조하에 북한의 인권문제와 대량살상무기 프로그램에 대해서는 단호한 비판적 태도를 견지하면서도 대북 인도적 지원의 문을 열어놓고 있고 대화를 통한 문제해결의 필요성을 강조하고 있다. 또한, EU는 한반도문제에 적극적으로 발언권을 행사할 수 있기를 희망한다.

EU가 한반도에서의 역할 증대에 적극성을 가질 이유는 충분히 있다. 한반도문제에 대한 EU의 최대 관심사는 두 가지다. 첫째는 안정, 둘째는 비확산이다. 유럽은 세계 최대 경제권인 동북아지역의 안정화에 지대한 경제적 이해관계를 갖고 있다. 동북아 정세의 안정화를 위해서는 유럽은 북한발 불안정성의 확산을 차단하는 한편 미중갈등의 격화로 지역 정세가 불안정해지는 것 또한 경계한다. 아울러 유럽은 북핵문제 해결을

통해 핵확산을 방지하고자 한다. 그 목적은 두 가지다. 북한으로부터 유럽 인근 지역으로의 직접적 핵확산 방지, 그리고 1990년대 유럽이 산파 역할을 한 NPT체제의 지속가능성 제고를 통한 간접적 핵확산 방지가 그것이다.

그럼에도 한반도에서의 EU의 역할은 제한적이고 보완적인 것에 그칠 가능성이 크다. 유럽의 안보역량과 의지가 크지 않으며, 특히 미국과의 비대칭성이 크기 때문이다. 유럽은 한반도에 큰 이해관계를 갖고 있지만 그렇다 하더라도 사활적 이익은 아니다. 나아가 EU는 내부적으로 산적한 문제들이 대외 역량에 제약을 가하고 있으며, 회원국의 발언권이 큰 EU외교안보정책의 제도적 특성상 EU 차원에서 한반도문제 개입을 위한 의견 통일 및 충분한 자원 동원의 가능성은 지극히 낮다. 요컨대 유럽은 역량과 의지의 한계로 한반도에서 부차적 행위자 이상의 의미를 갖기 어렵다. 미중갈등이 고조되고 있고 유럽과 중국의 관계가 소원해지고 있는 지금 시점에서는 더더욱 그렇다. 유럽이 미국과 중국 사이에서 '전략적 자율성(strategic autonomy)'을 확보하기가 점차 어려워지고 있기 때문이다.

유럽은 기본적으로 중국을 핵심이익에 위협이 될 수 있는 '체제적 경쟁자(systemic rival)'으로 보고 있다.[29] 중국이 심대한 위협이라는 인식은 2019년 초 발간된 대중전략보고서에도 명시돼 있다. 중국의 권위주의적 성향이 계속 강화되고 인권 침해에 대한 우려가 지속되는 한 중국에 대한 유럽의 반감과 위협인식이 불식될 가능성은 점차 줄어들고 있다. 중국이 유럽에게 도전

---

29) *Economist*, 9~15 January 2021, p. 26.

이자 기회의 양면성을 가지고 있다면 점차 도전으로서의 비중이 커지고 있는 것이다. 2020년 말 합의된 EU·중국 포괄적투자협정(EU-China Comprehensive Agreement on Investment)에 대한 비준을 유럽의회가 거부하고 있는 것이 바로 유럽·중국관계의 현주소를 보여주고 있다.

유럽과 중국의 불편한 관계는 한반도문제에서 유럽의 입지를 축소시킬 가능성이 크다. 미국과의 강력한 제휴세력인 유럽의 발언권을 중국이 인정하지 않을 것이며 한반도정책에 있어 미국과의 차별성 부재 또한 유럽의 독자적 역할 공간의 확보를 어렵게 할 것이기 때문이다. 북한 또한 유럽을 독자적 세력으로 간주하기보다는 점차 미국의 협력자로 인식하고 있다. 제재 국면에서의 유럽의 단호한 입장이 그러한 인식을 강화시켰을 것으로 보인다.

그렇지만 EU 국가들은 엄중한 제재 국면 속에서도 북한과 대화 채널을 포기하지 않고 있으며 지금도 제한된 숫자이나마 북한 내에서 활동하고 있는 유럽의 NGO가 있다. 이에 따라 유럽은 앞으로도 북한이 바깥세상과의 소통이 필요할 때 대화의 창구로 활용될 가능성이 여전히 남아있다.

5. 결론

EU의 외교안보정책은 일대 전환점을 맞이하고 있다. 유럽통합의 궁극적 목적은 유럽대륙의 안보와 평화이지만 방법론적으로는 주로 경제통합의 방식으로 진행돼 왔다. 이에 따라 유럽통합은 전례를 찾아볼 수 없는 매우 성공적인 지역통합의 성공사례로 꼽는다. 그럼에도 불구하고 EU는

오랜 기간 경제적 거인이요 정치적 소인으로서의 평판에 머물러 있다. 외교안보분야에 있어서는 NATO를 주축으로 하는 대서양관계에 대한 의존성을 탈피하지 못한 채 그 분야에 있어서만큼은 통합이 진척되지 못했기 때문이다.

그러나 2022년 우크라이나전쟁을 계기로 EU의 외교안보적 존재감이 커질 전망이다. 러시아가 유럽에 심대한 존재론적 안보위협임이 명약관화해짐에 따라 EU 차원에서도 발 빠른 대응이 이루어지고 있기 때문이다. EU외교안보정책의 고질적 문제는 회원국 간 의견조율이 어렵고, 의사결정제도가 주요 사안에 대해 만장일치를 요구하고 있으며, 군사안보 역할 수행을 위한 자원이 매우 제한적이라는 점이다. 그러나 우크라이나전쟁 발발 이후 러시아가 극도로 위협적인 공동의 적으로 급부상함에 따라 여러 민감 사안들과 관련해 일사천리의 의사결정이 이루어지고 있다. 이에 따라 EU 집행위원회 우르줄라 폰 데어 라이엔 위원장은 2022년 2월 24일 전쟁 발발 후 3월 1일 가진 회견에서 "EU의 안보 및 방위정책은 지난 6일 동안 과거 20년보다 더 많은 진척을 이뤘다"고 자평한 바 있다. EU는 전쟁 발발 직후 러시아에 대한 고강도 제재조치 부과, 우크라이나에 대한 군사적 지원, 우크라이나 난민에 대한 보호조치를 신속하고도 단호하게 취했던 것이다.

물론 앞으로도 유럽지역의 안보는 계속 NATO가 중심적 역할을 수행할 가능성이 높다. 유럽안보에 있어 미국의 기여가 압도적이고 미국의 글로벌 패권 유지에 대한 의지 또한 굳건하기 때문이며, 이를 대체할 만한 물적 자원과 리더십 역량이 유럽연합에는 아직 부족하기 때문이다. 그럼에도 EU의 안보 역할은 과거에 비해서는 획기적

으로 확대, 강화될 전망이다. 유럽의 모든 안보문제에 NATO가 적극성을 가지고 신속하게 관여하지 않을 가능성도 있기 때문이다. 특정 사안에 대한 관심과 의지에 있어 유럽과 미국 간에 편차가 있을 때 유럽이 자체적으로 문제해결을 주도해야 할 상황은 언제든지 발생할 수 있는 것이다. 더욱이 트럼프 시대를 경험하면서 유럽안보에 대한 미국의 의지가 한결같지 않을 수 있음을 목격한 유럽의 입장에서는 NATO의 관여가 여의치 않을 경우 EU가 독자적으로 신속하게 안보 역할을 수행할 수 있는 태세를 갖추고자 하는 것은 자연스러운 일이다.

우크라이나전쟁을 계기로 강화되고 있는 EU의 안보역량은 미중전략경쟁의 구도에도 영향을 미칠 것으로 보인다. 글로벌 공급망, 과학기술, 교역, 가치와 이념, 사이버안보, 인프라 건설 등 다방면에서 서방 대 중러 간 진영화가 진행되고 있는 가운데 EU는 인도·태평양전략에서 나타나고 있는 것처럼 점차 미국과 더욱 밀착되는 양상을 보이고 있다. 이에 따라 경제적 교류가 매우 활발한 유럽·중국관계에도 변화가 초래될 수 있으며, 유럽은 미국과 함께 대중 견제 진영의 한 축을 구성하는 가운데 글로벌 무대에서 경제적 행위자로서만이 아니라 중요한 외교안보행위자로서의 위상을 자리매김해 나갈 것으로 보인다.

토의주제

1. 유럽연합은 국제정치의 주요 행위자로서의 위상을 확보하고 있는가?

2. 외교정책의 수행에 있어 초국가적 기구로서의 유럽연합과 개별 회원국 사이에는 어떤 긴장관계가 존재하는가?

3. 외교정책의 주체로서 유럽연합이 안고 있는 한계는 무엇인가?

4. 경제통합체인 유럽연합이 정치적 영역에서도 독자적인 정체성을 가진 외교정책을 추구하는 이유는 무엇인가?

5. 1990년대 이후 독자적인 외교안보 능력을 구축하려는 노력은 유럽연합의 어떠한 계기에서 출발하였으며, 어떠한 결실을 맺고 있는가?

6. 대서양주의와 유럽주의의 차이점은 무엇인가?

7. 유럽안보에 있어 EU와 NATO의 역할은 각각 무엇인가?

8. EU외교정책의 일반적 목표는 EU의 대한반도정책에 어떻게 반영되고 있는가?

9. 미중전략경쟁은 유럽연합 외교안보정책에 어떤 영향을 미치고 있는가?

10. 우크라이나전쟁은 유럽안보지형에 어떤 영향을 미치고 있으며 EU 안보태세는 어떻게 변화하고 있는가?

참고문헌

1. 한글문헌

김대순. 『EU 법론』. 서울: 삼영사, 1995.
김준석. "규범권력과 유럽연합." 『국제지역연구』 제16권 2호, 2007.
도종윤, "EU 상설구조적협력(PESCO)의 내용과 과제: 동북아 지역주의 형성과 다자안보협력에 주는 시사점," JPI 정책포럼 시리즈, 『2019 동아시아 평화와 협력을 위한 구상』 (제주평화연구원, 2019).
"서방의 중국 협공 … 미·EU 등 '위구르 인권탄압' 동시다발 제재." 『연합뉴스』. 2021.3.23.
온대원. "유럽연합의 대외정책과 국제적 역할의 모색." 『유럽연구』 제25권 1호 (2007).
이종서. "EU의 대북정책 특징과 한반도 균형자로서의 역할 가능성 연구." 『유럽연구』, 제26권 3호 (2008년 겨울).
주 벨기에대사관 겸 구주연합대표부 편. 『EU 정책 브리핑』 서울: 외교통상부, 2007.
채형복. 『유럽연합법』 개정판. 서울: 한국학술정보, 2009.
한종수. 『유럽연합(EU)과 한국』 서울: 동성사, 1998.

2. 영어문헌

"A Maastricht Approach to EU Defense?." *International Herald Tribune*. 21 July 1999.
"A risk-averse Germany enters an age of confrontation." *Economist*, 19 March 2022.
Bichi, Federica. "Our Size Fits All: Normative Power Europe and the Mediterranean." *Journal of European Public Policy* 13-2 (2006).
Bondaz, Antoine. "Facing and Loosening the Grip of Sino-US Rivalry: Similarities in Approaches and Potential for Cooperation between Europe and South Korea." *International Journal of Korean Unification Studies* 30-1 (2021).
Buononno, Laurie, and Neill Nugent, *Policies and Policy processes of the European Union*, 2nd ed. London: Red Globe Press, 2021.
"Defense: Pledge on European Capability." *Financial Times*. 31 May 1999.
"EU Shift towards Common Defense."*The Times*, 3 June 1999.

European Commission, "EU preparedness to welcome those fleeing the war in Ukraine," March 23, 2022, (EU_preparedness_to_welcome_refugees_from_Ukraine.pdf.pdf).
_____, "The 10-Point Plan For stronger European coordination on welcoming people fleeing the war from Ukraine," 28 March 2022. (https://ec.europa.eu/home-affairs/10-point-plan-stronger-european-coordination-welcoming-people-fleeing-war-ukraine_en)
Gordon, Philip. H. "Europe's Uncommon Foreign Policy." *International Security* 22-3 (1997/98).
Grare, Frédéric. "The EU's Indo-Pacific strategy: A chance for a clear message to China and Europe's allies." *Commentary*. European Council on Foreign Relations, 22 April 2021. (https://ecfr.eu/article/the-eus-indo-pacific-strategy-a-chance-for-a-clear-message-to-china-and-europes-allies/) (검색일: 2021.11.11.).
Hill, Christopher. "The Capability-Expectations Gap, or Conceptualizing Europe's International Role." *Journal of Common Market Studies* 32-3 (1993).
Hix, Simon. "The Study of the European Community: The Challenge to Comparative Politics." *West European Politics* 17-1 (1994).
Joint Declaration Issued at the British-French Summit, Saint-Malo, France, 3-4 (1998).
Kennedy, Tom. "The European Court of Justice." In John Peterson and Michael Shackleton, ed. *The Institutions of the European Union*, 2nd ed. Oxford: Oxford University Press, 2006.
Keukeleire, Stephan and Jennifer MacNaughtan. *The Foreign Policy of the European Union*. New York: Palgrave MacMillan, 2008.
Manners, Ian. "Normative Power Europe: A Contradiction in Terms?" *Journal of Common Market Studies* 40-2 (2002).
Moravcsik, Andrew. "Negotiating the Single European Act." In Robert O. Keohane and Stanley Hoffmann, eds. The New European Community: Decisionmaking and Institutional Change. Boulder: Westview Press, 1991.

Nugent, Neill. *The Government and Politics of the European Community*, 3rd ed. Durham, NC: Duke University Press, 1994.

_____. *The Government and Politics of the European Union*, 7th Ed. London: Palgrave MacMillan, 2010.

Panebianco, Stefania. "The EU and the Middle East." In Federiga Bindi, ed. *The Foreign Policy of the European Union: Assessing Europe's Role in the World*. New York: Brookings Institute, 2010.

Presidency Conclusions. Cologne European Council. 3 and 4 June 1999. Annex III, "European Council Declaration on Strengthening The Common European Policy On Security And Defence."

_____. Cologne European Council. 3 and 4 June 1999. "Guiding Principle."

Sbragia, Alberta M. "Thinking about the European Future: The Uses of Comparison." In Alberta M. Sbragia, ed. 1992. *Europolitics: Institutions and Policymaking in the New European Community*. Washington, D.C.: The Brookings Institution, 1992.

Scharpf, Fritz W. "The Joint-Decision Trap: Lessons From German Federalism and European Interation." *Public Administration* 66 (1988).

Sjursen, Helene. "What Kind of Power?." *Journal of European Public Policy* 13-2 (2006).

Smith, Michael E. *Europe's Foreign and Security Policy: The Institutionalization of Cooperation*. Cambridge: Cambridge University Press, 2004.

Soentendorp, Ben. "The Evolution of the EC/EU as a Single Foreign Policy Actor." in Walter Carlsnaes and Steve Smith, eds. *European Foreign Policy: The EC and Changing Perspectives in Europe*. London: Sage, 1994.

UK Foreign & Commonwealth Office. "CFSP." Taken from the following web site: http://www.fco.gov.uk/news/keythemepage.asp?64

Van Oudenaren, John. 1999. "The EU Cologne Summit." Euro-Forum June 15, 1999, taken from the following web site: http://www.csis.org/euro/frm990615.html

Wallace, Helen, Mark A. Pollack, Christilla Roederer-Rynning, and Alasdair R. Young, *Policy-Making in the European Union*, 8th ed. Oxford: Oxford University Press, 2020.

Wallace, William. "Less than a Federation, More than a Regime: the Community as a Political System," in Helen Wallace, William Wallace, and Carol Webb, eds. *Policy Making in the European Community*, 2nd ed. Chichester: John Wiley. H. 1983.

16장

ASEAN의 외교정책

윤진표(성신여대 정치외교학과)

1. 서론	488
2. ASEAN외교정책의 환경	490
3. ASEAN외교정책의 목표와 방향	501
4. ASEAN외교정책의 현안과 대한반도관계	508
5. 결론	517

1. 서론

동남아시아국가연합(아세안, ASEAN: Association of Southeast Asian Nations)은 아시아의 성공적인 지역협력과 통합의 사례로 국제사회로부터 인정받고 있다. 1967년 8월 8일 방콕선언에 의해 창설된 아세안(ASEAN)은 인도네시아, 태국, 필리핀, 말레이시아, 싱가포르 등 동남아 5개국에 의해 지역안보와 경제협력을 통한 공동발전이란 목표 아래 성장했고, 1984년 신생 독립국인 브루나이를 추가로 가입시키고 1990년대 세계적인 탈냉전 시대의 도래와 더불어 1995년 베트남, 1997년 미얀마와 라오스, 1999년 캄보디아를 차례로 가입시킴으로써, 동남아시아 10개국으로 구성된 명실상부한 아세안이 완성되었다. 2019년 기준 ASEAN 전체는 432만㎢의 면적에 6억 6,000만 명의 인구가 살고 있고, 3조 2,000억 달러의 국내총생산(GDP)을 기록하고 있다.

세계화와 블록화의 추세 속에 아세안은 창설 48주년이 되는 2015년 말 아세안공동체(ASEAN Community)를 출범시키며 변화에 대응하고 새로운 발전을 모색하는 다양한 노력을 기울이고 있다. 1967년 방콕선언에서 천명했듯이 아세안의 결속은 회원국의 정치경제 발전이 수반되어야만 유지될 수 있고, 이것은 아세안 각국 지도자들의 변함없는 신념이었다. 지속적인 경제성장과 이에 어울리는 다방면의 개혁 추진은 민주주의와 권위주의가 혼재하고 있는 정치 현실과 다수 종족과 종교의 혼재 속에서 아세안이 풀어가야 할 중요한 과제이다. 아세안은 동남아시아의 문화적 특징과 복잡하고 분권화된 조직적 특성을 갖고 있으면서 한정된 인력과 자원을 최대한 이용하여 역내외를 포괄한 분야별 교류와 협력기회를 극대화하고자 노력해 왔다.

아세안 창립 30주년이던 1997년 아세안 각국 정상들은 아세안비전2020(ASEAN Vision 2020)을 채택함으로써, 동남아국가들의 연합체로서 평화와 안정, 번영을 위해 미래지향적인 발전과 상호의존하는 공동체 정신을 갖고 강력한 동반자 정

신으로 뭉치자는 아세안의 공동 비전에 합의했다. 2003년 아세안 정상들은 아세안이 세 개의 기둥, 즉 아세안정치안보공동체, 아세안경제공동체 그리고 아세안사회문화공동체로 구성되는 아세안공동체(ASEAN Community)를 건설해 나가는 데 합의했다. 2007년 1월에 열린 12차 아세안정상회의에서는 2015년까지 아세안공동체를 발족하는 헌장 마련에 합의했다. 아세안 역내통합을 5년 앞당기는 이러한 결정은 더욱 치열해지는 역외 경쟁 상황에 대처하려는 아세안국가들의 통일된 선택이었다.

50년간 아세안의 성장은 제3세계 지역주의(regionalism)를 연구하는 중요한 사례가 되었다. 아시아지역의 유일한 지역협력체로 발전한 아세안의 경험은 여타 지역협력 가능성을 판단하는 시

지도 16.1 ASEAN 회원국

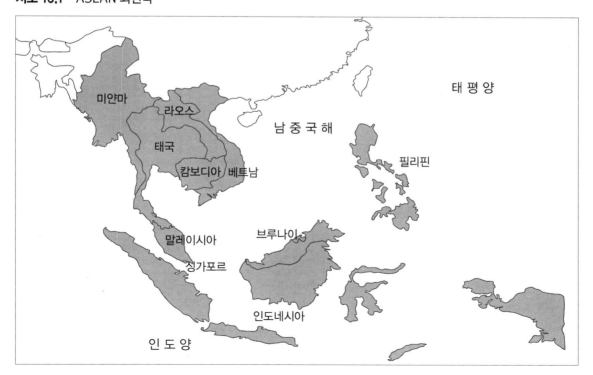

금석이자 현재의 지역협력 구도를 더욱 발전시키는 발판이 되고 있다. 이러한 아세안의 성장은 한국과의 긴밀한 관계 발전의 역사이자 한국외교의 주요 무대이기도 하다.

아세안의 외교정책을 살펴보고자 하는 이 장에서는 우선 지역협력과 통합을 향한 아세안외교의 변천사를 1997년 동아시아경제위기를 기준으로 그 이전과 이후로 분리하여 살펴본다. 1967년부터 1997년까지의 30년 역사와 1997년 이후 지금까지 25년의 역사는 아세안외교의 특징을 비교하여 이해하는 데 도움이 된다. 이러한 역사적 과정을 바탕으로 아세안외교정책의 특징과 내용을 알아보기 위해 아세안의 조직과 운영에 대해 분석하고, 아세안공동체 구성을 향한 아세안의 노력을 살펴본다. 마지막으로 2022년 현재 아세안이 마주한 외교 현안과 대한반도문제 및 한

국과의 외교관계까지 정리하고자 한다.

2. ASEAN외교정책의 환경

1) 초창기 ASEAN: 1967년 설립부터 1997년 경제위기까지

ASEAN이 위치하고 있는 동남아시아는 제2차 세계대전이 끝날 무렵에야 비로소 정치적으로 의미 있는 하나의 지역으로 인식되기 시작했다. 그렇지만 다양한 지리적 환경과 수많은 종족으로 이루어져 있는 동남아시아의 내적 다양성과 분열적인 특성으로 인해 지역적 공감대를 형성하기 위한 국가 간의 정치협력 경험은 미약했다. 게다가 인도양과 말라카해협, 남중국해로 이어지는

표 16.1 ASEAN 회원국 관련 주요 통계 (2019년 기준)

국가	국토 면적	인구	인구 증가율	국내 총생산	일 인당 국내총생산	무역			경제 성장률
						수출	수입	총무역액	
단위 (연도)	천 km^2	만 명	%	억 US$	US$	백만 US$	백만 US$	백만 US$	%
브루나이	5	45	1.00	135	29,314	7,142	5,030	12,171	3.9
캄보디아	176	1,650	1.45	267	1,620	17,990	20,823	38,813	7.0
인도네시아	1,811	27,060	1.10	11,201	4,197	165,528	149,869	315,398	5.0
라오스	230	716	1.52	191	2,661	5,809	7,109	12,917	5.2
말레이시아	328	3,280	1.33	3,647	11,193	238,104	204,835	442,939	4.3
미얀마	653	5,302	0.63	686	1,299	18,235	18,490	36,725	6.5
필리핀	298	10,831	1.36	3,768	3,512	70,085	108,873	178,958	6.0
싱가포르	0.7	567	1.14	3,721	65,234	388,450	359,251	747,701	0.7
태국	510	6,791	0.28	5,436	7,807	245,346	239,307	484,653	2.4
베트남	310	9,549	0.96	3,295	3,416	190,856	214,327	405,183	7.0
아세안	4,322	66,060	1.08	32,348	4,707	1,347,544	1,327,914	2,675,458	4.8

국제 해상로의 중심에 위치하고 풍부한 천연자원을 가지고 있어 일찍이 서구 국가들의 침략 대상이 되었고, 오랜 기간의 피식민 지배에서 파생된 경제적 종속과 분파적 권위주의 정치행태는 제2차 세계대전 이후 신생 독립국들의 지역협력을 발전시키는 데 많은 장애가 되었다.

독립과 함께 동남아시아에 불어 닥친 동서냉전은 자생적인 지역협력기구의 발달을 저해했고 역외세력에 의한 이념적 배경의 동맹체제를 출현시켰다. 미국 주도하에 1954년 만들어진 동남아조약기구(SEATO)는 당시 미국의 군사동맹국이었던 태국과 필리핀을 포함한 반공산주의 지역동맹체였고, 미국의 베트남전쟁이 한창이던 1966년에 설립된 아시아태평양위원회(ASPAC)도 관련국들의 지지를 얻지 못하고 1972년 폐지되었다. 한편, 1960년대 동남아에서 지역협력 차원에서 의미 있는 두 개의 집단이 나타났는데, 첫째가 1961년 태국, 필리핀, 말레이시아에 의해 설립된 동남아연합(ASA)이고, 둘째가 1963년 필리핀, 말레이시아, 인도네시아 간 문화적 전통의 결속을 강조한 마필린도(MAPHILINDO: Malaysia-Philippines-Indonesia)였다. 두 조직 모두 오래 지속되는 못했지만, SEATO와 ASPAC과 달리 동남아국가들만으로 구성된 최초의 지역협력체였으며 아세안이 출범하게 된 중요한 선례가 되었다.

1960년대 중반을 넘어서면서 동남아 각국은 극적인 정치적 변화를 겪게 되었다. 말레이시아와 필리핀 간의 사바(Sabah)지역에 대한 계속되는 주권 시비와 1963년 9월부터 시작된 인도네시아 수카르노 대통령의 말레이시아연방 분쇄를 위한 대결정책 등 지역국가 간의 분쟁이 노골화됨으로써 지역 차원의 통합운동은 더욱 소원해지

는 듯했다. 그러나 1965년 싱가포르가 말레이시아로부터 분리 독립하고, 1966년에는 새로 집권한 인도네시아의 수하르토 대통령이 말레이시아 대결정책을 철회하면서 지역 차원의 새로운 협력체를 구성할 필요가 있다는 것에 동남아 지도자들의 공감대가 형성되었다. 1966년 인도네시아와 말레이시아의 예비접촉 이후, 1967년 8월 8일 태국, 필리핀, 싱가포르, 인도네시아, 말레이시아가 서명한 방콕선언(Bangkok Declaration)이 채택됨으로써 동남아시아국가연합(ASEAN)이 탄생하게 되었다.

아세안의 설립 목적과 배경은 '방콕선언'을 통해 잘 드러나는데, 아세안의 회원국들은 ① 동남아의 안보적 위협에 대응하여 상호협력을 통한 공동대처를 추진하며, ② 주변 강대국들의 동남아 패권 쟁탈전에 대한 중립을 보장하고, ③ 역내 국가들 사이의 경제적 고충을 해결하며, ④ 일본과 호주 등 해양국가들과도 폭넓은 협력을 강화함으로써 결과적으로 동남아국가들의 평화와 번영을 기약한다는 내용이었다. 아세안의 성립에는 당시 날로 확대되던 베트남전쟁과 이에 고무된 동남아 공산주의자들의 정부전복 활동 증가에 따라 각국 지도자들이 느끼던 안보위협과 이에 대한 공동대처의 필요성이 주요 배경이 되었다. 지역주의를 바탕으로 한 공동안보(common security) 개념이 반공산주의 정치결속체로서의 아세안의 성격을 규정하였던 것이다.

그러나 1967년부터 1975년까지 아세안국가 간 협력관계는 발전되지 못했다. 8번의 외무장관 회담을 가졌으면서도 눈에 띄는 경제협력 결과를 만들어 내지 못하고, 협의하고 계획하는 수준에서 맴돌았다. 회원국 간의 협력을 막았던 주요 원

해설 16.1

베트남전쟁

1964년 미국의 통킹만 사건 촉발로 확대된 베트남전쟁은 제2차 인도차이나전쟁으로도 불린다(제1차 인도차이나전쟁은 프랑스와 북베트남[월맹] 간 1945~1954년 전쟁). 베트남전쟁은 동아시아지역에서 공산주의 확장 저지를 목표로 남베트남정부를 지원했던 미국과 통일 베트남을 목표로 한 호치민이 지휘했던 북베트남이 소련과 중국의 지원을 받으며 벌인 냉전 시기 대표적 전쟁이었다. 한국도 미국을 도와 파병했던 베트남전쟁은 1969년 북베트남의 구정공세 이후 반전운동과 전쟁비용에 지친 미국이 베트남정부에 의한 전쟁으로 전환하기 시작했다. 1973년 미국과 북베트남이 체결한 파리평화협정으로 미군은 철수하게 되었고, 이후 북베트남의 공세와 남베트남정부의 무능이 겹치면서 1975년 4월 30일 북베트남군의 사이공(현 호치민시)점령으로 북베트남의 승리로 끝났다.

인은 회원국들 사이에 놓여있는 갈등구조가 여전히 극복되지 못했기 때문이었다. 아세안의 발전을 제한했던 또 다른 원인은 방콕선언에 나와 있는 외부간섭으로부터 안보를 확보하는 문제에 대해 회원국 간 합의가 이루어지지 못했기 때문이었다. 1971년 11월 27일 쿠알라룸푸르의 아세안 외무장관회의에서 동남아시아를 어떤 형태의 외부세력 간섭에서도 배제하는 평화, 자유와 중립지대(ZOPFAN: Zone of Peace, Freedom and Neutrality)로 만들자는 공식선언이 채택되었다. 그렇지만 선언적 측면에서 인식을 같이했던 회원국들도 구체적인 실천 방법에 대해서는 상당한 차이를 보였다. 아세안 회원국들이 바람직한 지역안보 질서구축을 위한 구체적인 전략과 방법에 있어서 합의를 보지 못했던 것은 각국이 지닌 역사적·물리적 환경과 정치지도자들의 개성의 차이 때문이었고, 이것은 초기 단계에서 지역주의 운동으로서 아세안의 어쩔 수 없는 한계였다.

1975년 4월 베트남과 캄보디아, 라오스 등 인도차이나 지역의 공산화는 반공산주의 지역동맹체로서의 성격을 갖고 있던 아세안에게는 엄청난 도전을 제기한 사건이었다. 아세안 지도자들은 이 사태가 그들의 국익에 결코 바람직하지 않고, 통일된 베트남이 동남아 전역에 미칠 정치군사적 영향에 대해 염려했을 뿐 아니라 베트남의 지원에 의해 각국 공산주의 세력들의 국가전복 활동이 더욱 증가하리라고 예상했다. 그렇지만 인도차이나의 공산화는 초기의 미미했던 아세안의 내부결속을 급속하게 강화하고, 혁명세력의 확산을 막는 길은 경제발전으로 국민들의 생활수준을 향상시키는 것이 최선의 대응임을 자각하게 되는 긍정적인 효과도 가져왔다. 1976년 2월 아세안 각국 정상들의 최초 모임이 인도네시아의 발리에서 성사되었고, 이 자리에서 경제안정과 발전 없이는 국가안보가 지켜질 수 없다는 점을 확인했다. 발리 정상회의에서는 인도차이나 공산화에 따른 각국의 공동대처방안으로 아세안을 통한 구체적인 지역협력을 발전시켜야 한다는 요지의 아세안친선협약선언(Bali Concord I: Declaration of ASEAN Concord)과 동남아우호협력조약(TAC: Treaty of Amity and Cooperation)을 채택했다.

아세안친선협약선언은 1967년 방콕선언에 비해 훨씬 정치적인 색채를 드러내면서 모든 회원국들이 각국의 탄력성을 강화하여 회원국의 안정에 위협을 주는 전복 음모를 과감히 제거해 나갈 것을 천명하였다. 또한, 평화, 자유와 중립지대(ZOPFAN)의 조속한 실현을 위해 각국이 공동보조를 맞추기로 합의하고, 안보문제에서는 필요한 이해에 따라 쌍무적인 협력관계를 발전시켜 나가는 것이 바람직하다는 데 합의했다. 한편, 식량과 에너지, 대규모 산업프로젝트, 지역 내 무역자유화, 국제교역과 경제문제 등에서 적극적인 경제협력을 강조하고, 관련 경제장관들에 의해 정기적으로 이 문제들을 토의할 것에 합의했다. 이에 덧붙여 아세안기구를 전체적으로 관리 감독하기 위한 아세안 사무총장직을 신설하고 자카르타에 사무국을 두기로 함으로써 아세안은 상설화된 지역협력기구로서의 성격을 갖게 되었다.

1977년 이후 아세안의 주요 관심사는 발리정상회담의 결과인 경제협력관계의 실질적인 진전에 있었다. 그러나 1979년에 들어서면서 1978년 12월 발생한 베트남의 캄보디아점령과 인도차이나 난민문제가 아세안의 가장 중요한 과제로 등장했다. 특히 캄보디아 사태와 난민문제는 아세안을 정치적으로 더욱 결속시키는 계기가 되었고, 이러한 움직임은 아세안의 공동대처라는 측면에서 현재까지 지속되는 정책기조가 되었다. 아세안은 베트남의 캄보디아 무력점령에 대응하여 캄보디아 사태를 유엔에 상정하여 국제문제화시켜 베트남을 국제사회에서 고립시키고 경제지

> **개념** 아세안친선협약선언과 동남아우호협력조약
>
> 1975년 베트남과 인도차이나지역의 공산화 이후 1976년 2월 인도네시아 발리에서 개최된 제1차 아세안정상회의에서 정치·경제 각 분야에 있어서의 회원국 간 역내협력과 단결을 강조하는 아세안친선협약선언(Bali Concord I: Declaration of ASEAN Concord)을 채택하여 회원국 간 실질적인 협력 모색과 국제위상 강화 노력 및 역내 무역자유화 추진 등을 위한 토대를 마련하였다. 또한, 동남아우호협력조약(TAC: Treaty of Amity and Cooperation)을 체결하여 동남아 평화·자유와 중립지대(ZOPFAN) 실현을 위한 수단으로써 분쟁 발생 시 무력사용 또는 사용의 위협 포기 및 협상을 통한 분쟁해결을 추구한다는 분쟁의 평화적 해결원칙을 천명하였다. 이는 베트남 통일에 따라 중립화 대상지역의 범위를 인도차이나지역까지 확대하려는 의도를 가지고 있었다.

원을 중단시켰으며, 캄보디아 반군을 지원함으로써 베트남의 캄보디아점령에 대해 비싼 대가를 치르게 하는 데 성공했다. 아세안은 유엔에서 베트남이 캄보디아 프놈펜에 세운 정부의 정통성을 거부하는 데 결정적인 역할을 했으며, 1982년에는 캄보디아 내 반베트남 세력을 합쳐 민주캄푸치아동맹정부(CGDK: Coalition Government of Democratic Kampuchea)를 출범시켜 유엔 의석을 차지하도록 하는 등 캄보디아 사태에서 유리한 고지를 점령했다.

아세안은 베트남군의 캄보디아로부터의 전면 철수와 캄보디아인들에 의한 완전한 자치 결정을

적극 주장했다. 1979년 1월 아세안공동선언으로부터 시작된 아세안의 인도차이나 정책기조는 유엔의 지지를 얻으면서 일관성 있게 유지되었다. 1981년 7월 뉴욕에서 유엔이 개최한 캄푸치아문제 국제회의는 이러한 아세안외교의 성공적인 결실이었다. 이 회의는 아세안의 정책을 그대로 받아들여 모든 군대의 캄보디아로부터의 전면철수와 유엔감시하의 총선거 실시, 캄보디아의 중립화와 국제원조 등에 관한 결의안을 도출했다. 유엔에서의 외교와 캄보디아 사태 관련 당사자 간의 일련의 비공식모임을 주관하는 등 동남아 각국은 아세안의 이름 아래 캄보디아 사태에 대처해 나감으로써, 아세안이 국제사회로부터 명실상부한 지역협력기구로 인정받는 계기를 만들었다.[1]

제3차 아세안정상회의가 1987년 12월 세계교역조건의 악화와 회원국 간의 경제협력 부진, 캄보디아 사태의 교착상태에 관해 점검하고 미래의 방향을 협의하기 위해 마닐라에서 개최되었다. 마닐라회의는 새로 들어선 아키노 필리핀 대통령 정부를 아세안 차원에서 지지한다는 정치적 상징의 의미가 컸다. 정상회의 후의 공동선언을 통해 캄보디아 사태의 정치적 해결을 위해 더욱 노력할 것과 베트남의 보다 적극적인 사태해결 노력을 촉구했다. 경제적으로는 네 가지 합의사항, 즉 역내 투자보장, 특혜관세협약(PTA) 대상 품목 증대, 공동산업투자의 이윤율 제고, 역내 교역의 비관세장벽 제거 등에 합의했다. 또한, 1992년을 아세안 방문의 해로 지정하여 관광산업을 전 아세안적 차원에서 지원할 것을 결의했

해설 16.2

캄보디아 사태

1978년 12월 베트남이 국경과 주민학살문제를 빌미로 같은 공산국가인 캄보디아를 침공하여, 폴 포트의 크메르루주(Khmer Rouge) 정권을 무너뜨리면서 시작된 캄보디아 사태는 1980년대 동남아 안보와 외교의 핵심적인 과제였다. 베트남은 당시 소련의 지원을 받았고, 캄보디아는 중국을 등에 업은 공산국가 간의 대리전의 성격까지 있었다. 1989년 파리에서 시작되어 1991년 10월 체결된 양측 간 평화협정에 의해 베트남군은 철수하였고, 유엔이 그 후 2년에 걸쳐 개입하여 종전과 난민문제를 해결하고, 캄보디아분파들을 총선에 참여시키고 새 정부를 설립하면서 캄보디아 사태는 종결되었다.

다. 마닐라 정상회의는 아세안의 조직과 방향에 큰 변화를 가져오지는 않았지만, 아세안의 집단적 동질성을 재확인하는 모임이었다. 1976년 발리회담에서 천명된 협력 정신을 확인하고 아세안의 특징인 신중한 단합 과정을 계속 밟아갈 것을 분명히 했다. 캄보디아 사태와 함께 아세안은 회원국인 필리핀의 심각한 경제위기와 공산주의 반군세력의 확대를 염려하여 미국, 일본, 유럽이 주동하는 미니 마샬플랜에 적극 참여하고, 브루나이는 100억 달러에 달하는 지원자금 일부를 제공하며, 다른 회원국들은 기술적 지원을 하기로 결의했다. 이러한 결정은 아세안 전체가 회원국 경제를 직접 지원한 첫 번째 사례로 의미 있는 발전이었다고 할 수 있다.

아세안은 1990년대에 들어 세계적 탈냉전의

---

1) Donald Weatherbee, *International Relations in Southeast Asia: The Struggle for Autonomy* (New York: Rowman & Littlefield Publishers, 2009), pp. 79–85.

안보환경 변화와 세계화의 도전에 직면하게 되었다. 역내외 환경변화에 대응하여 1992년 1월 싱가포르에서 개최된 제4차 아세안정상회의에서는 '싱가포르선언(Singapore Declaration)'으로 명명된 합의문이 발표되었다. 이 선언은 역내 평화와 번영을 위해 회원국들의 정치·경제적 협력을 강화하되, 선진국들의 경제블록에 대응하여 개방적 경제체제의 촉진과 지역경제의 발전을 통한 아세안의 이익 제고를 위해 노력하고, 안전보장을 위한 새로운 협력관계를 모색하며, 상호우호협력을 바탕으로 인도차이나 국가들과도 긴밀한 협조관계를 구축할 것을 선언하였다. 이와 더불어 아세안은 경제협력을 실질적으로 확대시킬 수 있는 제도적 장치로서 아세안자유무역지대(AFTA: ASEAN Free Trade Area)의 결성에 합의했는데, 이 협정은 역내 회원국들 사이의 이견을 조정하여 1994년 1월 1일부터 향후 15년인 2008년까지 역내 관세율을 점진적으로 인하하여 최종적으로 유효관세율을 0~5% 수준으로 인하하고, 회원국 간 비관세장벽을 단계적으로 제거하여 완전한 자유무역지대를 형성한다는 계획이었다. 아세안자유무역지대는 '개방적 지역주의(open regionalism)'에 기초하여 역내 경제협력 확대와 기술·인적 자원의 자유로운 이동을 촉진시키는 데 목적을 두고 아세안 회원국들 상호 간의 관세를 인하하고 비관세장벽을 철폐함으로써 역내에서 자유무역을 보장하고 역외국가들에 대해 독자적 관세정책과 무역 제한조치를 취하는 지역경제 통합정책이었다.

이러한 목표를 보다 적극적으로 수행하기 위해 아세안은 1995년 방콕에서 개최된 제5차 아세안정상회의에서 세계무역기구(WTO) 협정에 맞추어 역내 서비스 산업 개방과 지적재산권 보호를 위한 협정 체결에 합의하고, 동시에 역내국가 간 통관절차 간소화, 비관세장벽 제거 등을 위해 더욱 노력하기로 합의함으로써 아세안자유무역지대의 가속화를 위해 나아갔다. 이와 더불어 '아세안자유무역지대 플러스(AFTA+)'도 추진하기로 했는데, 이는 상품과 자원의 교역과 협력에 국한하지 않고 진정한 의미의 경제협력과 통합을 위해 역내 기술과 정보, 서비스 산업 등에 있어서도 실질적인 교류와 협력을 강화하여 진정한 경제공동체를 구성한다는 계획이었다.

아세안의 경제협력이 강화되면서 안보협력에 대한 논의도 급물살을 타기 시작했다. 냉전 시기에는 이념적 갈등과 강대국들 간 경쟁을 통해 비교적 단순한 관계를 형성했던 동남아시아는 소련의 붕괴를 통한 미소 간 전략적 경쟁관계의 해소, 인도차이나와 아세안국가들 사이의 긴장완화, 중국의 경제적 부상과 중일관계, 그리고 아세안과 주변 국가들 사이의 쌍무적인 관계개선이 이루어지면서 아세안은 이러한 변화에 대응하여 새로운 변혁을 추구하기 시작했다. 특히 동남아지역에서 안보위협의 감소는 곧바로 이 지역의 가장 큰 현안인 경제발전과 번영의 문제로 이어지게 되었고, 이에 따른 경제협력의 확대를 위해 안보문제의 해결도 새로운 관심사로 등장하였다.

탈냉전 이후 정치·안보적 협력분야에 있어서 아세안의 괄목할 만한 성과는 1994년 아세안지역안보포럼(ARF: ASEAN Regional Forum)을 통한 지역안보협의체의 수립과 베트남의 1995년 아세안 가입이었다. 탈냉전 이후 동아시아에서 소련의 붕괴와 필리핀에서의 미군 철수 등 미국의 군사력 감축으로 인한 힘의 공백을 계기로 중국,

일본, 인도 등 지역 강국들의 군사력 증강과 패권 경쟁이 우려되었고, 과거 안보위협국으로 간주되던 중국의 남하정책에 대응한 아세안국가들의 대비가 더욱 요구되었다. 냉전 시기와 비교하여 동남아지역에서 군사적 위협수준은 크게 약화된 것이 사실이었지만 아세안은 한편으로는 경제협력의 강화를, 그리고 다른 한편으로는 군사적 충돌을 회피하고 지역의 평화를 정착시키기 위한 다자간 안보대화를 모색하지 않을 수 없었다.

개념   아세안지역안보포럼(ARF)

아세안확대외교장관회의(ASEAN-PMC) 틀을 활용한 정치 및 안보대화 증진이라는 문제의식으로 1992년 싱가포르 아세안정상회의에서 합의되었다. 아세안지역안보포럼(ARF: ASEAN Regional Forum) 창설을 통해 역내국가들 간 대화를 통한 신뢰구축과 지역평화 및 안정을 추구함과 동시에 역외국가들과 긴밀하게 안보 논의를 할 수 있는 최초의 장이 만들어졌다. 제1차 ARF각료회의는 1994년 7월 방콕에서 개최되었다. ARF는 지역강대국 간 관계, 비확산 문제, 대테러문제, 초국가적 범죄와 남중국해와 한반도문제 등을 주요 의제로 다루고 있다. 현재 ARF 참가국은 총 24개국으로 아세안 10개국과 대화상대 10개국(한국, 중국, 일본, 러시아, 미국, 캐나다, 호주, 뉴질랜드, EU 의장국, 인도) 및 기타 4개국(파푸아뉴기니, 몽골, 북한, 파키스탄)으로 구성되어 있다.

이에 따라 역내 안보문제에 관한 보다 새로운 접근으로 시작한 대표적인 협력전략이 1993년부터 아세안의 주도로 역외국가들과 가졌던 다자간 안보대화였다. 이 대화는 처음 아세안외무장관회의를 중심으로 이루어졌으나 1994년부터 논의를 본격화하기 위해 아세안장관회의와 별도로 아세안지역안보포럼(ARF)을 운영하기로 합의되었다. 아세안지역안보포럼의 제1차 회의는 1994년 7월 방콕에서 개최되었는데, 이 회의에서는 정치와 안보문제 전반에 대한 생산적인 의견 교환이 이루어졌으며, 특히 아세안지역안보포럼이 역내 안보문제에 대한 대화와 협의, 협력의 습관을 길러줌으로써 신뢰구축과 예방외교에 큰 역할을 담당하게 될 것이라는 인식을 공유하였다. 1995년 브루나이에서 개최된 제2차 아세안지역안보포럼 회의에서는 참가국들 사이의 신뢰 구축과 예방외교, 그리고 분쟁 해결의 추진 등 3단계 방식에 의해 점진적으로 안보협력을 증진시키고, 아세안지역안보포럼의 기관으로서 장관회의와 이를 보좌하기 위한 고위관료회의를 두고, 정부 차원의 제1트랙과 더불어 비정부 차원의 제2트랙을 병행하여 정부 차원의 공식회의가 갖는 결함을 극복하고, 민감한 사안들을 비정부 차원의 제2트랙에서 담당할 것을 결정하였다.

현실적으로 아세안지역안보포럼(ARF)은 건설적 개입과 예방외교라는 두 가지 기능으로 대표될 수 있다. 아세안지역안보포럼은 아세안의 주도에 의해 설립된 아시아·태평양지역 최초의 공식적인 다자간 안보대화체로서 그 기능과 역할 그리고 정치·안보적 함의는 매우 크다. 아세안지역안보포럼의 배경과 의의는 1995년 12월 태국 방콕에서 개최된 아세안정상회의에서 캄보디아, 라오스, 미얀마 등이 옵저버 자격으로 참석한 가운데 '동남아비핵지대(South-east Asia Nuclear Weapon Free Zone)' 협약이 채택됨으로써 가시화되었다. '동남아비핵지대'의 선언은 핵확산 방지라는 세계적 추세에 힘입은 바 크지만, 아세안이 1971년 '동남아 자유·평화·중립지대'를 선언한 이래 추진하여 온 동남아 평화전략의 연장 선상에서 탈냉전 이후 국제환경의 변화에 보다 능동적으로 대처하고자 하는 강력한 의지를 표명한 것이라는 데 의미가 있었다.

탈냉전 이후 국제환경의 급격한 변화 속에서 아세안은 시장경제에 입각한 국제사회로부터의 경쟁에 대응하기 위하여 '아세안자유무역지대'를 통한 경제협력을 강화하는 노력을 했다. 아세안은 1992년부터 역내 아세안자유무역지대를 추진하며 역외로는 동아시아경제협력(EAEC) 구상을 제기했다. 1989년부터 시작된 아시아·태평양경제협력회의(APEC)에도 적극적으로 나섰다. 1996년에는 아시아·유럽 경제회의(ASEM: Asia-Europe Economic Meeting)를 창설했다. 이와 같이 탈냉전 시대로 들어서면서 아세안은 새로운 환경변화에 적극 대응하며 다양한 역내외 협력 구도 창설에 주도적인 역할을 수행하였다.[2]

2) 발전기 ASEAN: 1997년 경제위기 이후

21세기를 목전에 둔 1990년대 후반 아세안은 동남아 10개국이 가입을 하게 되는 성과를 거두는 한편, 동남아에 불어 닥친 외환위기로 인한 경제위기의 충격이라는 심각한 도전에 직면했다. 1995년 베트남이 아세안에 가입하고 1997년 라오스와 미얀마, 그리고 1999년 캄보디아가 가입함으로써 명실상부한 '아세안 10'이 완성되었다. 이와 더불어 아세안은 1997년 동남아와 동북아를 포괄하는 동아시아 공동체를 구성하기 위한 선도 조치로 중국, 일본, 한국을 포함하는 '아세안+3(APT: ASEAN Plus Three)'를 형성할 것을 선언하였다. 한편, 1997년 동아시아경제위기는 아세안 역사에도 매우 심각한 위기를 촉발시켰던 사건이었다. 캄보디아의 가입이 확정되기 직전 캄보디아 총리인 훈센(Hun Sen)의 쿠데타로 가입이 무기한 연기되고, 인도네시아 수마트라와 칼리만탄섬의 임야와 밀림에서 발생한 화재인 연무(smoke haze)문제에 아무런 대책을 내놓지 못한 아세안에게 1997년 7월 태국으로부터 발생한 외환위기는 역내국가들로 파급되었고, 급기야 10월에는 인도네시아까지 국제통화기금(IMF)의 구제금융을 받아야 하는 상황으로 악화되었다. 1998년 5월 인도네시아의 수하르토 대통령의 하야는 최장수 아세안 지도자의 몰락으로 아세안 내 리더십의 위기까지 초래했다. 지역협력체로서의 아세안의 한계성이 드러난 것이나 마찬가지였다. 창설 이래 아세안은 지역통합보다는 국가 간 협력을 지향하고, 내정불간섭 원칙 아래 초국가적 조직이라기보다 주권국가들로 구성된 지역그룹(regional grouping)으로 존속했다.[3] 이러한 충격 속에서 아세안의 활동은 위축되었고 내부적 단합도 이완되는 현상이 나타났다.[4]

2) 1997년까지 30년간의 아세안의 성장과 변화에 대해서는 Kusuma Snitwongse, "Thirty Years of ASEAN: Achievements Through Political Cooperation," *Pacific Review* 11-2 (1998) 참조.

3) Donald McCloud, *Southeast Asia: Tradition and Modernity in the Contemporary World* (Boulder, CO: Westview Press, 1995), pp. 309-311.

4) 배긍찬, "동남아의 경제위기와 아세안의 대응," 박사명 편, 『동남아의 경제위기와 정치적 대응』 (서울: 폴리테이아, 2005), pp. 75-84.

해설 16.3

아시아경제위기

1997년 7월 태국의 외환위기로 촉발된 아시아 경제위기는 태국의 심각한 국제수지 적자와 외채 확대에 대한 태국정부의 금융정책의 누적된 실패와 이를 이용한 해외 투기자본의 공격이 만들어 낸 결과였다. 태국이 1990년대 중반까지 호황을 구가하다가 갑자기 1997년 경제위기를 맞게 된 것은 금융권의 외환유동성 위기가 기폭제였다. 그러나 외환부족 현상은 표면적인 것이었고 시장원리가 아닌 정경유착의 논리로 인해 태국경제가 왜곡되었다는 구조적 요인이 배경에 있었다. 1997년 7월 2일 태국의 바트화 평가절하 결정 이후 태국 금융기관들은 지급불능 상태에 빠져들었고 태국정부는 IMF로부터 160억 달러의 긴급구제금융을 신청하지 않을 수 없었다. IMF는 구제금융의 대가로 태국경제에 개입하여 대대적인 구조조정과 긴축정책을 시행했다. 태국발 금융위기는 연쇄적으로 주변 국들로 번져나가 1997년 말까지 인도네시아와 한국도 IMF 구제금융을 받고 경제관리를 받게 되는 등 아시아경제위기로 확대되었다.

아세안은 1997년 12월 말레이시아 쿠알라룸푸르에서의 제2차 비공식 정상회의에 중국, 일본, 한국 등 동북아 3개국 정상을 초청하여 역사상 최초의 동남아와 동북아국가들 간 아세안+3정상회의를 출범시켰고, 1999년 12월 필리핀에서의 제3차 아세안+3정상회의에서는 '동아시아 협력에 관한 공동선언(The Joint Statement on East Asia Cooperation)'을 채택하여 '아세안+3'을 공식화하였다. 2000년 5월 최초의 아세안+3 경제장관회의가 미얀마 양곤에서 개최되었고, 이어 치앙마이에서 개최된 아세안+3 재무장관회의에서 역내국가들 간 통화스왑제도 구축을 목표로 하는 금융협력방안인 치앙마이이니셔티브(CMI: Chiang Mai Initiative)가 합의되었다. 7월에는 방콕에서 아세안+3 외무장관회의가 개최되는 등 아세안+3 협력체제는 정상회의로부터 각급 장관회의와 중앙은행 및 정부고위급회의까지 정례화됨으로써, 동아시아를 대표하는 지역협력체로 자리 잡게 되었다.[5] 아세안+3체제의 조직은 ASEAN+3 정상회의 아래 13개 ASEAN+3장관급회의, 15개 ASEAN+3 고위관료(SOM)회의, 3개 ASEAN+3국장급회의(DG)와 14개 실무급회의(W/G)로 구성되어 있다. 이로써 아세안은 아세안을 중심으로 하는 '동아시아공동체(EAC: East Asian Community)' 구성이라는 새로운 방향성을 제시하게 되었다. 경제위기의 경험은 동남아국가들만의 노력으로는 한계가 있다는 인식과 한국, 중국, 일본을 포함하는 동아시아국가들과의 지역협력이 필수적이라는 자각을 통해 아세안+3 협력구도를 만들어냈던 것이다.

1998년 하노이에서 개최된 제6차 아세안정

---

5) 아세안+3체제의 형성과 발전 과정은 배긍찬, "아세안+3 협력과 동아시아 정체성," 『동남아시아연구』 제13집 1호 (2003); Mark Beeson, "ASEAN Plus Three and the Rise of Reactionary Regionalism," *Contemporary Southeast Asia* 25-2 (2003); Richard Stubbs, "ASEAN Plus Three: Emerging East Asian Regionalism," *Asian Survey* 42-3 (2002) 참조.

상회의는 '아세안 비전 2020'의 실천을 위한 중기 행동계획으로 '하노이행동계획(Hanoi Action Plan)'을 채택했는데, 1999년부터 2004년까지 거시경제, 무역 및 투자 자유화, 지역안보, 아세안 조직운영 등 4개 분야에 대한 상세한 협력 이행 방안을 제시하고 매년 정상회의 시 이행과정을 점검하기로 했다. 1992년 아세안자유무역지대 창설에 합의한 아세안은 1999년 3차 비공식 정상회의에서 아세안 선발 6개국(인도네시아, 태국, 필리핀, 말레이시아, 싱가포르, 브루나이)은 2010년까지, 후발 4개국(베트남, 라오스, 캄보디아, 미얀마)은 2015년까지 상품관세를 철폐하기로 합의했다. 2002년부터 아시아경제위기선발 6개국의 관세인하가 단행되어 2005년에는 6만여 개 품목 중 99%에 달하는 품목에 5% 이하의 관세율이 실현됨으로써, 사실상의 아세안자유무역지대(AFTA)가 출범하였다.

아세안은 2003년 10월 제9차 발리 정상회의에서 채택한 '아세안 화합선언 II(Bali Concord II)'를 통해 2020년까지 아세안을 유럽연합에 버금가는 하나의 지역공동체로 완성해 나가고, 이를 위해 정치, 경제, 사회문화 등 3개 분야에서 강한 유대를 구축해 나가 새로운 '아세안공동체(ASEAN Community)'를 만든다는 목표를 제시했다. 이 선언에는 '아세안안보공동체(ASC: ASEAN Security Community)'를 구축해 나가기 위해 기존의 '동남아우호협력조약(TAC)'이 공동체 내의 평화적 관계를 구축해 나가기 위한 주요 원칙으로 활용될 것이라는 점과 나아가 아세안안보공동체는 지역안보를 보장하기 위한 방법으로 방위조약과 군사동맹 또는 정치, 경제, 사회분야에서의 강력한 유대를 통해 안보협력을 추구한다는 내용을 담고 있

다. 또한, 아세안은 경제협력분야에서 '아세안경제공동체(ASEAN Economic Community)'를 형성하는 것을 목표로 상품 및 서비스, 자본의 이동이 자유로운 단일시장 창설을 지향하고, 인적자원의 개발, 교육 협력 강화, 금융정책 협력 확대를 제시하였다. 한편, '아세안사회문화공동체(ASCC: ASEAN Socio-Cultural Community)'는 인구, 교육, 실업, 질병, 환경 등의 분야에서 공동협력을 강화한다는 목표를 제시하였다. 아세안은 2003년 발리선언을 통해 아세안을 하나의 공동체로 만들어가기 위한 청사진을 제시했고, 이는 아세안 발전에 획기적인 전기를 마련한 것으로 평가된다.[6]

2004년 11월 14일 라오스 비엔티엔에서 열린 아세안+3정상회의에서는 아세안+3의 미래 협력을 위해 동아시아공동체(East Asian Community)의 설립이 장기 목표이고, 아세안+3체제가 이 계획의 실질적인 수행 역할을 해야 한다는 점을 확인하였다. 한국과 일본, 중국은 아세안이 동아시아 협력과 공동체 건설의 동력 역할을 해야 한다는 데 대한 지지를 재확인했다. 추가로 아세안+3 체제가 출범한 10주년을 기념하여 2007년에 동아시아 정상들은 현재와 미래 협력계획을 통합적으로 구체화하는 행동계획을 수립하면서 제2차 동아시아 협력에 관한 공동선언(Joint Statement of East Asia Cooperation)을 채택했다.

한편, 아세안은 민간 차원(track two)의 동아시아비전그룹(EAVG)과 정부 차원(track one)의 동아시아연구그룹(EASG)의 활동을 통해 아세안+3의 협력 개념과 방법에 관한 구체적인 방안을 구축해 왔다. 2001년 11월 발표된 동아시아비전

---

6) 배긍찬 (2003), pp. 95-96.

그룹 보고서는 동아시아국가들이 공동체를 형성하기 위한 경제협력, 금융협력, 정치안보협력, 환경협력, 사회문화협력과 제도협력 등 6개 협력분야를 열거하고, 동아시아자유무역지대(EAFTA) 형성, 역내 금융협력기구 설립, 아세안+3체제의 동아시아정상회의(EAS: East Asia Summit)로의 전환, 동아시아포럼 개최, 동아시아교육기금 설립 등의 방안을 제시했다. 동아시아연구그룹은 동아시아비전그룹의 권고사항 중 우선순위가 높고 이행 가능한 협력 조치를 선정하고 동아시아정상회의(EAS)의 의미를 연구했다.

2002년 11월 동아시아연구그룹의 보고서는 동아시아비전그룹이 제시한 비전을 구체화하기 위한 9개 중장기 과제와 17개 단기 과제를 제시했다. 9개 중장기 과제는 동아시아자유무역지대 형성, 중소기업 투자촉진, 아세안투자지역의 동아시아투자지역 확대추진, 역내 금융협력기구 설립, 역내 환율제도의 협력 조율, 아세안+3의 동아시아정상회의 전환 추진, 역내 해양환경협력 확대추진, 에너지정책 및 실행계획 체제구축, NGO와의 정책협의를 통한 민간참여 확대 및 민간파트너십 촉진 등이었다. 17개 단기 과제는 동아시아비지니스협의회 구성, 역내 최빈국 일반특혜관세 지위 부여, 해외직접투자 촉진을 위한 투자환경 조성, 동아시아투자정보네트워크 구축, 역내 성장지대에 대한 공동인프라 개발 및 재정지원 확대, 인프라 및 정보기술, 인적자원 개발, 아세안지역경제통합에 대한 지원 및 협력 제공, 기술이전 및 공동기술 개발을 통한 협력 확대, 통신인프라 건설 및 인터넷 접근 확대를 위한 공동 정보기술 개발, 동아시아싱크탱크네트워크(NEAT) 구축, 동아시아포럼(EAF) 설립, 동아시아 포괄적

인적자원 개발프로그램 시행, 빈곤 경감 프로그램 수립, 기초 의료서비스 접근 제공을 위한 공동조치 시행, 비전통적 안보 이슈에 대한 협력체제 강화, 문화 및 교육기관과의 협조를 통한 동아시아 정체성 및 공동의식 함양, 예술·공예·문화유산 보존을 위한 네트워크 구축 및 전문가 교류, 동아시아 지역연구 강화 등이었다.

1997년 경제위기 이후 아세안은 아세안+3체제를 중심으로 하는 외연의 확대와 아세안공동체 건설을 중심으로 하는 내연의 심화라는 두 개의 축을 세우기 위해 노력을 집중했다. 이를 위해 아세안은 아세안자유무역지대(AFTA)를 통하여 동남아 역내국가들 간 경제통합을 심화시킴과 동시에 중국, 일본, 한국 등과의 협력을 강화하여 자유무역협정을 추진하는 등 다양한 접근을 보여주었다. 1992년부터 추진한 아세안자유무역지대는 2003년부터 발효시켰고, 역내 투자장벽 제거를 위한 아세안투자지대(AIA: ASEAN Investment Area)을 형성해 나가면서 역내 경제통합을 위한 노력을 지속하였다. 한편, 2002년 제6차 아세안+3정상회의 전후로 역내외 국가들 간 자유무역협정(FTA)을 체결하는 것이 주요한 관심 사항이 되었다. 이러한 아세안의 노력은 중국과 일본과의 자유무역협정 체결에 이어 소극적 입장을 취해 왔던 한국과도 자유무역협정을 체결하기에 이르렀다. 중국은 2002년 아세안과 자유무역협정을 추진하기 위한 공식협정에 서명했고, 일본도 같은 해 싱가포르와 자유무역협정을 체결한 이후 태국 등 아세안국가들과 자유무역협정 체결을 추진했다. 이에 더해 인도와 호주 그리고 미국도 아세안국가들과 자유무역협정을 체결했거나 추진했다. 한국은 2004년 싱가포르와 자유무역협정

을 체결했고, 2006년 5월 태국을 제외한 아세안 회원국들과 2010년까지 수입의 90%에 해당하는 품목에 대한 관세를 철폐하고, 2016년까지 나머지 7%에 대한 관세를 0~5% 수준으로 내리는 자유무역지대 상품무역협정을 체결했다.

2007년 1월 13일 필리핀 세부에서 열린 제12차 아세안정상회의에서는 2015년까지 아세안경제공동체(AEC: ASEAN Economic Community)를 발족하는 헌장 마련에 합의했다. 아세안은 당초 2020년까지 자유무역지대(AFTA)를 골격으로 한 역내 경제공동체 설립을 추진했었다. 그러나 중국과 인도의 경쟁력이 날로 강해져 역내통합을 더 이상 미룰 수 없다고 판단한 아세안 정상들은 아세안경제공동체 결성을 5년 앞당기게 되었다. 아세안 정상들이 채택한 '아세안공동체 설립에 관한 헌장'에서 회원국들의 의무와 준수사항 외에 헌장을 위반한 국가에 대한 축출 등 강력한 제재를 명문화함으로써 실질적인 통합의지를 분명히 했다. 아세안경제공동체는 회원국 내부의 자유로운 교역과 투자유치를 위해 모든 규제와 장벽을 철폐한 경제공동체로 유럽연합(EU)과 거의 동일하다. 차이점은 단일 통화를 갖지 않는다는 것이다. 이에 앞서 2006년 8월 아세안 경제 장관들은 2015년까지 83개 서비스분야 중 의료, 정보통신 등 70개 분야에서 자국 사업자에 대한 보호조치와 시장 접근 제한조치를 폐지하기로 합의했다. 또한, 2006년 8월부터 10개 회원국 간 무비자(no-visa) 입국을 개시했고, 2010년까지 역내 모든 관세를 제로(zero)화시켰다.

아세안통합의 본격적인 움직임은 아세안에 법인격을 부여하는 아세안헌장(ASEAN Charter)을 채택하는 문제와 함께 2007년에 중요한 전기를 맞았다. 2005년 아세안헌장 제정을 위한 아세안 현인그룹(EPG: Eminent Persons Group)이 소집되었고 이 현인그룹은 다양한 의견을 수렴하여 2006년 말 아세안정상회의에 보고서를 제출했다. 이 보고서를 토대로 아세안 각국에서 모인 고위급 실무반이 헌장의 초안을 완성했으며, 2007년 11월 싱가포르에서의 제13차 아세안정상회의는 아세안헌장을 채택하고 국가별로 헌장을 승인하는 절차를 거쳐 2008년 1월 싱가포르를 선두로 같은 해 11월 태국까지 모두 국내적인 승인을 마치고, 2008년 12월 아세안헌장은 법적인 효력을 발생하게 되었다.

3. ASEAN외교정책의 목표와 방향

1) ASEAN헌장과 목표

ASEAN헌장은 크게 서문과 55개 조항으로 이루어져 있다. "우리 국민은"으로 시작되는 서문은 하나의 비전, 하나의 정체성, 서로 보살피고 나누는 하나의 공동체를 지향한다고 선언하고 있다. 헌장 1조에서 아세안의 목적은 역내 평화와 안보, 안정을 유지, 강화하고 평화지향적 가치를 강화할 것을 명시했다. 민주주의의 강화, 거버넌스와 법치 강화, 인권과 기본적 자유의 촉진과 보호를 언급하여 향후 관련 주제에 대한 논의를 심화, 확대할 수 있는 근거를 마련했다. 아세안헌장의 기본 골격은 조직적 차원에서 기존의 아세안정상회의를 아세안협의회(ASEAN Council)로 개칭하고 매년 2차례의 정상회의를 가지며 아세안의 안보, 경제, 사회문화 공동체 형성과 관리, 감독을 수행할 3개의 장관급 공동체협의회(Community Council)를 신설하고, 회원국들 간 협력 문제를 감시하고 강제할 수 있는 분쟁해결기구 (DSM: Dispute Settlement Mechanism)를 설립하도록 했다. 한편, 기존의 2명의 아세안 사무차장을 4명(정치안보, 경제, 사회문화, 대외업무 및 행정예산 담당)으로 늘리고, 각 회원국은 아세안 사무국에 정식대표를 두고 아세안 대화 상대국들은 아세안대표부 대사를 파견할 수 있도록 했다. 아세안연구소를 신설하여 정책 연구와 분석, 협력강화 방안을 연구하도록 했다. 운영적 차원에서 아세안 사무국은 회원국들의 각종 협약과 행동계획의 이행 여부를 감시하고, 사무총장이 결과를 정기적으로 아세안협의회와 각 공동체협의회에 보고하도록 했다. 또한, 아세안은 회원국의 위반 행위를 시정하는 조치를 취할 수 있는 권한을 가지도록 해서 분쟁해결기구의 결정에 따르지 않을 경우 아세안협의회에 회부하여 회원국의 권리를 정지시키는 조치를 취할 수 있도록 했다. 아세안은 전통적인 의사결정 방식인 협의에 의한 만장일치제를 채택하고 있지만, 합의 도출에 실패할 경우 아세안헌장을 심각하게 위배하거나 의무사항 불이행 시 아세안정상회의에서 논의하도록 했다. 단, 경제분야 협력에 한해 사전합의를 전제로 회원국들이 유연하게 참여할 수 있는 'ASEAN-X' 원칙을 채택했다. 아세안헌장의 채택은 아세안 창설 40주년을 기념하고 아세안공동체를 확립해 가면서 향후 50주년을 향해 나아가는 데 큰 획을 긋는 전기가 되었다.

아세안헌장의 발효와 함께 아세안은 공동체를 만들어가는 로드맵을 추진해 나갔다. 아세안이 추구하는 공동체는 유럽연합(EU)과 같은 '초국가적 단위'가 아닌 '정부 간 단위'를 전제로 국가 간 협력을 강화하는 것이다. 각 회원국의 독립성과 주권을 전제로 지역적 차원에서의 협력과 통합을 지향하는 것이다. 아세안공동체의 비전과 목표는 아세안정치안보공동체, 아세안경제공동체, 아세안사회문화공동체 등 세 분야 공동체의 구성과 완성에 있다. 2015년 12월 31일을 기해 아세안은 아세안공동체를 출범시켰다. 2003년 발리 정상회의 합의 이후 아세안공동체로의 전환과정은 '지역의 세계(world of regions)' 시대에 매우 중요한 의미를 갖는 획기적인 발전이었다.

오랫동안 지역통합의 모범사례로 간주되어온 유럽연합은 2008년 재정위기 대응과정의 문제와 이후 회원국 확대를 둘러싼 논쟁을 통해 경제적 문제뿐만 아니라 공동체의 연대와 정체성에 많은 한계를 노출했다. 동북아지역은 중국의 팽창, 일본의 식민지배와 역사 인식문제, 영토분쟁, 미국의 태평양전략, 북한의 핵위협과 남북한 갈등 등의 복잡한 요인으로 인해 지역협력조차 매우 취약한 현실이다. 이러한 현실 아래 정치안보, 경제, 사회문화를 축으로 하는 아세안공동체의 건설은 아세안뿐 아니라 동아시아의 지역협력 가능성을 진단하는 중요한 계기가 되었다. 아세안공동체 건설은 아세안 발전에 있어 다음과 같은 중요한 의미를 갖는다. 첫째, 아세안공동체의 건설은 기존의 '지역협력'과 '지역주의'에서 규칙에 기반한 '공동체'로의 전환과 높은 수준의 통합으로의 전환을 의미한다. 둘째, 아세안공동체는 기존의 협정과 결과들을 포괄적이고 건설적으로 수용하는 과정으로 아세안의 주요 원칙과 이른바 '아세안 방식'의 기존 원칙과 운영기제의 연속성과 변화라는 이중적 과제를 수행한다. 셋째, 정치

아세안공동체의 비전과 목표

- 아세안정치안보공동체(APSC): 포괄적 안보 책임의 공유 아래 화합과 평화, 안정적이고 역동적 대외 지향적 지역으로의 발전을 목표로 한다. 이를 위해 아세안헌장, 동남아우호협력조약, 동남아비핵지대화조약 등 역내 정치제도 이행을 강화하고 역내 다자협력체에서의 아세안의 중심성 강화를 추진한다.
- 아세안경제공동체(AEC): 단일시장과 생산기지 구축, 경쟁력 높은 경제지대, 균형 있는 경제발전, 세계경제와의 통합 등 4대 목표를 지향한다. 이를 위해 아세안자유무역지대 창설과 아세안 외 국가들과의 적극적 FTA 추진, 역내 연계성 증진과 개발격차 해소 노력 등을 다각도로 추진한다.
- 아세안사회문화공동체(ASCC): 인적 개발, 사회복지 및 보호, 사회정의 및 관리, 지속가능한 환경, 역내 개발격차 완화 및 아세안 정체성 구축을 목표로 한다. 이를 위해 재난관리와 인도적 지원을 위한 아세안조정센터 설립 및 아세안 교육분야 5개년 계획 등을 다양하게 추진한다.

안보, 경제, 사회문화분야에 걸친 실질적인 협력 프로그램의 확대를 통해 아세안의 영향력과 일반의 인식이 크게 증가할 것으로 기대된다. 마지막으로 민중 중심적인 아세안의 지향에 따라 정부, 기업, 시민단체 등 다양한 행위자의 참여를 확대시킬 것으로 기대된다.

반면에 아세안공동체 전망에 대해 다양한 이유로 회의적 시각이 제기되는 것도 사실이다. 회원국 간 정치경제적 격차, 아세안 단결력의 저하, 정치적 의지의 부족, 이행계획과 이행평가 과정의 구체성 결여 등을 배경으로 들 수 있다. 이러한 아세안공동체에 대한 회의적 전망은 기존 아세안 방식에 대한 비판적 시각을 기반으로 하여 아세안공동체의 실체가 부재함을 주장하기도 한다. 그러나 아세안공동체가 제시하는 비전과 아이디어는 그 이행과 실행을 근거로 평가받아야 한다. 향후 아세안공동체의 건설은 아세안 사무국 차원의 제도적 변화가 아닌 보다 본질적인 요청의 반영으로서 정치, 경제, 사회문화 공동체를 '구성'해 가는 '과정'으로 이해되고, 각각의 구체적 성과를 통해 평가받아야 할 것이다.

2) ASEAN의 구성과 특징

ASEAN 창립 40주년인 2007년에 채택된 아세안헌장은 아세안 조직에 많은 변화를 가져왔다.[7] 아세안헌장은 아세안안보공동체, 경제공동체, 사회문화공동체 등 3개 공동체 건설을 통해 아세안의 통합을 완성한다는 목표를 제시했으며, 이 문제를 다루기 위해 3개 협의회, 즉 아세안정치안보협의회(APSC), 아세안경제협의회(AEC), 아세안사회문화협의회(ASCC)를 신설했다. 각 협의회는 매년 두 차례 개최하고 아세안 의장국의 관계 장

7) 아세안 조직의 변천에 관해서는 Donald Weatherbee, *International Relations in Southeast Asia: The Struggle for Autonomy* (New York: Rowman & Littlefield Publishers, 2009), pp. 99-109 참조.

관이 의장을 맡도록 했다. 각각의 장관회의는 관련 협의회에 소속되어 열리게 되었고, 3개 협의회의 활동은 아세안 외교장관들이 참여하는 아세안 조정협의회(ACC)를 통해 통합·조정하도록 했다.

도표 16.1 ASEAN 조직

ASM: ASEAN Summit Meeting
ACC: ASEAN Coordinating Council
ACCs: ASEAN Community Councils
APSC: ASEAN Political-Security Council
AMM:ASEAN Foreign Ministers Meeting
ADMM: ASEAN Defense Ministers Meeting
ALAWMM: ASEAN Law Ministers Meeting
AMMTC: ASEAN Ministerial Meeting on Transnational Crime
ARF: ASEAN Regional Forum
AEC: ASEAN Economic council
AEM:ASEAN Economic Ministers Meeting
AFMM:ASEAN Finance Ministers Meeting
AMAF: ASEAN Ministerial Meeting on Agriculture and Forestry

AMMST: ASEAN Ministerial Meeting on Science and Technology
AFTA: ASEAN Free Trade Area Council
AIA: ASEAN Investment Area Council
ASCC: ASEAN Socio-Cultural Council
AMRI: ASEAN Ministers Responsible for Information
AMCA: ASEAN Ministers Responsible for Culture and Arts
ASED: ASEAN Education Ministers Meeting
AMMDM: ASEAN Ministerial Meeting on Disaster Management
AMME: ASEAN Ministerial Meeting on the Environment
AHMM: ASEAN Health Ministers Meeting
ALMM: ASEAN Labour Ministers Meeting
AMMSWD: ASEAN Ministerial Meeting on Social Welfare and Development

아세안 사무국도 변화에 맞춰 부서 조정과 인력 보강 등 구조개편을 했고, 자카르타에 각국 대사급 외교관으로 구성되는 상주대표부위원회(CPR: Committee of Permanent Representatives to ASEAN)를 신설하여 아세안과 회원국의 연결창구 역할을 하도록 했다.

아세안의 최고의사결정기구는 여전히 아세안정상회의(ASM:ASEAN Summit Meeting)이다. 1995년 이래 매년 열렸던 아세안정상회의는 현재 매년 두 차례 정기적으로 개최하고, 특별 정상회의도 개최할 수 있도록 했다. 지금까지 핵심 정책결정기구였던 아세안외무장관회의(AMM)는 아세안정치안보협의회에 속하면서 동시에 상위의 아세안조정협의회를 구성함으로써 아세안정상회의를 뒷받침하는 핵심 역할을 계속 수행하도록 했다. AMM은 정책결정, 정책 시행의 조정과 산하 위원회의 제안 및 결정의 검토 등 아세안 역내협력의 상당 부분을 책임지고 있다. AMM은 매년 아세안 각국의 수도를 순번제로 돌며 개최된다. AMM의 연례회의 사이에 발생하는 문제는 상임위원회(SC)에서 주관한다. SC는 AMM 개최 예정국가의 외무장관이 의장이 되고 아세안 각국 주재 대사들로 구성된다. SC는 아세안 역외국가들과의 관계를 다루는 많은 특별위원회로부터 보고를 받고 감독하는 기능도 한다. 특별위원회에는 아세안국가특별조정위원회(SCCAN), 아세안과 EU의 관계를 다루는 아세안브뤼셀위원회(ABC), 아세안과 WTO, 유엔개발계획(UNDP) 같은 국제기구와의 관계를 다루는 아세안제네바위원회(AGC) 등이 있다. AMM은 회원국들의 외무부 차관급 고위관리들로 구성되는 고위관료회의(SOM: Senior Officials Meeting)의 지원을

받는다. 여기에서 AMM 관련 모든 문제가 논의된 후 AMM에 제출된다.

정치안보, 경제, 사회문화분야의 다양한 장관급회의도 정기적으로 개최된다. 장관급회의는 농림수산업, 무역, 에너지, 환경, 금융, 보건, 정보, 투자, 노동, 법무, 연무, 농촌개발과 빈곤경감, 과학기술, 사회복지, 통신, 초국가적 범죄, 교통, 관광, 청소년분야 등에서 열리고 있다. 29개 고위관리회의와 122개 실무그룹들이 관련 장관회의를 지원하고 있다. 1976년 발리 정상회의 이후 아세안경제장관회의(AEM)가 구성되었다. 이 회의는 지역협력과 관련된 경제문제를 다루는 정책결정기구이다. AEM이 구성된 이후 AMM은 정치, 외교, 문화의 협력문제에 치중하게 되었다. AEM은 경제협력분야에 관한 회원국 간의 협의와 계획의 조사 및 감시 등을 책임지고 산하위원회로부터의 보고를 심사하기 위해 반년에 한 번씩 정기적인 회의를 갖는다. AEM은 회원국의 차관급 고위관리들로 구성된 고위경제관료회의(SEOM: Senior Economic Officials Meeting)의 지원을 받는다. 싱가포르에 본부를 둔 무역관광위원회(COTT: Committee of Trade and Tourism), 마닐라에 본부를 둔 광공업에너지위원회(COIME: Committee on Industry, Minerals and Energy), 자카르타에 본부를 둔 식량농림위원회(COFAF: Committee on Food, Agriculture and Forestry), 쿠알라룸푸르에 본부를 둔 운수통신위원회(COTAC: Committee on Transportation and Communication), 방콕에 본부를 둔 금융위원회(CFB: Committee of Finance and Banking) 등 주요 상설 경제위원회가 AEM을 보좌하고 있다. 상임위원회에 보고를 하는 3개 비경

제위원회로, 과학기술위원회(COST: Committee of Science and Technology), 사회개발위원회(COSD: Committee of Social Development), 문화정보위원회(COCI: Committee on Culture and Information)가 있다.

아세안은 역외관계 지원을 위해 외국 수도에 고위외교관들로 구성된 위원회를 두고 있다. 위원회는 베이징, 베를린, 브뤼셀, 캔버라, 제네바, 이슬라마바드, 런던, 모스크바, 뉴델리, 뉴욕, 오타와, 파리, 리야드, 서울, 도쿄, 워싱턴과 웰링턴에 있다. 아세안은 다양한 분야에서 정부 간 협력증진을 위해 특별기구를 설립하고 있는데, 아세안농업개발계획센터, 아세안·EU경영센터, 아세안에너지센터, 아세안지진정보센터, 아세안기금(ASEAN Foundation), 아세안가금류연구훈련센터, 아세안생물다양성보전지역센터, 아세안

표 16.2　아세안정상회의(ASM) 역사

회차	연도 · 일시	개최국 · 장소	회차	연도 · 일시	개최국 · 장소
제1차	1976.02.	인도네시아 발리	제19차	2011.11.	인도네시아 발리
제2차	1977.08.	말레이시아 쿠알라룸푸르	제20차	2012.04.	캄보디아 프놈펜
제3차	1987.12.	필리핀 마닐라	제21차	2012.11.	캄보디아 프놈펜
제4차	1992.01.	싱가포르	제22차	2013.04.	브루나이 반다세리베가완
제5차	1995.12.	태국 방콕	제23차	2013.10.	브루나이 반다세리베가완
1차 비공식	1996.11.	인도네시아 자카르타	제24차	2014.05	미얀마 네피도
2차 비공식	1997.12.	말레이시아 쿠알라룸푸르	제25차	2014.11.	미얀마 네피도
제6차	1998.12.	베트남 하노이	제26차	2015.04.	말레이시아 쿠알라룸푸르
3차 비공식	1999.11.	필리핀 마닐라	제27차	2015.11.	말레이시아 쿠알라룸푸르
4차 비공식	2000.11.	싱가포르	제28/29차	2016.09.	라오스 비엔티엔
제7차	2001.11.	브루나이 반다세리베가완	제30차	2017.04.	필리핀 마닐라
제8차	2002.11.	캄보디아 프놈펜	제31차	2017.11.	필리핀 마닐라
제9차	2003.10.	인도네시아 발리	제32차	2018.04.	싱가포르
제10차	2004.11.	라오스 비엔티엔	제33차	2018.11.	싱가포르
제11차	2005.12.	말레이시아 쿠알라룸푸르	제34차	2019.06.	태국 방콕
제12차	2007.01.	필리핀 세부	제35차	2019.11.	태국 방콕
제13차	2007.11.	싱가포르	제36차	2020.06.	베트남 하노이 (코로나 사태로 화상회의)
제14차	2009.02.	태국 후아힌			
제15차	2009.10.	태국 후아힌	제37차	2020.11.	베트남 하노이 (코로나 사태로 화상회의)
제16차	2010.04.	베트남 하노이			
제17차	2010.10.	베트남 하노이	제38차/39차	2021.10.	브루나이 반다세리베가완 (코로나 사태로 화상회의)
제18차	2011.05.	인도네시아 자카르타			

농촌청년개발센터, 아세안기후센터, 아세안목재기술센터, 아세안관광정보센터, 아세안대학네트워크(ASEAN University Network) 등이 있다. 또한, 아세안은 아세안상공회의소, 아세안비즈니스포럼, 아세안관광협회, 아세안고용주연맹, 아세안지적재산권협회, 아세안전략 및 국제문제연구소 및 비정부기구 등 외부 전문가 조직과 비즈니스 기구들과 공식적인 대화와 협조 채널을 갖고 있다. 한편, 아세안은 한국, 호주, 캐나다, 중국, EU, 인도, 일본, 뉴질랜드, 러시아, 미국과 UNDP 등 11개 대화상대국(Dialogue Partners)을 가지고 있다.

1976년 발리 정상회의 이후 사무총장을 장으로 하는 아세안 사무국이 자카르타에 설립되었다. 5년 임기의 아세안 사무총장은 장관급 위상을 가지며 아세안 사업을 제기하고 조정하는 종합적인 업무를 수행한다. 아세안 사무국 예산은 회원국이 매년 같은 액수를 부담하고 있다. 아세안 사무국은 공동체협의회가 지시하는 문제에 대한 행정적인 지원책임을 진다. 아세안 사무총장은 각기 다른 회원국 출신 4명의 사무부총장의 보좌를 받는다. 그런데 아세안 각국의 부족한 전문 인력과 빈약한 지원체계로 인해 효율적인 행정지원은 부족한 실정이다. 또한, 아세안 조직은 국가공무원으로 구성된 정부 관련 조직이기 때문에 민간부문이 참여할 여지가 부족하다는 지적을 받고 있다.

아세안은 조직과 운영 측면에서 몇 가지 주목할 만한 특징이 있다. 첫째, 1976년 발리 정상회의에서 아세안 사무국 설치가 결정되었지만, 조직상 분권적 특징을 유지하고 있다. 아세안 사무국은 자카르타에 있지만, 아세안의 정책개발과 입안에 핵심적 역할을 하고 있지는 않다. 실제로 외무장관회의와 경제장관회의 및 각종 상설위원회가 일차적인 운영체가 되고 있다. 아세안헌장 채택 이후 3개 협의회는 정치, 국방, 경제, 재무, 노동, 사회복지, 교육 등 관련 장관회의와 연결되어 있다. 아세안의 복잡한 구조는 분권적 특징을 갖고 각국 고위급대표들 간의 협의에 의해 제기된 주요 문제가 결정되는 과정을 밟는다. 둘째, 아세안은 초기 형성단계에서부터 자신들의 주권 일부를 양도해야 하는 지역통합에 대해 유보적이었기 때문에 초국가적 조직체나 조약기구의 창설을 지향하지는 않았다. 일반적으로 아세안은 회원국 상호 간의 협조체제를 통하여 안보 증진을 시도했으며, 정형화된 다자간 군사협력체로 나아가는 것은 원치 않았다. 이 점은 아세안 각국의 군사력이 일차적으로 외부의 침략보다는 내부의 반란에 대응하기 위한 것이라는 점과 다국적군을 구성할 능력이 제한적이었다는 현실을 반영하는 것이기도 했다. 그러나 이러한 경향도 아세안공동체 건설 방향으로 변화를 보이기 시작했다. 셋째, 아세안은 각 회원국 엘리트들에 의해 창출되었다는 점이다. 아세안은 일차적으로 각 회원국의 정치지도자, 고위관료 그리고 최고경영자급에서 존재하고 있으며 상대적으로 대중들에게 직접적으로 연결되어 있지는 못했다. 아세안이 기본적으로 각국의 지배층에 의해 유지되어 왔다는 사실은 만일 어떤 회원국의 지배 엘리트구조가 근본적으로 바뀐다면 그것이 아세안에 어떠한 영향을 미칠 것인가 하는 의문을 제기한다. 따라서 동남아국가에 급격한 정치변동이 발생한다면 그것은 아세안의 단합과 일체성에 중대한 의문을 제기할 수도 있다. 넷째, 아세안은 공식적인 법과 제도적 규범보다는 비공식적인 사적 유대관계를 바탕으로 '협의(consultation)와 합의(consensus)' 중심의 사실상의 만장일치식 의사결정 방식과 회원국들 간 국내정치와 경제적 차이를 관대하게 인정하는 '상호 내정불간섭 또는 비개입 원칙' 등 소위 '아세안 방식(ASEAN Way)'이라는 독특한 운영방식을 유지해 왔다.[8] 결정이 다수결로 이루어진 경우도 있지만 대부분 만장일치 결정원칙을 고수하고 있다. 따라서 결정이 이루어지면 아무 불만이 없지만, 결정에 이르는데 상당한 시간과 노력이 들 수밖에 없고, 결정이 유보되는 데서 오는 비효율성이 심각하다는 지적도 많다. 이러한 방식은 아세안 회원국 간 단합을 유지하는 장점이기도 하지만, 환경변화에 효율적으로 대응하는 능력을 제한하는 역기능을 가져오기도 한다.

4. ASEAN외교정책의 현안과 대한반도관계

1) ASEAN외교의 핵심으로서 ASEAN공동체

ASEAN은 1997년 동아시아의 경제위기를 겪으면서 지역통합체로서의 적실성을 갖춘 구체화된 공동체를 형성해 나가야 한다는 데 인식을 같이하

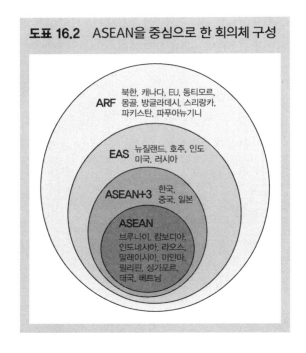

도표 16.2　ASEAN을 중심으로 한 회의체 구성

ARF　북한, 캐나다, EU, 동티모르, 몽골, 방글라데시, 스리랑카, 파키스탄, 파푸아뉴기니

EAS　뉴질랜드, 호주, 인도 미국, 러시아

ASEAN+3　한국, 중국, 일본

ASEAN　브루나이, 캄보디아, 인도네시아, 라오스, 말레이시아, 미얀마, 필리핀, 싱가포르, 태국, 베트남

게 되었다. 이를 위해 아세안이 법적, 제도적 기반을 갖춘 명실상부한 조직체로 발전해야 할 필요성에 공감대가 형성되었다. 따라서 아세안은 1990년대 후반부터 공동체 결성을 위한 움직임을 가시화하기 시작했다. 지리적 인접성과 역사, 문화적 유산을 공유하는 동남아지역 전체가 하나의 공동운명체로서 21세기를 지향하는 정치, 경제, 문화 공동체가 되어야 한다는 데 합의하고, 1997년 제2차 비공식 아세안정상회의에서 2020년까지 정치, 경제, 사회적 통합을 목표로 공동체를 추구하는 장기발전계획으로 '아세안 비전 2020'을 채택하게 되었다. 이 선언은 처음으로 아세안공동체 형성을 공식화한 것이었다.[9]

2003년 발리에서 개최된 제9차 아세안정상회의에서 '아세안화합선언II(Declaration of ASEAN

---

8) 아세안 방식(ASEAN Way)은 주권존중과 내정불간섭, 협의와 합의로 요약되는데, 제도화의 장애물로도 인식되고 있다. 이에 대한 비판적 논의는 Mely Caballero Anthony, *Regional Security in Southeast Asia: Beyond the ASEAN Way* (Singapore: Institute of Southeast Asian Studies, 2005); David Martin Jones and M. L. Smith, *ASEAN and East Asian International Relations: Regional Delusion* (Cheltenham, UK: Edward Elgar, 2006)을 참조.

9) 배긍찬, "ASEAN의 공동체 구상과 헌장 채택 전망," 『주요국제문제분석』 (외교안보연구원, 2007.4.11), p. 5.

Concord II: 일명 Bali Concord II)'이 채택되면서 아세안정치안보공동체, 아세안경제공동체, 아세안사회문화공동체 등 3대 축을 중심으로 하는 포괄적 아세안공동체를 창설해 나갈 것에 합의했다. 아세안안보공동체는 회원국들이 평화적이고 민주적이며 조화를 이룬 지역 환경에서 살아야 한다는 목표를 가지고 있다. 회원국들은 역내의 차이를 평화적 방식으로 해결해야 한다는 데 합의하면서, 안보는 근본적으로 상호연관되어 있는 문제라는 데 인식을 같이 했다. 안보공동체 확립을 위해 정치발전, 규범 형성과 공유, 분쟁방지, 분쟁해결, 분쟁 후 평화건설 및 실행기제 등이 합의되어야 했다. 아세안경제공동체로 나아가기 위해 아세안은 네 가지 행동전략에 합의하였다. 첫째, 아세안자유무역지대(AFTA: ASEAN Free Trade Area), 아세안서비스협정체계(AFAS: ASEAN Frame-work Agreement on Service), 아세안투자지대(AIA: ASEAN Investment Area) 등을 포함한 기존 경제협력 조치들의 실행 강화를 위한 새로운 기제와 조치의 제도화, 둘째, 2010년까지 항공, 농산품, 자동차, e-비지니스, 전자제품, 수산품, 보건용품, 고무 관련 제품, 섬유의류제품, 관광 및 임산제품분야의 경제통합 가속화, 셋째, 숙련노동력과 기술, 그리고 비즈니스맨의 이동의 원활화, 넷째, 아세안 내 경제분쟁의 조사와 법적 해결을 위한 기존 분쟁해결체제의 개선 등이다. 아세안사회문화공동체는 인구, 교육, 실업, 전염병 예방, 환경오염 방지 등의 분야에서 공동협력을 강화하는 것을 주요 목표로 하였다.

2015년 아세안공동체가 창설되면서 아세안은 현재까지의 느슨한 형태의 협력체에서 함께 결정하고 행동하는 공동체로 전환하게 되었다. 아세안공동체의 성공은 4C로 표현되는 목표의 실현과 궤를 같이하고 있다. 4개의 C는 아세안공동체(ASEAN Community), 아세안헌장(ASEAN Charter), 아세안중심성(ASEAN Centrality), 아세안연계성(ASEAN Connectivity)이다.[10] 아세안공동체는 정치안보, 경제, 사회문화 등 세 개의 축으로 구성된 아세안공동체의 건설을 목표로 한다. 2008년 발효된 아세안헌장은 아세안이 향후 분야별 협력과 통합의 공동체 건설을 도모할 수 있도록 한 제도적 기반인 동시에 구체적인 목표를 설정해주고 있다. 아세안중심성은 아세안이 추구하는 역내 공동체 비전을 통해 국제사회, 특히 동아시아지역에서의 적극적인 중심적 역할을 강조하는 목표이다. 아세안연계성은 물리적, 제도적, 인적 연계성을 추구하여 지역정체성을 확보하고 발전시키겠다는 목표이다. 이처럼 4C는 공동체 출범과 함께 아세안의 비전을 이행하기 위한 핵심축이다.

2015년 말 아세안공동체 출범을 앞두고 2015년 11월 제27차 아세안정상회의가 말레이시아에서 열렸다. 여기에서 'ASEAN 2025 쿠알라룸푸르선언'이 채택되었다. "함께 앞으로 나아가자: Forging Ahead Together"라는 부제가 붙은 선언문은 아세안공동체의 10년 후 미래인 2025년을 내다보며 아세안공동체가 나아가야 할 방향을 상세히 정리하고 있다. 쿠알라룸푸르선언은 "One Vision, One Identity, One Community"의 아세안헌장 기본원칙을 확인하며, "정치적으로 결합되고, 경제적으로 통합되고, 사회적으로 책임 있는, 규칙 기반, 사람 지향, 사람 중심의 아

---

10) 한·아세안센터, 『4C로 이해하는 아세안』 (서울:한-아세안센터, 2014)

해설 16.5

아세안중심성과 연계성

아세안공동체 실현을 위한 논의과정에서 오늘날 핵심이 되는 개념이 아세안중심성(centrality)과 연계성(connectivity)이다. 아세안중심성의 강조와 연계성의 강화가 아세안공동체의 미래와 직결되어 있다는 인식이다. 2010년 4월 16차 하노이 아세안정상회의에서 아세안중심성이라는 명제가 새롭게 제시되었다. 아세안중심성은 지리적으로 동아시아지역의 중심에 아세안이 있음을 의미하는 동시에 중심적인 역할과 추동력을 갖는 아세안의 위상을 강조하고 있다. 아세안중심성은 향후 어떤 지역협력체나 지역협력의 과정에서도 아세안이 핵심에 있어야 한다는 아세안의 의지를 분명하게 표현하고 있다. 2010년 10월 17차 하노이 아세안정상회의에서는 '아세안연계성에 관한 마스터플랜'을 공표하였다. '마스터플랜'에 의하면 연계성이란 아세안 역내에서 사람, 상품, 서비스, 자본 등이 국경을 넘어 자유롭게 이동할 수 있도록 교통, 통신 네트워크, 수단, 자원 등을 창출하고, 법적, 제도적 장애물을 제거하며, 국민들 간의 접촉을 장려하는 것이다. 구체적으로 교통, 정보통신기술, 에너지 등을 물적 연계성의 요소로, 무역자유화와 간소화, 투자 및 서비스 자유화와 간소화, 상호인정제도, 역내 교통협약, 월경절차, 역량증대프로그램 등을 제도적 연계성의 요소로, 교육과 문화, 관광 등을 국민 대 국민 연계성의 요소로 구성된다. 하드웨어 인프라와 소프트웨어 인프라 모두를 포괄하는 유용한 개념으로서 아세안연계성은 각광을 받고 있다.

세안"을 만들어 갈 것을 결의하였다. 쿠알라룸푸르선언은 'ASEAN Community Vision 2025', 'ASEAN Political-Security Community Blueprint 2025', 'ASEAN Economic Community Blueprint 2025', 'ASEAN Socio-Cultural Community Blueprint 2025' 등을 채택했다.

'아세안공동체 비전 2025'에는 아세안공동체의 2015년 공식 출범과 아세안공동체 2025 설정을 축하하며 평화적이고 안정적이며 유연한 공동체를 건설해 나가는 데 대한 기대를 표명하였다. 향후 비전으로 아세안은 첫째, 다양한 역내외 도전에 효과적으로 대응하는 지구촌의 미래지향적 지역으로서 아세안중심성을 지켜나가는 아세안공동체의 건설, 둘째, 생기 있고 지속가능하고 고도로 통합된 경제로서 아세안연계성을 강화하고 개발격차 해소를 위해 강력히 노력하는 아세안공동체의 건설, 셋째, 유엔 2030 지속가능한 개발 의제와 아세안공동체 건설 노력의 병행을 제시하였다. 이러한 아세안공동체 실현을 위해 아세안 사무국을 포함한 아세안 관련 기구와 조직의 제도적 능력을 강화하고 효율성을 증진하기 위한 협력을 증대시켜 나갈 것을 강조했다.

'아세안공동체 비전 2025'에서 아세안정치안보공동체는 2025년까지 통일되고, 포용적이며 유연한 공동체가 될 것을 목표로, 역내 평화와 안보에 대한 도전 앞에 일관되게 대응하며 적실성 있게 행동해 나갈 것과 세계 평화, 안보와 안정을 위해 역외 상대들과 협력을 강화하고, 공동으로 기여할 것임을 천명하였다. '아세안공동체비전 2025'는 아세안정치안보공동체의 미래 모습을 ① 규칙에 기반을 둔 공동체, ② 포용적이고 대응하는 공동체, ③ 관용과 중용을 아우르는 공동체, ④ 포괄적 안보를 지향하는 공동체, ⑤ 평화적 수단으로 분쟁을 해결하는 공동체, ⑥ 비핵지대화 공동체, ⑦ 해양안보와 협력을 증진하는 공동체, ⑧ 아세안중심성 위에 단결을 강화하는 공동체, ⑨ 대화 상대국과의 협력을 강화하고 상생하는 공동체 등 9개로 제시하였다.

규칙 기반 공동체는 아세안의 기본원칙 및 가치와 규범을 공유하고 국제법 원칙을 준수하는 공동체이다. 포용적 대응 공동체는 인권과 기본권을 자유롭게 향유하며 민주주의 원칙과 좋은 거버넌스, 법치주의가 지배하는 정의로운 환경을 이루는 공동체를 말한다. 관용과 중용을 아우르는 공동체는 타종교와 타문화에 대한 존중과 '다양성 속의 통일' 정신이 확산되고 폭력적인 극단주의를 배격하는 공동체를 의미한다. 포괄적 안보공동체는 초국가적 범죄 같은 비전통 안보문제에 대해 효과적으로 대응하고 관련된 능력을 향상시키는 공동체이다. 분쟁해결 공동체는 폭력적인 위협과 사용을 금지하고, 평화적으로 분쟁을 해결하며 다양한 신뢰구축조치를 강화하면서 예방외교를 증진시키는 것이다. 비핵지대화 공동체는 핵무기와 대량살상무기의 생산과 보유 및 확산을 금지하고, 군비감축과 핵에너지의 평화적 사용을 지향한다. 해양안보협력공동체는 아세안이 주도하여 국제 해양법 원칙을 준수하고 해양문제를 평화적으로 해결하고 개발 협력하는 것을 뜻한다. 아세안중심성 공동체는 아세안이 지역 안보를 주도하는 중심역할을 수행하는 기구가 되어야 한다는 것이다. 마지막으로, 역외협력상생 공동체는 동남아 역외세력과의 협력을 강화하면서 공동관심사를 집단적으로 건설적으로 해결해 나가는 공동체를 말한다.

아세안공동체 비전 2025'에서 제시된 아홉 가지 아세안정치안보공동체의 구상을 '아세안정치안보공동체 청사진 2025'에서는 규칙 기반 사람 지향 및 사람 중심의 공동체, 평화와 안정의 탄력적인 공동체, 역외와 협력하는 미래지향의 공동체, 조직과 제도적 능력을 갖춘 공동체 등 네 범주로 정리하고 있다. 규칙 기반의 사람 지향 및 사람 중심의 공동체는 아세안의 기본원칙과 국제법을 준수하고 가치와 규범을 공유할 것과 민주주의, 좋은 거버넌스, 법치주의를 지향하고 인권과 기본권을 보호하고 반부패 활동을 강화할 것, 화합과 안정의 힘으로서 관용과 중용의 가치에 기반한 평화의 문화를 정착시킬 것을 말하고 있다. 이러한 공동체는 '아세안공동체 비전 2025'에서 말한 ①, ②, ③공동체를 포함한다.

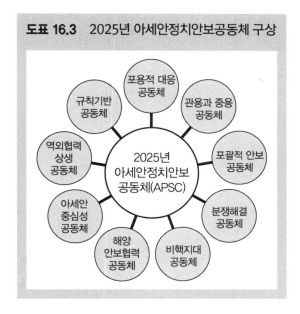

도표 16.3 2025년 아세안정치안보공동체 구상

평화와 안정의 탄력적인 공동체는 대내외적 도전을 다룰 아세안의 능력과 관련 조직을 강화할 것, 위기와 비상상황에 대비한 대응 능력을 강화할 것, 초국가적 범죄와 자연재해 등 비전통 안보이슈의 효과적인 관리를 위한 능력을 증강시킬 것, 분쟁의 평화적 해결과 평화유지 활동 및 예방외교 활동을 증대시킬 것, 비핵지대화와 대량살상무기금지 및 군비축소와 비확산, 남중국해문제 등 역외세력들과 해양안보 및 해양협력을 확대할 것을 규정하고 있다. 이러한 공동체는 '아세안공동체 비전 2025'에서의 ④, ⑤, ⑥, ⑦공동체를 의미한다. 역외와 협력하는 동태적인 미래지향적 공동체는 아세안중심성에 의한 지역 건설과 아세안의 통합을 강화할 것과 발전을 위한 대화 상대국들과의 건설적 협력을 심화시킬 것을 규정하고 있다. 이러한 공동체는 '아세안공동체 비전 2025'에서의 ⑧, ⑨공동체를 말한다.[11] 2015년 말 아세안정치안보공동체는 2025년까지 제시된 아홉 가지 공동체 달성을 목표로 공식출범했다.

2) ASEAN외교 현안과 한반도문제

ASEAN은 2019년 6월 '인도·태평양에 대한 아세안의 관점(AOIP: ASEAN Outlook on the Indo-Pacific)'을 천명하였다. AOIP는 인도네시아가 제안하고 2019년 아세안 의장국인 태국 주도하에 채택되어 미국과 중국은 물론 역내외 관련국들의 지지를 받았다. 해양협력, 연계성, 지속가능한 개발, 경제 등 총 4가지 분야에서 동아시아정상회의(EAS) 등 아세안이 주도하는 지역협력

체를 통한 인도·태평양지역에서의 협력 강화를 제시하고 있다. AOIP의 핵심적인 내용은 '아세안 중심적 지역구조(ASEAN-centered regional architecture)'를 강화하겠다는 입장이고, '아세안공동체 건설과정'을 더욱 강화하겠다는 뜻을 천명한 것으로 기존에 존재하는 '아세안-중심'의 지역협력 기제에 새로운 모멘텀을 더 강화하겠다는 의지로 해석한다. 결국, 동남아지역에서 중국과 미국의 패권경쟁을 반대하며 이 지역 안에서는 '아세안 중심의 지역구조' 건설에 박차를 가하겠다는 뜻이다. 그러나 대외적으로 천명된 이러한 전략적 선택은 코로나19 상황에서 더욱 격화되는 미국과 중국의 갈등 속에서 공허하게 들리기도 한다. 리센룽 싱가포르 총리는 미국과 중국 사이의 선택을 강요받지 않으면서 두 강대국의 역할을 다른 국가들에게도 도움이 될 수 있는 방향으로 변화시킬 수 있는 것이 바로 "포용적 지역협력구조(inclusive regional architecture)"의 역할이라고 제언한다.[12] 이것이 바로 아세안과 같은 지역협력체의 역할이라는 것이다.

미국과 중국이 전략적 경쟁을 벌이고 있다는 것은 오늘날 국제정치의 가장 중요한 이슈이다. 중국은 미국이 배제되는 '폐쇄적인 동아시아 지역주의'를 주장하고 있고, 이에 반해 미국은 자국과 호주, 뉴질랜드, 인도 등이 포함되는 '포괄적인 아시아·태평양 지역주의'를 주장하고 있다. 중국은 일대일로전략을 펼치면서 동아시아지역 개념을 중앙아시아와 서남아시아지역으로 확대하면서, '범아시아(pan-Asia)' 개념으로 역외국

---

11) 윤진표, 『현대 동남아의 이해, 제2판』(서울:명인문화사, 2020) pp. 378-380.

12) Lee Hsien Loong, "The Endangered Asian Century: America, China, and the Perils of Confrontation," *Foreign Affairs* (July/August 2020) pp. 52-64.

가인 미국을 압박하고 있다. 이에 미국은 일본과 함께 '인도·태평양(Indo-Pacific)' 개념으로 중국에 맞대응하고 있다. 이러한 지정학적 공간개념을 바탕으로 한 외교정책의 표현이 중국의 '일대일로구상(Belt and Road Initiative)'이고, 미국의 '인도·태평양전략'인 것이다. 이러한 미국과 중국의 경쟁은 남중국해에서 더욱 예민해지고 있고, 아세안에게도 첨예한 안보과제가 되었다. 2018년 하반기부터 불붙기 시작한 미국과 중국의 무역분쟁은 아세안 경제에도 영향을 미치면서 불안정 요인으로 작용하고 있다.

지리적·지정학적 측면에서 미중경쟁은 아세안이 중심에 자리한 인도·태평양지역에서 가장 치열해 질 수 밖에 없다. 이런 가운데 아세안은 사안별로, 그리고 아세안 국가별 입장과 이해관계에 따라 주로 회피, 즉 헤징(hedging)전략을 구사하고 있다. 동남아지역은 미중경쟁의 힘겨루기에서 가장 만만한 장소가 되었다. 2021년 미국과 중국의 고위관료들이 앞다투어 아세안 주요국을 방문하여 관심을 표명했는데, 일부 아세안 회원국들은 미중의 애정공세를 자국에 유리하게 활용하고자 했다. 쿼드(QUAD), 오커스(AUKUS) 등 새로운 다자협력체가 출범된 상황에서 역내 안보 구도에서 아세안의 역할과 역량이 줄어들고 있음은 부인하기 어렵다. 그래서 아세안은 안보보다는 경제협력 강화로 방향을 틀어 역내포괄적경제동반자협정(RCEP) 활용과 미중 기술 디커플링 현상을 역으로 활용하는 공급망과 생산기지 확충 등에 관심을 기울이는 것이 적절하다는 주장이 아세안 내에서 나오고 있다.

아세안이 미중경쟁을 위기가 아닌 기회로 삼기 위해서는 국내정치 상황이 중요한데, 현재 아세안 국가별 정세는 그다지 낙관적이지는 않다. 아세안 10개국 가운데 그나마 싱가포르와 베트남은 미중경쟁을 역이용할 수 있다는 점을 이해하고 있는 반면에 태국은 전혀 이해하지 못하고 있는 것 같다. 말레이시아와 필리핀은 이해는 하고 있지만 복잡한 국내정치 상황으로 인해 관심이 적은 편이다. 한편, 인도네시아는 미국이 역내에 부여하는 전략적 가치를 중요하게 여기기 시작하고 있다. 인도네시아는 전통적으로 중국에 대한 의구심이 많은 편이었지만 최근 수년간 중국의 경제적 기여와 경제협력 필요성 때문에 중국에 대한 인식이 상당히 호전되었다. 따라서 아세안이 역할 강화를 위해 현재 유일하게 기대해 볼 만한 나라는 인도네시아라고 생각한다. 아세안외교의 강화를 위해서 인도네시아는 '인도·태평양에 대한 아세안의 관점(AOIP)'을 활용하며 아세안을 중심으로 좀 더 적극적인 역할을 해야 한다.

2022년 현재 아세안이 당면한 최대 외교과제는 미얀마 사태, 남중국해분쟁, 코로나19 대유행 등 세 가지 현안으로 본다. 캄보디아가 아세안 의장직을 맡는 2022년은 이 세 가지 이슈가 동남아지역의 현실과 더불어 아세안의 능력을 시험하는 잣대가 될 것이다. 첫째, 미얀마 사태이다. 2021년 2월 미얀마에서 발생한 군사쿠데타 이후 아세안의 많은 외교적 노력에도 불구하고 미얀마 평화와 화해문제는 여전히 큰 장애물로 남아있다. 미얀마 사태는 아세안 회원국들 사이에서 다루어져야 할 중요한 역내문제이다. 한 구성원이 얼마나 나쁜지에 상관없이, 다른 회원국들은 특히 위기 상황에서 이를 도울 의무가 있다. 의장국인 캄보디아는 아세안을 대표하여 모든 관련 당사자들의 이익을 수용하기 위해 노력하는 모습을 보여

줄 것이다. 아세안은 대미얀마 포용정책의 신호를 보이면서 미얀마 군사정부를 고립시키는 요구에는 반대할 것으로 보인다.

둘째, 남중국해분쟁으로, 캄보디아는 영유권 주장 당사국은 아니지만 다른 아세안 회원국과 중국과 협의해 남중국해행동강령(COC) 협상에 진전을 보고자 할 것이다. 하지만 지난 몇 년 동안 협상 진전이 반복적으로 지연된 것에서 보듯이 결코 쉬운 일은 아니다. 남중국해행동강령 협상의 진전 여부는 캄보디아가 먼저 베트남과 신뢰를 회복하고, 그다음 필리핀과 일정 수준의 신뢰를 회복할 수 있을 때만 가능할 것 같다. 남중국해에서 핵심적인 이해관계를 갖고 있는 아세안 주요 2개 회원국인 베트남과 필리핀은 중국처럼 협상에서 강경한 입장을 취할 수밖에 없기 때문이다.

셋째, 코로나19 팬데믹이다. 코로나19 팬데믹이 2022년에 어떻게 전개될지에 대한 불확실성을 감안할 때, 아세안 회원국들 간의 국경 재개방문제는 캄보디아가 아세안 의장국으로서 직면해야 하는 외교과제가 될 것이다. 몇몇 동남아시아 국가들은 다른 동남아인과 여행객들에게 그들의 국경을 다시 개방했지만, 만약 정부가 위험이 이익보다 더 크다고 평가한다면 이런 결정은 하룻밤 사이에 번복될 수 있다. 또한, 동남아국가들은 경제를 재개함으로써 국민들의 생명을 보호하는 것과 그들의 생계를 보장하는 것 사이에서 균형을 맞추려고 하고 있지만, 변이 바이러스의 확산 가능성이 지역에 어떤 영향을 미칠지도 여전히 불확실한 상태이다. 캄보디아는 더 많은 백신이 아세안지역, 특히 작은 도시와 시골지역에 공평하게 보급되고 이용 가능하게 되기 위해 아세안 의장국으로서 더 많은 역할을 해야 한다. 이러

한 목표를 달성하기 위해서 아세안 회원국과 아세안의 대화 상대국들, 민간부문과 NGO 등과도 긴밀히 협력해야 할 필요가 있다.

아세안중심성을 유지하면서 아세안공동체를 건설해 가겠다는 아세안의 핵심 목표가 관철되기 위해 위의 당면한 세 가지 현안은 아세안외교 수행의 잣대로 평가될 것이다. 아세안이 동남아 지역과 국제무대에서 차이를 만들 수 있는 능력은 지난 몇 년 동안 많은 주목을 받았다. 그렇지만 강대국들 중 일부가 아세안 주도 다자주의에 참여하는 대신 대안적인 다자 플랫폼을 조성하려는 분위기를 모색하자 아세안의 중심성이 흔들리는 모습을 보이는 것도 사실이다. 아세안의 중심성이 흔들리는 허무한 개념이 되지 않도록 특별한 노력이 필요한 시점이다. 2022년 아세안의 외교 목표는 그들을 향한 비판에 답하면서 여러 결점에도 불구하고 아세안이 동남아국가들이 이용할 수 있는 가장 실행가능한 다자간 플랫폼으로 남아있다는 것을 증명해야 한다.

아세안은 폭력적 극단주의와 테러리즘, 비확산, 해양안보 및 사이버안보, 초국가적 범죄와 더불어 한반도 안보문제를 중요한 지역외교문제로 다루어 왔다. 2017년 북한의 6차 핵실험과 미사일 발사가 계속되자 2017년 9월 아세안정상회의는 이 문제를 지역안보를 위협하는 도발적이며 위험한 행동으로 비판하고, 북한이 즉각 유엔안보리결의안을 준수할 것을 요구했다. 아세안 10개국 모두 북한과 외교관계를 가지고 있고, 북한이 아세안지역안보포럼(ARF)에 참가하고 있기 때문에 아세안의 이 같은 대북한정책은 한반도문제에 대한 한국의 입장을 지지하는 중요한 자원이다. 아세안 정상들은 한반도의 완전하고, 검증

가능하며 불가역적인 비핵화를 지지하면서 북한이 도발적이고 위협적인 행위를 중단하고 대화로 나와야 함을 지속적으로 요구하고 있다. 아세안 정상들은 한반도 평화구축을 위한 남북한 간 대화를 계속 지지하고 있으며 한반도 평화와 안정을 위해 아세안이 건설적 역할을 할 준비가 되어있음을 거듭 밝히고 있다. 2018년 6월 싱가포르 북미정상회담과 2019년 2월 하노이 북미정상회담도 모두 동남아에서 개최되었다는 사실이 한반도문제에 대한 아세안의 역할을 증명한 것으로 향후에도 아세안은 한반도문제의 중요한 외교자산임을 인식할 필요가 있다.

3) ASEAN과 한국의 외교관계

ASEAN과 한국은 상생발전의 모델 같은 관계로 발전해 왔다. 한국은 1990년대 탈냉전과 함께 아세안지역으로의 시장진출과 함께 생산기지로서의 직접투자도 꾸준히 확대하여 1997년 경제위기 이후에는 한국의 경제구조와 아세안의 경제구조 간 긴밀한 협력유형이 만들어졌다. 기술과 자본을 가진 한국과 자원과 인력을 가진 아세안이 경제적으로 협력 가능한 분야를 발전시켜 나가는 것은 모두에게 이익이 되는 상생발전의 모델이 되었다. 아세안과 한국은 2004년 '포괄적 협력동반자관계 공동성명', 2005년 '한·아세안 행동계획'을 통해 IT인프라건설, 인적자원개발, 환경, 에너지, 전염병 퇴치 및 문화교류 등에 합의했다. 2007년에 아세안과 상품 및 서비스분야 자유무역협정(FTA)을 체결하여 발효시켰고, 2009년에는 투자협정을 체결하였다. 2009년 6월 한국은 아세안과 대화관계수립 20주년을 기념하는 제1차 한·아세안 특별정상회의를 제주에서 개최하고, '따뜻한 이웃, 나눔과 협력의 리더십'을 보여주는 행동계획으로 개발협력, 저탄소 녹색성장, 문화·인적교류 등 3대 중점분야 이행과제를 제시했다. 아세안과 한국은 양자관계를 '전략적 동반자관계'로 격상시키고 '평화와 번영을 위한 한·아세안 전략적 동반자관계 공동선언'과 행동계획을 발표했다. 전략적 동반자관계 선언에서 주목할 부분은 정치안보분야에서의 협력강화로 비전통 안보분야와 다자안보협의체와 관련된 협력 강화를 명확하게 제시했다는 점이다. 2009년에는 한국과 아세안의 협력관계를 심화시키는 최초의 국제기구인 한·아세안센터가 서울에 설립되었다.

이후 한국은 2012년 주아세안대표부를 인도네시아 자카르타에 설립하며 아세안상주대표부위원회(CPR)의 공식 일원으로 활동하기 시작했다. 2014년 12월 대화관계 수립 25주년 기념 제2차 한·아세안 특별정상회의가 부산에서 개최되었다. 제2차 특별정상회의에서 한국은 아세안 공동체 출범에 대한 지지를 표명하는 한편, 한국과 아세안의 우호관계의 확대와 동아시아지역협력을 위한 다양한 합의를 이루었다. 특별정상회의를 통해 한국과 아세안은 정치안보분야 합의사항으로 한·아세안 안보대화체제 설립, 다자안보 채널을 통한 협력 강화, 한반도 평화 달성을 위한 협력과 아세안의 중심성 지지, 한국의 동남아비핵지대화조약 지지 및 아세안통합이니셔티브에 대한 지원, 인권 및 대테러 등 비전통 안보분야에서의 협력 강화 등을 약속했다. 2019년 11월 한국은 부산에서 '평화를 향한 동행, 모두를 위한 번영'이라는 주제로 제3차 한·아세안 특별정상회의를 열었다. 이어서 한국은 11월 27일 베트남, 라오스, 캄보디아, 미얀마, 태국과 제1차 한·메콩정상회의도 개최했다.

2017년 출범한 문재인정부는 신남방정책(New Southern Policy)으로 명명한 적극적인 대아세안 외교를 실행하였다. 동북아 중심의 사고에서 벗어나 새로운 안보환경으로 외연을 확대해야 한다는 신남방정책은 아세안으로부터 적극적인 지지를 받았다. 아세안은 미국과 중국 등 강대국 사이에서 발생한 갈등을 해결하기를 기대하고 있고, 한국과 같은 중견국가가 아세안과 보조를 맞춰 경제 및 사회문화적 협력은 물론 외교적 협력을 추구할 수 있다면 아세안에게도 매우 중요하다고 보기 때문이다. 문재인정부의 신남방정책은 아세안과 인도와의 관계를 획기적으로 증진시켜 나가겠다는 기조하에 3P전략, 즉 사람(People), 상생번영(Prosperity), 평화(Peace)를 제시하였고, 사람공동체, 번영공동체, 평화공동체 건설로 개념을 확대하였다.

신남방정책 3대 목표는 3P에 기초하여 첫째 교류증대를 통한 상호이해 증진, 둘째 호혜적이고 미래지향적이 상생의 경제협력 기반 구축, 셋째 평화롭고 안전한 역내 안보환경 구축이다. 이러한 3대 목표가 갖는 의미는 기존 한·아세안관계가 '무역 및 통상'에 초점이 맞춰져 있었던 중상주의적인 관계를 극복하고자 하는 것이며, 공동의 번영을 함께 추구하는 경제협력과 '사람'과 '지속가능한 안보와 평화'를 추구하여 한국과 아세안이 미래적 공동체관계를 지향한다는 측면에서 신남방정책은 대아세안 포괄적 외교전략이라고 하겠다. 신남방정책을 추진하고자 발족한 신남방정책특별위원회는 2018년 8월에 출범하여 구체적인 아젠다를 설정했다. 아세안정치안보공

표 16.3   한국의 대ASEAN관계 발전 주요 일지

연도	내용
1989년	한·아세안 부분 대화 상대국 관계 수립
1991년	한·아세안 완전대화 상대국으로 관계 격상
1994년	아세안지역안보포럼(ARF) 가입
1997년	제1차 한·아세안정상회의 개최
2004년	한·아세안 포괄적 협력동반자관계에 관한 공동선언 채택 및 동남아 우호협력조약(TAC) 가입
2005년	• 한·아세안 FTA 기본협정 체결 • 한·아세안 포괄적 협력동반자관계에 관한 공동선언 이행을 위한 행동계획 채택
2006년	한·아세안 FTA 상품협정 체결
2007년	한·아세안 FTA 서비스협정 체결
2009년	• 대화관계 수립 20주년 기념 한·아세안 특별정상회의 개최(제주) • 한·아세안 FTA 투자협정 체결 • 한·아세안센터 출범
2010년	한·아세안 전략적 동반자관계에 관한 공동선언 채택
2012년	주아세안대표부 설립
2014년	대화관계 수립 25주년 기념 한·아세안 특별정상회의 개최 (부산)
2017년	• 아세안특사, 인도네시아, 필리핀, 베트남 파견 • 아세안문화원 개원(부산) • 신남방정책 발표
2019년	• 대화관계 수립 30주년 기념 한·아세안 특별정상회의 개최(부산) • 제1회 한·메콩정상회의 개최(부산)
2020년	• 역내포괄적경제동반자협정(RCEP) 서명 • 신남방정책플러스 전략 발표

동체(APSC)의 측면에서 신남방정책 3P 내 '평화' 아젠다는 아세안이 발족했던 1967년 방콕선언의 핵심적 가치 3P(평화 Peace, 번영 Prosperity, 진보 Progress)로서 '평화'는 아세안 역내 안보

표 16.4 신남방정책 추진 내용

구분	목표(성과지표)	추진 과제
People 사람 공동체	• 교류 증대를 통한 상호 이해 증진 (2020년까지 상호방문객 연간 1,500만 명 달성)	① 상호 방문객 확대
		② 쌍방향 문화교류 확대
		③ 인적 자원 역량 강화 지원
		④ 공공행정 역량강화 등 거버넌스 증진 기여
		⑤ 상호 체류 국민의 권익 보호·증진
		⑥ 삶의 질 개선 지원
Prosperity 상생번영 공동체	• 호혜적이고 미래지향적인 상생의 경제협력 기반 구축 (아세안: 2020년 교역 2,000억 불) (인도: 2020년 교역 500억 불)	⑦ 무역·투자 증진을 위한 제도적 기반 강화
		⑧ 연계성 증진을 위한 인프라 개발 참여
		⑨ 중소기업 등 시장진출 지원
		⑩ 신산업 및 스마트 협력을 통한 혁신 성장 역량 제고
		⑪ 국가별 맞춤형 협력모델 개발
Peace 평화 공동체	• 평화롭고 안전한 역내 안보환경 구축 (2019년까지 아세안 10개국 순방 및 정상 방한 등 전략적 협력)	⑫ 정상 및 고위급 교류 활성화
		⑬ 한반도 평화 번영을 위한 협력 강화
		⑭ 국방·방산 협력 확대
		⑮ 역내 테러·사이버·해양안보 공동대응
		⑯ 역내 긴급사태 대응역량 강화

질서를 구축하는 기준이 되는 핵심적 가치이다. 1960년대부터 아세안은 '평화없는 번영'은 무용하다고 인식했으며 '평화가 전제된 번영'을 추구하고 있다. 이에 신남방정책의 '평화'는 아세안 안보가치와 크게 조응하는 분야이다.

2020년 문재인정부는 코로나19 확산으로 인한 대내외 정책환경 변화와 신남방국가들의 새로운 협력수요를 반영하여 '신남방정책플러스'를 발표하였다. 신남방정책플러스는 선택과 집중 원칙에 따른 전략방향으로 포스트코로나 포괄적 보건의료협력, 한국형 교육모델 공유 및 인적자원개발 지원, 쌍방향 문화교류 촉진, 상호호혜적이고 지속가능한 무역투자 기반구축, 상생형 농어촌 및 도시 인프라 개발 지원, 공동번영을 위한 미래산업 협력, 안전과 평화 증진을 위한 초국가 협력 등 7개 이니셔티브로 구성하였다.

5. 결론

아세안은 1967년 창설 이후 1970년대 중반까지의 세계적 냉전 구도와 베트남전쟁의 소용돌이 속에서 지역협력체로 존립하기 위한 어려움을 겪었다. 아세안의 독창적인 개성과 단결을 발전시키기에는 환경적 압박이 더 크게 작용했다. 1976년 2월 아세안 최초의 정상회의가 발리에서 개최되고, 인도차이나의 공산화에 대한 공동의 인식과 대처방안을 강구하면서 회원국들이 아세안을 중심으로 뭉쳐 공동의 외교정책을 펼치는 것이 바람직하다는 정치적 판단을 하게 되었다. 이를 기점으로 아세안은 정치적 상황을 극복하기 위해 각국의 경제성장과 실질적인 회원국 간 경제협력이 중요하다는 데 인식을 같이하면서 경제문제에 대한 본격적인 논의를 벌이기 시작했다. 한편 1979년부터 1990년대 초반까지 이어진 베트남의 캄보디아점령은 아세안에게 위기이자 기회로 다가왔다. 아세안은 캄보디아 사태에 공동대응하면서 안보협력체로서의 기능을 시험하고 강화하는 계기를 갖게 되었다. 중국과 구소련의 대리전의 성격을 띤 캄보디아 사태에서 아세안은 회원국 간 의견대립이 있었음에도 불구하고 오히려 유엔을 통한 공동대책을 지속함으로써 아세안의 존재를 확실하게 국제사회에 알리는 데 성공했다. 이 기간 동안 아세안은 신중한 단합과 의사결정 그리고 상호신뢰구축이라는 소중한 내부 자산을 구축하는 토대를 마련했다.

1990년대 들어 아세안은 세계적인 탈냉전의 분위기를 가장 많이 느끼는 지역이 되었다. 캄보디아 사태의 평화적 해결과 뒤이은 베트남과 라오스, 미얀마 그리고 캄보디아의 아세안 가입으로 '10개 나라·1개 공동체(Ten Nations·One Community)'가 실현되었다. 1997년 동아시아에 불어 닥친 경제위기 이전까지 아세안은 지역협력과 통합으로 나가는 도약기를 맞이하였다. 1992년 싱가포르 정상회의를 기점으로 아세안은 역내 경제협력과 지역안보문제에 공동으로 대응하는 획기적인 전기를 마련하였다. 아세안자유무역지대(AFTA) 창설과 아세안지역안보포럼(ARF) 창설 합의는 이러한 움직임의 구체적인 성과였다. 1980년대 후반부터 시작된 아세안국가들의 높은 경제성장과 시장 확대는 1990년대 아세안 주도의 다양한 외교정책이 실행되는 밑받침이 되었다.

그러나 1997년 동아시아경제위기는 아세안 회원국 모두에게 정도의 차이는 있었지만 큰 충격을 주었고, 이를 극복하기 위한 대대적인 구조조정을 피할 수 없었다. 이러한 경제위기를 극복하는 과정에서 아세안은 다시 한번 집단적으로 위기를 기회로 전환하기 위해 노력을 집중했다. 이러한 노력을 통해 아세안은 한국과 중국, 일본이 참석하는 아세안+3체제를 출범시켜 동아시아공동체를 향한 주도적 입장을 확립하였고, 정치안보공동체, 경제공동체, 사회문화공동체로 나아가는 시한을 앞당기고 로드맵을 구체화하는 데 모든 노력을 집중했다. 2008년 발효된 아세안헌장을 중심으로 아세안은 공동체 형성을 향한 많은 노력을 경주하였다. 여전히 존재하는 아세안 조직의 취약성과 의사결정의 비합리성, 아세안 내부의 발전격차에도 불구하고 2015년 아세안공동체 출범과 함께 아세안의 노력은 계속되고 있다. 그런데 아세안중심성을 달성하려는 노력과 일부 성과에도 불구하고 2020년 발생한 세계적인 코로나19 팬데믹은 아세안의 상황을 급격히 악화시켰고, 2021년 2월 일어난 미얀마의 군사쿠데타는 아세안 회원국의 결속을 위협하고 있으며, 남중국해분쟁은 여전히 진행 중이다. 그럼에도 불구하고 피하기 힘든 이러한 불리한 환경을 극복하기 위한 아세안의 노력은 계속되어야 한다.

55년이 경과한 아세안의 역사는 하나의 지역공동체를 동남아에 실현하고자 하는 동남아 회원국들의 갈등과 조정과 결단의 과정이었다. 강대국에 둘러싸여 하나보다는 열의 힘이 낮다는 데 합의하고, 이를 지키기 위해 상호 차이와 불편함을 극복하고, 또 하나의 새로운 상상의 공동체를 만들어 왔던 과정이었다. 제3세계 지역주의의 모델로 불리면서 아세안은 장점 못지않게 약점도 많이 가진 조직이지만, 시대적 변화에 순응하는 동남아시아 10개국이 모인 아세안의 주도권은 많은 다른 조직의 등장에도 불구하고 어느 역외국가에도 빼앗기지 않고 있다. 이러한 아세안의 유연성과 적응성은 높이 평가되어야 한다. 작더라도 뭉치면 강해지는 자연의 법칙을 외교적으로 잘 실현하고 있는 집단이 아세안(ASEAN)인 것이다.

토의주제

1. 아세안(ASEAN)을 구성하는 동남아시아 10개국과 각각의 가입 배경에 대해 생각해 보자.

2. 아세안의 조직과 운영은 어떤 특징을 가지고 있는가?

3. 1997년 아시아경제위기를 전후해서 아세안은 어떤 정책적 변화를 했는가?

4. 아세안공동체 건설을 위해 아세안이 진행하고 있는 구체적인 노력은 무엇인가?

5. 21세기 동아시아 협력확대를 위해 동아시아비전그룹(EAVG)과 동아시아연구그룹(EASG)이 제의한 내용은 무엇인가?

6. 매년 개최되는 아세안정상회의(ASM)에서 결정된 주요 선언과 정책을 정리해 보자.

7. 아세안자유무역지대(AFTA)의 창설 배경과 진행 과정은 어떻게 되는가?

8. 아세안지역안보포럼(ARF)이 동아시아 미래 안보협력에 대해 갖는 의미는 무엇인가?

9. 아세안+3체제는 어떤 배경과 과정을 통해 발전해 왔는가?

10. 아세안+3와 동아시아정상회의(EAS)의 차이는 무엇인가?

11. 아세안헌장의 주요 내용과 특징은 무엇인가?

12. 지역공동체로서의 아세안의 성장 전략과 목표는 무엇인가?

13. 2015년 출범한 아세안공동체의 내용과 전망은 어떠한 것인가?

14. 21세기 동아시아공동체 건설을 위해 한국이 아세안과 협력해 나가야 할 과제는 무엇인가?

15. 신남방정책이 추진하는 대아세안외교 목표인 3P의 내용은?

16. 한국의 대아세안외교의 방향과 전략은 어떻게 세워지는 게 좋을까?

참고문헌

1. 한글문헌

권율. "동아시아 지역주의: ASEAN의 시각과 전략." 『동남아시아연구』 제14집 1호 (2004).

김형종. "아세안경제공동체 추진 현황과 과제." 『전략지역심층연구논문집』 서울: 대외경제연구원, 2013.

박사명. "아세안 공동체와 동아시아 공동체." 『동남아시아연구』 제24집 4호 (2014).

배긍찬. "아세안+3 협력과 동아시아 정체성." 『동남아시아연구』 제13집 1호 (2003).

_____. "동남아 지역주의와 아세안의 진화과정: 비판적 성찰." 박사명 편. 『동남아 정치변동의 동학』. 서울: 오름, 2004.

_____. "동남아의 경제위기와 아세안의 대응." 박사명 편. 『동남아의 경제위기와 정치적 대응』. 서울: 폴리테이아, 2005.

_____. "ASEAN의 공동체 구상과 헌장 채택 전망" 『주요국제문제분석』 서울: 외교안보연구원, 2007.

변창구. 『아세안과 동남아 국제정치』 서울: 대왕사, 1999.

신남방정책특별위원회. 『신남방정책플러스』. 2021. 3. 16.

윤진표. 『현대 동남아의 이해, 제2판』 서울: 명인문화사, 2020.

_____. "동남아 2018: 변화의 땅, 혼돈의 바다." 『동남아시아연구』 제29권 1호 (2019).

윤진표 외. 『한국과 아세안 청년의 상호 인식』 서울: 한·아세안센터. 2017, 2021.

이요한. "ASEAN 경제협력의 발전과정: 성과와 한계." 윤진표 편. 『동남아의 경제성장과 발전전략: 회고적 재평가』 서울: 오름, 2004.

_____. "외환위기와 ASEAN 경제협력의 전환." 윤진표 편. 『동남아의 구조조정과 개혁의 정치경제』 서울: 폴리테이아, 2005.

이재현. 『한-아세안 관계연구』 서울: 외교안보연구원, 2009.

_____. "미중경쟁 속에 떠오르는 아세안: 대한민국 신남방정책이 가야 할 길". https://www.futurekorea. co.kr/news. 검색일: 2020.11.07.

최원기. "신남방정책의 전략적 환경과 추진 방향" 『IFANS FOCUS』 국립외교원 외교안보연구소. 2018.6.29.

프랑크 프로스트. "1967년 이후의 ASEAN: 기원, 변천, 그리고 최근의 발전." 동남아정치연구회 편역. 『동남아 정치와 사회』 서울: 한울, 1992.

한·아세안센터. 『한-아세안 통계집 2020』 서울:한·아세안센터, 2021.

_____. 『4C로 이해하는 아세안』 서울: 한·아세안센터. 2014.

2. 영어문헌

Acharya, Amitav. *Constructing a Security Community in Southeast Asia: ASEAN and the Problems of Regional Order.* London: Routledge, 2001.

Arndt, H. W., and Hall Hill, eds. *Southeast Asia's Economic Crisis: Origins, Lessons, and the Way Forward.* Singapore: ISEAS, 1999.

Batabyal, Anindya. "ASEAN's Quest for Security: A Theoretical Explanation." *International Studies* 41-4 (2004).

Beeson, Mark. "Southeast Asia and the Politics of Vulnerability." *Third World Quarterly* 23-3 (2002).

_____. "ASEAN Plus Three and the Rise of Reactionary Regionalism." *Contemporary Southeast Asia* 23-3 (2003).

Emmerson, Donald. ed. *Hard Choices: Security, Democracy, and Regionalism in Southeast Asia.* Stanford, CA: The Walter H. Shorenstein Asia-Pacific Center, 2008.

Haji, Zakaria, and Baladas Ghoshal. "Political Future of ASEAN after the Asian Crisis." *International Affairs* 21-1 (1999).

Ho Khai Leong. ed. *ASEAN-Korea Relations: Security, Trade and Community Building.* Singapore: ISEAS, 2007.

Hew, Denis, ed. *Roadmap for the ASEAN Economic Community.* Singapore: ISEAS, 2005.

Jones, David Martin, and Michael L. R. Smith. "ASEAN's Imitation Community." *Orbis* 46-1 (Winter 2002).

Katsumata, Hiro. "Reconstruction of Diplomatic Norms in Southeast Asia: The Case for Strict Adherence to the 'ASEAN Way'." *Contemporary Southeast Asia* 25-1 (April 2003).

Liu, Fu Kuo, and Philippe Regnier. eds. *Regionalism in East Asia: Paradigm Shifting?.* London: Routledge, 2003.

McCloud, Donald. *Southeast Asia: Tradition and*

Modernity in the Contemporary World. Boulder, CO: Westview Press, 1995.

Narine, Shaun. "ASEAN in the Aftermath: The Consequences of the East Asian Economic Crisis." *Global Governance* 8-2 (2002).

Plummer, Michael G. "ASEAN-EU Economic Relationship: Integration and Lessons for the ASEAN Economic Community." *Journal of Asian Economics* 17-3 (June 2006).

Severino, Rodolfo. *Southeast Asia in Search of an ASEAN Community*. Singapore: Institute of Southeast Asian Studies, 2006.

Siddique, Sharon. ed. *The Second ASEAN Reader*. Singapore: ISEAS, 2003.

Slater, Dan. *Ordering Power: Contentious Politics and Authoritarian Leviathans in Southeast Asia*. Cambridge: Cambridge University Press, 2010.

Snitwongse, Kusuma. "Thirty Years of ASEAN: Achievements Through Political Cooperation." *Pacific Review* 11-2 (1998).

Stubbs, Richard. "ASEAN Plus Three: Emerging East Asian Regionalism?." *Asian Survey* 42-3 (2002).

Tan, Andrew. *Intra-ASEAN Tensions*. Discussion Paper 84. London: Royal Institute of International Affairs, 2000.

Tarling, Nicholas. *Regionalism in Southeast Asia: To Foster the Political Will*. New York: Routledge, 2006.

Tay, Simon, Jesus Estanislao, and Hadi Soesastro. eds. *Reinventing ASEAN*. Singapore: ISEAS, 2001.

Than, Mya. ed. *ASEAN Beyond the Regional Crisis: Challenges and Initiative*. Singapore: ISEAS, 2001.

Tiwari, S. ed. *ASEAN: Life After the Charter*. Singapore: ISEAS, 2010.

Weatherbee, Donald. *International Relations in South-east Asia: The Struggle for Autonomy*. New York: Rowman & Littlefield Publishers, 2009.

3. 추천 웹사이트

§ ASEAN 사무국
http://www.aseansec.org

§ ASEAN Regional Forum
http://www.aseanregionalforum.org

§ ASEAN Center for Energy
http://www.aseanenergy.org

§ ASEAN News Network
http://www.aseannewsnetwork.org

§ ASEAN 관련 소식
http://www.aseanaffairs.com

§ ASEAN Focus Group
http://www.aseanfocus.com

§ ASEAN Foundation
http://www.aseanfoundation.org

§ 싱가포르대학교 동남아연구소
http://www.iseas.edu.sg

§ 위키피디아 사전
http://en.wikipedia.org/wiki/ASEAN

§ 한국 외교부
http://www.mofa.go.kr

17장

중동의 외교정책

인남식(국립외교원)

1. 서론   522

2. 중동지역의 외교환경   525

3. 정체성 기반의
   다자외교   532

4. 중동 주요 국가의
   외교정책   541

5. 중동외교정책의
   현안과 대한반도관계   544

6. 결론   548

1. 서론

중동(Middle East)지역은 대략 지리적으로 북아프리카 서단(西端) 모리타니아부터 동쪽으로 이란까지 25개 국가를 포괄한다.[1] 아프리카와 아시아에 걸치는 광범위한 지역일 뿐만 아니라 다양한 인종, 민족, 부족, 종교, 종파 등 복합적인 정체성을 구성하는 요인들이 넓게 분포하고 있다. 흔히 중동을 '아랍, 이슬람 그리고 유목'의 대표 이미지로 인식하곤 한다. 그러나 중동은 동질적(homogeneous) 성격과 이질적(heterogeneous) 성격이 혼재하고 있다. 겉으로는 유사해 보이지만 그 어떤 지역보다 다양성이 중첩되어 있는 지역이라 할 수 있다.

중동에 관한 지리적 개념은 매우 다양하게 정의되어 왔다. 국제정치상의 지역 구분 개념에 의해 서구에서는 오리엔탈리즘에 입각하여 동방을 '극동, 인도, 근동'으로 나누어 범주화하였다. 한편, 중근동개념은 구 오스만제국의 영토를 일반화시킬 때 주로 사용되었다. 일반적으로 넓게는 동서로 이란에서 북서아프리카의 모로코, 모리타니아, 남북으로 터키에서 아라비아반도 전 지역 및 아프리카의 수단까지 포함되는

---

[1] 중동의 개념규정 지리적 범주 등에 관한 자세한 내용은 Ewan W. Anderson and Liam D. Anderson, *An Atlas of Middle Eastern Affairs* (London: Routledge, 2010) 참조.

매우 광범위한 지역을 지칭할 때 중동개념을 사용한다. 약 1,700만 평방킬로미터 면적에 25개국이 있고 인구는 6억(2015년 기준) 조금 못 미치는 것으로 파악된다. 중동지역 대부분이 아랍어를 사용하는 아랍국가로 이루어져 있지만, 터키(2022년 6월부터 국호명이 튀르키예로 변경), 이란 및 이스라엘은 아랍과는 구별되는 별개의 민족이다. 이장에서는 아랍어를 모국어로 사용하는 22개국을 대상으로 아랍이라 지칭하며 논의를 전개한다.

혈통에 근거한 민족 분포에서 다양성은 확연히 드러난다. 중동의 대표적 민족으로 간주되는 아랍 외에도 북아프리카에 퍼져있는 베르베르(Berber), 이라크-시리아 인근의 아시리안(Assyrians), 코카시안(Circassians), 터키 계열의 투르크(Turks), 아제리(Azeri), 카자르(Qajars), 타르타르(Tartar), 페르시아계에 속하는 이란인(Persians), 쿠르드(Kurds), 발루치(Baluchi) 그리고 이스라엘의 유대인(Jews) 및 중동 전역의 기타 소수 인종이 섞여 살고 있다.

인종 배경에 따라 언어도 다양하게 분포되어 있다. 셈계(Semite) 언어인 아랍어(Arabic), 히브리어(Hebrew), 아람어(Aramaic), 베르베르어(Berber)와 알타이어(Altaic) 계열인 터키어(Turkish) 및 인도유럽어(Indo-European) 군에 속하는 페르시아어(Farsi) 및 쿠르드어(Kurdish) 등이 산재한다. 종교 역시 이슬람이 절대 다수이지만, 유대교, 기독교, 정교, 조로아스터 및 기타 소수 종파 등이 지역에 따라 흩어져있고 각 종교 및 종파에 따른 오랜 공동체를 유지해 왔다. 일견 아랍과 이슬람으로 대별되어 동질적인 것처럼 인식되어온 중동이지만 내부적으로 보면 매우 복잡한 사회적 맥락이 교직하고 있다.

문제는 제1차 세계대전 종전 이후 중동의 다양한 정체성과는 상관없는 국가들이 형성되었다는 데 있다. 문화와 역사적 맥락이 무시된 채, 다수의 신생국가들이 등장했다. 하나의 공동체가 여러 나라로 분리되거나, 아니면 갈등관계에 있는 문화적 공동체들이 하나의 나라로 묶여버리는 일들이 일어났다. 즉 영국과 프랑스 등 제1차 세계대전 승전국들의 자의적 국가 수립[2]과 이에 따른 국경 획정에 따라 혼란의 씨앗이 배태된 것이다. 1916년 영불 간 합의한 이른바 사이크스-피코협정(Psykes-Picot agreement)은 오스만제국 패망을 전제로 당시 제국의 영토였던 샴지방(Shams, 지금의 이라크 서부, 요르단, 시리아, 레바논, 이스라엘-팔레스타인 및 시나이반도)을 어떻게 분할할 것인가에 관한 합의였다. 이 합의를 바탕으로 이후 세브르(Sebre)조약 및 로잔(Lausanne)조약을 거쳐 현재의 국경선이 획정되었다.

최근 폭력적 극단주의의 온상이 된 시리아와 이라크나 종파주의 분쟁의 모판이라 할 수 있는 레바논, 그리고 고전적 갈등의 대표적 사례인 이스라엘-팔레스타인분쟁 등 중동의 대표적인 분쟁들은 모두 자의적 국경 획정과 연관된다. 반면 종파, 종족 갈등을 겪고 있는 대부분의 중동분쟁 사례와는 달리 쿠르드족 사례는 하나의 역사적 문화적인 공동체를 자의적으로 나누어 놓음으로써 생겨난 불안정 사례라 할 수 있다. 현재 쿠르드족은 이라크 동북부, 시리아 북부, 터키 동부 및 이란 서북부 4개국에 산재하고 있다.

이처럼 정체성이 혼재된 상태에서 급히 생성

---

2) Michael Gasper, "The Making of the Modern History," in Ellen Lust (ed.), *The Middle East* (London: Sage Publications, 2014), pp. 26–34.

된 국가는 혼돈을 경험하게 된다. 오스만제국 600여 년 역사 동안 제국의 시민으로 살았던 중동 전역의 주민들은 맥락과 상관없이 분리되어 독립한 국가공동체 개념에 익숙하지 않았다. 여기에 리더십의 취약성으로 인해 1950년대 군부 쿠데타의 사조가 중동지역을 강타하며 정치변동이 이어졌다. 이후 등장한 군부 권위주의 국가들은 기존의 절대왕정국가와 더불어 자국 내 이질적 종파, 종족, 종교 등을 기반으로 하는 저항세력을 억누르기 위해 강력한 폭압통치를 지속했다. 국가 형성 및 이후 정치변동 과정에서 중동 대부분 국가는 취약한 정통성 문제에 시달렸고, 이러한 맥락에서 자율적 외교정책을 수립, 집행할 수 있는 역량은 제한될 수밖에 없었다. 국가의 대외정책목표가 특정 종족, 부족, 종교 및 종파에 의해 좌우되면서 중동국가의 외교정책은 독특한 성격을 내포하게 되었다.

태동기부터 정체성 문제에 봉착한 중동국가들은 명확한 국가이익을 규정하지 못했다. 국가이익에 조응하는 외교정책이라기보다는 특정 국가 내 부족, 종교, 종파공동체의 이익이 휘둘리는 사례가 빈발했다. 이를 극복하는 과정에서 중동국가의 리더십은 오히려 새로운 정체성의 연합개념, 즉 아랍에 근거한 통합 민족주의 혹은 더 확장된 이슬람공동체로 수렴하는 외교정책을 시도했다.

외교 행위 주체로서의 주권국가 또는 국가연합이 아니라 다양한 이해관계가 얽힌 행위자들을 함께 묶어 중동 전역의 외교정책을 일목요연하게 추적한다는 것은 쉽지 않은 일이다. 국가별로 주어진 문화적 맥락 및 외교정책의 목표가 상이하고, 재정 규모 및 군사력 등의 하드파워 수준의 격차가 명확한 상황에서 지역을 포괄하는 거시적인 흐름을 포착하는 것도 어렵다. 그러나 복잡한만큼 유익도 있다. 체질적인 불안정성(inherent quality of instability)을 띠고 있는 중동의 독특한 외교 행태를 살펴보는 것은 복잡다기한 21세

지도 17.1   중동국가 지도

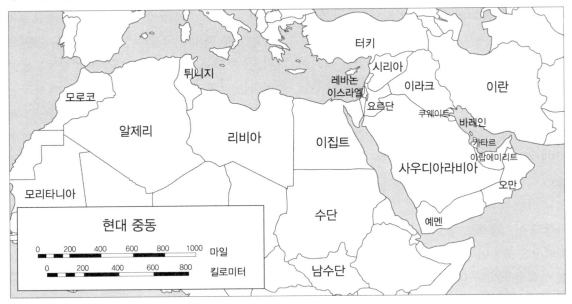

기 외교현장을 설명하는 중요한 한 사례가 될 수 있다는 점에서 주목할 만하다.

전 장과는 달리 본 장에서는 중동지역을 아우르는 외교정책을 일반화하여 다룰 수 없었다. 대신 다양한 정체성의 층위에 따라 '이슬람, 아랍, 부족연합 및 국가 단위'로 분기되는 다양한 관계의 역학에 맞추어 각 층위별 외교정책의 행태를 추적해보았다. 그리고 중동 주요 국가 단위 외교전략을 간략히 살펴보았다. 따라서 단일한 국가 또는 연합체를 중심으로 외교정책을 분석한 여타 장과는 분석의 내용과 범주가 상이할 수밖에 없음을 밝힌다.

2. 중동지역의 외교환경

1) 분쟁의 만연화

중동은 상시적인 분쟁지역이다. 대표적인 분쟁은 이스라엘-팔레스타인분쟁으로 1948년 5월 이스라엘 건국과 함께 본격화되었다. 팔레스타인을 지지하는 아랍동맹국들과 이스라엘 간에 벌어진 네 차례의 중동전쟁은 20세기 지역분쟁의 상징이기도 했다. 외에도 최근에는 역내 헤게모니를 두고 다투는 사우디아라비아와 이란 간의 수니-시아파 종파분쟁(sectarian conflict), 시리아, 예멘, 리비아 등의 내전, 폭력적 극단주의(violent extremism)에 기반한 테러집단의 발호 등도 역내 분쟁의 핵심적인 사안이다. 따라서 중동지역의 외교 쟁점 중 가장 빈번하게 등장하면서도 심각하게 다루어져 온 주제는 바로 분쟁해결(conflict resolution)의 사안이라 할 수 있다.

(1) 이스라엘-팔레스타인분쟁

이스라엘-팔레스타인분쟁은 몇 차례의 변곡점을 겪었다. 냉전 종식 후 미국의 중재로 양자 간 역사적인 오슬로평화협정(Oslo Peace Accord 1993, 1995)을 체결하고 팔레스타인 분리독립의 가능성을 열었던 것이 첫 번째 외교적으로 접근한 궁극적 해법의 시작이었다. 당시 협상을 주도했던 이스라엘의 라빈(Yitzhak Rabin) 총리가 협상반대파인 극단주의 유대인에게 암살당하는 비극을 안고 출발한 오슬로협정은 소위 '두 국가 해법(two states solution)'으로 이어진다. 현 상태에서 서안지구(West Bank)와 가자지구(Gaza Strip)를 영토로 팔레스타인은 독립하고, 이스라엘과 공존한다는 방안이다. 그러나 현재까지 팔레스타인

해설 17.1

중동전쟁

중동전쟁(Middle East War, Arab-Israeli War)은 4차례에 걸쳐 일어났다. 1948년 이스라엘 건국 시 벌어진 1차 '팔레스타인전쟁', 1956년 이집트 낫셀의 수에즈운하 국유화로 인해 일어난 2차 '수에즈전쟁', 1967년 시나이반도, 가자지구, 서안지구 및 골란고원을 이스라엘이 점령하게 된 3차 '6일전쟁' 그리고 4차 중동전쟁인 1973년 '욤키푸르전쟁'까지 모두 네 차례 걸쳐 일어났다. 군사적으로는 이스라엘이 모두 승리하였으나, 2차 중동전쟁(수에즈전쟁)의 경우는 결국 수에즈운하 국유화에 성공하고 아랍 민족주의의 불길을 댕긴 이집트의 정치적 승리로 해석되기도 한다.

독립은 이루어지고 있지 않다. 주권국가 팔레스타인의 최종지위(final status)에 관한 협상[3]이 타결되지 않았기 때문이다. 최종지위 협상이 타결되지 않는 이유로 ① 쟁점 자체의 어려움, ② 중재자 미국의 편파성 논란, ③ 협상 주체의 불안정성 등을 들 수 있다. 논쟁점은 난민귀환, 동예루살렘 영유권 및 정착촌 철수 등인데 하나같이 타협이 쉽지 않은 의제들이다. 미국의 친이스라엘 입장에서의 중재 역할에 대한 의문도 꾸준히 제기되어 왔고, 무엇보다 파타와 하마스로 갈린 팔레스타인 측의 대표성도 문제가 되어 2015년 말 현재, 회담은 교착상태가 유지되고 있다.

이·팔분쟁은 단순히 두 정치 세력 간의 갈등이 아니다. 유대-기독교 문명을 상징하는 시온주의에 반대하는 범아랍, 범이슬람권의 분노가 결집된 싸움이기도 하다. 미 트럼프정부는 이·팔분쟁의 새 국면을 열었다. 2018년 주이스라엘 미국대사관을 예루살렘에 개관하며 논란을 불러일으켰다. 예루살렘은 이·팔 양측이 공히 자국의 수도로 주장하는 첨예한 분쟁 쟁점이다. 중재자를 자임해 온 미국이 일방적으로 이스라엘 편을 들면서 팔레스타인의 반감은 고조되었고 최종지위 협상은 더 난항에 빠졌다. 여기에 2020년 9월 이스라엘과 UAE가 수교 재개를 추진하는 아브라함협정을 맺으면서 아랍국가들은 기존의 팔레스타인 무조건 지지외교의 행태에 변화를 보이

---

3) 이·팔분쟁에 관한 간략하면서도 잘 정리된 자료는 Simons Sharoni and Mohammed Abu-Nimer, "The Israeli-Palestinian Conflict," in Jillian Schwedler and Deborah J. Gerner, *Understanding the Contemporary Middle East* (London: Lynne Rienner, 2008) 및 Michael A. Rydelnik, *Understanding the Arab-Israeli Conflict: What the Headlines Have not Told You* (Chicago: Moody Publishers, 2007) 참조.

📖 **해설 17.2**

아브라함협정

유대교, 기독교, 이슬람 등 3대 유일신 종교에서 공히 신앙의 연원으로 여기는 인물인 아브라함(아랍식으로 이브라힘)의 이름을 따 2020년 9월 15일부터 이스라엘이 UAE, 바레인, 수단 및 모로코 등 아랍국과 맺은 일련의 수교 협정이다. 아랍외교의 기조는 팔레스타인 대의에 입각해서 이스라엘과 분쟁의 각을 세워오는 데 있었으나 트럼프의 친이스라엘 일방주의 노선으로 인해 아랍이 변화한 것이다. 더 이상 팔레스타인을 일방적으로 지원하는 것이 국익이 아님을 각성한 아랍국가들이 점차 이스라엘의 효용성(미국과의 관계, 연구개발분야의 고도화, 중동 각국 반정부 단체들에 관한 첩보, 그리고 이란 견제 공조) 확보를 위해 기존의 반이스라엘 노선을 포기한 사례할 수 있다.

기 시작했다. 이른바 팔레스타인 대의(Palestine cause)는 점차 형해화 되고 있다.

(2) 수니-시아 종파분쟁

이슬람 내 종파분쟁 역시 중동분쟁을 구성하는 중요한 주제 중 하나다. 이슬람공동체를 이끌었던 선지자 무함마드(Muhammad)가 632년 사망하자, 권력승계를 둘러싸고 분기된 수니(Sunni)파와 시아(Shiite)파 간의 갈등구조가 현대 중동정치에 중요한 이슈로 작동하고 있다. 특히 역내 강국을 자처하는 수니파 사우디아라비아와 시아파 이란 간의 갈등이 심화되면서 종파 간 진영(陣營)론이 형성되고 있다. 이슬람권에서 수니파는

도표 17.1 종파 분포도

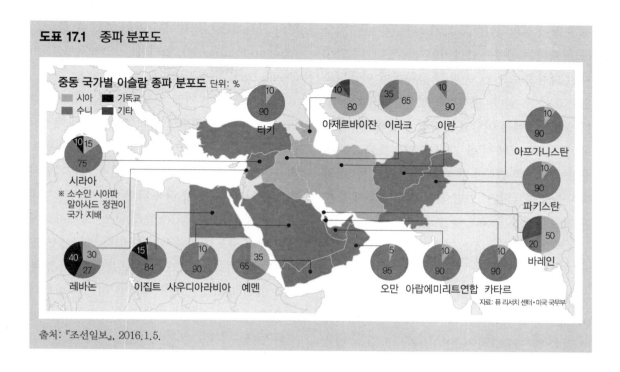

중동 국가별 이슬람 종파 분포도 단위: %
시아 / 기독교 / 수니 / 기타

터키 / 아제르바이잔 / 이라크 / 이란 / 아프가니스탄 / 파키스탄 / 바레인 / 시리아 ※ 소수인 시아파 알아사드 정권이 국가 지배 / 레바논 / 이집트 / 사우디아라비아 / 예멘 / 오만 / 아랍에미리트연합 / 카타르

자료: 퓨 리서치 센터·미국 국무부

출처: 『조선일보』, 2016. 1. 5.

인구비례상 압도적 다수인 85%를 점유하고 있다. 아랍권은 물론 중앙아시아, 동남아 및 아프리카 이슬람권 대다수가 수니파 국가다.

반면 13~14% 내외의 시아파는 이란, 이라크, 바레인 및 아제르바이잔 4개국에서만 인구의 다수를 점유하고 있다. 인구 및 국가 수에서 비대칭적인 양 종파 간의 대립이 일어나고 있는 것이다. 특히 2015년 7월 이란핵협상이 타결된 이후, 이란이 역내 패권국가로 부상할 가능성에 대한 우려로 수니파 국가들의 견제가 심해지고 있다.[4] 종파분쟁의 절정은 2016년 1월 2일 사우디 당국이 자국 내 수감되었던 시아파 지도자 셰이크 알 니므르(Shaikh al Nimr)를 테러를 통한 국가 전복기도 혐의로 처형하면서 일어난 사우디-이란

간 갈등이다. 비록 사우디인이지만 같은 시아파 지도자를 테러리스트로 몰아 처형한 데 대한 이란 군중들의 분노가 폭력시위로 표출되었다. 이란 주재 사우디대사관에 대한 방화와 국기 모독이 일어났고, 사우디정부는 이를 테러행위로 규정 즉각 이란과의 외교관계를 단절, 외교관 추방을 명령했다. 일련의 갈등선에서 수단, 바레인을 비롯 인근 수니파 국가들이 사우디에 동조 단교 또는 외교관계 격하에 동참하면서 종파 간 갈등이 확산되었다. 엄밀히 말하면 종파로 인한 분쟁이라기보다는 역내 세력전이 구도에서 종파를 이용한 진영 갈등 현상이 표출되었다고 볼 수 있다. 2016년 1월 현재 종파갈등이 벌어지고 있는 국가는 예멘, 바레인, 레바논, 시리아, 이라크 등으로 이 국가들은 언제든 분쟁이 확산될 가능성을 내포하고 있다.

논란이 있지만 수니-시아 정체성의 차이로 인

---

4) 인남식, "사우디아라비아-이란 단교를 둘러싼 종파분쟁의 격화," *IFANS Focus* (서울: 국립외교원, 2016. 1. 4.).

해 분쟁이 심화되었다고 보기보다는 수니와 시아를 대표하는 사우디아라비아와 이란 간의 역내 패권 다툼으로 인해 종파적 정체성이 이용되고 있다고 볼 수 있다. 체제의 안정성을 희구하는 수니 왕정국가에는 이란의 이슬람 혁명체제가 위협 요인이므로 이에 대한 견제가 필요했고 수니파 종파 정체성의 결집을 통해 세를 유지, 이란을 압박하려는 형국이다. 이란 역시 시아파 연대를 통해 이에 맞서는 구도라 할 수 있다.

(3) 내전 및 테러리즘의 확산

또 다른 분쟁 양상은 폭력적 극단주의(violent extremism), 즉 테러리즘의 만연 현상이다. 알카에다 및 소위 '이슬람국가(IS: Islamic State)' 발호가 대표적인 사례이다. 극단주의 테러의 대표 격인 IS는 ISIS(Islamic State Iraq and Sham) 또는 ISIL(Islamic State Iraq and Levant)로 불리기도 한다. 명칭을 둘러싸고 일반명사적 오해를 불러일으킬 여지가 있어서 아랍어 '이라크와 샴지방의 이슬람국가'의 머리글자 음가를 이은 Daesh(al-Dawla al-Islamiyyah al-Eraq al-Sham)라 부르기도 한다.

'이슬람국가' 등 이슬람 교조주의에 근거한 중동의 폭력적 극단주의는 알카에다의 확산 및 변환과정에서 더욱 심화되었다. 9·11 이후 테러와의 전쟁 국면에서 아프가니스탄 거점의 알카에다 본부(AQP: Al Qaeda Prime)는 약화되었으나, 풍선효과가 나타나 중동 전역으로 확산되기 시작했다. 일종의 테러그룹 프랜차이즈(franchise) 현상이 나타난 것이다. 북아프리카 리비아지역을 거점으로 하는 알카에다 마그레브(AQIM: Al Qaeda Islamic Maghreb), 예멘-사우디 접경지역의 알카에다 아라비아반도(AQAP: Al Qaeda Arabian Peninsula), 알카에다 이라크(AQI: Al Qaeda Iraq) 등이 지역별로 결성되었다.

여기에 2011년 아랍 정치변동과 함께 독재 정권이 붕괴되자 공권력도 함께 무너지면서 테러리즘이 급속도로 폭증했다. 아울러 아랍 정치변동의 여파로 11년 동안 시리아내전이 지속되면서 기존의 알카에다보다 더욱 극단적인 이념과 행태를 나타내는 IS가 국가수립을 선포, 국제사회에 대한 테러 공포를 가중시킨 바 있다.[5] 2019년 IS는 시리아 라까 및 이라크 모술 등 양대 거점 붕괴로 인해 궤멸에 가까운 패배를 겪으며 약화되어 있으나 중동 전역에 IS 프랜차이즈 세력이 산개해 있다.

폭력적 극단주의의 토양은 시리아, 예멘, 리비아 등에서 일어난 내전을 배경으로 한다. 공권력 작동이 부재하고 내부 갈등이 심화되면서 테러리즘이 침투할 공간을 내어주었기 때문이다. 상기 3개국의 내전이 지속되면서 테러, 난민 등 역내 인간안보의 위기 요인이 점증하고 있다.

2) 정치체제의 다양성

중동 25개국의 정치체제는 여타 어느 지역보다 다양하다. 혈통으로 왕위가 승계되는 왕정국가, 선거가 이루어지는 공화국체제, 이슬람 성법 샤

---

5) IS에 관하여 잘 정리된 유럽, 미국, 한국의 저작으로 각각 Jean-Pierre Liliu, *From Deep State to Islamic State: The Arab Counter-Revolution and Its Jihadi Legacy* (Oxford: Oxford University Press, 2015); William McCants, *The ISIS Apocalypse: The History, Strategy and Doomsday Vision of the Islamic State* (New York: St. Martins Press, 2015) 및 한상용·최재훈, 『IS는 왜?』 (서울: 서해문집, 2015) 참조.

리아(Shariah)를 통치의 근본으로 규정하는 신정(theocracy)체제 등이 혼재하고 있다.

왕정체제는 다시 두 부류로 나뉜다. 사우디아라비아와 오만의 절대왕정체제(absolute monarchy)와 상대적으로 헌법적 지배의 영역을 인정하는 입헌왕정(constitutional monarchy) 등이다. 중동 내 입헌왕정 국가를 UAE, 카타르, 쿠웨이트, 요르단, 모로코 등으로 구분한다. 그러나 이들 입헌왕정 개념이 유럽식의 상징적 왕권국가를 의미하는 것은 아니다. 헌법과 세속법체제를 구비하되, 왕실의 영향력이 여전히 매우 중요한 권력 기반으로 살아 있다는 점이 중동 입헌왕정의 특수성이다. 엄밀히 말하면 절대왕정과 입헌왕정 중간 지대에 위치한다고 볼 수 있다.

공화정도 둘로 나뉜다. 권위주의의 잔재가 살아남아 명목상의 공화국을 유지하는 권위주의 독재공화국과 민주적 정치체제가 제도화되어있는 실질적인 민주공화국으로 분류된다. 아랍 정치변동 당시 정권이 붕괴된 대부분의 국가, 즉 이집트, 리비아, 예멘 등이 권위주의 공화정이었다면, 이스라엘, 튀니지, 터키 정도를 민주주의 공화정으로 분류할 수 있을 것이다. 현재 신정체제로는 이슬람의 절대적 가치를 수호하는 통치이념을 명시한 사우디아라비아(신정주의 절대왕정)와 반대로 이슬람 공화주의를 설파하며 독특한 '이슬람 법학자 통치(Velayat-i-faqih)'를 통해 신이 다스리는 공화국을 만들겠다는 이란 정도를 들 수 있다. 이란의 '이슬람 법학자' 통치체제는 일종의 이중적 통치구조로서 일반 선거를 통해 선출되는 대통령 및 의회의 공화국 요소 위에 성직자들이 일종의 수호자로 존재하여 국가 의사결정에 있어 이슬람의 가치를 벗어나지 않도록 규율

한다는 고유의 정치제도이다. 세속주의 공화정이 아니라 신정 성격을 인정한다는 점에서 독특성이 있으나, 최고지도자 그랜드 아야톨라의 일인 독재체제로 전락할 가능성이 높다.

이처럼 다양한 형태의 정치체제가 존재한다는 점은 곧 중동 각국의 외교 행태가 왕실 비밀주의, 초월적 가치에 기반한 신정으로서의 도덕적 절대주의, 기존 민주주의 등으로 혼재되어 나타남을 의미한다. 이는 중동지역 외교의 특수성을 구성하며, 체제별로 각기 다른 외교 행태를 나타내기에 협상이나 교섭 과정에 있어서 의외성 및 복잡성이 가중되기도 한다.

3) 복합적 정체성

정치체제가 다양할 뿐 아니라, 중동은 복합적 정체성(multiple identity)이 작동하는 지역이라 할 수 있다. 대부분의 중동지역 국가들은 국가 형성의 경로가 여타 지역과는 다르다. 중동 내 상당수 국가는 세계 제1차 세계대전 종전 후의 영불이 주도하던 새 판 짜기에 의해 동시다발적으로 생겨났다. 대부분 중동국가의 외교는 국가 형성 이전에 이 지역에 뿌리내린 부족, 종족 및 종교 등 다양한 정체성의 구조에 기반한다. 주권의 원천으로서의 개인이 아닌 집단성을 바탕으로 하는 문화적 배경과 맞닿아 있다.

이러한 중동 아랍지역의 집단적 문화를 일반적으로 아싸비야(Assabiyyah, 연대의식, 집단의식)라 한다. 중세 이슬람철학 및 역사의 대가 할둔(Ibn Khaldun)은 그의 대표저작 『역사서설(al Muqaddimah)』에서 아싸비야의 개념을 강조한다. 즉 아랍지역의 역사발전에 가장 중요한 독립변

수의 역할을 하는 개념이 바로 아싸비야 집단의식이라는 것이다. 이 의식을 통하여 사막에서 유목의 삶을 영위할 수 있었고, 척박한 자연환경을 극복할 수 있었다고 본다. 무엇보다 외부세력의 위협을 이겨내기 위한 내부결속 기반이 바로 아싸비야다. 이러한 연대의식이 확대 승화하여 이 지역의 공고한 정치체제로 자리잡게 된다고 보았다.[6]

아싸비야를 구성하는 아랍의 주요 정체성 층위는 다음과 같다. 부족 단위의 그룹인 까빌리야(Qabilliyaah), 아랍대의(Arab cause)를 추구하는 까우미야(Qawmiyyah), 종교(이슬람) 정체성을 준거로 삼는 움마(Ummah) 등이 그것이다. 어떤 집단은 부족을 중심으로 정치적 가치를 투사하고, 다른 이들은 국가 또는 아랍에 정치적 자산을 건다. 최근에는 이슬람을 중심으로 하는 연대의식이 강화되고 있는 국면이다. 복합적 정체성 기반 중동외교의 근원이라 할 수 있다. 물론 비아랍 주요국가인 이란, 터키 및 이스라엘은 독자적 민족 정체성을 바탕으로 하는 외교적 행보를 나타내고 있다.

4) 미국 중동정책의 변화

중동 국제관계에 있어서 중요한 역외 균형자는 (off-shore balancer) 미국이다. 그러나 단순히 균형자에 머물지 않고 때로는 중동문제에 직접 깊숙이 개입하기도 했다. 냉전기에는 소위 바그다드조약을 통해 소비에트 봉쇄를 이끌었다. 냉

전기 소비에트의 남진봉쇄를 위한 중동-서남아권 방어망으로 파키스탄부터 영국에 이르는 일종의 안보조약이다. 다른 말로 '중동조약기구(Middle East Treaty Organization)'로 불린다. 냉전 종식 후 문명담론이 부상하면서 미국은 중동에서 기독교 문명권을 대표하면서 균형자 역할을 하는 존재로 인식되기 시작했다. 이·팔분쟁 등 중요한 갈등의 중재자 역할을 자임했고, 걸프지역과의 연대를 통해 이란을 견제해왔다.

9·11 이후 테러와의 전쟁 국면에서 부시독트린이 설정되고 이라크전이 시작되었다. 9·11 이후 테러와의 전쟁을 수행하는 과정에서 미국의 네오콘을 중심으로 부시 행정부의 대외정책이 재편되었다. 바뀐 대외정책 기조, 즉 부시독트린은 중동발 테러위협에 대한 사전적 대응으로 수렴되었고, 구체적으로는 ① 도덕적 절대주의, ② 패권적 일방주의, ③ 공세적 현실주의, ④ 안보아젠다의 변화 등으로 구성된다. 이 대외정책 기조에 의해 선제공격을 통한 이라크전쟁이 수행되었다. 당시 미국은 중동 전역을 민주화하여 분쟁 및 테러의 단초를 원천차단하려는 구상임을 밝혔다. 그러나 이라크 안정화 작전의 전황은 악화되었고, 이 과정에서 미국의 소프트파워가 급감한 가운데 오바마 행정부가 들어섰다. 이후 미국의 중동외교에 변화가 일어났다.

미국 중동정책의 핵심은 두 가지 쟁점으로 압축할 수 있다. '이스라엘-팔레스타인 평화협상' 그리고 석유와 관련된 '걸프지역 안보' 두 축이다. 이 과정에서 미국은 역내 최대 우방국인 이스라엘 및 사우디아라비아의 안보를 책임져왔다. 다자외교 무대에서 미국은 이스라엘에 대한 부단하고 일방적인 지지 입장을 표명해왔다. 사우디에

---

6) Ibn Khaldun, *The Muqaddimah: An Introduction to History*, translated by Franz Rosenthal, 2nd edition, Bollingen Series 43, Vol. 1 (Princeton: Princeton University Press, 1967), pp. cx, lxxvii–lxxx, 261–265.

대한 군사적 지원 및 밀접한 외교관계 역시 주지의 사실이다. 그런데 오바마 대통령이 등장하고 나서 변화가 나타났다. 기본적으로 중동에 대한 관여를 줄이고, 해외 투사 전략의 상당부분을 아시아로 이동시킨다는 대외전략이 핵심이었다. 소위 아시아 재균형(Asia rebalancing)전략이다.[7]

동시에 오바마 행정부는 이스라엘문제와 이란문제에 대한 기존의 입장 변화를 시도했다. 이스라엘에 대한 일정 정도의 압박을 시작하여 팔레스타인 서안지구 정착촌 확장의 동결을 요구하며 평화협상 추진을 압박했다. 반면 당시 이스라엘 정부수반인 네타냐후(Benjamin Netanyhu) 보수연립정부는 정착촌 동결을 압박하는 미국과 갈등관계에 들어갔다. 이후 양국관계는 마찰 국면이 지속되었다.[8]

반면 2013년 6월 이란대선에서 미국과의 관계개선 공약을 내걸었던 중도파 로하니(Hasan Rouhani) 후보가 1차 투표에서 바로 당선되자, 미·이란 양국은 오만의 중재로 이란 핵 관련 비밀 고위급회담을 진행하였고, 종국에는 2015년 7월 14일에 국제사회(P5+1, 유엔안보리 상임이사국+ 독일)와 이란 간에 포괄적공동행동계획이라 명명한 최종 핵협상 이행계획이 타결되었다.[9]

오바마 행정부는 임기동안 이스라엘과는 일부 대립각을 세웠고, 이란은 핵협상을 통해 국제

무대로 끌어들이게 된 것이다. 이는 고전적인 미국의 대중동정책의 상궤에서 벗어난 전략이었다. 이란의 경우 걸프왕정 국가뿐 아니라, 다수의 수니파 공화정도 부담을 느끼는 상대다. 이스라엘에게도 그 어떤 아랍국가보다 이란이 더 위협적이다. 결국 미국이 중동정책을 전개해가는 과정에서 이스라엘과 사우디아라비아 등 고전적인 미국의 동맹국들은 불안감을 표출하기 시작했다. 중동 내부의 역학관계에서도 변화국면이 감지되기 시작했다. 물론 미국 내부의 정치동학이나 대외전략의 큰 틀로 보아서 이스라엘 및 걸프국가와 관계단절 가능성은 거의 없다. 그러나 이란의 복귀변수는 향후 중동내 합종연횡의 구도에 어떤 형태로든 영향일 미칠 수밖에 없었다.

그러나 극적인 변화가 일어났다. 트럼프정부의 등장이었다. 트럼프정부는 대이스라엘외교와 이란 정책을 원점으로 되돌렸다. 오바마정부 당시 갈등을 겪던 당시 이스라엘 네타냐후 총리에 대해 트럼프 대통령은 전폭적 지원을 아끼지 않았다. 대사관 이전, 이스라엘의 골란고원 영유권 인정, 정착촌 확대에 대한 묵인 등이 이어졌다. 반면 아랍국가들을 압박, 아브라함협정을 이끌어내면서 팔레스타인의 분노를 초래했다. 이스라엘을 앞세워 일방적으로 지원하면서 아랍을 굴복시키는 전략으로 읽혔다.

이란과의 핵합의 역시 뒤집혔다. 이란핵합의 검토법에 의거, 정기적으로 대통령이 합의를 인증하게 되어있었으나 트럼프는 2018년 포괄적공동행동계획(이란핵합의, JCPoA)을 전면 불인증함으로써 실질적으로 파기했고 제재는 즉각 복원되었다. 이처럼 오바마의 중동외교와는 대척점에 있던 트럼프 중동외교의 핵심은 이스라엘 편

7) 인남식, "오바마 행정부의 대중동정책: 아시아 재균형정책과의 상관성," 『외교안보연구소 정책연구과제 시리즈』(서울: 국립외교원, 2015).

8) 인남식, "2015 이스라엘 총선 결과와 미-이스라엘 관계 전망," 『외교안보연구소 주요국제문제분석 시리즈』(서울: 국립외교원, 2015.4.16).

9) 인남식, "이란 핵협상 타결의 함의와 전망." 『외교안보연구소 주요국제문제분석 시리즈』(서울: 국립외교원, 2015.7.24).

들기, 이란 적대시를 통한 동맹 줄 세우기에 가까웠다. 그리고 이란을 두려워하는 역내 걸프 왕정 국가의 안보 비용 지불을 압박했다. 이처럼 오바마와는 정반대의 행보를 보였으나 방향은 크게 다르지 않았다. 한마디로 중동에서의 이탈을 염두에 두고 있었다.

바이든 행정부의 중동외교는 오바마 정책의 복원에 가까웠다. 이란핵합의 복원을 최우선순위로 내세웠고, 내전지역 안정화 추진을 천명했다. 하지만 트럼프의 핵심 정책 중 하나인 이스라엘과의 협력 및 아브라함협정 지속 지원 기조는 그대로 이어받았다.

부시 행정부가 중동 직접 개입을 통해 민주화를 달성하고 평화를 정착시키겠다는 의지는 오바마 때부터 전환되었다. 민주주의와는 다소 거리가 있더라도 현지 정부를 인정하고 주권을 존중하는 대신 테러리즘 및 대량살상무기 개발과는 절연하라는 것이었다. 이를 통해 중동이 최소한의 안정화를 보이면 미국은 더 이상 개입하지 않고 무게추를 아시아로 옮기겠다는 것이었다. 트럼프는 결은 좀 다르지만, 기본적으로 중동에서 더 이상 자산을 소진하지 않겠다는 의지만큼은 오바마와 유사했다. 바이든정부도 마찬가지였다.

3. 정체성 기반의 다자외교

복합적 정체성을 나타내는 중동정치의 특징은 외교에도 영향을 미친다. 정체성에 따라 연대감이 형성되어 외교행위자로 작동하는 경우가 나타난다. 대표적인 사례로 사우디가 주도하는 걸프연안 6개 왕정국가 연합체인 걸프협력회의(GCC)

다. 부족주의에 기반한 외교라 할 수 있다. 이외에도 아랍연맹의 '아랍대의(Arab cause)' 외교, 이슬람협력기구(OIC)를 중심으로 한 '움마공동체' 외교 등도 중동 내 다자외교의 중요한 행위자다.

1) 부족(까빌리야) 기반 외교: 사우디 주도 걸프협력회의(GCC)

부족 정체성외교는 주로 아라비아반도의 걸프왕정을 중심으로 나타나고 있다. 특별히 사막지역의 유목전통은 생존에 필수적인 수원(水源)을 중심으로 이루어짐에 따라 오아시스를 중심으로 한 수장국가(首長國家, Sheikhdom) 또는 족장국가 전통을 이어왔다. 부족주의에 근거한 전통은 오아시스 쟁탈과 관련된 부족 간 정복전쟁 문화를 생성해왔다. 부족장을 중심으로 한 엄격한 위계질서를 구축했다. 자연히 국민국가의 전통보다는 부족의 외연이 확장된 형태로서의 국가개념으로 볼 수 있다. 혈연을 근거로 한 연대이므로 결속력은 아랍 내 그 어느 정체성보다 강하다.

부족이 주도하는 국가는 주로 아라비아반도에 위치한 절대왕정국가들이다. 사우디아라비아를 위시한 걸프연안의 산유국가들이며 이 국가들은 걸프협력회의(GCC: Gulf Cooperation Council)를 결성, 부족 왕정의 연합체 차원에서의 대외정책을 펼치고 있다. 강력한 오일 달러를 배경으로 역내 영향력을 확장시켜왔다. 부족을 중심으로 한 왕정의 외교 행태는 권력 집중적이며 위계적이다. GCC국가들의 외교는 외교부 등 관료기구보다는 주로 왕실에서 직접 내밀하게 결정하고 집행한다. 이들의 연합체인 GCC 역시 유사한 조직 및 의사결정구조를 갖고 있다.

(1) 조직 및 운영: 사우디 중심의 위계적 조직

GCC는 1981년 5월 25일에 사우디아라비아, 아랍에미리트(UAE), 카타르, 쿠웨이트, 오만, 바레인 등 걸프지역 6개 왕정국가 간의 경제, 국방, 안보, 치안 등 4개 분야 협력을 목적으로 결성되었다. 최고위원회(Supreme Council)는 최고의사결정기구로서 6개국 국왕으로 구성되어 연 1회의 연례 정상회담을 개최한다. 정상회의의 의사결정을 뒷받침하는 각료위원회(Ministerial Council)는 주로 회원국 외교장관 또는 사안에 따라 유관부처 장관으로 구성된다. 각료위원회는 분기별 정례회의를 개최하며 구체적인 정책제안 및 실행 관리를 주관한다. 연임이 가능한 임기 3년의 사무총장은 집행을 책임지며 주로 회원국 왕실 및 주무 부처와의 협의(coordination)를 통해 6개국 간의 공조를 추진한다. 일종의 협의기구이므로 걸프협력회의(GCC)는 내부적 집행부서를 두고 있지는 않고 최고위원회를 보좌하는 자문위원회(Consultative Commission)를 설치하여 다양한 전문가 풀을 아웃소싱 네트워크 형태로 구축하고 있다. 외에도 분쟁해결위원회(Commission for the Settlement of Disputes)를 따로 두어 걸프연안의 만연한 분쟁문제 해결을 위한 정책대안을 생산한다.

사무국은 사우디아라비아의 수도 리야드에 위치하고 있으며 6개 회원국이 동일하게 부담하는 분담금으로 운영하고 있다. 설립부터 6개국 협의체 형태로 시작되어 상대적으로 단순한 조직구조를 갖고 있으나, 2008년 글로벌 금융위기 및 2011년 아랍 정치변동 이후 중동정세의 불안상황이 지속되면서 이를 해결하기 위한 조직들이 생겨나고 있다.

대표적인 신생 조직이 '통화이사회(Monetary Council)'와 '반도방위군(Peninsula Shield Force)'이다. 통화이사회는 GCC 역내 단일통화 도입을 위한 조직으로 2009년에 설치되었다. 반도방위군은 본래 1984년 조직되어 있었으나 1차 걸프전 및 이라크전쟁을 제외하고는 존재감이 미약했다. 2011년 바레인 시위 사태가 발생했을 때부터 사우디 및 UAE의 적극적 역할로 재가동되었다. 시리아내전 및 극단주의의 확산방지라는 명분으로 2015년부터 역할을 확대하고 있다.

(2) 강령 및 설립목표

GCC는 글로벌 및 지역 차원에서 제기되는 다양한 도전에 공동대응하기 위한 협의체다. 이익과 목표를 같이하는 걸프지역 6개 왕정국가가 힘을 합하여 조정과 협력을 통해 안보와 국방, 치안 및 경제적 협력의 이해관계를 공유한다는 점을 설치강령으로 명시하고 있다.[10]

설립목표는 다음과 같다.

- 회원국 간 연합과 단결을 위한 제반분야에서의 상호 연대, 통합 및 효율적 조정
- 다양한 분야에서의 회원국 국민 간 협력과 연결, 관계 강화 및 심화
- 경제, 금융, 상업, 관세, 통신, 교육 및 문화분야 등 제 분야에서의 공동 규범 창출
- 산업, 광물자원, 농경, 수자원 및 목축산업 관련 과학기술 발전을 위한 공동 연구 및 민간분야와의 협력 강화와 조인트벤처 추진 등이다.[11]

---

10) http://www.gcc-sg.org/eng/index13ac.html?action=Sec-Show&ID=36

11) GCC Charter, Article 4.

명시적인 강령 및 설립목표로만 볼 때는 여타 지역연합체와 다른 점을 찾아볼 수 없다. 그러나 실제로 GCC는 안보적 위협에서 태동했고, 여전히 불안한 중동정세 속에서 정치적 대외관계 쟁점이 가장 중요하게 논의되고 있다.

(3) 외교정책 기조: 걸프안보 우선

GCC는 냉전기 이란의 호메이니 이슬람혁명과 이란-이라크전쟁의 위협에 공동대응하기 위해 설립되었다. 당시 이란혁명은 팔레비왕가를 붕괴시키고 '이슬람 법학자의 통치'원리에 기반한 이슬람공화정체제를 수립했다. 신정주의(theocracy)의 성격을 갖는 이란의 고유한 정치체제는 걸프지역 왕정에게는 심각한 위협이었다. 언제든 혁명의 사조가 페르시아만(걸프)을 건너 아라비아반도에도 침투할지 모른다는 위기감이 고조되었다. 위기감이 GCC 결성의 중요한 동인이었다. 뿐만 아니라 아랍민족주의를 주창하며 세속적 공화정을 추구하는 이라크 사담 후세인의 바트당 정권 역시 왕정국가에는 부담이었다. 이중 위협(double threat)은 왕정 간 결속력을 이끌어냈고, 이후 GCC의 주요 외교정책 기조는 '왕실의 안정'이라는 궁극적 목표로 수렴되어왔다.

GCC의 공식적인 외교정책 기조는 "내정불간섭, 영토 및 자원에 대한 주권존중, 분쟁의 평화적 해결이라는 원칙에 기반하여 제반 정치적 쟁점에 대한 선린 걸프국가의 공동대응"[12]으로 명문화되어 있다. 공식 기조에 기반하여 추진되어 온 걸프지역 안보와 관련 주요 사안들은 다음과 같다.

- 1987.2.15. 포괄적 안보전략 수립을 통해 GCC 회원국 간 안보협력의 기본 틀 구성
- 1990년대 이란·이라크전쟁기 GCC 안전보장을 위한 공동행동·단합 강조 및 쿠웨이트 독립(사담 후세인 침공)을 위한 노력 경주
- 2000년 공동방위협약 체결 / 1982년 반도방위군(Peninsula Shield Force) 창설
- 2002년 점증하는 테러 위협에 대한 공동 대처를 위해 반테러, 반극단주의 안보전략 수립
- 2004년 GCC 대테러 협약 체결 및 2006년 상설 대테러위원회 설립
- 2008년 포괄적 안보전략 검토·수정 및 전략기획위원회신설
- 2011년3~4월: 바레인 소요 사태 발생시 군사적·경제적 지원
- 2013.12월 공동군 사령부 창설 및 합동훈련 전개

걸프지역 안보 외에도 역내 정치, 경제 주요 쟁점에도 외교적 외연을 넓혀왔다. 팔레스타인문제, 시리아내전 사태에 있어서 사우디 주도의 반아사드 그룹 적극지원, 강력한 반이란핵 노선 등으로 정치적 입장을 견지 해왔다. 비록 경제연합까지 이르지는 못했지만, 경제협력 및 회원국 간 자유로운 상품, 서비스의 이동을 추진해왔다. 그러나 GCC의 최대 관심사 및 외교정책의 핵심 목표는 회원국의 공동안보다. 이에 따라 내적 불안정성 및 외부적 위협에 공동대응하는 부족연합체적 성격이 강하게 발현되었다.

2) 아랍(까우미야) 기반 외교: 이집트 주도 아랍연맹(AL)

GCC가 부족 단위의 왕정 연합체로 특정한 지역

---

12) http://www.gcc-sg.org/eng/Political Affairs.

및 정권 유형의 안보이익을 외교적으로 추진해왔
다면 아랍연맹은 까우미야(Qawmiyyah)에 기반
한 아랍 대의(Arab Cause)를 추구하고 있다. 전
체 아랍 22개국의 공동이익 달성을 목표로 1945
년 3월 22일에 설립되었다.

까우미야는 언어적, 문화적 동질성을 지닌 '아
랍' 전체와 연관된 연대의식을 의미한다. 이 개념
은 특정 부족이나 특정 국가에 대한 귀속의식을
넘어서는 아랍 대의가 포괄적인 정체의식으로 자
리 잡은 경우이다. 아랍민족주의를 언급할 때 일
반적으로 이 까우미야 정체성에 근거한다. GCC
결성의 기반이 되는 까빌리야가 혈연과 부족의
연대의식에 기초하고 있는 반면, 까우미야는 '아
랍'이라고 하는 언어적, 문화적 동일성에 귀속되
는 정체성의 개념이다.

아랍정체성, 즉 까우미야의 근저에는 박탈감
과 피해의식이 자리 잡고 있다. 제1차 세계대전
이후 오스만제국이 패망하고 현재 아랍의 주요지
역인 샴지방 및 북아프리카지역에서 신생아랍국
이 등장했지만 결국 식민주의의 산물이었기 때
문이다. 전후 처리 과정에서 단일 아랍국가가 형
성되지 못하고, 자의적 국경 획정에 따라 사분오
열되면서 생겨난 현재의 분쟁과 갈등 구도에 대
한 박탈감이다. 박탈감을 극복하고 새로운 대안
을 마련하기 위한 정치적 사조가 바로 낫세리즘
(Nasserism)과 바티즘(Baathism)으로 대별되는
아랍민족주의였다. 1952년 7월 이집트의 낫셀
(Gamal Abdul Nasser)이 파루크(Farouk) 국왕
을 하야시키고 집권한 후, 강력한 아랍사회주의,
아랍통합운동 그리고 비동맹외교 등의 3대 기치
로 이끌어갔던 아랍민족주의 운동을 낫세리즘이
라 한다. 1956년 수에즈전쟁을 통해 이집트가 수

에즈 국유화에 성공하자 아랍의 대중들은 낫셀
에게 열광했고, 아랍통일공화국의 미래 지도자
로 추앙했다. 바티즘(Baathism)은 1920년대 프
랑스에 유학했던 시리아 출신 젊은이들이 프랑스
혁명사상에 감화받아 아랍의 개혁과 부흥을 외
치며 결성한 유럽형 아랍민족주의였다. 후일 바
티즘과 낫세리즘은 아랍통합의 대의에 공감하고
실제로 1958년 아랍통합공화국(UAR: United
Arab Republic)을 결성하기도 했다.

📖
해설 17.3

아랍정체성

'아랍'정체성을 어떻게 정의할 수 있을까? 알
후스리(Sati al-Husri)는 확대된 아랍개념을
다음과 같이 확장된 언어적 공동체로 정의했
다. 즉 후스리의 견해처럼 혈통적 1차 집단
이라기보다는 2차 집단적 성격을 갖는 공통
언어의 집단으로 보는 견해가 우세하다.

"아랍어를 말하는 모든 사람은 아랍인이
다. 아랍인들과 유대감을 가진 사람들 역시
아랍인이다. 만일 어떤 사람이 아랍에 관한
연대의식이 없거나, 아라비즘에 관한 애착이
없을 경우, 우리는 왜 그가 그렇게 무지한지
를 밝혀내어야 하며, 그의 무지가 우리의 게
으름 때문으로 밝혀졌을 경우 우리는 그를
적극적으로 가르쳐 아랍의식이 심어지게 해
야 한다. 일반적으로 아랍 귀속의식이 없는
사람은 공동체에 관심을 가지지 않으려는 그
의 이기심 때문인 경우가 많으므로 반드시
우리는 그의 아랍공동체의식을 고양시키기
위해 그의 이기심을 억누를 수 있도록 도와
주어야 한다."

아랍민족주의가 본격화할 당시 1950년대와 1960년대를 거쳐 아랍통합의 기반으로서 작동하던 아랍연맹은 이후 낫세리즘이 약화되면서 점차 동력이 약해졌다.

(1) 조직 및 운영: 아랍통합을 전제로 한 수평적 조직

아랍연맹(AL: League of Arab States)은 제2차 세계대전 종전 직전인, 1945년 3월 22일 아랍 각국의 주권확보 및 결속을 위해 이집트, 이라크, 요르단, 레바논, 시리아 및 사우디아라비아 등 6개국을 중심으로 출범했다. 이후 1953년부터 1993년까지 알제리, 바레인, 코모로, 지부티, 쿠웨이트, 리비아, 모리타니아, 모로코, 오만, 팔레스타인, 카타르, 소말리아, 수단, 튀니지, UAE 및 예멘이 가입하여 22개국으로 운영되고 있으나, 2011년부터 시작된 시리아내전으로 인해 아랍연맹은 자국민 학살에 대한 책임을 물어 시리아 아사드정부는 회원국 지위를 박탈하여 21개 회원국인 상태이다. 현재 에리트레아, 인도, 터키 및 베네수엘라가 옵서버로, 남수단과 차드가 가입 신청국가로 분류되어 있다.

설립 초반에는 정치, 안보적 관심사보다는 경제분야에 역점을 두어야 하는 상황이었다. 무엇보다 신생 독립국이 다수인 아랍국가는 대부분 빈곤 상태였으며, 국제사회에서 주권국가로서 자기 목소리를 내기에는 존재감이 미약했다. 따라서 아랍연맹은 국제사회에서 아랍의 연대감을 보여준다는 나름대로의 설립 취지를 공유할 수 있었고, 언어를 공유하는 신생국 클럽의 성격을 갖고 출범했다.

카이로에 본부를 둔 아랍연맹은 연례 정상회의(Summit)를 중심으로 사안에 따른 각료급이사회(Council of the League)를 거쳐 주요 의제를 논의한다. 역내 특별 쟁점 관련 집행은 이주위원회(Commissioner for Migration and Emigrants), 문화 및 문명대화위원회(Commissioner for Culture and Dialogue of Civilizations), 시민사회위원회(Commissioner for Civil Society) 등 3개 커미셔너가 주도한다. 일반위원회(Committee)는 안보, 팔레스타인 점령지구, 정무, 대학, 경제, 사회, 정보통신, 자원-금융-서비스, 금융규제 및 펀드 지원 등의 10개 위원회로 구성된다. 정상회의 하 특별위원회와 상설위원회는 사무총장이 관할한다. 운영자금은 21개 회원국의 분담금 및 특정 기부금으로 구성되나, 회원국별 분담금 규모는 비공개이며 2020년 전체 확정 예산은 6,000만 달러 내외로 알려져 있다.[13]

(2) 강령 및 목표

아랍연맹의 설립 강령은 '중동의 평화와 안보 및 아랍 각국의 주권과 독립 및 공공이익의 수호'다. 아랍정체성의 핵심이익을 지키는 전위로써 스스로의 정체성을 규정한다. 구체적 정책목표는 다음과 같다.[14]

- 회원국 간 연대강화
- 회원국의 주권과 독립을 수호하기 위한 회원국 간 정책협력
- 아랍국가의 이익과 쟁점에 관한 일반적 고려

13) Frank Mansoor, "It is time to close Arab League" Begin Sadat Center for Strategic Studies, Bar-Ilan University (2020.4).

14) https://sites.google.com/site/walidabdulrahim/home/my-studies-in-english/29-league-of-arab-states

- 경제, 금융, 통신, 문화, 여권 및 비자, 사회보장, 보건, 법치 및 범죄인 인도 협력
- 회원국 간 분쟁조정
- 회원국 간 군사적 협력 및 연대강화
- 외부로부터 회원국에 대한 공격과 위협이 있을 경우 자국에 대한 공격으로 간주

강령 및 목표에 명시된 존립 목적은 결국 아랍 전체 이익에 부합하는 공동대응체제의 마련이다. 최근에는 아랍권 내부의 격차문제, 즉 산유국과 비산유국 간 소득 격차, 교육의 기회 및 삶의 질 격차 그리고 디지털 디바이드(Digital divide) 등이 가시화되면서 이를 해소하기 위한 평등주의적 접근이 눈에 띄게 확대되고 있다. 아랍권 내에서 산유부국으로 이주하여 일자리를 찾는 노동자가 급증하면서 아랍사회 내부의 통합문제도 다루어지고 있다.

(3) 외교정책 기조: 팔레스타인문제 집중

설립 초기 아랍연맹의 외교정책 기조는 주로 신생국의 경제문제 해결을 위한 국제사회의 지원에 집중했다. 그러나 1948년 이스라엘의 국가 수립 및 1952년 이집트 낫셀 군사혁명이 발발하면서 정치, 군사분야의 활동을 강화하기 시작했다. 이후 냉전이 심화되는 과정에서 비동맹과 아랍통합을 주창하는 아랍민족주의운동이 일어나자 아랍연맹은 역내 통합 조정기구적 성격을 갖기도 했다. 그러나 아랍민족주의인 낫세리즘(Nasserism)과 바티즘(Baathism)이 점차 약화되자 통합의 구심점이 사라졌다. 아랍연맹은 다시 설립 취지에 준하는 경제사회 이슈를 전면에 내세우기도 했다.

아랍 내 주요 쟁점으로 경제 및 사회문제가 부상한 것은 사실이나, 여전히 아랍연맹은 정치적 의제 중심이다. 아랍국가들이 아랍연맹의 일원으로 추구하는 외교정책에서 가장 중요한 의제는 이스라엘-팔레스타인문제다. 팔레스타인 자치정부(Palestinian National Authority)가 국제무대에서 주권국가로 인정받지 못하는 동안 사실상 핵심적 팔레스타인문제는 아랍연맹이 지속적으로 대리해왔다.

특히 1967년 제3차 중동전쟁 패배를 계기로 서안지구 및 가자지구가 이스라엘에 의해 점령당하자 아랍연맹은 대 이스라엘 3대 불가 원칙을 천명했다. 이른바 '화해 불가, 승인 불가, 교섭 불가'였다. 이후 아랍연맹의 최대 외교 의제는 반이스라엘정책이 되었다. 1979년 미국 카터 대통령의 중재로 이집트 사다트 대통령과 이스라엘 베긴 수상 간에 맺은 캠프데이비드협정(이집트-이스라엘수교)으로 인해 아랍연맹은 위기를 맞았다.

결국, 요르단 암만으로 아랍연맹 본부는 이전했고, 대중들은 이집트의 배신행위를 질타했다. 그러나 1993년, 1995년 역사적인 오슬로협정을 기점으로 상황은 바뀌었다. 2002년 베이루트 아랍정상회의에서는 점령지 철수, 팔레스타인 주권국가 설립, 난민귀환 인정 등의 조건을 전제로 이스라엘과의 공식적 관계개선에 나섰다. 이후 이·팔문제의 굴곡이 지속되면서 아랍연맹은 이스라엘과의 대화 가능성은 열어놓되, 아랍의 확고한 반이스라엘 노선을 계속 견지하고 있다. 요약하면 아랍연맹은 주로 팔레스타인문제에 집중하는 느슨한 아랍국연합체로 볼 수 있다. 유럽연합과 같은 통합모델은 전혀 고려하고 있지 않다.

그러나 최근 팔레스타인 대의의 약화로 아랍연맹의 외교 기반은 현저히 약화되고 있다. 일부

아랍국가가 이스라엘과 수교에 나서면서부터다. 특히 걸프 왕정국가들은 이스라엘 적대시보다 이란의 위협에 대한 공동대응을 더 우선순위로 여기고 있다. 이스라엘의 정보력, 군사력의 유용성이 증가하고 있고 무엇보다 미국과 이스라엘 간의 특수관계를 통해 이란 견제를 효율적으로 하고자 하는 이유이기도 하다. 아랍 역내 재정지원을 담당하는 부국 산유 왕정의 이러한 접근으로 인해 역내 여타 빈곤 아랍국가들은 팔레스타인문제에 관해 목소리를 제대로 낼 상황이 아니며 결국 팔레스타인문제는 점차 중동외교 의제에서 밀려날 가능성도 운위되고 있다.

3) 종교(Ummah) 기반 외교: 사우디 주도 이슬람협력기구(OIC)

이슬람에 귀의하고 가르침에 복종하는 모든 구성원들은 자동적으로 움마공동체의 성원이 된다. 이슬람공동체를 상징하는 움마(Ummah)는 '모태'를 의미하며, 현재 시제로 가장 기본적인 무슬림의 생활 단위이자, 궁극적인 이슬람의 가치가 구현되는 미래 정치의 이상향이기도 하다.

절대다수가 무슬림인 아랍인들에게 이 움마공동체는 명실상부한 이상으로서의 궁극적 공동체가 된다. 이슬람의 궁극적 목표는 움마공동체의 확장이며, 신성한 이슬람법 샤리아에 의해 통치되는 국가체제 및 외교관계를 상정하고 있다. 부족주의와 범아랍주의라는 양대 기반을 중심으로 GCC와 아랍연맹이 활동하고 있다면, 가장 폭넓은 정체성의 축인 이슬람 종교공동체(Ummah)의 이익을 위한 중동 내 외교행위자는 '이슬람협력기구(OIC: Organization of Islamic Cooperation)'

이다.

이슬람은 이분법적 세계관을 가지고 있다. 이슬람의 영역(Dar al-Islam) 개념과 전쟁의 영역(Dar al-Harb) 개념의 대립 구도로 세계를 이해하고 있다. 즉 움마공동체의 건설이 되어있고 알라의 신성한 가르침에 의한 신정통치가 이루어지는 곳이 다룰 이슬람이라고 하면, 이슬람의 가르침이 받아들여지지 않는 모든 전쟁의 영역은 곧 선교(dawa)와 투쟁(Jihad)의 대상이 된다.

걸프협력회의(GCC)의 활동반경이 걸프지역으로 한정된 상황에서 산유부국의 이익이라는 목표에 배타적으로 집중하고, 아랍연맹이 주도해온 아랍지역통합 노력이 실패로 돌아가면서, 이슬람 종교 기반 외교의 다자 행위자로 OIC가 부상했다. 아랍이라는 거대한 대의를 대체할만한 공동체 개념이 이슬람공동체 움마로 귀착되었기 때문이다. 따라서 OIC는 최근 역내 극단주의 발호와 종파갈등 등의 쟁점이 부상하는 상황에서 이슬람 쟁점을 다루어낼 수 있는 거의 유일한 외교행위자라 할 수 있다.

(1) 조직 및 운영: 이슬람 전체를 아우르는 병렬적 조직

OIC는 1969년 이슬람의 3대 성지중 하나인 예루살렘의 알 아크사 성원(Masjid al Aqsa) 방화사건을 계기로 동년 9월 25일 이슬람 세계의 연대와 권익보호 차원에서 결성되었다. 현재 57개 회원국이 가입해 있고, 중동뿐만 아니라 아프리카, 동남아시아, 중앙아시아 등을 포괄하는 거대기구이다. 전체 57개국 중 전체 경상비 예산의 10% 이상을 부담하는 사우디아라비아의 영향력이 가장 크며, 본부도 사우디아라비아의 동부해

안 도시 젯다(Jeddah)에 위치하고 있다.

가장 중요한 행사는 매 3년 간격으로 개최되는 이슬람권 정상회의로, OIC 사무국에서 주관한다. 그리고 매년 외무장관회담이 개최되어 전체 OIC 회원국의 대외관계를 조율하고, 갈등해결 쟁점을 처리한다. 전체 기획 및 운영을 책임지는 사무총장 밑으로 4인의 사무차장을 두어 각각 과학기술, 정보, 정무 및 경제 업무를 담당하고 있다. 팔레스타인/예루살렘 담당 특별부서 및 이스라엘 보이콧을 담당하는 조직을 따로 둘만큼 아랍연맹과 유사하게 이스라엘-팔레스타인분쟁을 강조한다. 현지 사무소를 제네바, 뉴욕 및 카불에 설치, 운영하며 이슬람권의 입장을 홍보하고 있다. 전체 57개 회원국은 아프리카 27개국, 아시아 26개국을 비롯, 유럽 남미 4개국을 포함 다음과 같이 구성되어 있다 (표 17.1).

재정 운영은 회원국 분담금과 기부금으로 운영되는데, 분담금의 경우 회원국의 국민소득에 비례하여 배정하고 있으나 회원국 중 빈곤국이 많아 전체 회원국의 50% 내외만 분담금을 납부하고 있다. 부족 예산의 상당 부분은 사우디아라비아가 부담하는 것으로 알려져 있다.

(2) 강령 및 목표

OIC의 강령은 "무슬림 세계의 통일된 목소리를 통해 국제화합과 평화의 정신에 입각한 무슬림 국가의 이익을 보호한다"[15]이며, 구체적으로는 각 이슬람국가 간 연대강화, 교류 증진을 통해 여타 종교나 문명으로부터 어려움을 겪는 경우 공동지원에 나선다는 의미가 강하게 담겨있다. OIC헌장

---

15) http://www.oic-oci.org/oicv2/page/?p_id=52&p_ref=26&lan=en

제1조에 의하면 설립 목적을 다음과 같이 규정하고 있다.

- 회원국 간 사교와 연대의 결속 증진 및 강화
- 회원국의 공동이익 및 정당한 대의를 보호하고, 이슬람권 및 국제사회가 조우하는 다양한 도전들에 공동대응
- 각 회원국의 영토, 독립 및 주권과 내정불간섭 및 자결권을 존중
- 공공의 이익을 보장하기 위해 회원국이 다양한 글로벌, 경제, 사회 이슈 관련 의사결정구조에 적극적으로 참여할 수 있도록 독려
- 국제법과 유엔헌장에 명시된 국민의 권리 지지를 재확인
- 이슬람권 공동시장 구축을 향한 경제통합을 위해 이슬람권 역내 경제, 무역 협력 강화
- 지속가능하고 포괄적인 회원국의 경제적 삶의 질과 인간개발을 위한 최선의 노력
- 이슬람의 본질적 이미지를 수호하고 모욕에 대응하며 문명 및 종교 간 대화 증진
- 과학기술분야에서의 회원국 간 독려 및 협력 증진

OIC 헌장에 명시된 설립목표는 GCC나 아랍연맹과는 달리 포괄적이고 글로벌한 원칙을 담아내고 있다. 중동은 물론 유럽, 아프리카 및 남미까지 아우르는 광역성에 기인한다.

(3) 외교정책 기조: 이슬람권 내부의 갈등조정 및 적극적 공공외교

이슬람공동체의 이념을 증진시키고 회원국의 종교적 자유보장을 목표로 하는 OIC의 외교분야는 군사안보나 경제협력과는 거리가 있다. 사실상 문화, 종교, 교육분야에 중점을 두어왔다. 광범

표 17.1 OIC 회원국 현황

아프리카 (27개국)	아시아 (26개국)	유럽·남미 (4개국)
알제리, 베냉, 부르키나파소, 카메룬, 코모로, 차드, 지부티, 이집트, 가봉, 감비아, 기니비사우, 기니, 코트디부아르, 리비아, 말리, 모리타니아, 모로코, 모잠비크, 니제르, 나이지리아, 세네갈, 시에라리온, 소말리아, 수단, 토고, 튀니지, 우간다	아프가니스탄, 아제르바이잔, 바레인, 방글라데시, 브루나이, 인도네시아, 이란, 이라크, 요르단, 카자흐스탄, 쿠웨이트, 키르기즈스탄, 레바논, 말레이시아, 오만, 파키스탄, 팔레스타인, 카타르, 사우디, 시리아, 타지키스탄, 투르크메니스탄, UAE, 우즈베키스탄, 예멘	알바니아 터키 가이아나 수리남

위하게 분포하는 회원국들이 다양한 이해관계를 형성하고 있기 때문에 단일한 정치적 의사를 표출하기가 어려운 조직이기도 하다. 따라서 사회문화, 교육, 이슬람 역사연구 증진 등의 분야에서 활발하게 활동하는 반면, 정무분야에서는 정보획득, 의사교환 등 중재 기능에 역점을 두고 있다. 대표적으로 1972년 필리핀 민다나오분쟁, 1993년 소말리아 인도적 위기시 컨택트 그룹 결성, 2003년 이라크 종파분쟁 중재, 2004년 태국 이슬람지역분쟁 등이 있다. 최근에는 이란-사우디가 주도하는 종파분쟁 구도에서 일정 역할을 하려하고 있으나 사안이 민감하고 사우디의 영향력이 절대적인 관계로 이란 입장에서는 OIC가 사우디에 편중된 불평등한 입장을 취한다는 비판을 제기하고 있다.

OIC의 구조적 한계는 명확히 존재한다. 회원국 내부에서도 이슬람을 해석하고 적용하는 기준과 유연성이 상이하기에 공동의 목표를 도출하기가 쉽지 않다. 더욱이 수니, 시아 및 기타 군소 종파들의 입장도 확연히 다르고 종파갈등 양상이 상존하고 있기에 적극적 협력체제를 구축하는 데 내적 도전이 많다. 유엔 다음으로 많은 회원국들을 하나로 모아 의견을 조정하고 공동행동을 이끌어 나가기에는 회원국 간 입장차이가 매우 크다. 느슨한 연합체의 성격을 넘어서지 못하고 있는 이유이기도 하다.

그러나 역외세력, 타 문명권과의 갈등이 발생할 경우에는 57개 회원국들이 단결하여 집단의사를 표명하는 경우도 있다. 특히 냉전종식 이후의 문명담론이 형성되고 이슬람권에 대한 서방의 비판과 차별이 증가하자 적극적으로 대응하고 있다. 무엇보다 2014년 6월 칼리프조의 부활 및 국가를 선언한 IS 등장 이후 역할이 많아졌다. 이슬람권에 대한 국제사회의 우려와 비판 여론에 대응하여 이스탄불을 중심으로 문화예술 및 인적교류를 통한 이슬람 공공외교를 펼치고 있다. 여론전에서 공동의 적을 상정하고 대응하면서 점차 OIC의 결속력은 힘을 얻어가고 있으며, 국제사회에서 이슬람권의 발언권도 점차 확장되는 추세이다.

4. 중동 주요 국가의 외교정책

1) 사우디아라비아 및 걸프국가: 사우디의 리더십 유지 및 걸프 공동 위기 극복

걸프 왕정 및 이슬람권에서 선두 국가 위상을 유지해 온 사우디아라비아의 외교 목표는 역내 패권의 유지에 있다. 사우디의 위상은 크게 3가지 힘에 기반한다. 첫째, 이슬람의 양대 성지를 관할하는 소프트파워, 둘째, 막대한 석유 수입을 바탕으로 한 재정 능력, 그리고 셋째는 미국과의 견고한 안보동맹이다. 그러나 2022년 현재 아랍의 봄 이후 시리아, 예멘 등 역내에 이어진 내전 등 정세 격변, 이란핵협상 재논의, 유가 하락으로 인한 재정수지 악화 및 미국의 중동 이탈 정책정책으로 인해 위기 국면을 맞고 있다. 내부적으로는 왕실 권력 승계 관련 불안정성 역시 상시적인 위험 요인이라 할 수 있다.

이러한 내외 도전 요인에 직면하여 사우디는 우선 미국과의 고전적 우호관계 구축을 통해 중동지역 내 외교적 주도권을 유지하는 데 역점을 두고 있다. 동시에 GCC 회원국을 최우호국관계로 지속시키고 아랍연맹 및 OIC 회원국에 이르기까지 동심원적 원근(遠近) 순으로 자국의 이익을 대변하는 동반자로 설정한다. 이를 통하여 당면한 외교적 도전, 즉 이란혁명 사상의 왕실위협, 왕국 내 분리주의 투쟁, 극단주의의 왕국침투 등을 제어하려 하고 있다. 동시에 왕실안정성을 확보하고 차기 승계 구도를 유지하는 데 정책목표를 두고 있다.

다만 역내외에서 사우디아라비아의 보수적 이슬람 전통인 와하비즘(Wahabbism) 노선 존속에 관한 우려가 점증하고 있고, 이는 왕국에게 외교적 부담이다. 가문의 정통성을 유지하여 이슬람 계율 관련 엄격성을 지키면서도 국제표준에 근접한 통치행태와 사회적 규범을 어떻게 만들어나갈 수 있을지가 관건이다.[16] 결국, 사우디 왕실은 국제사회의 여론을 감안, 여성 인권 증진, 청년층의 요구 청취 및 반영, 막대한 개발 프로젝트를 통한 개방성 증진 등을 목표로 변화 추구에 나섰다. 현상유지를 위한 내부 개혁을 추진하고 이를 통해 내치와 외교에서 레버리지로 삼으려는 왕실의 전략이라 할 수 있다.

사우디아라비아 및 걸프의 외교적 최대 도전은 미국의 중동 거리두기라 할 수 있다. 2021년 8월 아프가니스탄 주둔 미군의 전격 철군이 상징하는 미국의 전략 변화는 기존의 안보 시스템의 약화를 의미한다. 특히 트럼프정부의 퇴진 이후 등장한 바이든정부의 대중동정책은 사우디아라비아 왕실에게 부담이었다. 반왕실 언론인 자말 카쇼크지 암살 사건에 대한 바이든정부의 비판 기조도 압박으로 작동했다. 결국, 미국의 인도·태평양 전략 중심 이동으로 인한 기존 안보망의 해체 및 약화에 대한 걸프의 안보외교는 위험회피(hedging)을 고민하지 않을 수 없는 국면으로 이어졌다.

사우디아라비아 외에 걸프 왕정국가들의 외교 노선은 차이가 있다. UAE와 바레인이 사우디아라비아와 반이란 기조의 입장을 같이한다면, 오만과 쿠웨이트는 이란 위협 대응에 있어서 중립적 노선을 견지하고 있다. 반면 카타르의 경우 오

---

16) 인남식, "사우디 살만 국왕체제 등장과 향후 전망," 『외교안보연구소 주요국제문제분석 시리즈』 (서울: 국립외교원, 2015.2.24).

히려 이란과 가까운 입장에서 전방위 중립외교를 펼치고 있다.

사우디아라비아 입장에서는 GCC국가들의 결속력을 통해 점증하는 위협 요인에 대응하려 하고 있다. 그러나 걸프 왕정국가들의 내부적 입장 차와 균열을 극복하기 쉽지 않고, 향후 각국의 이익에 기반한 왕국들의 독자 외교노선을 일방적으로 제어하지 못할 것으로 보인다. 이익 기반 정치가 중동 내 뿌리내려온 정체성 단위 결속의 정치를 앞서는 형국이다. 향후 사우디아라비아의 리더십이 역내 영향력을 계속 유지할 수 있을지에 관한 의문이 제기되는 이유이다.

2) 이란: 혁명 기반 영향력 확장

1979년 호메이니(Khomeini)혁명 이후 미국과의 관계단절 및 2002년 핵개발 의혹으로 인한 유엔안보리, 유럽연합의 경제제재를 받았던 이란은 2015년 핵합의 타결을 통해 정상적인 외교관계를 추구하는 국가로의 전환을 앞두고 있었다. 3중 제재로 인한 경제적 어려움을 빠른 시간내에 극복하고, 경제성장을 통해 역내에서 정치적 영향력을 확보하는 목표를 설정하며 의욕을 보였다.

그러나 트럼프정부의 제재복원으로 인해 저항 경제로 다시 회귀할 수밖에 없었고, 이로 인한 경제난으로 인해 국내 여론은 극도로 악화되었다. 개방을 염두에 두고 기대감이 높아진 상황에서의 원점 회귀가 초래한 박탈감은 컸다. 2021년 6월 대선에서 에브라힘 라이시 사법부 수장이 대통령으로 당선되면서 보수 일변도의 기조가 형성되었다.

이란이 가진 잠재력은 크다. 페르시아의 후예

라는 자존감을 계승시켜 왔고, 일반 대중의 교육 수준도 높은 편이다. 걸프와 카스피해를 아우르는 원유 매장량과 천연가스 부존량으로 자원 강국이다. 이란의 잠재력으로 보아 역내 패권국가로서의 역량을 충분히 갖추고 있다. 이러한 잠재력을 기반으로 자국의 고유한 정치체제인 '이슬람 법학자의 통치'구조를 전 이슬람권에 확장 시키려 한다. 신정주의와 공화주의를 결합한, 즉 신과 인간을 동시에 만족시키는 이란만의 고유한 정치체제를 범이슬람권에 수출하는 목표를 갖고 있다. 일종의 소프트파워 전략이다.

이란의 혁명 수출 목표는 주변 국가, 특히 걸프 왕정에게는 필연적인 위험 요소로 작동한다. 이란 혁명수비대의 혁명 해외 전파 전위대인 쿠드스(al Quds) 부대는 중동지역 내 친이란 세력의 규합, 결집, 저항을 지원하고 있다. 사우디아라비아를 비롯 정권 안보에 민감한 국가들은 이란 영향력의 확장을 곧 자국 생존 위협과 동일시하고 있다. 이란의 핵개발 쟁점은 중동의 균형을 완전히 깨뜨리는 도전 요인으로 받아들이는 상황이다.

이 과정에서 이란은 핵합의를 파기한 미국이나 미국의 우방국인 유럽에 경도되는 것을 피하고 독자적 외교노선 또는 중국, 러시아와 연대하는 구도를 선호할 가능성이 높다. 향후 중동외교 관계의 중요한 관전 포인트는 이란이 독자적 외교행보를 취하면서 역내에서 영향력을 확대할 수 있는가에 있다.

향후 이란이 핵합의 재가동 국면을 맞을 경우 기존의 혁명 수출노선 유지 여부가 관건이다. 국제사회는 이란이 정상적인 경제활동 국가로 기능하기를 기대하고 있으며, 이를 위해 역내 정치적 불안정성을 최소화하는 것을 전제로 제시하고 있기 때문이다. 과연 이란이 기존의 혁명 수출노선을 계속 유지함으로써 역내 현상변경국가(revisionist state)로 남을 것인지, 아니면 변화된 정상국가로 자리매김할 것인지에 따라 역내 역학관계가 영향을 받을 것으로 보인다.

3) 터키: 중동 관여 확대

유럽연합 가입을 국가의제로 설정하고 있는 터키는 동시에 중동 및 중앙아시아 외교에도 역점을 기울이고 있다. 국가정체성은 유럽으로 설정하되, 외교활동 주 무대는 중동 이슬람권에 무게중심을 두는 형국이다. 현실적으로 유럽연합의 가입 가능성 및 가입 실익에 관한 회의론이 점증하고 있고, 터키이슬람정당(AKP, 정의개발당) 집권이 장기화되는 과정에서 터키판 '동방정책(Look East policy)'을 통해 중동-이슬람권과의 연계가 점차 강화되었다.

터키는 중동지역 내의 중재자 역할 및 동서양의 문명 교류의 허브 역할 외교를 천명하고 있다. 실제로 터키는 수니파 국가임에도 이란과의 경제관계가 돈독한 편이며, 팔레스타인문제에도 깊이 관여해 왔던 터라 중동 내의 존재감이 높은 편이다. 이를 바탕으로 역내 핵심 외교사안에서 주도적 역할을 수임하려 하고 있다. 동시에 유럽과 아시아를 아우르는 지정학적 입지를 활용하여, 기독교 문명권과 이슬람 문명권을 화해시키는 조정자적 역할에 대한 외교 목표를 갖고 있다.[17]

역내외 조정자 역할을 자임하는 에르도안(Recep Tayyip Erdogan)정부는 접경국가와의 '무분쟁 구상(Zero conflict initiative)'을 천명했다. 소위 평화외교를 통한 역내외 외교 이슈에 대한 적극적 관여를 선언한 셈이다. 소위 '이스탄불' 프로젝트를 통해 중동 내 분쟁과 갈등해소와 관련된 국제회의를 적극적으로 유치하며 존재감을 드러냈다. 이후 헌법개정을 통한 임기 연장을 확정했고 권력 집중을 추진하면서 내외의 저항이 고조되고 있다.

일종의 권위주의화 경향성을 띠기 시작한 에르도안정부는 민족 및 종교 정체성에 대한 귀속감을 강화하며, 기존의 친서방 기조에서 이탈하는 외교노선을 택했다. 1차대전 패전 후 술탄의 폐위와 오스만제국 해체 100년이 지난 시점에서 다시 과거 제국의 영화를 되살리고 싶어 하는 징후를 표출하는 전략이다. 과거의 영화(榮華)를 재현하여 영향력을 확산시키겠다는 정체성 기반 이익 추구의 국제정치 행태를 터키가 보여주고 있다.

4) 이스라엘: 역내 고립 탈피 및 적극적 공세 외교 추진

이스라엘이 당면한 외교 쟁점은 일차적으로는 어떻게 팔레스타인 자치정부를 분리독립시킬 것인가의 문제다. 궁극적으로 이스라엘은 자신들이 점령한 서안지구와 가자지구에서 팔레스타인을 주권국가로 분리, 독립국가로 전환하는 원칙에 동의하고 있다. 그러나 독립된 팔레스타인 국가의 최종지위가 어떤 형태를 띠느냐를 놓고 팔레스타인과 협상은 진척-퇴보-교착을 반복해 왔다. 양자협상에서 난민귀환, 동예루살렘 영유권, 정착촌 철수문제 등 난제를 어떻게 정리할 것인가

---

17) 인남식, "터키 신중동정책의 함의와 전망," 『외교안보연구소 주요국제문제분석 시리즈』 (서울: 국립외교원, 2010.7.12).

가 관건이다.

대외적으로는 미국과의 우호관계 유지를 축으로 이란을 압박하고, 중동지역 내 일부 국가들과 우호관계를 맺는 데 관심을 기울이고 있다. 중동 전역에서 고립된 형국인 이스라엘이 역내 아랍 또는 비아랍 소국들과 우호관계를 설정함으로써 역내 고립으로부터 탈피하고 안보를 강화할 수 있는 네트워크 구축이 시급한 실정이다. 현재는 이집트, 요르단, 터키 등 이슬람권 주요국가들과 수교를 맺고 있으나 이 범위를 확장시키며 외교적 외연을 확장하려는 노력을 기울이고 있다. 2020년 9월 아브라함협정으로 이스라엘은 새 외교 지평을 열었다. UAE와 바레인 등 걸프 왕정 국가와 수단과 모로코 등 아프리카 아랍국가들이 이스라엘과 수교를 추진하는 협정을 체결함으로써 고전적 아랍·이스라엘 적대관계 해소의 가능성을 높인 것이다.

다만 이스라엘이 여타 아랍 권위주의 국가나 이란, 터키와는 달리 국내정치의 변동성이 크다는 점은 내부적 변수다. 이스라엘 의회(Knesset)는 지금까지 단 한 번도 단일 정당이 의석(120석)의 과반을 점유한 적이 없다. 항상 제2당과의 대연정, 혹은 군소정당과의 연립정부를 구성해 왔다. 연립정부의 외교정책은 연립정부를 참여 정당 중 비교적 보수적 경향성을 띠는 정당에게 각료 자리를 맡기는 경우가 더 많았다. 이스라엘외교의 보수성을 방증하는 셈이다. 동시에 미국의 중동 거리두기 정책으로 인한 이스라엘의 안보 위기의식도 하나의 변수로 떠올랐다. 물론 미국의 이스라엘에 대한 안보협력은 계속되겠지만 미 전략자산의 중동에서의 일부 철수로 인한 이스라엘의 압박감은 높아지고 있다.

5. 중동외교정책의 현안과 대한반도관계

1) 중동외교정책의 현안

중동외교의 핵심은 걸프지역 산유국을 중심으로 하는 안보 확보와 지속성장 가능한 산업 동력의 추진이라고 할 수 있다. 이란의 부상에 따른 역내 역학관계 및 질서의 재편이 가져오는 미래 불가측성, 저유가 기조 및 탄소중립 경제 전환으로 인한 기존 석유 산업 수입구조의 붕괴 등이 핵심 쟁점이다.

변화가 절실한 시점에서 미국의 중동 거리두기 정책 시현은 시사하는 바가 많다. 그동안 중동 주요 국가의 핵심 안보, 경제협력 파트너였던 미국의 인도·태평양 귀환으로 인해 중동의 질서 변화는 불가피한 상황이다. 변화의 국면에서 안보협력과 지속성장이 가능한 경제구조 재편을 위한 외교 지형의 재편이 이루어지고 있다.

미국의 부재로 인한 힘의 공백 상태를 맞게 되는 중동지역을 그대로 놓아둘 경우 자칫 역내 갈등의 무한 증식으로 이어질 수 있다. 이 경우 폭력적 극단주의 발호 등 통제불가능한 상황으로 전개될 수 있다는 점을 국제사회가 주목하고 있다. 특히 미국은 9·11의 비극을 경험하고 테러와의 전쟁을 통한 이라크, 아프가니스탄 전장에서 막대한 희생을 감수했다. 그러나 원하는 정치적 과실을 획득하지 못한 채 중동에서 빠져나가면서 최소한의 안정 기조는 구축해야 했다. 제2의 9·11을 막고 이를 통한 테러, 난민 등 인간안보의 문제가 불거지는 것을 최소화해야 하기 때문이었다. 이를 위한 외교적 포석들이 이어졌다.

대표적인 사례가 이란핵합의 복원과 관련된

협상, 아브라함협정 등을 통해 다자가 참여하는 평화협정을 모색하고 있는 구조이다. 전통적인 아랍·팔레스타인관계가 형해화되고 이제 각국의 이익에 따라 이스라엘이 정상적 행위자로 중동에서 활동하기 시작했다. 향후 관건은 이란의 행보 여부다. 이란이 일련의 합의를 통해 역내 정상국가로 자리매김할 수 있는가는 중동외교를 둘러싼 핵심 변수라 할 수 있다. 사우디아라비아 등 기존 반이란 진영의 국가들이 이란 적대시 외교를 지속할 것인지, 아니면 변화의 국면을 맞아 적대적이지만 공존을 추구하는 균형상태를 만들어 낼 수 있을지가 관건이다.

이란을 정상국가화 시키고, 이를 통해 중동 내 테러 확산 및 불안정 기조를 차단할 수 있다면 비록 역내 국가들 간 적대적 감정이 유지된다 하더라도 균형을 만들어 낼 수 있다. 이란의 변화는 강압적으로 유도되기 어렵다. 이란핵합의의 골간은 10~15년의 기간 동안 핵무기 관련 활동을 중단시키는 대가로 제재를 해제하는 것이었다. 이 기간 동안 이란 내에 서방의 물자와 인력이 유입되고 정상적인 비즈니스가 가동하게 되면 폐쇄 일변도인 신정주의 정치체제에도 형질 변화가 일어날 수 있다는 전망에 근거한 합의였다. 비록 트럼프 행정부의 합의 파기로 인해 변곡점을 겪고 있지만 바이든 행정부 이후 정상가동 여부에 따라 중동지역 안정이 구축될 수 있을지가 결정될 것이다.

아브라함협정은 고전적 적대관계인 이스라엘과 아랍 간 협력구조물이다. 1948년 이스라엘 건국과 함께 시작된 팔레스타인문제는 아랍의 이스라엘 견제 및 압박의 구도를 뿌리내리도록 했다. 그리고 아랍과 이슬람권에서의 반이스라엘 감정은 중동 내 호전성과 갈등을 고조시키는 요인이

기도 했다. 이 적대관계 악순환의 고리를 끊어내고 변화의 시금석을 추진한 사례가 바로 2020년 아브라함협정의 시작이다. 이스라엘과 바레인, UAE, 모로코, 수단 등이 수교 관련 협정을 맺으면서 중동 내 갈등축선을 변화시켰다. 팔레스타인을 형제로 인식하는 아랍 대중들의 반발에도 불구하고 아랍 주요국 정부가 아브라함협정을 추진하거나 전향적으로 검토하는 이유는 다음과 같다.

먼저 경제구조의 변화 즉 석유 시대 종언 및 탄소중립 시대를 맞아 석유의존 경제구조를 탈피하여, 새로운 신성장 동력을 발굴해야 한다. 이와 관련 역내에서 이스라엘의 연구개발분야만큼 탁월한 협력 대상을 찾기 어렵다. 두 번째는 이란의 부상에 대한 공동대응의 필요성이 작동한 결과이고, 세 번째는 국내 이슬람 반정부 세력에 대한 정보자산을 이스라엘이 다수 보유하고 있기 때문이다. 한마디로 경제, 안보, 정치 등 국가운영 제 요소에 이스라엘과의 협력이 도움이 될 수 있음을 판단했기 때문이었다. 중동정치의 혁명적 변화라 할 수 있다.

동시에 석유 시대 이후를 대비하는 연구개발 및 공동투자를 모색하는 중동국가들의 경제협력·미래협력의 공간이 어떻게 구성되는지에 관한 문제 역시 안보만큼 중요한 중동지역 외교정책의 현안이라 할 수 있을 것이다.

2) 한국외교의 함의

(1) 에너지 자원외교: 석유와 천연가스의 주 공급원[18]

중동은 한국경제와 밀접하게 연관되어 있다. 세

---

18) 국가에너지통계 종합정보시스템 KESIS, 2022년 1월 15일 기준.

계 석유 공급량의 48.3%(2020년 기준), 세계 천연가스 공급량의 38.4%(2018년 기준)를 점유하고 있다. 한국은 석유의 57%(2021년), 천연가스의 53%를 중동에서 수입하고 있다. 석유의 경우 2016년 당시 86%를 중동에서 수입했던 데 비하면 수입선 다변화를 통해 상당 부분 중동 비중이 감소했다. 그러나 여전히 절반 이상의 석유가 중동에서 들어온다. 중동지역의 에너지 공급에 차질이 빚어질 경우 한국경제는 위기에 처할 가능성이 높다. 한국의 대중동외교는 에너지 자원의 안정적 공급이라는 측면에서 경제외교의 핵심 주제다.

(2) 수주외교: 건설 및 플랜트 시장

2020년을 기준으로 중동지역 건설시장 규모는 2,500억 달러에 육박했다. 이중 한국과 관계가 돈독한 사우디와 UAE가 전체 중동건설시장 발주액의 절반 이상을 차지했다. 세계 건설시장 전체 규모로 놓고 볼 때 중동의 점유율은 15% 내외이지만, 1970년대부터 중동건설에 관여해 온 한국에게 중동은 여전히 제1의 진출 시장이다. 2015년 유가 하락으로 인해 신규 프로젝트가 중단되거나 감소되는 경향성이 나타났지만, 2020년에는 총 해외 수주 351억 3,000달러 중 중동지역 수주액이 133억 달러에 달해 전체 대비 37.8%를 점유했다.[19]

(3) 평화외교의 현장

상시적 분쟁지역인 중동은 한국 평화외교의 주요 대상국이기도 하다. 유엔 평화유지 임무 및 다국적군 임무에 따라 파병, 다양한 임무를 수행함으

---

19) 국가통계포털 KOSIS – 해외건설수주통계 2020년 12월 기준.

로써 국제평화에 기여해왔다. 전체 해외파병 현황은 다음과 같으며 상대적으로 대규모 병력이 파병된 지역은 중동·아프리카권이다. 레바논 동명부대는 이스라엘과 레바논 헤즈볼라(Hezbollah) 간 분쟁방지 임무를, 남수단 한빛부대는 재건 임무를 수행하고 있다. 바레인과 오만을 근거로 아라비아해 인근 및 소말리아해역에서 해적소탕 임무를 수행하는 청해부대는 동부 아프리카 평화안정에 기여하고 있다.

3) 한국 중동외교의 미래

지금까지 한국의 중동외교는 에너지 자원 공급원이라는 측면이 가장 중요했다. 자원 공급의 측면에서 우리의 외교적 중점은 걸프 산유국과의 우호적인 관계 구축이었다. 여전히 중요하고 전략적으로 선린우호 동반자관계를 유지해야 한다. GCC국가와의 인적, 물적 교류 확대는 상시적인 우리의 목표다.

그러나 GCC를 제외한 여타 중동 아랍국가와의 관계확대도 적극 고려할 필요가 있다. 앞에서 살펴본 대로 중동 내 다양한 정체성 그룹이 존재한다. 이들 그룹별로 맞춤형 외교전략을 수립하여 이집트가 주도하는 아랍연맹의 22개 아랍 회원국과의 공동협력아젠다를 발굴할 시점이다. 주로 아랍 내 산유국을 제외한 빈곤국가에 대한 관심을 증진시키는 외교전략이다. 외에도 북아프리카·마그레브·지중해 지역외교는 유럽의 바르셀로나 프로세스와 맞물려 역사, 문화, 학술, 과학기술 등의 전문가와 함께 하는 공공외교로 이어질 수 있다.

이슬람권과의 우호관계 유지도 한국 중동외교의 중요한 과제다. 국내 이주노동자들이 증가하

표 17.2 한국군 해외파병 현황

구분			현재인원	지역	최초 파병	교대주기
UN 임무단	레바논 동명부대		279	티르	2007년 7월	8개월
	남수단 한빛부대		203	보르	2013년 3월	
	인·파 정전감시단(UNMOGIP)		8	스리나가	1994년 11월	1년
	남수단 임무단(UNMISS)		7	주바	2011년 7월	
	수단 다푸르 임무단(UNAMID)		1	다푸르	2009년 6월	
	레바논 평화유지군(UNIFIL)		4	나쿠라	2007년 1월	
	서부사하라 선거감시단(MINURSO)		3	라윤	2009년 7월	
	예멘 정치임무단		–	호데이다	2019년 7월	
	소계		505			
다국적군 평화활동	부대단위	소말리아해역 청해부대	303	소말리아해역	2009년 3월	6개월
	개인단위	바레인 연합해군사령부 참모장교	4	마나마	2008년 1월	1년
		지부티 연합합동기동부대(CJTF-HOA) 협조장교	1	지부티	2009년 3월	
		미국 중부사령부 협조단	3	플로리다	2001년 11월	1년
		미국 아프리카사령부 협조장교	1	슈트트가르트	2016년 3월	1년
		쿠웨이트 협조장교	2	아라프잔	2019년 12월	1년
		EU 소말리아 해군사령부 (CTF-465) 협조장교	–	소말리아해역	2020년 3월	9개월
	소계		11			
국방협력	부대단위	UAE 아크부대	148	아부다비	2011년 1월	8개월
	소계		148			
총계			967			

출처: 국방부 (2021.01.01) 기준.

고 있고, 특히 할랄시장 진출 등과 맞물려 이슬람권, 특히 OIC의 발전 이슈 주요 관심사를 토대로 협력 기반을 강화할 수 있다. 무엇보다 최근 극단주의의 발호로 인해 이슬람권에 대한 부정적 인식이 확산됨에 따라 국내에서도 불필요한 적대감 및 부작용이 발생할 가능성이 있다. 따라서 이슬람권 이해 및 교류강화를 중심으로 하는 외교정책을 통해 상호협력 기반을 조성할 필요가 있다.

외에도 정무적인 사안 역시 보다 적극적인 관여를 준비하고 시행할 때가 되었다. 따라서 향후 이스라엘-팔레스타인문제, 이란핵문제, 폭력적 극단주의 대응(CVE), 역내 내전 등 다양한 현안에 대하여 적극적인 목소리를 내고 공동 기여에 참여해야 한다. 분쟁이 만연한 중동지역은 외교 무대에서도 상시적인 갈등이 존재하므로 향후 보다 유연하고, 자율적인 중동외교전략을 수립, 추진해야 한다. 또한, 경제적 실익에만 매몰되지 말고, 중동지역의 다양한 정치적 이슈 영역에도 한국정부의 외교력을 발휘할 수 있도록 역량을 강화해 나가야 한다.

6. 결론

앞에서 살펴본 것처럼 중동지역은 다양한 역사, 문화적 정체성을 배경으로 하는 국가들로 구성되어 있다. 이란, 터키 및 이집트를 제외하고는 대부분 양차 대전을 거치면서 국가 형성의 궤적을 걸었던 국가들이다. 유럽 열강은 마치 자신들이 로마 교황의 통치로부터 벗어나 30년전쟁을 거치며 베스트팔렌체제, 즉 주권국가 평등 및 외세 불간섭의 체제를 구축했던 역사를 기억하고 중동의 국경선을 확정했는지 모른다.

그러나 유럽과는 달리 중동지역 내부에 다양하게 혼재되어 있는 정체성과 집단성(아싸비야)의 맥락이 무시된 채, 급조된 인조국가(artificial states)가 동시다발적으로 생겨나면서 문제의 근원이 되었다. 쿠르드족같은 오랜 공동체가 4개의 국가로 나뉘기도 했고, 이라크나 시리아처럼 수니-시아파가 뒤섞이면서 갈등의 근원을 가진 종파가 하나의 나라로 묶이기도 했다. 각기 구심력과 원심력이 작동하면서 국가체제 내부에서도 다른 정체성이 작동하는 독특성이 중동에서는 발현되었다. 베두인의 유목문화와 바빌론 및 이집트제국의 화려한 정주문화의 특성이 혼재되는 복합성도 나타난다.

일반적인 외교 무대에서 발견되는 목표, 전략, 전술, 협상 및 갈등의 양태는 중동에서 약간씩 다른 양태로 발현되어왔고, 종국에는 부족주의, 국가주의, 아랍주의 및 이슬람주의 등으로 다양하게 각기 수렴하며 분기되었다. 여기에 중동외교의 독특성과 고유성이 있다. 그리고 대개의 중동국가는 정권이 잘 교체되지 않는 권위주의 국가였기에 (왕정이든 공화정이든) 외교행위자의 내구성이 매우 길었다. 특히 절대 왕정국가의 외교책임 인사들은 수십 년간 책임과 권한을 위임받고 일하는 경우가 비일비재했다. 정체성과 권위주의체제 특성이 결합된 중동외교 행태라 할 수 있을 것이다.

2011년 아랍 정치변동(아랍 스프링) 이후 정치질서의 재편이 일어났다. 서구와 같은 민주주의의 경로로 이행하지 못하고 정변을 겪은 대부분의 국가는 실패국가에 준하는 혼란이 일어나거나 군부의 복귀 또는 내전 상태로 진입하게 되었다. 내전을 기화로 극단주의가 기승을 부리기 시작하면서 유례없는 테러리스트 집단인 IS가 2014년 급기야는 칼리프 국가를 선언하는 데까지 이르렀다. 이 와중에 이란핵협상은 2015년 타결이 되었고 중동의 세력 구도는 사우디 독주에서 이란-사우디 맹주 싸움 구도로 변해가고 있다.

만성적인 갈등과 극단주의 등의 혼란 국면에서 미국 및 러시아와 같은 열강들의 개입 정도와 입장은 여전히 현실 중동정치를 규정하는 중요한 요인이다. 이렇게 다양한 독립변수들이 작동하며 정세를 구성하는 중동의 복잡성을 면밀히 검토하지 않고서는 적실성 있는 대중동외교를 펼쳐나가기가 어렵다. 입체적이고 조직적인 중동분석이 필요한 시점이다.

한국의 대중동외교는 경제우선이라는 국가이익과 함께 인권, 자유 및 평화의 보편적 가치를 동시에 추구하는 것이 바람직하다. 1970년대 중동건설붐이나, 석유수입, 그리고 최근 원전수주 등 경제적 이해관계로만 중동을 보는 것을 넘어설 필요가 있다. 물론 최근 석유 시대 이후를 준비하며 변화를 시도하는 중동국가와의 협력은 긴요하다. 특히 수소 등 신재생에너지 연구개발, 바이오산업 협력, 관광 인프라 공동 개발 등은 여전히 중요한 미래 경제협력 요건이다. 그러나 정무, 안보 등 다양한 분야로 협력을 확대해야 할 필요도 상존한다. 이·팔문제를 포함 제반 분쟁 등의 정무적인 사안에도 국제사회와 협력하며, 적극적으로 관여하여 우리도 중동평화 구축에 동참할 필요가 있다.

토의주제

1. 중동지역에 역사적으로 침착된 다양한 정체성의 층위는 어떠한 것들이 있는가?

2. 중동의 만성적 분쟁과 갈등은 외삽적 요인, 즉 식민지 유산으로 보는 경우가 많다. 외삽요인 외에도 분쟁의 내재적 원인은 어떤 것들이 있을까?

3. 중동지역의 외교환경을 설명하는 네 가지 요소, 분쟁이 만연한 불안정성, 정치체제의 다양성, 복합적 정체성 그리고 미국의 대외정책 요소 외에 어떤 다른 환경적 요소가 작동할 수 있을까?

4. 미국의 최근 중동정책의 극적 대조는 부시독트린과 오바마의 대중동정책의 차이에서 나타난다. 각각을 구체적으로 대조해 보시오.

5. 수니-시아 간 종파갈등은 무려 1400년 전의 역사로부터 발원한 갈등이다. 이렇게 오래된 역사의 한 사건이 현재시제의 정치적 사안을 규정할 수 있다고 믿는가? 믿는다면 그 근거를, 믿지 않는다면 최근 분쟁을 설명하는 요인이 무엇일지 토의해 보시오.

6. 미국이 중동 우선의 외교정책에서 변화를 시도, 인도·태평양으로 힘의 중심을 이동하게 되면서 발생하는 전략 지형의 변화는 어떻게 해석할 수 있을까?

7. GCC, 아랍연맹, OIC 각각의 기능과 역할, 외교 중점을 토의해보고, 역할분담의 요소와 상충의 요소를 찾아보라.

8. 중동에서 왕정은 언제까지 존속될 수 있을까? 영구히 존속된다면 어떤 외교적 조건하에서 가능할까?

9. 한국의 대중동외교는 그동안 경제우선 원칙을 철저히 반영해왔다. 이제 정무적으로 눈길을 돌린다면 어떤 중동 이슈가 우리의 대중동정책에 가장 긴요하고 적합할까?

10. 중동에 궁극적인 평화가 도래하려면 역내 당사자, 세계열강, 그리고 한국과 같은 중견국이 어떤 비전을 갖고 외교력을 발휘해야 할까?

참고문헌

1. 한글문헌

인남식. "아랍의 봄 10년: 회고와 성찰." 국립외교원 외교안보연구소, 정책연구시리즈. 2022. 1.

＿＿＿. "바이든 정부 이란 핵합의 복귀 전망." 국립외교원 외교안보연구소. 『주요국제문제분석 시리즈』. 2021. 1.28.

＿＿＿. "이스라엘-팔레스타인 평화협상의 현황과 전망: 양국가해법의 한계와 대안 논의." 국립외교원 외교안보연구소. 『주요국제문제분석 시리즈』. 2017. 8.24.

＿＿＿. "사우디 살만 국왕체제 등장과 향후 전망." 국립외교원 외교안보연구소. 『주요국제문제분석 시리즈』. 2015. 2.24.

＿＿＿. "사우디아라비아-이란 단교를 둘러싼 종파분쟁의 격화." 국립외교원. IFANS Focus. 2016.1.4.

＿＿＿. "오바마 행정부의 대중동정책: 아시아재균형 정책과의 상관성."국립외교원 외교안보연구소. 『정책연구과제 시리즈』. 2015.

＿＿＿. "이란 핵협상 타결의 함의와 전망." 국립외교원 외교안보연구소. 『주요국제문제분석 시리즈』. 2015. 7.24.

＿＿＿. "터키 신중동정책의 함의와 전망." 외교안보연구원. 『주요국제문제분석 시리즈』. 2010.7.12.

한상용, 최재훈『IS는 왜?』. 서울: 서해문집. 2015.

2. 영어문헌

Anderson, Ewan W., Liam and D. Anderson, *An Atlas of Middle Eastern Affairs*, London: Routledge, 2010.

Bill, James A., and Robert Springborg. *Politics in the Midle East 5th edition*. New York: Longman, New York, 2000.

Cleveland, William L. *The Making of an Arab Nationalist*. Princeton: Princeton University Press, 1971.

Fawcett, Louise. *International Relations of the Middle East*. 3rd ed. Oxford: Oxford University Press, 2013.

Gasiorowski, M. *The Government and Politics of the Middle East and North Africa*. Boulder: Westview Press, 2014.

Gasper, Michael. "The Making of the Modern History," in Ellen Lust (ed.), *The Middle East*. London: Sage Publications, 2014.

Ghazvinian, John, *America and Iran: A History, 1720 to the Present*. New York: Alfred A. Knopf, 2021.

Hinnenbusch R. and Anoush Ehteshami. *The Foreign Policies of Middle East States*. London: Lynne Rienner, 2002.

Kamrava, Mehran. *The Modern Middle East*. Berkely: University of California Press, 2013.

Khaldun, Ibn. *The Muqaddimah: An Introduction to History, translated by Franz Rosenthal*. 2nd edtion. Bollingen Series 43, Vol. 1 (Princeton: Princeton University Press, 1967).

Liliu, Jean-Pierre. *From Deep State to Islamic State: The Arab Counter-Revolution and Its Jihadi Legacy*. Oxford: Oxford University Press, 2015.

McCants, William. *The ISIS Apocalypse: The History, Strategy and Doomsday Vision of the Islamic-State*. New York: St. Martins Press, 2015.

Milton-Edwards, Beverley. *Contemporary Politics in the Middle East*. Cambridge: Polity Press, 2011.

Rand. Dafna H. *Re-Engaging the Middle East: A New Vision for U.S. Policy*. Washington D.C.: Brookings Institution Press, 2020.

Rundell, David. *Vision or Mirage: Saudi Arabia at the Crossroads*. London: I.B.Tauris, 2021.

Rydelnik, Michael A. *Understanding the Arab-Israeli Conflict: What the Headlines Have not Told You*. Chicago: Moody Publishers, 2007.

Sharoni, Simons and MohammedAbu-Nimer, "The Israeli-Palestinian Conflict," in Jillian Schwedler and Deborah J.Gerner, *Understanding the Contemporary Middle East*. London: Lynne Rienner, 2008.

찾아보기

D

DDA협상 169

E

ECO-ASIA 222
EPC 466
EU 시민권 474
EU법
　EU법의 우위성 463
　EU법의 직접적용성 463

K

KAL858기 테러사건 281
K-Pop 206

N

NATO(나토, 북대서양조약기구) 143,
　145, 341, 426-428, 430, 432,
　436-437, 444, 449, 466, 469-
　471, 477, 479-480, 482, 484-
　485
NPT ☞ 핵확산금지조약 참조

ㄱ

가자지구 36, 467, 473, 525, 537, 543
가중다수결 460, 468, 474-475
가치외교 202
강압외교 128, 146, 148-149
개방외교 188
개성공단 255-256, 268, 283, 294-
　295, 307-308
걸프협력회의(GCC) 532-533, 538

결집효과(Rally 'round the flag effect)
　79
경기순환이론 161-163
경성권력(hard power) 21
경작형(耕作型) 모델 205
경쟁우위형 모델 205
고립주의 314
공간의 탈영토화(de-territorialization)
　193
공공외교 접근의 상이한 유형 200
　대화형 200
　독백형 200
　상호구성형 201
　협력형 200
공동안보(common security) 491
공동안보방위정책(CSDP: Common Se-
　curity and Defense Policy) 475
공동외교안보정책 458, 465-475
공동이행(JI: Joint Implementation)
　227
공세적 방어전략 428, 429
관료정치 모델(bureaucratic politics
　model) 49, 65-66
　관료정치(bureaucratic politics)
　　10, 33, 49-50, 58, 319
　밀고 당기기(pulling and hauling)
　　49
　절충안(compromise) 50
　행동채널 49
관세동맹 168, 432, 460, 463-464
관세 및 무역에 관한 일반협정(GATT)
　157
관심전환이론(diversionary theory of
　war) 80-81
교토의정서(Kyoto Protocol) 218-219,
　226-228, 231-235, 352
구성주의 128, 139

국가성(statehood) 424, 461, 474-
　475
　러시아 국가성 424
국가안전보장회의(NSC) 27-28, 30-
　31, 49, 53, 268, 316-318, 358,
　404
　국가안전보장회의 상임위원회 31
국민외교 210
국제관습법 91-94, 96, 99, 122
　국가들의 일반관행 93
　법적 확신 93
국제사법재판소(ICJ) 92
　국제사법재판소규정 91
국제원자력기구(IAEA) 148, 254, 296,
　300
국제주의(internationalism) 62, 314
군소도서국연합(AOSIS) 227
권력형 로비 166-167
권위주의 5, 15-17, 22, 29-30, 45,
　51, 56, 61, 66-69, 82, 87, 132,
　137-138, 148, 151-152, 159, 165,
　202, 337, 344, 372, 408, 481,
　483, 489, 491, 524, 529, 543-
　544, 548
규범공공외교(normative public dip-
　lomacy) 214
그린라운드 156, 170
글로벌 메탄서약 232
기능연계형 로비 166-167
기본협력협정(Framework Agreement)
　483
까빌리야(Qabilliyaah) 530, 532, 535
까우미야(Qawmiyyah) 530, 534-535

ㄴ

나진·선봉자유경제무역지대 293

남북공동연락사무소 256, 307, 308
남북군사공동위원회 307
남북기본합의서 248, 280-281, 293
남북정상회담 248, 254-255, 263, 272-
    273, 301, 352, 374
남중국해분쟁 513
남중국해 행동선언 108
낫세리즘 535-537
내부집단(in-group)-외부집단(out-group)
    가설 81
네타냐후(Benjamin Netanyahu) 531
뉴테러리즘 128, 149-150
늑대외교 480
니어쇼어링(near-shoring) 160
닉슨(Richard Nixon) 71, 320-321,
    336
    닉슨 방중 336

ㄷ

다자주의 20, 22, 158, 167, 169, 176-
    177, 180-181, 371, 396, 398,
    404, 407, 410, 433, 435, 442-
    443, 449, 473, 514
다자환경외교 218, 220, 227, 235
단일유럽법안(Single European Act)
    460, 465-466, 473
당구공 모델(billiard ball model) 63
대량살상무기(WMD) 128, 143, 147,
    252, 254, 532
대륙간탄도미사일(ICBM) 149, 301,
    306, 342
대서양주의 466, 470
대중동원형 로비 166-167
데이튼협정 469
도광양회(韜光養晦) 337
독자적 행위자연합 모델 51
    단위거부권 유형 52
    무정부 상태(anarchy) 모델 52
    최소승자연합 모델 52
동남아조약기구(SEATO) 491
동방정책 275, 422, 426, 446, 448,
    454, 478, 543
동북아 환경협력회의(NEAC) 222

동아시아공동체(EAC: East Asian Com-
    munity) 498
두 대통령제(two-presidencies)이론 70
디커플링(decoupling) 145, 342

ㄹ

라빈(Yitzhak Rabin) 525
람사르협약 220
런던협약 220
로잔조약 523
로하니(Hasan Rouhani) 531
루즈벨트(Franklin D. Roosevelt) 334
리더십특성분석 접근법 41-42
    블레어(Tony Blair) 총리의 개성 42
리쇼어링(reshoring) 160
리스본조약 461, 473-476
리우데자네이루 지구 정상회의(Rio Earth
    Summit) 220
리프만(Walter Lippmann) 67, 77

ㅁ

마스트리히트조약 465-468, 470
마틴(Lisa Martin) 71
먼로독트린 333
멸종위기에 처한 야생동·식물종의 국
    제거래에 관한 협약(CITES) 221
몬트리올의정서 220, 235
무드이론(mood theory) 78
무인·로봇 중심 전투체계 131
무함마드(Muhammad) 526
미국 예외주의 314, 328, 332, 347
미국 우선주의 335, 385, 409
미국-캐나다 대기질협정(AQA) 221
미얀마 사태 513
미어샤이머(John J. Mearsheimer) 144,
    147
민스크의정서 102
민주평화론 128, 138-139

ㅂ

바그다드조약 530

바르샤바조약기구(Warsaw Pact) 144,
    158
바젤협약 221
바티즘 535, 537
반접근·지역거부(A2AD) 152
발칸 사태 469
방어적 방어 428-429
방콕선언 488, 491-493, 516
배출권 거래 227
베스트팔렌체제 128-129
베이징 컨센서스 394
베트남전쟁 10, 12, 46, 78, 143, 319-
    320, 322, 336, 392, 491-492,
    517
벼랑끝외교 280-281, 290, 293, 295,
    301, 309
변환외교 21
복합(hybrid) 전쟁 153
복합네트워크 동맹 128
부다페스트안전보장각서 147
부시독트린 48, 530, 549
부족 522, 524, 529-530, 532, 535,
    539
    부족장 532
    부족주의 532, 538, 548
북미정상회담 90, 248, 256, 301-302
북한의 개방정책 290, 293, 295, 309
북한의 경제개방 290
분권화 390
분쟁해결기구(DSM: Dispute Settle-
    ment Mechanism) 502
브레턴우즈체제 156, 158
브렉시트 233, 461, 475-476
비교외교정책론(CFP: comparative
    foreign policy) 8, 24, 64-65,
    85-86
비대칭위협 128, 136, 140, 149
비동맹외교 292, 309, 535
비용이 드는 신호(costly signal) 69
비판적 관여(critical engagement) 483
빈 의자의 위기(empty chair crisis) 460,
    465

ㅅ

사드(THAAD) 60, 142, 261, 344-345, 413
사라예보 사건 133
사이버안보 128, 131, 145, 150, 367, 514
사이버 테러 150
사이크스-피코협정 523
상설구조적협력(PESCO: Permanent Structured Cooperation) 476
상설국제사법재판소 103
상하이협력기구(SCO) 145-146, 408
상호구성형 공공외교 214
생물다양성에 관한 협약(Convention on Biological Diversity) 221
샤리아(Shariah) 528, 538
샤프파워(sharp power) 205
샤슈나이더(E. E. Schattschneider) 72
서안지구 36, 54-55, 525, 531, 537, 543
서유럽동맹(WEU: West European Union) 431, 458, 468, 470-471, 473
선군정치 149, 283-284, 294
세계무역기구(WTO) 157, 495
세계인권선언 91
세력균형론 133
세력균형이론 128, 132, 134-135
세력전이이론 128, 132, 134-135
세브르조약 523
소프트파워 22, 195-198, 203-205, 207-209, 313, 360, 394, 530, 541-542
속죄양가설(scapegoat hypothesis) 80, 82
수니 525-528, 531, 540, 543, 548-549
수단적 시각(instrumental perspective) 198
수입침투이론 161-163
수카르노 491
수하르토 491
슐레진저(Arthur Schlesinger) 71
스무트-홀리(Smoot-Hawley) 84
스톡홀름선언 219
시온주의 526
시진핑(習近平) 151, 202, 234-235, 337, 370, 385-389, 394, 398, 401, 404
식민주의 535
신고전현실주의 13
신(新)공공외교 192
신기후체제 228
신남방정책 266, 516-517, 519
신(新)동방정책 422, 446, 448
신의주 특별행정구 294
신자유제도주의 131
신자유주의 130, 132, 138
신현실주의 12-13, 130, 132-134, 136, 138, 153, 314
실용주의적 전방위(multi-vector)외교 439
　실용주의적 전방위노선 440
싱가포르선언 495
쌩 말로선언 473

ㅇ

아랍 민족주의 525
아랍연맹(AL: League of Arab States) 146, 532, 534-539, 541, 546, 549
아랍의 봄 541
아랍통합공화국(UAR: United Arab Republic) 535
아브라함협정 340, 526, 531-532, 544-545
아세안+3 250, 497-500, 518-519
아세안공동체(ASEAN Community) 488-490, 499-504, 507-512, 514, 518-519
아세안 방식 502
아세안안보공동체(ASC) 499
아세안자유무역지대(AFTA: ASEAN Free Trade Area) 495, 499, 509
아세안정상회의(ASM) 489, 494-496, 498, 501-502, 504-505, 508-510, 514, 519
아세안지역안보포럼(ARF: ASEAN Regional Forum) 146, 495-496, 504, 514, 516, 518-519
아세안투자지대(AIA) 500, 509
아세안헌장(ASEAN Charter) 501-503, 509, 518-519
아시아개발은행(ADB) 146
아시아·유럽 경제회의(ASEM: Asia-Europe Economic Meeting) 497
아시아인프라투자은행(AIIB) 146
아싸비야(Assabiyyah) 529-530, 548
아프가니스탄전쟁 143
악마의 변호인(devil's advocate) 48
악의 축(Axis of Evil) 296, 309
안보딜레마 130
안보통상연계이론 161, 163
알몬드(Gabriel Almond) 78
알몬드-리프만 컨센서스(Almond-Lippmann consensus) 78
암스테르담조약 468
양당제(two-party) 시스템 74
양면게임 17-22, 86
양자주의 158, 175, 180
에르도안(Recep Tayyip Erdogan) 543
역내포괄적경제동반자협정(RCEP) 146, 157, 172, 182, 267, 366, 371, 410, 513
연성권력(soft power) 21
연성법 219
영구평화론 137
영도소조(領導小組) 400, 403-404, 416
　중앙외사영도소조 400
예방전쟁 134, 143
예비이론(pre-theory) 64
오슬로협정 525, 537
오커스(AUKUS) 22, 145, 339, 481, 513
와하비즘(Wahabbism) 541
완전하고 검증 가능하며 되돌릴 수 없는 핵폐기(CVID: Complete, Verifiable, Irreversible, Dismantlement) 296
외교정책 정체성 213
외교정책집단(foreign policy community) 85

외교정책환경론 8, 24
욤키푸르전쟁 525
우크라이나전쟁 271, 273, 459, 477–480, 482, 484–485
운영코드(operational code) 접근법 39
　도구적 신념 39
　신념체계 38
　철학적 신념 39
　푸틴 대통령의 운영코드 40
움마(Ummah) 530, 532, 538
월츠(Kenneth N. Waltz) 68, 133
웬트(Alexander Wendt) 139
윈셋(winset) 18
월답스키(Aaron Wildavsky) 70
유라시아주의 422, 424–426, 432, 435, 437, 447, 451
유럽경제공동체(EEC: European Economic Community) 460, 462–464, 471
유럽경제협력기구(OEEC: Organization for European Economic Cooperation) 464
유럽공동체(EC: European Community) 232, 460, 465–466, 475
유럽방위공동체 464
유럽사법재판소 462
유럽석탄철강공동체(ECSC: European Coal and Steel Community) 457, 460, 464
유럽안보방위정책(ESDP: European Security and Defence Policy) 458, 470–471, 473
유럽안보전략(ESS: European Security Strategy) 473
유럽안보협력기구(OSCE) 144
유럽연합조약 461, 466–468, 474
유럽원자력공동체(Euratom: European Atomic Energy Community) 460, 464
유럽정치협력(EPC: European Political Cooperation) 465
유럽주의 466, 470
유럽통화체제(EMS: European Monetary System) 460, 465
유럽평화기금 477–478

유엔 기후변화협약(UNFCCC: UN Framework Convention on Climate Change) 220
유엔해양법협약 104–108, 121
이데올로기의 공백 424
이라크전쟁 22, 37, 48, 81, 141, 143–144, 245, 431, 530, 533–534
이란핵협상 527, 541, 548
이스라엘-팔레스타인분쟁 523, 525–526, 539
이슬람 523
　이슬람공동체 524
이슬람협력기구(OIC) 532, 538
인간안보 132
인도·태평양전략 141, 160, 336–339, 343, 367, 369, 380, 385, 410, 459, 481–482, 485, 513, 541
인식공동체 386
인지 모델 45
일대일로(一帶一路) 146, 152, 338, 394
　일대일로구상 513
일방주의 141
잉여능력이론 161–163

ㅈ

자동코딩 분석기법 40
　맥락체계 동사들 40
자유주의 128, 131–132
장거리월경성오염협약 230
저우언라이(周恩來) 336
적극적 평화(positive peace) 214
전망이론(prospect theory) 56
전면적 소강사회 406
전쟁권한법 320
정부정치 모델 64
정책공공외교 199, 208–209, 213
정체성 423–424, 426, 443, 446, 448, 522
　정당성 위기(legitimacy crisis) 423
　정체성 위기(identity crisis) 423
정치변동 507, 520, 524, 528–529, 533, 548
제네바합의 148

제왕적 대통령(imperial presidency) 71
제한전 130
조선 아세아·태평양평화위원회 288
종파 523
　종파분쟁 525
　종파주의 523
주창형(主唱型) 공공외교(advocacy public diplomacy) 199
중국몽(中國夢) 252, 337, 385, 408
중국위협론 384, 405
중소분쟁 245, 292, 309, 386, 391, 392, 447
지구전 130
지구환경기금 236
지식외교 196
지역주의 158, 172, 176, 180, 182, 365–366, 404, 489, 491–492, 495, 502, 512, 519
지전략 204, 422–423, 426, 429, 432, 434–439, 447
지정학적 단층대(geopolitical fault line) 427–429, 452
지정학적 중간국 427
집단사고 모델 45
　집단사고(groupthink) 9–10, 33
　집단사고의 증상 46
　촉진적 리더십(promotional leadership) 45
　폴리싱크(polythink) 57
집단안보 330

ㅊ

참여형 공공외교 210
청정개발체제(CDM) 227
청중비용이론(audience costs theory) 68
최종결정단위(ultimate decision-units) 접근법 27, 29
치앙마이이니셔티브 498

ㅋ

칸트(Immanuel Kant) 137

캄보디아 사태 493–494, 518
캠프데이비드협정 537
커뮤니케이션 파워 196
코소보전쟁 143
코헤인(Robert O. Keohane) 144
쾰른 정상회담 471–473
쿠드스(al Quds) 부대 542
쿠르드족 523, 548
쿠바 미사일 위기 47
쿼드(QUAD) 22, 145, 339, 481, 513
키신저(Henry Kissinger) 336

ㅌ

탄소 중립 231
탈레반 340
터키의 키프로스 군사개입 53
　보장조약(Treaty of Guarantee) 53
테러리즘 40, 48, 131, 136, 140, 149–
　　150, 201, 231, 335, 434, 473,
　　514, 528, 532
테러와의 전쟁 337
토크빌(Alexisde Tocqueville) 67
통상로비 166–167, 182
통일전선전술 149
통합외교(integrative diplomacy) 202
투사형(投射型) 공공외교(projection
　　public diplomacy) 199
투키디데스 66
　투키디데스의 함정 408

ㅍ

파리협정 220, 226–228, 231, 233,
　　235, 237
판문점선언 301, 307
팔레스타인
　팔레스타인 대의 526
패권안정이론 128, 132, 135, 161, 163
패권전쟁 134
페이프(Robert A. Pape) 141
페테르스베르크 임무(Petersberg tasks)
　　458
펠로폰네소스전쟁 66
편승동맹 140

평양공동선언 307
평화공공외교(peace advocacy) 214
평화, 자유와 중립지대(ZOPFAN) 492–
　　493
포괄안보 132
　포괄안보 이슈 131
포괄적 공동행동계획 148, 531
포괄적·점진적 환태평양경제동반자협
　　정(CPTPP) 157
포괄적투자협정(EU-China Compre-
　　hensive Agreement on Invest-
　　ment) 480–481, 484
폭력적 극단주의 514, 523, 525, 528,
　　544, 547
폴리휴리스틱(poliheuristic)이론 19–
　　20, 39, 43–44
　비(非) 보상(non-compensatory) 원
　　칙 43
　인지적 지름길 43
표준행동절차(SOP: standard oper-
　　ating procedure) 65
푸쉐플랜(Fouchet Plan) 465
프리마코프 독트린 440
피어론(James Fearon) 68
필수적 전쟁(war-of-necessity) 66

ㅎ

하노이 정상회담 302, 308, 343
하드파워 152
한류 205–206, 208, 212, 264, 267,
　　413, 415
한미동맹 344
한미원자력협정 345
한미자유무역협정(KORUS FTA) 72
한한령 413
할둔(Ibn Khaldun) 529
합리적 행위자 모델 35, 64
　결과 합리성 36
　단일체적 행위자 35
　선호 합리성 36
　절차적 합리성 35
　합리적 결정 35
합영법 293
항행의 자유 105

해양안보 514
핵확산금지조약(NPT) 146–147, 254,
　　444
　핵확산금지조약(NPT) 탈퇴 148, 253,
　　289, 293, 296, 309
　핵확산금지조약(NPT) 탈퇴선언 280–
　　281, 290, 295–296, 299, 303
　NPT체제 148–149, 295, 483
허브앤스포크스 339
혁명수비대 542
현실주의 4, 12, 16, 61–65, 77, 87,
　　128, 130–136, 139, 141, 198, 249,
　　258, 274, 314, 325, 327, 329,
　　331–332, 346–347, 361, 385,
　　400, 404, 426, 465, 481, 530
협력형 공공외교 210
호메이니(Khomeini)혁명 542
환경 ODA 233
환태평양경제동반자협정(TPP) 337
회전문(revolving-door) 인사 85
회피전략 13, 166, 167
후세인(Saddam Hussein) 340
후쿠야마(Francis Fukuyama) 138
힘의 우위론(preponderance of power)
　　83

저자소개

김계동 (kipoxon@hanmail.net • 10장)

연세대 정치외교학과 졸업
영국 옥스퍼드대 정치학 박사

현 건국대 안보·재난관리학과 초빙교수
    외교부 국립외교원 명예교수
    군사편찬연구소 자문위원

연세대 국가관리연구원 교수
국가정보대학원 교수(교수실장)
한국국방연구원 연구위원
한국전쟁학회 회장/한국정치학회 부회장/
    국가정보학회 부회장/국제정치학회 이사
국가안보회의(NSC)/민주평통 자문회의/
    국군기무사 자문위원
연세대, 고려대, 경희대, 성신여대, 국민대, 숭실대,
    숙명여대, 동국대, 통일교육원 강사 역임

주요논저

Foreign Intervention in Korea (Dartmouth Publishing Company)
『남북한 체제통합론: 이론, 역사, 정책, 경험, 제2판』
    (명인문화사)
『북한의 외교정책과 대외관계: 협상과 도전의 전략
    적 선택』 (명인문화사)
『한반도 분단, 누구의 책임인가?』 (명인문화사)
『한국전쟁, 불가피한 선택이었나』 (명인문화사)
『현대유럽정치론: 정치의 통합과 통합의 정치』 (서울
    대학교출판부)
『현대 한미관계의 이해』 (공저, 명인문화사)
『한국정치와 정부』 (공저, 명인문화사)
『국가정보학개론: 제도, 활동, 분석』 (역서, 명인문
    화사)

『국가정보: 비밀에서 정책까지』 (역서, 명인문화사)
『국제관계와 세계정치』 (역서, 명인문화사)
『동북아 정치』 (역서, 명인문화사)
『정치학의 이해』 (역서, 명인문화사)
『현대 유럽의 이해』 (역서, 명인문화사) 외 다수

김태환 (tk41@me.com • 7장)

연세대 정치외교학과 졸업
연세대 정치학 석사
미국 컬럼비아대 정치학 박사

현 국립외교원 교수
    한국공공외교학회 연구위원장
    Global Asia 서평편집인

한국국제교류재단 공공외교사업부장
한국정치학회/한국슬라브학회 이사 역임

주요 논저

『지정학적 시각과 한국외교』 (공저, 사회평론아카데미)
"Authoritarian Post-Communist Transition and Its
    Future in China, Vietnam, and North Korea,"
    in *Routledge Handbook of Democratization in
    East Asia* (공저, Routledge)
"가치외교의 부상과 가치의 '진영화': 강대국 사례와
    한국 공공외교의 방향성" (문화와 정치)
"문화적 보편성·다양성과 규범공공외교" (공공외교:
    이론과 실천)
"한국 정책공공외교의 진화와 방향성: 공공외교에
    대한 정체성 접근의 시각" (공공외교: 이론과 실천)
"한국의 미디어 외교, 어디로 가야 하나?: 자국 중심
    성을 넘어서 상호구성형 공공외교를 향하여"『공
    공외교와 커뮤니케이션』 (한경사) 외 다수

김태효 (thkim01@skku.edu • 5장)

서강대 정치외교학과 졸업
미국 코넬대 행정학 석사
시카고대 정치학 박사

현 성균관대 정치외교학과 교수
    대통령 국가안보실 제1차장
    국가안전보장회의 사무처장
    신아시아연구소 부소장

외교부 외교안보연구원(현 국립외교원) 교수
대통령 대외전략비서관 대통령 대외전략기획관
성균관대 국가전략대학원 원장 역임

주요 논저

『그들은 왜 정답이 있어도 논쟁하는가: 교과서가 알려주지 않는 한국외교정책의 쟁점과 과제』 (성균관대학교 출판부)

『복합위기 시대의 국가전략』 (편저, 성균관대학교 출판부)

"The Rise and Fall of South Korea's 586 Generation: Implications for the US Alliance" (The Washington Quarterly)

"미-중 신냉전 시대 한국의 국가전략" (신아세아)

"북한 권력승계의 주기(週期) 모델과 북한 체제의 작동원리" (국제정치논총) 외 다수

김 현 (hyunkim@khu.ac.kr • 2장)

경희대 정치외교학과 졸업
경희대 정치학 석사
미국 뉴욕시립대 국제정치학 박사

현 경희대 정치외교학과 교수
    시민정치학회 회장

전주대 국제관계학과 교수 역임

주요 논저

『정치학: 과학과 사유의 전개』 (공저, 법문사)

"A Theoretical Account of the International Multilateral Negotiation of the Treaty on the Prohibition of Nuclear Weapons" (The Korean Journal of Defense Analysis)

"Comparing North Korea Policies of the Obama and Trump Administrations" (Nanzan Review of American Studies)

"Dynamics of Creating an International Disarmament Regime Banning Cluster Munitions: Power, Interest, and Knowledge" (The Korean Journal of Defense Analysis)

"무기거래조약(Arms Trade Treaty) 위한 국제다자협상 타결과정의 분석" (평화연구) 외 다수

마상윤 (sangyoonma@catholic.ac.kr • 11장)

서울대 외교학과 졸업
서울대 정치학 석사
영국 옥스퍼드대 국제관계학 박사

현 가톨릭대 국제학부 교수
    한국평화학회 회장

외교부 정책기획관/외교전략기획관 역임
한국국제정치학회 총무이사/연구이사
한국정치학회 부회장/편집이사 역임
미국 브루킹스연구소, 우드로윌슨센터, 스웨덴 국제안보개발정책연구소(ISDP) 초빙연구위원 역임

주요 논저

『국익을 찾아서: 이론과 현실』 (공저, 명인문화사)

『변환의 세계정치』 (공저, 을유문화사)

『세계질서의 미래』 (역서, 명인문화사) 외 다수

서정건 (seojk@khu.ac.kr • 3장)

서울대 정치학과 졸업
미국 텍사스(오스틴)대 정치학 박사

현 경희대 정치외교학과 교수
통일부, 민주평통 정책 자문위원
KBS 객원해설위원
한국연구재단 책임전문위원

우드로우 윌슨 센터 풀브라이트(Fulbright) 펠로우
중앙선거방송토론위원회 위원
한국정치학회 부회장 역임

주요 논저
『미국 정치가 국제 이슈를 만날 때』(서강대학교 출판부)
『미국 국내 정치와 외교 정책』(편저, 서울대학교 출판부)
"South Korea and the 2016 US Presidential Election: A Security-Trade Nexus Redefined?" (공저, Lexington Books)
"The China Card: Playing Politics with Sino-American Relations" (공저, *Political Science Quarterly*) 외 다수

신범식 (sbsrus@snu.ac.kr • 14장)

서울대 외교학과 졸업
서울대 정치학 석사
러시아 모스크바국제관계대학(MGIMO) 정치학 박사

현 서울대 정치외교학부 교수
서울대 국제문제연구소 복합안보센터장
서울대 아시아연구소 부소장 및 중앙아시아센터장
외교부, 합동참모본부 정책자문위원

서울대 러시아연구소장/KBS객원해설위원
한국정치학회 부회장/한국슬라브학회 총무이사 역임

주요 논저
『21세기 유라시아 도전과 국제관계』(편저, 한울)
『동북아 국제정치질서 어디로 가나』(공저, 푸른역사)
『중국의 부상과 중앙아시아』(편저, 진인진)

"Russia's Place in the Changing Strategic Triangle in the Post-Cold War Northeast Asia: From an Outcast to a Strategic Player?" (*JIAS*) 외 다수

유진석 (jyu@sookmyung.ac.kr • 3장)

연세대 정치외교학과 졸업
연세대 정치학 석사
캐나다 알버타 주립대 정치학 석사
미국 듀크대 정치학 박사

현 숙명여대 정치외교학과 부교수
한국정치학회 이사
국제정치학회 이사

한국캐나다학회 총무이사/한국정치학회 감사
국제정치학회 감사 역임

주요논저
"Convergence and Divergence of U.S. and South Korean Strategies toward North Korea's Nuclear Program" (*Korea Observer*)
"케네스 월츠의 핵확산 낙관론과 북한 핵문제" (한국과 국제정치)
"핵억지 형성기 최초의 전쟁으로서 6·25전쟁과 미국의 핵전략" (한국과 국제정치)
"국제정치 연구의 한국적 현실과 대안을 위한 방향 모색" (공저, 아태연구) 외 다수

윤진표 (jpyoon@sungshin.ac.kr • 16장)

연세대 정치외교학과 졸업
연세대 경제학 석사
미국 사우스캐롤라이나대 정치학박사

현 성신여대 정치외교학과 명예교수
대통령직속 신남방정책특별위원회 자문위원
한국국제교류재단 해외한국학분과위원장
외교부 아세안국 자문위원

성신여대 사회과학대학 학장, 연구교류처장, 학생처장
사단법인 한국동남아연구소 소장
한국동남아학회 회장 역임

주요 논저

『현대 동남아의 이해』(명인문화사)
『동남아의 헌정체제와 민주주의』(편저, 명인문화사)
『한·아세안 청년 상호인식 조사』(편저, 한아세안센터)
『동아시아 전략평가』(공저, 동아시아안보전략연구회)
『아시아의 지정학적 중간국 외교』(공저, 서울대 아시아연구소)
『신남방정책 평가와 개선방향』(공저, 경제인문사회연구회) 외 다수

이기범 (k.b.lee.ilaw@yonsei.ac.kr • 4장)

연세대 법과대학 법학과 졸업
연세대 일반대학원 법학(국제법) 석사
영국 에딘버러대 로스쿨 법학(국제법) 박사

현 연세대 법학전문대학원 조교수(국제법)
　국제법평론회 회장
　『법학연구』(연세대) 편집위원장

아산정책연구원 연구위원
대한국제법학회 총무이사, 연구이사, 기획이사 역임

주요 논저

"The Rising Tide of Maritime Boundary Delimitation Scholarship" (*The International Journal of Marine and Coastal Law*)
"The Korea Coast Guard's Use of Force Against Chinese Fishing Vessels: A Note" (*Ocean Development & International Law*)
"국제법상 '형평'(equity)의 제한적 역할" (국제법평론)
"선결적 문제인 '관할권'과 '소(訴)의 허용성'에 관한 소고" (국제법학회논총)

"유엔군사령부의 법적 지위와 존속 및 해체 문제에 관한 소고" (서울국제법연구)
"해양경계획정에 적용할 수 있는 '3단계 방법론'에 대한 비판적 소고" (국제법학회논총) 외 다수

이상환 (leepol@hufs.ac.kr • 6장)

한국외대 정치외교학과 졸업
미국 미시간주립대 정치학 석사 및 박사

현 한국외대 정치외교학과 교수
　The Korean Journal of International Studies 편집장
　국민권익위원회 자문위원

한국국제정치학회 회장
한국외대 정치행정언론대학원장, 연구산학협력단장, 학생처장
Fulbright Program Scholar 역임

주요 논저

『국제관계개론』(박영사)
『국제정치경제: 시각과 쟁점』(박영사)
Issues and Perspectives in International Political Economy (공저, Korean Association of International Studies, HUINE)
"미국 대통령의 외교독트린과 국제질서: 함의와 평가" (미국학논집)
"Post COVID-19 시대의 국제정치: 탈세계화, 디지털화 그리고 신냉전 질서의 도래" (정치정보연구)
"Trilateral Trade and Taking a Side Between the U.S. and China" (공저, *Korean Journal of Defense Analysis*) 외 다수

이태동 (tdlee@yonsei.ac.kr • 8장)

연세대 정치외교학과 졸업
서울대 환경대학원 석사
미국 워싱턴대 정치학 박사

현 연세대 정치외교학과 교수
　연세대 언더우드특훈교수
　한국기후변화학회 부회장
　국회기후변화포럼 연구위원
　국가기후환경회의 전문위원

한국정치학회/국제정치학회/정당학회 연구이사
　역임

주요 논저

『기후변화와 도시: 감축과 적응』 (명인문화사)
『에너지 전환의 정치』 (사회평론)
『탄소중립과 그린뉴딜: 정치와 정책』 (편저, 한울)
*Public deliberation on nuclear power plant con-
struction* (Journal of Cleaner Production)
The Old and the Climate Change Adaptation (Sus-
tainable Cities and Society) 외 다수

인남식 (in@mofa.go.kr • 17장)

연세대 정치외교학과 졸업
연세대 정치학 석사
영국 더럼대 중동이슬람연구센터 중동정치학박사

현 국립외교원 교수
　아프리카 중동연구부장
　국가테러센터 자문위원
　국방부 정책자문위원

국가안보실 정책자문위원
이스라엘 히브리대 트루먼연구소 방문학자
영국 더럼대 중동이슬람연구원 방문학자 역임

주요 논저

『국제갈등의 이해: 인접국간 갈등관계』 (편저, 한국
　국제교류재단)
『지정학적 시각과 한국외교』 (공저, 사회평론아카데미)
“아랍 정치변동의 성격과 함의” (국제정치논총)
“아랍의 봄 10년: 회고와 성찰” (국립외교원) 외 다수

전재성 (cschun@snu.ac.kr • 1장)

서울대 외교학과 졸업
서울대 외교학 석사
미국 노스웨스턴대 국제정치학 박사

현 서울대 정치외교학부 교수
　외교부 자문위원
　동아시아연구원 국가안보연구센터 소장

서울대 국제문제연구소 소장
한국국제정치학회장 역임

주요 논저

『동북아 국제정치이론: 불완전국가들의 국제정치』
　(한울출판사)
『동아시아 국제정치: 역사에서 이론으로』 (동아시아
　연구원)
『정치는 도덕적인가: 라인홀드 니버의 초월적 국제
　정치사상』 (한길사)
『주권과 국제정치: 근대주권국가체제의 제국적 성
　격』 (서울대출판부) 외 다수

조양현 (joyhis@mofa.go.kr • 12장)

서울대 외교학과 졸업
일본 동경대 정치학 박사

현 국립외교원 교수
　국립외교원 아시아태평양연구부 및
　일본연구센터 교수
　한국정치학회/한국국제정치학회/현대일본학회/
　한국정치외교사학회/한일군사문화학회 회원

국립외교원 외교사연구센터장
하버드대 웨더헤드센터 Academic Associate
싱가폴 국립대 동아시아연구소 Visiting Fellow
　역임

주요 논저

『アジア地域主義とアメリカ』 (東京大學出版會)
『일본의 국가정체성과 동북아 국제관계』 (공저, 동북
　아역사재단)

『한국의 대외관계와 외교사 현대 편』(공저, 동북아
　역사재단)
『国境を越える危機』(공저, 東京大学出版会)
『競合する歴史認識と歴史和解』(공저, 晃洋書房) 외
　다수

차창훈 (chcha@pusan.ac.kr • 13장)

연세대 정치외교학과 졸업
연세대 정치학 석사
영국 워릭대 정치학 박사

현 부산대 정치외교학과 교수

한국정치학회 연구이사, 한국국제정치학회 연구이사
청와대 정책기획위원
중국 사회과학원 글로벌전략연구원 방문학자
미국 조지타운대 방문학자 역임

주요 논저

『동아시아 거버넌스』(공편, 오름)
『현대 중국의 정치개혁과 경제발전』(공편, 오름)
『현대 한미관계의 이해』(공저, 명인문화사)
『거버닝 차이나: 현대 중국정치의 이해』(공역, 심산)
"China's Search for Ideological Values in World
　Politics: Chinese Adaptation to Liberal Order
　Drawn from Political Reports of the Chinese
　Communist Party Congress since 1977" (*Pacific
　Focus*) 외 다수

최진우 (jinwooc@hanyang.ac.kr • 15장)

연세대 정치외교학과 졸업
연세대 정치학 석사
미국 워싱턴대 정치학 박사

현 한양대 정치외교학과 교수
　한양대 평화연구소 소장

한양대 교무처장, 사회과학대학 학장
천주교 서울대교구 평화나눔연구소 소장
한국유럽학회 회장, 한국정치학회 회장 역임

주요 논저

『MT 정치외교학』(청어람)
『김정은 시대, 유럽연합과 북한』(편저, 박영사)
『다양성의 시대, 환대를 말하다』(편저, 박영사)
『민족주의와 문화정치』(편저, 한울) 외 다수

홍현익 (hihong21@mafa.go.kr • 9장)

서울대 외교학과 졸업
서울대 정치학 석사
프랑스 파리1대학 국제정치학 박사

현 국립외교원 원장
　중소기업중앙회 남북경협위원회 위원
　한중관계미래발전위원회 집행위원장
　KB금융 자문위원

세종연구소 수석연구위원 및 안보정책실장
한국정치학회 부회장
청와대 국가안보실 자문위원, 합참 자문위원, 의회
　외교활동자문위원
미국 듀크대 객원연구위원
남북관계 발전위원회 위원, 정책기획위원회 위원
민주평통 상임위원 역임

주요 논저

『21세기 대한민국의 한반도대전략: 북한문제 해결과
　평화 구축 및 통일전략』(한울)
『미 바이든 행정부의 동아시아 전략과 한국의 대응방
　안』(세종연구소)
『북한의 핵 도발·협상 요인 연구』(세종연구소)
『트럼프 시대 미·중·러 3각관계와 한국의 대외전략』
　(세종연구소)
"'대박'통일을 위한 대북정책 및 국제 협력방안: 독일
　과 예멘 사례의 교훈" (세종연구소)
"Prospect of North Korea-US Relationship: How
　to Solve the North Korean Nuclear Problem?"
　외 다수

| 명인문화사 정치학 관련 서적 |

정치학 분야

정치학의 이해 Roskin 외 지음 / 김계동 옮김
정치학개론: 권력과 선택, 제15판 Shively 지음 / 김계동, 민병오 외 옮김
비교정부와 정치, 제12판 Hague, Harrop, McCormick 지음 /
김계동, 김욱, 민병오 외 옮김
정치학방법론 Burnham 외 지음 / 김계동 외 옮김
정치이론 Heywood 지음 / 권만학 옮김
정치 이데올로기: 이론과 실제 Baradat 지음 / 권만학 옮김
민주주의국가이론 Dryzek, Dunleavy 지음/ 김욱 옮김
사회주의 Peter Lamb 지음 / 김유원 옮김
신자유주의 Cahill, Konings 지음 / 최영미 옮김
정치사회학 Clemens 지음 / 박기덕 옮김
시민사회, 제3판 Michael Edwards지음 / 서유경 옮김
복지국가: 이론, 사례, 정책 정진화 지음
포커스그룹: 응용조사 실행방법 Krueger, Casey 지음 / 민병오 외 옮김
문화로 읽는 세계 Gannon, Pillai 지음 / 남경희 외 옮김
거버넌스의 정치학: 한국정치의 새로운 패러다임 모색 김의영 지음
한국현대사의 재조명 한국전쟁학회 편
성공하는 리더십의 조건 Keohane지음 / 심양섭 외 옮김
여성, 권력과 정치 Stevens 지음 / 김영신 옮김

국제관계 분야

국제관계와 세계정치 Heywood 지음 / 김계동 옮김
국제정치경제 Balaam, Dillman 지음 / 민병오 외 옮김
국제관계이론 Daddow 지음 / 이상현 옮김
국제개발: 사회경제이론, 유산, 전략 Lanoszka 지음 / 김태균 외 옮김
국제기구의 이해: 글로벌 거버넌스의 정치와 과정, 제3판
Karns, Mingst, Stiles 지음 / 김계동, 김현욱 외 옮김
외교: 원리와 실제 Berridge 지음 / 심양섭 옮김
세계화와 글로벌 이슈, 제6판 Snarr 외 지음 / 김계동, 민병오 외 옮김
세계화의 논쟁: 국제관계 접근에서의 찬성과
반대논리, 제2판 Haas, Hird 엮음 / 이상현 옮김
현대 한미관계의 이해 김계동, 김준형, 박태균 외 지음
현대 북러관계의 이해 박종수 지음
중국의 외교정책과 대외관계 Shambaugh 편저 / 김지용, 서윤정 옮김
글로벌 환경정치와 정책 Chasek 외 지음 / 이유진 옮김
핵무기의 정치 Futter 지음 / 고봉준 옮김
비핵화의 정치 전봉근 지음
비정부기구의 이해, 제2판 Lewis 외 지음 / 이유진 옮김
한국의 중견국 외교 손열, 김상배, 이승주 외 지음
자본주의 Coates 지음 / 심양섭 옮김

지역정치 분야

동아시아 국제관계 McDougall 지음 / 박기덕 옮김
동북아 정치: 변화와 지속 Lim 지음 / 김계동 옮김
일본정치론 이가라시 아키오 지음 / 김두승 옮김
현대 중국의 이해, 제3판 Brown 지음 / 김흥규 옮김
현대 미국의 이해 Duncan, Goddard 지음 / 민병오 옮김
현대 러시아의 이해 Bacan 지음 / 김진영 외 옮김
현대 일본의 이해 McCargo 지음 / 이승주, 한의석 옮김
현대 유럽의 이해 Outhwaite 지음 / 김계동 옮김
현대 동남아의 이해, 제2판 윤진표 지음
현대 아프리카의 이해 Graham 지음 / 김성수 옮김
현대동아시아의 이해 Kaup 편 / 민병오, 김영신 외 옮김
미국외교는 도덕적인가: 루스벨트부터 트럼프까지
Nye 지음 / 황재호 옮김
미국정치와 정부 Bowles, McMahon 지음 / 김욱 옮김
한국정치와 정부 김계동, 김욱, 박명호, 박재욱 외 지음
미국외교정책: 강대국의 패러독스 Hook 지음 / 이상현 옮김
세계질서의 미래 Acharya 지음 / 마상윤 옮김
일대일로의 국제정치 이승주 편
중일관계 Pugliese, Insisa 지음 / 최은봉 옮김

북한, 남북한 관계 분야

북한의 외교정책과 대외관계: 협상과 도전의 전략적 선택
김계동 지음
북한의 체제와 정책: 김정은시대의 변화와 지속 체제통합연구회 편
북한의 통치체제: 지배구조와 사회통제 안희창 지음
남북한 체제통합론: 이론·역사·경험·정책, 제2판 김계동 지음
한반도 평화: 분단과 통일의 현실 이해 김학성 지음
한국전쟁, 불가피한 선택이었나 김계동 지음
한반도 분단, 누구의 책임인가? 김계동 지음
한류, 통일의 바람 강동완, 박정란 지음

안보, 정보 분야

국가정보학개론: 제도, 활동, 분석 Acuff 외 지음 / 김계동 옮김
국제안보의 이해: 이론과 실제 Hough 외 지음 / 고봉준, 김지용 옮김
전쟁과 평화 Barash, Webel 지음 / 송승종, 유재현 옮김
국제안보: 쟁점과 해결 Morgan 지음 / 민병오 옮김
전쟁: 목적과 수단 Codevilla 외 지음 / 김양명 옮김
국가정보: 비밀에서 정책까지 Lowenthal 지음 / 김계동 옮김
국가정보의 이해: 소리없는 전쟁 Shulsky, Schmitt 지음 / 신유섭 옮김
테러리즘: 개념과 쟁점 Martin 지음 / 김계동 외 옮김